NTA UGC NET

नवीनतम संस्करण
अभ्यास किट

10 टेस्ट्स
10 मॉक टेस्ट्स

वास्तविक परीक्षा प्रारूप पर आधारित टेस्ट

✓ पूर्णतः संशोधित और अद्यतन

✓ सभी बहुविकल्पीय प्रश्नो का विस्तृत विश्लेषण

शीर्षक	: NTA UGC NET समाजशास्त्र (पेपर I एवं II)
लेखक का नाम	: Mr. Rohit Manglik
प्रकाशक	: EduGorilla Community Pvt. Ltd.
प्रकाशक का पता	: 12/651 प्रथम तल, अरविन्दो पार्क के सामने, निकट जामा मस्जिद, इंदिरा नगर लखनऊ, उत्तर प्रदेश, 226016, भारत।

कॉपीराइट EduGorilla

अस्वीकरण EduGorilla

Compiled and created by EduGorilla Community Pvt. Ltd

EduGorilla Community Pvt. Ltd. द्वारा मुद्रित

रोहित मांगलिक
सीईओ, **EduGorilla**

प्रिय छात्रों,

एक बहुत ही प्रचलित कहावत है कि "सफलता उन्हीं को मिलती है जो उसके लिए कड़ी मेहनत करते हैं।" लेकिन मैंने लोगों को उनकी परीक्षाओं के लिए दिन-रात एक करके मेहनत करते हुए देखा है, पर फिर भी वे सफल नहीं हो पाते। तो वहीं दूसरी ओर, कुछ लोग बस आधी मेहनत करके परीक्षा में सफलता प्राप्त करते हैं। तो, क्या वे किस्मत वाले हैं? नहीं मेरा मानना है, कि ऐसा इसलिए है क्योंकि वे सिर्फ कड़ी नहीं बल्कि कुशल तरीके से अपनी तैयारी करते हैं। इसी तरह आपको भी अपनी परीक्षाओं की तैयारी के लिए अपनी योजना बनानी चाहिए, ताकि आपकी भी सफलता की संभावना बढ़ सके। तो तैयार हो जाइये EduGorilla के साथ अपनी परीक्षा में चयन होने की संभावना को 16 गुना बढ़ाने के लिए।

EduGorilla आपको न केवल कड़ी मेहनत करने में मदद करता है, बल्कि एक स्मार्ट और योजनाबद्ध तरीके से तैयारी करने में भी सहायता प्रदान करता है। EduGorilla की तैयारी पैकेज के साथ आप अपने परीक्षा में चयन होने के रास्ते को सहज और मनोरंजक बना सकते हैं। अपनी तैयारी के लिए सही रास्ता खोजना मुश्किल हो सकता है, यदि आप ये नहीं जानते कि आपको किस दिशा में जाना है। चिंता न करें हम आपके साथ खड़े हैं! EduGorilla आपकी सफलता में आपका मार्गदर्शक बनेगा। हमारे तैयारी पैकेज के साथ आप रणनीतिक रूप से तैयारी कर, अपनी परीक्षा में सिर्फ एक ही प्रयास में सफल हो सकते हैं।

EduGorilla के तैयारी पैकेज में शामिल हैं–

- टेस्ट सीरीज़
- किताबें

हमारे तैयारी पैकेज को सभी तरह के नये बदलवों, विशेषज्ञों की राय एवं छात्रों के प्रतिक्रिया के अनुसार तैयार किया गया है। जो आपको परीक्षा के प्रत्येक चरण की चयन प्रक्रिया को पार करने के योग्य बनाता है।

हमारी किताबें शिक्षकों और विशेषज्ञों द्वारा आपकी परीक्षा के लिए तैयार की गई हैं, 150+ वर्षों के अनुभव के साथ; ताकि आपको आसान, कुशल और प्रभावी शिक्षण प्रदान किया जा सके। हमारी स्मार्ट किताबें न सिर्फ आपको प्रश्नों के उत्तर देने की समझ देती हैं, अपितु आपके अभ्यास के लिए समान रूप के प्रश्न भी प्रदान करती हैं।

EduGorilla की सक्षम टेस्ट सीरीज आपको वास्तविक अनुभव और आत्मविश्वास प्रदान करती हैं, जिसके माध्यम से आप केवल एक प्रयास में अपनी ऑफलाइन अथवा ऑनलाइन परीक्षा पास कर सकते हैं। वर्तमान में हम 83,000+ मॉक टेस्ट्स और 1,440+ प्रतियोगी एवं शैक्षणिक परीक्षाओं की तैयारी कराते हैं।

अर्थात, EduGorilla आपकी तैयारी में आपकी सहायता करने का कोई भी मौका नहीं छोड़ता है और परीक्षा के सभी चरणों को कवर करता है, ताकि परीक्षा की तैयारी के लिए आपको कहीं और भटकना ना पड़े।

हम आपको डिफेन्स, बैंकिंग, टीचिंग और अन्य राष्ट्रीय एवं राज्य स्तरीय परीक्षाओं के लिए सम्पूर्ण तैयारी पैकेज प्रदान करते हैं। अत: इससे कोई फर्क नहीं पड़ता कि आप किस परीक्षा के लिए तैयारी कर रहे हैं, क्योंकि आप सफलता हासिल करेंगे।

आपको परीक्षा की शुभकामनाएं!

रोहित मांगलिक,
संस्थापक और मुख्य कार्यकारी अधिकारी, **EduGorilla**

प्रस्तावना

EduGorilla छात्रों को उनकी परीक्षा में सफल होने के लिए मार्गदर्शन प्रदान करता है। जिसको ध्यान में रखते हुए हमारे कुल 150+ वर्षों का अनुभव रखने वाले प्रतिष्ठित विशेषज्ञों ने कड़े प्रयासों के द्वारा "NTA UGC NET : समाजशास्त्र (पेपर I एवं II)" को तैयार किया है। इस किताब के प्रश्नों को हाल ही में परीक्षा के पाठ्यक्रम और पैटर्न में हुए सभी बदलावों को ध्यान में रखकर बनाया गया है। वो प्रश्न जिनकी UGC NET Sociology परीक्षा में आने कि संभवना काफी प्रबल है, उनको इस किताब मे रखा गया है। आप EduGorilla की "NTA UGC NET : समाजशास्त्र (पेपर I एवं II)" के माध्यम से अपनी सफलता की संभावना को 16 गुना बढ़ा सकते हैं।

EduGorilla ये अपनी संपूर्ण तैयारी पैकेज के माध्यम से साकार करता है। इस किट में आपको प्रश्न अच्छी तरह अवधारित एवं संरचित रूप मे मिलेंगे जिन्हे आपकी जरूरतों के अनुसार बनाया गया है। इसके माध्यम से आपको स्मार्ट तरीके से परीक्षा के लिए अभ्यास करने में मदद मिलेगी। साथ ही आपको सहायक, समाधान और स्मार्ट उत्तर पत्रिका भी प्रदान की जायेंगी। जिससे आप अपना मूल्यांकन स्वयं कर सकते हैं। आप स्वयं की समीक्षा कर, उन सभी बिन्दुओं पर खुद को बेहतर तरीके से तैयार कर सकते हैं।

EduGorilla आपको अपनी परीक्षा में सफ़लता दिलाने और आपके लक्ष्य को हासिल करने में आपकी सहायता करने का वादा करता हैं। हम अपने प्रतिभागियों पर पूरा भरोसा करते हैं और उन्हें मेरिट सूची के शीर्ष पर देखते हैं। शीर्ष स्थान की ओर आपका पहला कदम है हमारे साथ तैयारी शुरू करना। EduGorilla की "NTA UGC NET : समाजशास्त्र (पेपर I एवं II)" की विशेषताएं कुछ इस प्रकार हैं।

➤ अच्छी तरह से शोध किया हुआ पाठ्यक्रम

➤ उच्च गुणवत्ता

➤ विस्तृत उत्तर और विश्लेषण

➤ स्मार्ट उत्तर पत्रिका

➤ परीक्षा सुसंगत प्रश्न

इस प्रकार EduGorilla आपकी तैयारी को मजबूत और आपको परीक्षा में सफल होने के योग्य बनाता है।

UGC NET Sociology
परीक्षा की योग्यता, परीक्षा पैटर्न, विषय को जानने के लिए QR कोड को स्कैन करें।

Book ID: 0063

विषय-सूची

Paper-I

Q.1 निर्देश: नीचे दिए गए अभिकथन (A) और तर्क (R) के लिए, सही विकल्प चुनें।

अभिकथन (A): मनुष्य विभिन्न भौगोलिक, आर्थिक, सामाजिक, शैक्षिक या व्यावसायिक पृष्ठभूमि के कारण एक दूसरे से भिन्न होते हैं।

तर्क (R): कुछ लोगों को उनकी विशेषताएँ उनके जन्म, पारिवारिक पृष्ठभूमि, परवरिश या सामाजिक घटनाओं के कारण विरासत में मिला है जो उनके लिए अद्वितीय हैं।

A. अभिकथन (A) गलत है और तर्क (R) सही है।

B. अभिकथन (A) सही है और तर्क (R) गलत है।

C. दोनों अभिकथन (A) और तर्क (R) गलत हैं।

D. दोनों अभिकथन (A) और तर्क (R) सही हैं।

Ques (2-6):निर्देश: दी गई जानकारी को ध्यान से पढ़ें और नीचे दिये गये प्रश्नों के उत्तर दें।

Q.2 प्रतिक्रिया प्राप्त करने के लिए विस्तृत जवाब वाले प्रश्न पूछना ______ प्रश्न के रूप में वर्गीकृत किया जा सकता है।

A. विरोधात्मक **B.** विवादात्मक

C. मौलिक **D.** आलंकारिक

Q.3 जन संचार में फ्लैक अक्सर निम्न ______ संदर्भित करता है।

A. प्रचार प्रसार **B.** आलोचना

C. प्रतिपुष्टि **D.** विज्ञापन

Q.4 निम्नलिखित कथनों में से कौनसा सत्य नहीं है?

A. ऊपर की ओर संचार तब होता है जब शिक्षक विभाग के प्रमुख के साथ संवाद करता है|

B. क्षितिज संचार तब होता है जब शिक्षक अन्य शिक्षकों के साथ संवाद करता है|

C. ऊपर की ओर संचार को विकर्ण संचार भी कहा जाता है।

D. क्षितिज संचार को पार्श्व संचार भी कहा जाता है|

Q.5 इनमें से कौन एक व्याख्यान में 'अच्छी संचार नीति' के रूप में चुना जाएगा?

i. अपना स्वर बदलना

ii. व्यक्तिगत उदाहरण देना

iii. ठहराव का उपयोग करना

iv. आँख से संपर्क

v. चमकीले कपड़े

vi. चहल कदमी करना

A. i, ii, iv, v **B.** i, iii, iv, vi

C. i, iii, iv, v **D.** उपर्युक्त सभी

Q.6 सात व्यक्ति - P, Q, R, S, T, V और W एक सीधी पंक्ति में उत्तर की ओर मुख करके बैठे हैं लेकिन आवश्यक नहीं कि इसी क्रम में।

(a) Q, T के दायीं ओर तीसरे स्थान पर बैठा है। W, Q के दायें ओर दूसरे स्थान पर बैठा है।

(b) V और R एक दूसरे के निकटतम पड़ोसी हैं। V, T का निकटतम पड़ोसी नहीं है।

(c) S और P के बीच में सिर्फ एक व्यक्ति बैठा है।

(d) S, Q का निकटतम पड़ोसी नहीं है।

निम्न में से कौन सा जोड़ा पंक्ति के अन्तिम छोर पर बैठा है?

A. R, W **B.** S, T **C.** W, Q **D.** T, R

Q.7 पिंकी अपने पति राजू के साथ नोएडा में रहती है। एक दिन, एक व्यक्ति अनमोल उसके घर आया और राजू से कहा, कि आप मेरे बड़े भाई के पिता के दामाद हैं। अनमोल पिंकी से किस प्रकार से संबंधित है?

A. भाई **B.** पिता **C.** चाचा **D.** चचेरा भाई

Q.8 उस विकल्प का चयन कीजिये जो तीसरी संख्या से उसी प्रकार संबंधित है जिस प्रकार दूसरी संख्या पहली संख्या से संबंधित है।

3 : 45 : : 5 : ?

A. 75 **B.** 90 **C.** 47 **D.** 50

Q.9 एक परीक्षा में, छात्रों की कुल संख्या 10 है। 20% छात्रों के औसत अंक 40 अंक हैं, 30% छात्रों के औसत अंक 50 हैं और शेष छात्रों के औसत अंक 75 हैं।सभी छात्रों के औसत अंक प्राप्त करें।

A. 50.5 **B.** 60.5 **C.** 65 **D.** 57.5

Q.10 वान्या ने अपने वेतन से 10% दान में दिया ओर फिर शेष में से 20% अपनी दोस्त को कर्ज दिया।अब उसके पास 7200 बचे हैं| वान्या का वेतन कितना हे?

A. 12000 **B.** 10000 **C.** 10200 **D.** 11000

Q.11 मॉन्ट्रियल प्रोटोकॉल का मुख्य उद्देश्य क्या है?

A. ओजोन परत का संरक्षण **B.** जैवविविधता संरक्षण

C. वैश्विक तापमान **D.** जलवायु परिवर्तन

Q.12 निम्नलिखित में से किस झील में जीवों के उत्पादकों, अपघटकों और उपभोक्ता समूहों के बीच एक आदर्श पारिस्थितिक तंत्र मौजूद है?

A. सेनेसेन्ट झील **B.** ओलिगोट्रोफिक झील

C. यूट्रोफिक झील **D.** मीसोट्रॉफिक झील

Q.13 सूची 2 के साथ निम्नलिखित सूची 1 का मिलान करें।

सूची 1 (प्रोटोकॉल)	सूची 2 (उद्देश्य)
A. क्योटो प्रोटोकॉल	(i) ओजोन परत रिक्तीकरण
B. मॉन्ट्रियल प्रोटोकॉल	(ii) ग्रीन हाउस गैसें
C. नागोया प्रोटोकॉल	(iii) जैव सुरक्षा पर प्रोटोकॉल
D. कार्टजीना प्रोटोकॉल	(iv) पहुंच और लाभ-बंटवारे पर प्रोटोकॉल

A. A - iv, B - i, C - iii, D - ii

B. A - ii, B - i, C - iv, D - iii

C. A - ii, B - i, C - iii, D - iv

D. A - iii, B - i, C - iv, D - ii

Q.14 निम्न में से कौन सा/से कथन **"पारिस्थितिकी तंत्र"** के संदर्भ में सही है/हैं?

1. इसे गैर-जीवित घटकों और उनकी भौतिक क्रिया के साथ रहने वाले जीवों के समुदाय के रूप में परिभाषित किया गया है।

2. एक पारिस्थितिकी तंत्र में विभिन्न प्रकार के आवास और इकोटोन होते हैं।

नीचे दिए गए कूट से सही उत्तर का चयन करें|

A. केवल कथन 1 **B.** केवल कथन 2

C. दोनों कथन 1 और 2 **D.** न तो कथन 1 न ही 2

Q.15 निम्न में से कौन सी ऊर्जा का रूप काम में लाने और उपयोग में कम से कम पर्यावरण प्रदूषण का कारण बनती है?

A. परमाणु ऊर्जा

B. तापीय ऊर्जा

C. सौर ऊर्जा

D. भूतापीय ऊर्जा

Q.16 आईसीटी के माध्यम से उच्च शिक्षा में अनुसंधान को बढ़ावा देना?

(i) ई-पाठशाला

(ii) मुक्त शैक्षिक संसाधनों का राष्ट्रीय भंडार (NROER)

(iii) स्वयम

(iv) प्रभाव

(v) ऑपरेशन डिजिटल बोर्ड

A. (i), (ii) केवल

B. (i), (ii), (iii), (iv), (v)

C. (iv) केवल

D. (ii), (iii), (v) केवल

Q.17 यदि एक कोड में 'FRIEND' को 'HTKGPF' लिखा जाता है, तो उस कोड में 'REVEAL' को क्या लिखा जाएगा?

A. TGXFCN

B. TGXNGC

C. TXGNCG

D. TGXGCN

Q.18 यदि 36 पुरुष 25 घंटे में एक काम कर सकते हैं, तो 15 पुरुष कितने घंटे में करेंगे?

A. 60 घंटे

B. 55 घंटे

C. 65 घंटे

D. इनमे से कोई भी नहीं

Q.19 निम्नलिखित आयोग के साथ उनके अध्यक्षों का मिलान करें।

a. विविधता शिक्षा आयोग	(i). सैडलर
b. भारतीय शिक्षा आयोग	(ii). कोठारी
c. कलकत्ता विश्वविद्यालय आयोग	(iii). राधाकृष्ण
d. भारतीय विश्वविद्यालय आयोग	(iv). गुरदास बनर्जी और सैयद हुसन बिलग्राम

A. a-iii, b-ii, c-i, d-iv

B. a-iv, b-ii, c-i, d-iv

C. a-iii, b-i, c-ii, d-iv

D. a-iii, b-ii, c-iv, d-i

Ques (20-24): निर्देश: निम्न तालिका पाँच प्रमुख शहरों और भारत की राजधानी (दिल्ली) में जनसंख्या को दर्शाती है। जनसंख्या माप हर पांच साल में किया गया और लाखों में दर्ज किया गया। तालिका का अध्ययन करें और आने वाले प्रश्नों के उत्तर दें।

वर्ष	दिल्ली	मुम्बई	बैंगलोर	इंदौर	कोलकाता	गंगटोक
1995	12.6	18.4	10.6	15.5	16.3	4.2
2000	15.0	20.8	13.2	16.8	14.7	3.8
2005	15.3	21.3	14.9	12.2	13.8	6.8
2010	18.8	25.1	23.8	10.0	13.2	7.0
2015	24.2	27.4	32.5	13.5	15.0	8.2

Q.20 वह वर्ष कौन सा था जब गंगटोक की जनसंख्या का सभी शहरों की कुल जनसंख्या में अधिकतम प्रतिनिधित्व % दर्ज किया गया था?

A. 1995

B. 2005

C. 2010

D. 2015

Q.21 दिल्ली की जनसंख्या में वार्षिक वृद्धि दर (%) का औसत क्या है?

A. 18.15%

B. 19.04%

C. 22.87%

D. 16.50%

Q.22 किस शहर ने 1995 से 2015 तक कुल अधिकतम वृद्धि दर (दर्ज की है?

A. दिल्ली

B. मुंबई

C. बंगलौर

D. गंगटोक

Q.23 2015 में कोलकाता से जनसंख्या का अनुमानित प्रतिशत क्या था?

A. 8.6%

B. 12.4%

C. 15%

D. 10.8%

Q.24 निम्न में से कौन-सा शहर दिए गये वर्षों के दौरान केवल एक बार जनसंख्या वृद्धि दर्शाता है?

A. बैंगलोर

B. इंदौर

C. कोलकाता

D. गंगटोक

Q.25 सीधे सुझाव जिसमें कर्ता समान हो लेकिन वाक्यांश के पद अपने गुण और मात्रा में से किसी एक में या फिर दोनों में भिन्न हों, तो इस भिन्नता को ______ कहा जाता है?

A. संबंधवाचक तर्क

B. तत्काल अनुमान

C. विपरीत तर्क

D. उपरोक्त में से कोई नहीं

Q.26 कथन: सभी बिल्लियों के कान छोटे हैं।

कथन: रैगडॉल एक बिल्ली है।

निष्कर्ष: इसलिए, रैगडॉल के पास छोटे कान हैं।

यह किस प्रकार की तर्कशक्ति बोध है?

A. निगमनात्मक तर्कशक्ति

B. आगमनात्मक तर्कशक्ति

C. संबंधवाचक तर्कशक्ति

D. उपरोक्त में से कोई नहीं

Q.27 सूची-1 के साथ सूची-2 का मिलान करें और उत्तर के लिए सही कूट चुनें

सूची -1 (पतन)		सूची -2 (स्पष्टीकरण)	
a.	अधिप्राप्ति का पतन	i)	बिंदु पर जब एक तर्क में परिसर निष्कर्ष की सच्चाई को स्वीकार करने के लिए महत्वपूर्ण कारण नहीं देता है।
b.	प्रासंगिकता का पतन	ii)	क्योंकि वे अवांछित धारणाओं पर आधारित हैं।
c.	असामाजिक को नकारने की पराकाष्ठा	iii)	एक सशर्त प्रस्ताव के पूर्ववर्ती को नकारने से परिणाम को अस्वीकार नहीं किया जा सकता है

A. a-i, b-ii, c-iii

B. a-ii, b-iii, c-i

C. a-ii, b-i, c-iii

D. a-i, b-iii, c-ii

Q.28 क्यू.एस. भारतीय विश्वविद्यालय रैंकिंग 2019 के अनुसार कौन सा भारतीय विश्वविद्यालय पहले स्थान पर है?

A. आई.आई.टी. दिल्ली

B. आई.आई.टी. बॉम्बे

C. दिल्ली विश्वविद्यालय

D. भारतीय विज्ञान संस्थान

Q.29 पारंपरिक शिक्षण विधियों का उपयोग करना इस आधार पर उचित है, कि

i. उन्हें निष्पादित करना आसान है

ii. वे शिक्षार्थियों का समूह समरूप और बड़ा होने पर भी प्रभावी हैं

iii. वे समय और धन के मामले में किफायती हैं

iv. इनमें शिक्षकों के शिक्षण कौशल का मूल्यांकन करने की आवश्यकता नहीं है

v. वे परीक्षा-उन्मुख हैं

A. i, ii, v

B. i, ii, iii

C. i, ii, iv

D. ii, iii, iv

Q.30 शिक्षक-छात्र संबंधों को बेहतर बनाने के लिए निम्नलिखित में से कौन-सी रणनीति सहायक हो सकती है?

I. उन्हें निरुत्साहित करना

II. प्रतिक्रिया देना

III. जिम्मेदारी का प्रत्यायोजन

IV. उदाहरण स्थापित करना

V. स्पष्ट निर्देश

A. I, II, IV, V

B. II, III, IV, V

C. II, III, V   **D.** उपरोक्त सभी

Q.31 यदि आप कक्षा में दो छात्रों के बीच झगड़ा होते देखते हैं, तो इस समस्या को हल करने के लिए आपकी रणनीति क्या होनी चाहिए?

A. प्रशासन को शिकायत करना

B. कक्षा के भीतर इस समस्या पर चर्चा करना

C. प्रत्येक छात्र के साथ आमने-सामने बैठकर बातचीत करना

D. अपनी कक्षा से उन्हें बाहर करना

Q.32 सूची 2 के साथ सूची 1 का मिलान करें।

सूची 1		सूची 2
a.	CGPA	i) एक सेमेस्टर में छात्र का औसत
b.	SGPA	ii) छात्र के अपने शैक्षिक कार्यक्रम के दौरान औसत प्रदर्शन
c.	CBCS	iii) सतत मूल्यांकन ढांचा
d.	CCE	iv) प्रणाली जो विभिन्न पाठ्यक्रमों के बीच चयन करने की अनुमति देता है

A. a – i, b – iii, c – ii, d - iv

B. a – ii, b – i, c – iv, d - iii

C. a – i, b – ii, c – iii, d - iv

D. a – ii, b – iv, c – iii, d - i

Ques (33-34):निर्देश: नीचे दिए गए कथन (A) और कथन (B) में सही कथन का चयन करें।

Q.33 कथन (A): शिक्षा प्रणाली 'शिक्षण के चिंतनशील स्तर' को बढ़ावा देती है।

कारण (R): शिक्षण का स्मरण स्तर, बुद्धि में सुधार और छात्र की क्षमता को बढ़ाने का कार्य नहीं करता है।

A. A और R दोनों सत्य हैं और R, A की सही व्याख्या है

B. A और R दोनों सत्य हैं लेकिन R, A की सही व्याख्या नहीं है

C. केवल A सत्य है

D. केवल R सत्य है

Q.34 कथन A: किसी व्यक्ति की डिजिटल टेक्नोलॉजी तक एक्सेस या एक्सेस की कमी के कारण होने वाली असमानता को इंटरनेट असमानता कहा जाता है।

कथन B: एक्सेस की समस्या उभरती हुई टेक्नोलॉजी का एक मुख्य पहलू रहा है।

A. दोनों कथन सत्य हैं   **B.** केवल कथन A सत्य है

C. केवल कथन B सत्य है   **D.** कोई कथन सत्य नहीं है

Q.35 एक प्रसिद्ध व्यक्ति या संस्था का एक ईमेल जो दुरुपयोग के लिए संवेदनशील जानकारी एकत्र करने का प्रयास करता है उसे _______ कहा जाता है।

A. स्केम   **B.** स्पेम   **C.** फिशिंग   **D.** लुकिंग

Q.36 निम्न में से कौन-सी डिवाइस का स्टोरेज सबसे ज्यादा है?

A. सीडी-रोम   **B.** हार्ड ड्राइव

C. एसएसडी (SSD)   **D.** डीपीडी-रोम

Q.37 निम्नलिखित में से क्या डोमेन (क्षेत्र) नाम की विशेषता नहीं है?

A. वे बिंदु द्वारा अलग-अलग होते हैं

B. उनमें अंडरस्कोर होते हैं

C. डोमेन नाम वेबसाइट का नाम है

D. यह नाम हमेशा अद्वितीय है

Ques (38-42):निर्देश: निम्नलिखित गद्यांश को ध्यान से पढ़ें और प्रश्नों का उत्तर दें।

टाइम्स हायर एजुकेशन (टी.एच.ई.) द्वारा आयोजित वर्ल्ड यूनिवर्सिटी रैंकिंग 2020 में भारत ने अच्छा प्रदर्शन नहीं किया है; वर्ष 2012 के बाद से यह पहली बार है जब भारत के उच्च शिक्षा संस्थानों में से कोई भी शीर्ष 300 में शामिल नहीं हुआ। इसे पश्चिमी एजेंसी द्वारा अयोग्य मूल्यांकन के रूप में अस्वीकार नहीं करना ज्यादा बेहतर रहेगा। इंडियन इंस्टीट्यूट ऑफ साइंस, बैंगलोर अपने पहले 300 के अंतर्गत शामिल स्थान से 50 स्थान नीचे गिरकर 301-350 के समूह में शामिल हो गया है, और हालांकि नया भारतीय प्रौद्योगिकी संस्थान, रोपड़ इसमें शामिल हो गया है तथा सात और भारतीय संस्थानों के शामिल होने से पिछले वर्ष की संख्या को जोड़कर कुल 1,300 में से भारतीय संस्थानों की संख्या 49 हो गई है, इसलिए रैंकिंग से जो बात सामने आती है उसे समझना जरूरी हो सकता है। भारतीय संस्थान दो मानदंडों पर पिछे रहे हैं, हालांकि शिक्षण वातावरण तथा औद्योगिक आय में भारत ने अच्छे अंक हासिल किए हैं।

आई.आई.एस.सी., बैंगलोर अपने निम्न उद्धरण प्रभाव अंक के कारण अपना पूर्व स्थान खो दिया है, जो यह दर्शाता है कि इसके अनुसंधान को अन्य विद्वानों द्वारा पहले जैसा नहीं माना जा रहा है। यह संदेश केवल आई.आई.एस.सी., बैंगलोर के लिए नहीं है; यह उन नीति निर्माताओं के लिए भी महत्वपूर्ण है, जो निधि को भी नियंत्रित करते हैं। भारतीय संस्थान अंतर्राष्ट्रीय दृष्टिकोण में पिछड़ गए: जिसमें छात्रों और शिक्षकों के बीच बहु-सांस्कृतिक समुदाय का पोषण करना, छात्रों को दुनिया में कहीं भी सामाजिक एवं राजनीतिक वातावरण में समाहित होने हेतु शिक्षित करना और अनुसंधान एवं शिक्षा के माध्यम से अंतर्राष्ट्रीय गठजोड़ स्थापित करना शामिल है। यह विफलता विशेष रूप से 10 निजी संस्थानों को उत्कृष्टता के संस्थानों, भर्ती, वेतन और छात्र शुल्क के प्रचलित नियमों से मुक्त करके, शिक्षा के लिए भारत को वैश्विक गंतव्य के रूप में बनाने की सरकार की योजना के संदर्भ में विडंबना है। व्यवहार में, हालांकि, विभिन्न राज्यों में सबसे प्रसिद्ध विश्वविद्यालयों में से कुछ अब स्थानीय आवेदकों के पक्ष में संरक्षणवादी प्रणाली अपनाई जा रही है। शिक्षा के सभी स्तरों पर निरंतर संकीर्णता से कुछ भी बुरा नहीं हो सकता है। जब तक राजनीतिक प्राथमिकताएं शिक्षा को आगे बढ़ाती रहेंगी, भारत का स्थान इस तरह की सभी सूचियों में नीचे आता रहेगा।

Q.38 भारत ने विश्व विश्वविद्यालय रैंकिंग 2020 में अच्छा प्रदर्शन नहीं किया है, क्योंकि

A. पश्चिमी एजेंसी का मूल्यांकन अयोग्य था

B. इंडियन इंस्टीट्यूट ऑफ साइंस, बैंगलोर अपने पहले 300 के अंतर्गत स्थान से 50 स्थान नीचे गिरकर 301-350 के समूह में आ गया है

C. विश्व रैंकिंग में भारत की उपस्थिति में पिछले साल 49 के बजाय 56 संस्थानों की रैंकिंग में सुधार आया है

D. देश का कोई भी उच्च शिक्षा संस्थान शीर्ष 300 में शामिल नहीं हो पाया है

Q.39 भारतीय संस्थान दो मानदंडों पर पीछे रह गए हैं, वे दो मानदंड क्या हैं?

A. शिक्षण का माहौल और औद्योगिक आय

B. अनुसंधान और उद्धरण

C. नागरिकता और अंतर्राष्ट्रीय दृष्टिकोण

D. गद्यांश में केवल एक मानदंड, उद्धरण, उल्लिखित है

Q.40 आई.आई.एस.सी., बैंगलोर अपने पूर्व के स्थान से नीचे आ गया है क्योंकि

A. इसके अनुसंधान अन्य विद्वानों के लिए पहले जैसे महत्वपूर्ण नहीं माने जा रहे हैं

B. अपनी निम्न अनुसंधान उत्पादकता

C. नीति-निर्माताओं के कारण जो निधि को भी नियंत्रित करते हैं

D. उपरोक्त सभी

Q.41 गद्यांश के अनुसार, निम्नलिखित में से कौन सा कथन गलत है?

I. भारतीय संस्थान छात्रों और कर्मचारियों के बीच बहु-सांस्कृतिक समुदाय के विकास, अपने छात्रों को वैश्विक, राजनीतिक और सामाजिक वातावरण

तथा अनुसंधान एवं शिक्षा में अंतर्राष्ट्रीय गठबंधनों के विकास के लिए तैयार करने में पिछड़ जाते हैं।

II. सरकार विदेशी छात्रों को उच्च शिक्षा गंतव्य के रूप में भारत की स्थिति में सुधार लाने के लिए आकर्षित करने पर ध्यान केंद्रित कर रही है।

III. 10 निजी संस्थानों को उत्कृष्टता के संस्थानों के रूप में घोषित किया गया है, जो भर्ती, वेतन और छात्र शुल्क के प्रचलित नियमों से मुक्त हैं।

A. केवल II
B. केवल III
C. II और III दोनों
D. I और II दोनों

Q.42 यदि सबसे प्रसिद्ध विश्वविद्यालय एक संरक्षणवादी विधा का स्पष्ट रूप से उपयोग करते हैं तो क्या होगा ?

A. वे केवल स्थानीय आवेदकों का पक्ष लेंगे।
B. भारत सभी सूचियों में निम्न स्तर पर आता रहेगा।
C. राजनीतिक प्राथमिकताएँ शिक्षा को संचालित करेंगी।
D. यह शिक्षा प्रणाली के लिए सबसे खराब चुनौती होगी।

Q.43 क्रॉस-सेक्शनल (अनुप्रस्थ काट) अध्ययन का उद्देश्य क्या है?

A. कम समय के लिए विभिन्न चर की स्थिति की तुलना करना।
B. विभिन्न समय पर एक चर की स्थिति का पता लगाने के लिए।
C. एक समय पर विभिन्न समूहों के विकास का अध्ययन करना।
D. लंबे समय के लिए विभिन्न चर की स्थिति की तुलना करना।

Q.44 अनुसंधान में यादृच्छिकता का मतलब है

i. एक इकाई का चयन या उसका चयन न करना, जो दूसरे के चयन पर कोई प्रभाव नहीं डालता है

ii. जनसंख्या की प्रत्येक और हर इकाई चयनित होने की समान संभावना रखती है

iii. संभावित एकल विधि के आधार पर इकाई का चयन

A. केवल i
B. केवल ii
C. i और ii
D. i, ii और iii

Q.45 निर्देश: नीचे दिए गए कथन (A) और कथन (B) में सही कथन का चयन करें।

कथन A: शून्य परिकल्पना मौजूद होती है जब शोधकर्ता यह पता लगाता है कि दोनों चर के बीच कोई संबंध नहीं है।

कथन B: शून्य परिकल्पना को अस्वीकार करने के लिए वैकल्पिक परिकल्पना की आवश्यकता है।

A. कथन A और B दोनों सत्य हैं
B. केवल कथन A सत्य है
C. केवल कथन B सत्य है
D. दोनों कथन असत्य हैं

Q.46 अनुसंधान में एक विश्लेषण जो नृवंशविज्ञान पर आधारित है उसे _______ कहा जाता है।

A. गुप्त शोध
B. वार्तालाप विश्लेषण
C. सामग्री विश्लेषण
D. रूपावली

Q.47 किस प्रकार का शोध दो चर के बीच संबंध निर्धारित करता है?

A. सहभागी क्रिया अनुसंधान
B. सर्वे शोध
C. सहसंबंधी शोध
D. इनमें से कोई नहीं

Q.48 निम्न को कम कठिन से अधिक कठिन में व्यवस्थित करें:

(1) प्रक्रियाओं का शिक्षण
(2) मूल्यों का शिक्षण
(3) अवधारणाओं का शिक्षण
(4) चिंतन कौशल का शिक्षण

A. (1), (3), (4), (2)
B. (2), (4), (3), (1)
C. (1), (3), (2), (4)
D. (1), (2), (3), (4)

Q.49 क्रेडिट आधारित ग्रेडिंग सिस्टम (CGS) में 'क्रेडिट' शब्द का तात्पर्य _______ के लिए निर्धारित घंटों की संख्या से है।

A. प्रति दिन एक कोर्स
B. प्रति माह एक कोर्स
C. प्रति सप्ताह एक कोर्स
D. सम्पूर्ण कोर्स

Q.50 निम्नलिखित में से कौन सा सॉफ्टवेयर अनुसंधान विश्लेषण के लिए उपयोग किया जाता है?

A. SAP
B. ERP
C. SPSS
D. TALLY

Paper-II

Q.51 भारत में लोगों का जीवन अत्यधिक असमान क्यों है?

A. धर्म और संसाधन
B. प्रयासों की कमी
C. समय की कमी
D. गरीबी और संसाधनों की कमी

Q.52 निम्नलिखित विशेषताएं हैं, आर रेड-फील्ड द्वारा बताए गए छोटे समुदाय की विशेषताओं के सही सेट की पहचान करें:

i. एकरूपता
ii. विषमता
iii. आत्म-प्रत्यय
iv. विशिष्टता
v. प्राथमिक संबंध

दिए गए कोड में से सही उत्तर का चयन करें:

A. i, iii, iv, और v
B. i, iii, और iv
C. ii, iii, और v
D. iii, iv, और v

Q.53 2011 की जनगणना के अनुसार, किस राज्य में सबसे अधिक लिंगानुपात दर्ज किया गया है?

A. केरल
B. मिज़ोरम
C. हरियाणा
D. पंजाब

Q.54 निम्नलिखित राज्यों पर विचार करें:

1. बिहार
2. पश्चिम बंगाल
3. दिल्ली

जनसंख्या घनत्व के संदर्भ में निम्नलिखित में से कौन सा क्रम सही है?

A. 1 > 2 > 3
B. 3 > 1 > 2
C. 3 > 2 > 1
D. 1 > 3 > 2

Q.55 2011 की जनगणना रिपोर्ट में निम्नलिखित में से किस राज्य को स्लम मुक्त बताया गया है?

i. गोवा
ii. मणिपुर
iii. सिक्किम

नीचे दिए गए कोड का उपयोग करके सही उत्तर चुनें।

A. केवल i और ii
B. केवल i और iii
C. केवल ii
D. केवल ii और iii

Q.56 विवाह एक महत्वपूर्ण संस्थान है:

A. क्योंकि लोग इसे सीखते हैं, क्योंकि यह सेक्स अनुशासन और सामाजिक सद्भाव के लिए अनुकूल है।
B. क्योंकि इसका उद्देश्य बच्चों की खरीद और रखरखाव है।
C. क्योंकि यह पति और उसकी पत्नी के बीच एक स्थायी बंधन है।
D. उपर्युक्त सभी

Q.57 निम्नलिखित में से कौन सा संस्कृति का एक तत्व है?
- **A.** कविता में रुचि
- **B.** जाति से बाहर विवाह करना
- **C.** दूसरे व्यक्ति को आपके विचारों को स्वीकार करना
- **D.** उपर्युक्त सभी

Q.58 रेडक्लिफ ब्राउन समाजशास्त्र को किसका विज्ञान मानते हैं?
- **A.** मानव संबंध
- **B.** मानव समाज
- **C.** मानव व्यवहार
- **D.** मानव वार्तालाप

Q.59 समाजशास्त्र 'शब्द दो शब्दों से बना है। य़े हैं ?
- **A.** समाज और लोगी
- **B.** समाज और तार्किकता
- **C.** समाज और शास्त्र
- **D.** सोसिया और लोगोस

Q.60 किस वर्ष में 'समाजशास्त्र' शब्द गढ़ा गया था?
- **A.** 1789
- **B.** 1815
- **C.** 1839
- **D.** 1857

Q.61 निम्नलिखित में से कौन सा संस्थान का उदाहरण नहीं है?
- **A.** परिवार
- **B.** शादी
- **C.** समानता
- **D.** सहकर्मी समूह

Q.62 निम्नलिखित में से किस पुस्तक में सी.एच. कुले ने प्राथमिक समूह की अवधारणा को अंतरंग आमने-सामने एसोसिएशन द्वारा पेश किया?
- **A.** सोशल आर्गेनाइजेशन
- **B.** ह्यूमन ग्रुप्स
- **C.** द नेचर ऑफ़ ह्यूमन ग्रुप
- **D.** सोशल स्ट्रक्चर

Q.63 औद्योगीकरण के कारण भारतीय संस्थाओं में कौन-सी संस्थाएँ सबसे अधिक प्रभावित हई है?
- **A.** विवाह, जाति तथा परिवार की संस्थाएँ
- **B.** राजनैतिक संस्थाएँ
- **C.** आर्थिक संस्थाएँ
- **D.** धार्मिक संस्थान

Q.64 बहुपतित्व को दो समूहों में वर्गीकृत किया जा सकता है। निम्नलिखित में से कौन सा है?
- **A.** लेविरेट और सोर्सेंट
- **B.** एडेल्फिक और नॉं-एडेल्फिक
- **C.** हाइपरगामी और हाइपोगैमी
- **D.** अलग चचेरे भाई और समानांतर चचेरे भाई

Q.65 सभी समाजों में विवाह के लिए लगभग सार्वभौमिक मानदंड है?
- **A.** वंश अंतर्विवाह
- **B.** कबीले की अंतर्विवाह
- **C.** कबीले बहिर्विवाह
- **D.** समानांतर - चचेरे भाई की शादी

Q.66 स्पेंसर ने सामाजिक परिवर्तन के अपने सिद्धांत किसके साथ जोड़ा है?
- **A.** प्रौद्योगिकी
- **B.** दर्शनशास्त्र
- **C.** जीव
- **D.** संरचना

Q.67 लोकसाहित्य शब्द को समाजशास्त्रीय साहित्य में किसने पेश किया?
- **A.** डब्ल्यूजी. सुमनेर
- **B.** ग्राहम वालेस
- **C.** बी. मालिनो स्की
- **D.** रेडक्लिफ ब्राउन

Q.68 "द पावर्टी ऑफ़ हिस्टोरिसिस्म " को 1957 में किसने लिखा था?
- **A.** कार्ल पॉपर
- **B.** कार्ल मार्क्स
- **C.** कार्ल मैनहेम
- **D.** विलियम डेल्टही

Q.69 समाज किसके अस्तित्व बाहर निकलता है ?
- **A.** समुदाय का अस्तित्व
- **B.** पुरुषों का अस्तित्व
- **C.** समस्या का अस्तित्व
- **D.** संबंध

Q.70 किसने समाजों को सरल, मिश्रित, दोगुना मिश्रित, ट्रेबीली मिश्रित में वर्गीकृत किया?
- **A.** मार्क्स
- **B.** कॉम्टे
- **C.** एच स्पेंसर
- **D.** सोरोकिन

Q.71 किसने प्रतिपादित किया है कि "प्राथमिक समूह मानव प्रकृति के बीच संघर्ष की नर्सरी हैं"?
- **A.** जॉर्ज हर्बर्ट मीड
- **B.** राल्फ डाहरंडॉर्फ
- **C.** चार्ल्स एच कोलेले
- **D.** कार्ल मार्क्स

Q.72 कथन में कुछ लोग हैं जो दूसरों की तुलना में अधिक सक्षम हैं जिनके लिए जिम्मेदार ठहराया जा सकता है ?
- **A.** डेविस और मूर
- **B.** गोडे और हाट
- **C.** पार्सन्स और मर्टन
- **D.** डर किम और वेबर

Q.73 मार्क्स के लिए, एक वर्ग की प्रक्रिया में एक व्यक्ति की स्थिति के द्वारा अक्षम है ?
- **A.** सेवन
- **B.** उत्पादन
- **C.** वितरण
- **D.** तकनीकी विकास

Q.74 अछूतों को 'हरिजन' नाम किसने दिया ?
- **A.** भारतीय संविधान
- **B.** बी.आर. आंबेडकर
- **C.** महात्मा गांधी
- **D.** जी.एस. घोरी

Q.75 1942 में अनुसूचित जाति महासंघ की स्थापना किसने की?
- **A.** बी.आर. अम्बेडकर
- **B.** महात्मा गांधी
- **C.** ज्योतिबा फुले
- **D.** जगजीवन राम

Q.76 अमन, जो दो पूर्व साक्षर समाजों में आदिवासी अनुष्ठानों के सामाजिक महत्व की तुलना करता है, सबसे अधिक संभावना है ?
- **A.** समाजशास्त्री
- **B.** पुरातत्त्ववेत्ता
- **C.** सामाजिक मानवविज्ञानी
- **D.** एथ्नोलोगिस्ट

Q.77 'माइंड एंड सोसाइटी' का काम किसका है ?
- **A.** हलम्बोस
- **B.** परेटो
- **C.** बूटमोरे
- **D.** एलेक्स इंकल्स

Q.78 पेरेटो ने शेरों और लोमड़ियों की अवधारणा को किससे लिया है ?
- **A.** मैकियावेली
- **B.** प्लूटो
- **C.** फ्रांसिस बेकन
- **D.** मुसोलिनी

Q.79 थ्योरी ऑफ द लीजर क्लास किसने दिया?
- **A.** पार्सन्स
- **B.** टी. वेब्लेन
- **C.** मर्टन
- **D.** सी.डब्ल्यू मिल्स

Q.80 निम्नलिखित में से कौन समाजशास्त्र की अवधारणाएँ, एक व्यापक विज्ञान के रूप में सामाजिक कार्रवाई की थी?
- **A.** टी. पार्सन्स
- **B.** कार्ल मार्क्स
- **C.** मार्टिनडेल
- **D.** मैक्स वेबर

Q.81 'कस्टम वह लेंस है जिसके बिना कोई भी नहीं देख सकता है'। यह प्रसिद्ध उद्धरण किस नाम से जुड़ा है?
- **A.** एम. मीड
- **B.** मालिनोवस्की
- **C.** आर. बेनेडिक्ट
- **D.** समनर

Q.82 संस्कृति मनुष्य को पर्यावरण का हिस्सा बनाया गया है। 'यह किसने कहा?
- **A.** अल्फ लाल लुई क्रोबेबर
- **B.** टाइलर
- **C.** मालिनोवस्की
- **D.** इनमें से कोई नहीं

Q.83 सर्वप्रथम अलगाव की अवधारणा को समाजशास्त्रीय सिद्धांत में किसने प्रस्तुत किया था?

A. जॉर्ज विल्हेम फ्रेडरिक हेगेल

B. कार्ल मार्क्स

C. जॉर्ज हर्बर्ट मीड

D. इनमें से कोई नहीं

Q.84 मानव आबादी का वैज्ञानिक आईसी अध्ययन, मुख्य रूप से उनके आकार, उनकी संरचना और उनके विकास के संबंध में है?

A. समाजशास्त्र

B. जनसांख्यिकी

C. भूगोल

D. इनमें से कोई नहीं

Q.85 यूफोरिया, रेडक्लिफ ब्राउन द्वारा गढ़ा गया एक शब्द है ?

A. अराजकता की स्थिति

B. संतुलन की अवस्था

C. सामाजिक कल्याण की अवस्था

D. सामाजिक असमानता की स्थिति

Q.86 व्यवस्था, परिवर्तन और प्रगति का राष्ट्र किसकी अवधारणा में निहित है?

A. क्रमागत उन्नति

B. क्रांति

C. सामाजिक बदलाव

D. सामाजिक विकास

Q.87 उन्होंने पितृसत्तात्मक परिवार को सामाजिक समूह के प्राथमिक रूप के रूप में स्थापित करने की मांग की। वह कौन था?

A. विग

B. बाशोफेन

C. हेनरी मेन

D. इनमें से कोई नहीं

Q.88 आप सामाजिक तथ्य की अवधारणा को किससे जोड़ते हैं?

A. एमाइल दुर्खीम

B. कार्ल मार्क्स

C. एम. मौस

D. मैक्स वेबर

Q.89 कथन I: मार्क्स के अनुसार, आर्थिक क्रिया उपयोगी चीजों के लिए इच्छाओं की संतुष्टि से संबंधित है।

कथन II: मार्क्स का मानना था कि अधिकतम लाभ के बाजार को नियंत्रित करने के लिए आर्थिक कार्रवाई की जाती है।

नीचे दिए गए कोड का उपयोग करके सही उत्तर चुनें:

A. दोनों कथन व्यक्तिगत रूप से सत्य हैं और कथन II कथन I की सही व्याख्या है।

B. दोनों कथन व्यक्तिगत रूप से सत्य हैं लेकिन कथन II कथन I की सही व्याख्या नहीं है।

C. कथन I सत्य है लेकिन कथन II गलत है।

D. कथन I गलत है लेकिन कथन II सत्य है।

Q.90 निम्नलिखित में से कौन सा वेबर के करिश्माई नेतृत्व के लक्षण वर्णन के अनुरूप नहीं है?

A. अनुयायी करिश्माई नेता को अलौकिक या अलौकिक शक्ति का श्रेय देते हैं

B. एक करिश्माई नेता परंपरा और प्रचलित कानूनी मानदंडों के साथ टूट जाता है

C. एक करिश्माई नेता एक स्थापित प्रशासनिक कर्मचारियों के बजाय व्यक्तिगत रूप से समर्पित आंतरिक सर्कल के माध्यम से कार्य करता है

D. एक करिश्माई नेता लंबे समय तक वंशानुगत उत्तराधिकार के माध्यम से सहन कर सकता है

Q.91 निम्नलिखित में से कौन ग्रामीण अर्थव्यवस्था में योगदान नहीं करता है?

A. लघु उद्योग

B. पशुपालन

C. पैसा भेजना

D. बेहतर उपकरण

Q.92 पारसियों का मामला जो पारस से गुजरात चले गए और गुजराती भाषा में बदल गए, इसका एक उदाहरण है :

A. निवास

B. एकीकरण

C. समन्वयता

D. आत्मसात्करण

Q.93 "ए साइंटिफिक थ्योरी ऑफ कल्चर" पुस्तक के लेखक कौन हैं?

A. बी. मालिनोवस्की

B. ए आर रेडक्लिफ-ब्राउन

C. ई.बी. टाइलर

D. ए.एल. क्रोइबर

Q.94 एक फिल्म-प्यार करने वाली हाई स्कूल लड़की के संबंध में, एक फिल्म स्टार उसका हिस्सा बनता है-

A. द्वितीयक समूह

B. संदर्भ समूह

C. प्राथमिक समूह

D. समूह में

Q.95 निम्नलिखित में से कौन सा कथन ई दुर्खीम के सामाजिक तथ्यों को उजागर नहीं करता है?

A. सामाजिक तथ्यों को सामूहिक रूप से विस्तृत किया गया है और इसलिए वे नैतिक हैं और व्यक्तिगत व्यवहार में बाधा डालते हैं।

B. सामाजिक तथ्यों को समझना चाहिए कि क्या वे चीजें थीं, और उन्हें केवल अन्य सामाजिक तथ्यों के संबंध में समझाया जा सकता है।

C. सामाजिक तथ्य सामाजिक प्रणाली की विशेषताएं हैं जिनके पास एक अनंतता और अधिकार है जो उस प्रणाली के हिस्से होने के लिए लोगों के इरादों और प्रेरणा के योग से अधिक है।

D. सामाजिक तथ्य एक समूह की सामूहिक चेतना में उत्पन्न होते हैं और इसलिए व्यक्तियों को प्रभावित करते हैं जब वे समूह के साथ जुड़े होते हैं।

Q.96 "डिविजन आफ लेबर "द्वारा लिखा गया था?

A. कार्ल मार्क्स

B. विलफ्रेडो पेरेटो

C. एमिल दुर्खीम

D. इनमें से कोई नहीं

Q.97 एक सरकारी अस्पताल में काम करने वाला एक चिकित्सा विशेषज्ञ निजी शिक्षा क्षेत्र में काम करने वाले समान शैक्षिक योग्यता और अनुभव के साथ खुद की तुलना खुद से करता है और बाद में उच्च आय अर्जित कर रहा है। पूर्व मामले के विशेषज्ञ को लगता है कि उसका मामला था:

1. उसके प्रति भेदभाव

2. शोषण

3. सापेक्ष अभाव

कार्यात्मक विश्लेषण के आधार पर उपरोक्त में से कौन सा सही है / हैं?

A. 1 और 2

B. 1 और 3

C. 1, 2 और 3

D. केवल 3

Q.98 अहंकार के महत्व के साथ-साथ उनकी डिग्री के संदर्भ में अलर्ट को अलग किया जाता है, और यह कि एक मंजूरी का बल है, इसलिए, इस संबंध में और साथ ही दूसरों में इसके स्रोत का एक कार्य है। उपरोक्त में से कौन सी सही अवधारणा है?

A. निकटता

B. सामाजिक नियंत्रण

C. सामाजिक दूरी

D. भूमिका पैटर्न

Q.99 उन्नत प्रौद्योगिकी एक उन्नत समाज की केंद्रीय विशेषता है, क्योंकि प्रौद्योगिकी-

A. अन्य सभी समाजों को इसके विपरीत द्वारा प्राइमिट दिखाई देता है।

B. भागों के बीच श्रम के कम विभाजन का संदर्भ देता है।

C. लोगों को अपने पर्यावरण की अधिक स्वतंत्रता देता है।

D. जाति, वर्ग या जाति का सम्मान नहीं करता।

Q.100 कथन I: शहरीकरण पश्चिमीकरण से युक्त है।

कथन II: शहरीकरण ने सामाजिक संगठन के नए रूपों को लाया है।

नीचे दिए गए कोड का उपयोग करके सही उत्तर चुनें:

A. दोनों कथन व्यक्तिगत रूप से सत्य हैं और कथन II कथन I की सही व्याख्या है।

B. दोनों कथन व्यक्तिगत रूप से सत्य हैं और कथन II कथन I की सही व्याख्या नहीं है।

C. कथन I सत्य है लेकिन कथन II गलत है।

D. कथन I गलत है लेकिन कथन II सत्य है।

Q.101 निम्नलिखित में से कौन सा सबसे अच्छा शहरीकरण की अवधारणा को दर्शाता है?

A. रोजगार की तलाश में शहरों में प्रवास की प्रक्रिया।

B. काम की स्थिति, भोजन की आदतों, शहरों में रहने वालों के तनाव पैटर्न के संदर्भ में जीवन का पैटर्न।

C. औपचारिकता, व्यक्तिवाद और गुमनामी के संदर्भ में मूल्यों और मानदंडों की एक प्रणाली।

D. उच्च-वृद्धि निर्माण की प्रणाली।

Q.102 भारत में जनसांख्यिकीय लाभांश की घटना को संदर्भित करता है :

A. जनसंख्या में वृद्ध व्यक्तियों (65+) का बढ़ता अनुपात

B. पुरुषों और महिलाओं की जीवन प्रत्याशा के बीच असंतुलन

C. शिशु मृत्यु दर में कमी

D. सबसे तेजी से बढ़ती कार्यशील जनसंख्या दृष्टि-आधारित आश्रित जनसंख्या है

Q.103 इको-फेमिनिज्म एक सैद्धांतिक परिप्रेक्ष्य है जो लिंग और प्रकृति के बीच संबंध को संबोधित करता है। निम्नलिखित में से कौन सा कथन सही ढंग से इको-फेमिनिज्म परिप्रेक्ष्य की व्याख्या करता है?

A. एक प्राकृतिक आपदा में, महिलाओं को पुरुषों की तुलना में अधिक दूर होने की संभावना है।

B. विकास परियोजनाओं में, जो मनुष्यों के पुनर्वास नीति में बड़े पैमाने पर विस्थापन की आवश्यकता होती है, महिलाओं को प्राथमिकता देनी चाहिए।

C. रचनाकार और जीवन के पोषण के रूप में उनकी भूमिका के कारण, महिलाएं पर्यावरण की बेहतर संरक्षिका हैं।

D. समूह के रूप में महिलाएं पुरुषों की तुलना में औद्योगिक और वाहनों की आबादी में बहुत कम योगदान देती हैं।

Q.104 भारत में घटते लिंगानुपात के स्पष्टीकरण के रूप में निम्नलिखित में से कौन सा कारक सबसे कम प्रासंगिक है?

A. शहरी क्षेत्र में पुरुषों का प्रवासन

B. कन्या भ्रूण हत्या

C. बालिकाओं की निम्न पोषण स्थिति

D. उच्च मातृ मृत्यु दर

Q.105 आधुनिक औद्योगिक समाज को अगले उच्च स्तर पर नियमावली श्रमिकों की बढ़ती संख्या के एक शिफ्ट टी की विशेषता है। यह प्रक्रिया इस प्रकार है:

A. संस्कृतिकरण

B. अनुकूलन

C. एम्ब्रोज़ोइसेमेंट

D. कक्षा-एकरूपता

Q.106 निम्नलिखित में से किसने देखा कि मुख्य कार्यकारी अधिकारी और बहुत अमीर संयुक्त राज्य अमेरिका में एक और एक ही समूह हैं?

A. जे.के. गालब्रेथ

B. जी. मायर्डल

C. सी.डब्ल्यू. मिल्स

D. एन स्मेलसर

Q.107 दोहरीकरण समग्र की अवधारणा के अध्ययन से संबंधित है:

A. वित्त

B. आबादी

C. वातावरण

D. पैरासिटोलॉजी

Q.108 ग्रामीण और शहरी क्षेत्रों के संदर्भ में मानव बस्तियों का वितरण-

A. एक द्वंद्ववाद

B. एक सातत्य

C. एक द्वंद्वात्मक प्रणाली

D. शहरी विकास

Q.109 स्पेंसर ने दो प्रकार के समाज के संदर्भ में सभी विकास देखे-

A. कृषि और औद्योगिक

B. सैन्य और औद्योगिक

C. देहाती और औद्योगिक

D. आदिवासी और औद्योगिक

Q.110 निम्नलिखित में से कौन सा शब्द शहरी केंद्रों की सीमाओं से परे आबादी और उद्योग के प्रसार के लिए उपयोग किया जाता है?

A. शहरी फैलाव

B. शहरीकरण

C. शहरी केंद्र

D. उपनगरीकरण

Q.111 अभिकथन (A): शिक्षित महिलाओं के बीच अपनी नई पहचान के जोर के रूप में रोजगार पाने और परिवार को आर्थिक सहायता प्रदान करने की प्रवृत्ति बढ़ रही है।

कारण (R): महिलाओं के रोजगार से नौकरी की भूमिकाओं और पारिवारिक भूमिकाओं के बीच अधिक तनाव और तनाव पैदा होता है जिसके परिणामस्वरूप भूमिका संघर्ष होता है।

नीचे दिए गए कोड का उपयोग करके सही उत्तर चुनें-

A. A और R दोनों सत्य हैं और R, A की सही व्याख्या है

B. A और R दोनों सत्य हैं, लेकिन R A की सही व्याख्या नहीं है

C. A सत्य है, लेकिन R असत्य है

D. A गलत है लेकिन R सत्य है

Q.112 अभिकथन (A): अधिक एकीकृत समाजों में परोपकारी आत्महत्याएं अधिक होती हैं।

कारण (R): आत्महत्या एक व्यक्ति का हताश करने वाला कार्य है।

नीचे दिए गए कोड का उपयोग करके सही उत्तर चुनें-

A. A और R दोनों सत्य हैं और R, A की सही व्याख्या है

B. A और R दोनों सत्य हैं, लेकिन R A की सही व्याख्या नहीं है

C. A सत्य है, लेकिन R असत्य है

D. A गलत है लेकिन R सत्य है

Q.113 जब एक जीवन में कई लोग एक साथ सवारी करते हैं, तो वे आमतौर पर दरवाजे के सामने खड़े होते हैं।

एंथनी गिडेंस के अनुसार, यह एक उदाहरण होगा:

A. एहतियात

B. सामाजिक दूरी

C. शील

D. भूमिका प्रदर्शन

Q.114 एक समूह जो एक व्यक्ति को एक ही समय में समान अन्य समूहों में शामिल होने की अनुमति नहीं देता है:

A. विघटनकारी समूह

B. समूह में

C. बंद समूह

D. समूह को बधाई दें

Q.115 निम्नलिखित में से किसने कहा कि अमीरी गरीबी के अनुपात में बढ़ती है?

A. मार्क्स

B. एंगेल्स

C. वेबर

D. हेगेल

Q.116 एकल जोड़े के बीच विवाह, एक दूसरे के साथ अनन्य सहवास के अधिकारों को शामिल किए बिना निम्न किस रूप में संदर्भित किया जाता है-

A. सिनडासियन परिवार

B. वैवाहिक परिवार

C. कुलपति का परिवार

D. अनेक परिवार

Q.117 एक जनगणना से सेक्स और उम्र के आधार पर प्रजनन क्षमता के निम्नलिखित में से किस उपाय की गणना की जा सकती है?

A. बाल-महिला अनुपात

B. कुल उपजाऊपन दर

C. अशोधित जन्म दर

D. आयु प्रजनन दर

Q.118 दोहरा वंश प्रणाली में, किसी को संपत्ति विरासत में मिलती है?

A. पिता के मातृत्व संबंधी रिश्तेदार और माता के पतिव्रता रिश्तेदार।

B. पिता के पितृवंशीय रिश्तेदार और माता के मातृ संबंधी रिश्तेदार।

C. पिता का पतिव्रता और मातृ संबंधी रिश्तेदार।

D. माता की मातृ और पितृगण रिश्तेदार।

Q.119 अभिकथन (A): अस्पृश्यता और अत्याचार की प्रथा के खिलाफ अनुसूचित जातियों द्वारा विरोध बढ़ गया है।

कारण (R): उनके कार्यों ने कानून और व्यवस्था को सख्ती से लागू करने के लिए सरकारी तंत्र को हिला दिया है।

नीचे दिए गए कोड का उपयोग करके सही उत्तर चुनें-

A. A और R दोनों सत्य हैं और R, A की सही व्याख्या है

B. A और R दोनों सत्य हैं, लेकिन R A की सही व्याख्या नहीं है

C. A सत्य है, लेकिन R असत्य है

D. A गलत है लेकिन R सत्य है

Q.120 अभिकथन (A): अनुसूचित जाति / जनजाति के लिए आजादी के बाद भारत सरकार द्वारा अपनाई गई सुरक्षात्मक विभेदकारी आयन की नीति आज अत्यधिक विवादास्पद हो गई है।

कारण (R): शिक्षण संस्थानों और व्यावसायिक क्षेत्रों में SC / ST के लिए आरक्षण ने एक तरफ इन जातियों के बीच की खाई को कम कर दिया है और दूसरी तरफ उच्च जातियों को।

नीचे दिए गए कोड का उपयोग करके सही उत्तर चुनें-

A. A और R दोनों सत्य हैं और R, A की सही व्याख्या है

B. A और R दोनों सत्य हैं, लेकिन R A की सही व्याख्या नहीं है

C. A सत्य है, लेकिन R असत्य है

D. A गलत है लेकिन R सत्य है

Q.121 निम्नलिखित में से कौन सी अवधारणा का तात्पर्य यह है कि प्रत्येक सामाजिक स्थिति में एक ही संबद्ध भूमिका नहीं है, लेकिन एक भूमिका है?

A. कई भूमिकाएँ

B. स्थिति क्रम

C. भूमिका सेट

D. स्थिति सेट

Q.122 निम्नलिखित में से कौन सा जोड़ा सही ढंग से मेल नहीं खाता है?

A. शम्पेटर: उद्यमी

B. चीन: सांस्कृतिक क्रांति

C. रूस: औद्योगिक क्रांति

D. मैक्स वेबर: नौकरशाही

Q.123 गोफमैन के अनुसार, जब भी किसी व्यक्ति में एक दूसरे की उपस्थिति की आपसी मनमानी दिखाई देती है, तो यह एक मामला है-

A. मुठभेड़

B. सामाजिक संबध

C. असम्बद्ध बातचीत

D. सामाजिक जुड़ाव

Q.124 निम्नलिखित में से कौन नौकरशाही प्राधिकरण की विशेषता नहीं है?

A. निरंतर संगठन

B. जनतंत्रीकरण

C. अनुक्रम

D. भूमिका विभाजन

Q.125 निम्नलिखित में से कौन जाजमनी प्रणाली की विशेषता है?

1. जातियों की क्रियात्मक निर्भरता

2. महिलवी अरी प्रणाली

3. गाँव की सामाजिक संरचना

नीचे दिए गए कोड में से सही उत्तर का चयन करें:

A. 1 और 2

B. 2 और 3

C. 1 और 3

D. 1, 2 और 3

Q.126 सार्वभौमिकरण किस प्रक्रिया को संदर्भित करता है?

A. महान परंपरा के तत्व छोटी परंपरा का हिस्सा बनने के लिए नीचे की ओर बढ़ते हैं।

B. छोटी परंपरा संस्कृत आईसी विचारों और मूल्यों के संपर्क में है।

C. सार्वभौमिक मानदंड अपनाए जाते हैं।

D. छोटी परंपरा के तत्व ऊपर की ओर बढ़ते हैं और महान परंपरा के साथ पहचाने जाते हैं।

Q.127 निर्देश: सूची- I के साथ सूची-II का मिलान करें और सूचियों के नीचे दिए गए कोड का उपयोग करके सही उत्तर चुनें

सूची-I	सूची-II
A. अनुच्छेद 15	1. अस्पृश्यता का उन्मूलन।
B. अनुच्छेद 330 अनुसूचित जाति के हित	2. शिक्षा और आर्थिक एसटी और अन्य कमजोर वर्गों को बढ़ावा देना।
C. अनुच्छेद 46 धर्म, जाति	3. सेक्स या जन्म स्थान के आधार पर भेदभाव का निषेध।
D. अनुच्छेद 17 की सभा	4. लोगों में एससी और एसटी के लिए सीटों का आरक्षण।

A. 1 4 2 3   **B.** 1 2 4 3   **C.** 3 2 4 1   **D.** 3 4 2 1

Q.128 निर्देश : सूची- II के साथ सूची- I का मिलान करें और सूचियों के नीचे दिए गए कोड का उपयोग करके सही उत्तर चुनें-

सूची-I	सूची-II
A. पैट्रिशियन और प्लेबियन शहर	1. बी.एफ. होसेलिट्ज़
B. पीढ़ी और परजीवी शहरों	2. जी। सोबरबर्ग
C. ऑर्थोजेनेटिक और हेटेरोजेनेटिक शहर	3. मैक्स वेबर
D. पूर्व-औद्योगिक और औद्योगिक शहर	4. एम..सिंगर

A. 1 3 2 4   **B.** 1 3 4 2   **C.** 3 1 2 4   **D.** 3 1 4 2

Q.129 स्वचालन औद्योगिक रोजगार को प्रभावित करता है?

A. कम समय में नौकरियों में कमी

B. स्थायी रूप से नौकरियों में कमी

C. लंबे समय में नौकरियों में वृद्धि

D. कम समय में नौकरियों में वृद्धि

Q.130 निम्नलिखित में से कौन सा भारत में दिए गए अल्पसंख्यक समुदायों के आकार के घटते क्रम में सही क्रम है?

A. मुस्लिम, सिख, ईसाई, बौद्ध

B. मुस्लिम, ईसाई, बौद्ध, सिख

C. मुस्लिम, ईसाई, सिख, बौद्ध

D. ईसाई, मुस्लिम, सिख, बौद्ध

Q.131 मार्क्स के लिए, पूंजीपति मुख्य रूप से इस वजह से अपने नियत हिस्से से अधिक प्राप्त करता है-

A. उत्पादन के साधनों पर पूर्ण नियंत्रण

B. उद्योग पर एकाधिकार

C. वैध साधनों द्वारा लाभ का संचय

D. सर्वहारा वर्ग पर नियंत्रण

Q.132 निम्नलिखित में से कौन सा आदेश औद्योगिक समाज के विकास का सबसे अच्छा प्रतिनिधित्व करता है?

A. मनुवादी व्यवस्था, समाज व्यवस्था, घरेलू व्यवस्था और औद्योगिक समाज

B. गिल्ड प्रणाली, मानव प्रणाली, घरेलू प्रणाली और औद्योगिक समाज

C. घरेलू प्रणाली गिल्ड प्रणाली, मानव प्रणाली और औद्योगिक समाज

D. मानेरियल सिस्टम घरेलू सिस्टम गिल्ड सिस्टम और औद्योगिक समाज

Q.133 निर्देश : सूची- II के साथ सूची- I का मिलान करें और सूचियों के नीचे दिए गए कोड का उपयोग करके सही उत्तर चुनें-

सूची-I	सूची-II
A. पीटर वॉर्स्ले	1. आर्थिक विकास के चरण
B. डब्ल्यू.डब्ल्यू. रोस्तोव	2. अविकसितता या क्रांति
C. आंद्रे गौंडर फ्रैंक	3. तीसरी दुनिया
D. रीन हाई बेंडिक्स आवर चेंजिंग	4. राष्ट्र निर्माण और नागरिकता, सामाजिक व्यवस्था का अध्ययन
	5. एशियाई नाटक

A. 1 2 5 3   **B.** 3 1 2 4   **C.** 4 3 2 1   **D.** 4 1 2 5

Q.134 'पति स्थानिक' निवास का तात्पर्य उस निवास से है जिसमें एक नवविवाहित दम्पत्ति:

A. दुल्हन के माता-पिता के साथ रहते है
B. दूल्हे के माता-पिता के साथ रहते है
C. स्वतंत्र रहते है
D. दुल्हन की माँ के भाई के साथ रहते है

Q.135 निम्नलिखित में से किसने एक ग्रामीण-शहरी निरंतरता की अवधारणा दी थी?

A. ई.डब्ल्यू बर्गेस
B. रॉबर्ट रेडफील्ड
C. लुइस विर्थ
D. रॉबर्ट पार्क

Q.136 निम्नलिखित में से किसने नदी घाटी सभ्यताओं के दौरान शहरों के विकास को सक्षम किया?

A. हस्तशिल्प का विकास
B. जनसंख्या का बढ़ना
C. कृषि अधिशेष
D. धातु विज्ञान की कला

Q.137 निम्नलिखित में से कौन भारत में शहरी आबादी के आकार को प्रभावित करता है?

1. जन्म दर
2. मृत्यु दर
3. प्रजनन दर

स्थानों का पुनःवर्गीकरण नीचे दिए गए कोड से सही उत्तर का चयन करें:

A. 1, 2 और 3
B. 1 और 2
C. 2 और 3
D. 1 और 3

Q.138 अभिकथन (A): शहरी समाज के सदस्यों को कार्बनिक एकजुटता द्वारा एक साथ रखा जाता है।

कारण (R): व्यक्तिवाद शहरी सामाजिक संरचना की विशेषता है।
नीचे दिए गए कोड का उपयोग करके सही उत्तर चुनें-

A. A और R दोनों सत्य हैं और R, A की सही व्याख्या है।
B. A और R दोनों सत्य हैं, लेकिन R A की सही व्याख्या नहीं है।
C. A सत्य है, लेकिन R असत्य है।
D. A गलत है लेकिन R सत्य है।

Q.139 निम्नलिखित में से कौन से कारक हैं जिन पर जनसंख्या वृद्धि निर्भर करती है?

1. जन्म दर, मृत्यु दर, माइग्रेशन
2. जन्म दर, मृत्यु दर, इन-माइग्रेशन
3. गरीबी, उच्च प्रजनन क्षमता, आउट-माइग्रेशन
4. उच्च प्रजनन क्षमता, इन-माइग्रेशन, जन्म नियंत्रण नहीं

नीचे दिए गए कोड का उपयोग करके सही उत्तर चुनें:

A. 1 और 4
B. 2 और 3
C. केवल 1
D. केवल 4

Q.140 क्षेत्र में आने वाले लोगों की संख्या और उस क्षेत्र से बाहर जाने वालों के बीच अंतर को कहा जाता है?

A. प्रवास का आयतन
B. प्राकृतिक प्रवास
C. शुद्ध प्रवास
D. सकल प्रवास

Q.141 निम्नलिखित में से कौन सा कार्य समाज में श्रम विभाजन से संबंधित नहीं है जैस। कि एमिल दुर्खीम ने देखा था?

A. सामूहिक विवेक
B. जनसंख्या का घनत्व
C. जैविक निर्भरता
D. कार्यों का विशेषज्ञता

Q.142 निम्नलिखित में से सही क्रम क्या है?

1. कृषि समाज
2. शिकार करना और समाजों को इकट्ठा करना
3. औद्योगिक समाज
4. बागवानी समाज

नीचे दिए गए कोड में से सही उत्तर का चयन करें-

A. 2, 4, 1, 3
B. 1, 2, 4, 3
C. 2, 1, 4, 3
D. 4, 2, 1, 3

Q.143 निर्देश: सूची- II के साथ सूची- I का मिलान करें और सूचियों के नीचे दिए गए कोड का उपयोग करके सही उत्तर चुनें-

सूची- I (समूहों का प्रकार)	सूची- II (समूहों के लक्षण)
A. समूह में	1. संबंधों का सामना करना, लघुता और भावनात्मक लगाव
B. सहकर्मी समूह	2. बड़ेपन, अवैयक्तिक संबंध संविदात्मक स्थितियाँ
C. प्राथमिक समूह	3. समूह के सदस्यों की समान स्थिति और भूमिका
D. माध्यमिक समूह संलग्र भावना	4. शांति, व्यवस्था और विषय के संबंध
	5. आपसी समायोजन सहयोग और एकीकरण का संबंध

A. 1, 2, 4, 5
B. 4, 3, 2, 5
C. 3, 4, 1, 2
D. 4, 3, 1, 2

Q.144 अभिकथन (A): यह केवल कानून के तहत समानता नहीं है जो समाज में महिलाओं की उस स्थिति को निर्धारित करता है।

कारण (R): ट्रेडिट आयन और रीति-रिवाज रोजमर्रा की सामाजिक बातचीत में शामिल हैं।
नीचे दिए गए कोड का उपयोग करके सही उत्तर चुनें-

A. A और R दोनों सत्य हैं और R, A की सही व्याख्या है।
B. A और R दोनों सत्य हैं, लेकिन R की सही व्याख्या नहीं है।
C. A सत्य है, लेकिन R असत्य है।
D. A गलत है लेकिन R सत्य है।

Q.145 निर्देश: निम्नलिखित प्रश्न में, अभिकथन (A) और कारण (R) दिए गए है। दोनों कथनों को ध्यानपूर्वक पढ़िए और निम्नलिखित में से सही विकल्प का चयन कीजिए।

अभिकथन (A): मानव जाति के भविष्य को बचाने के लिए परमाणु विमुद्रीकरण आवश्यक है।

कारण (R): परमाणु हथियार सामूहिक विनाश के हथियार हैं।

A. A और R दोनों सत्य हैं और R, A का सही स्पष्टीकरण है।
B. A और R दोनों सत्य हैं और R, A का सही स्पष्टीकरण नहीं है।
C. A सत्य है लेकिन R असत्य है।
D. A असत्य है लेकिन R सत्य है।

Q.146 निम्नलिखित में से कौन सा सिद्धांत हमें यह विश्वास दिलाता है कि जाति व्यवस्था मानव की नहीं बल्कि दैवीय उत्पत्ति की है?

A. नस्लीय सिद्धांत
B. राजनीतिक सिद्धांत
C. व्यावसायिक सिद्धांत
D. पारंपरिक सिद्धांत

Q.147 प्रसिद्ध कहावत है कि "मनुष्य का जीवन 'एकान्त, गरीब, बुरा, क्रूर और छोटा' है, जबकि मनुष्य की स्थिति सभी के खिलाफ सभी के युद्ध की स्थिति है", किस महान दार्शनिक को सौंपा गया है?

A. थॉमस हॉब्स
B. जे.एस. चक्की
C. प्लेटो
D. लोके

Q.148 _______ शहरी क्षेत्रों में पुरानी इमारतों के नवीनीकरण या प्रतिस्थापन और पहले से विकसित भूमि के नए उपयोग को संदर्भित करता है।

A. शहरी नियोजन
B. शहरी पुनर्चक्रण
C. शहरीकरण
D. इनमें से कोई नहीं

Q.149 संस्था का क्या अर्थ है:

A. इसका अर्थ है वह स्थान जहाँ कुछ शिक्षा दी जाती है
B. इसका अर्थ है वह स्थान जहाँ केवल तकनीकी शिक्षा दी जाती है
C. यह उन सामाजिक इकाइयों को निरूपित करने वाला एक विशेष शब्द है जो सामाजिक विकास के लिए स्थापित और आवश्यक हैं

D. जहां प्रवेश एक निश्चित प्रकार के लोगों के लिए प्रतिबंधित है

Q.150 निम्नलिखित में से किसे शहरीकरण के सामाजिक परिणामों में से एक माना जा सकता है?

A. द्वितीयक नियंत्रण प्राथमिक नियंत्रण से अधिक शक्तिशाली होता जा रहा है

B. प्राथमिक नियंत्रण द्वितीयक नियंत्रण से अधिक मजबूत होता जा रहा है

C. सामाजिक एकरूपता

D. सांस्कृतिक एकरूपता

// स्मार्ट उत्तर पुस्तिका //

सही उत्तर — उन छात्रों का प्रतिशत जिन्होंने प्रश्नों का सही उत्तर दिया था।　　**छोड़ दिया** — उन छात्रों का प्रतिशत जिन्होंने प्रश्नों को छोड़ दिया था।

प्रश्न संख्या	उत्तर	सही उत्तर / छोड़ दिया
1	D	43.38 % / 7.19 %
2	D	23.06 % / 22.42 %
3	B	20.78 % / 24.88 %
4	C	30.33 % / 26.88 %
5	B	32.33 % / 28.97 %
6	B	26.38 % / 30.05 %
7	A	33.92 % / 32.16 %
8	A	32.38 % / 33.74 %
9	B	25.6 % / 34.79 %
10	B	22.33 % / 35.7 %
11	A	35.33 % / 36.38 %
12	B	21.28 % / 36.88 %
13	B	24.83 % / 37.56 %
14	C	31.06 % / 38.15 %
15	C	36.88 % / 38.75 %
16	C	10.78 % / 39.11 %
17	D	34.47 % / 39.75 %
18	A	19.96 % / 40.34 %
19	A	18.33 % / 40.33 %
20	B	15.6 % / 40.61 %
21	A	11.69 % / 41.61 %
22	C	21.96 % / 41.57 %
23	B	14.82 % / 41.98 %
24	C	19.42 % / 41.84 %
25	C	18.37 % / 41.93 %
26	A	21.06 % / 42.11 %
27	C	16.01 % / 42.88 %
28	D	16.19 % / 43.11 %
29	B	19.92 % / 43.15 %
30	B	26.92 % / 43.66 %
31	C	32.29 % / 43.43 %
32	B	29.97 % / 43.38 %
33	B	16.83 % / 43.47 %
34	C	12.41 % / 43.52 %
35	C	20.83 % / 43.61 %
36	C	14.14 % / 43.66 %
37	B	18.55 % / 43.71 %
38	D	13.64 % / 43.8 %
39	C	14.42 % / 44.06 %
40	A	14.64 % / 44.11 %
41	B	11.78 % / 44.47 %
42	D	10.64 % / 44.75 %
43	C	19.37 % / 44.8 %
44	D	14.64 % / 44.61 %
45	A	25.19 % / 50.25 %
46	B	14.82 % / 50.21 %
47	C	29.74 % / 49.66 %
48	A	3.46 % / 83.03 %
49	C	2.86 % / 83.0 %
50	C	7.05 % / 82.67 %
51	D	32.01 % / 22.79 %
52	B	18.24 % / 26.19 %
53	A	40.43 % / 28.37 %
54	B	23.06 % / 29.05 %
55	C	19.51 % / 29.88 %
56	D	45.61 % / 30.33 %
57	A	12.55 % / 31.06 %
58	B	18.64 % / 31.16 %
59	C	42.47 % / 31.25 %
60	C	39.93 % / 31.56 %
61	D	37.84 % / 31.78 %
62	A	23.51 % / 32.11 %
63	A	38.97 % / 32.24 %
64	B	17.46 % / 33.02 %
65	C	23.1 % / 33.43 %
66	C	36.47 % / 33.38 %
67	A	31.65 % / 33.7 %
68	A	21.92 % / 33.79 %
69	B	13.42 % / 33.97 %
70	C	34.61 % / 34.24 %
71	C	30.2 % / 34.33 %
72	B	14.01 % / 34.78 %
73	B	39.56 % / 34.84 %
74	C	49.52 % / 35.15 %
75	A	45.66 % / 35.19 %
76	C	30.06 % / 35.52 %
77	B	36.93 % / 35.69 %
78	A	28.19 % / 36.02 %
79	B	31.11 % / 35.87 %
80	D	29.65 % / 35.93 %

प्रश्न संख्या	उत्तर	सही उत्तर	छोड़ दिया
81	C	16.92 %	36.6 %
82	A	12.01 %	36.69 %
83	B	34.38 %	36.83 %
84	B	41.2 %	37.24 %
85	C	23.37 %	37.57 %
86	A	16.78 %	37.7 %
87	C	32.51 %	38.07 %
88	A	47.02 %	37.65 %
89	D	6.68 %	38.43 %
90	D	15.01 %	38.51 %
91	D	24.01 %	38.93 %
92	D	31.56 %	38.56 %
93	A	26.65 %	38.83 %
94	B	33.74 %	38.84 %

प्रश्न संख्या	उत्तर	सही उत्तर	छोड़ दिया
95	D	11.51 %	39.15 %
96	C	35.02 %	39.38 %
97	D	20.46 %	39.79 %
98	B	24.06 %	39.92 %
99	C	25.1 %	40.25 %
100	D	5.73 %	40.79 %
101	C	17.24 %	40.83 %
102	D	22.51 %	41.25 %
103	D	4.46 %	41.42 %
104	A	23.6 %	41.52 %
105	C	23.06 %	41.47 %
106	C	25.56 %	41.7 %
107	B	20.87 %	41.75 %
108	A	11.78 %	41.88 %

प्रश्न संख्या	उत्तर	सही उत्तर	छोड़ दिया
109	B	26.06 %	41.79 %
110	D	16.83 %	41.97 %
111	A	20.74 %	42.33 %
112	C	10.82 %	42.34 %
113	B	15.73 %	42.3 %
114	A	13.73 %	42.25 %
115	A	24.42 %	42.29 %
116	A	19.28 %	42.57 %
117	A	10.69 %	42.65 %
118	B	32.61 %	42.74 %
119	D	2.0 %	43.02 %
120	C	6.05 %	43.25 %
121	C	26.15 %	43.11 %
122	C	19.24 %	43.15 %

प्रश्न संख्या	उत्तर	सही उत्तर	छोड़ दिया
123	D	7.96 %	43.43 %
124	B	22.37 %	43.34 %
125	C	25.92 %	43.34 %
126	D	24.28 %	43.39 %
127	D	17.51 %	43.52 %
128	A	9.55 %	43.57 %
129	B	21.83 %	43.47 %
130	C	18.64 %	43.57 %
131	A	28.6 %	43.61 %
132	C	18.28 %	43.88 %
133	C	11.73 %	43.8 %
134	B	22.37 %	43.57 %
135	B	26.78 %	43.52 %
136	C	22.96 %	43.66 %

प्रश्न संख्या	उत्तर	सही उत्तर	छोड़ दिया
137	B	11.05 %	43.7 %
138	A	21.65 %	43.79 %
139	A	17.14 %	43.75 %
140	C	19.28 %	43.61 %
141	B	21.33 %	43.52 %
142	A	15.28 %	43.52 %
143	D	13.42 %	43.79 %
144	A	19.24 %	43.74 %
145	A	27.15 %	43.11 %
146	D	10.1 %	82.49 %
147	A	5.78 %	82.49 %
148	A	4.64 %	82.45 %
149	C	13.42 %	82.31 %
150	A	7.69 %	81.76 %

//संकेत और समाधान//

1. संचार में बाधाएं वे कारक हैं जो संदेश को रिसीवर तक पहुंचाने के रास्ते में रुकावट पैदा करते हैं।

व्यक्तिगत बाधाएं: विभिन्न स्थलाकृतिक, वित्तीय, सामाजिक, शिक्षाप्रद या व्यावसायिक पृष्ठभूमि के कारण लोग एक-दूसरे के विपरीत होते हैं। कुछ विशेषताएं उन्हें उनके जन्म, पारिवारिक पृष्ठभूमि, परवरिश या सामाजिक घटनाओं के कारण विरासत में मिली हैं जो उनके लिए अद्वितीय हैं।

इसमें शामिल है

1. व्यक्तिगत भावनाएँ

2. पक्षपात

3. अवधारणात्मक रूपांतर

4. दक्षताओं

5. मानसिक संकाय

6. पाँच ज्ञानेन्द्रियाँ और

7. मनोवैज्ञानिक समस्याएं

इसलिए, अभिकथन और तर्क दोनों सही हैं।

अतः विकल्प (D) सही है।

2. प्रतिक्रिया प्राप्त करने के लिए विस्तृत जवाब वाले प्रश्न पूछना आलंकारिक प्रश्न के रूप में वर्गीकृत किया जा सकता है।

एक आलंकारिक प्रश्न एक प्रकार का प्रश्न है, जिसे शुरू करना अच्छा है लेकिन इसका सीधा उत्तर पाने में मदद नहीं कर सकता है। फीडबैक के लिए, क्लोज एंडेड प्रश्न बेहतर काम करते हैं। इसलिए, प्रतिक्रिया प्राप्त करने के लिए एक खुले अंत सवाल पूछने को बयानबाजी के रूप में वर्गीकृत किया जा सकता है।

अतः विकल्प (D) सही है।

3. जन संचार में फ्लैक आलोचना को संदर्भित करता है।

फ्लैक वह आलोचना है जो समाचार पत्रों, याचिकाओं, मुकदमों, फोन कॉल आदि के रूप में आम जनता से प्राप्त होती है। फ्लैक वह शब्द है जिराका व्यापक रूप से मीडिया संचार अर्थ आलोचना में उपयोग किया जाता है।

अतः विकल्प (B) सही है।

4. ऊपर की ओर संचार को विकर्ण संचार नहीं कहा जाता है। इसलिए, यह कथन सत्य नहीं है।

ऊपर की ओर संचार तब होता है जब शिक्षक विभाग के प्रमुख के साथ संवाद करता है। यह कथन सही है।

क्षैतिज संचार तब होता है जब शिक्षक अन्य शिक्षकों के साथ संवाद करता है। यह कथन भी सत्य है।

संचार के विकर्ण प्रवाह में संचार के तीन से अधिक एजेंट शामिल हैं, उदा. विभाग के प्रमुख ने छात्र के बारे में बताया।

क्षैतिज संचार को पार्श्व संचार भी कहा जाता है। यह सच है।

अतः विकल्प (C) सही है।

5. स्थिति के अनुसार अपने लहजे को बदलना निश्चित रूप से कक्षा में शिक्षक को ठीक से संवाद करने में मदद करेगा।

ठहराव, हाथ आंदोलनों, आंखों के संपर्क का उपयोग निश्चित रूप से बेहतर संवाद करने में मदद करेगा।

इसलिए, केवल I, iii, iv, vi सही है।

व्यक्तिगत उदाहरण देने से बचना चाहिए क्योंकि यह पाठ्यक्रम की व्याख्या को एक अलग दिशा में ले जाता है, चमकीले कपड़े छात्रों को विचलित कर सकते हैं।

अतः विकल्प (B) सही है।

6. Q, T के दायें से तीसरे स्थान पर बैठता है। W, Q के दायें से दूसरे स्थान पर बैठता है। V और R एक दूसरे के निकटतम पड़ोसी हैं। V, T का तत्काल पड़ोसी नहीं है।

दो संभावनाएँ होंगी,

1. मामला

– – – – – – –

T R V Q   W

2. मामला

– – – – – – –

T R V Q   W

S और P के बीच केवल एक व्यक्ति बैठता है।

S, Q का तत्काल पड़ोसी नहीं है। इसलिए, दूसरा मामला नहीं चलेगा।

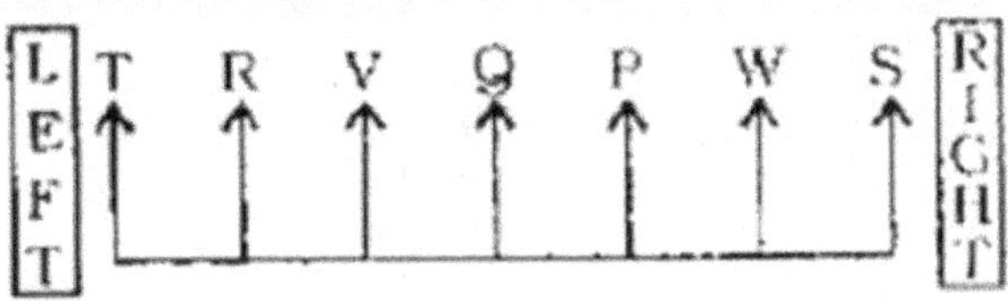

T और S लाइन के चरम कोनों पर बैठते हैं।

अतः विकल्प (B) सही है।

7. प्रश्न में दी गई जानकारी से, हम निम्नलिखित चित्र बना सकते हैं। यहाँ प्लस (+) पुरुष दर्शाति है और माइनस (-) महिला को दर्शाति हैं

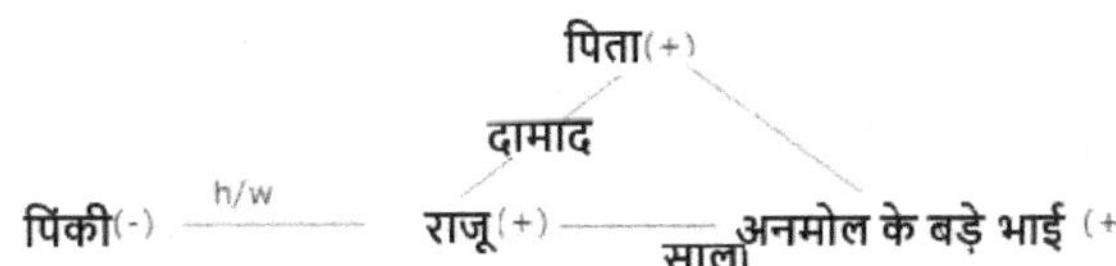

उपरोक्त आंकड़े से, यह स्पष्ट है कि अनमोल पिंकी का भाई है।

अतः विकल्प (A) सही है।

8. तर्क: पहली संख्या $\times 15 =$ दूसरी संख्या

$3 : 45$ में $\rightarrow$

$3 \times 15 = 45$

इसी प्रकार;

$5 : ?$ में $\rightarrow$

$5 \times 15 = 75$

इसलिए, "75" सही उत्तर है।

अतः विकल्प (A) सही है।

9. माना कि कुल छात्रों की संख्या 10 है।

20% छात्रों द्वारा प्राप्त अंक $= \frac{20 \times 10}{100} \times 40 = 80$

30% छात्रों द्वारा प्राप्त अंक $= \dfrac{30 \times 10}{100} \times 50 = 150$

शेष 50% छात्रों द्वारा प्राप्त अंक $= \dfrac{50 \times 10}{100} \times 75 = 375$

सभी छात्रों का औसत $= \dfrac{(80 + 150 + 375)}{10} = \dfrac{605}{10} = 60.5$

अतः विकल्प (B) सही है।

10. माना संपूर्ण धन $= 100x$

$100x$ का $10\% = 10x$

दान देने के बाद वान्या के पास बचे वेतन $= 100x - 10x = 90x$

उसके दोस्त को दी गई धनराशि $= 90x$ का $20\% = 18x$

शेष धनराशि $= 100x - (10x + 18x) = 72x$

प्रश्न के अनुसार,

$72x = 7200$

$\Rightarrow x = 100$

अतः संपूर्ण धन $= 100x$

$= 100 \times 100$

$= 10000$

अतः विकल्प (B) सही है।

11. ओजोन परत की सुरक्षा मॉन्ट्रियल प्रोटोकॉल का मुख्य उद्देश्य है।

मॉन्ट्रियल प्रोटोकॉल एक अंतरराष्ट्रीय संधि है जिसे 16 सितंबर 1987 को अपनाया गया था। इसका उद्देश्य पृथ्वी के ओजोन परत के क्षरण में योगदान देने वाले रसायनों के उत्पादन और उपयोग को विनियमित करना है।

अत: विकल्प (A) सही है।

12. ओलिगोट्रोफिक झीलों में उत्पादकता का निम्न स्तर होता है, इसलिए उन्हें एक आदर्श पारिस्थितिक तंत्र माना जा सकता है।

एक आदर्श पारिस्थितिक तंत्र का अर्थ है कि प्रणाली में उत्पादक, उपभोक्ता और अपघटक इस तरह मौजूद हैं कि भोजन और ऊर्जा एक स्तर से दूसरे स्तर तक प्रवाहित होती है।

प्रदूषण (नाइट्रोजन और फॉस्फोरस) झील की उत्पादकता को बढ़ाकर इस संतुलन को बिगाड़ देते हैं।

जैसे-जैसे झील की उत्पादकता बढ़ती है, उसके पानी की गुणवत्ता कम होती जाती है और संतुलन गड़बड़ा जाता है।

अतः विकल्प (B) सही है।

13. क्योटो प्रोटोकॉल ग्रीनहाउस गैसों को कम करने के उद्देश्य से संबंधित है। यह वर्ष 2005 में लागू हुआ।

मॉन्ट्रियल प्रोटोकॉल ओजोन परत रिक्तीकरण से संबंधित है। इस पर वर्ष 1987 में हस्ताक्षर किए गए थे।

नागोया प्रोटोकॉल पहुँच और लाभ-बंटवारे पर प्रोटोकॉल से संबंधित है। यह वर्ष 2014 में लागू हुआ।

कार्टाजिना प्रोटोकॉल जैव सुरक्षा पर प्रोटोकॉल से संबंधित है। यह वर्ष 2003 में लागू हुआ।

अतः विकल्प (B) सही है।

14. पारिस्थितिकी तंत्र गैर-जीवित घटकों और उनकी शारीरिक बातचीत के साथ रहने वाले जीवों का समुदाय है। पारिस्थितिकी तंत्र मुख्य रूप से वन, घास के मैदान, रेगिस्तान, टुंड्रा, मीठे पानी, समुद्री आदि की तरह है, इसलिए यह कथन सही है।

एक पारिस्थितिक तंत्र में विभिन्न निचे और इकोटोन होते हैं। एक इकोटोन दो बायोम के बीच का क्षेत्र है। इसलिए, यह कथन भी सही है।

अतः विकल्प (C) सही है।

15. सौर ऊर्जा अपने दोहन और उपयोग की प्रक्रिया में कम से कम पर्यावरण प्रदूषण की ओर जाता है।

परमाणु ऊर्जा के मामले में, प्रदूषण की प्रमुख चिंताएं हैं, खर्च किए गए ईंधन के भंडारण और निपटान के दौरान जहां हमेशा विकिरण के रिसाव का खतरा होता है। तापीय ऊर्जा के मामले में, वायु प्रदूषण की एक बड़ी मात्रा का उत्पादन होता है। यहां तक कि भूतापीय ऊर्जा के मामले में भी थोड़ी मात्रा में प्रदूषण पैदा होता है।

अतः विकल्प (C) सही है।

16. केवल IMPRINT (इंपैक्टिंग रिसर्च इनोवेशन एंड टेक्नोलॉजी) सरकार द्वारा आईसीटी (सूचना और संचार प्रौद्योगिकी) के माध्यम से उच्च शिक्षा में अनुसंधान प्रदान करने के लिए की गई पहल है तो, सही उत्तर केवल (iv) है।

ई-पाठशाला, खुले शैक्षिक संसाधनों का राष्ट्रीय भंडार (एनआरओईआर), SWAYAM, और ऑपरेशन डिजिटल बोर्ड की पहल सरकार द्वारा आईसीटी के माध्यम से स्कूलों में अनुसंधान प्रदान करने के लिए की गई है

अतः विकल्प (C) सही है।

17. जिन शब्दों का आधार शब्द "FRIEND" कोडित है, FRIEND में मौजूद प्रत्येक अक्षर का +2 है।

$F + 2 = H$

$R + 2 = T$

$I + 2 = K$

$E + 2 = G$

$N + 2 = P$

$D + 2 = F$

इसी तरह, REVEAL को कोडित किया जा सकता है;

$R + 2 = T$

$E + 2 = G$

$V + 2 = X$

$E + 2 = G$

$A + 2 = C$

$L + 2 = N$

अतः विकल्प (D) सही है।

18. यदि 36 पुरुष 25 दिनों में एक कार्य कर रहे हैं,

तो 36 पुरुष करेंगे $\dfrac{1}{2},$ एक दिन में एक आदमी काम करेगा 25×36 एक दिन में काम करेगा। 15 पुरुष एक दिन में काम करेंगे $\dfrac{1 \times 15}{25 \times 36}$ कोई दिन नहीं 15 पुरुषों को एक काम करना होगा

$\dfrac{25 \times 36}{15}$

$= 5 \times 12$

60 घंटे

अतः विकल्प (A) सही है।

19. प्रत्येक विश्वविद्यालय को चेयरपर्सन के साथ मिलान किया गया है।

विश्वविद्यालय शिक्षा आयोग का गठन 1948-49 में किया गया था जिसकी अध्यक्षता राधाकृष्णन ने की थी जिसने यूजीसी की स्थापना करके माध्यमिक और उच्च शिक्षा के एकीकरण का सुझाव दिया था। भारतीय शिक्षा आयोग का गठन 1964 में किया गया था जिसकी अध्यक्षता कोठारी ने की थी।

कलकत्ता विश्वविद्यालय आयोग का गठन 1917 में किया गया था जिसकी अध्यक्षता सदलर ने की थी जो डिग्री कॉलेजों से इंटरमीडिएट शिक्षा को अलग करने का सुझाव देता है। भारतीय विश्वविद्यालय आयोग का गठन 1902 में हुआ था जिसके सदस्य गुरदास बनर्जी और सैयद हुसैन बिलग्राम हैं।

अतः विकल्प (A) सही है।

20. निम्नलिखित वर्षों में गंगटोक शहर से जनसंख्या का प्रतिशत

वर्ष 1995 :

$\frac{4.2}{12.6+18.4+10.6+15.5+16.3+4.2} \times 100 = \frac{4.2}{77.6} \times 100 = 5.41\%$

वर्ष 2005 :

$\frac{6.8}{15.3+21.3+14.9+12.2+13.8+6.8} \times 100 = \frac{6.8}{84.3} \times 100 = 8.06\%$
(ज्यादा से ज्यादा)

वर्ष 2010 : $\frac{7}{18.8+25.1+23.8+10+13.2+7} \times 100 = \frac{7}{97.9} \times 100 = 7.15\%$

वर्ष 2015 :

$\frac{8.2}{24.2+27.4+32.5+13.5+15+8.2} \times 100 = \frac{8.2}{120.8} \times 100 = 6.78\%$

अतः विकल्प (B) सही है।

21. निम्नलिखित वर्षों में दिल्ली की जनसंख्या में वृद्धि वर्ष

वर्ष 2000 : $\frac{15-12.6}{12.6} \times 100 = \frac{2.4}{12.6} \times 100 = 19.04\%$

वर्ष 2005 : $\frac{15.3-15}{15} \times 100 = \frac{0.3}{15} \times 100 = 2\%$

वर्ष 2010 : $\frac{18.8-15.3}{15.3} \times 100 = \frac{3.5}{15.3} \times 100 = 22.87\%$

वर्ष 2015 : $\frac{24.2-18.8}{18.8} \times 100 = \frac{5.4}{18.8} \times 100 = 28.72\%$

विकास दर का मतलब

$= \frac{19.04+2+22.87+28.72}{4} = \frac{72.63}{4} = 18.15\%$

अतः विकल्प (A) सही है।

22. 1995 से 2015 तक विकास दर का प्रतिशत

दिल्ली : $\frac{24.2-12.6}{12.6} \times 100 = \frac{11.6}{12.6} \times 100 = 92\%$

मुंबई : $\frac{27.4-18.4}{18.4} \times 100 = \frac{9}{18.4} \times 100 = 48.91\%$

बेंगलोर : $\frac{32.5-10.6}{10.6} \times 100 = \frac{12.9}{10.6} \times 100 = 121.69\%$
(अधिकतम)

गंगटोक : $\frac{8.2-4.2}{4.2} \times 100 - \frac{4}{4.2} \times 100 = 95.23\%$

अतः विकल्प (C) सही है।

23. 2015 में कोलकाता की प्रतिशत आबादी

$= \frac{15}{24.2+27.2+32.5+13.5+15+8.2} \times 100$

$= \frac{15}{120.8} \times 100 = 12.4\%$

अतः विकल्प (B) सही है।

24. कोलकाता शहर की जनसंख्या 1995 से 2010 तक हर रिकॉर्ड में कम हो जाती है। लेकिन यह पिछले वर्ष की तुलना में 2015 में वृद्धि दर्शाता

है।

अतः विकल्प (C) सही है।

25. समान विषय और विधेय शर्तों वाले श्रेणीगत प्रस्ताव गुणवत्ता और राशि में या दोनों में भिन्न हो सकते हैं। इस भिन्नता को विपरीत तर्क कहा जाता है।

उप-विरोधाभास: दो विशिष्ट सिफारिशें एक समान विषय होने और गुणवत्ता के विपरीत अभी तक विपरीत होने के बीच का संबंध उप-विपरीत तर्क है।

तत्काल निष्कर्ष: इसमें निष्कर्ष केवल एक दिए गए प्रस्ताव से लिया गया है।

संबंधपरक तर्क: संबंधपरक तर्कों में, परिसर और उनके निष्कर्ष दोनों संबंधपरक प्रस्ताव हैं। एक संबंध की दो विशेषताएँ हैं- स्वयं से और दूसरों से संबंध।

अतः विकल्प (C) सही है।

26. कथन को देखते हुए कि सभी बिल्लियों के कान छोटे हैं और रैगडोल एक बिल्ली है, यह मानना तर्कसंगत है कि रैगडोल के छोटे कान हैं।

निगमनात्मक तर्क में, निष्कर्ष सही होने की गारंटी दी जाती है यदि कथन सच है।

इसलिए, निगमनात्मक तर्क में, निष्कर्ष आधार से अधिक सामान्य नहीं हो सकता है।

अतः विकल्प (A) सही है।

27. अधिप्राप्ति की विसंगतियाँ: कुछ दलीलें शालीनता हैं क्योंकि वे अवांछित धारणाओं पर आधारित हैं। इन तर्कों में, त्रुटि कुछ अन्य प्रस्ताव के निहितार्थ से उत्पन्न होती है जिसका सत्य अनिश्चित या संदिग्ध है।

प्रासंगिकता की गिरावट: जब परिसर निष्कर्ष के लिए प्रासंगिक नहीं है तो प्रासंगिकता की गिरावट प्रतिबद्ध है। इस गिरावट के कई रूप हैं, बल की अपील, दया की अपील, लोगों से अपील, अधिकार की अपील।

एंटीकेड को नकारने की पतनशैली: सशर्त प्रस्ताव के एंटेकेडेंट से इनकार करके तर्क में आगे बढ़ने के लिए पतन होता है।

अतः विकल्प (C) सही है।

28. भारतीय विज्ञान संस्थान भारतीय विश्वविद्यालय QS इंडिया यूनिवर्सिटी रैंकिंग 2019 के अनुसार पहले स्थान पर है।

क्यूएस. भारतीय विश्वविद्यालय रैंकिंग 2019 के अनुसार भारतीय विज्ञान संस्थान पहले स्थान पर है। क्यूएस वर्ल्ड यूनिवर्सिटी रैंकिंग, क्यूकेरीली साइमंड्स लिमिटेड द्वारा विश्वविद्यालय रैंकिंग का एक वार्षिक प्रकाशन है। क्यूएस भारतीय विश्वविद्यालय रैंकिंग 2019 के अनुसार, आईआईटी बॉम्बे भारतीय विज्ञान संस्थान के बाद पहली रैंक रखता है। आईआईटी दिल्ली और दिल्ली विश्वविद्यालय क्रमशः 4वीं और 8वीं रैंक रखते हैं।

अतः विकल्प (D) सही है।

29. पारंपरिक शिक्षण पद्धति एक महत्वपूर्ण शिक्षण पद्धति है क्योंकि उन्हें निष्पादित करना आसान होता है, कम समय और निवेश की आवश्यकता होती है, कोशिश की जाती है और शिक्षण का परीक्षण किया जाता है जब शिक्षार्थियों का समूह बड़ा होता है।

हालांकि, पारंपरिक शिक्षण विधियाँ कुछ आधारों पर पीड़ित हैं। वे शिक्षण की प्रभावशीलता के परीक्षण के लिए जिम्मेदार नहीं हैं और वे वास्तविक सीखने की तुलना में परीक्षाओं पर अधिक ध्यान केंद्रित करते हैं।

अतः विकल्प (B) सही है।

30. शिक्षक-छात्र संबंधों को बेहतर बनाने के लिए मददगार हो सकने वाली रणनीतियाँ हैं

- प्रतिक्रिया देना- सकारात्मक सुदृढ़ीकरण में मदद करता है
- जिम्मेदारी का प्रत्यायोजन- विश्वास का विकास करता है

- उदाहरण देना- प्रेरणा देना
- स्पष्ट निर्देश- छात्रों की उम्मीदों को जानने के लिए महत्वपूर्ण।

अतः विकल्प (B) सही है।

31. यदि आपको कक्षा में दो छात्रों के बीच संघर्ष दिखाई देता है, तो शिक्षक के रूप में सबसे अच्छा विकल्प है:

दोनों छात्रों के साथ व्यक्तिगत रूप से आमने-सामने बातचीत करें, इससे आपको समस्या के परिणाम को जानने में मदद मिलेगी।

परामर्श से उन्हें अपने व्यवहार को बदलने में मदद मिल सकती है, यदि नहीं; भविष्य की कार्रवाई का निर्णय लिया जा सकता है।

अतः विकल्प (C) सही है।

32. CGPA: विद्यार्थी का उनके शैक्षणिक कार्यक्रम के दौरान औसत प्रदर्शन। पूर्व. मास्टर कोर्स में 2 वर्ष से अधिक के छात्र का प्रदर्शन।

SGPA: एक सेमेस्टर में छात्र का औसत। पूर्व. यदि किसी छात्र के पास 4 सेमेस्टर हैं, तो केवल एक विशेष सेमेस्टर में प्रदर्शन।

CBCS: सिस्टम जो विभिन्न पाठ्यक्रमों के बीच चयन करने की अनुमति देता है।

CCE: सतत मूल्यांकन ढांचा जो छात्र के समग्र विकास के सभी पहलुओं को कवर करता है।

अतः विकल्प (B) सही है।

33. मेमोरी-आधारित शिक्षण, छात्रों के क्षमता को विकसित करने के लिए अच्छा नहीं है।

शिक्षण के चिंतनशील तरीके छात्रों को उच्च-क्रम कौशल विकसित करने में मदद करते हैं जैसे कि महत्वपूर्ण सोच, तार्किक तर्क और इतने पर।

इसलिए, चिंतनशील शिक्षण के लिए मेमोरी-आधारित शिक्षण को स्वैप किया जाना चाहिए।

तो, दोनों कथन सत्य हैं लेकिन कारण का संबंध अभिकथन से नहीं है।

अतः विकल्प (B) सही है।

34. किसी व्यक्ति की डिजिटल प्रौद्योगिकी तक पहुँच या कमी के कारण होने वाली असमानता को डिजिटल डिवाइड कहा जाता है, न कि इंटरनेट असमानता।

यह सच है कि डिजिटल डिवाइड (एक्सेस की समस्या) प्रौद्योगिकी विकास के डाउनसाइड्स में से एक रहा है।

अतः विकल्प (C) सही है।

35. फ़िशिंग, ई-मेल और वेबसाइट्स का उपयोग करके व्यक्तिगत जानकारी इकट्ठा करने की कोशिश करने का एक तरीका है।

फ़िशिंग एक प्रकार का सोशल इंजीनियरिंग अटैक है जो उपयोगकर्ता डेटा चुराने के लिए प्रेरित होता है, जैसे लॉगिन क्रेडेंशियल, क्रेडिट कार्ड नंबर, सहेजे गए डेटा आदि।

यह एक साइबर अपराध है। फ़िशिंग न केवल ईमेल के माध्यम से बल्कि पाठ संदेश आदि के माध्यम से भी संभव हो सकती है।

अतः विकल्प (C) सही है।

36. बढ़ती भंडारण क्षमता के संदर्भ में सही क्रम है

- डीवीडी रॉम और सीडी रॉम में MB / GB की मेमोरी क्षमता होती है।
- अब तक, हार्ड ड्राइव की अधिकतम मेमोरी क्षमता 16 टेराबाइट्स है।

- एसएसडी (SSD) (सॉलिड स्टेट ड्राइव) में अधिकतम मेमोरी क्षमता 100 टेराबाइट है।

अतः विकल्प (C) सही है।

37. एक डोमेन नाम इंटरनेट पर एक स्थान का नाम या विवरण है या बस एक वेबसाइट का नाम है। यह नाम अद्वितीय होना चाहिए।

यह आमतौर पर डॉट द्वारा अलग किया जाता है। एक डोमेन नाम आसान और छोटा होना चाहिए। डोमेन में अंडरस्कोर नहीं होते हैं।

अतः विकल्प (B) सही है।

38. मार्ग में कहा गया है, "टाइम्स उच्च शिक्षा (द) द्वारा आयोजित विश्व विश्वविद्यालय रैंकिंग 2020 में भारत ने अच्छा प्रदर्शन नहीं किया है; 2012 के बाद से पहली बार इसकी उच्च शिक्षा संस्थानों में से कोई भी इसे शीर्ष 300 में नहीं लाता है। यह समझदारी होगी कि इसे पश्चिमी एजेंसी द्वारा असुविधाजनक मूल्यांकन के रूप में खारिज नहीं किया जाएगा। इंडियन इंस्टीट्यूट ऑफ साइंस, बैंगलोर पहले 300 के भीतर अपने पहले के स्थान से 301-350 समूह में 50 स्थानों पर गिरा है, और हालांकि नए भारतीय प्रौद्योगिकी संस्थान, रोपड़ ने इसमें शामिल हो गए हैं और सात और भारतीय संस्थानों को अंतिम रूप से जोड़ा गया है कुल 1,300 में वर्ष 49, यह रैंकिंग में छुपा संदेश को समझने के लिए सार्थक हो सकता है। "

अतः विकल्प (D) सही है।

39. मार्ग बताता है, "भारतीय संस्थान दो मानदंडों पर हार गए हैं, हालांकि शिक्षण वातावरण और औद्योगिक आय में स्कोर अच्छे हैं। आईआईएससी, बेंगलूरु ने अपने पहले स्थान को कम प्रशस्ति पत्र प्रभाव के कारण खो दिया है, भारतीय संस्थान अंतर्राष्ट्रीय दृष्टिकोण में पिछड़ गए"

अतः विकल्प (C) सही है।

40. इसे निम्नलिखित पंक्तियों से अलग किया जा सकता है, "आईआईएससी, बेंगलूरु ने अपने निम्न उद्धरण प्रभाव स्कोर के कारण अपना पूर्व स्थान खो दिया है, यह दर्शाता है कि इसका अनुसंधान अन्य विद्वानों के लिए पहले जैसा मूल्यवान नहीं माना जा रहा है। यहां संदेश केवल IISc, बैंगलोर के लिए नहीं है; यह नीति निर्माताओं के लिए सबसे पहले और सबसे महत्वपूर्ण है, जो धन को नियंत्रित करते हैं। "

अतः विकल्प (A) सही है।

41. यह निम्नलिखित पंक्तियों से समझा जा सकता है, "भारतीय संस्थान अंतर्राष्ट्रीय दृष्टिकोण में पिछड़ गए हैं: छात्रों और शिक्षकों के बीच एक बहुसांस्कृतिक समुदाय का पोषण करना, छात्रों को दुनिया में कहीं भी सामाजिक और राजनीतिक वातावरण में फिट होने के लिए शिक्षित करना और अनुसंधान और शिक्षा के माध्यम से अंतर्राष्ट्रीय गठजोड़ स्थापित करना। यह विफलता विशेष रूप से 10 निजी संस्थानों को उत्कृष्टता के संस्थानों, भर्ती, वेतन और छात्र शुल्क के प्रचलित नियमों से मुक्त करके शिक्षा के लिए भारत को वैश्विक गंतव्य के रूप में बनाने की सरकार की योजना के संदर्भ में विडंबना है। "

अतः विकल्प (B) सही है।

42. इसे निम्नलिखित पंक्तियों से अलग किया जा सकता है, "व्यवहार में, हालांकि, विभिन्न राज्यों में सबसे प्रसिद्ध विश्वविद्यालयों में से कुछ अब स्थानीय आवेदकों के पक्ष में संरक्षणवादी मोड में जा रहे हैं। सभी स्तरों पर निरंतर संकीर्णता से शिक्षा के लिए कुछ भी बुरा नहीं हो सकता। जब तक राजनीतिक प्राथमिकताएं शिक्षा को आगे बढ़ाती हैं, भारत सभी सूचियों को नीचे खिसकाता रहेगा। "

अतः विकल्प (D) सही है।

43. क्रॉस-सेक्शनल अध्ययन का उद्देश्य समय में एक बिंदु पर विभिन्न समूहों या चरणों के विकास का अध्ययन करना है।

क्रॉस-सेक्शनल अध्ययन कारण और प्रभाव संबंध के बारे में जानकारी प्रदान नहीं करता है।

अतः विकल्प (C) सही है।

44. परिणामों में पूर्वग्रह को कम करने के लिए अनुसंधान में रैंडमाइजेशन का उपयोग किया जाता है।

एक इकाई का चयन या गैर-चयन, जिसका दूसरे के चयन पर कोई प्रभाव नहीं है, रैंडमाइजेशन की अवधारणा है।

आबादी की प्रत्येक और हर इकाई के बराबर संभावनाएं होती हैं जिन्हें चुना जाना भी यादृच्छिकता को परिभाषित करता है।

संयोग के आधार पर एक इकाई को लेने से रैंडमाइजेशन की विधि मजबूत होती है।

यादृच्छिकता के बारे में उपरोक्त सभी कथन सत्य हैं।

अकेले संयोग पर आधारित एक विधि जिसके द्वारा अध्ययन प्रतिभागियों को एक उगचार सगूह को सौंपा जाता है। यादृच्छिकताकरण सभी परीक्षण हथियारों के बीच विशेष विशेषताओं वाले लोगों को समान रूप से वितरित करके समूहों के बीच अंतर को कम करता है। शोधकर्ता यह नहीं जानते हैं कि कौन सा उपचार बेहतर है।

अत: विकल्प (D) सही है।

45. अशक्त परिकल्पना (H0) को अस्वीकार या अस्वीकृत करने के लिए, एक नई परिकल्पना की आवश्यकता होती है जहां दो चर के बीच कुछ वास्तविक प्रभाव की पेशकश की जा सकती है। इसे वैकल्पिक परिकल्पना (H1) कहा जाता है।

एक अशक्त परिकल्पना (H0) मौजूद है जब शोधकर्ता ने पाया कि दो चर के बीच कोई निर्दिष्ट संबंध नहीं है।

इसलिए, दोनों कथन सत्य हैं।

अत: विकल्प (A) सही है।

46. जातीय पद्धति इस बात का अध्ययन है कि सामाजिक संपर्क की प्रक्रियाओं के माध्यम से सामाजिक व्यवस्था का उत्पादन कैसे होता है। यह आम तौर पर मुख्यधारा के समाजशास्त्रीय दृष्टिकोण का एक विकल्प प्रदान करना चाहता है। अपने सबसे कट्टरपंथी रूप में, यह संपूर्ण रूप से सामाजिक विज्ञान के लिए एक चुनौती है। इसकी प्रारंभिक जांच में वार्तालाप विश्लेषण की स्थापना हुई, जिसने अकादमी के भीतर एक स्वीकृत अनुशासन के रूप में अपना स्थान पाया है। स्थों के अनुसार, विषयों के नृवंशविज्ञान संबंधी परिवार के भीतर पांच प्रमुख दृष्टिकोणों को अलग करना संभव है।

अत: विकल्प (B) सही है।

47. सहसंबंधी शोध- सहसंबंधी शोध एक प्रकार का गैर-प्रायोगिक अनुसंधान विधि है, जिसमें एक शोधकर्ता दो चरों को मापता है, किसी भी बाहरी चर से कोई प्रभाव नहीं होने के बीच उनके बीच के सांख्यिकीय संबंधों को समझता है और उनका आकलन करता है।

अत: विकल्प (C) सही है।

48. प्रक्रियाओं का शिक्षण, अवधारणाओं का शिक्षण, सोच कौशल का शिक्षण, मूल्यों का शिक्षण सबसे कठिन से सबसे कठिन है।

शिक्षण व्यक्तियों की आवश्यकताओं, अनुभवों और भावनाओं से जुड़ने और अंतःस्थ करने की प्रक्रिया है ताकि वे विशेष चीजें सीखें, और दिए गए ज्ञान से आगे बढ़ सकें।

अतः विकल्प (A) सही है।

49. कौशल-आधारित शिक्षा को अधिकतम करने और छात्रों के सीखने के परिणामों को उनके ग्रेड और कौशल के संदर्भ में बढ़ाने के लिए, राष्ट्रीय शिक्षा नीति (एनईपी 2020) ने भारत में पारंपरिक शिक्षण-शिक्षण प्रणाली में कुछ महत्वपूर्ण बदलाव किए हैं।

सरकार ने 21वीं सदी के करियर-उन्मुख छात्रों के लिए सर्वोत्तम शिक्षा यात्रा की सुविधा के लिए सीबीसीएस के साथ मिलकर एकेडमिक बैंक ऑफ क्रेडिट (एबीसी) की एक अनूठी अवधारणा शुरू करने का निर्णय लिया है।

अत: विकल्प (C) सही है।

50. SPSS एक सॉफ्टवेयर है जिसका उपयोग अनुसंधान विश्लेषण के लिए किया जाता है

शोध विश्लेषण से तात्पर्य किसी विषय/अवधारणा को छोटे-छोटे हिस्सों में तोड़कर समझने में है, ताकि शोधकर्ता को समझ में आने वाले तरीके से उसे समझा जा सके। विभिन्न सॉफ्टवेयर हैं जो अनुसंधान विश्लेषण करते समय उपयोग किए जा सकते हैं।

अत: विकल्प (C) सही है।

51. असमानता तब होती है जब किसी दिए गए समाज या क्षेत्र में संसाधनों को असमान रूप से वितरित किया जाता है, आमतौर पर आवंटन के मानदंडों के माध्यम से, जो गरीबी की स्थिति पैदा करने वाले व्यक्तियों की सामाजिक रूप से परिभाषित श्रेणियों की लाइनों के साथ विशिष्ट पैटर्न को बढ़ाता है।

भारत में लोगों का जीवन बेहद असमान है:

गरीबी:

- यह न केवल आय का बल्कि आय वितरण का भी एक कार्य है।

- महत्वपूर्ण रूप से, विकास और गरीबी के बीच संबंध असमानता की मध्यस्थता है।

- यह भोजन, संसाधनों, सरकारी सहायता, आय, बुनियादी ढांचे, उच्च लागत और सामाजिक अन्याय की कमी के कारण होता है।

संसाधनों की कमी:

- संसाधनों की कमी के कारण एक क्षेत्र में, लोग न्यूनतम संसाधन से अधिकतम उपयोग करने का प्रयास कर सकते हैं जो अति-शोषण का कारण बन सकता है।

- साथ ही, आधुनिक तकनीकों ने उन संसाधनों को नवीनीकृत करना मुश्किल बना दिया है जिनका उपयोग गुणवत्ता में सुधार के लिए किया जा रहा है।

- इस प्रकार संसाधनों की कमी असमानता का परिणाम है।

अत: विकल्प (D) सही है।

52. 1. एकरूपता: यह अक्सर किसी विज्ञान और सांख्यिकी में किसी पदार्थ या जीव में एकरूपता से संबंधित होता है। एक सामग्री या छवि जो सजातीय है रचना या चरित्र (यानी रंग, आकार, आकार, वजन, ऊंचाई, वितरण, बनावट, भाषा, आय, बीमारी, तापमान, रेडियोधर्मिता, वास्तुशिल्प डिजाइन, आदि) में समान है; एक जो विषम है, इन गुणों में से एक में विशिष्ट रूप से गैर-समान है।

2. आत्मनिर्भरता: यह होने की ऐसी अवस्था है जिनमें किसी व्यक्ति या संगठन को दूसरों के साथ या किसी से मदद या बातचीत करने की आवश्यकता नहीं होती है। आत्मनिर्भरता स्वयं को पर्याप्त (जरूरतों को पूरा करने के लिए) होने के लिए मजबूर करती है, और एक आत्मनिर्भर इकाई अनिश्चित काल तक आत्मनिर्भरता बनाए रख सकती है। गे राज्य व्यक्तिगत या सामूहिक स्वायत्तता के प्रकारों का प्रतिनिधित्व करते हैं। एक आत्मनिर्भर अर्थव्यवस्था वह है जिसे बाहरी दुनिया के साथ बहुत कम या कोई व्यापार नहीं करना पड़ता है और इसे एक स्वायत्तता कहा जाता है।

3. प्राथमिक संबंध: ट्रेडमार्क विशिष्ट कानून और ट्रेडमार्क को नियंत्रित करने वाले कानून में एक महत्वपूर्ण अवधारणा है। एक ट्रेडमार्क पंजीकरण के लिए योग्य हो सकता है, या यदि वह आवश्यक ट्रेडमार्क फ़ंक्शन करता है, तो पंजीकरण योग्य हो सकता है, और विशिष्ट चरित्र हो सकता है। प्रतिसादिता को एक अंत के रूप में समझा जा सकता है, जिसके एक छोर पर "विशिष्ट रूप से विशिष्ट" निशान होते हैं, दूसरे छोर पर कोई विशिष्ट चरित्र के साथ "सामान्य" और "वर्णनात्मक" निशान होते हैं, और इन दोनों बिंदुओं के बीच "विचारोत्तेजक" और "मनमाना" निशान होते हैं। "वर्णनात्मक" चिह्नों को

द्वितीयक अर्थ के माध्यम से विशिष्टता प्राप्त करनी चाहिए - उपभोक्ता एक स्रोत संकेतक के रूप में निशान को पहचानने के लिए आए हैं - रक्षा योग्य होने के लिए। "सामान्य" शब्द का उपयोग उत्पाद या सेवा को संदर्भित करने के लिए किया जाता है और इसे ट्रेडमार्क के रूप में उपयोग नहीं किया जा सकता है।

अतः विकल्प (B) सही है।

53. भारतीय जनगणना 2011 राज्य-वार दिखाता है कि केरल प्रति 1000 पुरुषों पर 1084 महिलाओं के साथ उच्चतम लिंग अनुपात का प्रतिनिधित्व करता है, जबकि हरियाणा भारत में सबसे कम लिंग अनुपात प्रति 1000 पुरुषों पर सिर्फ 877 महिलाओं के साथ है।

अतः विकल्प (A) सही है।

54. जनसंख्या घनत्व के संदर्भ में निम्नलिखित में से 3 > 1 > 2 क्रम सही है।

दिल्ली राज्यों की तुलना में क्षेत्रफल में काफी छोटा है, और एक बड़ी आबादी (उन सभी पलायन के साथ) में निश्चित रूप से सबसे अधिक जनसंख्या घनत्व होगा। अब, 2011 की जनगणना से पहले, पश्चिम बंगाल वह राज्य था, जिसमें दूसरा सबसे अधिक जनसंख्या घनत्व था। 2011 की जनगणना की रिपोर्ट के बाद यह बदल गया और बिहार पश्चिम बंगाल से आगे निकल गया।

अतः विकल्प (B) सही है।

55. हालांकि गोवा काफी विकसित है, यह स्लम मुक्त नहीं है। सिक्किम को 2001 में स्लम मुक्त किया गया था, लेकिन अब इसमें स्लम हैं। वास्तव में, केवल एक राज्य - मणिपुर (और कुछ केन्द्र शासित प्रदेश) स्लम मुक्त हैं।

केन्द्र शासित प्रदेश हैं -

1. दमन और दीव

2. दादरा और नगर हवेली

3. लक्षद्वीप

अतः विकल्प (C) सही है।

56. विवाह समाज की एक महत्वपूर्ण और सार्वभौमिक सामाजिक संस्था है।

क्योंकि इसमें कुछ कार्य शामिल हैं जैसे, लोगों ने परिवार में रहना सीख लिया है, इसके बिना नहीं रह सकते, जैसा कि यह सेक्स अनुशासन और सामाजिक सद्भाव के लिए अनुकूल है,

दूसरी बात, यह प्रसव और बच्चों के रखरखाव करना है, तीसरे, यह पति और उसकी पत्नी के बीच एक स्थायी बंधन है।

अतः विकल्प (D) सही है।

57. किसी समाज की संस्कृति उसके सदस्यों के जीने का तरीका है, विचारों और आदतों का संग्रह है जो वे पीढ़ी दर पीढ़ी संस्कृति में बांटते हैं, साझा करते हैं और प्रसारित करते हैं, यह एक विशेष समाज के सदस्यों द्वारा आयोजित जीवन के लिए एक प्रारूप है। यही कारण है कि कविता में रुचि संस्कृति का एक तत्व है।

अतः विकल्प (A) सही है।

58. रेडक्लिफ ब्राउन समाजशास्त्र को मानव समाज का विज्ञान मानते हैं। अल्फ्रेड रेजिनाल्ड रेडक्लिफ फ़े-ब्राउन (17 जनवरी, 1881 - 24 अक्टूबर, 1955) एक ब्रिटिश सामाजिक मानवविज्ञानी थे, जिन्होंने "संरचनात्मक-कार्यात्मकतावाद" के सिद्धांत को विकसित किया था, हालांकि बाद में मानवविज्ञानी द्वारा रेडक्लिफ फ़े-ब्राउन के सिद्धांतों को खारिज कर दिया गया था, लेकिन उनके काम ने कई लोगों को प्रभावित किया। शोधकर्ताओं और दुनिया भर में मानव समाज की समझ में प्रगति के लिए नेतृत्व किया है।

अतः विकल्प (B) सही है।

59. "समाजशास्त्र" दो शब्दों से बना है समाज, जिसका अर्थ है साथी या सहयोगी और 'शास्त्र', जिसका अर्थ विज्ञान या अध्ययन है। "समाजशास्त्र" का व्युत्पत्तिमक अर्थ इस प्रकार है समाज का विज्ञान।

अतः विकल्प (C) सही है।

60. समाजशास्त्र शब्द को 1839 में अगस्ट्स कॉम्टे द्वारा गढ़ा गया था। कॉम्टे सकारात्मकता के जनक भी हैं। पॉज़िटिविज्म का कॉम्टे का सिद्धांत ज्ञान को देखने योग्य बनाता है और एक विज्ञान के रूप में समाजशास्त्र के दृष्टिकोण में महत्वपूर्ण है। समाज का अध्ययन ग्रीक दार्शनिकों से मिलता है, हालांकि, यह कॉम्टे तक अध्ययन के अपने क्षेत्र के रूप में प्रतिष्ठित नहीं था।

अतः विकल्प (C) सही है।

61. सहकर्मी समूह संस्था का उदाहरण नहीं है। एक सहकर्मी समूह एक सामाजिक समूह और लोगों का एक प्राथमिक समूह है, जिनकी समान रूचि (होमोफिली), आयु, पृष्ठभूमि या सामाजिक स्थिति है। इस समूह के सदस्य किसी व्यक्ति के विश्वासों और व्यवहार को प्रभावित करने की संभावना रखते हैं। सहकर्मी समूहों में पदानुक्रम और व्यवहार के अलग-अलग पैटर्न होते हैं।

अतः विकल्प (D) सही है।

62. सोशल आर्गेनाइजेशन की अवधारणा को पहली बार सी.एच. उनकी पुस्तक 'सोशल ऑर्गेनाइजेशन' में कोइली प्राथमिक समूह सभी सामाजिक संगठन का नाभिक है। यह एक छोटा समूह है जिसमें कम संख्या में व्यक्ति एक दूसरे के साथ सीधे और निकट संपर्क में आते हैं। प्राथमिक समूह के सदस्य परस्पर सहायता, सहयोग, साहचर्य और सामान्य प्रश्न की चर्चा के लिए "आमने-सामने" मिलते हैं। यह मानव प्रकृति की नर्सरी है और इससे प्रेम, सहानुभूति, सहयोग, ईमानदारी, न्याय और निष्पक्ष खेल के मानवीय गुणों का पता चलता है। प्राइमरी ग्रुप के सदस्यों के बीच के रिलेट ऑन्स की विशेषता आमने-सामने, प्रत्यक्ष, अंतरंग, अनौपचारिक और व्यक्तिगत होती है।

अतः विकल्प (A) सही है।

63. औद्योगीकरण के कारण भारतीय संस्थाओं में विवाह, जाति तथा परिवार की संस्थाएँ सबसे अधिक प्रभावित हई है।

औद्योगीकरण ने जिन परिस्थितियों को जन्म दिया उसमें एक संयुक्त परिवार का कई एकाकी परिवारों में बिखराव स्वाभाविक है। इससे सामाजिक स्तरीकरण की व्यवस्था, जाति व्यवस्था में परिवर्तन देखा जा सकता है।

संयुक्त परिवारों के बिखरने के मुख्य कारण रोजगार पाने की आकांक्षा भी है, बढ़ती जनसंख्या तथा घटते रोजगार के कारण परिवार के सदस्यों को अपनी जीविका चलाने के लिए गाँव से शहर की ओर या छोटे शहर से बड़े शहरों को जाना पड़ता है और इसी कड़ी में विदेश जाने की आवश्यकता पड़ती है।

अतः विकल्प (A) सही है।

64. एडेल्फ़िक और नॉन-एडेल्फ़िक को दो समूहों में वर्गीकृत किया जा सकता है।

पोल, "कई" और एनर, एंड्रोस, "मैन"। जब बहुपत्नी विवाह में पति भाई होते हैं या भाई कहे जाते हैं, तो संस्था को एडेलफिक, या भ्रातृ, बहुपत्नी कहा जाता है। बहुविवाह, एक ही समय में एक पुरुष और दो या अधिक महिलाओं की शादी में एक समरूप सोरेनल रूप शामिल है।

अतः विकल्प (B) सही है।

65. सभी समाजों में विवाह के लिए लगभग सार्वभौमिक मानदंड कबीले बहिर्विवाह। बहिर्विवाह किसी के सामाजिक समूह के बाहर विवाह करने का सामाजिक आदर्श है। समूह बहिर्विवाह के दायरे और सीमा और नियमों और प्रवर्तन तंत्रों को परिभाषित करता है जो इसकी निरंतरता सुनिश्चित करते हैं। बहिर्विवाह का एक रूप दोहरी बहिर्विवाह है, जिसमें दो समूह निरंतर पत्नी विनिमय में संलग्न होते हैं।

अतः विकल्प (C) सही है।

66. स्पेंसर ने सामाजिक परिवर्तन के अपने सिद्धांत को जीव से जोड़ा है। स्पेंसर ने एक सामाजिक जीव के रूप में समाज की समग्र प्रकृति की खोज की, जबकि उन तरीकों में अंतर किया जिनमें समाज एक जीव की तरह व्यवहार नहीं करता था। स्पेंसर के लिए, सुपर-ऑर्गेनिक परस्पर क्रिया करने वाले जीवों, यानी मनुष्यों की एक उभरती हुई संपत्ति थी।

अतः विकल्प (C) सही है।

67. विलियम ग्राहम सुमनेर (30 अक्टूबर, 1840 - 12 अप्रैल, 1910) एक अमेरिकी शैक्षणिक थे और येल कॉलेज में "समाजशास्त्र में प्रथम प्रोफेसर थे"। वह अमेरिकी इतिहास, आर्थिक इतिहास, राजनीतिक सिद्धांत, समाजशास्त्र और नृविज्ञान पर कई पुस्तकों और निबंधों के साथ एक बहुरूपिया थे। उन्हें अपनी पुस्तक फोल्कवेस (1906) में, साम्राज्यवादियों के औचित्य के मुख्य साधन की पहचान करने के लिए "जातीयतावाद" शब्द की शुरुआत करने का श्रेय दिया जाता है। सुमेर को अक्सर एक प्रोटो-लिबरटियन के रूप में देखा जाता है। वह "समाजशास्त्र" नामक पाठ्यक्रम को पढ़ाने वाले पहले व्यक्ति भी थे।

अतः विकल्प (A) सही है।

68. "द पावर्टी ऑफ़ हिस्टोरिसिस्म" दार्शनिक कार्ल पॉपर की 1957 की पुस्तक है, जिसमें लेखक का तर्क है कि ऐतिहासिकता का विचार खतरनाक और दिवालिया है।

'द ओपन सोसाइटी एंड इट्स एनिमीज़"और "द पॉवर्टी ऑफ़ हिस्टोरिज्म" में, पॉपर ने ऐतिहासिकता की आलोचना और 'ओपन सोसाइटी' की रक्षा विकसित की। पॉपर ने ऐतिहासिकतावाद को इस सिद्धांत के रूप में माना कि इतिहास एक निश्चित अंत की दिशा में जानने योग्य सामान्य कानूनों के अनुसार अनिवार्य रूप से और आवश्यक रूप से विकसित होता है। उन्होंने तर्क दिया कि यह दृष्टिकोण प्रमुख सैद्धांतिक पूर्वधारणा है जो अधिनायकवाद और अधिनायकवाद के अधिकांश रूपों को रेखांकित करता है।

अतः विकल्प (A) सही है।

69. समाज पुरुषों के अस्तित्व से बाहर निकलता है जो एक समाज, या एक मानव समाज, एक दूसरे से संबंधित लोगों का एक समूह है जो लगातार संबंधों के माध्यम से, या उसी भौगोलिक या आभासी क्षेत्र को साझा करने वाला एक बड़ा सामाजिक समूह है, जो एक ही राजनीतिक प्राधिकरण और प्रमुख सांस्कृतिक अपेक्षाओं के अधीन है।

अतः विकल्प (B) सही है।

70. एच. स्पेंसर ने खुद को एक प्रत्यक्षवादी के रूप में वर्गीकृत किया, जो सामाजिक जगत के अपरिवर्तनीय कानूनों की खोज में रुचि रखता था। वह कॉमेट से सकारात्मकता के अपने संस्करण को स्वीकार न करके अलग है, विशेष रूप से कॉमेट की प्रत्यक्षवादी धर्म की भावना। जबकि कॉम्पटे विकास के विचारों से संबंधित था, स्पेन्सर ने संरचनात्मक विकास पर ध्यान केंद्रित किया। स्पेंसर का मानना था कि व्यक्तिगत कार्यों से नैतिक विचारों का उदय हुआ। इस निष्कर्ष पर पहुंचने में स्पेंसर ने सबसे उपयुक्त परिप्रेक्ष्य के अस्तित्व का उपयोग किया।

अतः विकल्प (C) सही है।

71. सी.एच. कोली अमेरिकी समाजशास्त्री, प्राथमिक समूहों और माध्यमिक समूहों के रूप में वर्गीकृत सामाजिक समूहों।
प्राथमिक समूह उन व्यक्तिगत संबंधों को संदर्भित करते हैं जो प्रत्यक्ष, आमने सामने, अपेक्षाकृत स्थायी और अंतरंग होते हैं जैसे कि परिवार में संबंध, करीबी दोस्तों का समूह।

उन्होंने तर्क दिया कि प्राथमिक समूह मानव व्यक्तित्व के विकास में महत्वपूर्ण भूमिका निभाता है।
वे लोगों को अंतरंग सहयोग और सहयोग के अवसर प्रदान करते हैं।
माध्यमिक समूह अन्य सभी व्यक्ति-से-व्यक्ति संबंधों को संदर्भित करता है, लेकिन विशेष रूप से उन समूहों या संगठनों जैसे कार्यसमूह, जिसमें व्यक्ति औपचारिक, अक्सर कानूनी या संविदात्मक संबंधों के माध्यम से दूसरों से

संबंधित होता है।
अतः विकल्प (C) सही है।

72. कथन में कुछ लोग हैं जो दूसरों की तुलना में अधिक सक्षम हैं और उन्हें गोडे और हाट के लिए जिम्मेदार ठहराया जा सकता है। एक सेमेस्टर अंडरग्रेजुएट पाठ "जिसे आधुनिक शोध तकनीकों के लिए छात्र को समाजशास्त्र में प्रस्तुत करने के लिए डिज़ाइन किया गया है।" 21 अध्याय "वैज्ञानिक अनुसंधान के बुनियादी तर्क और समाजशास्त्र की विशेष समस्याओं के लिए उस तर्क के अनुप्रयोग को प्रस्तुत करते हैं। पुस्तक में परिकल्पना विकसित करने, अनुसंधान डिजाइन स्थापित करने, परिकल्पना के परीक्षण के लिए, डेटा एकत्र करने के लिए, और विश्लेषण करने के लिए प्रमुख तकनीकें शामिल हैं। सामान्य सिद्धांतों को विशिष्ट अनुसंधान अनुभवों के खातों द्वारा चित्रित किया जाता है, आमतौर पर अप्रकाशित कार्यों से लिया जाता है। "

अतः विकल्प (B) सही है।

73. मार्क्स के लिए, एक वर्ग को उत्पादन की प्रक्रिया में एक व्यक्ति की स्थिति से परिभाषित किया जाता है। माक्रिसयन वर्ग सिद्धांत यह दावा करता है कि एक वर्ग पदानुक्रम के भीतर किसी व्यक्ति की स्थिति उत्पादन प्रक्रिया में उनकी भूमिका से निर्धारित होती है, और यह तर्क देती है कि राजनीतिक और वैचारिक चेतना वर्ग की स्थिति से निर्धारित होती है। एक वर्ग वे हैं जो सामान्य आर्थिक हितों को साझा करते हैं, उन हितों के प्रति जागरूक होते हैं, और सामूहिक कार्रवाई में संलग्न होते हैं जो उन हितों को आगे बढ़ाते हैं। मार्क्सियन वर्ग सिद्धांत के भीतर, उत्पादन प्रक्रिया की संरचना वर्ग निर्माण का आधार बनती है।

अतः विकल्प (B) सही है।

74. हरिजन (ईश्वर का बच्चा) महात्मा गांधी द्वारा दलितों के लिए प्रयुक्त एक शब्द था। गांधी ने कहा कि लोगों को 'अछूत' कहना गलत था, और उन्हें हरिजन कहा जाता है, जिसका अर्थ है भगवान के बच्चे। यह अभी भी गांधी के गृह राज्य गुजरात में व्यापक रूप से उपयोग में है।

अतः विकल्प (C) सही है।

75. अनुसूचित जाति महासंघ, भारत में एक राजनीतिक पार्टी थी। एससीएफ की स्थापना डॉ. अम्बेडकर ने 1942 में दलित समुदाय के अधिकारों के लिए लड़ने के लिए की थी। एससीएफ बी.आर.अंबेडकर के नेतृत्व वाली स्वतंत्र लेबर पार्टी का उत्तराधिकारी संगठन था।

अतः विकल्प (A) सही है।

76. सामाजिक मानविकी यूसीएल में स्टाफ और छात्र वर्तमान में उन क्षेत्रों में काम कर रहे हैं जिनमें शामिल हैं:

1. लोकतांत्रिक राजनीतिक संस्थागत आयनों की नृविज्ञान
2. हंगर इयान और रोमानियाई जिप्सियां
3. खतरनाक खेल और चरम खेल
4. पश्चिम अफ्रीका में वर्षावन संरक्षण
5. भारतीय साड़ी
6. लिंग, कामुकता और शरीर
7. कैरिबियन में चिकित्सा नृविज्ञान
8. आव्रजन और जातीयता
9. ग्रीक संस्कृति में सपने
10. विकासात्मक परियोजनाएँ और एन.जी.ओ.

अतः विकल्प (C) सही है।

77. द माइंड एंड सोसाइटी (1916) समाजशास्त्री और अर्थशास्त्री विलफ्रेडो परेटो (1848-1923) द्वारा सेमिनल इटैलियन सोशियोलॉजिकल कृति ट्राटेटो डी सोशोगोलिया जेनेले का अंग्रेजी शीर्षक है। इस पुस्तक में परेटो पहले समाजशास्त्रीय सिद्धांत को प्रस्तुत करते हैं, जो एक विशिष्ट सामाजिक वर्ग की अवधारणा के आसपास केंद्रित है।

अतः विकल्प (B) सही है।

78. पारेतो ने माचियावेली से शेर और लोमड़ियों की अवधारणा को उधार लिया है। निकोलो डी बर्नार्डो डी मैकियावेली (3 मई 1469– 21 जून 1527) पुनर्जागरण के दौरान फ्लोरेंस में स्थित एक इतालवी इतिहासकार, राजनीतिक प्रतिष्ठित, राजनयिक, दार्शनिक, मानवतावादी और लेखक थे। वह कई वर्षों तक फ्लोरेंटाइन गणराज्य में एक राजनैतिक, राजनयिक और सैन्य मामलों में जिम्मेदारियों के साथ था। वे आधुनिक राजनीतिक विज्ञान के संस्थापक थे, और अधिक विशेष रूप से राजनीतिक नैतिकता संस्थापक थे।

अतः विकल्प (A) सही है।

79. थोरस्टेन वेबलन द्वारा द थ्योरी ऑफ द लीजर्स क्लास: एन इकोनॉमिक स्टडीज ऑफ इंस्टीट्यूशंस (1899), एक सामाजिक ग्रंथ है, जिसमें सामाजिक-वर्ग के उपभोक्तावाद के एक समारोह के रूप में, विशिष्ट उपभोग की आलोचनात्मक सामाजिक आलोचना है। सामंती काल के श्रम के आधुनिक युग में जारी रहा।

अतः विकल्प (B) सही है।

80. मैक्स वेबर कार्यप्रणाली विरोधी प्रत्यक्षवाद के एक प्रमुख प्रस्तावक थे, जो व्याख्यात्मक (विशुद्ध रूप से अनुभववादी के बजाय) के माध्यम से सामाजिक क्रिया के अध्ययन का तर्क देते हैं, उद्देश्य और अर्थ को समझने के आधार पर होता है कि व्यक्ति अपने स्वयं के कार्यों से जुड़ते हैं। वेबर की मुख्य बौद्धिक चिंता तर्कसंगतता, धर्मनिरपेक्षता, और "मोहभंग" की प्रक्रियाओं को समझ रही थी कि वह पूंजीवाद और आधुनिकता के उदय से जुड़ा था और जिसे उन्होंने दुनिया के बारे में सोचने के नए तरीके के परिणाम के रूप में देखा था।

अतः विकल्प (D) सही है।

81. रूथ बेनेडिक्ट द्वारा कस्टम वह लेंस है जिसके बिना कोई भी नहीं देख सकता है। रूथ फुल्टन बेनेडिक्ट एक अमेरिकी मानवविज्ञानी और लोक विज्ञानी थे। वह न्यूयॉर्क शहर में पैदा हुई थी, वस्सर कॉलेज में भाग लिया और 1909 में स्नातक की उपाधि प्राप्त की।

इसलिए, सही विकल्प (C) है।

82. अल्फ लाल लुई क्रोबेबर (11 जून, 1876 - 5 अक्टूबर, 1960) एक अमेरिकी सांस्कृतिक मानवविज्ञानी थे।

यद्यपि उन्हें मुख्य रूप से एक सांस्कृतिक मानवविज्ञानी के रूप में जाना जाता है, उन्होंने पुरातत्व और मानवविज्ञान भाषा विज्ञान में महत्वपूर्ण काम किया, और उन्होंने पुरातत्व और संस्कृति के बीच संबंध बनाकर मानव विज्ञान में योगदान दिया।

अतः विकल्प (A) सही है।

83. कार्ल मार्क्स पहले व्यक्ति हैं जिन्होंने अलगाव की अवधारणा को समाजशास्त्रीय सिद्धांत में पेश किया।

कार्ल मार्क्स का अलगाव का सिद्धांत औद्योगिक पूंजीवाद की आलोचना और वर्ग-स्तरीकृत सामाजिक व्यवस्था के लिए केंद्रीय था, जिसका परिणाम दोनों ने दिया और इसका समर्थन किया। उन्होंने इसके बारे में सीधे आर्थिक और दार्शनिक पांडुलिपियों और जर्मन आइडियोलॉजी में लिखा, हालांकि यह एक अवधारणा है जो उनके अधिकांश लेखन के लिए केंद्रीय है।

अतः विकल्प (B) सही है।

84. जनसांख्यिकी मानव आबादी का सांख्यिकीय अध्ययन है। यह एक बहुत ही सामान्य विज्ञान हो सकता है जिसे किसी भी प्रकार की गतिशील रहने वाली आबादी पर लागू किया जा सकता है, अर्थात वह जो समय या स्थान में परिवर्तन करता है। इसमें इन आबादी का आकार, संरचना और वितरण का अध्ययन शामिल है, और जन्म, प्रवास, उम्र बढ़ने और मृत्यु की प्रतिक्रिया में उनमें स्थानिक और / या अस्थायी परिवर्तन शामिल हैं।

अतः विकल्प (B) सही है।

85. यूफोरिया, रैडक्लिफ़ फ़े ब्राउन द्वारा गढ़ा गया एक शब्द का अर्थ है सामाजिक कल्याण की स्थिति। अल्फ रेड रेजिनाल्ड रेडक्लिफ़ फ़े-ब्राउन (अल्फ्रेड रेजिनाल्ड ब्राउन का जन्म: 17 जनवरी 1881-24 अक्टूबर 1955 को लंदन में) एक अंग्रेजी सामाजिक मानवविज्ञानी थे जिन्होंने स्ट्रक्चरल फंक्शनलिज्म का सिद्धांत विकसित किया था।

अतः विकल्प (C) सही है।

86. क्रम, परिवर्तन और प्रगति का राष्ट्र विकास की अवधारणा में निहित है।

सामाजिक सांस्कृतिक विकास को "प्रक्रिया द्वारा जिसके द्वारा संरचनात्मक पुनर्गठन को समय के माध्यम से प्रभावित किया जाता है, अंततः एक रूप या संरचना का निर्माण किया जा सकता है, जो कि पुश्तैनी रूप से गुणात्मक रूप से भिन्न है।"

अतः विकल्प (A) सही है।

87. भारत में गवर्नर जनरल की कार्यकारी परिषद के एक बार के कानून के सदस्य, पैट्रियार्च थ्योरी के मुख्य प्रतिपादक सर हेनरी मेन हैं। उन्होंने अपने प्राचीन कानून (1861) और द अर्ली हिस्ट्री ऑफ इंस्टीट्यूशंस (1874) में अपने सिद्धांत को विस्तार से बताया।

इसलिए, सही विकल्प (C) है।

88. एमाइल दुर्खीम को भी एक वैध विज्ञान के रूप में समाजशास्त्र की स्वीकृति के साथ गहराई से पसंद किया गया था। उन्होंने मूल रूप से अगस्टे कॉम्टे द्वारा स्थापित प्रत्यक्षवाद का खंडन किया, जिसे बढ़ावा देने के लिए एपिस्टेमोलॉजिकल यथार्थवाद का एक रूप माना जा सकता है, साथ ही साथ सामाजिक विज्ञान में हाइपेटिकटेडिकटिव मॉडल का उपयोग किया जा सकता है। उसके लिए, समाजशास्त्र संस्थानों का विज्ञान था, इसका उद्देश्य संरचनात्मक सामाजिक तथ्यों की खोज करना था।

अतः विकल्प (A) सही है।

89. मार्क्स के अनुसार, जीवित रहना सभ्यता के प्रारंभिक चरण में मानव का सबसे प्रमुख लक्ष्य था; इस उद्देश्य के लिए, उन्होंने आर्थिक कार्रवाई शुरू की। इसलिए, मार्क्स के लिए, 'मानव' और 'सामाजिक लगभग समान शब्द हैं। लेकिन आपसी उत्पादन और उपभोग सभी नहीं है कि वह प्रजाति-गतिविधि से मतलब है अन्यथा, यह कहा जा सकता है कि चींटियां प्रजाति-गतिविधि में संलग्न हैं, या कि चींटियों का समाज है, और मार्क्स इससे इनकार करेंगे। मानव प्रजाति-गतिविधि के बारे में अद्वितीय क्या है, मार्क्स के लिए, ऐसा लगता है कि उत्पादन की गतिविधियों को निर्देशित किया जाता है, अर्थात, पुरुष न केवल प्रकृति पर कार्य करते हैं, बल्कि वे अपने कार्यों पर कार्य करते हैं।

अतः विकल्प (D) सही है।

90. अधिकार के रूपों (या गैर-ज़बरदस्त अनुपालन) के अपने प्रसिद्ध टोपोलॉजी में, मैक्स वेबर पारंपरिक, करिश्माई और तर्कसंगत कानूनी प्रकारों को अलग करता है। इनमें से पहला एक परंपरा संदेश देने वाले या पारंपरिक रूप से स्वीकृत कार्यालय को धारण करने वाले नेता पर निर्भर करता है। इसके विपरीत, करिश्माई अधिकार परंपरा को बाधित करता है, और केवल नेता के व्यक्ति के समर्थन पर टिकी हुई है। वेबर करिश्मा को एक व्यक्तिगत व्यक्तित्व के एक निश्चित गुण के रूप में परिभाषित करता है जिसके गुण के आधार पर उन्हें सामान्य पुरुषों से अलग किया जाता है और उन्हें अलौकिक, अलौकिक या कम से कम असाधारण असाधारण शक्तियों या गुणों के साथ संपन्न माना जाता है। करिश्माई घटना अस्थायी और अस्थिर है। यह वंशानुगत उत्तराधिकार से नहीं हो सकता।

अतः विकल्प (D) सही है।

91. बेहतर उपकरण ग्रामीण अर्थव्यवस्था में योगदान नहीं करते हैं।

ग्रामीण क्षेत्रों में कृषि उत्पादों, पर्यटन, खनन और सेवाओं के प्रसंस्करण और विपणन सहित आर्थिक गतिविधियों की एक महान विविधता की विशेषता है। श्रम मंत्रालयों को यह सुनिश्चित करने का बीड़ा उठाना चाहिए कि सामाजिक और श्रम मुद्दे ग्रामीण नीतियों में प्रभावी रूप से परिलक्षित होते हैं।

अतः विकल्प (D) सही है।

92. आत्मसात्करण आरोपण का पर्याय है। आत्मसात्करण एक ऐसी प्रक्रिया है जिसके द्वारा एक बाहरी व्यक्ति, आप्रवासी या अधीनस्थ समूह अप्रत्यक्ष रूप से प्रमुख मेजबान समाज में एकीकृत हो जाता है।

2017 में एक अध्ययन किया गया था जिसमें पाया गया कि पारसी आनुवंशिक रूप से आधुनिक ईरानियों की तुलना में नियोलिथिक ईरानी लोगों के करीब हैं, जिन्होंने निकट पूर्व से प्रशंसा की अधिक लहर देखी है और उनमें "48% दक्षिण-एशियाई-विशिष्ट माइटोकॉन्ड्रियल वंशावली हैं प्राचीन नमूने, जो प्रारंभिक निपटान के दौरान स्थानीय महिलाओं की आत्मसात के परिणामस्वरूप हो सकते हैं।

अतः विकल्प (D) सही है।

93. बी मालिनोवस्की "ए साइंटिफिक थ्योरी ऑफ कल्चर" पुस्तक के लेखक हैं।

यह पुस्तक रीड बुक्स, 2012 'द्वारा प्रकाशित की गई है और इसमें सामाजिक विज्ञान, नृविज्ञान और सांस्कृतिक जैसे विषयों का वर्णन किया गया है। यह पुस्तक उन लोगों के लिए बहुत उपयोगी है जो नृविज्ञान के विकास में रुचि रखते हैं।

अतः विकल्प (A) सही है।

94. संदर्भ समूह को हर्बर्ट हाइमन द्वारा आर्काइव्स ऑफ साइकोलॉजी (1942) में समूह में लागू करने के लिए तैयार किया गया था, जिसके खिलाफ एक व्यक्ति अपनी स्थिति या आचरण का मूल्यांकन करता है। संदर्भ समूह व्यवहार मूल्यांकन और उप-मूल्यांकन पर एक प्रक्रिया है जिसमें व्यक्ति अन्य व्यक्तियों और समूहों के मूल्यों या मानकों को संदर्भों के तुलनात्मक फ्रेम के रूप में लेता है।

अतः विकल्प (B) सही है।

95. सामाजिक तथ्य एक समूह की सामूहिक चेतना में उत्पन्न होते हैं और इसलिए व्यक्तियों को केवल तभी प्रभावित करते हैं जब वे समूह के साथ जुड़े होते हैं। दुर्खीम के सामाजिक तथ्यों की व्याख्या ई. दुर्खीम के सामाजिक तथ्यों की व्याख्या से प्राप्त नहीं होती है।

सामाजिक तथ्य अभिनय का एक तरीका है जो सामूहिक रूप से विस्तृत होता है इसलिए आधिकारिक नियम अधिकतम होते हैं, और प्रथाओं, दोनों धार्मिक और धर्मनिरपेक्ष। सामान्य और संस्थान कम या ज्यादा ठोस रूपों में सामाजिक तथ्यों के उदाहरण हैं। वे सामूहिक रूप से लिए गए समूह की प्रथाओं का गठन करते हैं और इस प्रकार खुद को थोपते हैं और व्यक्तियों द्वारा नजरबंद कर दिए जाते हैं। क्योंकि वे सामूहिक रूप से विस्तृत हैं वे सामान्य हैं और इसलिए व्यक्तिगत व्यवहार में बाधा डालते हैं।

अतः विकल्प (D) सही है।

96. फ्रांसीसी विद्वान एमिल दुर्खीम ने पहली बार सामाजिक विकास की अपनी चर्चा में डिविजन आफ लेबर वाक्यांश उपयोग समाजशास्त्रीय अर्थ में किया।

अतः विकल्प (C) सही है।

97. सापेक्षिक वंचन शब्द का अभिप्राय उस अनुभव से वंचित होना है, जब व्यक्ति स्वयं की तुलना दूसरों से करता है, वह व्यक्ति है जिसके पास किसी चीज की कमी होती है जो स्वयं की तुलना करता है, और इसलिए वंचित होने की भावना के रूप में महसूस करता है, जिसके परिणामस्वरूप सापेक्ष अभाव में न केवल तुलना शामिल होती है, बल्कि यह सामान्य रूप से परिभाषित होता है।

अतः विकल्प (D) सही है।

98. सामाजिक नियंत्रण तंत्र का अध्ययन है, दबाव के पैटर्न के रूप में, जिसके माध्यम से समाज सामाजिक व्यवस्था और सामंजस्य बनाए रखता है। ये तंत्र किसी समाज के सदस्यों के लिए व्यवहार के एक मानक को स्थापित और लागू करते हैं और इसमें कई प्रकार के घटक शामिल होते हैं, जैसे कि शर्म,

ज़बरदस्ती, बल, संयम और अनुनय। समाजीकरण सामाजिक नियंत्रण का एक माध्यम है। फ्रायड ने अहंकार के बीच संघर्ष के रूप में अपना समाजीकरण सिद्धांत दिया है।

अतः विकल्प (B) सही है।

99. उन्नत तकनीक लोगों को उनके वातावरण में अधिक स्वतंत्रता देती है। प्रौद्योगिकी समाज और जीवन या प्रौद्योगिकी और संस्कृति एक-दूसरे पर अंतर-निर्भरता, सह-निर्भरता, सह-प्रभाव और प्रौद्योगिकी और समाज के सह-उत्पादन का उल्लेख करते हैं। इस तालमेल के साक्ष्य तब से पाए गए हैं जब मानवता ने पहले सरल साधनों का उपयोग शुरू किया था इंटर-रिलेशनशिप आधुनिक तकनीकों के रूप में जारी रहा है जैसे कि प्रिंटिंग प्रेस और कंप्यूटर ने समाज को आकार देने में मदद की है। इस संबंध के लिए पहला वैज्ञानिक दृष्टिकोण बीसवीं शताब्दी के शुरुआती रूस में, "संगठन के विज्ञान", टेकटोलॉजी के विकास के साथ हुआ।

अतः विकल्प (C) सही है।

100. शहरीकरण खासतौर पर पश्चिमीकरण के साथ नहीं है। प्राचीन भारत में, सिंधु घाटी सभ्यता में पश्चिमीकरण से पहले भी शहरीकरण था। शहरीकरण शहरों में सामाजिक, राजनीतिक और आर्थिक संबंधों का अध्ययन है, और शहरी समाजशास्त्र में विशेषज्ञता वाला कोई व्यक्ति उन रिश्तों का अध्ययन करता है। कुछ मायनों में, शहर सार्वभौमिक मानव व्यवहार के सूक्ष्म जगत हो सकते हैं, जबकि अन्य में वे एक अद्वितीय वातावरण प्रदान करते हैं जो मानव व्यवहार के अपने ब्रांड का उत्पादन करता है।

अतः विकल्प (D) सही है।

101. शहरीकरण का अर्थ सामाजिक जीवन के पैटर्न से है जो शहरी आबादी की विशिष्ट सोच है। इनमें परिजनों के सामाजिक संबंधों में कमजोरपन, स्वैच्छिक संघों का विकास, आदर्शवादी बहुलवाद, धर्मनिरपेक्षता, सामाजिक संघर्ष में वृद्धि और जनसंचार माध्यमों का बढ़ता महत्व जैसे अतिवादों में मजदूरों की वृद्धि का एक विशेषीकृत विभाजन शामिल है।

अतः विकल्प (C) सही है।

102. सबसे तेजी से बढ़ती कामकाजी आबादी विज़-इन-निर्भर जनसंख्या को जनसांख्यिकीय लाभांश के रूप में संदर्भित किया जा सकता है। जनसांख्यिकीय लाभांश एक अर्थव्यवस्था में वृद्धि को संदर्भित करता है जो किसी देश की आबादी की आयु संरचना में बदलाव का परिणाम है। आमतौर पर प्रजनन और मृत्यु दर में गिरावट से आयु संरचना में बदलाव लाया जाता है।

अतः विकल्प (D) सही है।

103. इको-फेमिनिज़्म एक नया सैद्धांतिक परिप्रेक्ष्य है जो लिंग और प्रकृति के बीच संबंध को संबोधित करता है। यह तर्क देता है कि एक समूह के रूप में महिलाएं पुरुषों की तुलना में औद्योगिक और वाहनों की आबादी में बहुत कम योगदान देती हैं।

अतः विकल्प (D) सही है।

104. भारत में गिरते लिंगानुपात के स्पष्टीकरण के लिए शहरी क्षेत्रों में पुरुषों का प्रवास कम से कम प्रासंगिक है; क्योंकि इसका प्रभाव अस्थायी है। पुत्र द्वारा वरीयता के विभिन्न कारणों, जैसा कि महिलाओं द्वारा उल्लेख किया गया है; जिसमें एक बेटा एक समर्थन है, और बुढ़ापे में प्रदाता है; परिवार के संसाधनों को निकालने के बजाय दहेज में लाता है; परिवार के नाम को समाप्त करता है; अंतिम संस्कार करने के लिए; जब बेटों पर निवेश करना, शिक्षा या व्यवसाय पर कहना, धन परिवार के भीतर ही रहता है।

अतः विकल्प (A) सही है।

105. एम्ब्रोज़ोइज़्म वह प्रक्रिया है जिसके द्वारा बुर्जुआ आकांक्षाएँ, और बुर्जुआ मानक और जीवन शैली, मज़दूर वर्ग के बीच संस्थागत बन जाते हैं। कहा जाता है कि यह घटना मज़दूर वर्ग की चेतना को कमज़ोर करती है और इसलिए सर्वहारा वर्ग के ऐतिहासिक मिशन को क्रान्तिकारी राजनीतिक परिवर्तन की एक एजेंसी के रूप में निराश करती है।

अतः विकल्प (C) सही है।

106. सीडब्ल्यू मिल्स ने पाया कि मुख्य कार्यकारी अधिकारी और बहुत अमीर एक हैं और यू.एस.ए. मिल्स में एक ही समूह तीन प्रमुख संस्थानों-प्रमुख निगमों, सैन्य और संघीय सरकार की पहचान करता है। जो संस्थानों में कमांड पदों पर काबिज होते हैं, वे तीन कुलीन वर्ग बनाते हैं।

इस प्रकार शक्ति अभिजात वर्ग में आर्थिक सैन्य और राजनीतिक शक्तियां शामिल होती हैं। मिल्स का तर्क है कि व्यापार और सरकार को दो जिला दुनिया के रूप में नहीं देखा जा सकता है।

अतः विकल्प (C) सही है।

107. भूगोल में, "दोगुना समय" एक सामान्य शब्द है जिसका उपयोग जनसंख्या वृद्धि का अध्ययन करते समय किया जाता है। यह अनुमानित समय है कि किसी दी गई जनसंख्या को दोगुना होने में कितना समय लगेगा। यह वार्षिक वृद्धि दर पर आधारित है और इसकी गणना "70 के नियम" के रूप में की जाती है। चूंकि दोहरीकरण का समय जनसंख्या की वार्षिक वृद्धि दर पर आधारित होता है, यह समय के साथ भिन्न भी हो सकता है। यह दुर्लभ है कि दोहरीकरण का समय लंबे समय तक समान रहता है, हालांकि जब तक कोई स्मारकीय घटना नहीं होती है, तब तक इसमें बहुत कम उतार-चढ़ाव होता है। इसके बजाय, यह अक्सर वर्षों में क्रमिक कमी या वृद्धि होती है।

अतः विकल्प (B) सही है।

108. गिस्ट और हैल्बर्ट के अनुसार, "ग्रामीण और शहरी के बीच परिचित द्वंद्ववाद सामुदायिक जीवन के तथ्यों के आधार पर विभाजन की तुलना में एक सैद्धांतिक अवधारणा है। वास्तव में, शहर और गांव के बीच का अंतर केवल एक डिग्री है, जिसके परिणामस्वरूप दोनों के बीच स्पष्ट अंतर करना बहुत मुश्किल है।

अतः विकल्प (A) सही है।

109. सरल, अविभाजित समरूपता से जटिल, विभेदित विषमता तक की विकासवादी प्रगति का अनुकरण किया गया, स्पेंसर ने तर्क दिया, समाज के विकास के द्वारा। उन्होंने दो प्रकार के समाज, उग्रवादी और औद्योगिक का एक सिद्धांत विकसित किया, जो इस विकासवादी प्रगति के अनुरूप था। मिलिटेंट समाज, पदानुक्रम और आज्ञाकारिता के रिश्तों के आसपास संरचित, सरल और उदासीन था; औद्योगिक समाज, स्वैच्छिक, अनुबंधित सामाजिक दायित्वों के आधार पर, जटिल और विभेदित था। समाज, जिसे स्पेंसर ने एक 'सामाजिक जीव' के रूप में अवधारणा दी, विकास के सार्वभौमिक नियम के अनुसार सरल अवस्था से अधिक जटिल तक विकसित हुआ।

अतः विकल्प (B) सही है।

110. उपनगरीयकरण केंद्रीय शहरी क्षेत्रों से उपनगरीय इलाकों में एक जनसंख्या बदलाव, जिसके परिणामस्वरूप (उप) शहरी फैलाव होता है। शहर के केंद्रों से घरों और व्यवसायों की आवाजाही के परिणामस्वरूप, कम घनत्व, परिधीय शहरी क्षेत्र बढ़ते हैं। (उप-शहरीकरण शहरीकरण से विपरीत रूप से संबंधित है, जो ग्रामीण क्षेत्रों से शहरी केंद्रों में जनसंख्या परिवर्तन को दर्शाता है।)

अतः विकल्प (D) सही है।

111. भारतीय महिलाओं की बदलती स्थिति एम.एन. श्रीनिवास, कैसे भी हो, इसका मतलब यह नहीं है कि भारतीय महिलाओं को पारंपरिक और आधुनिक भूमिकाओं के संयोजन में किसी भी संघर्ष का अनुभव नहीं है। हैरानी की बात यह है कि उन पर किए गए मांगों के अलग-अलग स्वरूप को देखते हुए, लिफ़्ट अधिक तीव्र नहीं है और व्यापक रूप से आम तौर पर विवाहित जीवन के पहले कुछ वर्षों में कॉन्टेक्ट लिक को बोलने में अधिक गंभीर है।

अतः विकल्प (A) सही है।

112. आत्महत्या के अपने सिद्धांत में एमिल दुर्खीम ने 1897 में कारण-प्रभाव संबंध का प्रदर्शन किया, जहां उन्होंने प्रदर्शित किया कि व्यक्तिगत मानसिक

स्थिति के अलावा कुछ सामाजिक परिस्थितियां व्यक्ति को आत्महत्या के लिए प्रेरित करती हैं।

अतः विकल्प (C) सही है।

113. "सामाजिक दूरी" अंतर्राष्ट्रीय समाजशास्त्र में सबसे सफल अवधारणाओं में से एक है। आज जातीय, वर्ग, लिंग, स्थिति और कई अन्य प्रकार के संबंधों के अध्ययन में व्यापक रूप से उपयोग किया जाता है, सामाजिक दूरी को अक्सर बोगार्डस सोशल डिस्टेंस स्केल या इसके कुछ संशोधन के अनुसार मापा जाता है। 1995 में किए गए समाजशास्त्रीय सार की खोज ने अकेले 1990 के बाद से प्रकाशित "सामाजिक दूरी" के 300 से अधिक अध्ययन किए।

एंथनी गिडेंस का सुझाव है कि अगर सामाजिक गतिशीलता की दर निम्न-वर्ग की एकजुटता है और सामंजस्य अधिक होगा। यह पीढ़ियों से सामान्य जीवन के अनुभव के प्रजनन के लिए प्रदान करेगा।

अतः विकल्प (B) सही है।

114. एक समूह कार्य या परियोजना, जैसे कि एक जटिल समस्या को हल करना, जो समूह द्वारा एकल समाधान, निर्णय या समूह के सदस्य की सिफारिश को अपनाने पर पूरा होता है। इसका मतलब यह है कि समूह के प्रदर्शन को सबसे कुशल सदस्य द्वारा निर्धारित किया जाता है जिसे विघटनकारी समूह कहा जाता है।

अतः विकल्प (A) सही है।

115. मार्क्स का विचार था कि सामग्री संघनित आयन या आर्थिक कारक समाज की संरचना और विकास को प्रभावित करते हैं। ऐतिहासिक भौतिकवाद का उनका सिद्धांत है- उनका कार्य क्योंकि मार्क्स ने मानव समाजों के विकास को एक मंच से दूसरे चरण में रखा है।

अतः विकल्प (A) सही है।

116. एक दूसरे के साथ अनन्य सहवास के अधिकार के साथ अनन्य सहवास के अधिकारों को शामिल किए बिना एकल जोड़े के बीच विवाह को सिनडेशियन परिवार कहा जाता है।

1990 के दशक के अंत तक, यूके में सिल्वेनियाई परिवारों को बंद कर दिया गया था, हालांकि 1999 के बाद से, उन्हें फ्लेयर द्वारा फिर से शुरू किया गया है। इसके बाद, सिल्वेनियाई परिवारों को ऑस्ट्रेलिया में फिर से शुरू किया गया है और वे वहां अधिक व्यापक रूप से उपलब्ध हो रहे हैं।

अतः विकल्प (A) सही है।

117. प्रजनन क्षमता के बाल-महिला अनुपात को एक ही जनगणना से सेक्स और उम्र की तारीख से गणना की जा सकती है। आयु और लिंग संरचना का प्रतिनिधित्व करने के लिए एक तकनीक जनसंख्या पिरामिड है, जो कि सेक्स द्वारा विभेदित जनसंख्या के आयु वितरण का एक चित्र है। पिरामिड आकार इस तथ्य से उत्पन्न होता है कि आमतौर पर आबादी में कम उम्र के लोग सेक्स से अलग होते हैं। जनसंख्या पिरामिड का अध्ययन जनसंख्या की आयु और लिंग संरचना में परिवर्तन का अधिक गहन विश्लेषण प्रस्तुत करता है।

अतः विकल्प (A) सही है।

118. दोहरा वंश प्रबल होता है, आवश्यक रूप से परिजन-समूह-वंश, भाई या मौता-एक मातृसत्तात्मक और अन्य पितृसत्तात्मक के कम से कम दो सह-अस्तित्व और प्रतिच्छेदन सेट होते हैं। एक व्यक्ति को एक ही समय में होना चाहिए, उदाहरण के लिए, एक मातृसत्तात्मक को जिसमें उसकी माँ और उसके रिश्तेदार शामिल हैं महिलाओं के माध्यम से, लेकिन जो उसके पिता को छोड़कर, और एक पितृसत्तात्मक सिब को जिसमें उसके पिता और पुरुष लाइन में अन्य परिजन शामिल हैं, लेकिन जो उसकी माँ और उसके रिश्तेदारों को बाहर कर देता है।

अतः विकल्प (B) सही है।

119. अस्पृश्यता और अत्याचार की प्रथा के खिलाफ अनुसूचित जातियों द्वारा विरोध झूठा है, लेकिन उनके कार्यों ने सरकारी तंत्र को कानून और व्यवस्था को सख्ती से लागू करने के लिए उकसाया है।

अतः विकल्प (D) सही है।

120. एससी और एसटी के लोगों को सभी प्रकार के शोषण से बचाने के लिए संविधान के अनुच्छेद 46 ने राज्य पर इसे अनिवार्य बना दिया है। भारत में समयबद्धन और विघटन के बारे में कवायद में बाधा आती है क्योंकि जाति अनुसूची से बाहर जाने को तैयार है।

आजादी के बाद, भारत सरकार द्वारा, अनुसूचित जातियों / जनजातियों के लिए अपनाई गई सुरक्षात्मक भेदभाव की नीति आज अत्यधिक विवादास्पद हो गई है, लेकिन शैक्षणिक संस्थानों और व्यावसायिक क्षेत्रों में अनुसूचित जाति / अनुसूचित जनजाति के लिए आरक्षण ने इन जातियों के बीच की खाई को कम कर दिया। दूसरी तरफ हाथ और ऊंची जातियां झूठी हैं।

इसलिए, सही विकल्प (C) है।

121. भूमिका-सेट का तात्पर्य है कि प्रत्येक सामाजिक स्थिति में एक ही संबद्ध भूमिका नहीं होती है, लेकिन एक भूमिका होती है। एक भूमिका सेट एक ऐसी स्थिति है जहां एक एकल स्थिति में एक से अधिक भूमिका जुड़ी होती है। लिंटन के अनुसार एक व्यक्ति स्थिति रखता है और एक भूमिका निभाता है। एक दूसरे से अलगाव में रोल्स खुद से मौजूद नहीं हैं; प्रत्येक भूमिका की अपनी पूरक या संबद्ध भूमिका या भूमिका होती है।

अतः विकल्प (C) सही है।

122. रूस औद्योगिक क्रांति से जुड़ा नहीं है।

माना जाता है कि दुनिया में उद्यमिता की अवधारणा को पेश करने वाले पहले विद्वान को **शम्पेटर** माना जाता है। वह जर्मन शब्द अनथेर्मेंगिस्ट के साथ आया, जिसका अर्थ उद्यमी -आत्मा है, यह जोड़कर कि इन व्यक्तियों ने अर्थव्यवस्था को नियंत्रित किया क्योंकि वे नवाचार और तकनीकी परिवर्तन देने के लिए जिम्मेदार हैं।

सांस्कृतिक क्रांति ,औपचारिक रूप से महान सर्वहारा सांस्कृतिक क्रांति, **चीन** में 1966 से 1976 तक एक सामाजिक आंदोलन था । क्रांति ने महान के विफलताओं से उबरने के लिए कम कट्टरपंथी नेतृत्व की अवधि के बाद चीन में माओ की सत्ता की केंद्रीय स्थिति में वापसी को चिह्नित किया। लीप फॉरवर्ड, जिसने केवल पांच साल पहले महान चीनी अकाल में योगदान दिया था।

एक जर्मन वैज्ञानिक **मैक्स वेबर नौकरशाही** को एक उच्च संरचित, औपचारिक और एक अवैयक्तिक संगठन के रूप में परिभाषित करता है। उन्होंने यह विश्वास भी स्थापित किया कि एक संगठन के पास एक परिभाषित पदानुक्रमित संरचना और स्पष्ट नियम, विनियम और अधिकार की रेखाएं होनी चाहिए जो इसे नियंत्रित करती हैं।

अतः विकल्प (C) सही है।

123. जब भी किसी व्यक्ति को एक दूसरे की उपस्थिति के बारे में आपसी जागरूकता प्रदर्शित होती है, तो यह सामाजिक बंधन का मामला है। सामाजिक बंधन सिद्धांत के चार बुनियादी तत्व हैं, लगाव, प्रतिबद्धता, पारंपरिक बनाम विचलन या आपराधिक गतिविधियों में भागीदारी, और अंत में किसी व्यक्ति के समाज या उपसमूह के भीतर सामान्य मूल्य प्रणाली। अनुलग्रक को मूल्यों और या मानदंडों के स्तर के रूप में वर्णित किया जाता है जो व्यक्ति को समाज में रखता है।

अतः विकल्प (D) सही है।

124. नौकरशाही सिद्धांतों और राजनीति पर चर्चा की जाती है, लोकतांत्रिक सिद्धांतों और राजनीति का विश्लेषण किया जाता है, और नौकरशाही और लोकतंत्र को समेटने के पक्ष में तर्क का विश्लेषण लोकतांत्रिक सिद्धांत और लोक प्रशासन के लिए निहितार्थ के साथ किया जाता है। लोकतंत्रीकरण, वह प्रक्रिया जिसके माध्यम से एक राजनीतिक शासन लोकतांत्रिक हो जाता है। 20 वीं शताब्दी के मध्य में दुनिया भर में लोकतंत्र के विस्फोटक प्रसार ने मौलिक रूप से अंतर्राष्ट्रीय राजनीतिक परिदृश्य को एक से बदल दिया, जिसमें लोकतंत्र एक अपवाद था जिसमें वे नियम थे।

अतः विकल्प (B) सही है।

125. जाजमनी प्रणाली या यजमान प्रणाली भारत के गांवों में सबसे उल्लेखनीय रूप से पाई जाने वाली एक आर्थिक प्रणाली थी जिसमें निचली जातियों ने उच्च जातियों के लिए विभिन्न कार्य किए (जातियों की कार्यात्मक अन्योन्याश्रय) और बदले में अनाज या अन्य सामान प्राप्त किया। यह श्रम का एक व्यावसायिक विभाजन था जिसमें भूमिका-रिश्तों की एक प्रणाली शामिल थी जो ग्राम सामाजिक संरचना को ज्यादातर आत्मनिर्भर बनाने में सक्षम थी ।

अतः विकल्प (C) सही है।

126. सार्वभौमिकरण एक ऐसी प्रक्रिया है जिसमें छोटी परंपरा के तत्व ऊपर की ओर बढ़ते हैं और महान परंपरा के साथ पहचाने जाते हैं। गनोविज्ञान में सार्वभौमिकीकरण मनोवैज्ञानिक ज्ञान और संस्थागत प्रथाओं के प्रसार के माध्यम से एक प्रकल्पित मनोवैज्ञानिक एकता के प्रति समरूपता की पुनर्संरचना प्रक्रिया है, जो उनके रूप और सामग्री की परवाह किए बिना एक हेमामोनिक पश्चिमी केंद्र में उत्पन्न होती है।

अतः विकल्प (D) सही है।

127. सूचियों का सही मिलान:

सूची-I	सूची-II
A. अनुच्छेद 15	3. सेक्स या जन्म स्थान के आधार पर भेदभाव का निषेध।
B. अनुच्छेद 330 अनुसूचित जाति के हित	4. लोगों में एससी और एसटी के लिए सीटों का आरक्षण।
C. अनुच्छेद 46 धर्म, जाति	2. शिक्षा और आर्थिक एसटी और अन्य कमजोर वर्गों को बढ़ावा देना।
D. अनुच्छेद 17 की सभा	1. अस्पृश्यता का उन्मूलन।

अतः विकल्प (D) सही है।

128. सूचियों का सही मिलान:

सूची-I	सूची-II
A. पैट्रिशियन और प्लेबियन शहर	1. बी.एफ. होसेलिट्ज़
B. पीढ़ी और परजीवी शहरों	3. मैक्स वेबर
C. ऑर्थोजेनेटिक और हेटेरोजेनेटिक शहर	2. जी। सोबरबर्ग
D. पूर्व-औद्योगिक और औद्योगिक शहर	4. एम.सिंगर

अतः विकल्प (A) सही है।

129. एबी फिलीपो के अनुसार, "अपने सरलतम अर्थ में, ऑटोमेशन शब्द मशीन वर्क प्रक्रिया पर लागू होता है जो स्वचालित स्व-विनियमन के बिंदु पर यंत्रीकृत है। प्रौद्योगिकी और सार्वजनिक उद्देश्य सुसान विंटरबर्ग ने साझा किया कि निर्धारित कर्मचारियों को आम तौर पर मजदूरी में 17-30% की कमी दिखाई देती है जब वे कार्यबल में वापस आते हैं। यदि वे दो महीने के भीतर नौकरी के बाजार में फिर से प्रवेश नहीं करते हैं, तो कॉलबैक नाटकीय रूप से फिर से शुरू करें और कई लाभ के बिना ठेकेदारों के रूप में गिग अर्थव्यवस्था में शामिल होने के अलावा कोई विकल्प नहीं बचा है।

अतः विकल्प (B) सही है।

130. जब लोगों का एक समूह किसी मुद्दे या विशेषता पर विभाजित होता है, तो मतभेद आमतौर पर एक बड़ा उप-समूह और एक छोटा उप-समूह पैदा करते हैं। छोटे उपसमूह को अल्पसंख्यक कहा जाता है। कोई भी समुदाय जो राज्य में 50% से अधिक का गठन नहीं करता है उसे अल्पसंख्यक कहा जाता है। इसलिए मुस्लिम, ईसाई, सिख, जैन बौद्ध और पारसी अल्पसंख्यक हैं।

अतः विकल्प (C) सही है।

131. एक पूंजीवादी समाज में, पूंजीपति और सर्वहारा एक दूसरे पर निर्भर होते हैं। मजदूरी करने वाले को जीवित रहने के लिए अपनी श्रम-शक्ति बेचनी

चाहिए क्योंकि वह उत्पादन की शक्तियों का हिस्सा नहीं होता है और स्वतंत्र रूप से माल का उत्पादन करने के लिए साधन की कमी होती है।

अतः विकल्प (A) सही है।

132. घरेलू प्रणाली गिल्ड प्रणाली, मानव प्रणाली और औद्योगिक समाज-औद्योगिक समाज के विकास का सबसे अच्छा प्रतिनिधित्व करता है।17 वीं सदी के पश्चिमी यूरोप में व्यापक रूप से प्रणाली जिसमें व्यापारी-नियोक्ता ग्रामीण उत्पादकों को "बाहर" डालते थे, जो आमतौर पर अपने घरों में काम करते थे लेकिन कभी-कभी कार्यशालाओं में काम करते थे या दूसरों को काम देते थे। तैयार उत्पादों को नियोक्ताओं को एक भुगतान या मजदूरी के आधार पर भुगतान के लिए वापस कर दिया गया था। घरेलू प्रणाली घरेलू उत्पादन की हस्तकला प्रणाली से भिन्न थी जिसमें श्रमिक न तो सामग्री खरीदते थे और न ही उत्पाद बेचते थे।

अतः विकल्प (C) सही है।

133. सूचियों का सही मिलान:

सूची-I	सूची-II
A. पीटर वॉर्स्ले	4. राष्ट्र निर्माण और नागरिकता, सामाजिक व्यवस्था का अध्ययन
B. डब्ल्यूडब्ल्यू रोस्तोव	3. तीसरी दुनिया
C. आंद्रे गौंडर फ्रैंक	2. अविकसितता या क्रांति
D. रीन हार्ड बेंडिक्स आवर चेंजिंग	1. आर्थिक विकास के चरण

अतः विकल्प (C) सही है।

134. यदि विवाहोपरान्त नवविवाहित दम्पत्ति उसके माँ-पिता के निवास स्थान पर जाकर रहने लगते हैं अर्थात दूल्हे के माता-पिता के साथ रहते है तो इसे 'पति स्थानिक निवास ' कहा जाता है। पितृवंशीय संयुक्त परिवारों में प्रायः यही प्रथा प्रचलित है।

अतः विकल्प (B) सही है।

135. यह शब्द रॉबर्ट रेडफील्ड (1930) द्वारा दिया गया था। उन्होंने लोक, ग्रामीण और शहरी सातत्य की अवधारणा को विकसित करने में महत्वपूर्ण योगदान दिया। उन्होंने छोटे ग्रामीण गांवों से लेकर बड़े शहरों तक एक निरंतरता का निर्माण किया है।

इसलिए, सही विकल्प (B) है।

136. कृषि अधिशेष नदी घाटी सभ्यताओं के दौरान शहरों के विकास को सक्षम किया। नवपाषाण युग की शुरुआत तक नहीं जब तक कि कुछ आठ से सत्रह हजार साल पहले, जब जानवरों, मिट्टी के बर्तनों और वस्त्रों के कृषि वर्चस्व का आविष्कार किया गया था, तब जनसंख्या का अधिक घनत्व संभव हो गया था।

अतः विकल्प (C) सही है।

137. औद्योगीकरण से शहरीकरण बढ़ता है। जन्म दर को कम करने में शहरीकरण बहुत महत्वपूर्ण कारक रहा है। चिकित्सा सुधार के कारण मृत्यु दर भी तेजी से गिर गई। इस प्रकार लम्बा जीवन फिर जनसंख्या संरचना वितरण और रुझानों के सांख्यिकीय अध्ययन में जनसांख्यिकी है।

अतः विकल्प (B) सही है।

138. एक शहरी क्षेत्र के लोग व्यक्तिवादी होते हैं। वे स्वतंत्र जीवन जीना चाहते हैं। कार्यवाद समाज को एक ऐसी प्रणाली के रूप में देखता है जो परस्पर जुड़े भागों का एक समूह है जो एक साथ मिलकर एक संपूर्ण रूप बनाते हैं। विश्लेषण की मूल इकाई समाज है क्योंकि इसके विभिन्न भागों को उनके संबंध के संदर्भ में समझा जाता है।

अतः विकल्प (A) सही है।

139. संख्याओं में परिवर्तन की व्याख्या करने में जनसंख्या तीन जन्मों, जन्म और मृत्यु के साथ शुरू होती है। यदि P1 पहले के समय में किसी दिए गए क्षेत्र

की आबादी है और बाद में P2 आबादी है। P2 = P1 + (जन्म - मृत्यु) + शुद्ध प्रवासन। इस तरह वह प्रक्रियाओं (प्रजनन क्षमता, मृत्यु दर और माइग्रेशन) के संदर्भ में अपने चर को बता सकता है।

अतः विकल्प (A) सही है।

140. शुद्ध प्रवासन दर पूरे वर्ष में प्रवासियों की संख्या (एक क्षेत्र में आने वाले लोग) और प्रवासियों की संख्या (एक क्षेत्र छोड़ने वाले लोग) के बीच का अंतर है। जब किसी देश से अधिक उत्सर्जन होता है, तो परिणाम एक नकारात्मक शुद्ध प्रवासन दर है, जिसका अर्थ है कि क्षेत्र में प्रवेश करने की तुलना में अधिक लोग छोड़ रहे हैं। जब आप्रवासियों और प्रवासियों की समान संख्या होती है, तो शुद्ध प्रवासन दर संतुलित होती है।

अतः विकल्प (C) सही है।

141. जनसंख्या घनत्व प्रति यूनिट क्षेत्र, या असाधारण इकाई की मात्रा का एक माप है, यह एक प्रकार की संख्या घनत्व है। यह अक्सर रहने वाले जीवों पर लागू होता है, अधिकांश समय मनुष्यों के लिए। यह एक महत्वपूर्ण भौगोलिक शब्दावली है, जो कि श्रम के विभाजन को कार्बनिक एकजुटता की अनिवार्य शर्त के रूप में देखा जाता है। व्यक्ति उन हिस्सों पर निर्भर करता है जो समाज से बना है, विभिन्न और विशिष्ट कार्यों की व्यवस्था है। व्यक्ति का विवेक सामूहिक विवेक से अलग है।

अतः विकल्प (B) सही है।

142. सही क्रम है-

2, 4, 1, 3

(ii)बागवानी समाज

(iv) शिकार करना और समाजों को इकट्ठा करना

(i) कृषि समाज

(iii) औद्योगिक समाज

अतः विकल्प (A) सही है।

143. सूचियों का सही मिलान:

सूची- I (समूहों का प्रकार)	सूची- II (समूहों के लक्षण)
A. समूह में	4. शांति, व्यवस्था और विषय के संबंध
B. सहकर्मी समूह	3. समूह के सदस्यों की समान स्थिति और भूमिका
C. प्राथमिक समूह	2. बड़ेपन, अवैयक्तिक संबंध संविदात्मक स्थितियाँ
D. माध्यमिक समूह संलग्र भावना	1. संबंधों का सामना करना, लघुता और भावनात्मक लगाव

अतः विकल्प (D) सही है।

144. किसी भी समाज में महिला की स्थिति उसके सामाजिक संगठन के मानक का सूचकांक है। हिंदू के अधिनियमित के साथ, कोड महिला को विरासत में बच्चे को गोद लेने और तलाक के मामलों के समान अधिकार की अनुमति दी गई थी। हालांकि, सामाजिक नियंत्रण का अभ्यास रिवाज, धर्म, सुझाव, लोकमार्ग और मेलों के माध्यम से किया जाता है।

अतः विकल्प (A) सही है।

145. A और R दोनों सत्य हैं और R, A का सही स्पष्टीकरण है।

परमाणु हथियार वास्तव में सामूहिक विनाश के हथियार हैं, और उनका उपयोग मानव जाति पर बहुत बुरा प्रभाव डाल सकता है, क्योंकि वे बहुत विनाशकारी हैं। इसलिए, परमाणु विमुद्रीकरण आवश्यक है। इसलिए, मानव जाति के भविष्य को बचाने के लिए परमाणु विमुद्रीकरण आवश्यक है।

अतः विकल्प (A) सही है।

146. पारंपरिक सिद्धांत हमें यह विश्वास दिलाता है कि जाति व्यवस्था मानव की नहीं बल्कि दैवीय उत्पत्ति की है।

पारंपरिक सिद्धांत: इस सिद्धांत के अनुसार, जाति व्यवस्था दैवीय उत्पत्ति की है। यह कहता है कि जाति व्यवस्था वर्ण व्यवस्था का विस्तार है, जहां 4 वर्णों की उत्पत्ति ब्रम्हा के शरीर से हुई थी।

अतः विकल्प (D) सही है।

147. माल्म्सबरी के थॉमस हॉब्स (5 अप्रैल 1588 - 4 दिसंबर 1679), कुछ पुराने ग्रंथों में माल्म्सबरी के थॉमस हॉब्स, एक अंग्रेजी दार्शनिक थे, जो आज राजनीतिक दर्शन पर अपने काम के लिए सबसे अच्छी तरह से जानते हैं। उनकी 1651 की पुस्तक लेविथान ने सामाजिक अनुबंध सिद्धांत के दृष्टिकोण से अधिकांश पश्चिमी राजनीतिक दर्शन की नींव स्थापित की।

अतः विकल्प (A) सही है।

148. शहरीकरण, औद्योगीकरण के प्रसार द्वारा निर्मित पर्यावरण का एक पहलू है। शहरीकरण इस बात का अध्ययन है कि शहरी क्षेत्रों के निवासी, जैसे कि कस्बे और शहर, निर्मित पर्यावरण के साथ कैसे बातचीत करते हैं।

शहरीकरण शहरी क्षेत्रों में रहने वाले लोगों की जीवन शैली या जीवन शैली की विशेषताएं हैं। शहरीकरण और शहरीकरण पर्यायवाची के रूप में उपयोग किए जाते हैं लेकिन वे अलग-अलग शब्द हैं, शहरीकरण शहरी क्षेत्रों के विकास की एक प्रक्रिया है जबकि शहरीकरण शहरी क्षेत्र के निवासियों के जीवन जीने का तरीका है।

अतः विकल्प (C) सही है।

149. संस्था का अर्थ यह एक विशेष शब्द है जो उन सामाजिक इकाइयों को दर्शाता है जो सामाजिक विकास के लिए स्थापित और आवश्यक हैं।

किसी समाज या संस्कृति में एक महत्वपूर्ण प्रथा, संबंध या संगठन, विवाह की संस्था, विशेष रूप से एक सार्वजनिक चरित्र का एक स्थापित संगठन या निगम स्थापित करने का कार्य: मानसिक कमियों वाले व्यक्तियों के उपचार या प्रशिक्षण के लिए एक सुविधा।

उदाहरण: कानून, नियम, सामाजिक परंपराएं और मानदंड सभी संस्थाओं के उदाहरण हैं।

अतः विकल्प (C) सही है।

150. प्राथमिक नियंत्रण से अधिक मजबूत होने वाला माध्यमिक नियंत्रण शहरीकरण के सामाजिक परिणामों में से एक माना जा सकता है।

शहरों में धन उत्पन्न होता है, जिससे शहरीकरण आर्थिक विकास की कुंजी बन जाता है। हालांकि, शहरीकरण से वायु और जल प्रदूषण, भूमि क्षरण और जैव विविधता का नुकसान हुआ है। इसने लाखों लोगों को साफ पानी, साफ-सफाई और बिजली के बिना झुग्गियों में रहने को मजबूर कर दिया है।

अतः विकल्प (A) सही है।

Paper-I

Q.1 बीओडी परीक्षण निम्न में से किस प्रदूषण को मापने के लिए किया जाता है?

A. ध्वनि प्रदूषण

B. जल प्रदूषण

C. मृदा प्रदूषण

D. वायु प्रदूषण

Q.2 _______ का अर्थ है कई व्यवसायों का स्वामित्व जिसमें से एक मीडिया व्यवसाय है।

A. श्रृंखला स्वामित्व

B. संयुक्त भण्डार स्वामित्व

C. संगुटिका स्वामित्व

D. व्यवसाय स्वामित्व

Q.3 कल्पना कीजिए कि आप एक शैक्षणिक संस्थान में काम कर रहे हैं जहाँ लोग समान स्थिति के हैं। संचार का कौन सा तरीका सबसे उपयुक्त है और सामान्य रूप से इस तरह के संदर्भ में नियोजित किया गया है?

A. क्षैतिज संचार

B. ऊर्ध्वाधर संचार

C. निगमित संचार

D. पार-सांस्कृतिक संचार

Q.4 मानव संसाधन और विकास मंत्रालय के निम्नलिखित कार्यक्रमों में से कौन युवा लोगों के बीच जीवन कौशल प्रशिक्षण को बढ़ावा देता है?

A. समग्र शिक्षा

B. किशोरावस्था शिक्षा कार्यक्रम

C. ऑपरेशन ब्लैकबोर्ड

D. स्वयं प्रभा

Q.5 एनएलएम का मतलब है:

A. नेशनल लिबर्टी मिशन

B. नेशनल लिट्रेसी मिशन

C. नेशनल लेबर मिशन

D. इनमे से कोई भी नहीं

Q.6 संयुक्त परिवार में पिता, माता, 3 विवाहित पुत्र और एक अविवाहित पुत्री हैं। पुत्रों में से दो की 2 पुत्रियाँ हैं और एक का एक पुत्र है। परिवार में कितनी महिला सदस्य हैं?

A. 2

B. 3

C. 6

D. 9

Ques (7-11):निर्देश : निम्नलिखित गद्यांश को ध्यान से पढ़िए और प्रश्न का उत्तर दीजिए:

राजनीति के लिए साहित्यिक अरुचि, हालांकि, साहित्यिक प्रतिनिधित्व के विषय के रूप में अपने आप में राजनीति के बड़े पैमाने पर घिनौनी प्रथा पर केंद्रित नहीं है, बल्कि इस बात पर अधिक ध्यान दिया जाता है कि इसे अक्सर साहित्य में दर्शाया जाता है, यानी प्रतिनिधित्व की राजनीति पर एक राजनीतिक उपन्यास अक्सर राजनीति के बारे में एक उपन्यास नहीं बल्कि अपनी खुद की एक राजनीति के साथ एक उपन्यास बन जाता है, क्योंकि यह न केवल हमें यह दिखाना चाहता है कि चीजें कैसी हैं बल्कि चीजों के बारे में काफी निश्चित विचार हैं, और वास्तव में क्या होना चाहिए। चीजों को उस वांछित दिशा में ले जाने के लिए सोचें और करें। संक्षेप में, यह पाठक को एक विशेष कारण या विचारधारा में परिवर्तित और सूचीबद्ध करना चाहता है। यह अक्सर (केवल बहुत परिचित वाक्यांश में) साहित्य नहीं बल्कि प्रचार है। यह साहित्य की भावना का उल्लंघन करने के लिए कहा जाता है जो दुनिया की हमारी समझ और हमारी सहानुभूति की सीमा को व्यापक बनाने के बजाय उन्हें पक्षपातपूर्ण प्रतिबद्धता के माध्यम से संकीर्ण करने के लिए है। जैसा कि जॉन कीट्स ने कहा, हम कविता से नफरत करते हैं, जो हमारे ऊपर एक आकर्षक डिजाइन है। एक और कारण है कि राजनीति उच्चतम प्रकार के साहित्यिक प्रतिनिधित्व के लिए उत्तरदायी नहीं लगती है, इस तथ्य से उत्पन्न होती है कि अपने स्वभाव से राजनीति विचारों और विचारधाराओं का गठन करती है। यदि राजनीतिक परिस्थितियां स्वयं को खुश साहित्यिक उपचार के

लिए उधार नहीं देती हैं, तो राजनीतिक विचार इस संबंध में एक और भी बड़ी समस्या है। साहित्य में यह तर्क दिया जाता है, बौद्धिक सार के बजाय मानवीय अनुभवों के बारे में है। यह मानव मांस और रक्त की वास्तविकता महसूस की गई वास्तविकता को कहा जाता है, और शुष्क और बेजान विचारों के बजाय सैप और सेवर्स (रस) में डील करता है। अपनी पुस्तक आइडियाज एंड नोवेल में इस मामले की व्यापक चर्चा में, अमेरिकी उपन्यासकार मैरी मैकार्थी ने देखा कि 'विचार आज भी उपन्यास में भद्दे से महसूस किए जाते हैं' हालांकि ऐसा 'पूर्व दिनों' में नहीं था अर्थात, वास्तविक रूप में 18 वीं और 19 वीं शताब्दी एक ओर विचारों के बीच असंगति की सटीक प्रकृति का उसका सूत्रीकरण और दूसरी बाजी पर उपन्यास। शायद इस मामले में एक विभाजित विवेक और कई लेखकों और पाठकों द्वारा साझा दुविधा की भावना एक विचार में ढीले सिरे नहीं हो सकते, लेकिन एक उपन्यास, मुझे लगभग लगता है, उनकी जरूरत है। फिर भी, उपन्यासकारों को महसूस करने के लिए पर्याप्त है उनके खिलाफ हथियार उठाते समय विचारों का आकर्षण-सबसे अधिक अक्सर नकली हथियारों के साथ।

Q.7 इस गद्यांश के अनुसार एक राजनीतिक उपन्यास प्राय: निम्नलिखित में से क्या बन जाता है?

A. राजनीति के लिए साहित्यिक अरुचि

B. राजनीति की साहित्यिक प्रस्तुति

C. अपनी ही राजनीति वाला उपन्यास

D. राजनीति की अस्पष्ट परिपाटी का चित्रण

Q.8 एक राजनितिक उपन्यास से निम्नलिखित में से किसका पता चलता है?

A. चीज़ों की वास्तविकता

B. लेखक का धारणा

C. पाठकों की विशेष विचारधारा

D. साहित्य की भावना

Q.9 अपने स्वभाव में राजनीति का ढांचा होता है:

A. प्रचलित राजनीतिक स्थिति

B. विचार और विचारधाराएँ

C. राजनीतिक प्रचार

D. मानव स्वभाव की समझ

Q.10 साहित्य से संबंधित क्या है?

A. राजनीति में मानव अनुभव

B. बौद्धिक मतिहीनता

C. शुष्क और रिक्त विचार

D. मानव जीवन की महसूस की गई वास्तविकता

Q.11 उपन्यासकार मेरी मकर्थी की टिप्पणियों में निम्नलिखित में से किसका पता चलता है?

A. उपन्यास में आज के अनदेखे महसूस किए गए विचार

B. राजनीतिक विचारों और उपन्यासों पर अंतरात्मा का द्वंद्ववाद

C. विचार और उपन्यास के बीच संगतता

D. अंतहीन विचार और उपन्यास

Q.12 अनुसंधान पद्धति का विषय उस विषय के गठन के तरीके का परिणाम है जिसे _______ के रूप में जाना जाता है।

A. ढीला संयोजन

B. विखंडन

C. आसवन

D. समूह

Q.13 रमेश 33 छात्रों की कक्षा में 13 वें स्थान पर हैं। सुरेश पद के क्रमानुसार नीचे 5 छात्र हैं। रमेश और सुरेश के बीच कितने छात्र हैं?

A. 12　　　**B.** 14　　　**C.** 15　　　**D.** 16

Q.14 निर्देश: "बेहतर शिक्षा का लाभ उठाकर किसी आदमी का अपने को स्त्री से अधिक बुद्धिमान मानना इसी प्रकार है जैसे कि एक हाथ बंधे हुये व्यक्ति को पीटकर किसी आदमी द्वारा अपने साहस की शेखी बघारना।"
उपरोक्त गद्यांश इसका उदाहरण है-

A. वियोजक तर्क　　　　**B.** काल्पनिक तर्क
C. अलंकारिक तर्क　　　　**D.** तथ्यात्मक तर्क

Q.15 एक यौगिक प्रस्ताव जो न तो एक तनातनी है और न ही एक विरोधाभास एक __________ कहा जाता है।

A. स्थिति　　　　　　**B.** समानक
C. आकस्मिकता　　　　**D.** अनुमान

Ques (16-17):निर्देश: दिए गए आंकड़ों के आधार पर प्रश्न का उत्तर दें:

एक देश के लिए, विभिन्न क्षेत्रों से CO_2 उत्सर्जन (मिलियन मीट्रिक टन) निम्नलिखित तालिका में दिए गए हैं।

क्षेत्र	शक्ति	उद्योग	व्यावसायिक	कृषि	घरेलू
2005	500	200	150	80	100
2006	600	300	200	90	110
2007	650	320	250	100	120
2008	700	400	300	150	150
2009	800	450	320	200	180

Q.16 वर्ष 2005 से 2009 के दौरान विद्युत क्षेत्र से CO_2 उत्सर्जन की प्रतिशतता वृद्धि प्रतिशत क्या है?

A. 60　　　**B.** 50　　　**C.** 40　　　**D.** 80

Q.17 किस क्षेत्र ने 2005 से 2009 तक CO_2 उत्सर्जन में अधिकतम वृद्धि दर्ज की है?

A. शक्ति　　　　　**B.** उद्योग
C. व्यावसायिक　　　**D.** कृषि

Ques (18-19):निर्देश: तालिका का अध्ययन करें और प्रश्न का उत्तर दें:

	साल							
	अंग्रेजी		गणित		विज्ञान		सामाजिक विज्ञान	
	उच्च	औसत	उच्च	औसत	उच्च	औसत	उच्च	औसत
2007	80	70	94	60	89	70	65	55
2008	82	65	85	62	95	64	66	58
2009	71	56	92	68	97	68	68	48
2010	75	52	91	64	92	75	77	58

Q.18 वर्ष 2009 में चार विषयों में कुल अंकों का औसत क्या है?

A. 63　　　**B.** 64　　　**C.** 65　　　**D.** 60

Q.19 यह मानते हुए कि वर्ष 2009 में विज्ञान में 40 छात्र थे। उन्हें एक साथ कुल कितने अंक प्राप्त हुए?

A. 2800　　　**B.** 2720　　　**C.** 2560　　　**D.** 3000

Q.20 निर्देश: ग्राफ की मदद से प्रश्न के अनुसार सही विकल्प चुनें।

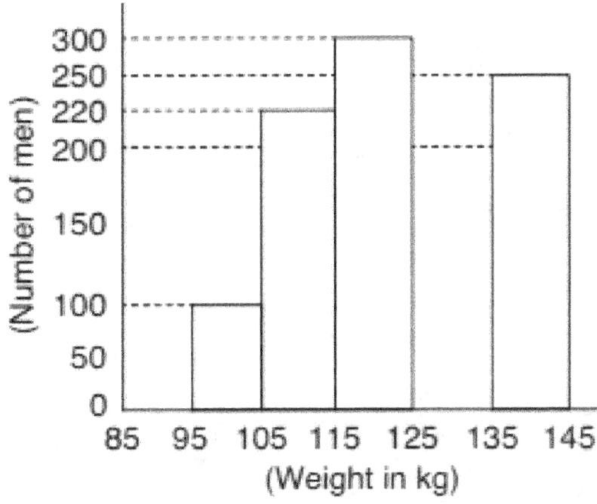

इस सर्वेक्षण में भाग लेने वाले प्रति अंतराल पुरुषों की एक औसत संख्या है:

A. 200　　　**B.** 180　　　**C.** 214　　　**D.** 194

Q.21 gif, jpg, bmp, png का प्रयोग फाइल्स के विस्तार के रूप में किया जाता है, जो स्टोर करती हैं:

A. ऑडियो डाटा　　　　**B.** इमेज डाटा
C. वीडियो डाटा　　　　**D.** टैक्स्ट डाटा

Q.22 निम्नलिखित में से कौन सी मानवोत्पत्ति संबंधी गतिविधि दो तिहाई $\frac{2}{3}$ से अधिक वैश्विक जल खपत के लिए उत्तरदायी है?

A. कृषि
B. जल विद्युत उत्पादन
C. उद्योग
D. घरेलू और नगरपालिका द्वारा उपभोग

Q.23 क्लोरोफ्लोरोकार्बन जैसे कम हानिकारक यौगिकों के साथ बदल रहे हैं:

A. हाइड्रोअल्कीन　　　　　　　**B.** हाइड्रोकार्बन
C. डाइक्लोरोडाइफ्लोरोमीथेन　　　**D.** डाइफ्लोरोमीथेन

Q.24 निम्नलिखित में से कौन सा शोध दो या अधिक चर के बीच के संबंधों को निर्धारित करता है?

A. सर्वेक्षण शोध　　　　**B.** सहसंबंधी शोध
C. कार्रवाई शोध　　　　**D.** इनमे से कोई भी नहीं

Q.25 निम्नलिखित में से कौन सी घटना एक प्राकृतिक खतरा नहीं है?

A. रासायनिक संदूषण　　　**B.** भूस्खलन
C. जंगल की आग　　　　　**D.** आकाशीय बिजली

Q.26 चक्रवात 'हुदहुद' किस राज्य के तट से टकराया?

A. आंध्र प्रदेश　　**B.** कर्नाटक　　**C.** केरल　　**D.** गुजरात

Q.27 निम्नलिखित में से कौन अक्षय प्राकृतिक संसाधन नहीं है?

A. स्वच्छ वायु　　**B.** ताजा पानी　　**C.** उर्वर मिट्टी　　**D.** नमक

Q.28 निम्नलिखित में से कौन सा सुशासन के उपकरण हैं?

1. सामाजिक अंकेक्षण
2. शक्तियों का पृथक्करण
3. नागरिक का चार्टर
4. सूचना का अधिकार
नीचे दिए गए विकल्पों में से सही उत्तर का चयन करें:

A. 1 और 2　　　　　**B.** 1, 2 और 3
C. 1, 2 और 4　　　　**D.** 1, 2, 3 और 4

Q.29 सेरीकल्चर है:

A. विभिन्न प्रकार के सीरम का विज्ञान

B. मछली का कृत्रिम पालन

C. रेशमकीट प्रजनन की कला

D. एक समुदाय की विभिन्न संस्कृतियों का अध्ययन

Q.30 निम्नलिखित में से कौन सा क्लाउड अवधारणा संसाधनों को साझा करने और पूल करने से संबंधित है?

A. पॉलीमॉर्फिसम   **B.** वर्चुअलाइजेशन

C. एब्स्ट्रेक्शन   **D.** उल्लेखित कोई नहीं

Q.31 NMEICT का मतलब है:

A. आईसीटी के माध्यम से शिक्षा पर राष्ट्रीय मिशन

B. आईसीटी के माध्यम से ई-गवर्नेंस पर राष्ट्रीय मिशन

C. आईसीटी के माध्यम से ई-कॉमर्स पर राष्ट्रीय मिशन

D. आईसीटी के माध्यम से ई-लर्निंग पर राष्ट्रीय मिशन

Q.32 "खुशी तब होती है जब आप क्या सोचते हैं, आप क्या कहते हैं, और आप जो करते हैं वह सामंजस्य होता है।" किसके के द्वारा कहा गया है।

A. महात्मा गांधी   **B.** रविन्द्रनाथ टैगोर

C. स्वामी विवेकानंद   **D.** श्री अरबिंदो

Q.33 आईसीटी का उद्देश्य है:

[Super TET Paper - I, 2019]

A. स्मार्ट स्कूलों की स्थापना

B. शिक्षकों की क्षमता बढ़ाने के लिए

C. दोनों (A) और (B)

D. इनमे से कोई भी नहीं

Q.34 रसायन विज्ञान विषय के विशेषज्ञ व्यक्ति को रसायन विज्ञान में कम्प्यूटर सहायक अनुदेशन बनाने में शामिल किया जाता है, इसका मतलब सीएआई की __________ तकनीक का उपयोग किया जाता है।

A. हार्डवेयर   **B.** सॉफ्टवेयर

C. कोसवेयर   **D.** सब्जेक्टवेयर

Q.35 अनुसंधान में आईसीटी का अनुप्रयोग निम्नलिखित में से किस चरण में प्रासंगिक है?

i) संबंधित अध्ययनों का सर्वेक्षण

ii) क्षेत्र में डेटा संग्रह

iii) डेटा विश्लेषण

iv) शोध प्रबंध लिखना

v) संदर्भों को अनुक्रमित करना

नीचे दिए गए विकल्पों में से सबसे उपयुक्त विकल्प चुनिए:

A. (ii), (iv) और (v)   **B.** (i), (iii) और (v)

C. (i), (ii) और (iv)   **D.** (ii), (iii) और (iv)

Q.36 निम्नलिखित में से कौन से कथन सही हैं?

A. फाइबर ऑप्टिक केबल उच्च गुणवत्ता संचरण प्रदान करने के लिए लकड़ी के फाइबर हैं।

B. वायरलेस संचार कभी भी कंप्यूटर और टेलीफोन दोनों के लिए कहीं भी कनेक्शन प्रदान करता है।

C. मोबाइल फोन ध्वनि के संचार और डिजिटल संदेश सेवा प्रदान करने में सक्षम होते हैं।

नीचे दिए गए विकल्पों में से सही उत्तर चुनिए:

A. केवल A और C   **B.** केवल B और C

C. केवल A और B   **D.** केवल C

Q.37 सीडी-रोम का लघुरूप है:

A. कॉम्पैक्टेबल रीड ओनली मेमोरी

B. कॉम्पैक्टेबल डेटा रीड ओनली मेमोरी

C. कॉम्पैक्ट डिस्क रीड ओनली मेमोरी

D. कॉमन डिस्क रीड ओनली मेमोरी

Q.38 शिक्षार्थी केंद्रित शिक्षण का अर्थ है:

A. शिक्षार्थी निष्क्रिय ग्रहणकर्ता माने जाते हैं और शिक्षक के पास 'सही' ज्ञान है।

B. शिक्षार्थी सीखने में धीमे हैं और शिक्षक पाठ्यक्रम पूर्ण करने पर दबाव देता है।

C. शिक्षार्थियों को ज्ञान को सृजित करने का अवसर दिया जाता है और शिक्षक सीखने की प्रक्रिया में पथप्रदर्शन करता है।

D. शिक्षार्थी कुछ नहीं जानते और शिक्षण का अर्थ है तथ्यों को उनके पास तक पहुँचाना।

Q.39 च्वाइस बेस्ड क्रेडिट सिस्टम (CBCS) के बारे में निम्नलिखित में से कौन सा कथन सत्य है?

(A) तीन मुख्य पाठ्यक्रमों से मिलकर बना है।

(B) 5 बिंदु ग्रेडिंग प्रणाली का उपयोग करता है।

(C) शिक्षा को वैश्विक मानकों के अनुरूप बनाता है।

(D) सटीक अंकों का अनुमान लगाना मुश्किल है।

(E) स्नातक पाठ्यक्रमों में शोध घटक पेश करता है।

नीचे दिए गए विकल्पों में से सही उत्तर चुनिए:

A. केवल (A), (B), (C), (D)

B. केवल (B), (C), (D), (E)

C. केवल (A), (B), (C), (E)

D. केवल (C), (D), (E), (A)

Q.40 कक्षा शिक्षण को अधिक कुशल बनाने के लिए वर्तमान शिक्षकों द्वारा आवश्यक कौशल की पहचान करें।

(i) प्रौद्योगिकी का ज्ञान

(ii) कक्षा के लेनदेन में प्रौद्योगिकी का उपयोग

(iii) छात्रों के ज्ञान की आवश्यकता है

(iv) विषय में निपुणता

A. (i) और (iii)   **B.** (ii) और (iii)

C. (ii), (iii), और (iv)   **D.** (ii) और (iv)

Q.41 निम्नलिखित में से किस विधि से छात्रों का सही मूल्यांकन संभव है?

A. पाठ्यक्रम के अंत में मूल्यांकन

B. साल में दो बार मूल्यांकन

C. सतत मूल्यांकन

D. निर्माणात्मक मूल्यांकन

Q.42 एक प्रभावी शिक्षक की महत्वपूर्ण विशेषताएँ निम्नलिखित में से कौन सी हैं?

(I) विषय का ज्ञान।

(II) प्रभावी मौखिक संचार कौशल।

(III) प्रभावशाली व्यक्तित्व।

(IV) छात्रों से सम्मान प्राप्त करने की क्षमता।

A. (II) और (III)   **B.** (I) और (II)

C. (III) और (IV)   **D.** (I) और (IV)

Q.43 5 छात्रों के लिए गणित में अंकों का औसत 65 पाया गया था। बाद में, यह पाया गया कि एक छात्र के मामले में, अंक 37 के स्थान पर 73 लिखा गया था। सही औसत ज्ञात कीजिए।

A. 57.8   **B.** 61.2   **C.** 63.8   **D.** 60.2

Q.44 एक शहर की जनसंख्या में वार्षिक 20% की वृद्धि हो रही है। यदि इसकी वर्तमान जनसंख्या 1,20,000 है, तब 3 वर्ष के बाद इसकी जनसंख्या ज्ञात कीजिए।

A. 192067 B. 207360 C. 213456 D. 185061

Q.45 अमित ने एक परीक्षा में 175 अंक हासिल किए और 35 अंकों से अनुत्तीर्ण हो गया। यदि परीक्षा का उत्तीर्ण प्रतिशत 35% है, तो परीक्षा के अधिकतम अंक क्या हैं?

[Haryana Primary Teacher (PRT), 2019]

A. 650 B. 700 C. 750 D. 600

Q.46 राहुल 3500 रुपए प्रति इकाई की दर से 8 कुर्सियां, 3000 रुपए प्रति इकाई की दर से 7 कुर्सियां और 2200 रुपए प्रति इकाई की दर से 5 कुर्सियां खरीदता है। एक कुर्सी के औसत गूल्य की गणना कीजिए।

A. 5000 रुपए   B. 2500 रुपए

C. 3000 रुपए   D. 3500 रुपए

Q.47 निम्नलिखित श्रृंखला में विकल्पों में से कौन-सा अक्षर-समूह प्रश्नवाचक चिह्न (?) को प्रतिस्थापित करेगा?

ACDF, DFGI, GIJL, ?

A. JLNP B. JLMN C. JLNO D. JLMO

Q.48 निम्नलिखित में से कौन संचार का सिमेंटिक बैरियर नहीं है?

A. शब्द का चुनाव   B. सांस्कृतिक अंतर

C. खराब प्रतिधारण   D. वर्तनी त्रुटि

Q.49 संचार प्रभावी होगा यदि यह:

A. धीरे-धीरे और स्पष्ट रूप से वितरित

B. उचित माध्यम का उपयोग करके वितरित किया गया

C. प्रेषक के प्रयोजन के अनुसार प्राप्त

D. तुरंत प्राप्त

Q.50 "स्टूडेंट्स एजुकेशनल एंड कल्चरल मूवमेंट ऑफ लद्दाख" की स्थापना किस वर्ष की गई थी?

A. 1985 B. 1986 C. 1987 D. 1988

Paper-II

Q.51 समाज __________ से बाहर निकलता है।

A. समुदाय का अस्तित्व   B. पुरुषों का अस्तित्व

C. समस्या का अस्तित्व   D. संबंध

Q.52 समाज नेटवर्क का प्रतीक है

A. मानवीय संबंध   B. सामाजिक संबंध

C. झुकाव   D. अंतर-संबंध

Q.53 समाज सामाजिक रिश्तों की वेब है। यह किसकी परिभाषा है?

A. मैक लवेर B. एच. मेन C. ग्लूटो D. अरस्तू

Q.54 निम्नलिखित में से कौन सा मार्क्सियन समाजवाद के बारे में सही नहीं है?

A. राज्य पीछे हट जाएगा

B. राज्य सभी के हितों को बढ़ावा देता है

C. अमीर और गरीब के साथ राज्य नहीं

D. इनमें से कोई नहीं

Q.55 समाजशास्त्रियों ने किस आधार पर समाज को श्रेणीबद्ध चरणों में विभाजित किया है

A. प्रौद्योगिकी, उपकरण, जीवन यापन के साधन

B. प्रौद्योगिकी, आग का उपयोग, पहिया का उपयोग

C. जीने का साधन

D. अर्थव्यवस्था, जीने का साधन

Q.56 एथनोमेथोडोलॉजिस्ट के अनुसार, किस प्रकार का तर्क लोगों द्वारा उपयोग किया जाता है?

A. आगमनात्मक तर्क   B. निगमनात्मक तर्क

C. व्यवहारिक तर्क   D. कोई तर्क नहीं

Q.57 किसने समाजों को सरल, मिश्रित, दोगुना यौगिक या ट्रेबीली यौगिक में वर्गीकृत किया?

A. मार्क्स   B. कॉम्टे

C. हर्बर्ट स्पेंसर   D. सोरोकिन

Q.58 निम्नलिखित में से कौन सा समाज की विशेषता नहीं है?

A. परस्पर निर्भरता   B. सहयोग और संघर्ष

C. समापन   D. एक विशिष्ट उद्देश्य

Q.59 निम्नलिखित में से कौन सी एक आबादी को समाज के रूप में परिभाषित करने के लिए एक आवश्यक शर्त नहीं है?

A. सामान्य संस्कृति   B. सामान्य धर्म

C. साझा की गई बातचीत   D. सामान्य क्षेत्र

Q.60 मनुष्य के आनुवंशिक कोड में किसी विशेष तरीके से व्यवहार करने के लिए विशिष्ट निर्देश नहीं होते हैं। यह दृश्य पुस्तक में व्यक्त किया गया है:

A. समाजशास्त्र: विषय-वस्तु और दृष्टिकोण

B. समाजशास्त्र: समस्याओं के लिए एक गाइड और साहित्य

C. समाजशास्त्र क्या है?

D. समाजशास्त्र: एक व्यवस्थित परिचय

Q.61 सहकर्मी समूह एक समूह है जिसके सदस्य साझा करते हैं:

A. इसी तरह का खेल मैदान

B. ऐसे ही हालात

C. समान मूल्य

D. इसी तरह के अध्ययन चक्र और किताबें

Q.62 वह प्रक्रिया जिसके द्वारा एक व्यक्ति अपने समाज की संस्कृति को सीखता है, के रूप में जाना जाता है:

A. समाजीकरण   B. आंतरिककरण

C. संस्कृतीकरण   D. आधुनिकीकरण

Q.63 'समाजशास्त्र' शब्द किस वर्ष में गढ़ा गया था?

A. 1798 B. 1815 C. 1838 D. 1857

Q.64 समाजशास्त्र का उदय कहाँ हुआ?

A. अमेरिका B. यूरोप C. एशिया D. अफ्रीका

Q.65 विज्ञान और प्रौद्योगिकी मंत्रालय के तहत, भारत का सर्वेक्षण (SOI) निम्नलिखित में स्थापित किया गया था:

A. 1767 B. 1757 C. 1777 D. 1787

Q.66 अगस्ते कॉम्टे का मत था कि समाजशास्त्र बहुत निकट है

A. मनुष्य जाति का विज्ञान   B. सामाजिक मानविकी

C. जीवविज्ञान   D. भौतिक विज्ञान

Q.67 "यथार्थ का सामाजिक निर्माण" किसने लिखा है?

A. पीटर एल बर्जर   B. थॉमस लकमैन

C. बर्जर और लकमैन दोनों   D. इनमे से कोई भी नहीं

Q.68 औद्योगिक पश्चिमी समाजों में, विवाह का 12 मुख्य उद्देश्य न केवल खरीद है, बल्कि:

A. भाईचारा
B. भावनात्मक और मनोवैज्ञानिक सहायता और साहचर्य
C. भावनात्मक और मनोवैज्ञानिक समर्थन
D. तलाक

Q.69 सर्वेक्षण प्रशिक्षण संस्थान, हैदराबाद के तहत स्थापित:

A. UNDP   B. SOI   C. STI   D. NNRMS

Q.70 वैज्ञानिक और औद्योगिक अनुसंधान विभाग (DSIR) की स्थापना निम्नलिखित में की गई थी:

A. 1982   B. 1983   C. 1984   D. 1985

Q.71 वह नियम जिससे विवाहित युगल अपना निवास स्थापित करते हैं?

A. अविनाशी निवास
B. मुखर निवास
C. पितृलोक निवास
D. नवजात निवास

Q.72 जिस प्रणाली में एक महिला को पूरे समूह द्वारा साझा किया जाता है उसे कहा जाता है

A. सामूहिक विवाह
B. लेविरैट
C. बहुपतित्व
D. सगोत्र विवाह

Q.73 समाजशास्त्र से बड़ा कौन सा सिद्धांत है?

A. सामाजिक सिद्धांत
B. आर्थिक सिद्धांत
C. राजनैतिक सिद्धांत
D. इनमें से कोई नहीं

Q.74 सामाजिक विकास की एक कसौटी के रूप में श्रम के सामाजिक विभाजन का महत्व रहा है

A. कार्ल मार्क्स
B. एमाइल दुर्खीम
C. एफ एंगेल्स
D. हरबर्ट हाइमन

Q.75 समाजशास्त्र के धर्म-पिता __________ है।

A. अगस्त कोमटे
B. थॉमस माल्थस
C. एडम स्मिथ
D. इनमें से कोई नहीं

Q.76 कुला विनिमय किसके साथ जुड़ा हुआ है

A. टिकोपियन्स
B. ट्रोब्रिएंड आइलैंडर्स
C. क्रो कबीले
D. अज़ंडे जनजातियाँ

Q.77 गुलाम व्यवस्था का आधार हमेशा होता है

A. राजनीतिक
B. आर्थिक
C. रिवाज
D. सामाजिक जरूरत

Q.78 लाईसेज़-फॉरे की नीति किससे संबंधित है?

A. कार्ल मार्क्स
B. एडम स्मिथ
C. डेविड रिकार्डो
D. बैडेन पावेल

Q.79 निर्देश: निम्नलिखित प्रश्न में, अभिकथन (A) और कारण (R) को सामने रखा गया है। दोनों कथनों को ध्यान से पढ़ें और निम्नलिखित में से सही विकल्प चुनें:

अभिकथन (A): लोगों को शक्ति, मानसिक क्षमता और सुंदरता के आधार पर स्तरीकृत किया जाता है।

कारण (R): सामाजिक स्तरीकरण लोगों के बीच सामाजिक अंतर पर आधारित है।

A. A और R दोनों सत्य हैं और R, A के लिए सही स्पष्टीकरण है
B. A और R दोनों सत्य हैं लेकिन R, A के लिए सही स्पष्टीकरण नहीं है
C. A सत्य है लेकिन R असत्य है
D. A गलत है लेकिन R सत्य है

Q.80 निर्देश: प्रश्न दावे और तर्क प्रकार पर आधारित है:

कथन (A): जाति और वर्ग स्तरीकरण के उदाहरण हैं।

कारण (R): वे समूहों की श्रेणी कर रहे हैं, जो सामान्य हितों के साथ मिलकर अपने संबंध के प्रति सचेत हैं।

A. A और R दोनों सत्य हैं और R, A के लिए सही स्पष्टीकरण है
B. A और R दोनों सत्य हैं लेकिन R, A के लिए सही स्पष्टीकरण नहीं है
C. A सत्य है लेकिन R असत्य है
D. A गलत है लेकिन R सत्य है

Q.81 निर्देश: दी गई तालिका से सूची-I और सूची-II का मिलान करके सही विकल्प चुनें

	सूची-I		सूची-II
A.	रॉबर्ट के मर्टन	1.	सोसायटी की संरचना
B.	एमिल दुर्खीम	2.	समाजशास्त्रीय विधि के नियम
C.	टैल्कॉट पार्सन्स	3.	सामाजिक सिद्धांत और सामाजिक संरचना
D.	रेडक्लिफ ब्राउन	4.	सोशल एक्शन की संरचना
E.	मैरियन जे लेवी	5	आदिम समाज में संरचना और कार्य

A, B, C, D क्रमशः हैं।

A. 3, 2, 4, 5, 1
B. 2, 4, 3, 1, 5
C. 4, 5, 1, 2, 3
D. 1, 3, 5, 2, 4

Ques (82-84):निर्देश: इस प्रश्न में एक अभिकथन (A) और एक कारण (R) है। ज्ञात कीजिये कि कैसे (A) और (R) संबंधित हैं।

Q.82 अभिकथन (A): सत्ता को प्रभुत्व से अलग करना अपेक्षाकृत आसान है।

कारण (R): वर्चस्व शब्द का अर्थ कुछ समय के लिए होता है जिसका अर्थ शक्ति है।

A. A और R दोनों सत्य हैं और R, A के लिए सही स्पष्टीकरण है
B. A और R दोनों सत्य हैं लेकिन R, A के लिए सही स्पष्टीकरण नहीं है
C. A सत्य है लेकिन R असत्य है
D. A गलत है लेकिन R सत्य है

Q.83 अभिकथन (A): नेतृत्व एक व्यक्तित्व विशेषता है।

कारण (R): यह स्वयं को दूसरों से संबंधित करने का एक तरीका है।

A. A और R दोनों सत्य हैं और R, A के लिए सही स्पष्टीकरण है
B. A और R दोनों सत्य हैं लेकिन R, A के लिए सही स्पष्टीकरण नहीं है
C. A सत्य है लेकिन R असत्य है
D. A असत्य है लेकिन R सत्य है

Q.84 अनुसंधान का उद्देश्य प्रभावी मध्याह्न भोजन हस्तक्षेप के संगठन के लिए संभावित कारकों के परिणाम का पता लगाना है। इस अध्ययन के लिए कौन सी शोध पद्धति सबसे उपयुक्त होगी?

A. वर्णनात्मक सर्वेक्षण विधि
B. ऐतिहासिक विधि
C. पूर्व पोस्ट वास्तविक विधि
D. प्रयोगात्मक विधि

Q.85 किस भारतीय राज्य ने हाल ही में उपन्यास कोरोना वायरस के कारण होने वाली बीमारी को "राज्य आपदा" घोषित किया है?

A. तमिलनाडु   B. केरल   C. कर्नाटक   D. तेलंगाना

Q.86 शैक्षिक संगठन अलग शैक्षिक प्रशासन है क्योंकि?

A. संगठन उपकरणसेट की व्यवस्था है। जहां, प्रशासन को व्यवस्थित होने वाली चीज के साथ प्रबंधन करना है।
B. प्रशासन व्यक्ति के साथ चिंतित है जबकि संगठन उपकरणों के साथ चिंतित है।
C. प्रशासन चीजों की व्यवस्था आदि से संबंधित है, जबकि संगठन प्रबंधन पहलुओं से संबंधित है।
D. संगठन चीजों और उपकरणों के प्रबंधन से संबंधित है, जबकि प्रशासन चीजों और उपकरणों के व्यवस्था पहलुओं से चिंतित है।

Q.87 निम्नलिखित में से कौन शैक्षिक प्रौद्योगिकी के सॉफ्टवेयर के तहत वर्गीकृत किया जा सकता है?

A. रेडियो प्रसारण

B. टेप रिकॉर्डर्स

C. R.T.V. टेलिविजन का ब्राडकास्ट कारना

D. क्रमादेशित निर्देशात्मक सामग्री

Q.88 जनसंख्या जनगणना से प्राथमिक डेटा होगा:

A. रजिस्टार जनरल और जनगणना आयुक्त

B. ग्राम पंचायतें

C. नगर पालिकाओं

D. इनमे से कोई भी नहीं

Q.89 एक शोध समस्या तभी संभव है जब:

A. गह नया है और ज्ञान में कुछ जोड़ता है

B. यह प्राप्य है

C. इसकी उपयोगिता और प्रासंगिकता है

D. ये सभी

Q.90 एक शोधकर्ता भारत में कांग्रेस के भविष्य का अध्ययन करना चाहता है। अध्ययन के लिए कौन सा उपकरण उसके लिए सबसे उपयुक्त है?

A. प्रश्नावली   B. साक्षात्कार

C. अनुसूची   D. रेटिंग स्केल

Q.91 एक बहुत बड़ी रैली को देखकर यह बताया गया कि जदयू चुनाव जीतेगी, यह निष्कर्ष आधारित था।

A. यादृच्छिक सैंपलिंग

B. चुननेवाली मेडिकल सैंपलिंग

C. सोद्देश्य सैंपलिंग

D. व्यवस्थित सैंपलिंग

Q.92 एक परिवार में, दादा एक गाँव में एक किसान थे और पिता एक कस्बे के एक स्कूल में पढ़ाते थे, और अब बेटा एक बहुराष्ट्रीय निगम में कपड़ा इंजीनियर है। इसका एक उदाहरण है:

A. सांस्कृतिक गतिशीलता

B. व्यावसायिक गतिशीलता

C. इंट्रा-जनरेशनल गतिशीलता

D. अंतर-पीढ़ी की गतिशीलता

Q.93 औद्योगिक क्रांति है:

A. एक प्रक्रिया जिसके द्वारा यूरोपीय समाजों में भारी बदलाव आया है

B. एक अनोखी घटना

C. एक अनोखी घटना

D. उन्नीसवीं शताब्दी के उत्तरार्ध में औद्योगिक क्रांति का समाज पर व्यापक प्रभाव पड़ा

Q.94 पूर्ण परिवर्तन या सामाजिक परिवर्तन के रूप में जाना जाता है:

A. बदले में संरचना   B. संरचनात्मक परिवर्तन

C. क्रियात्मक परिवर्तन   D. मूल्य आधारित परिवर्तन

Q.95 हिंदू धर्म के लोगों को हिंदू धर्म से वापस लाने के लिए शुद्धि आंदोलन हिंदू धर्म से दूसरे धर्मों में परिवर्तित किया गया था?

A. आर्य समाज   B. ब्राह्मो समज

C. राम कृष्ण मिशन   D. प्रर्थना सभा

Q.96 किस राज्य ने हाल ही में उच्च शिक्षा के लिए ऋण की क्रेडिट गारंटी प्रदान करने की घोषणा की?

A. ओडिशा   B. हरियाणा   C. झारखंड   D. बिहार

Q.97 निम्नलिखित कथनों में से कौन सही है?

A. दुनिया की आबादी का प्रतिशत जो शहरों में रहता है, वास्तव में बहुत बड़ा है

B. दुनिया के अधिकांश समय ज्यादातर शहरी रहे हैं।

C. दुनिया के अधिकांश समय ज्यादातर ग्रामीण रहे हैं।

D. भारत एक अत्यधिक शहरी देश है

Q.98 ग्रामीण समुदाय की एक विशेषता:

A. औपचारिक संबंध

B. तर्कसंगत इच्छाशक्ति

C. सामुदायिक भावना

D. संघ की एक विशाल संख्या

Q.99 गुणात्मक अनुसंधान में निम्नलिखित में से कौन सी विशेषताएं महत्वपूर्ण मानी जाती हैं?

A. मानकीकृत अनुसंधान उपकरणों की मदद से डेटा एकत्र करना।

B. संभावना नमूनाकरण तकनीकों के साथ डिजाइन नमूना।

C. नीचे-ऊपर अनुभवजन्य साक्ष्य के साथ डेटा एकत्र करना।

D. शीर्ष-डाउन योजनाबद्ध सबूत के साथ डेटा एकत्र करना।

Q.100 शहरों और कस्बों के कारण अस्तित्व में आया:

A. जनसंख्या का आंदोलन   B. कृषि का विकास

C. औद्योगीकरण   D. वाणिज्य का विकास

Q.101 गिदेंस ने संरचना के अपने सिद्धांत में निम्नलिखित में से किस अवधारणा का उपयोग किया है?

A. दोहरा विश्लेषण   B. दोहरी भूमिकाएँ

C. संरचना का द्वैत   D. संरचनात्मक द्वैतवाद

Q.102 "जाति, जाति का एक उत्पाद है जो आर्यों के साथ भारत आया था", द्वारा कहा गया था:

A. एस. सी. दुबे   B. एम.एन. श्रीनिवास

C. वी. के. रंजन   D. जी.एस.गुरे

Q.103 निम्नलिखित में से किसने ग्रामीण क्षेत्रों का विकेंद्रीकरण शुरू किया?

A. लॉर्ड रिपन   B. लॉर्ड वैलेस्ली

C. लॉर्ड मेयो   D. लॉर्ड कर्जन

Q.104 भारत में गाँवों के बसावट पैटर्न में कौन सा कारक सबसे महत्वपूर्ण है?

A. समानता   B. जाति   C. धर्म   D. व्यवसाय

Q.105 निम्नलिखित में से कौन राज्य और सरकार के बीच अंतर करने वाला पहला व्यक्ति था?

A. लोके   B. आर. दही

C. मार्क्स   D. मार्क्स वेबर

Q.106 उत्तम जीवन के लिए राज्य का उद्भव और विकास जारी है। ' यह किसकी राय है?

A. अरस्तू   B. सी. डब्ल्यू गिल्रा

C. आर. दहल   D. डब्ल्यू परेटो

Q.107 निम्नलिखित में से कौन प्राधिकरण से जुड़ा है?

A. हॉब्स   B. रूसो   C. एम. वेबर   D. लोके

Q.108 पंचायती राज की त्रिस्तरीय प्रणाली की सिफारिश किसने की थी?

A. काका कालेकर समिति

B. साइमन कमीशन

C. बलवंत राय मेहता समिति

D. जय प्रकाश नारायण समिति

Q.109 राजनीतिक मास्टर हमेशा विशेषज्ञ के सामने एक डिलेटेंट की स्थिति में खुद को प्रशिक्षित अधिकारी के रूप में देखता है। यह किसकी राय है?

A. हेरोल्ड लास्की
B. मैक्स वेबर
C. मास्को
D. डब्ल्यू परेटो

Q.110 स्थानीय सरकारों को आम तौर पर सौंपा जाता है:

A. स्थानीय विषयों का प्रशासन
B. विभिन्न कार्यों का प्रदर्शन
C. विकासात्मक कार्य
D. राज्य सरकार के प्रति उत्तरदायी

Q.111 राष्ट्र से अलग क्या है?

A. लोग
B. सरकार
C. क्षेत्र
D. संप्रभुता

Q.112 जैसा कि लोवी ने बताया कि निम्नलिखित में से किसने सामंती आधार पर संपत्ति अर्जित की:

A. दक्षिण अफ्रीका का जुलु
B. उत्तरी अमेरिका की होपी
C. युगांडा का दाहोम
D. मध्य भारत के गोंड

Q.113 मेहमानों के स्वागत, उनके शरीर पर थूकने का अभ्यास किसके द्वारा किया जाता है?

A. अज़ंडे
B. ओनगेस
C. शेरदुकपेन्स
D. मसाई

Q.114 जनजाति का एक उदाहरण हो सकता है:

A. परिवार
B. संगति
C. समुदाय
D. जाति

Q.115 राजाओं को किस प्रकार के समाजों में आमतौर पर परिभाषित किया जाता है?

A. जहां साक्षरता कायम है
B. जहां बहुत सी अशिक्षा व्याप्त है
C. जहां लोगों को धार्मिक दृष्टिकोण मिला है
D. जहां धर्म प्रचलित समय की तुलना में कहीं अधिक उन्नत है

Q.116 कृषि सोसायटी के उद्भव के साथ:

A. कुलदेवता में विश्वास बढ़ा
B. जादू में विश्वास बढ़ता गया
C. दुश्मनी में विश्वास बढ़ता गया
D. मंदिर देवताओं का स्थान बन जाता है

Q.117 निम्नलिखित में से कौन आदिवासी समाज में एक एकीकृत तत्व के रूप में कार्य करता है?

A. शादी
B. धर्म
C. आर्थिक विचार
D. समानता

Q.118 एक विशेष क्षेत्र के एक आदिवासी के लिए, घोटुल का प्रतिनिधित्व करता है-

A. खेती का रूप
B. स्थानीय गैर-वैदिक देवता
C. युवा संगठन
D. चावल की बीयर

Q.119 जनसांख्यिकी को ध्यान में नहीं रखते हैं:

A. जनसंख्या की आयु, लिंग और नस्लीय संरचना
B. जनसंख्या की ऊँचाई और भार
C. जन्म और मृत्यु दर
D. जनसंख्या का घनत्व

Q.120 लिंग-अनुपात से क्या अभिप्राय है?

A. नर और मादा का संबंध
B. एक आबादी में वयस्क पुरुष और वयस्क महिलाओं की संख्या के बीच का राशन
C. जनसंख्या में महिला की संख्या और पुरुष की संख्या के बीच का अनुपात
D. एक जनसंख्या में प्रति 1000 पुरुषों पर महिलाओं की संख्या

Q.121 निम्नलिखित कथनों में से कौन सही है?

A. जनसांख्यिकी अध्ययन भविष्य के जनसंख्या आंदोलन का अनुमान नहीं लगाता है
B. जनसांख्यिकी अध्ययन भविष्य के जनसंख्या आंदोलन का पूर्वानुमान लगाने का प्रयास करता है
C. जनसांख्यिकी अध्ययन केवल जनसंख्या के आकार और इसकी संरचना का वर्तमान स्टॉक लेते हैं
D. जनसांख्यिकी अध्ययन केवल जनसंख्या, उम्र, लिंग और आबादी के कब्जे के संदर्भ में पिछले खाते को लेते हैं

Q.122 जनसांख्यिकी एक से ली गई है-

A. लैटिन शब्द
B. ग्रीक शब्द
C. स्पैनिश शब्द
D. पॉलिनेशियन शब्द

Q.123 'जनसंख्या ज्यामितीय अनुपात में वृद्धि करती है जबकि कृषि उपज अंकगणितीय अनुपात में बढ़ती है।' यह कथन किसके द्वारा किया गया है?

A. स्पेंसर एच.
B. माल्थस
C. प्लेटो
D. कार्ल मार्क्स

Q.124 एक शोधकर्ता समय की अवधि में लोगों के वजन पर नींद की अवधि के प्रभाव का अध्ययन करना चाहता है। यह किस तरह का शोध है?

A. प्रतिनिध्यात्मक शोध
B. अधोमुखी शोध
C. प्रयोगात्मक शोध
D. वर्णनात्मक शोध

Q.125 एक कॉलेज शिक्षक छात्रों और छात्रावासों की घरेलू स्थितियों से संबंधित वास्तविकता की स्थितियों को चित्रित करने के लिए शोध करता है। निम्नलिखित में से कौन सा शोध प्रारूप ऐसा करने में सहायक होगा?

A. प्रायोगिक अनुसंधान
B. वर्णनात्मक अनुसंधान
C. प्रतिभागी अवलोकन आधारित अनुसंधान
D. नृवंशविज्ञान अनुसंधान

Q.126 नीचे दिए गए दो कथन हैं:

कथन I: गुणात्मक शोध विभिन्न अनुसंधान रणनीतियों का उल्लेख करने के लिए एक छत्र शब्द है जो कुछ विशेषताओं को साझा करता है। संकलित दत्तों को 'सॉफ्ट' कहा गया है यानी विवरण में समृद्ध।

कथन II: परिमाणात्मक शोध मुख्य रूप से काल्पनिक निगमनात्मक है और दत्त के विश्लेषण के लिए ज्यादातर सांख्यिकीय तकनीकों को नियोजित करता है।

उपरोक्त कथनों के आलोक में, नीचे दिए गए विकल्पों में से सही उत्तर चुनें:

A. कथन I और कथन II दोनों सत्य हैं
B. कथन I और कथन II दोनों असत्य हैं
C. कथन I सत्य है लेकिन कथन II असत्य है
D. कथन I असत्य है लेकिन कथन II सत्य है

Q.127 सहभागी अनुसंधान का और किस रूप में वर्णन किया गया है:

A. वैयक्तिक- आधारित
B. समूह आधारित
C. समुदाय-आधारित
D. सरकार आधारित

Q.128 निम्नलिखित में से क्या एक प्रकार की प्रायोगिक विधि नहीं है?

A. एकल समूह प्रयोग
B. अवशिष्ट समूह प्रयोग
C. समानांतर समूह प्रयोग
D. तर्कसंगत समूह प्रयोग

Q.129 विसंबंधन किसमें अनुसंधान की एक लोकप्रिय विधि है?

A. बुनियादी विज्ञान

B. अनुप्रयुक्त विज्ञान

C. सामाजिक विज्ञान

D. साहित्य

Q.130 नीचे दी गई सूची से गुणात्मक अनुसंधान डिजाइनों की पहचान करें:

i) एक सिद्धांत विकसित करने के लिए व्यक्तियों के सामान्य अनुभवों की खोज करना

ii) नियंत्रण, हेरफेर करना, प्रभाव को देखना और मापना

iii) लोगों के समूह की साझा संस्कृति की खोज करना

iv) लोगों के जीवन का वर्णन करने के लिए व्यक्तिगत कहानियों की खोज करना

v) नमूना से जनसंख्या तक सामान्यीकरण

निम्नलिखित विकल्पों में से सही उत्तर का चयन कीजिए:

A. (i), (iii) और (iv)

B. (i), (ii) और (iii)

C. (ii), (iii) और (v)

D. (ii), (iv) और (v)

Q.131 वैज्ञानिक अनुसंधान में अनुक्रमिक संचालन हैं:

A. सह-परिवर्तन, भ्रामक संबंधों का उन्मूलन, सामान्यीकरण, सिद्धांत

B. सामान्यीकरण, सह-परिवर्तन, सिद्धांत, भ्रामक संबंधों का उन्मूलन

C. सिद्धांत, सामान्यीकरण, भ्रामक संबंधों का उन्मूलन, सह-परिवर्तन

D. भ्रामक संबंधों का उन्मूलन, सिद्धांत, सामान्यीकरण, सह-परिवर्तन।

Q.132 न्यूटन ने गति के तीन मूल नियम दिए। इस शोध को इस प्रकार वर्गीकृत किया गया है:

A. वर्णनात्मक अनुसंधान

B. नमूना सर्वेक्षण

C. मौलिक अनुसंधान

D. प्रायोगिक खोज

Q.133 _________ हमारे परिवेश में अवांछित परिवर्तनों का प्रभाव है जिसका पौधों, जानवरों और मनुष्यों पर हानिकारक प्रभाव पड़ता है।

A. प्रदूषण

B. निम्रीकरण

C. वनों की कटाई

D. जलवायु परिवर्तन

Q.134 ध्रुवीय समतापमंडलीय बादल निम्नलिखित पर्यावरणीय मुद्दों में से किसके साथ जुड़े हुए हैं?

A. बाढ़

B. अम्ल वर्षा

C. ओजोन परत रिक्तीकरण

D. प्रकाश रासायनिक धुंध

Q.135 पेरिस समझौते के तहत जलवायु प्रतिज्ञाएं 2 ° C से नीचे ग्लोबल वार्मिंग को सीमित करने के लिए ग्रीनहाउस गैस उत्सर्जन में कमी के कितने हिस्से को शामिल करती हैं?

A. $\frac{1}{3}$ B. $\frac{2}{3}$ C. $\frac{1}{2}$ D. $\frac{3}{4}$

Q.136 निम्न सूची से क्योटो प्रोटोकॉल में शामिल की गयी गई ग्रीनहाउस गैसों की पहचान कीजिये:

i) कार्बन डाइऑक्साइड

ii) मीथेन

iii) नाइट्रस ऑक्साइड

iv) हाइड्रोफ्लोरोकार्बन

v) परफ्लूरोकार्बन

vi) सल्फर हेक्साफ्लोराइड

नीचे दिए गए विकल्पों में से सबसे उपयुक्त उत्तर का चयन कीजिये:

A. केवल i, ii, iv और v

B. केवल i, iv, v और vi

C. केवल ii, iv, v और vi

D. i, ii, iii, iv, v और vi

Q.137 शहरी क्षेत्रों में वायु प्रदूषकों की पहचान करें जो आंखों और मनुष्यों के श्वसन पथ को भी परेशान करते हैं:

A. कणिका तत्व

B. नाइट्रोजन के ऑक्साइड

C. सतह ओजोन

D. कार्बन मोनोऑक्साइड

Q.138 राष्ट्रीय जलवायु परिवर्तन नीति के हिस्से के रूप में, भारत सरकार वर्ष 2030 तक अक्षय ऊर्जा की स्थापित क्षमता को बढ़ाने की योजना बना रही है:

A. 175GW   B. 200GW   C. 250GW   D. 450GW

Q.139 पारसी सुधार आंदोलन रहनुमाई मजदायसन सभा (धार्मिक सुधार संघ) की स्थापना किस वर्ष हुई थी?

A. 1829   B. 1851   C. 1879   D. 1861

Q.140 _________ एक समाज के सदस्यों द्वारा बनाई गई मूर्त चीजों का गठन करता है।

A. भौतिक संस्कृति

B. अभौतिक संस्कृति

C. लोकप्रिय संस्कृति

D. प्रसिद्ध संस्कृति

Q.141 सामाजिक समूहों को बनाने में एक संगठन सिद्धांत के रूप में रिश्तेदारी का उपयोग किया जाता है:

A. बहुत कम समाज

B. दुनिया के लगभग आधे समाज

C. सभी समाज

D. इनमें से कोई नहीं

Q.142 रिश्तेदारी समूहों को एक साथ रखने वाले सिद्धांत बंधन हैं?

A. विवाह और वंश

B. विवाह और काल्पनिक रिश्ते

C. विवाह और कानून

D. वंश

Q.143 भारत के दक्षिणी राज्य द्वारा अपनाए गए विकेंद्रीकृत नियोजन के मॉडल को क्या नाम दिया गया था?

A. केरल मॉडल

B. तमिलनाडु मॉडल

C. आंध्र प्रदेश मॉडल

D. कर्नाटक मॉडल

Q.144 निम्नलिखित में से कौन सा विचार भारत की विकास नीति के प्रारंभिक चरण का हिस्सा नहीं था?

A. योजना

B. उदारीकरण

C. सहकारी खेती

D. आत्मनिर्भरता

Q.145 निम्नलिखित में से कौन-सा/से शहरीकरण का प्रमुख कारण है/हैं?

1. औद्योगिक क्रांति

2. प्रवासन

3. निजी क्षेत्र का विकास

4. परिवहन की उपलब्धता

नीचे दिए गए सही विकल्पों का चयन करें:

A. केवल 3 और 4

B. केवल 1

C. केवल 1 और 2

D. 1, 2, 3 और 4

Q.146 Urbanization is the result of:

A. Educational development

B. Rural development

C. Migration of population from villages to cities

D. Agricultural development

Q.147 "मेथड्स इन सोशल रिसर्च" नामक पुस्तक के लेखक कौन थे?

A. करलिंगर

B. सीआर कोठारी

C. गुडे और हट्ट

D. विल्किनसन

Q.148 निम्न में से कौन सा सामाजिक वातावरण का उदाहरण है?

A. अर्थव्यवस्था में धन की आपूर्ति
B. उपभोक्ता संरक्षण अधिनियम
C. देश का संविधान
D. परिवार की संरचना

Q.149 किसने कहा कि आदिवासियों को हिंदू जाति में आत्मसात किया जाना चाहिए?

[UGC NET Sociology, 2020]

A. वेरियर एलविन   B. जी.एस. घुर्ये
C. सुरजीत सिन्हा   D. एन.के. बोस

Q.150 निम्नलिखित में से कौन एल .एच. मॉर्गन के अनुसार विवाह के विकास का सही क्रम है?
1. सिन्द्यादसमैन
2. मोनोगैमी
3. सामूहिक विवाह
4. सांत्वना
5. पितृसत्तात्मक
नीचे दिए गए विकल्पों में से सबसे उपयुक्त अनुक्रम चुनें:
A. केवल 4, 3, 1, 2   B. केवल 1, 2, 3, 5
C. केवल 3, 4, 5, 2   D. केवल 4, 3, 1, 5

// स्मार्ट उत्तर पुस्तिका //

उन छात्रों का प्रतिशत जिन्होंने प्रश्नों का सही उत्तर दिया था।

उन छात्रों का प्रतिशत जिन्होंने प्रश्नों को छोड़ दिया था।

प्रश्न संख्या	उत्तर	सही उत्तर / छोड़ दिया
1	B	24.64 % / 54.03 %
2	C	15.64 % / 66.35 %
3	A	26.54 % / 68.25 %
4	B	13.74 % / 68.25 %
5	B	20.38 % / 68.25 %
6	D	23.22 % / 68.72 %
7	C	18.01 % / 69.67 %
8	B	8.06 % / 69.19 %
9	B	18.96 % / 69.67 %
10	D	16.59 % / 69.67 %
11	A	12.32 % / 69.67 %
12	C	12.32 % / 68.25 %
13	B	16.59 % / 69.19 %
14	C	17.54 % / 68.24 %
15	C	10.43 % / 68.24 %
16	A	14.22 % / 69.19 %
17	D	7.11 % / 69.19 %
18	D	12.8 % / 69.66 %
19	B	12.8 % / 70.14 %
20	C	11.85 % / 69.67 %
21	B	27.01 % / 68.25 %
22	A	17.06 % / 68.25 %
23	B	17.54 % / 68.24 %
24	B	23.7 % / 68.24 %
25	A	27.01 % / 68.25 %
26	A	15.64 % / 68.25 %
27	D	19.91 % / 68.24 %
28	C	10.9 % / 68.72 %
29	C	20.85 % / 68.72 %
30	B	18.01 % / 68.25 %
31	A	18.96 % / 67.77 %
32	A	16.11 % / 68.72 %
33	C	9.95 % / 87.68 %
34	B	7.11 % / 88.15 %
35	B	5.21 % / 88.15 %
36	B	8.06 % / 88.15 %
37	C	10.9 % / 88.15 %
38	C	11.85 % / 88.15 %
39	D	0.95 % / 87.68 %
40	C	7.58 % / 88.15 %
41	C	7.11 % / 88.15 %
42	B	9.95 % / 87.68 %
43	A	6.64 % / 88.15 %
44	B	4.74 % / 88.15 %
45	D	4.74 % / 88.15 %
46	C	4.27 % / 88.15 %
47	D	8.53 % / 88.15 %
48	C	2.84 % / 88.16 %
49	C	3.79 % / 88.15 %
50	D	1.42 % / 88.15 %
51	B	21.8 % / 63.03 %
52	B	24.17 % / 65.88 %
53	A	22.27 % / 65.88 %
54	B	20.85 % / 65.41 %
55	A	14.69 % / 66.35 %
56	C	15.17 % / 66.35 %
57	C	26.07 % / 66.35 %
58	D	14.22 % / 66.82 %
59	B	16.59 % / 66.82 %
60	A	13.27 % / 66.82 %
61	B	12.8 % / 66.82 %
62	A	26.07 % / 66.82 %
63	C	27.01 % / 67.3 %
64	B	25.59 % / 67.3 %
65	A	10.9 % / 67.3 %
66	C	12.8 % / 67.77 %
67	C	25.12 % / 67.77 %
68	B	26.07 % / 67.77 %
69	A	15.17 % / 67.77 %
70	D	8.53 % / 67.77 %
71	D	24.64 % / 67.78 %
72	C	17.06 % / 67.77 %
73	A	11.85 % / 67.77 %
74	B	25.59 % / 67.77 %
75	A	17.06 % / 67.77 %
76	B	27.96 % / 67.77 %
77	B	17.06 % / 67.77 %
78	B	18.01 % / 67.77 %
79	D	14.22 % / 68.24 %
80	A	21.8 % / 68.72 %

प्रश्न संख्या	उत्तर	सही उत्तर / छोड़ दिया		प्रश्न संख्या	उत्तर	सही उत्तर / छोड़ दिया		प्रश्न संख्या	उत्तर	सही उत्तर / छोड़ दिया		प्रश्न संख्या	उत्तर	सही उत्तर / छोड़ दिया		प्रश्न संख्या	उत्तर	सही उत्तर / छोड़ दिया
81	A	24.64 %	68.25 %	95	A	16.59 %	69.19 %	109	B	10.43 %	69.19 %	123	B	26.07 %	69.19 %	137	D	3.32 %	87.68 %
82	B	7.58 %	69.2 %	96	B	11.37 %	69.2 %	110	A	20.38 %	69.19 %	124	B	7.11 %	87.68 %	138	D	3.79 %	87.68 %
83	D	2.37 %	69.67 %	97	C	14.69 %	69.2 %	111	D	14.22 %	69.19 %	125	C	8.06 %	87.67 %	139	B	2.37 %	87.68 %
84	C	15.64 %	69.19 %	98	C	25.12 %	69.19 %	112	C	9.0 %	69.2 %	126	A	9.48 %	87.68 %	140	A	8.53 %	87.68 %
85	B	16.59 %	69.19 %	99	C	10.43 %	69.19 %	113	D	12.8 %	69.19 %	127	C	3.79 %	87.68 %	141	C	9.48 %	87.68 %
86	A	10.43 %	69.19 %	100	D	8.53 %	69.2 %	114	C	27.01 %	69.2 %	128	B	3.79 %	87.68 %	142	A	9.0 %	87.68 %
87	D	21.33 %	69.19 %	101	D	9.48 %	69.19 %	115	D	10.43 %	69.19 %	129	D	2.37 %	87.68 %	143	A	4.74 %	87.68 %
88	A	22.27 %	69.2 %	102	D	14.69 %	69.2 %	116	D	12.8 %	69.19 %	130	A	9.0 %	87.68 %	144	B	4.27 %	87.67 %
89	D	25.59 %	69.2 %	103	A	11.85 %	69.19 %	117	D	11.85 %	69.19 %	131	A	5.69 %	87.67 %	145	D	7.58 %	87.68 %
90	A	11.37 %	69.2 %	104	A	7.11 %	69.19 %	118	C	14.69 %	69.2 %	132	C	5.21 %	87.68 %	146	C	8.06 %	87.67 %
91	B	7.11 %	69.19 %	105	A	14.69 %	69.2 %	119	B	24.17 %	69.19 %	133	A	5.69 %	87.67 %	147	C	9.48 %	87.68 %
92	D	17.54 %	69.19 %	106	A	13.74 %	69.2 %	120	D	26.54 %	69.19 %	134	C	9.0 %	87.68 %	148	A	1.42 %	87.68 %
93	D	14.22 %	69.19 %	107	C	25.59 %	69.2 %	121	B	16.11 %	69.2 %	135	A	4.27 %	87.67 %	149	B	11.85 %	87.68 %
94	B	21.33 %	69.19 %	108	C	27.96 %	69.2 %	122	B	12.8 %	69.19 %	136	D	6.64 %	87.67 %	150	A	5.21 %	87.68 %

//संकेत और समाधान//

1. बायोकेमिकल ऑक्सीजन डिमांड (बीओडी) यह जांचने के लिए है कि पानी में कितना जैविक प्रदूषण है। पानी में बीओडी स्तर जितना कम होगा, उतना ही स्वस्थ पानी होगा।

बीओडी इस सिद्धांत पर आधारित है कि यदि पर्याप्त ऑक्सीजन उपलब्ध हो, तो सूक्ष्मजीवों द्वारा एरोबिक जैविक अपघटन (यानी, जैविक कचरे का स्थिरीकरण) तब तक जारी रहेगा जब तक कि सभी कचरे का उपभोग नहीं किया जाता है।

अतः विकल्प (B) सही है।

2. संगुटिका स्वामित्व का अर्थ है कई व्यवसायों का स्वामित है जिनमें से एक मीडिया व्यवसाय है।

एक संगुटिका में, निर्देशकों का अन्तर्ग्रथन होता है। उनका मुख्य व्यवसाय एक उच्च-लाभकारी उद्योग होगा, लेकिन वे निजी या सार्वजनिक क्षेत्र में और दिन की सरकार में निर्णयकर्ताओं पर प्रतिष्ठा के लिए या सामाजिक और राजनीतिक प्रभाव का अभ्यास करने के लिए एक मीडिया कंपनी चलाते हैं। इस तरह का एक समूह हमेशा घटनाओं, मुद्दों और व्यक्तित्वों की निष्पक्ष या विवादास्पद प्रस्तुति का समर्थन नहीं कर सकता है।

अतः विकल्प (C) सही है।

3. क्षैतिज संचार संगठनात्मक पदानुक्रम के समान स्तर के भीतर लोगों, विभाजन, विभागों या इकाइयों के बीच सूचना का संचरण है।

ऊर्ध्वाधर संचार संगठन के सदस्यों के बीच सूचना के प्रवाह का एक प्रकार है जो इसके पदानुक्रम के विभिन्न स्तरों पर हैं। इसका उपयोग नीचे और ऊपर दोनों दिशाओं में किया जा सकता है।

निगमित संचार गतिविधियों का एक समूह है जो सभी आंतरिक और बाह्य संचार को प्रबंधित और ऑर्केस्ट्रेटिंग करने में शामिल है, जिसका उद्देश्य हितधारकों के बीच दृष्टिकोण को अनुकूलित करना है जिस पर कंपनी निर्भर करती है।

पार-सांस्कृतिक संचार अध्ययन का एक क्षेत्र है जो यह देखता है कि अलग-अलग सांस्कृतिक पृष्ठभूमि के लोग कैसे, समान और अलग-अलग तरीकों से संवाद करते हैं, और कैसे वे संस्कृतियों में संवाद करने का प्रयास करते हैं। अंतर - संस्कृति संचार अध्ययन का एक संबंधित क्षेत्र है।

अतः विकल्प (A) सही है।

4. किशोरावस्था शिक्षा कार्यक्रम (AEP) एक महत्वपूर्ण पहल है जिसका उद्देश्य युवाओं को सटीक, आयु-उपयुक्त और सांस्कृतिक रूप से प्रासंगिक जानकारी के साथ सशक्त बनाना है, स्वस्थ दृष्टिकोण को बढ़ावा देना और उन्हें सकारात्मक और जिम्मेदार तरीके से वास्तविक जीवन की स्थितियों का जवाब देने में सक्षम बनाना है।

अतः विकल्प (B) सही है।

5. राष्ट्रीय साक्षरता मिशन (एनएलएम) की स्थापना 5 मई 1988 को भारत सरकार द्वारा गैर-साहित्यकारों को कार्यात्मक साक्षरता प्रदान करके देश में अशिक्षा को दूर करने के उद्देश्य से की गई थी। इस प्रकार, राष्ट्रीय साक्षरता मिशन (एनएलएम) की स्थापना न केवल सभी को पढ़ने, लिखने और अंकगणित में आत्मनिर्भर बनाने के लिए की गई, बल्कि उन्हें समाज को प्रभावित करने वाले विकासात्मक मुद्दों से अवगत कराने के लिए भी की गई थी।

अतः विकल्प (B) सही है।

6. परिवार में महिला सदस्य माताएँ हैं, 3 विवाहित पुत्रों की पत्नियाँ अविवाहित पुत्रियाँ और दोनों पुत्रों में से प्रत्येक की 2 पुत्रियाँ हैं।

महिला सदस्यों की संख्या = (1+3+1+2 × 2) = 9

अतः विकल्प (D) सही है।

7. गद्यांश के अनुसार, एक राजनीतिक उपन्यास अक्सर अपनी राजनीति के साथ एक उपन्यास बन जाता है। (गद्यांश में संदर्भ रेखा: एक राजनीतिक उपन्यास अक्सर राजनीति के बारे में एक उपन्यास नहीं बल्कि अपनी खुद की राजनीति के साथ एक उपन्यास बन जाता है)।

अतः विकल्प (C) सही है।

8. एक राजनीतिक उपन्यास केवल लेखक की धारणा के बारे में बात करता है।

एक राजनीतिक दल की विचारधारा से प्रेरित एक राजनीतिक उपन्यास। विचारधारा साहित्य को भी प्रभावित करती है। कुछ लेखक कुछ विचारों के प्रति इतने प्रतिबद्ध हैं कि इन विचारों को घोषित करना उनके लेखन का कारण है। यह इस बात पर प्रभाव डालेगा कि वे पात्रों और घटनाओं को कैसे चित्रित करते हैं।

अतः विकल्प (B) सही है।

9. अपनी प्रकृति से राजनीति का निर्माण विचारों और विचारधाराओं के बारे में है।(गद्यांश में संदर्भ रेखा: राजनीति का उच्चतम कारण साहित्यिक प्रतिनिधित्व के लिए उत्तरदायी नहीं लगता है, एक और कारण इस तथ्य से उत्पन्न होता है कि इसकी प्रकृति से राजनीति विचारों और विचारधाराओं से निर्मित होती है)।

अतः विकल्प (B) सही है।

10. साहित्य, मानव जीवन की महसूस की गई वास्तविकता से संबंधित है।

(संदर्भ पंक्ति में पास: साहित्य, यह तर्क दिया गया है, बौद्धिक मतिहीनता के बजाय मानवीय अनुभवों के बारे में है, यह मानव मांस और रक्त की 'महसूस की गई वास्तविकता' कहलाता है, और पाप और स्वाद (रस) के बजाय शुष्क और बेजान विचार)।

अतः विकल्प (D) सही है।

11. उपन्यासकार मैरी मैकार्थी के अवलोकन से पता चलता है कि उपन्यास में आज के विचारों को अनदेखा किया गया है। (संदर्भ पंक्ति में पारित: उनकी पुस्तक आइडियाज़ एंड नोवेल में इस मामले की व्यापक चर्चा में, अमेरिकी उपन्यासकार मैरी मैकार्थी ने देखा कि 'विचार आज भी उपन्यास में भद्दा लगता है' हालांकि ऐसा 'पूर्व दिनों में नहीं था' , यानी 18 वीं और 19 वीं शताब्दी में।)

अतः विकल्प (A) सही है।

12. अनुसंधान पद्धति का विषय उस विषय के गठन के तरीके का। परिणाम है जिसे आसवन के रूप में जाना जाता है।

आसवन विभिन्न उबलते बिंदुओं के आधार पर मिश्रण के घटकों को अलग करने की प्रक्रिया है। आसवन के उपयोग के उदाहरणों में अल्कोहल की शुद्धि, अलवणीकरण, कच्चे तेल के शोधन और हवा से तरलीकृत गैसों को शामिल करना शामिल है। सिंधु घाटी में कम से कम 3000 ईसा पूर्व से मानव आसवन का उपयोग कर रहा है।

अतः विकल्प (C) सही है।

13. छात्र की कुल संख्या =33
रमेश और सुरेश के बीच छात्र की संख्या है,
=33-(13+6)
=14
अतः विकल्प (B) सही है।

14. उपर्युक्त गद्यांश एक अलंकारिक तर्क है क्योंकि पुरुष स्पष्टीकरण के उद्देश्य के लिए महिला के साथ खुद की तुलना कर रहा है।

अलंकारिक तर्क (या सादृश्य द्वारा तर्क) इंडक्शन से हैं जहां एक निष्कर्ष दो या अधिक मामलों के बीच समानता की तुलना से लिया गया है।

अतः विकल्प (C) सही है।

15. एक यौगिक प्रस्ताव जो न तो एक तनातनी है और न ही एक विरोधाभास है, एक आकस्मिकता कहा जाता है।

एक यौगिक प्रस्ताव जो हमेशा सत्य होता है, चाहे वह किसी भी प्रस्ताव के सत्य मूल्यों को बताता हो, उसे एक पुनरुक्ति कहा जाता है। एक यौगिक प्रस्ताव जो हमेशा गलत होता है, एक विरोधाभास कहलाता है। एक यौगिक प्रस्ताव जो न तो एक तनातनी है और न ही एक अंतर्विरोध को एक आकस्मिकता कहा जाता है।

अतः विकल्प (C) सही है।

16. 2005 से 2009 के दौरान बिजली क्षेत्र से CO_2 का विकास $= 800 - 500 = 300$ (बस 2009 और 2005 के मूल्यों को लें और उन्हें घटाएं)

प्रतिशत वृद्धि $=$ (2009 में मूल्य $-$ 2005 में मूल्य)/(2005 में मूल्य) $\times 100\%$

प्रतिशत वृद्धि $= \frac{800-500}{500} \times 100$

$= \frac{300}{500} \times 100 = 60\%$

अतः विकल्प (A) सही है।

17. दिए गए सूत्र के अनुसार:

प्रतिशत वृद्धि $=$ (2009 में मूल्य $-$ 2005 में मूल्य)/ (2005 में मूल्य) $\times 100\%$

शक्ति $\% = \frac{(800-500)}{500} \times 100 = 60\%$

उद्योग $\% = \frac{(450-200)}{200} \times 100 = 125\%$

व्यावसायिक $\% = \frac{(320-150)}{150} \times 100 = 113$

कृषि $\% = \frac{(200-80)}{80} \times 100 = 150\%$

घरेलू $\% = \frac{(180-100)}{100} \times 100 = 80\%$

इसलिए, CO_2 से उत्सर्जन 2005 से 2009 कृषि क्षेत्र में अधिकतम वृद्धि दर्ज की गई है।
अतः विकल्प (D) सही है।

18. ऊपर दी गई तालिका के अनुसार, हम देख सकते हैं

वर्ष में चार विषयों में कुल औसत अंक 1995 $= 56 + 68 + 68 + 48 = 240$

दिए गए विषयों की संख्या $= 4$

2009 में आवश्यक औसत अंक $=$ दिए गए विषयों के चार विषयों/दिए गए विषयो की संख्या

2009 में आवश्यक औसत अंक $= \frac{240}{4} = 60$

अतः विकल्प (D) सही है।

19. प्रश्न में दी गई तालिका के आधार पर,

1995 में विज्ञान के औसत अंक $= 68$

1995 वर्ष में विज्ञान में छात्रों की संख्या $= 40$

कुल अंक $=$ 1995 में विज्ञान के औसत अंक $\times$ विज्ञान में छात्रों की संख्या

$\therefore$ कुल अंक $= 68 \times 40 = 2720$

अतः विकल्प (B) सही है।

20. आवश्यक औसत प्रति अंतराल पुरुषों की संख्या का योग है जिन्होंने इसमें भाग लिया।

आवश्यक औसत $= \frac{100+220+300+200+250}{5} = \frac{1070}{5} = 214$

अतः विकल्प (C) सही है।

21. इमेज डाटा के एक्सटेंशन के रूप में gif, jpg, bmp, png का उपयोग किया जाता है। इन इमेजेज़ को विभिन्न एक्सटेंशन जैसे gif, jpg नामकरण के माध्यम से परिभाषित किया जा सकता है।

अतः विकल्प (B) सही है।

22. दुनिया भर में, कृषि में पानी की खपत का लगभग 67%, उद्योग के लिए 23% और घरेलू उपयोग के लिए 10% है।

दुनिया के अधिकांश क्षेत्रों में, 70% से अधिक मीठे पानी का उपयोग कृषि के लिए किया जाता है। 2050 तक, 9 बिलियन लोगों के एक ग्रह को खिलाने के लिए कृषि उत्पादन में अनुमानित 50% वृद्धि और पानी की निकासी में 15% की वृद्धि की आवश्यकता होगी।

अतः विकल्प (A) सही है।

23. क्लोरोफ्लोरोकार्बन (CFCs) को बदलने के लिए विचाराधीन दो रासायनिक वर्ग हाइड्रोक्लोरोफ्लोरोकार्बन (HCFCs) और हाइड्रोफ्लोरोकार्बन (HCFCs) हैं। हाइड्रोक्लोरोफ्लोरोकार्बन (HFCs) स्ट्रैटोस्फेरिक ओजोन के विनाश में योगदान करते हैं, लेकिन CFCs की तुलना में काफी कम। हाइड्रोक्लोरोफ्लोरोकार्बन (HFCs) , क्लोरोफ्लोरोकार्बन (CFCs) की तुलना में कम स्थिर होते हैं क्योंकि हाइड्रोक्लोरोफ्लोरोकार्बन (HCFC) अणुओं में कार्बन-हाइड्रोजन बॉन्ड होते हैं।

अतः विकल्प (B) सही है।

24. सहसंबंधीय शोध एक प्रकार का गैर-प्रायोगिक शोध तरीका है जिसमें एक शोधकर्ता दो चर को मापता है, किसी भी बाहरी चर से कोई प्रभाव नहीं होने के बीच उनके बीच के सांख्यिकीय संबंधों को समझता है और उनका आकलन करता है।

अतः विकल्प (B) सही है।

25. रासायनिक संदूषक जलमार्ग में पौधों और जानवरों के लिए विषाक्त रसायन हैं। 'रासायनिक संदूषण' वाक्यांश का उपयोग उन स्थितियों को इंगित करने के लिए किया जाता है जहां रसायन या तो मौजूद होते हैं जहां उन्हें नहीं होना चाहिए, या वे स्वाभाविक रूप से होने की तुलना में उच्च सांद्रता में हैं।

अतः विकल्प (A) सही है।

26. चक्रवात 'हुदहुद' आंध्र प्रदेश के तट से टकराया था।
अत्यधिक गंभीर चक्रवाती तूफान 'हुदहुद' एक मजबूत उष्णकटिबंधीय चक्रवात था, जिसने अक्टूबर 2014 के दौरान पूर्वी भारत और नेपाल में व्यापक क्षति और जीवन का नुकसान किया।
अतः विकल्प (A) सही है।

27. नमक गैर-नवीकरणीय प्राकृतिक संसाधन है। किसी भी संसाधन को केवल तभी नवीकरणीय कहा जा सकता है जब वह स्व-पुनः हो। पृथ्वी में प्राकृतिक प्रक्रिया द्वारा नया नमक बनाया जा रहा है।
अतः विकल्प (D) सही है।

28. सुशासन में शामिल हैं:

1. सामाजिक अंकेक्षण: सामाजिक अंकेक्षण किसी कंपनी के प्रयासों, प्रक्रियाओं, और सामाजिक जिम्मेदारी के बारे में आचार संहिता और समाज पर कंपनी के प्रभाव की औपचारिक समीक्षा है। एक सामाजिक अंकेक्षण एक आकलन है कि कंपनी सामाजिक लक्ष्यों के लिए अपने लक्ष्यों या बेंचमार्क को कितनी अच्छी तरह से प्राप्त कर रही है।

2. शक्तियों का पृथक्करण: शक्तियों का पृथक्करण तब होता है जब राज्य को तीन अलग-अलग सरकारी निकायों (विधायिका, कार्यकारी और न्यायपालिका) में विभाजित किया जाता है, और सभी तीन निकायों में अलग और स्वतंत्र शक्तियां और जिम्मेदारी के क्षेत्र होते हैं।

4. सूचना का अधिकार: सूचना का अधिकार प्रत्येक नागरिक को सरकार से किसी भी जानकारी की तलाश करने, किसी भी सरकारी दस्तावेजों का निरीक्षण करने और उसके बाद प्रमाणित फोटोकॉपी लेने का अधिकार देता है।

सूचना का अधिकार नागरिकों को किसी भी सरकारी कार्य का निरीक्षण करने या किसी भी कार्य में प्रयुक्त सामग्री का नमूना लेने का अधिकार देता है।

अतः विकल्प (B) सही है।

29. रेशमकीट की खेती और उनसे रेशम निकालने की प्रक्रिया है। घरेलू रेशम के कीड़ों (जिसे 'बॉम्बीक्स मोरी' भी कहा जाता है) के कैटरपिलर रेशम की खेती में सबसे अधिक इस्तेमाल की जाने वाली रेशम कीट हैं। अन्य प्रकार के रेशमकीट (जैसे एरी, मुगा, और तसर) की खेती। 'जंगली सिल्क्स' के उत्पादन के लिए की जाती है।
अतः विकल्प (C) सही है।

30. वर्चुअलाइजेशन एक क्लाउड अवधारणा में पूलिंग और साझा करने से संबंधित है। इसके माध्यम से संसाधनों को साझा किया जाता है। इस प्रकार की गणना के माध्यम से, एक आम वितरित नेटवर्क पर एप्लिकेशन और सेवाएं चलाना संभव है। एब्स्ट्रेक्शन क्लाउड कंप्यूटिंग की महत्वपूर्ण अवधारणाओं गें से एफ है।
अतः विकल्प (B) सही है।

31. NMEICT सूचना और संचार प्रौद्योगिकी के माध्यम से शिक्षा पर राष्ट्रीय मिशन के लिए खड़ा है। यह भारत सरकार द्वारा हमारे मानव संसाधनों का कुशलता से उपयोग करके एक ज्ञान महाशक्ति बनने की पहल है।

अतः विकल्प (A) सही है।

32. "खुशी तब होती है जब आप क्या सोचते हैं, आप क्या कहते हैं, और आप जो करते हैं वह सामंजस्य होता है।" -यह मोहनदास करमचंद गांधी का बहुत प्रसिद्ध उद्धरण है।
महात्मा गांधी ब्रिटिश शासन के खिलाफ और दक्षिण अफ्रीका में भारत के अहिंसक स्वतंत्रता आंदोलन के नेता थे जिन्होंने भारतीयों के नागरिक अधिकारों की वकालत की थी। भारत के पोरबंदर में जन्मे गांधी ने कानून का अध्ययन किया और सविनय अवज्ञा के शांतिपूर्ण रूपों में ब्रिटिश संस्थानों के खिलाफ बहिष्कार का आयोजन किया।

अतः विकल्प (A) सही है।

33. उपयुक्त प्रौद्योगिकी का उपयोग करके सूचना को प्रभावी ढंग से संप्रेषित करना सूचना और संचार प्रौद्योगिकी (ICT) कहलाता है।

- यह एक छाता शब्द है जिसमें रेडियो, टेलीविजन, सेलुलर फोन, कंप्यूटर और संपर्क, उपग्रह प्रणाली और इतने पर जैसे कई संचार उपकरण शामिल हैं।
- यह एक "तकनीकी उपकरणों और संसाधनों के विविध सेट के रूप में परिभाषित किया गया है, जो संचार के लिए, और बनाने, प्रसारित करने, स्टोर करने और जानकारी के लिए उपयोग किया जाता है।"

अतः विकल्प (C) सही है।

34. रसायन विज्ञान विषय के विशेषज्ञ व्यक्ति को रसायन विज्ञान में कम्प्यूटर सहायक अनुदेशन बनाने में शामिल किया जाता है, इसका मतलब सीएआई की सॉफ्टवेयर तकनीक का उपयोग किया जाता है।

कम्प्यूटर सहायक अनुदेशन: 1960 के दशक के दौरान स्टैनफोर्ड यूनिवर्सिटी में पैट्रिक सुप्पेस द्वारा विकसित पहले कुछ कम्प्यूटर सहायक अनुदेशन (सीएआई) ने बाद के निर्देशात्मक सॉफ्टवेयर के लिए मानक निर्धारित किए।

अतः विकल्प (B) सही है।

35. सूचना प्रौद्योगिकी (आईटी) और सूचना और संचार प्रौद्योगिकी (आईसीटी) आधुनिक तकनीक के बुनियादी ढांचे के संदर्भ में बहुत अधिक बार परस्पर उपयोग किए जाते हैं।

आईसीटी एक व्यापक और विस्तृत शब्द है, जिसमें सूचना प्रौद्योगिकी और संचार प्रौद्योगिकी शामिल हैं। सूचना प्रौद्योगिकी में रेडियो, टेलीविजन, कंप्यूटर और इंटरनेट, टेलीकांफ्रेंसिंग और मोबाइल शामिल हैं।

अतः विकल्प (B) सही है।

36. वायरलेस संचार कभी भी कंप्यूटर और टेलीफोन दोनों के लिए कहीं भी कनेक्शन प्रदान करता है, ये कथन सही है।

ऑप्टिकल फाइबर का उपयोग अक्सर फाइबर के दो सिरों के बीच प्रकाश को प्रसारित करने के लिए किया जाता है और फाइबर-ऑप्टिक संचार में व्यापक उपयोगी पाया जाता है, जहां वे विद्युत की तुलना में अधिक दूरी और उच्च बैंडविथ (डेटा ट्रांसफर दरों) पर संचरण की अनुमति देते हैं।

अतः विकल्प (B) सही है।

37. CD-ROM, कॉम्पैक्ट डिस्क रीड-ओनली मेमोरी का लघुरूप है।

- CD-ROM ड्राइव डिजिटाइज्ड (बाइनरी) डेटा को पढ़ने के लिए एक कम-पॉवर वाली लेजर बीम का उपयोग करती है, जिसे ऑप्टिकल डिस्क में छोटे पिट्स के रूप में कूटलेखन किया गया है।
- फिर ड्राइव प्रोसेसिंग के लिए कंप्यूटर को डेटा प्रदान करती है।
- 680 मेगाबाइट की भंडारण क्षमता के साथ, CD-ROM को तथाकथित फ्लॉपी डिस्क के विकल्प के रूप में तेजी से वाणिज्यिक स्वीकृति मिली।
- पारंपरिक चुंबकीय भंडारण प्रौद्योगिकियों (जैसे, टेप, फ्लॉपी डिस्क, और हार्ड डिस्क) के विपरीत, CD और CD-ROM रिकॉर्ड करने योग्य नहीं हैं, इसलिए टैग "केवल पढ़ने के लिए" है।

अतः विकल्प (C) सही है।

38. शिक्षार्थी केंद्रित शिक्षण का अर्थ है शिक्षार्थियों को ज्ञान को सृजित करने का अवसर दिया जाता है और शिक्षक सीखने की प्रक्रिया में पथप्रदर्शन करता है।

यह दृढ़ता से मानता है कि जब बच्चों को अपनी गति से काम करने की स्वतंत्रता दी जाती है, तो वे अवधारणाओं को कुशलता से आत्मसात करने की क्षमता विकसित करते हैं।

शिक्षार्थी केंद्रित शिक्षण के लक्षण:

- यह अन्वेषण, अवलोकन और जांच के महत्व पर बल देता है।
- यह अधिगमकर्ताओं की क्षमताओं, योग्यताओं और सीखने की शैलियों को ध्यान में रखता है।

अतः विकल्प (C) सही है।

39. च्वाइस बेस्ड क्रेडिट सिस्टम (CBCS):

- च्वाइस बेस्ड क्रेडिट सिस्टम (CBCS) भारतीय विश्वविद्यालय अनुदान आयोग (यूजीसी) द्वारा प्रस्तावित एक अवधारणा है।
- यह छात्रों को पारंपरिक अंकों और प्रतिशत-ग्रेडिंग प्रणाली से मानक क्रेडिट-आधारित मूल्यांकन पद्धति में स्थानांतरित करके एक प्रभावी शिक्षण मंच प्रदान करता है।
- च्वाइस बेस्ड क्रेडिट सिस्टम (CBCS) छात्रों को निर्धारित तीन मुख्य पाठ्यक्रमों (मुख्य, वैकल्पिक और क्षमता वृद्धि पाठ्यक्रम) से चयन करने का विकल्प प्रदान करता है।
- CBCS प्रणाली उच्च शिक्षा में छात्रों को अपनी पसंद का पाठ्यक्रम चुनने की अनुमति देती है और प्रोत्साहित करती है।
- शिक्षा के लक्ष्य और उद्देश्यों को संरक्षित करते हुए प्रणाली की शुरुआत स्मार्ट और एकीकृत कक्षा सीखने के अवसरों के द्वार खोलती है।
- यह 10 बिंदु ग्रेडिंग प्रणाली को अपनाता है।
- इसने स्नातक पाठ्यक्रमों में एक शोध घटक पेश किया है।

अतः विकल्प (D) सही है।

40. 21वीं सदी में शिक्षक की भूमिका: यह स्पष्ट है कि 21वीं सदी की कक्षा की आवश्यकताएं 20वीं सदी की आवश्यकताओं से बहुत भिन्न हैं।

21वीं शताब्दी की कक्षा में, शिक्षक छात्र अधिगम के उत्पादक होते हैं और उत्पादक कक्षा के वातावरण के निर्माता होते हैं, जिसमें छात्र उन कौशलों का विकास कर सकते हैं जिनकी उन्हें वर्तमान या भविष्य में आवश्यकता हो सकती है।

अतः विकल्प (C) सही है।

41. सतत मूल्यांकन वे तरीके हैं जिनसे छात्रों का सही मूल्यांकन संभव है।

मूल्यांकन: यह एक व्यवस्थित प्रक्रिया है जिसके माध्यम से व्यक्ति निर्देशात्मक उद्देश्य की उपलब्धि की सीमा निर्धारित कर सकता है। यह एक व्यापक प्रक्रिया है और प्रकृति में निरंतर है। मूल्यांकन के चरण के आधार पर, इसे चार में वर्गीकृत किया जा सकता है,

- सतत मूल्यांकन
- निर्माणात्मक मूल्यांकन
- नैदानिक मूल्यांकन
- योगात्मक मूल्यांकन

उपरोक्त सभी मूल्यांकन अपने विशिष्ट लक्ष्य के बाद निर्देश के एक विशिष्ट चरण में आयोजित किए गए थे।

अतः विकल्प (C) सही है।

42. सामग्री का ज्ञान और प्रभावी मौखिक संचार कौशल एक प्रभावी शिक्षक की महत्वपूर्ण विशेषताएं हैं।

शिक्षक के व्यवहार (उत्साह, शिष्टता, स्पष्टता), शिक्षक ज्ञान (छात्रों की विषय वस्तु), शिक्षक के विश्वास और आगे भी कई तरीकों से प्रभावी शिक्षण को परिभाषित किया जा सकता है। यहां हम प्रभावी शिक्षण को छात्र उपलब्धि में सुधार करने की क्षमता के रूप में परिभाषित करते हैं जैसा कि अनुसंधान द्वारा दिखाया गया है।

हाल के अध्ययन संगठन और स्पष्टता के महत्व की पुष्टि करते हैं। संगठन छात्रों को इसे बेहतर ढंग से समझने में सक्षम बनाने के लिए एक व्यवस्थित और तर्कसंगत तरीके से पढ़ाए जाने वाले अवधारणाओं और सामग्री को व्यवस्थित करने में परिलक्षित होता है।

अतः विकल्प (B) सही है।

43. दिया है:

5 छात्रों के औसत अंक $= 65$

छात्रों की कुल संख्या को औसत अंकों के साथ गुणा करके छात्रों के कुल अंकों को ज्ञात कीजिए।

छात्रों के कुल अंक $= 65 \times 5 = 325$

चूँकि अंक 37 के स्थान पर 73 लिखा गया था, $73 - 37 = 36$ अंक अतिरिक्त जोड़े गए थे

$\therefore$ कुल सही औसत $= 325 - 36 = 289$ अंक

$\therefore$ सही औसत $= \dfrac{289}{5} = 57.8$

अतः विकल्प (A) सही है।

44. दिया है:

शहर की वर्तमान जनसंख्या $= 120000$

वार्षिक प्रतिशत वृद्धि $= 20\%$

प्रतिशत वृद्धि सतत प्रतिशत वृद्धि होगी।

एक वर्ष के बाद जनसंख्या में 20% की वृद्धि हो जाएगी,

$\Rightarrow 120000$ का $20\% = 24000$

$\Rightarrow$ एक वर्ष के बाद जनसंख्या होगी $= 120000 + 24000 = 144000$

अब, अगले वर्ष में जनसंख्या में पुनः 20% की वृद्धि हो जाएगी।

$\Rightarrow 144000$ का $20\% = 28800$

$\Rightarrow$ दो वर्ष के बाद जनसंख्या होगी $= 144000 + 28800 = 172800$

अब, अगले वर्ष में जनसंख्या में पुनः 20% की वृद्धि हो जाएगी।

$\Rightarrow 172800$ का $20\% = 34560$

$\therefore$ 3 वर्षों के बाद जनसंख्या $= 207360$

अतः विकल्प (B) सही है।

45. माना कि उत्तीर्ण अंक x हैं

$\Rightarrow$ अमित ने एक परीक्षा में 175 अंक हासिल किए और 35 अंकों से अनुत्तीर्ण हो गया, अर्थात यदि उसने 35 अंक अधिक हासिल किए होते तो वह उत्तीर्ण हो जाता

$\therefore$ उत्तीर्ण अंक, $x = 175 + 35 = 210$ अंक

यह दिया है कि 35% उत्तीर्ण प्रतिशत है, इसलिए $35\% = 210$

$\therefore 1\% = \dfrac{210}{35} = 6$

$\therefore 100\% = $ अधिकतम अंक $= 100 \times 6 = 600$ अंक

अतः विकल्प (D) सही है।

46. दिया है:

प्रति कुर्सी का मूल्य जब 8 कुर्सियां खरीदी जाती हैं $= 3500$

प्रति कुर्सी का मूल्य जब 7 कुर्सियां खरीदी जाती हैं $= 3000$

प्रति कुर्सी का मूल्य जब 5 कुर्सियां खरीदी जाती हैं $= 2200$

औसत $=$ कुल मूल्य/वस्तुओं की कुल संख्या

कुल मूल्य जब 8 कुर्सियां खरीदी जाती हैं $= 8 \times 3500 = 28000$

कुल मूल्य जब 7 कुर्सियां खरीदी जाती हैं $= 7 \times 3000 = 21000$

कुल मूल्य जब 5 कुर्सियां खरीदी जाती हैं $= 5 \times 2200 = 11000$

$\Rightarrow$ एक कुर्सी का औसत मूल्य $= \dfrac{(28000+21000+11000)}{(8+7+5)}$

$\therefore$ औसत मूल्य $= 3000$ रुपए

अतः विकल्प (C) सही है।

47. यहाँ अनुसरित स्वरूप इस प्रकार है :

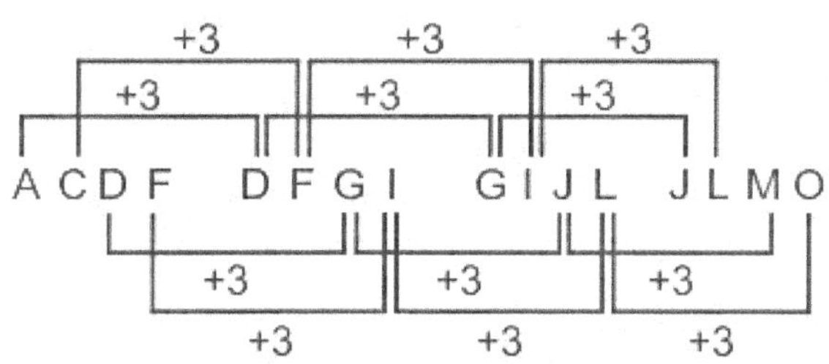

इसलिए, सही उत्तर "JLMO" है।

अतः विकल्प (D) सही है।

48. खराब प्रतिधारण संचार का एक शब्दार्थ बाधा नहीं है। संचार केवल विचारों या विचारों को स्थानांतरित करने या प्रसारित करने से कहीं अधिक है। यह एक स्थिर क्रिया नहीं है।

संचार की बाधाएं:

- संचार में कई बाधाएं हैं और ये संचार प्रक्रिया में किसी भी स्तर पर हो सकती हैं।
- बाधाएं आपके संदेश को विकृत कर सकती हैं और इसलिए, आप भ्रम और गलतफहमी पैदा करके समय और/या धन दोनों बर्बाद करने का जोखिम उठाते हैं।

अतः विकल्प (C) सही है।

49. संचार प्रभावी होगा यदि यह प्रेषक के प्रयोजन के अनुसार प्राप्त होता है।

संचार को उस प्रक्रिया के रूप में परिभाषित किया जा सकता है जिसके माध्यम से दो और अधिक व्यक्ति विचारों का आदान-प्रदान करते हैं और समझ विकसित करते हैं। संचार में दो पहलू महत्वपूर्ण हैं, पहला है विचारों, भावनाओं, तथ्यों आदि का संचरण।तात्पर्य यह है कि संचार होने पर प्राप्तकर्ता होना चाहिए। संदेश भेजने वाले को अपने संदेश को तकनीकी दृष्टिकोण से और साथ ही उसे वितरित करते समय प्राप्तकर्ता पर विचार करना चाहिए। जब प्राप्तकर्ता पर विचार नहीं किया जाता है, तो या तो कोई प्रतिक्रिया नहीं होती है या कोई गलत प्रतिक्रिया हो सकती है। दूसरे, यह प्रेषक और प्राप्तकर्ता दोनों द्वारा समझ तत्व पर जोर देता है।

अतः विकल्प (C) सही है।

50. 'स्टूडेंट्स एजुकेशनल एंड कल्चरल मूवमेंट ऑफ़ लद्दाख' की स्थापना वर्ष 1988 में हुई थी। यह लद्दाख में एक गैर-सरकारी संस्था है। यह 1994 और 1999 के बीच विकसित हुआ। इस संस्था की स्थापना सोनम वांगचुक ने की थी।

अतः विकल्प (D) सही है।

51. समाज पुरुषों के अस्तित्व से बाहर निकलता है।

सामाजिक अनुबंध सिद्धांत यह मानता है कि पुरुष समाज से पहले है लेकिन यह धारणा इस तथ्य के कारण गलत है कि सामाजिकता पुरुषों में पैदा होती है। जैसे ही उसने अपने साथ दूसरों के साथ दिन की रोशनी देखी, समाज एक तथ्य बन गया।

अतः विकल्प (B) सही है।

52. सामाजिक विज्ञान में, एक सामाजिक संबंध या सामाजिक संपर्क दो या दो से अधिक व्यक्तियों के बीच कोई संबंध है। व्यक्तिगत एजेंसी से प्राप्त सामाजिक संबंध सामाजिक संरचना और सामाजिक वैज्ञानिकों द्वारा विश्लेषण के लिए मूल वस्तु का आधार बनाते हैं। सामाजिक संबंधों की प्रकृति के बारे में मौलिक पूछताछ समाजशास्त्रियों के काम में होती है जैसे कि मैक्स वेबर सामाजिक क्रिया के अपने सिद्धांत में।

अतः विकल्प (B) सही है।

53. मैक लवेर ने समाज को इस प्रकार परिभाषित किया है: "समाज, मानव व्यवहार के नियंत्रण और स्वतंत्रता के कई समूहों और विभाजनों, प्राधिकरणों और पारस्परिक सहायता के उपयोग और प्रक्रियाओं की एक प्रणाली है। यह कभी-बदलते, जटिल प्रणाली को हम समाज कहते हैं। यह सामाजिक रिश्तों का जाल है और यह हमेशा बदल रहा है "।

अतः विकल्प (A) सही है।

54. राज्य सभी के हितों को बढ़ावा देता है, मार्क्सवादी समाजवाद के बारे में सच नहीं है।

मार्क्सवाद इतिहास की एक भौतिक अवधारणा है जो सभी समाजों के विकास की व्याख्या करना चाहता है और इसके अलावा, सामाजिक परिवर्तन के बारे में भविष्यवाणियां करता है। मार्क्सवादी भौतिक दुनिया, प्रकृति और समाज को निरंतर गतिमान मानते हैं। जबकि, समाजवादी समाज की जैविक एकता पर जोर देते हैं।

अतः विकल्प (B) सही है।

55. समाजशास्त्रियों ने प्रौद्योगिकी, उपकरणों, जीवन यापन के साधनों के आधार पर समाज को श्रेणीबद्ध चरणों में विभाजित किया है।

तकनीकों में वस्तुओं के उत्पादन, सेवाएं प्रदान करने और लोगों को जोड़ने के लिए तकनीकों, प्रक्रियाओं और भौतिक वस्तुओं का उपयोग शामिल है। समाजशास्त्री उन सामाजिक अंतःक्रियाओं का अध्ययन करते हैं जो परिणाम देते हैं और वे विभिन्न तकनीकों से कैसे प्रभावित होते हैं। समाजशास्त्र भी सामाजिक समूहों के बीच प्रौद्योगिकी के असमान उपयोग को मापता है। अधिकांश समाजशास्त्री सामाजिक वर्ग को धन, आय, शिक्षा और व्यवसाय जैसे समान सामाजिक कारकों के आधार पर एक समूह के रूप में परिभाषित करते हैं। ये कारक प्रभावित करते हैं कि किसी व्यक्ति के पास कितनी शक्ति और प्रतिष्ठा है। सामाजिक स्तरीकरण संसाधनों के असमान वितरण को दर्शाता है। ज्यादातर मामलों में, अधिक पैसा होने का अर्थ है अधिक शक्ति या अधिक अवसर होना।

अतः विकल्प (A) सही है।

56. एथनोमेथोडोलॉजिस्ट के अनुसार व्यावहारिक तर्क एक प्रकार का तर्क है जो लोगों द्वारा उपयोग किया जाता है।

एथ्नोमेथोडोलॉजी इस बात का अध्ययन है कि सामाजिक संपर्क की प्रक्रियाओं के माध्यम से सागाजिक व्यवस्था का उत्पादन कैसे किया जाता है। यह आम तौर पर मुख्यधारा के समाजशास्त्रीय दृष्टिकोण का एक विकल्प प्रदान करना चाहता है। अपने सबसे कट्टरपंथी रूप में, यह संपूर्ण रूप से सामाजिक विज्ञान के लिए एक चुनौती है।

अतः विकल्प (C) सही है।

57. हर्बर्ट स्पेंसर मानते हैं कि समाज सरल से ट्रेबली परिसर में एक रैखिक तरीके से आगे बढ़ता है। दोनों संस्थाएं आकार में वृद्धि करती हैं और संरचनात्मक और कार्यात्मक भेदभाव के अधीन हैं। श्रम का बढ़ता हुआ विभाजन भी उन दोनों को दर्शाता है। स्पेंसर ने समाजों को एक सरल, मिश्रित, दोगुना यौगिक, या ट्रेबली यौगिक के रूप में वर्णित किया, ताकि सबसे सरल से सबसे जटिल हो।

अतः विकल्प (C) सही है।

58. आपके द्वारा अनुसन्धान का क्षेत्र तय करने के बाद, पहले आलेखन उद्देश्यों द्वारा अपने नियोजित प्रयोगों के बारे में सोचना शुरू करें, जिसे एन.आई.एच (NIH) लिंगो में विशिष्ट उद्देश्य के रूप में जाना जाता है। उच्च स्तर पर सोचकर, अपने आप से पूछें कि अनुदान के समय सीमा के भीतर आप किन उद्देश्यों को प्राप्त कर सकते हैं।

अतः विकल्प (D) सही है।

59. धर्म निर्दिष्ट व्यवहारों और प्रथाओं, नैतिकता, विश्व साक्षात्कार, ग्रंथों, पवित्र स्थानों, भविष्यवाणियों, नैतिकता या संगठनों की एक सांस्कृतिक प्रणाली है, जो

मानवता को अलौकिक, पारलौकिक या आध्यात्मिक तत्वों से संबंधित करती है। हालाँकि, इस बात पर कोई विद्वता सर्वसम्मति नहीं है कि वास्तव में धर्म क्या है।

अतः विकल्प (B) सही है।

60. समाजशास्त्र विषय-वस्तु और परिप्रेक्ष्य समाजशास्त्र के कई विषयों और दृष्टिकोणों को छूता है जैसे कि सामाजिक स्तरीकरण, लिंग और लिंग, जाति, जातीयता और राष्ट्रीयता, गरीबी और सामाजिक बहिष्कार, धर्म, परिवारों और घरों, सत्ता, राजनीति और राज्य, कार्य, बेरोजगारी।

अतः विकल्प (A) सही है।

61. एक सहकर्मी समूह एक सामाजिक समूह और लोगों का एक प्राथमिक समूह है जिनके समान हित (समान रूप से), समान परिस्थितियां, आयु, पृष्ठभूमि या सामाजिक स्थिति है। इस समूह के सदस्य किसी व्यक्ति के विश्वासों और व्यवहार को प्रभावित करने की संभावना रखते हैं। सहकर्मी समूहों में पदानुक्रम और व्यवहार के अलग-अलग प्रतिरूप होते हैं।

अतः विकल्प (B) सही है।

62. समाजीकरण व्यक्ति को सामाजिक दुनिया में शामिल करने की प्रक्रिया के रूप में जाना जाता है। समाजीकरण शब्द का तात्पर्य अंतःक्रिया की प्रक्रिया से है, जिसके माध्यम से बढ़ता हुआ व्यक्ति उस सामाजिक समूह की आदतों, दृष्टिकोणों, मूल्यों और विश्वासों को सीखता है जिसमें वह पैदा हुआ है।

अतः विकल्प (A) सही है।

63. यह पहली बार 1838 में फ्रांसीसी निबंधकार इमैनुएल-जोसेफ सीयेस (1748-1836) द्वारा एक अप्रकाशित पांडुलिपि में गढ़ा गया था। समाजशास्त्र को बाद में विज्ञान के फ्रांसीसी दार्शनिक, ऑगस्ट कॉम्टे (1798-1857) द्वारा 1838 में स्वतंत्र रूप से समाज को देखने के एक नए तरीके के रूप में परिभाषित किया गया था।

अतः विकल्प (C) सही है।

64. एक पृथक विज्ञान के रूप में समाजशास्त्र का उदय उन्नीसवीं शताब्दी यूरोप में हुआ। यूरोप उस समय फ्रांसीसी तथा औद्योगिक क्रांतियों के कारण अनंत परिवर्तनों के दौर से गुजर रहा था। समाजशास्त्र को नए औद्योगिक समाज का विज्ञान माना जा सकता है।

अतः विकल्प (B) सही है।

65. विज्ञान और प्रौद्योगिकी मंत्रालय के तहत, भारतीय सर्वेक्षण (SOI) की स्थापना 1767 में की गई थी।

भारत का सर्वेक्षण, विज्ञान और प्रौद्योगिकी विभाग के तहत देश का राष्ट्रीय सर्वेक्षण और मानचित्रण संगठन, भारत का सबसे बड़ा वैज्ञानिक विभाग है।और वर्षों में समृद्ध परंपराओं को विकसित किया है।

अतः विकल्प (A) सही है।

66. अगस्ते कॉम्टे का विचार था कि समाजशास्त्र जीवविज्ञान के बहुत निकट है क्योंकि दोनों ने पूर्णता पर जोर दिया।

अगस्ते कॉम्टे "समाजशास्त्र" की अवधारणा को विकसित करने वाले पहले व्यक्ति थे। उन्होंने समाजशास्त्र को एक सकारात्मक विज्ञान के रूप में परिभाषित किया। प्रत्यक्षवाद "प्राकृतिक और सामाजिक दुनिया के अपरिवर्तनीय कानूनों" की खोज है। कॉम्टे ने इन अपरिवर्तनीय कानूनों, अवलोकन, प्रयोग और तुलना की खोज के लिए तीन बुनियादी तरीकों की पहचान की।

अतः विकल्प (C) सही है।

67. 1998 में पीटर एल बर्जर और थॉमस लकमैन ने इंटरनेशनल समाजशास्त्रीय संगति ने द सोशल कंस्ट्रक्शन ऑफ रियलिटी को 20 वीं सदी की पांचवीं सबसे महत्वपूर्ण समाजशास्त्रीय पुस्तक के रूप में सूचीबद्ध किया।

समाजशास्त्री आमतौर पर स्वीकार करते हैं कि वास्तविकता प्रत्येक व्यक्ति के लिए अलग है। वास्तविकता का सामाजिक निर्माण शब्द इस सिद्धांत को

संदर्भित करता है कि जिस तरह से हम खुद को अन्य लोगों के सामने पेश करते हैं, वह आंशिक रूप से दूसरों के साथ हमारी बातचीत के साथ-साथ हमारे जीवन के अनुभवों से भी आकार लेता है।

अतः विकल्प (C) सही है।

68. औद्योगीकृत पश्चिमी समाजों में, विवाह का 12 मुख्य उद्देश्य न केवल खरीद है, बल्कि भावनात्मक और मनोवैज्ञानिक समर्थन और साहचर्य है।

विवाह, पति या पत्नी के बीच एक सामाजिक या अनुष्ठान मान्यता प्राप्त संघ है जो उन पति-पत्नी के बीच अधिकारों और दायित्वों को स्थापित करता है, साथ ही उनके और किसी भी परिणामी जैविक या दत्तक बच्चे और आत्मीयता (विवाह के माध्यम से ससुराल और अन्य परिवार) के बीच।

अतः विकल्प (B) सही है।

69. इस उद्देश्य के साथ, संयुक्त राष्ट्र विकास कार्यक्रम (यूएनडीपी) से तकनीकी सहायता के तहत सर्वेक्षण के लिए सेंटर फॉर सर्वे ट्रेनिंग एंड मैप प्रोडक्शन 1967 में हैदराबाद में एक मानव संसाधन विकास संस्थान के साथ स्थापित किया गया था।

अतः विकल्प (A) सही है।

70. वैज्ञानिक और औद्योगिक अनुसंधान विभाग (DSIR) विज्ञान और प्रौद्योगिकी मंत्रालय का एक हिस्सा है, जिसे राष्ट्रपति के अधिसूचना के माध्यम से घोषित किया गया था, जो कि 4 जनवरी 1985 (74/2/1/8 कैब) में 164 वें संशोधन में निहित है। भारत सरकार (व्यवसाय का आवंटन) नियम, 1961

अतः विकल्प (D) सही है।

71. वह नियम जिससे विवाहित जोड़ा अपना निवास स्थापित करता है, नियोलोकल निवास कहलाता है।

नवजात निवास तब होता है जब एक नवविवाहित जोड़ा अपने घर को रिश्तेदारों के दोनों सेटों से स्वतंत्र स्थापित करता है।

अतः विकल्प (D) सही है।

72. भारत में बहुपत्नी प्रथा का अर्थ बहुविवाह है, जिसमें एक महिला के दो या दो से अधिक पति होते हैं, या तो ऐतिहासिक रूप से भारतीय उपमहाद्वीप में या वर्तमान में भारत देश में।

अतः विकल्प (C) सही है।

73. सामाजिक सिद्धांत समाजशास्त्र की तुलना में एक बड़ा सौदा है।

सामाजिक सिद्धांत विचारों, तर्कों, परिकल्पनाओं, विचार-प्रयोगों और व्याख्यात्मक अटकलों के बारे में बताता है कि कैसे और क्यों मानव समाज - या ऐसे समाजों के तत्व या संरचनाएं बनते हैं, बदलते हैं, और समय के साथ विकसित होते हैं या गायब हो जाते हैं।

अतः विकल्प (A) सही है।

74. एमाइल दुर्खीम ने तर्क दिया कि समाज में व्यवस्था (या जैविक एकजुटता) बनाए रखने के लिए नैतिक विनियमन के साथ-साथ आर्थिक विनियमन की भी आवश्यकता थी। वास्तव में, यह विनियमन श्रम के विभाजन के जवाब में स्वाभाविक रूप से बनता है, जिससे लोगों को "अपने मतभेदों को शांत करने" की अनुमति मिलती है।

अतः विकल्प (B) सही है।

75. फ्रांसीसी दार्शनिक अगस्टे कोमटे (1798-1857) - जिसे "समाजशास्त्र का पिता" कहा जाता था - ने समाज के वैज्ञानिक अध्ययन का उल्लेख करने के लिए 1838 में "समाजशास्त्र" शब्द का इस्तेमाल किया।

अतः विकल्प (A) सही है।

76. कुला, दक्षिण-पूर्व मेलानेशिया के ट्रोब्रिआंड द्वीप समूह के लोगों के बीच एक विनिमय प्रणाली है, जिसमें स्थायी संविदात्मक भागीदार एक स्थापित

औपचारिक प्रतिरूप और व्यापार मार्ग का पालन करते हुए पारंपरिक कीमती वस्तुओं का व्यापार करते हैं।

अतः विकल्प (B) सही है।

77. दास व्यवस्था का आधार हमेशा आर्थिक होता है।

गुलाम की संस्था को कैसे परिभाषित किया जाना चाहिए, इस पर कोई सहमति नहीं है। फिर भी, इतिहासकारों, मानवविज्ञानी, अर्थशास्त्रियों, समाजशास्त्रियों और अन्य लोगों के बीच सामान्य सहमति है जो दासता का अध्ययन करते हैं कि किसी व्यक्ति को दास बनाने के लिए निम्नलिखित विशेषताओं में से अधिकांश मौजूद होना चाहिए।

अतः विकल्प (B) सही है।

78. "लाईसेज़-फॉरे" शब्द एडम स्मिथ के साथ जुड़ा हुआ है। "लाईसेज़-फाएरे" का अर्थ है 'चलो तुम करते हो', 'अकेला छोड़ दो'। इस प्रकार पूंजीवादी अर्थव्यवस्था में, कीमतें मांग और आपूर्ति की ताकतों के मुक्त संपर्क से निर्धारित होती हैं। यह एक स्वचालित स्व-विनियमन तंत्र है जो लाभ के उद्देश्य से चलता है।

अतः विकल्प (B) सही है।

79. सामाजिक स्तरीकरण लोगों के बीच सामाजिक अंतर पर आधारित सत्य है।

लोगों को शक्ति, प्रतिष्ठा और धन के रूप में स्तरीकृत किया गया है जो इन प्राकृतिक गुणों से बिल्कुल अलग हैं वे गलत हैं

तो, A गलत है लेकिन R सत्य है।

अतः विकल्प (D) सही है।

80. यह स्तरीकरण का जोर है, खाता समूहों को लेने के लिए कि कुछ पश्चिमी समाजशास्त्री असमानता का उपयोग करना पसंद करते हैं जो व्यक्ति पर आधारित है।

तो, A और R दोनों सत्य हैं और R, A के लिए सही स्पष्टीकरण है।

अतः विकल्प (A) सही है।

81. A. रॉबर्ट के मर्टन: सोशल थ्योरी एंड सोशल स्ट्रक्चर में, मर्टन ने विभिन्न प्रकार के सामाजिक अनुकूलन के आधार पर विचलित व्यवहार का सिद्धांत विकसित किया। उन्होंने सागाजिक सिद्धांत और अनुभवजन्य अनुसंधान के बीच अंतर्संबंध को परिभाषित किया, समाज के अध्ययन के लिए एक संरचनात्मक-कार्यात्मक दृष्टिकोण को आगे बढ़ाया और प्रकट और अव्यक्त कार्य और शिथिलता की अवधारणाओं का निर्माण किया।

B. एमिल दुर्खीम: समाजशास्त्रीय विधि के नियम (फ्रेंच: लेस रेल्स डी ला मेथोड सोशियोलॉजिक) एमिल दुर्खीम की एक पुस्तक है, जिसे 1895 में पहली बार प्रकाशित किया गया था। इसे पॉर्कविटिविस्ट के रूप में समाजशास्त्र की स्थापना के डर्काइम की अपनी परियोजना के प्रत्यक्ष परिणाम के रूप में मान्यता प्राप्त है। सामाजिक विज्ञान।

C. टैल्कॉट पार्सन्स: समाजशास्त्र में, एक्शन थ्योरी अमेरिकी सिद्धांतकार टैल्कॉट पार्सन्स द्वारा प्रस्तुत सामाजिक क्रिया का सिद्धांत है। पार्सन्स ने स्थूल और सूक्ष्म कारकों के संरचनात्मक और स्वैच्छिक पहलुओं के साथ सामाजिक व्यवस्था के अध्ययन को एकीकृत करने के लिए कार्रवाई सिद्धांत स्थापित किया।

D. मैरियन जे. लेवी: लेवी समाजशास्त्र में संरचनात्मक-कार्यात्मकता का पैरोकार था। उनका दो-खंड आधुनिकीकरण और सोसाइटीज की संरचना आधुनिकीकरण सिद्धांत का एक व्यवस्थित विवरण था। लेवी ने चीनी और जापानी इतिहास पर विश्लेषणात्मक कार्य भी किए।

अतः विकल्प (A) सही है।

82. शक्ति एक समाजशास्त्रीय घटना है। प्रभुत्व एक मनोवैज्ञानिक घटना है।

तो, A और R दोनों सत्य हैं, लेकिन R, A के लिए सही स्पष्टीकरण नहीं है।

अतः विकल्प (B) सही है।

83. नेतृत्व एक व्यक्तित्व विशेषता नहीं है। नेतृत्व लक्षण व्यक्तिगत गुणों को संदर्भित करते हैं जो प्रभावी नेताओं को परिभाषित करते हैं। नेतृत्व किसी व्यक्ति या संगठनों, व्यक्तियों, टीमों या संगठनों का मार्गदर्शन करने की क्षमता को संदर्भित करता है। एक कंपनी के लक्ष्यों और लक्ष्यों और उद्देश्यों की पूर्ति की ओर उद्योग पर निर्भर करता है।

अतः विकल्प (D) सही है।

84. मुख्य रूप से पूर्व-पश्चात विधि में, गुणों वाले मौजूदा समूहों की तुलना कुछ आश्रित चर पर की जाती है। यह इस तथ्य के लिए अर्ध-प्रायोगिक के रूप में भी जाना जाता है कि विषयों को बेतरतीब ढंग से असाइन करने के बजाय, उन्हें किसी विशेष विशेषता या विशेषता के आधार पर समूहीकृत किया जाता है।

अतः विकल्प (C) सही है।

85. केरल राज्य सरकार ने उपन्यास कोरोनावायरस के कारण होने वाली बीमारी को "राज्य आपदा" घोषित किया। यह घोषणा राज्य के तीन लोगों की पृष्ठभूमि में आती है जिन्हें कोरोनोवायरस के लिए सकारात्मक परीक्षण किया जाता है।

केरल ने भारत में वायरस से पहले संक्रमण की सूचना दी और व्यक्ति को आइसोलेशन वार्ड में इलाज किया जा रहा है। बाद में दो अन्य मरीज, जो चीन के वुहान में एक मेडिकल कॉलेज के छात्र हैं, को भी वायरस के संक्रमण का पता चलता है। उपन्यास कोरोनावायरस पहले चीन के वुहान शहर में रिपोर्ट किया गया था और लगभग 25 अन्य देशों में फैल गया है।

अतः विकल्प (B) सही है।

86. शिक्षा की पूरी प्रक्रिया में अनुभवों का प्रसारण शामिल है। प्रत्येक वृद्ध व्यक्ति अपने जीवन के अनुभवों को बयान करके और निश्चित अवांछित कर्मों और कार्यों को करने से मना करके युवाओं का मार्गदर्शन करता रहा है। विवाद यह है कि बढ़ती पीढ़ी समय और ऊर्जा बर्बाद नहीं कर सकती। इस प्रकार प्रेषित अनुभव सरलीकृत ,शुद्ध और संतुलित होने चाहिए।

अतः विकल्प (C) सही है।

87. क्रमादेशित निर्देशात्मक सामग्री आत्म-शिक्षा की एक तकनीक है। इस कार्यक्रम की मदद से शिष्य स्वयं सीख सकते हैं। कार्यक्रम एक मुद्रित पुस्तक या एक रिकॉर्ड किए गए टेप या कैसेट के रूप में मशीन में खिलाया जा सकता है और इसे क्रमादेशित निर्देशात्मक सामग्री कहा जाता है।

अतः विकल्प (D) सही है।

88. केंद्र ने हरियाणा कैडर के 1989 बैच के आईएएस अधिकारी विवेक जोशी को भारत का नया रजिस्ट्रार जनरल और जनगणना आयुक्त नियुक्त किया है।

जनसंख्या जनगणना उन लोगों की संख्या निर्धारित करने में मदद करती है जो करों का भुगतान कर सकते हैं जो कि क्षेत्र से प्राप्त होने वाली राजस्व की मात्रा का अनुमान लगाने में मदद करता है। संभावित आर्थिक आवश्यकताओं का पूर्वानुमान। जनसंख्या की जनगणना देश की आर्थिक जरूरतों का अनुमान लगाने में मदद करती है, उदाहरण के लिए, बिजली, आवास, भोजन, आदि।

अतः विकल्प (A) सही है।

89. एक शोध समस्या तभी संभव है जब यह उपलब्ध हो या इसमें स्वतंत्र और निर्भर चर हों या जब इसकी उपयोगिता और प्रासंगिकता हो।

अतः विकल्प (D) सही है।

90. प्रश्नावली ऐसी समस्याओं के अध्ययन के लिए सबसे उपयुक्त तकनीक है क्योंकि उत्तरदाताओं को मेल करके आबादी का एक बड़ा नमूना कुछ ही समय में कवर किया जा सकता है।

अतः विकल्प (A) सही है।

91. क्लस्टर सैंपलिंग एक प्रकार की सैंपलिंग विधि को संदर्भित करता है। क्लस्टर नमूनाकरण के साथ, शोधकर्ता जनसंख्या को अलग-अलग समूहों में विभाजित करता है, जिसे क्लस्टर कहा जाता है। फिर, आबादी से समूहों का एक सरल यादृच्छिक नमूना चुना जाता है।

अतः विकल्प (B) सही है।

92. अंतर-पीढ़ी की गतिशीलता एक ही परिवार के भीतर विभिन्न पीढ़ियों के बीच सामाजिक स्थिति में परिवर्तन को संदर्भित करती है। यह इंट्रा-जनरेशनल गतिशीलता के विपरीत है, जो किसी व्यक्ति के जीवनकाल में सामाजिक आंदोलन को संदर्भित करता है।

अतः विकल्प (D) सही है।

93. उन्नीसवीं शताब्दी के उत्तरार्ध में औद्योगिक क्रांति का समाज पर काफी प्रभाव पड़ा। औद्योगिक क्रांति ने पश्चिमी दुनिया की भौतिक संपदा में वृद्धि की। इसने कृषि के प्रभुत्व को भी समाप्त कर दिया और महत्वपूर्ण सामाजिक परिवर्तन की शुरुआत की। रोजमर्रे के काम का माहौल भी काफी बदल गया और पश्चिम एक शहरी सभ्यता बन गया। आर्थिक और दार्शनिक विचार के कट्टरपंथी नए स्कूलों ने पश्चिमी सभ्यता के पारंपरिक विचारों को बदलना शुरू कर दिया।

अतः विकल्प (D) सही है।

94. पूर्ण परिवर्तन या सामाजिक परिवर्तन को संरचनात्मक परिवर्तन के रूप में जाना जाता है।

सामाजिक परिवर्तन कुछ अस्पष्ट शब्द है जिसकी दो व्यापक परिभाषाएँ हैं। संरचनात्मक परिवर्तन एक नाटकीय बदलाव को संदर्भित करता है जिस तरह से एक देश, उद्योग, या बाजार संचालित होता है, आमतौर पर प्रमुख आर्थिक विकास द्वारा लाया जाता है। संरचनात्मक परिवर्तन को प्रभावित करने की कुंजी गतिशीलता है जो उस प्रणाली में निहित है।

अतः विकल्प (B) सही है।

95. शुद्धि आंदोलन आर्य समाज द्वारा 20 वीं शताब्दी के पूर्वार्ध में शुरू किया गया था ताकि उन लोगों को वापस लाया जा सके जिन्होंने हिंदू धर्म से इस्लाम और ईसाई धर्म में धर्मांतरित किया था। स्वामी दयानंद सरवती ने शुद्धि आंदोलन में एक प्रमुख भूमिका निभाई। शुद्धि आंदोलन ने उन ईसाई मिशनरियों को चुनौती दी जिन्होंने हिंदुओं के अशिक्षित, गरीब और दबे-कुचले वर्गों को बदलने की कोशिश की। उनके संत चरित्र, साहस और चलते आदेश के कारण, 18,000 से अधिक मुस्लिम यूपी के कुछ हिस्सों में हिंदू धर्म में लौट आए। अकेला। वे 1920 में केरल में मोपला विद्रोह के दौरान जबरन धर्म परिवर्तन करने वाले कई हिंदुओं को फिर से संगठित करने में सफल रहे।

अतः विकल्प (A) सही है।

96. हरियाणा के मुख्यमंत्री ने हाल ही में बजट सत्र के दौरान घोषणा की कि राज्य सरकार उच्च शिक्षा के लिए ऋण की गारंटी प्रदान करना है ताकि छात्रों को बैंकों द्वारा आवश्यक संपार्श्विक गारंटी के बिना ऋण का लाभ मिल सके।

राज्य ने अनिवासी भारतीयों के कल्याण और रोजगार के लिए एक अलग विदेश सहयोग विभाग भी बनाया है।

अतः विकल्प (B) सही है।

97. सामान्य तौर पर, एक ग्रामीण क्षेत्र या ग्रामीण क्षेत्र एक भौगोलिक क्षेत्र होता है जो शहरों और शहरों के बाहर स्थित होता है। अमेरिकी स्वास्थ्य और मानव सेवा विभाग के स्वास्थ्य संसाधन और सेवा प्रशासन ग्रामीण शब्द को परिभाषित करता है, जिसमें "सभी आबादी, आवास और क्षेत्र शामिल हैं, जो शहरी क्षेत्र में शामिल नहीं है। जो शहरी नहीं माना जाता है वह ग्रामीण है"।

अतः विकल्प (C) सही है।

98. ग्रामीण समुदाय की एक विशेषता सामुदायिक भावना है क्योंकि समुदाय भावना के बिना एक समुदाय केवल लोगों के समूह और एक निश्चित इलाके के साथ नहीं बन सकता है। सामुदायिक भावना से तात्पर्य सदस्यों में खौफ की भावना या एक साथ होने की भावना से है। यह आम जीवन की भावना को संदर्भित करता है जो एक इलाके के सदस्यों के बीच मौजूद है।

अतः विकल्प (C) सही है।

99. गुणात्मक अनुसंधान में बॉटम-अप अनुभवजन्य साक्ष्य के साथ डेटा एकत्र करना महत्वपूर्ण माना जाता है।

गुणात्मक शोध में, हम एक प्रेरक पद्धति का उपयोग करते हैं जो विशेष रूप से सामान्य से शुरू होता है। दूसरे शब्दों में, हम नीचे से समाज का अध्ययन करते हैं, फिर सिद्धांतों को बनाने के लिए ऊपर की ओर बढ़ते हैं।

अतः विकल्प (C) सही है।

100. वाणिज्य के विकास के कारण शहर और कस्बे अस्तित्व में आए।

वाणिज्य "वस्तुओं और सेवाओं के आदान-प्रदान से संबंधित है, विशेष रूप से बड़े पैमाने पर"। इसमें कानूनी, आर्थिक, राजनीतिक, सामाजिक, सांस्कृतिक और तकनीकी प्रणालियां शामिल हैं जो किसी देश या अंतर्राष्ट्रीय व्यापार में संचालित होती हैं।

अतः विकल्प (D) सही है।

101. संरचनात्मक द्वैतवाद वे अवधारणाएँ हैं जिनका उपयोग गिडेंस संरचना के अपने सिद्धांत में करते हैं। गिदेंस का तर्क है कि जिस तरह एक व्यक्ति की स्वायत्तता संरचना से प्रभावित होती है, उसी तरह संरचनाओं को बनाए रखा जाता है और एजेंसी के अभ्यास के माध्यम से अनुकूलित किया जाता है। संरचना सिद्धांत यह स्थिति लेता है कि सामाजिक क्रिया को संरचना या एजेंसी सिद्धांतों द्वारा पूरी तरह से समझाया नहीं जा सकता है।

संरचनात्मक द्वैतवाद वास्तव में बलों की बहुलता में एक विशिष्ट प्रजनन प्रक्रिया के रूप में खड़ा है क्योंकि यह प्रजनन के विभिन्न पहलुओं की ताकत का वर्णन और मूल्यांकन करता है जो कि एक साधारण वर्गीकरण के संदर्भ में कमतर हो सकते हैं।

अतः विकल्प (D) सही है।

102. "जाति जाति का एक उत्पाद है जो आर्यों के साथ भारत आया था", जी.एस. गुरे ने कहा था।

जी.एस. गुरे के अनुसार "जातियां अपने आप में छोटी और पूर्ण सामाजिक दुनिया हैं, जो निश्चित रूप से एक दूसरे से बड़े समाज के अधीन रहते हुए चिह्नित हैं।"

अतः विकल्प (D) सही है।

103. 1882 में लॉर्ड रिपन ने भारतीयों को स्थानीय स्व-सरकार का परिचय देकर स्वतंत्रता का पहला स्वाद लेने के लिए जाना जाता है। उन्होंने कई अधिनियमों का नेतृत्व किया, जिसमें स्थानीय स्वशासन की बड़ी शक्तियों को ग्रामीण और शहरी निकायों और वैकल्पिक लोगों को दिया गया था कुछ व्यापक अधिकार प्राप्त हुए।

अतः विकल्प (A) सही है।

104. भारत में गाँवों के बसावट पैटर्न में कौन सा कारक सबसे महत्वपूर्ण रिश्तेदारी है।

रिश्तेदारी उन व्यक्तियों के बीच सांस्कृतिक रूप से परिभाषित रिश्तों को संदर्भित करती है जिन्हें आमतौर पर पारिवारिक संबंधों के रूप में माना जाता है। सभी समाज सामाजिक समूहों के गठन और लोगों को वर्गीकृत करने के लिए एक आधार के रूप में रिश्तेदारी का उपयोग करते हैं। हालांकि, दुनिया भर में रिश्तेदारी नियमों और पैटर्न में काफी परिवर्तनशीलता है।

अतः विकल्प (A) सही है।

105. लोके राज्य और सरकार के बीच अंतर करने वाले पहले व्यक्ति थे। लोके ने एक प्रतिनिधि सरकार का समर्थन किया जैसे कि अंग्रेजी संसद, जिसमें वंशानुगत हाउस ऑफ लॉर्ड्स और निर्वाचित हाउस ऑफ कॉमन्स थे। लेकिन

वह चाहते थे कि प्रतिनिधि केवल संपत्ति और व्यवसाय के पुरुष हों। नतीजतन, केवल वयस्क पुरुष संपत्ति मालिकों को वोट देने का अधिकार होना चाहिए।

अतः विकल्प (A) सही है।

106. अरस्तू ने 384-322 ईसा पूर्व का उच्चारण किया [A] प्राचीन ग्रीस में शास्त्रीय काल के दौरान एक दार्शनिक था, जो लिसुम के संस्थापक और दर्शन और अरिस्टोटेलियन परंपरा के पेरिपेटेटिक स्कूल थे। अपने शिक्षक प्लेटो के साथ, उन्हें "पश्चिमी दर्शन का पिता" माना जाता है। उनके लेखन में भौतिकी, जीव विज्ञान, प्राणी विज्ञान, तत्वमीमांसा, तर्कशास्त्र, नीतिशास्त्र, सौंदर्यशास्त्र, काव्य, रंगमंच, संगीत, अलंकार शास्त्र, मनोविज्ञान, भाषाविज्ञान, अर्थशास्त्र, राजनीति और सरकार सहित कई विषय आते हैं। अरस्तू ने पहले से मौजूद विभिन्न दर्शनशास्त्रों का एक जटिल संश्लेषण प्रदान किया, और यह उनके उपदेशों से सभी के ऊपर था कि पश्चिम को अपने बौद्धिक लेक्सिकन, साथ ही समस्याओं और जांच के तरीके विरासत में मिले। परिणामस्वरूप, उनके दर्शन ने पश्चिम में ज्ञान के लगभग हर रूप पर एक अद्वितीय प्रभाव डाला है और यह समकालीन दार्शनिक चर्चा का विषय बना हुआ है।

अतः विकल्प (A) सही है।

107. मैक्सिमिलियन कार्ल एमिल वेबर 21 अप्रैल 1864 - 14 जून 1920) एक जर्मन समाजशास्त्री, दार्शनिक, न्यायविद और राजनीतिक अर्थशास्त्री थे। उनके विचारों ने सामाजिक सिद्धांत और सामाजिक अनुसंधान को गहरा प्रभावित किया। [6] वेबर को अक्सर उद्धृत किया जाता है, समाजशास्त्र के तीन संस्थापकों में से ।ऽमील दुर्खीम और कार्ल मार्क्स के साथ। वेबर पद्धतिविरोधी प्रत्यक्षवाद का एक प्रमुख प्रस्तावक था, जो व्याख्यात्मक (विशुद्ध रूप से अनुभववादी) के बजाय सामाजिक क्रिया के अध्ययन का तर्क देता है, उद्देश्य और अर्थ को समझने के आधार पर, जो व्यक्ति अपने कार्यों से जुड़ते हैं। दुर्खीम के विपरीत, वह मोनो-एक्टिविटी में विश्वास नहीं करता था और यह प्रस्तावित करता था कि किसी भी परिणाम के लिए कई कारण हो सकते हैं।

अतः विकल्प (C) सही है।

108. बलवंत राय मेहता समिति भारत सरकार द्वारा 16 जनवरी, 1957 को सामुदायिक विकास कार्यक्रम (1952, अक्टूबर 2) और राष्ट्रीय विस्तार सेवा (1953 अक्टूबर 2) के कामकाज की जांच करने और उनके लिए उपाय सुझाने के लिए नियुक्त एक समिति थी। बेहतर काम कर रहा है। इस समिति के अध्यक्ष बलवंतराय जी मेहता थे। समिति ने 24 नवंबर, 1957 को अपनी रिपोर्ट प्रस्तुत की और 'लोकतांत्रिक विकेंद्रीकरण' की योजना की स्थापना की सिफारिश की, जिसे अंततः पंचायती राज के रूप में जाना गया। पंचागत राज व्यवस्था का मुख्य उद्देश्य स्थानीय समस्याओं को स्थानीय स्तर पर सुलझाना और लोगों को राजनीतिक रूप से जागरूक करना है।

1957 में बलवंतराय जी मेहता की अध्यक्षता में सामुदायिक परियोजनाओं और राष्ट्रीय विस्तार सेवा के अध्ययन के लिए टीम की रिपोर्ट यहां संलग्न है।

अतः विकल्प (C) सही है।

109. मैक्सिमिलियन कार्ल एमिल वेबर जर्मन: 21 अप्रैल 1864 - 14 जून 1920) एक जर्मन समाजशास्त्री, दार्शनिक, न्यायविद, और राजनीतिक अर्थशास्त्री थे। उनके विचारों ने सामाजिक सिद्धांत और सामाजिक अनुसंधान को गहरा प्रभावित किया। वेबर को अक्सर माइल दुर्खीम और कार्ल मार्क्स के साथ समाजशास्त्र के तीन संस्थापकों में से एक के रूप में उद्धृत किया जाता है। वेबर पद्धतिविरोधी प्रलक्षवाद का एक प्रमुख प्रस्तावक था, जो व्याख्यात्मक (विशुद्ध रूप से अनुभववादी) के बजाय सामाजिक क्रिया के अध्ययन का तर्क देता है, उद्देश्य और अर्थ को समझने के आधार पर, जो व्यक्ति अपने कार्यों से जुड़ते हैं। दुर्खीम के विपरीत, वह मोनो-एक्टिविटी में विश्वास नहीं करता था और यह प्रस्तावित करता था कि किसी भी परिणाम के लिए कई कारण हो सकते हैं।

अतः विकल्प (B) सही है।

110. स्थानीय सरकारों को आम तौर पर स्थानीय विषयों का प्रशासन सौंपा जाता है।

लोक प्रशासन सरकारी नीति का कार्यान्वयन है और एक अकादमिक अनुशासन भी है जो इस कार्यान्वयन का अध्ययन करता है और सार्वजनिक सेवा में काम करने के लिए सिविल सेवकों को तैयार करता है। लोक प्रशासक सरकार के सभी स्तरों पर सार्वजनिक विभागों और एजेंसियों में काम करने वाले लोक सेवक हैं।

अतः विकल्प (A) सही है।

111. बाहरी स्रोतों या निकायों के किसी भी हस्तक्षेप के बिना संप्रभुता अपने आप में एक शासी निकाय का पूर्ण अधिकार और शक्ति है। राजनीतिक सिद्धांत में, संप्रभुता कुछ राजनीति पर सर्वोच्च अधिकार को निर्दिष्ट करने वाला एक महत्वपूर्ण शब्द है।

अतः विकल्प (D) सही है।

112. किंगडम ऑफ डाहेमी (वर्तगान बेनिन) का समृद्ध समृद्ध इतिहास रहा है। इसमें राजाओं और राजकुमारों के फैसले थे जिन्होंने एक बार समृद्ध राज्य के मूल निवासियों पर भारी प्रभाव डाला।

इन राजाओं में से एक राज्य के तीसरे शासक अगाडजा टूडो हैं। उन्होंने अपने भाई, राजा अकाबा से पदभार संभाला और 1718 और 1740 के बीच शासन किया। उनके भतीजे एग्बो सासा और उनकी बहन हैंगबे से लड़ते हुए सिंहासन पर बैठे।

यह बताया गया है कि अगाडजा के तहत, डाहेमी साम्राज्य का जबरदस्त विस्तार हुआ। उन्होंने 1724 और 1727 में क्रमशः अल्लाद और किंगडम ऑफ क्विआद (औइदाह) पर कब्जा कर लिया, जिससे उन्हें इस क्षेत्र का पता चल गया।

अतः विकल्प (C) सही है।

113. मसाई जनजाति केन्या में पाई जाती थी।

मसाई थूकना: अफ्रीका में मसाई जनजाति (यह केन्या और तंजानिया में पाया जाने वाला एक जातीय अफ्रीकी समूह है) में एक अजीब और विचित्र परंपरा में, लोग अपने दोस्तों का अभिवादन करते हुए एक दूसरे पर थूकते हैं।

अतः विकल्प (D) सही है।

114. समुदाय एक अमेरिकी कॉमेडी टेलीविज़न श्रृंखला है जो डैन हार्मन द्वारा बनाई गई है जो एनबीसी और याहू पर प्रसारित होती है| 17 सितंबर, 2009 से 2 जून, 2015 तक स्क्रीन। श्रृंखला। में जोएल मेकहेल, गिलियन जैकब्स, डैनी पुदी, यवेट्टे निकोल ब्राउन, एलिसन ब्री, डोनाल्ड ग्लवर, केन जियॉन्ग, चेवी चेस और जिम द्वारा निभाए गए पात्रों की एक कलाकारों की टुकड़ी है। कोलोराडो के काल्पनिक शहर ग्रीनलैंड के एक सामुदायिक कॉलेज में दाने। यह मेटा-ह्यूमर और पॉप कल्चर संदर्भों का भारी उपयोग करता है, अक्सर फिल्म और टेलीविजन क्लिच और ट्रॉप्स की पैरोडी करता है।

अतः विकल्प (C) सही है।

115. जहाँ धर्म प्रचलित समय की तुलना में बहुत आगे है, वहाँ समाज के प्रकार आमतौर पर राजाओं को परिभाषित किया जाता है।

राजाओं ने आमतौर पर कहा कि जहां धर्म प्रचलित समय की तुलना में बहुत उन्नत है। भारतीय धर्मों को कभी-कभी धार्मिक धर्म या इंडिक धर्म भी कहा जाता है। राजा 'पृथ्वी पर ईश्वर का प्रतिनिधि' था और "कोइल" में रहता था, जिसका अर्थ है "ईश्वर का निवास"। धर्म जिसे हम आमतौर पर हिंदू धर्म कहते हैं उससे बहुत अलग है।

अतः विकल्प (D) सही है।

116. एक मंदिर (लैटिन शब्द टेम्पल से) धार्मिक या आध्यात्मिक अनुष्ठानों और प्रार्थना और बलिदान जैसी गतिविधियों के लिए आरक्षित एक संरचना है। यह आमतौर पर सभी धर्मों से संबंधित ऐसी इमारतों के लिए उपयोग किया जाता है जहां एक अधिक विशिष्ट शब्द जैसे कि चर्च, मस्जिद या आराधनालय आमतौर पर अंग्रेजी में उपयोग नहीं किया जाता है। इनमें कई आधुनिक अनुयायियों के साथ हिंदू धर्म, बौद्ध धर्म और जैन धर्म शामिल हैं, साथ ही साथ अन्य प्राचीन

धर्म जैसे प्राचीन मिस्र के धर्म भी शामिल हैं।

अतः विकल्प (D) सही है।

117. जनजातीय समाज में रिश्तेदारी एक एकीकृत तत्व के रूप में कार्य करती है, जो उन व्यक्तियों के बीच सांस्कृतिक रूप से परिभाषित संबंधों को संदर्भित करती है जिन्हें आमतौर पर पारिवारिक संबंध माना जाता है। सभी समाज नातेदारी का उपयोग सामाजिक समूह बनाने और लोगों को वर्गीकृत करने के लिए आधार के रूप में करते हैं। हालाँकि, दुनिया भर में रिश्तेदारी के नियमों और प्रतिमानों में बहुत अधिक परिवर्तनशीलता है।

अतः विकल्प (D) सही है।

118. किसी विशेष क्षेत्र के आदिवासी के लिए, घोटुल एक युवा संगठन का प्रतिनिधित्व करता है।

एक युवा संगठन एक प्रकार का संगठन है जो नाबालिगों के लिए गतिविधियों और समाजीकरण प्रदान करने पर ध्यान केंद्रित करता है। इस सूची में, अधिकांश संगठन अंतरराष्ट्रीय हैं जब तक कि अन्यथा उल्लेख न किया गया हो।

अतः विकल्प (C) सही है।

119. जनसांख्यिकी उनके आकार और संरचना को निर्धारित करने के लिए आबादी का अध्ययन करते हैं और यह अनुमान लगाने के लिए कि आने वाले वर्षों में उनके कैसे बदलने की संभावना है। सभी देशों में, यह ज्ञान जनसंख्या की वर्तमान और भविष्य की जरूरतों को पूरा करने के लिए महत्वपूर्ण है, उदाहरण के लिए, यह तय करने के लिए कि कितने नए किंडरगार्टन, स्कूल या सेवानिवृत्ति के घरों की आवश्यकता है। जनसांख्यिकीय राष्ट्रीय सांख्यिकीय कार्यालयों (फ्रांस में INSEE) द्वारा एकत्र किए गए डेटा का विश्लेषण करते हैं और विशिष्ट विषयों पर सर्वेक्षण आयोजित करते हैं। जनसांख्यिकीय बनने के लिए आपको जनसांख्यिकी या संबंधित विषय में मास्टर डिग्री की आवश्यकता होती है, जैसे समाजशास्त्र, सांख्यिकी, भूगोल, जीव विज्ञान, आदि। आप पीएचडी के लिए भी अध्ययन कर सकते हैं। अनुसंधान में विशेषज्ञता या विश्वविद्यालय स्तर पर जनसांख्यिकी पढ़ाने के लिए।

अतः विकल्प (B) सही है।

120. लिंगानुपात का अर्थ जनसंख्या में प्रति 1000 पुरुषों पर महिलाओं की संख्या से है। जनसंख्या में लिंग अनुपात महिलाओं के पुरुषों का अनुपात है। अधिकांश यौन प्रजनन प्रजातियों में, अनुपात 1: 1 हो जाता है। इस प्रवृत्ति को फिशर के सिद्धांत द्वारा समझाया गया है। विभिन्न कारणों से, हालांकि, कई प्रजातियां समान रूप से या स्थायी रूप से एक समान लिंग अनुपात से अलग होती हैं।

अतः विकल्प (D) सही है।

121. जनसांख्यिकीय अध्ययन भविष्य के जनसंख्या आंदोलन की भविष्यवाणी करने का प्रयास सही है।

किसी देश या क्षेत्र की जनसंख्या तीन जनसांख्यिकीय कारकों की सहभागिता के माध्यम से बढ़ती या घटती है: प्रजनन, मृत्यु दर, और प्रवासन। भविष्य की आबादी को प्रोजेक्ट करने के लिए, जनसांख्यिकी यह अनुमान लगाते हैं कि भविष्य में जन्म, मृत्यु और आव्रजन और उत्प्रवास की वर्तमान दर कैसे बदल जाएगी।

अतः विकल्प (B) सही है।

122. डेमोग्राफी शब्द दो प्राचीन ग्रीक शब्दों से आया है, डेमो, जिसका अर्थ है "लोग", और ग्राफी, जिसका अर्थ है "किसी चीज के बारे में लिखना या पुनरावृत्ति करना" - इसलिए शाब्दिक जनसांख्यिकी का अर्थ है "लोगों के बारे में लिखना"।

अतः विकल्प (B) सही है।

123. थॉमस रॉबर्ट माल्थस 13 फरवरी 1766 - 23 दिसंबर 1834) एक अंग्रेजी मौलवी और विद्वान थे, जो राजनीतिक अर्थव्यवस्था और जनसांख्यिकी के क्षेत्र

में प्रभावशाली थे। खुद माल्थस ने केवल अपने मध्य नाम का उपयोग किया, रॉबर्ट।

अतः विकल्प (B) सही है।

124. एक शोधकर्ता एक समयावधि में लोगों के वजन पर नींद की अवधि के प्रभाव का अध्ययन करना चाहता है। यह अधोमुखी शोध है।

अधोमुखी शोध:

- एक अधोमुखी शोध में, शोधकर्ता बार-बार एक ही व्यक्ति की जांच करते हैं ताकि किसी भी समय के दौरान होने वाले किसी भी बदलाव का पता लगाया जा सके।

- अधोमुखी शोध (या अनुदैर्ध्य सर्वेक्षण, या पैनल अध्ययन) एक शोध डिजाइन है जिसमें कम या लंबी अवधि (यानी, अनुदैर्ध्य आंकड़े का उपयोग करता है) में एक ही चर (जैसे, लोग) के बार-बार अवलोकन शामिल होते हैं।

अतः विकल्प (B) सही है।

125. प्रतिभागी अवलोकन-आधारित शोध की मदद से कॉलेज शिक्षक वास्तविक स्थिति का पता लगाने में सक्षम होगा, जब वह छात्रों के लिए यह जान सकेगा कि छात्रों को किस तरह की परिस्थितियाँ प्रदान की जाती हैं।

प्रतिभागी अवलोकन

- शोधकर्ता जानकारी एकत्र करते समय रोजमर्रा की जिंदगी में लोगों के साथ बातचीत करता है।

- यह अत्यधिक समृद्ध, जटिल, संघर्षपूर्ण, समस्याग्रस्त और विविध अनुभवों, विचारों, भावनाओं और मानव की गतिविधियों और उनके अस्तित्व के अर्थों की जांच करने के लिए एक अनूठी विधि है।

अतः विकल्प (C) सही है।

126. अमेरिकी समाजशास्त्री अर्ल रॉबर्ट बब्बी के अनुसार, "शोध घटना का वर्णन, व्याख्या, भविष्यवाणी और नियंत्रण करने के लिए एक व्यवस्थित जांच है। इसमें आगमनात्मक और आगमनात्मक विधियाँ शामिल हैं। "

गुणात्मक अनुसंधान, एक जांच करने के लिए दृष्टिकोण और रणनीतियों की एक सरणी के लिए एक छत्र शब्द है, जिसका उद्देश्य यह जानना है कि मानव सामाजिक दुनिया को कैसे समझता है, अनुभव, व्याख्या और उत्पादन करता है।

इस प्रकार, कथन I सही है।

मात्रात्मक अनुसंधान को परिमाणात्मक दत्तों को इकट्ठा करके और सांख्यिकीय, गणितीय या संगणनात्मक तकनीकों का प्रदर्शन करके घटना की एक व्यवस्थित जांच के रूप में परिभाषित किया गया है।

इस प्रकार, कथन II सही है।

अतः विकल्प (A) सही है।

127. सहभागी अनुसंधान को समुदाय-आधारित भी कहा जाता है।

सहभागी अनुसंधान:

- यह आमतौर पर प्रकृति में गुणात्मक है।

- सहभागी अनुसंधान शोधकर्ता और अनुसंधान प्रतिभागियों के बीच अन्तर 'को कम करने के सिद्धांत पर आधारित है और अनुसंधान के निष्कर्षों की प्रासंगिकता बढ़ाने के लिए समुदाय की भागीदारी और सहभागीदारी में वृद्धि हुई है।

- यह माना जाता है कि इस तरह की सहभागीदारी से अनुसंधान के निष्कर्षों को स्वीकार करने वाले समुदाय की संभावना बढ़ जाएगी और यदि आवश्यकता होती है, तो समस्याओं और मुद्दों को हल करने की इसकी इच्छा और भागीदारी इसमें शामिल है।

अतः विकल्प (C) सही है।

128. अवशिष्ट समूह प्रयोग एक प्रकार की प्रयोगात्मक विधि नहीं है।

प्रयोगात्मक विधि

- प्रायोगिक विधि में यह निर्धारित करना शामिल है कि एक चर में परिवर्तन दूसरे चर में परिवर्तन का कारण बनता है। यह विधि नियंत्रित विधियों, यादृच्छिक कार्यपत्र, और परिकल्पना का परीक्षण करने के लिए चर के बदलाव पर निर्भर करती है।
- प्रयोगात्मक विधि अनुसंधान के लिए एक व्यवस्थित और वैज्ञानिक दृष्टिकोण है जिसमें शोधकर्ता एक या एक से अधिक चर को बदलाव करता है, और अन्य चर में किसी भी परिवर्तन को नियंत्रित और मापता है।

अतः विकल्प (B) सही है।

129. विसंबंधन साहित्य में शोध का एक लोकप्रिय तरीका है।

विसंबंधन एक पद्धति है जिसे सबसे पहले फ्रांसीसी दार्शनिक जैक्स डेरिडा द्वारा विकसित किया गया था और मूल रूप से दार्शनिक विश्लेषण के लिए लागू किया गया था। डीकंस्ट्रक्शन एक गुणात्मक पद्धति है जो शोधकर्ताओं और चिकित्सकों को मूल्यांकन के उद्देश्य के लिए सबसे उपयुक्त चुनने के लिए एसएटी का विश्लेषण करने की अनुमति देता है।

अतः विकल्प (D) सही है।

130. गुणात्मक अनुसंधान डिजाइन :

- गुणात्मक अनुसंधान विधियों को एक ऐसे तरीके से डिजाइन किया गया है जो किसी विशेष विषय के संदर्भ के साथ लक्षित दर्शकों के व्यवहार और धारणा को प्रकट करने में मदद करता है।
- गुणात्मक विधियों के परिणाम अधिक वर्णनात्मक हैं और प्राप्त आंकड़ों से अनुमानों को आसानी से लिखा जा सकता है।
- एक गहन साक्षात्कार, संकेन्द्रित समूह, नृवंशविज्ञान अनुसंधान, सामग्री विश्लेषण, केस अध्ययन अनुसंधान जैसे विभिन्न प्रकार की गुणात्मक अनुसंधान विधियां हैं जो आमतौर पर उपयोग की जाती है।
- गुणात्मक अनुसंधान डिजाइनों का उद्देश्य सामाजिक और व्यवहार विज्ञान को समझने के लिए अनुभवों, संस्कृति, कहानियों, विचारधाराओं आदि की खोज करना है।
- गुणात्मक अनुसंधान एक अनुसंधान जांच को मानवतावादी या आदर्शवादी दृष्टिकोण के रूप में समझने पर केंद्रित है।

अतः विकल्प (A) सही है।

131. वैज्ञानिक अनुसंधान में अनुक्रमिक संचालन सह-परिवर्तन, भ्रामक संबंधों का उन्मूलन, सामान्यीकरण, सिद्धांत हैं

वैज्ञानिक अनुसंधान वैज्ञानिक सिद्धांतों और परिकल्पनाओं की व्यवस्थित जाँच है। एक परिकल्पना एक एकल अभिकथन है, जो उपलब्ध ज्ञान के आधार पर किसी चीज़ का प्रस्तावित विवरण है, जिसके बारे में अभी कुछ समझाया जाना है। एक जो आगे प्रयोग के अधीन है।

अतः विकल्प (A) सही है।

132. न्यूटन ने गति के तीन मूल नियम दिए। इस शोध को मौलिक अनुसंधान के रूप में वर्गीकृत किया गया है।

- मौलिक अनुसंधान - जिसे शुद्ध या बुनियादी अनुसंधान के रूप में भी संदर्भित किया जाता है, - इसके बारे में पूरी जानकारी प्राप्त करने के लिए घटना का अध्ययन करता है।
- यह मूल रूप से एक प्राकृतिक घटना का ज्ञान प्राप्त करने के लिए है जिसके अनुप्रयोग तत्काल भविष्य में या लंबे समय के बाद भी किसी भी प्रयोग पर कोई असर नहीं डाल सकते हैं।

- आमतौर पर, इस प्रकार का शोध बौद्धिक क्षमता के बहुत उच्च क्रम की मांग करता है; अंतर्ज्ञान इस प्रकार के अनुसंधान में भी महत्वपूर्ण भूमिका निभाता है।

अतः विकल्प (C) सही है।

133. पर्यावरण प्रदूषण हमारे परिवेश में अवांछित परिवर्तनों का प्रभाव है जो पौधों, जानवरों और मनुष्यों पर हानिकारक प्रभाव डालता है। एक पदार्थ, जो प्रदूषण का कारण बनता है, प्रदूषक के रूप में जाना जाता है।

अतः विकल्प (A) सही है।

134. ध्रुवीय समताप मंडल के बादल ओजोन परत के क्षरण से जुड़े हैं, यह पर्यावरणीय मुद्दे हैं।

ध्रुवीय समतापमंडलीय बादल (PSCs), जिन्हें नैक्रे से नैक्रियस बादल या मोती की गाँव के रूप में भी जाना जाता है, उनके इंद्रधनुषी (रंगों में परिवर्तन) के कारण, सर्दियों के ध्रुवीय समताप मंडल में बादल होते हैं। PSCs तरंग बादल हैं। वे अक्सर पर्वत श्रृंखलाओं के नीचे पाए जाते हैं, जो निचले समताप मंडल में गुरुत्वाकर्षण तरंगों को प्रेरित कर सकते हैं।

अतः विकल्प (C) सही है।

135. पेरिस समझौते के तहत जलवायु प्रतिज्ञा 2 ° C से नीचे ग्लोबल वार्मिंग को सीमित करने के लिए ग्रीनहाउस गैस उत्सर्जन में कमी के $\frac{1}{3}$ भाग को शामिल करती है।

जलवायु परिवर्तन एक वास्तविकता है और तापमान में वृद्धि जलवायु परिवर्तन की वैज्ञानिक वास्तविकताओं के बारे में पूर्वग्रहों को पीछे छोड़ने के लिए हर किसी के लिए एक जागरूकता है। उक्त उद्देश्य के लिए विभिन्न पहलें शुरू की गई हैं और अंतर्राष्ट्रीय समझौतों पर हस्ताक्षर किए गए हैं।

अतः विकल्प (A) सही है।

136. ग्रीनहाउस गैस (कभी-कभी संक्षिप्त रूप से जीएचजी लिखा जाता है) एक गैस है जो थर्मल इंफ्रारेड रेंज के भीतर उज्ज्वल ऊर्जा को अवशोषित और उत्सर्जित करती है, जिससे ग्रीनहाउस प्रभाव होता है। पृथ्वी के वायुमंडल में प्राथमिक ग्रीनहाउस गैसें जल वाष्प (H_2O), कार्बन डाइऑक्साइड (CO_2), मीथेन (CH_4), नाइट्रस ऑक्साइड (N_2O), और ओज़ोन (O_3) हैं।

अतः विकल्प (D) सही है।

137. कार्बन मोनोऑक्साइड वह गैस है जो हमारी आंखों और इंसानों के श्वसन तंत्र को भी परेशान करती है।

कार्बन मोनोऑक्साइड (CO) एक गंधहीन, रंगहीन गैस है जो ईंधन के अधूरे दहन से बनती है। जब लोग सीओ गैस के संपर्क में आते हैं, तो सीओ अणु उनके शरीर में ऑक्सीजन को विस्थापित कर देंगे और विषाक्तता पैदा करेंगे।

अतः विकल्प (D) सही है।

138. भारत सरकार ने 2030 तक 450 गीगावाट अक्षय ऊर्जा क्षमता का लक्ष्य रखा है। ऊर्जा, पर्यावरण और जल परिषद (सीईईडब्ल्यू) के अनुसार, भारत को अपनी बिजली का कम से कम 83 प्रतिशत (गैर-जल विद्युत) अक्षय ऊर्जा से उत्पन्न करने की आवश्यकता होगी। ऊर्जा स्रोतों को 2050 तक शुद्ध-शून्य तक पहुंचाने के लिए।

अतः विकल्प (D) सही है।

139. पश्चिमी शिक्षित प्रगतिशील पारसियों जैसे दादाभाई नौरोजी, जेबी वाचा, एसएस बंगाली और नौरोजी फुरदोंजी ने 1851 में रहनुमाई मजदायसन सभा (धार्मिक सुधार संघ) की स्थापना की। संघ का मुख्य उद्देश्य था- "पारसियों की सामाजिक स्थिति का उत्थान और पारसी धर्म की उसकी प्राचीन शुद्धता की बहाली"। रास्ता गोफ्तार (वॉयस ऑफ ट्रुथ) इसका साप्ताहिक अंग था।

अतः विकल्प (B) सही है।

140. भौतिक संस्कृति में भौतिक या मूर्त रचनाएँ होती हैं जिन्हें समाज के सदस्य बनाते हैं, उपयोग करते हैं और साझा करते हैं।

भौतिक संस्कृति उन भौतिक वस्तुओं, संसाधनों और रिक्त स्थान को संदर्भित करती है जिनका उपयोग लोग अपनी संस्कृति को परिभाषित करने के लिए करते हैं। इनमें घर, पड़ोस, शहर, स्कूल, चर्च, आराधनालय, मंदिर, मस्जिद, कार्यालय, कारखाने और पौधे, उपकरण, उत्पादन के साधन, सामान और उत्पाद, स्टोर आदि शामिल हैं।

अतः विकल्प (A) सही है।

141. सभी समाजों में किसी न किसी रूप में परिवार होते हैं और वे नातेदारी संबंधों के माध्यम से निर्मित होते हैं। वे रिश्तेदारी संबंध विवाह और वंश पर आधारित हैं।

छोटे आदिवासी समाजों में नातेदारी सामाजिक संगठन का आधार है। दूसरे शब्दों में, परिजन समूह और समाज एक ही चीज है। जैसे-जैसे समाज अधिक जटिल होते जाते हैं, नातेदारी संबंध अपेक्षाकृत महत्वहीन होते जाते हैं, जैसा कि हम औद्योगिक समाजों में पाते हैं।

अतः विकल्प (C) सही है।

142. विवाह और वंश मुख्य रूप से रिश्तेदारी समूहों को एक साथ रखते हैं। काल्पनिक नातेदारी सबसे अधिक गौण महत्व की है। कानून अक्सर विवाह के बंधन को मजबूत करने के लिए बनाए जाते हैं, लेकिन कानून अकेले परिवार को एक साथ रखने के लिए कमजोर बंधन होंगे।

वंश और रिश्तेदारी दो धारणाएँ हैं जो हमें अपने पूर्वजों का पता लगाने में मदद करती हैं। नातेदारी रक्त या विवाह के आधार पर लोगों के बीच सामाजिक संबंधों की एक प्रणाली है जबकि वंश समाज में लोगों के बीच सामाजिक रूप से विद्यमान मान्यता प्राप्त जैविक संबंध है।

अतः विकल्प (A) सही है।

143. केरल मॉडल केरल राज्य द्वारा चार्टर्ड योजना और विकास के मार्ग को दिया गया नाम है।

एक 'बिग बैंग' दृष्टिकोण के माध्यम से, केरल ने एक महत्वपूर्ण वित्तीय विकेंद्रीकरण कार्यक्रम लागू किया और फिर अपनी स्थानीय सरकारों की क्षमता का निर्माण किया। हम राजनीतिक, प्रशासनिक और वित्तीय क्षेत्रों में स्थानीय सरकार के विवेक और जवाबदेही का विश्लेषण करने के लिए एक नैदानिक ढांचे का उपयोग करते हैं।

अतः विकल्प (A) सही है।

144. उदारीकरण भारत की विकास नीति के प्रारंभिक चरण का हिस्सा नहीं था। यद्यपि नियोजन, सहकारी कृषि आत्मनिर्भरता ऐसे विचार थे जिन्हें भारत की विकास नीति के प्रारंभिक चरण में पेश किया गया था, उदारीकरण वर्ष 1991 में बहुत बाद में आया।

स्वतंत्रता के समय, विकास पश्चिम के औद्योगिक देशों की तरह बनने के बारे में था, पारंपरिक सामाजिक संरचना के टूटने के साथ-साथ पूंजीवाद और उदारवाद के उदय में शामिल होना।

अतः विकल्प (B) सही है।

145. शहरीकरण के प्रमुख कारण हैं:

- औद्योगिक क्रांति
- प्रवासन
- निजी क्षेत्र का विकास
- परिवहन की उपलब्धता

शहरीकरण शहरी नियोजन, भूगोल, समाजशास्त्र, वास्तुकला, अर्थशास्त्र और सार्वजनिक स्वास्थ्य सहित कई विषयों के लिए प्रासंगिक है। घटना को आधुनिकीकरण, औद्योगीकरण और युक्तिकरण की समाजशास्त्रीय प्रक्रिया से निकटता से जोड़ा गया है। शहरीकरण को एक निश्चित समय पर एक विशिष्ट

स्थिति के रूप में देखा जा सकता है (उदाहरण के लिए शहरों या कस्बों में कुल जनसंख्या या क्षेत्र का अनुपात), या समय के साथ उस स्थिति में वृद्धि के रूप में देखा जा सकता है।

अतः विकल्प (D) सही है।

146. Urbanization is the result of migration of population from villages to cities. Urbanization can define as, the increasing concentration of the human population into cities, i.e. the physical growth of rural or natural land into urban areas as a result of the population in-migration to an existing urban area.

Hence, the correct option is (C).

147. "मेथड्स इन सोशल रिसर्च" नामक पुस्तक को 01 दिसंबर, 1952 को गुडे और हट्ट द्वारा लिखा गया था, जिसका उद्देश्य विशेष रूप से छात्र के ज्ञान के साथ-साथ प्रतिक्रिया कौशल में सुधार करना था।

सामाजिक अनुसंधान सामाजिक वैज्ञानिकों और शोधकर्ताओं द्वारा लोगों और समाजों के बारे में जानने के लिए उपयोग की जाने वाली एक विधि है ताकि वे लोगों की विभिन्न आवश्यकताओं को पूरा करने वाले उत्पादों / सेवाओं को डिजाइन कर सकें।

अतः विकल्प (C) सही है।

148. अर्थव्यवस्था में मुद्रा आपूर्ति सामाजिक वातावरण का एक उदाहरण है।

सामाजिक वातावरण से तात्पर्य सामाजिक शक्तियों जैसे रीति-रिवाजों, परंपराओं, सामाजिक मूल्यों, सामाजिक प्रवृत्ति आदि से है जो व्यवसाय के अवसरों और प्रदर्शन को प्रभावित करते हैं। प्रश्न में दिए गए विकल्पों में से परिवार की संरचना सामाजिक वातावरण का एक उदाहरण प्रस्तुत करती है। यदि परिवार की संरचना ऐसी है कि इसमें वृद्ध व्यक्तियों की तुलना में अधिक बच्चे शामिल हैं, तो इसका तात्पर्य शिशु उत्पाद कंपनियों के लिए अधिक व्यावसायिक अवसर है।

अतः विकल्प (A) सही है।

149. जी.एस. घुर्ये को भारत में आदिवासियों के लिए उनके योगदान के लिए जाना जाता है। उन्होंने संथाल जनजातियों, गोंडों, भीलों और पूर्वोत्तर क्षेत्रों के जनजातियों के बारे में अध्ययन किया है। अपने अध्ययन में, उन्होंने भारतीय आदिवासियों का पिछड़े हिंदुओं के रूप में विश्लेषण किया है क्योंकि वे ज्यादातर पिछड़े हुए हैं और हिंदू समाज के साथ उनका सामाजिक एकीकरण कम है।

अतः विकल्प (B) सही है।

150. एल .एच. मॉर्गन ने कहा कि समाज का प्रारंभिक विकास ऐसा था कि विवाह का एक सामान्य रूप था जो एक भाई और एक बहन के बीच होता था, दूसरा, जैसा कि समाज विकसित हुआ वहां सांप्रदायिक विवाह हुआ, जिसका अर्थ है सामूहिक विवाह जहां कई / बहनों का समूह मिलता है पुरुषों के एक संयुक्त / समूह से विवाह किया, तीसरा शिरडी में आया- इस प्रकार के तहत, अनन्य सहवास के अधिकार के बिना विवाह का एक ही जोड़ा है, इसका मतलब है कि वे एक साथ नहीं रहते हैं, लेकिन एक व्यक्ति का दूसरे के साथ संबंध है, पितृसत्तात्मक जहां सहवास के विशेष अधिकार वाले एक पुरुष और एक महिला के बीच विवाह होता है। अंतिम चरण एकरूपता है जहां केवल एक पुरुष और एक महिला के बीच विवाह होता है।

अतः विकल्प (A) सही है।

Paper-I

Q.1 निम्नांकित में से ज्ञान सम्बन्धी योग्यता का उच्चतम स्तर क्या है?

A. जानना
B. समझना
C. विश्लेषण करना
D. मूल्यांकन करना

Q.2 यदि आपकी कक्षा के अधिकांश छात्र कमजोर हैं तो आपको चाहिए।

A. बुद्धिमान छात्रों की परवाह नहीं है
B. अपनी शिक्षण की गति को तेज रखें ताकि छात्रों की समझ का स्तर बढ़ सके
C. अपने शिक्षण को धीमा रखें
D. उज्ज्वल विद्यार्थियों के लिए कुछ अतिरिक्त मार्गदर्शन के साथ अपने शिक्षण को धीमा रखें

Q.3 निम्नलिखित शिक्षण प्रक्रिया को क्रम में व्यवस्थित करें-

(i) पिछले ज्ञान के साथ वर्तमान ज्ञान से संबंधित है

(ii) मूल्यांकन

(iii) पुनः प्राप्त करना

(iv) उद्देश्यों का निर्माण

(v) सामग्रियों की प्रस्तुति

A. (i), (ii), (iii), (iv)
B. (ii), (i), (iii), (iv), (v)
C. (v), (iv), (iii), (i), (ii)
D. (iv), (i), (v), (ii), (iii)

Q.4 मनोवैज्ञानिक लेव वायगोत्स्की द्वारा सुझाए गए निम्न में से समीपस्थ विकास के क्षेत्र (ZPD) की अवधारणा को दर्शाता है?

A. एक शिक्षार्थी का मस्तिष्क बचपन में तेजी से विकसित होता है
B. एक शिक्षार्थी प्रभावी ढंग से सीखता है जब वास्तविक जीवन के उदाहरणों के साथ इसकी सहायता की जाती है
C. एक शिक्षार्थी सहायता और बिना सहायता के क्या कर सकता है
D. बच्चे के समुचित विकास के लिए दोस्तों की बातचीत बहुत महत्वपूर्ण है

Q.5 निर्देश: नीचे दो कथन दिए गए हैं - एक को अभिकथन (A) के रूप में और दूसरे को कारण (R) के रूप में चिन्हित किया गया है।

अभिकथन (A): यदि एक शिक्षक एक प्रभावी कक्षा संवादक के रूप में अपनी क्षमताओं में सुधार करना चाहता है, तो उसे पहले छात्रों को समझना चाहिए।

कारण (R): छात्रों को समझने और सुनने के इरादे की क्षमता, असंबद्ध कथन हैं।

उपरोक्त दो कथनों के प्रकाश में, निम्नलिखित में से सही विकल्प चुनिए:

A. (A) और (R) दोनों सत्य हैं और (R) (A) की सही व्याख्या हैं
B. (A) और (R) दोनों सत्य हैं, लेकिन (R) (A) की सही व्याख्या नहीं हैं
C. (A) सत्य है, लेकिन (R) असत्य है
D. (A) असत्य है, लेकिन (R) सत्य है

Q.6 एक शिक्षक के संबंध में निम्नलिखित सभी कथन सही हैं सिवाय इसके कि वह-

A. एक दोस्त, गाइड और दार्शनिक
B. छात्रों को जो पता है वही सिखाता है
C. वर्ग का नेता
D. समाज की आवश्यकता के अनुसार उसके दृष्टिकोण और व्यवहार को बदलता है

Q.7 निम्नलिखित में से कौन अनुसंधान प्रक्रिया शुरू करने में पहला कदम है?

A. समस्या का पता लगाने के लिए सूचना के स्रोत खोजना
B. संबंधित साहित्य का सर्वेक्षण
C. समस्या की पहचान
D. समस्या के समाधान की खोज करना

Q.8 निम्नलिखित में से कौन सा नकारात्मक सहसंबंध का एक उदाहरण है:

A. जनसंख्या में वृद्धि से खाद्यान्न की कमी होगी
B. खराब बुद्धिमत्ता का मतलब है स्कूल में खराब उपलब्धि
C. भारत में भ्रष्टाचार का बढ़ना
D. खराब काम करने की स्थिति का उत्पादन का प्रतिधारण

Q.9 निम्नलिखित में से किस आधार पर ज्यां प्याजे ने मानव विकास का संज्ञानात्मक सिद्धांत दिया?

A. मौलिक अनुसन्धान
B. प्रायोगिक अनुसन्धान
C. क्रियात्मक अनुसन्धान
D. मूल्यांकन अनुसन्धान

Q.10 गुणात्मक अनुसंधान प्रकार में, निम्नलिखित में से किस विशेषता को महत्वपूर्ण माना जा सकता है?

A. मानकीकृत अनुसंधान उपकरणों के साथ डेटा संग्रह
B. संभावना नमूना तकनीकों के साथ नमूना डिजाइन
C. नीचे-ऊपर अनुभवजन्य सबूत के साथ डेटा संग्रह।
D. शीर्ष-डाउन व्यवस्थित सबूत के साथ डेटा एकत्र करने के लिए।

Ques (11-15):निर्देश: निम्नलिखित अनुच्छेद को सावधानीपूर्वक पढ़िए और प्रश्न के उत्तर दीजिए:

कथावाचन हमारे जीन में नहीं है। यह विकासमूलक इतिहास भी नहीं है। यह वो तत्व है जो हमें मानव बनाता है। मानव कथावाचन के माध्यम से प्रगति करता है। किसी विशेष घटना का परिणाम कथा के कई विवध रूपों में आता है, जिसके बारे में लोग कहते हैं। कभी-कभी उन कहानियों में भारी अंतर होता है। किस कहानी का वाचन हो रहा है और उसे दोहराया जा रहा है तथा किस कथा को छोड़ दिया गया और भुला दिया जाता है जिससे बहुधा यह निर्धारित होता है कि हमने कैसे प्रगति की। हमारा इतिहास, ज्ञान और समझ – ये सभी कुछ कहानियों के संग्रह हैं जो जीवित रहते हैं। इसमें वे कहानियाँ भी शामिल हैं जो हम भविष्य के बारे में एक-दुसरे को कहते हैं। और भविष्य कैसा होगा यह आंशिक अथवा संभवतः व्यापक रूप से उन कहानियों के चयन पर निर्भर करता है जिन पर हमारा सामूहिक रूप से विश्वास होता है।

कुछ कहानियाँ तो डर और चिंता फैलाने के लिए गढ़ी जाती हैं। ऐसा इसलिए कि कुछ कथा वाचक ऐसा महसूस करते हैं की कुछ तनाव पैदा करने की जरूरत है। कुछ डरावनी कहानियाँ होती हैं, जिसमे टोटमी चेतावनी जैसे होती हैं: "अभी कुछ नहीं किये तो हम सबका सर्वनाश जो जायेगा।" इसके बाद कुछ एसी कहानियाँ होती हैं जो इस बात की ओर संकेत करती हैं कि सब कुछ अच्छा होगा यदि हम सब कुछ विशेष रूप से चंद सक्षम वयस्कों के भरोसे छोड़ देंगे। इस समय यह प्रवृत्ति उन लोगों द्वारा आगे बढाई जा रही है जो अपने आपको "विवेक आशावादी" कहते हैं। वे यह दावा करने हैं कि प्रतिस्पर्धा करना, सफल होना और दूसरों की कीमत पर लाभ लेना ही मानव स्वभाव है। हालाँकि वेवेक आशावादी यह अनुभव नहीं करते कि भद्र सामाजिक ताने-बने के माध्यम से मानवता ने समय के साथ कैसे प्रगति की है और कैसे समायोजित करता है। कथा-वचन के इस फ्लू पर "व्याहारिक सम्भाव्यों" द्वारा विचार किया जाता है, जो उन लोगों के मध्य का मार्ग अपनाते हैं जो यह कहते हैं कि सब ठीक-ठाक है, खुश रहो और सुखद भविष्य के

लिए अपने व्यवहार में व्यक्तिवादी बनो और वे लोग जो निराशावाद और भय का दमन थामते हैं, वे यह मानते हैं कि हम सबका सर्वनाश हो जाएगा।

हमारा भविष्य यह है कि हम किस कहानी को आगे बढ़ाते हैं और हम उस पर किस तरह से कार्य करते हैं।

Q.11 हमारा ज्ञान निम्न में से किसका समूह है?

A. वे सभी कहानियाँ जिन्हें हमने अपने जीवन काल में सुना है

B. कुछ एसी कहानियाँ जिन्हें हम याद करते हैं

C. कुछ कहानियाँ जो जीवित रहती हैं

D. कुछ महत्त्वपूर्ण कहानियाँ

Q.12 कथा वचन निम्न में से क्या है?

A. एक कला

B. एक विज्ञान

C. हमारे जीन में है

D. एक तत्व जो हमें मानव बनाता है

Q.13 कहानियों के आधार पर हमारा भविष्य कैसा होगा?

A. हम सामूहिक रूप से विश्वास का चयन करते हैं

B. जो बार-बार कही जाती हैं

C. भय और तनाव फैलाने के लिए विरूपित की जाती हैं

D. भविष्य बताने के लिए विरूपित की जाती हैं

Q.14 वेवेकी आशावादी:

1) अवसरों की टाक में रहते हैं।

2) संवेदनशील और प्रसन्न रहते हैं।

3) स्वार्थी होते हैं।

नीचे दिए कूटों से सही उत्तर दीजिए:

A. 1, 2 और 3   B. केवल 1

C. केवल 1 और 2   D. केवल 2 और 3

Q.15 मानव कम स्वार्थी होते हैं जब:

A. वे बड़े समूह में कार्य करते हैं

B. वे डरावनी कहानियाँ सुनते हैं

C. वे आनंददायी कहानियाँ सुनते हैं

D. वे अकेले कार्य करते हैं

Q.16 पर्यावरण के साथ रहने वाले जीवों के अध्ययन को __________ के रूप में जाना जाता है।

A. पारिस्थितिकी तंत्र   B. पर्यावरण

C. समुदाय   D. पारिस्थितिकी

Q.17 पौधों के बढ़ने के लिए प्रकाश के निम्न में से किस पैरामीटर की आवश्यकता नहीं होती है?

A. प्रकाश की तरंगदैर्घ्य   B. प्रकाश की तीव्रता

C. प्रकाश की अवधि   D. प्रकाश का रंग

Q.18 सीमित आकार या पौधों और जानवरों के आसपास के क्षेत्रों में जलवायु पैटर्न क्या है?

A. मिश्रित जलवायु   B. मैक्रोक्लाइमेट

C. माइक्रोक्लाइमेट   D. खंडित जलवायु

Q.19 निम्नलिखित में से किससे सम्प्रेषण की प्रभावशीलता का पता लगाया जा सकता हैं?

1) अभुवृत्ति सर्वेक्षण

2) कार्य निष्पादन रिकॉर्ड

3) विद्यार्थियों की उपस्थिति

4. सम्प्रेषण माध्यम का चयन

नीचे दिए गए कूटों से सही उत्तर दीजिए:

A. 1, 2, 3 और 4   B. 1, 2 और 3

C. 2, 3 और 4   D. 1, 2 और 4

Q.20 कक्षा में शिक्षक की विशिष्टता सुनिश्चित करने की सबसे अच्छी रणनीति निम्न में से कौन-सी है?

A. प्रतिद्वंदी व्यवहार   B. आधिकारिक लहजा

C. आत्मविश्वासपूर्ण स्वरूप   D. सहकर्मी-साथी

Q.21 निम्नलिखित में से कौन-सी एक शिक्षण पद्धति नहीं है?

A. अभिव्यक्ति   B. चर्चा   C. शिक्षण   D. उपदेश

Q.22 MSc में अध्ययन करने वाले ABC, ने CBSC प्रणाली के तहत भाषा विभाग से 'आधुनिक भारतीय साहित्य' का अध्ययन करने के लिए चुना है। आधुनिक भारतीय साहित्य किस पाठ्यक्रम का प्रतिनिधित्व करता है?

A. निर्वाचित   B. सार   C. नींव   D. वैकल्पिक

Q.23 व्याख्यान सुनना है:

A. सूचना सुनना   B. मूल्यांकन सुनने वाला

C. सहानुभूति सुनना   D. इनमें से कोई नहीं

Q.24 महात्मा गांधी अंतरराष्ट्रीय हिंदी विश्वविद्यालय का हेडकार्टर निम्नलिखित में स्थित है:

A. वर्धा   B. सेवाग्राम

C. नई दिल्ली   D. अहमदाबाद

Q.25 50 संख्याओं का औसत 38 है। यदि संख्या 45 और 55 को छोड़ दिया जाता है, तो शेष संख्याओं का औसत है -

A. 36.5   B. 37   C. 37.5   D. 37.52

Q.26 निम्नलिखित संख्यात्मक आकृति में अंकगणितीय संकेत डालें।

$$9 \; 6 \; 3 = 27$$

A. $+, \times$ B. $-, +$ C. $/, +$ D. $+, /$

Q.27 अनुपचारित मल क्या है?

A. कच्चे मल   B. उपचार मल

C. प्रदूषण   D. अपशिष्ट

Q.28 एक तस्वीर में एक व्यक्ति की ओर इशारा करते हुए, अंजलि ने कहा, "वह मेरी बहन के भाई के पिता का एकमात्र बेटा है।" वह व्यक्ति अंजलि से कैसे संबंधित है?

A. पिता   B. मां   C. भाई   D. चाचा

Q.29 एक परीक्षा में, 52% उम्मीदवार अंग्रेजी में और 42% गणित में असफल रहे। यदि अंग्रेजी और गणित दोनों में 17% उम्मीदवार फेल हुए, तो दोनों विषयों में कितने प्रतिशत उम्मीदवार उत्तीर्ण हुए?

A. 23%   B. 18%   C. 21%   D. 25%

Q.30 बेसिक शिक्षा या नई तालीम का दूसरा नाम है:

A. नई शिक्षा नीति   B. अनिवार्य शिक्षा

C. वर्धा शिक्षा योजना   D. सर्व शिक्षा अभियान

Q.31 निम्नलिखित में से कौन सूचना प्रौद्योगिकी की उपयुक्त परिभाषा है?

A. सूचना प्रौद्योगिकी, प्रोसेसिंग सूचना के लिए हार्डवेयर और सॉफ्टवेयर के उपयोग को संदर्भित करती है

B. सूचना प्रौद्योगिकी उपयोगी सूचनाओं के वितरण के लिए हार्डवेयर और सॉफ्टवेयर के उपयोग को संदर्भित करती है

C. सूचना प्रौद्योगिकी से तात्पर्य कई प्रकार की सूचनाओं के प्रसंस्करण के लिए भौतिक विज्ञान और सामाजिक विज्ञान के सिद्धांतों के उपयोग से है।

D. सूचना प्रौद्योगिकी से तात्पर्य कई प्रकार की सूचनाओं के भंडारण, पुनः

प्राप्ति, प्रसंस्करण और वितरण के लिए हार्डवेयर और सॉफ्टवेयर के उपयोग से है।

Q.32 दूरस्थ शिक्षा के वृद्धि और विकास के लिए तकनीकी शिक्षा के लिए 26 जनवरी 2003 को इग्नू द्वारा उपग्रह चैनल की शुरूआत है:

A. राजऋषि चैनल
B. एकलव्य चैनल
C. ज्ञानदर्शन चैनल
D. इनमें से कोई नहीं

Q.33 चार लोगों ने एक हादसा देखा। प्रत्येक ने लुटेरे का एक अलग विवरण दिया। कौन सा वर्णन शायद सही है?

A. वह औसत ऊंचाई, पतला और मध्यम आयु वर्ग का था।
B. वह लंबा, पतला और मध्यम आयु वर्ग का था।
C. वह लंबा, पतला और युवा था।
D. वह लंबा था, औसत वजन का और मध्यम आयु वर्ग का।

Q.34 निर्देश: निम्नलिखित कथनों में से दो एक-दूसरे के विरोधी है। सही कूट चयन करिये जो सही उतर का प्रतिनिधित्व करे।

कथन:
1) सभी कवि दार्शनिक होते है।
2) कुछ कवि दार्शनिक होते है।
3) कुछ कवि दार्शनिक नहीं होते है।
4) कोई भी दार्शनिक कवि नहीं होता।

कूट
A. 1 और 2   **B.** 1 और 4   **C.** 1 और 3   **D.** 2 और 3

Q.35 नीचे दिए कूटों में से किसमें केवल सही कथन समाविष्ट है?

कथन:
1) वेन आरेख तार्किक रूप से तर्कों का प्रतिनिधित्व करता है।
2) वेन आरेख हमारी समझ को बाधा सकता है।
3) वेन आरेख को वैध अथवा अवैध खा जा सकता है।
4) वेन आरेख संकेत-पद्धति का स्पष्ट तरीका है।

कूट:
A. 1, 2 और 3   **B.** 1, 2 और 4
C. 2, 3 और 4   **D.** 1, 3 और 4

Q.36 P, Q, R और S ऐसे कथन हैं कि यदि P सत्य है, तो Q सत्य है और यदि R असत्य है, तो S असत्य है। P और Q कथन हैं:

A. स्वतंत्र   **B.** समतुल्य
C. इसके विपरीत   **D.** असंगत

Ques (37-41):ये नीचे दिए गए सारणीबद्ध आंकड़ों पर आधारित हैं: एक कंपनी में 20 कर्मचारी हैं जिनकी आयु (वर्षों में) और वेतन (हजार रुपये प्रति माह में) उनमें से प्रत्येक के सामने उल्लिखित है:

क्रमांक	आयु (एक वर्ष में)	वेतन (प्रति माह हजार रुपये)	क्रमांक	आयु (एक वर्ष में)	वेतन (प्रति माह हजार रुपये)
1.	44	35	11.	33	30
2.	32	20	12.	31	35
3.	54	45	13.	30	35
4.	42	35	14.	37	40
5.	31	20	15.	44	45
6.	53	60	16.	36	35
7.	42	50	17.	34	35
8.	51	55	18.	49	50
9.	34	25	19.	43	45
10.	41	30	20.	45	50

Q.37 प्रत्येक कर्मचारी की उम्र के आंकड़े को 5 वर्ष के अंतराल के वर्ग में वर्गीकृत करें। केस 5 वर्ष के वर्ग अंतर्गल में अधिकतम औसत वेतन प्रदर्शित है

A. 35 – 40 वर्ष   **B.** 40 – 45 वर्ष
C. 45 – 50 वर्ष   **D.** 50 – 55 वर्ष

Q.38 30 – 35 वर्षों के वर्ग अंतराल में आवृत्ति क्या हैं?

A. 20%   **B.** 25%   **C.** 30%   **D.** 35%

Q.39 कर्मचारियों की औसत उम्र क्या है?

A. 40.3 वर्ष   **B.** 387.6 वर्ष   **C.** 47.2 वर्ष   **D.** 45.3 वर्ष

Q.40 कर्मचारियों का कितना भाग (\%)प्रति माह $\geq$ 40000 वेतन प्राप्त कर रहा है?

A. 45%   **B.** 50%   **C.** 35%   **D.** 32%

Q.41 40 – 50 वर्षों के आयु समूह में औसत वेतन (प्रति माह हजार रूपये में) कितना है?

A. 35   **B.** 42.5   **C.** 40.5   **D.** 36.5 36.5

Q.42 भारत सरकार MHRD द्वारा शिक्षा के क्षेत्र में निम्नलिखित में से कौन सा संस्थान स्थापित किया गया है?

A. मायथिक सोसाइटी, बैंगलोर
B. राष्ट्रीय बाल भवन, नई दिल्ली
C. इंडिया इंटरनेशनल सेंटर, नई दिल्ली
D. भारतीय विश्व परिषद, नई दिल्ली

Q.43 तार्किक तर्क की संरचना निम्न पर आधारित है:

A. औपचारिक वैधता   **B.** भौतिक सत्य
C. भाषिक अभिव्यक्ति   **D.** उदाहरणों की योग्यता

Q.44 वर्चुअल मेमोरी है:

A. एक बहुत बड़ी मुख्य स्मृति
B. एक बहुत बड़ी माध्यमिक स्मृति
C. अत्यंत बड़ी मुख्य स्मृति का एक भ्रम
D. सुपर कंप्यूटरों में प्रयुक्त एक प्रकार की मेमोरी

Q.45 नेटवर्क की भौतिक या तार्किक व्यवस्था ________ है।

A. टोपोलॉजी   **B.** रूटिंग   **C.** नेटवर्किंग   **D.** कण्ट्रोल

Q.46 किस नेटवर्क टोपोलॉजी को एक केंद्रीय नियंत्रक या हब की आवश्यकता होती है?

A. स्टार   **B.** मेष   **C.** रिंग   **D.** बस

Q.47 निम्नलिखित सूची में से सबसे तेज़ प्रकार की मेमोरी है-

A. सेमीकंडक्टर मेमोरी   **B.** डिस्क
C. बबल मेमोरी   **D.** इनमे से कोई नहीं

Q.48 बातचीत (चैटिंग) के लिए कौन-सा इंस्टेंट मैसेंजर प्रयुक्त होता है?

A. ऑल्टाविस्टा   **B.** एम एस सी
C. माइक्रोसॉफ्ट ऑफिस   **D.** गूगल टॉक

Q.49 किस देश के प्रति व्यक्ति जल उपयोग अधिकतम है?

A. यू.एस.ए   **B.** युरेपियन संघ
C. चीन   **D.** भारत

Q.50 कुल ऐश्विक कार्बन डाईऑक्साइड उत्सर्जनों में भारत का योगदान लगभग कितना है?

A. ~ 3%   **B.** ~ 6%   **C.** ~ 10%   **D.** ~ 15%

Paper-II

Q.51 किसने कहा था कि समाज का इतिहास वर्ग संघर्ष का इतिहास है?
A. एमिल डरकहेम
B. जॉर्ज हर्बर्ट मीड
C. इरविंग गोफमैन
D. कार्ल मार्क्स

Q.52 एक समाज जो आधुनिकीकरण के द्वारा लाए गए सामाजिक परिवर्तन को निराशावादी रूप से दर्शाता है।
A. वैश्विक समाज
B. स्थानीय समाज
C. सामूहिक समाज
D. नागरिक समाज

Q.53 किसी भी सामाजिक व्यवस्था में, जिसमें बहुमत के व्यवहार को मानदंडों और भूमिकाओं द्वारा नियंत्रित किया जाता है।
A. संगति
B. समुदाय
C. संस्थान
D. संस्कृति

Q.54 किसने देखा है कि समाज में प्रत्येक व्यक्ति अनिवार्य रूप से कई स्थितियों पर कब्जा कर लेता है, और, इन प्रत्येक स्थितियों के लिए, एक संबद्ध भूमिका होती है?
A. रॉबर्ट किंग मर्टन
B. राल्फ लिंटन
C. थियोडोर मीड न्यूकॉम्ब
D. विलियम फील्डिंग ओगबर्न

Q.55 सूची- ॥ के साथ सूची- । का मिलान करें और सूचियों के नीचे दिए गए कोड से सही उत्तर का चयन करें।

सूची- । (लेखक)	सूची- ॥ (समूहों का वर्गीकरण)
(A) मिलर	(i) समुदाय - एसोसिएशन
(B) टन भार	(ii) कार्यक्षेत्र - क्षैतिज
(C) पार्क और बर्गेस	(iii) आनुवांशिक - संगृहीत
(D) गिडिंग्स	(iv) प्रादेशिक-गैर-प्रादेशिक
	(v) धनात्मक-ऋणात्मक

A, B, C और D क्रमशः हैं।
A. (i) (iii) (ii) (v)
B. (i) (ii) (iii) (iv)
C. (ii) (i) (iv) (iii)
D. (iv) (iii) (v) (i)

Q.56 निम्नलिखित में से कौन सा एक स्वीकृत स्थिति नहीं है?
A. लिंग
B. आयु
C. व्यवसाय
D. समानता

Q.57 निम्नलिखित में से कौन सा एक व्यक्ति को संदर्भित करता है जिसका एक विशेष भूमिका में व्यवहार एक प्रतिरूप प्रदान करता है जिस पर एक और व्यक्ति उसी भूमिका को निभाने में अपने व्यवहार को आधार बनाता है?
A. आदर्श भूमिका
B. प्रेरणास्रोत
C. कथित भूमिका
D. आंतरिक भूमिका

Q.58 किसने कहा है कि "संस्कृति के कब्जे में मनुष्य की विशिष्टता निहित है"?
A. रॉबर्ट मॉरिसन मैकाइवर
B. एमाइल दुर्खीम
C. रूथ फुल्टन बेनेडिक्ट
D. डैनी के डेविस

Q.59 किसने समूहों को 'डायड' और 'ट्रायड' में वर्गीकृत किया है?
A. पिटिरिम सोरोकिन
B. विलियम ग्राहम समनर
C. जॉर्ज सिमेल
D. फ्रैंकलिन हेनरी गिडिंग्स

Q.60 सहसंबंध विश्लेषण की प्रमुख विशेषता क्या है?
A. चरों के बीच संबंध
B. चरों के बीच अंतर
C. चर के बीच प्रतिगमन
D. चर के बीच विविधता

Q.61 'थेरवाद' एक प्रकार का:
A. रिश्तेदारी का उपयोग
B. निवास का नियम

C. विस्तारित परिवार
D. एक समुदाय

Q.62 समाजीकरण के बारे में कौन सा सही कथन है?
A. एक चुनाव प्रक्रिया
B. एक समय प्रक्रिया
C. एक नीति बनाने की प्रक्रिया
D. एक भूमिका की खोज की प्रक्रिया

Q.63 एमिल दुर्खीम द्वारा आयोजित समाजीकरण के सिद्धांत में कौन सी महत्वपूर्ण अवधारणा है?
A. भूमिका निभाना
B. दूसरे की कल्पना करना
C. सामूहिक चेतना
D. श्रम या कार्य का विभाजन

Q.64 पियरे बॉर्डियू का सैद्धांतिक दृष्टिकोण पूंजी की अवधारणा का उपयोग करता है। निम्नलिखित में से कौन इस अवधारणा का हिस्सा नहीं है?
A. आर्थिक राजधानी
B. राजनीतिक राजधानी
C. सामाजिक राजधानी
D. सांस्कृतिक राजधानी

Q.65 वर्ग, जातीयता, लिंग, विकलांगता और स्थान जैसे किसी व्यक्ति की पहचान के विभिन्न पहलुओं का वर्णन करने के लिए किस शब्द का उपयोग किया जाता है?
A. विश्लेषणात्मक
B. जोड़ना
C. प्रतिभा
D. गतिशीलता

Q.66 निम्नलिखित में से किसने जातिगत स्तरीकरण को चार प्रकारों अर्थात् सांस्कृतिक सार्वभौमिकता, सांस्कृतिक विशिष्टता, संरचनात्मक सार्वभौमिकता और संरचनात्मक विशेषवाद में अवधारणा बनाया है?
A. आंद्रे बेटिले
B. एडमंड रोनाल्ड लीच
C. योगेंद्र सिंह
D. एडोल्फ मेयर

Q.67 सूची - । और सूची - ॥ का सही मिलान कीजिए और विकल्पों में से सही उत्तर का चयन कीजिए।

सूची- । (लेखक)	सूची- ॥ (पुस्तकें)
(a) जी. पी. मड़ांक	(i) दी रिलिजन ऑफ़ इंडिया: दी सोशियोलॉजी ऑफ़ हिन्दुइस्म एंड बुद्धिज़्म
(b) के. एम. कपाड़िया	(ii) शार्ट हिस्ट्री ऑफ़ मैरिज
(c) ई. वेस्टरमार्क	(iii) मैरिज एंड फैमिली इन इंडिया
(d) मैक्स वेबर	(iv) सोशल स्ट्रक्चर

A. a-(iv), b-(iii), c-(i), d-(ii)
B. a-(i), b-(ii), c-(iv), d-(iii)
C. a-(iv), b-(iii), c-(ii), d-(i)
D. a-(ii), b-(iii), c-(iv), d-(i)

Q.68 सूची- ॥ के साथ सूची- । का मिलान करें और सूचियों के नीचे दिए गए कोड से सही उत्तर चुनें:

सूची- । (अवधारणा)	सूची- ॥ (पुस्तकें)
(A) प्राथमिक समूह	(i) फ्रायड
(B) सामान्यीकृत अन्य	(ii) कोली
(C) सुपर ईगो	(iii) दुर्खीम
(D) सामूहिक चेतना	(iv) मीड

A, B, C और D क्रमशः हैं।
A. (i) (ii) (iv) (iii)
B. (iii) (iv) (ii) (i)
C. (ii) (iv) (i) (iii)
D. (iv) (iii) (i) (ii)

Q.69 सूची- ॥ के साथ सूची- । का मिलान करें और सूचियों के नीचे दिए गए कोड से सही उत्तर चुनें:

सूची- I (अवधारणा)	सूची- II (विचारक)
(A) सांस्कृतिक संरचना और सांस्कृतिक प्रदर्शन	(i) के. मार्क्स
(B) अहिंसा	(ii) एम. एन. श्रीनिवास
(C) संस्कृतिकरण	(iii) एम.के.गांधी
(D) वर्ग चेतना	(iv) आर.रेडफील्ड और एम.गायक

A, B, C और D क्रमशः हैं।

A. (iv) (iii) (ii) (i)
B. (iii) (iv) (ii) (i)
C. (ii) (iv) (i) (iii)
D. (i) (ii) (iii) (iv)

Q.70 किसके अनुसार नृविज्ञान एक प्राकृतिक विज्ञान है और मानव समाज का अध्ययन करता है, अक्सर प्राकृतिक विज्ञान के तरीकों का उपयोग करता है?

A. ब्रोंसिलाव कैस्पर मालिनोवस्की
B. अल्फ्रेड रेजिनाल्ड रेडक्लिफ-ब्राउन
C. क्लाउड लेवी-स्ट्रॉस
D. जॉन डेवी

Q.71 सामाजिक रिश्तों के आधार पर 'भूमिका' के बारे में किसने बताया था?

A. अल्फ्रेड रेजिनाल्ड रेडक्लिफ-ब्राउन
B. रॉबर्ट किंग मर्टन
C. सिगफ्रेड फ्रेडरिक नाडेल
D. क्लाउड लेवी-स्ट्रॉस

Q.72 वैचारिक ढांचे का नाम क्या है जिसमें अनुसंधान किया जाता है?

A. शोध परिकल्पना
B. अनुसंधान का सार
C. अनुसंधान प्रतिमान
D. अनुसंधान डिजाइन

Q.73 शिक्षा में अनुसंधान की मुख्य भूमिका क्या है?

A. किसी की सामाजिक स्थिति को उबारने के लिए।
B. किसी की नौकरी की संभावनाओं को बढ़ाना।
C. व्यक्तिगत विकास में वृद्धि करना।
D. एक प्रसिद्ध शिक्षाविद बनने में एक आवेदक की मदद करना।

Q.74 किसके अनुसार, संस्कृति को सिद्धांतों को धारण करने के लिए आयोजित किया जाता है, जो मानव मन की अनिवार्य विशेषताओं को प्रतिबिंबित करता है- 'बायनरी क्लासिफिकेशन सिस्टम'?

A. सिगफ्रेड फ्रेडरिक नडेल
B. अल्फ्रेड रेजिनाल्ड रेडक्लिफ-ब्राउन
C. रोबर्ट किंग मर्टन
D. क्लाउड लेवी-स्ट्रॉस

Q.75 सूची- II के साथ सूची- I का मिलान करें और सूचियों के नीचे दिए गए कोड से सही उत्तर चुनें:

सूची- I (पुस्तकें)	सूची- II (लेखक)
(A) सामाजिक संरचना का सिद्धांत	(i) आर.के. मर्टन
(B) सामाजिक सिद्धांत और सामाजिक संरचना	(ii) सी.लेवी-स्ट्रॉस
(C) आदिम समाज में संरचना और कार्य	(iii) एस.एफ. नाडेल
(D) संरचनात्मक नृविज्ञान	(iv) ए.आर. रेडक्लिफ-ब्राउन

A, B, C और D क्रमशः हैं।

A. (iv) (iii) (ii) (i)
B. (iii) (i) (iv) (ii)
C. (ii) (i) (iv) (iii)
D. (i) (ii) (iii) (iv)

Q.76 मालिनोव्स्की को सबसे अधिक निम्न में से किस के महत्व पर जोर देने के लिए जाना जाता है?

A. मौखिक इतिहास
B. सामग्री विश्लेषण
C. नृवंशविज्ञान
D. आख्यान

Q.77 टैल्कॉट पार्सन्स ने किस शब्द का प्रयोग सभी कलाकारों का सामना करने और सभी सामाजिक स्थितियों में शामिल होने के लिए मौलिक दुविधाओं को समझाने के लिए किया है?

A. सामाजिक कार्य
B. मूल्य अभिविन्यास
C. स्वरूप चर
D. कार्यात्मक पूर्व-आवश्यकताएं

Q.78 कार्यात्मकता के मुख्य विचार क्या हैं?

A. सामूहिक और विवेक
B. सामान्य और मनोविकारी
C. औसत और असामान्य
D. मजबूर और परमाणु

Q.79 किसने कहा है कि यदि संरचनाएं कठोर हैं, तो संघर्ष दुविधाजनक है?

A. कार्ल मार्क्स
B. लुईस अल्फ्रेड कोसर
C. डेविड एमिल दुर्खीम
D. जेफरी चार्ल्स अलेक्जेंडर

Q.80 मर्टन के अनुसार निम्नलिखित में से कौन सा क्रम सही है?

A. नवोन्मेष, निवृत्तिवाद, कर्मकांड, विद्रोह
B. अनुष्ठान, विद्रोह, नवप्रवर्तन, प्रत्याहार
C. विद्रोह अनुष्ठानवाद, नवप्रवर्तन, प्रत्याहारवाद
D. कर्मकांड, नवोन्मेष, निवृत्तिवाद, विद्रोह

Q.81 "जिन समस्याओं को वैज्ञानिकों ने अध्ययन के लिए चुना, और उनकी अवधारणा, वैज्ञानिकों के मूल्यों द्वारा निर्धारित की गई थी।" मैक्स वेबर के अनुसार, यह कथन निम्नलिखित है:

A. मूल्य निर्णय
B. मूल्य तटस्थता
C. सामान्य मूल्य
D. मान प्रासंगिकता

Q.82 सूची- II के साथ सूची- I का मिलान करें और सूचियों के नीचे दिए गए कोड से सही उत्तर चुनें:

सूची- I (अवधारणा)	सूची- II ((समाजशास्त्री)
(A) वेरस्टेन	(i) अगस्टे कॉम्टे
(B) ऐतिहासिक भौतिकवाद	(ii) एमिल दुर्खीम
(C) प्रत्यक्षवाद	(iii) मैक्स वेबर
(D) अप्रत्यक्ष प्रयोग	(iv) कार्ल मार्क्स

A, B, C और D क्रमशः हैं।

A. (i) (ii) (iii) (iv)
B. (iv) (i) (ii) (iii)
C. (ii) (iii) (iv) (i)
D. (iii) (iv) (i) (ii)

Q.83 पुस्तक 'समाजशास्त्रीय पद्धति के नियम' किसने लिखी है?

A. मैक्स वेबर
B. अगस्टे कॉम्टे
C. एमाइल दुर्खीम
D. कार्ल मार्क

Q.84 दहेंदोर्फ़ के अनुसार, "समान भूमिका वाले हितों के पदों के समुच्चय" के रूप में जाना जाता है?

A. रुचि समूह
B. संघर्ष समूह
C. अर्ध समूह
D. प्राथमिक समूह

Q.85 किसने दृश्य प्रस्तुत किया है, एक ऐतिहासिक दृष्टिकोण जो सामाजिक परिवर्तन की प्रक्रियाओं के बारे में सामान्यीकरण भी करता है '?

A. सी.एच. कर्र
B. मैक्स वेबर
C. अर्नोल्ड जे. टॉयबी
D. कार्ल मार्क्स

Q.86 समय के विभिन्न बिंदुओं पर समान चयनित जनसंख्या से आवश्यक तथ्य संग्रह के लिए एक सर्वेक्षण रचना के रूप में जाना जाता है।

A. समूह सर्वेक्षण

B. संकर अनुभागीय सर्वेक्षण

C. अनुदैर्ध्य सर्वेक्षण

D. प्रायोगिक सर्वेक्षण

Q.87 एक परिकल्पना जो अध्ययन के तहत चयनित चर के बीच कोई संबंध नहीं बताती है।

A. संघर्ष की परिकल्पना

B. आराम परिकल्पना

C. शून्य परिकल्पना

D. विपरीत परिकल्पना

Q.88 सूची- II के साथ सूची- I का मिलान करें और सूचियों के नीचे दिए गए कोड से सही उत्तर चुनें:

सूची- I (लेखक)	सूची- II ((अवधारणाएं)
(A) मैक्स वेबर	(i) कुलीन वर्ग का परिसंचरण
(B) वी. पारेतो	(ii) प्रतीकात्मक अंतःक्रियावाद
(C) जी.एम. घास का मैदान	(iii) व्याख्यात्मक समझ
(D) हर्बर्ट ब्लमर	(iv) स्वयं

ए, बी, सी और डी क्रमशः हैं।

A. (iii) (i) (iv) (ii)

B. (i) (ii) (iii) (iv)

C. (iii) (iv) (i) (ii)

D. (ii) (i) (iii) (iv)

Q.89 किस गुणात्मक दृष्टिकोण के तहत प्राथमिक लक्ष्य व्यक्तियों के आत्म-अनुभवों की पहुंच प्राप्त करना है?

A. केस स्टडी

B. एथ्नोग्राफी

C. फेनोमेनोलॉजी

D. ग्राउंडेड थ्योरी

Q.90 सामान्य वितरण में माध्य, माध्यिका और मोड नीचे स्थित हैं:

A. केंद्र में तीनों

B. केंद्र के बाईं ओर का अर्थ है, मेडियन इन। केंद्र के दाईं ओर केंद्र और मोड

C. मध्य में माध्य, बाईं ओर मेडियन, दाईं ओर मोड

D. तीनों में से कोई भी केंद्र में स्थित नहीं है

Q.91 निम्नलिखित में से कौन सा औसत गुणात्मक चर पर लागू किया जा सकता है?

A. माध्य

B. मोड

C. मध्यम

D. जियोमेट्रिक माध्य

Q.92 "मैंने एक गैर-भाग लेने वाले पर्यवेक्षक के रूप में शोध करना शुरू किया। जैसे-जैसे मुझे समुदाय में स्वीकार किया गया, मैंने पाया कि मैं लगभग एक अवलोकन न करने वाला भागीदार बन गया था" ये किसने कहा है?

A. बी. मालिनोवस्की

B. ई. दुर्खीम

C. विलियम एफ. व्हाईट

D. एन. एंडरसन

Q.93 नीचे दिए गए दो कथन हैं, एक है अभिकथन (A) और दूसरा कारण (R) है:

अभिकथन (A): विश्वसनीयता के समान मानकों को पूरा करने में विफल होने के लिए गुणात्मक तरीकों की अक्सर आलोचना की जाती है।

कारण (R): गुणात्मक अध्ययन में डेटा एकत्र करने के लिए उपयोग की जाने वाली प्रक्रियाएं सटीक और सटीक हैं।

नीचे दिए गए कोड से सही उत्तर का चयन करें।

A. दोनों (A) और (R) सत्य हैं, और (R) (A) की सही व्याख्या है।

B. दोनों (A) और (R) सत्य हैं, और (R) (A) की सही व्याख्या है।

C. (A) सत्य है, लेकिन (R) गलत है।

D. (A) गलत है, लेकिन (R) सत्य है।

Q.94 तीसरी दुनिया के देशों में परिचालन के पर्याप्त स्थानांतरण का वर्णन करने के लिए 'न्यू इंटरनेशनल डिवीजन ऑफ लेबर' (NIDL) शब्द का इस्तेमाल किसने किया?

A. एफ फ्रोबेल

B. ई दुर्खीम

C. अगस्टे कॉमटे

D. एडम स्मिथ

Q.95 अवधारणा 'गरीबी की संस्कृति' किसके द्वारा पेश की गई थी?

A. ऑस्कर लुईस

B. मिशल हैरिंगटन

C. वाल्टर बी मिलर

D. केनेथ लिटिल

Q.96 भारत में लिंग और विकास पर दृष्टिकोण के सही अनुक्रम को चिह्नित करें।

A. कल्याण, सशक्तिकरण, विकास

B. सशक्तीकरण, विकास, कल्याण

C. विकास, कल्याण, सशक्तिकरण

D. नृवंशविज्ञान, कल्याण, विकास, सशक्तिकरण

Q.97 निम्नलिखित में से कौन सा भारत में कम होते महिला लिंग अनुपात का कारण नहीं है?

A. लिंग भूमिका रूढ़िबद्धता और पारंपरिक भूमिका अपेक्षाएं

B. दहेज प्रथा और अशिक्षा का प्रचलन

C. ग्रामीण से शहरी क्षेत्रों में महिला कर्मचारियों का प्रवासन

D. लिंग-चयनात्मक गर्भपात

Q.98 निम्नलिखित में से, "अर्थव्यवस्था और समाज" पुस्तक के लेखक कौन हैं?

A. मैक्स वेबर

B. एंथोनी गिडेंस

C. एमाइल दुर्खीम

D. अगस्टे कॉमटे

Q.99 निम्नलिखित में से कौन सा ग्रामीण समुदाय का एक तत्व नहीं है?

A. हम-भावना

B. सांस्कृतिक विविधता

C. क्षेत्र

D. आत्मनिर्भरता

Q.100 जनसंख्या पिरामिड मूल रूप से समझाने के लिए है:

A. किसी दिए गए जनसंख्या का स्थानिक वितरण

B. किसी दी गई जनसंख्या की जनसांख्यिकीय दरें

C. किसी आबादी की आयु-लिंग रचना

D. किसी दी गई जनसंख्या की वृद्धि दर

Q.101 समाजशास्त्र एक दृष्टिकोण द्वारा विशेषता है जो अग्रभूमि में स्थित है।

A. व्यक्ति

B. अनोखी सामाजिक घटनाएं

C. सामाजिक संपर्क

D. सामाजिक संपर्क

Q.102 जब दो लोग आपस में बातचीत करते हैं, तो वे फार्म करते हैं:

A. एक समाज

B. एक संस्थान

C. एक संस्था

D. एक डायडिक समूह

Q.103 निम्नलिखित में से किस मैक्स मूलर को धर्म का प्रारंभिक रूप माना जाता है?

A. स्वाभाविकता

B. मोनोइस्म

C. जीववाद

D. अंधभक्ति

Q.104 'संदर्भ समूह' शब्द को सबसे पहले किसने प्रस्तुत किया था:

A. हर्बर्ट हाइमन

B. रॉबर्ट किंग मर्टन

C. श्रीनिवास

D. कूली

Q.105 सूची- II के साथ सूची- I का मिलान करें और सूचियों के नीचे दिए गए कोड से सही उत्तर चुनें:

सूची- I (लेखक)	सूची- II ((परिवर्तन के परिप्रेक्ष्य)
(A) सोरोकिन	(i) संरचनात्मक-कार्यात्मक
(B) डाहोरडॉर्फ़	(ii) चक्रीय
(C) स्पेंसर	(iii) द्वंद्वात्मक
(D) दुर्खीम	(iv) विकासवादी

A, B, C और D क्रमशः हैं।

A. (ii) (iii) (iv) (i)

B. (i) (iii) (ii) (iv)

C. (ii) (iv) (i) (iii)

D. (iii) (i) (ii) (iv)

Q.106 किसके लिए हस्ताक्षरकर्ता के पास हस्ताक्षर करने के लिए कोई स्थिर संबंध नहीं है?

A. जे डेरिडा

B. एम. फौकॉल्ट

C. ए. गिद्न्स

D. जे. हबरमास का

Q.107 जाति व्यवस्था का एक जिम्मेदार और अंतःक्रियात्मक विश्लेषण किसने किया था?

A. एल. ड्यूमोंट

B. सुरजीत सिन्हा

C. एम. एन. श्रीनिवास

D. डी. पी. मुखर्जी

Q.108 किसी विशेष क्षेत्र में प्रसव उम्र की महिलाओं द्वारा पैदा हुए बच्चों की औसत संख्या को _______ कहा जाता है।

A. रुग्णता दर

B. मृत्यु दर

C. प्रजनन दर

D. बहुप्रजता दर

Q.109 भव्य आख्यानों के प्रतिकर्षण निर्माण का एक पुनर्वितरण कहा जाता है:

A. विभिन्न कथा

B. वैध करना

C. प्रवचन

D. विसंबंधन

Q.110 नीचे दिए गए दो कथन हैं, एक को अभिकथन (A) और दूसरे को कारण (R) के रूप में लेबल किया गया है।

अभिकथन (A): झुग्गी-झोपड़ियों की संख्या एजेंसी से एजेंसी में भिन्न होती है

कारण (R): क्योंकि वे सभी मलिन बस्तियों की विभिन्न परिभाषाओं का पालन करते हैं

A. दोनों (A) और (R) सही हैं लेकिन (R) (A) की सही व्याख्या है

B. दोनों (A) और (R) सही हैं, लेकिन (R) (A) का सही स्पष्टीकरण नहीं है

C. (A) सच है लेकिन (R) गलत है

D. (A) गलत है लेकिन (R) सच है

Q.111 नीचे दिए गए दो कथन हैं, एक को अभिकथन (A) और दूसरे को Reason (R) के रूप में लेबल किया गया है।

कथन (A): कोई भी समाज पूरी तरह से विचलन से मुक्त नहीं हो सकता

कारण (R): विलोमता और अनुरूपता समाज में चल रही प्रक्रियाएं हैं

निम्नलिखित कोड से सही उत्तर चुनें

A. दोनों (A) और (R) सही हैं और (R) (A) की सही व्याख्या है

B. दोनों (A) और (R) सही हैं, लेकिन (R) (A) का सही स्पष्टीकरण नहीं है

C. (A) सही है लेकिन (R) गलत है

D. (A) गलत है लेकिन (R) सही है

Q.112 "श्रमिक वर्ग को पूंजीवादी समाजों में एकीकृत करें, जिससे उन्हें एक कट्टरपंथी या क्रांतिकारी ताकत बनने की संभावना कम हो जाती है"। यह कथन इस से संबंधित है:

A. राजनीतिक दलों

B. रूचि के समूह

C. व्यापर संघ

D. पीर समूह

Q.113 ए. आर. देसाई के अनुसार, राष्ट्रवाद के विकास का दूसरा चरण (1885 से 1905 तक) इसकी विशेषता है:

A. उद्योग का विकास

B. समाजवाद का प्रभाव

C. किसानों की भागीदारी

D. घर का नियम

Q.114 सूची - I और सूची - II का सही मिलान कीजिए और विकल्पों में से सही उत्तर का चयन कीजिए।

सूची- I	सूची- II
(A) होमोहिएरिकस	(i) जी.एस. घुर्या
(B) ह्यूमन सोसाइटी	(ii) योगेंद्र सिंह
(C) मॉडर्नाइजेशन ऑफ इंडियन ट्रेडिशन	(iii) लूइस ड्यूमॉन्ट
(D) कास्ट, क्लास एंड ऑक्यूपेशन	(iv) किंग्सले डेविस

A. a-(i), b-(ii), c-(iii), d-(iv)

B. a-(ii), b-(iii), c-(iv), d-(i)

C. a-(iii), b-(iv), c-(ii), d-(i)

D. a-(iv), b-(ii), c-(i), d-(iii)

Q.115 नीचे दिए गए दो कथन हैं ---- अभिकथन (A) और कारण (R)। कोड से सही उत्तर चुनें:

अभिकथन (A): भारत में 'दहेज हत्या' की समस्या आम तौर पर 'उभरते शहरी मध्यम वर्ग' के बीच प्रचलित है।

कारण (R): विरासत का कानून भारत में महिलाओं के खिलाफ भेदभावपूर्ण है।

कोड:

A. दोनों (A) और (R) गलत हैं

B. (A) सही है, लेकिन (R) गलत है

C. दोनों (A) और (R) सही हैं और (R) सही विवरण नहीं है (A) का

D. (A) सही है और (R) सही विवरण है (R) का

Q.116 सूची- II के साथ सूची- I का मिलान करें और सूचियों के नीचे दिए गए कोड से सही उत्तर चुनें:

सूची- I (परिवर्तन का सिद्धांत)	सूची- II
(A) चक्रीय	(i) कार्ल मार्क्स और डेहरेंडॉर्फ़
(B) रैखिक-विकासवादी	(ii) ए. खिलौनाबी
(C) द्वंद्वात्मक	(iii)के. डेविस और डब्ल्यू.ई.मूर
(D) कार्यात्मक	(iv) अगस्टे कॉम्टे

A, B, C और D क्रमशः हैं।

A. (iii) (iv) (i) (ii)

B. (ii) (iv) (i) (iii)

C. (iv) (i) (iii) (ii)

D. (i) (ii) (iii) (iv)

Q.117 शिक्षा पर एक नई नीति के तहत विज्ञान और प्रौद्योगिकी के विकास को बढ़ावा देने के लिए, क्या कदम उठाया गया?

A. स्कूल पाठ्यक्रम में हिंदी को शामिल करना

B. स्कूल पाठ्यक्रम में संस्कृत को शामिल करना

C. स्कूल पाठ्यक्रम में विज्ञान और गणित को शामिल करना

D. स्कूल पाठ्यक्रम में कंप्यूटर साक्षरता कार्यक्रम को शामिल करना

Q.118 नीचे दिए गए दो कथन हैं, एक को अभिकथन (A) के रूप में और दूसरे को कारण (R) के रूप में लेबल किया गया है:

अभिकथन (A): सकल घरेलू उत्पाद (जी. डी. पी.) अधिक दर से बढ़ना सामाजिक विकास का सही संकेत नहीं है।

कारण (R): यह केवल जी. डी. पी. में वृद्धि को दर्शाता है, लेकिन विभिन्न स्तरों के बीच वितरण का इसका प्रतिरूप नहीं।

A. दोनों (A) और (R) सही हैं लेकिन (R) (A) की सही व्याख्या है

B. दोनों (A) और (R) सही हैं, लेकिन (R) (A) का सही स्पष्टीकरण नहीं है

C. (A) सही है लेकिन (R) गलत है

D. (A) गलत है लेकिन (R) सही है

Q.119 निम्नलिखित में से कौन सामाजिक डार्विनवाद में विश्वास करता है?

A. विसरणवादी

B. विकासवादी

C. कार्यानुरूप   **D.** ऊपर के सभी

Q.120 सामाजिक प्रणाली का टैल्कॉट पार्सन्स विश्लेषण, के सिद्धांत पर आधारित है
A. प्रकट समारोह
B. श्रम या कार्य का विभाजन
C. समस्थिति
D. क्रियात्मक एकता

Q.121 अपनी पुस्तक "द स्ट्रक्चर ऑफ सोशल एक्शन" की शुरुआत बयानबाजी वाले सवाल "हु नाउ रीड्स स्पेंसर " से हुई?
A. दुर्खीम   **B.** पार्सन्स   **C.** वेबर   **D.** परेटो

Q.122 फेनोमेनोलॉजी एक कट्टरपंथी विकल्प है:
A. प्रत्यक्षवाद   **B.** उद्विकास का सिद्धांत
C. व्यावहारिकता   **D.** प्रसारवाद

Q.123 आत्महत्या के लिए दुर्खीम का अध्ययन हमें समझने में मदद करता है:
a. व्यक्ति पर समाज की पकड़।
b. समाज पर व्यक्ति की पकड़।
c. विभिन्न समाजों की आत्महत्या की दर।
d. किसी समाज के सामाजिक एकीकरण की डिग्री।
A. (b) और (c)   **B.** (a) और (b)
C. (a) और (d)   **D.** (b) और (d)

Q.124 मर्टन के समाज के कार्यात्मक विश्लेषण में निम्नलिखित में से कौन सी अवधारणाएं केंद्रीय हैं?
A. कार्य और रोग
B. संरचनात्मक तत्व और कार्यात्मक
C. विषय और उद्देश्य अभिव्यक्ति
D. प्रकट और अव्यक्त कार्य
A. (A) और (C)   **B.** (B) और (D)
C. (A) और (C)   **D.** (A) और (D)

Q.125 विश्व संरक्षण निगरानी केंद्र, संयुक्त राष्ट्र पर्यावरण कार्यक्रम की जैव विविधता सूचना और मूल्यांकन शाखा किस पर स्थित है?
A. कैंब्रिज   **B.** न्यूयॉर्क   **C.** जिनेवा   **D.** पेरिस

Q.126 किसने कहा है कि मानव मन की मूल विशेषताएं सामाजिक संरचना की संभावित किस्मों का निर्धारण करती हैं?
A. जीन-पॉल चार्ल्स   **B.** सिग्फ्रेड फ्रेडरिक नडेल
C. जॉर्ज पीटर मडॉक   **D.** क्लाउड लेवी-स्ट्रॉस

Q.127 जो संस्कृति के संदर्भ में सही नहीं है?
A. संस्कृति का तात्पर्य गैर भौतिकता से है जबकि सभ्यता भौतिक पहलुओं से
B. संस्कृति और सभ्यता एक ही सिक्के के दो चेहरे हैं
C. संस्कृति संस्कारित होती है
D. संस्कृति वह है जो हमारे पास है जबकि सभ्यता वह है जो हम हैं

Q.128 एक व्यक्ति, एक जीव के रूप में, जन्म के समय ऐसा नहीं होता है जो समाजीकरण की प्रक्रिया के लिए प्रासंगिक हो?
A. क्षमता   **B.** सहज ज्ञान   **C.** अभिवृत्ति   **D.** सजगता

Q.129 निम्नलिखित में से कौन सा दृश्य सामाजिक परिवर्तन का सबसे पुराना दृष्टिकोण है?
A. विकासवादी   **B.** रैखिक
C. द्वंद्वात्मक   **D.** चक्रीय

Q.130 भारत में जाति व्यवस्था की उत्पत्ति में निम्नलिखित में से किसने 'माना' विश्वास को एक प्रमुख कारक के रूप में स्पष्ट किया है?
A. हट्टन   **B.** आईबेटसन
C. नेसफील्ड   **D.** रिजले

Q.131 निम्नलिखित में से कौन सा उद्योगों और घरों में पूर्ण जल पुनर्चक्रण द्वारा शून्य तक कम किया जा सकता है?
1. नीले पानी का पदचिह्न
2. ग्रे पानी पदचिह्न
3. हरे पानी का पदचिह्न
नीचे दिए गए कोड से सही विकल्प का चयन करें।
A. केवल 1 & 2   **B.** केवल 2 और 3
C. केवल 1 और 3   **D.** 1, 2 और 3

Q.132 कौन तर्क देता है कि परिवार कारखाने हैं, जो मानव व्यक्तित्व का उत्पादन करते हैं?
A. टी पार्सन्स   **B.** डी एच जे मॉर्गन
C. एम जी स्मिथ   **D.** जी पी मडॉक

Q.133 किसने 'बोर्न क्रिमिनल' की अवधारणा दी है?
A. सदरलैंड   **B.** लोम्ब्रोसो   **C.** टार्ड   **D.** गिल्लिन

Q.134 व्याख्यात्मक दृष्टिकोण 'कि, सामाजिक क्रियाओं को सामाजिक अभिनेताओं के दृष्टिकोण से समझने की कोशिश करते हैं।
A. सामाजिक दर्शन और घटना
B. कल्चरोलॉजी और नृवंशविज्ञान
C. फेनोमेनोलॉजी और एथ्नोमेथोडोलॉजी
D. नव-मार्क्सवाद और घटना

Q.135 निम्नांकित में से किस समाजशास्त्री ने औपचारिक तार्किकता के 'लौह पिंजरे' की व्याख्या की है?
A. वी. परैटो   **B.** जे. हैबरमॉस
C. के. डेविस   **D.** मैक्स वेबर

Q.136 सामाजिक संस्कृति एक संकेतक है:
A. सामाजिक समानता का
B. सामाजिक असमानता का
C. सामाजिक न्याय का
D. विवरणात्मक न्याय का

Q.137 मार्क्स के लिए, मानव क्षमता का एहसास होता है:
A. पूंजीवादी चरण के उत्पादों के दौरान
B. जब लोकतंत्र को संस्थागत रूप दिया जाता है
C. आदिम अवस्था के दौरान
D. उत्पाद के वस्तुकरण में

Q.138 निम्नलिखित में से कौन बाघ रेंज देशों में से एक नहीं है?
1. बांग्लादेश
2. कंबोडिया
3. भारत
4. मालदीव
नीचे दिए गए कोड से सही उत्तर का चयन करें।
A. केवल 1 और 2   **B.** केवल 3 और 4
C. केवल 4   **D.** केवल 4 और 5

Q.139 यूनेस्को की विश्व धरोहर स्थल "प्रोसेको हिल्स ऑफ कोनग्लियानो और वल्डोबैडीन" निम्नलिखित में से किस देश में स्थित है?
A. फ्रांस   **B.** स्पेन   **C.** इटली   **D.** जर्मनी

Q.140 "अगर पुरुष होते तो हमारी जंजीरों को काटते। वे हमें अधिक तेज़नज़र बेटियों, अधिक वफादार पत्नियों, एक शब्द में बेहतर नागरिक मिलेंगे" निम्न में से किस नारीवादी विचारक ने ये बयान दिए:

A. रॉबर्ट ओवेन

B. मैरी वोल्स्टनक्राफ्ट

C. हैरियट टेलर

D. विलियम थॉम्पसन

Q.141 क्या मार्क्सवादी नारीवाद के संदर्भ में महिलाओं के उत्पीड़न की व्याख्या करता है?

A. वर्ग और लिंग उत्पीड़न

B. वर्ग उत्पीड़न

C. पितृसत्ता की व्यापकता

D. प्रजनन उत्पीड़न

Q.142 किसने कहा? "सभी कारण, सामाजिक और प्राकृतिक, यह इस बात की संभावना नहीं है कि महिलाओं को सामूहिक रूप से पुरुषों की शक्ति के प्रति विद्रोही होना चाहिए। वे अब तक अन्य सभी विषय वर्गों से अलग स्थिति में हैं, कि उनके स्वामी को वास्तविक सेवा की तुलना में उनसे कुछ अधिक की आवश्यकता होती है। पुरुष केवल महिलाओं की आज्ञाकारिता नहीं चाहते हैं, वे उनकी भावनाओं को चाहते हैं "।

A. बेंथम

B. ऐंगल्स

C. मार्क्स

D. जे.एस. मिल

Q.143 "समाजशास्त्र का एक लंबा अतीत है लेकिन इतिहास बहुत छोटा है।" यह किसके द्वारा कहा गया है?

A. बोटोमीर **B.** बीएसटी **C.** बीयरस्टीड **D.** जॉनसन

Q.144 कौन तर्क देता है कि 'परिवार ऐसे कारखाने हैं जो मानव व्यक्तित्व का निर्माण करते हैं'?

A. एम.जी. स्मिथ

B. डी.एच.जे. मार्गेन

C. जी.पी. मडॉक

D. टी. पार्सन्स

Q.145 जिन समूहों से व्यक्ति अपने व्यवहार और सांस्कृतिक मानदंडों को प्राप्त करता है, उन्हें कहा जाता है:

A. सांस्कृतिक समूह

B. सजातीय समूह

C. संदर्भ समूह

D. होने वाले समूह

Q.146 निम्नलिखित समाजशास्त्रियों में से कौन अपना दृष्टिकोण देता है कि विवाह एक आदिम आदत से विकसित होने की पूरी संभावना है?

A. मालिनोवस्की

B. मॉर्गन

C. वेस्टरमार्क

D. मडॉक

Q.147 यह बगीचों की परतों पर परतों से बनी एक संरचना है जिसमें पौधों, पेड़ों और लताओं की कई प्रजातियां शामिल हैं।

A. हैंगिंग ब्रिज

B. हैंगिंग कॉफिन

C. हैंगिंग गार्डन्स

D. इनमें से कोई नहीं

Q.148 रैडक्लिफ ब्राउन के अनुसार, एक कबीला एक ________ है।

A. एकतरफा समूह

B. अफ़ाइनल ग्रुप

C. रूढ़िवादी समूह

D. संपार्श्विक समूह

Q.149 समाजशास्त्र पर "द स्पेशलिस्ट सिस्टम" और "जनरल ट्रीटिस" किसके द्वारा लिखा गया था:

A. मैक्स वेबर

B. विल्फ्रेडो पारेतो

C. चार्ल्स एच. कूली

D. इनमें से कोई नहीं

Q.150 जब समाजशास्त्री समाज में परतों की संरचना और उनके बीच लोगों की आवाजाही का अध्ययन करते हैं, तो वे इसे कहते हैं:

A. सामाजिक स्तरीकरण

B. सामाजिक नियंत्रण

C. सामाजिक संघर्ष

D. सामाजिक समन्वय

// स्मार्ट उत्तर पुस्तिका //

सही उत्तर उन छात्रों का प्रतिशत जिन्होंने प्रश्नों का सही उत्तर दिया था। **छोड़ दिया** उन छात्रों का प्रतिशत जिन्होंने प्रश्नों को छोड़ दिया था।

प्रश्न संख्या	उत्तर	सही उत्तर / छोड़ दिया	प्रश्न संख्या	उत्तर	सही उत्तर / छोड़ दिया	प्रश्न संख्या	उत्तर	सही उत्तर / छोड़ दिया	प्रश्न संख्या	उत्तर	सही उत्तर / छोड़ दिया	प्रश्न संख्या	उत्तर	सही उत्तर / छोड़ दिया
1	D	17.39 % / 3.62 %	17	D	20.29 % / 64.49 %	33	B	13.04 % / 64.5 %	49	B	9.42 % / 65.22 %	65	A	18.84 % / 60.87 %
2	D	30.43 % / 60.87 %	18	C	17.39 % / 63.77 %	34	C	15.22 % / 65.21 %	50	B	16.67 % / 64.49 %	66	C	20.29 % / 60.87 %
3	D	20.29 % / 62.32 %	19	B	6.52 % / 62.32 %	35	B	19.57 % / 65.21 %	51	D	38.41 % / 57.97 %	67	C	18.12 % / 60.87 %
4	C	16.67 % / 62.32 %	20	C	19.57 % / 62.31 %	36	B	17.39 % / 64.49 %	52	C	7.25 % / 59.42 %	68	C	33.33 % / 60.87 %
5	C	18.12 % / 62.31 %	21	D	27.54 % / 62.32 %	37	D	12.32 % / 66.67 %	53	B	10.14 % / 59.43 %	69	A	36.96 % / 60.87 %
6	B	26.09 % / 62.32 %	22	A	15.22 % / 62.32 %	38	D	7.25 % / 67.39 %	54	A	23.19 % / 59.42 %	70	B	16.67 % / 60.87 %
7	C	25.36 % / 62.32 %	23	A	28.99 % / 62.31 %	39	A	15.22 % / 68.11 %	55	C	23.19 % / 59.42 %	71	C	16.67 % / 60.87 %
8	A	24.64 % / 62.32 %	24	A	14.49 % / 62.32 %	40	A	10.87 % / 67.39 %	56	C	18.12 % / 59.42 %	72	D	23.91 % / 60.87 %
9	A	10.87 % / 62.32 %	25	C	22.46 % / 62.32 %	41	B	15.22 % / 67.39 %	57	B	22.46 % / 60.15 %	73	D	18.12 % / 61.59 %
10	C	21.01 % / 62.32 %	26	A	28.99 % / 62.31 %	42	B	16.67 % / 66.66 %	58	D	16.67 % / 60.87 %	74	D	26.09 % / 60.87 %
11	C	22.46 % / 62.32 %	27	D	15.94 % / 63.77 %	43	A	26.81 % / 64.49 %	59	C	26.81 % / 60.87 %	75	B	28.99 % / 60.87 %
12	D	25.36 % / 62.32 %	28	C	26.09 % / 63.04 %	44	B	11.59 % / 64.5 %	60	A	23.91 % / 60.87 %	76	C	23.91 % / 60.87 %
13	A	27.54 % / 63.04 %	29	A	13.77 % / 65.22 %	45	A	22.46 % / 64.5 %	61	C	19.57 % / 60.86 %	77	C	16.67 % / 60.87 %
14	A	18.84 % / 63.04 %	30	C	14.49 % / 66.67 %	46	A	13.04 % / 64.5 %	62	D	29.71 % / 60.87 %	78	A	23.19 % / 61.59 %
15	A	23.91 % / 63.05 %	31	D	28.26 % / 64.49 %	47	A	21.01 % / 65.22 %	63	C	26.09 % / 60.87 %	79	B	27.54 % / 60.87 %
16	D	18.84 % / 63.04 %	32	B	15.94 % / 64.49 %	48	D	23.91 % / 64.5 %	64	B	26.81 % / 60.87 %	80	D	11.59 % / 60.87 %

प्रश्न संख्या	उत्तर	सही उत्तर / छोड़ दिया
81	A	7.25 % / 60.87 %
82	D	35.51 % / 60.87 %
83	C	32.61 % / 60.87 %
84	C	18.12 % / 60.87 %
85	D	18.84 % / 60.87 %
86	B	5.8 % / 60.87 %
87	C	23.19 % / 60.87 %
88	A	32.61 % / 60.87 %
89	C	15.94 % / 60.87 %
90	C	10.14 % / 60.87 %
91	B	13.04 % / 61.6 %
92	C	15.94 % / 60.87 %
93	D	3.62 % / 61.6 %
94	A	17.39 % / 60.87 %

प्रश्न संख्या	उत्तर	सही उत्तर / छोड़ दिया
95	A	29.71 % / 60.87 %
96	D	16.67 % / 60.87 %
97	C	28.26 % / 60.87 %
98	A	30.43 % / 60.87 %
99	B	28.99 % / 60.87 %
100	C	14.49 % / 60.87 %
101	C	17.39 % / 61.6 %
102	D	26.09 % / 61.59 %
103	A	23.19 % / 61.59 %
104	A	28.26 % / 61.6 %
105	A	31.88 % / 61.6 %
106	A	23.91 % / 61.6 %
107	A	27.54 % / 61.59 %
108	C	23.19 % / 61.59 %

प्रश्न संख्या	उत्तर	सही उत्तर / छोड़ दिया
109	D	18.12 % / 61.59 %
110	A	18.12 % / 61.59 %
111	A	31.16 % / 61.59 %
112	C	27.54 % / 61.59 %
113	A	14.49 % / 61.6 %
114	C	18.84 % / 61.59 %
115	B	13.77 % / 61.59 %
116	A	7.97 % / 61.6 %
117	C	6.52 % / 61.6 %
118	B	12.32 % / 61.59 %
119	B	25.36 % / 61.6 %
120	C	17.39 % / 61.6 %
121	B	27.54 % / 61.59 %
122	A	22.46 % / 61.6 %

प्रश्न संख्या	उत्तर	सही उत्तर / छोड़ दिया
123	A	8.7 % / 61.59 %
124	D	26.09 % / 61.59 %
125	A	4.35 % / 61.59 %
126	D	18.84 % / 61.59 %
127	A	13.77 % / 61.59 %
128	C	28.26 % / 61.6 %
129	A	27.54 % / 61.59 %
130	A	14.49 % / 61.6 %
131	A	4.35 % / 61.59 %
132	A	19.57 % / 61.59 %
133	B	23.91 % / 61.6 %
134	C	28.99 % / 61.59 %
135	D	23.91 % / 61.6 %
136	B	7.25 % / 61.59 %

प्रश्न संख्या	उत्तर	सही उत्तर / छोड़ दिया
137	D	16.67 % / 61.59 %
138	C	23.19 % / 61.59 %
139	C	17.39 % / 61.6 %
140	B	18.12 % / 62.31 %
141	A	14.49 % / 61.6 %
142	D	5.07 % / 61.6 %
143	C	15.22 % / 61.59 %
144	D	8.7 % / 83.33 %
145	C	10.87 % / 83.33 %
146	C	7.97 % / 83.33 %
147	C	14.49 % / 83.34 %
148	C	7.97 % / 83.33 %
149	B	7.97 % / 83.33 %
150	A	12.32 % / 83.33 %

//संकेत और समाधान//

1. मूल्यांकन किसी दिए गए उद्देश्य के लिए सामग्री के मूल्य का न्याय करने की क्षमता से संबंधित है। निर्णय विशिष्ट मानदंडों के आधार पर होते हैं जो आंतरिक मानदंड (संगठन) या बाहरी मानदंड (उद्देश्य के लिए प्रासंगिकता) हो सकते हैं। संज्ञानात्मक क्षमता अलग-अलग मानसिक गतिविधियों को करने के लिए एक व्यक्ति की क्षमता है जो ज्यादातर सीखने और समस्या को सुलझाने के साथ जुड़ा हुआ है। इसलिए, मूल्यांकन संज्ञानात्मक क्षमता का उच्चतम स्तर है।

अतः विकल्प (D) सही है।

2. यदि आपकी कक्षा के अधिकांश छात्र कमजोर हैं, तो आपको अपने शिक्षण को धीमी गति से करने के लिए, कुछ अतिरिक्त मार्गदर्शन के साथ उज्ज्वल विद्यार्थियों के साथ रखना चाहिए।

अतः विकल्प (D) सही है।

3. शिक्षण प्रक्रिया क्रम में -

(iv) उद्देश्यों का निर्माण

(i) पिछले ज्ञान के साथ वर्तमान ज्ञान से संबंधित है

(v) सामग्रियों की प्रस्तुति

(ii) मूल्यांकन

(iii) पुनः प्राप्त करना

अतः विकल्प (D) सही है।

4. समीपस्थ विकास का क्षेत्र (कभी-कभी संक्षिप्त रूप से ZPD), यह अंतर है कि एक शिक्षार्थी बिना मदद के क्या कर सकता है और वह मदद से क्या कर सकता है। यह सोवियत मनोवैज्ञानिक और सामाजिक रचनाकार लेव वायगोत्स्की (1896 - 1934) द्वारा विकसित एक अवधारणा है। व्यगोत्स्की ने ZPD को व्यक्तिगत समस्या समाधान द्वारा निर्धारित वास्तविक विकास स्तर और वयस्क ज्ञान के तहत समस्या-समाधान के माध्यम से निर्धारित संभावित विकास के स्तर या अधिक जानकार साथियों के साथ सहयोग के रूप में भी वर्णित किया।

अतः विकल्प (C) सही है।

5. इसमें अभिकथन सही है लेकिन कारण गलत है। प्रभावी शिक्षण के लिए, एक शिक्षक को शिक्षण मॉडल का अच्छा ज्ञान होना चाहिए और छात्रों और विषय की आवश्यकताओं को ध्यान में रखते हुए उपयुक्त मॉडल का चयन करना चाहिए। ये मॉडल रुचि, रचनात्मकता, प्रेरणा और नवाचारों को बढ़ाने में मदद करते हैं। विभिन्न प्रकार के मॉडल हैं: -

- सामाजिक संपर्क मॉडल

- व्यवहार परिवर्तन मॉडल

- व्यक्तिगत आधार मॉडल

- सूचना प्रसंस्करण मॉडल

अतः विकल्प (C) सही है।

6. एक शिक्षक के संबंध में निम्नलिखित सभी कथन सही हैं सिवाय इसके कि छात्रों को जो पता है वही सिखाता है। यह कथन शिक्षण विधि में नहीं आता है।

अतः विकल्प (B) सही है।

7. समस्या की पहचान अनुसंधान प्रक्रिया शुरू करने का पहला कदम है।अनुसंधान एक जांच है जिसमें ज्ञान, संस्कृति और समाज के भंडार को बढ़ाने के लिए व्यवस्थित और तार्किक आधार पर किए गए रचनात्मक कार्य शामिल हैं।

यह परिकल्पना के सत्यापन, डेटा विश्लेषण, व्याख्या और सिद्धांतों के निर्माण से संबंधित है और ज्ञान (अनुसंधान) के इस स्टॉक का उपयोग करके नए अनुप्रयोगों को तैयार किया जा रहा है। शोध प्रक्रिया शुरू करने में पहला कदम समस्या की पहचान है।

अतः विकल्प (C) सही है।

8. जब जनसंख्या बढ़ रही है और खाद्यान्न घट रहा है तो सहसंबंध नकारात्मक होगा, शून्य सहसंबंध का मतलब है कि चर एक दूसरे से स्वतंत्र हैं और सकारात्मक सहसंबंधों में, दोनों चर में एक सीधा संबंध देखा जाता है।

अतः विकल्प (A) सही है।

9. जीन पियाजे ने मौलिक अनुसन्धान के आधार पर मानव विकास का संज्ञानात्मक सिद्धांत दिया। जीन पियाजे का संज्ञानात्मक विकास का सिद्धांत मानव बुद्धि की प्रकृति और विकास के बारे में एक व्यापक सिद्धांत है। पियाजे सिद्धांत चार चरणों यानी सेंसरिमोटर स्टेज, प्रीऑपरेशनल स्टेज, कंक्रीट ऑपरेशनल स्टेज और फॉर्मल ऑपरेशन स्टेज पर आधारित है।

मौलिक अनुसंधान का उद्देश्य प्राकृतिक घटनाओं की बेहतर समझ के लिए वैज्ञानिक सिद्धांतों में सुधार करना है। पियाजे का विचार उनके मौलिक शोध पर आधारित है।

अतः विकल्प (A) सही है।

10. गुणात्मक अनुसंधान में नीचे-ऊपर अनुभवजन्य साक्ष्य के साथ डेटा संग्रह की कई विधियाँ हैं, जिनमें अवलोकन, पाठ्य या दृश्य विश्लेषण (जैसे किताब या वीडियो से) और साक्षात्कार (व्यक्तिगत या समूह) शामिल हैं। हालांकि, सबसे आम तरीकों का इस्तेमाल किया जाता है, खासकर स्वास्थ्य सेवा अनुसंधान में, साक्षात्कार और फोकस समूह होते हैं।

अतः विकल्प (C) सही है।

11. हमारा ज्ञान कुछ कहानियों का संग्रह है जो जीवित रहते हैं।

(दूसरी पंक्ति में संदर्भ पंक्ति: हमारा इतिहास, ज्ञान और समझ सभी कुछ कहानियों के संग्रह हैं जो जीवित हैं) ।

अतः विकल्प (C) सही है।

12. अनुच्छेद की पहली पंक्ति से, यह स्पष्ट है कि स्टोरी टेलिंग हमारे जीन में नहीं है। न ही यह एक विकासवादी इतिहास है। यह हमें मानव बनाता है का सार है।

(संदर्भ पंक्ति: कहानी कहना हमारे जीन में नहीं है। न तो यह एक विकासवादी इतिहास है। यह वही है जो मुझे मानव बनाता है।)

अतः विकल्प (D) सही है।

13. भविष्य आंशिक रूप से, संभवतः काफी हद तक निर्भर करेगा, जिन कहानियों पर हम सामूहिक रूप से विश्वास करना चुनते हैं।

(दूसरी पंक्ति में संदर्भ पंक्ति: इसमें वे कहानियाँ शामिल हैं जो हम एक-दूसरे को भविष्य के बारे में बताते हैं। और भविष्य कैसे बदल जाएगा, यह आंशिक रूप से, संभवतः बड़े पैमाने पर निर्भर करता है, जिन कहानियों पर हम सामूहिक रूप से विश्वास करना चुनते हैं)।

अतः विकल्प (A) सही है।

14. तर्कसंगत आशावादी यह दावा करने के लिए जाता है कि प्रतिस्पर्धा करना और सफल होना और दूसरों की कीमत पर लाभ प्राप्त करना भी मानव स्वभाव है, स्पष्ट रूप से यह विचार दें कि वे समझदार, हंसमुख हैं और स्वार्थी हैं और अवसरों की तलाश करते हैं।

(संदर्भ पंक्ति: वर्तमान में, इस प्रवृत्ति का नेतृत्व उन लोगों द्वारा किया जा रहा है, जो खुद को "तर्कसंगत आशावादी" कहते हैं। वे दावा करते हैं कि प्रतिस्पर्धा करना और सफल होना और दूसरों की कीमत पर लाभ उठाना भी मानव स्वभाव है। तर्कसंगत आशावादी हालांकि यह एहसास नहीं है कि मानवता ने सामाजिक नेटवर्क के माध्यम से ओवरटाइम कैसे आगे बढ़ाया है और कम

स्वार्थ में बड़े समूह कैसे काम करते हैं और इस प्रक्रिया में अमीर और गरीब, उच्च और निम्न समान हैं)।

अतः विकल्प (A) सही है।

15. तीसरे अनुच्छेद में, यह दिया गया है कि कम स्वार्थ में बड़े समूह कैसे काम करते हैं।

(संदर्भ पंक्ति: तर्कसंगत आशावादी, हालांकि यह महसूस नहीं करते कि मानवता ने सामाजिक नेटवर्क के माध्यम से ओवरटाइम कैसे आगे बढ़ाया है और कैसे बड़े समूह कम स्वार्थ में काम करते हैं और इस प्रक्रिया में अमीर और गरीब, उच्च और निम्न एक जैसे होते हैं)।

अतः विकल्प (A) सही है।

16. पर्यावरण के साथ रहने वाले जीवों के अध्ययन को पारिस्थितिकी के रूप में जाना जाता है। पारिस्थितिकी जीवों और पर्यावरण के बीच संबंधों का अध्ययन है। यह एक दूसरे के साथ रहने वाले जीवों की बातचीत से भी संबंधित है।

अतः विकल्प (D) सही है।

17. प्रकाश, प्रकाश संश्लेषण और प्रजनन की तरह पौधों में वृद्धि की प्रक्रिया को प्रभावित करता है। प्रकाश की तरंग दैर्ध्य और तीव्रता फूल प्रेरण, पौधे की गति और बीज के अंकुरण में प्रमुख भूमिका निभाते हैं और प्रकाश की अवधि फूलने और फलने को नियंत्रित करती है।

अतः विकल्प (D) सही है।

18. माइक्रोक्लाइमेट पौधे और जानवरों के तत्काल परिवेश की जलवायु स्थिति को संदर्भित करता है जबकि माइक्रोक्लाइमेट एक बड़े क्षेत्र या स्थानीय, वैश्विक और क्षेत्रीय स्तर पर जलवायु पैटर्न है।

अतः विकल्प (C) सही है।

19. संचार भावनाओं, विचारों, ज्ञान और सूचना का आदान-प्रदान है, या तो बोल, लेखन, संकेत या व्यवहार के द्वारा और संगठन की सफलता के लिए, प्रभावी संचार सभी स्तरों पर एक आवश्यक घटक है। इस प्रभावी संचार को प्रदर्शन रिकॉर्ड्स, छात्र की उपस्थिति और संचार चैनल के माध्यम से पता लगाया जा सकता है।

अतः विकल्प (B) सही है।

20. एक शिक्षक का आत्मविश्वासपूर्ण रुख छात्रों के दिलों को जीतने के लिए पर्याप्त है। एक शिक्षक अपने विषय के अच्छे ज्ञान से आश्वस्त हो जाता है। छात्रों से सम्मान और आज्ञाकारिता सुनिश्चित करने के लिए आक्रामक स्वर और प्राधिकरण के अभ्यास की आवश्यकता नहीं है।

अतः विकल्प (C) सही है।

21. उपदेश- यह एक प्रत्यक्ष शिक्षण विधि नहीं है। प्रवचन एक भाषण या किसी विशेष, आमतौर पर गंभीर, विषय के बारे में लिखने का एक टुकड़ा है।

अभिव्यक्ति- शिक्षण पद्धति जो प्रदर्शित करती है और बताती है कि कुछ कैसे किया जाता है।

चर्चा- चर्चा में दोतरफा संवाद होता है। कक्षा की स्थिति में, एक प्रशिक्षक और प्रशिक्षु सभी चर्चा में भाग लेते हैं।

शिक्षण- शिक्षा का एक तरीका जिसमें एक प्रशिक्षक सीधे एक व्यक्तिगत छात्र के साथ काम करता है।

अतः विकल्प (D) सही है।

22. आधुनिक भारतीय साहित्य एक निर्विचित है क्योंकि यह अध्ययन के क्षेत्र से परे किसी अन्य क्षेत्र का अध्ययन करने के लिए अनुमति दे रहा है।

अतः विकल्प (A) सही है।

23. व्याख्यान सुनना, सूचना सुनने की प्रक्रिया है जो एक व्यक्ति के संदेश को समझने की क्षमता पर केंद्रित है। यह रोजमर्रा की जिंदगी का एक बहुत बड़ा हिस्सा है, और सूचनात्मक सुनने की अवधारणा को समझने में विफल रहने से किसी के जीवन की गुणवत्ता और समाज में उनके योगदान के लिए बहुत हानिकारक हो सकता है।

अतः विकल्प (A) सही है।

24. महात्मा गांधी अंतरराष्ट्रीय हिंदी विश्वविद्यालय वर्धा, महाराष्ट्र, भारत में स्थित एक केंद्रीय विश्वविद्यालय है। विश्वविद्यालय संसद के एक अधिनियम के माध्यम से शुरू हुआ, जिसे 8 जनवरी 1997 को राष्ट्रपति की सहमति प्राप्त हुई। अधिनियम का उद्देश्य शिक्षण और अनुसंधान के माध्यम से हिंदी भाषा और साहित्य के प्रचार और विकास के लिए एक शिक्षण विश्वविद्यालय की स्थापना और समावेश करना था। एक प्रमुख अंतरराष्ट्रीय भाषा के रूप में हिंदी को अधिक कार्यात्मक दक्षता और मान्यता प्राप्त करने में सक्षम बनाने के लिए एक दृष्टिकोण।

अतः विकल्प (A) सही है।

25. दिया है, 50 संख्याओं का औसत $= 38$

तब, 50 संख्याओं का योग $= 38 \times 50 = 1900$

यदि दो संख्याएं 45 और 55 को छोड़ दिया जाय

तो, बाकी बचे 48 संख्याओं का योग $= 1900 - (45 + 55)$

$= 1800$

$\therefore$ आवश्यक औसत $= \left(\dfrac{1800}{48}\right)$

$= 37.5$

अतः विकल्प (C) सही है।

26. इस प्रकार की समस्याओं में BODMAS के नियम हमेशा लागू करें। इस समस्या में गुणन पहले किया जाएगा और फिर जोड़ और अंत में घटाव का संचालन आएगा, अर्थात् $9 + 6 \times 3 = 27$.

अतः विकल्प (A) सही है।

27. अनुपचारित मल अपशिष्ट जल को संदर्भित करता है जिसमें हानिकारक जलजनित रोगजनक और बैक्टीरिया होते हैं और जो अभी तक मल उपचार संयंत्र से नहीं गुजरे हैं। कच्चे मल टूटे हुए टॉयलेट पाइप, ओवरस्पील्स, उद्योग रिसाव और भारी तूफान से उत्पन्न होते हैं।

अतः विकल्प (D) सही है।

28. प्रश्न में दिए गए संबंध का विश्लेषण इस प्रकार किया जा सकता है:

बहन का भाई - भाई;

भाई के पिता - पिता;

पिता का पुत्र - भाई;

तो वह अंजलि का भाई हैं।

अतः विकल्प (C) सही है।

29. यह देखते हुए कि 52% उम्मीदवार अंग्रेजी में विफल रहे,

42% गणित में विफल रहे और 17% दोनों विषयों में असफल रहे। माना,

$n(A) = 52\%, n$

$(B) = 42\%$

इस प्रकार एक या दोनों विषयों में फेल होने वाले छात्रों की संख्या =
$(52 + 42 - 17)\% = \% \ 77\%$

इसलिए उत्तीर्ण प्रतिशत = 23%

अतः विकल्प (A) सही है।

30. वर्धा शिक्षा योजना बेसिक शिक्षा या नई तालीम का दूसरा नाम है। शिक्षा की वर्धा योजना, जिसे 'बेसिक शिक्षा' के रूप में जाना जाता है, भारत में प्रारंभिक शिक्षा के क्षेत्र में एक अद्वितीय स्थान रखती है। यह योजना हमारे राष्ट्र के पिता महात्मा गांधी द्वारा ब्रिटिश भारत में शिक्षा की एक स्वदेशी योजना विकसित करने का पहला प्रयास था।

अतः विकल्प (C) सही है।

31. सूचना प्रौद्योगिकी से तात्पर्य कई प्रकार की सूचनाओं के भंडारण, पुनः प्राप्ति, प्रसंस्करण और वितरण के लिए हार्डवेयर और सॉफ्टवेयर के उपयोग से है।

सूचना के संचालन तथा संसाधन के लिए वैज्ञानिक, प्रौद्योगिकीय तथा अभियांत्रिकीय विधाओं तथा प्रबंधन तकनीकों का प्रयोग एवं अनुप्रयोग, सामाजिक, आर्थिक एवं सांस्कृतिक मामलों में मानव एवं मशीन के बीच अंतर-क्रिया"।

अतः विकल्प (D) सही है।

32. एकलव्य प्रौद्योगिकी चैनल आईआईटी और इग्नू के बीच एक संयुक्त उपक्रम है। 26 जनवरी, 2003 को प्रो मुरली मनोहर जोशी, माननीय मंत्री, मानव संसाधन विकास, विज्ञान एवं प्रौद्योगिकी और महासागर विकास द्वारा इसका उद्घाटन किया गया था।

अतः विकल्प (B) सही है।

33. लंबा, पतला और मध्यम आयु वर्ग के विवरण के तत्व सबसे अधिक बार दोहराए जाते हैं और इसलिए इसका वर्णन सटीक होने की सबसे अधिक संभावना है।

अतः विकल्प (B) सही है।

34. उपरोक्त आकृति से, यह स्पष्ट है कि (1) और (3) एक दूसरे के विरोधाभासी हैं।

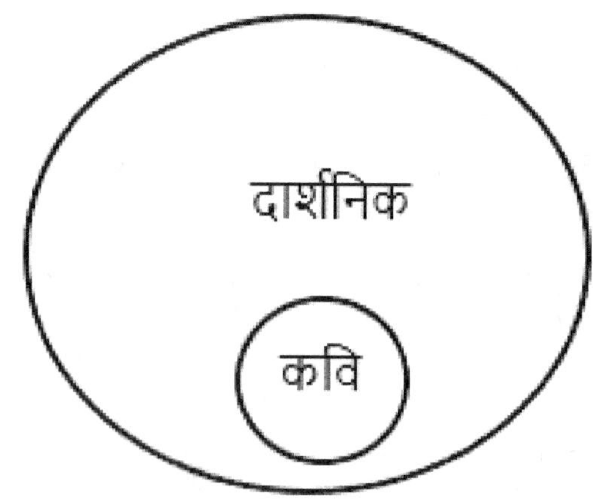

अतः विकल्प (C) सही है।

35. वेन आरेख सेट और प्रदर्शन के संचालन का प्रतिनिधित्व करने और विश्लेषण करने का एक प्रभावी तरीका है। वेन आरेखों का उपयोग करके हल की गई समस्याएं सेट और सेट ऑपरेशन के आधार पर समस्याएं हैं। वेन

आरेख तार्किक रूप से तर्कों का प्रतिनिधित्व करता है।

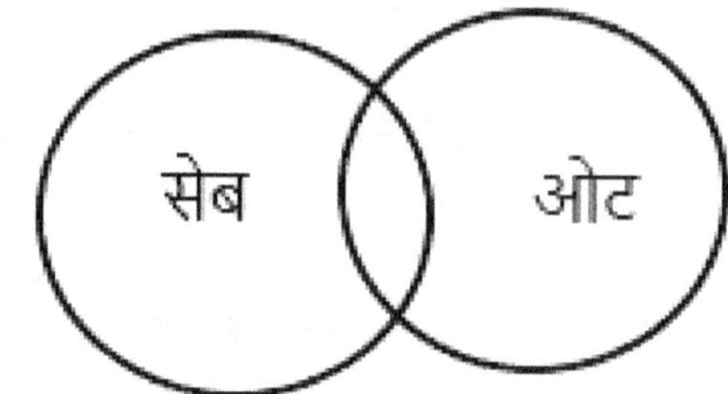

वेन आरेख में हमारी समझ को बढ़ाने के लिए मानक रूप का एक आदर्श प्रतिनिधित्व शामिल है। वे अंकन की एक स्पष्ट विधि प्रदान करते हैं।

अतः विकल्प (B) सही है।

36. P, Q, R और S ऐसे कथन हैं कि यदि P सत्य है, तो Q सत्य है और यदि R असत्य है, तो S असत्य है। P और Q समतुल्य कथन हैं।

अतः विकल्प (B) सही है।

37. $35 - 40$ साल में

औसत वेतन $= \dfrac{(40+35)}{2} = 37,\ 500$ प्रति माह

$40 - 45$ साल में

औसत वेतन $= \dfrac{35+35+50+30+45+45}{6} = \dfrac{240}{6} = 40,000$ प्रति माह

$45 - 50$ साल में

औसत वेतन $= \dfrac{50+50}{2}$

$= \dfrac{100}{2} = 50,000$ प्रति माह

$50 - 55$ साल में,

औसत वेतन $= \dfrac{45+60+55}{2} = 53,300$ प्रति माह

इसलिए, $50 - 55$ वर्ग के अंतराल वाले लोगों का अधिकतम औसत वेतन है।

अतः विकल्प (D) सही है।

38. बस उन लोगों की संख्या गिनें जिनकी उम्र $30 - 35$ साल के बीच है।

आवृत्ति $\dfrac{7}{20} \times = 35\%$

अतः विकल्प (D) सही है।

39. सूत्र का उपयोग करके,

औसत $=$ संख्याओं का योग / इकाइयों की संख्या

$= \dfrac{806}{20}$

$= 40.3$ वर्ष

अतः विकल्प (A) सही है।

40. वेतन पाने वाले कर्मचारियों का अंश (%) प्रति माह ≥ 40000:

(\%) प्राप्त करने वाले कर्मचारियों का $(\geq 40000) = \frac{9}{20} \times 100 = 45\%$

अतः विकल्प (A) सही है।

41. औसत वेतन $= \frac{35+35+50+30+45+45+50+50}{8} = \frac{340}{8}$

$= 42,500$ प्रति माह

अतः विकल्प (B) सही है।

42.

राष्ट्रीय बाल भवन (NBB) एक स्वायत्त संस्थान है, जो मानव संसाधन विकास मंत्रालय, भारत सरकार द्वारा संचालित और वित्त पोषित है जिसका मुख्यालय नई दिल्ली में है। इसकी स्थापना 1956 में प्रधानमंत्री, जवाहरलाल नेहरू ने की थी।

अतः विकल्प (B) सही है।

43. एक तर्क को औपचारिक रूप से वैध करार दिया जाता है यदि इसमें संरचनात्मक आत्म-संगति होती है, अर्थात जब परिसर के बीच संचालन सभी सही होते हैं, तो व्युत्पन्न निष्कर्ष हमेशा सही होता है। तीसरे उदाहरण में, प्रारंभिक परिसर तार्किक रूप से निष्कर्ष में परिणाम नहीं कर सकता है और इसलिए इसे अमान्य तर्क के रूप में वर्गीकृत किया गया है।

अतः विकल्प (A) सही है।

44. वर्चुअल मेमोरी एक बहुत बड़ी सेकेंडरी मेमोरी है। कंप्यूटिंग में, वर्चुअल मेमोरी (वर्चुअल मेमोरी भी) एक मेमोरी मैनेजमेंट तकनीक है जो "स्टोरेज संसाधनों का एक आदर्शीकृत अमूर्तता प्रदान करती है जो वास्तव में किसी दिए गए मशीन पर उपलब्ध होती है" जो "बहुत बड़ी (मुख्य) मेमोरी के उपयोगकर्ताओं के लिए भ्रम पैदा करती है"।

अतः विकल्प (B) सही है।

45. नेटवर्क में टोपोलॉजी भौतिक या तार्किक व्यवस्था है जिसमें नेटवर्क में प्रत्येक नोड जुड़ा हुआ है। नेटवर्किंग में बस, ट्री, रिंग, स्टार, मेश और हाइब्रिड टोपोलॉजी जैसी कई टोपोलॉजी हैं। कोई विशेष सर्वश्रेष्ठ टोपोलॉजी नहीं है और नेटवर्क के प्रकार के आधार पर एक उपयुक्त टोपोलॉजी को चुना जा सकता है।

अतः विकल्प (A) सही है।

46. स्टार टोपोलॉजी में, कोई भी कंप्यूटर दूसरे कंप्यूटर से सीधे जुड़ा नहीं होता है, लेकिन सभी कंप्यूटर एक केंद्रीय हब से जुड़े होते हैं। स्रोत कंप्यूटर से भेजा गया प्रत्येक संदेश हब और हब के माध्यम से जाता है, फिर संदेश केवल इच्छित गंतव्य कंप्यूटर पर अग्रेषित करता है।

अतः विकल्प (A) सही है।

47. सेमीकंडक्टर मेमोरी सबसे तेज़ प्रकार की मेमोरी है, जो कि एक डिजिटल इलेक्ट्रॉनिक डेटा स्टोरेज डिवाइस है, जिसे अक्सर कंप्यूटर मेमोरी के रूप में उपयोग किया जाता है, जो एक एकीकृत सर्किट (आईसी) पर अर्धचालक इलेक्ट्रॉनिक उपकरणों के साथ लागू किया जाता है।

अतः विकल्प (A) सही है।

48. गूगल टॉक एक त्वरित संदेश सेवा प्रदान करता है जिसमें पाठ और ध्वनि संचार दोनों शामिल हैं। त्वरित संदेश सेवा को लोकप्रिय रूप से अपने उपयोगकर्ताओं के लिए "g talk", "g chat", या "g message" के रूप में जाना जाता है।

अतः विकल्प (D) सही है।

49. युरेपियन संघ (ईयू) 28 सदस्यीय राज्यों का एक राजनीतिक और आर्थिक संघ है जो मुख्य रूप से यूरोप में स्थित है। तो, युरेपियन संघ में प्रति व्यक्ति पानी का उपयोग सबसे अधिक है।

अतः विकल्प (B) सही है।

50. कुल वैश्विक कार्बन डाइऑक्साइड उत्सर्जन में भारत का योगदान लगभग 6% है

भारत में कार्बन डाइऑक्साइड (CO_2) उत्सर्जन में योगदान निम्नलिखित स्रोतों के कारण है:

(1) बिजली उत्पादन: 29% गैस उत्सर्जन।

(2) परिवहन: 27% गैस उत्सर्जन।

(3) उद्योग: 21% गैस उत्सर्जन।

(4) वाणिज्यिक और आवासीय: 12% गैस उत्सर्जन।

(5) कृषि: 9% गैस उत्सर्जन।

(6) भूमि उपयोग और वानिकी: 11.8% गैस उत्सर्जन।

अतः विकल्प (B) सही है।

51. कार्ल मार्क्स एक जर्मन दार्शनिक, अर्थशास्त्री, इतिहासकार, समाजशास्त्री, राजनीतिक सिद्धांतकार, पत्रकार और समाजवादी क्रांतिकारी थे। कार्ल मार्क्स और फ्रेडरिक एंगेल्स कहते थे कि अधिकांश इतिहास के लिए, उन दो वर्गों के बीच संघर्ष हुआ था। इस संघर्ष को वर्ग संघर्ष के रूप में जाना जाता था। यह कम्युनिस्ट मेनिफेस्टो और दास कपिटल के बाद, यह अवधारणा प्रसिद्ध हुई थी।

अतः विकल्प (D) सही है।

52. सामूहिक समाज एक प्रतिमान है जो आधुनिकीकरण (जैसे शहरीकरण, राजनीति का लोकतांत्रिकरण और जन संचार और लोकप्रिय शिक्षा के विकास) के द्वारा लाए गए सामाजिक परिवर्तन को दर्शाती है।

अतः विकल्प (C) सही है।

53. बहुमत को मानदंडों द्वारा शासित किया जाता है और भूमिकाओं को समुदाय के रूप में जाना जाता है। एक समुदाय एक छोटी या बड़ी सामाजिक इकाई (जीवित चीजों का एक समूह) है जिसमें कुछ सामान्य है, जैसे कि मानदंड, धर्म, मूल्य या पहचान। समुदाय अक्सर उस स्थान की भावना साझा करते हैं जो किसी दिए गए भौगोलिक क्षेत्र (जैसे कि किसी देश, गांव, कस्बे, या पड़ोस) या संचार प्लेटफार्मों के माध्यम से आभासी स्थान में स्थित है।

अतः विकल्प (B) सही है।

54. रॉबर्ट किंग मर्टन (जन्म मेयेर रॉबर्ट 4 जुलाई 1910 - 23 फरवरी 2003) एक अमेरिकी समाजशास्त्री थे। उन्होंने अपना अधिकांश करियर कोलंबिया विश्वविद्यालय में पढ़ाया, जहाँ उन्होंने विश्वविद्यालय के प्रोफेसर का पद प्राप्त किया। 1994 में उन्हें क्षेत्र में उनके योगदान के लिए और विज्ञान के समाजशास्त्र की स्थापना के लिए विज्ञान के राष्ट्रीय पदक से सम्मानित किया गया। उन्हें आधुनिक समाजशास्त्र का एक संस्थापक पिता माना जाता है, जबकि उन्होंने उस कार्य के लिए एक दर्जा प्राप्त किया, जो उन्होंने अपराध विज्ञान में योगदान दिया था।

अतः विकल्प (A) सही है।

55.

सूची- I (लेखक)	सूची- II (समूहों का वर्गीकरण)
(A) मिलर	(ii) कार्यक्षेत्र - क्षैतिज
(B) टन भार	(i) समुदाय - एसोसिएशन
(C) पार्क और बर्गेस	(iv) प्रादेशिक-गैर-प्रादेशिक
(D) गिडिंग्स	(iii) आनुवांशिक - संगृहीत

अतः विकल्प (C) सही है।

56. व्यवसाय एक निर्धारित स्थिति नहीं है। स्वीकृत स्थिति समाजशास्त्र में प्रयुक्त एक शब्द है जो उस सामाजिक स्थिति को संदर्भित करता है जिसे किसी व्यक्ति को जन्म के समय सौंपा जाता है या जीवन में बाद में अनैच्छिक रूप से ग्रहण किया जाता है। यह निर्धारित स्थिति के विपरीत है और व्यक्तिगत कौशल, क्षमताओं और प्रयासों को दर्शाता है। एक व्यक्ति का व्यवसाय एक प्राप्त स्थिति की श्रेणी में आता है (उदाहरण के लिए, एक शिक्षक या एक फायर फाइटर)।

अतः विकल्प (C) सही है।

57. प्रेरणास्रोत एक ऐसा व्यक्ति है जिसका व्यवहार, उदाहरण, या सफलता दूसरों द्वारा, विशेष रूप से युवा लोगों द्वारा अनुकरण किया जा सकता है। शब्द प्रेरणास्रोत का श्रेय समाजशास्त्री रॉबर्ट किंग मर्टन को दिया जाता है, जिन्होंने अपने करियर के दौरान वाक्यांश गढ़ा था। मर्टन ने इस बात की परिकल्पना की कि व्यक्ति स्वयं की तुलना उन लोगों के संदर्भ समूहों से करते हैं जो सामाजिक भूमिका पर कब्जा कर लेते हैं, जिसके लिए व्यक्ति की इच्छा होती है।

अतः विकल्प (B) सही है।

58. डैनी के डेविस (20 अगस्त, 1908 - 27 फरवरी, 1997) एक अंतरराष्ट्रीय स्तर पर मान्यता प्राप्त अमेरिकी समाजशास्त्री और जनसांख्यिकी विशेषज्ञ थे। उन्हें अमेरिकी दार्शनिक समाज द्वारा बीसवीं शताब्दी के सबसे उत्कृष्ट सामाजिक वैज्ञानिकों में से एक के रूप में पहचाना गया था।

डेविस ने यूरोप, दक्षिण अमेरिका, अफ्रीका और एशिया में समाजों के प्रमुख अध्ययनों का नेतृत्व और संचालन किया, "जनसंख्या विस्फोट" शब्द गढ़ा, और जनसांख्यिकीय संक्रमण मॉडल के नामकरण और विकास में एक प्रमुख भूमिका निभाई। उनकी सहायता है कि "संस्कृति के अधिकार में मनुष्य की विशिष्टता निहित है"। वह भी उपनगरीयकरण के सिद्धांत के विकास में मूल विद्वानों में से एक था। उन्हें "शून्य जनसंख्या वृद्धि" शब्द का श्रेय भी दिया जाता है।

अतः विकल्प (D) सही है।

59. उन्नीसवीं सदी के अंत में जर्मन समाजशास्त्री जॉर्ज सिमेल द्वारा डायड और ट्रायड के अध्ययन का नेतृत्व किया गया था। सबसे बुनियादी, मौलिक प्रकार का सामाजिक समूह जिसमें केवल दो लोग होते हैं, को डायड कहा जाता है। ट्रायड को तीन लोगों के समूह के रूप में देखा जा सकता है जो विभिन्न समूह बातचीत बना सकते हैं। यह विशिष्ट समूहीकरण कई कारणों से समाज में अभी तक अनदेखी है।

अतः विकल्प (C) सही है।

60. मुख्य रूप से सहसंबंधीय विश्लेषण एक या अधिक मात्रात्मक स्वतंत्र चर और एक या एक से अधिक मात्रात्मक निर्भर चर के बीच संबंध खोजने पर ध्यान केंद्रित करते हैं।

अतः विकल्प (A) सही है।

61. थेरवाद विस्तारित परिवार का एक प्रकार है। थेरवाद पैतृक घर के लिए एक मलयालम शब्द है, जिसका इस्तेमाल आमतौर पर केरल, भारत के नाल्स, अम्बालावासियों और नाम्बोत्रिस द्वारा संयुक्त परिवार प्रणाली के लिए सामान्य घर के रूप में किया जाता है।

अतः विकल्प (C) सही है।

62. समाजीकरण वह प्रक्रिया है जिसके माध्यम से लोगों को समाज के कुशल सदस्य बनने की शिक्षा दी जाती है। यह उन तरीकों का वर्णन करता है जो लोग सामाजिक मानदंडों और अपेक्षाओं को समझने, समाज की मान्यताओं को स्वीकार करने और सामाजिक मूल्यों के बारे में जागरूक होने के लिए आते हैं। उदाहरण के लिए, भूमिका निभाना, किसी दोस्त के साथ बातचीत करना या नौकरी के लिए साक्षात्कार देना प्रत्याशित का उदाहरण है।

अतः विकल्प (D) सही है।

63. 'सामूहिक प्रतिनिधित्व' के अपने सिद्धांत में, दुर्खीम ने कहा है कि व्यक्ति अपने समूह के व्यवहार को अपनाने से सामाजिक हो जाता है। सामूहिक प्रतिनिधित्व से उनका तात्पर्य अनुभवों की एक संस्था, विचारों की एक प्रणाली, व्यवहार के प्रतिरूप, दृष्टिकोण और लोगों के समूह द्वारा रखे गए मूल्यों से है।

अतः विकल्प (C) सही है।

64. राजनीतिक राजधानी और राजनीतिक सिद्धांत में प्रयुक्त एक रूपक है जो कि रिश्तों, विश्वास, सद्भावना, और राजनेताओं या दलों और अन्य हितधारकों, जैसे घटकों के बीच प्रभाव के माध्यम से निर्मित संसाधनों और शक्ति के संचय की अवधारणा के लिए है। राजनीतिक राजधानी को एक प्रकार की मुद्रा के रूप में समझा जा सकता है, जिसका इस्तेमाल मतदाताओं को जुटाने, नीति सुधार, या अन्य राजनीतिक लक्ष्यों को पूरा करने के लिए किया जाता है।

अतः विकल्प (B) सही है।

65. यह समझने के लिए कि एक व्यक्ति की सामाजिक और राजनीतिक पहचान के पहलुओं को अलग-अलग भेदभाव और विशेषाधिकार बनाने के लिए कैसे मिलाया जाता है, यह समझने के लिए एक विश्लेषणात्मक ढांचा है।

अतः विकल्प (A) सही है।

66. योगेन्द्र सिंह ने जाति के संरचनात्मक-विशेषवादी दृष्टिकोण का उपयोग करते हुए सैद्धांतिक रूपीकरण के दो स्तरों यानी सांस्कृतिक और संरचनात्मक, और सार्वभौमिक और विशिष्ट के बीच अंतर करके चार दृष्टिकोणों का उल्लेख किया है, उन्होंने बताया है कि संस्थागत असमानता और इसके सांस्कृतिक और आर्थिक निर्देशांक हैं वास्तव में वे कारक जो भारत में सामाजिक स्तरीकरण की एक अनूठी प्रणाली के रूप में जाति को प्रस्तुत करते हैं।

अतः विकल्प (C) सही है।

67. सूची - I और सूची - II का सही मिलान इस प्रकार है:

सूची- I (लेखक)	सूची- II (पुस्तकें)
(a) जी. पी. मर्डाक	(iv) सोशल स्ट्रक्चर
(b) के. एम. कपाड़िया	(iii) मैरिज एंड फैमिली इन इंडिया
(c) ई. वेस्टरमार्क	(ii) शार्ट हिस्ट्री ऑफ़ मैरिज
(d) मैक्स वेबर	(i) दी रिलिजन ऑफ़ इंडिया: दी सोशियोलॉजी ऑफ़ हिन्दुइस्म एंड बुद्धिज़्म

अतः विकल्प (C) सही है।

68.

सूची- I (अवधारणा)	सूची- II (पुस्तकें)
(A) प्राथमिक समूह	(ii) कोली
(B) सामान्यीकृत अन्य	(iv) मीड
(C) सुपर ईगो	(i) फ्रायड
(D) सामूहिक चेतना	(iii) दुर्खीम

अतः विकल्प (C) सही है।

69.

सूची- I (अवधारणा)	सूची- II (विचारक)
(A) सांस्कृतिक संरचना और सांस्कृतिक प्रदर्शन	(iv) आर. रेडफील्ड और एम. गायक
(B) अहिंसा	(iii) एम.के. गांधी
(C) संस्कृतिकरण	(ii) एम. एन. श्रीनिवास
(D) वर्ग चेतना	(i) के. मार्क्स

अतः विकल्प (A) सही है।

70. अल्फ्रेड रेजिनाल्ड रेडक्लिफ-ब्राउन बीसवीं शताब्दी के पहले छमाही के सबसे प्रख्यात मानवविज्ञानी थे। उदाहरण और शिक्षण द्वारा, उन्होंने आधुनिक "सामाजिक" नृविज्ञान को सामान्यीकरण, सैद्धांतिक अनुशासन के रूप में

विकसित करने और स्थापित किया था। मानव विज्ञान, मानव व्यवहार का वैज्ञानिक अध्ययन है, जो मानव व्यवहार, मानव जीव विज्ञान और समाजों से संबंधित है, वर्तमान और अतीत दोनों में, पिछले मानव प्रजातियों सहित।

अतः विकल्प (B) सही है।

71. सिगफ्रीड फ्रेडरिक नडेल सामाजिक रिश्तों के आधार पर भूमिकाओं के बारे में बताते थे। एक भूमिका सामाजिक व्यवहार में लोगों द्वारा अवधारणा के रूप में जुड़े व्यवहारों, अधिकारों, दायित्वों, विश्वासों और मानदंडों का एक समूह है। यह एक अपेक्षित या स्वतंत्र या लगातार बदलते व्यवहार है और इसमें एक व्यक्तिगत सामाजिक स्थिति हो सकती है। यह समाज के कार्यात्मक और अंतःक्रियात्मक समझ दोनों के लिए महत्वपूर्ण है।

अतः विकल्प (C) सही है।

72. अनुसंधान डिजाइन उस वैचारिक ढांचे का नाम है जिसमें शोध किया जाता है।

एक वैचारिक ढांचा यह दर्शाता है कि आप अपने शोध के माध्यम से क्या खोजने की उम्मीद करते हैं। यह आपके अध्ययन के लिए प्रासंगिक चरों को परिभाषित करता है और यह बताता है कि वे एक दूसरे से कैसे संबंधित हो सकते हैं। डेटा एकत्र करना शुरू करने से पहले आपको एक वैचारिक ढांचे का निर्माण करना चाहिए।

अतः विकल्प (D) सही है।

73. शैक्षिक अनुसंधान को शैक्षिक अभ्यास की समीक्षा और सुधार के लिए एक आश्वासन के रूप में परिभाषित किया जा सकता है, जिसके परिणामस्वरूप एक प्रसिद्ध शिक्षाविद् बन जाएगा।

अतः विकल्प (D) सही है।

74. क्लॉड लेवी-स्ट्रॉस के अनुसार, संस्कृति उन सिद्धांतों को मूर्त रूप देने के लिए आयोजित की जाती है जो मानव मन की आवश्यक विशेषताओं को प्रतिबिंबित करते हैं- 'बायनरी क्लासिफिकेशन सिस्टम'।

क्लाउड लेवी-स्ट्रॉस 28 नवंबर 1908 - 30 अक्टूबर 2009) बेल्जियम में जन्मे फ्रांसीसी मानवविज्ञानी और नृवंशविज्ञानी थे, जिनका काम संरचनावाद और संरचनात्मक नृविज्ञान के सिद्धांत के विकास में महत्वपूर्ण था। उन्होंने 1959 और 1982 के बीच कॉलेज डी फ्रांस में सोशल एंथ्रोपोलॉजी की कुर्सी संभाली और 1973 में एकेडेमी फ्रैन्काइज़ के सदस्य चुने गए। उन्हें दुनिया भर के विश्वविद्यालयों और संस्थानों से कई सम्मान मिले और जेम्स जॉर्ज फ्रेज़र और फ्रांज के साथ उन्हें बुलाया गया। बोस, "आधुनिक नृविज्ञान के पिता"।

अतः विकल्प (D) सही है।

75.

सूची- I (पुस्तकें)	सूची- II (लेखक)
(A) सामाजिक संरचना का सिद्धांत	(iii) एस.एफ. नाडेल
(B) सामाजिक सिद्धांत और सामाजिक संरचना	(i) आर.के. मर्टन
(C) आदिम समाज में संरचना और कार्य	(iv) ए.आर. रैडक्लिफ-ब्राउन
(D) संरचनात्मक नृविज्ञान	(ii) री.लेवी-स्ट्रॉस

अतः विकल्प (B) सही है।

76. मालिनोव्स्की ने एक नृवंशविज्ञानी के रूप में अपना सबसे बड़ा योगदान दिया। उन्होंने प्रतिभागी अवलोकन के माध्यम से अपने ठोस सांस्कृतिक संदर्भों में सामाजिक व्यवहार और सामाजिक संबंधों के अध्ययन के महत्व पर जोर दिया।

अतः विकल्प (C) सही है।

77. स्वरूप चर अवधारणाओं के एक समूह को संदर्भित करते हैं, जो सभी कार्य प्रणाली के गुण के गुणों को दर्शाता है, सामाजिक कार्य' के टैल्कॉट पार्सन्स थ्योरी में पार्सन्स के अनुसार, भूमिकाओं के प्रदर्शन में, व्यक्तियों को

दुविधाओं का सामना करना पड़ता है, जो भूमिका अपेक्षा से संबंधित मूल्यों का अनुचित आंतरिककरण है।

अतः विकल्प (A) सही है।

78. कार्यात्मकवाद के भीतर प्राथमिक अवधारणाएं सामूहिक विवेक, मूल्य सर्वसम्मति, सामाजिक व्यवस्था, शिक्षा, परिवार, अपराध और विचलन और साधन हैं। पार्सन्स और दुर्खीम जैसे कार्यात्मक समाजशास्त्री उन कार्यों की खोज से संबंधित रहे हैं जो संस्थान समाज में हो सकते हैं।

अतः विकल्प (A) सही है।

79. लुईस अल्फ्रेड कोसर पहले समाजशास्त्री थे जिन्होंने संरचनात्मक कार्यात्मकता और संघर्ष सिद्धांत को एक साथ लाने की कोशिश की, उनका काम सामाजिक संघर्ष के कार्यों को खोजने पर केंद्रित था। ऐसा समाज जो विघटित होता दिख रहा है, दूसरे समाज के साथ संघर्ष, अंतर-समूह संघर्ष, एकीकृत कोर को बहाल कर सकता है।

अतः विकल्प (B) सही है।

80. मर्टन ने तर्क दिया कि सांस्कृतिक लक्ष्यों और संस्थागत साधनों के बीच एक असंतुलन विचलन पैदा कर सकता है। मर्टन सांस्कृतिक लक्ष्यों के अनुकूलन के पांच तरीकों की पहचान करता है और संस्थागत रूप से कर्मकांड, नवोन्मेष, निवृत्तिवाद, विद्रोह का अर्थ है।

अतः विकल्प (D) सही है।

81. एक मूल्य निर्णय (या मूल्य निर्णय) किसी चीज़ या किसी व्यक्ति के अधिकार या गलतता का निर्णय है, या किसी तुलना या अन्य सापेक्षता के आधार पर किसी चीज़ या किसी की उपयोगिता का। एक सामान्यीकरण के रूप में, एक मूल्य निर्णय एक विशेष मान के आधार पर या किसी विशेष मूल्य प्रणाली के आधार पर निर्णय को संदर्भित कर सकता है। मूल्य निर्णय का संबंधित अर्थ हाथ में सीमित जानकारी के आधार पर एक समीचीन मूल्यांकन है, एक मूल्यांकन किया गया था क्योंकि एक निर्णय अल्प सूचना के लिए किया जाना चाहिए।

अतः विकल्प (A) सही है।

82.

सूची- I (अवधारणा)	सूची- II ((समाजशास्त्री)
(A) वेरस्टेन	(iii) मैक्स वेबर
(B) ऐतिहासिक भौतिकवाद	(iv) कार्ल मार्क्स
(C) प्रत्यक्षवाद	(i) अगस्टे कॉमटे
(D) अप्रत्यक्ष प्रयोग	(ii) एमिल दुर्खीम

अतः विकल्प (D) सही है।

83. समाजशास्त्रीय पद्धति के नियम एमाइल दुर्खीम की एक पुस्तक है, जिसे 1895 में पहली बार प्रकाशित किया गया था। इसे एक प्रत्यक्षवादी सामाजिक विज्ञान के रूप में समाजशास्त्र की स्थापना की दुर्खीम ने अपनी परियोजना के प्रत्यक्ष परिणाम के रूप में मान्यता प्राप्त हुई।

अतः विकल्प (C) सही है।

84. समान भूमिका वाले पदों के अवलंबी लोगों के समुच्चय को अर्ध समूह के रूप में जाना जाता है। यह एक समुच्चय या संयोजन है, जिसमें संरचना या संगठन का अभाव है, और जिनके सदस्य समूह के अस्तित्व से अनजान, या कम जागरूक हो सकते हैं। सामाजिक वर्गों, स्थिति समूहों, आयु और लिंग समूहों, भीड़ को अर्ध समूह के उदाहरण के रूप में देखा जा सकता है।

अतः विकल्प (C) सही है।

85. कार्ल मार्क्स 5 मई 1818 - 14 मार्च 1883) एक जर्मन दार्शनिक, अर्थशास्त्री, इतिहासकार, समाजशास्त्री, राजनीतिक सिद्धांतकार, पत्रकार और समाजवादी क्रांतिकारी थे।

जर्मनी के ट्रायर में जन्मे मार्क्स ने विश्वविद्यालय में कानून और दर्शन का अध्ययन किया। उन्होंने 1843 में जेनी वॉन वेस्टफेलन से शादी की। अपने राजनीतिक प्रकाशनों के कारण, मार्क्स स्टेटलेस हो गए और दशकों तक लंदन में अपनी पत्नी और बच्चों के साथ निर्वासन में रहे, जहां उन्होंने जर्मन विचारक फ्रेडरिक एंगेल्स के साथ मिलकर अपने विचार विकसित किए और अपने लेखन को प्रकाशित किया, ब्रिटिश संग्रहालय के पढ़ने के कमरे में शोध। उनके सबसे प्रसिद्ध शीर्षक 1848 पैम्फलेट, द कम्युनिस्ट मेनिफेस्टो और तीन-खंड दास कपिटल हैं। उनके राजनीतिक और दार्शनिक विचार का बाद के बौद्धिक, आर्थिक और राजनीतिक इतिहास पर काफी प्रभाव था और उनके नाम का उपयोग विशेषण, संज्ञा और सामाजिक सिद्धांत के स्कूल के रूप में किया गया है।

अतः विकल्प (D) सही है।

86. संकर अनुभागीय सर्वेक्षण एक समय में एक हित (विश्व) की आबादी के बारे में अनुमान लगाने के लिए तथ्य एकत्र करता है। संकर अनुभागीय सर्वेक्षणों को आबादी के आशुचित्र के रूप में वर्णित किया गया है जिसके बारे में वे तथ्य एकत्र करते हैं।

अतः विकल्प (B) सही है।

87. शून्य परिकल्पना में कहा गया है कि अध्ययन किए जा रहे दो चर के बीच कोई संबंध नहीं है। यह बताता है कि परिणाम मौका होने के कारण हैं और इस विचार की जांच के समर्थन में महत्वपूर्ण नहीं हैं।

अतः विकल्प (C) सही है।

88.

सूची- I (लेखक)	सूची- II ((अवधारणाएं)
(A) मैक्स वेबर	(iii) व्याख्यात्मक समझ
(B) वी. पारेतो	(i) कुलीन वर्ग का परिसंचरण
(C) जी.एम. घास का मैदान	(iv) स्वयं
(D) हर्बर्ट ब्लमर	(ii) प्रतीकात्मक अंतःक्रियावाद

अतः विकल्प (A) सही है।

89. फेनोमेनोलॉजी गुणात्मक दृष्टिकोण का एक रूप है जिसमें प्राथमिक लक्ष्य व्यक्तियों के आत्म-अनुभवों की पहुंच प्राप्त करना है। फेनोमेनोलॉजी अनुभव और चेतना की संरचनाओं का दार्शनिक अध्ययन है।

अतः विकल्प (C) सही है।

90. सामान्य वितरण के माध्य, माध्य और मोड समान हैं। मध्य में माध्य, बाई ओर मेडियन, दाई ओर मोड है। सामान्य वक्र के तहत क्षेत्र 1.0 के बराबर है। सामान्य वितरण केंद्र में सघन होता है और पूंछ में कम घना होता है। सामान्य वितरण को दो मापदंडों, माध्य (μ) और मानक विचलन (I) द्वारा परिभाषित किया गया है।

अतः विकल्प (C) सही है।

91. मोड औसत में से एक है जिसे गुणात्मक चर पर लागू किया जा सकता है। एक गुणात्मक चर, जिसे एक श्रेणीगत चर भी कहा जाता है, एक ऐसा चर है जो संख्यात्मक नहीं है। यह डेटा का वर्णन करता है जो श्रेणियों में फिट बैठता है

अतः विकल्प (B) सही है।

92. "मैंने एक गैर-भाग लेने वाले पर्यवेक्षक के रूप में शोध करना शुरू किया। जैसे-जैसे मुझे समुदाय में स्वीकार किया गया, मैंने पाया कि मैं लगभग एक अवलोकन न करने वाला भागीदार बन गया था" ये विलियम एफ. व्हाईट ने कहा है।

विलियम एफ. व्हाईट (27 जून, 1914 - 16 जुलाई, 2000) एक अमेरिकी समाजशास्त्री थे, जिन्हें मुख्य रूप से शहरी समाजशास्त्र, स्ट्रीट कॉर्नर सोसाइटी में उनके नृवंशविज्ञान अध्ययन के लिए जाना जाता था।

अतः विकल्प (C) सही है।

93. गुणात्मक शोधकर्ता इस तरह से अपने शोध का संचालन करते हैं ताकि तथ्य की यथार्थता को अधिकतम किया जा सके। यथार्थता को "सच्चाई" के साथ भ्रमित नहीं होना चाहिए। तथ्य में यथार्थता उन सूचनाओं को प्राप्त करने को संदर्भित करती है जो अनुसंधान प्रतिभागी को किसी भी क्षण में सोचने या अनुभव करने के लिए जितना संभव हो उतना करीब आता है। यह जानकारी किसी भी प्रासंगिक (स्थितिजन्य) और सह-निर्मित कारकों के उत्पाद हो सकती है - अर्थात, "सत्य" की अनुपस्थिति किसी दिए गए मुद्दे या विषय पर किसी प्रतिभागी के रुख का यथार्थ खाता।

अतः विकल्प (D) सही है।

94. एफ फ्रोबेल और उनके सहयोगियों (श्रम का नया अंतर्राष्ट्रीय प्रभाग, 1980), 1970 के दशक के उत्तरार्ध में चयनित तीसरी दुनिया के देशों के औद्योगीकरण का विश्लेषण करते हुए दिखाया कि इसमें एक नए (अक्सर मुख्य रूप से स्त्री) श्रमिक वर्ग का निर्माण शामिल था, जो कम मजदूरी के लिए काम करते थे। और नई विद्युत और अन्य विधानसभा लाइनों पर न्यून परिस्थितियों में।

अतः विकल्प (A) सही है।

95. एक "गरीबी की संस्कृति" का सिद्धांत मानवशास्त्री ऑस्कर लुईस ने अपनी 1959 की किताब में बताया था। गरीबी सिद्धांत की संस्कृति बताती है कि व्यापक गरीबी की स्थिति में रहने से उन परिस्थितियों के अनुकूल संस्कृति या उपसंस्कृति का विकास होगा। यह संस्कृति लाचारी, निर्भरता, हाशिए और शक्तिहीनता की व्यापक भावनाओं की विशेषता है।

अतः विकल्प (A) सही है।

96. नृवंशविज्ञान, कल्याण, विकास, अधिकारिता भारत में लिंग और विकास पर दृष्टिकोण का क्रम है।

भारत में लिंग और विकास पर दृष्टिकोण के लिंग नृवंशविज्ञान, कल्याण, विकास, सशक्तिकरण और विकास अनुसंधान और अनुप्रयुक्त अध्ययन का एक अंतः विषय क्षेत्र है जो आर्थिक विकास और वैश्वीकरण को उनके स्थान, लिंग, वर्ग पृष्ठभूमि और अन्य सामाजिक-राजनीतिक पहचान के आधार पर लोगों पर पड़ने वाले असमान प्रभाव को समझने और संबोधित करने के लिए एक नारीवादी दृष्टिकोण को लागू करता है।

अतः विकल्प (D) सही है।

97. ग्रामीण से शहरी क्षेत्रों में प्रवासन अनौपचारिक क्षेत्र में महिलाओं के लिए उद्यमशीलता की गतिविधियों को बढ़ाता है। कई प्रवासी महिलाएं वेतन-क्षेत्र से बाहर हो जाती हैं; इसलिए, वे उद्यमी गतिविधियाँ पाते हैं जो उन्हें शहर में सफल होने की अनुमति देती हैं। इस प्रकार भारत में ग्रामीण महिला से शहरी क्षेत्रों में महिला कर्मचारियों का पलायन भारत में कम होते महिला लिंगानुपात का एक कारण नहीं है।

अतः विकल्प (C) सही है।

98. मैक्स वेबर "इकोनॉमी एंड सोसाइटी" पुस्तक के लेखक हैं।

मैक्सिमिलियन कार्ल एमिल वेबर एक जर्मन समाजशास्त्री, इतिहासकार, न्यायविद और राजनीतिक अर्थशास्त्री थे जिन्हें आधुनिक पश्चिमी समाज के विकास के सबसे महत्वपूर्ण सिद्धांतकारों में से एक माना जाता है। उनके विचार सामाजिक सिद्धांत और अनुसंधान को गहराई से प्रभावित करते हैं।

अतः विकल्प (A) सही है।

99. सांस्कृतिक विविधता ग्रामीण समुदाय का तत्व नहीं है। सांस्कृतिक विविधता विविध या विभिन्न संस्कृतियों की गुणवत्ता है, जैसा कि मोनोकल्चर, वैश्विक मोनोकल्चर, या संस्कृतियों का एक होमोजीकरण, सांस्कृतिक क्षय के समान है। वाक्यांश सांस्कृतिक विविधता भी एक दूसरे के मतभेदों का सम्मान करते हुए विभिन्न संस्कृतियों के होने का उल्लेख कर सकती है।

वाक्यांश "सांस्कृतिक विविधता" कभी-कभी एक विशिष्ट क्षेत्र में या पूरे विश्व में मानव समाजों या संस्कृतियों की विविधता का मतलब है। वैश्वीकरण को अक्सर

दुनिया की सांस्कृतिक विविधता पर नकारात्मक प्रभाव डालने के लिए कहा जाता है।

अतः विकल्प (B) सही है।

100. एक जनसंख्या पिरामिड जिसे "आयु-लिंग- पिरामिड" भी कहा जाता है, एक चित्रमय चित्रण है जो एक जनसंख्या में विभिन्न आयु समूहों (आमतौर पर देश या दुनिया के क्षेत्र) के वितरण को दर्शाता है, जो एक पिरामिड का आकार बनाता है जनसंख्या बढ़ रही है। पुरुषों को पारंपरिक रूप से बाईं ओर और महिलाओं को दाईं ओर दिखाया जाता है, और उन्हें कच्ची संख्या या कुल आबादी के प्रतिशत के रूप में मापा जा सकता है। इस उपकरण का उपयोग किसी विशेष आबादी की कल्पना और उम्र के लिए किया जा सकता है। पारिस्थितिकी में इसका उपयोग आबादी के समग्र आयु वितरण को निर्धारित करने के लिए भी किया जाता है; प्रजनन क्षमता और एक प्रजाति की निरंतरता की संभावना का एक संकेत है।

अतः विकल्प (C) सही है।

101. सामाजिक संपर्क दो या दो से अधिक व्यक्तियों के बीच का आदान-प्रदान है और यह समाज का एक निर्माण खंड है। सामाजिक इंटरैक्शन का अध्ययन दो (डायैड्स), तीन (ट्रायड) या बड़े सामाजिक समूहों के बीच किया जा सकता है। एक दूसरे के साथ बातचीत करके, लोग नियमों, संस्थानों और प्रणालियों को डिज़ाइन करते हैं जिनके भीतर वे रहना चाहते हैं।

अतः विकल्प (C) सही है।

102. एक डायडिक दो लोगों का एक समूह है जो बातचीत करता है जबकि एक ट्रायड दूसरे व्यक्ति को जोड़ा जाता है जो अधिक संचार संबंधी बातचीत बनाता है। उदाहरण के लिए: एक अतिरिक्त व्यक्ति को जोड़ना, इसलिए एक ट्रायड बनाना, इसके परिणामस्वरूप विभिन्न भाषा अवरोध, व्यक्तिगत कनेक्शन और तीसरे व्यक्ति की समग्र छाप हो सकती है।

अतः विकल्प (D) सही है।

103. स्वाभाविकता, या नग्नता, एक सांस्कृतिक और राजनीतिक आंदोलन है जो व्यक्तिगत और सामाजिक नग्नता का अभ्यास, वकालत और बचाव करता है, लेकिन यह सब निजी संपत्ति पर नहीं होता है। यह शब्द व्यक्तिगत, पारिवारिक या सामाजिक नग्नता के आधार पर एक जीवन शैली का भी उल्लेख कर सकता है। स्वाभाविकता कई रूप ले सकती है। यह व्यक्तिगत रूप से, परिवार के भीतर, सामाजिक या सार्वजनिक रूप से अभ्यास किया जा सकता है। इसके अतिरिक्त, चुनाव प्रचार सहित आतंकवादी अतिवाद भी है, और अतिवाद को कभी-कभी एक अलग श्रेणी माना जाता है।

अतः विकल्प (A) सही है।

104. संदर्भ समूह शब्द को मनोविज्ञान के अभिलेखागार (1942) में हर्बर्ट हाइमन द्वारा उस समूह पर लागू करने के लिए गढ़ा गया था जिसके खिलाफ कोई व्यक्ति अपनी स्थिति या आचरण का मूल्यांकन करता है।

अतः विकल्प (A) सही है।

105.

सूची- I (लेखक)	सूची- II ((परिवर्तन के परिप्रेक्ष्य)
(A) सोरोकिन	(ii) चक्रीय
(B) डाहोरडॉर्फ़	(iii) द्वंद्वात्मक
(C) स्पेंसर	(iv) विकासवादी
(D) दुर्खीम	(i) संरचनात्मक-कार्यात्मक

अतः विकल्प (A) सही है।

106. जे डेरिडा हस्ताक्षरकर्ता है जिसका हस्ताक्षर से कोई स्थिर संबंध नहीं है।हस्ताक्षरित और हस्ताक्षर करने वाला शब्द आमतौर पर कॉमिक्स से संबंधित है, जिसे ऑक्सफोर्ड डिक्शनर्स ऑनलाइन द्वारा "संकेतों और प्रतीकों के अध्ययन और उनके उपयोग या व्याख्या" के रूप में परिभाषित किया गया है। स्विस भाषाविद् फर्डिनेंड डी सॉसर, कॉमोटिक्स के दो संस्थापकों में से एक थे।

1916 में प्रकाशित उनकी पुस्तक, कोर्स इन जनरल लिंग्विस्टिक्स, "बीसवीं शताब्दी में प्रकाशित सबसे प्रभावशाली पुस्तकों में से एक मानी जाती है।" सॉसर ने समझाया कि एक संकेत न केवल एक ध्वनि-छवि था, बल्कि एक अवधारणा भी थी। इस प्रकार उन्होंने संकेत को दो घटकों में विभाजित किया: हस्ताक्षरकर्ता (या "ध्वनि-छवि") और संकेतित (या "अवधारणा")। सॉसर के लिए, हस्ताक्षरित और हस्ताक्षरकर्ता विशुद्ध रूप से मनोवैज्ञानिक थे; वे पदार्थ के बजाय रूप थे। आज, हेज़ेल्मस्लेव के बाद, हस्ताक्षरकर्ता को भौतिक रूप के रूप में व्याख्या की जाती है (ऐसा कुछ जिसे देखा, सुना, स्पर्श, गंध या स्वाद लिया जा सकता है) और मानसिक अवधारणा के रूप में संकेतित किया जाता है।

अत: सही विकल्प (A) है।

107. जाति व्यवस्था पर ड्यूमोंट का दृष्टिकोण मुख्य रूप से जाति व्यवस्था की विचारधारा से संबंधित था। जाति की उनकी रामझ जाति की विशेष‍ताओं पर जोर देती है यही कारण है कि उनके दृष्टिकोण को जाति व्यवस्था के लिए जिम्मेदार दृष्टिकोण कहा जाता है। उसके लिए, जाति आर्थिक, राजनीतिक और रिश्तेदारी प्रणालियों के रिश्तों का एक समूह है, जो कुछ ऐसे मूल्यों द्वारा कायम है जो अधिकतर धार्मिक हैं।

अत: सही विकल्प (A) है।

108. किसी विशेष क्षेत्र में प्रसव उम्र की महिलाओं द्वारा पैदा हुए बच्चों की औसत संख्या को प्रजनन दर कहा जाता है। किसी दिए गए क्षेत्र में जनसंख्या स्थिर रहने के लिए, 2.1 की कुल प्रजनन दर की आवश्यकता है, यह मानते हुए कि कोई आप्रवास या उत्प्रवास नहीं होता है।

अत: विकल्प (C) सही है।

109. एक विसंबंधन पाठ और अर्थ के बीच संबंध को समझने के लिए एक दृष्टिकोण है। विसंबंधन का मानना है कि भाषा, विशेष रूप से आदर्श अवधारणाओं जैसे कि सच्चाई और न्याय, इरेड्यूबली जटिल, अस्थिर या निर्धारित करने के लिए असंभव है।

अत: सही विकल्प (D)है।

110. झुग्गीवासियों की बढ़ती संख्या शहरीकरण और जनसंख्या वृद्धि दोनों का परिणाम है जो नए किफायती घरों के निर्माण की रूपरेखा तैयार कर रहे हैं। पर्याप्त आवास एक मानवीय अधिकार है, और इसका अभाव शहरी इक्विटी और समावेशन, स्वास्थ्य और सुरक्षा, और आजीविका के अवसरों को नकारात्मक रूप से प्रभावित करता है।

अत: सही विकल्प (A)है।

111. जैसा कि हमने उल्लेख किया है, भक्ति को आमतौर पर समाज में विघटनकारी माना जाता है। यह स्थापित सामाजिक मानदंडों को कमजोर कर सकता है, और विभाजन और विकार पैदा कर सकता है। लेकिन इसके अन्य कार्य भी हैं जो आवश्यक रूप से हानिकारक नहीं हैं और वास्तव में समाज के लिए फायदेमंद हो सकते हैं। यह एक तरीका है कि सामाजिक परिवर्तन होता है।

अत: सही विकल्प (A)है।

112. एक ट्रेड यूनियन (या अमेरिका में एक श्रमिक संघ) एक कानूनी इकाई ५। कानूनी व्यक्तित्व बनाने वाले श्रमिकों का एक संघ है, जिसे आमतौर पर "सौदेबाजी इकाई" कहा जाता है, जो सभी मामलों में कर्मचारियों की एक इकाई के लिए सौदेबाजी एजेंट और कानूनी प्रतिनिधि के रूप में कार्य करता है। सामूहिक समझौते के प्रशासन में या उससे उत्पन्न कानून या अधिकार। श्रम संघ आम तौर पर नियमित शुल्क या यूनियन बकाया के माध्यम से औपचारिक संगठन, प्रधान कार्यालय और श्रम संघ की कानूनी टीम के कार्यों को निधि देते हैं। कार्यबल में श्रमिक संघ प्रतिनिधित्व के प्रतिनिधि कर्मचारी कार्यस्थल स्वयंसेवकों से बने होते हैं जिन्हें लोकतांत्रिक चुनावों में सदस्यों द्वारा नियुक्त किया जाता है।

अत: सही विकल्प (C)है।

113. ए. आर. देसाई के अनुसार, राष्ट्रवाद के विकास का दूसरा चरण (1885 से 1905 तक) उद्योग के विकास की विशेषता है।

18 वीं शताब्दी के दौरान भारतीय उपमहाद्वीप में ब्रिटिश ईस्ट इंडिया कंपनी के शासन के समेकन ने सामाजिक-आर्थिक बदलाव लाए जिसके कारण एक भारतीय मध्यम वर्ग का उदय हुआ और पूर्व-औपनिवेशिक सामाजिक-धार्मिक संस्थानों और बाधाओं को लगातार खत्म किया। भारतीय व्यापार-मालिकों और व्यापारियों और पेशेवर वर्ग की उभरती हुई आर्थिक और वित्तीय शक्ति ने उन्हें ब्रिटिश राज के साथ संघर्ष में तेजी से लाया। देशी भारतीय सामाजिक अभिजात वर्ग (वकीलों, डॉक्टरों, विश्वविद्यालय के स्नातक, सरकारी अधिकारियों और इसी तरह के समूहों सहित) के बीच राजनीतिक चेतना बढ़ रही है, जिसने एक भारतीय पहचान को जन्म दिया और उन्नीसवीं के अंतिम दशकों में भारत में एक बढ़ती राष्ट्रवादी भावना को खिलाया सदी। भारत में 1885 में भारतीय राष्ट्रीय कांग्रेस का निर्माण राजनीतिक सुधारक ए.ओ. ह्यूम ने एक महत्वपूर्ण मंच प्रदान करके इस प्रक्रिया को तेज किया जिसमें से राजनीतिक उदारीकरण, स्वायत्तता और सामाजिक सुधार के लिए मांग की जा सकती थी।

अत: सही विकल्प (A) है।

114. सूची - I और सूची - II का सही मिलान इस प्रकार है:

सूची- I	सूची- II
(A) होमोहिएरिकस	(iii) लूइस ड्यूमॉन्ट
(B) ह्यूमन सोसाइटी	(iv) किंग्सले डेविस
(C) मॉडर्नाइजेशन ऑफ इंडियन ट्रेडिशन	(ii) योगेंद्र सिंह
(D) कास्ट, क्लास एंड ऑक्यूपेशन	(i) जी.एस. घुर्या

अत: विकल्प (C) सही है।

115. एक और प्रशंसनीय कारण बच्चों के लिए अधिक अंतर-पीढ़ीगत वसीयत हो सकता है। भारत में दहेज विवाहों की घटनाओं में लगातार वृद्धि हुई है। मांग की गई दहेज की मात्रा एक ऐसे स्तर तक बढ़ गई है जो बेटी-केवल घरों के विनाश और दुल्हनों के निरंतर उत्पीड़न का खतरा है।

अत: सही विकल्प (B) है।

116.

सूची- I (परिवर्तन का सिद्धांत)	सूची- II
(A) चक्रीय	(iii) के.डेविस और डब्ल्यू.ई.मूर
(B) रैखिक-विकासवादी	(iv) अगस्टे कॉम्टे
(C) द्वंद्वात्मक	(i) कार्ल मार्क्स और डेहरेंडोर्फ़
(D) कार्यात्मक	(ii) ए. खिलौनाबी

अत: विकल्प (A) सही है।

117. माध्यमिक शिक्षा में गुणवत्ता में सुधार के लिए उठाए गए सबसे महत्वपूर्ण उपायों में से एक है, कक्षा लेनदेन प्रक्रिया और पर्यावरण में सुधार के लिए अतिरिक्त शिक्षकों की नियुक्ति करके पुपिल-शिक्षक अनुपात में सुधार करना। इसके अलावा, विज्ञान, गणित और अंग्रेजी के शिक्षण पर विशेष ध्यान दिया जाता है। दसवीं बोर्ड परीक्षा में असफल होने वाले कुल छात्रों में से 80 प्रतिशत के लिए गरीब विज्ञान और गणित की शिक्षा (और अंग्रेजी) है। उच्चतर माध्यमिक स्तर पर विज्ञान की स्ट्रीम में कम नामांकन और खराब गुणवत्ता वाली शिक्षा देश में वैज्ञानिक जनशक्ति के विकास में बाधा है। विज्ञान और गणित की शिक्षा पर विशेष ध्यान देने की आवश्यकता होगी। विचाराधीन कुछ पहलों में शामिल हैं:

नवाचार छात्रवृत्ति के माध्यम से स्कूलों में इनोवेटर्स के टैलेंट-स्पॉटिंग को प्रोत्साहित करके नवाचार को बढ़ावा देना।

अत: सही विकल्प (C) है।

118. जी.डी.पी. को कल्याण या नागरिकों की भलाई का आकलन करने के लिए नहीं बनाया गया था। हालांकि, आधुनिक अर्थव्यवस्थाओं ने इस तथ्य को खो दिया है कि आर्थिक विकास, सकल घरेलू उत्पाद (जीडीपी) का मानक मीट्रिक, केवल एक राष्ट्र की अर्थव्यवस्था के आकार को मापता है और एक राष्ट्र के कल्याण को प्रतिबिंबित नहीं करता है।

अत: सही विकल्प (B) है।

119. विकासवाद जीवों के विकास में विश्वास का वर्णन करता है। समय के साथ इसका सही अर्थ बदल गया है क्योंकि विकास के अध्ययन में प्रगति हुई है। 19 वीं शताब्दी में, इस विश्वास का वर्णन करने के लिए इसका उपयोग किया गया था कि जीवों ने जानबूझकर प्रगतिशील विरासत परिवर्तन (ऑर्थोजेनेसिस) के माध्यम से खुद को बेहतर बनाया है। सांस्कृतिक विकास और सामाजिक विकास को शामिल करने के लिए दूरसंचार विश्वास आगे बढ़ा। 1970 के दशक में नियो-इवोल्यूशनिज्म शब्द का उपयोग इस विचार का वर्णन करने के लिए किया गया था कि "मानव जीवन की एक परिचित शैली को संरक्षित करने की मांग करता है जब तक कि उन कारकों द्वारा परिवर्तन को मजबूर नहीं किया गया था जो उनके नियंत्रण से परे थे"।

अत: सही विकल्प (B) है।

120. टैल्कॉट पार्सन का सामाजिक व्यवस्था का विश्लेषण होमोस्टैसिस के सिद्धांत पर आधारित है। समाजशास्त्र में, एक्शन थ्योरी अमेरिकी सिद्धांतकार टैल्कॉट पार्सन्स द्वारा प्रस्तुत सामाजिक क्रिया का सिद्धांत है। पार्सन्स ने स्थूल और सूक्ष्म कारकों के संरचनात्मक और स्वैच्छिक पहलुओं के साथ सामाजिक व्यवस्था के अध्ययन को एकीकृत करने के लिए कार्रवाई सिद्धांत स्थापित किया।

अत: सही विकल्प (C) है।

121. पार्सन्स ने अपनी पुस्तक "द स्ट्रक्चर ऑफ सोशल एक्शन" की शुरुआत बयानबाजी वाले सवाल "हु नाउ रीड्स स्पेंसर" से की।

स्पेंसर "उन्नीसवीं शताब्दी के समापन दशकों में सबसे प्रसिद्ध यूरोपीय बौद्धिक" था, लेकिन 1900 के बाद उनके प्रभाव में तेजी से गिरावट आई। "अब स्पेंसर कौन पढ़ता है?" 1937 में टैल्कॉट पार्सन्स से पूछा गया।

अत: विकल्प (B) सही है।

122. प्रत्यक्षवाद एक दार्शनिक सिद्धांत है जिसमें कहा गया है कि कुछ निश्चित ("सकारात्मक") ज्ञान प्राकृतिक घटनाओं और उनके गुणों और संबंधों पर आधारित है। इस प्रकार, कारण और तर्क के माध्यम से व्याख्या की गई संवेदी अनुभव से प्राप्त जानकारी, सभी निश्चित ज्ञान का अनन्य स्रोत बनाती है। प्रत्यक्षवाद यह मानता है कि मान्य ज्ञान (प्रमाण या सत्य) केवल इस पोस्टीरियर ज्ञान में पाया जाता है।

अत: विकल्प (A) सही है।

123. दुर्खीम के आत्महत्या के अध्ययन से हमें समाज पर व्यक्ति की पकड़ और विभिन्न समाजों की आत्महत्या दर को समझने में मदद मिलती है।

दुर्खीम का 'आत्महत्या' का सिद्धांत श्रम के विभाजन के उनके अध्ययन से संबंधित है। इसे 'सामाजिक बाधा' के सिद्धांत से भी जोड़ा जाता है। दुर्खीम ने यह विचार स्थापित किया है कि ऐसे समाज नहीं हैं जिनमें आत्महत्या नहीं होती है।

अत: विकल्प (A) सही है।

124. मेर्टन के समाज के कार्यात्मक विश्लेषण में कार्य और शिथिलता और प्रकट और अव्यक्त कार्य शामिल हैं।

मैनिफेस्ट और अव्यक्त कार्य सामाजिक वैज्ञानिक अवधारणाएं हैं, जो मानवविज्ञानी द्वारा बनाई गई हैं, ब्रायनिलॉव मालिनोव्स्की ने 1922 में पश्चिमी प्रशांत क्षेत्र में ट्रोब्रिएंड आइलैंडर्स का अध्ययन किया था। इसे बाद में रॉबर्ट के. मर्टन द्वारा समाजशास्त्र के लिए संशोधित किया गया था। मेर्टन ने कार्यात्मक विश्लेषण में नियोजित होने के लिए वैचारिक साधनों को तेज करने में रुचि दिखाई।

अत: विकल्प (D) सही है।

125. संयुक्त राष्ट्र पर्यावरण कार्यक्रम विश्व संरक्षण निगरानी केंद्र संयुक्त राष्ट्र पर्यावरण कार्यक्रम की एक कार्यकारी एजेंसी है, जो कैंब्रिज (यूके) में स्थित है। इसे पहले IUCN, संयुक्त राष्ट्र पर्यावरण कार्यक्रम और WWF द्वारा प्रबंधित किया गया था।

अतः विकल्प (A) सही है।

126. सामाजिक संरचना की अवधारणा के लिए एक अन्य महत्वपूर्ण सैद्धांतिक दृष्टिकोण संरचनात्मकता है (जिसे कभी-कभी फ्रांसीसी संरचनावाद कहा जाता है), जो मानव अभिव्यक्ति की अंतर्निहित, अचेतन नियमितताओं का अध्ययन करता है अर्थात, अप्रचलित संरचनाएं जो व्यवहार, समाज और संस्कृति पर अवलोकन प्रभाव डालती हैं। फ्रांसीसी मानवविज्ञानी क्लाउड लेवी-स्ट्रॉस ने इस सिद्धांत को संरचनात्मक भाषाविज्ञान से प्राप्त किया, जिसे स्विस भाषाविद् फर्डिनेंड डी सॉसर द्वारा विकसित किया गया था।

अतः विकल्प (D) सही है।

127. संस्कृति गैर-भौतिक को संदर्भित करती है जबकि भौतिक पहलुओं के लिए सभ्यता संस्कृति के संदर्भ में सत्य नहीं है।

संस्कृति एक लोगों की विशेषताएं हैं, मानव के समूह द्वारा निर्मित जीवन जीने के तरीकों का कुल योग जो एक पीढ़ी से दूसरी पीढ़ी तक संचारित होता है।

संस्कृति मानव कला और संगीत, साहित्य, भोजन, चित्रकला और मूर्तिकला, थिएटर और फिल्म जैसी गतिविधियों में प्रकट होती है। एक सभ्यता सामाजिक विकास की उन्नत अवस्था में एक समाज है। यह भी कहा जा सकता है कि सभ्यता मानव समाज की एक अग्रिम स्थिति है - संस्कृति, विज्ञान, उद्योग और सरकार का योग। एक सभ्यता में कई संस्कृतियाँ हो सकती हैं।

अतः विकल्प (A) सही है।

128. मेरियम-वेबस्टर के ऑनलाइन शब्दकोश के अनुसार, दृष्टिकोण की सामाजिक परिभाषा कार्य करने के इरादे के रूप में मौखिक अभिव्यक्ति को देखती है।

समाजशास्त्रीय परिभाषाओं के लिए सामान्य दृष्टिकोण यह है कि एक दृष्टिकोण "एक तथ्य या राज्य के संबंध में एक मानसिक स्थिति या एक तथ्य या राज्य के प्रति भावना या भावना" है।

"समाजीकरण वह प्रक्रिया है जिससे व्यक्ति मानवीय व्यवहार के पारंपरिक प्रतिमानों को प्राप्त करता है"।

"सगाजीकरण वह प्रक्रिय। है जिसके द्वारा युवा लोग कौशल, ज्ञान प्राप्त करते हैं, और बाजार में उपभोक्ताओं के रूप में उनके कामकाज के लिए प्रासंगिक दृष्टिकोण"।

अतः विकल्प (C) सही है।

129. विकासवादी सामाजिक परिवर्तन का सबसे पुराना दृष्टिकोण है। विकास थ्योरी को अगस्ते कॉम्टे ने प्रतिपादित किया था। कॉम्टे का प्रसिद्ध "तीन चरणों का कानून" सामाजिक दुनिया को नियंत्रित करता है।

कॉम्टे ने तर्क दिया कि मानव मन, व्यक्तिगत मानव, सभी ज्ञान और विश्व इतिहास तीन क्रमिक चरणों के माध्यम से विकसित होते हैं। थियोलॉजिकल स्टेज, द मेटाफिजिकल स्टेज, और पोजिटिविस्ट स्टेज।

अतः विकल्प (A) सही है।

130. हट्टन ने जाति-व्यवस्था की उत्पत्ति के कारणों को ज्ञात करने के उद्देश्य से आदिम संस्कृति के अध्ययन पर विशेष बल दिया है। जाति-व्यवस्था के अंतर्गत विद्यमान 'भोजन तथा विवाह' संबंधी निषेधों को उन्होंने 'माना' के आधार पर समझाने का प्रयास किया है।

अतः विकल्प (A) सही है।

131. उद्योगों और घरों में पूर्ण जल पुनर्चक्रण द्वारा ब्लूवाटर फुटप्रिंट और ग्रेवाटर फुटप्रिंट को शून्य तक कम किया जा सकता है।

नीला जल पदचिह्न वह पानी है जो सतह या भूजल संसाधनों से प्राप्त किया गया है और या तो वाष्पित हो गया है, एक उत्पाद में शामिल हो गया है या पानी के एक शरीर से लिया गया है और दूसरे में वापस आ गया है, या एक अलग समय पर वापस आ गया है।

ग्रे वाटर फुटप्रिंट विशिष्ट जल गुणवत्ता मानकों को पूरा करने के लिए प्रदूषकों को आत्मसात करने के लिए आवश्यक ताजे पानी की मात्रा है।

अतः विकल्प (A) सही है।

132. टैल्कॉट पार्सन्स के अनुसार परिवार ऐसे कारखाने हैं जो मानव व्यक्तित्व का निर्माण करते हैं। इन परिभाषाओं के साथ, टैल्कॉट पार्सन्स परिवार के प्राथमिक और मूल उद्देश्य को दर्शाता है जो कि अस्तित्व में जमीनी और मूल तत्व है और प्रजनन के माध्यम से समाज का निरंतर अस्तित्व है।

उन्होंने तर्क दिया कि इन "मानव व्यक्तित्वों का उत्पादन किया जाता है" के बाद उन्हें "वयस्क व्यक्तित्वों के स्थिरीकरण" के माध्यम से बनाए रखना होगा।

अतः विकल्प (A) सही है।

133. फिजियोलॉजी, अधः पतन सिद्धांत, मनोचिकित्सा, और सामाजिक डार्विनवाद, लोम्ब्रोसो के मानवशास्त्रीय सिद्धांत के सिद्धांत से तैयार 'बोर्न क्रिमिनल' की अवधारणा को अनिवार्य रूप से कहा गया था कि आपराधिकता विरासत में मिली थी और यह कि किसी "जन्मजात अपराधी" को शारीरिक (जन्मजात) दोषों से पहचाना जा सकता है, जो अपराधी या बर्बर होने की पुष्टि करता है। समकालीन वैज्ञानिकों द्वारा इन सिद्धांतों को काफी हद तक खारिज कर दिया जाता है।

अतः विकल्प (B) सही है।

134. फेनोमेनोलॉजी वास्तविकता की प्रकृति के बारे में सोचने का एक 20 वीं सदी का दार्शनिक तरीका है, जिसने समाजशास्त्र को प्रभावित किया है। एथ्नोमेथोडोलॉजी घटना में सामाजिक व्यवस्था के लिए पार्सोनियन चिंता को एकीकृत करता है और उन साधनों की जांच करता है जिनके द्वारा कार्रवाई करना सामान्य जीवन को संभव बनाता है।

अतः विकल्प (C) सही है।

135. मैक्स वेबर ने कहा है कि औद्योगिक पूँजीवाद में जैसे-जैसे लागत, लाभ, कुशलता की सामाजिक महत्ता में बढ़ोतरी होती है तार्किकीकरण एक शक्तिशाली सिद्धान्त के रूप में विकसित हो जाता है और इसका परिणाम होता है एक ऐसे 'लौह पिंजरे' का निर्माण जो व्यक्तियों के जीवन को शिकंजे में कसता जाता है और जिससे निकलने की दूर तक कोई आशा की किरण दिखाई नहीं देती

अतः विकल्प (D) सही है।

136. सामाजिक संस्कृति सामाजिक असमानता का एक विशिष्ट संकेतक है।

व्यवस्था एक सामाजिक व्यवस्था के एक सदस्य को एक पदानुक्रमित क्रम में सजाने के लिए है, जिसमें प्रतिष्ठा, संपत्ति, प्रभाव और सामाजिक स्थिति की अन्य विशेषताओं में काफी भिन्नताएं हैं।

अतः विकल्प (B) सही है।

137. मार्क्स के लिए, उत्पाद की वस्तुकरण में मानव क्षमता का एहसास होता है। उनका तर्क है कि लोग हमेशा वस्तुकरण की प्रक्रिया में संलग्न होते हैं, जिसका अर्थ है कि वे भोजन, कपड़े और आश्रय जैसी वस्तुओं का उत्पादन करते हैं।

मार्क्स वस्तुओं को एक क्षेत्र के रूप में बनाने की प्रक्रिया को देखते हैं जहां लोग अपनी मानवीय क्षमताओं को व्यक्त करते हैं।

अतः विकल्प (D) सही है।

138. मालदीव टाइगर रेंज वाले देशों में से एक नहीं है।

13 बाघ श्रेणी के देश हैं जो हैं- बांग्लादेश, भूटान, कंबोडिया, चीन, भारत, इंडोनेशिया, लाओ पीडीआर, मलेशिया, म्यांमार, नेपाल, रूस, थाईलैंड और वियतनाम।

अतः विकल्प (C) सही है।

139. यूनेस्को की विश्व धरोहर स्थल "प्रोसेको हिल्स ऑफ़ कोनग्लियानो और वल्डोबोबैडीन" इटली में स्थित है। यह इटली के वेनिस के उत्तर-पूर्व में स्थित है और विश्व प्रसिद्ध स्पार्कलिंग वाइन प्रोसेको का घर है।

अतः विकल्प (C) सही है।

140. महिलाओं के अधिकारों के प्रति समर्पण में मैरी वोल्स्टनक्राफ्ट ने कहा "यदि पुरुष हमारी श्रृंखलाओं को काटेंगे। वे हमें अधिक तेज़नज़र बेटियों, अधिक वफादार पत्नियों को एक शब्द में बेहतर नागरिक पाएंगे। "

अतः विकल्प (B) सही है।

141. मार्क्सवाद महिलाओं के उत्पीड़न को प्राथमिक उत्पीड़न के रूप में देखता है। उन्होंने सुझाव दिया कि बुर्जुआ और सर्वहारा वर्ग के बीच व्यापक समाज में होने वाले मास्टर-स्लेव या शोषक-शोषित रिश्तों का गृहस्थ में अनुवाद किया जाता है।

अतः विकल्प (B) सही है।

142. जे.एस. मिल एक उदार नारीवादी थीं। उपरोक्त उद्धरण उनके काम "महिलाओं की अधीनता" से है। यह उदार नारीवाद पर एक शास्त्रीय पाठ है। यह 1869 में प्रकाशित हुआ था।

अतः विकल्प (D) सही है।

143. "समाजशास्त्र का एक लंबा अतीत है लेकिन इतिहास बहुत छोटा है।" यह बीयरस्टीड द्वारा कहा गया है।

सामाजिक ज्ञान उतना ही प्राचीन है जितना कि मानवीय समाज। सृष्टि के प्रारंभ से ही मानव अपने सामाजिक जीवन के बारे में सोचता आया है और सोचता रहा है। समूह के क्रियाकलापों में भाग लेने के लिए आवश्यक है कि आने वाली विभिन्न समस्याओं को सुलझाया जाए। इन्हीं प्रयत्नों के परिणाम स्वरुप ही समाजशास्त्र की उत्पत्ति हुई है और इसका विकास अविराम गति से होता जा रहा है। वास्तव में, समाजशास्त्र का अतीत बहुत लंबा है परंतु इतिहास उतना ही छोटा है।

अतः विकल्प (C) सही है।

144. टैल्कॉट पार्सन (1953) का तर्क है कि एकल परिवार समाज के लिए सर्वोत्तम प्रकार की पारिवारिक संरचना है। परिवार यह सुनिश्चित करता है कि बच्चों को "प्राथमिक समाजीकरण" मिले, जो उन्हें उनके समाज के केंद्रीय मूल्यों की शिक्षा देता है।

वह परिवार को ऐसे कारखानों के रूप में वर्णित करता है जो मानव व्यक्तित्व का उत्पादन करते हैं, इन "मानव व्यक्तित्वों का उत्पादन" के बाद उन्हें "वयस्क व्यक्तित्वों के स्थिरीकरण" के माध्यम से बनाए रखना होगा।

अतः विकल्प (D) सही है।

145. जिन समूहों से व्यक्ति अपने व्यवहार और सांस्कृतिक मानदंडों को निकालता है, उन्हें संदर्भ समूह कहा जाता है।

एक संदर्भ समूह लोगों का एक संग्रह है जिसे हम अपने लिए तुलना के मानक के रूप में उपयोग करते हैं, भले ही हम उस समूह का हिस्सा हों या नहीं। हम सामाजिक मानदंडों को समझने के लिए संदर्भ समूहों पर भरोसा करते हैं, जो तब हमारे मूल्यों, विचारों, व्यवहार और उपस्थिति को आकार देते हैं।

अतः विकल्प (C) सही है।

146. वेस्टरमार्क ने अपना मत दिया कि विवाह एक आदिम आदत से विकसित होने की पूरी संभावना है।

वेस्टरमार्क मानव क्रिया के संदर्भ में, सबसे पहले और सबसे महत्वपूर्ण शब्द को परिभाषित करता है। एक सामाजिक घटना 'आचरण का एक तरीका है जो व्यक्तियों के संघ से संबंधित है'। अधिक सटीक रूप से, यह 'सहयोगियों के संयुक्त कृत्यों, या किसी सहयोगी या सहयोगियों के प्रति आचरण' का प्रश्न है।

अतः विकल्प (C) सही है।

147. यह बगीचों की परतों पर परतों से बनी एक संरचना है जिसमें पौधों की कई प्रजातियां, पेड़ और लताएं हैंगिंग गार्डन हैं।

बेबीलोन के हैंगिंग गार्डन काल्पनिक उद्यान थे जो नव-बेबीलोन साम्राज्य की राजधानी को सुशोभित करते थे, जिसे इसके महानतम राजा नबूकदनेस्सर ।। (आर. 605-562 ईसा पूर्व) द्वारा बनाया गया था। प्राचीन विश्व के सात अजूबों में से एक, वे एकमात्र ऐसे अजूबे हैं जिनका अस्तित्व इतिहासकारों के बीच विवादित है।

अतः विकल्प (C) सही है।

148. रेडक्लिफ ब्राउन के अनुसार, एक कबीला एक रूढ़िवादी समूह है।

रैडक्लिफ-ब्राउन ने सामाजिक संरचना को आनुभविक रूप से पैटर्न या "सामान्य," सामाजिक संबंधों (सामाजिक गतिविधियों के वे पहलू जो स्वीकृत सामाजिक नियमों या मानदंडों के अनुरूप हैं) के रूप में परिभाषित किया। ये नियम समाज के सदस्यों को सामाजिक रूप से उपयोगी गतिविधियों के लिए बाध्य करते हैं।

अतः विकल्प (C) सही है।

149. समाजशास्त्र पर "द स्पेशलिस्ट सिस्टम" और "जनरल ट्रीटिस" विलफ्रेडो पारेतो द्वारा लिखा गया था।

वास्तविकता का सामाजिक निर्माण: ज्ञान के समाजशास्त्र में एक ग्रंथ, समाजशास्त्री पीटर एल. बर्जर और थॉमस लकमैन द्वारा ज्ञान के समाजशास्त्र के बारे में 1966 की पुस्तक है। सामाजिक निर्माणवाद के क्षेत्र के निर्माण में पुस्तक प्रभावशाली थी।

अतः विकल्प (B) सही है।

150. जब समाजशास्त्री समाज में परतों की संरचना और उनके बीच लोगों की आवाजाही का अध्ययन करते हैं, तो वे इसे सामाजिक स्तरीकरण कहते हैं।

समाजों को असमानता और वर्चस्व की संरचनाओं की भी विशेषता है। हम इसे एक समाज के भीतर, धन और सामाजिक वर्ग, लिंग, जातीयता, आदि के संदर्भ में, बल्कि राष्ट्र राज्यों के रूप में समाजों के बीच भी पा सकते हैं। सामाजिक स्तरीकरण से तात्पर्य उस तरीके से है जिसमें ये विभिन्न स्तर, या स्तर उभर कर आते हैं और उनके बीच संबंध होते हैं।

अतः विकल्प (A) सही है।

Paper-I

Q.1 राष्ट्रीय शैक्षिक गठबंधन प्रौद्योगिकी (एन.ई.ए.टी.) कार्यान्वयन एजेंसी निम्नलिखित संगठनों में से कौन सी है?

A. विश्वविद्यालय अनुदान आयोग (यू.जी.सी.)

B. अखिल भारतीय तकनीकी शिक्षा परिषद (ए.आई.सी.टी.ई.)

C. भारतीय अंतरिक्ष अनुसंधान संगठन (आई.एस.आर.ओ.)

D. नीति आयोग

Q.2 नीचे दिए गए दो सेटों में, सेट I शिक्षण के स्तर को बताता है जबकि सेट II उनकी संबंध पर ध्यान देता है:

सेट I (शिक्षण के स्तर)	सेट II (चिंता का केंद्र)
(a) स्वायत्त विकास स्तर	(i) समस्याएँ उठाना और समस्या हल करना
(b) मेमोरी स्तर	(ii) व्यवहार और भावनाएँ
(c) अंडरस्टैंडिंग लेवल	(iii) तथ्यों और सूचनाओं का स्मरण
(d) चिंतनशील स्तर	(iv) तथ्यों और उनके उदाहरणों के बीच संबंध देखना
	(v) साथ साथ सीखना

नीचे दिए गए विकल्पों में से सही उत्तर का चयन करें:

A. (a)-(i), (b)-(ii), (c)-(iv), (d)-(v)

B. (a)-(i), (b)-(iv), (c)-(iii), (d)-(ii)

C. (a)-(ii), (b)-(iii), (c)-(iv), (d)-(i)

D. (a)-(v), (b)-(iv), (c)-(iii), (d)-(ii)

Q.3 कक्षा में शिक्षक की आवाज का स्तर इस प्रकार वर्णित है

A. भाषाई

B. पराभाषिक

C. गैर-भाषाई

D. दीर्घ-भाषाई

Q.4 एक स्कूल के प्रिंसिपल स्कूल के प्रोग्रामर में उनकी बढ़ी हुई भागीदारी की संभावना का पता लगाने के लिए शिक्षकों और छात्रों का साक्षात्कार सत्र आयोजित करते हैं। यह प्रयास किस प्रकार के अनुसंधान से संबंधित हो सकता है?

A. मूल्यांकन अनुसंधान

B. मौलिक अनुसंधान

C. क्रिया अनुसंधान

D. प्रायोगिक अनुसंधान

Q.5 अनुसंधान नैतिकता 'के मुद्दे को अनुसंधान के किस चरण में प्रासंगिक माना जा सकता है?

A. समस्या निर्माण और इसकी परिभाषा के स्तर पर

B. अनुसंधान की आबादी को परिभाषित करने के स्तर पर

C. डेटा संग्रह और व्याख्या के स्तर पर

D. निष्कर्षों की रिपोर्टिंग के स्तर पर

Q.6 जब मौखिक और गैर-मौखिक संदेश विरोधाभासी होते हैं, तो ज्यादातर लोग इस पर विश्वास करते हैं:

A. अनिश्चित संदेश

B. मौखिक संदेश

C. गैर-मौखिक संदेश

D. आक्रामक संदेश

Q.7 सूचना-समृद्ध कक्षा व्याख्यान की विशेषता है:

A. गतिहीन

B. कंपित

C. तथ्यात्मक

D. क्षेत्रीय

Q.8 एक शिक्षक को उन विधियों का प्रयोग करना चाहिए जो शिक्षार्थियों के लिए उपयुक्त हों। वह क्षेत्र जो इस उद्देश्य को पूरा करता है उसे कहते हैं:

A. शैक्षणिक समाजशास्त्र

B. सामाजिक मनोविज्ञान

C. शैक्षणिक मनोविज्ञान

D. घटनाविज्ञान

Q.9 अध्ययनकक्ष संचार को आमतौर पर किसके रूप में संदर्भित किया जाता है।

A. प्रभावी

B. संज्ञानात्मक

C. भावात्मक

D. चयनात्मक

Q.10 एक अच्छा संचारक अपनी प्रस्तुति शुरू करता है:

[UGC NET Sociology, 2017]

A. जटिल प्रश्न

B. गैर-सेविटुर

C. दोहराव वाक्यांश

D. आइस ब्रेकर

Q.11 अभिव्यंजक संचार किसके द्वारा संचालित है?

A. निष्क्रिय आक्रामकता

B. कूटलेखक की व्यक्तित्व विषेशताएं

C. बाहरी सुराग

D. कूटलेखक-विकोडक अनुबंध

Q.12 सतत और व्यापक मूल्यांकन की विशेषताएं क्या हैं?

(a) यह कई परीक्षाएँ लेकर छात्रों पर काम का बोझ बढ़ाता है।

(b) यह अंकों को ग्रेड से बदलता है।

(c) यह छात्र के हर पहलू का मूल्यांकन करता है।

(d) यह परीक्षा भय को कम करने में मदद करता है।

नीचे दिए गए कोड में से सही उत्तर का चयन करें:

A. (a), (b) और (d)

B. (b), (c) और (d)

C. (a), (c) और (d)

D. (b), (c) और (a)

Q.13 कक्षा संवाद में अलंकारपूर्ण उपागम शिक्षक को छात्रों के _______ प्रतिनिधि मानता है?

A. गैर-अधिकारिक

B. अधिकारिक

C. प्रभावकारी

D. शैक्षणिक

Q.14 अभिकथन (A) और कारण (R) के निम्नलिखित कथनों में से सही कोड को इंगित करें:

अभिकथन(A): पर्यावरण संरक्षण एक अंतर्राष्ट्रीय एजेंडा का हिस्सा होना चाहिए।

तर्क (R): आधुनिक तकनीक के साथ तेजी से जनसंख्या वृद्धि ने एक गंभीर पर्यावरणीय संकट पैदा कर दिया है।

निम्नलिखित में से सही उत्तर का चयन करें:

A. (A) और (R) दोनों सही हैं और(R), (A) का सही स्पष्टीकरण है

B. (A) और (R) दोनों सही है, लेकिन (R), (A) का सही स्पष्टीकरण है

C. (A) सही है, लेकिन (R) गलत है

D. (A) गलत है, लेकिन (R) सही है

Q.15 पुरुष और महिला की अलग-अलग प्रजनन रणनीतियाँ हो सकती हैं, लेकिन न तो उन्हें हीन या दूसरे से श्रेष्ठ माना जा सकता है, न ही किसी पक्षी के पंखों को मछली के पंख से बेहतर या हीन माना जा सकता है। यह किस प्रकार का तर्क है?

A. जैविक

B. शारीरिक

C. अलंकारिक

D. काल्पनिक

Q.16 जब प्रस्तावों के समूह से एक प्रस्ताव दूसरे प्रस्तावों से व्युत्पादित कहा जाए, तो प्रस्तावों का यह समूह कहलाएगा

A. एक दलील
B. एक वैध दलील
C. एक स्पष्टीकरण
D. एक अवैध दलील

Q.17 सूची I (सूचकांक/ डेटाबेस) और सूची II (जारीकर्ता एजेंसी) का मिलान करें:

सूची I (सूचकांक / डेटाबेस)	सूची II (जारीकर्ता एजेंसी)
1) पर्यावरण प्रदर्शन सूचकांक	a) विश्व आर्थिक मंच
2) जलवायु परिवर्तन प्रदर्शन सूचकांक	b) जर्मन वॉच
3) ग्लोबल अर्बन एयर पॉल्यूशन डेटाबेस	ग) विश्व स्वास्थ्य संगठन
4) ग्लोबल लिवेबिलिटी इंडेक्स	d) आर्थिक खुफिया इकाई

नीचे दिए गए विकल्पों में से सही विकल्प चुनें:

A. 1-a, 2-b, 3-c, 4-d
B. 1-b, 2-d, 3-a, 4-c
C. 1-a, 2-b, 3-d, 4-c
D. 1-d, 2-a, 3-c, 4-b

Q.18 नीचे दिए गए अध्ययन के परिणामों की सूची में से, उनकी पहचान करें जिन्हें उच्च स्तरीय परिणाम कहा जाता है:

(a) तथ्यों और नियमों का अध्ययन

(b) विश्लेषण और समन्वय करने की क्षमता दिखाना

(c) जागरूकता, प्रतिक्रिया और मूल्य निर्धारण

(d) नकल, हेरफेर और सटीकता

(e) अभिव्यक्ति और स्वाभाविकता

(f) संगठन और विशेषीकरण

नीचे दिए गए विकल्पों में से सही उत्तर का चयन करें:

A. (b), (e) और (f)
B. (a), (b) और (c)
C. (b), (c) और (d)
D. (a), (c) और (f)

Q.19 एक विशिष्ट कोड में "BORROW" को "769965" लिखा जाता है, और "BOMB" को "7647" लिखा जाता है | इस कोड भाषा में "WOMB" को किस प्रकार लिखा जायेगा ?

A. 5647
B. 5467
C. 5677
D. 5776

Q.20 कौन-से शिक्षण में सहायक साधन पढ़ने, सुनने और उच्चारण जैसे कौशल को बढ़ाते हैं?

A. ऑडियो-भाषिक शिक्षण सहायक सामग्री
B. वैज्ञानिक शिक्षण सहायक सामग्री
C. सामान्य ज्ञान शिक्षण सहायक सामग्री
D. सिद्धांत आधारित शिक्षण सहायक सामग्री

Q.21 निम्नलिखित में से कौन सी अच्छे शिक्षक की विशेषता नहीं है?

A. कक्षा में अधिकारवादी
B. न्याय में विश्वास
C. सकारात्मक दृष्टिकोण
D. आजीवन शिक्षार्थी और स्वयं को अद्यतित रखना

Q.22 इस श्रंखला का अगला पद क्या होगा?

B2E, D5H, F12K, H27N, _____

A. J561
B. I62Q
C. Q62J
D. J58Q

Q.23 एक अवांछित ई-मेल संदेश क्या है जो एक बार में कई प्राप्तकर्ताओं को भेजा जाता है?

A. वर्म
B. वायरस
C. थ्रेट
D. स्पैम

Q.24 आरटीजीएस ट्रांसफर सिस्टम की न्यूनतम सीमा क्या है?

A. 1 लाख
B. 2 लाख
C. 5 लाख
D. 10 लाख

Q.25 द साउथ एशिया यूनिवर्सिटी निम्नांकित में से किस शहर में अवस्थित है?

A. कोलम्बो
B. ढाका
C. नई दिल्ली
D. काठमांडू

Q.26 वर्ष 2015 में यूनेस्को द्वारा की गई इंचियोन घोषणा का मुख्य एजेंडा क्या था?

A. आजीवन शिक्षा
B. समावेशी शिक्षा
C. समान गुणवत्तापूर्ण शिक्षा
D. ये सभी

Q.27 एक ASCII एक वर्ण-एन्कोडिंग योजना है जो कि व्यक्तिगत कंप्यूटर द्वारा नियोजित की जाती है ताकि विभिन्न उपयोगकर्ता, संख्या और नियंत्रण कुंजी का प्रतिनिधित्व कर सकें जो कंप्यूटर उपयोगकर्ता कीबोर्ड पर चुनता है | ASCII इसके लिए एक संक्षिप्त नाम है:

A. आदान प्रदान सूचना के लिए अमेरिकन मानक कोड
B. बुद्धिमान सूचना के लिए अमेरिकी मानक कोड
C. सूचना की अखंडता के लिए अमेरिकी मानक कोड
D. पृथक सूचना के लिए अमेरिकी मानक कोड

Ques (28-32):निर्देश: निम्नलिखित अनुच्छेद को सावधानीपूर्वक पढ़िए और प्रश्नों के उत्तर दीजिए।

हाल ही में मैंने वही काम किया जहाँ आपको एक बड़े कार्ड पर हस्ताक्षर करने होते हैं और यह काम अपने आप में एक संत्रास है, विशेषकर जबकि उस बड़े कार्ड का धारक मेरे ऊपर झुका हुआ था। मैं अचानक ऐसी स्थिति में था, जैसे अग्रदीप में एक खरगोश ,विनोदपूर्ण सव्वाद अथवा इन-जोक अथवा आरेकन भेजने के बीच उधेड़बुन की स्थिति में फंसा | इसके बजाय उपलब्ध अनेक विकल्पों से अभिभूत होकर मैंने यही लिखने का निर्णय किया: "गुड लक, बेस्ट, जोएल"।

यह तब था जब मैंने महसूस किया था, कि मैं भूल गया था कि कैसे लिखना है।| मेरा तो इतना-सा वजूद है " कम्प्यूटर पर अक्षरों को दबाओ।" खरीददारी हेतु मेरी सूची तो मेरे फोन के नोट प्रकार्य में छिपी है| यदि मुझे कोई याद करने की आवश्यकता पड़ती है, तो मैं अपने आप को ई-मेल भेज देता हूँ | पेन वह चीज़ है जिसको मैं तब चबाने के लिए उपयोग करता हूँ जब कुछ सोच रहा होता हूँ।" कागज़ वह चीज़ है जिसे मैं लैपटॉप के नीचे एकत्रित करता हूँ ताकि टंकण हेतु इसकी ऊँचाई मेरे लिए अधिक सुविधाजनक हो जाय।

लेखनसामग्री विक्रेता बिक द्वारा 1,000 किशोर बालकों के सर्वेक्षण में उसने पाया कि उनके 10 में से एक किशोर के पास अपनी कलम नहीं है, उनमें से हर तीसरे ने तो कभी पत्र नहीं लिखा है एवं 13 से 19 वर्ष के आयु वर्ग के आधे किशोरों को कभी भी बाध्य नहीं किया गया कि वे बैठें और धन्यवाद पत्र लिखें | 80% से अधिक किशोरों ने तो कभी भी कोई प्रेम पत्र नहीं लिखा, 56% के घर पर पत्र का कागज नहीं है| साथ ही एक-चौथाई को तो जन्मदिन के कार्ड लिखने की अनोखी जहमत की कोई जानकारी ही नहीं हुई| अधिक से अधिक यदि किसी किशोर को कलम के प्रयोग की आवश्यकता हुई तो वह हुई है सिर्फ परीक्षा प्रश्न पत्र का उत्तर लिखने में।

बिक, क्या तुमने कभी मोबाइल फोन के बारे में सुना है? क्या तुमने ई-मेल, फेसबुक और स्नैप चैटिंग के बारे में सुना है? यही भविष्य है| कलम का जमाना गया| कागज का जमाना गया| हस्तलेखन अब स्मृतिशेष रह गया है|

"हमारे पास हस्तलेखन सर्वाधिक सर्जनात्मक अभिव्यक्ति है तथा इसे रेखाचित्र (स्केचिंग), चित्रकारी अथवा फोटोग्राफी जैसी कला के अन्य रूपों की तरह समान महत्व दिया जाना चाहिए|"

Q.28 एक बड़े कार्ड पर हस्ताक्षर करने की बात आई, तो लेखक को "अग्रदीप में किसी खरगोश" जैसा अनुभव हुआ| इस पद का क्या अर्थ है?

A. उलझन की स्थिति
B. प्रसन्नता की स्थिति
C. दुश्चिंता की स्थिति
D. वेदना की स्थिति

Q.29 लेखक के अनुसार, निम्नलिखित में से कौन कामकाज की सर्वाधिक सर्जनात्मक अभिव्यक्ति नहीं है?

A. हस्तलेखन
B. फोटोग्राफी

C. रेखाचित्र बनाना (स्केचिंग)

D. पढ़ना

Q.30 लेखक के सम्पूर्ण सत्ता___के इर्द गिर्द घूमती है।

1) कम्प्यूटर

2) मोबाइल फोन

3)टाइपराइटर

नीचे दिए गये कूट से सही उत्तर का चयन कीजिये:

A. केवल 2   **B.** केवल 1 और 2

C. 1, 2 और 3   **D.** केवल 2 और 3

Q.31 सर्वेक्षण के अनुसार, कितने किशोर, एक कलम के मालिक नहीं हैं?

A. 800   **B.** 560   **C.** 500   **D.** 100

Q.32 लेखक की मुख्य चिंता क्या है?

A. कि किशोर संचार के लिए सामाजिक नेटवर्क का उपयोग करते हैं।

B. कि किशोर मोबाइल फोन का उपयोग करते हैं।

C. किशोर कंप्यूटर का उपयोग करते हैं।

D. यह कि किशोर हस्तलेखन की कला को भूल गए हैं।

Q.33 निम्नलिखित में से कौन उच्च शिक्षा के वैश्वीकरण के अवगुण हैं?

(a) वैश्विक पाठ्यक्रम के लिए एक्सपोजर

(b) शिक्षा में अभिजात्य वर्ग को बढ़ावा देना

(c) उच्च शिक्षा का वस्तुकरण

(d) शिक्षा की लागत में वृद्धि

नीचे दिए गए कोड में से सही उत्तर का चयन करें:

A. (a) और (d)   **B.** (a), (c) और (d)

C. (b), (c) और (d)   **D.** (a), (b), (c) और (d)

Q.34 राष्ट्रीय संस्थागत रैंकिंग फ्रेमवर्क (NIRF) के अनुसार, देश में (2017) सर्वश्रेष्ठ कॉलेज का स्थान कौन सा था?

A. मिरांडा हाउस, दिल्ली

B. सेंट स्टीफन कॉलेज, दिल्ली

C. फर्ग्यूसन कॉलेज, पुणे

D. महाराजा कॉलेज, मैसूर

Q.35 रचनात्मक मूल्यांकन का मुख्य उद्देश्य क्या है?

A. छात्रों को अगली कक्षा में पदोन्नत करने के लिए

B. छात्रों की सीखने की क्षमता बढ़ाने के लिए

C. कक्षा में सहयोग बढ़ाने के लिए

D. सीखने की कठिनाइयों को समझने के लिए

Ques (36-40):निर्देश: तालिका में नीचे दिए गए किसी देश की जनसंख्या और विद्युत उत्पादन का निर्णायक आधार है।

वर्ष	जनसंख्या (मिलियन)	विद्युत उत्पादन(GW)*
1951	20	10
1961	21	20
1971	24	25
1981	27	40
1991	30	50
2001	32	80
2011	35	100
		$* 1GW = 1000$ (मिलियन वॉट)

Q.36 किस दशक में जनसंख्या की अधिकतम वृद्धि दर (%) दर्ज की गई?

A. $1961 - 1971$ **B.** $1971 - 1981$

C. $2001 - 2011$ **D.** $2001 - 2011$

Q.37 जनसंख्या की औसत दशक वृद्धि दर (%) है (लगभग):

A. 12.21%   **B.** 9.82%   **C.** 6.73%   **D.** 5%

Q.38 औसत दशक वृद्धि दर के आधार पर, वर्ष 2021 में जनसंख्या क्या होगी?

A. 40.34 मिलियन   **B.** 38.44 मिलियन

C. 37.28 मिलियन   **D.** 36.62 मिलियन

Q.39 वर्ष 1951 में, प्रति व्यक्ति बिजली की उपलब्धता क्या थी?

A. 100 वॉट   **B.** 200 वॉट   **C.** 400 वॉट   **D.** 500 वॉट

Q.40 किस दशक में, प्रति व्यक्ति औसत बिजली की उपलब्धता अधिकतम थी?

A. 1991   **B.** 2001   **C.** 2011   **D.** 1981

Q.41 सरकारी संवाद में ई-गवर्नेंस G2C क्या दर्शाता है

A. सरकार से केंद्र (Government to Center)

B. सरकार से कंपनी (Government to Company)

C. सरकार से नागरिक (Government to Citizen)

D. सरकार से वाणिज्य (Government to Commerce)

Q.42 एक कंप्यूटर में, यदि 8 बिट का प्रयोग मेमोरी में एड्रेस बताने के लिए होता है, एड्रेस की कुल संख्या क्या होगी?

A. 256   **B.** 8   **C.** 216   **D.** 512

Q.43 निम्नलिखित में ऑडियो फाइल फॉर्मेट क्या है?

(a) .wav

(b) .aac

(c) .wmv

(d) .flv

A. (a) और (d)   **B.** (b) और (c)

C. (a) और (b)   **D.** (c) और (d)

Q.44 सम्प्रेषण में भाषा होती है:

A. वाचिक कूट   **B.** अन्तर्वैयक्तिक

C. प्रतीकात्मक कूट   **D.** गैर वाचिक कूट

Q.45 स्वच्छ जल निकायों में कार्बनिक प्रदूषण का प्राथमिक स्रोत है

A. शहरी क्षेत्रों का अपवाह   **B.** कृषि फार्म का अपवाह

C. मल अपशिष्ट   **D.** औद्योगिक प्रदूषण

Q.46 अभिकथन (A) और कारण (R) के निम्नलिखित कथनों में से सही कोड को इंगित करें:

अभिकथन (A): औद्योगिक उदारीकरण भारतीय उद्योगों में उच्च दक्षता और उत्पादकता के लिए प्रतिस्पर्धा की शक्तियों के विकास के लिए एक अनिवार्य शर्त बन गया।

कारण (R): औद्योगिक विकास और गरीबी पर अंकुश केवल सरकारी हस्तक्षेप से संभव है।

A. (A) सही है लेकिन (R) (A) का सही स्पष्टीकरण नहीं है।
B. (A) सही हैं और (R), (A) की सही व्याख्या है।
C. (A) सही है लेकिन (R) सही नहीं है।
D. (R) सही है लेकिन (A) सही नहीं है।

Q.47 इनमें से किस कारण की वजह से, 1991 में भारत में "संरचनात्मक समायोजन कार्यक्रम" शुरू किया गया था?

A. निजी क्षेत्र के बीच प्रतिस्पर्धा पर अंकुश
B. सार्वजनिक क्षेत्र की प्रमुख भूमिका की स्थापना
C. एक मुक्त बाजार अर्थव्यवस्था की स्थापना
D. योजना और लाइसेंस के माध्यम से क्षेत्रीय संतुलन

Q.48 वेन आरेख विधि के संदर्भ में निम्नलिखित में से कौन सा कथन सही नहीं है?

[UGC NET Sociology, 2018], [UGC NET Home Science, 2018]

A. यह तर्कों की वैधता के परीक्षण की एक विधि है
B. यह एक आरेख में एक न्यायशास्त्र के दोनों परिसरों का प्रतिनिधित्व करता है
C. मानक-रूप श्रेणीबद्ध न्यायशास्त्र के दो परिसरों के लिए इसे दो अतिव्यापी मंडलियों की आवश्यकता होती है
D. इसका उपयोग कक्षाओं के साथ-साथ प्रस्तावों का प्रतिनिधित्व करने के लिए किया जा सकता है

Q.49 निम्नलिखित में से कौन आगमनात्मक तर्क में एक पूर्वधारणा है?

[UGC NET Sociology, 2018], [UGC NET Home Science, 2018]

A. पहचान का कानून
B. प्रकृति में अपरिवर्तनीयता
C. प्रकृति में सद्भाव
D. प्रकृति की एकरूपता

Q.50 प्राचीन भारत के विश्वविद्यालयों में शिक्षण प्रख्यात शिक्षकों के बोर्ड द्वारा नियंत्रित किया जाता था। विक्रमशिला विश्वविद्यालय के बोर्ड द्वारा किस विश्वविद्यालय का संचालन किया गया था?

A. जगदला विश्वविद्यालय
B. वल्लभी विश्वविद्यालय
C. नालंदा विश्वविद्यालय
D. ओदंतपुरी विश्वविद्यालय

Paper-II

Q.51 किसने माना है कि 'अक्सर क्रिया नियमित और अपेक्षाकृत अपरिवर्तनीय होती है'?

A. अल्फ्रेड शुल्स
B. एच गार्फिकेल
C. मैक्स वेबर
D. जॉन हेरिटेज

Q.52 किसने तर्क दिया है कि एथ्नो विधियां 'प्रतिवर्तनीय जवाबदेह' हैं?

A. ओरबच
B. गरफ़िकेल
C. शुल्ज़
D. हिल्बर्ट

Q.53 सामाजिक क्रिया और सहभागिता के 'सूक्ष्म' स्तर पर 'स्व' की रचना का संबंध किससे था?

A. जॉर्ज हर्बर्ट मीड
B. गोफमैन इरविंग
C. हरबर्ट ब्लमर
D. ऊपर के सभी

Q.54 निम्नलिखित सूची- I और सूची- II का मिलान करें।

सूची-I	सूची-II
a. सोशल एक्शन की संरचना	1. ए शुल्स
b. सामाजिक दुनिया की घटना	2. हेरोल्ड गार्फ़िकेल
c. रोजमर्रा की जिंदगी में स्वयं की प्रस्तुति	3. टी पार्सन्स
d. नृवंशविज्ञान में अध्ययन	4. गोफमैन

नीचे दिए गए कोड से सही उत्तर को चिह्नित करें:

कोड:

a, b, c, d

A. 1, 2, 3, 4
B. 3, 1, 4, 2
C. 1, 4, 2, 3
D. 2, 3, 4, 1

Q.55 किसने कहा है कि नव-क्रियावाद 'क्रिया और व्यवस्था' पर लगभग बराबर ध्यान देता है?

A. जेफरी चार्ल्स अलेक्जेंडर
B. पॉल कोलोमी
C. जॉर्जिया रोहड्स
D. ये सभी

Q.56 किसने नवप्रसूतात्मकता को "कार्यात्मक सिद्धांत के एक आत्म-महत्वपूर्ण किनारा" के रूप में परिभाषित किया है?

A. अलेक्जेंडर और गिसेन
B. कोलोमी और रोहेड्स
C. रोड्स एंड गिसेन
D. अलेक्जेंडर और कोलोमी

Q.57 महत्वपूर्ण सिद्धांतकार राज्य क्या कहते हैं?

A. आर्थिक नियतत्ववाद गलत था।
B. आर्थिक नियतत्ववाद गलत नहीं था।
C. आर्थिक नियतत्ववाद गलत नहीं था, लेकिन सामाजिक जीवन के अन्य पहलुओं से भी संबंधित होना चाहिए।
D. आर्थिक नियतत्ववाद गलत था और इसका संबंध सामाजिक जीवन के अन्य पहलुओं से होना चाहिए।

Q.58 नव-मार्क्सवादियों के बीच, जिसने परिपक्व मार्क्स को किसी मानव स्वभाव में विश्वास नहीं किया था, ने किसका विरोध किया है?

A. जर्गेन हैबरमास
B. हार्वे
C. राल्फ गुस्ताव डेहरडॉर्फ
D. लुई पियरे अलथुसेर

Q.59 साम्यवादी घोषणापत्र किसने लिखा है?

A. कार्ल मार्क्स
B. लेनिन
C. एंगेल्स
D. इनमें से कोई भी नहीं

Q.60 जाति व्यवस्था में साथी की पसंद आम तौर पर है:

A. विजातीय विवाह करनेवाला
B. अंतर्विवाही
C. सीमित
D. खुला हुआ

Q.61 निम्नलिखित में से कौन शहरों के विकास का कारण नहीं है?

A. व्यापार और वाणिज्य
B. परिवहन का विकास
C. उद्योगवाद
D. शहरीकरण

Q.62 समाज में प्रत्येक व्यक्ति कई स्थितियों पर कब्जा कर लेता है। एक व्यक्ति के साथ जुड़े विभिन्न स्थितियों को निम्नानुसार जाना जाता है:

A. स्थिति असंगति
B. स्थिति क्रम
C. स्थिति निर्धारित की
D. स्थिति उत्तराधिकार

Q.63 हम निम्नलिखित में से एक प्राथमिक समूह की भौतिक स्थितियाँ हैं?

(i) शारीरिक निकटता
(ii) आकर्षण
(iii) लघुता
(iv) धीरज

A. (i), (ii), (iii), (iv)
B. (i), (ii) , (iii)
C. (i), (ii), (iv)
D. (i), (iii), (iv)

Q.64 निम्नलिखित में से कौन एक प्राथमिक समूह नहीं है?

A. स्काउट्स

B. एक सहकर्मी समूह

C. छात्रों का एक वर्ग

D. परिवार

Q.65 निम्नलिखित में से कौन सी सामाजिक समूह की मूलभूत विशेषताएं हैं?

(i) संगठन

(ii) हम-भावना

(iii) आत्मनिर्भरता

(iv) स्पष्ट सांस्कृतिक लक्ष्य

A. (i) और (ii)

B. (ii) और (iii)

C. (iii) और (iv)

D. (i) और (iii)

Q.66 सूची- II के साथ सूची- I का मिलान करें।

सूची- I (पुस्तकें)	सूची- II (लेखक)
a. डी-स्कूलिंग सोसाइटी	(i) आर टी लिंग
b. परिवार की राजनीति	(ii) एस बोल्ड और एच गिंटिस
c. असामाजिक परिवार	(iii) इवान इलिच
d. पूंजीवादी अमेरिका में स्कूली शिक्षा	(iv) एम बैरेट और एम मैकिन-टूश

कोड्स: a, b, c, d

A. (i), (ii), (iii), (iv)

B. (iv), (i), (ii), (iii)

C. (iii), (i), (iv), (ii)

D. (ii), (i), (iii), (iv)

Q.67 एक समूह में सामाजिक व्यवहार के पैटर्न के मापन की तकनीक को कहा जाता है:

A. समाजोग्राम

B. अंतःक्रियात्मक विश्लेषण

C. सामाजिक दूरी का पैमाना

D. समाजमिति

Q.68 निम्नलिखित में से कौन सा कथन समाज कल्पना के बारे में सी. राइट मिल्स के विचार का प्रतिनिधित्व करता है?

A. सामाजिक दुनिया को एक सामाजिक तथ्य के रूप में देखना।

B. शास्त्रीय सिद्धांतकारों के बीच मतभेदों को समझना।

C. निजी परेशानियों और सार्वजनिक मुद्दों को एक साथ लाना।

D. व्यक्तिगत-आधारित स्पष्टीकरण से बचना।

Q.69 निम्नलिखित में से कौन कहता है कि समाजशास्त्र सामूहिक प्रतिनिधित्व का अध्ययन है?

A. मैक्स वेबर

B. एमाइल दुर्खीम

C. अगस्टे कॉम्टे

D. हर्बर्ट स्पेंसर

Q.70 मिश्रित अर्थव्यवस्था से आपका क्या तात्पर्य है?

A. आधुनिक और पारंपरिक उद्योग

B. सार्वजनिक और निजी क्षेत्र

C. विदेशी और घरेलू निवेश

D. वाणिज्यिक और निर्वाह खेती

Q.71 सकल राष्ट्रीय उत्पाद से आपका क्या तात्पर्य है?

A. देश में उत्पादित वस्तुओं और सेवाओं का कुल मूल्य

B. देश में सभी लेनदेन का कुल मूल्य

C. देश में उत्पादित वस्तुओं और सेवाओं के कुल मूल्य में मूल्यह्रास

D. देश में उत्पादित वस्तुओं और सेवाओं का कुल मूल्य और विदेशों से शुद्ध कारक आय

Q.72 वह प्रक्रिया जो वे उत्पादों के खराब होने से बचने के लिए करते हैं:

A. पास्तुरीकरण

B. तेज़ी

C. शुद्धिकरण

D. इनमें से कोई नहीं

Q.73 सूची - I और सूची - II का सही मिलान कीजिए और विकल्पों में से सही उत्तर का चयन कीजिए।

सूची- I (पुस्तक)	सूची- II (लेखक)
a. पैटर्न्स ऑफ़ कल्चर	(i) टी. एस. एलियट
b. प्रिमिटिव कल्चर	(ii) ई. बी. टाइलर
c. ए साइंटिफिक थ्योरी ऑफ कल्चर	(iii) रुथ बेनेडिक्ट
d. नोट्स टुवर्ड्स दी डेफिनिशन ऑफ़ कल्चर	(iv) बी. मालिनोवस्की

A. a-(i), b-(ii), c-(iii), d-(iv)

B. a-(iii), b-(ii), c-(iv), d-(i)

C. a-(ii), b-(iii), c-(iv), d-(i)

D. a-(iv), b-(i), c-(ii), d-(iii)

Q.74 27 मार्च 2019 को निम्नलिखित में से किस उपग्रह-रोधी मिसाइल का परीक्षण भारत द्वारा किया गया है?

A. मिशन एंटिक्स

B. मिशन गगन

C. मिशन शक्ति

D. मिशन विनाश

Q.75 एचआईवी सकारात्मक उम्मीदवारों के लिए भारत के किस राज्य में पहली बार सरकारी नौकरी आरक्षित की गई?

A. उत्तर प्रदेश

B. मिजोरम

C. केरल

D. महाराष्ट्र

Q.76 किस प्रकाश के संपर्क में उम्र बढ़ने में तेजी आ सकती है?

A. नीला प्रकाश

B. लाल प्रकाश

C. पीला प्रकाश

D. इनमें से कोई भी नहीं

Q.77 किस महाद्वीप में वैज्ञानिकों ने लोहे के एक दुर्लभ समस्थानिक के कण पाए हैं?

A. अफ्रीका

B. अंटार्कटिका

C. यूरोप

D. ऑस्ट्रेलिया

Q.78 समाजशास्त्र को एक माना जाता है:

A. सामान्य विज्ञान

B. उद्देश्य साइंस

C. सामान्य विज्ञान

D. इनमें से कोई नहीं

Q.79 जलवायु पहल कृषि पर राष्ट्रीय पहल निम्नलिखित में से किसके द्वारा शुरू की गई थी?

A. यूएनईपी

B. आईसीएआर

C. आईपीसीसी

D. एमओईएफसीसी

Q.80 अनुदैर्ध्य अनुसंधान दृष्टिकोण वास्तव में क्या व्यवहार करता है

A. लंबे समय तक अनुसंधान

B. अल्पकालिक अनुसंधान

C. क्षैतिज अनुसंधान

D. इनमें से कोई भी नहीं

Q.81 निम्नलिखित में से कौन अनुसंधान की विशेषताओं के अनुरूप नहीं है?

A. शोध निष्क्रिय नहीं है

B. अनुसंधान व्यवस्थित है

C. अनुसंधान एक समस्या-उन्मुख नहीं है

D. शोध एक प्रक्रिया नहीं है

Q.82 निम्नलिखित में से कौन सा विकल्प आधुनिक समाज में अनुसंधान के मुख्य कार्य हैं?

A. नई चीजें सीखने के लिए

B. ज्ञान में उन्नति के साथ तालमेल रखना

C. उद्देश्य के साथ जांच / स्रोतों का व्यवस्थित रूप से परीक्षण और आलोचनात्मक विश्लेषण करना

D. ऊपर के सभी

Q.83 अनुसंधान क्षेत्र में वैज्ञानिक विधि का मुख्य उद्देश्य है

A. आंकड़ा निर्वचन में सुधार

B. त्रिकोणासन की पुष्टि करें

C. नए चर का परिचय दें

D. संयमी संबंधों को खत्म करें

Q.84 एक शोधकर्ता एक शहरी क्षेत्र में किसी विशेष राजनीतिक पार्टी की संभावनाओं का अध्ययन करने में रुचि रखता है। इसलिए, उसे अध्ययन के लिए कौन सा उपकरण को प्राथमिकता देनी चाहिए।

A. दर्जा पैमाने   **B.** साक्षात्कार   **C.** प्रश्नावली   **D.** अनुसूची

Q.85 जीन पियागेट ने मनुष्यों के संज्ञानात्मक विकास का अपना सिद्धांत किस आधार पर दिया था?

A. मूल्यांकन अनुसंधान   **B.** मौलिक अनुसंधान

C. लागू अनुसंधान   **D.** कार्रवाई पर अनुसंधान

Q.86 नमूनाकरण मामले "के रूप में परिभाषित किए जा सकते हैं

A. एक नमूना फ्रेम का उपयोग

B. अनुसंधान के लिए उपयुक्त लोगों की पहचान करना

C. वस्तुतः शोधकर्ता का संक्षिप्त मामला

D. लोगों, अखबारों, टेलीविजन कार्यक्रमों आदि का नमूना

Q.87 भौगोलिक संकेत (जीआई) शिल्प को बढ़ावा देने के लिए कपड़ा मंत्रालय द्वारा आयोजित प्रदर्शनी का नाम क्या है?

A. शिल्प मेला   **B.** कला मेला   **C.** शिल्प कुंभ   **D.** कला कुंभ

Q.88 स्वच्छ भारत मिशन (ग्रामीण) के दूसरे चरण को किस वित्तीय वर्ष तक लागू किया जाना है?

A. 2021-22   **B.** 2022-23   **C.** 2023-24   **D.** 2024-25

Q.89 सभ्य समाज के रूप में समझा जा सकता है:

A. एक राज्य की पूरी आबादी

B. राज्य के भीतर के लोग जो राजनीतिक रूप से सभ्य व्यवहार करते हैं

C. एक सामाजिक संगठन जो सेवानिवृत्त सिविल सेवकों से बना है

D. ऐसा ढांचा जिसके भीतर राजनीतिक अधिकार न होने वाले लोग अपना जीवन यापन करते हैं

Q.90 1980 के दशक में 'नागरिक समाज' शब्द लोकप्रिय क्यों हुआ?

A. उस समय सरकारों की कथित बेईमानी के प्रति मोहभंग बढ़ रहा था, विशेषकर सहायता प्राप्त करने वालों के रूप में

B. कई अधिनायकवादी शासनों के पतन के लिए नागरिक समाज द्वारा उत्पन्न आंदोलनों को जिम्मेदार ठहराया गया था

C. ऐसा लग रहा था कि अन्य राज्यों में शांतिपूर्ण बदलाव की संभावना है

D. ऊपर के सभी

Q.91 ब्याज समूहों की एक बड़ी आलोचना यह है कि वे

A. दूसरों की तुलना में कुछ समूहों के लिए अधिक प्रभाव में परिणाम, चाहे वे व्यापक रूप से लोकप्रिय हों या न हों

B. ऐसी नीतियों की वकालत करना जिससे सार्वजनिक व्यय अधिक हो

C. सनसनीखेज रणनीति के माध्यम से मीडिया का ध्यान आकर्षित करना

D. हमेशा चरम विचारों वाले लोगों का वर्चस्व

Q.92 ब्याज समूहों और राजनीतिक दलों के बीच एक महत्वपूर्ण अंतर यह है कि

A. रुचि समूह हमेशा गैर-जिम्मेदार 'इशारे की राजनीति' में लिप्त

B. वे खुद को सरकार के लिए उम्मीदवार के रूप में पेश नहीं करना चाहते हैं

C. उनके नेता स्वार्थ के बजाय सिद्धांत से प्रेरित होते हैं

D. ऊपर के सभी

Q.93 'निगमवाद' का क्या मतलब है?

A. कुछ संभ्रांत समूहों को निर्णय लेने वालों तक विशेषाधिकार प्राप्त है

B. सभी रुचि समूह निर्णय लेने वालों तक समान पहुंच का आनंद लेते हैं

C. राज्य किसी भी हित समूह को सुनने से इनकार करता है

D. सभी महत्वपूर्ण निर्णय गुप्त व्यक्तियों द्वारा गुप्त रूप से लिए जाते हैं

Q.94 यकीनन निगमवाद सबसे प्रभावशाली था?

A. 1980 के दशक के दौरान, जब सभी पश्चिमी सरकारें बड़े व्यवसाय के इच्छुक नौकर थे

B. 19 वीं शताब्दी के दौरान, जब ट्रेड यूनियन अधिक प्रभावशाली हो रहे थे

C. बीसवीं शताब्दी के प्रमुख युद्धों के दौरान, जब सरकारों को उद्योग के दोनों ओर से सहयोग की आवश्यकता थी

D. 1960 और 1970 के दशक के दौरान, जब 'कीनेसियन' विचार व्यवहारिक थे

Q.95 भागीदारी अनुसंधान के संदर्भ में निम्नलिखित में से कौन सा कथन गलत है?

A. यह ज्ञान को शक्ति के रूप में पहचानता है

B. यह जाँच की एक सामूहिक प्रक्रिया है

C. यह लोगों को विशेषज्ञों के रूप में महत्व देता है

D. इसका एकमात्र उद्देश्य ज्ञान का उत्पादन है

Q.96 परिकल्पना के परीक्षण के संदर्भ में निम्नलिखित में से कौन सा कथन सही है?

A. यह केवल वैकल्पिक परिकल्पना है जिसका परीक्षण किया जा सकता है

B. यह केवल शून्य परिकल्पना है जिसका परीक्षण किया जा सकता है

C. वैकल्पिक और अशक्त परिकल्पना दोनों का परीक्षण किया जा सकता है

D. वैकल्पिक और अशक्त परिकल्पना दोनों का परीक्षण नहीं किया जा सकता है

Q.97 नीचे दिए गए दो कथनों को देखते हुए, एक को अभिकथन (A) और दूसरे को कारण (R) के रूप में लेबल किया गया है।

अभिकथन (A): पारंपरिक सामाजिक मूल्यों में बदलाव से आधुनिकीकरण होता है

कारण (R): पारंपरिक समाज में परिवर्तन शायद ही होता है

नीचे दिए गए कोड में से सही उत्तर का चयन करें:

A. दोनों (A) और (R) सही हैं और (R) के लिए सही स्पष्टीकरण है (A)

B. दोनों (A) और (R) सच हैं लेकिन (R) के लिए सही स्पष्टीकरण नहीं है (A)

C. (A) सच है लेकिन (R) गलत है

D. (A) गलत है लेकिन (R) सच है

Q.98 नीचे दिए गए दो कथन दिए गए हैं, जिनमें से एक को अभिकथन (A) और दूसरे को कारण (R) के रूप में लेबल किया गया है:

अभिकथन (A): लुईस कोसर और रान्डेल कॉलिन्स दोनों को संघर्ष स्कूल के तहत रखा गया है।

कारण (R): ये दोनों समाज को बनाए रखने में संघर्ष के कार्य पर प्रकाश डालते हैं।

A. दोनों (A) और (R) सच हैं।

B. (A) सच है, लेकिन (R) गलत है।

C. (A) गलत है, लेकिन (R) सच है।

D. दोनों (A) और (R) गलत है।

Q.99 कृषि से औद्योगिक और बाद के औद्योगिक तक मानव समाज के परिवर्तन को व्यापक रूप से आकार दिया गया है:

A. तकनीकी नवाचार

B. उत्पादकता के लिए ज्ञान का अनुप्रयोग

C. (A) और (B) दोनों

D. काम के लिए प्रशिक्षण

Q.100 टाइप-आई त्रुटि किन स्थितियों में होती है?

A. अशक्त परिकल्पनाएँ झूठी होने पर भी स्वीकार की जाती हैं

B. अशक्त परिकल्पनाओं को खारिज कर दिया जाता है भले ही यह सच हो

C. दोनों अशक्त परिकल्पनाओं के साथ-साथ वैकल्पिक परिकल्पनाओं को खारिज कर दिया जाता है

D. इनमें से कोई नहीं

Q.101 किसने सुझाव दिया कि ईश्वर समाज में विभक्त है?

A. मैक्स वेबर
B. ई ई इवांस - प्रिचार्ड
C. अगस्ते कॉम्टे
D. एमाइल दुर्खीम

Q.102 एक भारतीय परिवार में माता-पिता अपनी बेटी को उसके ससुराल, घर में एक अच्छी पत्नी / बेटी बनने के लिए तैयार करते हैं, यह एक उदाहरण है:

A. समाजीकरण
B. पुन: समाजीकरण
C. वयस्क समाजीकरण
D. प्रतिपक्षी समाजीकरण

Q.103 मैक्स वेबर ने अपना पहला निबंध लिखा था:

A. 1904
B. 1908
C. 1912
D. 1915

Q.104 तुलनात्मक राजनीतिक संस्कृतियों पर 19 वीं सदी के अग्रणी काम को किसने लिखा?

A. सैमुअल हंटिंगटन
B. लियोनार्डो दा विंसी
C. एलेक्सिस डी टोकेविले
D. गेब्रियल आलमंड और सिडनी वेरबा

Q.105 1960 के दशक में राजनीतिक संस्कृति का अध्ययन अधिक फैशनेबल क्यों हो गया?

A. इसने 'व्यवहार' अध्ययन के प्रति अधिक सामान्य प्रवृत्ति को पूरक बनाया

B. इसने अन्य कार्यों का अनुसरण किया जिसने आधुनिक लोकतंत्र की पुनर्विचार को बढ़ावा दिया

C. यह दिखाने के लिए इस्तेमाल किया जा सकता है कि उदारवादी लोकतंत्र अपने कम्युनिस्ट प्रतिद्वंद्वियों से बेहतर थे

D. ऊपर के सभी

Q.106 राजनीतिक संस्कृति की अवधारणा के लिए एक बड़ी चुनौती है:

A. यह राष्ट्रवाद के विवादास्पद विषय की उपेक्षा करता है

B. इसकी उत्पत्ति 1960 के दशक में हुई थी और तब से चीजें बहुत बदल गई हैं

C. कुछ देशों को समरूप संस्कृतियों का प्रदर्शन करने के लिए कहा जा सकता है

D. इसे केवल पश्चिमी लोकतांत्रिक राज्यों में लागू किया जा सकता है

Q.107 रॉबर्ट पुटनम के उत्तरी इटली के अध्ययन से क्या पता चला?

A. एक अलग-थलग आबादी जिसने सभी प्रकार के अधिकारों का तिरस्कार किया

B. एक लंबे समय से नागरिक की स्थापित परंपरा

C. उत्तर की राजनीतिक संस्कृति दक्षिण के समान थी

D. ऊपर के सभी

Q.108 यूके में आलमंड और वेरबा के काम के साथ एक बड़ी कठिनाई यह है

A. इसने उत्तरी आयरलैंड में गंभीर कठिनाइयों पर अपर्याप्त ध्यान दिया

B. इसने ब्रिटेन के कुछ हिस्सों में विचलन के लिए कॉल पर बहुत अधिक ध्यान दिया

C. इसने आरोप लगाया कि ब्रिटेन क्रांतिकारी उत्साह से भर रहा है

D. यह तर्क दिया कि ब्रिटिश लोग बहुत अधिक आस्थावान थे

Q.109 तंजानिया राज्य जनता की संतुष्टि के उच्च स्तर को क्यों दर्ज करता है?

A. अर्थव्यवस्था को इतनी अच्छी तरह से प्रबंधित किया गया है

B. सत्तारूढ़ दल औपनिवेशिक शासन से मुक्ति के साथ जुड़ा हुआ है

C. ऐतिहासिक जनजातीय विभाजन सरकार द्वारा सक्रिय रूप से प्रोत्साहित किए जाते हैं

D. सभी निवासी यह कहने में बहुत डरते हैं कि वे वास्तव में क्या सोचते हैं

Q.110 वैश्वीकरण का एक प्रभाव रहा है:

A. दुनिया भर में राजनीतिक अभिजात वर्ग की शक्ति को कम आंकना

B. मीडिया में हेरफेर करने की कोशिश करने वाले राजनीतिक नेताओं का पता लगाएं

C. उन लोगों के लिए नई कठिनाइयाँ उठाएँ जो राष्ट्रीय राजनीतिक संस्कृतियों के विपरीत तीव्र पहचान करने की कोशिश करते हैं

D. राज्यों के भीतर और बीच में आर्थिक विषमताओं का उन्मूलन

Q.111 निम्नलिखित में से कौन सा स्थिति की समाजशास्त्रीय समझ में नहीं आता है?

A. पद
B. प्रतिष्ठा
C. अहंकार
D. जीवन शैली

Q.112 सूची-I में आइटम के साथ सूची-II में आइटम का मिलान करें और नीचे दिए गए कोड से सही उत्तर चुनें:

सूची - I	सूची - II
(a) क्रमागत उन्नति	(i) संरचनात्मक परिवर्तन
(b) प्रगति	(ii) चरणों में परिवर्तन
(c) क्रांति	(iii) मात्रात्मक परिवर्तन
(d) परिवर्तन	(iv) गुणात्मक परिवर्तन

कोड:

(a), (b), (c), (d)

A. (iv),(iii),(ii),(i)
B. (ii),(iii),(i),(iv)
C. (iii),(ii),(i),(iv)
D. (i),(iv),(iii),(ii)

Q.113 प्रोटेस्टेंट एथिक एंड द स्पिरिट ऑफ कैपिटलिज्म "लिखा गया था:

A. मैक्स वेबर
B. कार्ल मार्क्स
C. जॉर्ज सिमेल
D. इनमे से कोई नहीं

Q.114 "सोशल स्टैटिक्स" में, स्पेंसर ने विचार दिए-

A. सामाजिक बदलाव
B. प्रगति
C. संस्कृति
D. इनमे से कोई नहीं

Q.115 इस सिद्धांतकार के बीच संघर्ष सिद्धांतों के बौद्धिक मूललेख कौन थे?

A. जी एच मीड और इरविंग गोफमैन

B. कार्ल मार्क्स और मैक्स वेबर

C. एमिल दुर्खीम और हर्बर्ट स्पेंसर

D. एडवर्ड विल्सन और चार्ल्स डार्विन

Q.116 पारंपरिक हिंदू कानून के अनुसार, शादी एक __________ है।

A. धार्मिक संस्कार
B. अनुबंध
C. वेश्यावृत्ति का नियमन
D. इनमें से कोई भी नहीं

Q.117 __________ अपने मृतक भाई की निःसंतान विधवा के साथ पुरुष का विवाह है।

A. लेविरेट
B. सोरोरेट
C. सोरोरल पोलीगनी
D. पोलीगिनी

Q.118 वह परिवार जिसमें विवाह के माध्यम से पति-पत्नी, उनकी संतान और अन्य रिश्तेदार रहते हैं, को एक साथ कहा जाता है-

A. संयुक्त परिवार	**B.** रूढ़िवादी परिवार
C. एकरस परिवार	**D.** बहुपत्नी परिवार

Q.119 निम्नलिखित में से किसने परिवार के कार्यों को आवश्यक और गैर-आवश्यक में वर्गीकृत किया?

A. मैकलेवर **B.** गिन्सबर्ग **C.** लुंडबर्ग **D.** दुर्खीम

Q.120 यह कौन परिभाषित करता है "समाजशास्त्र को मानवीय संबंधों के बारे में वैज्ञानिक ज्ञान के रूप में परिभाषित किया जा सकता है"?

A. वार्ड **B.** गिडिंग्स **C.** क्यूबर **D.** जॉनसन

Q.121 वह व्यवस्था जिसमें एक पति एक पत्नी से विवाह कर सकता था लेकिन विवाहित संबंध निश्चित नहीं थे -

A. सिंदास	**B.** अभिविन्यास
C. प्रसव	**D.** इनमें से कोई नहीं

Q.122 ________ के नियम के अनुसार, युगल कुछ समय के लिए दुल्हन के माता-पिता के साथ रहता है, फिर दूल्हे के माता-पिता के साथ स्थायी रूप से रहने के लिए जाता है।

A. पितृलोक निवास	**B.** मातृ-पितृलोक निवास
C. द्विपक्षीय निवास	**D.** डबल निवास

Q.123 जब पितृवंशीय और मातृवंशीय वंश को एक साथ लागू किया जाता है, और संयोजनों में वैकल्पिक रूप से नहीं, संयुक्त अनुप्रयोग को ____ के रूप में जाना जाता है।

A. द्विपक्षीय वंश	**B.** एकतरफा वंश
C. दोहरा वंश	**D.** इनमें से कोई भी नहीं

Q.124 _____ शब्द स्पीकर के सटीक संबंध का वर्णन करता है।

A. वर्णनात्मक **B.** वर्गीकरण **C.** खोजपूर्ण **D.** अर्थपूर्ण

Q.125 केंद्रीय चिड़ियाघर प्राधिकरण की स्थापना निम्नलिखित में से किस वर्ष की गई थी?

A. 1991 **B.** 1992 **C.** 1993 **D.** 1994

Q.126 निम्नलिखित में से कौन पूर्व-औद्योगिक समय से वातावरण में कार्बन डाइऑक्साइड की सही प्रतिशत वृद्धि का प्रतिनिधित्व करता है?

A. 15% **B.** 20% **C.** 25% **D.** 30%

Q.127 निम्नलिखित में से किस वर्ष में, क्योटो प्रोटोकॉल में दोहा संशोधन को अपनाया गया था?

A. 2009 **B.** 2011 **C.** 2012 **D.** 2016

Q.128 परिवहन वाहनों से वायु प्रदूषण उत्सर्जन को कम करने के लिए भारत में निम्नलिखित में से कौन से कदम उठाए गए हैं?
1. दिल्ली और अन्य शहरों में संपीड़ित प्राकृतिक गैस (CNG) की शुरूआत
2. पुराने और प्रदूषण फैलाने वाले वाहनों को पीछे हटाना
3. वाहन की भीड़ को कम करने के लिए बड़े पैमाने पर परिवहन को मजबूत करना
नीचे दिए गए कोड में से सही विकल्प का चयन करें:

A. केवल 1 & 2	**B.** केवल 2 और 3
C. केवल 1 और 3	**D.** 1, 2 और 3

Q.129 निम्न में से कौन सा एक बीमारी के रूप में संदर्भित है जो विश्व स्तर पर असामान्य रूप से व्यापक हो जाता है?

A. स्थानिक	**B.** वैश्विक महामारी
C. महामारी	**D.** प्रकोप

Q.130 निम्नलिखित में से कौन से सूक्ष्म जीव हैं जो कई किलोमीटर की गहराई तक तलछटी और यहां तक कि आग्नेय चट्टानों के छिद्र के भीतर रह सकते हैं?

A. लिथोट्रॉफ़	**B.** हेमोट्रॉफ़्स
C. लिथोफिल्स	**D.** फोटोट्रॉफ़

Q.131 संग्रहणीय संदर्भ (कास्टेल्स 1977) शब्द का संदर्भ है-

A. रूढ़िवादी सरकार द्वारा सार्वजनिक सेवाओं का निजीकरण

B. सहकर्मी समूहों में खरीदारी की जीवन शैली का अभ्यास

C. तपेदिक का रूप उन लोगों द्वारा सामना करना पड़ा जो टिकटों को इकट्ठा करते हैं

D. राज्य द्वारा स्वास्थ्य, आवास और शिक्षा सेवाओं का प्रावधान

Q.132 विर्थ (1938) ने कहा कि शहरी जीवन शैली में सामाजिक संबंध 'खंडात्मक' थे क्योंकि -

A. वे शहर के विशेष क्षेत्रों तक ही सीमित थे।

B. लोग केवल विशिष्ट, स्थितिजन्य भूमिकाओं के माध्यम से एक दूसरे को जानते थे, और पूरे, गोल व्यक्तियों के रूप में नहीं।

C. प्रत्येक सामाजिक वर्ग के लिए गतिविधि के विशिष्ट पैटर्न थे।

D. वे करीबी दोस्तों और परिवार के साथ आमने-सामने बातचीत पर आधारित थे।

Q.133 उन्नीसवीं सदी में शहरीकरण हुआ क्योंकि-

A. यात्रियों ने गांवों और शहरों से बाहर जाना शुरू कर दिया।

B. शहर और शहर तेजी से योजनाबद्ध और प्रबंधित होते जा रहे थे।

C. औद्योगिक पूंजीवाद के कारण ग्रामीण से शहरी क्षेत्रों में जनसंख्या का परिवर्तन हुआ।

D. परिवहन प्रणाली प्रदान नहीं की गई थी, इसलिए शहर में रहना आसान था।

Q.134 शहरी समाजशास्त्रीय अध्ययन के लिए पारिस्थितिक दृष्टिकोण-

A. कैसे सामाजिक समूहों ने शहर के विभिन्न क्षेत्रों को उपनिवेश बनाया और संसाधनों के लिए प्रतिस्पर्धा की।

B. वन्य जीवन और प्राकृतिक आवास के रूप जो शहर के किनारों पर पाए जा सकते हैं।

C. जिस तरह से लोगों ने पर्यावरणीय मुद्दों को लेकर सामूहिक विरोध प्रदर्शन किया।

D. कैसे पुरुषों और महिलाओं ने शहर के सार्वजनिक स्थानों का अलग-अलग तरह से इस्तेमाल किया।

Q.135 हावर्ड के बगीचे शहर के विचार में शामिल थे-

A. छह छोटे शहर ग्रीन बेल्ट से घिरे हैं और एक बड़े केंद्रीय शहर से जुड़े हुए हैं।

B. योजनाबद्ध शहरों में बहुत सारे पेड़, फूल और सार्वजनिक उद्यान हैं।

C. प्रत्येक निजी स्वामित्व वाले घर में अपना स्वयं का फ्रंट और बैक गार्डन है।

D. टॉवर ब्लॉक आबादी को लंबवत रूप से विस्थापित करने के लिए उपलब्ध है और अधिकांश भूमि को हरे खुले स्थानों के रूप में छोड़ देता है।

Q.136 'विकेंद्रीकृत शहर' की पहचान किसके द्वारा की जा सकती है?

A. छोटे शहरों और ग्रामीण क्षेत्रों में कई केंद्रों की ओर आंतरिक शहर से दूर रोजगार और सेवाओं की पारी।

B. सार्वजनिक स्थान की गिरावट के कारण महिलाएं स्थानीय सुविधाओं का अधिक उपयोग करती हैं।

C. जेंटीफिकेशन: मध्यम वर्ग के लोगों का आंदोलन आंतरिक शहर में वापस आता है।

D. ऊपर के सभी

Q.137 निम्नलिखित में से कौन सा समुदाय के नए रूप के रूप में पहचाना नहीं गया है?

A. जातीय समुदायों, साझा पहचान और भेदभाव के अनुभवों के आधार पर।

B. समलैंगिक गाँव, जो बड़े शहरों के कुछ हिस्सों में बनते हैं।

C. समाजशास्त्रीय समुदाय, अलोकप्रिय व्याख्याताओं द्वारा गठित।

D. आभासी समुदाय जो केवल साइबरस्पेस में मौजूद हैं।

Q.138 सांस्कृतिक पुनर्गठन में शामिल है-

A. आर्थिक गिरावट में शहरों को पुनर्जीवित करना

B. औद्योगिक परिदृश्यों को पर्यटक आकर्षणों में बदलना

C. मीडिया विज्ञापन की 'प्रतीकात्मक अर्थव्यवस्था' के माध्यम से साइटों और छवियों को बेचना

D. ऊपर के सभी

Q.139 निम्नलिखित में से कौन-से मेले में 'जमात' नामक उपासको का समूह विश्वभर से आता है?

[MP Sub Inspector (MPSI), 2017]

A. बरमान का मेला

B. महामृत्युंजय का मेला

C. आलमी तब्लीगी इज्तिमा

D. सिंहस्थ

Q.140 जिस प्रक्रिया में मतदाता ऑस्ट्रेलियाई संविधान में प्रस्तावित परिवर्तनों पर मतदान करते हैं, उसे _____ कहा जाता है।

A. डबल बहुमत

B. जनमत संग्रह

C. पूर्व उदाहरण

D. जनतंत्र

Q.141 एक युवा महिला जो खुद को एक धार्मिक कार्यकर्ता में बदल लेती है, उसके पास एक मजबूत महिला होती है:

A. दृष्टिकोण प्रवणता

B. सामाजिक उद्देश्य

C. हाइपरविजिलेंस

D. एन्सेफलाइज़ेशन

Q.142 सामाजिक विज्ञान अनुसंधान में 'अशक्त परिकल्पना' में प्राथमिक दार्शनिक धारणा _____ है।

[UGC NET Sociology, 2020]

A. शिल्प-कला

B. विनिर्देश

C. मिथ्याकरणीयता

D. विशिष्टता

Q.143 किस दशक में कुल शहरी आबादी में भारत की ग्रामीण आबादी में वृद्धि कुल वृद्धि से अधिक थी?

A. 1991-2001

B. 2001-2011

C. 1971-1981

D. 1981-1991

Q.144 निम्नलिखित में से कौन सा कारक आधुनिकीकरण के साथ नकारात्मक रूप से सहसंबद्ध है?

A. उपलब्धि की प्रेरणा

B. महानगरीय संस्कृति

C. व्यक्तिवाद

D. धार्मिकता

Q.145 निम्नलिखित में से किसने सामाजिक परिवर्तन के चक्रीय सिद्धांत का समर्थन किया है?

A. पी. सोरोकिन

B. हॉबहाउस

C. टी. पार्सन्स

D. आर. फर्थ

Q.146 दुर्खीम के अनुसार, अप्रत्यक्ष प्रयोग है

[UGC NET Sociology, 2020]

A. ऐतिहासिक विधि

B. प्रयोगशाला विधि

C. आंशिक विधि

D. तुलनात्मक विधि

Q.147 पुरस्कारों की प्रणाली स्तरीकरण की एक प्रणाली की ओर ले जाती है' को _____ के लिए जिम्मेदार ठहराया जा सकता है।

A. संघर्ष सिद्धांत

B. क्रियात्मक सिद्धांत

C. वेबेरियन मॉडल

D. भूमिका-स्थिति मॉडल

Q.148 निर्देश: नीचे दिए गए दो कथन हैं: एक को अभिकथन (A) के रूप में और दूसरे को कारण (R) के रूप में लेबल किया गया है:

अभिकथन (A): औद्योगिकीकरण के माध्यम से विकास का प्रचलित तरीका और अनंत विकास के साथ जुनून ने पर्यावरण-प्रणाली को बिगड़ा है।

कारण (R): सीमा के बिना वृद्धि के साथ जुनून ने प्राकृतिक संसाधन आधार को पछाड़ दिया है।

उपरोक्त कथनों के प्रकाश में, नीचे दिए गए विकल्पों में से सही उत्तर चुनिए:

A. दोनों (A) और (R) सत्य हैं और (R) (A) की सही व्याख्या है।

B. दोनों (A) और (R) सत्य हैं लेकिन (R) (A) का सही विवरण नहीं है।

C. (A) सत्य है लेकिन (R) असत्य है।

D. (A) असत्य है लेकिन (R) सत्य है।

Q.149 भारत सरकार द्वारा कृषि और प्रसंस्कृत खाद्य उत्पाद निर्यात विकारा प्राधिकरण की स्थापना कब की गई थी?

A. दिसंबर 1985

B. दिसंबर 1980

C. दिसंबर 1986

D. दिसंबर 1980

Q.150 मसाला बोर्ड के प्राथमिक कार्यों में _____ शामिल है।

A. छोटी और बड़ी इलायची का उत्पादन और विकास

B. लौंग का उत्पादन और विकास

C. दालचीनी का उत्पादन और विकास

D. चक्र फूल(स्टार ऐनीज़) का उत्पादन और विकास

// स्मार्ट उत्तर पुस्तिका //

सही उत्तर उन छात्रों का प्रतिशत जिन्होंने प्रश्नों का सही उत्तर दिया था। **छोड़ दिया** उन छात्रों का प्रतिशत जिन्होंने प्रश्नों को छोड़ दिया था।

प्रश्न संख्या	उत्तर	सही उत्तर / छोड़ दिया
1	B	22.22 % / 2.78 %
2	C	27.78 % / 66.66 %
3	B	18.52 % / 67.59 %
4	C	17.59 % / 67.6 %
5	D	7.41 % / 67.59 %
6	C	14.81 % / 67.6 %
7	C	25.93 % / 67.59 %
8	C	24.07 % / 67.6 %
9	B	12.04 % / 67.59 %
10	D	20.37 % / 67.59 %
11	B	16.67 % / 68.52 %
12	D	1.85 % / 68.52 %
13	C	18.52 % / 67.59 %
14	A	22.22 % / 67.59 %
15	C	16.67 % / 67.59 %
16	A	10.19 % / 67.59 %
17	A	13.89 % / 67.59 %
18	A	10.19 % / 67.59 %
19	A	27.78 % / 67.59 %
20	A	25.0 % / 69.44 %
21	A	24.07 % / 69.45 %
22	D	25.0 % / 69.44 %
23	D	21.3 % / 69.44 %
24	B	15.74 % / 69.45 %
25	C	14.81 % / 69.45 %
26	D	25.0 % / 69.44 %
27	A	22.22 % / 69.45 %
28	A	18.52 % / 69.44 %
29	D	11.11 % / 69.45 %
30	B	19.44 % / 69.45 %
31	D	22.22 % / 69.45 %
32	D	25.0 % / 69.44 %
33	C	20.37 % / 69.44 %
34	A	17.59 % / 69.45 %
35	B	20.37 % / 69.44 %
36	A	10.19 % / 70.37 %
37	B	11.11 % / 71.3 %
38	B	15.74 % / 71.3 %
39	D	10.19 % / 71.29 %
40	C	19.44 % / 69.45 %
41	C	24.07 % / 69.45 %
42	A	12.96 % / 69.45 %
43	C	12.96 % / 69.45 %
44	A	18.52 % / 69.44 %
45	C	15.74 % / 69.45 %
46	A	13.89 % / 69.44 %
47	C	11.11 % / 69.45 %
48	C	2.78 % / 85.18 %
49	D	6.48 % / 85.19 %
50	C	6.48 % / 85.19 %
51	A	11.11 % / 62.04 %
52	B	25.0 % / 62.96 %
53	D	7.41 % / 62.96 %
54	B	34.26 % / 62.96 %
55	A	22.22 % / 62.97 %
56	D	25.93 % / 62.96 %
57	C	28.7 % / 63.89 %
58	D	17.59 % / 63.89 %
59	A	33.33 % / 63.89 %
60	B	27.78 % / 63.89 %
61	D	21.3 % / 63.89 %
62	C	27.78 % / 63.89 %
63	A	13.89 % / 63.89 %
64	A	28.7 % / 63.89 %
65	A	18.52 % / 63.89 %
66	C	28.7 % / 63.89 %
67	B	12.04 % / 63.89 %
68	D	1.85 % / 63.89 %
69	B	31.48 % / 63.89 %
70	B	26.85 % / 63.89 %
71	D	19.44 % / 63.89 %
72	A	25.0 % / 63.89 %
73	B	20.37 % / 63.89 %
74	C	19.44 % / 63.89 %
75	C	20.37 % / 63.89 %
76	A	17.59 % / 63.89 %
77	B	18.52 % / 63.89 %
78	C	16.67 % / 64.81 %
79	B	21.3 % / 63.89 %
80	A	29.63 % / 63.89 %

प्रश्न संख्या	उत्तर	सही उत्तर / छोड़ दिया	प्रश्न संख्या	उत्तर	सही उत्तर / छोड़ दिया	प्रश्न संख्या	उत्तर	सही उत्तर / छोड़ दिया	प्रश्न संख्या	उत्तर	सही उत्तर / छोड़ दिया	प्रश्न संख्या	उत्तर	सही उत्तर / छोड़ दिया
81	B	12.96 % / 63.89 %	95	D	14.81 % / 63.89 %	109	B	12.04 % / 65.74 %	123	C	12.96 % / 65.74 %	137	C	6.48 % / 65.74 %
82	D	25.93 % / 63.88 %	96	B	15.74 % / 64.82 %	110	C	15.74 % / 65.74 %	124	A	19.44 % / 65.75 %	138	D	19.44 % / 65.75 %
83	D	7.41 % / 63.89 %	97	C	8.33 % / 64.82 %	111	C	28.7 % / 65.74 %	125	B	14.81 % / 65.75 %	139	C	12.04 % / 82.4 %
84	C	25.0 % / 63.89 %	98	B	11.11 % / 64.82 %	112	B	17.59 % / 65.74 %	126	D	8.33 % / 65.74 %	140	B	12.04 % / 82.4 %
85	B	26.85 % / 63.89 %	99	A	2.78 % / 64.81 %	113	A	28.7 % / 65.74 %	127	C	15.74 % / 65.74 %	141	B	7.41 % / 82.4 %
86	D	12.96 % / 63.89 %	100	B	18.52 % / 64.81 %	114	B	9.26 % / 65.74 %	128	D	17.59 % / 65.74 %	142	C	15.74 % / 82.41 %
87	D	9.26 % / 63.89 %	101	D	24.07 % / 64.82 %	115	B	32.41 % / 65.74 %	129	B	25.93 % / 65.74 %	143	B	12.96 % / 82.41 %
88	D	12.04 % / 63.89 %	102	D	19.44 % / 64.82 %	116	A	25.93 % / 65.74 %	130	C	12.96 % / 65.74 %	144	D	9.26 % / 82.41 %
89	D	16.67 % / 63.89 %	103	A	16.67 % / 64.81 %	117	A	22.22 % / 65.74 %	131	D	14.81 % / 65.75 %	145	A	14.81 % / 82.41 %
90	D	25.93 % / 63.88 %	104	C	12.96 % / 64.82 %	118	A	17.59 % / 65.74 %	132	B	19.44 % / 65.75 %	146	D	12.04 % / 82.4 %
91	A	17.59 % / 63.89 %	105	D	18.52 % / 64.81 %	119	A	16.67 % / 65.74 %	133	C	25.93 % / 65.74 %	147	B	5.56 % / 82.4 %
92	B	8.33 % / 63.89 %	106	C	4.63 % / 65.74 %	120	C	8.33 % / 65.74 %	134	A	11.11 % / 65.74 %	148	A	16.67 % / 82.4 %
93	A	20.37 % / 63.89 %	107	B	1.85 % / 65.74 %	121	A	19.44 % / 65.75 %	135	A	15.74 % / 65.74 %	149	A	6.48 % / 82.41 %
94	A	12.04 % / 63.89 %	108	A	14.81 % / 65.75 %	122	B	23.15 % / 65.74 %	136	D	17.59 % / 65.74 %	150	A	9.26 % / 82.41 %

//संकेत और समाधान//

1. उच्च शिक्षा में बेहतर अधिगम परिणामों के लिए सीखने की आवश्यकताओं के अनुसार अधिक वैयक्तिक और अनुकूलित बनाने हेतु एन.ई.ए.टी. का उद्देश्य कृत्रिम बुद्धिमत्ता का उपयोग करना है।

अखिल भारतीय तकनीकी शिक्षा परिषद (ए.आई.सी.टी.ई.) मानव संसाधन एवं विकास मंत्रालय के तहत, देश में तकनीकी शिक्षा के लिए राष्ट्रीय स्तर के नियामक, एन.ई.ए.टी. कार्यक्रम के लिए कार्यान्वयन एजेंसी होगी।

अतः विकल्प (B) सही है।

2. स्वायत्त विकास स्तर स्वयं के माध्यम से व्यवहार को विनियमित करने की चिंता करता है, यह उसके स्वयं के कार्यों को प्रतिबिंबित करने और मूल्यांकन करने के लिए एक व्यक्ति की क्षमता द्वारा बढ़ाया जाता है।

मेमोरी स्तर पर, शिक्षक शिक्षार्थियों द्वारा तथ्यों और सूचनाओं को याद रखने पर ध्यान केंद्रित करता है, सूचना, प्रक्रियाओं और अवधारणाओं की समझ पर कोई ध्यान नहीं है।

समझ के स्तर में, शिक्षार्थियों को विभिन्न अवधारणाओं और उनके संबंधों के अर्थ को जानने और तथ्यों, अवधारणाओं और सिद्धांतों को लागू करने के लिए तथ्यात्मक जानकारी को समझने की आवश्यकता होती है।

चिंतनशील स्तर में समस्या-केंद्रित दृष्टिकोण का उपयोग शामिल है।
अतः विकल्प (C) सही है।

3. पराभाषिक - भाषण का मुखर लेकिन अशाब्दिक आयाम इसका उस तरीके से संबंध है, जैसा आप कुछ कहते हैं।

पराभाषिक के प्रकार: -

(1) दर: वह गति जिस पर आप बोलते हैं।

(2) मात्रा: स्वर की वाणी की शिथिलता या वैराग्य

(3) पिच: स्थानीय स्वर की उच्चता या नीचता।

अतः विकल्प (B) सही है।

4. क्रिया-शोध सबसे उपयुक्त है क्योंकि प्रिंसिपल शिक्षकों और छात्रों की भागीदारी को बेहतर बनाना चाहते हैं। क्रिया-शोध शैक्षिक समस्याओं को हल करने और सुधार करने की एक व्यवस्थित प्रक्रिया है।

अतः विकल्प (C) सही है।

5. निष्कर्षों की रिपोर्टिंग के स्तर में अनुसंधान नैतिकता के मुद्दे को प्रासंगिक माना जा सकता है।

अनुसंधान नैतिकता वैज्ञानिक शोधकर्ताओं के लिए आचरण के स्तर पर नियंत्रण करता है। वे परस्पर मान्यता और निष्पक्षता जैसे सहयोगी काम के लिए आवश्यक मूल्यों को ले जाते हैं।

अतः विकल्प (D) सही है।

6. जब मौखिक और गैर-मौखिक संदेश विरोधाभासी होते हैं, तो अधिकांश लोग गैर-मौखिक संदेशों में विश्वास करते हैं क्योंकि क्रिया और इशारे शब्दों की तुलना में अधिक जोर से बोलते हैं। लोग आंखों के संपर्क, आवाज की टोन, चेहरे की अभिव्यक्ति आदि पर अधिक ध्यान देते हैं।
अतः विकल्प (C) सही है।

7. सूचना-समृद्ध कक्षा व्याख्यान की विशिष्ट विशेषता तथ्यात्मक होने की प्रकृति में है। यह तथ्य पर आधारित है, जिसका अर्थ है कि इसे सिद्ध, दोहराया या देखा जा सकता है। किसी कहानी का तथ्यात्मक हिस्सा वह हिस्सा होता है जो वास्तव में हुआ था - बाकी हर बार जब कोई इसे बताता है तो वह और अधिक विचित्र और मेकअप हो जाता है। सबूत कुछ तथ्यात्मक बनाता है।

अतः विकल्प (C) सही है।

8. सीखने वाले केंद्रित तरीकों को खोजने के लिए, शैक्षणिक मनोवैज्ञानिक तकनीकों का उपयोग किया जा सकता है। शैक्षणिक मनोविज्ञान, मनोविज्ञान की वह शाखा है जो मानव शिक्षा के वैज्ञानिक अध्ययन से संबंधित है।

शैक्षणिक समाजशास्त्र उन सामाजिक कारकों का अध्ययन है, जो सभी शैक्षिक संरचनाओं और प्रक्रियाओं से प्रभावित होते हैं, समाजों के भीतर और उनके बीच भी।

सामाजिक मनोविज्ञान सामाजिक चिंताओं पर केंद्रित है जो व्यक्तिगत कल्याण के साथ-साथ पूरे समाज के स्वास्थ्य पर एक शक्तिशाली प्रभाव डालते हैं।

घटनाविज्ञान चेतना की संरचनाओं का अध्ययन है जैसा कि एक व्यक्ति के दृष्टिकोण से अनुभव किया जाता है।
अतः विकल्प (C) सही है।

9. अध्ययनकक्ष संचार को आमतौर पर संज्ञानात्मक के रूप में संदर्भित किया जाता है। अध्ययनकक्ष संचार वह है जहां एक छात्र को समझाने और समझने की कोशिश करता है कि शिक्षक क्या समझा रहा है और इसलिए उसे अनुभूति की आवश्यकता है।

अतः विकल्प (B) सही है।

10. एक अच्छा संचारक एक आइस ब्रेकर के साथ अपनी प्रस्तुति शुरू करता है।

एक अच्छा आइस-ब्रेकर संचारक को उस अजीबता को भरने में मदद करेगा जो प्रस्तुति शुरू करने से पहले वह महसूस कर सकता है। यह हमेशा श्रोताओं पर एक अनुकूल प्रभाव डालेगा।

अतः विकल्प (D) सही है।

11. अभिव्यंजक संचार कूटलेखक की व्यक्तित्व विशेषताओं द्वारा संचालित है।

अभिव्यंजक संचार में किसी अन्य व्यक्ति को संदेश भेजना शामिल है। बच्चे और युवा जो बहरे-अंधे हैं, वे कई तरीकों से खुद को व्यक्त करने में सक्षम हैं।

अतः विकल्प (B) सही है।

12. सतत और व्यापक मूल्यांकन की विशेषताएं हैं:

- यह कई परीक्षाएँ लेकर छात्रों पर काम का बोझ बढ़ाता है।
- यह अंकों को ग्रेड से बदलता है।
- यह छात्र के हर पहलू का मूल्यांकन करता है।

यद्यपि यह दिखता है कि 'यह छात्रों पर कार्यभार बढ़ाता है और कई परीक्षण करता है' यह वास्तव में निरंतर निगरानी द्वारा उन्हें लाभ पहुंचाता है।
अतः विकल्प (D) सही है।

13. कक्षा संचार में बयानबाजी का दृष्टिकोण शिक्षकों को छात्रों के प्रतिनिधि के रूप में प्रभावित करता है। यह शिक्षक है जो अपने ज्ञान के आधार पर अपनी कक्षा को नियंत्रित करता है और यह ज्ञान केवल शिक्षक और छात्रों के बीच बातचीत के माध्यम से दिया जा सकता है।
अतः विकल्प (C) सही है।

14. आधुनिक तकनीक के साथ तेजी से जनसंख्या वृद्धि ने एक गंभीर पर्यावरणीय संकट पैदा कर दिया है।

इस संकट से निपटने के लिए दुनिया भर के देशों को एक साथ आने की जरूरत है। इसलिए, पर्यावरण संरक्षण अंतरराष्ट्रीय एजेंडा का हिस्सा होना चाहिए।

(A) और (R) दोनों सही हैं और (R), (A) का सही स्पष्टीकरण है।

अतः विकल्प (A) सही है।

15. प्रश्न में दिया गया तर्क एक अलंकारिक तर्क है। अलंकारिक तर्क वह हैं जहां एक निष्कर्ष दो या अधिक मामलों के बीच समानता की तुलना से लिया गया है।

अतः विकल्प (C) सही है।

16. जब प्रस्तावों के समूह में, एक प्रस्ताव को दूसरों से अनुसरण करने का दावा किया जाता है, तो प्रस्तावों के उस समूह को तर्क कहा जाता है। एक तर्क एक पाठ में प्रस्तुत एक मुख्य विचार या थीसिस है, और जिसके लिए लेखक पूरे पाठ में साक्ष्य प्रस्तुत करेगा।

अतः विकल्प (A) सही है।

17. पर्यावरण प्रदर्शन सूचकांक, येल और कोलंबिया विश्वविद्यालयों द्वारा डब्ल्यूईएफ के साथ जारी की जाने वाली एक द्विवार्षिक रिपोर्ट है। वर्ष 2019 के सूचकांक में भारत 177वें स्थान पर था और स्विट्जरलैंड सूची में शीर्ष पर था।

जलवायु परिवर्तन प्रदर्शन सूचकांक (सीसीपीआई), जर्मन पर्यावरण एवं विकास संगठन, जर्मन वॉच द्वारा डिज़ाइन किया गया है। सीसीपीआई 2019 में भारत को 9वें स्थान पर और स्वीडन शीर्ष पर रखा गया था।

वैश्विक शहरी वायु प्रदूषण डेटाबेस, वर्ष 2018 में डब्ल्यूएचओ द्वारा जारी किया गया था, जिसमें दिल्ली प्रदूषण मानकों के मामले में 6वें स्थान पर है।

वैश्विक लिवेबिलिटी सूचकांक, आर्थिक खुफिया इकाई (ईआईयू) द्वारा जारी किया जाता है। वर्ष 2019 के जीएलआई सूचकांक में, भारत की राजधानी नई दिल्ली को सबसे निचले 118वें स्थान पर रखा गया था।

अतः विकल्प (A) सही है।

18. उच्च स्तरीय अध्ययन के परिणाम हैं:

- विश्लेषण और समन्वय करने की क्षमता दिखाना।
- अभिव्यक्ति और स्वाभाविकता।
- संगठन और विशेषीकरण।

अध्ययन के परिणाम ऐसे कथन हैं जो महत्वपूर्ण और आवश्यक सीखने का वर्णन करते हैं जो शिक्षार्थियों ने हासिल किए हैं, और पाठ्यक्रम या कार्यक्रम के अंत में मज़बूती से प्रदर्शित कर सकते हैं। दूसरे शब्दों में, सीखने के परिणामों से यह पता चलता है कि शिक्षार्थी को क्या पता होगा और पाठ्यक्रम या कार्यक्रम के अंत तक कर पाएंगे।

अतः विकल्प (A) सही है।

19. प्रत्येक अक्षर एक संख्या द्वारा दर्शाया जाता है।

BORROW

B = 7

O = 6

R = 9

R = 9

O = 6

W = 5

BOMB,

B = 7

O = 6

M = 4

B = 7

उसी प्रकार, WOMB

W = 5

O = 6

M = 4

B = 7

इसलिये,

WOMB का कोड 5647 है।

अतः विकल्प (A) सही है।

20. शिक्षण में सहायक साधन पढ़ने, सुनने और उच्चारण जैसे कौशल को ऑडियो-भाषिक शिक्षण सहायक सामग्री बढ़ाते हैं।

शिक्षण की इस शैली का उपयोग विदेशी भाषाओं को सिखाने में किया जाता है। व्यवहार संबंधी सिद्धांत का पालन करते हुए ऑडियो भाषिक शिक्षण सहायता बनाई गई है। यह मानता है कि छात्रों को देशी भाषा का उपयोग किए बिना पढ़ाया जाना चाहिए।

अतः विकल्प (A) सही है।

21. एक अच्छा शिक्षक वह होता है जो कक्षा में अधिनायक नहीं होता है। उसे विद्यार्थियों को कक्षा की गतिविधियों में भाग लेने के लिए प्रोत्साहित करना चाहिए। एक शिक्षक को आजीवन शिक्षार्थी होना चाहिए और खुद को लगातार अद्यतन करता रहना चाहिए। उसके पास सकारात्मक दृष्टिकोण और हास्य की अच्छी भावना होनी चाहिए।

अतः विकल्प (A) सही है।

22. पहली वर्णमाला लेते हुए,

B+2= D, D+2=F, F + 2 = H, H+2=J

नंबर लेते हुए,

2*2+1 = 5, 5*2+2=12, 12*2+3=27, 27X2+4= 58

अंतिम वर्णमाला लेते हुए,

E+3=H, H+3=K, K+3=N, N+3= Q

तो, अगला शब्द = J58Q

अतः विकल्प (D) सही है।

23. एक अनचाहे ई-मेल संदेश जो कई प्राप्तकर्ताओं को एक ही बार में भेजा गया एक स्पैम होता है।

एक स्टैंडअलोन गैलवेयर कंप्यूटर प्रोग्राम जो अन्य कंप्यूटरों में फैलने के लिए खुद की प्रतिकृति बनाता है, एक वर्म होता है।

एक प्रकार का कंप्यूटर प्रोग्राम, जो निष्पादित करते समय, अन्य कंप्यूटर प्रोग्रामों को संशोधित करके और अपने स्वयं के कोड को सम्मिलित करे एक वायरस होता है।

एक संभावित नकारात्मक कार्रवाई या घटना जो एक भेद्यता द्वारा सुगम होती है, जिसके परिणामस्वरूप कंप्यूटर सिस्टम या एप्लिकेशन के अवांछित प्रभाव हो एक थ्रेट होता है।

अतः विकल्प (D) सही है।

24. आरटीजीएस (रीयल टाइम ग्रॉस सेटलमेंट) फंड ट्रांसफर सिस्टम है जहां पैसे या प्रतिभूतियों का हस्तांतरण एक बैंक से दूसरे में 'वास्तविक समय' और 'सकल' आधार पर होता है। आरटीजीएस ट्रांसफर के लिए न्यूनतम सीमा 2 लाख रूपए है।

अतः विकल्प (B) सही है।

25. दक्षिण एशिया विश्वविद्यालय नई दिल्ली में स्थित है।

दक्षिण एशियाई विश्वविद्यालय (SAU) 2010 में दक्षिण एशियाई क्षेत्रीय सहयोग संगठन (SAARC) के आठ सदस्य राज्यों द्वारा स्थापित एक अंतर्राष्ट्रीय विश्वविद्यालय है। आठ देश अफगानिस्तान, बांग्लादेश, भूटान, भारत, मालदीव, नेपाल, पाकिस्तान और श्रीलंका हैं। विश्वविद्यालय का वर्तमान परिसर नई दिल्ली के चाणक्यपुरी में अकबर भवन परिसर है।

अतः विकल्प (C) सही है।

26. उपर्युक्त सभी विकल्प 2015 में यूनेस्को द्वारा आयोजित इंचियोन घोषणा के मुख्य एजेंडा थे।

इंचियोन घोषणा 2015 का एजेंडा अगले पंद्रह वर्षों के लिए शिक्षा के लिए एक नई दृष्टि स्थापित करना है। यह नई दृष्टि पूरी तरह से प्रस्तावित एसडीजी 4 "समावेशी और समान गुणवत्ता वाली शिक्षा सुनिश्चित करें और सभी के लिए आजीवन सीखने के अवसरों को बढ़ावा दें"।
अतः विकल्प (D) सही है।

27. ASCII आदान प्रदान सूचना के लिए अमेरिकन मानक कोड का एक संक्षिप्त नाम है।

ASCII कोड कंप्यूटर, दूरसंचार उपकरण और अन्य उपकरणों में पाठ का प्रतिनिधित्व करते हैं। अधिकांश आधुनिक चरित्र-एन्कोडिंग योजनाएं ASCII पर आधारित हैं, हालांकि वे कई अतिरिक्त वर्णों का समर्थन करते हैं।
अतः विकल्प (A) सही है।

28. जब एक बड़े कार्ड पर हस्ताक्षर करने का सामना किया गया, तो लेखक ने महसूस किया "हेडलाइट में एक खरगोश"। यह भ्रम की स्थिति थी और हम पैराग्राफ के दूसरे वाक्य को पढ़ने के बाद स्पष्ट रूप से प्राप्त कर सकते हैं।
अतः विकल्प (A) सही है।

29. लेखक के अनुसार, पैराग्राफ की अंतिम पंक्ति में उल्लिखित पढ़ना पीछा का सबसे रचनात्मक आउटलेट नहीं है।

(संदर्भ पंक्ति: "लिखावट हमारे पास सबसे रचनात्मक आउटलेट्स में से एक है और इसे अन्य कला रूपों जैसे कि स्केचिंग, पेंटिंग या फोटोग्राफी" के समान महत्व दिया जाना चाहिए।)
अतः विकल्प (D) सही है।

30. लेखक का संपूर्ण अस्तित्व मोबाइल फोन, लैपटॉप, कंप्यूटर के चारों ओर घूमता है, लेकिन टाइपराइटर नहीं।

(संदर्भ पंक्ति: मेरा संपूर्ण अस्तित्व "कंप्यूटर में अक्षरों को टैप करें" है। मेरी खरीदारी सूचियां मेरे फोन के नोट्स फ़ंक्शन में छिपी हुई हैं। यदि मुझे कुछ याद रखने की आवश्यकता है तो मैं अपने आप को एक ई-मेल भेजता हूं। एक पेन कुछ ऐसा है जिसे मैं चबाता हूं। जब मैं सोचने के लिए संघर्ष कर रहा हूं। पेपर कुछ ऐसा है जिसे मैं अपने लैपटॉप के नीचे ढेर कर देता हूं ताकि यह मेरे लिए टाइप करने के लिए अधिक आरामदायक ऊंचाई बना सके)।
अतः विकल्प (B) सही है।

31. गद्यांश होने के अनुसार - "बिक ने पाया कि 10 में से एक किशोर के पास अपनी कलम नहीं है" और मतदान 1000 किशोर का था। तो, जिन किशोरों के पास खुद की कलम नहीं है, वे 100 हैं।
अतः विकल्प (D) सही है।

32. लेखक की मुख्य चिंता यह है कि किशोर हस्तलेखन की कला को भूल गए हैं।
अतः विकल्प (D) सही है।

33. उच्च शिक्षा के वैश्वीकरण के अवगुण हैं:

- शिक्षा में अभिजात्य वर्ग को बढ़ावा देना
- उच्च शिक्षा का वस्तुकरण
- शिक्षा की लागत में वृद्धि

अतः विकल्प (C) सही है।

34. मिरांडा हाउस, दिल्ली को राष्ट्रीय संस्थागत रैंकिंग फ्रेमवर्क (एनआईआरएफ) के अनुसार देश (2017) में सर्वश्रेष्ठ कॉलेज का दर्जा दिया गया। मिरांडा हाउस भारत में दिल्ली विश्वविद्यालय में महिलाओं के लिए एक घटक कॉलेज है। 1948 में स्थापित, यह विज्ञान और उदार कला में डिग्री प्रदान करता है।

अतः विकल्प (A) सही है।

35. छात्र के सीखने के स्तर का परीक्षण करने के लिए मुख्य रूप से रचनात्मक मूल्यांकन किया जाता है। रचनात्मक मूल्यांकन, छात्र मूल्यांकन प्राप्त करने के लिए शिक्षण और सीखने की गतिविधियों को संशोधित करने के लिए सीखने की प्रक्रिया के दौरान शिक्षकों द्वारा आयोजित किया जाता है। ये परीक्षा नहीं है बल्कि एक छात्र के सीखने के स्तर के बारे में जानने की प्रक्रिया है।

जबकि, अंतिम मूल्यांकन, यह जानने के लिए किया जाता है कि एक छात्र को कौन सी श्रेणी मिल रही है, जो उसके अंतिम सीखने के परिणामों को जानने के लिए है।

अतः विकल्प (B) सही है।

36. जनसंख्या की अधिकतम वृद्धि दर ($1961 - 1971$) में दर्ज की गई थी।

दशक वार वृद्धि दर = वृद्धि / प्रारंभिक जनसंख्या $\times 100$

$1951 - 1961$	$\frac{1}{20} \times 100 = 5\%$
$1961 - 1971$	$\frac{3}{21} \times 100 = 14.28\%$
$1971 - 1981$	$\frac{3}{24} \times 100 = 12.5\%$
$1981 - 1991$	$\frac{3}{27} \times 100 = 11.11\%$
$1991 - 2001$	$\frac{2}{30} \times 100 = 6.67\%$
$2001 - 2011$	$\frac{3}{32} \times 100 = 9.37\%$

अतः विकल्प (A) सही है।

37. जनसंख्या की औसत गिरावट दर 9.82% (लगभग) है।

औसत = टिप्पणियों का योग / टिप्पणियों की कुल संख्या

$1951 - 1961$	$\frac{1}{20} \times 100 = 5\%$
$1961 - 1971$	$\frac{3}{21} \times 100 = 14.28\%$
$1971 - 1981$	$\frac{3}{24} \times 100 = 12.5\%$
$1981 - 1991$	$\frac{3}{27} \times 100 = 11.11\%$
$1991 - 2001$	$\frac{2}{30} \times 100 = 6.67\%$
$2001 - 2011$	$\frac{3}{32} \times 100 = 9.37\%$

कुल वृद्धि
$$\% = (5 + 14.28 + 12.50 + 11.11 + 6.67 + 9.37)\%$$
$$= 58.93\%$$

दशकों की कुल संख्या $= 6$

औसत $= \frac{58.93\%}{6} = 9.82\%$

अतः विकल्प (B) सही है।

38. औसत गिरावट दर के आधार पर,

वर्ष में जनसंख्या है

$$35 + \frac{35 \times 9.28}{100} = 38.44 \text{ मिलियन}$$

वर्ष 2021 में जनसंख्या 38.44 मिलियन होगी।

अतः विकल्प (B) सही है।

39. वर्ष 1951 में, प्रति व्यक्ति बिजली की उपलब्धता 500 W थी।

1 GW = 1000 मिलियन वॉट

10 GW = 10000 मिलियन वॉट

प्रति व्यक्ति बिजली की उपलब्धता = विद्युत ऊर्जा उत्पादन / जनसंख्या

$$\Rightarrow \frac{10000}{20} = 500\ W$$

अतः विकल्प (D) सही है।

40. 2011 में प्रति व्यक्ति औसत बिजली की उपलब्धता अधिकतम थी।

प्रति व्यक्ति बिजली की उपलब्धता = विद्युत ऊर्जा उत्पादन / जनसंख्या

1951	$\frac{10000}{20} = 500\ W$
1961	$\frac{20000}{21} = 952.38\ W$
1971	$\frac{25000}{24} = 1041.67\ W$
1981	$\frac{40000}{27} = 1481.48\ W$
1991	$\frac{50000}{30} = 1666.67\ W$
2001	$\frac{80000}{32} = 2500\ W$
2011	$\frac{100000}{35} = 2857\ W$

अतः विकल्प (C) सही है।

41. ई-गवर्नेंस सरकारों द्वारा नए आईसीटी के उपयोग पर केंद्रित है क्योंकि यह सरकारी कार्यों की पूरी श्रृंखला पर लागू होता है। यह सूचना और संचार प्रौद्योगिकी का अनुप्रयोग है जो सरकारी सेवाओं, संचार, लेनदेन, एकीकरण के लिए विभिन्न स्टैंड अलोन सिस्टम, सूचनाओं के आदान-प्रदान और सरकार और नागरिक, सरकार और व्यवसाय के साथ-साथ बैक-ऑफ़िस प्रक्रिया और सहभागिता के बीच सेवाओं में मदद करता है।

ई-गवर्नेंस में सरकार की बातचीत के प्रकार।

G2G: सरकार से सरकार

G2C: सरकार से नागरिक

G2B: सरकार से व्यापार

G2E: सरकार से कर्मचारी

तो, ई-गवर्नेंस में सरकारी बातचीत में G2C का अर्थ सरकार से नागरिक तक है।

अतः विकल्प (C) सही है।

42. किसी कंप्यूटर में, यदि 8 बिट्स का उपयोग मेमोरी में एड्रेस को निर्दिष्ट करने के लिए किया जाता है, तो एड्रेस की कुल संख्या $2^{बिट्स}$

$= 2^8$

= 256 एड्रेस होगी।

अतः विकल्प (A) सही है।

43. ऑडियो फ़ाइल प्रारूप हैं: .wav और .aac

(a) .wav - वेवफॉर्म ऑडियो फॉर्मेट

(b) .aac - एडवांस ऑडियो कोडिंग

(c) .wmv - विंडोज मीडिया वीडियो

(d) .flv - फ्लैश लाइव वीडियो

अतः विकल्प (C) सही है।

44. संचार में, भाषा मौखिक कोड है, क्योंकि मौखिक संचार विचारों और विचारों को व्यक्त करने और स्थानांतरित करने के लिए बोली और लिखित शब्दों का उपयोग करता है।

अतः विकल्प (A) सही है।

45. अनुपचारित कचरे के निर्वहन खासकर मलजल अपशिष्टों को मुख्य रूप से मीठे पानी के प्रदूषण के लिए जिम्मेदार ठहराया जा सकता है।

अतः विकल्प (C) सही है।

46. नई नीतियों ने उत्पादन क्षमता, आयातित पूंजीगत सामान, मध्यवर्ती आदानों और प्रौद्योगिकी पर कई सरकारी नियंत्रणों को उदार बनाया है। इन सुधारों का मुख्य जोर खुलेपन पर रहा है, यानी निर्यात के लिए उदारीकरण और बाधाओं को दूर करना।

(A) सही है लेकिन (R) (A) का सही स्पष्टीकरण नहीं है।

अतः विकल्प (A) सही है।

47. 1991 में, भारत को भुगतान संकट के एक अभूतपूर्व संतुलन का सामना करना पड़ा। नई आर्थिक नीति का महत्वपूर्ण तत्व यह है कि संरचनात्मक समायोजन सुधार जिसे अंततः मुक्त बाजार अर्थव्यवस्था स्थापित करके भारतीय आर्थिक प्रणाली की प्रकृति को बदलने के लिए लिया गया। इस संरचनात्मक समायोजन कार्यक्रम के तहत, आर्थिक विकास में सार्वजनिक क्षेत्र की भूमिका को कम कर दिया गया था और निजी क्षेत्र में वृद्धि और विस्तार हुआ था।

अतः विकल्प (C) सही है।

48. मानक-रूप के दो परिसरों के लिए दो अतिव्यापी वृत्तों की आवश्यकता होती है श्रेणीबद्ध नपुंसकता वेन आरेख विधि के संदर्भ में सही नहीं है।

वेन आरेख विधि:

- एक स्पष्ट न्यायशास्त्र की वैधता का परीक्षण करने के लिए, कोई वेन आरेखों की विधि का उपयोग कर सकता है।

- एक न्यायशास्त्र का परीक्षण करने के लिए एक वेन आरेख का उपयोग करने के लिए, परिसर की सामग्री को प्रतिबिंबित करने के लिए आरेख को भरना चाहिए।

- वैधता के लिए वेन आरेख परीक्षण में जो खोज रहा है वह तर्क के निष्कर्ष का एक सटीक आरेख है जो तार्किक रूप से परिसर के आरेख से अनुसरण करता है।

- चूंकि एक श्रेणीगत न्यायशास्त्र का प्रत्येक परिसर एक स्पष्ट प्रस्ताव है, आधार वाक्यों को स्वतंत्र रूप से आरेखित करें और फिर देखें कि क्या निष्कर्ष पहले से ही आरेखित किया गया है। यदि हां, तो तर्क मान्य है। नहीं तो ऐसा नहीं है।

अतः विकल्प (C) सही है।

49. हम यह निष्कर्ष निकालते हैं कि आगमनात्मक तर्क में प्रकृति की एकरूपता एक पूर्वधारणा है।

प्रकृति की एकरूपता यह सिद्धांत है कि प्रकृति की गति समान रूप से चलती रहती है, उदा. यदि X कारण Y है, तो जब भी X मौजूद होगा, Y अनिवार्य रूप से मौजूद रहेगा। विशेष रूप से, अतीत में देखी गई एकरूपता वर्तमान और भविष्य के लिए भी बनी रहेगी।

अतः विकल्प (D) सही है।

50. प्राचीन भारत के विश्वविद्यालयों में शिक्षण प्रख्यात शिक्षकों के बोर्ड द्वारा नियंत्रित किया जाता था। विक्रमशिला विश्वविद्यालय के बोर्ड द्वारा नालंदा विश्वविद्यालय का संचालन किया गया था। ऐसा कहा जाता है कि विक्रमशिला विश्वविद्यालय बोर्ड नालंदा विश्वविद्यालय के प्रशासनिक मामलों के लिए भी जवाबदेह था।

अतः विकल्प (C) सही है।

51. अल्फ्रेड शुल्स ने माना कि 'अक्सर कार्रवाई नियमित और अपेक्षाकृत अपरिवर्तनीय होती है'। अल्फ्रेड शुल्स एक ऑस्ट्रियाई दार्शनिक और सामाजिक घटनाविज्ञानी थे, जिनके काम ने समाजशास्त्रीय और घटना संबंधी परंपराओं को पाट दिया। शुल्स को धीरे-धीरे बीसवीं सदी के सामाजिक विज्ञान के प्रमुख दार्शनिकों में से एक के रूप में पहचाना जा रहा है।

अतः विकल्प (A) सही है।

52. गारफिंकल ने तर्क दिया कि जातीय तरीके 'प्रतिवर्ती रूप से जवाबदेह' हैं। एथनो एक विशेष सामाजिक-सांस्कृतिक समूह को संदर्भित करता है (उदाहरण के लिए, सर्फर्स का एक विशेष, स्थानीय समुदाय) विधि उन तरीकों और प्रथाओं को संदर्भित करती है जो यह विशेष समूह अपनी रोजमर्रा की गतिविधियों में नियोजित करता है (उदाहरण के लिए, सर्फिंग से संबंधित)।

अतः विकल्प (B) सही है।

53. प्रतीकात्मक अंतःक्रिया सूक्ष्म स्तर पर अर्थ, क्रिया और अंतःक्रिया की जांच करती है, और संयुक्त राज्य अमेरिका के समाजशास्त्री जॉर्ज हर्बर्ट मीड और हर्बर्ट ब्लूमर ने इरविंग गोफमैन, एक कनाडाई के साथ इसके प्राथमिक चिकित्सकों के रूप में विकसित किया था।

अतः विकल्प (D) सही है।

54.

सूची-I	सूची-II
सोशल एक्शन की संरचना	टी पार्सन्स
सोशल वर्ल्ड के फेनोमेनोलॉजी	ए शुल्ज़
रोजमर्रा की जिंदगी में स्वयं की प्रस्तुति	हेरोल्ड गार्फिंकेल
एथनोमेथोडोलॉजी में अध्ययन	आई गोफमैन

अतः विकल्प (B) सही है।

55. जेफरी चार्ल्स अलेक्जेंडर एक अमेरिकी समाजशास्त्री हैं, और दुनिया के प्रमुख सामाजिक सिद्धांतकारों में से एक हैं। वह सांस्कृतिक समाजशास्त्र के समकालीन स्कूल में "मजबूत कार्यक्रम" के रूप में संदर्भित संस्थापक हैं। जे अलेक्जेंडर ने कहा है कि नव-क्रियावाद 'कार्रवाई और व्यवस्था' पर लगभग समान ध्यान देता है।

अतः विकल्प (A) सही है।

56. नवसंवादवाद क्षेत्रीय एकीकरण का एक सिद्धांत है जो वैश्वीकरण को कमजोर करता है और क्षेत्र को अपने शासन में फिर से शामिल करता है। अलेक्जेंडर और कोलोमी ने नियोफैक्शनलिसन को "कार्यात्मक सिद्धांत के एक आत्म-महत्वपूर्ण स्ट्रैंड" के रूप में परिभाषित किया है।

अतः विकल्प (D) सही है।

57. आर्थिक नियतत्ववाद गलत नहीं था, लेकिन सामाजिक जीवन के अन्य पहलुओं के साथ-साथ एक "महत्वपूर्ण" सिद्धांत से संबंधित होना चाहिए, एक विशिष्ट व्यावहारिक उद्देश्य के अनुसार एक "पारंपरिक" सिद्धांत से अलग किया जा सकता है एक सिद्धांत उस हद तक महत्वपूर्ण है कि वह मानव की तलाश करता है " गुलामी से मुक्ति", एक "मुक्ति प्रभाव" के रूप में कार्य करता है, और "एक ऐसी दुनिया बनाने के लिए काम करता है जो जरूरतों को पूरा करती है।

अतः विकल्प (C) सही है।

58. लुई पियरे अल्थुसर एक फ्रांसीसी मार्क्सवादी दार्शनिक थे। उनका जन्म अल्जीरिया में हुआ था और उन्होंने पेरिस में इकोले नॉर्मले सुप्रीयर में अध्ययन किया, जहां वे अंततः दर्शनशास्त्र के प्रोफेसर बन गए। अल्थुसर लंबे समय तक सदस्य थे- हालाँकि कभी-कभी फ्रांसीसी कम्युनिस्ट पार्टी के एक मजबूत आलोचक भी। अल्थुसर ने नव-मार्क्सवादियों के बीच यह तर्क दिया है कि परिपक्व मार्क्स किसी भी मानव प्रकृति में विश्वास नहीं करते थे।

अतः विकल्प (D) सही है।

59. मैक्सिमिलियन कार्ल एमिल वेबर एक जर्मन समाजशास्त्री, दार्शनिक, न्यायविद, और राजनीतिक अर्थशास्त्री थे। उनके विचारों ने सामाजिक सिद्धांत और सामाजिक अनुसंधान को गहरा प्रभावित किया। वेबर को अक्सर उद्धृत किया जाता है, समाजशास्त्र के तीन संस्थापकों में से एमाइल दुर्खीम और कार्ल मार्क्स के साथ

अतः विकल्प (A) सही है।

60. एंडोगैमी एक विशिष्ट सामाजिक समूह, जाति या जातीय समूह के भीतर शादी करने की प्रथा है, जो उन लोगों को शादी या अन्य करीबी व्यक्तिगत संबंधों के लिए अनुपयुक्त के रूप में अस्वीकार करते हैं। एंडोगैमी कई संस्कृतियों और जातीय समूहों में आम है।

अतः विकल्प (B) सही है।

61. शहरीकरण शहरों के विकास का कारण नहीं है।

शहरी क्षेत्रों के भौतिक विस्तार (क्षेत्रफल, जनसंख्या आदि का विस्तार) शहरीकरण कहलाता है। यह एक वैश्विक परिवर्तन है। संयुक्त राष्ट्र संघ की परिभाषा के अनुसार, ग्रामीण क्षेत्रों के लोगों का शहरों में जाकर रहना और काम करना भी 'शहरीकरण' है।

अतः विकल्प (D) सही है।

62. एक स्थिति सेट सामाजिक स्थितियों का एक संग्रह है जो एक व्यक्ति रखता है। एक व्यक्ति को एक बेटी, पत्नी, माँ, छात्र, कार्यकर्ता, चर्च के सदस्य और एक नागरिक का दर्जा हो सकता है। "स्टेटस सेट" शब्द 1957 में रॉबर्ट के। मर्टन द्वारा गढ़ा गया था। उन्होंने "रोल सेट" और "स्टेटस सेट" के बीच स्पष्ट अंतर किया।

अतः विकल्प (C) सही है।

63. एक प्राथमिक समूह की भौतिक स्थितियां शारीरिक निकटता आकर्षण लघुता सहनशक्ति हैं। प्राथमिक समूह सभी सामाजिक संगठनों का केंद्र होता है। यह एक छोटा समूह है जिसमें कम संख्या में व्यक्ति एक दूसरे के सीधे संपर्क में आते हैं। वे पारस्परिक सहायता, सहयोग और सामान्य प्रश्नों की चर्चा के लिए "आमने-सामने" मिलते हैं। वे उपस्थिति में रहते हैं और एक दूसरे के बारे में सोचते हैं। प्राथमिक समूहों की ओर ध्यान आकर्षित करने वाले पहले समाजशास्त्री चार्ल्स एच. कूली।

अतः विकल्प (A) सही है।

64. एक प्राथमिक समूह आम तौर पर एक छोटा सामाजिक समूह (छोटे स्तर का समाज) होता है, जिसके सदस्य घनिष्ठ, व्यक्तिगत, स्थायी संबंधों को साझा करते हैं। ये समूह साझा गतिविधियों और संस्कृति में एक दूसरे के लिए सदस्यों की चिंता से चिह्नित हैं। उदाहरणों में परिवार, बचपन के दोस्त और अत्यधिक प्रभावशाली सामाजिक समूह शामिल हैं। स्काउट्स एक प्राथमिक समूह नहीं है।

अतः विकल्प (A) सही है।

65. सामाजिक समूहों के लक्षण हैं

- आपसी जागरूकता
- एक या एक से अधिक आम रुचियां
- एकता की भावना:
- हम-भावना:
- व्यवहार की समानता
- समूह मानदंड
- निकटता या शारीरिक निकटता
- छोटापन

अतः विकल्प (A) सही है।

66.

सूची-I	सूची-II
डी-स्कूलिंग सोसाइटी	इवान इलिच
परिवार की राजनीति	आर डी लिंग
असामाजिक परिवार	एम. बैरेट और एम.
पूँजीवादी अमेरिका में स्कूलिंग	एस. बाउल्ड और एच. गिंटिस

अतः विकल्प (C) सही है।

67. एक समूह में सामाजिक व्यवहार के पैटर्न को मापने की तकनीक को अंतःक्रियात्मक विश्लेषण के रूप में जाना जाता है।

- अंतःक्रियात्मक विश्लेषण, सांख्यिकीय विश्लेषण का एक क्षेत्र है जो चर के बीच बातचीत से संबंधित है।
- यह एक समूह में सामाजिक व्यवहार के पैटर्न को मापने की तकनीक है।
- यह नृवंशविज्ञानशास्त्री, सामाजिक भाषा विज्ञान, नृवंशविज्ञान, वैज्ञानिक संस्कृति और सामाजिक सांस्कृतिक जैसे शोध प्रबंध के साथ जुड़ा हुआ एक अंतः विषय विधि है।

अतः विकल्प (B) सही है।

68. "समाजशास्त्रीय कल्पना" शब्द को अमेरिकी समाजशास्त्री सी. राइट मिल्स ने अपनी 1959 की पुस्तक द सोशियोलॉजिकल इमेजिनेशन में समाजशास्त्र के अनुशासन द्वारा प्रस्तुत अंतर्दृष्टि का वर्णन करने के लिए गढ़ा था। इस शब्द का प्रयोग समाजशास्त्र में परिचयात्मक पाठ्यपुस्तकों में समाजशास्त्र की प्रकृति और दैनिक जीवन में इसकी प्रासंगिकता को समझाने के लिए किया जाता है।

अतः विकल्प (D) सही है।

69. एक प्रसिद्ध फ्रांसीसी समाजशास्त्री एमाइल दुर्खीम को सामूहिक अभ्यावेदन की अवधारणा को परिभाषित करने और विकसित करने का श्रेय दिया जाता है। यह एक समूह के सदस्यों के लिए एक सामान्य बौद्धिक और भावनात्मक अर्थ वाले प्रतीक को संदर्भित करता है। सामूहिक अभ्यावेदन उस समूह के इतिहास को दर्शाता है जो समय के साथ समूह का सामूहिक अनुभव है।

अतः विकल्प (B) सही है।

70. एक मिश्रित अर्थव्यवस्था को एक आर्थिक प्रणाली के रूप में परिभाषित किया जाता है जो एक बाजार अर्थव्यवस्था के तत्वों को एक नियोजित अर्थव्यवस्था के तत्वों, राज्य के हस्तक्षेप के साथ मुक्त बाजारों या सार्वजनिक उद्यम के साथ निजी उद्यम के रूप में मिश्रित करती है।

अतः विकल्प (B) सही है।

71. सकल राष्ट्रीय उत्पाद (जीएनपी) किसी भी वित्तीय वर्ष में किसी देश के नागरिकों द्वारा उत्पादित सभी तैयार वस्तुओं और सेवाओं का कुल मूल्य है, भले ही उनके स्थान के बावजूद। जीएनपी घरेलू या विदेश में स्थित किसी देश के व्यवसायों द्वारा उत्पन्न उत्पादन को मापता है।

अतः विकल्प (D) सही है।

72. पाश्चराइजेशन या पास्चराइजेशन एक ऐसी प्रक्रिया है जिसमें रोगजनकों को खत्म करने और शेल्फ लाइफ बढ़ाने के लिए पैकेज्ड और नॉन-पैकेज्ड खाद्य पदार्थों को हल्की गर्मी के साथ आमतौर पर 100 डिग्री सेल्सियस से कम किया जाता है।

अतः विकल्प (A) सही है।

73. सूची - I और सूची - II का सही मिलान है:

सूची- I (पुस्तक)	सूची- II (लेखक)
a. पैटर्न्स ऑफ़ कल्चर	(iii) रुथ बेनेडिक्ट
b. प्रिमिटिव कल्चर	(ii) ई. बी. टाइलर
c. ए साइंटिफिक थ्योरी ऑफ़ कल्चर	(iv) बी. मालिनोवस्की
d. नोट्स टुवर्ड्स दी डेफिनिशन ऑफ़ कल्चर	(i) टी. एस. एलियट

अतः विकल्प (B) सही है।

74. भारत ने 27 मार्च 2019 को सफलतापूर्वक अपना पहला एंटी-सैटेलाइट (ASAT) मिसाइल परीक्षण किया, जिसने लक्ष्य को संलग्न करने के लिए 300 किमी की दूरी तय करने वाली मिसाइल का उपयोग करके अंतरिक्ष में कम पृथ्वी कक्षा उपग्रह को नष्ट कर दिया। आपको बता दें कि इस तरह की आधुनिक क्षमता हासिल करने वाला भारत चौथा देश बना। एंटी-सैटेलाइट (ASAT) का कोडनेम मिशन शक्ति है।

अतः विकल्प (C) सही है।

75. केरल राज्य एड्स नियंत्रण सोसाइटी (KSACS) ने एचआईवी सकारात्मक उम्मीदवारों के लिए सरकारी नौकरी आरक्षित करने की घोषणा की। समन्वयक के पद के लिए एचआईवी सकारात्मक उम्मीदवारों के लिए KSACS के कार्यालय में एक रिक्ति आरक्षित की गई है। इसके पीछे कारण यह है कि ऐसे व्यक्ति की उपस्थिति जोखिम वाले समूहों के साथ समन्वय और संचार में सुधार करेगी और प्रभावी रोकथाम सुनिश्चित करेगी।

अतः विकल्प (C) सही है।

76. ओरेगन स्टेट यूनिवर्सिटी के अनुसार, नीला प्रकाश के लंबे समय तक संपर्क उम्र बढ़ने में तेजी ला सकता है, भले ही यह आपकी आंखों तक न पहुंचे। फोन, कंप्यूटर और घर से निकलने वाला प्रकाश भी हानिकारक है। नए शोध से पता चलता है कि प्रकाश उत्सर्जक डायोड जो मस्तिष्क में और साथ ही रेटिना में नीले तरंग दैर्ध्य क्षति कोशिकाओं का उत्पादन करते हैं।

अतः विकल्प (A) सही है।

77. एक विकास में, वैज्ञानिकों ने अंटार्कटिका की बर्फ में एक दुर्लभ आइसोटोप के लोहा (आयरन) (Fe-60) के कण पाए हैं। यह माना जाता है कि वे पास के सुपरनोवा से उत्पन्न हुए हैं। वैज्ञानिकों के अनुसार, अंतरतारकीय धूल के बादलों की संरचना और उत्पत्ति को समझने में मदद मिलेगी।

अतः विकल्प (B) सही है।

78. समाजशास्त्र समाज का अध्ययन, सामाजिक रिश्तों के पैटर्न, सामाजिक संपर्क और रोजमर्रा की जिंदगी की संस्कृति है। यह एक सामाजिक विज्ञान है जो सामाजिक व्यवस्था, स्वीकृति और परिवर्तन या सामाजिक विकास के बारे में ज्ञान के एक शरीर को विकसित करने के लिए अनुभवजन्य जांच और महत्वपूर्ण विश्लेषण के विभिन्न तरीकों का उपयोग करता है। समाजशास्त्र को सामान्य विज्ञान माना जाता है।

अतः विकल्प (C) सही है।

79. भारतीय कृषि अनुसंधान परिषद द्वारा इंडियन काउंसिल ऑफ़ एग्रीकल्चर रिसर्च (आईसीएआर) से वित्त पोषण के साथ जलवायु परिवर्तनकारी कृषि पर राष्ट्रीय पहल शुरू की गई। इसे फरवरी 2011 में लॉन्च किया गया था।

अतः विकल्प (B) सही है।

80. सामान्य तौर पर, अनुदैर्ध्य दृष्टिकोण दीर्घकालिक शोध है जिसमें शोधकर्ता समान व्यक्तियों की जांच करते रहते हैं ताकि यह पता लगाया जा सके कि कुछ समय के भीतर कोई बदलाव हुआ है या नहीं।

अतः विकल्प (A) सही है।

81. अनुसंधान एक व्यवस्थित प्रक्रिया है और विधि पीएफ अनुसंधान में विशिष्ट चरण होते हैं।

सबसे पहले, एक समस्या देखी जाती है और एक प्रश्न तैयार किया जाता है। एक परिकल्पना उत्पन्न होती है। फिर, इस परिकल्पना का उत्तर देने के लिए प्रयोग किए जाते हैं और परिणाम निकाले जाते हैं।

अतः विकल्प (B) सही है।

82. आधुनिक समाज में अनुसंधान का मुख्य कार्य नई चीजों को सीखना और ज्ञान में प्रगति के साथ तालमेल बिठाना और उद्देश्य के साथ जांच / स्रोतों का व्यवस्थित रूप से परीक्षण और आलोचनात्मक विश्लेषण करना है।

अतः विकल्प (D) सही है।

83. शोध के क्षेत्र में वैज्ञानिक पद्धति का मुख्य उद्देश्य नकली संबंधों को खत्म करना है। एक परिकल्पना से संबंधित प्रयोग में मापने योग्य, अनुभवजन्य साक्ष्य एकत्र करने की वैज्ञानिक विधि, किसी सिद्धांत का समर्थन या खंडन करने के उद्देश्य से परिणाम है।

अतः विकल्प (D) सही है।

84. यह एक शहरी क्षेत्र है, इसलिए अधिक संख्या में लोगों के बीच साक्षरता की संभावना है। इसके अलावा, एक राजनीतिक दल के सत्ताधारी दौर पर कई सवाल होंगे, जिसका उत्तर केवल रेटिंग से नहीं दिया जा सकता है। रेटिंग पर केवल तभी विचार किया जा सकता है जब किसी राजनीतिक दल ने कुछ काम किया हो, जिसके कारण प्रश्रावली का उपयोग किया जाता है।

अतः विकल्प (C) सही है।

85. जीन पियाजे ने मौलिक शोध के आधार पर मनुष्य के संज्ञानात्मक विकास का अपना सिद्धांत दिया। जीन पियागेट ने अपने संज्ञानात्मक-विकास सिद्धांत में, इस विचार का प्रस्ताव दिया कि बच्चे सक्रिय रूप से अपने चारों ओर की दुनिया की खोज और हेरफेर करके ज्ञान का निर्माण कर सकते हैं।

अतः विकल्प (B) सही है।

86. नमूनाकरण मामले" को लोगों, अखबारों, टेलीविजन कार्यक्रमों आदि के नमूने के रूप में परिभाषित किया जा सकता है। सामान्य तौर पर, मामला अध्ययन अनुसंधान में नमूनाकरण में नमूनों की रणनीतियों, मामले के अध्ययन की संख्या और विश्लेषण की इकाई की परिभाषा के बारे में शोधकर्ताओं द्वारा किए गए निर्णय शामिल होते हैं।

अतः विकल्प (D) सही है।

87. कपड़ा मंत्रालय, विकास आयुक्त (हस्तशिल्प) के माध्यम से भौगोलिक संकेत (जीआई) शिल्प को बढ़ावा देने के लिए कला कुंभ 'नामक एक हस्तशिल्प विषयगत प्रदर्शनी का आयोजन कर रहा है।

हाल ही में बेंगलुरु और मुंबई में कला कुंभ प्रदर्शनी का उद्घाटन किया गया। इसे अगले महीने कोलकाता और चेन्नई सहित अन्य प्रमुख भारतीय शहरों में आयोजित किया जाना प्रस्तावित है। हस्तशिल्प (ईपीसीएच) के लिए निर्यात संवर्धन परिषद विषयगत प्रदर्शनियों को प्रायोजित करेगा। अगस्त 2019 तक, देश भर से 178 जीआई हस्तशिल्प उत्पाद पंजीकृत किए गए हैं।

अतः विकल्प (D) सही है।

88. प्रधान मंत्री नरेंद्र मोदी की अध्यक्षता में केंद्रीय मंत्रिमंडल ने हाल ही में वित्तीय वर्ष 2024-25 तक स्वच्छ भारत मिशन (ग्रामीण) के दूसरे चरण को मंजूरी दी है।

दूसरे चरण को 2020-21 से 2024-25 तक लागू किया जाएगा, जिसमें मुख्य रूप से खुले में शौच, मुक्त स्थिरता और ठोस और तरल अपशिष्ट प्रबंधन शामिल हैं। इसे सामूहिक रूप से ओडीएफ प्लस कहा जाएगा।

अतः विकल्प (D) सही है।

89. नागरिक समाज को आमतौर पर एक ढांचे के रूप में नहीं समझा जाता है जिसके भीतर राजनीतिक अधिकार की कमी वाले लोग अपना जीवन व्यतीत करते हैं। एक राज्य की पूरी आबादी; यह आमतौर पर सरकारी संस्थानों से अलग होता है। हालांकि, यह 'सभ्य' लोगों या सेवानिवृत्त सिविल सेवकों तक ही सीमित नहीं है।

अतः विकल्प (D) सही है।

90. नागरिक समाज को समाज के "तीसरे क्षेत्र" के रूप में समझा जा सकता है, जो सरकार और व्यवसाय से अलग है, और परिवार और निजी क्षेत्र सहित।

अन्य लेखकों द्वारा, नागरिक समाज का उपयोग गैर-सरकारी संगठनों और संस्थानों के समुच्चय के अर्थ में किया जाता है जो नागरिकों या सरकार से स्वतंत्र समाज में 2 व्यक्तियों और संगठनों के हितों और इच्छा को प्रकट करते हैं।

अतः विकल्प (D) सही है।

91. हित समूहों की एक प्रमुख आलोचना यह है कि वे कुछ समूहों के लिए दूसरों की तुलना में अधिक प्रभाव डालते हैं, भले ही वे व्यापक रूप से लोकप्रिय हों या नहीं।

ब्याज समूह अक्सर उन नीतियों का समर्थन करते हैं जो उच्च सार्वजनिक व्यय का कारण बनेंगे, लेकिन यह हमेशा ऐसा नहीं होता है। उन्हें चरमपंथियों के साथ बराबरी करना गलत है, कई हित समूह ऐसे कारणों के लिए काम करते हैं जो राजनीतिक 'नरमपंथियों' से व्यापक समर्थन हासिल करते हैं। कुछ सनसनीखेज रणनीति अपनाते हैं, लेकिन अन्य लोग पर्दे के पीछे चुपचाप काम करते हैं।

अतः विकल्प (A) सही है।

92. ब्याज समूहों और राजनीतिक दलों के बीच एक महत्वपूर्ण अंतर यह है कि वे खुद को सरकार के उम्मीदवार के रूप में पेश नहीं करना चाहते हैं।

रुचि समूह हमेशा गैर-जिम्मेदाराना इशारों में लिप्त नहीं होते हैं, और अगर उन्होंने ऐसा किया भी है, तो यह उन्हें राजनीतिक दलों से स्पष्ट रूप से अलग नहीं करेगा। कुछ रुचि समूह के नेता स्व-हित से प्रेरित होते हैं, जबकि कुछ राजनीतिज्ञ सिद्धांत से प्रेरित होते हैं।

अतः विकल्प (B) सही है।

93. 'निगमवाद' का मतलब है कि कुछ कुलीन समूहों को निर्णय लेने वालों के लिए विशेषाधिकार प्राप्त है। निगमवाद के तहत, सरकारें इष्ट समूहों के साथ निकटता से परामर्श करती हैं और अन्य लोगों को सुनवाई हासिल करना अधिक कठिन लगता है। प्रणाली कुछ असमान व्यक्तियों को शक्तिशाली प्रभाव प्रदान करती है, लेकिन इसका मतलब यह नहीं है कि निर्णय लेने के लिए कोई लोकतांत्रिक इनपुट नहीं है, और न ही सभी प्रमुख निर्णय गुप्त रूप से लिए जाते हैं।

अतः विकल्प (A) सही है।

94. 1980 के दशक के दौरान, जब सभी पश्चिमी सरकारें इच्छुक थीं, बड़े व्यवसाय के नौकर सबसे प्रभावशाली थे। अमेरिका और यूके के 'कॉर्पोरेटिस्ट' जैसे देशों में, दूसरे विश्व युद्ध के बाद संस्थान अपने सबसे विकसित रूप में पहुंच गए। 1980 के दशक ने इन और अन्य देशों में निगमवाद से पीछे हटने की कोशिश की। 19 वीं शताब्दी के दौरान, सरकार, श्रमिकों और नियोक्ताओं के बीच सौदेबाजी की एक अच्छी तरह से परिभाषित प्रणाली की पहचान करना मुश्किल है

अतः विकल्प (A) सही है।

95. भागीदारी कार्रवाई अनुसंधान एक तरह का शोध है जो भागीदारी और कार्रवाई पर जोर देता है। यह अनुसंधान ज्ञान को शक्ति के रूप में पहचानता है, यह लोगों पर भी जोर देता है और उन्हें विशेषज्ञ मानता है। यह शोध जांच की एक सामूहिक प्रक्रिया है।

इसलिए ज्ञान का उत्पादन सहभागी अनुसंधान का सही पहलू नहीं है।

अतः विकल्प (D) सही है।

96. परिकल्पना के परीक्षण के संदर्भ में केवल शून्य परिकल्पना का परीक्षण किया जाता है। अशक्त परिकल्पना एक परिकल्पना है जिसमें शोधकर्ता परिकल्पना को अस्वीकार या निरस्त करने का प्रयास करता है।

अतः विकल्प (B) सही है।

97. प्रौद्योगिकी, सामाजिक संस्थाएं, जनसंख्या और पर्यावरण, अकेले या कुछ संयोजन में, परिवर्तन पैदा करते हैं। नीचे, हम चर्चा करेंगे कि ये सामाजिक परिवर्तन के एजेंट के रूप में कैसे कार्य करते हैं।

अतः विकल्प (C) सही है।

98. विचाराधीन सामाजिक संघर्ष सिद्धांत लुईस कोसर के संघर्ष के कार्यात्मक सिद्धांत, राल्फ डाहरडॉर्फ के सिद्धांत, और रान्डेल कोलिन्स के संघर्ष का समाजशास्त्र हैं।

कार्यात्मकता और संघर्ष सिद्धांत के बीच सबसे बुनियादी अंतर यह नहीं है कि संरचना या परिवर्तन की धारणा दोनों में से किसी एक से अनुपस्थित है, लेकिन इनमें से कौन केंद्र स्तर पर है। यद्यपि संघर्ष सिद्धांत को समाजशास्त्रीय सिद्धांत में स्वीकार किया गया।

अतः विकल्प (B) सही है।

99. तकनीकी परिवर्तन उस प्रक्रिया को संदर्भित करता है जिसके द्वारा नए उत्पाद और प्रक्रियाएं उत्पन्न होती हैं। जब नई तकनीकों में मौजूदा उत्पादों को बनाने का एक नया तरीका शामिल होता है, तो तकनीकी परिवर्तन को प्रक्रिया नवाचार कहा जाता है।

उत्पादकता उत्पादन की दक्षता के विभिन्न उपायों का वर्णन करती है। अक्सर (अभी तक हमेशा नहीं), एक उत्पादकता माप को एकल इनपुट या उत्पादन प्रक्रिया में उपयोग किए गए कुल इनपुट के अनुपात के रूप में व्यक्त किया जाता है, अर्थात् प्रति यूनिट इनपुट का आउटपुट।

अतः विकल्प (A) सही है।

100. टाइप I त्रुटि (झूठी-सकारात्मक) तब होती है जब कोई अन्वेषक एक शून्य परिकल्पना को अस्वीकार करता है जो वास्तव में जनसंख्या में सच है; एक प्रकार II त्रुटि (झूठी-नकारात्मक) तब होती है जब अन्वेषक एक शून्य परिकल्पना को अस्वीकार करने में विफल रहता है जो वास्तव में जनसंख्या में गलत है।

अशक्त परिकल्पना एक प्रकार की परिकल्पना है जिसका उपयोग आँकड़ों में किया जाता है जो प्रस्तावित करता है कि जनसंख्या की कुछ विशेषताओं (या डेटा-जनरेट करने की प्रक्रिया में कोई अंतर नहीं है)

अतः विकल्प (B) सही है।

101. दुर्खीम का मानना था कि धर्म 'समाज विभाजित' है, क्योंकि उनका तर्क है कि धर्म एक सामाजिक संदर्भ में होता है।

एमाइल दुर्खीम को सबसे ज्यादा दिलचस्पी उन जटिल समाजों में थी, जो एक साथ रहते थे। अपने जवाब के लिए, उन्होंने धर्म की ओर रुख किया, जिसे उन्होंने "सामाजिक सामंजस्य की अभिव्यक्ति" माना दुर्खीम ने इस समस्या का अध्ययन करने में सक्षम किया कि कैसे धर्म ने कम जटिल समाजों को प्रभावित किया।

अतः विकल्प (D) सही है।

102. प्रत्याशात्मक समाजीकरण एक प्रक्रिया है, जिसे सामाजिक अंतःक्रियाओं द्वारा सुगम बनाया जाता है, जिसमें गैर-समूह-सदस्य उन समूहों के मूल्यों और मानकों को लेना सीखते हैं जिनसे वे जुड़ने की इच्छा रखते हैं, ताकि समूह में उनके प्रवेश को आसान बनाया जा सके और उन्हें एक बार बातचीत करने में मदद मिल सके। इसके द्वारा स्वीकार किया गया है।

अतः विकल्प (D) सही है।

103. 1904 में, वेबर ने इस पात्रिका में अपने कुछ सबसे मौलिक पत्रों को प्रकाशित करना शुरू किया, विशेष रूप से उनके निबंध द प्रोटेस्टेंट एथिक एंड द स्पिरिट ऑफ कैपिटलिज्म, जो उनका सबसे प्रसिद्ध काम बन गया। और उनके प्रभाव के बाद के शोध के लिए नींव रखी, आर्थिक प्रणालियों के विकास पर संस्कृतियों और धर्मों।

अतः विकल्प (A) सही है।

104. एलेक्सिस डी टोकेविल ने तुलनात्मक राजनीतिक संस्कृतियों पर 19वीं सदी की एक अग्रणी रचना लिखी। सैमुअल हंटिंगटन की पुस्तक द क्लैश ऑफ सिविलाइजेशन ने व्यापक चर्चा को उकसाया है लेकिन 1996 में प्रकाशित किया गया था। आलमंड और वेरबा की पुस्तक द सिविक कल्चर 1965 में प्रकाशित हुई थी। लियोनार्डो दा विंची एक पुनर्जागरण कलाकार और आविष्कारक थे।

अतः विकल्प (B) सही है।

105. अन्य सभी उत्तर यह समझाने में मदद करते हैं कि 1960 के दशक में राजनीतिक संस्कृति का अध्ययन अधिक फैशनेबल क्यों हो गया।

इसने 'व्यवहार' अध्ययन की ओर एक अधिक सामान्य प्रवृत्ति का पूरक किया, इसने अन्य कार्यों का पालन किया जो आधुनिक लोकतंत्र के पुनर्विचार को बढ़ावा देते थे और इसका उपयोग यह दिखाने के लिए किया जा सकता था कि उदार लोकतंत्र अपने कम्युनिस्ट प्रतिद्वंद्वियों से बेहतर थे 1960 के दशक में अधिक फैशनेबल हो गए।

अतः विकल्प (D) सही है।

106. राजनीतिक संस्कृति की अवधारणा के लिए एक बड़ी चुनौती यह है कि कुछ राष्ट्रों को समरूप संस्कृतियों का प्रदर्शन करने के लिए कहा जा सकता है। 1960 के दशक में यह और अधिक फैशनेबल हो सकता है, लेकिन इसे हाल के परिवर्तनों पर विचार करने के लिए आसानी से अपडेट किया जा सकता है। समान रूप से, यह विभिन्न राज्यों में राष्ट्रवाद का विश्लेषण प्रस्तुत कर सकता है; आखिरकार, यह एक राष्ट्र की राजनीतिक संस्कृति का एक महत्वपूर्ण पहलू है।

अतः विकल्प (C) सही है।

107. रॉबर्ट पुटनम के उत्तरी इटली के अध्ययन से पता चला है कि नागरिक जुड़ाव की एक लंबे समय से स्थापित परंपरा है। पुटनम ने इटली के उत्तर और दक्षिण के बीच महत्वपूर्ण अंतर की पहचान की, विशेष रूप से, उन्होंने दिखाया कि इटली का उत्तर दक्षिण की तरह अलग-थलग नहीं था।

अतः विकल्प (B) सही है।

108. आलमंड और वर्बा ने उत्तरी आयरलैंड में 'ट्रबल' पर पर्याप्त ध्यान नहीं दिया, और विचलन के तर्क पर बहुत अधिक ध्यान देने से उन्होंने आमतौर पर यूके के अन्य हिस्सों में विचलन की मांग को कम कर दिया। उन्हें लगता था कि क्रांतिकारी होने के बजाय अंग्रेजों का सम्मान कम था, लेकिन इस गुण की आलोचना करना उनके संक्षेप का हिस्सा नहीं था

अतः विकल्प (A) सही है।

109. तंजानियाई अफ्रीकी राष्ट्रीय संघ ने अपने उदासीन आर्थिक रिकॉर्ड के बावजूद संतुष्टि के उच्च स्तर को उत्पन्न किया। सत्तारूढ़ पार्टी ने आदिवासी डिवीजनों का शोषण नहीं किया है, और हालांकि इसने देश के भीतर एक प्रमुख स्थिति को बरकरार रखा है, यह बहु-पक्षीय चुनावों की अनुमति देने की हद तक असंतोष की अनुमति देता है

अतः विकल्प (B) सही है।

110. वैश्वीकरण ने उन लोगों के लिए नई कठिनाइयाँ खड़ी कर दी हैं जो राष्ट्रीय राजनीतिक संस्कृतियों में तेजी से विपरीतता की पहचान करने की कोशिश करते हैं।

वैश्वीकरण ने भले ही राष्ट्र-राज्यों की स्वायत्तता को कमजोर कर दिया हो, लेकिन अगर कुछ भी इसे राजनीतिक अभिजात वर्ग की शक्ति में वृद्धि हुई है। राजनीतिक नेता मीडिया को पहले से कहीं अधिक हेरफेर करने की कोशिश करते हैं। इस बीच, आर्थिक असमानताएं राज्यों के भीतर और दोनों के बीच व्यापक रूप से बढ़ गई हैं।

अतः विकल्प (C) सही है।

111. अहंकार स्थिति की समाजशास्त्रीय समझ में नहीं आता है। सामाजिक स्थिति सम्मान, सम्मान, ग्रहण की क्षमता, और समाज में लोगों, समूहों और संगठनों को दी गई मान्यता का सापेक्ष स्तर। कुछ लेखकों ने सामाजिक रूप से मूल्यवान भूमिका या एक व्यक्ति को "स्थिति" (जैसे, लिंग, जाति, एक आपराधिक दोष होने आदि) के रूप में माना जाता है। स्थिति उन मान्यताओं

पर आधारित है जिनके बारे में समाज के सदस्यों का मानना है कि तुलनात्मक रूप से कम या ज्यादा सामाजिक मूल्य हैं।

अतः विकल्प (C) सही है।

112.

सूची- I	सूची- II (लेखक)
क्रमागत उन्नति	चरणों में परिवर्तन
प्रगति	मात्रात्मक परिवर्तन
क्रांति	संरचनात्मक परिवर्तन
परिवर्तन	गुणात्मक परिवर्तन

अतः विकल्प (B) सही है।

113. "द प्रोटेस्टेंट एथिक एंड द स्पिरिट ऑफ कैपिटलिज्म" मैक्स वेबर द्वारा लिखा गया था। प्रतिवाद नैतिक यूरोपीय पूँजीवाद के शुरुआती दौर में प्रोटेस्टेंट समूहों की आर्थिक सफलता का एक महत्वपूर्ण कारक था; क्योंकि सांसारिक सफलता की व्याख्या अनन्त उद्धार के संकेत के रूप में की जा सकती है।\

अतः विकल्प (A) सही है।

114. "सोशल स्टेटिक्स" में, स्पेंसर ने प्रगति पर विचार दिए। सामाजिक सांख्यिकी या खुशी के लिए आवश्यक शर्तें निर्दिष्ट हैं, और उनमें से सबसे पहले विकसित ब्रिटिश पॉलीमथ हर्बर्ट स्पेंसर की 1851 की पुस्तक है। इसे तथाकथित सामाजिक डार्विनवाद के प्रमुख सिद्धांत के रूप में वर्णित किया जा सकता है, हालांकि स्पेंसर और उनकी पुस्तक वहां एक वकील नहीं थे।

अतः विकल्प (B) सही है।

115. कार्ल मार्क्स और मैक्स वेबर द्वारा सुझाया गया संघर्ष सिद्धांत, दावा करता है कि सीमित संसाधनों के लिए प्रतिस्पर्धा के कारण समाज निरंतर संघर्ष की स्थिति में है। यह मानता है कि सामाजिक व्यवस्था आम सहमति और अनुरूपता के बजाय वर्चस्व और शक्ति द्वारा बनाए रखी जाती है।

अतः विकल्प (B) सही है।

116. हिंदू विवाह "एक धार्मिक संस्कार है जिसमें एक पुरुष और एक महिला धार्मिक, सामाजिक और आध्यात्मिक सुख की भौतिक, सामाजिक और आध्यात्मिक आवश्यकता के लिए एक स्थायी संबंध में बंधे हैं।"

अतः विकल्प (A) सही है।

117. लेविरेट विवाह एक प्रकार का विवाह है जिसमें मृत व्यक्ति का भाई अपने भाई की विधवा से विवाह करने के लिए बाध्य होता है। लेविरेट विवाह का प्रचलन समाजों द्वारा एक मजबूत कबीले ढांचे के साथ किया गया है जिसमें अतिरंजित विवाह (अर्थात कबीले के बाहर विवाह) को निषिद्ध किया गया था। यह दुनिया भर के कई समाजों में जाना जाता है।

अतः विकल्प (A) सही है।

118. एक संयुक्त परिवार एक एकल परिवार है जिसमें एक विवाहित जोड़े और उनके बच्चे (जन्म या गोद लेने के द्वारा) या ऐसे जोड़े शामिल हो सकते हैं जो अविवाहित या कम उम्र के हैं। संयुक्त का मतलब होता है शादी का रिश्ता।

अतः विकल्प (A) सही है।

119. मैकलेवर परिवार के कार्यों को दो श्रेणियों में विभाजित करता है - आवश्यक और गैर-आवश्यक। सेक्स की संतुष्टि के लिए बच्चों के उत्पादन और पालन-पोषण की आवश्यकता होती है और घर के प्रावधान को आवश्यक कार्यों के अंतर्गत शामिल किया जाता है जबकि आर्थिक शैक्षिक, स्वास्थ्य, मनोरंजन, धार्मिक और सामाजिककरण गैर-आवश्यक कार्य के अंतर्गत आते हैं।

अतः विकल्प (A) सही है।

120. "समाजशास्त्र को मानवीय संबंधों के बारे में वैज्ञानिक ज्ञान के रूप में परिभाषित किया जा सकता है" क्यूबर द्वारा परिभाषित किया गया है।

क्यूबर द्वारा समाज की परिभाषा "लोगों का एक समूह जो लंबे समय से एक साथ रहने के लिए संगठित हो गया है और खुद को अन्य मानव इकाइयों से कम या ज्यादा अलग एक इकाई के रूप में मानता है।"

अतः विकल्प (C) सही है।

121. वह प्रणाली जिसमें एक पति एक पत्नी से विवाह कर सकता था लेकिन विवाहित संबंध निश्चित नहीं थे, उसे सिंदास के नाम से जाना जाता था

अतः विकल्प (A) सही है।

122. मातृ-पितृलोक निवास के नियम के अनुसार, युगल कुछ समय के लिए दुल्हन के माता-पिता के साथ रहता है, फिर दूल्हे के माता-पिता के साथ स्थायी रूप से रहने के लिए जाता है। सामाजिक नृविज्ञान में, पितृसत्तात्मक निवास या पितृदोष, जिसे एक पार्थिव निवास के रूप में भी जाना जाता है, सामाजिक व्यवस्था का संदर्भ देते हैं जिसमें एक विवाहित जोड़ा पति के माता-पिता के साथ या उसके आस-पास रहता है।

अतः विकल्प (B) सही है।

123. जब पितृवंशीय और मातृवंशीय वंश को एक साथ लागू किया जाता है, और संयोजनों में वैकल्पिक रूप से नहीं, संयुक्त अनुप्रयोग को डबल वंश के रूप में जाना जाता है।

हम दिखाते हैं कि विभिन्न प्रकार के आधुनिक गहन शिक्षण कार्य एक "डबल-डिसेंट" घटना प्रदर्शित करते हैं, जहां, जैसे-जैसे हम मॉडल का आकार बढ़ाते हैं, प्रदर्शन पहले खराब होता जाता है और फिर बेहतर होता जाता है।

अतः विकल्प (C) सही है।

124. वर्णनात्मक शब्द स्पीकर के सटीक संबंध का वर्णन करता है। वर्णनात्मक समाजशास्त्र नामक कार्यों की एक श्रृंखला, जिसमें विभिन्न समाजों के सामाजिक संस्थानों, "आदिम" और "सभ्य" दोनों के बारे में जानकारी प्रदान की गई थी।

अतः विकल्प (A) सही है।

125. केंद्रीय चिड़ियाघर प्राधिकरण को भारत सरकार द्वारा वर्ष 1992 में पर्यावरण और वन मंत्रालय और जलवायु परिवर्तन मंत्रालय के तहत एक सांविधिक निकाय के रूप में स्थापित किया गया था। यह चिड़ियाघरों के निरीक्षण के लिए जिम्मेदार है।

अतः विकल्प (B) सही है।

126. कार्बन डाइऑक्साइड पृथ्वी के दीर्घकालिक ग्रीनहाउस गैसों में सबसे महत्वपूर्ण है। पूर्व-औद्योगिक समय से वातावरण में कार्बन डाइऑक्साइड लगभग 30% बढ़ गया है। कुछ मुख्य कारण मानवीय गतिविधियाँ, औद्योगिकरण और जनसंख्या वृद्धि हैं।

अतः विकल्प (D) सही है।

127. क्योटो प्रोटोकॉल में दोहा संशोधन 8 दिसंबर 2012 को दोहा, कतर में अपनाया गया था। संशोधन के अनुसार पार्टियों द्वारा दूसरी प्रतिबद्धता अवधि में ग्रीनहाउस गैसों की एक संशोधित सूची की सूचना दी जानी है।

अतः विकल्प (C) सही है।

128. परिवहन वाहनों से वायु प्रदूषण उत्सर्जन को कम करने के लिए भारत में उठाए गए कदम इस प्रकार हैं:

1. दिल्ली और देश के अन्य शहरों में संपीड़ित प्राकृतिक गैस (CNG) की शुरूआत।

2. पुराने और प्रदूषण फैलाने वाले वाहनों को पीछे हटाना।

3. वाहन की भीड़ को कम करने के लिए बड़े पैमाने पर परिवहन को मजबूत करना।

अतः विकल्प (D) सही है।

129. वैश्विक महामारी के रूप में संदर्भित है जो विश्व स्तर पर असामान्य रूप से व्यापक हो जाता है। स्थानिक एक ऐसी चीज है जो किसी विशेष व्यक्ति या देश से संबंधित है, एक महामारी एक बीमारी है जो एक समुदाय, आबादी या क्षेत्र के भीतर बड़ी संख्या में लोगों को प्रभावित करती है।

अतः विकल्प (B) सही है।

130. सूक्ष्म जीव जो कई किलोमीटर की गहराई तक तलछटी और यहां तक कि आग्नेय चट्टानों के छिद्रों के भीतर रह सकते हैं जिन्हें लिथोफिल्स कहा जाता है। इनमें से कुछ सूक्ष्म जीव सतह की चट्टानों पर रहने और ऊर्जा के लिए प्रकाश संश्लेषण का उपयोग करने के लिए जाने जाते हैं।

अतः विकल्प (C) सही है।

131. संग्रहणीय संदर्भ (कास्टेल्स 1977) शब्द का संदर्भ राज्य द्वारा स्वास्थ्य, आवास और शिक्षा सेवाओं का प्रावधान है।

औद्योगिक पूंजीवाद ने पूंजी और श्रम के बीच संबंध को बदल दिया, जिससे शहर के संगठन प्रभावित हुए। कैस्टेल्स ने तर्क दिया कि 'सामूहिक उपभोग' के उदय से एक स्वस्थ, आज्ञाकारी कार्यबल को बनाए रखने की समस्या का समाधान हो गया। इस शब्द का अर्थ है कि राज्य आमतौर पर स्थानीय अधिकारियों के माध्यम से शिक्षा, स्वास्थ्य और आवास जैसी सेवाएं प्रदान करता है।

अतः विकल्प (D) सही है।

132. विर्थ (1938) ने कहा कि शहरी जीवन शैली में सामाजिक संबंध 'खंडीय' थे क्योंकि लोग एक-दूसरे को केवल विशिष्ट, स्थितिजन्य भूमिकाओं के माध्यम से जानते थे, न कि संपूर्ण, गोल व्यक्तियों के रूप में।

विर्थ ने शहर की परिभाषित विशेषताओं को अपनी बड़ी आबादी, उच्च जनसंख्या घनत्व और सामाजिक विविधता के रूप में पहचाना। उनके 'शहरी जीवनशैली के तरीके' ने शहर में सामाजिक रिश्तों को 'खंडीय' के रूप में वर्णित किया क्योंकि लोग केवल एक-दूसरे को विशेष भूमिकाओं या सेटिंग्स के संदर्भ में देखते थे, न कि पूरे, गोल व्यक्तियों के रूप में।

अतः विकल्प (B) सही है।

133. शहरीकरण उन्नीसवीं सदी में हुआ क्योंकि औद्योगिक पूंजीवाद के कारण जनसंख्या का ग्रामीण से शहरी क्षेत्रों में स्थानांतरण हुआ।

शहरीकरण 'शब्द का तात्पर्य बड़ी संख्या में ग्रामीण से लेकर शहरी क्षेत्रों और बाद में शहरों के विकास से है। उन्नीसवीं सदी के उत्तरार्ध में आबादी में इस बदलाव को औद्योगिक पूंजीवाद के उदय के लिए जिम्मेदार ठहराया जा सकता है, क्योंकि शहरों में कारखानों का निर्माण किया गया था और परिवहन प्रणाली विकसित की गई थी, उदाहरण के लिए रेलवे प्रणाली के निर्माण के माध्यम से। उदाहरण के लिए, सिनेमा, थिएटर, और समुद्र तटीय अवकाश रिसॉर्ट्स के लिए अवकाश उद्योग भी उभरे।

अतः विकल्प (C) सही है।

134. जैसे-जैसे शहर आकार में बढ़ते गए और अधिक कार्यात्मक रूप से विशिष्ट होते गए, सेवाओं को केंद्रीय रूप से संगठित और केंद्र में स्थित किया गया, और उपनगरीय इलाकों में आवासीय क्षेत्रों को केंद्रित किया गया। पारिस्थितिक दृष्टिकोण, 1920 के दशक के शिकागो स्कूल में अग्रणी, उन तरीकों पर केंद्रित था, जिनमें विशिष्ट सामाजिक समूहों ने शहरी वातावरण के रूप में शहर के विभिन्न क्षेत्रों में निवास किया था।

अतः विकल्प (A) सही है।

135. उन्नीसवीं शताब्दी में, नगरपालिका समाजवाद ने 'प्रबंधित शहरों' का उदय किया, जिनकी सेवाओं, उपयोगिताओं और कभी-कभी उनके डिजाइन को ध्यान से आबादी को ध्यान में रखते हुए योजना बनाई गई थी। हॉवर्ड के मॉडल में छह आत्मनिर्भर 'उद्यान शहर' शामिल थे, जिनमें से प्रत्येक एक हरे रंग की बेल्ट से घिरा हुआ था और एक बड़े, केंद्रीय 'सामाजिक शहर' से जुड़ा था। उद्यान शहर में एक छोटी आबादी, विकेंद्रीकृत सेवाएं और सार्वजनिक परिवहन की एक कुशल प्रणाली थी।

अतः विकल्प (A) सही है।

136. विकेन्द्रीकरण, डिफरेंफिकेशन के साथ जुड़ा हुआ है, यह प्रक्रिया जिसके द्वारा शहर के कुछ हिस्सों को प्रदान किए जाने वाले कार्यों और सेवाओं में कम विशिष्ट हो गया है: शहरी केंद्र को कई औद्योगिक सम्पदाओं द्वारा प्रतिस्थापित किया जाता है। इसका कारण मोटरवे और रेलवे लाइनों के नेटवर्क के साथ-साथ शहर की परिधि में दुकानों और अवकाश सेवाओं की आवाजाही है। भीतरी शहर तब महिलाओं और मध्यम वर्गों के लिए उत्तरदायी है, जो वापस उसमें चले जाते हैं।

अतः विकल्प (D) सही है।

137. सामुदायिक जीवन का अर्थ कुछ पारंपरिक, वर्ग-आधारित रूपों में गिरावट और अन्य, नए समुदायों के रूप में बदल रहा है। इनमें जातीय समुदाय या गाँव शामिल हैं, जो अक्सर अप्रवासी समूहों के बहिष्करण और भेदभाव के साझा अनुभवों पर आधारित होते हैं। लंदन, मैनचेस्टर और ब्राइटन जैसे कई शहरों में 'गे गाँव' उभरे हैं, जहाँ लैंगिकता अपनी विविधता में मनाई जाती है। यहां तक कि ऑनलाइन, आभासी समुदाय भी प्रत्यक्ष, आमने-सामने संपर्क के बजाय 'कल्पना समुदाय' (एंडरसन 1983) की भावना पर आधारित हो सकते हैं।

अतः विकल्प (C) सही है।

138. कई शहरों ने शहरी उत्थान और पुनरुद्धार का अनुभव किया है। एक तरीका यह है कि यह सांस्कृतिक पुनर्गठन के माध्यम से होता है, जो शहर की छवि, पर्यटन और उपभोग के अवसरों पर बढ़ता जोर है। ज़ुकिन (1995) ने कहा कि समकालीन शहर एक प्रतीकात्मक अर्थव्यवस्था के माध्यम से संचालित होता है, भौतिक वस्तुओं के बजाय छवियों और विचारों का आदान-प्रदान करता है। एक शहर पनपता है या नहीं, इसलिए यह अपनी सार्वजनिक छवि के माध्यम से उत्पन्न होने वाली पर्यटन की मात्रा पर निर्भर करेगा, और इसलिए हम देखते हैं कि शहर के स्थापत्य कला को आगंतुकों को ध्यान में रखते हुए पुन: डिजाइन किया जा रहा है।

अतः विकल्प (D) सही है।

139. आलमी तब्लीगी इज्तिमा के मेले में 'जमात' नामक उपासको का समूह विश्वभर से आता है।

तब्लीगी इज्तिमा एक सुन्नी इस्लामी मिशनरी आंदोलन है जो मुसलमानों को उकसाने और साथी सदस्यों को अपने धर्म का पालन करने के लिए प्रोत्साहित करने पर केंद्रित है। इस्लामी पैगंबर मुहम्मद के जीवनकाल के दौरान इसका अभ्यास किया गया था। संगठन के दुनिया भर में 450 मिलियन से 500 मिलियन अनुयायियों के होने का अनुमान है।

अतः विकल्प (C) सही है।

140. जिस प्रक्रिया में मतदाता ऑस्ट्रेलियाई संविधान में प्रस्तावित परिवर्तनों पर मतदान करते हैं, उसे जनमत संग्रह कहा जाता है। ऑस्ट्रेलियाई संविधान को केवल जनमत संग्रह द्वारा बदला जा सकता है। एक जनमत संग्रह में, मतदान की उम्र के सभी ऑस्ट्रेलियाई प्रस्तावित परिवर्तनों के लिए हाँ या ना में मतदान करते हैं। सफल होने के लिए, राष्ट्रव्यापी अधिकांश मतदाताओं और अधिकांश राज्यों (छह में से चार) को परिवर्तनों को स्वीकार करना होगा।

अतः विकल्प (B) सही है।

141. एक युवा महिला का सामाजिक मकसद खुद को एक धार्मिक कार्यकर्ता में बदलने का एक मजबूत कारण है। अभिप्रेरणा उस चीज को संदर्भित करती है जो हमें किसी कार्य के लिए आगे बढ़ने, कार्य करने या तैयार करने के लिए प्रेरित करती है।

सामाजिक उद्देश्यों को सामाजिक अंतःक्रियाओं के माध्यम से सीखा जाता है और व्यक्तियों द्वारा बनाई गई सामाजिक प्राथमिकताओं में प्रकट होता है। वे सामाजिक परिणामों पर निर्देशित होते हैं।

अतः विकल्प (B) सही है।

142. सामाजिक विज्ञान अनुसंधान में 'शून्य परिकल्पना' में प्राथमिक दार्शनिक धारणा मिथ्याकरणीयता है।

सामाजिक अनुसंधान में, एक परिकल्पना एक वैज्ञानिक अध्ययन करने से पहले किसी विषय की पूर्वधारणा या एक धारणा को संदर्भित करती है। अशक्त परिकल्पना तब होती है जब शोधकर्ता द्वारा की गई धारणा झूठी हो जाती है।

उदाहरण के लिए: - एक शोधकर्ता कॉलेज के कुछ छात्रों के कारण और प्रभाव का पता लगाना चाहता है, जो सुबह देर से कक्षा में आते हैं। एक परिकल्पना इस धारणा के साथ की जाती है कि कैफीन के अधिक सेवन के कारण छात्रों को नींद की कमी का अनुभव हुआ। हालांकि, छात्रों से पूछताछ करने के बाद, शोधकर्ता को पता चला कि छात्र देर रात तक फिल्में देख रहे थे। इसलिए, परिकल्पना में मिथ्याकरण है।

अतः विकल्प (C) सही है।

143. 2001-2011 में कुल शहरी आबादी में भारत की ग्रामीण आबादी में वृद्धि कुल वृद्धि से अधिक थी। जब से भारत को स्वतंत्रता मिली, शहरी आबादी ने ग्रामीण क्षेत्रों में संख्या की तुलना में अधिक वृद्धि दर्ज की है। 2001-2011 की जनगणना के दौरान यह देखा गया था, कि निम्नलिखित शहरी सेटअपों में, दिल्ली सबसे अधिक शहरीकृत राज्य है, इसके बाद तमिलनाडु, केरल, महाराष्ट्र और गुजरात हैं।

अतः विकल्प (B) सही है।

144. धार्मिकता कारक आधुनिकीकरण के साथ नकारात्मक रूप से सहसंबद्ध हैं।

जब समाज बढ़ता है या आधुनिकीकरण की ओर बढ़ता है, तो यह स्वाभाविक रूप से सरकार, कंपनियों और नागरिकों को उपलब्धि के लिए प्रयास करने के लिए प्रेरित करता है। दूसरे कॉस्मोपॉलिटन को भी एक सकारात्मक अर्थ में लिया जाता है, जिसका अर्थ है कि जब तक आधुनिकीकरण, लोग कॉस्मोपॉलिटन क्षेत्रों की ओर बढ़ेंगे या लोग अधिक कॉस्मोपॉलिटन बन सकते हैं। व्यक्तिवाद भी आधुनिकीकरण की एक महत्वपूर्ण विशेषता है। हालाँकि, धार्मिकता एक ऐसी चीज है जो पारंपरिक समाज की एक महत्वपूर्ण विशेषता है और आधुनिकीकरण नहीं।

अतः विकल्प (D) सही है।

145. पी. सोरोकिन ने सामाजिक परिवर्तन के चक्रीय सिद्धांत का समर्थन किया है।

सामाजिक चक्र सिद्धांत समाजशास्त्र में सबसे पुराने सामाजिक सिद्धांतों में से हैं। सामाजिक विकासवाद के सिद्धांत के विपरीत, जो समाज और मानव इतिहास के विकास को कुछ नई, अनूठी दिशा में प्रगति के रूप में देखता है, समाजशास्त्रीय चक्र सिद्धांत का तर्क है कि समाज और इतिहास की घटनाएं और चक्र आमतौर पर खुद को चक्र में दोहराते हैं।

अतः विकल्प (A) सही है।

146. दुर्खीम के अनुसार, अप्रत्यक्ष प्रयोग एक तुलनात्मक विधि के लिए जगह बनाता है। जब एक शोधकर्ता दो या अधिक सिद्धांत या प्रयोग का संदर्भ लेता है, उनकी तुलना करता है और फिर अपने निष्कर्ष पर पहुंचता है, तो इसे अप्रत्यक्ष प्रयोग के रूप में जाना जाता है।

अतः विकल्प (D) सही है।

147. पुरस्कारों की प्रणाली स्तरीकरण की एक प्रणाली की ओर ले जाती है' को क्रियात्मक सिद्धांत के लिए जिम्मेदार ठहराया जा सकता है।

कार्यात्मकता को एक संरचनात्मक-कार्यात्मक सिद्धांत भी कहा जाता है, समाज को उस समाज में व्यक्तियों की जैविक और सामाजिक आवश्यकताओं को पूरा करने के लिए डिज़ाइन किए गए अंतर्संबंधित भागों के साथ एक संरचना के रूप में देखता है।

अतः विकल्प (B) सही है।

148. पर्यावरण शुरू से ही मानव समाज की बुनियादी चिंताओं में से एक रहा है। बढ़ते औद्योगिकीकरण के साथ, किसी की अर्थव्यवस्था में सुधार की आवश्यकता है और विकास में शीर्ष पदानुक्रम तक पहुंचने के लिए राष्ट्रों के बीच प्रतिस्पर्धा, संसाधनों के सतत उपयोग को नजरअंदाज किया जा रहा है और जैसे, हमारे पारिस्थितिकी तंत्र में बाधा आ रही है। इसलिए, (A) और (R) दोनों सत्य हैं और (R) (A) की सही व्याख्या है।

अतः विकल्प (C) सही है।

149. दिसंबर 1985 में भारत सरकार द्वारा कृषि और प्रसंस्कृत खाद्य उत्पाद निर्यात विकास प्राधिकरण की स्थापना की गई थी।

इसे दिसंबर 1985 में संसद द्वारा पारित कृषि और प्रसंस्कृत खाद्य उत्पाद निर्यात विकास प्राधिकरण अधिनियम के तहत भारत सरकार द्वारा स्थापित किया गया था। यह अधिनियम 13 फरवरी 1986 से प्रभावी हुआ। APEDA का मुख्यालय नई दिल्ली में स्थित है।

अतः विकल्प (A) सही है।

150. मसाला बोर्ड के प्राथमिक कार्यों में छोटी और बड़ी इलायची का उत्पादन और विकास शामिल है।

मसाला बोर्ड इलायची उद्योग के समग्र विकास और मसाला बोर्ड अधिनियम, 1986 की अनुसूची में सूचीबद्ध 52 मसालों के निर्यात को बढ़ावा देने के लिए जिम्मेदार है।

बोर्ड के प्राथमिक कार्यों में छोटी और बड़ी इलायची का विकास, संवर्धन, विकास, मसालों के निर्यात का विनियमन और निर्यात के लिए मसालों की गुणवत्ता पर नियंत्रण शामिल है।

अतः विकल्प (A) सही है।

Paper-I

Q.1 निम्नलिखित में से कौन एक प्रकार का शोध नहीं है?

A. अन्वेषी
B. व्याख्यात्मक
C. प्रायौगिक
D. परिवर्तनशील

Q.2 निम्नलिखित कथनों पर विचार कीजिये और उस गलत कथन का चयन कीजिये जो अनुसंधान में ICT के उपयोग का सबसे अच्छा प्रतिनिधित्व करता है।

A. गूगल स्कॉलर विद्वानों के साहित्य की व्यापक खोज प्रदान करने वाला एक प्लेटफार्म है।

B. मेंडेली समीक्षा की गई साहित्य विषयवस्तु को प्रबंधित करने, साझा करने और खोजने में मदद करता है।

C. टर्निटिन एक इंटरनेट आधारित साहित्यिक चोरी को ज्ञात करने वाली सेवा है।

D. ग्रामरली लेखन सहायता प्रदान करने वाला एक ऑनलाइन प्लेटफार्म है और अनुसंधान में कोई मदद नहीं करता है।

Q.3 'अनुसंधान' शब्द का अर्थ के संबध में निम्नलिखित में से कौन-से कथन सत्य हैं?

1) अनुसंधान का तात्पर्य किसी समस्या के समाधान का पता लगाने के लिए शुरू की गई व्यवस्थित कार्यकलाप अथवा कार्यकलापों की श्रृंखला से है।

2) यह एक व्यवस्थित, तार्किक और निष्पक्ष प्रक्रिया है जिसमें परिकल्पना का परीक्षण, आंकड़ों का विश्लेषण, सिद्धांतों की व्याख्या और रचना की जा सकती है।

3) यह सत्य के प्रति बौद्धिक जांच अथवा खोज है।

4) इससे ज्ञान में वृद्धि होती है।

निम्नलिखित कूटों से सही उत्तर का चयन कीजिए:

A. 1, 2 और 3
B. 2, 3 और 4
C. 1, 3 और 4
D. 1, 2, 3 और 4

Q.4 "एक संख्यात्मक अभिक्षमता परीक्षण में पुरुष तथा महिला विद्यार्थी एक समान प्रदर्शन करते हैं।" यह कथन निम्न में से किसको इंगित करता है:

A. शोध परिकल्पना
B. शून्य परिकल्पना
C. दिशात्मक परिकल्पना
D. सांख्यिकीय परिकल्पना

Q.5 निम्न में से कौन सा कथन अनुसंधान के मुख्य उद्देश्यों को परिभाषित करता है?

A. अनुसंधान, अत्यधिक केंद्रित और व्यवहार्य होना चाहिए
B. अनुसंधान, अवधारणाओं का सटीक उपयोग करता है
C. छिपे हुए सत्य का पता लगाने हेतु अनुसंधान किया जाता है
D. उपर्युक्त सभी

Q.6 प्रश्नावली डिजाइन करने के लिए निम्नलिखित में से कौन से चरण आवश्यक हैं?

1) अध्ययन के प्राथमिक और द्वितीयक उद्देश्य लेखन।
2) वर्तमान साहित्य की समीक्षा।
3) प्रश्नावली का प्रारूप तैयार करना।
4) प्रारूप का पुनरीक्षण।

निम्नलिखित कूटों से सही उत्तर का चयन कीजिए:

A. 1, 2 और 3
B. 1, 3 और 4
C. 2, 3 और 4
D. 1, 2, 3 और 4

Q.7 निम्नलिखित में से कौन-कौन ए.पी.ए. शैली के संदर्भ प्रारूप के मूलभूत नियम है?

a) छोटी कृतियों जैसे जर्नल आलेख अथवा निबंध, के शीर्षक तिरछा करके लिखें

b) लेखकों के नाम उल्टा लिखें (अंतिम नाम पहले)

c) लम्बी कृतियों जैसे पुस्तक एवं जर्नल, के शीर्षक तिरछा करके लिखें

d) संदर्भ सूची प्रविष्टियों का वर्णानुक्रम में सूचीयन करें

नीचे दिए गये कूट से सही उत्तर का चयन कीजिए:

A. (a) और (b)
B. (b), (c) और (d)
C. (c) और (d)
D. (a), (b), (c) और (d)

Q.8 शिक्षण के निम्नलिखित चरणों को तार्किक क्रम में व्यवस्थित करें।

(i) शिक्षार्थी का मूल्यांकन
(ii) लक्ष्य और विषय-वस्तु को व्यवस्थित करना
(iii) क्रिया और प्रतिक्रिया
(iv) शिक्षण के प्रति प्रतिक्रिया
(v) रणनीति के विषय में निर्णय
(vi) उपयुक्त परीक्षण उपकरण

A. (iii)-(i)-(iv)-(ii)-(v)-(vi)
B. (ii)-(v)-(i)-(iii)-(vi)-(iv)
C. (ii)-(i)-(v)-(vi)-(iv)-(iii)
D. (i)-(v)-(vi)-(ii)-(iii)-(iv)

Q.9 शिक्षक द्वारा निर्देशात्मक सहायक सामग्री का उपयोग किया जाता है

A. कक्षा को गरिमा प्रदान करने के लिए
B. विद्यार्थियों को आकर्षित करने के लिए
C. संकल्पनाओं की स्पष्टता के लिए
D. अनुशासन की सुनिश्चितता के लिए

Q.10 नीचे दी गई मूल्यांकन प्रक्रियाओं की सूची से उनकी पहचान करना जिन्हें 'रचनात्मक मूल्यांकन' कहा जाएगा। कूट में से चुनकर अपने उत्तर का संकेत दें:

1) शिक्षक पाठ्यक्रम का कार्य पूरा करने के बाद छात्रों को ग्रेड देता है।

2) शिक्षक कक्षा के छात्रों के साथ अंतःक्रिया के दौरान सुधारात्मक प्रतिपुष्टि प्रदान करता है।

3) शिक्षक इकाई परीक्षण में छात्रों को अंक देता है।

4) शिक्षक कक्षा में ही छात्रों के संदेहों को स्पष्ट करता है।

5) छात्रों के समग्र निष्पादन के बारे में प्रत्येक तीन माह के अन्तराल पर अभिभावकों को रिपोर्ट किया जाता है।

6) शिक्षक प्रश्न-उत्तर सत्र के माध्यम से अधिगमकर्ता की अभिप्रेरणा में वृद्धि करता है।

कूट:

A. 1, 2 और 3
B. 2, 3 और 4
C. 1, 3 और 5
D. 2, 4 और 6

Q.11 निम्नांकित में से कौन-सा तत्व शिक्षण को प्रभावित नहीं करता?

A. शिक्षक का ज्ञान
B. कक्षा की ऐसी गतिविधियाँ जो सीखने को प्रोत्साहित करती हैं
C. शिक्षकों और विद्यार्थियों की सामाजित-आर्थिक प्रष्ठभूमि
D. अनुभव द्वारा सीखना

Q.12 पढ़ाने के लिए शिक्षक द्वारा उपयोग की जाने वाली तकनीकों में शामिल हैं:

1) व्याख्यान

2) परस्पर व्याख्यान

3) समूह कार्य

4) स्वाध्याय

निम्नलिखित कूटों से सही उत्तर का चयन कीजिए:

A. 1, 2 और 3　　　　**B.** 1, 2, 3 और 4

C. 2, 3 और 4　　　　**D.** 1, 2 और 4

Q.13 विद्यार्थियों द्वारा शिक्षकों के मूल्यांकन के मुख्य उद्देश्य हैं:

1) विद्यार्थियों की कमजोरियों के बारे में जानकारी एकत्र करना।

2) शिक्षक को शिक्षण कार्य गंभीरता से लेने का सन्देश देना।

3) शिक्षण की नवीन विधियाँ अपनाने में शिक्षकों की सहायता करना।

4) शिक्षक के गुणों में और अधिक सुधर के क्षेत्रों की पहचान करना।

नीचे दिए गये कूट से सही उत्तर का चयन कीजिये:

A. केवल 1 और 2　　　**B.** केवल 2, 3 और 4

C. केवल 1, 2 और 3　　**D.** केवल 1

Q.14 निर्देश: निम्नलिखित प्रश्न में, अभिकथन (A) और कारण (R) को सामने रखा गया है। दोनों कथनों को ध्यान से पढ़ें और निम्नलिखित में से सही विकल्प चुनें:

अभिकथन(A): उच्च शिक्षा का प्रयोजन विद्यार्थियों मे आलोचनात्मक और सर्जनात्मक चिंतन योग्यता को बढ़ावा देना है।

तर्क (R): इन योग्यताओं से कार्य-स्थापना सुनिश्चित होता है।

निम्नलिखित कूट से सही उत्तर का चयन कीजिये:

A. (A) और (R) दोनों सही हैं, और (R), (A) की सही व्याख्या है।

B. (A) और (R) दोनों सही हैं, और (R), (A) की सही व्याख्या नहीं है।

C. (A) सही है, किन्तु (R) गलत है।

D. (A) गलत है, किन्तु (R) सही है।

Q.15 निम्नांकित में से किस शिक्षण विधि में शिक्षार्थी की भागीदारी को इष्टतम तथा पहलकारी बनाया जाता है?

A. परिचर्चाओं की विधि में

B. युग्मित वार्ता सत्र की विधि में

C. विचारवेश सत्र की विधि में

D. परियोजना व्यवस्था से

Q.16 बुद्धिमान व्यक्ति शायद ही मृत्यु से भयभीत होता है' प्रस्ताव निम्नलिखित में से किसका विरोधाभासी है?

A. कुछ बुद्धिमान व्यक्ति मत्यु से भयभीत होते हैं

B. सभी बुद्धिमान व्यक्ति मृत्यु से भयभीत होते हैं

C. कोई भी बुद्धिमान व्यक्ति मृत्यु से भयभीत नहीं होता

D. कुछ बुद्धिमान व्यक्ति मत्यु से भयभीत नहीं होते

Q.17 इस श्रृंखला में अगला पद है:

2, 7, 28, 63, 126, _____

A. 215　　**B.** 245　　**C.** 276　　**D.** 296

Q.18 A, B का भाई है। B,C का भाई है। C,D का पति है। E, A का पिता है। D का E से संबंध होगा:

A. बेटी　　**B.** बहू　　**C.** ननद　　**D.** बहन

Q.19 दो संख्याएं 3 : 5 के अनुपात में हैं। अगर 9 को उन संख्याओं में से घटा दिया जाए, तो अनुपात 12 : 23 होगा, संख्याएँ हैं:

A. 30,50　　**B.** 36,60　　**C.** 33,55　　**D.** 42,70

Q.20 बुद्धि की श्रेष्ठता एक विषय पर एक ही तरह से एकाग्रता की शक्ति पर निर्भर करती है, जैसे कि एक अवतल दर्पण उन सभी किरणों को एकत्रित करता है जो उस पर एक बिंदु पर वार करती हैं।

उपरोक्त कथन में किस प्रकार का तर्क दिया गया है?

A. गणितीय　　　　**B.** मनोवैज्ञानिक

C. अलंकारिक　　　**D.** वियोजक

Q.21 श्रृंखला में अगला नंबर ABD, DGK, HMS, MTB, SBL, __ है

A. ZKU　　**B.** ZCA　　**C.** ZKW　　**D.** KZU

Q.22 एक निग्रात्मक तर्क अवैध होता है यदि:

A. इसके आधार वाक्य और निष्कर्ष सभी असत्य हैं।

B. इसके आधार वाक्य सत्य परन्तु निष्कर्ष असत्य हैं।

C. इसके आधार वाक्य असत्य परन्तु निष्कर्ष सत्य हैं।

D. इसके आधार वाक्य और निष्कर्ष सभी सत्य हैं।

Q.23 इनमें से किस समस्या में, प्रेषित सूचनाओं की प्रचुरता में वास्तविक संदेश खो गया है?

A. संचार के तहत　　　　**B.** धारणा का चयन करना

C. अधिक संचार　　　　**D.** निस्पंदन

Q.24 राहुल ने कहा, "उस तस्वीर में लड़का मेरे नाना के इकलौते बेटे की बेटी का भाई है" तस्वीर में लड़का राहुल से कैसे संबंधित है?

A. चचेरा भाई　**B.** पिता　**C.** भतीजा　**D.** भाई

Q.25 राम 14 कि.मी दक्षिण में जाता है और दाई ओर मुड़कर 8 कि.मी चलता है, वहां से वह पुन: बाईं ओर मुड़कर 9 कि.मी की दूरी तय करता है। वह फिर बाईं ओर मुड़ता है और 8 कि.मी चलता है। वह फिर बाईं ओर मुड़ता है और 9 कि.मी चलता है। वह अपनी यात्रा के प्रारंभिक बिंदु से अंतिम बिन्दु तक कितनी दूरी पर और किस दिशा में है?

A. 14 कि.मी., पूर्व　　　**B.** 23 कि.मी, उत्तर

C. 14 कि.मी, दक्षिण　　　**D.** 23 कि.मी, पश्चिम

Q.26 विधानसभा में जीएसटी कानून पारित करने वाला भारत का पहला राज्य _______ था?

A. तमिलनाडु　**B.** असम　**C.** गुजरात　**D.** मध्य प्रदेश

Q.27 एक व्यक्ति जो राज्य विधानमंडल का सदस्य नहीं है, उसे ______ के लिए मुख्यमंत्री के रूप में नियुक्त किया जा सकता है, उस समय के दौरान, उसे राज्य विधायिका के लिए चुना जाना चाहिए, जिसमें वह असफल होने पर मुख्यमंत्री बनने की कोशिश करना बंद कर देता है।

[Bihar Police SI, 2019]

A. 4 महीने　**B.** 6 महीने　**C.** 3 महीने　**D.** 2 महीने

Q.28 विश्वविद्यालय अनुदान आयोग को निम्नांकित में से किन उद्देश्यों के लिए गठित किया गया था?

1) अनुसन्धान के उन्नयन और उच्च शिक्षा के विकास के लिए।

2) संभावनाशील अधिगम वाले संस्थानों की पहचान एवं उन्हें उसी रूप में बनाये रखें के लिए।

3) शिक्षकों का क्षमता निर्माण।

4) भारत की उच्च शिक्षा की प्रत्येक संस्था को स्वायत्तता प्रदान करने के लिए।

निम्नांकित कूट की सहायता से सही उत्तर का चयन कीजिये:

A. 1, 2, 3 और 4　　**B.** 1, 2 और 3

C. 2, 3 और 4　　　**D.** 1, 2 और 4

Ques (29-33):निर्देश: निम्नलिखित गद्यांश को ध्यान से पढ़ें और प्रश्न संख्या के उत्तर दीजिए।

यदि भारत को अपनी आंतरिक शक्तियाँ विकसित करनी है, तो उसकी तीन गतिशील आयामों- जनता, सर्वांगी अर्थव्यवस्था और सामरिक हितों को ध्यान में रखते हुए प्रौद्योगिकी आवश्यकरणीयताओं पर ध्यान केन्द्रित करना होगा | ये प्रौद्योगिकी आवश्यकरणीयताओं एक "चौथे आयाम", समय, पर भी ध्यान रखती है जो व्यवसाय, व्यापार एवं प्रौद्योगिकी की आधुनिक गतिशीलता से निःसृत है, और जो निरंतर बदलते लक्ष्यों की ओर अग्रसर करता है | हमारा यह मानना है कि इस चौथे आयाम के संदर्भ में जनता क आकांक्षाओं में निरंतर हो रहे परिवर्तन, वैश्विक संदर्भ में अर्थव्यवस्था तथा सामरिक महत्व वाले हित के परिप्रेक्ष्य में प्रौद्योगिकीय शक्तियाँ विशेष रूप से महत्वपूर्ण हैं | मानव इतिहास के मूल में प्रौद्योगिक विकास समय रहता है और इसका उपयोग बढ़ती प्रतिस्पर्धा वाले बाजार में प्रौद्योगिकी शक्तियाँ अधिक उत्पादक रोजगार पैदा करने तथा मानव-कौशलों को अधतन बनाये रखने की दृष्टि से महत्त्वपूर्ण हैं | प्रौद्योगिकियों के व्यापक अनुप्रयोग के बिना हम आने वाले समय में अपने लोगों का सर्वांगी विकास नहीं कर सकते | देश की सामरिक शक्तियों के साथ सलग्नताएँ विशेष रूप से 1990 के दशक के बाद से अधिकाधिक स्पष्ट होती जा रही है | कई मूल अनुक्षेत्रों में स्वयं भारत की शक्ति उसको भू-राजनीतिक संदर्भ में यथोचित शक्ति की स्थिति में रखती है | एक विकसित देश बनाए के आकांक्षी किसी भी देश के लिए विभिन्न सामरिक प्रौद्योगिकियों में शक्ति-सम्पन्न होना और स्वयं की सृजनात्मक शक्तियों के माध्यम से उन्हें निरंतर अधतन करते रहने की सामर्थ्य भी आवश्यक है | जन-अभिमुखी कार्यों के लिये भी चाहे विशाल स्तार पर उत्पादनशील रोजगार का सृजन हो या जनता की पोषण एवं स्वास्थ्य संबंधी सुरक्षा सुनिश्चित करनी हो या फिर जीवन यापन की बेहतर स्थितियाँ हों- दोनों दृष्टियों से प्रौद्योगिकी एक महत्त्वपूर्ण आगत है | प्रौद्योगिकी पर अपेक्षाकृत अधिक बल की अनुपस्थिति से निम्न स्तरीय उत्पादकता और मूल्यवान प्राकृतिक संसाधनों की बर्बादी का मार्ग प्रशस्त हो सकता है| निम्न स्तरीय उत्पादकता या निम्न स्तरीय मूल्य-संवर्धन से जुड़े क्रियाकलाप अंततः गरीब लोगों को सबसे अधिक हानि पहुंचाते हैं | हमारी जनता को एक नये जीवन तक पहुँचाना और वह जीवन प्रदान करना जिसके लिए वह हकदार है, इस बारे में प्रौद्योगिकी आवश्यकरणीयता महत्त्वपूर्ण है | व्यापर और जी.डी.पी. में वृद्धि की दृष्टि से एक बड़ा आर्थिक शक्ति होने का आकांक्षी भारत विदेश में डिज़ाइन की गयी और निर्मित 'टर्नकी' परियोजनाओं की शक्ति या केवल संयंत्र मशीनरी, उपकरण और तकनीकी ज्ञान के बल पर सफल नहीं हो सकता | अल्पकालिक यथार्थों पर ध्यान देते हुए उद्योगों में मध्यम एवं दीर्घकालिक रणनीतियों द्वारा प्रौद्योगिकी शक्तियों को विकसित करना विकसित भारत की कल्पना को साकार करने के लिये महत्त्वपूर्ण है |

Q.29 उरोक्त गद्यांश के अनुसार निम्नलिखित में से कौन चौथे आयाम को इंगित करता है?

1) जन-आकांक्षाएं

2) आधुनिक गतिशीलता

3) वैश्विक परिप्रेक्ष्य में अर्थव्यवस्था

4) सामरिक हित

कूट:

A. केवल 1, 2 और 3

B. केवल 2, 3 और 4

C. केवल 1, 3 और 4

D. केवल 1, 2 और 4

Q.30 अधिक उत्पादक रोजगार पैदा करने के लिए आवश्यक है:

[UGC NET Sociology, 2018]

A. प्रौद्योगिकी का व्यापक अनुप्रयोग

B. प्रतिस्पर्धात्मक बाजार का दायरा सीमित करना

C. भू-राजनीतिक सोच – विचार

D. विशाल उद्योग

Q.31 प्रौद्योगिकी की अनुपस्थिति से किसका मार्ग प्रशस्त होगा?

1) कम प्रदूषण

2) मूल्यवान प्राकृतिक संसाधनों की बर्बादी

3) निम्न स्तरीय मूल्य-संवर्धन

4) अत्यंत गरीब लोगों को सबसे अधिक नुकसान

कूट:

A. केवल 1, 2 और 3

B. केवल 2, 3 और 4

C. केवल 1, 2 और 4

D. केवल 1, 3 और 4

Q.32 प्रौद्योगिकी आगतों के लाभ का परिणाम होगा:

[UGC NET Sociology, 2018]

A. अनियंत्रित प्रौद्योगिकीय संवृद्धि

B. संयंत्र मशीनरी का आयत

C. पर्यावरण सम्बन्धी मुद्दों को गौण मानना

D. हमारे लोगों को गरिमामयी जीवन तक पहुँचाना

Q.33 विकसित भारत की कल्पना को साकार करने के लिए आवश्यक है:

[UGC NET Sociology, 2018], [UGC NET Home Science, 2018]

A. प्रमुख आर्थिक शक्ति बनने की आकांक्षा

B. विदेश में तैयार की गई परियोजना पर निर्भरता

C. लघुकालिक परियोजनाओं पर ध्यान केन्द्रित करना

D. संकेंद्रिक प्रौद्योगिकीय शक्ति का विकास

Q.34 निम्न में से कौन संचार में अर्थ संबंधी अवरोध का कारण है?

A. शारीरिक हाव-भाव

B. समस्वर

C. इशारे

D. उपरोक्त सभी

Q.35 **निर्देश**: निम्नलिखित प्रश्न में, अभिकथन (A) और कारण (R) को सामने रखा गया है। दोनों कथनों को ध्यान से पढ़ें और निम्नलिखित में से सही विकल्प चुनें:

अभिकथन (A): कक्षा में कुशल ढंग से सम्प्रेषण करना एक स्वाभाविक क्षमता है।

तर्क (R): कक्षा में प्रभावी शिक्षण के लिए सम्प्रेषण प्रक्रिया का ज्ञान आवश्यक है।

कूट:

A. (A) एवं (R) दोनों सहीं है, और (R), (A) की सहीं व्याख्या है।

B. (A) एवं (R) दोनों सहीं है, लेकिन (R) (A) की सहीं व्याख्या नहीं है।

C. (A सहीं है, लेकिन (R) गलत है।

D. (A) गलत है, लेकिन (R) सही है।

Q.36 कक्षागत सम्प्रेष में कुछ उद्दीपकों की स्वीकार्यता और अस्वीकार्यता के बीच विभेदन किसका आधार है:

[UGC NET Sociology, 2018], [UGC NET Home Science, 2018]

A. निष्पादन की चयनात्मक अपेक्षा

B. साथी समूहों के साथ चयनात्मक सम्बधता

C. चयनात्मक ध्यान

D. चयनात्मक नैतिकता

Q.37 निम्नलिखित में से कौन प्रभावी संप्रेषण का सिद्धांत नहीं हैं?

A. प्रत्ययकारी और विश्वासोत्पदकता

B. दर्शकों की भागेदारी

C. सूचना के एकतरफ़ा अंतरण

D. अंगूर की बेल का रणनीतिक उपयोग

Q.38 निम्नलिखित विशेषताओं में से कौन सी गैर-मौखिक संचार में शामिल है?

अपना उत्तर इंगित करने के लिए कूटों में से चयन करें।

(a) उपस्थिति

(b) शारीरिक भाषा

(c) ध्वनि

(d) रिपोर्ट

(e) नौकरी विवरण

A. (b), (c) और (d)

B. (a), (b) और (c)

C. (a), (c) और (d)

D. (a), (b), (c), (d) और (e)

Ques (39-43):निर्देश: निम्नलिखित तालिका में किसी देश P के लिए पांच वर्षों 2012 से 2016 तक चावल के उत्पादन, निर्यात और प्रति व्यक्ति उपभोग के बारे में आंकड़े सरंकित हैं। इस तालिका में दिये आंकड़ों के आधार पर प्रश्न का उत्तर दीजिए।

चावल के वर्ष-वार उत्पादन, निर्यात और प्रति व्यक्ति उपभोग			
साल	उत्पादन (मिलियन किलो में)	निर्यात (मिलियन किलो में)	प्रति व्यक्ति उपभोग (किलो में)
2012	186.5	114	36.25
2013	202	114	35.2
2014	238	130	38.7
2015	221	116	40.5
2016	215	88	42

जहाँ, प्रति व्यक्ति उपभोग = (उपभोग मिलियन किलो में) / (जनसंख्या मिलियन में) और उपभोग (मिलियन किलो में) = उत्पादन – निर्यात, है।

Q.39 किस वर्ष पिछले वर्ष की तुलना में चावल के उपभोग में सर्वाधिक प्रतिशत की वृद्धि हुई?

[UGC NET Sociology, 2018]

A. 2013   **B.** 2014   **C.** 2015   **D.** 2016

Q.40 वर्ष 2014 में देश की जनसँख्या (मिलियन में) कितनी थी?

A. 2.64 मिलियन   **B.** 2.72 मिलियन

C. 2.79 मिलियन   **D.** 2.85 मिलियन

Q.41 किस वर्ष की अवधि में निर्यात और उपभोग का अनुपात सर्वाधिक था?

[UGC NET Sociology, 2018], [UGC NET Home Science, 2018]

A. 2012   **B.** 2013   **C.** 2014   **D.** 2015

Q.42 देश की जनसँख्या किस वर्ष में सर्वाधिक थी?

[UGC NET Sociology, 2018]

A. 2013   **B.** 2014   **C.** 2015   **D.** 2016

Q.43 वर्ष 2012 – 2016 की अवधि में चावल का औसत उपभोग (मिलयन किलो) कितना है?

A. 104 मिलियन किलो   **B.** 102.1 मिलियन किलो

C. 108 मिलियन किलो   **D.** 100.1 मिलियन किलो

Q.44 'सामग्री की तालिका' को जोड़ने के लिए माइक्रोसॉफ्ट वर्ड में किस फीचर का उपयोग किया जाता है?

A. इंसर्ट   **B.** रिव्यू   **C.** व्यू   **D.** रेफरेंसिस

Q.45 प्रिंटर को मुख्य रूप से दो प्रमुख श्रेणियों में वर्गीकृत किया जा सकता है। निम्न में से कौन सी दो प्रमुख श्रेणियां हैं?

A. इंपैक्ट और नॉन-इम्पैक्ट प्रिंटर

B. प्राइमरी और सेकेण्डरी प्रिंटर

C. डायनेमिक और स्टैटिक प्रिंटर

D. डिजिटल और एनालॉग प्रिंटर

Q.46 निम्नलिखित में से कौन एक इंस्टेंट मैसेजिंग एप्लीकेशन है?

1) व्हाट्सऐप

2) गूगल टॉक

3) वाइबर

नीचे दिए गये कूट में से सही उत्तर का चयन कीजिये:

A. केवल 1 और 2   **B.** केवल 2 और 3

C. केवल 1   **D.** 1, 2 और 3

Q.47 निर्देश: निम्नलिखित प्रश्न में, अभिकथन (A) और कारण (R) को सामने रखा गया है। दोनों कथनों को ध्यान से पढ़ें और निम्नलिखित में से सही विकल्प चुनें:

अभिकथन (A): पर्यावरणीय गतिविधि प्राकृतिक संसाधनों के स्थायी प्रबंधन का समर्थन करती हैं।

कारण (R): वे प्रकृति में स्थानीय से लेकर वैश्विक तक हैं।

A. (A) और (R) दोनों सत्य हैं, और (R), (A) की सही व्याख्या है।

B. (A) और (R) दोनों सत्य हैं, और (R), (A) की सही व्याख्या नहीं है।

C. (A) सत्य है, लेकिन (R) असत्य है।

D. (A) असत्य है, लेकिन (R) सत्य है।

Q.48 ध्वनि से अधिक होने पर ध्वनि प्रदूषण उत्पन्न होता है:

A. 70-75 dB   **B.** 50-60 dB

C. 80-99 dB   **D.** 40-65 dB

Q.49 अनुमानित लागतों और मानक लागतों के संबंध में निम्नलिखित में से कौन-सा कथन सत्य है?

A. मानक लागतें वैज्ञानिक विश्लेषण एवं अभियांत्रिकी अध्ययनों पर आधारित होती हैं जबकि अनुमानित लागतें ऐतिहासिक आधार पर आधारित होती हैं।

B. मानक लागत का ज़ोर "कितनी लागत आएगी" पर होता है, जबकि अनुमानित लागत का जोर "कितनी लागत आनी चाहिए" पर होता है।

C. अनुमानित लागतों की तुलना में मानक लागतों को अधिक बार संशोधित किया जाता है।

D. अनुमानित लागतें मानक लागतों की अपेक्षा अधिक स्थिर होती हैं।

Q.50 नकदी प्रवाह विवरण के संदर्भ में, निम्न में से कौन-सा वित्तीय गतिविधियों का एक उदाहरण नहीं है?

A. बैंक ऋण का भुगतान

B. ऋणपत्रों पर ब्याज/लाभांश भुगतान

C. सार्वजनिक जमाओं से नकदी आगम

D. स्थिर परिसंपतियों का बिक्रय

Paper-II

Q.51 1991 के एलपीजी सुधारों से किस क्षेत्र में अधिकतम वृद्धि हुई है?

A. मुख्य   **B.** माध्यमिक   **C.** तृतीयक   **D.** असंगठित

Q.52 आधुनिकता को 'अपूर्ण परियोजना' कौन मानता है?

A. डेरिडा   **B.** गिद्दे   **C.** एलथसर   **D.** हैबरमास

Q.53 निर्देश: निम्नलिखित प्रश्न में, अभिकथन (A) और कारण (R) को सामने रखा गया है। दोनों कथनों को ध्यान से पढ़ें और निम्नलिखित में से सही विकल्प चुनें:

अभिकथन (A): पिछले दो दशक के दौरान ग्रामीण भारत में महिला सशक्तिकरण हुआ।

कारण (R): 73 वें संविधान संशोधन ने ग्रामीण भारतीय महिलाओं को सशक्त बनाया।

A. (A) सही है और (R) गलत है
B. दोनों (A) और (R) सही हैं
C. (A) गलत है और (R) सही है
D. दोनों (A) और (R) गलत हैं

Q.54 मुसलमानों में पाया जाने वाला विवाह का अस्थायी रूप कहा जाता है:
A. निकाह **B.** म्यूट 'आह **C.** मेहर **D.** पर्दा

Q.55 निर्देश: निम्नलिखित प्रश्न में, अभिकथन (A) और कारण (R) को सामने रखा गया है। दोनों कथनों को ध्यान से पढ़ें और निम्नलिखित में से सही विकल्प चुनें:

अभिकथन (A): भारत में शिक्षा का निजीकरण शिक्षा के व्यावसायीकरण की ओर अग्रसर है।

कारण (R): शिक्षा के वाणिज्यिकरण ने कई गरीब छात्रों को गुणवत्तापूर्ण शिक्षा से वंचित कर दिया है।

A. (A) सच है, लेकिन (R) गलत है
B. (A) गलत है, लेकिन (R) सच है
C. दोनों (A) और (R) सही हैं, और (R) (A) की सही व्याख्या है
D. दोनों (A) और (R) सही हैं, और (R) (A) की सही व्याख्या नहीं है

Q.56 प्रतिभागी अवलोकन और आमने-सामने साक्षात्कार का उपयोग करने वाले लोगों के अध्ययन को कहा जाता है

[UGC NET Sociology, 2020]

A. घटना **B.** सामाजिक मानचित्रण
C. नृवंशविज्ञान **D.** बहुव्यापक रोग-विज्ञान

Q.57 भारतीय समाज के अध्ययन में 'भारतीय विद्या' का उपयोग करने के लिए किसे जाना जाता है?
(A) जी. एस. घोरी
(B) लुइस ड्यूमॉन्ट
(C) एन. के. बोस
(D) एम. एन. श्रीनिवास
नीचे दिए गए कोड में से सही उत्तर का चयन करें:
A. (A) और (B) **B.** (B) और (C)
C. (C) और (D) **D.** (D) और (A)

Q.58 जादू, धर्म और विज्ञान के लिए क्या सामान्य है?
A. अवलोकन और प्रयोग
B. मनुष्य पर समान प्रभाव
C. अज्ञात के प्रति झुकाव
D. अलौकिक की ओर झुकाव

Q.59 समाज की संरचना गतिशीलता किसे कहते हैं?

[UPSESSB PGT Sociology, 2016]

A. जब समाज के लोगों की स्थितियों में परिवर्तन होता है
B. जब समाज के लोगों की भूमिकाओं में परिवर्तन होता है
C. जब समाज के कार्यों में परिवर्तन होता है
D. जब समाज की संस्थाओं में परिवर्तन होता है

Q.60 किसने राज्य को "संपूर्ण पूंजीपति वर्ग के सामान्य मामलों के प्रबंधन के लिए एक समिति" माना?
A. रॉबर्ट ए. डाहल **B.** वी. परेतो
C. कार्ल मार्क्स **D.** सी. डब्ल्यू. मिल्स

Q.61 यह विचार कि अधिकार संबंध सामाजिक संघर्ष का मुख्य कारण हैं, किसके द्वारा मदद की गई?
A. एम. वेबर **B.** के. मार्क्स
C. आर. कोलिन्स **D.** आर. डेहरडॉर्फ

Q.62 किसने कहा कि भाषा और सामाजिक संस्थानों में गिरावट आई है?
A. डेरिडा **B.** गोडेलियर **C.** फूको **D.** स्मिथ

Q.63 नीचे दिए गए दो कथन हैं: एक को कथन (A) के रूप में और दूसरे को कारण (R) के रूप में लेबल किया गया है:
कथन (A): औद्योगिकीकरण के माध्यम से विकास का प्रचलित तरीका और अनंत विकास के साथ जुनून ने पर्यावरण-प्रणाली को बिगड़ा है।
कारण (R): सीमा के बिना वृद्धि के साथ जुनून ने प्राकृतिक संसाधन आधार को पछाड़ दिया है।
उपरोक्त कथनों के प्रकाश में, नीचे दिए गए विकल्पों में से सही उत्तर चुनिए:
A. दोनों (A) और (R) सत्य हैं और (R) (A) की सही व्याख्या है।
B. दोनों (A) और (R) सत्य हैं लेकिन (R) (A) का सही विवरण नहीं है।
C. (A) सत्य है लेकिन (R) असत्य है।
D. (A) असत्य है लेकिन (R) सत्य है।

Q.64 निम्नलिखित में से किसने अपने सिद्धांत में 'सहभागिता संस्कार' की अवधारणा का उपयोग किया था?
A. आर. कोलिन्स **B.** एल. कोसर
C. ई. दुर्खीम **D.** एच. ब्लमर

Q.65 यदि वस्तुएं सही विकल्प हैं तो उदासीनता वक्र बन जाता है:
A. नीचे की ओर झुका हुआ वक्र
B. नीचे की और ढलान के साथ सीधी-रेखा
C. समकोण
D. अतिपरवलय

Q.66 किस समाजशास्त्री ने समाजशास्त्रीय कल्पना की अवधारणा पेश की ?
A. रिचर्ड शेफर **B.** अगस्टे कॉम्टे
C. हैरिएट मार्टिनो **D.** सी. राइट मिल्स

Q.67 निम्नलिखित में से कौन कहता है कि सामाजिक स्तरीकरण समाज की एक कार्यात्मक आवश्यकता है?
A. योगेंद्र सिंह **B.** आर. कोलिन्स
C. आर. कोलिन्स **D.** के. डेविस

Q.68 उत्तर आधुनिकीकरण के अनुसार आधुनिकता के किन विचारों को माना जाता है या मृत?
A. तर्कसंगतता, कारण और प्रगति
B. तर्कसंगतता, प्रगति और निष्पक्षता
C. वैधता, तर्कसंगतता और निष्पक्षता
D. निष्पक्षता, तर्कसंगतता, कारण

Q.69 किस शब्द से मर्टन ने उन रिश्तों की सीमा को निर्दिष्ट किया है जो किसी विशेष सामाजिक स्थिति पर कब्जा करने के लिए व्यक्तियों के पास है?
A. एकाधिक भूमिकाएँ **B.** भूमिका सेट
C. भूमिका नेटवर्क **D.** स्थिति भूगिका

Q.70 समाजशास्त्र को एक दृष्टिकोण द्वारा विशेषता है जो उन स्थानों में से है जो अग्रभूमि में निम्नलिखित में से एक है?
A. व्यक्ति
B. संस्कृति
C. सामाजिक संपर्क
D. अनोखी सामाजिक घटनाएं

Q.71 परिवर्तन का कौन सा मॉडल बताता है कि परिवर्तन संघर्ष और संकल्प के माध्यम से होता है?
A. उद्विकासी **B.** द्वंद्वात्मक **C.** चक्रीय **D.** प्रगतिशील

Q.72 कथन किसने कहा "संगठन संघर्ष के लिए रंगभूमि हैं":

A. रान्डेल कॉलिन्स   **B.** कार्ल मार्क्स

C. राल्फ डाहरंडॉर्फ   **D.** मैक्स वेबर

Q.73 किसने सुझाव दिया कि संघर्ष का समाज में कार्यात्मक महत्व है?

A. कार्ल मार्क्स   **B.** लुईस कोसर

C. राल्फ डाहरंडॉर्फ   **D.** रान्डेल कॉलिन्स

Q.74 कृषक समाज के सामाजिक एवं सांस्कृतिक विश्लेषण के लिए किसने लघु परम्परा एवं वृहत परम्परा की अवधारणाओं को प्रतिपादित किया?

[UPSESSB PGT Sociology, 2013]

A. राबर्ट रेडफील्ड   **B.** मैकिम मैरिएट

C. एम. एन. श्रीनिवास   **D.** मिल्टन सिंगर

Q.75 सूची- II के साथ सूची- I का मिलान करें और नीचे दिए गए कोड से सही उत्तर चुनें:

सूची- I (लेखक)	सूची- II (पुस्तकें)
(A) जी एस घोरी	(1) भारत की दौड़ और संस्कृति
(B) एन. के. बोस	(2) अनुसूचित टेली
(C) सूरजजीत सिन्हा (संस्करण)	(3) भारत में जनजातीय जीवन
(D) डी. एन. मजूमदार	(4) भारत के लोगों पर क्षेत्र अध्ययन: तरीके और दृष्टिकोण

A, B, C, और D क्रमशः हैं।

A. 2 3 4 1   **B.** 3 2 4 1

C. 2 4 1 3   **D.** 1 3 4 2

Q.76 ज्ञान और शक्ति के बीच संबंध 'पर ध्यान केंद्रित करने वाले पोस्ट-संरचनावादियों में?

A. फौकॉल्ट   **B.** लिमर्ट

C. लेवी स्ट्रॉस   **D.** इनमें से कोई नहीं

Q.77 लेस्टर वार्ड के अनुसार, लागू समाजशास्त्र का उद्देश्य था:

A. बेहतर समाज के लिए वैज्ञानिक ज्ञान का उपयोग करें

B. बहुत अभ्यास के माध्यम से समाजशास्त्र को अधिक वैज्ञानिक बनाये

C. सामान्य ज्ञान पर आधार समाजशास्त्र

D. उत्तर-आधुनिकतावाद की बुराइयों से मुकाबला करें

Q.78 आदर्शवाद के दर्शन के अनुसार, पाठ्यक्रम में शामिल करने के लिए विषयों का कौन सा संयोजन सबसे उपयुक्त है?

A. कला, साहित्य और तर्क

B. धर्मशास्त्र, साहित्य और कला

C. दर्शन, साहित्य और कला

D. विज्ञान, गणित और तर्क

Q.79 निम्नलिखित में से कौन सामाजिक घटनाओं की समझ के लिए कार्यात्मक दृष्टिकोण नहीं अपनाता है?

A. जे. अलेक्जेंडर   **B.** के. डेविस

C. आर. के. मर्टन   **D.** डी. जे. हबरमास

Q.80 "समाजशास्त्र सामाजिक क्रिया के अर्थ को समझने का विज्ञान है' । कार्यवाही विवरण द्वारा किया गया था:

A. मैक्स वेबर   **B.** अगस्ते कॉमटे

C. हर्बर्ट स्पेंसर   **D.** एमाइल दुर्खीम

Q.81 सूची- II के साथ सूची- I का मिलान करें और नीचे दिए गए कोड से सही उत्तर चुनें:

List-I	List-II
(A) ई. दुर्खीम	(i) धार्मिक जीवन के प्राथमिक रूप
(B) डब्ल्यू जे. गोयडे	(ii) द पावर एलीट
(C) सी. डब्ल्यू मिल्स	(iii) धर्म की समाजशास्त्रीय व्याख्या
(D) आर. रॉबर्टसन	(iv) विश्व क्रांति और परिवार पैटर्न

A, B, C, और D क्रमशः हैं।

A. (i) (iv) (ii) (iii)   **B.** (iii) (ii) (iv) (i)

C. (i) (ii) (iii) (iv)   **D.** (ii) (iii) (iv) (i)

Q.82 सामाजिक भूमिका की प्रकृति पर निम्नलिखित में से कौन सा कथन सही नहीं है?

A. यह उम्मीदों का एक सेट है

B. यह परिभाषित करना असंभव है, किसी की भूमिका दूसरे को संदर्भित किए बिना

C. इसमें अधिकारों और कर्तव्यों की एक श्रृंखला शामिल है

D. इसका कोई दर्जा नहीं है

Q.83 सूची- II के साथ सूची- I का मिलान करें और नीचे दिए गए कोड से सही उत्तर चुनें:

List-I	List-II
(A) ई. दुर्खीम	(i) सामाजिक व्यवस्था
(B) एम. वेबर	(ii) द लिंक्ड लव
(C) जेड. बोमन	(iii) समाज में श्रम विभाजन
(D) टी. पार्सन्स	(iv) भारत का धर्म

A, B, C, और D क्रमशः हैं।

A. i ii iii iv   **B.** iii iv ii i   **C.** ii iii iv i   **D.** iv iii ii i

Q.84 वह प्रक्रिया जिससे असहाय मानव शिशु धीरे-धीरे एक आत्म-जागरूक, जानकार व्यक्ति बन जाता है, उस संस्कृति के तरीकों में कुशल होता है जिसमें वह पैदा हुआ था या नहीं:

A. पुन: समाजीकरण   **B.** सामाजिक स्थिति

C. समाजीकरण   **D.** साझा समझ

Q.85 किसने भारत के कुल समुदायों पर काम शुरू किया था?

A. एन. के. बोस   **B.** के.एस. सिंह

C. योगेंद्र सिंह   **D.** एम. एन. श्रीनिवास

Q.86 सूची- II के साथ सूची- I का मिलान करें और नीचे दिए गए कोड से सही उत्तर चुनें:

सूची- I (अवधारणा)	सूची II (लेखक)
(A) मिल्लत एंड इंडस्ट्रियल सोसाइटी	(i) ई.दुर्खीम
(B) यांत्रिक और कार्बनिक एकजुटता	(ii) एच. स्पेन्सर
(C) लोक-शहरी सातत्य	(iii) एफ. टोनिस
(D) जेमिनशाचफ्ट और गेज़ेलशाफ्ट	(iv) आर.रेडफील्ड

A, B, C, और D क्रमशः हैं।

A. (ii) (i) (iii) (iv)   **B.** (ii) (i) (iv) (iii)

C. (i) (ii) (iv) (iii)   **D.** (iv) (iii) (i) (ii)

Q.87 "पुरुष इतिहास बनाते हैं, लेकिन वे इसे वैसे ही नहीं बनाते हैं जैसा वे चाहते हैं ', वे इसे स्वयं द्वारा चुनी गई परिस्थितियों में नहीं लेते हैं, लेकिन अतीत में सीधे सामना, दी और प्रेषित की गई परिस्थितियों में"। यह कथन किसके साथ संबंधित है?

A. कार्ल मैनहेम   **B.** कार्ल मार्क्स

C. कार्ल पॉपर   **D.** राल्फ डाहरंडॉर्फ

Q.88 शब्द 'कुल संस्था' का अर्थ है और इसमें शामिल हैं:

A. संगठित संस्था

B. मानदंडों से बचने की थोड़ी संभावना

C. प्रशासनिक संरचना के नियमों से बचने की थोड़ी संभावना

D. उपर्युक्त सभी

Q.89 व्याख्यात्मक समाजशास्त्र के साथ किसका नाम जुड़ा है?

A. मैक्स वेबर
B. कार्ल मार्क्स
C. जी. सिमेल
D. टी. पार्सन्स

Q.90 निम्नलिखित में से कौन 'मन, स्व और समाज' का लेखक है?

A. टैल्कॉट पार्सन्स
B. मार्गरिट मीड
C. जॉर्ज एच. मीड
D. गार्डनर मर्फी

Q.91 धर्म, परिवार, विवाह, जाति आदि उदाहरण हैं:

A. सामाजिक मूल्यों के
B. सामाजिक संस्थाओं के
C. सामाजिक मानकों के
D. समाज के सामाजिक राष्ट्रीय खण्ड के

Q.92 निम्न में से कौन-सी संस्कृति की विशेषता है?

[UPSESSB PGT Sociology, 2013]

A. संस्कृति दैवीय उपहार है
B. संस्कृति समाज द्वारा निर्मित है
C. संस्कृति आनुवंशिक विरासत है
D. संस्कृति पर्यावरण का हेर-फेर है

Q.93 निम्नलिखित में से कौन भारतीय समाज के अध्ययन के लिए एक द्वंद्वात्मक दृष्टिकोण का समर्थक है?

A. एम. एन. श्रीनिवास
B. डी. पी. मुखर्जी
C. ए. बेटिल
D. वाई. बी. दामले

Q.94 निम्नलिखित में से किसने समाज में संघर्ष के सकारात्मक कार्यों पर बल दिया है?

A. जार्ज सिमेल
B. कार्ल मार्क्स
C. वेबर
D. नोआम चोमस्की

Q.95 निम्नलिखित में से कौन तर्क देता है कि असमानता की मौजूदा प्रणाली से वैधता की वापसी संघर्ष के लिए एक महत्वपूर्ण पूर्व शर्त है?

A. आर. डेहरडॉर्फ
B. एल. कोसर
C. आर. कोलिन्स
D. जे. हबरमास

Q.96 सूची- II के साथ सूची- I का मिलान करें और नीचे दिए गए कोड से सही उत्तर चुनें:

सूची- I (लेखक)	सूची II (नियम)
(A) ए. वी. परेतो	(i) शासक वर्ग
(B) जी. मोस्का	(ii) गैर-शासित अभिजात वर्ग
(C) सी. आर. मिशेल	(iii) ओलिगार्की का लौह कानून
(D) एस. लुकेस	(iv) द थ्री डायमेंशनल व्यू

A, B, C, और D क्रमशः हैं।

A. ii iii iv i
B. ii i iii iv
C. ii iii i iv
D. ii iv i iii

Q.97 विलफ्रेडो पेरेटो ने किस प्रणाली में 'लोमड़ी के प्रकार के कुलीन वर्ग' का उदाहरण दिया है?

A. यूरोपीय लोकतंत्र
B. सैन्य तानाशाही
C. राजनीतिक लोकतंत्र
D. आधुनिक कुलीन वर्ग

Q.98 एक विश्वविद्यालय में 7530 छात्र हैं और अनुसंधान में कुल 753 की मात्रा से 10 प्रतिशत नमूना लिया जाता है। इसे कहा जाता है:

A. नमूने का आकार
B. नमूने का अनुपात
C. नमूना तत्व
D. सोद्देश्य नमूना चयन

Q.99 जाति एक उदाहरण है_______?

A. प्राप्त स्थिति
B. भूमिका के लिए संघर्ष
C. स्थिति की संगति
D. श्रेय स्थिति

Q.100 निर्देश: निम्नलिखित प्रश्न में, अभिकथन (A) और कारण (R) को सामने रखा गया है। दोनों कथनों को ध्यान से पढ़ें और निम्नलिखित में से सही विकल्प चुनें:

अभिकथन (A): सभी समूह सोशल नेटवर्क हैं।

कारण (R): सभी नेटवर्क सामाजिक समूह नहीं हैं।

नीचे दिए गए कोड में से सही उत्तर का चयन करें

A. दोनों (A) और (R) सही हैं और (R) (A) की सही व्याख्या है
B. दोनों (A) और (R) सही हैं, लेकिन (R) (A) का सही स्पष्टीकरण नहीं है
C. (A) सही है, लेकिन (R) गलत है
D. (A) गलत है, लेकिन (R) सही है

Q.101 समाचार पत्र, पत्रिकाओं, गीतों, कविताओं, भाषणों आदि के आधार पर एक रिकॉर्ड किए गए मानव वक्तव्य का अध्ययन इस प्रकार से जाना जाता है:

A. सांख्यिकीय विश्लेषण
B. सामग्री विश्लेषण
C. ऐतिहासिक विश्लेषण
D. तुलनात्मक विश्लेषण

Q.102 संस्कृतकरण का परिणाम है:

A. जाति व्यवस्था में संरचनात्मक परिवर्तन
B. एक जाति की सांस्कृतिक गतिशीलता
C. जाति विचारधारा में परिवर्तन
D. धार्मिक व्यवस्था में बदलाव

Q.103 निम्नलिखित में से कौन सामाजिक संस्था का एक उपयुक्त उदाहरण है?

A. मंडी
B. व्यापार संघ
C. राजनीतिक दल
D. एन. जी. ओ.

Q.104 'आर्थिक जीवन का समाजशास्त्र' द्वारा लिखित है:

A. वेबर
B. पार्सन्स
C. मर्टन
D. स्मेलसर

Q.105 सांस्कृतिक पूंजी सिद्धांत का परिचय किसने दिया?

A. सी.राइट मिल्स
B. अल्फ्रेड शुट्ज़
C. विलियम ग्राहम सुमनेर
D. पियरे बोरडियू

Q.106 सामाजिक स्तरीकरण सिद्धान्त में कार्यात्मक सिद्धान्त किसने दिया?

A. पारसंस
B. डेविस-मूर
C. मैक्स वेबर
D. इनमें से कोई नहीं

Q.107 निम्नलिखित में से क्या संघ के तत्व हैं?

A. अवैयक्तिक, प्रतिस्पर्धी, स्थायी संबंध
B. समानता, पारस्परिक जागरूकता, अंतर
C. व्यक्तिगत, स्थायी, संविदात्मक संबंध
D. प्रभावशाली, सहज, प्रतिस्पर्धी संबंध

Q.108 गुणात्मक डेटा संग्रह की कौन सी तकनीक का उपयोग अनुसंधानकर्ता द्वारा लोगों और उनके व्यवहार को प्रत्यक्ष, ध्यान केंद्रित करने और उनकी प्राकृतिक सेटिंग में गैर-मौखिक बातचीत के माध्यम से समझने के लिए किया जाता है?

A. साक्षात्कार
B. अवलोकन
C. मामले का अध्ययन
D. ऊपर के सभी

Q.109 निम्नलिखित में से कौन सा दृष्टिकोण मुख्य रूप से चेतना पर केंद्रित है?

A. नृवंशविज्ञान
B. तुलनात्मक पद्धति
C. फेनोमेनोलॉजी
D. कार्यात्मकता

Q.110 संज्ञानात्मक विकास से संबंधित समाजीकरण के चरणों द्वारा प्रस्तावित किया गया था:

A. एच. मीड	**B.** एस. फ्रायड
C. सी. एच. कोइली	**D.** जे. पियागेट

Q.111 एक समुदाय में रिश्ते हैं:
A. अंतरंग और हासिल की
B. टिकाऊ, अंकित और अवैयक्तिक
C. अंतरंग, हासिल और टिकाऊ
D. अंतरंग, टिकाऊ और जिम्मेदार

Q.112 निम्नलिखित में से किसने सामाजिक स्थिति को मुख्य स्थिति, प्रमुख स्थिति और नियंत्रण स्थिति के रूप में वर्गीकृत किया है?
A. टी. पार्सन्स
B. आर. के. मर्टन
C. डब्ल्यू.ई. मूर
D. एच.एम. जॉनसन

Q.113 सामाजिक स्तरीकरण की एक प्रणाली में सामाजिक श्रेणी कुछ विशेषताओं पर आधारित होती है जो हो सकती है:
A. या तो विरासत में मिला या सामाजिक रूप से निर्मित है
B. या तो अंकित या अधिग्रहित किया जाए
C. या तो अधिग्रहण किया जाए या सामाजिक रूप से निर्माण किया जाए
D. या तो अंकित किया जाए, अधिग्रहित किया जाए या निर्माण किया जाए

Q.114 निर्देश: निम्नलिखित प्रश्न में, अभिकथन (A) और कारण (R) को सामने रखा गया है। दोनों कथनों को ध्यान से पढ़ें और निम्नलिखित में से सही विकल्प चुनें:
अभिकथन (A): भारतीय समाज में नेपोटिज्म, पक्षपात और भ्रष्टाचार बढ़ा है।
कारण (R): राजनीतिक इच्छाशक्ति की कमी के कारण स्थिति उत्पन्न हुई है।
A. (A) सत्य है और (R) गलत है
B. दोनों (A) और (R) सत्य हैं
C. (A) गलत है और (R) सत्य है
D. दोनों (A) और (R) गलत हैं

Q.115 किसने एक वैकल्पिक चरण (एक वैकल्पिक समाज) की कल्पना की है, जिसमें "भाषण मंच पर शासन करना बंद कर देगा"?
A. फोकाॅल्ट
B. डेरेडा
C. लेमर्ट
D. इनमे से कोई भी नहीं

Q.116 निम्नलिखित में से क्या संघ की विशेषता नहीं है?
A. लोगों की सामूहिकता
B. कुछ उद्देश्यों के बाद
C. स्वैच्छिक सदस्यता
D. आदर्श मानदंडों को पूरा करना

Q.117 निम्नलिखित की सहायता से एक जैविक प्राणी को एक सामाजिक प्राणी में बदल दिया जाता है?
A. समाजीकरण
B. वैश्वीकरण
C. देशद्रोह
D. प्रतिपक्षी समाजीकरण

Q.118 सत्ता की चर राशि अवधारणा इस धारणा पर आधारित है कि:
A. समाज के लिए मूल्य सहमति जरूरी है
B. मूल्य विघटन समाज के लिए आवश्यक है
C. समाज के लिए मूल्य तटस्थता आवश्यक है
D. मूल्य समाज के लिए आवश्यक है

Q.119 एक व्यक्ति, एक जीव के रूप में, जन्म के समय क्या ऐसा नहीं है जो समाजीकरण की प्रक्रिया के लिए प्रासंगिक हो?
A. सहज ज्ञान   **B.** क्षमता   **C.** सजगता   **D.** मनोवृत्ति

Q.120 'लाइफ चांस' एंड 'लाइफस्टाइल' किसके द्वारा लिखा गया ?

A. एल. ड्यूमोंट	**B.** मैक्स वेबर
C. वी.परेतो	**D.** इनमें से कोई नहीं

Q.121 "सोच केवल महत्वपूर्ण इशारों के माध्यम से खुद के साथ व्यक्ति की एक आंतरिक या अंतर्निहित बातचीत है"। ऐसा किसने कहा?
A. एल. एलथ्यूसर
B. एच. ब्लमर
C. पी. ब्लाउ
D. जी. एच. मीड

Q.122 विषयगत और पाठ विश्लेषण में उपयोग किया जाता है:
A. पथ विश्लेषण
B. डेटा विश्लेषण
C. प्रपत्र विश्लेषण
D. सामग्री विश्लेषण

Q.123 किसने भविष्यवाणी की कि संघर्ष में कुछ सकारात्मक भूमिका हो सकती है क्योंकि यह किसी दिए गए समूह की सामाजिक एकजुटता को बढ़ाता है?
A. जी. सिमेल
B. एल. ए. कोसर
C. आर. डेहरडॉर्फ
D. इनमें से कोई नहीं

Q.124 एक नगर, एक कस्बा, एक गाँव उदाहरण हैं:
[UPSESSB PGT Sociology, 2013]
A. सामाजिक समूह
B. समिति के
C. समुदाय के
D. भौगोलिक क्षेत्र के

Q.125 "मोर इकालिटी" पुस्तक किसने लिखी है?
A. ए. गोरज़
B. जे. सी. किनकैड
C. ए. के. सेन
D. हर्बर्ट जे. गन्स

Q.126 वे दृष्टिकोण या व्यवहार जो किसी व्यक्ति के स्वयं के लिंग के मानदंडों के अनुरूप होते हैं:
A. लिंग पहचान
B. लिंग उपयुक्त
C. जेंडर सिस्टम
D. लिंग संवेदीकरण

Q.127 भूमिका अपेक्षाओं से जुड़े पुरस्कार और सजा को कहा जाता है:
A. मानदंड   **B.** अधिक   **C.** मान   **D.** प्रतिबंध

Q.128 निम्नलिखित में से कौन सा समाजीकरण का अभिकरण नहीं है?
A. परिवार
B. मीडिया
C. स्कूल
D. उपरोक्त में से कोई नहीं

Q.129 निम्नलिखित में से कौन सा सांस्कृतिक अर्थवाद की अवधारणा के अर्थ और आत्मा के विपरीत है?
A. जातीयतावाद
B. एथनो पद्धति
C. जातीय आँकड़े
D. नृवंशविज्ञान

Q.130 "इंडस्ट्रियल मोबिलिटी इन इंडस्ट्रियल सोसाइटी" पुस्तक पर किसने लिखा है?
A. पी. एल. बर्गर
B. आर. बेंडिक्स
C. एस. एम. लिपसेट और आर. बेंडिक्स
D. आर.के. मर्टन

Q.131 निम्नलिखित में से किसने मार्क्सियन सिद्धांत की बहु आकस्मिक दुनिया के लिए एक मोनोकौसल व्याख्या के रूप में आलोचना की?
A. लुईस कोसर
B. मैक्स वेबर
C. रान्डेल कॉलिन्स
D. राल्फ डाहरंडॉर्फ

Q.132 एमिल दुर्खीम के अनुसार धार्मिक प्रथाओं को सबसे अच्छे रूप में समझा जाता है:
A. सामूहिक जीवन की मौजूदा प्रथाओं के लिए विकल्प दिखाना
B. सांसारिक जीवन की समस्याओं से राहत पाने में मानव की मदद करना
C. मनुष्य के आध्यात्मिक हितों को संतुष्ट करना

D. किसी समाज के एकीकरण और स्थिरता में योगदान करना

Q.133 "सामाजिक मनोविज्ञान की एक रूपरेखा" किसके द्वारा लिखा गया है?

A. मुजफ्फर शरीफ
B. सी. एच. कोलेइ
C. जी. एच. मीड
D. सिगमंड फ्रायड

Q.134 इन सिद्धांतकारों में से कौन संघर्ष सिद्धांतों के बौद्धिक फव्वारे थे?

A. एडवर्ड विल्सन और चार्ल्स
B. कार्ल मार्क्स और मैक्स वेबर
C. जी एच मीड और इरविंग गोफमैन
D. एमिल दुर्खीम और हर्बर्ट स्पेंसर

Q.135 किसने कहा, "आर्थिक योजना परिभाषित सामाजिक अंत के संदर्भ में अधिकतम लाभ के लिए संसाधनों को व्यवस्थित और उपयोग करने का एक तरीका है"?

A. के.टी. शाह
B. भारत का योजना आयोग
C. डॉ. राजिंदर प्रसाद
D. इनमे से कोई नहीं

Q.136 किसने द्वारा गढ़ा गया कि संघर्ष का समाज में कार्यात्मक महत्व है?

A. लुईस कोसर
B. राल्फ डाहरडॉर्फ
C. कार्ल मार्क्स
D. रान्डेल कॉलिन्स

Q.137 प्रतीकात्मक अंतःक्रियावाद के संस्थापक के रूप में सबसे अधिक किसे माना जाता है?

A. जॉर्ज हर्बर्ट मीड
B. हरबर्ट ब्लमर
C. मैक्स वेबर
D. एंथोनी गिडेंस

Q.138 पर्यावरण अध्ययन का उद्देश्य है

A. पर्यावरण की स्थिति के बारे में चेतना बढ़ाएं
B. पर्यावरण के अनुकूल व्यवहार सिखाने के लिए
C. एक पर्यावरणीय नैतिक संवेदनशील समाज बनाएं
D. ऊपर के सभी

Q.139 ऐतिहासिक अनुसंधान की एक विधि जिसमें जीवित व्यक्तियों के स्मरणों को एकत्र किया जाता है, कहा जाता है?

A. सामग्री विश्लेषण
B. विशेषण इतिहास
C. मौखिक इतिहास
D. व्यष्टि अध्ययन

Q.140 किसे कहते हैं यू.एस.ए. में स्ट्रीट कॉर्नर सोसाइटी के अध्ययन में सहभागी प्रेक्षण पद्धति का प्रयोग किया है? यू.एस.ए. में स्ट्रीट कॉर्नर सोसाइटी के अध्ययन में सहभागी प्रेक्षण पद्धति का प्रयोग किया है?

A. पॉल एफ. लजसफेल्ड
B. डब्ल्यू एफ. व्हाईट
C. बी. मालिनोव्स्की
D. आर. के. मर्टन

Q.141 मानक विचलन का एक माप है:

A. माध्यिका और बहुलक के आसपास परिक्षेपण
B. बहुलक के चारों ओर फैलाब
C. बहुलक और माध्य के चारों ओर परिक्षेपण
D. माध्य के चारों ओर फैलाव

Q.142 किस विधि में आम तौर पर पूर्व-निर्धारित श्रेणियों के सेट से संबंधित विशेष वस्तुओं की घटनाओं की गिनती शामिल है?

A. सामग्री विश्लेषण
B. व्यष्टि अध्ययन
C. उपरोक्त सभी
D. इनमे से कोई भी नहीं

Q.143 औसतन किसमें से किसी को बीजगणित में हेरफेर नहीं किया जा सकता है?

A. विधा
B. माध्य

C. माध्य
D. उपरोक्त में से कोई नहीं

Q.144 बाल विवाह निषेध अधिनियम कब लागू हुआ?

A. 2010
B. 2007
C. 2008
D. 2009

Q.145 पृथ्वी की परिक्रमा करने वाला पहला कृत्रिम उपग्रह कौन सा है?

A. डिस्कवरर - I
B. एक्स्प्लोरर - I
C. स्पुतनिक - I
D. वैनगार्ड - I

Q.146 भगवान बुद्ध के जीवन से संबंधित चार पवित्र स्थलों में से एक महाबोधि मंदिर परिसर है, वह कहाँ स्थित है?

[RRB (NTPC), 2017]

A. बिहार
B. तमिलनाडु
C. कर्नाटक
D. दिल्ली

Q.147 हिंदू धर्म में किस भगवान को निर्माता के रूप में जाना जाता है?

A. भगवान शिव
B. भगवान ब्रह्मा
C. गणेश जी
D. भगवान विष्णु

Q.148 भारत में पहली न्यूजप्रिंट पेपर मिल की स्थापना की गई थी:

A. आंध्र प्रदेश
B. मध्य प्रदेश
C. महाराष्ट्र
D. पश्चिम बंगाल

Q.149 निम्नलिखित में से कौन सा अधिनियम दहेज प्रथा को प्रतिबंधित करने के लिए बनाया गया है।

A. दहेज निषेध अधिनियम, 1971
B. दहेज निषेध अधिनियम, 1961
C. दहेज निषेध अधिनियम, 1951
D. दहेज निषेध अधिनियम, 1967

Q.150 किस मामले में 'कार्यस्थल पर महिलाओं का यौन उत्पीड़न' अधिनियम का संदर्भ दिया गया है और इसमें दिए गए लगभग सभी दिशा-निर्देश शामिल हैं?

[Rajasthan Police Constable, 2020]

A. निर्भय
B. मथुरा
C. विशाखा
D. भंवरी

// स्मार्ट उत्तर पुस्तिका //

सही उत्तर — उन छात्रों का प्रतिशत जिन्होंने प्रश्नों का सही उत्तर दिया था। **छोड़ दिया** — उन छात्रों का प्रतिशत जिन्होंने प्रश्नों को छोड़ दिया था।

प्रश्न संख्या	उत्तर	सही उत्तर	छोड़ दिया
1	D	34.45 %	0.84 %
2	D	13.45 %	63.86 %
3	D	24.37 %	67.23 %
4	B	14.29 %	68.06 %
5	D	28.57 %	68.07 %
6	D	20.17 %	68.07 %
7	B	12.61 %	68.06 %
8	B	15.13 %	68.06 %
9	C	23.53 %	68.07 %
10	D	16.81 %	68.9 %
11	C	26.89 %	68.91 %
12	A	18.49 %	68.9 %
13	B	18.49 %	68.9 %
14	B	8.4 %	68.91 %
15	D	8.4 %	68.91 %
16	B	15.13 %	68.9 %
17	A	12.61 %	68.9 %
18	B	29.41 %	68.91 %
19	C	17.65 %	68.9 %
20	C	26.05 %	69.75 %
21	C	22.69 %	69.75 %
22	B	15.13 %	69.74 %
23	C	21.01 %	69.75 %
24	D	12.61 %	69.74 %
25	C	15.13 %	70.58 %
26	B	10.92 %	69.75 %
27	B	22.69 %	69.75 %
28	B	9.24 %	69.75 %
29	C	16.81 %	69.74 %
30	A	21.01 %	70.59 %
31	B	22.69 %	70.59 %
32	D	20.17 %	70.59 %
33	D	21.01 %	70.59 %
34	B	10.92 %	69.75 %
35	D	12.61 %	69.74 %
36	C	13.45 %	69.74 %
37	C	24.37 %	69.75 %
38	B	17.65 %	69.74 %
39	B	12.61 %	70.58 %
40	C	13.45 %	71.42 %
41	A	5.88 %	71.43 %
42	D	12.61 %	71.42 %
43	D	10.08 %	71.43 %
44	D	6.72 %	70.59 %
45	A	15.13 %	69.74 %
46	D	18.49 %	69.75 %
47	B	10.08 %	69.75 %
48	C	10.92 %	69.75 %
49	A	10.08 %	69.75 %
50	D	7.56 %	69.75 %
51	C	20.17 %	65.54 %
52	D	25.21 %	66.39 %
53	B	30.25 %	66.39 %
54	B	24.37 %	67.23 %
55	C	20.17 %	67.22 %
56	C	25.21 %	67.23 %
57	A	22.69 %	67.23 %
58	C	15.13 %	67.22 %
59	A	7.56 %	67.23 %
60	C	21.01 %	67.23 %
61	D	16.81 %	67.22 %
62	A	22.69 %	67.23 %
63	A	30.25 %	67.23 %
64	A	10.92 %	67.23 %
65	B	17.65 %	67.22 %
66	D	23.53 %	67.23 %
67	D	19.33 %	67.22 %
68	A	5.04 %	67.23 %
69	B	23.53 %	67.23 %
70	C	26.89 %	67.23 %
71	B	21.01 %	67.23 %
72	A	8.4 %	67.23 %
73	B	23.53 %	67.23 %
74	A	15.13 %	67.22 %
75	A	12.61 %	67.22 %
76	A	28.57 %	67.23 %
77	A	22.69 %	67.23 %
78	C	18.49 %	67.22 %
79	D	16.81 %	67.22 %
80	A	26.89 %	67.23 %

प्रश्न संख्या	उत्तर	सही उत्तर / छोड़ दिया	प्रश्न संख्या	उत्तर	सही उत्तर / छोड़ दिया	प्रश्न संख्या	उत्तर	सही उत्तर / छोड़ दिया	प्रश्न संख्या	उत्तर	सही उत्तर / छोड़ दिया	प्रश्न संख्या	उत्तर	सही उत्तर / छोड़ दिया
81	A	26.05 % / 67.23 %	95	B	8.4 % / 67.23 %	109	C	18.49 % / 67.22 %	123	C	6.72 % / 67.23 %	137	A	14.29 % / 67.22 %
82	D	21.85 % / 67.23 %	96	B	20.17 % / 67.22 %	110	D	23.53 % / 67.23 %	124	C	11.76 % / 67.23 %	138	D	25.21 % / 68.07 %
83	B	31.93 % / 67.23 %	97	C	10.08 % / 67.23 %	111	D	15.97 % / 67.22 %	125	D	10.92 % / 67.23 %	139	C	17.65 % / 67.22 %
84	C	28.57 % / 67.23 %	98	B	14.29 % / 67.22 %	112	B	20.17 % / 67.22 %	126	B	10.08 % / 67.23 %	140	B	27.73 % / 67.23 %
85	B	19.33 % / 67.22 %	99	D	25.21 % / 67.23 %	113	D	15.97 % / 67.22 %	127	D	18.49 % / 67.22 %	141	D	11.76 % / 67.23 %
86	B	27.73 % / 67.23 %	100	B	20.17 % / 67.22 %	114	B	20.17 % / 67.22 %	128	D	12.61 % / 67.22 %	142	A	10.08 % / 67.23 %
87	B	13.45 % / 67.22 %	101	B	23.53 % / 67.23 %	115	B	15.97 % / 67.22 %	129	A	19.33 % / 68.91 %	143	B	11.76 % / 67.23 %
88	D	24.37 % / 67.23 %	102	B	15.97 % / 67.22 %	116	D	19.33 % / 67.22 %	130	C	26.05 % / 67.23 %	144	B	6.72 % / 84.88 %
89	A	23.53 % / 67.23 %	103	A	10.92 % / 67.23 %	117	A	29.41 % / 67.23 %	131	C	10.92 % / 67.23 %	145	B	2.52 % / 84.87 %
90	C	30.25 % / 67.23 %	104	D	22.69 % / 67.23 %	118	D	4.2 % / 67.23 %	132	D	20.17 % / 67.22 %	146	A	11.76 % / 84.88 %
91	B	19.33 % / 67.22 %	105	D	21.85 % / 67.23 %	119	D	21.85 % / 67.23 %	133	A	17.65 % / 67.22 %	147	B	12.61 % / 84.87 %
92	B	25.21 % / 67.23 %	106	B	19.33 % / 67.22 %	120	B	20.17 % / 67.22 %	134	B	29.41 % / 67.23 %	148	B	4.2 % / 84.88 %
93	B	26.89 % / 67.23 %	107	B	8.4 % / 67.23 %	121	D	20.17 % / 67.22 %	135	B	21.85 % / 67.23 %	149	B	14.29 % / 84.87 %
94	A	21.85 % / 67.23 %	108	B	20.17 % / 67.22 %	122	D	22.69 % / 67.23 %	136	A	23.53 % / 67.23 %	150	C	8.4 % / 84.88 %

//संकेत और समाधान//

1. परिवर्तनशील शोध एक प्रकार का शोध नहीं है। अन्वेषणात्मक अनुसंधान किसी घटना से परिचित होना या उसमें नई अंतर्दृष्टि प्राप्त करना है। व्याख्यात्मक अनुसंधान वह शोध है जिसका प्राथमिक उद्देश्य यह समझाना या विस्तृत करना है कि घटनाएँ कैसे बनती हैं, विस्तृत होती हैं या विस्तारित होती हैं। प्रायौगिक अनुसंधान एक शोध परिघटना है जो सिद्धांत को समाप्त करके अनुशासन की मूल बातें जोड़ने का प्रयास करता है।

अतः विकल्प (D) सही है।

2. ग्रामरली लेखन सहायता प्रदान करने वाला एक ऑनलाइन प्लेटफार्म है और अनुसंधान में कोई मदद नहीं करता है, अनुसंधान में ।CT के उपयोग का सबसे अच्छा प्रतिनिधित्व नहीं करता है।

यह एकीकृत संचार और दूरसंचार (टेलीफोन लाइनों और वायरलेस सिग्नल) और कंप्यूटरों के एकीकरण के साथ-साथ आवश्यक उद्यम सॉफ्टवेयर, मिडलवेयर, और भंडारण और परिवर्तित जानकारी की भूमिका पर बल देता है।

।CT उपकरण मुख्य रूप से शोधकर्ताओं द्वारा ज्ञान एकत्र करने की प्रक्रिया को आसान बनाने और संसाधन विकास को बढ़ाने की क्षमता के लिए उपयोग किए जाते हैं। ।CT का उपयोग व्यक्ति के तार्किक आकलन पर आधारित है कि कैसे विभिन्न अनुप्रयोग कार्यों में उसकी प्रभावशीलता और दक्षता को बढ़ाते हैं और साथियों के साथ संचार में आसानी प्रदान करते हैं।

अतः विकल्प (D) सही है।

3. अनुसंधान एक जांच है जिसमें ज्ञान, संस्कृति और समाज के भंडार को बढ़ाने के लिए व्यवस्थित और तार्किक आधार पर किए गए रचनात्मक कार्य शामिल हैं। यह परिकल्पना के सत्यापन, डेटा विश्लेषण, व्याख्या और सिद्धांतों के निर्माण से संबंधित है और ज्ञान (अनुसंधान) के इस स्टॉक का उपयोग करके नए अनुप्रयोगों को तैयार किया जा रहा है। शोध सत्य के प्रति एक बौद्धिक जांच भी है।

अतः विकल्प (D) सही है।

4. एक शून्य परिकल्पना एक परिकल्पना है जिसका उपयोग आँकड़ों में किया जाता है जो यह दर्शाता है कि दिए गए अवलोकनों या आबादी के एक समूह में कोई सांख्यिकीय महत्व अंतर मौजूद नहीं है। तो, पुरुष और महिला छात्र एक संख्यात्मक योग्यता परीक्षण में समान रूप से अच्छा प्रदर्शन करते हैं, यह शून्य परिकल्पना स्थिति है।

अतः विकल्प (B) सही है।

5. अनुसंधान का उद्देश्य अवधारणाओं का सटीक उपयोग करना है। छिपे हुए सत्य का पता लगाने के लिए शोध भी किया जा सकता है। अनुसंधान का उद्देश्य अत्यधिक केंद्रित और व्यवहार्य होना चाहिए। एक शोध उद्देश्य प्राप्त होना चाहिए, अर्थात्, यह उपलब्ध समय, अनुसंधान के लिए आवश्यक बुनियादी ढांचे और अन्य संसाधनों को ध्यान में रखते हुए तैयार किया जाना चाहिए। एक शोध उद्देश्य बनाने से पहले, आपको अपने शोध के क्षेत्र के सभी विकासों के बारे में पढ़ना चाहिए और ज्ञान में अंतराल का पता लगाना चाहिए। यह आपको अपने अनुसंधान परियोजना के लिए उपयुक्त उद्देश्यों के साथ आने में मदद करेगा।

अतः विकल्प (D) सही है।

6. प्रश्नावली तैयार करने के लिए जिन चरणों की आवश्यकता होती है, उनमें अध्ययन का उद्देश्य अर्थात अध्ययन का प्राथमिक और द्वितीयक उद्देश्य लिखना, प्रश्नावली का एक प्रारूप तैयार करना जिसमें विषय से संबंधित कई प्रश्न पूछे जाएंगे, साहित्य की समीक्षा करें ताकि संबंधित प्रश्नों को प्रारूप में लाया जा सके और इसे त्रुटि मुक्त बनाने के लिए प्रारूप में संशोधन किया जा सके।
अतः विकल्प (D) सही है।

7. संदर्भित प्रारूप के एपीए (अमेरिकन साइकोलॉजिकल एसोसिएशन) शैली में लेखकों के नाम (अंतिम नाम पहले) शामिल हैं, जो पुस्तकों और पत्रिकाओं जैसे लंबे कार्यों के शीर्षक का तिरस्कार करते हैं, और ग्रंथ सूची को अनुक्रमित करते हैं। संदर्भ प्रारूप की एपीए शैली में, हम निबंध भाग के शीर्षकों को कभी भी तिरछे अक्षर नहीं करते हैं।

अतः विकल्प (B) सही है।

8. शिक्षण का सही क्रम है:

लक्ष्य और विषय-वस्तु को व्यवस्थित करना - रणनीति के विषय में निर्णय - शिक्षार्थी का मूल्यांकन - क्रिया और प्रतिक्रिया - उपयुक्त परीक्षण उपकरण - शिक्षण के प्रति प्रतिक्रिया।

इसलिए सही क्रम है: (ii)-(v)-(i)-(iii)-(vi)-(iv)

अतः विकल्प (B) सही है।

9. जब कोई भी शिक्षक किसी विशेष विषय के बारे में मूल बातें और संकल्पनाओं को स्पष्ट करना चाहता है, तो वे निर्देशात्मक सहायता का उपयोग करते हैं। निर्देशात्मक सहायक उपकरण ऐसे उपकरण हैं जो शिक्षण-शिक्षण प्रक्रिया में एक प्रशिक्षक की सहायता करते हैं। निर्देशात्मक सहायक स्वावलंबी नहीं हैं; जो कुछ सिखाया जा रहा है, उसका समर्थन करते हैं, पूरक करते हैं या सुदृढ़ करते हैं।
अतः विकल्प (C) सही है।

10. रचनात्मक मूल्यांकन छात्रों को निम्नलिखित तरीकों से मदद करता है:

1. यह शिक्षक और छात्र दोनों को निरंतर प्रतिक्रिया प्रदान करता है, जबकि शिक्षण प्रक्रिया में विफलताएँ सीखने और सफल होने से संबंधित होती हैं।

2. यह अक्सर निर्देश के दौरान होता है। शिक्षक कक्षा में ही छात्रों के संदेह को स्पष्ट करता है।

3. उम्मीदवारों की प्रतिक्रिया सफल सीखने को पुष्ट करती है और विशेष शिक्षण त्रुटियों का पता लगाती है जिनमें सुधार की आवश्यकता होती है।

4. शिक्षक प्रश्न-उत्तर सत्र के माध्यम से शिक्षार्थी की प्रेरणा को बढ़ाता है।

इसलिए, 2,4 और 6 सही उत्तर हैं।

अतः विकल्प (D) सही है।

11. शिक्षकों और छात्रों की सामाजिक-आर्थिक पृष्ठभूमि का छात्र के ज्ञान को बढ़ाने पर प्रभाव से कोई लेना-देना नहीं है। शिक्षक के ज्ञान, कक्षा की गतिविधियों और अनुभव के माध्यम से सीखने का शिक्षण पर सकारात्मक प्रभाव पड़ेगा, क्योंकि यह छात्रों के ज्ञान को बेहतर बनाने में मदद करेगा।
अतः विकल्प (C) सही है।

12. व्याख्यान, परस्पर व्याख्यान, समूह अध्ययन छात्रों द्वारा ज्ञान देने या ज्ञान बढ़ाने के लिए सिखाने के लिए शिक्षक द्वारा उपयोग की जाने वाली तकनीकें हैं। स्व-अध्ययन तकनीक का उपयोग छात्रों द्वारा शिक्षकों द्वारा किया जाता है क्योंकि शिक्षकों की भागीदारी नहीं है।
अतः विकल्प (A) सही है।

13. छात्र द्वारा शिक्षकों के मूल्यांकन का मुख्य उद्देश्य अध्यापन की नवीन पद्धति को अपनाने में शिक्षकों की मदद करने के साथ-साथ शिक्षक को उनके सुधार के क्षेत्र की पहचान करने में सहायता करना भी शामिल है। छात्र अपने शिक्षण कौशल पर शिक्षक का मूल्यांकन कर सकते हैं। लेकिन छात्र की कमजोरियों के बारे में जानकारी इकट्ठा करना उद्देश्य नहीं हो सकता है।
अतः विकल्प (B) सही है।

14. उच्च शिक्षा का उद्देश्य छात्रों में आलोचनात्मक और सर्जनात्मक चिंतन क्षमताओं को बढ़ावा देना है ताकि वे आत्म निर्भर बन सकें। ये क्षमताएं उन्हें स्वतंत्र रूप से सोचने, रचनात्मकता विकसित करने और नौकरी प्लेसमेंट सुनिश्चित करने में मदद करेंगी।

तो निष्कर्ष (A) और (R) दोनों सत्य हैं लेकिन (R), (A) की सही व्याख्या नहीं है।

अतः विकल्प (B) सही है।

15. परियोजना व्यवस्था एक सीखने की विधि है जहाँ शिक्षक की तुलना में छात्र की भागीदारी अधिकतम होती है और यहाँ के छात्र एक सक्रिय शिक्षार्थी होते हैं। यहां छात्र खुद को निर्धारित परियोजनाओं के द्वारा समाधान ढूंढता है। छात्र एक-दूसरे के सहयोग से वास्तविक जीवन की समस्याओं को हल करना सीखते हैं।
अतः विकल्प (D) सही है।

16. प्रस्ताव, सभी बुद्धिमान व्यक्ति मृत्यु से डरते हैं 'का खंडन किया जाता है क्योंकि इस प्रश्न में उल्लेख किया गया है कि बुद्धिमान व्यक्ति शायद ही मृत्यु से डरता है, यहाँ शायद ही का मतलब मुश्किल से है। इसलिए, इससे सभी बुद्धिमान व्यक्ति मृत्यु से नहीं डरते हैं | 'कुछ' संभव हो सकता है, 'नहीं' भी संभव हो सकता है। विकल्प B विरोधाभासी है।

अतः विकल्प (B) सही है।

17. श्रृंखला के अनुसार संख्याओं का प्रतिनिधित्व इस प्रकार है:

$(2^3-1) = 7$

$(3^3+1) = 28$

$(4^3-1) = 63$

$(5^3+1) = 126$

$(6^3-1) = 215$

तो, श्रृंखला का अगला पद 215 होगा।
अतः विकल्प (A) सही है।

18. A, B, C भाई हैं और उनके पिता E हैं। C की शादी D. से है, इसलिए D, E की बहू है।

इसलिए, दी गई जानकारी के अनुसार निम्न चित्र तैयार किया गया है:

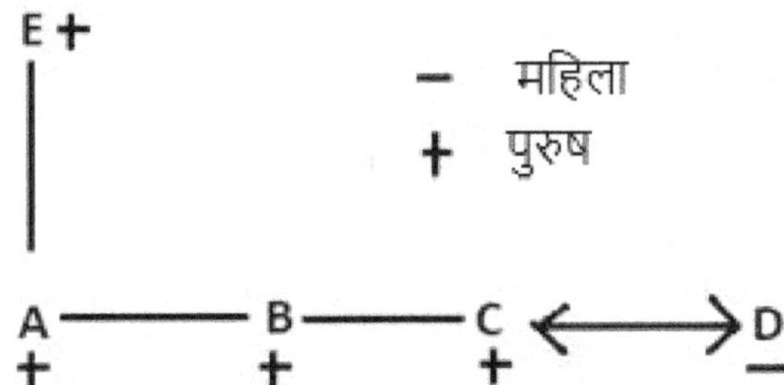

अतः विकल्प (B) सही है।

19. दिया गया हैं: दो संख्याओं का अनुपात $= 3:5$

मान लेते है कि संख्याएँ हैं $3x$ और $5x$

दी गयी स्थिति के अनुसार,

$$\frac{3x-9}{5x-9} = \frac{12}{23}$$
$$69x - 207 = 60x - 108$$
$$69x - 60x = 207 - 108$$
$$9x = 99$$
$$x = 11$$

तो, संख्याएँ $33, 55$ होंगी।
अतः विकल्प (C) सही है।

20. सादृश्य तर्क का अर्थ है एकरूपता या समानता जब दो संस्थाओं के बीच तुलना की जाती है तो कई चीजें समान पाई जाती हैं जिसके आधार पर यह

भविष्यवाणी की जाती है कि एक इकाई में शेष चीजें दूसरी में मिल जाएंगी।इसे अनुरूप तर्क कहा जाता है।

सादृश्य तर्क बुद्धि की श्रेष्ठता को संदर्भित करता है जो एक विषय पर अपनी एकाग्रता की शक्ति पर निर्भर करता है उसी तरह एक अवतल दर्पण जो सभी किरणों को एक बिंदु में एकत्रित करता है।

अतः विकल्प (C) सही है।

21. इस पैटर्न से करने पर:

$\Rightarrow$ A + 1 = B; B + 2 = D

$\Rightarrow$ D + 3 = G; G + 4 = K

$\Rightarrow$ H + 5 = M; M + 6 = S

$\Rightarrow$ M + 7 = T; T + 8 = B

$\Rightarrow$ S + 9 = B; B + 10 = L

इसी तरह,

$\Rightarrow$ Z + 11 = K; K + 12 = W

इसलिए, श्रृंखला में अगला शब्द "ZKW" है।

अतः विकल्प (C) सही है।

22. यदि उसका आधार वाक्य सत्य है और उसका निष्कर्ष असत्य है, तो एक निग्रात्मक तर्क अमान्य है। एक आगमनात्मक तर्क एक तर्क है जो तर्ककर्ता द्वारा कटौती योग्य रूप से मान्य होने के लिए दिया जाता है, अर्थात्, निष्कर्ष के सत्य की एक निश्चितता प्रदान करने के लिए कि तर्क का आधार वाक्य भी सत्य है। निष्कर्ष के लिए आधार वाक्य को मजबूत समर्थन प्रदान करना चाहिए।

अतः विकल्प (B) सही है।

23. अधिक संचार के मामले में, वास्तविक संदेश सूचना के जंगल में खो जाता है जबकि संचार के तहत प्रेषक को कम जानकारी साझा करने के लिए दोषी ठहराया जाता है। संचार बाधाएं कारक हैं जो संचार की प्रभावशीलता में बाधा डालती हैं। वे प्रेषक और रिसीवर द्वारा संदेश की समझ के बीच एक बेमेल का परिणाम देते हैं। ये अवरोध संचार प्रक्रिया के किसी भी चरण में हो सकते हैं- भेजना, इनकोडिंग, ट्रांसमिशन, डीकोडिंग या प्राप्त करना।

अतः विकल्प (C) सही है।

24. प्रश्न में दी गई जानकारी से,

राहुल के नाना का इकलौता बेटा राहुल का पिता है।

अब, लड़का राहुल के पिता की बेटी का भाई है, $=>$ राहुल और लड़का भाई-बहन हैं।

तो, वह लड़का राहुल का भाई है।

अतः विकल्प (D) सही है।

25. प्रश्न में दी गई जानकारी से,

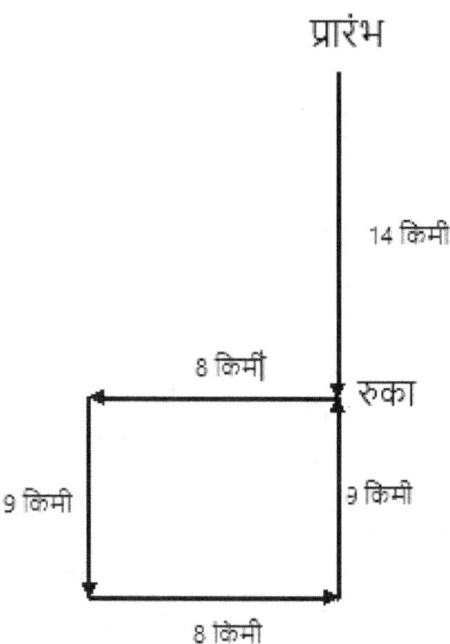

हम पाते हैं कि शुरुआत और समापन बिंदु के बीच की दूरी 14 किमी है और दिशा दक्षिण है।
अतः विकल्प (C) सही है।

26. विधानसभा में जीएसटी कानून पारित करने वाला भारत का पहला राज्य असम था। गुड्स एंड सर्विस टैक्स एक अप्रत्यक्ष कर है जो 1 जुलाई 2017 को भारत में लागू किया गया था।

जीएसटी को सबसे पहले फ्रांस में लागू किया गया था। भारतीय जीएसटी. कनाडाई मॉडल पर आधारित है और विजय केलकर समिति की सिफारिश पर बनाया गया था।

जीएसटी को भारतीय संविधान के अनुच्छेद 279 के तहत लागू किया गया है। जीएसटी भारत की संसद में पेश किया जाने वाला 122वां संवैधानिक संशोधन विधेयक था।

अतः विकल्प (B) सही है।

27. एक व्यक्ति जो राज्य विधानमंडल का सदस्य नहीं है, उसे 6 महीने के लिए मुख्यमंत्री के रूप में नियुक्त किया जा सकता है, उस समय के दौरान, उसे राज्य विधायिका के लिए चुना जाना

अनुच्छेद 164 के अनुसार, मुख्यमंत्री की नियुक्ति राज्यपाल करेगा और अन्य मंत्रियों की नियुक्ति राज्यपाल, मुख्यमंत्री की सलाह पर करेगा और मंत्री, राज्यपाल के इच्छानुसार अपने पद धारण करेंगे

अतः विकल्प (B) सही है।

28. विश्वविद्यालय अनुदान आयोग की स्थापना वर्ष 1956 में की गई थी। यूजीसी एक वैधानिक संगठन है, जिसे विश्वविद्यालयों / कॉलेजों में शिक्षण, विभिन्न परीक्षा और अनुसंधान के मानकों के निर्धारण और रखरखाव के उद्देश्य से स्थापित किया गया था। यह भारत में उच्च शिक्षा को विनियमित करने और बदलने के लिए बना है।

उच्च शिक्षा में यूजीसी का मुख्य उद्देश्य और भूमिका विश्वविद्यालयों को धन प्रदान करना और उच्च शिक्षा के संस्थानों में नैतिकता का समन्वय, निर्धारण और रखरखाव करना है। आयोग विश्वविद्यालयों, सरकार और समुदाय के बीच व्याख्या को कायम रखता है।

अतः विकल्प (B) सही है।

29. उपरोक्त परिच्छेद के अनुसार लोगों की आकांक्षाएं, वैश्विक संदर्भ में अर्थव्यवस्था और सामरिक हित चौथे आयाम के सूचक हैं।

जैसा कि उल्लेख किया गया है, "हम मानते हैं कि तकनीकी ताकत विशेष रूप से लोगों की आकांक्षाओं, वैश्विक संदर्भ में अर्थव्यवस्था और रणनीतिक हितों में निरंतर परिवर्तन अंतर्निहित इस चौथे आयाम से निपटने में महत्वपूर्ण हैं।" इस प्रकार, प्रकाश डाले गए तत्व चौथे आयाम के सूचक हैं। विकल्प 2 गलत है क्योंकि मार्ग बताता है कि चौथा आयाम एक शाखा या "आधुनिक-दिन की गतिशीलता" का विस्तार है और इसके संकेतकों में से एक नहीं है।

अतः विकल्प (C) सही है।

30. गद्यांश के अनुसार, "तकनीकी ताकत एक तेजी से प्रतिस्पर्धी बाजार में अधिक उत्पादक रोजगार बनाने और मानव कौशल को लगातार उन्नत करने की कुंजी है।"
अतः विकल्प (A) सही है।

31. गद्यांश के अनुसार, "अधिक तकनीकी गति के अभाव में कम उत्पादकता और कीमती प्राकृतिक संसाधनों का अपव्यय हो सकता है।" जो सबसे गरीबों को नुकसान पहुंचाएगा।

अतः विकल्प (B) सही है।

32. गद्यांश के अनुसार, "लोगों के लिए उन्मुख कार्यों के साथ-साथ, चाहे बड़े पैमाने पर उत्पादक रोजगार के निर्माण के लिए या लोगों के लिए पोषण और स्वास्थ्य सुरक्षा सुनिश्चित करने के लिए या बेहतर रहने की स्थिति के लिए, प्रौद्योगिकी एकमात्र महत्वपूर्ण इनपुट है"। इस वाक्य से, यह अनुमान लगाया जा सकता है कि तकनीकी आदानों का लाभ लोगों के जीवन स्तर को बढ़ाएगा, इसलिए लोगों को सम्मान के जीवन में उठाएगा।
अतः विकल्प (D) सही है।

33. गद्यांश की अंतिम कुछ पंक्तियों के अनुसार, "जब तक हमारे उद्योग के भीतर कोर तकनीकी ताकत विकसित करने के लिए अल्पकालिक वास्तविकताओं, मध्यम और दीर्घकालिक रणनीतियों के लिए जीवित रहते हैं, तब तक विकसित भारत की कल्पना करना महत्वपूर्ण है।" मार्ग के संदर्भ में अन्य विकल्प अप्रासंगिक हैं।
अतः विकल्प (D) सही है।

34. समस्वर एक ही उच्चारण के साथ शब्द हैं, लेकिन अलग-अलग अर्थ हैं जिनमें अलग-अलग मंत्र भी हो सकती है। उदाहरण के लिए, बाय, बाय और बाय जैसे शब्द। उनका एक ही उच्चारण है, लेकिन अलग-अलग अर्थ और मंत्र।

अतः विकल्प (B) सही है।

35. प्रभावी शिक्षण के लिए निम्नलिखित तरीकों से संचार के ज्ञान की आवश्यकता होती है:

- कक्षा में विभिन्न ऑडियो वीडियो तकनीकों का उपयोग करके प्रभावी संचार बनाए रखा जा सकता है।

- प्रभावी संचार कक्षा में अशाब्दिक संकेतों का सावधानीपूर्वक उपयोग करने की मांग करता है।

- एक ईमानदार और स्पर्शपूर्ण लहजे का उपयोग करना, कक्षा में प्रभावी संचार को भी जोड़ देगा।

तो निष्कर्ष है (A) गलत है, लेकिन (R) सही है।

अतः विकल्प (D) सही है।

36. कक्षा संचार में कुछ उत्तेजनाओं की स्वीकृति और गैर-स्वीकृति के बीच का अंतर चयनात्मक ध्यान का आधार है। चयनात्मक ध्यान कुछ समय के लिए पर्यावरण में एक विशिष्ट वस्तु पर ध्यान केंद्रित करने की प्रक्रिया है।

अतः विकल्प (C) सही है।

37. सूचना का एकतरफा अंतरण प्रभावी संचार का सिद्धांत नहीं है।

प्रभावी संचार प्रेषक और प्राप्तिकर्ता के बीच समझ बनाने के लिए सूचना, विचार और विचारों को स्थानांतरित करने का एक तरीका है। संचार एक प्रेरक और पुष्ट संवाद है जिसमें अनौपचारिक संचार के रणनीतिक उपयोग के माध्यम से दर्शकों की भागीदारी शामिल है, जिसे अंगूर की बेल संचार के रूप में भी जाना जाता है। संचार एक तरह से संभव नहीं हो सकता है क्योंकि इसमें किसी अन्य व्यक्ति को सूचना का वितरण शामिल है।

अतः विकल्प (C) सही है।

38. गैर-मौखिक संचार सभी वक्ता के शरीर की भाषा के बारे में है। उपस्थिति में, इसमें कपड़े, केश, स्पीकर की साफ-सफाई शामिल है। बॉडी लैंग्वेज में, इसमें चेहरे के भाव, हावभाव और मुद्राएँ शामिल हैं। ध्वनि में, इसमें स्वर स्वर, मात्रा और भाषण दर शामिल हैं। रिपोर्ट और नौकरी का विवरण लिखित संचार का हिस्सा है।
अतः विकल्प (B) सही है।

39. दी गई डेटा व्याख्या तालिका से,
उपभोग = उत्पादन - निर्यात
⇒ 2012 में खपत $= 186.5 - 114$ मिलियन किलो $= 72.5$ मिलियन किलो
⇒ 2013 में खपत $= 202 - 114$ मिलियन किलो $= 88$ मिलियन किलो
⇒ 2014 में खपत $= 238 - 130$ मिलियन किलो $= 108$ मिलियन किलो
→ 2015 में खपत $= 221 - 116$ मिलियन किलो $= 105$ मिलियन किलो
⇒ 2016 में खपत $= 215 - 88$ मिलियन किलो $= 127$ मिलियन किलो

अब, प्रतिशत वृद्धि का पता लगाएं, % वृद्धि 2013 में (पिछले वर्ष का मूल्य - हाल के वर्ष का मूल्य) $\Rightarrow \frac{88-72.5}{72.5} \times 100\% = 21.38\%$

% वृद्धि 2014 में = पिछले वर्ष का मूल्य - हाल के वर्ष का मूल्य) $= \frac{108-88}{88} \times 100\% = 22.72\%$

% वृद्धि 2015 में (पिछले वर्ष का मूल्य - हाल के वर्ष का मूल्य) $= \frac{105-108}{105} \times 100\% = -28.5\%$

% वृद्धि 2016 में (पिछले वर्ष का मूल्य - हाल के वर्ष का मूल्य) $= \frac{127-105}{105} \times 100\% = 20.95\%$

इस प्रकार, प्रतिशत वृद्धि सबसे अधिक 2014 में थी।

अतः विकल्प (B) सही है।

40. दिए गए प्रति व्यक्ति उपभोग सूत्र के अनुसार, हम प्राप्त करते हैं

प्रति व्यक्ति उपभोग = खपत/जनसंख्या
जनसंख्या = खपत /प्रति व्यक्ति खपत
जनसंख्या $= \frac{108}{38.70} = 2.79$ मिलियन
अतः विकल्प (C) सही है।

41. उपभोग = उत्पादन - निर्यात

2012 मे खपत $= 186.5 - 114$ मिलियन किलो $= 72.5$ मिलियन किलो

2013 में खपत $= 202 - 114$ मिलियन किलो $= 88$ मिलियन किलो

2014 में खपत $= 238 - 130$ मिलियनकिलो $= 108$ मिलियन किलो

2015, में खपत $= 221 - 116$ मिलियन किलो $= 105$ मिलियन किलो

2012 के लिये निर्यात/ खपत $= \frac{114}{72.5} = 1.57$

2013 के लिये निर्यात/ खपत $= \frac{114}{88} = 1.3$

2014 के लिये निर्यात/ खपत $= \frac{130}{108} = 1.2$

2015 के लिये निर्यात/ खपत $= \frac{110}{105} = 1.1$

इस प्रकार 2012 के लिए अनुपात अधिकतम है।

अतः विकल्प (A) सही है।

42. दिया है:

2013 में, खपत $= 202 - 114$ मिलियन किलो $= 88$ मिलियन किलो

2014 में, खपत $= 238 - 130$ मिलियन किलो $= 108$ मिलियन किलो

2015 में, खपत $= 221 - 116$ मिलियन किलो $= 105$ मिलियन किलो

2016 में, खपत $= 215 - 88$ मिलियन किलो $= 127$ मिलियन किलो

जनसंख्या = निर्यात/प्रति व्यक्ति खपत

2013 में, जनसंख्या $\frac{88}{35.2} = 2.5$ मिलियन

2014 में, जनसंख्या $\frac{108}{38.7} = 2.79$ मिलियन

2015 में, जनसंख्या $\frac{108}{40.5} = 2.59$ मिलियन

2016 में, जनसंख्या $\frac{127}{42} = 3$ मिलियन

इस प्रकार, 2016 में जनसंख्या अधिकतम है।

अतः विकल्प (D) सही है।

43. उपभोग $=$ उत्पादन $-$ निर्यात
निम्नलिखित वर्षों में खपत निम्नानुसार है.

2012: 72.5 मिलियन किलो
2013: 88 मिलियन किलो
2014: 108 मिलियन किलो
2015: 105 मिलियन किलो
2016: 127 मिलियन किलो

औसत = समस्त उपभोग का योग/ सारे उपभोग की संख्या

$$औसत = \frac{(72.5+88+108+105+127)}{5} = \frac{500.5}{5}$$

= 100.1 मिलियन किलो

अतः विकल्प (D) सही है।

44. 'सामग्री की तालिका' जोड़ने के लिए टैब 'रेफरेंसिस' पर क्लिक करें। रेफरेंसिस टैब भी फुटनोट्स, उद्धरण, और ग्रंथ सूची को जोड़ने में मदद करता है।

अतः विकल्प (D) सही है।

45. प्रिंटर को मोटे तौर पर दो श्रेणियों में वर्गीकृत किया जा सकता है-प्रभाव और गैर-प्रभाव प्रिंटर।

इम्पैक्ट प्रिंटर: यह एक प्रिंटर होता है जो पेपर को चिह्नित करने के लिए एक स्याही रिबन के खिलाफ एक प्रिंट सिर पर हमला करता है। आम उदाहरण - दो-मैट्रिक्स और डेज़ी-व्हील प्रिंटर।

नॉन-इम्पैक्ट प्रिंटर: ये प्रिंटर रिबन का उपयोग किए बिना वर्ण प्रिंट करते हैं। सामान्य उदाहरण- लेजर और इंकजेट प्रिंटर।

अतः विकल्प (A) सही है।

46. व्हाट्सएप, गूगल टॉक और वीबर सभी त्वरित संदेश अनुप्रयोग हैं। इंस्टेंट मैसेजिंग (आईएम) तकनीक एक प्रकार की ऑनलाइन चैट है जो इंटरनेट पर ग्रंथों का वास्तविक समय प्रसारण प्रदान करती है।

अतः विकल्प (D) सही है।

47. पर्यावरण आंदोलन प्राकृतिक संसाधनों के स्थायी प्रबंधन का पक्ष लेते हैं। आंदोलनों में अक्सर सार्वजनिक नीति में परिवर्तन के माध्यम से पर्यावरण की सुरक्षा पर जोर दिया जाता है। कई आंदोलन पारिस्थितिकी, स्वास्थ्य और मानव अधिकारों पर केंद्रित हैं। अभिकथन सही है और कारण भी सही है लेकिन कारण अभिकथन के अनुसार नहीं है।

अतः विकल्प (B) सही है।

48. ध्वनि प्रदूषण 80-99 dB से अधिक होने पर ध्वनि प्रदूषण उत्पन्न होता है। ध्वनि प्रदूषण नियंत्रण और विनियम नियम 2000 के अनुसार परिवेशी ध्वनि प्रदूषण के ग्रेड निम्नानुसार हैं;

- औद्योगिक क्षेत्र: 70-75 dB
- वाणिज्यिक क्षेत्र: 55-65 dB
- आवासीय क्षेत्र: 45-55 dB
- साइलेंस जोन: 40-50 dB
- आंतरिक सीमा: <30 dB

डब्ल्यूएचओ के अनुसार, लंबे समय तक एक्सपोजर में 75 dB से अधिक का शोर सुनने की क्षति का कारण बन सकता है।

अतः विकल्प (C) सही है।

49. मानक लागत वैज्ञानिक विश्लेषण और इंजीनियरिंग अध्ययन पर आधारित होती है जबकि अनुमानित लागत ऐतिहासिक आधार पर होती है जो अनुमानित लागत और मानक लागत के बारे में सही होती है।

अनुमानित लागत की गणना भविष्य में प्रत्याशित परिवर्तनों के प्रकाश में समायोजित किए गए पिछले प्रदर्शन के आधार पर की जाती है। दूसरी ओर, मानक लागत, दक्षता के कुछ शर्तों को ध्यान में रखते हुए वैज्ञानिक आधार पर

पता लगाया जाता है। दूसरे शब्दों में, अनुमानित लागत प्रबंधन कार्यों को पूरा करने में प्रबंधन के लिए सहायक नहीं है क्योंकि वे वैज्ञानिक रूप से पूर्व निर्धारित लागत नहीं हैं। लेकिन मानक लागतों में परिचालन विश्लेषण और मूल्यांकन और आंतरिक और बाह्य कारकों की व्यापक समीक्षा शामिल है। वे उत्पाद लागत, उत्पाद मूल्य निर्धारण, योजना, समन्वय और मूल्य नियंत्रण उद्देश्यों के लिए विश्वसनीय मापदंड बन जाते हैं।

अतः विकल्प (A) सही है।

50. अन्य लेखा विवरणों के विपरीत, नकदी प्रवाह विवरण, आकस्मिक लेनदेन की उपेक्षा करता है और नकद या नकद समकक्षों की भागीदारी के साथ सभी लेनदेन को सारांशित करता है। नकदी प्रवाह विवरण तीन प्रमुखों के तहत लाभ का विघटन करता है, संचालन, निवेश और वित्तपोषण गतिविधियों।

परिचालन गतिविधियाँ व्यापार परिचालन लेनदेन और रिकॉर्डिंग जैसे कि मूल्यह्रास, परिशोधन, खाता देय आदि से संबंधित हैं।

नकदी में पूंजीगत संपत्ति की बिक्री और खरीद से संबंधित मामलों के साथ गतिविधियों की चिंताओं का निवेश। और वित्तपोषण गतिविधियों में व्यवसाय द्वारा खरीदे गए लेनदेन-संबंधित फंड शामिल हैं। इसमें ऋण, इक्विटी, ऋण और अल्पकालिक दीर्घकालिक उधार शामिल हैं।

अतः विकल्प (D) सही है।

51. 1991 के बाद के एलपीजी सुधारों में तृतीयक क्षेत्र दूसरों की तुलना में अधिक हो गया है। यह 31% कार्यबल को रोजगार देने वाले सकल घरेलू उत्पाद में 54% का योगदान देता है। देश में उच्च शिक्षित अंग्रेजी बोलने वाले श्रमिकों ने इस वृद्धि का लाभ उठाया है।

अतः विकल्प (C) सही है।

52. आधुनिकता ज्ञान की संतान है और इसलिए, हैबरमास आधुनिकता को एक अपूर्ण परियोजना के रूप में देखता है। इसका मतलब यह है कि एक उत्तर आधुनिक दुनिया की संभावना के बारे में सोचने से पहले आधुनिकता के दायरे में बहुत कुछ किया जाना चाहिए। हैबरमास की फ्रैंकफर्ट स्कूल के सामाजिक विचार की बौद्धिक पृष्ठभूमि है।

अतः विकल्प (D) सही है।

53. भारतीय संविधान में लैंगिक समानता के सिद्धांत को उसके प्रस्तावना, मौलिक अधिकार, मौलिक कर्तव्य और निर्देशक सिद्धांतों में निहित किया गया है। संविधान न केवल महिलाओं को समानता प्रदान करता है, बल्कि महिलाओं के पक्ष में सकारात्मक भेदभाव के उपायों को अपनाने के लिए राज्य को सशक्त बनाता है।

पंचायतें, स्व-सहायता समूह और महिला सशक्तिकरण। 1992 में भारतीय संविधान में 73 वें संशोधन ने पंचायत प्रणाली में महिलाओं के लिए 33% आरक्षण सुनिश्चित किया। यह भारत में स्थानीय स्वशासन का एक बड़ा बदलाव था, जिसे पुरुष डोमेन माना जाता था।

अतः विकल्प (B) सही है।

54. अस्थायी विवाह या निकाह म्यूट 'आह, एक प्राचीन इस्लामी प्रथा है जो पुरुष और महिला को एक सीमित समय के लिए पति और पत्नी के रूप में एकजुट करती है। इसने हमें शरिया [इस्लामिक कानून] की सीमाओं को तोड़ने के बिना मिलने की अनुमति दी।

अतः विकल्प (B) सही है।

55. शिक्षा का निजीकरण शब्द कई अलग-अलग शैक्षिक कार्यक्रमों और नीतियों को संदर्भित करता है। यह एक प्रक्रिया है जिसे सरकार, सार्वजनिक संस्थानों और संगठनों से निजी व्यक्ति और एजेंसियों को गतिविधियों, परिसंपत्तियों और जिम्मेदारी के हस्तांतरण के रूप में परिभाषित किया जा सकता है।

वाणिज्यीकरण वाणिज्य में एक गतिविधि को शामिल करने की प्रक्रिया है। शिक्षा का व्यावसायीकरण एक नई प्रवृत्ति है जिसके परिणामस्वरूप शिक्षा क्षेत्र

में सुधार हुए हैं। निजी स्कूलों और संस्थानों की वृद्धि के माध्यम से शिक्षा के व्यावसायीकरण को देखा जा सकता है।

दोनों (A) और (R) सही हैं, और (R) सही विवरण है (A) का।

अतः विकल्प (C) सही है।

56. नृवंशविज्ञान एक गुणात्मक प्रकार का शोध है जिसमें एक शोधकर्ता अध्ययन के विषय में आमने-सामने बातचीत और प्रतिभागी दृष्टिकोण का उपयोग करके एक समुदाय का गहराई से अध्ययन करने का प्रयास करता है।

अतः विकल्प (C) सही है।

57. भारतीय विद्या (जी. एस. घोरी): भारतीय विद्या का शाब्दिक अर्थ है भारतीय समाज और संस्कृति का अध्ययन। इंडोलॉजिस्ट का कार्य धार्मिक पाठ, प्राचीन ऐतिहासिक ग्रंथों और पुरातात्विक साक्ष्यों के माध्यम से भारतीय समाज का अध्ययन कर रहा है। संस्कृति केंद्रीय आधार है जिस पर भारतीय समाज की समझ बनती है

लुइस ड्यूमॉन्ट का जन्म ओटोमन साम्राज्य के सलोनिका विलायत में थेसालोनिकी में हुआ था। वह 1950 के दशक के दौरान ऑक्सफोर्ड विश्वविद्यालय में सह-प्राध्यापक थे और पेरिस में विज्ञान समाज सोसाइटी (EHESS) में निदेशक थे। भारत की संस्कृतियों और समाजों के विशेषज्ञ, ड्यूमॉन्ट ने पश्चिमी सामाजिक दर्शन और विचारधाराओं का भी अध्ययन किया।

अतः विकल्प (A) सही है।

58. अज्ञात के प्रति झुकाव जादू, धर्म और विज्ञान के लिए सामान्य है।

कोई भी व्यक्ति धर्म और जादू के बिना आदिम नहीं है, और न ही इसे एक साथ जोड़ा जाना चाहिए, किसी भी बर्बर दौड़ में वैज्ञानिक दृष्टिकोण या विज्ञान की कमी होगी, हालांकि इस कमी को अक्सर उनके लिए जिम्मेदार ठहराया गया है। विश्वसनीय और सक्षम पर्यवेक्षकों द्वारा अध्ययन किए गए प्रत्येक आदिम समुदाय में, दो अलग-अलग विशिष्ट कार्य-क्षेत्र, पवित्र और अपवित्र पाए गए हैं विज्ञान के क्षेत्र भी जादू और धर्म की तरह ही हैं।

अतः विकल्प (C) सही है।

59. जब समाज के लोगों की परिस्थितियाँ बदलती हैं तो इसे समाज की संरचनात्मक गतिकी के रूप में जाना जाता है।

सामाजिक परिवर्तन की केन्द्रीय विशेषता सामाजिक संरचना में होने वाला परिवर्तन है। सामाजिक संरचना अपने आप में बहुत वृहद् है। इसके अन्तर्गत सामाजिक संस्थाओं में होने वाले संबंधों और एक संस्था का अन्य संस्थाओं के साथ होने वाला संबंध सामाजिक परिवर्तन की परिधि में आता है इसी संरचना के आगे सामाजिक मूल्य व मानदण्ड भी होते हैं। सामाजिक परिवर्तन एक सामाजिक प्रक्रिया है, जिसकी प्राप्ति अनन्त है, जिसका प्रवाह निरन्तर है।

अतः विकल्प (A) सही है।

60. कार्ल मार्क्स ने राज्य को "पूरे पूंजीपति वर्ग के सामान्य मामलों के प्रबंधन के लिए एक समिति" के रूप में माना।

वह आधुनिक राज्य का कार्यकारी है, लेकिन पूरे पूंजीपतियों के सामान्य मामलों के प्रबंधन के लिए एक समिति है। ऐतिहासिक रूप से पूंजीपति वर्ग ने सबसे क्रांतिकारी भूमिका निभाई है। पूंजीपति, जहाँ भी इसे ऊपरी हाथ मिला है, ने सभी सामंती, पितृसत्तात्मक, सुखद संबंधों को समाप्त कर दिया है।

कार्ल मार्क्स (5 मई 1818 - 14 मार्च 1883) एक जर्मन दार्शनिक, अर्थशास्त्री, इतिहासकार, समाजशास्त्री, राजनीतिक सिद्धांतकार, पत्रकार और समाजवादी क्रांतिकारी थे।

अतः विकल्प (C) सही है।

61. आर. डेहरडॉर्फ ने मदद की कि अधिकार संबंध सामाजिक संघर्ष का मुख्य कारण है।सामाजिक संघर्ष समाज में एजेंसी या सत्ता के लिए संघर्ष है। सामाजिक संघर्ष या समूह संघर्ष तब होता है जब दो या दो से अधिक कलाकार सामाजिक संपर्क में एक-दूसरे का विरोध करते हैं, दुर्लभ या असंगत लक्ष्यों को प्राप्त करने के प्रयास में सामाजिक शक्ति को बढ़ाते हैं और प्रतिद्वंद्वी को उन्हें प्राप्त करने से रोकते हैं। यह एक सामाजिक संबंध है जिसमें कार्रवाई जानबूझकर अन्य पार्टी या पार्टियों के प्रतिरोध के खिलाफ अभिनेता की अपनी इच्छा को पूरा करने के लिए उन्मुख होती है।

अतः विकल्प (D) सही है।

62. जैक्स डेरेडा का जन्म जैकी (15 जुलाई, 1930 - 9 अक्टूबर, 2004) अल्जीरियन में जन्मे फ्रांसीसी दार्शनिक के रूप में जाना जाता था, जो कि विखंडन के रूप में जाना जाने वाला अर्ध-विश्लेषण का एक रूप विकसित करने के लिए जाने जाते थे, जिसकी चर्चा उन्होंने कई ग्रंथों में की, और घटनाविज्ञान के संदर्भ में विकसित की। वह उत्तर-संरचनावाद और उत्तर-आधुनिक दर्शन से जुड़े प्रमुख आंकड़ों में से एक है।

अपने करियर के दौरान, डेरिडा ने 40 से अधिक किताबें प्रकाशित कीं, साथ में सैकड़ों निबंध और सार्वजनिक प्रस्तुतियां भी दीं। उन्होंने दर्शन, साहित्य, कानून, नृविज्ञान, इतिहास, अनुप्रयुक्त भाषाविज्ञान, समाजशास्त्र, मनोविश्लेषण और राजनीतिक सिद्धांत सहित मानविकी और सामाजिक विज्ञान पर महत्वपूर्ण प्रभाव डाला।

अतः विकल्प (A) सही है।

63. पर्यावरण शुरू से ही मानव समाज की बुनियादी चिंताओं में से एक रहा है। बढ़ते औद्योगिकीकरण के साथ, किसी की अर्थव्यवस्था में सुधार की आवश्यकता है और विकास में शीर्ष पदानुक्रम तक पहुंचने के लिए राष्ट्रों के बीच प्रतिस्पर्धा, संसाधनों के सतत उपयोग को नजरअंदाज किया जा रहा है और जैसे, हमारे पारिस्थितिकी तंत्र में बाधा आ रही है। इसलिए, (A) और (R) दोनों सत्य हैं और (R) (A) की सही व्याख्या है।

अतः विकल्प (A) सही है।

64. आर. कोलिन्स (जन्म 29 जुलाई, 1941) एक अमेरिकी समाजशास्त्री हैं जो अपने शिक्षण और लेखन दोनों में प्रभावशाली रहे हैं। उन्होंने दुनिया भर के कई उल्लेखनीय विश्वविद्यालयों में पढ़ाया है और उनके शैक्षणिक कार्यों का विभिन्न भाषाओं में अनुवाद किया गया है। कोलिन्स वर्तमान में पेंसिल्वेनिया विश्वविद्यालय में समाजशास्त्र के एमेरिटस प्रोफेसर हैं। वह एक अग्रणी समकालीन सामाजिक सिद्धांतकार हैं जिनकी विशेषज्ञता के क्षेत्रों में राजनीतिक और आर्थिक परिवर्तन के वृहद-ऐतिहासिक समाजशास्त्र शामिल हैं; आमने-सामने बातचीत सहित सूक्ष्म समाजशास्त्र; और बुद्धिजीवियों और सामाजिक संघर्ष का समाजशास्त्र। कोलिन्स के प्रकाशनों में द सोशियोलॉजी ऑफ फिलॉसफी: ए ग्लोबल थ्योरी ऑफ इंटेलेक्चुअल चेंज (1998) शामिल है, जो एशियाई और पश्चिमी दोनों समाजों में दो हजार वर्षों से दार्शनिकों और गणितज्ञों के नेटवर्क का विश्लेषण करता है। उनके वर्तमान शोध में समकालीन युद्ध सहित हिंसा के व्यापक पैटर्न शामिल हैं, साथ ही साथ पुलिस हिंसा के समाधान भी शामिल हैं। उन्हें संयुक्त राज्य में अग्रणी गैर-मार्क्सवादी संघर्ष सिद्धांतकारों में से एक माना जाता है और 2010 से 2011 तक अमेरिकन समाजशास्त्रीय एसोसिएशन के अध्यक्ष के रूप में कार्य किया।

अतः विकल्प (A) सही है।

65. यदि पण्य सही विकल्प हैं तो उदासीनता वक्र ऋणात्मक ढलान के साथ एक सीधी रेखा बन जाती है।

उदासीनता वक्र विश्लेषण इस धारणा पर आधारित है कि दो संबंधित सामान हैं जो विकल्प या पूरक हो सकते हैं। पेरेटो ने प्रतिवर्ती और पूरक वस्तुओं के बीच संबंध को प्रतिवर्ती के रूप में समझाया जिसका अर्थ है कि यदि X Y का विकल्प है, Y, X का एक विकल्प है, और यदि X, Y पूरक है तो Y, X का पूरक है।

यदि दो सामान X और Y सही विकल्प हैं, तो उदासीनता वक्र एक नकारात्मक ढलान के साथ एक सीधी रेखा है, जैसा कि चित्र में दिखाया गया है क्योंकि MRS_{XY} स्थिर है। इस ढलान का मान शून्य से 1, और MRS_{XY} = 1 है।

चित्र में, X का Y = bc का ab, और X का Y = de का cd है। इस मामले में, उपभोक्ता इन दोनों वस्तुओं के बीच अंतर नहीं करता है और उन्हें एक ही वस्तु के रूप में मानता है, जैसे कि दो ब्रांड की चाय। उपभोक्ता केवल एक ही अच्छी खरीद के प्रति आसक्त है। इसे उस अच्छे के लिए मोनोमेनिया कहा जाता है।

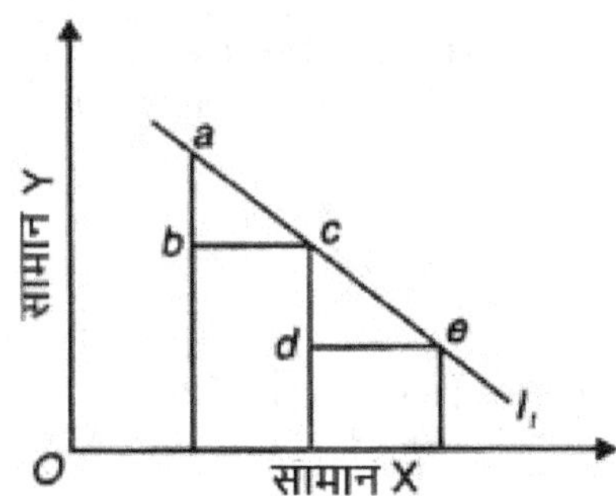

यदि दो सामान सही हैं, तो उदासीनता वक्र सही-कोण या एल के आकार का है, जैसा कि चित्र में दिखाया गया है। l₁ के ऊर्ध्वाधर भाग, वक्र से पता चलता है कि अच्छी Y में कमी की कोई भी मात्रा अच्छे X में थोड़ी भी वृद्धि नहीं करेगी। उदाहरण के लिए, बिंदु A, M, और B सभी वक्र पर हैं, लेकिन बिंदु में समान शामिल है Y की मात्रा लेकिन बिंदु M की तुलना में X की अधिक।

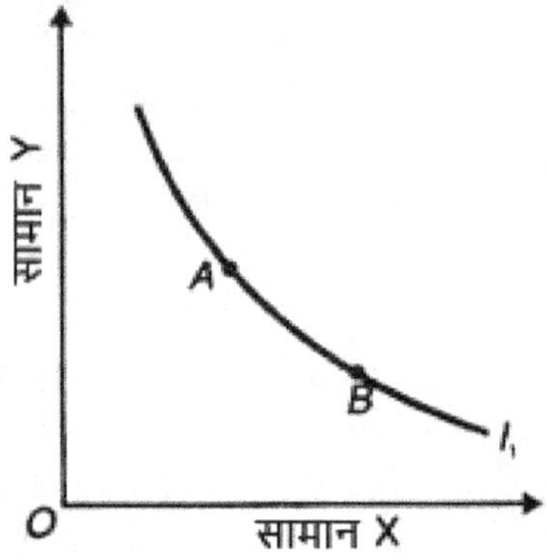

अतः विकल्प (B) सही है।

66. सी.राइट मिल्स द्वारा 1959 में समाजशास्त्रीय कल्पना की अवधारणा को उसी शीर्षक की अपनी प्रसिद्ध पुस्तक में प्रस्तुत किया गया था, जहाँ वे कहते हैं, "समाजशास्त्रीय कल्पना हमें इतिहास और जीवनी और समाज के भीतर दोनों के संबंधों को समझने में सक्षम बनाती है। व्यक्तिगत (व्यक्तिगत परेशानियों) और समाज के व्यापक कामकाज (सार्वजनिक मुद्दों) के बीच संबंधों को समझने के लिए कल्पनाशील विचार समाजशास्त्रीय कल्पना है।
अतः विकल्प (D) सही है।

67. सामाजिक स्तरीकरण समाज की एक कार्यात्मक आवश्यकता है के.डेविस द्वारा कहा गया है। सामाजिक स्तरीकरण एक प्रकार का सामाजिक विभेदीकरण है, जिसके द्वारा एक समाज अपने कब्जे और आय, धन और सामाजिक स्थिति या व्युत्पन्न शक्ति (सामाजिक और राजनीतिक) के आधार पर लोगों को सामाजिक आर्थिक क्षेत्रों में समूहित करता है। जैसे, स्तरीकरण एक सामाजिक समूह, श्रेणी, भौगोलिक क्षेत्र, या सामाजिक इकाई के भीतर व्यक्तियों की सापेक्ष सामाजिक स्थिति है।
अतः विकल्प (D) सही है।

68. उत्तर आधुनिकीकरण के अनुसार आधुनिकता के तर्कसंगतता, कारण और प्रगति के विचारों को समाप्त या मृत माना जाता है। उत्तर-आधुनिकता इस दृष्टिकोण को संदर्भित करती है कि आधुनिकता की जीवन शैली के संस्थानों और तरीकों को इतनी गहराई से बदल दिया गया है कि हमारा समाज मौलिक रूप से 'आधुनिक' समाज से अलग है। इसके विपरीत, आधुनिकतावाद एक शब्द है जो विचार के नए तरीकों को संदर्भित करता है।

अतः विकल्प (A) सही है।

69. किसी भी सामाजिक स्थिति के लिए मर्टन (1957) कहते हैं "भूमिका-रिश्तों का एक पूरक है जिसमें व्यक्ति एक विशेष सामाजिक स्थिति पर कब्जा करने

के गुण से शामिल होते हैं"। एक भूमिका सेट वह है जिसे आप अपनी भूमिका के भीतर आवर्ती संबंध बनाते हैं। गोफमैन के अनुसार "रोल सेट" एक विशेष भूमिका के लिए विभिन्न प्रकार के प्रासंगिक दर्शक हैं।
अतः विकल्प (B) सही है।

70. एक सामाजिक संपर्क दो या दो से अधिक व्यक्तियों के बीच एक आदान-प्रदान है और यह समाज का एक निर्माण खंड है। सामाजिक इंटरैक्शन का अध्ययन दो (डायड्स), तीन (ट्रायड) या बड़े सामाजिक समूहों के बीच किया जा सकता है। एक दूसरे के साथ बातचीत करके, लोग नियमों, संस्थानों और प्रणालियों को डिज़ाइन करते हैं जिनके भीतर वे रहना चाहते हैं।
अतः विकल्प (C) सही है।

71. द्वंद्वात्मक या बोलियों को द्वंद्वात्मक विधि के रूप में भी जाना जाता है, जो दो या दो से अधिक लोगों के बीच एक विषय के बारे में अलग-अलग दृष्टिकोण रखते हैं, लेकिन तर्क-वितर्क के माध्यम से सच्चाई को स्थापित करने की इच्छा रखते हैं। द्वंद्वात्मक बहस से मिलता-जुलता है, लेकिन अवधारणा व्यक्तिपरक अपील जैसे भावनात्मक तत्वों और बयानबाजी के आधुनिक उत्साहवर्धक अर्थों को शामिल नहीं करती है। द्वंद्वात्मक उपदेशात्मक पद्धति के विपरीत हो सकता है, जिसमें वार्तालाप का एक पक्ष दूसरे को सिखाता है। डायलेक्टिक को वैकल्पिक रूप से लघु तर्क के रूप में जाना जाता है, प्रमुख तर्क या आलोचना के विपरीत।
अतः विकल्प (B) सही है।

72. ''संगठन संघर्ष के लिए रंगभूमि हैं'' रान्डल कॉलिन्स (जन्म 29 जुलाई, 1941) द्वारा कहाँ गया कथन है जो एक अमेरिकी समाजशास्त्री हैं जो अपने शिक्षण और लेखन दोनों में प्रभावशाली रहे हैं। उन्होंने दुनिया भर के कई उल्लेखनीय विश्वविद्यालयों में पढ़ाया है और उनके शैक्षणिक कार्यों का विभिन्न भाषाओं में अनुवाद किया गया है। कोलिन्स वर्तमान में पेंसिल्वेनिया विश्वविद्यालय में समाजशास्त्र के एमेरिटस प्रोफेसर हैं। वह एक अग्रणी समकालीन सामाजिक सिद्धांतकार हैं जिनकी विशेषज्ञता के क्षेत्रों में राजनीतिक और आर्थिक परिवर्तन के वृहद-ऐतिहासिक समाजशास्त्र शामिल हैं; आमने-सामने बातचीत सहित सूक्ष्म समाजशास्त्र; और बुद्धिजीवियों और सामाजिक संघर्ष का समाजशास्त्र। कोलिन्स के प्रकाशनों में द सोशियोलॉजी ऑफ फिलॉसफी: ए ग्लोबल थ्योरी ऑफ इंटेलेक्चुअल चेंज (1998) शामिल है, जो एशियाई और पश्चिमी दोनों समाजों में दो हजार वर्षों से दार्शनिकों और गणितज्ञों के नेटवर्क का विश्लेषण करता है। उनके वर्तमान शोध में समकालीन युद्ध सहित हिंसा के व्यापक प्रतिरूप शामिल हैं, साथ ही साथ पुलिस हिंसा के समाधान भी शामिल हैं। उन्हें संयुक्त राज्य में अग्रणी गैर-मार्क्सवादी संघर्ष सिद्धांतकारों में से एक माना जाता है और 2010 से 2011 तक अमेरिकन समाजशास्त्रीय संघ के अध्यक्ष के रूप में कार्य किया।
अतः विकल्प (A) सही है।

73. संघर्ष का समाज में कार्यात्मक महत्व है लुईस कोसर (बर्लिन में 27 नवंबर 1913 - कैम्ब्रिज, मैसाचुसेट्स में 8 जुलाई 2003) द्वारा दिया गया सुझाव है जो एक जर्मन-अमेरिकी समाजशास्त्री थे, जो 1975 में अमेरिकन सोशियोलॉजिकल एसोसिएशन के 66 वें अध्यक्ष के रूप में सेवारत थे।

बर्लिन में लुडविग कोहेन के रूप में जन्मे, उनके पिता एक सफल यहूदी उद्योगपति थे। 1933 में वह नाजियों से पेरिस भाग गया और 1941 में उसने नाजी-कब्जे वाले पेरिस को संयुक्त राज्य अमेरिका के लिए छोड़ दिया जहां उसने रोज लाउब से शादी की। पचास के दशक में, उन्होंने कोलंबिया विश्वविद्यालय में समाजशास्त्र में स्नातक छात्र के रूप में दाखिला लिया, और इकतालीस साल की उम्र में अपनी पीएचडी की। कवर पहले शिकागो विश्वविद्यालय और कैलिफोर्निया विश्वविद्यालय में पढ़ाया जाता था। इसके बाद उन्होंने ब्रांडीस विश्वविद्यालय में समाजशास्त्र विभाग की स्थापना की और स्टोनी ब्रूक में स्टेट यूनिवर्सिटी ऑफ न्यूयॉर्क के समाजशास्त्र विभाग में शामिल होने से पहले 15 वर्षों तक वहाँ पढ़ाया। कोसर ने अक्सर प्रख्यात समाजशास्त्री और अपने जीवनसाथी, रोज़ लॉब कोसर के साथ काम किया।

अतः विकल्प (B) सही है।

74. राबर्ट रेडफील्ड ने कृषक समाज के सामाजिक एवं सांस्कृतिक विश्लेषण के लिए लघु परम्परा एवं वृहत परम्परा की अवधारणाओं को प्रतिपादित किया

था। मूल्य, समाज द्वारा मान्यता प्राप्त वे इच्छाएँ तथा लक्ष्य है जिनका आन्तरीकरण समाजीकरण की प्रक्रिया के माध्यम से होता है और जो व्यक्तिपरक अधिमान्यताएँ, मानदण्ड तथा अभिलाषाएँ बन जाती हैं।"

सामाजिक मूल्य के प्रकार:

मूल्य विविध प्रकार के होते हैं तथा विद्वानों ने इनका वर्गीकरण विविध प्रकार से किया है। कुछ प्रमुख विद्वानों के वर्गीकरण इस प्रकार है:

इलियट एवं मैरिल ने अमेरिकी समाज के सन्दर्भ में तीन प्रकार के सामाजिक मूल्यों का उल्लेख किया है-

- देशभक्ति या राष्ट्रीयता की भावना
- मानवीय स्नेह तथा
- आर्थिक सफलता

अतः विकल्प (A) सही है।

75.

सूची- I (लेखक)	सूची- II (पुस्तकें)
(A) जी एस घोरी	(ii) अनुसूचित टेली
(B) एन. के. बोस	(iii) भारत में जनजातीय जीवन
(C) सूरजजीत सिन्हा (संस्करण)	(iv) भारत के लोगों पर क्षेत्र अध्ययन: तरीके और दृष्टिकोण
(D) डी. एन. मजुमदार	(i) भारत की दौड़ और संस्कृति

2 3 4 1 क्रमशः सही है।
अतः विकल्प (A) सही है।

76. मिशेल फौकॉल्ट (1926-1984) एक फ्रांसीसी इतिहासकार और दाशनिक थे, जो संरचनावादी और उत्तर-संरचनात्मक आंदोलनों से जुड़े थे। उन्होंने न केवल (या यहां तक कि प्राथमिक रूप से) दर्शन में, बल्कि मानवतावादी और सामाजिक वैज्ञानिक विषयों की एक विस्तृत श्रृंखला में भी एक मजबूत प्रभाव डाला है।
अतः विकल्प (A) सही है।

77. लेस्टर वार्ड के अनुसार, व्यावहारिक समाजशास्त्र का उद्देश्य एक बेहतर समाज के लिए वैज्ञानिक ज्ञान का उपयोग करना था।

विज्ञान को समाज द्वारा महत्व दिया जाता है क्योंकि वैज्ञानिक ज्ञान के अनुप्रयोग से कई बुनियादी मानवीय आवश्यकताओं को पूरा करने और जीवन स्तर में सुधार करने में मदद मिलती है। इसी तरह, विज्ञान को अक्सर आर्थिक विकास को चलाने के रूप में जनता के लिए उचित ठहराया जाता है, जिसे सार्वजनिक धन के लिए निवेश पर रिटर्न के रूप में देखा जाता है। यह लेस्टर वार्ड द्वारा दी गई अवधारणा है।

अतः विकल्प (A) सही है।

78. आदर्शवाद के दर्शन के अनुसार, धर्मशास्त्र, साहित्य और कला विषयों का संयोजन पाठ्यक्रम में शामिल करने के लिए सबसे उपयुक्त है।

दो सामान्य या विश्व दर्शन, आदर्शवाद और यथार्थवाद, प्राचीन यूनानी दार्शनिकों, प्लेटो और अरस्तू से प्राप्त हुए हैं। वास्तविकता की प्रकृति के बारे में विश्वासों के इन विशिष्ट सेटों में से एक को साझा करने वाले शिक्षक वर्तमान में सफल कक्षाओं में इनमें से प्रत्येक विश्व दर्शन को लागू करते हैं।

अतः विकल्प (C) सही है।

79. डी जे हैबरमास सामाजिक घटनाओं की समझ के लिए कार्यात्मक दृष्टिकोण को नहीं अपनाता है।

सबसे महत्वपूर्ण बात, और सामाजिक घटनाओं का एक स्पष्ट आयाम यह है कि इसमें एक व्यक्ति का अवलोकन व्यवहार पहलुओं को शामिल किया गया है जो किसी अन्य व्यक्ति को प्रभावित करता है। उदाहरण के लिए- प्रतियोगिता, संघर्ष, विवाह, तलाक, जातिवाद, जातिवाद, धर्म, नास्तिकता, सामाजिक आंदोलन आदि।

अतः विकल्प (D) सही है।

80. "समाजशास्त्र सामाजिक क्रिया के अर्थ को समझने का विज्ञान है"। कार्यवाही का बयान मैक्स वेबर ने दिया था।

मैक्स वेबर: समाजशास्त्र एक विज्ञान है जो सामाजिक क्रिया की व्याख्यात्मक समझ को उसके पाठ्यक्रम और प्रभावों की आकस्मिक व्याख्या करने का प्रयास करता है। समाजशास्त्र प्रकार अवधारणाओं और आनुभविक प्रक्रियाओं की सामान्यीकृत एकरूपता तैयार करना चाहता है। (इतिहास, दूसरी ओर, विशेष घटनाओं, कार्यों या व्यक्तित्वों के कारण विश्लेषण में रुचि रखता है।)

अतः विकल्प (A) सही है।

81.

List-I	List-II
(A) ई. दुर्खीम	(i) धार्मिक जीवन के प्राथमिक रूप
(B) डब्ल्यू. जे. गोयडे	(iv) विश्व क्रांति और परिवार पैटर्न
(C) सी. डब्ल्यू. मिल्स	(ii) द पावर एलीट
(D) आर. रॉबर्टसन	(iii) धर्म की समाजशास्त्रीय व्याख्या

(i) (iv) (ii) (iii) क्रमशः सही है।
अतः विकल्प (A) सही है।

82. इसका स्थिति से कोई संबंध नहीं है, सामाजिक भूमिका की प्रकृति पर दिए गए कथन सही नहीं हैं।

एक सामाजिक भूमिका अधिकारों, कर्तव्यों, अपेक्षाओं, मानदंडों और व्यवहारों का एक सेट है जो एक व्यक्ति को सामना करना पड़ता है और पूरा होता है। उदाहरण के लिए, एक माँ सामाजिक भूमिका अपने बच्चों की देखभाल कर रही है, घर जा रही है और सुनिश्चित कर रही है कि घर साफ है। यह उसका कर्तव्य है और उसके पति और बच्चों से क्या अपेक्षा की जाती है।

अतः विकल्प (D) सही है।

83.

List-I	List-II
(A) ई. दुर्खीम	(i) समाज में श्रम विभाजन
(B) एम. वेबर	(ii) भारत का धर्म
(C) जेड. बोमन	(iii) द लिक्विड लव
(D) टी. पार्सन्स	(iv) सामाजिक व्यवस्था

iii iv ii i क्रमशः सही है।
अतः विकल्प (B) सही है।

84. "समाजीकरण" समाजशास्त्रियों, सामाजिक मनोवैज्ञानिकों, मानवविज्ञानी, राजनीतिक वैज्ञानिकों और शिक्षाविदों द्वारा इस्तेमाल किया जाने वाला एक शब्द है, जो मानदंडों, रीति-रिवाजों और विचारधाराओं की आजीवन प्रक्रिया को संदर्भित करता है, जो किसी व्यक्ति को उसके भीतर भाग लेने के लिए आवश्यक कौशल और आदतों के साथ प्रदान करता है। या उसका अपना समाज। इस प्रकार समाजीकरण "सामाजिक और सांस्कृतिक निरंतरता प्राप्त करने का साधन" है।

समाजीकरण वह साधन है जिसके द्वारा मानव शिशु अपने समाज के कामकाजी सदस्य के रूप में प्रदर्शन करने के लिए आवश्यक कौशल हासिल करना शुरू कर देता है और सबसे प्रभावशाली शिक्षण प्रक्रिया का अनुभव कर सकता है। अन्य जीवित प्रजातियों के विपरीत, जिनका व्यवहार जैविक रूप से निर्धारित है, मनुष्यों को अपनी संस्कृति को जानने और जीवित रहने के लिए सामाजिक अनुभवों की आवश्यकता होती है। यद्यपि सांस्कृतिक परिवर्तनशीलता पूरे सामाजिक समूहों के कार्यों, रीति-रिवाजों और व्यवहारों में प्रकट होती है, लेकिन संस्कृति की सबसे मौलिक अभिव्यक्ति व्यक्तिगत स्तर पर पाई जाती है। यह अभिव्यक्ति किसी व्यक्ति द्वारा उसके माता-पिता, परिवार, विस्तारित परिवार और विस्तारित सामाजिक संजाल द्वारा सामाजिककरण किए जाने के बाद ही हो सकती है।
अतः विकल्प (C) सही है।

85. के.एस. सिंह ने भारत के कुल समुदायों पर काम शुरू किया था। कुमार सुरेश सिंह (1935–2006) एक भारतीय प्रशासनिक सेवा के अधिकारी थे, जिन्होंने छोटानागपुर (1978-80) के आयुक्त और भारत के मानव विज्ञान सर्वेक्षण के महानिदेशक के रूप में कार्य किया। उन्हें मुख्य रूप से उनकी निगरानी और पीपुल्स ऑफ इंडिया सर्वेक्षण के संपादकीय और आदिवासी इतिहास के अध्ययन के लिए जाना जाता है।

कुमार सुरेश सिंह बिहार के मुंगेर में पले-बढ़े हैं। उन्होंने पटना विश्वविद्यालय से प्रथम श्रेणी में बीए हासिल करते हुए इतिहास का अध्ययन किया। बाद में उन्होंने मास्टर डिग्री प्राप्त की, और अंत में क्रांतिकारी बिरसा मुंडा के विषय पर पीएचडी की उपाधि प्राप्त की।

अतः विकल्प (B) सही है।

86.

सूची- I (अवधारणा)	सूची II (लेखक)
(A) मिल्लत एंड इंडस्ट्रियल सोसाइटी	(ii) एच. स्पेन्सर
(B) यांत्रिक और कार्बनिक एकजुटता	(i) इ.दुर्खीम
(C) लोक-शहरी सातत्य	(iv) आर.रेडफील्ड
(D) जेमिंशाचफ्ट और गेज़ेलशाफ्ट	(iii) एफ. टोनिस

(ii) (i) (iv) (iii) क्रमशः सही है |

अतः विकल्प (B) सही है।

87. प्रश्न में दिया गया कथन कार्ल मार्क्स से संबंधित है। कार्ल मार्क्स (5 मई 1818 - 14 मार्च 1883) एक जर्मन दार्शनिक, अर्थशास्त्री, इतिहासकार, समाजशास्त्री, राजनीतिक सिद्धांतकार, पत्रकार और समाजवादी क्रांतिकारी थे।

जर्मनी के ट्रायर में जन्मे मार्क्स ने विश्वविद्यालय में कानून और दर्शन का अध्ययन किया। उन्होंने 1843 में जेनी वॉन वेस्टफेलन से शादी की। अपने राजनीतिक प्रकाशनों के कारण, मार्क्स स्टेटलेस हो गए और दशकों तक लंदन में अपनी पत्नी और बच्चों के साथ निर्वासन में रहे, जहां उन्होंने जर्मन विचारक फ्रेडरिक एंगेल्स के साथ मिलकर अपने विचार विकसित किए और अपने लेखन को प्रकाशित किया, ब्रिटिश संग्रहालय के पढ़ने के कमरे में शोध। उनके सबसे प्रसिद्ध शीर्षक 1848 पैम्फलेट, द कम्युनिस्ट मेनिफेस्टो और तीन-खंड दास कपिटल हैं। उनके राजनीतिक और दार्शनिक विचार का बाद के बौद्धिक, आर्थिक और राजनीतिक इतिहास पर काफी प्रभाव था और उनके नाम का उपयोग विशेषण, संज्ञा और सामाजिक सिद्धांत के स्कूल के रूप में किया गया है।

अतः विकल्प (B) सही है।

88. कुल संस्था कार्य और निवास का एक स्थान है, जहाँ बड़ी संख्या में समान रूप से स्थित लोग, व्यापक समुदाय से काफी समय के लिए अलग-अलग रहते हैं, साथ में जीवन का एक औपचारिक रूप से प्रशासित दौर। अवधारणा ज्यादातर समाजशास्त्री एरविंग गोफमैन के काम से जुड़ी है।

अतः विकल्प (D) सही है।

89. व्याख्यात्मक समाजशास्त्र को मैक्स वेबर के क्षेत्र की प्रशिया संस्थापक आकृति द्वारा विकसित और लोकप्रिय किया गया था। यह सैद्धांतिक दृष्टिकोण और इसके साथ जाने वाले शोध के तरीकों को जर्मन शब्द वर्स्टीन में निहित किया गया है, जिसका अर्थ है "विशेष रूप से समझने के लिए", किसी चीज़ की सार्थक समझ होना। व्याख्यात्मक समाजशास्त्र का अभ्यास करना, इसमें शामिल लोगों के दृष्टिकोण से सामाजिक घटनाओं को समझने का प्रयास करना है। यह बोलने के लिए, किसी और के जूते में चलने का प्रयास करने और दुनिया को देखने के रूप में वे इसे देखते हैं। इस प्रकार, व्याख्यात्मक समाजशास्त्र, इस अर्थ पर ध्यान केंद्रित करने पर केंद्रित है कि अध्ययन ने लोगों और संस्थानों के साथ उनके विश्वासों, मूल्यों, कार्यों, व्यवहारों और सामाजिक संबंधों को दिया। जॉर्ज सिमेल, वेबर के समकालीन, व्याख्यात्मक समाजशास्त्र के एक प्रमुख डेवलपर के रूप में भी पहचाने जाते हैं।

अतः विकल्प (A) सही है।

90. 'मन, स्व और समाज' अमेरिकी समाजशास्त्री जॉर्ज हर्बर्ट मीड की शिक्षाओं पर आधारित एक पुस्तक है, जिसे 1934 में मरणोपरांत उनके छात्रों द्वारा प्रकाशित किया गया था। इसे प्रतीकात्मक सहभागिता के सिद्धांत का आधार माना जाता है। चार्ल्स डब्ल्यू. मॉरिस संस्करण ऑफ माइंड, सेल्फ और सोसाइटी ने लेखकों के बारे में विवादों की शुरुआत की क्योंकि यह पुस्तक मौखिक प्रवचन और मीड के छात्र के नोट्स पर आधारित थी।

जॉर्ज एच. मीड व्यवहार और वास्तविकता के साथ किसी व्यक्ति के स्वयं के संपर्क के माध्यम से मनोवैज्ञानिक विश्लेषण दिखाता है। व्यवहार ज्यादातर समाजशास्त्रीय अनुभवों और मुठभेड़ों के माध्यम से विकसित होता है। ये अनुभव व्यक्तिगत व्यवहारों को जन्म देते हैं जो समाज में संचार बनाने वाले सामाजिक कारकों को बनाते हैं। संचार को दूसरे व्यक्ति के इशारों की समझ के रूप में वर्णित किया जा सकता है। मीड बताते हैं कि संचार एक सामाजिक कार्य है क्योंकि इसमें दो या दो से अधिक लोगों की सहभागिता की आवश्यकता होती है। वह यह भी समझाता है कि आत्म "आई", स्वयं का शुद्ध रूप और "मी", स्वयं का सामाजिक रूप है। "I" "मी" और इसके विपरीत की प्रतिक्रिया बन जाता है। वही "मैं" एक व्यक्ति की प्रतिक्रिया से संबंधित है और "मी" को आपके द्वारा उठाए जाने वाले दृष्टिकोण माना जाता है, दोनों सामाजिक स्वयं से संबंधित हैं।

अतः विकल्प (C) सही है।

91. धर्म, परिवार, विवाह, जाति आदि सामाजिक संस्थाओं के उदाहरण हैं। संस्था व्यक्तियों एवं समूहों के मध्य संबंधों को नियंत्रित करने वाले नियमाचारों तथा कार्यविधियों का एक स्थायी एवं स्वीकृत प्रतिमान होती है।

अतः विकल्प (B) सही है।

92. संस्कृति का तात्पर्य उन सभी तत्वों से होता है, जिनका निर्माण स्वंय मनुष्य(समाज) ने किया है।

उदाहरण के तौर पर हमारा धर्म, विश्वास, ज्ञान, आचार, व्यवहार के तरीके एवं तरह-तरह की आवश्यकताओं के साधन अर्थात् कुर्सी, टेबल आदि का निमाण मनुष्य द्वारा किया गया है। हर्शकाविट्स का कहना है कि "संस्कृति पर्यावरण का मानव-निर्मित भाग है।"

अतः विकल्प (B) सही है।

93. डी. पी. मुखर्जी भारतीय समाज के अध्ययन के लिए एक द्वंद्वात्मक दृष्टिकोण का समर्थक है। द्वंद्वात्मक या बोलियों को द्वंद्वात्मक विधि के रूप में भी जाना जाता है, जो दो या दो से अधिक लोगों के बीच एक विषय के बारे में अलग-अलग दृष्टिकोण रखते हैं, लेकिन तर्क-वितर्क के माध्यम से सच्चाई को स्थापित करने की इच्छा रखते हैं। द्वंद्वात्मक बहस से मिलता-जुलता है, लेकिन अवधारणा व्यक्तिपरक अपील जैसे भावनात्मक तत्वों और बयानबाजी के आधुनिक उत्साहवर्धक अर्थों को शामिल नहीं करती है। द्वंद्वात्मक उपदेशात्मक पद्धति के विपरीत हो सकता है, जिसमें वार्तालाप का एक पक्ष दूसरे को सिखाता है। द्वंद्वात्मक को वैकल्पिक रूप से लघु तर्क के रूप में जाना जाता है, प्रमुख तर्क या आलोचना के विपरीत।

अतः विकल्प (B) सही है।

94. जार्ज सिमेल ने समाज में संघर्ष के सकारात्मक कार्यों पर बल दिया है।

जार्ज सिमेल एवं एल. कोजर ने संघर्ष को प्रकार्यात्मक माना है, क्योंकि बहुलवादी समाजों में संघर्ष लोगों को जोड़ने का काम करता है संघर्ष मानव सम्बन्धों में सतत् रहने वाली एक प्रक्रिया है। जब व्यक्ति - व्यक्ति के बीच सहयोग नहीं होता अथवा जब वे एक-दूसरे के प्रति तटस्थ भी नहीं होते, तो संघर्ष की स्थिति उत्पन्न हो ही जाती है। संघर्ष को समाज में अस्वाभाविक भी नहीं कहा जा सकता क्योंकि जब सीमित लक्ष्यों को अनेक व्यक्ति प्राप्त करना चाहे तो संघर्ष स्वाभाविक ही है।

अतः विकल्प (A) सही है।

95. एल. कोसर (बर्लिन में 27 नवंबर 1913 - कैम्ब्रिज, मैसाचुसेट्स में 8 जुलाई 2003) एक जर्मन-अमेरिकी समाजशास्त्री थे, जो 1975 में अमेरिकन सोशियोलॉजिकल एसोसिएशन के 66 वें अध्यक्ष के रूप में सेवारत थे।

क्लोज़र पहला समाजशास्त्री था जो संरचनात्मक कार्यात्मकता और संघर्ष सिद्धांत को एक साथ लाने की कोशिश करता था; उनका काम सामाजिक संघर्ष के कार्यों को खोजने पर केंद्रित था। कॉज़र ने तर्क दिया - जॉर्ज सिमेल के साथ - यह संघर्ष शायद ही कभी संरचित समूह को एकजुट करने के लिए काम

कर सकता है। ऐसा समाज जो विघटित होता दिख रहा है, दूसरे समाज के साथ संघर्ष, अंतर-समूह संघर्ष, एकीकृत कोर को बहाल कर सकता है। उदाहरण के लिए, इजरायल के यहूदियों की सामंजस्य को अरबों के साथ लंबे समय से चले आ रहे संघर्ष के लिए जिम्मेदार ठहराया जा सकता है। एक समूह के साथ संघर्ष भी अन्य समूहों के साथ गठजोड़ की एक श्रृंखला के लिए नेतृत्व करके सामंजस्य पैदा करने के लिए काम कर सकता है।

अतः विकल्प (B) सही है।

96.

सूची- I (लेखक)	सूची II (नियम)
(A) ए. वी. परेतो	(ii) गैर-शासित अभिजात वर्ग
(B) जी. मोस्का	(i) शासक वर्ग
(C) सी. आर. मिशेल	(iii) ओलिगार्की का लौह कानून
(D) एस. लुकेस	(iv) द थ्री डायमेंशनल व्यू

ii i iii iv क्रमशः सही है।
अतः विकल्प (B) सही है।

97. राजनीतिक लोकतंत्रों में विल्फ्रेडो पेरेटो ने 'लोमड़ी के प्रकार के कुलीन वर्ग' का उदाहरण दिया। आर्थिक लोकतंत्र एक ऐसी प्रणाली है जिसमें लोकतंत्रीय के पास जाँच और संतुलन रखने की शक्ति होती है और वे अर्थव्यवस्था में सक्रिय रूप से भाग लेते हैं। राजनीतिक लोकतंत्र वह प्रणाली है जिसमें लोगों को या तो सीधे राजनीति में भाग लेने या उनके द्वारा चुने गए प्रतिनिधियों के माध्यम से भाग लेने का विशेष अधिकार है।

अतः विकल्प (C) सही है।

98. एक विश्वविद्यालय में 7530 छात्र हैं और अनुसंधान उससे 10 प्रतिशत नमूना लेता है जो कुल 753 है। इसे नमूना अनुपात कहा जाता है।

नमूनाकरण सिद्धांत में, नमूना अंश जनसंख्या के आकार के नमूने के आकार का अनुपात है या, स्तरीकृत नमूने के संदर्भ में, नमूने के आकार के अनुपात का अनुपात।

अतः विकल्प (B) सही है।

99. जाति श्रेय स्थिति का एक उदाहरण है। श्रेय स्थिति वह सामाजिक स्थिति है जिसे किसी व्यक्ति को जन्म के समय सौंपा जाता है या जीवन में बाद में अनैच्छिक रूप से ग्रहण किया जाता है। यह एक ऐसी स्थिति है जिसे न तो अर्जित किया जाता है और न ही चुना जाता है बल्कि सौंपा जाता है। ये कठोर सामाजिक डिज़ाइनर एक व्यक्ति के जीवन भर बने रहते हैं और सकारात्मक या नकारात्मक रूढ़ियों से अविभाज्य होते हैं जो किसी की निर्धारित स्थिति से जुड़े होते हैं।

व्यक्तियों को ऐसी स्थिति प्रदान करने का अभ्यास सभी समाजों के भीतर सांस्कृतिक रूप से मौजूद है और यह लिंग, जाति, परिवार की उत्पत्ति और जातीय पृष्ठभूमि पर आधारित है। उदाहरण के लिए, एक धनी परिवार में पैदा होने वाले व्यक्ति के पास सामाजिक नेटवर्क और आर्थिक लाभ के आधार पर उच्च दर्जा प्राप्त स्थिति होती है, जो एक परिवार में दूसरों की तुलना में अधिक संसाधनों के साथ पैदा होने से प्राप्त होती है।

अतः विकल्प (D) सही है।

100. एक समूह (जिसे अक्सर एक समुदाय, ई-समूह या क्लब के रूप में कहा जाता है) कई सामाजिक नेटवर्किंग सेवाओं में एक विशेषता है जो उपयोगकर्ताओं को अपने स्वयं के हितों और आला-विशिष्ट मंचों से बनाने, पोस्ट करने, टिप्पणी करने और पढ़ने की अनुमति देता है, अक्सर दायरे में आभासी समुदायों के। समूह, जो खुले या बंद पहुंच, आमंत्रण और / या समूह के बाहर अन्य उपयोगकर्ताओं द्वारा शामिल होने की अनुमति दे सकते हैं, का गठन बड़े, अधिक विविध सामाजिक नेटवर्क सेवा के भीतर मिनी नेटवर्क प्रदान करने के लिए किया जाता है। इलेक्ट्रॉनिक मेलिंग सूचियों की तरह, वे भी मालिकों, मध्यस्थों या प्रबंधकों के स्वामित्व और बनाए रखते हैं, जो थ्रेड्स पर चर्चा करने और समूह के भीतर सदस्य व्यवहार को विनियमित करने के लिए पदों को संपादित कर सकते हैं। हालाँकि, पारंपरिक इंटरनेट फ़ोरम और मेलिंग सूचियों के विपरीत, सोशल नेटवर्किंग सेवाओं में समूह मालिकों और मध्यस्थों को समान रूप से हर समूह में लॉग इन किए बिना समूहों के बीच खाता क्रेडेंशियल्स साझा करने की अनुमति देते हैं।

अतः विकल्प (B) सही है।

101. सामग्री विश्लेषण एक शोध तकनीक है जिसका उपयोग पाठ्य सामग्री की व्याख्या और कोडिंग के माध्यम से पुनरावृत्ति और मान्य निष्कर्ष बनाने के लिए किया जाता है। व्यवस्थित रूप से ग्रंथों (जैसे, दस्तावेज़, मौखिक संचार और ग्राफिक्स) का मूल्यांकन करके, गुणात्मक डेटा को मात्रात्मक डेटा में परिवर्तित किया जा सकता है।

अतः विकल्प (B) सही है।

102. जाति और सामाजिक गतिशीलता: संस्कृतिकरण एक ऐसी प्रक्रिया है जिसके तहत निम्न हिंदू जाति अपने रीति-रिवाजों, संस्कारों, कर्मकांडों, विचारधारा और उच्च और अक्सर दो बार पैदा होने वाली जातियों की जीवन शैली को बदल देती है।

अतः विकल्प (B) सही है।

103. एक बाजार सिस्टम, संस्थानों, प्रक्रियाओं, सामाजिक संबंधों और बुनियादी ढांचे की कई किस्मों में से एक है जिसके तहत पार्टियां विनिमय में संलग्न है। जबकि पार्टियां वस्तु विनिमय द्वारा वस्तुओं और सेवाओं का आदान-प्रदान कर सकती हैं, अधिकांश बाजार खरीदारों से पैसे के बदले में अपने सामान या सेवाओं की पेशकश करने वाले विक्रेताओं पर भरोसा करते हैं।

अतः विकल्प (A) सही है।

104. नील जोसेफ स्मेलसर (22 जुलाई, 1930 - 2 अक्टूबर, 2017) कैलिफोर्निया विश्वविद्यालय, बर्कले में समाजशास्त्र के एक उभरते प्रोफेसर थे। वह 1958 से 1994 तक एक सक्रिय शोधकर्ता थे। उनका शोध सामूहिक व्यवहार, समाजशास्त्रीय सिद्धांत, आर्थिक समाजशास्त्र, शिक्षा का समाजशास्त्र, सामाजिक परिवर्तन और तुलनात्मक तरीकों पर रहा है। कई जीवनकाल की उपलब्धियों के बीच, स्मेलसर ने "आर्थिक समाजशास्त्र की नींव रखी", आर्थिक जीवन का समाजशास्त्र (1963)।

अतः विकल्प (D) सही है।

105. 1970 के दशक में, एक फ्रांसीसी समाजशास्त्री पियरे बोरडियू ने सांस्कृतिक पूंजी के विचार को विकसित करने के तरीके के रूप में विकसित किया कि कैसे समाज में सत्ता का हस्तांतरण किया गया और सामाजिक वर्गों को बनाए रखा गया। कार्ल मार्क्स का मानना था कि आर्थिक पूंजी (धन और संपत्ति) सामाजिक व्यवस्था में आपकी स्थिति तय करती है।

अतः विकल्प (D) सही है।

106. किंग्सले डेविस एवं विलबर्ट मूर(डेविस-मूर) ने अपनी पुस्तक 'सम प्रिंसिपल्स ऑफ स्टेटीफिकेशन' में प्रकार्यवादी दृष्टिकोण के आधार पर स्तरीकरण की चर्चा की, उनके अनुसार स्तरीकरण सभी मानवीय समाजों में पाया जाता है। डेविस एवं मूर के अनुसार प्रत्येक समाज के बने रहने के लिए कुछ अनिवार्य आवश्यकताएँ होती हैं, इसमें कुछ कठिन एवं चुनौतीपूर्ण कार्य होते है। इसके लिए कुछ प्रतिभावान व्यक्ति को आकर्षित करने के लिए विशेष प्रतिफल प्रदान किया जाता है, जिससे समाज का अनुरक्षण होता रहे।

अतः विकल्प (B) सही है।

107. समाज के पास निम्नलिखित तत्व हैं:

1. समानता: एक सामाजिक समूह में सदस्यों की समानता उनकी पारस्परिकता का प्राथमिक आधार है।

2. पारस्परिक जागरूकता: समानता पारस्परिकता का मूल है।

3. अंतर: समानता की भावना हमेशा पर्याप्त नहीं होती है।

अतः विकल्प (B) सही है।

108. अवलोकन एक प्राथमिक स्रोत से जानकारी का सक्रिय अधिग्रहण है। जीवित प्राणियों में, अवलोकन इंद्रियों को नियोजित करता है। विज्ञान में, अवलोकन वैज्ञानिक उपकरणों के उपयोग के माध्यम से डेटा की रिकॉर्डिंग को भी शामिल कर सकता है। शब्द वैज्ञानिक गतिविधि के दौरान एकत्र किए गए किसी भी डेटा को संदर्भित कर सकता है। अवलोकन गुणात्मक हो सकते हैं, अर्थात, संपत्ति की अनुपस्थिति या उपस्थिति केवल नोट की जाती है, या मात्रात्मक होती है यदि कोई संख्यात्मक मान गिनती या माप द्वारा देखी गई घटना से जुड़ा होता है।

अतः विकल्प (B) सही है।

109. फेनोमेनोलॉजी चेतना की संरचनाओं का अध्ययन है जैसा कि पहले व्यक्ति के दृष्टिकोण से अनुभव किया गया है। एक अनुभव की केंद्रीय संरचना इसकी जानबूझकर है, इसे किसी चीज़ की ओर निर्देशित किया जा रहा है, क्योंकि यह किसी वस्तु का या उसके बारे में एक अनुभव है।

अतः विकल्प (C) सही है।

110. जे. पियागेट (9 अगस्त 1896 - 16 सितंबर 1980) एक स्विस मनोवैज्ञानिक थे जो बाल विकास पर अपने काम के लिए जाने जाते थे। संज्ञानात्मक विकास और महामारी विज्ञान के दृष्टिकोण के पियागेट के सिद्धांत को एक साथ "आनुवंशिक महामारी विज्ञान" कहा जाता है।

पियागेट ने बच्चों की शिक्षा पर बहुत महत्व दिया। अंतर्राष्ट्रीय शिक्षा ब्यूरो के निदेशक के रूप में, उन्होंने 1934 में घोषणा की कि "केवल शिक्षा ही हमारे समाज को संभावित पतन से बचाने में सक्षम है, चाहे वह हिंसक हो या क्रमिक"। बाल विकास के उनके सिद्धांत का अध्ययन पूर्व-सेवा शिक्षा कार्यक्रमों में किया जाता है। निर्माता रचनात्मक-आधारित रणनीतियों को शामिल करना जारी रखते हैं।

अतः विकल्प (D) सही है।

111. एक समुदाय में रिश्ते अंतरंग, टिकाऊ और जिम्मेदार होते हैं। वाक्यांश 'अंतरंग संबंध' एक व्यापक और तरल शब्द है, जिसमें यह दोस्तों, यौन साझेदारों, परिवार और रिश्तेदारों के बीच कई अलग-अलग संघों को शामिल कर सकता है। यह वर्किंग पेपर इस बात की पड़ताल करता है कि कैसे परिवार और अंतरंग संबंधों के समाजशास्त्रीय निर्माण वर्षों में बदल गए हैं, यह पता लगाते हुए कि साहित्य के विशेष निकायों ने सामाजिक जुड़ाव की समझ को कैसे प्रलेखित और आकार दिया है। सामुदायिक संबंध उन विभिन्न विधियों को संदर्भित करता है जिनका उपयोग कंपनियां उन समुदायों के साथ पारस्परिक रूप से लाभकारी संबंध स्थापित करने और बनाए रखने के लिए करती हैं जिनमें वे काम करती हैं। इसलिए संबंध अंतरंग, टिकाऊ और जिम्मेदार हो सकते हैं।

अतः विकल्प (D) सही है।

112. आर. के. मर्टन (जन्म मेयेर रॉबर्ट स्कोलनिक; 4 जुलाई 1910 - 23 फरवरी 2003) एक अमेरिकी समाजशास्त्री थे। उन्होंने अपना अधिकांश करियर कोलंबिया विश्वविद्यालय में पढ़ाया, जहाँ उन्होंने विश्वविद्यालय के प्रोफेसर का पद प्राप्त किया। 1994 में उन्हें क्षेत्र में उनके योगदान के लिए और विज्ञान के समाजशास्त्र की स्थापना के लिए विज्ञान के राष्ट्रीय पदक से सम्मानित किया गया। उन्हें आधुनिक समाजशास्त्र का एक संस्थापक पिता माना जाता है, जबकि उन्होंने उस कार्य के लिए एक दर्जा प्राप्त किया, जो उन्होंने अपराध विज्ञान में योगदान दिया था। वह मुख्य स्थिति, प्रमुख स्थिति और नियंत्रण स्थिति के प्रमुख कारण थे।

अतः विकल्प (B) सही है।

113. सामाजिक स्तरीकरण या तो स्वीकृत, अधिग्रहित या निर्मित है। एक श्रेय स्थिति एक सामाजिक समूह में एक स्थिति है जो किसी में पैदा होती है या उस पर कोई नियंत्रण नहीं होता है। यह प्राप्त स्थिति से अलग है, जो एक व्यक्ति अपनी पसंद या अपने प्रयासों के आधार पर कमाता है। अंकित स्थिति के उदाहरणों में लिंग, आंखों का रंग, नस्ल और जातीयता शामिल है।

अतः विकल्प (D) सही है।

114. भारत के पार, नेपोटिज्म एक तरह से जीवन। मानु जोसेफ अप्रैल 11, 2012 तक। नई दिल्ली - भारतीय उच्च वर्ग, जैसे कि रॉयल्टी, यौन संचारित है। राजनीति, व्यवसाय, मुख्यधारा के सिनेमा और अन्य व्यवसाय जहां प्रतिभा वंशावली के अधीन है, परिवार के कार्टेल का प्रभुत्व है, जो बाकी हिस्सों में अपना खुद का संयंत्र लगाते हैं।

इस चरण के दौरान अधिकांश पश्चिमी लोकतंत्रों में युवा लोगों को राजनीतिक प्रक्रियाओं और मुद्दों के साथ-साथ मतदान और सामाजिक आंदोलनों में भागीदारी सहित कई राजनीतिक गतिविधियों से परिचित कराया जाता है। अधिकांश राष्ट्रीय मुद्दों पर अपनी राय देने की अनुमति देकर वे राजनीतिक दुनिया को आगे बढ़ा सकते हैं।

अतः विकल्प (B) सही है।

115. डेरिडा ने एक वैकल्पिक चरण (एक वैकल्पिक समाज) की कल्पना की, जिसमें "भाषण मंच पर शासन करना बंद कर देगा"। जैक्स डेरिडा (जन्म 15 जुलाई, 1930 - 9 अक्टूबर, 2004 को) एक अल्जीरियाई मूल के फ्रांसीसी दार्शनिक थे, जिन्हें अर्ध-विश्लेषण के रूप में जाना जाता था, जिसे डिकॉन्स्ट्रक्शन के रूप में जाना जाता था, जिसे उन्होंने कई ग्रंथों में चर्चा की, और घटना विज्ञान के संदर्भ में विकसित किया। वह उत्तर-संरचनावाद और उत्तर-आधुनिक दर्शन से जुड़े प्रमुख आंकड़ों में से एक है।

अतः विकल्प (B) सही है।

116. आदर्श मानदंडों का पालन करना संघ की विशेषता नहीं है।

विनिमेय बीजगणित में, आदर्श का मान क्षेत्र विस्तार में एक तत्व के मानदंड का सामान्यीकरण है। यह संख्या सिद्धांत में विशेष रूप से महत्वपूर्ण है क्योंकि यह कम जटिल अंगूठी में एक आदर्श के संदर्भ में एक जटिल संख्या अंगूठी के विचार का आकार मापता है। जब कम जटिल संख्या की अंगूठी को पूर्णांक, जेड की अंगूठी के रूप में लिया जाता है, तो एक नंबर रिंग आर के एक नॉनजरो आदर्श. का मान केवल परिमित भागफल की अंगूठी का आकार होता है।

अतः विकल्प (D) सही है।

117. समाजशास्त्र में, समाजीकरण समाज के मानदंडों और विचारधाराओं को आंतरिक बनाने की प्रक्रिया है। समाजीकरण सीखने और सिखाने दोनों को शामिल करता है और इस प्रकार "वह साधन जिसके द्वारा सामाजिक और सांस्कृतिक निरंतरता प्राप्त होती है"।

समाजीकरण विकासात्मक मनोविज्ञान से दृढ़ता से जुड़ा हुआ है। मनुष्य को अपनी संस्कृति के बारे में जानने और जीवित रहने के लिए सामाजिक अनुभवों की आवश्यकता होती है।

अतः विकल्प (A) सही है।

118. मान हमारी सही और गलत की भावना को दर्शाति हैं। वे हमें विकसित होने और विकसित होने में मदद करते हैं। वे हमें वह भविष्य बनाने में मदद करते हैं जो हम चाहते हैं। हम हर दिन जो निर्णय लेते हैं, वे हमारे मूल्यों का प्रतिबिंब होते हैं। हम अपने माता-पिता और विस्तारित परिवारों से अपने अधिकांश मूल्यों को सीखते हैं। हमारा परिवार हमारे सामाजिक और सांस्कृतिक मूल्यों से उपजा है। कभी-कभी नए जीवन के अनुभव हमारे द्वारा पहले धारण किए गए मूल्यों को बदल सकते हैं। व्यक्तिगत मूल्य यह दर्शाति हैं कि हम अपने जीवन को कैसे जीते हैं और हम अपने स्वयं के हितों के लिए क्या महत्वपूर्ण मानते हैं। व्यक्तिगत मूल्यों में उत्साह, रचनात्मकता, विनम्रता और व्यक्तिगत पूर्णता शामिल हैं। रिश्ते के मूल्य दर्शाति हैं कि हम अपने जीवन में अन्य लोगों से कैसे संबंध रखते हैं, जैसे कि दोस्त, परिवार, शिक्षक, प्रबंधक, आदि। रिश्ते के मूल्यों में खुलापन, विश्वास, उदारता और देखभाल शामिल हैं। इसलिए समाज के लिए मूल्य आवश्यक है।

अतः विकल्प (D) सही है।

119. मनोविज्ञान में, मनोवृत्ति एक मनोवैज्ञानिक निर्माण है, एक मानसिक और भावनात्मक इकाई है जो किसी व्यक्ति को विरासत में मिलती है या उसकी विशेषता है। वे अनुभवों के माध्यम से जटिल और एक अधिग्रहीत अवस्था हैं।

यह एक मूल्य के संबंध में एक व्यक्ति की पूर्वनिर्धारित स्थिति है और यह एक व्यक्ति, स्थान, चीज या घटना (रवैया वस्तु) के प्रति एक संवेदनशील अभिव्यक्ति के माध्यम से उपजी है, जो बदले में व्यक्ति की सोच और क्रिया को प्रभावित करती है। प्रमुख मनोवैज्ञानिक गॉर्डन ऑलपोर्ट ने इस अव्यक्त मनोवैज्ञानिक निर्माण को "समकालीन सामाजिक मनोवैज्ञानिकों में सबसे विशिष्ट और अपरिहार्य अवधारणा" के रूप में वर्णित किया। किसी व्यक्ति के अतीत और वर्तमान से मनोवृत्ति का निर्माण किया जा सकता है। दृष्टिकोण के अध्ययन में मुख्य विषयों में दृष्टिकोण शक्ति, दृष्टिकोण परिवर्तन, उपभोक्ता व्यवहार और दृष्टिकोण-व्यवहार संबंध शामिल हैं।

अतः विकल्प (D) सही है।

120. मैक्स वेबर ने 'लाइफ चांस' एंड 'लाइफस्टाइल' लिखी। मैक्स वेबर (21 अप्रैल 1864 - 14 जून 1920) एक जर्मन समाजशास्त्री, दार्शनिक, न्यायविद और राजनीतिक अर्थशास्त्री थे। उनके विचारों ने सामाजिक सिद्धांत और सामाजिक अनुसंधान को गहराई से प्रभावित किया। वेबर को अक्सर एमिल दुर्खीम और कार्ल मार्क्स के साथ समाजशास्त्र के तीन संस्थापकों में से एक के रूप में उद्धृत किया जाता है। वेबर पद्धति-विरोधी प्रत्यक्षवाद का एक प्रमुख प्रस्तावक था, जिसने व्याख्यात्मक (विशुद्ध रूप से अनुभववादी के बजाय) के माध्यम से सामाजिक क्रिया के अध्ययन के लिए तर्क दिया, जो उस उद्देश्य और अर्थ को समझने पर आधारित था जिसे व्यक्ति अपने कार्यों से जोड़ते हैं। दुर्खीम के विपरीत, वह एक-कारण में विश्वास नहीं करता था और यह प्रस्तावित करता था कि किसी भी परिणाम के लिए कई कारण हो सकते हैं।

अतः विकल्प (B) सही है।

121. "सोच केवल व्यक्ति के महत्वपूर्ण इशारों द्वारा अपने आप के साथ एक आंतरिक या अंतर्निहित बातचीत है" जी. एच. मीड ने कहा है। उन्हें प्रतीकात्मक अंतःक्रियावाद के संस्थापकों में से एक माना जाता है और जिसे शिकागो समाजशास्त्रीय परंपरा के रूप में संदर्भित किया गया है।

अतः विकल्प (D) सही है।

122. सामग्री विश्लेषण में विषयगत और पाठ विश्लेषण का उपयोग किया जाता है

सामग्री विश्लेषण दस्तावेजों और संचार कलाकृतियों के अध्ययन के लिए एक शोध पद्धति है, जो विभिन्न स्वरूपों, चित्रों, ऑडियो या वीडियो के पाठ हो सकते हैं। सामाजिक वैज्ञानिक संचार में प्रतिमान और व्यवस्थित तरीके से प्रतिरूप की जांच करने के लिए सामग्री विश्लेषण का उपयोग करते हैं। सामाजिक घटनाओं के विश्लेषण के लिए सामग्री विश्लेषण का उपयोग करने के प्रमुख लाभों में से एक इसकी गैर-आक्रामक प्रकृति है, जो सामाजिक अनुभवों का अनुकरण करने या सर्वेक्षण उत्तरों को इकट्ठा करने के विपरीत है।

अतः विकल्प (D) सही है।

123. आर. डेहरडॉर्फ ने भविष्यवाणी की कि संघर्ष में कुछ सकारात्मक भूमिका हो सकती है क्योंकि यह किसी दिए गए समूह की सामाजिक एकजुटता को बढ़ाता है। एकजुटता साझा हितों, उद्देश्यों, मानकों और सहानुभूति के बारे में जागरूकता है, जो समूहों या वर्गों की एकता की मनोवैज्ञानिक भावना पैदा करते हैं। यह एक समाज में संबंधों को संदर्भित करता है जो लोगों को एक के रूप में एक साथ बांधता है। यह शब्द आम तौर पर समाजशास्त्र, और अन्य सामाजिक विज्ञानों के साथ-साथ दर्शन, बायोएथिक्स और कैथोलिक सामाजिक शिक्षण में नियोजित है। यह कैथोलिक सामाजिक शिक्षण में भी एक महत्वपूर्ण अवधारणा है इसलिए यह ईसाई लोकतांत्रिक राजनीतिक विचारधारा में एक मुख्य अवधारणा है।

अतः विकल्प (C) सही है।

124. समाजशास्त्र में किसी गाँव, नगर, कस्बा, महानगर तथा देश को समुदाय माना गया है, क्योंकि इन सभी समूहों के साथ एक निश्चित क्षेत्र जुड़ा हुआ है। बोगार्डस के अनुसार "समुदाय एक ऐसा सामाजिक समूह है जिसमें कुछ अंशों तक हम की भावना होती है तथा जो एक निश्चित क्षेत्र में निवास करता है।"

अतः विकल्प (C) सही है।

125.

1. मोर इकालिटी नामक पुस्तक हर्बर्ट जे. गन्स द्वारा लिखी गई है।

2. पुस्तक 1973 में प्रकाशित हुई थी।

3. हर्बर्ट जे गन्स एक जर्मन - अमेरिकन समाजशास्त्री हैं और गरीबी और गरीबी उन्मूलन नीति, शहरी मुद्दों, समाचार मीडिया, और नस्ल और जातीयता के बारे में लिखते हैं, साथ ही साथ अपने करियर-लंबे प्रमुख विषय, समानता और लोकतंत्र के बारे में भी लिखते हैं।

अतः विकल्प (D) सही है।

126.

1. वे दृष्टिकोण या व्यवहार जो किसी के स्वयं के लिंग के मानदंडों की पुष्टि करते हैं, उन्हें लिंग उपयुक्त के रूप में जाना जाता है।

2. उदाहरण के लिए पुरुष आमतौर पर प्रभावी या आक्रामक, बहादुर या कठोर होने के रूप में जुड़ा होता है जबकि महिलाओं को भावनात्मक और नरम दिल माना जाता है।

अतः विकल्प (B) सही है।

127.

1. ऑक्सफोर्ड डिक्शनरी ऑफ सोशियोलॉजी (1994) के अनुसार, किसी भी माध्यम से जिसके द्वारा सामाजिक रूप से अनुमोदित मानकों को लागू किया जाता है, सामाजिक अनुमोदन कहलाता है।

2. सामाजिक प्रतिबंधों (दंड और पुरस्कार) का उपयोग भूमिका व्यवहार को प्रभावित करने के लिए किया जाता है।

3. स्वीकृति सामाजिक रूप से स्वीकार्य व्यवहार को प्रोत्साहित करने के लिए पुरस्कार और सजा देने की एक प्रणाली है और उनका पालन करने के लिए निर्धारित तरीकों से अनुरूप या व्यवहार करना है।

अतः विकल्प (D) सही है।

128.

1. जिस प्रक्रिया से भविष्य के सदस्य समाज के सदस्य बनना सीखते हैं, उसे समाजीकरण कहते हैं।

2. समाजीकरण का एजेंट वे लोग और समूह हैं जो हमारी आत्म-अवधारणा, भावनाओं, दृष्टिकोण और व्यवहार को प्रभावित करते हैं।

3. समाजीकरण की मुख्य अभिकरण परिवार, सहकर्मी समूह और सामाजिक संस्था हैं।

अतः विकल्प (D) सही है।

129. जातीयतावाद की अवधारणा (सुमेर द्वारा गढ़ी गई) का उपयोग इन-ग्रुप्स और आउट-ग्रुप्स के बीच पूर्वग्रही रवैये का वर्णन करने के लिए किया जाता है, जिसके द्वारा हमारे दृष्टिकोण, रीति-रिवाज और व्यवहार निर्विवाद रूप से और अनजाने में उनकी सामाजिक व्यवस्था के लिए बेहतर व्यवहार करते हैं।

अतः विकल्प (A) सही है।

130.

1. औद्योगिक समाज में सामाजिकता एस. एम. लिपसेट और आर. बेंडिक्स का काम है।

2. यह 1959 में प्रकाशित हुआ था।

3. सामाजिक गतिशीलता औद्योगिकीकरण की प्रक्रिया का एक अभिन्न और निरंतर पहलू है।

4. पुस्तक का केंद्रीय तर्क यह है कि गतिशीलता औद्योगिकीकरण की प्रक्रिया का एक अभिन्न और निरंतर पहलू है।

अतः विकल्प (C) सही है।

131.

1. रान्डेल कॉलिंस ने एक बहु आकस्मिक दुनिया के लिए मोनो कारण स्पष्टीकरण के रूप में मार्क्सवादी सिद्धांत की आलोचना की।

2. कोलिन्स एक गैर-मार्क्सवादी संघर्ष सिद्धांतवादी थे।

3. उन्होंने एक आर्थिक डोमेन के विश्लेषण के लिए मार्क्सवादी सिद्धांत की भारी वैचारिक और अतिरेक के रूप में आलोचना की।

4. उन्होंने व्यक्तिगत दृष्टिकोण से संघर्ष का रुख किया।

अतः विकल्प (C) सही है।

132.

1. दुर्खीम 19 वीं सदी के फ्रांसीसी समाजशास्त्री, सामाजिक मनोवैज्ञानिक और दार्शनिक थे।

2. अपने काम "धार्मिक जीवन के प्राथमिक रूपों" में उन्होंने एक आदिम जनजाति में धार्मिक गतिविधि का अवलोकन किया और निष्कर्ष निकाला कि धर्म समाज की नैतिक एकता को बनाए रखने में मदद करता है और धार्मिक समारोहों का कार्य समाज के सदस्य की एकजुटता को सुदृढ़ करना था।

इसलिए उपरोक्त कथनों से यह स्पष्ट है कि एमिल दुर्खीम की धार्मिक प्रथाओं को समाज के एकीकरण और स्थिरता के रूप में सबसे अच्छी तरह से समझा जाता है।

अतः विकल्प (D) सही है।

133.

1. सामाजिक मनोविज्ञान की एक रूपरेखा मुजफ्फर शेरिफ द्वारा लिखी गई है।

2. यह 1956 में प्रकाशित हुआ था। मुजफ्फर शेरिफ एक तुर्की अमेरिकी सामाजिक मनोवैज्ञानिक थे।

3. उन्होंने सामाजिक प्रक्रियाओं, विशेष रूप से सामाजिक मानदंडों और सामाजिक संघर्ष को समझने के लिए कई अनूठी और शक्तिशाली तकनीकों का विकास किया है।

अतः विकल्प (A) सही है।

134.

1. संघर्ष सिद्धांत इस धारणा पर आधारित है कि सत्ता और प्रभुत्व के लिए समाज में निरंतर संघर्ष चल रहा है।

2. कार्ल मार्क्स और मैक्स वेबर विचारों के संघर्ष स्कूल के मुख्य प्रस्तावक थे।

3. मार्क्स के अनुसार संघर्ष मोटे तौर पर दो सामाजिक वर्गों- बुर्जुआ और सर्वहारा वर्ग के बीच है। पूंजीपति समाज के उन सदस्यों का प्रतिनिधित्व करता है जो बहुसंख्यक धन और साधन रखते हैं। सर्वहारा वर्ग में वे लोग शामिल हैं जो मजदूर या गरीब हैं।

4. वेबर का वर्ग का विश्लेषण मार्क्स के समान है, लेकिन वह वर्ग को सामाजिक संरचना के एक आयाम के रूप में देखता है। सामाजिक अंतर के लिए सामाजिक स्थिति या "सामाजिक सम्मान" का भी महत्वपूर्ण योगदान है।

अतः विकल्प (B) सही है।

135. "आर्थिक योजना अनिवार्य रूप से संसाधनों को व्यवस्थित और परिभाषित सामाजिक अंत के संदर्भ में अधिकतम लाभ के लिए उपयोग करने का एक तरीका है" भारत के योजना आयोग ने कहा है।

आर्थिक नियोजन वह प्रक्रिया है जिसके माध्यम से हम आर्थिक गतिविधि को नियंत्रित करने और प्रबंधित करने के माध्यम से क्या और कैसे उत्पादन किया

जाता है, इसके निर्णय ले सकते हैं। यह एक आर्थिक कार्यक्रम है जो क्षेत्रीय आर्थिक प्रणाली के विकास के लिए अनुमानित है।

अतः विकल्प (B) सही है।

136.

1. लुईस कोसर का सैद्धांतिक प्रस्ताव समाज में सामाजिक संघर्ष के कार्यों को खोजने पर केंद्रित है।

2. उन्होंने तर्क दिया कि संघर्ष एक संरचित समूह को ठोस बनाने के लिए काम कर सकता है।

3. एक ऐसे समाज में जो विघटित होता दिख रहा है, दूसरे समाज के साथ संघर्ष, अंतरग्रही संघर्ष एकीकृत मूल को बहाल कर सकता है।

अतः विकल्प (A) सही है।

137. जॉर्ज हर्बर्ट मीड को आम तौर पर प्रतीकात्मक अंतःक्रियावाद का संस्थापक माना जाता है।

प्रतीकात्मक अंतःक्रियावाद समाजशास्त्र में एक सैद्धांतिक रूपरेखा और परिप्रेक्ष्य है जो यह बताता है कि व्यक्तियों के बीच बार-बार बातचीत के माध्यम से समाज का निर्माण और रखरखाव कैसे किया जाता है।

अतः विकल्प (A) सही है।

138. पर्यावरण के लिए चिंता दिखाने के लिए नए व्यवहार पैटर्न बनाना और यह समझना कि इसे ठीक से कैसे प्रबंधित किया जाए

पर्यावरण की रक्षा और सुधार की आवश्यकता के बारे में जागरूकता बढ़ाना

यह उचित व्यवहार के साथ-साथ एक पर्यावरणीय जातीय समाज का निर्माण भी करता है।

अतः विकल्प (D) सही है।

139.

1. मौखिक इतिहास व्यक्तियों, परिवारों, महत्वपूर्ण घटनाओं, या रोज़मर्रा के जीवन के बारे में ऐतिहासिक जानकारी का संग्रह और अध्ययन है, जो ऑडियोटेप, वीडियोटेप, या नियोजित साक्षात्कारों के क्षणों का उपयोग करता है।

2. मौखिक इतिहास हमें "यह समझने में मदद करता है कि इतिहास, जैसा कि जीवित था, रिकॉर्ड किए गए इतिहास से जुड़ा हुआ है"।

3. ये साक्षात्कार उन लोगों के साथ आयोजित किए जाते हैं जिन्होंने भाग लिया या देखा।

अतः विकल्प (C) सही है।

140.

1. स्ट्रीट कार्नर सोसाइटी विलियम फूटे व्हाईट द्वारा लिखित और 1943 में प्रकाशित एक नृवंशविज्ञान है।

2. 1943 में डब्ल्यू. एफ. व्हाईट ने संयुक्त राज्य अमेरिका में एक सड़क के कोने के समाज के अध्ययन में प्रतिभागी अवलोकन विधि का उपयोग किया है।

3. यह उनकी पहली पुस्तक थी।

4. पुस्तक का मूल शीर्षक- स्ट्रीट कॉर्नर सोसाइटी: द सोशल स्ट्रक्चर ऑफ ए इटैलियन स्लम

5. इस पुस्तक में जिले के भीतर विभिन्न समूहों और समुदायों का वर्णन है।

अतः विकल्प (B) सही है।

141.

1. आंकड़ों में, मानक विचलन एक माप है जिसका उपयोग डेटा मानों के एक सेट की भिन्नता या फैलाव की मात्रा को मापने के लिए किया जाता है।

2. फैलाव डेटा के एक सेट में प्रसार या परिवर्तनशीलता की मात्रा है। मानक विचलन फैलाव का सबसे अधिक इस्तेमाल किया जाने वाला उपाय है।

3. मानक विचलन माध्य के चारों ओर फैलाव का एक माप है।

4. एक सामान्य वितरण में, 68% मामले माध्य के एक मानक विचलन के अंतर्गत आते हैं और 95% मामले दो मानक विचलनों के अंतर्गत आते हैं।

5. उदाहरण के लिए: यदि औसत आयु 45 है, तो 10,95% मामलों के मानक विचलन के साथ एक सामान्य वितरण में 25 से 65 के बीच होगा।

अतः विकल्प (D) सही है।

142. 1. सामग्री विश्लेषण एक शोध तकनीक है जिसका उपयोग पाठ्य सामग्री की व्याख्या और कोडिंग के द्वारा प्रतिकृति और मान्य अनुमान बनाने के लिए किया जाता है।

2. व्यवस्थित रूप से ग्रंथों (ई. जी., दस्तावेजों, मौखिक संचार, और ग्राफिक्स) का मूल्यांकन करके, गुणात्मक डेटा को मात्रात्मक डेटा में परिवर्तित किया जा सकता है।

3. सामग्री विश्लेषण शोधकर्ताओं को कई फायदे प्रदान करता है जो इसका उपयोग करने पर विचार करते हैं।

4. यह मात्रात्मक और गुणात्मक संचालन दोनों के लिए अनुमति दे सकता है।

5. यह ग्रंथों के विश्लेषण के माध्यम से समय के साथ मूल्यवान ऐतिहासिक / सांस्कृतिक अंतर्दृष्टि प्रदान कर सकता है।

अतः विकल्प (A) सही है।

143.

1. मेडियन को बीजगणित में हेरफेर नहीं किया जा सकता है।

2. माध्य, माध्य और विधा "औसत" के तीन प्रकार हैं।

3. पूर्ण मूल्यों को बीजगणितीय रूप से हेरफेर करना मुश्किल है।

4. माध्य सरणी के मध्य बिंदु का मान है (रेंज का मध्य बिंदु नहीं), जैसे कि आधा आइटम ऊपर और आधा उसके नीचे है।

5. यह ग्राफिक रूप से स्थित हो सकता है।

अतः विकल्प (B) सही है।

144. बाल विवाह निषेध अधिनियम, 1929 के बाल विवाह प्रतिबंध अधिनियम (CMRA) या शारदा अधिनियम की जगह, 1 नवंबर 2007 से लागू हुआ।

इस कानून में 1978 में संशोधन किया गया था, जिसमें लड़कियों की शादी की कानूनी उम्र 15 से बढ़ाकर 18 साल और लड़कों की 18 से 21 साल की गई थी। संशोधित कानून को बाल विवाह निरोधक अधिनियम, 1929 के नाम से जाना गया।

अतः विकल्प (B) सही है।

145. स्पुतनिक - I अंतरिक्ष यान पृथ्वी के चारों ओर कक्षा में सफलतापूर्वक स्थापित किया गया पहला कृत्रिम उपग्रह था।

यह कजाकिस्तान में तत्कालीन सोवियत संघ के तत्कालीन कजाकिस्तान के त्युरताम (बाइकोनूर के छोटे शहर से 370 किमी दक्षिण पश्चिम में) में बैकोनूर कोस्मोड्रोम से लॉन्च किया गया था।

सोवियत संघ ने इसे 4 अक्टूबर 1957 को एक अण्डाकार निम्न पृथ्वी कक्षा में लॉन्च किया। इसकी बैटरियों के खत्म होने से पहले तीन सप्ताह तक इसकी

परिक्रमा की गई और फिर 25 दिसंबर 1957 को वायुमंडल में वापस गिरने से पहले दो महीने तक चुपचाप परिक्रमा की।

अतः विकल्प (B) सही है।

146. बोधगया में महाबोधि मंदिर परिसर बिहार राज्य के मध्य भाग में स्थित है।

पहला मंदिर सम्राट अशोक द्वारा तीसरी शताब्दी ईसा पूर्व में बनाया गया था। महाबोधि मंदिर यूनेस्को की विश्व धरोहर स्थल है। अन्य तीन पवित्र स्थल लुंबिनी, सारनाथ और खुशीनगर हैं।

अतः विकल्प (A) सही है।

147. हिंदू त्रिमूर्ति या त्रिमूर्ति में ब्रह्मा पहले देवता हैं।

त्रिमूर्ति में तीन देवता शामिल हैं जो दुनिया के निर्माण, रखरखाव और विनाश के लिए जिम्मेदार हैं। अन्य दो देवता विष्णु और शिव हैं। विष्णु ब्रह्मांड के संरक्षक हैं, जबकि शिव की भूमिका इसे फिर से बनाने के लिए नष्ट करना है।

अतः विकल्प (B) सही है।

148. भारत में पहली न्यूजप्रिंट पेपर मिल मध्य प्रदेश में स्थापित की गई थी। मध्य प्रदेश के नेपा नगर में NEPA लिमिटेड भारत में पहली अखबारी कागज की मिल थी।

NEPA का मतलब नेशनल न्यूजप्रिंट और पेपर मिल है। यह नाम राष्ट्रीय पर्यावरण संरक्षण प्राधिकरण से गढ़ा गया था। इसकी स्थापना 1955 में मध्य प्रदेश के होशंगाबाद जिले के नेपानगर में हुई थी।

अतः विकल्प (B) सही है।

149. दहेज निषेध अधिनियम, 1961 ने दहेज विरोधी कानूनों को समेकित किया जो कुछ राज्यों पर पारित किए गए थे।

इस अधिनियम को दहेज निषेध अधिनियम, 1961 कहा जा सकता है। यह उस तारीख को लागू होगा, जो केंद्र सरकार, आधिकारिक राजपत्र में अधिसूचना द्वारा, नियत करे।

अतः विकल्प (B) सही है।

150. विशाखा में, मामला संदर्भ 'कार्यस्थल पर महिलाओं का यौन उत्पीड़न' अधिनियम में निहित है और इसमें दिए गए लगभग सभी दिशानिर्देश शामिल हैं।

भारत में कार्यस्थल यौन उत्पीड़न को पहली बार भारत के सर्वोच्च न्यायालय ("सुप्रीम कोर्ट") ने विशाखा बनाम राजस्थान राज्य ("विशाखा निर्णय") के अपने ऐतिहासिक फैसले में मान्यता दी थी। यहां सुप्रीम कोर्ट ने कुछ दिशानिर्देश तैयार किए और कार्यस्थल यौन उत्पीड़न से निपटने के लिए एक उपयुक्त कानून बनाने के लिए भारत संघ को निर्देश जारी किए।

अतः विकल्प (C) सही है।

Paper-I

Q.1 अनुसंधान रिपोर्ट लिखने की व्यक्तिगत शैली निम्नलिखित में से किस अनुसंधान में स्वीकार्य है?

A. ग्राउंडेड थ्योरी रिसर्च

B. प्रायोगिक अनुसंधान

C. प्रतिभागी-अवलोकन आधारित अनुसंधान

D. ऐतिहासिक अनुसंधान

E. केस अध्ययन अनुसंधान

नीचे दिए गए विकल्प में से सही उत्तर चुनें:

A. केवल A, B और C   **B.** केवल B, C और D

C. केवल C, D   **D.** केवल A, C और E

Q.2 एक घर की वार्षिक खपत को मापने वाला एक अध्ययन किस तरह के शोध के तहत आता है?

A. कार्यक्षेत्र अध्ययन

B. पार-अनुभागीय अध्ययन

C. समय श्रृंखला विश्लेषण

D. प्रयोगात्मक अध्ययन

Q.3 'अनुसंधान नैतिकता' के मुद्दे को अनुसंधान के किस चरण में प्रासंगिक माना जा सकता है?

A. समस्या सूत्रीकरण और इसकी परिभाषा के चरण में

B. अनुसंधान की आबादी को परिभाषित करने के चरण में

C. डेटा संग्रह और व्याख्या के चरण पर

D. निष्कर्षों को प्रस्तुत किये जाने के चरण में

Q.4 शिक्षक का वह दृष्टिकोण जो शिक्षण को प्रभावित करता है

A. भावात्मक अनुक्षेत्र   **B.** ज्ञानात्मक अनुक्षेत्र

C. मनोप्रेरणा अनुक्षेत्र   **D.** इनमें से कोई नहीं

Q.5 शिक्षण के दौरान विद्यार्थियों की अधिकतम सहभागिता किसके द्वारा संभव है?

A. व्याख्यान विधि   **B.** प्रदर्शन विधि

C. आगमनात्मक विधि   **D.** पाठ्यपुस्तक विधि

Q.6 अधिगमकर्ता की निम्नलिखित में से कौनसी विशेषता शिक्षण की प्रभावोत्पादकता से अत्यंत रूप से सम्बंधित है?

[UGC NET Sociology, 2018], [UGC NET Home Science, 2018]

A. शिक्षार्थी का पूर्व अनुभव

B. शिक्षार्थी के माता-पिता की शैक्षिक स्थिति

C. शिक्षार्थी का सहकर्मी समूह

D. पारिवारिक आकार जिसमें से शिक्षार्थी वाला आता है

Q.7 एक अच्छा शिक्षक वह है, जो:

A. उपयोगी जानकारी देता है

B. संकल्पनाओं और सिद्धांतों को स्पष्ट करता है

C. विद्यार्थियों को मुद्रित टिप्पणियां देता है

D. छात्रों को सीखने के लिए प्रेरित करता है

Q.8 संविधान का अनुच्छेद 359 भारत के राष्ट्रपति को मौलिक अधिकारों के प्रवर्तन के लिए किसी भी अदालत को स्थानांतरित करने के अधिकार को निलंबित करने का अधिकार देता है:

A. राष्ट्रीय आपातकाल

B. राज्यों में संवैधानिक मशीनरी की विफलता

C. एक वित्तीय आपातकाल

D. इनमें से कोई भी नहीं

Ques (9-12):निर्देश: नीचे दी गई तालिका का ध्यानपूर्वक अध्ययन करें और इस प्रश्न का उत्तर दें-

एक संगठन के विभिन्न विभागों में कर्मचारियों की कुल संख्या, महिलाओं और पुरुषों का प्रतिशत।

विभाग	कर्मचारियों की कुल संख्या	महिलाओं का प्रतिशत	पुरुषों का प्रतिशत
आई टी विभाग	840	45	55
लेखा विभाग	220	35	65
उत्पादन विभाग	900	23	77
मानव संसाधन विभाग	360	65	35
विपणन विभाग	450	44	56
ग्राहक सेवा विभाग	540	40	60

Q.9 उत्पादन विभाग में महिलाओं की संख्या का विपणन विभाग में महिलाओं की संख्या से संबंधित अनुपात क्या है?

A. 22 : 23   **B.** 35 : 33

C. 23 : 22   **D.** इनमें से कोई नहीं

Q.10 आईटी और ग्राहक सेवा विभागों में कुल मिलाकर पुरुषों की संख्या कितनी है?

A. 687   **B.** 678

C. 768   **D.** इनमें से कोई नहीं

Q.11 मानव संसाधन और लेखा विभाग में एक साथ एक ही विभाग में पुरुषों की संख्या के अनुपात में महिलाओं की संख्या का अनुपात क्या है?

A. 311 : 269   **B.** 268 : 319

C. 269 : 311   **D.** 319 : 268

Q.12 मानव संसाधन विभाग में कर्मचारियों की कुल संख्या लगभग कितने प्रतिशत है जो लेखा विभाग के कर्मचारियों की संख्या है?

A. 149%   **B.** 178%   **C.** 157%   **D.** 164%

Q.13 कक्षा में गैर-मौखिक व्यवहार के आंतरिक संकेत निदान में मदद करते हैं:

A. अंतर-व्यक्तिगत गतिशीलता

B. स्थानिक भविष्यवाणी

C. जन विश्वास

D. छात्र आंदोलन

Q.14 महिलाएं प्राथमिक स्तर पर बेहतर शिक्षक हैं क्योंकि:

A. वे बच्चों के साथ अधिक धैर्यपूर्वक व्यवहार करती हैं

B. वे कम वेतन के साथ काम करने के लिए तैयार हैं

C. इस पेशे में उच्च योग्यता की आवश्यकता नहीं है

D. उनके पास अन्य पेशे में संभावनाएं कम हैं

Q.15 कानून के विषय के रूप में शिक्षा निम्नलिखित में से किस सूची में आती है?

A. संघ सूची
B. राज्य सूची
C. समवर्ती सूची
D. अवशिष्ट शक्तियां

Q.16 CSS का सम्पूर्ण रूप है
A. कैस्केडिंग स्टाइल शीट्स
B. कलेक्टिंग स्टाइल शीट्स
C. कंपॅरटिव स्टाइल शीट्स
D. काँप्रेहेन्सिव स्टाइल शीट्स

Q.17 एक नया लैपटॉप तैयार किया गया है जो वजन रहित है, छोटा है और पिछले लैपटॉप मॉडल की तुलना में कम शक्ति का उपयोग करता है। इसे पूरा करने के लिए निम्नलिखित में से किस तकनीक का उपयोग किया गया है?

[UGC NET Sociology, 2018]

A. यूनिवर्सल सीरियल बस माउस
B. फास्टर रैंडम एक्सेस मेमोरी
C. ब्लू रे ड्राइव
D. सॉलिड स्टेट हार्ड ड्राइव

Q.18 निम्नलिखित में से कौन भारत की प्रमुख नदियों में जल प्रदूषण का सबसे बड़ा स्रोत है?
A. अनुपचारित मल
B. कृषि संबंधी जल-प्रवाह
C. अविनियमित लघु उद्योग
D. धार्मिक अभ्यास

Q.19 निर्देश: निम्नलिखित प्रश्न में, अभिकथन (A) और कारण (R) दिए गए है। दोनों कथनों को ध्यानपूर्वक पढ़िए और निम्नलिखित में से सही विकल्प का चयन कीजिए:
अभिकथन (A): एक उच्च प्रचालन अनुपात अनुकूल स्थिति का संकेत करता है।
कारण (R): उच्च प्रचालन अनुपात गैर-प्रचालनीक व्यय को पूरा करने के लिए अधिक मार्जिन प्रदान करता है।
A. (A) और (R) दोनों सही हैं और (R), (A) की सही व्याख्या है।
B. (A) और (R) दोनों सही हैं किंतु (R), (A) की सही व्याख्या नहीं है।
C. (A) और (R) दोनों गलत है।
D. (R) सही है किंतु (A) गलत है।

Q.20 कक्षा संचार के संदर्भ में दृष्टिकोण, कार्य और दिखावे के रूप में माना जाता है:
A. मौखिक
B. गैर-मौखिक
C. अवैयक्तिक
D. असंगत

Q.21 निम्नलिखित संख्या श्रृंखला में प्रश्न चिन्ह '?' के स्थान पर क्या आएगा?
1, 2, 5, 10, 17, 26, ?
A. 47   B. 33   C. 37   D. 43

Q.22 निर्देश: उस अक्षर का चयन कीजिए, जो निम्नलिखित श्रृंखला में प्रश्न चिन्ह (?) को प्रतिस्थापित कर सकता है।
C, E, G, F, E, G, I, H, ?
A. J   B. I   C. G   D. E

Q.23 A, X का पिता है। B, Y की मां है। X व Z की बहन Y है। निम्न में से कौन सा कथन निश्चित रूप से असत्य है?
A. B, A की पत्नी है।
B. B की एक बेटी है।
C. Y, A का पुत्र है।
D. X, Z की बहन है।

Q.24 निम्नलिखित में से कौन सा निकाय विश्वविद्यालय का सर्वोच्च शैक्षणिक निर्णय लेने वाला होता है?
A. पाठ्य समिति
B. संकाय
C. शैक्षणिक परिषद
D. बीसीयूडी (BCUD)

Q.25 भारत में अभियांत्रिकी शिक्षा और अनुसंधान के लिए सर्वोच्च संस्थान कौन से है?
A. भारतीय प्रौद्योगिकी संस्थान
B. भारतीय सूचना प्रौद्योगिकी संस्थान
C. भारतीय उन्नत अध्ययन संस्थान
D. भारतीय विश्वविद्यालयों का संघ

Q.26 भारत में तीन प्रकार के विश्वविद्यालय हैं:
A. राज्य विश्वविद्यालय, केंद्रीय विश्वविद्यालय, संबद्ध विश्वविद्यालय
B. एकात्मक विश्वविद्यालय, तकनीकी विश्वविद्यालय, सामान्य शिक्षा विश्वविद्यालय
C. राज्य विश्वविद्यालय, केंद्रीय विश्वविद्यालय, निजी विश्वविद्यालय
D. केंद्रीय विश्वविद्यालय, राज्य विश्वविद्यालय, डीम्ड विश्वविद्यालय

Q.27 विश्वविद्यालय अनुदान आयोग (UGC) के बारे में निम्नलिखित में से कौन सा कथन सही नहीं है?
A. इसकी स्थापना 1956 में संसद के एक अधिनियम द्वारा की गई थी।
B. इसे उच्च शिक्षा को बढ़ावा देने और समन्वय करने का कार्य सौंपा गया है।
C. यह केंद्र सरकार से योजना और गैर-योजना निधि प्राप्त करता है।
D. यह राज्य विश्वविद्यालयों के संबंध में राज्य सरकारों से धन प्राप्त करता है।

Q.28 निम्नलिखित में से कौन-सा यूजीसी का वैधानिक कार्य है?
A. विश्वविद्यालयों में शिक्षण संकाय नियुक्त करना
B. विश्वविद्यालयों में परीक्षा के संचालन को नियंत्रित करना
C. विश्वविद्यालयों में शिक्षण और अनुसंधान के मानक को निर्धारित करने और बनाए रखना
D. विश्वविद्यालय के पाठ्यक्रमों के लिए पाठ्यक्रम विकसित करना

Q.29 निर्देश: निम्न प्रश्न में एक कथन और उसके बाद I और II से अंकित दो अनुमान दिए गये हैं। आपको दिए गये कथन को सत्य मानना है, भले ही वे ज्ञात तथ्यों से अलग प्रतीत होते हों। सभी अनुमानों को पढ़िए और फिर निर्णय कीजिए कि दिया गया कौन-सा अनुमान ज्ञात तथ्यों को नजरंदाज करने पर कथनों का तार्किक रूप से अनुसरण करता है।
कथन: यह वास्तव में सबसे बड़े लोकतांत्रिक देश के लिए इतने लंबे समय तक विकासशील देशों के टैग को बनाए रखना मज़ाक है।
अनुमान:
I. भारत को अभी एक विकसित राष्ट्र बनना है।
II. जब तक हम अपनी धारणा को नहीं बदलेंगे, भारत विकसित नहीं हो सकता।
A. केवल अनुमान I अनुसरण करता है।
B. केवल अनुमान II अनुसरण करता है।
C. I और II दोनों अनुसरण करते हैं।
D. या तो I या II अनुसरण करता है।

Q.30 निर्देश: उस विकल्प का चयन कीजिए जो तीसरी संख्या से उसी तरह से संबंधित है जिस तरह दूसरी संख्या पहली संख्या से संबंधित है।
8 : 514 :: 11 : ?
A. 1333   B. 123   C. 113   D. 1331

Q.31 जब किसी अनुमान के मध्य पद का किसी अन्य मजबूत प्रत्यक्ष द्वारा विरोधाभास किया जाता है, तो इसे क्या कहा जाता है?
A. विरुधा   B. सत्प्रतिपक्ष   C. बधिता   D. असिद्ध

Q.32 निर्देश: उस आरेख की पहचान कीजिये जो नीचे दिए गए वर्गों के बीच संबंध को सबसे बेहतर ढंग से दर्शाता है:
सेब, फल, केला

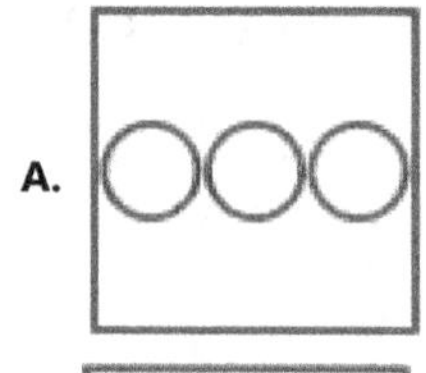
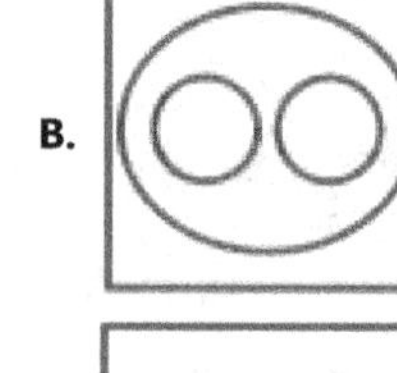
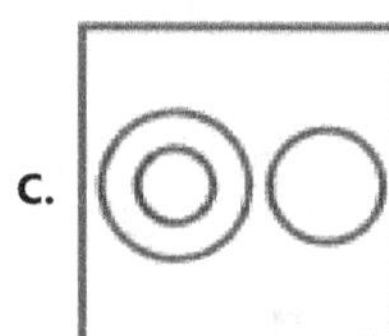
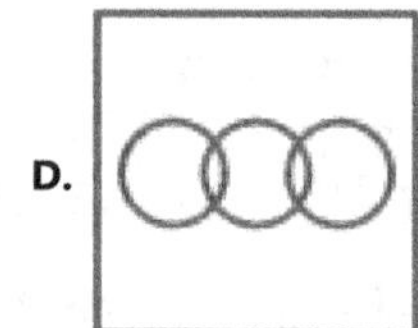

A.

B.

C.

D.

Q.33 एक चोर एक निश्चित दूरी 16 मिनट में 12 किमी/घंटा की गति से दौड़ता है। यदि वह उसी दूरी को 12 मिनट में तय करना चाहता है, तो उसकी गति क्या होनी चाहिए?

A. 14 किमी/घंटा
B. 16 किमी/घंटा
C. 10 किमी/घंटा
D. 12 किमी/घंटा

Q.34 शोध का उद्देश्य वास्तविकता को समझना, नए ज्ञान और आविष्कारों की खोज करना, समाज में विकास और अनुसंधान नैतिकता निश्चित रूप से शोधकर्ताओं को रोक सकती है। सभी पहलुओं को ध्यान में रखते हुए यह निश्चित रूप से तय किया गया है कि शोधकर्ताओं को:

A. शोध के लिए पूर्ण स्वतंत्रता होगी
B. मनुष्यों के लिए जोखिम वाले अध्ययनों का संचालन नहीं करेंगे
C. शोध नैतिकता के कुछ संकेतों का पालन करेंगे
D. खुद शोध नैतिकता का फैसला करेगा

Q.35 एक अच्छी तरह से लिखा हुआ ______ संभावित पाठकों को आकर्षित करता है और एक इलेक्ट्रॉनिक डेटाबेस में एक शोध रिपोर्ट को सूचीबद्ध करने की सुविधा प्रदान करता है।

A. शीर्षक
B. सारांश
C. सार
D. रूप रेखा

Q.36 निम्नलिखित में से कौन सा समरूप आम तौर पर अवांछित जंक ई-मेल का वर्णन करने के लिए इस्तेमाल किया जाएगा?

A. WHAM
B. DRAM
C. CRAM
D. SPAM

Q.37 किसी संगठन के पहला वेबपेज को ______ कहा जाता है।

A. पोर्टल
B. होम पेज
C. वोर्टल
D. वेबसाइट

Q.38 स्वयं के साथ संचार ______ के रूप में जाना जाता है।

A. संगठनात्मक संचार
B. ग्रेपाइन संचार
C. अंत: वैयक्तिक संचार
D. अंतर-व्यक्तिगत संचार

Q.39 निम्नलिखित के सही क्रम को पहचानिए:

A. स्रोत, माध्यम, संदेश, प्राप्तकर्ता
B. स्रोत, प्राप्तकर्ता, माध्यम, संदेश
C. स्रोत, संदेश, प्राप्तकर्ता, माध्यम
D. प्रेषक, संदेश, माध्यम, प्राप्तकर्ता

Q.40 निम्नलिखित में से कौन सा क्रम सही ढंग से शिक्षक और छात्रों के बीच रैखिक संचार मॉडल को दर्शाता है।

A. प्रतीक > संदेश > कूट लेखन > चैनल
B. चैनल > संदेश > प्रतीक > कूट लेखन
C. संदेश > चैनल > प्रतीक > कूट लेखन
D. कूट लेखन > प्रतीक > संदेश > चैनल

Q.41 निम्नलिखित में से कौन सा अधिनियम नागरिकों को पर्यावरणीय मानदंडों के उल्लंघन के मामले दर्ज करने का अधिकार देता है?

A. पर्यावरण (संरक्षण) अधिनियम
B. वायु प्रदूषण अधिनियम
C. जल प्रदूषण अधिनियम
D. वन अधिनियम

Q.42 "अगर बारिश हुई तो वह जन्मदिन की पार्टी में शामिल नहीं होंगे।" यह ______ अवयव-घटित वाक्य का एक उदाहरण है।

A. वियोगी
B. संबंधपरक
C. श्रेणीगत
D. काल्पनिक

Q.43 निम्नलिखित स्वरूप में चार और तर्कसंगत संख्याएँ लिखें

$$\frac{1}{-6}, \frac{2}{-12}, \frac{3}{-18}, \frac{4}{-24}$$

[RRB/RRC Group D, 2018]

A. $\frac{5}{6}, \frac{7}{8}, \frac{9}{10}, \frac{11}{12}$

B. $\frac{5}{30}, \frac{6}{36}, \frac{7}{42}, \frac{8}{48}$

C. $\frac{5}{-6}, \frac{6}{-12}, \frac{7}{-18}, \frac{8}{-24}$

D. $\frac{5}{-30}, \frac{6}{-36}, \frac{7}{-42}, \frac{8}{48}$

Q.44 एक वस्तु को 960 रुपये की जगह 1200 रुपये में बेचा जाता है और लाभ 30% अधिक है। वस्तु का क्रय मूल्य क्या है?

A. 800 रुपये
B. 840 रुपये
C. 880 रुपये
D. 900 रुपये

Ques (45-49): निर्देश: गद्यांश को पढ़ें और प्रश्नों के उत्तर दें:

एक बार जब एक विदेशी बाजार में प्रवेश करने का निर्णय लिया गया है, तो एक व्यवसाय को इस बात पर विचार करना चाहिए कि वह स्थानीय परिस्थितियों में अपने प्रसाद को किस हद तक अपने अनुकूल बनाएगा। प्रत्येक देश में उत्पाद को लगभग उसी तरह से विपणन करना संभव है जिसे वैश्विक रणनीति के रूप में जाना जाता है, या प्रत्येक बाजार के लिए विपणन को समायोजित करना होगा? यदि कोई व्यवसाय वैश्विक रणनीति का अनुसरण करता है, तो इसका अर्थ है कि वह जहां भी प्रतिस्पर्धा करता है, उसी विपणन मिश्रण को अनिवार्य रूप से अपना रहा है। एक पैन ग्लोबल मार्केटिंग रणनीति को कई बाजारों में व्यवसाय द्वारा अपनाया गया है, जैसे कि जीन्स सॉफ्ट ड्रिंक्स और लक्जरी सामान। वैश्विक दृष्टिकोण का एक फायदा यह है कि यह पैमाने की विपणन अर्थव्यवस्थाओं की पेशकश करता है। उदाहरण के लिए, व्यवसाय विश्व भर में एक विज्ञापन अभियान और पैकेजिंग के लिए एक दृष्टिकोण विकसित कर सकता है। हालांकि, इस प्रकार की रणनीति विभिन्न राष्ट्रीय बाजारों की आवश्यकताओं पर प्रतिक्रिया नहीं देती है और इसलिए व्यवसाय उन प्रतियोगियों को बिक्री खो सकता है जो स्थानीय आवश्यकताओं पर अधिक ध्यान केंद्रित करते हैं। खाद्य और पेय और मीडिया जैसे बाजारों में, एक व्यवसाय को स्थानीय आवश्यकताओं के लिए महत्वपूर्ण रूप से अनुकूलित करने की आवश्यकता हो सकती है। दूसरी ओर, स्थानीय दृष्टिकोण के अनुसार ग्राहक की जरूरतों को अधिक सटीक रूप से पूरा किया जा सकता है, लेकिन प्रबंधन करने के लिए अधिक महंगा और अधिक जटिल हो सकता है। वास्तव में, अधिकांश कंपनियां वैश्विक और स्थानीय दृष्टिकोण के बीच एक संतुलन का चयन करेंगी। वैश्विक ब्रांड हैं जो कई अलग-अलग बाजारों में बेचते हैं। हर जगह उनका एक ही नाम और प्रतीक चिन्ह है। हालांकि, कुछ विज्ञापन स्थानीय परिस्थितियों को प्रतिबिंबित करने के लिए उत्पाद के प्रचार के तरीके से किए जाते हैं।

Q.45 गद्यांश में वैश्विक ब्रांडों का आकलन है:

A. उनके पास एक एकल पैकेजिंग दृष्टिकोण होना चाहिए
B. उन्हें वैश्विक स्थितियों को दर्शाते हुए उत्पाद का विज्ञापन करना चाहिए
C. वैश्विक उत्पादों के अलग-अलग नाम और प्रतीक चिन्ह होने चाहिए
D. व्यापार विपणन का वैश्वीकरण एक वास्तविकता है

Q.46 यदि वैश्विक रणनीति स्थानीय परिस्थितियों का लाभ है, तो व्यवसायिक परिणाम है:

A. मीडिया विज्ञापन अभियानों में अधिक निवेश
B. विभिन्न राष्ट्रीय बाजारों का उद्भव
C. ग्राहक की जरूरतों में बदलाव
D. स्थानीय परिस्थितियों पर ध्यान केंद्रित करने वाले प्रतियोगियों का प्रभुत्व

Q.47 एक गैर वैश्विक दृष्टिकोण से लाभ किसके लिए चुनते हैं:

A. गैर लक्जरी सामानों की भव्य बिक्री
B. महंगे उत्पादों का बाजार विस्तार
C. विश्व भर में एकल विज्ञापन अभियान
D. पैमाने की ताज़ा विपणन अर्थव्यवस्थाएँ

Q.48 वैश्विक रणनीति का क्या अर्थ है?
A. प्रत्येक प्रतिस्पर्धी बाजार में समान विपणन मिश्रण का विकल्प
B. विपणन की स्थानीय स्थितियों का वैश्वीकरण करना
C. विभिन्न बाजारों के अनुरूप उत्पाद विभेदीकरण बनाना
D. विदेशी विपणन गैर प्रतिस्पर्धी बनाना

Q.49 व्यापार में वैश्विक रणनीति क्या होनी चाहिए?
A. अलग-अलग विदेशी बाजार में अलग-अलग ब्रांड बेचते हैं
B. हर देश में एक ही उत्पाद का समान तरीके से विपणन
C. विदेशी बाजार में प्रवेश करने का फैसला
D. स्थानीय बाजार की स्थानीय स्थितियों को जानें

Q.50 उच्च शिक्षा संस्थानों में से कौन से मुख्य मूल्य एनएएसी (राष्ट्रीय मूल्यांकन और प्रत्यायन परिषद) द्वारा पदोन्नत किए जाते हैं?
(a) राष्ट्रीय विकास में योगदान
(b) छात्रों में वैश्विक दक्षताओं को बढ़ावा देना
(c) छात्रों और शिक्षकों के बीच एक मूल्य प्रणाली बढ़ाना
(d) प्रौद्योगिकी के उपयोग को बढ़ावा देना
नीचे दिए गए कोड में से सही उत्तर का चयन करें:
A. (b), (c) और (d)　　　　B. (a), (b) और (c)
C. (a), (c) और (d)　　　　D. (a), (b), (c) और (d)

Paper-II

Q.51 निम्नलिखित में से किसने 'स्व-पूर्ति भविष्यवाणी' पर लिखा है?
A. टी. पार्सन्स　　　　B. आर.के. मर्टन
C. मैक्स वेबर　　　　D. वी. परेतो

Q.52 अर्थव्यवस्था या उत्पादन प्रक्रिया में एक फर्म द्वारा खपत की जाने वाली पूंजी के रूप में जाना जाता है
A. पूंजी की हानि　　　　B. उत्पादन लागत
C. कुल भार नुकसान　　　　D. मूल्यह्रास

Q.53 निम्नलिखित में से कौन सा समुदाय को शामिल करने का एक तरीका हो सकता है?
I. समुदाय के प्रतिनिधियों द्वारा उपस्थिति की निगरानी करना
II. समुदाय के समर्थन के साथ छात्रों को व्यावसायिक कौशल सिखाना
A. केवल II　　　　B. न तो I और न ही II
C. I और II दोनों　　　　D. केवल I

Q.54 सामान्य रूप से सापेक्षिक आर्द्रता दिन के किस समय होती है?
A. जब हवा का तापमान उच्चतम होता है
B. सूर्योदय से ठीक
C. लगभग आधी रात
D. जब हवा का तापमान सबसे कम होता है

Q.55 अनुसंधान की निम्नलिखित तकनीक पर आधारित पुस्तक "स्ट्रीट कॉर्नर सोसाइटी":
A. साक्षात्कार का समय　　　　B. प्रतिभागी अवलोकन
C. सामग्री विश्लेषण　　　　D. प्रश्नावली

Q.56 दुनिया की शहरी आबादी अपनी ग्रामीण आबादी की तुलना में तेजी से बढ़ रही है। इसका मुख्य कारण है
A. कस्बों में उच्च जन्म दर

B. ग्रामीण-शहरी प्रवास
C. ग्रामीण क्षेत्रों में उच्च मृत्यु दर
D. कस्बों में कम मृत्यु दर

Q.57 किस प्रकार की अनुसंधान पद्धति आमतौर पर मीडिया द्वारा नियोजित की जाती है?
A. माध्यमिक विश्लेषण　　　　B. प्रतिभागी अवलोकन
C. विनीत उपाय　　　　D. प्राकृतिक प्रयोग

Q.58 आर्थिक समस्याएँ उत्पन्न होती हैं क्योंकि:
A. इच्छाएं असीमित हैं
B. संसाधन दुर्लभ हैं
C. दुर्लभ संसाधनों के वैकल्पिक उपयोग हैं
D. उपरोक्त सभी

Q.59 सहभागी टिप्पणियां __________ से जुड़ी हैं।
A. भारत का समेकित कोष
B. विदेशी संस्थागत निवेशक
C. संयुक्त राष्ट्र विकास कार्यक्रम
D. क्योटो प्रोटोकोल

Q.60 लोकसभा के पहले अध्यक्ष कौन थे?
[Rajasthan Police Constable, 2020]
A. गणेश वासुदेव मावलंकर　　　　B. हुकुम सिंह
C. बी. डी. जट्टी　　　　D. वी.वी. गिरि

Q.61 भारत की संसद को एक संप्रभु निकाय के रूप में नहीं माना जा सकता क्योंकि:
A. यह संविधान द्वारा केंद्र को सौंपे गए विषयों पर ही कानून बना सकता है
B. इसे संविधान द्वारा निर्धारित सीमाओं के भीतर काम करना है
C. सर्वोच्च न्यायालय संसद द्वारा पारित कानूनों को असंवैधानिक घोषित कर सकता है यदि वे संविधान के प्रावधानों का उल्लंघन करते हैं
D. ऊपर के सभी

Q.62 अनुसंधान से आपका क्या अभिप्राय है?
A. बार-बार खोजना
B. किसी समस्या का हल खोजना
C. नए ज्ञान का निर्माण
D. इनमे से कोई भी नहीं

Q.63 हिम तेंदुआ किस राष्ट्रीय उद्यान में पाया जाता है?
A. काजीरंगा राष्ट्रीय उद्यान　　　　B. हेमिस नेशनल पार्क
C. बांधवगढ़ राष्ट्रीय उद्यान　　　　D. नागरहोल

Q.64 "डी-स्कूलिंग सोसाइटी" पुस्तक किसने लिखी है?
A. के. डेविस और डब्ल्यू. ई. मूर
B. आर. कोलिन्स
C. इवान इलिच
D. एस. बाउल्स और एच. गिंटिस

Q.65 कौन सा परिप्रेक्ष्य इस धारणा पर आधारित है कि भारतीय समाज अद्वितीय है और ग्रंथों के माध्यम से भारतीय सामाजिक संस्थानों का बेहतर अध्ययन किया जा सकता है?
A. मातहत　　　　B. भारतविद्या
C. सभ्यता　　　　D. कार्यात्मक

Q.66 समाजशास्त्र और सामाजिक नृविज्ञान में संरचनावाद का संस्थापक किसे कहा जाता है?
A. एंथनी गिडेंस　　　　B. क्लाउड लेवी-स्ट्रॉस

C. एल. अल्थ्यूसर

D. ए.आर. रैडक्लिफ-ब्राउन

Q.67 किस समाजशास्त्रीय कार्यप्रणाली पर दुर्खीम ने अपने विचार व्यक्त किए हैं?

A. जैविक क्रमागत उन्नति

B. योग्यतम की उत्तरजीविता

C. श्रम का विभाजन

D. इनमें से कोई नहीं

Q.68 मैनहेम ने किस पुस्तक में ज्ञान के समाजशास्त्र का विचार प्रतिपादित किया है?

A. विचारधारा का अंत

B. इतिहास का अंत

C. विचारधारा और यूटोपिया

D. जर्मन विचारधारा

Q.69 व्यक्तियों या सामाजिक समूह या संगठन की बेहतरी के लिए सामाजिक स्थिति में सुधार के लिए किए गए शोध को कहा जाता है:

A. सर्वेक्षण अनुसंधान

B. क्रिया अनुसंधान

C. गुणात्मक अनुसंधान

D. इनमे से कोई भी नहीं

Q.70 निर्देश: निम्नलिखित प्रश्न में एक कथन दिया गया है, जिसके बाद दो धारणाएँ हैं। तदनुसार उत्तर दें।

कथन: "आपको एक वर्ष की परिवीक्षा अवधि के साथ एक प्रोग्रामर के रूप में नियुक्त किया गया है और पुष्टि के लिए आपके प्रदर्शन की अवधि की समाप्ति पर समीक्षा की जाएगी।" - एक नियुक्ति पत्र में एक पंक्ति।

धारणाएँ:

I. नियुक्ति प्रस्ताव के समय किसी व्यक्ति के प्रदर्शन का आमतौर पर पता नहीं चलता है।

II. आम तौर पर एक व्यक्ति परिवीक्षा अवधि में अपनी योग्यता साबित करने की कोशिश करता है।

A. केवल धारणा I निहित है।

B. केवल धारणा II निहित है।

C. या तो I या II निहित है।

D. I और II दोनों निहित हैं।

Q.71 निर्देश: निम्नलिखित प्रश्न में एक कथन दिया गया है, जिसके बाद दो धारणाएँ हैं। तदनुसार उत्तर दें।

कथन: सचिन ने बैंगलोर में अपने भाई को गणित में स्नातकोत्तर पाठ्यक्रम के लिए विश्वविद्यालय से व्यक्तिगत रूप से आवेदन पत्र लेने के लिए लिखा था।

धारणाएँ:

I. विश्वविद्यालय संभावित छात्र के अलावा किसी अन्य व्यक्ति के लिए आवेदन पत्र जारी कर सकता है।

II. सचिन के भाई को आवेदन पत्र जमा करने की अंतिम तारीख से पहले पत्र प्राप्त हो सकता है।

A. केवल धारणा I निहित है।

B. केवल धारणा II निहित है।

C. या तो I या II निहित है।

D. I और II दोनों निहित हैं।

Q.72 पर्यावरण के लिए मुख्य ऊर्जा स्रोत ______ है।

A. सौर ऊर्जा

B. रासायनिक ऊर्जा

C. जैव ऊर्जा

D. विद्युत ऊर्जा

Q.73 सहकारी समितियों में ______ प्रबंधन होता है।

A. सरकार

B. लोकतांत्रिक

C. निरंकुश

D. निजी

Q.74 निम्नलिखित में से कौन आर्थिक गतिविधि नहीं है?

A. अभ्यास करने वाला एक डॉक्टर

B. कानून का अभ्यास करने वाला एक वकील

C. क्रिकेट खेलने वाला एक पेशेवर क्रिकेटर

D. क्रिकेट खेलने वाला एक छात्र

Q.75 राजनीति में 'पक्षत्याग' से क्या अर्थ है?

A. चुनाव जीतने के बाद दल बदलना

B. चुनाव जीतने से पहले दल बदलना

C. चुनाव हारने के बाद दल बदलना

D. चुनाव हारने से पहले दल बदलना

Q.76 ______ को 'सीखने की प्रक्रिया' के रूप में परिभाषित किया जा सकता है।

A. उत्संस्करण

B. प्रसार

C. मिलाना

D. अपमान

Q.77 कार्यात्मकवादियों की महत्वपूर्ण कार्यप्रणाली है:

A. अनुमान संबंधी इतिहास

B. पुस्तकालय का काम

C. क्षेत्र का काम

D. सामग्री विश्लेषण

Q.78 एक जनजाति द्वारा अपनी संस्कृति का पुनर्जागरण कहलाता है:

A. प्रकृतिवाद

B. सांस्कृतिक ग्रहण

C. सात्मीकरण

D. समायोजन

Q.79 कौन कार्यात्मक विकास विश्लेषण, अर्थात् सांस्कृतिक लक्ष्यों और संस्थागत मानदंडों के विशिष्ट हैं, भटकाव का उपयोग करने वाले व्याख्यात्मक कारकों के सिद्धांत को विकसित कर रहा है?

A. डेविड इमाईल दुर्खीम

B. रॉबर्ट किंग मर्टन

C. जिम पार्सन्स

D. मैक्स वेबर

Q.80 ______ बाजार मूल्य में सापेक्ष अंतर समझाने के लिए मूल्य के श्रम सिद्धांत में विश्वास करते थे।

A. ई. कांत

B. कार्ल मार्क्स

C. हेगेल

D. एंगेल्स

Q.81 व्यवहार और मूल्यों के बीच संबंध को ______ कहा जाता है।

A. संस्कृति

B. नीति विज्ञान

C. परिणाम

D. अनुकूलन

Q.82 निम्नलिखित में से कौन सा जोड़ा सही ढंग से मेल नहीं खाता है?

A. काबनिक एकजुटता-ई दुर्खीम

B. पैटर्न चर-टी पार्सन्स

C. दर्पण-स्व-सी एच कोइली

D. व्यक्तिपरक- मालिनोव्स्की के कार्यात्मकवाद

Q.83 निम्नलिखित में से कौन जाति व्यवस्था की विशेषता नहीं है?

A. श्रेणीबद्ध रैंकिंग

B. एंडोगामस स्ट्रैटा

C. ऊर्ध्वधर गतिशीलता

D. श्रेय स्थिति

Q.84 ______ के मामले में मूल्य और मांग सकारात्मक रूप से सहसंबद्ध हैं।

A. सामान्य वस्तुएं

B. सुख-साधन

C. निम्नस्तरीय वस्तुएं

D. विलास-वस्तुएं

Q.85 'ट्रोब्रिएंड आइलैंडर्स' का अध्ययन किसने किया है?

A. ए.आर. ब्राउन

B. सी. जी. सेलिगमैन

C. पोलिश ब्रिसलॉव मालिनोव्स्की

D. ई. दुर्खीम

Q.86 निम्नलिखित में से कौन प्रथागत अधिकारों का समर्थन करता है?
A. रिची (Ritchie)
B. प्लेटो (Plato)
C. लोके (Locke)
D. हेलर (Heller)

Q.87 निम्नलिखित में से कौन सा एक गैर-नवीकरणीय संसाधन है?
A. कोयला
B. पानी
C. ऑक्सीजन
D. इनमें से कोई भी नहीं

Q.88 पहला ट्रॉपिक स्तर _______ को संदर्भित करता है।
A. सभी हरे पौधे
B. सभी शाकाहारी
C. सूरज की रोशनी
D. सभी जानवर

Q.89 _________ चेतना की संरचनाओं का अध्ययन है जैसा कि पहले व्यक्ति के दृष्टिकोण से अनुभव किया जाता है।
A. कार्यात्मकता
B. संरचनावाद
C. घटनाविज्ञान
D. विनिमय सिद्धांत

Q.90 निम्नलिखित में से कौन सा सामाजिक क्रिया का उदाहरण नहीं है?
A. साइकिल की टक्कर के बाद दो व्यक्तियों की आपस में मारपीट करते हैं
B. दो साइकिल चालक एक-दूसरे से अपनी साइकिल टकराने के बाद पछतावा व्यक्त करते हैं
C. दो साइकिल चालक एक दूसरे का ध्यान रखे बिना अपने-अपने तरीके से जा रहे हैं
D. विपरीत दिशाओं से आने वाले दो साइकिल चालक एक-दूसरे को रास्ता देने की कोशिश कर रहे हैं

Q.91 निम्नलिखित में से कौन विकासवाद के चक्रीय सिद्धांत का प्रस्तावक है?
A. टैल्कॉट पार्सन्स
B. डेविड एमिल दुर्खीम
C. ओसवाल्ड मैनुअल अर्नोल्ड गॉटफ्राइड स्पेंगलर
D. हर्बर्ट स्पेंसर

Q.92 उस तकनीक का नाम बताइए जिसका उपयोग वास्तविक फील्डवर्क शुरू होने से पहले किया जाना है।
A. पायलट अध्ययन
B. जनगणना का अध्ययन
C. मामले का अध्ययन
D. सर्वेक्षण

Q.93 निम्नलिखित में से कौन यह सुनिश्चित करता है कि सामाजिक संरचना का अनुभवजन्य वास्तविकता से कोई लेना-देना नहीं है?
A. ए. एफ. नडेल
B. एल. फर्थ
C. क्लाउड लेवी-स्ट्रॉस
D. आर. के. मर्टन

Q.94 संपूर्ण जनसंख्या पर आधारित एक सांख्यिकीय माप को एक पैरामीटर कहा जाता है, जबकि एक नमूने पर आधारित एक उपाय के रूप में जाना जाता है-
A. पैरामीटर
B. आँकड़े
C. अनुमान
D. ब्रम्हांड

Q.95 मैक्स वेबर को स्थिति समूह द्वारा पहचाना जाता है:
A. शिक्षा
B. जीवन की शैलियाँ
C. व्यवसाय
D. पारिवारिक पृष्ठभूमि

Q.96 सामाजिक परिवर्तन के निम्नलिखित सामाजिक विचारकों में से कौन विषम है?
A. जूलियन स्टीवर्ड
B. अगस्ते कॉम्टे
C. के. मार्क्स
D. सेंट-साइमन

Q.97 क्षेत्रीयकरण की गिडेंस अवधारणा का तात्पर्य है:

A. न केवल समय के साथ बल्कि अंतरिक्ष में भी संबंधों का पुनरुत्पादन
B. सामाजिक परिवर्तन की प्रक्रिया क्षेत्रों द्वारा सीमित है
C. एक क्षेत्रीय समाज अन्य समाजों को प्रभावित करना शुरू कर देता है
D. मुख्यधारा का समाज क्षेत्रीय समाजों की विशेषताओं को प्राप्त करता है

Q.98 रिश्तेदारी संरचना के अपने अध्ययन में किसने 'यांत्रिक' और 'सांख्यिकीय' मॉडल दिए?
A. लेवी-स्ट्रॉस
B. जेम्स फ्रेजर
C. ए.आर. रैडक्लिफ-ब्राउन
D. एस. एफ. नाडेल

Q.99 इंटरब्रिडिंग और उपजाऊ संतानों के उत्पादन की क्षमता वाले जीवों को कहा जाता है-
A. कक्षा
B. गण
C. प्रजाति
D. ऊपर के सभी

Q.100 निम्नलिखित में से कौन सा कथन संघर्ष के परिप्रेक्ष्य में प्रतिबिंबित नहीं है?
A. संसाधन और शक्ति के लिए संघर्ष के रूप में समाज
B. परिवर्तन अपरिहार्य है, अक्सर फायदेमंद होता है और हिंसक हो सकता है
C. समाज को उन भागों की एक जटिल प्रणाली के रूप में देखा जाता है जो विभिन्न आवश्यक कार्य करने के लिए बातचीत करते हैं
D. वर्गों के बीच संघर्ष सामाजिक परिवर्तन को निर्धारित करता है

Q.101 सामाजिक संरचना के सिद्धांत में निर्णायक, पर्याप्त रूप से प्रासंगिक और परिधीय 'के रूप में किसने भूमिकाओं को वर्गीकृत किया है?
A. एस. एफ. नडेल
B. जी. पी. मुर्दाँक
C. टैल्कॉट पार्सन्स
D. हर्बर्ट स्पेंसर

Q.102 भारत में पहला राष्ट्रीय उद्यान है:
A. बांदीपुर राष्ट्रीय उद्यान
B. जिम कॉर्बेट नेशनल पार्क
C. गिर राष्ट्रीय उद्यान
D. इनमें से कोई भी नहीं

Q.103 यदि दो चर विपरीत दिशा में अपने मूल्यों में भिन्न हो रहे हैं, तो इसे कहा जाता है:
A. सकारात्मक संबंध
B. रेखिक सहसंबंध
C. नकारात्मक सहसंबंध
D. आंशिक सहसंबंध

Q.104 निम्नलिखित में से कौन सा प्रतीकात्मक अंतःक्रियावाद का तत्व नहीं है?
A. स्वयं
B. अहंकार
C. प्रतीक
D. भूमिका लेने

Q.105 सहसंबंध बीच के सहसंबंध की डिग्री को इंगित करता है:
A. गुणात्मक चर
B. मात्रात्मक चर
C. एक गुणात्मक अनुकूलता और एक मात्रात्मक चर
D. चर का कोई संयोजन

Q.106 जाति व्यवस्था के भीतर गतिशीलता का विश्लेषण करने के लिए संदर्भ समूह सिद्धांत को किसने लागू किया था?
A. एम. एस. ए. राव
B. जी. एस. घोरी
C. एम. एन. श्रीनिवास
D. योगेंद्र सिंह

Q.107 यदि फर्म की _______ को कवर नहीं किया जा रहा है तो फर्म को अल्पावधि में बंद कर देना चाहिए।
A. परिवर्तनीय लागत
B. निश्चित लागत

C. कुल लागत
D. स्पष्ट लागत (धन की रूपरेखा)

Q.108 निम्नलिखित में से कौन सा सही प्रतियोगिता की धारणाओं में से एक है?
A. कुछ खरीदार और कुछ विक्रेता
B. कई खरीदार और कुछ विक्रेता
C. कई खरीदार और कई विक्रेता
D. सभी विक्रेता और खरीदार ईमानदार हैं

Q.109 आर. के. मर्टन के अनुसार, उन परिणामों को देखा जाता है जो प्रणाली के अनुकूलन या समायोजन को कम करते हैं:
A. कार्य
B. गैर-कार्यों
C. रोग
D. कार्यात्मक विकल्प

Q.110 धर्म, विवाह, परिवार, जाति इसके उदाहरण हैं:
A. सामाजिक मूल्य
B. सामाजिक संस्थाएँ
C. सामाजिक मानदंडों
D. समाज का सामाजिक विभाजन

Q.111 वे निश्चित प्रक्रियाएँ या नियम जिन्हें लोगों से मानने की अपेक्षा की जाती है:
A. मानदंड
B. संस्थानों
C. मान
D. समूह व्यवहार

Q.112 एक भारतीय परिवार में, माता-पिता अपनी बेटियों को ससुराल में एक अच्छी पत्नी / बेटी बनने के लिए तैयार करते हैं, यह एक उदाहरण है:
A. प्रतिपक्षी समाजीकरण
B. वयस्क समाजीकरण
C. समाजीकरण
D. पुन: समाजीकरण

Q.113 "स्ट्रक्चर एंड फंक्शन इन प्रिमिटिव सोसाइटी " पुस्तक किसने लिखी है?
A. सी. लेवी-स्ट्रॉस
B. बी. मालिनोवस्की
C. ए. आर. रेडक्लिफ-ब्राउन
D. एस. एफ. नडेल

Q.114 बुनियादी और व्युत्पन्न जरूरतों के आधार पर एक कार्यात्मक सिद्धांत किसने दिया है?
A. बी. मालिनोवस्की
B. आर. के. मर्टन
C. ई. दुर्खीम
D. हर्बर्ट स्पेंसर

Q.115 महान अशोक ने मिशनरियों को _______ भेजा।
A. चीन और कश्मीर
B. तिब्बत और सीलोन
C. तिब्बत और चीन
D. कश्मीर और सीलोन

Q.116 "सामान्यीकृत अन्य" अवधारणा किसके द्वारा दी गई है?
A. एच. ब्लमर
B. जॉर्ज हर्बर्ट मीड
C. इरविंग गोफमैन
D. सी. एच. कोइली

Q.117 कार्यात्मक सिद्धांत का उपयोग करके सामाजिक परिवर्तन का अध्ययन करने की संभावना के रूप में "कार्यात्मक विकल्प" की अवधारणा किसने दी है?
A. बी मालिनोवस्की
B. आर के मर्टन
C. टैल्कॉट पार्सन्स
D. एमाइल दुर्खीम

Q.118 समाजीकरण की प्रक्रिया में निम्नलिखित में से कौन एक अत्यन्त महत्वपूर्ण भूमिका अदा करता है?
A. शैक्षिक संस्थाएँ
B. द्वितीय समूह
C. क्रीड़ा समूह
D. परिवार

Q.119 मौखिक इतिहास पद्धति का उपयोग करके हम एकत्रित कर सकते हैं:
A. मानव घटनाओं का डेटा
B. जीवित व्यक्तियों का स्मरण
C. इतिहासकारों का स्मरण
D. मानव शरीर का डेटा

Q.120 परीक्षण किए जाने वाले चर के बीच संबंध के एक बयान के रूप में जाना जाता है:
A. अध्ययन का उद्देश्य
B. परिकल्पना
C. अनुसंधान प्रश्न
D. अध्ययन की समस्या

Q.121 ऐसा संबंध जिसमें एक चर में परिवर्तन हमेशा दूसरे चर में परिवर्तन को प्रेरित करता है, इसे इस प्रकार से जाना जाता है:
A. सकारात्मक संबंध
B. कारण और प्रभाव संबंध
C. रैखिक सहसंबंध
D. अनलहक संबंध

Q.122 भारत में पहली बार 'औद्योगिक शहर का सर्वेक्षण' किसने किया है और सांख्यिकीय अवधारणाओं और उपकरणों को नियोजित किया है?
A. एम. एन. श्रीनिवास
B. वी. एस. डिसूजा
C. डी. एन. मजूमदार
D. एस. सी. दूबे

Q.123 औसतन निम्नलिखित में से कौन सा उपाय गुणात्मक डेटा पर लागू किया जा सकता है?
A. मोड
B. मीन
C. मेडियन
D. ऊपर के सभी

Q.124 HDI (एचडीआई) का मान किसके बीच होता है?
A. 1-5
B. 0-1
C. 0-100
D. 1-100

Q.125 एकल अभिभावक परिवार कैसा होता है?
A. एक परिवार जिसमें केवल माँ शामिल होती है
B. एक परिवार जिसमें केवल पिता शामिल होते हैं
C. माता-पिता और अजैविक संतान वाला परिवार
D. माता या पिता के साथ एक परिवार

Q.126 निम्नलिखित में से कौन सा मौद्रिक नीति का प्रत्यक्ष साधन है?
A. LAF
B. OMO
C. रेपो दर
D. CRR

Q.127 मानकीकृत पैमाने के साथ आधुनिक पारा थर्मामीटर का आविष्कार किसने किया?
A. एंडर्स सेल्सियस
B. गैलिलियो गैलिली
C. ग्रांड ड्यूक
D. डेनियल गेब्रियल फारेनहाइट

Q.128 निम्नलिखित में से कौन पोषक तत्व प्रदान नहीं करता है लेकिन फिर भी भोजन का एक घटक है?
A. प्रोटीन
B. विटामिन
C. पानी
D. स्थूलखाद्य

Q.129 निम्नलिखित कथनों पर विचार कीजिए:
(I) एक बच्चे के समाजीकरण की प्रक्रिया परिवार से शुरू होती है।
(II) एक बच्चा परिवार से अपनी संस्कृति सीखता है।
(III) एक बच्चा परिवार से सुख और दुख बांटना सीखता है।
(IV) एक बच्चा परिवार से साथ रहना सीखता है।
सही कथन हैं:
A. I और II
B. II और III
C. I, III और IV
D. I, II, III और IV

Q.130 समाजशास्त्र एक अलग विषय के रूप में मुख्य रूप से _____ से उभरा था।

A. रूसी क्रांति
B. आत्मज्ञान विचार
C. शास्त्रीय विचार
D. सामाजिक दर्शन

Q.131 किस शासन प्रणाली में कार्यपालिका विधायिका के प्रति उत्तरदायी होती है?

A. संसदीय सरकार
B. अध्यक्षीय सरकार
C. सर्वाधिकारवादी सरकार
D. सैनिक शासन

Q.132 मानचित्र में अनियमित भूखंडों के क्षेत्र को निर्धारित करने के लिए निम्न में से किस उपकरण का उपयोग किया जाता है?

A. मैपोमीटर
B. कार्टोमीटर
C. सेग्मोमीटर
D. प्लैनीमीटर (क्षेत्रमापी)

Q.133 किसने कहा कि समाजशास्त्र एक विज्ञान है?

A. अगस्टे कॉम्टे
B. हर्बर्ट स्पेंसर
C. एमाइल दुर्खीम
D. मैक्स वेबर

Q.134 अगस्टे कॉम्टे द्वारा विकसित समाजशास्त्रीय परिप्रेक्ष्य को इस रूप में जाना जाता है:

A. निर्माणवाद
B. व्याख्यावाद
C. प्रत्यक्षवाद
D. घटना विज्ञान

Q.135 एक अर्थव्यवस्था में 'टेक ऑफ चरण' का अर्थ है?

A. स्थिर विकास शुरू होता है
B. अर्थव्यवस्था स्थिर है
C. अर्थव्यवस्था चरमराने वाली है
D. सभी नियंत्रण हटा दिए जाते हैं

Q.136 निम्नलिखित में से किस विधि के माध्यम से अनुसंधान के 'कारण और प्रभाव संबंध' को केंद्रित किया जाता है?

A. ऐतिहासिक विधि
B. प्रयोगात्मक विधि
C. पूर्व पोस्ट वास्तविक विधि
D. केरा अध्ययन विधि

Q.137 न्याय दर्शन के संस्थापक कौन थे?

[Uttarakhand Public Service Commission (UKPSC), 2016]

A. कपिल
B. कणाद
C. गौतम
D. जैमिनी

Q.138 'पुलिककली' भारत के निम्नलिखित राज्यों में से एक मनोरंजक लोक कला है?

A. केरल
B. सिक्किम
C. कर्नाटक
D. पंजाब

Q.139 प्रायोगिक अनुसंधान _____ के उद्देश्य से हैं।

A. चर के बीच संबंध स्थापित करना
B. चर का वर्णन करें
C. सिद्धांत के अनुप्रयोग का अध्ययन करें
D. अध्ययन प्रवृत्ति विश्लेषण

Q.140 किस शोध पद्धति में 'स्वतंत्र चर' का हेरफेर और 'बाहरी चर' का नियंत्रण न तो संभव है और न ही वांछनीय?

A. प्रायोगिक विधि
B. पूर्व पोस्ट फैक्टो विधि
C. ऐतिहासिक विधि
D. वर्णनात्मक सर्वेक्षण विधि

Q.141 मानव पूंजी निर्माण का क्या अर्थ है?

A. अर्थव्यवस्था के लिए बुनियादी ढाँचे का विकास
B. लोगों की क्षमताओं और कौशल का विकास
C. अर्थव्यवस्था में मशीनों, उपकरणों, इमारतों के भंडार में वृद्धि

D. बैंक जमाओं की वृद्धि

Q.142 निम्नलिखित में से किस ऑर्बिटर ने चंद्रमा की सतह पर पानी के अणुओं का पता लगाया था?

A. लूना 9
B. लूनर ऑर्बिटर 1
C. चंद्रयान-2
D. चांग 5

Q.143 पर्यावरण संरक्षण से संबंधित निम्नलिखित शिखर सम्मेलनों पर विचार कीजिये:

1. रियो डी जेनेरियो शिखर सम्मेलन
2. सतत विकास पर संयुक्त राष्ट्र सम्मेलन
3. पर्यावरण और विकास पर विश्व आयोग
4. पर्यावरण पर महासभा का विशेष सत्र

कार्यक्रमों का सही कालानुक्रमिक क्रम क्या है?

A. 2 - 1 - 4 - 3
B. 3 - 1 - 4 - 2
C. 3 - 4 - 1 - 2
D. 2 - 4 - 1 - 3

Q.144 एक शोधकर्ता अपने प्रबंध को लिखते समय सांख्यिकीय तकनीकों के उपयोग का अंतर्निहित तर्क प्रदान नहीं करता है। इसे निम्न में से किस स्थिति के रूप में बेहतर ढंग से वर्णित किया जायेगा?

A. तकनीक गिरावट
B. नैतिक दुर्व्यवहार
C. आयोग की एक त्रुटि
D. अकरण की एक त्रुटि

Q.145 सिस्टम हैकिंग में सबसे महत्वपूर्ण गतिविधि क्या है?

A. जानकारी इकट्ठा करना
B. क्रैकिंग पासवर्ड
C. कवरिंग ट्रैक
D. इनमें से कोई नहीं

Q.146 "साइबरस्पेस" _____ द्वारा गढ़ा गया था।

A. रिचर्ड स्टॉलमैन
B. विलियम गिब्सन
C. स्कॉट फहलमैन
D. इनमें से कोई नहीं

Q.147 धोखे से ओपन किए गए सिस्टम से डेटा डाउनलोड, कॉपी, एक्सट्रैक्ट करना _____ माना जाता है।

A. साइबर युद्ध
B. साइबर सुरक्षा अधिनियम
C. डेटा बैकअप
D. साइबर अपराध

Q.148 वे अति दुष्ट हैकर हैं और उनका मुख्य उद्देश्य साइबर अपराध करके वित्तीय लाभ प्राप्त करना है। यहाँ "वे" किसे संदर्भित किया गया है?

A. व्हाइट हैट हैकर्स
B. ब्लैक हैट हैकर्स
C. हैक्टिविस्ट
D. ग्रे हैट हैकर्स

Q.149 आईटी अधिनियम की किस धारा के तहत किसी भी डिजिटल संपत्ति या जानकारी की चोरी करना साइबर अपराध है?

A. 65
B. 65-D
C. 67
D. 70

Q.150 साइबर अपराध को _____ प्रकारों में वर्गीकृत किया जा सकता है।

A. 4
B. 3
C. 2
D. 6

// स्मार्ट उत्तर पुस्तिका //

सही उत्तर उन छात्रों का प्रतिशत जिन्होंने प्रश्नों का सही उत्तर दिया था। **छोड़ दिया** उन छात्रों का प्रतिशत जिन्होंने प्रश्नों को छोड़ दिया था।

प्रश्न संख्या	उत्तर	सही उत्तर / छोड़ दिया	प्रश्न संख्या	उत्तर	सही उत्तर / छोड़ दिया	प्रश्न संख्या	उत्तर	सही उत्तर / छोड़ दिया	प्रश्न संख्या	उत्तर	सही उत्तर / छोड़ दिया	प्रश्न संख्या	उत्तर	सही उत्तर / छोड़ दिया
1	D	20.75 % / 1.89 %	17	D	19.81 % / 73.59 %	33	B	10.38 % / 87.73 %	49	B	5.66 % / 88.68 %	65	B	25.47 % / 70.76 %
2	C	13.21 % / 72.64 %	18	A	25.47 % / 73.59 %	34	C	5.66 % / 86.79 %	50	D	5.66 % / 87.74 %	66	B	17.92 % / 70.76 %
3	C	15.09 % / 73.59 %	19	C	2.83 % / 73.59 %	35	A	5.66 % / 87.74 %	51	B	21.7 % / 66.98 %	67	C	23.58 % / 71.7 %
4	A	11.32 % / 73.59 %	20	B	17.92 % / 73.59 %	36	D	9.43 % / 87.74 %	52	D	2.83 % / 69.81 %	68	C	25.47 % / 70.76 %
5	B	13.21 % / 73.58 %	21	C	10.38 % / 87.73 %	37	B	10.38 % / 87.73 %	53	C	17.92 % / 71.7 %	69	B	21.7 % / 70.75 %
6	A	19.81 % / 73.59 %	22	C	6.6 % / 87.74 %	38	D	8.49 % / 87.74 %	54	A	13.21 % / 70.75 %	70	D	10.38 % / 70.75 %
7	D	20.75 % / 73.59 %	23	C	7.55 % / 86.79 %	39	D	9.43 % / 87.74 %	55	B	27.36 % / 70.75 %	71	D	6.6 % / 71.7 %
8	A	18.87 % / 73.58 %	24	C	9.43 % / 87.74 %	40	D	4.72 % / 87.73 %	56	B	23.58 % / 70.76 %	72	A	26.42 % / 71.69 %
9	C	10.38 % / 74.53 %	25	A	6.6 % / 87.74 %	41	A	11.32 % / 87.74 %	57	B	11.32 % / 70.76 %	73	B	15.09 % / 71.7 %
10	D	13.21 % / 74.53 %	26	C	4.72 % / 87.73 %	42	D	9.43 % / 87.74 %	58	A	1.89 % / 70.75 %	74	D	23.58 % / 71.7 %
11	A	10.38 % / 75.47 %	27	D	7.55 % / 87.73 %	43	D	6.6 % / 87.74 %	59	B	4.72 % / 70.75 %	75	A	13.21 % / 71.7 %
12	D	10.38 % / 75.47 %	28	C	9.43 % / 87.74 %	44	A	4.72 % / 87.73 %	60	A	18.87 % / 70.75 %	76	A	10.38 % / 71.7 %
13	A	10.38 % / 74.53 %	29	A	1.89 % / 87.73 %	45	B	4.72 % / 87.73 %	61	D	18.87 % / 70.75 %	77	D	10.38 % / 71.7 %
14	A	21.7 % / 73.58 %	30	A	7.55 % / 87.73 %	46	D	5.66 % / 88.68 %	62	C	13.21 % / 70.75 %	78	A	6.6 % / 71.7 %
15	C	22.64 % / 73.59 %	31	C	1.89 % / 87.73 %	47	C	3.77 % / 88.68 %	63	B	14.15 % / 70.76 %	79	B	13.21 % / 71.7 %
16	A	16.98 % / 73.59 %	32	B	8.49 % / 87.74 %	48	A	6.6 % / 88.68 %	64	C	23.58 % / 70.76 %	80	B	20.75 % / 71.7 %

प्रश्न संख्या	उत्तर	सही उत्तर / छोड़ दिया	प्रश्न संख्या	उत्तर	सही उत्तर / छोड़ दिया	प्रश्न संख्या	उत्तर	सही उत्तर / छोड़ दिया	प्रश्न संख्या	उत्तर	सही उत्तर / छोड़ दिया	प्रश्न संख्या	उत्तर	सही उत्तर / छोड़ दिया
81	B	7.55 % / 71.7 %	95	B	21.7 % / 71.7 %	109	A	3.77 % / 72.65 %	123	D	12.26 % / 72.65 %	137	C	8.49 % / 86.79 %
82	D	17.92 % / 71.7 %	96	B	2.83 % / 71.7 %	110	B	23.58 % / 72.65 %	124	B	4.72 % / 86.79 %	138	A	6.6 % / 86.8 %
83	C	16.04 % / 71.7 %	97	A	12.26 % / 71.7 %	111	A	18.87 % / 72.64 %	125	D	8.49 % / 86.79 %	139	A	9.43 % / 86.8 %
84	C	9.43 % / 71.7 %	98	A	20.75 % / 71.7 %	112	A	19.81 % / 72.64 %	126	D	4.72 % / 86.79 %	140	B	5.66 % / 86.79 %
85	C	21.7 % / 71.7 %	99	C	20.75 % / 71.7 %	113	C	22.64 % / 72.64 %	127	D	5.66 % / 86.79 %	141	B	8.49 % / 86.79 %
86	A	7.55 % / 71.7 %	100	C	25.47 % / 71.7 %	114	A	21.7 % / 72.64 %	128	D	4.72 % / 86.79 %	142	C	5.66 % / 86.79 %
87	A	22.64 % / 71.7 %	101	A	20.75 % / 72.65 %	115	B	10.38 % / 72.64 %	129	D	10.38 % / 86.79 %	143	B	2.83 % / 86.79 %
88	A	17.92 % / 71.7 %	102	B	17.92 % / 72.65 %	116	B	26.42 % / 72.64 %	130	B	6.6 % / 86.8 %	144	D	2.83 % / 86.79 %
89	C	24.53 % / 71.7 %	103	C	25.47 % / 72.64 %	117	C	6.6 % / 72.65 %	131	A	13.21 % / 86.79 %	145	B	3.77 % / 86.8 %
90	C	21.7 % / 71.7 %	104	B	15.09 % / 72.65 %	118	D	24.53 % / 72.64 %	132	D	2.83 % / 86.79 %	146	B	7.55 % / 86.79 %
91	C	18.87 % / 71.7 %	105	B	9.43 % / 72.65 %	119	B	20.75 % / 72.65 %	133	D	0.94 % / 86.8 %	147	D	10.38 % / 86.79 %
92	D	2.83 % / 71.7 %	106	C	16.98 % / 72.64 %	120	B	22.64 % / 72.64 %	134	C	13.21 % / 86.79 %	148	B	8.49 % / 86.79 %
93	C	15.09 % / 71.7 %	107	A	5.66 % / 72.64 %	121	B	19.81 % / 72.64 %	135	A	8.49 % / 86.79 %	149	A	5.66 % / 86.79 %
94	B	10.38 % / 71.7 %	108	C	13.21 % / 72.64 %	122	C	12.26 % / 72.65 %	136	B	9.43 % / 86.8 %	150	C	1.89 % / 86.79 %

//संकेत और समाधान//

1. वैयक्तिक शैली, अनुसंधान रिपोर्ट लिखते समय अभिव्यक्ति या व्यवहार के विशुद्ध रूप से व्यक्तिगत तौर-तरीकों की विशेषता बताती है।

उपरोक्त शैली निम्नलिखित अनुसंधान में स्वीकार्य है:

A. ग्राउंड सिद्धांत अनुसंधान:

- यह विधि व्यवस्थित रूप से प्राप्त डेटा और इसके विश्लेषण से सिद्धांत का निर्माण करने में मदद करती है।
- यह ध्यान केंद्रित समूह के लिए डेटा संग्रह विधि का अनुसरण करता है।
- यह प्रकृति में व्यवस्थित और आगमनात्मक है।

C. प्रतिभागी-अवलोकन आधारित अनुसंधान:

- यह लोगों की गतिविधि के बारे में जानने की प्रक्रिया है।
- डेटा अपने आप एकत्र किया जाता है।

E. केस अध्ययन अनुसंधान:

- एक केस अध्ययन का कोई नमूना नहीं है।
- यह किसी विषय का विस्तृत और विशिष्ट अध्ययन है।
- यह संबंधित विषय के बारे में ठोस, गहन और प्रासंगिक ज्ञान प्राप्त करने में मदद करता है।
- यह मुद्दों की पहचान करता है, स्थिति का वर्णन करता है और सैद्धांतिक अवधारणाओं का उपयोग करके विश्लेषण करता है।

अत: विकल्प (D) सही है।

2. समय-श्रृंखला विश्लेषण (टीएसए) एक सांख्यिकीय पद्धति है जो अनुदैर्ध्य अनुसंधान डिजाइनों के लिए उपयुक्त है जिसमें एकल विषयों या अनुसंधान इकाइयों को शामिल किया जाता है जिन्हें समय के साथ नियमित अंतराल पर बार-बार मापा जाता है। टीएसए को सभी अनुदैर्ध्य डिजाइनों के उदाहरण के रूप में देखा जा सकता है।

अत: विकल्प (C) सही है।

3. समस्या निर्माण और उसकी परिभाषा से बाहर अनुसंधान नैतिकता का मुद्दा, अनुसंधान और आंकड़ा संग्रहण और व्याख्या की आबादी को परिभाषित करता है और निष्कर्षों की रिपोर्ट करने के चरण में निष्कर्षों को केवल प्रासंगिक माना जा सकता है। अनुसंधान का मुख्य सिद्धांत निष्कर्षों की रिपोर्ट करना है, जो अनुसंधान द्वारा प्राप्त और इंगित किया गया है, और यह बताता है कि परिकल्पना निष्कर्ष से मेल खाती है या नहीं।

अत: विकल्प (C) सही है।

4. भावात्मक अनुक्षेत्र में हमारी भावनाएँ और दृष्टिकोण शामिल हैं। इस अनुक्षेत्र में भावनाएं, मूल्य, प्रशंसा, उत्साह, प्रेरणा और दृष्टिकोण जैसे भावनात्मक रूप से चीजों से निपटने का तरीका शामिल है।

भावात्मक अनुक्षेत्र लोगों को संबोधित करने, पहचानने और समझने के लिए प्रणाली का हिस्सा है। इसलिए, शिक्षकों का दृष्टिकोण अध्यापन को प्रभावित करने वाले अनुक्षेत्र को प्रभावित करता है।

अत: विकल्प (A) सही है।

5. प्रदर्शन की विधि शिक्षार्थियों को बताती है कि इसमें एक लक्ष्य होने के साथ अनुक्रमिक निर्देश का उपयोग करके कार्यों को कैसे किया जाए। यह एक चरण-दर-चरण प्रक्रिया है जिसमें शिक्षण के दौरान छात्रों की अधिकतम भागीदारी शामिल है।

अत: विकल्प (B) सही है।

6. शिक्षार्थी का पूर्व अनुभव शिक्षण की प्रभावशीलता से संबंधित है। अनुभव और विश्वास इन अनुभवों को शिक्षण के बारे में सार्थक विचारों में फिर से संगठित करने में मदद करेंगे जो कि एक उपरिशायी अनुभव से अधिक होगा जो कि सिखाने के लिए सीखने की शुरुआती कठोरता में धोया जा सकता है। शिक्षक शिक्षा के लिए निहितार्थों में सिद्धांत और व्यवहार के साथ आत्म-ज्ञान को एकीकृत करने और ठोस शिक्षण प्रथाओं के विकास में संभावित बाधाओं को दूर करने के लिए पूर्व जीवन के अनुभवों की परीक्षा को बढ़ावा देने की आवश्यकता शामिल है।

अत: विकल्प (A) सही है।

7. एक अच्छा शिक्षक वह है जो छात्रों को उत्साहित और प्रेरित करना सीखता है। जो छात्र प्रेरित नहीं हैं वे प्रभावी रूप से नहीं सीखेंगे और बदले में, वे जानकारी बनाए नहीं रखेंगे या भाग नहीं लेंगे और यहां तक कि विघटनकारी भी हो सकते हैं।

एक अच्छा शिक्षक भी उन छात्रों की मदद करने के लिए तैयार है, जिन्हें इसकी आवश्यकता है। अच्छे शिक्षक छात्रों को बुद्धिहीन महसूस नहीं कराते हैं और वे छात्रों को विषय में रुचि रखने में मदद करते हैं।

अत: विकल्प (D) सही है।

8. जहाँ आपातकाल का उद्घोष चल रहा है, राष्ट्रपति आदेश दे सकता है कि 1 के अधिकार के लिए किसी भी अदालत को स्थानांतरित करने का अधिकार [भाग 20 द्वारा प्रदत्त अधिकारों (अनुच्छेद 20 और 21 को छोड़कर)] जैसा कि उल्लेख किया जा सकता है। उल्लिखित अधिकारों के प्रवर्तन के लिए किसी भी अदालत में लंबित आदेश और सभी कार्यवाही उस अवधि के लिए निलंबित रहेगी, जिसके दौरान उद्घोषणा लागू होती है या ऐसी छोटी अवधि के लिए जो आदेश में निर्दिष्ट की जा सकती है।

अत: विकल्प (A) सही है।

9. उत्पादन में महिलाओं की संख्या: विपणन में महिलाओं की संख्या

$$= \left(900 \times \frac{23}{100}\right) : \left(450 \times \frac{44}{100}\right)$$
$$= 207 : 198$$
$$= 23 : 22$$

अत: विकल्प (C) सही है।

10. आईटी और ग्राहक सेवा में पुरुषों की कुल संख्या

$$= \left(840 \times \frac{55}{100}\right) + \left(540 \times \frac{60}{100}\right)$$
$$= 462 + 324$$
$$= 786$$

अत: विकल्प (D) सही है।

11. (मानव संसाधन और लेखा विभाग में महिलाओं की संख्या): (मानव संसाधन और लेखा विभाग में पुरुषों की संख्या)

$$= \left\{ \left(\frac{65}{100} \times 360\right) + \left(\frac{35}{100} \times 220\right) \right\} : \left\{ \left(\frac{35}{100} \times 360\right) + \left(\frac{65}{100} \times 220\right) \right\}$$
$$= (234 + 77) : (126 + 143)$$
$$= 311 : 269$$

अत: विकल्प (A) सही है।

12. दिया हुआ,

मानव संसाधन विभाग में कर्मचारियों की कुल संख्या $= 360$

लेखा विभाग में कर्मचारियों की कुल संख्या $= 220$

आवश्यक प्रतिशत

$$= \left(\frac{360}{220} \times 100\right) \%$$

$= 163.6\% \approx 164\%$

अतः विकल्प (D) सही है।

13. कक्षा में गैर-मौखिक व्यवहार के आंतरिक संकेत अंतर-व्यक्तिगत गतिशीलता का निदान करने में मदद करते हैं।

"गैर-मौखिक व्यवहार" में वे सभी अर्थपूर्ण पहलू शामिल हैं जिनमें कोई शाब्दिक सामग्री, शब्द, या बोली जाने वाली और/या लिखित भाषा नहीं है। इसमें दृश्य और श्रवण पहलू शामिल हैं - चेहरे के भाव, हावभाव, शरीर की भाषा, मुद्राएं, आंदोलन, आवाज और मुखर सुराग (मौखिक सामग्री के बिना), पोशाक, शारीरिक उपस्थिति, और पारस्परिक बातचीत में व्यवहार के प्रतिमान (जैसे, व्यक्तिगत स्थान, स्पर्श, आदि) और स्थापना और पर्यावरण की विशेषताएं।

अतः विकल्प (A) सही है।

14. महिलाएं प्राथमिक स्तर पर बेहतर शिक्षक हैं क्योंकि वे बच्चों के साथ अधिक धैर्यपूर्वक व्यवहार करती हैं।

छात्रों की मानसिक और भावनात्मक जरूरतों को समझने की क्षमता प्राथमिक स्कूलों में शिक्षकों के लिए महिलाओं को बेहतर विकल्प बनाती है। उन्हें बाल मनोविज्ञान की बेहतर समझ होती है।

अतः विकल्प (A) सही है।

15. समवर्ती सूची में, शिक्षा को विधान के आंकड़ों के विषय के रूप में जाना जाता है। समवर्ती सूची भारत के संविधान की सातवीं अनुसूची में दी गई 52 वस्तुओं की सूची है। इसमें केंद्र और राज्य सरकार दोनों द्वारा विचार की जाने वाली शक्ति शामिल है।

अतः विकल्प (C) सही है।

16. CSS का सम्पूर्ण रूप कैस्केडिंग स्टाइल शीट्स है। यह वेब दस्तावेज़ में शैली जोड़ने का एक तंत्र है। CSS का उपयोग फ़ॉन्ट, फ़ॉन्ट आकार, इसकी स्थिति और अन्य दृश्य सेटिंग्स को परिभाषित करने के लिए किया जाता है।

अतः विकल्प (A) सही है।

17. एक नए लैपटॉप का उत्पादन किया गया है जिसका वजन कम है, जो छोटा है और पिछले लैपटॉप मॉडल की तुलना में कम बिजली का उपयोग करता है। ठोस राज्य हार्ड ड्राइव प्रौद्योगिकियों का उपयोग पूरा करने के लिए किया गया है।

SSD को "सॉलिड स्टेट हार्ड ड्राइव" कहा जाता है। SSD एक हार्ड डिस्क ड्राइव (HDD) के समान एक प्रकार का मास स्टोरेज डिवाइस है। यह डेटा पढ़ने और लिखने का समर्थन करता है और संग्रहीत डेटा को शक्ति के बिना भी एक स्थायी स्थिति में रखता है। आंतरिक SSDs मानक IDE या SATA कनेक्शन का उपयोग करते हुए, हार्ड ड्राइव की तरह कंप्यूटर से जुड़ते हैं।

अतः विकल्प (D) सही है।

18. भारत में जल प्रदूषण का सबसे बड़ा स्रोत अनुपचारित मल है। प्रदूषण के अन्य स्रोतों में कृषि अपवाह और अनियमित लघु उद्योग शामिल हैं। भारत में अधिकांश नदियाँ, झीलें और सतही जल उद्योगों, अनुपचारित मल और ठोस कचरे के कारण प्रदूषित हैं।

अतः विकल्प (A) सही है।

19. परिचालन अनुपात = परिचालन व्यय/शुद्ध बिक्री

अपनी शुद्ध बिक्री के संबंध में खर्च के प्रबंधन में कंपनी प्रबंधन कितना कुशल है।

ऑपरेटिंग अनुपात का उपयोग प्रबंधन की परिचालन दक्षता को मापने के लिए किया जाता है। यह दिखाता है कि बिक्री के आंकड़े में लागत घटक सामान्य सीमा के भीतर है या नहीं। कम परिचालन अनुपात का अर्थ है एक उच्च शुद्ध लाभ अनुपात (यानी, अधिक परिचालन लाभ) इसलिए उच्च परिचालन अनुपात कभी भी अनुकूल स्थिति का संकेत नहीं देता है। इसलिए, कम परिचालन अनुपात गैर-परिचालन खर्चों को पूरा करने के लिए एक उच्च मार्जिन छोड़ देता है। इस प्रकार, दोनों (A) और (R) गलत हैं।

अतः विकल्प (C) सही है।

20. जब संचार प्रभावी होता है, तो छात्र और शिक्षक दोनों को लाभ होता है। संचार सीखने को आसान बनाता है, छात्रों को लक्ष्य प्राप्त करने में मदद करता है, विस्तारित सीखने के अवसरों में वृद्धि होती है, जो छात्र और शिक्षक के बीच संबंध को मजबूत करता है, और एक समग्र सकारात्मक अनुभव बनाता है।

इसलिए, कक्षा संचार के संदर्भ में दृष्टिकोण, कार्य और दिखावे को गैर-मौखिक माना जाता है।

अतः विकल्प (B) सही है।

21. दिया है:

2, 5, 10, 17, 26

श्रृंखला विषम संख्याओं को जोड़ने के पैटर्न का अनुसरण करती है।

$\Rightarrow 1 + 1 = 2$

$\Rightarrow 2 + 3 = 5$

$\Rightarrow 5 + 5 = 10$

$\Rightarrow 10 + 7 = 17$

$\Rightarrow 17 + 9 = 26$

$\Rightarrow 26 + 11 = 37$

$\therefore$? का मान 37 है।

अतः विकल्प (C) सही है।

22. यहाँ अनुसरित स्वरूप निम्नलिखित हैं:

वर्ण माला	A	B	C	D	E	F	G	H	I	J	K	L	M
स्था नीय मान	1	2	3	4	5	6	7	8	9	10	11	12	13
स्था नीय मान	26	25	24	23	22	21	20	19	18	17	16	15	14
वर्ण माला	Z	Y	X	W	V	U	T	S	R	Q	P	O	N

अक्षरों के वर्णमाला के स्थानीय मानों के अनुसार:

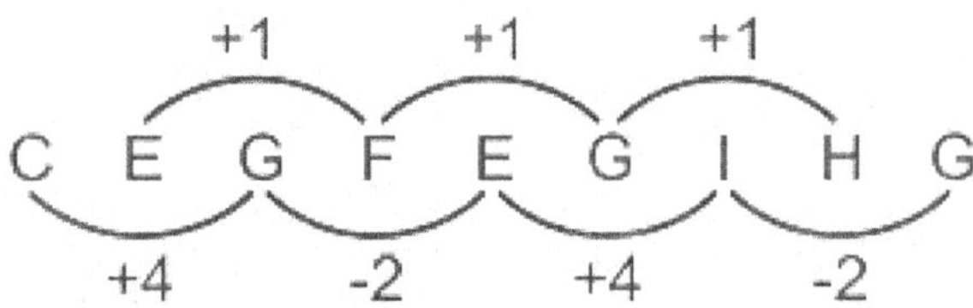

अतः विकल्प (C) सही है।

23. दी गई जानकारी के अनुसार हमें निम्न वंश-वृक्ष प्राप्त होता है,

आरेख में प्रतीक	अर्थ
⬤	महिला
◻	पुरुष
═	विवाहित जोड़ा
—	भाई/बहन
│	पीढ़ी का अंतर

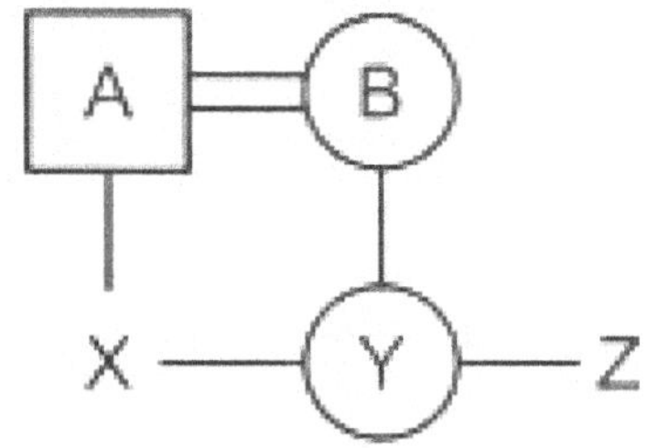

(C) Y, A का पुत्र है ⇒ यह कथन निश्चित रूप से असत्य है। क्योंकि Y, X व Z की बहन है। यह Y का पुत्र नहीं हो सकता है।

(A) B, A की पत्नी है ⇒ चूंकि X, Y व Z भाई-बहन हैं, A व B पति-पत्नी हैं। इसलिए कथन सत्य है।

(B) B की एक पुत्री है ⇒ यह असत्य हो सकता है, क्योंकि इस कथन को प्रमाणित करने के लिए कोई निश्चित तथ्य नहीं है इसलिए इस पर विचार नहीं किया जा सकता है।

(D) X, Z की बहन है ⇒ यह असत्य हो सकता है, क्योंकि इस कथन को प्रमाणित करने के लिए कोई निश्चित तथ्य नहीं है इसलिए इस पर विचार नहीं किया जा सकता है।

इसलिए, "Y, A का पुत्र है" यह कथन निश्चित रूप से असत्य है।

अतः विकल्प (C) सही है।

24. विश्वविद्यालय का सर्वोच्च शैक्षणिक निर्णय लेने वाला निकाय शैक्षणिक परिषद है।

शैक्षणिक परिषद विश्वविद्यालय की प्रमुख शैक्षणिक संस्था होगी और विश्वविद्यालय की शैक्षणिक नीतियों पर अधिनियम, क़ानून, अध्यादेश, विनियम और नियम, समन्वय और सामान्य पर्यवेक्षण के प्रावधानों के अधीन होगी।

शैक्षणिक परिषद विश्वविद्यालय का सांविधिक निकाय हैं। इसमें निम्नलिखित सदस्य शामिल होंगे:

- अध्यक्ष के रूप में कुलपति
- संकायों और संस्थानों के प्रमुखों के सभी अध्यक्ष (डीन)
- कुलपति द्वारा नामित विश्वविद्यालय के पांच प्रोफेसर / एसोसिएट प्रोफेसर
- परीक्षा नियंत्रक

- कुलाधिपति द्वारा नामित विश्वविद्यालय के बाहर के तीन शिक्षाविद
- शैक्षणिक परिषद द्वारा अपने विशेष ज्ञान के लिए चुने गए वैज्ञानिकों / शिक्षाविदों / प्रौद्योगिकीविदों / उद्योगपतियों में से प्रसिद्धिप्राप्त तीन प्रतिनिधि
- रजिस्ट्रार सदस्य-सचिव होंगे

इस प्रकार, शैक्षणिक परिषद निकाय विश्वविद्यालय का सर्वोच्च शैक्षणिक निर्णय लेने वाला होता है।

अतः विकल्प (C) सही है।

25. भारत में अभियांत्रिकी शिक्षा और अनुसंधान के लिए सर्वोच्च संस्थान 'भारतीय प्रौद्योगिकी संस्थान' है।

भारतीय प्रौद्योगिकी संस्थान:

- भारतीय प्रौद्योगिकी संस्थान, 1961 के प्रौद्योगिकी अधिनियम द्वारा शासित है।
- IIT के संस्थापक जवाहरलाल नेहरू थे, जिनकी स्थापना 1951 में हुई थी और यह भारत के 23 शहरों में स्थित है।
- IIT भारत भर में स्थित स्वायत्त सार्वजनिक तकनीकी और अनुसंधान विश्वविद्यालय हैं।
- भारत सरकार द्वारा स्थापित शीर्ष संस्था IIT परिषद द्वारा IIT को केंद्रीय रूप से प्रशासित किया जाता है।
- IIT भारत में प्रतिष्ठित अभियांत्रिकी संस्थान हैं।

अतः विकल्प (A) सही है।

26. भारत में तीन प्रकार के विश्वविद्यालय राज्य विश्वविद्यालय, केंद्रीय विश्वविद्यालय, निजी विश्वविद्यालय हैं।

केंद्रीय विश्वविद्यालय: केंद्रीय विश्वविद्यालय संसद के एक अधिनियम द्वारा स्थापित किए जाते हैं। भारत के राष्ट्रपति सभी केंद्रीय विश्वविद्यालयों के लिए एक आगंतुक हैं। विश्वविद्यालय अनुदान आयोग (यूजीसी) वह एजेंसी है जो इन विश्वविद्यालयों के रखरखाव और विकास के लिए धन मुहैया कराती है। दिल्ली विश्वविद्यालय, इलाहाबाद विश्वविद्यालय, जवाहरलाल नेहरू विश्वविद्यालय (JNU), अलीगढ़ मुस्लिम विश्वविद्यालय (AMU) केंद्रीय विश्वविद्यालयों में से एक हैं।

राज्य विश्वविद्यालय: राज्य विधायिका के एक अधिनियम द्वारा स्थापित या मान्यता प्राप्त विश्वविद्यालयों को राज्य विश्वविद्यालयों के रूप में जाना जाता है। राज्य सरकारें राज्य विश्वविद्यालयों की स्थापना के लिए जिम्मेदार हैं और उनके विकास के लिए योजना अनुदान प्रदान करती हैं और उनके रखरखाव के लिए गैर-योजना अनुदान प्रदान करती हैं। उच्च शिक्षा के देश के सबसे पुराने संस्थानों में से तीन, कलकत्ता विश्वविद्यालय, मद्रास विश्वविद्यालय, और मुंबई विश्वविद्यालय राज्य विश्वविद्यालय हैं।

निजी विश्वविद्यालय: एक निजी विश्वविद्यालय एक प्रायोजन निकाय द्वारा राज्य या केंद्रीय अधिनियम के माध्यम से स्थापित उच्च शिक्षा का एक संस्थान है, जैसे कि सोसायटी पंजीकरण अधिनियम, 1860 के तहत पंजीकृत एक समाज, या किसी अन्य समय में लागू होने वाला कोई अन्य कानून राज्य या एक सार्वजनिक ट्रस्ट या कंपनी अधिनियम, 1956 की धारा 25 के तहत पंजीकृत कंपनी। किसी संस्थान को एक निजी विश्वविद्यालय का दर्जा दिए जाने के लिए, राज्य विधायिका को दर्जा देने के लिए एक अधिनियम पारित करना होगा जिसके द्वारा संस्था प्राप्त करेगी एक विश्वविद्यालय की स्थिति। निजी विश्वविद्यालयों को यूजीसी द्वारा मान्यता प्राप्त होना चाहिए ताकि उनके द्वारा प्रदान की जाने वाली डिग्री का कोई मूल्य न हो। एमिटी यूनिवर्सिटी, लवली प्रोफेशनल यूनिवर्सिटी, शूलिनी यूनिवर्सिटी, आदि निजी विश्वविद्यालयों के कुछ उदाहरण हैं।

अतः विकल्प (C) सही है।

27. कथन 1: इसकी स्थापना 1956 में संसद के एक अधिनियम द्वारा की गई थी।

- यूजीसी को औपचारिक रूप से केवल नवंबर 1956 में भारत में विश्वविद्यालय शिक्षा के मानकों के समन्वय, निर्धारण और रखरखाव के लिए संसद के एक अधिनियम के माध्यम से भारत सरकार के एक सांविधिक निकाय के रूप में स्थापित किया गया था।
- यह भारत में विश्वविद्यालयों को मान्यता प्रदान करता है और ऐसे मान्यता प्राप्त विश्वविद्यालयों और कॉलेज को धन वितरित करता है।

कथन 2: इसे उच्च शिक्षा को बढ़ावा देने और समन्वय करने का कार्य सौंपा गया है।

- उच्च शिक्षा के मानकों के समन्वय, निर्धारण और रखरखाव के लिए यूजीसी जिम्मेदार है।
- यूजीसी ने छात्रों, शिक्षकों और संस्थानों की चिंताओं / शिकागतों की निगरानी करने और उनके अनुसार उनका निवारण 'करने के लिए एक टास्क फोर्स का भी गठन किया है।

कथन 3: यह केंद्र सरकार से योजना और गैर-योजना निधि प्राप्त करता है।

- भारतीय विश्वविद्यालय अनुदान आयोग (यूजीसी इंडिया) शिक्षा मंत्रालय के तहत यूजीसी अधिनियम 1956 के अनुसार भारत सरकार द्वारा स्थापित एक वैधानिक निकाय है और इस पर उच्च शिक्षा के मानकों के समन्वय, निर्धारण और रखरखाव का आरोप है।

कथन 4: यह राज्य विश्वविद्यालयों के संबंध में राज्य सरकारों से धन प्राप्त करता है।

- कथन 4 गलत कथन है क्योंकि यूजीसी को राज्य विश्वविद्यालयों के संबंध में राज्य सरकारों से कोई धन प्राप्त नहीं होता है।

अतः विकल्प (D) सही है।

28. यूजीसी का वैधानिक कार्य विश्वविद्यालयों में शिक्षण और अनुसंधान के मानक को निर्धारित करना और बनाए रखना है।

भारत में विश्वविद्यालय अनुदान आयोग की स्थापना ब्रिटिश यूजीसी की तर्ज पर हुई है। यह 1949 में विश्वविद्यालय शिक्षा आयोग द्वारा सिफारिश की गई थी। आयोग द्वारा यूजीसी की स्थापना की आवश्यकता निम्नलिखित शर्तों में व्यक्त की गई थी:

- केंद्र से विश्वविद्यालयों को अनुदान आवंटित करने के लिए एक आयोग भारत में विश्वविद्यालयों के सुधार और विकास के लिए मौलिक है; इस तरह के निकाय में सरकार के विशेषज्ञों और प्रतिनिधियों का समावेश होना चाहिए।
- उनके निष्पादन के लिए आवश्यक नीति और संसाधन आवंटन पर राजनीतिक निर्णय, जिन विशेषज्ञों के पास ज्ञान और अनुभव है; विश्वविद्यालयों में उन्नत अनुसंधान के लिए सुविधाओं का निर्माण और विकास करना ऐसे निकाय की जिम्मेदारी होनी चाहिए;
- विशेष क्षेत्रों में सुविधाओं के समन्वय की आवश्यकता है, क्योंकि सभी विश्वविद्यालयों में सभी सुविधाएं प्रदान करना संभव नहीं है;
- विश्वविद्यालयों और राष्ट्रीय अनुसंधान प्रयोगशालाओं के बीच एक निरंतर संपर्क होना चाहिए;
- ऐसा निकाय समय-समय पर केंद्र सरकार द्वारा अपनाई जाने वाली नीतियों की सिफारिश करने में सक्षम होगा; तथा
- विश्वविद्यालयों में कुशल प्रशासन, अनुसंधान और शिक्षण के न्यूनतम मानकों को सुनिश्चित करने के लिए इस तरह के निकाय की जिम्मेदारी होनी चाहिए।

अतः विकल्प (C) सही है।

29. कथन बताता है कि दुनिया में सबसे बड़ा लोकतंत्र होने के बावजूद, भारत को अभी भी एक विकासशील देश के रूप में वर्गीकृत किया गया है।

कथन से, यह माना जा सकता है कि भारत प्रगतिशील है और अभी तक एक विकसित राष्ट्र नहीं बन पाया है। इसलिए, अनुमान । अनुसरण करता है।

लेकिन चूंकि कथन विकास के मापदंडों और विकास का आकलन करने के मानदंडों पर चर्चा नहीं करता है। हम यह नहीं अनुमान लगा सकते हैं कि धारणा में बदलाव से भारत को विकसित होने में मदद मिलेगी। इसलिए, अनुमान ।। अनुसरण नहीं करता है।

अतः विकल्प (A) सही है।

30. दिया है:

8 : 514 : : 11 : ?

यहाँ अनुसरण किया गया पैटर्न है,

8, 514 से इस प्रकार संबंधित है:

$8^3 + 2 = 512 + 2$

$= 514$

इसी तरह,

$11^3 + 2 = 1331 + 2$

$= 1333$

⇒ 8 : 514 : : 11 : 1333

अतः विकल्प (A) सही हैं।

31. जब किसी अनुमान के मध्य पद का किसी अन्य मजबूत प्रत्यक्ष द्वारा विरोधाभास किया जाता है, तो इसे बधिता कहा जाता है।

बधिता:

- बधिता हेतु या गैर-अनुमानित रूप से विरोधाभास मध्य।
- एक अनुमान के मध्य पद को जानने के कुछ अन्य 'मजबूत' विचारधाराओं, जैसे प्रत्यक्ष, प्रमाण, आदि से विरोधाभास हो सकता है।
- यह प्रमुख पद को सिद्ध नहीं कर सकता है जो वैध ज्ञान के एक अन्य मजबूत स्रोत द्वारा अस्वीकृत है। उदाहरण 'आग ठंडी है क्योंकि यह एक पदार्थ है'।
- यहां मध्य पद 'पदार्थ' का विरोधाभास हो जाता है क्योंकि इसका प्रमुख शब्द 'शीतलता' प्रत्यक्ष रूप से प्रत्यक्ष के विपरीत होता है।
- यह पांच प्रकार के दोषपूर्ण हेतु हैं जिन्हें भारतीय तर्क में मान्यता प्राप्त है।
- यद्यपि, कुछ अन्य युक्तिदोष भी हैं जिनमें गलत साद्दश्यता के युक्तिदोष, गलत समानता के युक्तिदोष, आदि शामिल हैं।

अतः विकल्प (C) सही है।

32. यहाँ अनुसरित तर्क इस प्रकार है:

सेब और केला फलों के प्रकार के अंतर्गत आते हैं।

तो आरेख जो दिए गए चरों के बीच संबंधों को सबसे बेहतर ढंग से दर्शाता है वह है:

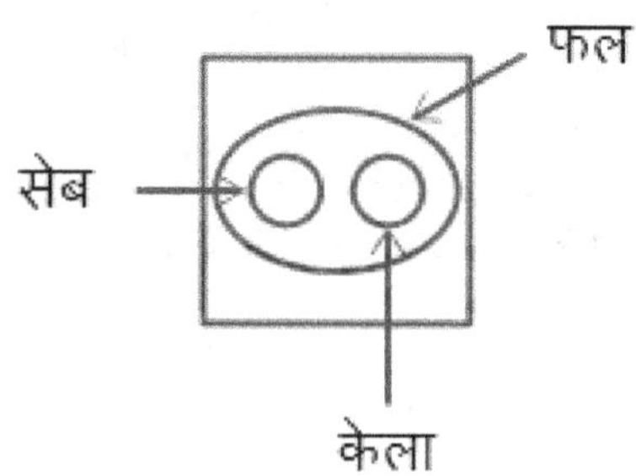

अतः विकल्प (B) सही है।

33. दिया है:

चोर की गति (s_1) = 12 किमी/घंटा

दूरी तय करने का समय (t_1) = 16 मिनट = $\dfrac{16}{60}$ घंटा

दूरी तय करने का समय (t_2) = 12 मिनट = $\dfrac{12}{60}$ घंटा

सूत्र:

गति = दूरी/समय

समय = 1/गति ----(जब दूरी समान है)

माना, चोर की उसी दूरी को 12 मिनट में तय करने की गति s_2 है

प्रश्नानुसार,

$$\Rightarrow s_1 \times t_1 = s_2 \times t_2$$

$$\Rightarrow 12 \times \dfrac{16}{60} = s_2 \times \dfrac{12}{60}$$

$$\Rightarrow s_2 = 16$$

∴ चोर की उसी दूरी को 12 मिनट में तय करने की गति 16 किमी/घंटा है।

अतः विकल्प (B) सही है।

34. शोध का उद्देश्य वास्तविकता को समझना, नए ज्ञान और आविष्कारों की खोज, समाज में विकास, और अनुसंधान नैतिकता निश्चित रूप से शोधकर्ताओं को रोक सकती है। सभी पहलुओं को ध्यान में रखते हुए यह स्पष्ट रूप से तय किया गया है कि शोधकर्ता शोध नैतिकता के कुछ संकेतों का पालन करेंगे।

ये नैतिक शोध के छह प्रमुख सिद्धांतों पर आधारित हैं यह जब भी लागू हो, इन पर ध्यान दिया जाना चाहिए:

1. शोध का उद्देश्य व्यक्तियों और समाज के लिए लाभ को अधिकतम करना और जोखिम और नुकसान को कम करना चाहिए।
2. व्यक्तियों और समूहों के अधिकारों और मर्यादा का सम्मान किया जाना चाहिए।
3. जहां भी संभव हो, भागीदारी स्वैच्छिक और उचित रूप से सूचित की जानी चाहिए।
4. शोध अखंडता और पारदर्शिता के साथ आयोजित किया जाना चाहिए।
5. जिम्मेदारी और जवाबदेही की रेखाओं को स्पष्ट रूप से परिभाषित किया जाना चाहिए।
6. शोध की स्वतंत्रता को बनाए रखा जाना चाहिए और जहां हितों के टकराव से बचा नहीं जा सकता है, उन्हें स्पष्ट किया जाना चाहिए।

अतः विकल्प (C) सही है।

35. एक अच्छी तरह से लिखा हुआ 'शीर्षक' संभावित पाठकों को आकर्षित करता है और एक इलेक्ट्रॉनिक डेटाबेस में एक शोध रिपोर्ट को सूचीबद्ध करने की सुविधा प्रदान करता है।

- एक अच्छे शीर्षक में आपके शोध पत्र की सामग्री और/या उद्देश्य का पर्याप्त रूप से वर्णन करने के लिए आवश्यक कम से कम संभव शब्द होते हैं।
- यह आपकी पोस्ट को इंटरनेट पर व्यापक रूप से पढ़ने और साझा करने और केवल थोड़ी मात्रा में संकर्षण प्राप्त करने के बीच का अंतर हो सकता है। एक शीर्षक का मुख्य उद्देश्य लोगों का ध्यान आकर्षित करना और आपकी पोस्ट को पढ़ना शुरू करने के लिए आकर्षित करना है।
- इसलिए, कोई भी आसानी से यह निष्कर्ष निकाल सकता है कि एक अच्छी तरह से लिखा गया शीर्षक संभावित पाठकों को आकर्षित करता है और एक इलेक्ट्रॉनिक डेटाबेस में एक शोध रिपोर्ट को सूचीबद्ध करने की सुविधा प्रदान करता है।

अतः विकल्प (A) सही है।

36. ईमेल के सन्दर्भ में "स्पैम(SPAM)" शब्द का अर्थ "अवांछित विस्तृत ईमेल" या "अवांछित जंक ईमेल" है।

अवांछित का अर्थ है कि प्राप्तकर्ता को भेजे जाने वाले संदेश के लिए सत्यापन की अनुमति नहीं दी गई है। विस्तृत का अर्थ है कि संदेश को संदेशों के एक बड़े संग्रह के हिस्से के रूप में भेजा जाता है, जिसमें सभी समान सामग्री होते हैं।

अतः विकल्प (D) सही है।

37. किसी संगठन के पहला वेबपेज को होम पेज कहा जाता है।

होम पेज:

- होमपेज एक वेबसाइट का मुख्य वेब पेज होता है।
- यह शब्द एक या उससे अधिक पेज को हमेशा वेब ब्राउज़र में दिखाया जा सकता है जब एप्लीकेशन को स्टार्ट करते हैं।
- इस मामले में, इसे स्टार्ट पेज के रूप में भी जाना जाता है।
- इसमें एक लोगो, ध्यान आकर्षित रंग चयन, पढ़ने योग्य और आकर्षक विशेषताएं, सामाजिक प्रमाण आदि शामिल हैं।
- कॉल टू एक्शन (CTA) सुविधा जो एक बटन या सिर्फ प्लेन टेक्स्ट हो सकती है, लेकिन जो दृष्टिकोण आप अपनाते हैं, उसे आपके होम पेज के बाकी अवयवों से अलग होने की आवश्यकता है।

अतः विकल्प (B) सही है।

38. अंतर-व्यक्तिगत संचार को किसी के स्वयं के साथ संचार के रूप में परिभाषित किया जा सकता है, और इसमें स्व-वार्तालाप, कल्पना और दृश्य के कार्य और यहां तक कि याद और स्मृति शामिल हो सकते हैं।

संगठनात्मक संचार: यह एक संगठन के सदस्यों के बीच संचार के रूपों और प्रणाली को संदर्भित करता है। यह औपचारिक या अनौपचारिक हो सकता है और औद्योगिक परिसर के भीतर विभिन्न पदानुक्रम संरचनाओं में हो सकता है।

अंगूरलता संचार अपने शुद्धतम रूप में अनौपचारिक कार्यस्थल संवाद है: यह कर्मचारियों और वरिष्ठों के बीच बातचीत की विशेषता है जो किसी भी निर्धारित संरचना या नियम-आधारित प्रणाली का पालन नहीं करते हैं। अंगूरलता संचार तेजी से फैलता है और संभवतः संगठन में प्रत्येक व्यक्ति को छूता है।

अंत: वैयक्तिक संचार शाब्दिक या अशाब्दिक तरीकों के माध्यम से दो या अधिक लोगों के बीच सूचना, विचारों और भावनाओं के आदान-प्रदान की प्रक्रिया है। इसमें अक्सर सूचनाओं का आमने-सामने आदान-प्रदान, आवाज, चेहरे के भाव, हाव-भाव और मुद्रा के रूप में शामिल होते हैं।

अतः विकल्प (D) सही है।

39. सही क्रम: प्रेषक, संदेश, माध्यम, प्राप्तकर्ता

ऊपर दिए गए प्रश्न में संचार का एक बहुत महत्वपूर्ण मॉडल सम्मिलित है जो कि बेर्लो का एस.एम.सी.आर. मॉडल है।

- संचार का प्रेषक संदेश माध्यम प्राप्तकर्ता मॉडल जो डेविड बेर्लो द्वारा 1960 में बनाया गया है।
- इस मॉडल को मुख्य रूप से तकनीकी संचार में सुधार करने के लिए बनाया गया था, लेकिन बाद में इसे संचार के विभिन्न क्षेत्रों में लागू किया गया।

अतः विकल्प (D) सही है।

40. सही क्रम: कूट लेखन > प्रतीक > संदेश > चैनल

कक्षा रैखिक संचार में, एक संदेश शिक्षक द्वारा सटीक प्रतीकों की सहायता से कूट लेखित किया जाता है और चैनल या माध्यम से छात्रों द्वारा स्थानांतरित या प्राप्त किया जाता है।

रैखिक संचार:

- यह एकतरफा संचार है।
- यह मॉडल संचारक को महत्व देता है और उसके संदेश में प्रतिक्रिया का तत्व शामिल नहीं था।
- इस मॉडल ने संचार सिद्धांतों में लगे सामाजिक वैज्ञानिकों के बीच संचार की समझ को बेहतर बनाने में मदद की थी।
- यह मॉडल राजनीतिक संचार, प्रचार और राजनीतिक प्रतीकवाद में उपयोगी है।
- मॉडल भी संचारक को प्राप्तकर्ता को प्रभावित करने की इच्छा रखता है और इसलिए, संचार को एक प्रेरक प्रक्रिया के रूप में देखता है।

अतः विकल्प (D) सही है।

41. पर्यावरण (संरक्षण) अधिनियम नागरिकों को पर्यावरण मानदंडों के उल्लंघन के खिलाफ मामले दर्ज करने का अधिकार देता है।

पर्यावरण संरक्षण अधिनियम, 1986 (EPA):

- पर्यावरण संरक्षण अधिनियम, 1986 भारत की संसद का एक अधिनियम है।
- भोपाल गैस त्रासदी या भोपाल आपदा के मद्देनजर, भारत सरकार ने संविधान के अनुच्छेद 253 के अंतर्गत 1986 का पर्यावरण संरक्षण अधिनियम बनाया।
- यह मार्च 1986 में पारित किया गया, और 19 नवंबर 1986 को लागू हुआ।
- इसमें 26 अनुभाग और 4 अध्याय हैं।
- अधिनियम का उद्देश्य मानव पर्यावरण पर संयुक्त राष्ट्र सम्मेलन के निर्णयों को लागू करना है।
- ये मानव पर्यावरण के संरक्षण और सुधार और मानव के लिए खतरों की रोकथाम, अन्य जीवित प्राणियों, पौधों और संपत्ति से संबंधित हैं।
- अधिनियम एक "छाता" कानून है जिसे पिछले कानूनों, जैसे जल अधिनियम और वायु अधिनियम के तहत स्थापित विभिन्न केंद्रीय और राज्य प्राधिकरणों की गतिविधियों के केंद्र सरकार के समन्वय के लिए एक रूपरेखा प्रदान करने के लिए तैयार किया गया है।

अतः विकल्प (A) सही है।

42. "अगर बारिश हुई तो वह जन्मदिन की पार्टी में शामिल नहीं होंगे।" यह काल्पनिक अवयव-घटित वाक्य का एक उदाहरण है।

अवयव-घटित वाक्य एक प्रकार की मध्यस्थता निष्कर्ष है जिसमें निष्कर्ष दो परिसरों से होता है। दूसरे शब्दों में, एक अवयव-घटित वाक्य एक निगमनात्मक तर्क है जो वास्तव में दो परिसर और एक निष्कर्ष से बना है। हम दो प्रकार के अवयव-घटित वाक्य पर विचार करते हैं जिसमें सशर्त और बिना शर्त शामिल हैं। इसके अलावा, सशर्त अवयव-घटित वाक्य को 'काल्पनिक अवयव-घटित वाक्य' और 'वियोगी अवयव-घटित वाक्य' में विभाजित किया गया है।

अतः विकल्प (D) सही है।

43. $\dfrac{1}{-6}, \dfrac{2}{-12}, \dfrac{3}{-18}, \dfrac{4}{-24}, \dfrac{5}{-30}, \dfrac{6}{-36}, \dfrac{7}{-42}, \dfrac{8}{-48}$

अंश-गणक लगातार प्राकृतिक संख्याएं हैं और हर के गुणक 6 है।

अतः विकल्प (D) सही है।

44. दिया है:

एक वस्तु को 960 रुपये की जगह 1200 रुपये में बेचा जाता है और लाभ 30% अधिक है।

सूत्र:

लाभ % = (लाभ/CP) × 100

जहाँ, CP = क्रय मूल्य

गणना:

SP1 = 960

SP2 = 1200

विक्रय मूल्य के बीच का अंतर = 1200 - 960 = 240

साथ ही, 30% लाभ = 240 रुपये

$\Rightarrow 30 = \dfrac{240}{CP} \times 100$

$\Rightarrow CP = 800$

∴ वस्तु का क्रय मूल्य = 800 रुपये

अतः विकल्प (A) सही है।

45. गद्यांश में वैश्विक ब्रांडों का आकलन यह है कि उन्हें वैश्विक परिस्थितियों को दर्शाते हुए उत्पाद का विज्ञापन करना चाहिए।

गद्यांश से, 'वास्तव में, अधिकांश कंपनियां वैश्विक और स्थानीय दृष्टिकोण के बीच एक संतुलन का चयन करेंगी' वैश्विक ब्रांडों के आकलन को इंगित करता है, जिसमें उन्हें विपणन रणनीति का चयन करना होता है जो वैश्विक परिस्थितियों को दर्शाता है।

विकल्प (A), (C) और (D) व्यापक रूप से वैश्विक ब्रांडों के मूल्यांकन को प्रतिबिंबित नहीं करते हैं। एकल पैकेजिंग, नाम, प्रतीक चिन्ह और वैश्वीकरण ऐसे घटक हैं जो वैश्विक रणनीति में मदद करते हैं।

अतः विकल्प (B) सही है।

46. यदि वैश्विक रणनीति स्थानीय परिस्थितियों का लाभ है, तो व्यावसायिक परिणाम उन प्रतिस्पर्धियों का प्रभुत्व है जो स्थानीय परिस्थितियों पर ध्यान केंद्रित करते हैं।

गद्यांश में कहीं भी विकल्प (A), (B) और (C) का उल्लेख नहीं किया गया है।

गद्यांश से, 'व्यापार विश्व भर में एक विज्ञापन अभियान और पैकेजिंग के लिए एक दृष्टिकोण विकसित कर सकता है। हालांकि, इस प्रकार की रणनीति विभिन्न राष्ट्रीय बाजारों की आवश्यकताओं पर प्रतिक्रिया नहीं देती है और इसलिए व्यवसाय उन प्रतियोगियों को बिक्री खो सकता है जो अधिक आवश्यकताओं पर ध्यान केंद्रित करते हैं।' इंगित करता है कि वैश्विक रणनीति स्थानीय बाजार के लिए फायदेमंद हो सकती है लेकिन व्यवसाय कड़ी

प्रतिस्पर्धा का सामना कर सकता है, यहां तक कि उन लोगों को भी बिक्री खो सकता है जो स्थानीय जरूरतों पर ध्यान केंद्रित करते हैं।

अतः विकल्प (D) सही है।

47. गैर-वैश्विक दृष्टिकोण से लाभ दुनिया भर में एकल विज्ञापन अभियान का विकल्प चुनना है।

गद्यांश से, 'उदाहरण के लिए, व्यापार विश्व भर में एक विज्ञापन अभियान और पैकेजिंग के लिए एक दृष्टिकोण विकसित कर सकता है। हालांकि, इस प्रकार की रणनीति विभिन्न राष्ट्रीय बाजारों की आवश्यकताओं पर प्रतिक्रिया नहीं देती है और इसलिए व्यवसाय उन प्रतियोगियों को बिक्री खो सकता है जो अधिक आवश्यकताओं पर ध्यान केंद्रित करते हैं।' इंगित करता है कि यह उन रणनीतियों में से एक है जो गैर वैश्विक दृष्टिकोण को लाभान्वित कर सकते हैं।

विकल्प (A), (B) और (C) संदर्भ से बाहर हैं, जिसका उल्लेख गद्यांश में कहीं भी नहीं किया गया है। और गैर वैश्विक दृष्टिकोण से संबंधित नहीं है।

अतः विकल्प (C) सही है।

48. गद्यांश से, 'यदि कोई व्यवसाय वैश्विक रणनीति का अनुसरण करता है, तो इसका अर्थ यह है कि वह अनिवार्य रूप से उसी विपणन मिश्रण को अपना रहा है जहां वह प्रतिस्पर्धा करता है' यह स्पष्ट रूप से इंगित करता है कि वैश्विक रणनीति का अर्थ सभी प्रतिस्पर्धी बाजार में समान बाजार मिश्रण का चयन करना है।

विकल्प (B), (C) और (D) वैश्विक रणनीति के अर्थ को नहीं दर्शाते हैं।

अतः विकल्प (A) सही है।

49. गद्यांश से, 'प्रत्येक देश में उत्पाद को लगभग उसी तरह से विपणन करना संभव है जिसे वैश्विक रणनीति के रूप में जाना जाता है, या प्रत्येक बाजार के लिए विपणन को समायोजित करना होगा? यदि कोई व्यवसाय वैश्विक रणनीति का अनुसरण करता है, तो इसका अर्थ है कि वह अनिवार्य रूप से उसी विपणन मिश्रण को अपना रहा है, जहां वह प्रतिस्पर्धा करता है 'यह स्पष्ट रूप से इंगित करता है कि वैश्विक रणनीति हर देश में उसी तरह से एक ही उत्पाद का विपणन कर रही है।

विकल्प (A) संदर्भ से बाहर है, जो गद्यांश में उल्लिखित नहीं है।

विकल्प (C), विदेशी बाजार में प्रवेश करने का निर्णय कोई रणनीति नहीं है।

विकल्प (D) केवल स्थानीय बाजार दृष्टिकोण को इंगित करता है।

अतः विकल्प (B) सही है।

50. NAAC (राष्ट्रीय मूल्यांकन और प्रत्यायन परिषद): 1992 में, यूजीसी ने विश्वविद्यालयों और कॉलेजों का मूल्यांकन करने की जिम्मेदारी के साथ एक स्वायत्त निकाय के रूप में एक राष्ट्रीय मूल्यांकन और प्रत्यायन परिषद (NAAC) की स्थापना करने का फैसला किया और उन्हें मूल्यांकन की एक विस्तृत प्रक्रिया के माध्यम से प्रदान किए गए ग्रेड के अनुसार मान्यता दी।

राष्ट्रीय मूल्यांकन और प्रत्यायन परिषद ने उनकी गतिविधियों के लक्ष्यों के रूप में, उच्च शिक्षा के संस्थानों के लिए पांच मुख्य मूल्यों की पहचान की है।

- राष्ट्रीय विकास में योगदान: यह उच्च शिक्षा गतिविधियाँ समाज का एक महत्वपूर्ण हिस्सा हैं और राष्ट्रीय विकास और अच्छी तरह से इसके योगदान को अब दुनिया भर में सरकारों द्वारा व्यापक रूप से मान्यता दी जा रही है।

- छात्रों के बीच वैश्विक प्रतिस्पर्धा को बढ़ावा देना: अधिकांश उच्च शिक्षण संस्थानों ने अपने छात्रों को राष्ट्रीय सीमाओं के भीतर और बाहर दोनों ओर से विस्तार करने में खुद को अत्यधिक प्रभावी और उद्यमशील साबित किया है। चूंकि विदेश में उच्च शिक्षा लेने के लिए एक स्पष्ट नीति है, यह शुल्क-भुगतान विदेशी छात्रों और सेवाओं की बिक्री और प्रचार के माध्यम से भारत के बाहरी खातों में एक प्रमुख कारक बन गया है।

- छात्रों के बीच एक मूल्य प्रणाली को विकसित करना: जीवन के लिए आवश्यक मूल्यों को प्राप्त करने की एक समाजीकरण प्रक्रिया के रूप में शिक्षा अच्छी तरह से मान्यता प्राप्त है और इस पर जोर दिया जाता है। यह भी महसूस किया जा रहा है कि वर्तमान शिक्षा प्रणाली एक मूल्य-निर्माण संस्था के रूप में अपनी भूमिका से काफी हद तक बेखबर है।

- प्रौद्योगिकी के उपयोग को बढ़ावा देना: शैक्षिक अवसरों के विस्तार के लिए प्रौद्योगिकी की क्षमता अच्छी तरह से पहचानी जाती है। खुले विश्वविद्यालय और कई पारंपरिक विश्वविद्यालय और कॉलेज शैक्षिक उद्देश्यों के लिए प्रौद्योगिकी का उपयोग करने के लिए महत्वपूर्ण प्रयास कर रहे हैं।

- उत्कृष्टता के लिए अनुसंधान: गुणवत्ता, एक कार्यात्मक दृष्टिकोण से, कुछ हासिल करने के लिए एक साधन के रूप में देखा जाता है। इसे गुणवत्ता का प्रबंधकीय दृष्टिकोण या गुणवत्ता का बाज़ार दृश्य भी माना जाता है। वैकल्पिक रूप से, गुणवत्ता को एक आंतरिक दृष्टिकोण से देखा जा सकता है, जो इसे अपने आप में एक मूल्य के रूप में मानता है। यह वास्तविक शिक्षाविदों की शिक्षा में गुणवत्ता पर विचार करता है, और इस प्रकार इसे गुणवत्ता का शैक्षिक दृष्टिकोण माना जा सकता है।

अतः विकल्प (D) सही है।

51. आर.के. मर्टन ने 'स्व-पूर्ति भविष्यवाणी' पर लिखा है।

आर.के. मर्टन का पूरा नाम रॉबर्ट किंग मर्टन एक अमेरिकी समाजशास्त्री थे, जिन्होंने 4 जुलाई 1910 को जन्म लिया और 23 फरवरी, 2003 को उनका निधन हो गया। उनके जीवन का अधिकांश समय कोलंबिया विश्वविद्यालय में प्रोफेसर के रूप में बीता। विज्ञान के समाजशास्त्र के क्षेत्र में उनके योगदान के बारे में उन्हें कई पुरस्कारों से सम्मानित किया गया। उन्होंने कई निबंधन तैयार किए जो इस तिथि तक उपयोग में हैं और उन्होंने बहुत लोकप्रियता हासिल की है जैसे कि रोल मॉडल, रोल स्ट्रेन या स्व-पूर्ति की भविष्यवाणी और बहुत कुछ।

विश्वास और व्यवहार के बीच सकारात्मक प्रतिक्रिया के कारण, स्व-पूर्ति भविष्यवाणी एक भविष्यवाणी है जो प्रत्यक्ष या अप्रत्यक्ष रूप से खुद को सच होने का कारण बनती है।

अतः विकल्प (B) सही है।

52. अर्थव्यवस्था या उत्पादन प्रक्रिया में एक फर्म द्वारा खपत की जाने वाली पूंजी को मूल्यह्रास के रूप में जाना जाता है। अर्थशास्त्र में, मूल्यह्रास एक फर्म, राष्ट्र, या अन्य इकाई के पूंजीगत स्टॉक के आर्थिक मूल्य में क्रमिक कमी है, या तो भौतिक मूल्यह्रास, अप्रचलन के माध्यम से, या प्रश्न में पूंजी की सेवाओं की मांग में परिवर्तन।

अतः विकल्प (D) सही है।

53. एक समुदाय एक विशेष क्षेत्र में रहने वाले लोगों का एक समूह है, जो सामान्य मानदंडों, धर्मों, मूल्यों और रीति-रिवाजों को साझा करते हैं। समुदाय एक मूल्यवान शिक्षण-अधिगम संसाधन है और इसमें शिक्षार्थी के सामाजिक विकास की अधिकतम गुंजाइश है।

- संपूर्ण शिक्षा प्रणाली में सुधार लाने और प्रशासन के प्रत्येक स्तर पर जवाबदेही के लिए एक उपयुक्त ढांचा तैयार करने के लिए सामुदायिक भागीदारी को एक मूलभूत आवश्यकता के रूप में माना जाता था।

- यह बदलाव सामुदायिक विकास से सामुदायिक भागीदारी या लोगों को सशक्त बनाने या जमीनी लोकतंत्र में हुआ है।

- नीति दस्तावेजों में इस बात पर जोर दिया गया था कि निर्णय लेने की प्रक्रिया में लोगों के पास शक्ति होनी चाहिए।

- गांव/वार्ड, ब्लॉक और जिला स्तर पर स्कूली शिक्षा की योजना बनाने में समुदाय को स्कूलों की गतिविधियों में शामिल किया जाना चाहिए।

समुदाय को विभिन्न तरीकों से शामिल किया जा सकता है:

- स्कूल से बाहर के बच्चों के लिए सर्वेक्षण में भागीदारी, बाल श्रम के मुद्दे पर जागरूकता निर्माण अभियान, नामांकन अभियान

- विद्यालय मानचित्रण अभ्यास में भाग लेना, विद्यालय का स्थान, विद्यालयी आधारभूत संरचना जैसे भवन, कक्षाएँ, शौचालय और पेयजल सुविधा की उपलब्धता।

- धन, सामग्री और श्रम के योगदान के माध्यम से भागीदारी

- 'उपस्थिति' के माध्यम से भागीदारी (उदाहरण के लिए स्कूल में माता-पिता की बैठकों में),

- कक्षा में स्वच्छता और शिक्षण/अधिगम की निगरानी के लिए स्कूलों का दौरा करना, शिक्षकों के साथ विद्यार्थियों के प्रदर्शन पर चर्चा करना

- बुनियादी ढांचे या शिक्षण पद्धति में सुधार कैसे करें जैसे किसी विशेष मुद्दे पर परामर्श के माध्यम से भागीदारी

- एक सेवा के वितरण में भागीदारी, शिक्षक के अनुपस्थित होने पर शिक्षण या छात्रों को व्यावसायिक कौशल / संगीत सिखाना;

- बच्चों की उपस्थिति की निगरानी, शिक्षकों की नियमितता;

- निःशुल्क पाठ्यपुस्तकों, छात्रों तक विद्यालय ड्रेस की पहुंच जैसे प्रोत्साहनों की निगरानी करना,

- मध्याह्न भोजन की नियमितता और गुणवत्ता की निगरानी करना।

- छात्रों को समुदाय के लोगों के तथ्य और अनुभव प्रदान करना।

- क्षेत्र भ्रमण और सर्वेक्षण विधियों के माध्यम से विद्यालय को समुदाय तक ले जाना।

- स्कूलों में डॉक्टरों, किसानों और अन्य लोगों को समुदाय के मानव संसाधन के रूप में आमंत्रित करना।

इसलिए, हम यह निष्कर्ष निकालते हैं कि दोनों बिंदु समुदाय को शामिल करने के तरीके हो सकते हैं।

अत: विकल्प (C) सही है।

54. सापेक्षिक आर्द्रता किसी दिए गए तापमान पर हवा की जल वाष्प सामग्री का एक उपाय है। हवा में नमी की मात्रा की तुलना उस अधिकतम मात्रा से की जाती है जो हवा में एक ही तापमान पर हो सकती है और प्रतिशत के रूप में व्यक्त की जाती है।

अत: विकल्प (A) सही है।

55. स्ट्रीट कॉर्नर सोसाइटी (मूल रूप से टाइटल कॉर्नर सोसाइटी: द सोशल स्ट्रक्चर ऑफ ए इटैलियन स्लम) एक आत्मकथा है, जो विलियम फूटे व्हाइट द्वारा लिखी गई और 1943 में प्रकाशित हुई। यह व्हॉट्सएप की पहली किताब थी। पहली बार प्रकाशित होने पर इसे थोड़ा ध्यान दिया गया, लेकिन 1955 में फिर से प्रकाशित होने पर यह एक बेस्टसेलर के साथ-साथ एक मानक कॉलेज पाठ बन गया और प्रतिभागी अवलोकन में अग्रणी के रूप में व्हाइट की प्रतिष्ठा स्थापित की।

अत: विकल्प (B) सही है।

56. दुनिया की शहरी आबादी अपनी ग्रामीण आबादी की तुलना में तेजी से बढ़ रही है। इसका मुख्य कारण ग्रामीण-शहरी प्रवास है। ग्रामीण-शहरी प्रवास ग्रामीण इलाकों से शहर के लोगों का आवागमन है।

इसके कारण दो चीजें होती हैं:

1. शहरी विकास - कस्बों और शहरों का विस्तार हो रहा है, भूमि का एक बड़ा क्षेत्र शामिल है।

2. शहरीकरण - कस्बों और शहरों में रहने वाले लोगों का बढ़ता अनुपात।

अत: विकल्प (B) सही है।

57. मीडिया अनुसंधान विधियां एक अनुसंधान परियोजना को पूरा करने के लिए व्यावहारिक प्रक्रियाएं हैं। इन विधियों में सर्वेक्षण, फोकस समूह, प्रयोग और प्रतिभागी अवलोकन शामिल हैं। अनुसंधान विधियों में आम तौर पर या तो परीक्षण विषय या मीडिया का विश्लेषण शामिल होता है।

अत: विकल्प (B) सही है।

58. संसाधनों की कमी से आर्थिक समस्या उत्पन्न होती है। हर अर्थव्यवस्था को संसाधनों की कमी का सामना करना पड़ता है क्योंकि उनकी इच्छाएं असीमित हैं और उनके संसाधन सीमित हैं। इसलिए, आर्थिक समस्या दुर्लभ संसाधनों को कम करने की समस्या है। इसका अर्थ है उपलब्ध संसाधनों का सर्वोत्तम उपयोग करना।

अत: विकल्प (A) सही है।

59. सहभागी टिप्पणियां विदेशी संस्थागत निवेशकों से जुड़ी हैं। यह विदेशी वित्तीय निवेशकों (एफएफआई) द्वारा भारतीय शेयर बाजार में विदेशी निवेश के लिए मार्ग है।

अत: विकल्प (B) सही है।

60. भारत के पहले आम चुनाव के बाद 17 अप्रैल 1952 को पहली लोकसभा का गठन किया गया था। श्री गणेश वासुदेव मावलंकर भारत के पहले लोक सभा अध्यक्ष थे।

दादासाहेब के रूप में लोकप्रिय गणेश वासुदेव मावलंकर (27 नवंबर 1888 - 27 फरवरी 1956) एक स्वतंत्र कार्यकर्ता, केंद्रीय विधान सभा के अध्यक्ष (1946 से 1947 तक) थे।

अत: विकल्प (A) सही है।

61. भारत की संसद को एक संप्रभु निकाय के रूप में नहीं माना जा सकता है क्योंकि:

- यह संविधान द्वारा केंद्र को सौंपे गए विषयों पर ही कानून बना सकता है।

- इसे संविधान द्वारा निर्धारित सीमाओं के भीतर काम करना है।

- सर्वोच्च न्यायालय संसद द्वारा पारित कानूनों को असंवैधानिक घोषित कर सकता है। यदि वे संविधान के प्रावधानों का उल्लंघन करते हैं।

अत: विकल्प (D) सही है।

62. अनुसंधान को नए ज्ञान के निर्माण के रूप में परिभाषित किया गया है ताकि मौजूदा ज्ञान का उपयोग नए और रचनात्मक तरीके से किया जा सके ताकि नई अवधारणाएं, कार्यप्रणाली और समझ उत्पन्न हो सके। इसमें पिछले अनुसंधान के संश्लेषण और विश्लेषण को इस हद तक शामिल किया जा सकता है कि यह नए और रचनात्मक परिणामों की ओर ले जाए।

अत: विकल्प (C) सही है।

63. हेमिस नेशनल पार्क भारत के लद्दाख में स्थित एक हाई एल्टीट्यूड वाला राष्ट्रीय उद्यान है। अपने हिम तेंदुओं के लिए विश्व स्तर पर प्रसिद्ध है, ऐसा माना जाता है कि दुनिया के किसी भी संरक्षित क्षेत्र में उनका घनत्व सबसे अधिक है।

अत: विकल्प (B) सही है।

64. इवान इलिच ने "डी-स्कूलिंग सोसाइटी" पुस्तक लिखी है।

इवान इलिच एक क्रोएशियाई-ऑस्ट्रियाई दार्शनिक, रोमन कैथोलिक पादरी, और आधुनिक पश्चिमी संस्कृति के संस्थानों के आलोचक थे, जिन्होंने शिक्षा, चिकित्सा, कार्य, ऊर्जा उपयोग, परिवहन और आर्थिक विकास में समकालीन प्रथाओं को संबोधित किया।

आधुनिक अर्थव्यवस्थाओं में अभ्यास के रूप में शिक्षा के बारे में एक महत्वपूर्ण प्रवचन डी-स्कूलिंग सोसाइटी। यह एक किताब है जिसने इवान इलिच को लोगों के ध्यान में लाया। कार्यक्रमों और चिंताओं पर विस्तार से भरा, पुस्तक संस्थागत शिक्षा की अप्रभावी प्रकृति का उदाहरण देती है।

अतः विकल्प (C) सही है।

65. भारतविद्या दृष्टिकोण ने इस धारणा पर विश्राम किया कि ऐतिहासिक रूप से, भारतीय समाज और संस्कृति अद्वितीय हैं और भारतीय सामाजिक यथार्थ की इस 'प्रासंगिक' विशिष्टता को 'ग्रंथों' के माध्यम से बेहतर ढंग से समझा जा सकता है।

अतः विकल्प (B) सही है।

66. संरचनावाद, सांस्कृतिक नृविज्ञान में, फ्रांसीसी मानवविज्ञानी क्लाउड लेवी-स्ट्रॉस द्वारा विकसित विचार का स्कूल, जिसमें संस्कृतियों को प्रणालियों के रूप में देखा जाता है, उनके तत्वों के बीच संरचनात्मक संबंधों के संदर्भ में विश्लेषण किया जाता है।

क्लाउड लेवी-स्ट्रॉस के सिद्धांतों के अनुसार, सांस्कृतिक प्रणालियों में सार्वभौमिक पैटर्न मानव मन की अपरिवर्तनीय संरचना के उत्पाद हैं। लेवी-स्ट्रॉस के लिए संरचना, को विशेष रूप से मानसिक संरचना के रूप में संदर्भित किया गया है, हालांकि उन्होंने रिश्तेदारी, पौराणिक कथाओं, कला, धर्म, अनुष्ठान और पाक परंपराओं में अपने दूरगामी विश्लेषणों में इस तरह की संरचना का प्रमाण पाया।

अतः विकल्प (B) सही है।

67. दुर्खिम ने तर्क दिया कि समाज में व्यवस्था (या जैविक एकजुटता) बनाए रखने के लिए नैतिक विनियमन, साथ ही आर्थिक विनियमन की आवश्यकता थी। वास्तव में, यह विनियमन स्वाभाविक रूप से 'श्रम के विभाजन' की प्रतिक्रिया के रूप में होता है, जिससे लोग "अपने मतभेदों को शांत करने के लिए रचना करते हैं"।

श्रम का विभाजन एक आर्थिक अवधारणा है जो बताती है कि उत्पादन प्रक्रिया को विभिन्न चरणों में विभाजित करना श्रमिकों को विशिष्ट कार्यों पर ध्यान केंद्रित करने में सक्षम बनाता है।

अतः विकल्प (C) सही है।

68. विचारधारा और यूटोपिया पुस्तक में मैनहेम ने ज्ञान के समाजशास्त्र के विचार को प्रतिपादित किया है।

विचारधारा और यूटोपिया का तर्क है कि विचारधाराएं मानसिक कल्पनाएं हैं जिनका कार्य किसी दिए गए समाज के वास्तविक स्वरूप को उजागर करना है। वे उन लोगों के दिमाग में अनजाने में उत्पन्न होते हैं जो एक सामाजिक व्यवस्था को स्थिर करना चाहते हैं।

अतः विकल्प (C) सही है।

69. व्यक्तियों या सामाजिक समूह या किसी संगठन की बेहतरी के लिए सामाजिक स्थिति में सुधार के लिए किए गए शोध को क्रिया अनुसंधान कहा जाता है।

क्रिया अनुसंधान, कार्रवाई करने और अनुसंधान करने की युगपत प्रक्रिया के माध्यम से परिवर्तनकारी परिवर्तन की तलाश करता है, जो महत्वपूर्ण प्रतिबिंब द्वारा एक साथ जुड़ा हुआ है। कर्ट लेविन, जो तब MIT के प्रोफेसर थे, ने पहली बार 1944 में "क्रिया अनुसंधान" शब्द गढ़ा।

अतः विकल्प (B) सही है।

70. व्यक्ति के प्रदर्शन का समय-समय पर परीक्षण किया जाता है क्योंकि कथन का उल्लेख है। इसलिए, । निहित है। कथन में उल्लेख किया गया है कि पुष्टि से पहले व्यक्ति के मूल्य की समीक्षा की जाएगी (परिवीक्षा अवधि के दौरान) इसलिए, ॥ भी निहित है।

अतः विकल्प (D) सही है।

71. चूंकि सचिन ने अपने भाई से फॉर्म जमा करने के लिए कहा है, इसलिए यह स्पष्ट है कि विश्वविद्यालय किसी को भी फॉर्म जारी कर सकता है और फॉर्म जमा करने की अंतिम तिथि से पहले सचिन के भाई को पत्र प्राप्त होगा। इसलिए, । और ॥ दोनों निहित हैं।

अतः विकल्प (D) सही है।

72. पर्यावरण के लिए मुख्य ऊर्जा स्रोत सौर ऊर्जा है।

सौर ऊर्जा पृथ्वी पर एक प्रचुर ऊर्जा संसाधन है। यह एक प्रकार की स्वच्छ ऊर्जा है। यह ऊर्जा का सबसे सस्ता और सबसे अच्छा स्रोत है। फोटोवोल्टेइक सौर ऊर्जा का उपयोग करता है और बिजली उत्पन्न करने के लिए उपयोग किया जाता है।

अतः विकल्प (A) सही है।

73. सहकारी समितियों में लोकतांत्रिक प्रबंधन होता है। समाज के "निदेशक मंडल" के रूप में जाना जाता है एक समूह द्वारा प्रबंधित किया जाता है। निदेशक मंडल के सदस्य समाज के चुने हुए प्रतिनिधि होते हैं। एक सहकारी समिति का मुख्य उद्देश्य अपने सदस्यों को सेवा प्रदान करना है।

अतः विकल्प (B) सही है

74. क्रिकेट खेलने वाला एक छात्र, कोई आर्थिक गतिविधि नहीं है। आर्थिक गतिविधि वस्तुओं या सेवाओं को बनाने, प्रदान करने, खरीदने या बेचने की गतिविधि है। कोई भी कार्रवाई जिसमें उत्पादों या सेवाओं का उत्पादन, वितरण या उपभोग करना शामिल है, एक आर्थिक गतिविधि है।

अतः विकल्प (D) सही है।

75. राजनीति में पक्षत्याग का अर्थ है, चुनाव जीतने के बाद राजनीतिक दल बदलना। यह शब्द अक्सर दूसरे धर्म, राजनीतिक दल या अन्य प्रतिद्वंद्वी गुट के प्रति वफादारी को बदलने वाले पर लागू किया जाता है।

अतः विकल्प (A) सही है।

76. उत्संस्करण को 'सीखने की प्रक्रिया' के रूप में परिभाषित किया जा सकता है और नए देश के अप्रवासियों और उनके परिवारों के मूल्यों, विश्वासों, भाषा, रीति-रिवाजों और तरीकों को शामिल किया जा रहा है, जिसमें ऐसे व्यवहार शामिल हैं जो स्वास्थ्य को प्रभावित करते हैं जैसे कि आहार की आदतें, गतिविधि स्तर और पदार्थ का उपयोग ।

अतः विकल्प (A) सही है।

77. कार्यात्मकवादियों की कार्यप्रणाली पद्धति सामग्री विश्लेषण है। सामग्री विश्लेषण एक शोध पद्धति है जिसका उपयोग रिकॉर्ड किए गए संचार में पैटर्न की पहचान करने के लिए किया जाता है। सामग्री विश्लेषण मात्रात्मक (गिनती और माप पर केंद्रित) और गुणात्मक (व्याख्या और समझ पर केंद्रित) दोनों हो सकते हैं।

अतः विकल्प (D) सही है।

78. किसी जनजाति द्वारा किसी संस्कृति के पुनर्जागरण को प्रकृतिवादी कहा जाता है, जबकि सांस्कृतिक ग्रहण में, संस्कृति में विश्वास करने वाले लोगों द्वारा स्वेच्छा से या दबाव में अपने स्वयं के अलावा अन्य संस्कृति के कई तत्वों को अपनाया जाता है। संघर्ष से सहयोग की ओर बढ़ने के लिए समायोजन पहला कदम है, जबकि आत्मसात अंतिम चरण है।

अतः विकल्प (A) सही है।

79. समाजशास्त्री रॉबर्ट किंग मर्टन द्वारा विकसित 'तनाव सिद्धांत' (थ्योरी ऑफ डेवियन्स) का कहना है कि जब लोगों को संस्थागत साधनों के माध्यम से सांस्कृतिक रूप से अनुमोदित लक्ष्यों को प्राप्त करने से रोका जाता है, तो वे तनाव या हताशा का अनुभव करते हैं जिससे भटकाव हो सकता है।

अतः विकल्प (B) सही है।

80. अन्य शास्त्रीय अर्थशास्त्रियों की तरह, कार्ल मार्क्स ने बाजार मूल्य में सापेक्ष अंतर को समझाने के लिए मूल्य के श्रम सिद्धांत में विश्वास किया। इस सिद्धांत ने कहा, कि एक उत्पादित आर्थिक भलाई के मूल्य को उत्पादन करने के लिए आवश्यक श्रम-घंटों की औसत संख्या से निष्पक्ष रूप से मापा जा सकता है।

अतः विकल्प (B) सही है।

81. व्यवहार और मूल्यों के बीच संबंध को नीति विज्ञान कहा जाता है।

नीति विज्ञान निर्णय लेने या चुनने की प्रक्रिया का अध्ययन करता है और विशेष समस्याओं के समाधान के लिए उपलब्ध ज्ञान की प्रासंगिकता का मूल्यांकन करता है। जब नीति वैज्ञानिक सरकार, कानून, और राजनीतिक गोलबंदी से चिंतित होते हैं, तो वे विशेष निर्णयों पर ध्यान केंद्रित करते हैं।

अत: विकल्प (B) सही है।

82. व्यक्तिपरक- मालिनोव्स्की के कार्यात्मकवाद सही मेल है।

कार्यात्मकता कहती है कि समाज व्यक्तिगत जरूरतों को पूरा करने के लिए कार्य करता है। मालिनोव्स्की का सिद्धांत आवश्यकताओं के एक सख्त समूह के आसपास है जिसमें शारीरिक, मनोवैज्ञानिक और सामाजिक आवश्यकताएं शामिल हैं। कार्यात्मकता केवल इन संस्थानों को मनुष्यों के लिए उनकी जरूरतों को पूरा करने के तरीके के रूप में स्वीकार करती है।

अत: विकल्प (D) सही है।

83. ऊर्ध्वाधर गतिशीलता जाति व्यवस्था की विशेषता नहीं है।

ऊर्ध्वाधर गतिशीलता सामाजिक पदानुक्रम के एक स्तर से दूसरे स्तर तक आंदोलन को संदर्भित करती है। दूसरे शब्दों में, यह सामाजिक स्थिति में बदलाव है। सामाजिक स्थिति को प्रभावित करने वाले कारकों में से किसी में बदलाव से ऊर्ध्वाधर गतिशीलता का नेतृत्व करने की क्षमता होती है।

अत: विकल्प (C) सही है।

84. निम्नस्तरीय वस्तुएं के मामले में मूल्य और मांग सकारात्मक रूप से सहसंबद्ध हैं। निम्नस्तरीय वस्तुएं एक अच्छा उत्पाद है जिसके लिए कीमत बढ़ने के साथ ही मांग बढ़ती है और कीमत घटने पर गिरती है।

अत: विकल्प (C) सही है।

85. 'ट्रोब्रिएंड आइलैंडर्स' का अध्ययन करने वाले पहले मानवविज्ञानी सी. जी. सेलिगमैन थे, जिन्होंने मुख्य भूमि गिनी के मासिम लोगों पर ध्यान केंद्रित किया था। सेलिगमैन अपने छात्र पोलिश ब्रिसलॉव मालिनोव्स्की द्वारा कई वर्षों बाद अनुसरण करते रहे, जिन्होंने प्रथम विश्व युद्ध के दौरान द्वीपों का दौरा किया था।

अत: विकल्प (C) सही है।

86. रिची (Ritchie) प्रथागत अधिकारों का समर्थन करते हैं। प्रथागत अधिकार प्रथा और पारंपरिक प्रथाओं पर आधारित हैं। रिची (Ritchie) ने प्रथागत अधिकारों के लिए अपना समर्थन बढ़ाया। भारत में, वनवासी और आदिवासी और स्वदेशी समुदायों के सदस्य अपने प्रथागत अधिकारों का आनंद लेने के हकदार हैं।

अत: विकल्प (A) सही है।

87. गैर-नवीकरणीय संसाधनों के सबसे आम उदाहरण जीवाश्म ईंधन हैं, जैसे कोयला, तेल और प्राकृतिक गैस। यद्यपि ये संसाधन पृथ्वी के भीतर स्वाभाविक रूप से बनते हैं, लेकिन ऐसा करने में उन्हें अरबों साल लगते हैं। अन्य गैर-नवीकरणीय संसाधनों में धातु, खनिज और पत्थर शामिल हैं।

अत: विकल्प (A) सही है।

88. पहले ट्राफिक स्तर में प्राथमिक उत्पादक जैसे सभी हरे पौधे और अन्य प्रकाश संश्लेषक जीव होते हैं। दूसरे ट्राफिक स्तर में प्राथमिक उपभोक्ता होते हैं जो उत्पादकों को खिलाते हैं।

अत: विकल्प (A) सही है।

89. घटनाविज्ञान चेतना की संरचनाओं का अध्ययन है जैसा कि पहले व्यक्ति के दृष्टिकोण से अनुभव किया जाता है। एक अनुभव की केंद्रीय संरचना इसकी जानबूझ करता है, इसे किसी चीज की ओर निर्देशित किया जा रहा है, क्योंकि यह एक अनुभव है या किसी वस्तु के बारे में है।

दार्शनिक आंदोलन के रूप में, इसकी स्थापना 20 वीं शताब्दी के शुरुआती वर्षों में एडमंड हुसरेल द्वारा की गई थी और बाद में जर्मनी में गोटिंगेन और म्यूनिख के विश्वविद्यालयों में उनके अनुयायियों के एक मंडली द्वारा विस्तार किया गया था।

अत: विकल्प (C) सही है।

90. एक-दूसरे पर ध्यान दिए बिना अपने-अपने तरीके से जाने वाले दो साइकिल चालक सामाजिक कार्रवाई का उदाहरण नहीं है।

समाजशास्त्र में, सामाजिक क्रिया, जिसे वेबरियन सामाजिक क्रिया के रूप में भी जाना जाता है, एक ऐसे अधिनियम को संदर्भित करता है जो व्यक्तियों (या 'एजेंटों') के कार्यों और प्रतिक्रियाओं को ध्यान में रखता है। मैक्स वेबर के अनुसार, "एक्शन 'सोशल' है यदि अभिनय व्यक्ति दूसरों के व्यवहार को ध्यान में रखता है और इस तरह अपने पाठ्यक्रम में उन्मुख होता है"।

अत: विकल्प (C) सही है।

91. ओसवाल्ड मैनुअल अर्नोल्ड गॉटफ्राइड स्पेंगलर एक जर्मन इतिहासकार और इतिहास के दार्शनिक थे जिनके हितों में गणित, विज्ञान और कला शामिल थे। उन्हें अपनी पुस्तक 'द डिकलाइन ऑफ द वेस्ट' के लिए सबसे ज्यादा जाना जाता है, जिसे 1918 और 1922 में प्रकाशित किया गया था, जिसने विश्व इतिहास को कवर किया।

अत: विकल्प (C) सही है।

92. मानव अनुसंधान सर्वेक्षणों के अनुप्रयुक्त आँकड़ों का एक क्षेत्र, सर्वेक्षण पद्धति, सर्वेक्षण डेटा संग्रह की आबादी और संबंधित तकनीकों से व्यक्तिगत इकाइयों के नमूने का अध्ययन करती है, जैसे प्रश्नावली निर्माण और सर्वेक्षणों की प्रतिक्रियाओं की सटीकता में सुधार के लिए तरीके।

अत: विकल्प (D) सही है।

93. फ्रांस के क्लाउड लेवी-स्ट्रॉस प्रमुख संरचनावादियों में से एक हैं, जिन्होंने सामाजिक संरचना की अवधारणा को एक अलग अर्थ दिया। उनके अनुसार "सामाजिक संरचना" शब्द का अनुभवजन्य वास्तविकता से कोई लेना-देना नहीं है, लेकिन इसके बाद बनने वाले मॉडलों से निपटना चाहिए।

अत: विकल्प (C) सही है।

94. संपूर्ण जनसंख्या पर आधारित एक सांख्यिकीय माप को एक पैरामीटर कहा जाता है, जबकि एक नमूने पर आधारित एक उपाय आँकड़ों के रूप में जाना जाता है।

अत: विकल्प (B) सही है।

95. मैक्स वेबर को स्थिति समूह जीवन की शैलियों द्वारा पहचाना जाता है।

मैक्स वेबर के अनुसार, स्थिति समूहों में सामाजिक स्तरीकरण की एक विस्तृत विविधता है, जो कि लोकप्रिय प्रवचन और अकादमिक साहित्य दोनों आमतौर पर संदर्भित करते हैं। इनमें जाति, जातीयता, जाति, पेशेवर समूह, पड़ोस समूह, राष्ट्रीयता और इसके बाद के वर्गीकरण शामिल हैं।

अत: विकल्प (B) सही है।

96. अगस्ते कॉम्टे सामाजिक बदलाव के निम्नलिखित सामाजिक विचारकों में से एक है।

अगस्ते कॉम्टे एक फ्रांसीसी दार्शनिक और लेखक थे जिन्होंने प्रत्यक्षवाद के सिद्धांत को सूत्रबद्ध किया। उन्हें कभी-कभी शब्द के आधुनिक अर्थों में विज्ञान का पहला दार्शनिक माना जाता है। उन्हें अकादमिक अनुशासन समाजशास्त्र का संस्थापक भी माना जाता है।

अत: विकल्प (B) सही है।

97. गिडेंस की क्षेत्रीयकरण की अवधारणा का तात्पर्य है कि 'न केवल समय के साथ बल्कि अंतरिक्ष में भी संबंधों का पुनरुत्पादन'।

क्षेत्रीयकरण को वास्तविकता के प्राकृतिक, सामाजिक, आर्थिक, सांस्कृतिक या राजनीतिक क्षेत्रों के स्थानिक परिसीमन के अकादमिक अभ्यास के रूप में समझा जाता है। एक क्रिया-केंद्रित परिप्रेक्ष्य में, इसे रोजमर्रा की प्रथा के रूप में समझा जाता है, न कि 'दुनिया' को स्थानिक रूप से परिसीमित करने के लिए, बल्कि सामाजिक वास्तविकताओं के आर्थिक, राजनीतिक और सांस्कृतिक संरचना के लिए विशेष संदर्भों का उपयोग करने के लिए। एक क्षेत्र अंतरिक्ष के

इन परिसीमन का परिणाम है। क्षेत्र एक पूर्व-दिए गए तथ्य नहीं हैं, यह है कि मनुष्य इसे क्या बनाते हैं। और वे मनुष्यों के लिए उनके चारों ओर की दुनिया का बोध कराने में मददगार होते हैं। यह धारणा एंथोनी गिडेंस ने अपनी संरचना सिद्धांत में विकसित की है।

अत: विकल्प (A) सही है।

98. मानव समाज में, एक परिवार और रिश्तेदारी विवाह और वंश द्वारा बनते हैं। स्वदेशी समाजों में, एक सामान्य पूर्वजों को साझा करने वाले परिवारों को वंश कहा जाता है। कुलों के बीच इन नियमों के साथ, वे एक निश्चित रिश्तेदारी संरचना बनाते हैं। शादी और वंश के रिश्तों के अनुसार लेवी-स्ट्रॉस ने रिश्तेदारी संरचनाओं को वर्गीकृत किया।

अत: विकल्प (A) सही है।

99. एक प्रजाति अलग-अलग जीवों का एक समूह है जो अंतरजाल और उपजाऊ, व्यवहार्य संतान पैदा करते हैं। इस परिभाषा के अनुसार, एक प्रजाति को दूसरे से अलग किया जाता है, जब प्रकृति में, प्रत्येक प्रजाति के व्यक्तियों के बीच संभोग के लिए उपजाऊ संतान पैदा करना संभव नहीं होता है।

अत: विकल्प (C) सही है।

100. समाज को उन भागों की एक जटिल प्रणाली के रूप में देखा जाता है जो विभिन्न आवश्यक कार्य करने के लिए बातचीत करते हैं, संघर्ष के परिप्रेक्ष्य में प्रतिबिंबित नहीं होते हैं।

एक तीसरा महत्वपूर्ण समाजशास्त्रीय ढांचा संघर्ष सिद्धांत है। संरचनात्मक-कार्यात्मक सिद्धांत के विपरीत, जो समाज को एक शांतिपूर्ण इकाई के रूप में देखता है, संघर्ष सिद्धांत समाज को सीमित संसाधनों के लिए संघर्ष में संलग्न समूहों के बीच शक्ति के संघर्ष के रूप में व्याख्या करता है।

अत: विकल्प (C) सही है।

101. सीगफ्राइड फ्रेडरिक नडेल, जिसे फ्रेड नडेल के रूप में जाना जाता है, एक ऑस्ट्रियाई मूल का ब्रिटिश मानवविज्ञानी था, जो अफ्रीकी नृविज्ञान में विशेषज्ञता रखता था। सामाजिक संरचना के अपने गहन विश्लेषण में नडेल ने सुझाव दिया है कि प्रत्येक भूमिका में तीन अलग-अलग प्रकार की विशेषताओं का एक पदानुक्रम है, अर्थात, "परिधीय", "पर्याप्त रूप से प्रासंगिक" और "मूल या निर्णायक"।

अत: विकल्प (A) सही है।

102. भारत में पहला राष्ट्रीय उद्यान 'जिम कॉर्बेट नेशनल पार्क' है।

भारत का पहला राष्ट्रीय उद्यान 1936 में हैली नेशनल पार्क के रूप में स्थापित किया गया था, जिसे अब जिम कॉर्बेट नेशनल पार्क, उत्तराखंड के रूप में जाना जाता है। 1970 तक, भारत में केवल पाँच राष्ट्रीय उद्यान थे।

अत: विकल्प (B) सही है।

103. एक नकारात्मक सहसंबंध दो चर के बीच एक संबंध है जो विपरीत दिशाओं में चलता है। दूसरे शब्दों में, जब चर A बढ़ता है, तो चर B कम हो जाता है। एक नकारात्मक सहसंबंध को एक व्युक्रम सहसंबंध के रूप में भी जाना जाता है। दो चर नकारात्मक सहसंबंध के अलग-अलग बल हो सकते हैं।

अत: विकल्प (C) सही है।

104. अहंकार हमारे अपने निर्माण की एक पहचान है, एक पहचान जो झूठी है। यदि हम अपने व्यक्तित्व, प्रतिभाओं और क्षमताओं के बारे में जो कुछ भी विश्वास करते हैं, उसके बारे में सभी धारणाओं को लेते हैं - हमारे पास हमारे अहंकार की संरचना है।

ब्लूमर के प्रतीकात्मक अंत:क्रियात्मक परिप्रेक्ष्य में तीन मुख्य सिद्धांत हैं: अर्थ, भाषा (भाषा अर्थ प्रदान करने के लिए [प्रतीकों] का अर्थ है) और विचार सिद्धांत। प्रतीकात्मक अंत: क्रिया सिद्धांत मानव व्यवहार के केंद्र के रूप में अर्थ के सिद्धांत को स्वीकार करता है।

अत: विकल्प (B) सही है।

105. "सहसंयोजक" चर के बीच रैखिक संबंध की दिशा को इंगित करता है। दूसरी ओर "सहसंबंध" दो चर के बीच रैखिक संबंध की शक्ति और दिशा दोनों को मापता है। सहसंबंध सहसंयोजक का एक कार्य है।

मात्रात्मक चर वे चर होते हैं जिन्हें संख्यात्मक या मात्रात्मक पैमाने पर मापा जाता है। साधारण, अंतराल और अनुपात के पैमाने मात्रात्मक हैं। एक देश की आबादी, एक व्यक्ति के जूते का आकार, या एक कार की गति सभी मात्रात्मक चर हैं। चर जो मात्रात्मक नहीं हैं उन्हें गुणात्मक चर के रूप में जाना जाता है।

अत: विकल्प (B) सही है

106. मैसूर नरसिंहाचार श्रीनिवास एक भारतीय समाजशास्त्री और सामाजिक मानवविज्ञानी थे। वह ज्यादातर जाति व्यवस्था, सामाजिक स्तरीकरण, संस्कृतिकरण और दक्षिण भारत में पश्चिमीकरण और 'प्रमुख जाति' की अवधारणा पर अपने काम के लिए जाने जाते हैं।

अत: विकल्प (C) सही है।

107. यदि फर्म की परिवर्तनीय लागत को कवर नहीं किया जा रहा है तो फर्म को अल्पावधि में बंद कर देना चाहिए। अल्पावधि में, फर्म जो घाटे में चल रही है (जहां राजस्व कुल लागत से कम है या कीमत इकाई लागत से कम है) को संचालित या अस्थायी रूप से बंद करने का निर्णय लेना चाहिए।

शटडाउन नियम कहता है कि "एक फर्म का तब तक संचालन जारी रखना चाहिए जब तक कीमत (औसत राजस्व) औसत परिवर्तनीय लागतों को कवर करने में सक्षम है।"

अत: विकल्प (A) सही है।

108. कई खरीदार और कई विक्रेता पूर्ण प्रतियोगिता की धारणाओं में से एक हैं। परिणामस्वरूप, उनके पास कोई बाजार शक्ति नहीं है और वे बाजार मूल्य को प्रभावित नहीं कर सकते हैं।यह आदर्श प्रतियोगिता का प्रतिद्वंद्विता है। यह प्रतियोगिता के प्रतिरूप की एक धारणा है।

अत: विकल्प (C) सही है।

109. आर. के. मर्टन एक कार्य को 'उन परिणामों को देखा गया है जो किसी सिस्टम के अनुकूलन या समायोजन के लिए बनाते हैं' और 'उन परिणामों के रूप में शिथिलताएं जो सिस्टम के अनुकूलन या समायोजन को कम करते हैं'। मर्टन का दावा है कि कोडित संरचनात्मक कार्यात्मकता।

अत: विकल्प (A) सही है।

110. 1. सामाजिक संस्थाएँ मान्यताओं और व्यवहार के संगठित पैटर्न हैं जो बुनियादी सामाजिक आवश्यकताओं पर केन्द्रित हैं।

2. यह सामाजिक पदों का समूह है, जो सामाजिक संबंधों से जुड़ा हुआ है, सामाजिक भूमिका निभाता है।

3. यह एक संस्कृति समूह में एक महत्वपूर्ण मानव संगठन है जो समाज को जीवित रहने में मदद करता है।

4. सामाजिक संस्थाओं के उदाहरणों में परिवार, धर्म, जाति, विवाह शामिल हैं।

अत: विकल्प (B) सही है।

111. मानदंड यह परिभाषित करते हैं कि समाज ने अच्छे, सही और महत्वपूर्ण के रूप में क्या व्यवहार किया है और समाज के अधिकांश सदस्य उनके अनुसार आचरण करते हैं। औपचारिक मानदंड लिखित नियम स्थापित हैं। वे व्यवहार करते हैं और अधिकांश लोगों के अनुरूप और उनकी सेवा करने के लिए सहमत होते हैं।

अत: विकल्प (A) सही है।

112. प्रतिपक्षी समाजीकरण, सामाजिक अंत:क्रियाओं द्वारा सुगम की प्रक्रिया है, जिसमें गैर-समूह-सदस्य उन समूहों के मूल्यों और मानकों को लेना सीखते हैं जिनसे वे जुड़ने की आकांक्षा रखते हैं, क्योंकि समूह में उनके प्रवेश को आसान बनाने और उन्हें एक बार सक्षम होने के बाद बातचीत करने में मदद करना इसके द्वारा स्वीकार किया गया।

आमतौर पर प्रत्याशित समाजीकरण से जुड़े अभ्यासों में संवारना, खेलना-कूदना, प्रशिक्षण देना और अभ्यास करना शामिल है। प्रत्याशित समाजीकरण के उदाहरणों में लॉ स्कूल के छात्रों को सीखना है कि कैसे वकीलों की तरह व्यवहार किया जाए, रिटायरमेंट की तैयारी करने वाले बड़े लोग और मिशनरी बनने के लिए मॉर्मन लड़के तैयार हों।

अत: विकल्प (A) सही है।

113. ए. आर. रेडक्लिफ-ब्राउन ने 1952 में लंदन के कोहेन और पश्चिम के प्रकाशकों और लेखक-रेडक्लिफ-ब्राउन, ए. आर. (अल्फ्रेड रेजिनाल्ड, 1881-1955) द्वारा प्रकाशित पुस्तक "स्ट्रक्चर एंड फंक्शन इन प्रिमिटिव सोसाइटी" लिखी है।

यह सिद्धांत सामाजिक संरचनाओं और संस्कृति पर उनके सकारात्मक / नकारात्मक प्रभावों पर आधारित है, क्योंकि ये सामाजिक संरचनाओं को संरक्षित करने के लिए उपयोग किए जाने वाले उपकरण हैं।

अत: विकल्प (C) सही है।

114. बी. मालिनोवस्की के अनुसार बुनियादी जरूरतें सभी संस्कृतियों की जड़ हैं। और ये बुनियादी जरूरतें तब व्युत्पन्न जरूरतें बन जाती हैं जब समाज उन्हें अपनाता है। भोजन, वस्त्र आदि जैसी मूलभूत आवश्यकताओं की पूर्ति तकनीकी कौशल और औजारों से होती है और यदि उन साधनों और कौशलों को किसी समाज द्वारा अपनाया जाता है तो यह व्युत्पन्न आवश्यकताएं बन जाती हैं।

अत: विकल्प (A) सही है।

115. अशोक मौर्य राजवंश का तीसरा शासक था और लगभग पूरे भारतीय उपमहाद्वीप पर शासन करता था। उन्होंने 260 ईसा पूर्व के आसपास बौद्ध धर्म को राजकीय धर्म बना दिया। उन्होंने बौद्ध धर्म के आदर्शों का प्रचार करने के लिए मिशनरियों जैसे सीलोन, मिस्र, मैसिडोनिया, तिब्बत आदि को भेजा और लोगों को भगवान बुद्ध की शिक्षाओं से जीने के लिए प्रेरित किया।

अत: विकल्प (B) सही है।

116. जॉर्ज हर्बर्ट मीड ने "सामान्यीकृत अन्य" की अवधारणा का परिचय दिया है मीड के अनुसार यह बचपन का अंतिम चरण है और जिसमें खेल और खेल सबसे महत्वपूर्ण चरण हैं।

अत: विकल्प (B) सही है।

117. अमेरिकी समाजशास्त्री, टैल्कॉट पार्सन्स ने द सोशल सिस्टम में दुर्खीम के विचारों को और विकसित किया, (1951) उन्होंने फंक्शनलिस्ट विश्लेषण को शामिल किया लेकिन इसे अपने सिस्टम विश्लेषण के साथ विस्तारित किया। इस पाठ में, पार्सन्स ने रेखांकित किया कि वह एक कार्यात्मक समाज के लिए चार बुनियादी शर्तें मानता है।

अत: विकल्प (C) सही है।

118. समाजीकरण करने वाली संस्थाओं में परिवार सर्वाधिक महत्वपूर्ण है, क्योंकि बालक परिवार में ही जन्म लेता है और सर्वप्रथम परिवार के ही सम्पर्क में आता है।

अत: विकल्प (D) सही है।

119. मौखिक इतिहास पद्धति का उपयोग करके हम जीवित व्यक्तियों की यादों को एकत्र कर सकते हैं

मौखिक इतिहास, वैयक्तिक या समाज के इतिहासकारों के स्मरण का एक तरीका है जो आजकल की ऐतिहासिक घटनाओं या संस्कृति के संग्रह के लिए सबसे लोकप्रिय तरीका है।

अत: विकल्प (B) सही है।

120. 1. परीक्षण किए जाने वाले चर के बीच संबंध के एक बयान को हाइपोथीसिस के रूप में जाना जाता है।

2. यह एक अस्थायी प्रस्ताव है, जो किसी समस्या के समाधान के रूप में या कुछ घटना के स्पष्टीकरण के रूप में सुझाया गया है।

3. इसे या तो एक घोषणात्मक रूप में, अशक्त रूप या प्रश्न रूप में कहा जा सकता है।

उदाहरण के लिए:

1. घोषणा: वीडियो कार्यक्रमों के माध्यम से निर्देश उन महिलाओं की स्वास्थ्य स्थिति में सुधार करेगा, जिनके पास ऐसा प्रावधान नहीं है।

2. अशक्त: गर्भवती महिलाओं के दो समूहों के स्वास्थ्य की स्थिति में कोई अंतर नहीं होगा, एक वीडियो कार्यक्रमों के माध्यम से और दूसरा इस तरह की सुविधा होने के बाद।

अत: विकल्प (B) सही है।

121. कारण और प्रभाव संबंध: एक चर में परिवर्तन दूसरे चर में परिवर्तन का कारण बनता है; केवल एक प्रयोगात्मक अनुसंधान डिजाइन के माध्यम से निर्धारित किया जा सकता है।

अतः विकल्प (B) सही है।

122. डी. एन. मजूमदार ने भारत में पहली बार 'औद्योगिक शहर का सर्वेक्षण' किया है और सांख्यिकीय अवधारणाओं और उपकरणों को नियोजित किया है। मजूमदार और उनके सहयोगियों ने इस औद्योगिक शहर के सामाजिक-आर्थिक और सांस्कृतिक पहलुओं के बारे में एक वैज्ञानिक नमूना सर्वेक्षण भी किया।

अतः विकल्प (C) सही है।

123. औसत के बहुलक, माध्य और माध्यिका माप गुणात्मक डेटा पर लागू किए जा सकते हैं।

1. गुणात्मक डेटा:

- मूल्य श्रेणियों का एक सेट है
- उन्हें जोड़ या आदेश नहीं दे सकते हैं और माध्य मौजूद नहीं है
- मोड इन तीन मापों में से एकमात्र है जो मौजूद है

2. एक वर्णनात्मक आँकड़ा जो केंद्रीय प्रवृत्ति का माप है। यह वह डेटा है जो सबसे अधिक बार होता है।

उदाहरण के लिए, ब्लू, ग्रीन, ब्लू, रेड, ब्लू का मोड ढूंढें।

मोड "ब्लू" है क्योंकि यह वह मूल्य है जो सबसे अधिक बार होता है।

अतः विकल्प (D) सही है।

124. HDI का मान 0-1 के बीच होता है।

एचडीआई का मतलब मानव विकास सूचकांक है। यह लोगों को अपनी क्षमताओं का विस्तार करने और किसी देश के विकास और विकास का आकलन करने के लिए जोर देने के लिए बनाया गया था। एक देश अपने HDI के आधार पर अपनी अर्थव्यवस्था को विकसित करने के उपाय कर सकता है। एचडीआई की अवधारणा मेघनाद देसाई और अमर्त्य सेन ने दी थी।

अत: विकल्प (B) सही है।

125. एकल अभिभावक वाला परिवार माता या पिता के साथ एक परिवार है।

एकल-अभिभावक/माता-पिता परिवार 18 वर्ष से कम उम्र के संतानो वाले परिवार हैं, जिनके मुखिया एक ऐसे अभिभावक होते हैं जो विधवा या तलाकशुदा होते हैं और पुनर्विवाह नहीं करते हैं, या ऐसे अभिभावक होते हैं जिन्होंने कभी शादी नहीं की है। ऐसे परिवारों में संतान केवल एक अभिभावक के साथ रहती हैं।

अत: विकल्प (D) सही है।

126. CRR मौद्रिक नीति का प्रत्यक्ष साधन है। मौद्रिक नीति में प्रत्यक्ष साधन और अप्रत्यक्ष साधन हैं।

- प्रत्यक्ष साधन: CRR, SLR और रिफाइनेंस सुविधाएं
- अप्रत्यक्ष साधन: LAF, OMO, MSF और रेपो/उल्क्रम दर

CRR (नकद आरक्षित अनुपात): यह NDTL (शुद्ध मांग और समय देनदारियों) का हिस्सा है जो बैंकों को RBI के पास नकदी के रूप में बनाए रखना चाहिए। वर्तमान में, CRR 4% है।

LAF(तरलता समायोजन सुविधा): यह RBI द्वारा उपयोग किया जाने वाला साधन है जो बैंकों को रेपो समझौतों के माध्यम से या बैंकों के लिए उल्क्रम रेपो समझौतों के माध्यम से RBI को ऋण लेने की अनुमति देता है। इसमें जमानत के रूप में सरकारी प्रतिभूतियों का उपयोग करके दैनिक जलसेक या तरलता का अवशोषण होता है।

OMO(खुला बाजार परिचालन): सरकारी प्रतिभूतियों की एकमुश्त बिक्री / खरीद खुले बाजार में होती है ताकि तरलता को संक्रमित या अवशोषित किया जा सके। यह साधन मध्यम अवधि में तरलता के स्तर को निर्धारित करने में मदद करता है।

रेपो दर: यह वह दर है जिस पर RBI पुनर्खरीद समझौते के साथ कम अवधि के लिए वाणिज्यिक बैंकों को पैसा उधार देता है। RBI बैंकों से प्रतिभूतियाँ खरीदता है और इस तरह धनराशि प्रदान करता है। वर्तमान में, रेपो दर 4% है।

अतः विकल्प (D) सही है।

127. डेनियल गेब्रियल फारेनहाइट ने एक मानकीकृत पैमाने के साथ आधुनिक पारा थर्मामीटर का आविष्कार किया। डैनियल गेब्रियल फ़ारेनहाइट FRS एक भौतिक विज्ञानी, आविष्कारक और वैज्ञानिक उपकरण, निर्माता थे। फारेनहाइट का जन्म 24 मई 1686, डांस्क, पोलैंड में हुआ था, जो तब पोलिश-लिथुआनियाई राष्ट्रमंडल के पोमेरेनियन वोइवोडीशिप में मुख्य रूप से जर्मन भाषी शहर था

अतः विकल्प (D) सही है।

128. स्थूलखाद्य एक पोषक तत्व प्रदान नहीं करता है, लेकिन फिर भी भोजन का एक घटक है।

स्थूलखाद्य:

- स्थूलखाद्य को फाइबर के रूप में भी जाना जाता है।
- आहार फाइबर या स्थूलखाद्य पौधे से प्राप्त भोजन का हिस्सा है जिसे मानव पाचन एंजाइमों द्वारा पूरी तरह से तोड़ा नहीं जा सकता है।
- स्थूलखाद्य पौधों के खाद्य पदार्थों का हिस्सा है, जैसे कि साबुत अनाज, नट, बीज, फलियां, फल और सब्जियां, जिन्हें आपका शरीर पचा नहीं सकता है।
- स्थूलखाद्य से भरपूर भोजन पोषक तत्व प्रदान करने में मदद नहीं कर सकता है।

अतः विकल्प (D) सही है।

129. एक परिवार एक या एक से अधिक माता-पिता और उनके बच्चों का एक समूह है जो एक इकाई के रूप में एक साथ रहते हैं। एक बच्चे के समाजीकरण की प्रक्रिया परिवार से शुरू होती है। समाजीकरण दूसरों के साथ घुलने-मिलने की गतिविधि है।

- हम इससे समझते हैं कि परिवार बच्चे को हमारे समाज में दूसरों के साथ जोड़ने का माध्यम है।
- एक बच्चा अपने परिवार से संस्कृति सीखता है।
- परिवार अपने बच्चे को वह सारी संस्कृति बताता है जो उनके पास है जैसा कि हम देख सकते हैं कि बच्चे की भोजन, भाषा और कपड़ों की शैली उसके परिवार से मिलती जुलती है।

- मुख्य रूप से एक परिवार द्वारा मनाए जाने वाले त्योहारों का बच्चे के मन पर बहुत बड़ा धार्मिक और सांस्कृतिक प्रभाव पड़ता है।
- एक बच्चा परिवार से सुख और दुख बांटना सीखता है क्योंकि बच्चा कैसा व्यवहार करता है यह उसके परिवार का सटीक प्रतिबिंब है।
- एक बच्चा अपने परिवार से साथ रहना सीखता है क्योंकि उसके परिवार के सदस्यों का दूसरों के साथ व्यवहार भी बच्चे पर बहुत प्रभाव डालता है।

इस प्रकार, उपरोक्त व्याख्या से यह स्पष्ट है कि

(I) एक बच्चे के समाजीकरण की प्रक्रिया परिवार से शुरू होती है: सही

(II) एक बच्चा परिवार से अपनी संस्कृति सीखता है: सही

(III) एक बच्चा परिवार से सुख और दुख बांटना सीखता है: सही

(IV) एक बच्चा परिवार से साथ रहना सीखता है: सही

अतः विकल्प (D) सही है।

130. समाजशास्त्र एक अलग विषय के रूप में मुख्य रूप से ज्ञानोदय के विचार से उभरा।

समाजशास्त्र एक विद्वानों के अनुशासन के रूप में उभरा, मुख्य रूप से प्रबुद्धता के विचार से, फ्रांसीसी क्रांति के तुरंत बाद समाज के प्रत्यक्षवादी विज्ञान के रूप में उभरा। इसकी उत्पत्ति विज्ञान के दर्शन और ज्ञान के दर्शन में विभिन्न प्रमुख आंदोलनों के कारण हुई, जो आधुनिकता, पूंजीवाद, शहरीकरण, युक्तिकरण, धर्मनिरपेक्षता, उपनिवेशवाद और साम्राज्यवाद जैसे मुद्दों की प्रतिक्रिया में उत्पन्न हुई।

अतः विकल्प (B) सही है।

131. संसदीय प्रणाली में, कार्यपालिका निर्वाचित विधायिका के प्रति उत्तरदायी होती है, अर्थात उसे विधायिका (या उसके एक भाग, यदि द्विसदनीय हो) का विश्वास बनाए रखना चाहिए।

- कुछ परिस्थितियों में (राज्य द्वारा अलग-अलग), विधायिका कार्यपालिका में अपने विश्वास की कमी को व्यक्त कर सकती है, जो या तो सत्ताधारी दल या दलों के समूह या आम चुनाव में बदलाव का कारण बनती है।
- संसदीय प्रणालियों में सरकार का मुखिया होता है (जो कार्यपालिका का नेतृत्व करता है, जिसे अक्सर मंत्री कहा जाता है) आम तौर पर राज्य के प्रमुख (जो सरकारी और चुनावी परिवर्तनों के माध्यम से जारी रहता है) से अलग होता है।
- वेस्टमिंस्टर प्रकार की संसदीय प्रणाली में, शक्तियों के पृथक्करण का सिद्धांत उतना नहीं है जितना कि कुछ अन्य में।
- कार्यपालिका के सदस्य (मंत्री) भी विधायिका के सदस्य होते हैं और इसलिए कानून लिखने और लागू करने दोनों में महत्वपूर्ण भूमिका निभाते हैं।

अतः विकल्प (A) सही है।

132. एक प्लैनीमीटर (क्षेत्रमापी) का उपयोग मानचित्र में अनियमित भूखंडों के क्षेत्र को निर्धारित करने के लिए किया जाता है। एक प्लैनीमीटर (क्षेत्रमापी), जिसे प्लैटोमीटर के रूप में भी जाना जाता है। यह एक मापने वाला उपकरण है जिसका उपयोग एक एकपक्षीय दो-आयामी आकार के क्षेत्र को निर्धारित करने के लिए किया जाता है।

अतः विकल्प (D) सही है।

133. मैक्स वेबर के लिए समाजशास्त्र, "एक विज्ञान है जो सामाजिक क्रिया की व्याख्यात्मक समझ का प्रयास करता है ताकि इसके पाठ्यक्रम और प्रभावों के एक कारण स्पष्टीकरण पर पहुंच सके"।

अतः विकल्प (D) सही है।

134. ऑगस्ट कॉम्टे द्वारा विकसित समाजशास्त्रीय परिप्रेक्ष्य को प्रत्यक्षवाद के रूप में जाना जाता है।

अगस्टे कॉम्टे (1798-1857) को समाजशास्त शब्द बनाने का श्रेय दिया जाता है, और इसे समाजशास्त्र का संस्थापक माना जाता है (हेन्सलिन 2003)। कॉम्टे ने वैज्ञानिक पद्धति का उपयोग करके समाज को समझने की इच्छा की, इसे प्रत्यक्षवाद कहा जाता है। कॉम्टे का मानना था कि समाज प्रकृति के भौतिक नियमों के समान कानूनों के तहत संचालित होता है।

अतः विकल्प (C) सही है।

135. एक अर्थव्यवस्था में 'टेक ऑफ स्टेज' का अर्थ है स्थिर विकास शुरू होना।

वॉल्ट व्हिटमैन रोस्टो द्वारा आर्थिक विकास मॉडल के चरण आर्थिक विकास के प्रमुख ऐतिहासिक मॉडलों में से एक है। यह मॉडल 1960 में प्रकाशित हुआ था और यह बताता है कि आर्थिक विकास में 5 बुनियादी चरण हैं।

चरण हैं:

- पारंपरिक समाज
- टेक-ऑफ के लिए पूर्व शर्त
- टेक-ऑफ
- परिपक्वता के लिए ड्राइव
- उच्च जन-उपभोग की आयु

अतः विकल्प (A) सही है।

136. प्रयोगात्मक विधि के माध्यम से अनुसंधान के 'कारण और प्रभाव संबंध' को केंद्रित किया जाता है।

ज्ञान की किसी भी शाखा में नए तथ्यों की खोज के लिए एक व्यवस्थित जांच अनुसंधान। यह नए निष्कर्ष पर पहुंचने में मदद करता है।

प्रयोगात्मक विधि:

- प्रायोगिक अनुसंधान एक अध्ययन है जो एक विशिष्ट अनुसंधान प्रारूप का पालन करता है।
- इसमें एक परिकल्पना शामिल होती है, एक चर जिसे शोधकर्ता द्वारा परिवर्तित किया जा सकता है, और चर जिन्हें मापा, गणना और तुलना की जा सकती है।
- यह तब किया जाता है जब एक शोधकर्ता परिभाषित चर के बीच के कारण और प्रभाव संबंध को ज्ञात करना चाहता है।
- प्रायोगिक अनुसंधान अधिकतर नियंत्रित परिवेश में किया जाता है।

अतः विकल्प (B) सही है।

137. न्याय दर्शन के संस्थापक गौतम थे।

न्याय दर्शन वह आधार है जिस पर भारत के उच्च दर्शन का निर्माण किया गया है। इस स्कूल दर्शन के संस्थापक अक्षपाद गौतम हैं, जिन्होंने न्याय सूत्रों की रचना की थी। यह कहता है कि हमारे सभी कष्ट हमारी अज्ञानता के कारण हैं, इसलिए उन्हें दूर करने के लिए सही ज्ञान प्राप्त करना बहुत महत्वपूर्ण है। न्याय दर्शन सोलह श्रेणियों को मान्यता देता है और पहली श्रेणी को 'प्रामाण' के रूप में जाना जाता है जो न्याय प्रणाली के तार्किक और ज्ञानमीमांसक चरित्र पर केंद्रित है।

अतः विकल्प (C) सही है।

138. 'पुलिककली' भारत के केरल राज्य का एक मनोरंजक लोक कला है।

पुलिककली एक मनोरंजक नुक्कड़ लोक कला है जो ओणम समारोह के चौथे दिन निभाई जाती है। पुली का अर्थ है तेंदुआ/बाघ और काली का अर्थ प्ले मलयालम में है। यह लोक कला मुख्य रूप से केरल के त्रिशूर जिले में प्रचलित है। इस लोक कला का मुख्य विषय बाघ और शिकारी की भूमिका निभाने वाले प्रतिभागियों के साथ बाघ का शिकार है।

अतः विकल्प (A) सही है।

139. प्रायोगिक अनुसंधानों का उद्देश्य चरों के बीच संबंध स्थापित करना है।

प्रयोगात्मक विधि:

- प्रायोगिक अनुसंधान वह शोध है जो वैज्ञानिक दृष्टिकोण की सहायता से किया जाता है और चर के दो सेटों का उपयोग करता है।
- प्रयोगात्मक अनुसंधान का मुख्य उद्देश्य चरों के बीच कारण और प्रभाव संबंध बनाना है। इस प्रकार के शोध में, शोधकर्ता एक चर (स्वतंत्र चर) में हेरफेर करता है जबकि इसके प्रभाव को दूसरे चर (आश्रित चर) पर मापा जाता है।
- प्रयोगात्मक अनुसंधान के मुख्य तत्व नियंत्रण, हेरफेर, यादृच्छिक चयन और यादृच्छिक असाइनमेंट हैं।

अतः विकल्प (A) सही है।

140. 'स्वतंत्र चर' का 'पूर्व पोस्ट फैक्टो विधि' हेरफेर और 'बाहरी चर' का नियंत्रण न तो संभव है और न ही वांछनीय।

पूर्व पोस्ट फैक्टो विधि:

- तथ्य सामने आने के बाद अनुसंधान शुरू होता है।
- जांच 'तथ्य के बाद' शुरू होती है।
- इसे आकस्मिक तुलनात्मक अनुसंधान के रूप में भी जाना जाता है।
- शोधकर्ता ने उस घटना की पहचान की जो पहले से ही घटित थी।
- इस शोध में बदलाव संभव नहीं है क्योंकि शोधकर्ता आश्रित चर के आधार पर कारण की पूर्वानुमान लगाता है।
- उदाहरण के लिए, भूकंप के प्रभावों पर अध्ययन।

अतः विकल्प (B) सही है।

141. मानव पूंजी कौशल, शिक्षा, क्षमता और श्रम की विशेषताओं की एक माप है, जो उनकी उत्पादक क्षमता और कमाई क्षमता को प्रभावित करती है।

व्यक्तिगत मानव पूंजी, व्यक्तिगत श्रमिकों का कौशल और क्षमता है। अर्थव्यवस्था की मानव पूंजी एक अर्थव्यवस्था की समग्र मानव पूंजी है, जो राष्ट्रीय शैक्षिक मानकों द्वारा निर्धारित की जाएगी।

अतः विकल्प (B) सही है।

142. ISRO के चंद्रयान-2 ऑर्बिटर ने चांद की सतह पर पानी के अणुओं का पता लगाया है।

29 डिग्री उत्तर और 62 डिग्री उत्तरी लेटीट्यूड के बीच चंद्रमा पर व्यापक लूनर हाइड्रेशन और OH और H2O का स्पष्ट पता लगाना था। ये निष्कर्ष 'करंट साइंस जर्नल' में प्रकाशित हुए थे। हाइड्रॉक्सिल या पानी के अणुओं का निर्माण स्पेस वेदरिंग नामक प्रक्रिया के कारण होता है।

अतः विकल्प (C) सही है।

143. कार्यक्रमों का सही कालानुक्रमिक क्रम 3 - 1 - 4 - 2 है।

पर्यावरण के क्षेत्र में संयुक्त राष्ट्र की गतिविधियों को प्रमुख सम्मेलनों और रिपोर्टों द्वारा संचालित किया गया है।

- मानव पर्यावरण पर संयुक्त राष्ट्र सम्मेलन (1972)
- पर्यावरण और विकास पर विश्व आयोग (1987)
- पर्यावरण और विकास पर संयुक्त राष्ट्र सम्मेलन (रियो डी जनेरियो शिखर सम्मेलन) (1992)
- पर्यावरण पर महासभा का विशेष सत्र (1997)
- सतत विकास पर विश्व शिखर सम्मेलन (2002)

- सतत विकास पर संयुक्त राष्ट्र सम्मेलन (2012)
- संयुक्त राष्ट्र सतत विकास शिखर सम्मेलन (2015)

अतः विकल्प (B) सही है।

144. एक शोधकर्ता अपने प्रबंध को लिखते समय सांख्यिकीय तकनीकों के उपयोग का अंतर्निहित तर्क प्रदान नहीं करता है। अकरण की एक त्रुटि स्थिति के रूप में बेहतर ढंग से वर्णित किया जायेगा।

अकरण की एक त्रुटि को "असत्य नकारात्मक" के रूप में भी जाना जाता है। जब किसी चीज को गलत तरीके से विचार या उल्लेख से निकाल दिया जाता है, जब इसे शामिल किया जाना चाहिए, तो यह अकरण की एक त्रुटि होती है। जब एक शोधकर्ता शोध में उपयोग किये गए सांख्यिकीय तकनीक के प्रयोग को सिद्ध नहीं करता है, तो यह अकरण की त्रुटि की एक स्थिति होती है।

अतः विकल्प (D) सही है।

145. सिस्टम हैकिंग में पासवर्ड क्रैक करना सबसे महत्वपूर्ण गतिविधि है।

मुख्य गतिविधि विशेष नेटवर्क तक पहुंच (एक्सेस) प्राप्त करना है। पहुंच (एक्सेस) प्राप्त करने के लिए प्राथमिक उद्देश्य पीड़ितों के आईपी और उनके सिस्टम में खुले पोर्ट्स को जानना है जिससे हमले को स्थापित किया जा सकता है। पासवर्ड सिस्टम तक पहुँचने के लिए एक प्रमुख घटक हैं, जिससे पासवर्ड को क्रैक करना सिस्टम हैकिंग का सबसे महत्वपूर्ण हिस्सा बन जाता है।

अतः विकल्प (B) सही है।

146. विलियम गिब्सन, एक अमेरिकी-कनाडाई फिक्शन अग्रणी, और कॉइनर ने प्रौद्योगिकी की कई धाराओं की जांच की और 1821 में "साइबरस्पेस" शब्द का आविष्कार किया। वाक्यांश लिंक्ड प्रौद्योगिकियों को संदर्भित करता है जो सूचना विनिमय, डिजिटल उपकरणों के साथ बातचीत, भंडारण और डिजिटल मनोरंजन में सहायता करते हैं। कंप्यूटर और नेटवर्क सुरक्षा, और अन्य सूचना प्रौद्योगिकी से संबंधित मामले।

अतः विकल्प (B) सही है।

147. धोखे से ओपन किए गए सिस्टम से डेटा डाउनलोड, कॉपी, एक्सट्रैक्ट करना भारतीय आईटी अधिनियम की धारा 66 के अनुसार साइबर अपराध माना जाता है।

अतः विकल्प (D) सही है।

148. ब्लैक हैट हैकर्स, जिन्हें अक्सर "क्रैकर्स" के रूप में जाना जाता है, एक प्रकार का साइबर अपराध है जो गोपनीय डेटा चोरी करने या व्यक्तिगत लाभ के लिए या कंपनी को नुकसान पहुंचाने के लिए सिस्टम में मैलवेयर पेश करने के लिए उपयोगकर्ता के खाते या सिस्टम तक अवैध पहुंच(एक्सेस) प्राप्त करता है।

अतः विकल्प (B) सही है।

149. जब कोई साइबर अपराधी किसी संगठन, व्यक्ति या किसी अन्य माध्यम से किसी कंप्यूटर दस्तावेज़, संपत्ति या किसी सॉफ्टवेयर के स्रोत कोड की चोरी करता है तो साइबर अपराध आईटी अधिनियम, 2000 की धारा 65 के अंतर्गत आता है।

अतः विकल्प (A) सही है।

150. साइबर अपराध को 2 प्रकारों में वर्गीकृत किया जा सकता है। ये पीयर-टू-पीयर अटैक और कंप्यूटर साधन के रूप में हैं। पीयर-टू-पीयर हमले में, अटैकर्स विक्टिम को निशाना बनाते हैं; और कंप्यूटर साधन, हमले की तकनीक के रूप में, कंप्यूटर का उपयोग अटैकर्स द्वारा बड़े पैमाने पर हमले के लिए किया जाता है जैसे कि अवैध और प्रतिबंधित फोटो लीक, आईपीआर उल्लंघन, अश्लील साहित्य, साइबर आतंकवाद आदि।

अतः विकल्प (C) सही है।

Paper-I

Q.1 विचारों की गति शील पैटर्न की शुरुआत के लिए कक्षा सम्प्रेषण का केन्द्रीय बिंदु के रूप में प्रयोग कहलाता है:

A. व्यवस्थापन
B. समस्या-उन्मुखीकरण
C. विचार प्रोटोकॉल
D. मस्तिष्क चित्रण

Q.2 क्वाडरेचर एम्प्लीट्यूट गॉड्यूलेशन (QAM) का संगोजन है:

A. एएसके और एफएसके
B. एएसके और पीएसके
C. एफएसके और पीएसके
D. क्यूपीएसके और एफएसके
E. एफएसके और एसपीके

Q.3 डिमॉड्यूलेट करने के लिए एक चरण बंद लूप का उपयोग किया जा सकता है:

A. आयाम मॉड्यूलेटेड सिग्नल
B. पल्स कोड मॉड्यूलेटेड सिग्नल
C. आवृत्ति मॉड्यूलेटेड सिग्नल
D. पल्स एम्प्लिट्यूड मॉड्यूलेटेड सिग्नल
E. (A) और (B) दोनों

Q.4 निम्नलिखित में से कौन से कथन शिक्षण की मूल विशिष्टता को प्रतिबिम्बित करते हैं?

(i) शिक्षण और प्रशिक्षण एकसमान हैं|

(ii) जब हम पढ़ाते हैं तो अनुदेशन और अनुकूलन के बीच कोई अंतर नहीं होता है|

(iii) शिक्षण, अधिगम से संबंधित है|

(iv) शिक्षण 'कार्य' सूचक शब्द है, जबकि सीखना 'उपलब्धि' सूचक शब्द है|

(v) शिक्षण का अर्थ सूचना प्रदान करना है|

(vi) सीखने के घटित हुए बिना भी कोई शिक्षण कर सकता है|

दिए गए कूट में से सही विकल्प चुनिए:

A. (i), (ii) और (iii)
B. (iii), (iv) और (vi)
C. (ii), (iii) और (v)
D. (i), (iv) और (vi)

Q.5 शिक्षण की पद्धतियों के किस समन्वय से अधिगम के इष्टतम होने की संभावना है?

A. व्याख्यान, परिचर्चा और संगोष्ठी प्रद्धति
B. अन्तक्रियात्मक परिचर्चा, नियोजित व्याख्यान और पावर पॉइंट आधारित प्रस्तुतीकरण
C. अन्तक्रियात्मक व्याख्यान सत्र जिरामें युग्मीय चर्चा आधारित सत्र विचारवेश प्रक्रिया और परियोजनाएँ अनुवर्ती रूप में हो
D. व्याख्यान, प्रदर्शन और पावर पॉइंट आधारित प्रस्तुतीकरण

Q.6 निम्नलिखित कथन सूची में उन्हें चुनिए, जो शिक्षण की मूल अपेक्षाओं और विशेषताओं को इंगित करते हैं।

i. शिक्षण में संप्रेषण निहित है।

ii. शिक्षण वस्तु के विक्रय जैसा है।

iii. शिक्षण का अर्थ प्रबंधन और निगरानी है।

iv. शिक्षण में अन्य को प्रभावित करना निहित है।

v. शिक्षण में अन्य व्यक्तियों को आश्वस्त करना निहित है।

vi. अधिसंरचनात्मक समर्थन के बिना कोई शिक्षण नहीं हो सकता।

नीचे दिए गए कूट में से सही उत्तर को चुनिए:

A. i, iii और iv
B. i, ii और iii
C. iv, v और vi
D. ii, v और vi

Q.7 निम्नलिखित में से किस शिक्षण विधि में विशिष्ट तकनीकों और विषयों की चर्चा और अधिगम के लिए साथ आने वाले विशेषज्ञों का एक समूह शामिल है?

A. निरूपण विधि
B. व्याख्यान विधि
C. परिचर्चा विधि
D. संगोष्ठी विधि

Q.8 निम्नलिखित में से कौन एक निर्देशात्मक सामग्री नहीं है?

A. प्रिंटेड स्टडी गाइड
B. ओवरहेड प्रोजेक्टर
C. ऑडियो पॉडकास्ट
D. यूट्यूब वीडियो

Q.9 संचार का टेलीफोन मॉडल सर्वप्रथम किस क्षेत्र में विकसित किया गया था?

A. तकनीकी सिद्धांत
B. प्रसार सिद्धांत
C. न्यूनतम प्रभाव सिद्धांत
D. सूचना सिद्धांत

Q.10 आई.सी.टी. शब्द के बारे में निम्नलिखित में से कौनसा/कौनसे कथन सही है/हैं?

P : आई.सी.टी. एक संक्षिप्त रुप है, जिसका पूरा नाम इंडियन क्लासिकल टेक्नोलॉजी है|

Q : आई.सी.टी. के अंतर्गत वे परिणामी प्रवधिकी सम्मिलित हैं जिनके अंतर्गत श्रव्य - दृश्य, दूरभाष और कंप्यूटर (संगणक) नेटवर्क एक साथ समान केबलिंग प्रणाली द्वारा संयोजित किए जाते हैं|

[UGC NET Sociology, 2018]

A. केवल P
B. केवल Q
C. P और Q
D. न तो P और न ही Q

Q.11 निम्नलिखित में से कौनसी आउटपुट डिवाइस नहीं है?

A. प्रिंटर
B. स्पीकर
C. मॉनिटर
D. की-बोर्ड

Q.12 निम्नलिखित में से कौन सी संस्थाएं विश्वविद्यालय अनुदान आयोग अधिनियम, 1956 के अधीन डिग्री देने या प्रदान करने के लिए सक्षम हैं?

1. संसद के अधिनियम द्वारा स्थापित विश्वविद्यालय।

2. विधान-मंडल के अधिनियम द्वारा स्थापित विश्वविद्यालय।

3. भाषायी अल्पसंख्यकों द्वारा स्थापित विश्वविद्यालय/संस्था।

4. विश्वविद्यालय समझी जाने वाली संस्था।

नीचे दिए कूटों से सही उत्तर का चयन कीजिए:

A. 1 और 2
B. 1, 2 और 3
C. 1, 2 और 4
D. 1, 2, 3 और 4

Q.13 प्रधानमंत्री शोध फेलोशिप ......में पी.एच.डी. प्रोग्राम करने वाले छात्रों के लिए है:

[UGC NET Home Science, 2018]

A. राज्य और केन्द्रीय विश्वविद्यालय
B. केन्द्रीय विश्वविद्यालय, आई.आई.एस.सी, आई.आई.टी., एन.आई.टी., आई.आई.एस.ई.आर. और आई.आई.आई.टी.
C. आई.आई.एस.सी, आई.आई.टी., एन.आई.टी., आई.आई.एस.ई.आर. और आई.आई.आई.टी., राज्य और केन्द्रीय विश्वविद्यालय
D. आई.आई.टी. और आई.आई.एस. सी.

Q.14 शैक्षणिक संस्थाओं में प्रवेश में किन आधारों पर किये जाने वाले पक्षपात पर संवैधानिक रूप से निषेध किया गया है:

(1) धर्म

(2) लिंग

(3) जन्मस्थान

(4) राष्ट्रीयता

नीचे दिए गए कूट में से सही उत्तर का चयन कीजिये:

A. 2, 3 और 4

B. 1, 2 और 3

C. 1, 2 और 4

D. 1, 2, 3 और 4

Q.15 चार प्रकार के कारक - स्थलाकृतिक, जलवायु, मृदा संबंधी और जैविक, पर्यावरण को प्रभावित करते हैं। इनमें से किसे, प्राकृतिक भूगोल-संबंधी (फिजियोग्राफिक) कारक के रूप में भी जाना जाता है?

A. स्थलाकृतिक

B. जलवायु

C. मृदा संबंधी

D. जैविक

Q.16 सतत विकास लक्ष्य (एसडीजी) इंडिया इंडेक्स 2018 के अनुसार, निम्न में से किस राज्य का एस.डी.जी इंडेक्स स्कोर सर्वाधिक है?

A. हिमाचल प्रदेश

B. गोवा

C. आंध्र प्रदेश

D. तमिलनाडु

Q.17 निम्न में से किसने प्रतिमान की अवधारणा का प्रस्ताव दिया?

A. पीटर हैगेट

B. वॉन थ्यूनेन

C. थॉमस कुह्न

D. जॉन के. राइट

Q.18 किसी विद्यालय का प्राचार्य विद्यालय के कार्यक्रमों में शिक्षकों तथा छात्रों के प्रतिभाग में अभिवृद्ध करने की सम्भावना का पता लगाने के लिए उनके साथ साक्षात्कार सत्र आयोजित करता है। यह प्रयास अनुसंधान के किस प्रकार से सम्बंधित है?

A. मूल्यांकन अनुसंधान

B. मौलिक अनुसंधान

C. क्रियात्मक अनुसंधान

D. व्यवहत अनुसंधान

Q.19 वह कौन सा चर है जिसमे हेरफेर किया जा सकता है:

A. परस्पर चर

B. नियंत्रण चर

C. आश्रित चर

D. स्वतंत्र चर

Q.20 निम्न में से कौन सी सर्वेक्षण की एक विधि नहीं है?

A. व्यक्तिगत साक्षात्कार

B. अभिलेख

C. मेलिंग प्रश्नावली

D. सारणी

Q.21 निम्नलिखित में से कौन-सा शोध नैतिकता का मुद्दा हो सकता है?

[UGC NET Sociology, 2017]

A. सांख्यिकी तकनीकों का अनिश्चित अनुप्रयोग

B. शोध की रूपरेखा का दोषपूर्ण होना

C. निदर्शन तकनीकों का विकल्प

D. शोध निष्कर्षों को रिपोर्ट करना

Q.22 यदि STREAMERS को UVTGALDQR के रूप में कोडित किया जाता है, तो KNOWLEDGE को कोडित किया जाएगा:

A. MQPYLCDFD

B. MPQYLDCFD

C. PMYQLDFCD

D. YMQPLDDFC

Q.23 यदि हम विश्व के बारे में तथ्यों की नई जानकारी प्राप्त करने की कोशिश करें तो इस प्रकार की तर्क शक्ति पर भरोसा करना होगाः

A. प्रेरकात्मक

B. निगमनात्मक

C. प्रदर्शनात्मक

D. भौतिक कारक सम्बन्धी

Q.24 निर्देशः निम्नलिखित कथन पर विचार कीजिये और इसमें दिए गये तर्क की प्रकृति का उल्लेख करते हुए सही कूट का चयन कीजिए:

यह कल्पना करना कि इस अनंत अन्तरिक्ष में पृथ्वी ही एक बसी हुई दुनिया है, ऐसा प्रकट होता है जैसे कि बड़े से खेत में बाजरे का केवल एक दाना उगेगा।

A. खगोलीय

B. मानवशास्त्रीय

C. निगमनात्मक

D. सादृश्यात्मक

Q.25 कोई फर्म जो अत्यधिक स्थानपत्र माल का उत्पादन करती है, निम्नलिखित में से कौन-सी कीमत-निर्धारण नीति को अपना सकती है?

A. हस्तांरण कीमत-निर्धारण

B. चालू दर कीमत-निर्धारण

C. उत्पाद बंडलीकरण

D. पूर्ण लागत कीमत-निर्धारण

Ques (26-30):निर्देश: नीचे दिए गए गद्यांश को पढ़ें और उन प्रश्नों के उत्तर दें जो सही / सबसे उपयुक्त विकल्प चुनकर दिए गए हैं:

हम में से अधिकांश लोग सोचते हैं कि हम जानते हैं कि शांति क्या है, लेकिन लोगों को अक्सर इस स्पष्ट रूप से सरल शब्द की बहुत अलग परिभाषा होती है। और यद्यपि लगभग सभी लोग इस बात से सहमत होंगे कि शांति का कोई रूप - हालांकि यह परिभाषित है - वांछनीय है, अक्सर इसे प्राप्त करने के तरीके पर बलपूर्वक, यहां तक कि हिंसक, असहमति होती है। हालांकि, शांति में एक अस्थिर धारणा है कि शांति सार्वभौमिक है और अपरिवर्तनशील। यह आधार पश्चिमी और गैर-पश्चिमी दोनों क्षेत्रों में बहुत शांति की बात करता है। लेकिन अगर कोई शांति विद्वान और कार्यकर्ता इस विश्वास को सही ठहराने के लिए तर्क और तर्क प्रदान करते हैं। और पिछली सदी से पहले शांति के बारे में अधिकांश बातचीत पश्चिमी और पूर्वी एशियाई विशेषाधिकार प्राप्त पुरुषों में हुई है। यह धीरे-धीरे बदल रहा है, हालांकि, महिला के रूप में, गैर-पश्चिमी और पहले से बेरोजगार शांति अधिवक्ताओं और शांतिदूतों ने अपनी आवाज सुनी।

बीसवीं शताब्दी से पहले के एक विशेष विश्वास, विशेष रूप से ओक्सिडेंटल शांति सिद्धांतों में, यह माना गया है कि शांति "युद्ध की अनुपस्थिति है।" दूसरे शब्दों में, शांति को "नकारात्मक रूप से" परिभाषित किया गया है, लगभग हमेशा अंतर-राज्यीय राजनीतिक हिंसा के संदर्भ में। शांति और युद्ध के बीच यह द्विआधारी विरोध इस विश्वास को और बढ़ाता है कि शांति और युद्ध पारस्परिक रूप से अनन्य हैं- उदा। राष्ट्र "शांति पर" या "युद्ध में" हैं- और युद्ध और शांति के बीच कोई निरंतरता नहीं है। इसका अर्थ यह भी है कि राष्ट्र (कम से कम 17 वीं शताब्दी से) और साम्राज्य (प्रथम विश्व युद्ध के अंत के माध्यम से) प्रमुख शांतिदूत और जुझारू व्यक्ति रहे हैं।

हालांकि, मोटे तौर पर, बीसवीं सदी के मध्य और दूसरे विश्व युद्ध के अंत के बाद, बहुराष्ट्रीय निगमों, गैर-सरकारी संगठनों, शांति और संबंधित सामाजिक न्याय आंदोलनों, आध्यात्मिक और धार्मिक नेताओं और अन्य समूहों सहित अन्य अभिनेताओं ने "आतंकवादी" लेबल लगाया। राज्यों द्वारा, वैश्विक मंच पर महत्वपूर्ण खिलाड़ी बन गए हैं। इसके अलावा, 1945 के बाद से, अंतर-राज्य संघर्ष और छद्म युद्ध (विशेष रूप से "विकासशील" दुनिया में) ने महान शक्तियों के बीच युद्धों को प्रतिस्थापित किया है। इसके अतिरिक्त, अक्सर राष्ट्रों के भीतर औपचारिक रूप से "शांति पर" और घोषित नागरिक युद्धों के बिना महत्वपूर्ण संघर्ष क्षेत्र होते हैं। उदाहरण के लिए, शायद तीन सबसे शक्तिशाली राष्ट्र-राज्य, संयुक्त राज्य अमेरिका, रूस और चीन- जबकि आधिकारिक तौर पर "शांति में", आंतरिक संघर्ष और "आतंकवादी" हमलों से परेशान हैं, जैसा कि रूस के दक्षिणी हिस्सों में, कुछ अमेरिकी शहर और चीन के पश्चिमी हिस्से। प्रणालीगत नस्लवाद अभी भी यू.एस. चीन में ईसाइयों के लिए और रूस में मुसलमानों के लिए स्वतंत्रता की व्यापक कमी है; और तीनों देशों में आय और शक्ति की असमानता और बढ़ती असमानताएँ हैं।

Q.26 शांति प्राप्त करने के बारे में किस तरह की असहमति है?

A. नकारात्मक

B. सार्वभौमिक और अपरिवर्तनीय

C. धीरे-धीरे बदलना

D. जबरदस्ती और हिंसक

Q.27 शांति और युद्ध के बीच द्विआधारी विरोध क्या है?
A. युद्ध और शांति के बीच निरंतरता
B. छद्म युद्ध
C. शांति और युद्ध परस्पर अनन्य हैं
D. व्यवस्थित जातिवाद

Q.28 शांति वार्तालाप के बारे में धीरे-धीरे क्या बदल रहा है?
A. वे अब विशेषाधिकार प्राप्त पुरुषों तक सीमित नहीं हैं
B. विकासशील राष्ट्र वार्तालापों पर हावी हो रहे हैं
C. महिलाएं अब प्राथमिक वार्ताकार हैं
D. ये बातचीत केवल पुरुषों को सशक्त बना रही है

Q.29 वैश्विक मंच पर महत्वपूर्ण खिलाड़ी कौन बन गया है?
A. बहुराष्ट्रीय निगम
B. चीन
C. गैर-सरकारी संगठन,
D. आध्यात्मिक और धार्मिक नेता
नीचे दिए गए विकल्पों में से सही उत्तर चुनें:
A. A, C और D
B. A और C
C. C और D
D. A, B और C

Q.30 महाशक्तियों के बीच युद्धों का स्थान क्या रहा है?
A. आय और शक्ति की असमानता
B. विकासशील दुनिया
C. अंतर-राज्य संघर्ष और छद्म युद्ध
D. शांति के अवसर

Q.31 किसी शोध लेख के __________ को शुरुआत में रखा जाता है।
A. संक्षिप्त   B. सार   C. रूप-रेखा   D. प्रस्तावना

Q.32 शोध का पहला चरण है:
A. समस्या का चयन   B. समस्या की पहचान
C. समस्या की परिभाषा   D. समस्या का पता लगाना

Q.33 मॉड्यूलेशन इंटेक्स बढ़ाने पर:
A. प्रेषित शक्ति AM में स्थिर है लेकिन FM में बढ़ जाती है
B. FM में संचारित शक्ति स्थिर होती है लेकिन AM में बढ़ जाती है
C. AM और FM दोनों में संचारित शक्ति घट जाती है
D. AM और FM दोनों में संचारित शक्ति बढ़ जाती है
E. उपरोक्त में से कोई नहीं

Q.34 संचार में, अपने स्वयं के विचारों और भावनाओं को दूसरे पर आरोपित करना _____ कहलाता है
A. रूढ़धारणा   B. प्रक्षेपण
C. हालो प्रभाव   D. बाधा

Ques (35-39):निर्देश: निम्न तालिका को ध्यानपूर्वक पढ़िए और निम्नलिखित प्रश्नों का उत्तर दीजिए:

दुकान में 4 विभिन्न ब्रांडों की 3 अलग-अलग घड़ियों के स्टॉक (सैकड़ों में) को तालिका दर्शाती है:

प्रकार/स्टॉक(सैकड़ों में)	टाइटन	सोनाटा	फॉसिल	टाइमेक्स
एनालॉग	60	45	50	30
डिजिटल	70	50	40	25
ऑटोमैटिक	55	35	65	35

Q.35 तीन प्रकार की घड़ियों का उपलब्ध औसत स्टॉक क्या है?
A. 18456.67   B. 17634.33
C. 18666.67   D. 17569.33

Q.36 एनालॉग टाइटन घड़ी का स्टॉक, एनालॉग घड़ियों के कुल स्टॉक का लगभग कितना प्रतिशत है?
A. 37.5%   B. 39.41%   C. 32.43%   D. 41.56%

Q.37 टाइमेक्स और टाइटन घड़ियों के उपलब्ध स्टॉक के मध्य का अनुपात क्या है?
A. 18 : 35   B. 2 : 1   C. 18 : 37   D. 37 : 18

Q.38 सोनाटा घड़ियों का स्टॉक तीनों प्रकार के फॉसिल घड़ियों के स्टॉक से लगभग कितना प्रतिशत कम है?
A. 11%   B. 14%   C. 21%   D. 16%

Q.39 चार ब्रांडों के ऑटोमैटिक और डिजिटल घड़ियों के स्टॉक का अंतर ज्ञात कीजिये।
A. 750   B. 500   C. 240   D. 450

Q.40 शिक्षक के प्राथमिक उत्तरदायित्व निम्नलिखित में से किसमें निहित है?
A. शैक्षिक अनुभवों की योजना बनाना
B. प्रशासनिक नीतियों को लागू करना
C. शिक्षण तकनीकों के साथ प्रयोग
D. माता-पिता के साथ मानवीय संबंधों को बढ़ावा देना

Q.41 शिक्षक को विद्यार्थियों के साथ अपने संबंधों में _________ होना चाहिए।
A. कठोर और अगम्य
B. स्वतंत्र और सरल
C. मित्रतापूर्ण और सम्मानजनक
D. व्यंग्यात्मक और आलोचनात्मक

Q.42 राष्ट्रीय कौशल योग्यता ढांचा निम्नलिखित में से किस पर आधारित है?
A. क्षमता   B. प्रौद्योगिकी
C. अर्थव्यवस्था का विकास   D. मूल्यांकन

Q.43 A, B का पिता है और C, D का पुत्र है। E, A का भाई है। B, C की बहन है। D, E से किस प्रकार संबंधित है?
A. पुत्री   B. भाई
C. ब्रदर्स-इन-लॉ   D. सिस्टर-इन-लॉ

Q.44 प्रमीत और रोहित मोटरसाइकिल पर एक विशेष बिंदु से विपरीत दिशा में एक साथ चलना शुरू करते हैं। प्रमीत की गति 25 किमी/घंटा है और रोहित 35 किमी/घंटा है। 15 मिनट के बाद उनके बीच की दूरी क्या होगी?
A. 15 किमी   B. 20 किमी   C. 5 किमी   D. 10 किमी

Q.45 एक निश्चित कोड भाषा में, 'GRABPONT' को 'NTIVVGLM' के रूप में लिखा जाता है। उस कोड भाषा में 'TMVLRBDE' का कोड क्या होगा?
A. VJVYFBGZ   B. YJUXFBGZ
C. YJVXFBGZ   D. YJVXFBHG

Q.46 निर्देश: दिए गए विकल्पों में से उस संख्या का चयन कीजिए जिसे निम्नलिखित श्रृंखला में प्रश्नवाचक चिन्ह (?) द्वारा प्रतिस्थापित किया जा सके।
20, 21, 42, 14, 18, ?, 15
A. 56   B. 90   C. 72   D. 76

Q.47 एक रेस में पांच नावों ने हिस्सा लिया। रेस में नाव R नाव M से पहले लेकिन नाव G से पीछे थी। नाव A नाव S से पहले लेकिन नाव M से पीछे थी। कौन-सी नाव रेस में चौथे स्थान पर आई?
A. नाव G   B. नाव M   C. नाव A   D. नाव S

Q.48 निर्देश: दी गई श्रृंखला में प्रश्न चिन्ह (?) के स्थान पर लुप्त संख्या ज्ञात कीजिए।

2, 8, 28, 102, 432, ?

A. 1860 **B.** 1296 **C.** 2190 **D.** 2490

Q.49 तत्काल अनुप्रयोग का अनुसंधान प्रवाह है:

A. वैचारिक अनुसंधान **B.** क्रियात्मक अनुसंधान
C. मूलभूत अनुसंधान **D.** अनुभवजन्य अनुसंधान

Q.50 निर्देश: निम्न प्रश्न में एक कथन और उसके बाद । और ॥ से अंकित दो अनुमान दिए गये हैं। आपको दिए गये कथन को सत्य मानना है, भले ही वे ज्ञात तथ्यों से अलग प्रतीत होते हों। सभी अनुमानों को पढ़िए और फिर निर्णय कीजिए कि दिया गया कौन-सा अनुमान ज्ञात तथ्यों को नजरंदाज करने पर कथनों का तार्किक रूप से अनुसरण करता है।

कथन: व्हाट्सएप भारत और ब्राजील के 80% प्रतिशत लघु व्यवसायों को ग्राहकों के साथ संवाद करने और अपना व्यवसाय बढ़ाने में मदद करता है।

अनुमान:

।: व्हाट्सएप के बिना, ब्राजील और भारत के अधिकांश लघु व्यवसाय सफल नहीं होंगे।

॥: दूसरे देशों के लोग व्हाट्सएप को निजी मैसेजिंग ऐप के रूप में देखते हैं।

A. केवल अनुमान। अनुसरण करता है।
B. केवल अनुमान ॥ अनुसरण करता है।
C. । और ॥ दोनों अनुमान अनुसरण करते हैं।
D. कोई अनुमान अनुसरण नहीं करता है।

Paper-II

Q.51 भारतीय संविधान के किस अनुच्छेद के तहत मण्डल आयोग का गठन किया गया था ?

A. 340 **B.** 335 **C.** 275 **D.** 164

Q.52 निम्नलिखित में से कौन सा प्रतीकात्मक अंतःक्रियावाद के हरबर्ट ब्लूमर के सिद्धांत की विशेषता नहीं रखता है?

A. समाज का सार कार्यकर्ताओ और कार्रवाई में पाया जाता है
B. समाज वृहत संरचनाओ से बना है
C. बड़े पैमाने पर संरचनाएं सूक्ष्म प्रक्रियाओं से निकलती हैं
D. सामूहिक कार्रवाई संयुक्त कार्रवाई को जन्म देती है

Q.53 'सोसाइटी इन इंडिया' पुस्तक किसने लिखी है?

A. ए. पी. बरनाबास **B.** आंद्रे बेटिले
C. कार्ल मार्क्स **D.** डेविड जी. मंडेलबौम

Q.54 प्रेम प्रसंग में असफलता से हुई मौत एक उदाहरण है:

A. घातक आत्महत्या **B.** अहंकारी आत्महत्या
C. परोपकारी आत्महत्या **D.** परमाणु आत्महत्या

Q.55 वह सिद्धांत जो लोगों को दुनिया के सामने प्रस्तुत किए गए 'स्टेज मैनेजर्स' के रूप में देखता है:

A. रोल थ्योरी **B.** ड्रामाटर्गी
C. लुकिंग ग्लास सेल्फ **D.** डाएलेक्टिकल थ्योरी

Q.56 निम्नलिखित में से किसने कहा कि मानव जीवन से जुड़े किसी भी तरह के सभी घटनाओं को शामिल करने के लिए एक 'विल-ओ-द-विस्प' का अनुगमन करता है?

A. ए. कोम्टे **B.** एच. स्पेंसर
C. जी. सिम्मेल **D.** ई. दुर्खीम

Q.57 'गरीबी की संस्कृति' का विचार किसके द्वारा दिया गया था?

A. ऑस्कर लुईस **B.** एबेल स्मिथ
C. सैमुअल मेन्चर **D.** पीटर टाउनसेंड

Q.58 'द ओरिजिन ऑफ द फैमिली, प्राइवेट प्रॉपर्टी एण्ड द स्टेट' पुस्तक का लेखक कौन है?

A. एफ. एंगेल्स **B.** के. मार्क्स
C. जी. पी. मॉर्गन **D.** एल. टी. हॉबहाउस

Q.59 पुस्तक, 'द मेथोडोलोजिकल पोजिशन ऑफ सिम्बोलिक इण्टरैक्शनिज्म' द्वारा लिखी गई थी:

A. एच. ब्लूमर **B.** सी. एच. कूले
C. ई. गोफमैन **D.** जी. एच. मीड

Q.60 सिगरेट, तंबाकू, सिगार आदि के उपयोग से किस प्रकार का नशा होता है?

A. नारकोटिक्स **B.** निकोटीन
C. सिडेटिव्स **D.** हैलुसिनोजन

Q.61 किसने कहा है कि 'मानव गतिविधि केवल अंदर से देखी और समझी जा सकती है'?

A. मैक्स वेबर **B.** डब्ल्यू डिल्थे
C. ई. दुर्खीम **D.** पी. सोरोकिन

Q.62 माध्य से सभी वस्तुओं के विचलन का योग हमेशा होता है:

A. 1 **B.** 0 **C.** 2 **D.** 6

Q.63 निम्नलिखित में से कौन सी एक विशेषता औद्योगिक हड़ताल की विशेषता नहीं है?

A. एक सामूहिक कार्य जिसमें एक निश्चित मात्रा में एकजुटता होती है
B. शिकायतों को व्यक्त करने के लिए एक सामूहिक कार्य
C. एक कार्मिक द्वारा काम रुकवाना
D. औद्योगिक संघर्ष का एक विनियमित रूप

Q.64 निम्नलिखित मंत्रालयो में से किस मंत्रालय के बजटीय आवण्टन में 2019-20 की तुलना में सर्वाधिक वृद्धि हुई है ?

A. जल शक्ति मंत्रालय **B.** रेल मंत्रालय
C. शिक्षा मंत्रालय **D.** रक्षा मंत्रालय

Q.65 निर्देशः सूची-। को सूची-॥ से मिलाएं और नीचे दिए गए कूटों में से सही उत्तर का चयन करें:

सूची-। (पुस्तकें)	सूची-॥ (लेखक)
A. आधुनिक भारत में सामाजिक परिवर्तन	1. एस. सी. दूबे
B. भारत के बदलते गांव	2. एम. एन. श्रीनिवास
C. जाति, वर्ग और सत्ता	3. ए. बेटिल
D. हिंदू सामाजिक संगठन	4. पी. एन. प्रभु

A, B, C, और D क्रमशः हैं:

A. 1, 2, 3, 4 **B.** 2, 1, 3, 4 **C.** 3, 2, 1, 4 **D.** 4, 2, 1, 3

Q.66 निम्नलिखित में से कौन समाजशास्त्र के फ्रैंकफर्ट स्कूल से सम्बन्ध नहीं रखता है?

A. एच. मार्कस **B.** जे. हेबरमास
C. एम. होरखेइमर **D.** जे. अलेक्जेंडर

Q.67 "औद्योगिक कार्यों को सरल संचालन की एक श्रृंखला में तोड़कर उत्पादकता में अत्यधिक वृद्धि की जा सकती है, जिसे ठीक समय पर और बेहतर ढंग से समन्वित किया जा सकता है"। यह कथन संबंधित है:

A. टेलरवाद **B.** फोर्डवाद
C. मार्क्सवाद **D.** उत्तर-फोर्डवाद

Q.68 निम्नलिखित में से कौन ई. गोफमैन का काम नहीं है?

A. स्वयं और समाज
B. रोजमर्रा की जिंदगी में स्वयं की प्रस्तुति
C. सामाजिक संपर्क

D. बातचीत अनुष्ठान

Q.69 'चेतन तथा अचेतन' प्रकार के सामाजिक नियन्त्रण का उल्लेख किसके द्वारा किया गया है?

[UPSESSB PGT Sociology, 2019]

A. चार्ल्स कूले
B. गुरविच तथा मूरे
C. लेपियर
D. कार्ल मैनहीम

Q.70 संघर्ष समूहो के रुप मे वर्ग पर किए गए विश्लेषण में कार्ल मार्क्स द्वारा निम्न में से किस स्थिति पर चर्चा नही की गई है?

A. अधिकार की उत्तमावस्था
B. गतिशीलता, संपत्ति और सामान्य सामाजिक स्थिति की अनुपस्थिति
C. औद्योगिक और राजनीतिक रांघर्ष का उत्तगावस्था
D. प्रभावी संघर्ष विनियमन की अनुपस्थिति

Q.71 निर्देश: एक अभिकथन (A) और दूसरा कारण (R) के रूप में दो कथन दिए हैं। इनको ध्यान से पढ़े और उसके अनुसार नीचे दिए गए कोड में से सही उत्तर का चयन करें:

अभिकथन (A): भारत में तलाक की दर समय के साथ बढ़ी है।

कारण (R): महिलाएं अधिक स्वतंत्र हो गई हैं।

A. दोनों (A) और (R) सही हैं और (R), (A) की सही व्याख्या है।
B. (A) सही है, लेकिन (R), (A) का सही स्पष्टीकरण नहीं है।
C. दोनों (A) और (R) गलत हैं।
D. (A) गलत है, लेकिन (R) सही है।

Q.72 निम्नलिखित में से कौन सा कथन 'घरेलू हिंसा' का वर्णन करने के लिए सही है?

A. 'घरेलू हिंसा' में, एकमात्र पीड़ित 'विवाहित महिला' हैं।
B. केवल बालिका घरेलू हिंसा की चपेट में है।
C. 'घरेलू हिंसा' में किसी व्यक्ति का शारीरिक, यौन, मानसिक और मौखिक शोषण शामिल है।
D. 'घरेलू हिंसा 'एक प्रगतिशील समाज का संकेत है।

Q.73 निम्नलिखित में से कौन क्षेत्रीय असमानताओं के संकेतक हैं?

i. प्राकृतिक संसाधन
ii. कुशल जनशक्ति
iii. जनसंख्या का आकार
iv. सत्ता में राजनीतिक दल

सही उत्तर के लिए दिए गए विकल्पो से सही कूट का चयन करें:

A. i, ii और iv
B. i, ii और iii
C. ii, iii और iv
D. iii, iv और ii

Q.74 "सभ्यताओ का संघर्ष प्रस्तावित करता है कि लोगों की सांस्कृतिक और धार्मिक पहचान शीत युद्ध के बाद की दुनिया में संघर्ष का प्राथमिक स्रोत होगी।" इस दृष्टकोण को किसने प्रस्तावित किया?

A. जे.एस. मिल्स
B. मैक्स वेबर
C. सैमुअल पी. हंटिंगटन
D. एमिल दुर्खीम

Q.75 आर. रेडफील्ड द्वारा बताए गए छोटे समुदाय की विशेषताओ के सही समूह की पहचान करें:

i. एकरूपता
ii. विषमता
iii. आत्म-प्रत्यय
iv. विशिष्टता
v. प्राथमिक संबंध

दिए गए कूट कोड में से सही उत्तर का चयन करें:

A. i, iii, iv और v
B. i, iii और iv
C. ii, iii और v
D. iii, iv और v

Q.76 भारत में 'मुरिया' जनजातियाँ अधिकतर राज्य में पाई जाती हैं:

A. छत्तीसगढ़   **B.** राजस्थान   **C.** ओडिशा   **D.** आंध्र प्रदेश

Q.77 निम्नलिखित में से कौन सा मुख्य रूप से भारत में आदिवासी अर्थव्यवस्था से नही जुड़ा है ?

A. वन उपज का संग्रह और कृषि मजदूरी का काम
B. कृषि और पशुपालन में मजदूरी का काम
C. पशुपालन और वन उपज का संग्रह
D. घरेलू उद्योग और औद्योगिक मजदूरी का काम

Q.78 तेभागा और तेलंगाना आंदोलन राज्य में हुए:

A. क्रमशः आंध्र प्रदेश और तमिलनाडु
B. क्रमशः पश्चिम बंगाल और आंध्र प्रदेश
C. क्रमशः आंध्र प्रदेश और पश्चिम बंगाल
D. इनमे से कोई नहीं

Q.79 भारत के कौन-से शिक्षा आयोग ने सबसे पहले प्रतिभा पलायन की समस्या पर ध्यान दिया?

A. भारतीय शिक्षा आयोग
B. विश्वविद्यालय शिक्षा आयोग
C. कलकत्ता विश्वविद्यालय आयोग
D. सार्जेंट आयोग

Q.80 जनगणना 2011के अनुसार भारत में कितने मलिन बस्ती निवासी हैं?

A. 68.00 मिलियन
B. 65.50 मिलियन
C. 59.31 मिलियन
D. 170 मिलियन

Q.81 भारत में किस प्रकार के विकास ने अधिकतम व्यक्तियों को विस्थापित किया है?

A. खान
B. बांध
C. औद्योगिक विकास
D. वन्य जीव अभ्यारण्य

Q.82 2020-21 के केन्द्रीय बजट में किस प्रकार के कर से सर्वाधिक राशि की प्राप्ति का अनुमान लगाया गया है ?

A. निगम कर
B. माल एवं सेवा कर
C. आयकर
D. इनमें से कोई नही

Q.83 निर्देश: नीचे दो कथन दिए गए हैं, एक को अभिकथन (A) और दूसरे को कारण (R) के रूप में अंकित किया किया गया है। इनको ध्यानपूर्वक पढ़े और उसके अनुसार सही उत्तर दे।

अभिकथन (A): शहरी भारत में झुग्गी-झोपड़ियों में रहने वालों की संख्या हर एजेंसी के लिए अलग-अलग होती है।

कारण (R): उन सभी ने झुग्गियों को परिभाषित करने में विभिन्न मानदंडों का पालन किया।

A. दोनों (A) और (R) सही हैं और (R), (A) का सही स्पष्टीकरण है।
B. दोनों (A) और (R) सही हैं और (R), (A) का सही स्पष्टीकरण नहीं है।
C. (A) सही है लेकिन (R) गलत है।
D. (A) गलत है लेकिन (R) सही है।

Q.84 निम्नलिखित में से किस राज्य में सबसे कम जनसंख्या है?

A. हरियाणा
B. गुजरात
C. जम्मू और कश्मीर
D. सिक्किम

Q.85 किसने कहा है कि अपराध सामान्य व्यवहार है?

A. लोवेल जे. कार्
B. डेविड अब्राहमसेन
C. अल्बर्ट के. कोहेन
D. एमिल दुर्खीम

Q.86 नाबालिगों द्वारा की जाने वाली अवैध गतिविधियाँ हैं:

A. संगठित अपराध

B. असंगठित अपराध

C. बाल अपराध

D. पेशेवर अपराध

नीचे दिए गए कूट में ́ से सही उत्तर का चयन करें:

A. (A) और (C)

B. (A), (C) और (D)

C. (A), (B) और (C)

D. (A), (B), (C) और (D)

Q.87 निर्देशः सूची-I के साथ सूची-II का मिलान करें और सूचियों के नीचे दिए गए कोड से उत्तर चुनें:

सूची- I (सिद्धांत)	सूची- II (समाजशास्त्री)
A. क्लासिकल थ्योरी	(i) लेम्ब्रो
B. ज्योग्राफिकल थ्योरी	(ii) सदरलैंड
C. टाᴏइपोलाजिकल थ्योरी	(iii) क्रेटलेट
D. सोशियोलाᴏजिकल थ्योरी	(iv) बेकैरिया

A, B, C, और D क्रमशः हैं :

A. (i), (iv), (iii), (ii)

B. (iii), (iv), (ii), (i)

C. (iv), (iii), (i), (ii)

D. (iv), (iii), (i), (ii)

Q.88 'शिकागो स्कूल' ने _____ से विचलन की समस्या का अध्ययन किया।

A. पारिस्थितिक दृष्टिकोण

B. मनोवैज्ञानिक दृष्टिकोण

C. आर्थिक दृष्टिकोण

D. जनसांख्यिकी दृष्टिकोण

Q.89 'बहुसंस्कृतिवाद' शब्द का अर्थ है:

A. संस्कृतियों पर अधिमान्य निर्णय

B. सांस्कृतिक अंतराल सिद्धांत

C. सभी संस्कृतियां समान हैं

D. कुछ संस्कृतियाँ अधिक प्रमुख हैं

Q.90 किस प्रकार के अपराधियों की चर्चा सदरलैंड ने अपने कार्य 'अपराधो के सिद्धांत' में की है?

A. निम्न श्रेणी के अपराधी

B. सफेदपोश अपराधी

C. आर्थिक अपराधी

D. राजनैतिक अपराधी

Q.91 किसने तर्क दिया है कि वैश्वीकरण को केवल पश्चिमीकरण के रूप में नहीं समझा जा सकता है, यह एक प्रक्रिया है जो सांस्कृतिक बहुलवाद भी बढ़ा सकती है?

A. आई. वालरस्टीन

B. एंथोनी गिडेंस

C. डब्ल्यू. टी. रिट्जर

D. योगेंद्र सिंह

Q.92 किसने तर्क दिया है कि भारतीय समाज का अनुभवजन्य समाजशास्त्र संभव नहीं है?

A. जी. एस. घोरी

B. डी. पी. मुकर्जी

C. ए. के. सरन

D. एम. एन. श्रीनिवास

Q.93 इस विचार को किसने दिया कि भारतीय समाज में बदलाव के लिए भी अपनी परंपराओं का अध्ययन आवश्यक है?

A. इरावती कर्वे

B. ध्रुजति प्रसाद मुकर्जी

C. राधा कमल मुखर्जी

D. इनमें से कोई नही

Q.94 किस विज्ञान और प्रौद्योगिकी नीति के तहत, 'विज्ञान प्रौद्योगिकी और नवाचार' प्रणाली शुरू की गई है?

A. विज्ञान और प्रौद्योगिकी नीति 1958

B. विज्ञान और प्रौद्योगिकी नीति 2013

C. विज्ञान और प्रौद्योगिकी नीति 2003

D. विज्ञान और प्रौद्योगिकी नीति 1983

Q.95 सूची-I के साथ सूची-II का मिलान करें और सूचियों के नीचे दिए गए कोड से उत्तर चुनें:

सूची- I (कार्य)	सूची- II (लेखक / संपादक)
A. भारतीय गाँव	(i) मैककिम मैरिएट
B. गाँव भारत	(ii) एस. सी. दूबे
C. भारतीय ग्राम समुदाय	(iii) एच. एस. मेन
D. पूर्व में ग्राम समुदाय	(iv) बी. एच. बेडेन-पॉवेल और वेस्ट

A, B, C, और D क्रमशः हैं:

A. (i), (iii), (ii), (iv)

B. (ii), (i), (iv), (iii)

C. (iv), (i), (iii), (ii)

D. (i), (ii), (iv), (iii)

Q.96 निम्नलिखित कार्यों पर विचार कीजिये

1. नगर नियोजन सहित शहरी नियोजन।

2. भूमि-उपयोग और भवनों के निर्माण का विनियमन।

3. आर्थिक और सामाजिक विकास के लिए योजना बनाना।

4. सड़कें और पुल।

संविधान की बारहवीं अनुसूची में नगर पालिकाओं के विभिन्न कार्यों को सूचीबद्ध किया गया है। उपर्युक्त में से कौन से कार्य इसके भाग हैं?

A. केवल 1 और 2

B. केवल 1, 2, और 4

C. केवल 1, 2, और 3

D. 1, 2, 3, और 4

Q.97 भारतीय संविधान में 73वें संशोधन ने निम्नलिखित में से किस श्रेणी के लिए आरक्षण लाया है?

A. अनुसूचित जाति और अनुसूचित जनजाति

B. महिलाएँ

C. (A) और (B) दोनों

D. इनमे से कोई नहीं

Q.98 किसने तर्क दिया था कि कृषि क्षेत्र में हरित क्रांति में संलग्न श्रम संगठित क्षेत्र में स्थायी रोजगार की तरह था?

A. अशोक रुद्र

B. जे. मोहन राव

C. वाई. सिंह

D. ऑस्कर लुईस

Q.99 ऐतिहासिक डेटा और अनुभवजन्य डेटा का एक साथ उपयोग करके भारत के ग्रामीण समाज की वर्ग संरचना में गतिशीलता का अध्ययन किसने किया है?

A. एस. सी. दूबे

B. ऑस्कर लुई

C. राम कृष्ण मुखर्जी

D. ए. आर. देसाई

Q.100 किसने तर्क दिया था कि हरित क्रांति के बाद की कृषि स्थापना में संलग्न श्रम संगठित क्षेत्र में स्थायी रोजगार की तरह था?

A. पॉल ब्रास

B. जी. एस. भल्ला

C. ए. रुद्र

D. जे. मोहन राव

Q.101 भारत में सामूहिक सौदेबाजी को कानूनी स्वीकृति निम्नलिखित के तहत दी गई है:

A. औद्योगिक विवाद अधिनियम

B. भारतीय व्यापार संघ अधिनियम

C. कारखाना अधिनियम

D. न्यूनतम मजदूरी अधिनियम

Q.102 सामाजिक अधिगम को _____________ के रूप में भी जाना जाता है।

A. मध्यस्थता

B. व्यवहारवादी मॉडल

C. प्रतिरूपण

D. गुप्त अधिगम

Q.103 मानव विकास सूचकांक का कौन सा संकेतक नहीं है?

A. जीवन प्रत्याशा   **B.** शिक्षा घटक
C. राष्ट्रीय प्रति व्यक्ति आय   **D.** शहरीकरण का स्तर

Q.104 निम्नलिखित में से कौन एक सहस्राब्दी विकास लक्ष्य नहीं है?

A. अत्यधिक गरीबी का उन्मूलन
B. गरीबों के लिए आवास
C. बाल मृत्यु दर कम करना
D. पर्यावरणीय स्थिरता सुनिश्चित करना

Q.105 आर्थिक विकास का निर्भरता सिद्धांत लैटिन अमेरिका में पहली बार विकसित किया गया था:

A. 1930 के दशक में   **B.** 1940 के दशक में
C. 1960 के दशक में   **D.** 1950 के दशक में

Q.106 जनसंख्या का प्राकृतिक विकास निम्न को दर्शाता है:

A. मौतों पर जन्मों की अधिकता
B. प्रवासन पर आव्रजन की अधिकता
C. ओवर-माइग्रेशन में ओवर-माइग्रेशन की अधिकता
D. इनमे से कोई भी नहीं

Q.107 निम्नलिखित में से किसने आर्थिक विकास को पाँच चरणों - 1) पारंपरिक समाज, 2) टेक-ऑफ करने के लिए पूर्व शर्त, 3) टेक-ऑफ, 4) परिपक्वता के लिए ड्राइव, 5) उच्च मास उपभोग की आयु, में वर्गीकृत किया?

A. वॉल्ट रोस्टो   **B.** मैक्स वेबर
C. कार्ल मार्क्स   **D.** ए. जी. फ्रैंक

Q.108 सूची-I को सूची-II से सुमेलित कीजिए और नीचे दिए गए विकल्पों में से उत्तर का चयन कीजिए।

सूची-I (लेखक)	सूची-II (सिद्धांत)
A. के. डेविस	(i) सोशल कैपिलैरिटी थ्योरी
B. जे. सी. कैलडवेल	(ii) सोशल स्ट्रक्चर एण्ड फर्टिलिटी
C. एल. ड्यूमोंट	(iii) इंटरेक्शन मॉडल
D. आर. हिल, के. बैक और एम. जे. साइकोस	(iv) वेल्थ फ्लो थ्योरी

A. A-(i), B-(iv), C-(iii), D-(ii)
B. A-(iii), B-(iv), C-(ii), D-(i)
C. A-(ii), B-(iv), C-(i), D-(iii)
D. A-(iv), B-(iii), C-(i), D-(ii)

Q.109 बुढ़ापे में जनसंख्या का अध्ययन करने वाला विज्ञान कहा जाता है:

A. जोरोन्टोलॉजी   **B.** सोशल वर्क
C. सोशल बायोलॉजी   **D.** जीनोलॉजी

Q.110 जनसंख्या, संसाधनों और पर्यावरण से संबंधित शब्द को लोकप्रिय रूप से जाना जाता है:

A. जनसंख्या विस्फोट   **B.** जनसांख्यिकीय संक्रमण
C. सतत विकास   **D.** असमान विकास

Q.111 सूची-I के साथ सूची-II का मिलान करें और सूचियों के नीचे दिए गए कोड से उत्तर चुनें:

सूची-I (अवधारणा)	सूची-II (लेखक)
A. फोकस्ड इंटरेक्शन	(i) ई. गोफमैन
B. रिफ्लेक्टिव एक्शन और इंटरेक्शन	(ii) ए. शूज़
C. कम्यूनिकेटिव एक्शन	(iii) जे. हैबरमास
D. डिइंसिटिट्यूलाइजेशन	(iv) टी. लकमैन

A, B, C और D क्रमशः हैं

A. (i), (ii), (iii), (iv)   **B.** (iii), (iv), (ii), (i)

C. (iv), (iii), (i), (ii)   **D.** (iv), (ii), (i), (iii)

Q.112 नगर निगम द्वारा कौन सा कर लगाया जा सकता है?

[UPTET Paper - I, 2019]

A. मनोरंजन कर   **B.** टोल कर
C. गृह कर   **D.** उपर्युक्त सभी

Q.113 जब हम परिवार को व्यक्तियों के एक गठित समूह के रूप में देखते हैं, तब इसे कहा जाता है:

[UPSESSB PGT Sociology, 2019]

A. समिति   **B.** संस्था   **C.** समुदाय   **D.** बाह्य समूह

Q.114 निम्नलिखित में से कौन सी विशेषता अंतर-पीढ़ी संघर्ष का कारण बन सकती हैं?

A. भूमि वितरण प्रणाली
B. शहरी प्रवास
C. समय के परिवर्तन के साथ मूल्यों का परिवर्तन
D. इनमे से कोई भी नहीं

Q.115 "क्लास एण्ड क्लास कॉनफ्लिक्ट इन इण्डस्ट्रियल सोसायटी" पुस्तक किसने लिखी है?

A. कार्ल मार्क्स   **B.** आर. डेहरडॉर्फ
C. मैक्स वेबर   **D.** आर. के. मर्टन

Q.116 भारत की जनसंख्या में छह प्रमुख नस्लीय तत्वों का सर्वाधिक अधिकारिक और व्यापक रूप से स्वीकृत वर्गीकरण निम्न द्वारा दिया गया है:

A. बी. एस. गुहा   **B.** जी. एस. घोरी
C. एल. पी. विद्यार्थी   **D.** इरावती कर्वे

Q.117 स्थिर जनसंख्या संरचना के लिए अग्रणी प्रौद्योगिकी के निम्नलिखित सेट में से एक का चयन करें।

A. लगातार जन्म और मृत्यु दर
B. जन्मदिन की दर में वृद्धि और लगातार मृत्यु दर
C. जन्म दर में कमी और मृत्यु दर में वृद्धि
D. लगातार जन्म दर और घटती मृत्यु दर

Q.118 घरेलू हिंसा अधिनियम से महिलाओं का संरक्षण किस वर्ष में पारित किया गया था?

A. 1998   **B.** 2001   **C.** 2004   **D.** 2005

Q.119 आधुनिकता को अपूर्ण परियोजना के रूप में किसने माना?

A. जे. डेरिडा   **B.** एक. गिडेंस
C. एल. अल्थ्यूसर   **D.** जे. हैबरमास

Q.120 "मृत्यु दर के पत्र पर प्राकृतिक और राजनीतिक टिप्पणी" को किसने लिखा है?

A. गिलार्ड ए   **B.** वॉरेन टी. थॉम्पसन
C. जॉन ग्रांट   **D.** नॉटस्टीन फ्रैंड

Q.121 तेजी से औद्योगिकीकरण ने सफेदपोश अपराधों की दर में वृद्धि की है:

A. व्यवसायी   **B.** कृषि श्रम
C. कार्यालय लिपिक   **D.** स्कूल के शिक्षक

Q.122 वह कार्यक्रम जिसे भारत में समुदाय में समग्र विकास लाने का लक्ष्य है:

A. सम्पूर्ण ग्रामीण रोजगार योजना
B. अंत्योदय योजना
C. इंदिरा गांधी आवास योजना
D. सामुदायिक विकास कार्यक्रम

Q.123 निम्नलिखित में से कौन भारत में बढ़े हुए जीवन काल के लिए जिम्मेदार नहीं है?

A. चिकित्सा विज्ञान और प्रौद्योगिकी में उन्नति

B. महामारी का नियंत्रण

C. स्वास्थ्य देखभाल सेवाओं में सुधार

D. घटती जन्म दर

Q.124 प्रतिष्ठित पर्यटन परियोजना 'बुद्धवनम' निम्नलिखित में से किस राज्य सरकार द्वारा शुरू की गई है?

A. बिहार **B.** तेलंगाना **C.** केरल **D.** गुजरात

Q.125 औद्योगिक क्रांति के दौरान, यू.के. में औद्योगिकीकरण किस उद्योग के माध्यम से हुआ?

A. लोहा और इस्पात उद्योग

B. कपास उद्योग

C. वस्त्र उद्योग

D. ऊन उद्योग

Q.126 स्वतंत्रता से पहले ग्रामीण भारत में प्रचलित सामान्य भूमि कार्यकाल प्रणाली कौन सी थीं?

A. जमींदारी प्रणाली

B. रैयतवाड़ी प्रणाली

C. महालवाड़ी प्रणाली

D. साझेदारी प्रणाली

A. (A), (B), (D) **B.** (B), (D), (C)

C. (A), (B), (C) **D.** (B), (D)

Q.127 लिंग सामाजिक रूप से निर्मित है, जबकि सेक्स जैविक रूप से दिया गया है 'एक कथन है जिसे इसके लिए जिम्मेदार ठहराया जा सकता है:

A. नारीवाद की पहली लहर **B.** नारीवाद की दूसरी लहर

C. क्रियाशीलता का उद्भव **D.** वैश्वीकरण का प्रभाव

Q.128 निम्नलिखित को मिलाएं:

सूची-I	सूची-II
(A) ऐतिहासिक दृष्टिकोण	(i) ए. के. सरन
(B) ट्रांस-अनुशासनात्मक दृष्टिकोण	(ii) ए. आर. देसाई
(C) इंडिऑलॉजिकल दृष्टिकोण	(iii) योगेंद्र सिंह
(D) सिंथेटिक दृष्टिकोण	(iv) राधाकमल मुखर्जी

A. (iv), (iii), (i), (ii) **B.** (ii), (iv), (i), (iii)

C. (iii), (iv), (ii), (i) **D.** (iv), (ii), (i), (iii)

Q.129 निम्नलिखित में से कौन सा वैश्विक नीतियों का उद्देश्य नहीं है?

A. शिक्षा की लागत को कम करना

B. शिक्षा तक पहुंच बढ़ाना

C. सभी के लिए शिक्षा को एक विकल्प बनाना

D. शिक्षा और प्रशिक्षण की गुणवत्ता में सुधार करना

Q.130 निम्नलिखित में से कौन फ्रैंकफर्ट स्कूल से संबंधित नहीं है?

(1) जे. अलेक्जेंडर

(2) एल. अलथुसेर

(3) जे. हेबरमास

(4) ए. गिडेंस

(5) एच. मार्क्स

A. 1, 2 **B.** 3, 4 **C.** 3, 5 **D.** 1, 2, 5

Q.131 इम्प्रेटिवली कोऑर्डिनेटेड एसोसिएशन की अवधारणा किसने दी है?

A. कोसेर **B.** कोलिन्स **C.** मार्क्स **D.** डैरेनडॉर्फ

Q.132 औद्योगिक विवाद अधिनियम किस वर्ष में पारित किया गया था ?

A. 1936 **B.** 1947 **C.** 1948 **D.** 1952

Q.133 ज्ञान आधारित विकास निर्भर नहीं करता है

A. ज्ञान संचय **B.** ज्ञान प्रसार

C. धारणा के लिए ज्ञान **D.** उत्पादन के लिए ज्ञान

Q.134 ब्रिटिश काल के दौरान ग्रामीण बंगाल में कृषि वर्ग संरचना का अध्ययन करके, किसने निष्कर्ष निकाला है कि 'भारतीय ग्रामीण समाज न तो एक स्थिर था और न ही एक समतावादी था'?

A. एन. के. बोस **B.** आंद्रे बेटिले

C. राम कृष्ण मुखर्जी **D.** डी. एन. धनगारे

Q.135 जे. हैबरमास ने वैज्ञानिक ज्ञान के किस रूप को अपने कार्यों में पहचाना है?

1. अनुभवजन्य - विश्लेषणात्मक

2. हर्मेन्यूटिक

3. समालोचनात्मक और अनुकरणीय

4. उपरोक्त में से कोई नहीं

A. 1, 2 और 3 **B.** 4

C. 2 और 3 **D.** 1 और 3

Q.136 ''आधुनिकता का परिणाम'' किताब किसने लिखी है?

A. जर्गेन हेबरमास **B.** एंथोनी गिडेंस

C. जैक्स डेरिडा **D.** मिशेल फौकॉल्ट

Q.137 निम्नलिखित में से कौन किसान के संबंध में सही नहीं है?

A. किसान छोटी परंपरा का प्रतिनिधित्व करता है।

B. भारत में किसानों का मुख्य रूप से जाति पदानुक्रम के मध्य वर्ग द्वारा प्रतिनिधित्व किया जाता है।

C. हालांकि किसान अपनी आजीविका के मुख्य आधार के लिए भूमि पर निर्भर हैं, लेकिन वे अपनी आजीविका सुरक्षा के लिए कई अन्य गतिविधियों का सहारा लेते हैं।

D. कोई नही

Q.138 निम्नलिखित में से कौन सा एक प्रकार का औद्योगिक लोकतंत्र नहीं है?

A. स्वायत्त कार्य समूह

B. कोडीकरण

C. निर्माता सहकारी समितियाँ

D. श्रमिक स्व प्रबंधन

Q.139 पूँजीवादी समाज में गरीबी के मार्क्सवादी परिप्रेक्ष्य को इस संदर्भ में समझा जा सकता है:

A. पूंजीवादी अर्थव्यवस्था द्वारा उत्पन्न असमानता की प्रणाली।

B. उन लोगों के हाथों में केंद्रित है जो उत्पादन के साधन के मालिक हैं।

C. श्रमिक वर्ग जो केवल अपने श्रम के मालिक हैं, उन्हें खुले बाजार में मजदूरी के लिए बेचना चाहिए।

D. मजदूर वर्ग को उनके काम का उचित वेतन मिलेगा।

नीचे दिए गए कोड से सही उत्तर को चिह्नित करें:

A. (A), (B), (D) **B.** (A), (B), (C)

C. (A), (D), (C) **D.** (B), (C), (D)

Q.140 नारीवाद के बारे में क्या सही है?

A. यह केवल कामकाजी महिलाओं से संबंधित है

B. यह महिलाओं के अधिकारों की वकालत करता है

C. यह महिलाओं के योगदान से संबंधित है

D. यह पुरुषों की भूमिका को नकारता है

Q.141 निम्नलिखित में से कौन-सा गुणात्मक अनुसंधान की मुख्य विशेषता है?

A. सकारात्मक धारणाओं और डेटा विश्लेषण से को दूर करता है।

B. पहले से मौजूद श्रेणियों को स्वीकार करता है।

C. संख्यात्मक रूप में डेटा एकत्र करता है।

D. डेटा विश्लेषण की अनुभवजन्य विधि का उपयोग करता है।

Q.142 भारत के निम्नलिखित में से किस राज्य में मोल्सु उत्सव मनाया जाता है?

A. नगालैंड   **B.** त्रिपुरा

C. असम   **D.** पश्चिम बंगाल

Q.143 वस्तु और सेवा कर ने भारत को _______ बनाया है।

A. एक पूर्व और एक पश्चिम बाजार

B. एक साझा बाजार

C. अलग बाजारों का समूह

D. एक दक्षिण और एक उत्तर बाजार

Q.144 _____ सरकार के कराधान और व्यय निर्णयों से संबंधित है।

A. मौद्रिक नीति   **B.** श्रम बाजार नीति

C. व्यापार नीती   **D.** राजकोषीय नीति

Q.145 केंद्रीय बजट 2022 के अनुसार, डिजिटल संपत्ति (क्रिप्टोकरंसी) या किसी आभासी/क्रिप्टोकरंसी संपत्ति के हस्तांतरण से होने वाली आय पर कितना प्रतिशत कर लगाया गया है?

A. 20 प्रतिशत   **B.** 5 प्रतिशत

C. 30 प्रतिशत   **D.** 10 प्रतिशत

Q.146 आर्थिक सर्वेक्षण 2021-22 के अनुसार, भारत ने अप्रैल 2022 से शुरू होने वाले आने वाले वित्तीय वर्ष के लिए कितने प्रतिशत की आर्थिक वृद्धि का अनुमान लगाया है?

A. 6% से 6.5%   **B.** 7% से 7.5%

C. 8% से 8.5%   **D.** 9% से 9.5%

Q.147 कॉम्टे के अनुसार समाजशास्त्र की पारंपरिक पद्धति _______ है।

A. प्रत्यक्षवाद   **B.** प्रतिप्रत्यक्षवाद

C. साम्राज्यवाद   **D.** सापेक्षवाद

Q.148 निम्नलिखित में से कौन सी पुस्तक एपीजे अब्दुल कलाम द्वारा नहीं लिखी गई है?

A. ना जीवन गमनम्   **B.** टर्निंग पॉइंट्स

C. अदम्य साहस   **D.** पाथवे टू गॉड

Q.149 पर्यावरण अध्ययन का उद्देश्य _____ का विकास करना है।

A. स्थानीय पर्यावरण/पर्यावरण के मुद्दों को समझना

B. वैश्विक पर्यावरण/पर्यावरण के मुद्दों को समझना

C. पर्यावरण के प्रति सकारात्मक दृष्टिकोण विकसित करना

D. इनमें से सभी

Q.150 भारत में थोक मूल्य सूचकांक (WPI) के आंकड़े निम्नलिखित में से कौन-सा संस्थापन/कार्यालय जारी करता है?

A. भारतीय रिजर्व बैंक

B. वाणिज्य एवं उद्योग मंत्रालय

C. वित्त मंत्रालय

D. उपभोक्ता मामले, खाद्य एवं सार्वजनिक वितरण मंत्रालय

// स्मार्ट उत्तर पुस्तिका //

सही उत्तर उन छात्रों का प्रतिशत जिन्होंने प्रश्नों का सही उत्तर दिया था। **छोड़ दिया** उन छात्रों का प्रतिशत जिन्होंने प्रश्नों को छोड़ दिया था।

प्रश्न संख्या	उत्तर	सही उत्तर	छोड़ दिया
1	D	21.54 %	4.61 %
2	B	26.15 %	56.93 %
3	C	29.23 %	60.0 %
4	B	21.54 %	60.0 %
5	C	26.15 %	61.54 %
6	A	27.69 %	61.54 %
7	D	21.54 %	61.54 %
8	B	15.38 %	61.54 %
9	D	16.92 %	61.54 %
10	B	30.77 %	61.54 %
11	D	27.69 %	61.54 %
12	C	13.85 %	61.53 %
13	D	24.62 %	61.53 %
14	B	29.23 %	61.54 %
15	A	24.62 %	61.53 %
16	A	20.0 %	61.54 %
17	C	26.15 %	61.54 %
18	C	27.69 %	61.54 %
19	D	21.54 %	61.54 %
20	B	27.69 %	61.54 %
21	D	21.54 %	61.54 %
22	B	35.38 %	61.54 %
23	A	21.54 %	61.54 %
24	D	27.69 %	61.54 %
25	B	12.31 %	61.54 %
26	D	9.23 %	83.08 %
27	C	10.77 %	83.08 %
28	A	10.77 %	83.08 %
29	A	12.31 %	83.07 %
30	C	6.15 %	83.08 %
31	B	9.23 %	83.08 %
32	A	6.15 %	83.08 %
33	B	3.08 %	83.07 %
34	B	4.62 %	83.07 %
35	C	7.69 %	81.54 %
36	C	9.23 %	83.08 %
37	C	10.77 %	83.08 %
38	D	9.23 %	83.08 %
39	B	7.69 %	83.08 %
40	A	12.31 %	83.07 %
41	C	15.38 %	83.08 %
42	A	9.23 %	83.08 %
43	D	10.77 %	83.08 %
44	A	6.15 %	83.08 %
45	C	4.62 %	83.07 %
46	B	4.62 %	83.07 %
47	C	9.23 %	83.08 %
48	C	3.08 %	83.07 %
49	B	13.85 %	83.07 %
50	A	6.15 %	80.0 %
51	A	18.46 %	56.92 %
52	B	21.54 %	56.92 %
53	D	23.08 %	58.46 %
54	A	20.0 %	58.46 %
55	B	35.38 %	58.47 %
56	C	30.77 %	58.46 %
57	A	38.46 %	56.92 %
58	A	21.54 %	56.92 %
59	A	30.77 %	56.92 %
60	B	35.38 %	56.93 %
61	B	20.0 %	56.92 %
62	B	32.31 %	56.92 %
63	C	24.62 %	56.92 %
64	A	12.31 %	56.92 %
65	B	23.08 %	56.92 %
66	D	26.15 %	56.93 %
67	C	13.85 %	56.92 %
68	A	18.46 %	58.46 %
69	A	27.69 %	58.46 %
70	C	15.38 %	58.47 %
71	B	29.23 %	60.0 %
72	C	35.38 %	60.0 %
73	B	27.69 %	60.0 %
74	C	26.15 %	60.0 %
75	B	15.38 %	60.0 %
76	A	26.15 %	60.0 %
77	D	32.31 %	60.0 %
78	B	30.77 %	60.0 %
79	A	20.0 %	60.0 %
80	B	27.69 %	60.0 %

प्रश्न संख्या	उत्तर	सही उत्तर / छोड़ दिया	प्रश्न संख्या	उत्तर	सही उत्तर / छोड़ दिया	प्रश्न संख्या	उत्तर	सही उत्तर / छोड़ दिया	प्रश्न संख्या	उत्तर	सही उत्तर / छोड़ दिया	प्रश्न संख्या	उत्तर	सही उत्तर / छोड़ दिया
81	B	24.62 % / 60.0 %	95	B	35.38 % / 58.47 %	109	A	27.69 % / 61.54 %	123	D	27.69 % / 61.54 %	137	D	4.62 % / 61.53 %
82	B	32.31 % / 58.46 %	96	D	26.15 % / 58.47 %	110	C	27.69 % / 61.54 %	124	B	10.77 % / 61.54 %	138	C	10.77 % / 61.54 %
83	A	35.38 % / 58.47 %	97	C	33.85 % / 58.46 %	111	A	23.08 % / 61.54 %	125	C	27.69 % / 61.54 %	139	B	20.0 % / 61.54 %
84	D	36.92 % / 58.46 %	98	A	21.54 % / 58.46 %	112	C	18.46 % / 61.54 %	126	C	32.31 % / 61.54 %	140	B	33.85 % / 61.53 %
85	D	32.31 % / 58.46 %	99	C	15.38 % / 58.47 %	113	A	20.0 % / 63.08 %	127	B	24.62 % / 61.53 %	141	A	4.62 % / 83.07 %
86	D	9.23 % / 58.46 %	100	A	6.15 % / 60.0 %	114	C	35.38 % / 61.54 %	128	B	24.62 % / 61.53 %	142	A	12.31 % / 83.07 %
87	C	18.46 % / 60.0 %	101	B	15.38 % / 60.0 %	115	B	29.23 % / 61.54 %	129	C	10.77 % / 61.54 %	143	B	12.31 % / 83.07 %
88	A	20.0 % / 60.0 %	102	B	32.31 % / 60.0 %	116	A	24.62 % / 61.53 %	130	C	3.08 % / 61.54 %	144	D	9.23 % / 83.08 %
89	C	32.31 % / 60.0 %	103	D	29.23 % / 61.54 %	117	A	24.62 % / 61.53 %	131	D	21.54 % / 61.54 %	145	C	9.23 % / 83.08 %
90	B	40.0 % / 60.0 %	104	B	27.69 % / 61.54 %	118	D	32.31 % / 61.54 %	132	B	15.38 % / 61.54 %	146	C	4.62 % / 83.07 %
91	B	15.38 % / 60.0 %	105	D	4.62 % / 61.53 %	119	D	24.62 % / 61.53 %	133	C	29.23 % / 61.54 %	147	A	16.92 % / 83.08 %
92	C	16.92 % / 60.0 %	106	A	26.15 % / 61.54 %	120	C	10.77 % / 61.54 %	134	B	9.23 % / 61.54 %	148	D	10.77 % / 83.08 %
93	B	12.31 % / 60.0 %	107	A	26.15 % / 61.54 %	121	A	26.15 % / 61.54 %	135	C	6.15 % / 61.54 %	149	D	15.38 % / 83.08 %
94	B	21.54 % / 60.0 %	108	A	10.77 % / 61.54 %	122	D	35.38 % / 61.54 %	136	B	24.62 % / 61.53 %	150	B	7.69 % / 83.08 %

//संकेत और समाधान//

1. एक गतिशील पैटर्न की शुरुआत के रूप में कक्षा संचार का केंद्रीय बिंदु मस्तिष्क चित्रण के रूप में जाना जाता है।

यह जानकारी और विचारों को समाहित करता है, जिससे हमारे बुद्धिशील सत्रों को बेहतर बनाने और अधिक संगठित और उत्पादक बनने में मदद मिलती है।

अतः सही विकल्प (D) है।

2. क्वाडरेचर एम्प्लीट्यूड मॉड्यूलेशन (क्यूएएम) एएसके और पीएसके का एक संयोजन है।

संदेश संकेत के साथ आयाम और वाहक आवृत्ति का चरण दोनों भिन्न होते हैं।

2 विभिन्न आयाम स्तरों और 8 विभिन्न चरणों के साथ एक QAM सिग्नल का नक्षत्र आरेख जैसा कि दिखाया गया है।

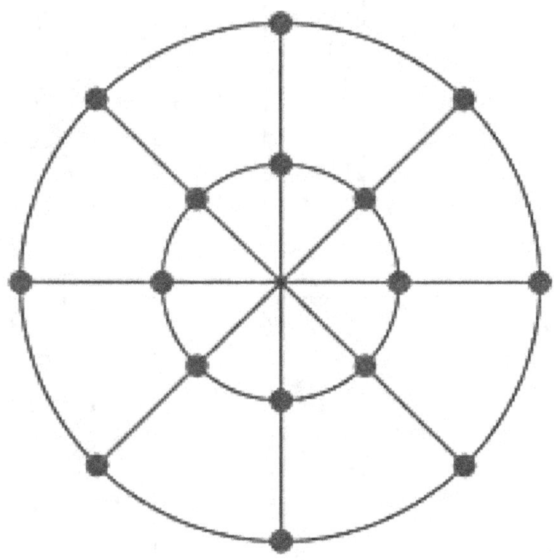

अतः सही विकल्प (B) है।

3. एक फेज लॉक लूप का उपयोग आवृत्ति मॉड्यूलेटेड सिग्नल को डिमॉड्यूलेट करने के लिए किया जा सकता है।

एक चरण-बंद लूप एक नियंत्रण प्रणाली है जो एक आउटपुट सिग्नल उत्पन्न करता है जिसका चरण इनपुट सिग्नल के चरण से संबंधित होता है।

सर्किट एक इनपुट फ्रीकेंसी को ट्रैक कर सकता है या यह एक फ्रीकेंसी उत्पन्न कर सकता है जो इनपुट फ्रीकेंसी का गुणक है।

पीएलएल सर्किट के मूल तत्व चरण डिटेक्टर, एक लूप फिल्टर, वोल्टेज-नियंत्रित थरथरानवाला (वीसीओ) हैं।

अतः सही विकल्प (C) है।

4. जैसा कि हम सभी जानते हैं कि शिक्षण एक ऐसी प्रक्रिया है जहाँ एक शिक्षक विद्यार्थियों को सीखने के लिए अपना ज्ञान छात्रों तक पहुँचाता है।

शिक्षण यहाँ सीखने से संबंधित है, सही विकल्प है क्योंकि सभी शिक्षण सीखने से संबंधित है। शिक्षण केवल सीखने के द्वारा प्राप्त किया जा सकता है और छात्रों को सीखने के लिए शिक्षित किया जा सकता है।

शिक्षण एक 'कार्य' शब्द है, जबकि सीखना एक 'उपलब्धि' शब्द है - यह कथन सही भी है क्योंकि शिक्षण एक कार्य है और इसे सीखने के दौरान छात्र को सीखने और उनके व्यवहार को बेहतर बनाने के लिए प्रदर्शन किया जा सकता

है क्योंकि एक व्यक्ति है या छात्र अपने व्यवहार को संशोधित करने के लिए कई व्यवहार और ज्ञान प्राप्त करते हैं, इसलिए यह छात्र के लिए एक उपलब्धि है।

सीखने के बिना शिक्षण हो सकता है- यह कथन इसलिए भी सही है क्योंकि सीखना बिना शिक्षण के हो सकता है। पढ़ाना एक शिक्षक का काम है, लेकिन सीखना छात्रों पर निर्भर करता है यदि वे ज्ञान प्राप्त करने के लिए तैयार नहीं हैं, तो सीखना नहीं हो सकता है।

अतः सही विकल्प (B) है।

5. अन्तक्रियात्मक व्याख्यान वह है, जहां एक शिक्षक शिक्षण-सीखने की प्रक्रिया में छात्र को संलग्र करने के लिए कम से कम एक बार व्याख्यान को तोड़ सकता है। अन्तक्रियात्मक व्याख्यान को रोचक बनाने के लिए एक शिक्षक को छात्रों के साथ चर्चा करने या प्रतिक्रिया देने के लिए व्याख्यान के बीच चर्चा सत्र को नियोजित करना चाहिए।

यदि बुद्धिशीलता और प्रोजेक्ट्स अन्तक्रियात्मक व्याख्यान के साथ नियोजित हैं तो यह केक पर एक आइसिंग हो सकता है। बुद्धिशीलता शिक्षण की एक विधि है जहां छात्रों द्वारा बहुत सारे विचारों को इकट्ठा करके निष्कर्ष निकालने के प्रयास किए जाते हैं और फिर छात्रों को परियोजना दी जाती है ताकि छात्र शिक्षक के मार्गदर्शन में सीखेंगे।

अतः सही विकल्प (C) है।

6. i. पहले कथन के अनुसार शिक्षण वह गतिविधि है जहाँ शिक्षक विद्यार्थियों को अपना ज्ञान प्रदान करता है ताकि शिक्षार्थी सीख सकें और यह तभी संभव है जब शिक्षक और छात्र के बीच उचित संवाद हो।

ii. तीसरे कथन छात्रों के प्रबंधन और निगरानी से संबंधित है क्योंकि शिक्षण वह गतिविधि है जहाँ शिक्षक अपने विद्यार्थियों को पढ़ाता है और उनका प्रबंधन करता है और पूरी शिक्षण-शिक्षण प्रक्रिया के माध्यम से उनकी गतिविधियों की निगरानी भी करता है।

iii. अब चौथे कथन के अनुसार शिक्षण का अर्थ है दूसरों को प्रभावित करना शिक्षण प्रक्रिया में इसका मतलब यह है कि शिक्षक के लिए यह बहुत महत्वपूर्ण है कि वह अध्यापन-शिक्षण प्रक्रिया को प्रभावी बनाने के लिए अपनी शिक्षण रणनीतियों के माध्यम से दूसरों (छात्रों और प्रबंधन) को प्रभावित कर सकता है।

अतः सही विकल्प (A) है।

7. संगोष्ठी विधि में विशिष्ट तकनीकों और अवधारणाओं पर विशेषज्ञों द्वारा जानकारी का आदान-प्रदान शामिल है। यह एक अनुसंधान परियोजना पर काम करने वाले समूह को मार्गदर्शन भी प्रदान करता है।

निरूपण विधि वह है जहां प्रशिक्षक वास्तव में एक ऑपरेशन / कार्य करता है और छात्रों को दिखाता है कि क्या करना है, कैसे करना है।

व्याख्यान विधि एक औपचारिक या एक अर्ध-औपचारिक विधि है जिसमें प्रशिक्षक केवल बोलकर विषय का अवलोकन करता है।

परिचर्चा एक ऐसी विधि है जिसमें एक समूह के भीतर चर्चा करके समाधान विकसित किए जाते हैं।

अतः सही विकल्प (D) है।

8. ओवरहेड प्रोजेक्टर निर्देशात्मक सामग्री नहीं है।

मुद्रित अध्ययन गाइड में एक विशेष विषय से नोट्स के रूप में निर्देशात्मक सामग्री है। ऑडियो पॉडकास्ट वह सामग्री है जिसमें ऑडियो रूप में उपयोगी जानकारी होती है। यूट्यूब वीडियो वह माध्यम है जिसके माध्यम से ऑडियो के साथ-साथ वीडियो के रूप में निर्देशात्मक सामग्री प्रदान की जाती है। तो, ओवरहेड प्रोजेक्टर एक अनुदेशात्मक सामग्री नहीं है।

अतः सही विकल्प (B) है।

9. संचार का टेलीफोन मॉडल सबसे पहले 'सूचना सिद्धांत' के क्षेत्र में विकसित किया गया था।

संचार के मॉडल का पहला सिद्धांत शैनन और वीवर द्वारा दिया गया था। इसमें नवीनतम रेडियो और टेलीफोन प्रौद्योगिकियों के कार्य को दिखाने के लिए एक डिज़ाइन शामिल है। इसमें तीन मुख्य भाग पहले प्रेषक के होते हैं, जहाँ वह व्यक्ति बात करता था, दूसरा चैनल जो स्वयं टेलीफोन होता है और तीसरा रिसीवर वह व्यक्ति होता है जो किसी अन्य व्यक्ति को सुनता है। इस तकनीक में मूल रूप से टेलीफोन या रेडियो के माध्यम से सूचना का प्रसारण शामिल है।

अतः सही विकल्प (D) है।

10. सूचना और संचार प्रौद्योगिकी (आईसीटी) सूचना प्रौद्योगिकी (आईटी) के लिए एक व्यापक शब्द है, जो इंटरनेट, वायरलेस नेटवर्क, सेल फोन, कंप्यूटर, सॉफ्टवेयर, मिडलवेयर, वीडियो-कॉन्फ्रेंसिंग, सोशल नेटवर्किंग, और अन्य सहित सभी संचार प्रौद्योगिकियों को संदर्भित करता है। मीडिया एप्लिकेशन और सेवाएं उपयोगकर्ताओं को डिजिटल रूप में जानकारी तक पहुंचने, पुनः प्राप्त करने, स्टोर करने, संचारित करने और हेरफेर करने में सक्षम बनाती हैं। ICT का उपयोग मीडिया प्रौद्योगिकी के अभिसरण जैसे कि कंप्यूटर नेटवर्क के साथ ऑडियो-विजुअल और टेलीफ़ोन नेटवर्क, केबल बिछाने की एक एकीकृत प्रणाली (सिग्नल वितरण और प्रबंधन सहित) या लिंक सिस्टम के माध्यम से किया जाता है।

अतः सही विकल्प (B) है।

11. प्रिंटर, स्पीकर, मॉनिटर कंप्यूटर के आउटपुट डिवाइस हैं। कीबोर्ड इनपुट डिवाइस है।

अतः सही विकल्प (D) है।

12. विश्वविद्यालय अनुदान आयोग (यू.जी.सी.) 28 दिसंबर 1953 को अस्तित्व में आया और 1956 में विश्वविद्यालय शिक्षा में शिक्षण, परीक्षा और अनुसंधान के मानकों के समन्वय, निर्धारण और रखरखाव के लिए संसद के एक अधिनियम द्वारा भारत सरकार का एक वैधानिक संगठन बन गया।

यू.जी.सी. अधिनियम 1956 के अनुसार-

एक "डिग्री" का अर्थ किसी ऐसी डिग्री से होता है जिसे आधिकारिक राजपत्र में अधिसूचना द्वारा आयोग की ओर से निर्दिष्ट केंद्रीय सरकार की पिछली मंजूरी के साथ प्रदान किया जाता है।

एक "विश्वविद्यालय" का अर्थ एक केंद्रीय अधिनियम, एक प्रांतीय अधिनियम या एक राज्य अधिनियम द्वारा या उसके तहत स्थापित या उससे निगमित एक विश्वविद्यालय होता है और इस अधिनियम के तहत बनाये गए नियमों के अनुसार आयोग द्वारा मान्यता प्राप्त विश्वविद्यालय के परामर्श से संबंधित किसी भी संस्थान को शामिल किया जा सकता है।

सम्मान या अनुदान का अधिकार (यू.जी.सी. अधिनियम 1956)-

डिग्री प्रदान करने या स्वीकृत करने का अधिकार केवल निम्न द्वारा प्रयुक्त किया जायेगा:

- एक विश्वविद्यालय केंद्रीय अधिनियम, प्रांतीय अधिनियम या राज्य अधिनियम द्वारा या उसके तहत स्थापित या उससे निगमित होता है।
- धारा 3 के तहत एक संस्था को विश्वविद्यालय के रूप में मानित किया जाता है।
- डिग्री प्रदान करने या स्वीकृत करने के लिए संसद के अधिनियम द्वारा विशेष रूप से एक संस्था सशक्त होती है।

अतः सही विकल्प (C) है।

13. प्रधान मंत्री अनुसंधान फेलोशिप अनुसंधान और अत्याधुनिक प्रौद्योगिकियों को बढ़ावा दे रहा है। यह योजना विशेष रूप से उन लोगों के लिए डिज़ाइन की गई है जो भारतीय प्रौद्योगिकी संस्थान (आई.आई.टी.) और भारतीय विज्ञान संस्थान (आई.आई.एस.सी) पाठ्यक्रम में पीएचडी करने के इच्छुक हैं।

अतः सही विकल्प (D) है।

14. अनुच्छेद 29 (2) में कहा गया है: "किसी भी नागरिक को राज्य द्वारा अनुरक्षित किसी भी शैक्षणिक संस्थान में प्रवेश से इनकार नहीं किया जाएगा या केवल धर्म, जाति, भाषा या उनमें से किसी एक के आधार पर राज्य निधियों से सहायता प्राप्त की जाएगी"। अनुच्छेद 29 (2) एक विशेष विषय, शैक्षणिक संस्थानों में प्रवेश से संबंधित है।

अतः सही विकल्प (B) है।

15. स्थलाकृतिक कारकों को प्राकृतिक भूगोल-संबंधी कारकों के रूप में भी जाना जा सकता है जिसमें ऊंचाई, पर्वत श्रृंखलाओं, पठारों, मैदानों, झीलों, नदियों, समुद्र के स्तर और घाटियों आदि की दिशा शामिल है।

अतः सही विकल्प (A) है।

16. एसडीजी इंडिया इंडेक्स 2018 के अनुसार, इन राज्यों में सबसे अधिक एसडीजी इंडेक्स स्कोर- हिमाचल प्रदेश (69), केरल (69), गोवा (64), आंध्र प्रदेश (64) और तमिलनाडु (62) हैं।

अतः सही विकल्प (A) है।

17. एक प्रतिमान एक मानक, परिप्रेक्ष्य या विचारों का समूह है। एक प्रतिमान किसी चीज को देखने का एक तरीका है।

प्रतिमान की अवधारणा:

- विज्ञान के इतिहासकार थॉमस कुह्न ने इसे इसका समकालीन अर्थ दिया है।
- कुह्न ने "प्रतिमान बदलाव" की अवधारणा को जन्म दिया, परिभाषित किया और लोकप्रिय बनाया।
- अपनी पुस्तक, द स्ट्रक्चर ऑफ साइंटिफिक रेवोल्यूशन (पहली बार 1962 में प्रकाशित) में, कुह्न एक वैज्ञानिक प्रतिमान को परिभाषित करते हैं: "सार्वभौमिक रूप से मान्यता प्राप्त वैज्ञानिक उपलब्धियां, जो एक समय के लिए, चिकित्सकों के समुदाय के लिए मॉडल समस्याएं और समाधान प्रदान करती हैं"।
- उन्होंने इस शब्द को अवधारणाओं और प्रथाओं के सेट को संदर्भित करने के लिए अपनाया जो किसी विशेष अवधि में वैज्ञानिक अनुशासन को परिभाषित करते हैं।
- उनके अनुसार वैज्ञानिक प्रगति बौद्धिक रूप से हिंसक क्रांतियों द्वारा विरामित शांतिपूर्ण अंतरालों की एक श्रृंखला है।
- इसलिए, यह एक रूप से दूसरे रूप में सोचने के तरीके में बदलाव है।

अतः विकल्प (C) सही है।

18. एक स्कूल के प्राचार्य स्कूल के कार्यक्रमों में अपने संवर्धित प्रत्याशा की संभावना को ज्ञात करने के उद्देश्य से शिक्षकों और छात्रों का साक्षात्कार सत्र आयोजित करते हैं।

यह प्रयास क्रियात्मक अनुसंधान से संबंधित है। क्रियात्मक अनुसन्धान एक जांच या अनुसंधान है जो गुणवत्ता और किसी विशेष संगठन के प्रदर्शन को सुधारने या बढ़ाने के लिए केंद्रित प्रयासों से संबंधित है।

अतः सही विकल्प (C) है।

19. किसी प्रयोग में परिवर्तित होने वाले चर को हेरफेर वाला चर कहा जाता है। कभी-कभी, इसे एक स्वतंत्र चर भी कहा जाता है।

अतः सही विकल्प (D) है।

20. 'अभिलेख' सर्वेक्षण की एक विधि नहीं है।

सर्वेक्षण विभिन्न तरीकों से किया जा सकता है। सर्वेक्षण करने के कुछ तरीके व्यक्तिगत साक्षात्कार, टेलीफ़ोनिक साक्षात्कार, मेलिंग प्रश्नावली, सारणी के माध्यम से आदि हैं। जबकि अभिलेख साक्षात एक घटना का एक ऐतिहासिक रिकॉर्ड है जिसका उपयोग डेटा संग्रह के लिए किया जा सकता है लेकिन यह सर्वेक्षण के लिए उपयुक्त नहीं है।

अतः सही विकल्प (B) है।

21. अनुसंधान नैतिकता विशेष रूप से नैतिक मुद्दों के विश्लेषण से संबंधित है जो तब उठाए जाते हैं जब लोग अनुसंधान में प्रतिभागियों के रूप में शामिल होते हैं।

अनुसंधान निष्कर्षों की रिपोर्टिंग अनुसंधान नैतिकता के मुद्दे के लिए अतिसंवेदनशील है, क्योंकि निष्कर्षों के साथ कोई विकृति नहीं हो सकती है।

जबकि अन्य तीन विकल्प अनुसंधान नैतिकता के मुद्दे के लिए अतिसंवेदनशील नहीं हैं क्योंकि ये अनुसंधान नैतिकता से प्रभावित नहीं हैं।

अतः सही विकल्प (D) है।

22. पहले चार-शब्द को वर्णमाला श्रृंखला में 2 जोड़कर कोडित किया गया है, मध्य शब्द समान है, अंतिम चार शब्दों को 1 घटाकर कोडित किया गया है।

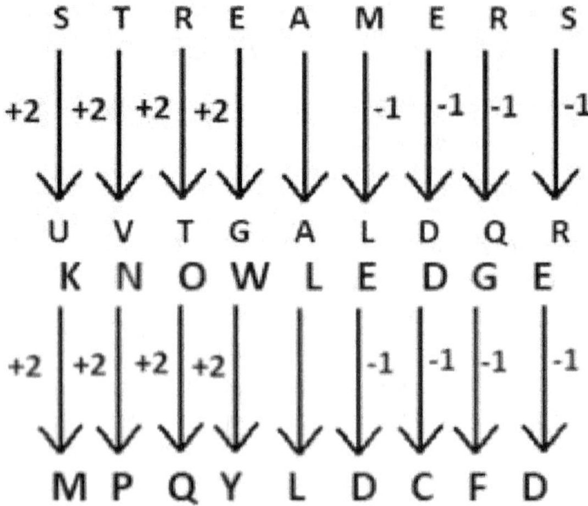

अतः सही विकल्प (B) है।

23. प्रेरकात्मक तर्क वह है जिसमें परिसर निष्कर्ष की सच्चाई के लिए मजबूत साक्ष्य की आपूर्ति करना चाहता है। प्रदान किए गए साक्ष्य के आधार पर एक प्रेरक तर्क के निष्कर्ष की सच्चाई संभावित है। प्रेरकात्मक तर्क को परिकल्पना निर्माण के रूप में जाना जाता है क्योंकि प्राप्त निष्कर्ष वर्तमान ज्ञान और भविष्यवाणियों पर आधारित हैं। इसलिए, यदि हम दुनिया के बारे में तथ्यों की नई जानकारी चाहते हैं, तो हमें प्रेरकात्मक तर्क पर भरोसा करना चाहिए।

अतः सही विकल्प (A) है।

24. यहाँ, हमने एक वस्तु की तुलना दूसरे वस्तु से की है। अनंत स्थान की पृथ्वी से और बाजरे के खेत का अनाज के दाने से।

तो, तर्क की प्रकृति सादृश्यात्मक है।

अतः सही विकल्प (D) है।

25. हस्तांतरण कीमत - ट्रेडर्स के बीच उपयोग की जाने वाली कीमतें, आमतौर पर कंपनी अपनी सहायक कंपनियों के साथ व्यवहार करती हैं क्योंकि अलग-अलग संस्थाएं वहां इकाईयों के बीच व्यापार के लिए हस्तांतरण कीमत का उपयोग करती हैं। दर मूल्य निर्धारण-इसका मतलब है कि नेता का अनुसरण करना या बाजार में जो कुछ भी हो रहा है, वह सजातीय उत्पादों के लिए उपयुक्त है । उत्पाद बंडल-इस पद्धति में, कंपनी कई उत्पादों को बंडल करती है और एक मूल्य पर बंडल प्रदान करती है।

पूर्ण लागत मूल्य-निर्धारण के तहत पूर्ण मूल्य निर्धारण, प्रत्यक्ष सामग्री, श्रम और ओवरहेड लागत को प्रशासनिक और बिक्री खर्चों के साथ जोड़ा जाता है और कुल लागत में विशेष मार्जिन प्रतिशत जोड़ने के बाद कीमतें तय की जाती हैं। अत्यधिक विकल्प वाले सामान अन्य विकल्पों के बजाय मूल्य निर्धारण दरों पर जाने की बेहतर कीमत है क्योंकि अन्य मूल्य निर्धारण रणनीतियाँ या तो मुनाफे

(कम मूल्य निर्धारण तो बाजार) से समझौता करेंगी या उपभोक्ता बस स्थानापन्न सामान (यदि उच्च मूल्य वाले बाजार) में शिफ्ट हो जाएंगे ।

अतः सही विकल्प (B) है।

26. पहले परिच्छेद की दूसरी पंक्ति में उल्लेख किया गया है, 'और यद्यपि लगभग हर कोई इस बात से सहमत होगा कि शांति का कोई रूप-हालांकि यह परिभाषित किया गया है- यह वांछनीय है, इसे प्राप्त करने के तरीके पर अक्सर बलशाली, यहां तक कि हिंसक, असहमति भी होती है।'

ऊपर दिए गए कथनों में कहा गया है कि लोग इस बात से सहमत हैं कि शांति वांछनीय है लेकिन इसे कैसे प्राप्त किया जाना चाहिए यह विडंबना से भरा है।

लोग शांति प्राप्त करने के साधनों से इतना असहमत हैं कि उन असहमतियों को बलपूर्वक या यहां तक कि हिंसक बना देते हैं।

इसलिए यह ऊपर दिए गए बिंदुओं से स्पष्ट है कि शांति प्राप्त करने के बारे में असहमति बल और हिंसक हो सकती है।

अतः विकल्प (D) सही है।

27. आइए प्रश्न से कुछ कठिन शब्दों का अर्थ देखें:

प्रविष्ट करना का अर्थ है किसी चीज़ को एक आवश्यक परिणाम के रूप में शामिल करना

द्विआधारी का मतलब है कि केवल दो चीजों से बना है।

तो, प्रश्न का अर्थ है कि युद्ध और शांति को दो चरम छोरों के रूप में देखने पर क्या आवश्यक परिणाम हो जाता है?

हम दूसरे परिच्छेद की तीसरी पंक्ति में द्विआधारी विरोध के रूप में युद्ध और शांति का उल्लेख पा सकते हैं, 'शांति और युद्ध के बीच यह द्विआधारी विरोध इस विश्वास को और बढ़ाता है कि शांति और युद्ध परस्पर अनन्य हैं'।

लेखक यह बताना चाहता है कि शांति और युद्ध कभी भी परस्पर अनन्य नहीं थे। वे हमेशा एक निरंतरता में मौजूद हैं।

इस प्रकार यदि हम शांति और युद्ध को द्विआधारी विरोध के रूप में देखते हैं तो इसका मतलब होगा कि 'शांति और युद्ध परस्पर अनन्य हैं।'

अतः विकल्प (C) सही है।

28. पारित होने के पहले परिच्छेद में, लेखक हमें यह बताने की कोशिश कर रहा है कि शांति की पहले की समझ अब ठीक नहीं है, क्योंकि दुनिया में बहुत कुछ बदल गया है।

वह टिप्पणी करते हैं कि शांति बातचीत पहले पश्चिम और पूर्व के विशेषाधिकार प्राप्त पुरुषों तक सीमित थी

पहले परिच्छेद की अंतिम पंक्तियों में इस बात की चर्चा है कि यह कैसे बदल रहा है, 'यह धीरे-धीरे बदल रहा है, हालांकि, महिला के रूप में, गैर-पश्चिमी, और पहले से बेरोजगार शांति अधिवक्ता और शांतिदूत अपनी आवाज सुनते हैं।'

अब अन्य सामाजिक समूह जैसे महिलाएं, गैर-पश्चिमी और साथ ही नव सशक्त शांति अधिवक्ता भी शांति की बातचीत में भाग ले रहे हैं।

इस प्रकार, शांति वार्तालाप बदल रहे हैं क्योंकि ये अब विशेषाधिकार प्राप्त पुरुषों तक सीमित नहीं हैं।

अतः विकल्प (A) सही है।

29. गद्यांश शांति के बारे में पिछली मान्यताओं का खंडन करने पर केंद्रित है और यह कई सामाजिक और राजनीतिक घटनाओं के कारण समय के साथ कैसे बदल गया है।

यह बदलाव खिलाड़ियों या पार्टियों में भी देखा जाता है जो विश्व स्तर पर शांति की स्थिति को प्रभावित करते हैं।

तीसरे गद्यांश की शुरुआत बताती है, 'हालांकि, मोटे तौर पर, बीसवीं सदी के मध्य और दूसरे विश्व युद्ध के अंत में, बहुराष्ट्रीय निगमों, गैर-सरकारी संगठनों, शांति और संबंधित सामाजिक न्याय आंदोलनों सहित अन्य अभिनेताओं, आध्यात्मिक और धार्मिक नेताओं और राज्यों द्वारा "आतंकवादी" लेबल वाले समूह, वैश्विक मंच पर महत्वपूर्ण खिलाड़ी बन गए हैं। '

इस प्रकार, हम ऊपर दिए गए कथनों से देख सकते हैं कि वैश्विक मंच पर कई प्रविष्टियां हैं जिनमें बहुराष्ट्रीय निगम, गैर सरकारी संगठन और आध्यात्मिक और धार्मिक नेता शामिल हैं।

अत: विकल्प (A) सही है।

30. आइए अंतिम गद्यांश की राज्यों की उल्लेख रेखा को देखें, 'इसके अलावा, 1945 के बाद से, अंतर-राज्य संघर्ष और छद्म युद्ध (विशेष रूप से "विकासशील" दुनिया में) ने महान शक्तियों के बीच युद्धों को बदल दिया है।

आइए उपरोक्त कथन से कुछ कठिन शब्दों के अर्थ देखें:

अंतरा का अर्थ है भीतर या भीतर

छद्म का अर्थ है एक विकल्प

लेखक यह बताना चाहता है कि युद्धों को अन्य प्रकार के संघर्षों जैसे कि अंतर-राज्य संघर्ष के रूप में प्रतिस्थापित किया गया है जिसका अर्थ है कि राज्य के अंदर संघर्ष और छद्म युद्धों का अर्थ है दो राज्यों के बीच युद्ध जो अन्य प्रमुख राज्यों द्वारा भड़काया गया है जो शामिल नहीं होना चाहते हैं ।

इसलिए, युद्ध अभी भी होते हैं, लेकिन महान शक्तियों ने उन्हें अंतर राज्य संघर्ष और छद्म युद्धों के माध्यम से संचालित करने का सहारा लिया है।

अत: विकल्प (C) सही है।

31. किसी शोध लेख के 'सार' को शुरुआत में रखा जाता है।

कोई सार किसी शोध लेख, निबंध, समीक्षा, सम्मेलन कार्यवाही, या किसी विशेष विषय के किसी भी गहन विश्लेषण का एक संक्षिप्त सारांश है और अक्सर इसका उपयोग पाठक को पत्रादि के उद्देश्य का जल्द पता लगाने में मदद करने में किया जाता है।

जब उपयोग किया जाता है, तो हस्तलेख या मुद्रितलेख के शुरुआत में हमेशा सार दिखाई देता है, जो किसी भी शैक्षणिक पेपर या पेटेंट आवेदन के लिए बिंदु-प्रविष्टि के रूप में कार्य करता है। विभिन्न शैक्षणिक विषयों के लिए सार और अनुक्रमण सेवाओं का उद्देश्य उस विशेष विषय के लिए साहित्य का अग्रभाग तैयार करना है।

अत: सही विकल्प (B) है।

32. शोध का पहला चरण 'समस्या का चयन' है।

समस्या का चयन: शोध शीर्षक वाले विषय का चयन विशेषज्ञों, संकायों के साथ गहन चर्चा के बाद किया जाता है ताकि अपेक्षाकृत महत्वपूर्ण विषय के अपेक्षाकृत महत्वपूर्ण और व्यवहार्य क्षेत्र में शोध कार्य को आगे बढ़ाया जा सके।

अत: सही विकल्प (A) है।

33. मॉड्यूलेशन इंडेक्स बढ़ाने पर FM में ट्रांसमिटेड पावर स्थिर होती हे लेकिन AM में बढ़ जाती है।

AM:

AM में संचरित शक्ति किसके द्वारा दी जाती है

$$P_t = P_c \left(1 + \frac{\mu^2}{2}\right)$$

यदि मॉड्यूलेशन इंडेक्स μ बढ़ता है, तो संचरित शक्ति बढ़ जाती है।

FM:

FM में संचरित शक्ति किसके द्वारा दी जाती है

$$P_t = \frac{A_c^2}{2}$$

प्रेषित शक्ति मॉड्यूलेशन इंडेक्स से स्वतंत्र है और केवल वाहक आयाम पर निर्भर करती है।

इस प्रकार, एफएम के मामले में प्रेषित शक्ति मॉड्यूलेशन इंडेक्स में वृद्धि के साथ स्थिर है।

अत: विकल्प (B) सही है।

34. संचार में, अपने स्वयं के विचारों और भावनाओं को दूसरे पर आरोपित करना प्रक्षेपण कहलाता है।

प्रक्षेपण:

- प्रक्षेपण में, लोग अपने शीलगुणों (विचार और भावनाएं) को दूसरों पर आरोपित करते हैं।

- इस प्रकार, एक व्यक्ति जिसके पास मजबूत आक्रामक प्रवृत्तियां हैं, वह अन्य लोगों को उसके प्रति अत्यधिक आक्रामक तरीके से कार्य करते हुए देख सकता है।

अत: विकल्प (B) सही है।

35. दी गई तालिका के अनुसार,

एनालॉग घड़ी का उपलब्ध कुल स्टॉक = 6000 + 4500 + 5000 + 3000 = 18500

डिजिटल वॉच का कुल स्टॉक = 7000 + 5000 + 4000 + 2500 = 18500

ऑटोमैटिक घड़ी का कुल उपलब्ध स्टॉक = 5500 + 3500 + 6500 + 3500 = 19000

$$\therefore \text{आवश्यक औसत} = \frac{18500+18500+19000}{3} = 18666.67$$

अत: विकल्प (C) सही है।

36. दी गई तालिका के अनुसार,

एनालॉग घड़ी का उपलब्ध कुल स्टॉक= 6000 + 4500 + 5000 + 3000 = 18500

एनालॉग टाइटन घड़ियों का स्टॉक = 6000

$$\therefore \text{आवश्यक प्रतिशत} = \frac{6000}{18500} \times 100 = 32.43\%$$

अत: विकल्प (C) सही है।

37. दी गई तालिका के अनुसार,

टाइटन घड़ियों का कुल स्टॉक = 6000 + 7000 + 5500 = 18500

टाइमेक्स घड़ियों का कुल स्टॉक = 3000 + 2500 + 3500 = 9000

$\therefore$ आवश्यक अनुपात = 9000 : 18500

= 18 : 37

अत: विकल्प (C) सही है।

38. दी गई तालिका के अनुसार,

सोनाटा घड़ियों का कुल स्टॉक = 4500 + 5000 + 3500 = 13000

फॉसिल घड़ियों का कुल स्टॉक = 5000 + 4000 + 6500 = 15500

$$\therefore \text{आवश्यक प्रतिशत} = \frac{15500-13000}{15500} \times 100$$

$\Rightarrow$ 16.12% ≈ 16%

अतः विकल्प (D) सही है।

39. दी गई तालिका के अनुसार,

डिजिटल घडी का कुल उपलब्ध स्टॉक = 7000 + 5000 + 4000 + 2500 = 18500

ऑटोमैटिक घडी का कुल उपलब्ध स्टॉक = 5500 + 3500 + 6500 + 3500 = 19000

∴आवश्यक अंतर = 19000 – 18500 = 500

अतः विकल्प (B) सही है।

40. शिक्षक का प्राथमिक उत्तरदायित्व शैक्षिक अनुभवों की योजना बनाने में निहित है। एक शिक्षक शिक्षण-अधिगम के लिए बहुत सी योजनाएँ बनाता है।

शिक्षक शिक्षण-अधिगम की प्रक्रिया में एक स्तंभ है। वर्तमान संदर्भ में, शिक्षक केवल ज्ञान का प्रसारक नहीं है, बल्कि वह विभिन्न प्रकार की भूमिकाएँ निभाता है। शिक्षण-अधिगम प्रक्रिया में प्रतिमान परिवर्तन के कारण बढ़ती अपेक्षाओं के कारण शिक्षक की भूमिका अधिक चुनौतीपूर्ण हो गई है। उन अपेक्षाओं को पूरा करने के लिए, शिक्षक को एक योजनाकार, सूत्रधार, ज्ञान के सह-निर्माता, कक्षा में और कक्षा के बाहर नेता, प्रबंधक, परामर्शदाता और इसके अलावा, एक सच्चे मनुष्य जैसी विविध भूमिकाएँ निभानी होती हैं।

अतः विकल्प (A) सही है।

41. शिक्षक को विद्यार्थियों के साथ अपने संबंधों में मित्रतापूर्ण और सम्मानजनक होना चाहिए।

शिक्षक बच्चों के मन को आकार देने और परिणामस्वरूप शिक्षा की गुणवत्ता में महत्वपूर्ण भूमिका निभाते हैं। शिक्षकों से अपेक्षा की जाती है कि वे विषय वस्तु की समझ प्रदर्शित करें, छात्रों के साथ सकारात्मक संबंध स्थापित करें, समृद्ध अनुभवों को सुनिश्चित करने के लिए एक प्रभावी शिक्षण वातावरण बनाएं, आदि।

- छात्र अधिगम को नियंत्रित करने वाले सबसे महत्वपूर्ण कारकों में से एक छात्र-शिक्षक संबंध है।

- छात्रों की सफलता में शिक्षकों और छात्रों के बीच एक सहायक पारस्परिक संबंध एक महत्वपूर्ण घटक के रूप में पाया गया है।

- पियानिता (1999) ने पाया कि शिक्षकों और छात्रों के बीच भावनात्मक रूप से स्वस्थ संबंध छात्रों को स्कूल की व्यवस्था में सुरक्षा की भावना प्रदान करते हैं।

अतः विकल्प (C) सही है।

42. राष्ट्रीय कौशल योग्यता ढांचा 'क्षमता' पर आधारित है।

कौशल और ज्ञान आर्थिक विकास और सामाजिक विकास की प्रेरक शक्ति हैं। शिक्षा, स्वास्थ्य देखभाल आदि के क्षेत्र में रोजगार के विविध रूपों के लिए ज्ञान और कौशल की आवश्यकता होती है। इस आवश्यकता को ध्यान में रखते हुए, हमारी सरकार ने राष्ट्रीय व्यावसायिक शिक्षा योग्यता फ्रेमवर्क (NVEQF) का शुभारंभ किया था, जिसे बाद में राष्ट्रीय कौशल योग्यता में आत्मसात किया गया था।

राष्ट्रीय कौशल योग्यता ढाँचा (NSQF):

- यह ज्ञान, कौशल और योग्यता के स्तरों की एक श्रृंखला के अनुसार योग्यता का आयोजन करता है।

- यह इस अर्थ में एक गुणवत्ता आश्वासन ढांचा है कि इन स्तरों को सीखने के परिणामों के संदर्भ में परिभाषित किया गया है जो सीखने वाले के पास इस बात की परवाह किए बिना होना चाहिए कि क्या उन्हें औपचारिक, गैर-औपचारिक या अनौपचारिक शिक्षा के माध्यम से हासिल किया गया था।

अतः विकल्प (A) सही है।

43. दी गई जानकारी के अनुसार:

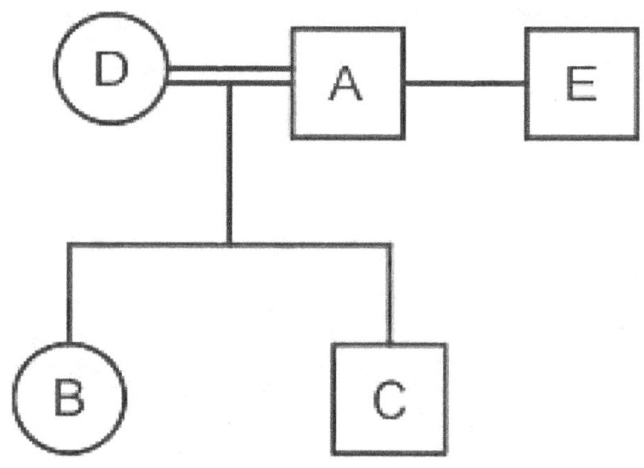

आरेख में प्रतीक	अर्थ
○	महिला
□	पुरुष
=	विवाहित जोड़ा
—	भाई/बहन
|	पीढ़ी का अंतर

दिए गए आंकड़ों के आधार पर, हम एक पारिवारिक वृक्ष बना सकते हैं

इसलिए, D, E की सिस्टर-इन-लॉ है।

अतः विकल्प (D) सही है।

44. दिया है:

प्रमीत की गति 25 किमी/घंटा है।

रोहित की गति 35 किमी/घंटा है।

प्रमीत और रोहित की सापेक्ष गति होगी

⇒ (25 + 35) = 60 किमी/घंटा

इसलिए, 15 मिनट में तय की गई दूरी = $60 \times \dfrac{15}{60}$ = 15 किमी

इसलिए, सही उत्तर "15 किमी" है।

अतः विकल्प (A) सही है।

45. अंग्रेजी वर्णमाला क्रम के अनुसार अक्षरों के स्थानीय मान हैं:

वर्ण माला	A	B	C	D	E	F	G	H	I	J	K	L	M
स्था नीय मान	1	2	3	4	5	6	7	8	9	10	11	12	13

स्था नीय मान	2 6	2 5	2 4	2 3	2 2	2 1	2 0	1 9	1 8	1 7	1 6	1 5	1 4
वर्ण माला	Z	Y	X	W	V	U	T	S	R	Q	P	O	N

इस कोड के लिए स्वरूप निम्न प्रकार है;

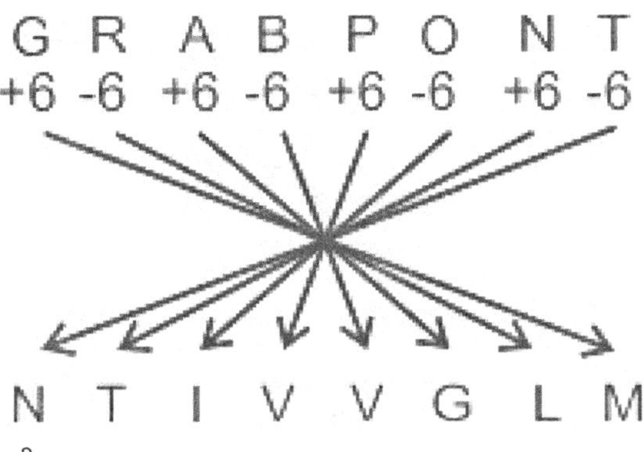

इसी प्रकार;

इसलिए, 'YJVXFBGZ' सही उत्तर है।

अतः विकल्प (C) सही है।

46. पैटर्न निम्न प्रकार है;

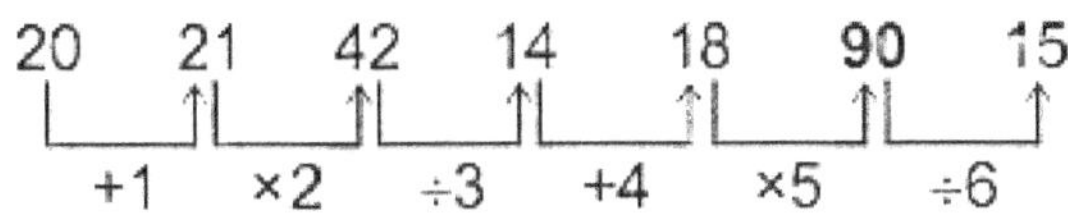

अतः विकल्प (B) सही है।

47. (1) एक रेस में पांच नावों ने हिस्सा लिया।

(2) रेस में नाव R नाव M से पहले लेकिन नाव G से पीछे थी।

नाव G > नाव R > नाव M

(3) नाव A नाव S से पहले लेकिन नाव M से पीछे थी।

नाव M > नाव A > नाव S

संयोजन (2) और (3), हमें मिलता है: नाव G > नाव R > नाव M > नाव A > नाव S

इसलिए, "नाव A" रेस में चौथे स्थान पर आई।

अतः विकल्प (C) सही है।

48. दी गई श्रृंखला है:

2, 8, 28, 102, 432, ?

पैटर्न है:

2 × 1 + 6 = 8

8 × 2 + 12 = 28

28 × 3 + 18 = 102

102 × 4 + 24 = 432

432 × 5 + 30 = 2190

इसलिए, लुप्त संख्या 2190 है।

अतः सही विकल्प (C) है।

49. तत्काल अनुप्रयोग का अनुसंधान प्रवाह 'क्रियात्मक अनुसंधान' है:

अनुसंधान को वैज्ञानिक तरीकों का उपयोग करके एक विशेष चिंता या समस्या के बारे में एक अध्ययन के सावधान विचार के रूप में परिभाषित किया गया है। अमेरिकी समाजशास्त्री अर्ल रॉबर्ट बब्बी के अनुसार, "शोध प्रेक्षित का वर्णन, व्याख्या, भविष्यवाणी और नियंत्रण करने के लिए एक व्यवस्थित जांच"।

क्रियात्मक अनुसंधान:

- क्रियात्मक अनुसंधान आम तौर पर सामाजिक विज्ञानों में लागू अनुसंधान का एक दर्शन और कार्यप्रणाली है। यह कार्रवाई करने और अनुसंधान करने की एक साथ प्रक्रिया के माध्यम से परिवर्तनकारी परिवर्तन की तलाश करता है, जो महत्वपूर्ण प्रतिबिंब द्वारा एक साथ जुड़ा हुआ है।

- क्रियात्मक अनुसंधान या तो तत्काल समस्या को हल करने के लिए शुरू किया गया शोध है या प्रगतिशील समस्या को सुलझाने की एक चिंतनशील प्रक्रिया है जो अनुसंधान, कार्रवाई और विश्लेषण को एकीकृत करती है। अनुसंधान में विचार किया जा रहा है कि कार्रवाई या योजना की प्रभावशीलता को समझने के लिए एक ज्ञान आधार का निर्माण करना शामिल है।

अतः विकल्प (B) सही है।

50. ग्राहकों के साथ अच्छा संपर्क होने पर व्यवसाय फलता-फूलता है। 80 प्रतिशत लघु व्यवसाय व्हाट्सएप के माध्यम से संवाद करते हैं। इसके बिना उनमें से अधिकांश सफल नहीं होते। लेकिन इसका मतलब यह नहीं है कि अन्य देश इसे निजी मैसेजिंग ऐप के रूप में देखते हैं। सिर्फ इतनी बात है कि भारत और ब्राजील में इसका उपयोग करने वाले छोटे व्यवसायों की मात्रा बहुत अधिक है। तो हम कह सकते हैं कि केवल I अनुसरण करता है।

अत: विकल्प (A) सही है।

51. भारतीय संविधान का अनुच्छेद 340 पिछड़े वर्गों की दशाओं के अन्वेषण के लिए आयोग की नियुक्ति का उपबंध करता है, जबकि अनुच्छेद 335 सेवाओं और पदों के लिए अनुसूचित जाति एवं अनुसूचित जनजाति के दावों से संबंधित है, अनुच्छेद 275 कुछ राज्यों को संघ से अनुदान तथा अनुच्छेद 164 राज्यों में मंत्रियों की नियुक्ति से संबंधित है।

अतः, सही विकल्प (A) है।

52. वृहत संरचना, जिसे अक्सर 'संरचना' कहा जाता है, समाज के समग्र संगठन के अनुरूप होता है, उदाहरण के लिए, सामाजिक समूहों, संगठनों, संस्थानों, राष्ट्र-राज्यों और उनके संबंधित गुणों और संबंधों के बजाय बड़े पैमाने पर स्तर पर वर्णित किया जाता है। इस मामले में, सामाजिक सूक्ष्मसंरचनाएँ सामाजिक वृहत संरचनाओं से अलग होते हैं, जिनमें सामाजिक कार्यकर्ताओं के सामाजिक मेलजोल शामिल होते हैं, जिन्हें अक्सर एजेंसी के संदर्भ में वर्णित किया जाता है। समाजशास्त्र में इस अंतर ने प्रसिद्ध वृहत - सूक्ष्म बहस को जन्म दिया है, जिसमें सूक्ष्म-समाजशास्त्री सामाजिक संरचनाओं के घटकों के रूप में बातचीत की प्रधानता का दावा करते हैं, और वृहत समाजशास्त्री बातचीत पर सामान्य संरचना के रूप में सामाजिक संरचना की प्रधानता का दावा करते हैं।

अतः सही विकल्प (B) है।

53. डेविड जी. मंडेलबौम द्वारा लिखित 'सोसाइटी इन इंडिया' देश में सामाजिक संबंधों को प्रणालियों और उप-प्रणालियों के रूप में देखता है और यह दर्शाता है कि विश्वास के विपरीत यह स्थिर या स्थिर नहीं है, लेकिन कुछ गहरी जड़ वाले मनोवैज्ञानिक और सामाजिक विषयों के आधार पर मुख्य रूप से बदलती परिस्थितियों के लिए निरंतर अनुकूल रहा है।

अतः सही विकल्प (D) है।

54. घातक आत्महत्या एक प्रकार की आत्महत्या है जिसे डेविड एमिल दुर्खीम (1858-1917) द्वारा बताया गया, जो सामाजिक परिस्थितियों में होता है जहां व्यक्ति को व्यापक उत्पीड़न का अनुभव होता है। दुर्खीम ने घातक आत्महत्या को "अत्यधिक विनियमन से उत्पन्न" के रूप में परिभाषित किया है। उन लोगों द्वारा आत्महत्या जिनके जुनून दमनकारी अनुशासन से घुट रहे हैं। गुलामी की स्थिति एक व्यक्ति को यह महसूस करा सकती है कि भागने का एकमात्र तरीका आत्महत्या है। हम इसे घातक आत्महत्या कहेंगे क्योंकि व्यक्ति खुद को भाग्य से निंदित समझता है या दास बना महसूस करता है। यहाँ, एक घातक स्थिति एक समाधान या बच निकलने के लिए घातक आत्महत्या के लिए कह रही है।

अतः सही विकल्प (A) है।

55. ड्रामाटर्गी नाट्य रचना का अध्ययन और मंच पर नाटक के मुख्य तत्वों का प्रतिनिधित्व है। ड्रामाटर्गी एक समाजशास्त्रीय परिप्रेक्ष्य है जिसे आमतौर पर रोजमर्रा की जिंदगी में सामाजिक संपर्क के सूक्ष्म-समाजशास्त्रीय व्यवहारों में उपयोग किया जाता है। ड्रामाटर्गी समाजशास्त्र में, यह तर्क दिया जाता है कि मानवीय अंतःक्रियाओं के तत्व समय, स्थान और दर्शकों पर निर्भर हैं।

अतः सही विकल्प (B) है।

56. जी. सिम्मेल एक शुरुआती जर्मन समाजशास्त्री थे, जिन्होंने सामाजिक सिद्धांतों का निर्माण करने के लिए जाना जाता था, जिन्होंने समाज का अध्ययन करने के लिए एक दृष्टिकोण को बढ़ावा दिया जो प्राकृतिक दुनिया का अध्ययन करने के लिए उपयोग किए जाने वाले वैज्ञानिक तरीकों से अलग हो गया। उन्हें एक संरचनात्मक सिद्धांतकार भी माना जाता है और यह शहरी जीवन और महानगर के रूप पर केंद्रित था।

अतः सही विकल्प (C) है।

57. गरीबी की संस्कृति सामाजिक सिद्धांत में एक अवधारणा है जो यह दावा करती है कि गरीबी का अनुभव करने वाले लोगों के मूल्य उनकी खराब स्थिति को खत्म करने में महत्वपूर्ण भूमिका निभाते हैं, जो पीढ़ी दर पीढ़ी गरीबी के चक्र को बनाए रखते हैं। ऑस्कर लुईस एक अमेरिकी मानव विज्ञानी थे। उन्हें मलिन वासियों के जीवन के उनके ज्वलंत चित्रण और उनके तर्क के लिए जाना जाता है कि गरीबी की एक क्रॉस-जेनरेशन संस्कृति राष्ट्रीय सीमाओं को पार करती है।

अतः सही विकल्प (A) है।

58. फ्रेडरिक एंगेल्स 1820 से 1895 के मध्य एक जर्मन दार्शनिक, सामाजिक वैज्ञानिक, पत्रकार और व्यापारी थे। उनके पिता इंग्लैंड के सालफोर्ड और बर्मेन, प्रशिया में बड़े कपड़ा कारखानों के मालिक थे। कार्ल मार्क्स के साथ उनके सामूहिक कार्य ने आधुनिक साम्यवाद की नींव रखी। एंगेल्स और मार्क्स ने एक साथ कई लेख और पुस्तकें लिखीं और प्रकाशित कीं, जिन्होंने औद्योगिक क्रांति के दौरान प्राप्त धन के असमान वितरण को उजागर करने का प्रयास किया।

अतः सही विकल्प (A) है।

59. एच. ब्लूमर ने 'द मेथोडोलॉजिकल पोजिशन आफ सिम्बोलिक इण्टरैक्शनिज्म' लिखी थी। यह विज्ञान अन्वेषण और निरीक्षण का एक संयोजन है, जो एसआई के लिए मैपिंग (एक सेटिंग की प्रस्तुति) और विश्लेषण (फैक्ट्स-ऑन-द-ग्राउंड कैसे काम करता है) पर एक साथ काम करता है।

अतः सही विकल्प (A) है।

60. निकोटीन एक अत्यधिक विषैला क्षार है। यह निकोटिनिक कोलीनर्जिक रिसेप्टर्स पर प्रोटोटाइप एगोनिस्ट है जहां यह नाटकीय रूप से न्यूरॉन्स को उत्तेजित करता है और अंत में सिनैप्टिक ट्रांसमिशन को ब्लॉक करता है। निकोटीन तंबाकू के धुएं में मौजूद होने के कारण चिकित्सकीय रूप से भी महत्वपूर्ण है।

अतः सही विकल्प (B) है।

61. डब्ल्यू. डिल्थे ने कहा है कि 'मानव गतिविधि केवल अंदर से देखी और समझी जा सकती है'।

विल्हेम डिल्थे एक जर्मन इतिहासकार, मनोवैज्ञानिक, समाजशास्त्री और आनुवांशिक दार्शनिक थे, जिन्होंने बर्लिन विश्वविद्यालय में दर्शनशास्त्र में जी. डब्ल्यू एफ. हेगेल की अध्यक्षता की। डिल्थे को प्राकृतिक और मानव विज्ञान को सम्बन्धित करने के तरीके के लिए जाना जाता है।

अतः सही विकल्प (B) है।

62. माध्य से विचलन का योग हमेशा शून्य के बराबर होता है। यह हमेशा होगा क्योंकि यह नमूना माध्य का एक गुण है, अर्थात औसत से नीचे के विचलन का योग हमेशा माध्य से ऊपर के विचलन के योग के बराबर होगा।

अतः सही विकल्प (B) है।

63. एक कार्य का रुकना, विरोध के रूप में कार्य के अस्थायी समापन को संदर्भित करता है और इसे कर्मचारियों या कंपनी प्रबंधन द्वारा शुरू किया जा सकता है। जब कर्मचारियों द्वारा पहल की जाती है, तो कार्य का रुकना उद्देश्यपूर्ण विरोध के एक साधन के रूप में एकल कर्मचारी या कर्मचारियों के समूह द्वारा कार्य के रोकने को संदर्भित करता है।

अतः सही विकल्प (C) है।

64. सर्वोच्च आवण्टन वाले शीर्ष 13 मंत्रालयों में, 2019-20 से सबसे अधिक वार्षिक वृद्धि जल शक्ति मंत्रालय (64%) में देखी गई है, इसके बाद उपभोक्ता मामले, खाद्य और सार्वजनिक वितरण मंत्रालय (48%) और संचार मंत्रालय (31%) शामिल हैं।

अतः सही विकल्प (A) है।

65.

सूची-I (पुस्तकें)	सूची-II (लेखक)
A. आधुनिक भारत में सामाजिक परिवर्तन	2. एम. एन. श्रीनिवास
B. भारत के बदलते गांव	1. एस. सी. दूबे
C. जाति, वर्ग और सत्ता	3. ए. बेटिल
D. हिंदू सामाजिक संगठन	4. पी. एन. प्रभु

एम. एन. श्रीनिवास आधुनिक भारत में धार्मिक, सांस्कृतिक और सामाजिक परिवर्तन को समझने के लिए संस्कृतकरण और पश्चिमीकरण की प्रक्रियाओं की जाँच करते हैं।

अपनी पुस्तक भारत के बदलते गाँव (1958) में एस.सी. दूबे भारत में सीडीपीएस की शुरुआत के द्वारा भारतीय गाँवों में लाए गए परिवर्तनों से संबंधित हैं।

ए. बेटिलस द्वारा लिखित जाति, वर्ग और सत्ता पुस्तक दक्षिण भारत के एक बहु-जाति गाँव में सामाजिक स्तरीकरण के बदलते पैटर्न का गहन अध्ययन है।

पी. एन. प्रभु द्वारा लिखित हिंदू सामाजिक संगठन, भारतीय समाज के सामाजिक-मनोवैज्ञानिक और वैचारिक में एक अध्ययन है।

अतः सही विकल्प (B) है।

66. "जे. अलेक्जेंडर" समाजशास्त्र के फ्रैंकफर्ट स्कूल से सम्बन्ध नहीं रखते है।

फ्रैंकफर्ट स्कूल विद्वानों के एक संग्रह को संदर्भित करता है जो क्रिटिकल थ्योरी विकसित करने के लिए जाने जाते हैं और समाज के अंतर्विरोधों से पूछताछ करके सीखने की द्वंद्वात्मक पद्धति को लोकप्रिय बनाता है और यह एम.

होरखेइमर, थियोडोर डब्ल्यू एडोर्नो, एरिच फ्रॉम, और हर्बर्ट मार्कस के काम से सर्वाधिक निकटता से जुड़ा हुआ है।

अतः सही विकल्प (D) है।

67. मार्क्सवाद एक सिद्धांत और कामकाजी-वर्ग के आत्म-पुनरुद्धार की एक विधि है। एक सिद्धांत के रूप में, यह सामाजिक आर्थिक विश्लेषण की एक विधि पर निर्भर करता है जो ऐतिहासिक विकास की भौतिकवादी व्याख्या का उपयोग करके वर्ग संबंधों और सामाजिक संघर्ष को देखता है और सामाजिक परिवर्तन का एक द्वंद्वात्मक दृष्टिकोण लेता है। यह 19वीं सदी के जर्मन दार्शनिक कार्ल मार्क्स और फ्रेडरिक एंगेल्स के कार्यों से उत्पन्न हुआ है।

अतः सही विकल्प (C) है।

68. इरविंग गोफमैन एक कनाडाई-जनित समाजशास्त्री थे, उनके अध्ययन के प्रमुख क्षेत्रों में रोजमर्रा की जिंदगी का समाजशास्त्र, सामाजिक संपर्क, स्वयं का सामाजिक निर्माण, अनुभव का सामाजिक संगठन (फ्रेमिंग) और सामाजिक जीवन के विशेष तत्व जैसे कुल संस्थान और कलंक शामिल थे।

अतः सही विकल्प (A) है।

69. चार्ल्स कूले ने सामाजिक घटनाओं के आधार पर सामाजिक नियंत्रण के प्रकारों को स्पष्ट किया है। चार्ल्स कूले के अनुसार सामाजिक घटनायें दो प्रकार से समाज को नियंत्रित करती हैं।

चेतन नियंत्रण-मनुष्य अपने जीवन में अपने समूह के लिए कई कार्य तथा व्यवहार जागरूक अवस्था में सोच-समझ कर करता है। यह चेतन अवस्था कहलाती है। जागरूक अवस्था में किया गया कोई भी कार्य चेतन नियंत्रण कहलाता है।

अचेतन नियंत्रण-प्रत्येक समाज या समूह की अपनी संस्कृति, प्रथायें, रीति-रिवाज, लोकाचार, परम्परायें तथा संस्कारों से निरन्तर प्रभावित होकर उनके अनुरूप ही समाज व समूह के प्रति व्यवहार करता है, इन प्रथाओं रीति-रिवाजों या धार्मिक संस्कारों के प्रति व्यक्ति अचेतन रूप से जुड़ा रहता है और जीवन पर्यन्त वह उसकी अवहेलना नहीं कर पाता, जो समाज व समूह को नियंत्रित करने में अपनी प्रमुख भूमिका निभाते हैं। यह अचेतन नियंत्रण कहलाता है।

अतः विकल्प (A) सही है।

70. कार्ल मार्क्स ने संघर्ष समूहों के रूप में वर्ग के अपने विश्लेषण में "औद्योगिक और राजनीतिक संघर्ष के अधिरोपण" की स्थिति पर चर्चा नहीं की है।

यह समझना महत्वपूर्ण है कि मार्क्स समाज की संरचना को उसके प्रमुख वर्गों और उनके बीच के संघर्ष के सम्बन्ध को इस संरचना में परिवर्तन के इंजन के रूप देखते हैं। उनका कोई संतुलन या आम सहमति का सिद्धांत नहीं था। संघर्ष समाज की संरचना के भीतर विचलन नहीं था, और न ही वर्ग कार्यात्मक तत्व थे जो व्यवस्था को बनाए रखते थे। संरचना ही वर्गों के संघर्ष में एक व्युत्पन्न और संघटक थी।

मार्क्स को समझने की कुंजी उनकी वर्ग परिभाषा है। एक वर्ग को संपत्ति के स्वामित्व से परिभाषित किया गया है। ऐसा स्वामित्व किसी व्यक्ति को संपत्ति से दूसरों को बाहर करने और निजी उद्देश्यों के लिए उपयोग करने की शक्ति के साथ निहित करता है। संपत्ति के संबंध में, समाज के तीन बड़े वर्ग हैं: पूंजीपति (जो उत्पादन के साधन जैसे कि मशीनरी और कारखाने की इमारतें, और जिनकी आय का स्रोत लाभ है), ज़मींदार (जिनकी आय किराए पर है), और सर्वहारा वर्ग (जो अपने श्रम के मालिक हैं और इसे मजदूरी के लिए बेचते हैं)।

अतः सही विकल्प (C) है।

71. (A) सही है, लेकिन (R), (A) का सही स्पष्टीकरण नहीं है।

संयुक्त राष्ट्र की ओर से "प्रोग्रेस ऑफ द वर्ल्ड्स विमेन 2019-2020, फेमिलीज इन ए चेंजिंग वर्ल्ड" शीर्षक रिपोर्ट में कहा गया है कि भारत में महिलाओं के अविवाहित रहने के मामले बेहद कम हैं। लेकिन बीते दो दशकों के दौरान तलाक के मामले दोगुने बढ़ गए हैं।

यह रिपोर्ट बताती है कि देश के विभिन्न हिस्सों में शादी की उम्र बढ़ी है। लेकिन जन्मदर में गिरावट आई है और साथ ही महिलाएं आर्थिक रूप से पहले से ज्यादा स्वायत्त हुई हैं। इसमें कहा गया है कि महिला अधिकारों की बेहतरी के बावजूद कई मामलों में महिलाओं की स्थिति जस की तस है। उनको अब भी पारिवारिक समेत कई मामलों में फैसले में अपनी राय देने का अधिकार नहीं है। अगर वे ऐसा करती भी हैं तो उनकी राय को खास तवज्जो नहीं दिया जाता। उनको अपने पति की मर्जी के हिसाब से विस्थापन का शिकार होना पड़ता है।

अतः सही विकल्प (B) है।

72. घरेलू हिंसा (जिसे घरेलू दुर्व्यवहार या पारिवारिक हिंसा भी कहा जाता है) एक व्यक्ति द्वारा किसी अन्य व्यक्ति के खिलाफ घरेलू हिंसा, जैसे विवाह या सहवास में हिंसा या अन्य दुर्व्यवहार है। घरेलू हिंसा में बच्चों, माता-पिता या बुजुर्गों के खिलाफ हिंसा भी शामिल हो सकती है। इसमें शारीरिक, मौखिक, भावनात्मक, आर्थिक, धार्मिक, प्रजनन और यौन शोषण सहित कई रूप शामिल हैं।

अतः सही विकल्प (C) है।

73. प्राकृतिक संसाधन: वे संसाधन हैं जो मानव जाति के कार्यों के बिना मौजूद हैं। इसमें सभी मूल्यवान विशेषताओं जैसे कि चुंबकीय, गुरुत्वाकर्षण, विघुत गुण और बल आदि शामिल हैं। पृथ्वी पर, इसमें सूर्य का प्रकाश, वायुमंडल, जल, भूमि (सभी खनिज शामिल हैं) के साथ-साथ सभी वनस्पति, फसल और पशु जीवन शामिल हैं।

कुशल श्रमशक्ति: उस व्यक्ति को संदर्भित करती है जो प्रशिक्षित, अनुभवी, अपने क्षेत्र के लिए समर्पित है और किसी भी विशिष्ट कार्य और दक्षता को करने में सक्षम है। कुशल श्रमशक्ति वो है जिनके पास विशेष कौशल और ज्ञान है।

जनसंख्या का आकार: जनसंख्या में व्यक्तियों की वास्तविक संख्या है।

अतः सही विकल्प (B) है।

74. सैमुअल फिलिप्स हंटिंगटन को शीत युद्ध के बाद की नई विश्व व्यवस्था के लिए उनके 1993 के सभ्यताओं के संघर्ष सिद्धांत के लिए जाना जाता है। उन्होंने तर्क दिया कि भविष्य के युद्ध देशों के बीच नहीं, बल्कि संस्कृतियों के बीच लड़े जाएंगे और इस्लामी चरमपंथ विश्व शांति के लिए सबसे बड़ा खतरा बन जाएगा। हंटिंगटन को नागरिक-सैन्य संबंधों, राजनीतिक विकास और तुलनात्मक सरकार पर अमेरिकी विचारों को आकार देने में मदद करने का श्रेय दिया जाता है।

अतः सही विकल्प है (C) है।

75. i. एकरूपता और विषमता वे अवधारणाएँ हैं जिनका प्रयोग प्रायः विज्ञान और सांख्यिकी में किसी पदार्थ या जीव में एकरूपता से संबंधित होता है।

iii. आत्मस्थिरता और आत्मनिर्भरता उन स्थितियों की अतिव्याप्ति होती है जिनमें किसी व्यक्ति या संगठन को दूसरों से या किसी से मदद या बातचीत की जरूरत नहीं होती है।

iv. ट्रेडमार्क विशिष्टता, कानून के ट्रेडमार्क और सेवा चिह्नों में एक महत्वपूर्ण अवधारणा है।

अतः राही विकल्प (B) है।

76. मुरिया भारत के छत्तीसगढ़ के बस्तर जिले का एक आदिवासी (अनुसूचित जनजाति) है। वे गोंड लोगों का हिस्सा हैं। परंपरागत रूप से वे आर्थिक रूप से समरूप हैं और सामूहिक रूप से काम करने का प्रयास करते हैं। उनके पास मिश्रित-यौन शयनकक्ष हैं जहां किशोरावस्था में कभी एकल साथी के साथ और कभी-कभी क्रमिक रूप से यौन संबंध बनाने के लिए भेजा जाता है। उनके पास एक सर्वव्यापी आहार है, जिसमें शराब उनके समाज में एक महत्वपूर्ण भूमिका निभाती है।

अतः सही विकल्प (A) है।

77. घरेलू उद्योग को एक उद्योग के रूप में परिभाषित किया जाता है जो ग्रामीण क्षेत्रों में घर पर या गांव के भीतर और शहरी क्षेत्रों में केवल घर के

भीतर होता है। घरेलू उद्योग में श्रमिकों के बड़े अनुपात घर के सदस्य होते हैं। उद्योग एक पंजीकृत कारखाने के पैमाने पर नहीं चलाया जाता है जो कि भारतीय कारखानों अधिनियम के तहत पंजीकृत हो या उसके योग्य हो। घरेलू उद्योग माल के उत्पादन, प्रसंस्करण, सर्विसिंग, मरम्मत या बनाने और बेचने (लेकिन केवल बेचने के लिए नहीं) से संबंधित है। इसमें एक व्यापारी, डॉक्टर, संगीतकार, नर्तक, ज्योतिषी, धोबी, नाई, आदि या केवल व्यापार या व्यवसाय जैसे व्यवसायों को शामिल नहीं किया जाता है, भले ही ऐसे पेश, व्यवसाय या सेवाओं को घर के सदस्यों द्वारा चलाया जाता हो।

अतः सही विकल्प (D) है।

78. तेभागा आंदोलन 1946-47 में किसान सभा द्वारा बंगाल में शुरू किया गया महत्वपूर्ण किसान आंदोलन था। उस समय जमींदारों को अपनी फसल का आधा हिस्सा देने के लिए शेयरक्रॉपर्स ने अनुबंध किया था। तेभागा (तिहाई द्वारा साझा) आंदोलन की मांग जमींदार के हिस्से को एक तिहाई तक कम करने की थी।

तेलंगाना आंदोलन भारत में आंध्र प्रदेश के पहले से मौजूद राज्य से एक नए राज्य, तेलंगाना के निर्माण के लिए एक आंदोलन को संदर्भित करता है। नया राज्य हैदराबाद की पूर्ववर्ती रियासत के तेलुगु भाषी हिस्सों से मेल खाता है।

अतः सही विकल्प (B) है।

79. अंतर्राष्ट्रीय प्रवास ने हाल के दशकों में बहुत ध्यान आकर्षित किया है क्योंकि यह वैश्विक सामाजिक-आर्थिक विकास का एक महत्वपूर्ण हिस्सा बन गया है। कम विकसित से अधिक विकसित देशों में अत्यधिक कुशल लोगों के प्रवास को प्रतिभा पलायन के रूप में जाना जाता है।

भारतीय शिक्षा आयोग और प्रतिभा पलायन का मुद्दा:

- प्रतिभा पलायन एक देश (अक्सर विकासशील) से दूसरे देश (अक्सर विकसित) में शिक्षित और कुशल व्यक्तियों के प्रवास को संदर्भित करता है।

- शिक्षा आयोग ने इस मुद्दे के वैश्विक आयाम पर गंभीरता से ध्यान दिया था।

- शिक्षा आयोग ने पाया कि अमेरिका और ब्रिटेन जैसे समांतरक विकसित देशों में क्या हो रहा है और अत्यधिक कुशल भारतीयों के प्रवास के माध्यम से प्रतिभा पलायन के लिए किसी भी तत्काल चिंता को प्रतिबिंबित नहीं करता है।

- फिर भी, प्रतिभा पलायन का कोई अधिक नुकसान नहीं है क्योंकि यह शिक्षित जनशक्ति की अतिरिक्त आपूर्ति के लिए एक सुविधाजनक सुरक्षा वाल्व प्रदान करता है।

- जब प्रवासी वापस लौटते हैं, तो वे अधिक उत्पादकता के साथ आते हैं। उदाहरण के लिए, संयुक्त राज्य अमेरिका में सिलिकॉन वैली और इसी तरह के क्षेत्रों से भारतीय रिटर्न, उदारीकरण के बाद से भारत में सॉफ्टवेयर उद्योग की वृद्धि के पीछे का मुख्य बल रहे हैं।

अतः सही विकल्प (A) है।

80. मलिन बस्तियाँ शहरीकरण कही जाने वाली व्यवस्था का अभिन्न अंग है। यह शब्द भारत की जनगणना द्वारा परिभाषित किया गया है। अधिसूचित मलिन बस्तियां वे हैं जो किसी राज्य या स्थानीय सरकार और केंद्र शासित प्रदेश प्रशासन द्वारा 'स्लम अधिनियम' सहित किसी भी अधिनियम के तहत 'मलिन' के रूप में अधिसूचित एक कस्बे या शहर के सभी निर्दिष्ट क्षेत्र।

2011 में, 65.5 मिलियन या 22.5% आबादी मलिन बस्तियों में रहती थी जो 2613 कस्बो / शहरों के बीच वितरित हैं। राज्यों और केंद्र शासित प्रदेशों में मलिन बस्तियों का वितरण भारत में एक समान नहीं है।

अतः सही विकल्प (B) है।

81. विकास-प्रेरित विस्थापन और पुनर्स्थापन (डीआईडीआर) तब होता है जब लोगों को प्रवास के विकास-संचालित रूप में अपने घरों को छोड़ने के लिए मजबूर किया जाता है। ऐतिहासिक रूप से, यह पनबिजली और सिंचाई के लिए

बांधों के निर्माण से जुड़ा हुआ है, लेकिन यह खनन, कृषि, सैन्य प्रतिष्ठानों, हवाई अड्डों, औद्योगिक संयंत्रों, हथियार परीक्षण मैदान, रेलवे, सड़क के निर्माण, शहरीकरण, वानिकी और संरक्षण परियोजनाओं से भी हो सकता है। पिछले 50 वर्षों में भारत में बड़े बांधों के कारण विस्थापन का वास्तविक अनुभव हुआ है।

अतः सही विकल्प (B) है।

82. 2020-21 के केन्द्रीय बजट में माल एवं सेवा कर से 6,90,500 करोड़ रुपए, निगम कर से 6,81,000 करोड़ रुपए तथा आयकर से 6,38,000 करोड़ रुपए प्राप्त होने का अनुमान लगाया है।

अतः सही विकल्प (B) है।

83. 1. शहरी झुग्गी बस्तियां, पड़ोस या शहर क्षेत्र हैं जो अपने निवासियों, या झुग्गी बस्तियों के लिए आवश्यक सुरक्षित और स्वस्थ वातावरण में रहने के लिए आवश्यक बुनियादी जीवन की स्थिति प्रदान नहीं कर सकते हैं।

2. एक झुग्गी घर को एक ही छत के नीचे रहने वाले व्यक्तियों के समूह के रूप में परिभाषित किया गया है, जिनके पास निम्न स्थितियों में से एक या एक से अधिक की कमी है: बेहतर पानी तक पहुंच, बेहतर स्वच्छता तक पहुंच, पर्याप्त रहने वाले क्षेत्र।

अतः सही विकल्प (A) है।

84. सिक्किम भारत में सबसे कम आबादी वाला राज्य है। इस राज्य की जनसंख्या लगभग 6.50 लाख है। सिक्किम हमारे देश में सबसे कम आबादी वाला और दूसरा सबसे छोटा राज्य है। सिक्किम का सबसे बड़ा शहर गंगटोक है और यह राज्य की राजधानी है।

अतः सही विकल्प (D) है।

85. दुर्खीम ने तर्क दिया कि अपराध सामाजिक जीवन का एक अपरिहार्य और सामान्य पहलू है। उन्होंने कहा कि सभी समाजों में अपराध अपरिहार्य है, और यह कि अपराध दर वास्तव में अधिक उन्नत, औद्योगिक समाजों में अधिक है। दुर्खीम का अपराध सिद्धांत अपरिहार्य था क्योंकि समाज का प्रत्येक सदस्य सामूहिक भावनाओं (समाज के साझा मूल्यों और नैतिक मान्यताओं) के लिए समान रूप से प्रतिबद्ध नहीं हो सकता है।

अतः सही विकल्प (D) है।

86. विकल्पो में दिए गए सभी अपराध नाबालिगो द्वारा किए जाते हैं।

समाजशास्त्र में, एक मानक परिभाषा अपराध को विचलित व्यवहार के रूप में देखती है जो प्रचलित मानदंडों का उल्लंघन करती है, या सांस्कृतिक मानकों को बताती है कि मनुष्यों को सामान्य रूप से कैसे व्यवहार करना चाहिए। यह दृष्टिकोण अपराध की अवधारणा के आसपास की जटिल वास्तविकताओं पर विचार करता है और यह समझने की कोशिश करता है कि बदलते सामाजिक, राजनीतिक, मनोवैज्ञानिक और आर्थिक हालात अपराध की बदलती परिभाषा और समाज द्वारा किए गए कानूनी, कानून-प्रवर्तन और दंडात्मक प्रतिक्रियाओं के रूप को कैसे प्रभावित कर सकते हैं।

अतः सही विकल्प (D) है।

87.

सूची- I (सिद्धांत)	सूची- II (समाजशास्त्री)
A. क्लासिकल थ्योरी	(iv) बैकेरिया
B. ज्योग्राफिकल थ्योरी	(iii) केटलेट
C. टाॅइपोलाजिकल थ्योरी	(i) लेम्ब्रो
D. सोशियोलाॅजिकल थ्योरी	(ii) सदरलैंड

अतः सही विकल्प (C) है।

88. समाजशास्त्र में, सामाजिक अव्यवस्था सिद्धांत शिकागो स्कूल द्वारा विकसित एक सिद्धांत है, जो पारिस्थितिक सिद्धांतों से संबंधित है। सिद्धांत सीधे अपराध दर को पड़ोस की पारिस्थितिक विशेषताओं से जोड़ता है; सामाजिक अव्यवस्था सिद्धांत का एक मुख्य सिद्धांत जो स्थान के मामलों को बताता है। दूसरे शब्दों में, किसी व्यक्ति का आवासीय स्थान इस संभावना को आकार देने

वाला एक महत्वपूर्ण कारक है कि वह व्यक्ति अवैध गतिविधियों में शामिल हो जाएगा।

अतः सही विकल्प (A) है।

89. 'बहुसंस्कृतिवाद' शब्द का अर्थ सभी संस्कृतियां समान हैं।

"बहुसंस्कृतिवाद" विविध संस्कृतियों का सह-अस्तित्व है, जहां संस्कृति में नस्लीय, धार्मिक या सांस्कृतिक समूह शामिल हैं और यह प्रथागत व्यवहार, सांस्कृतिक मान्यताओं और मूल्यों, सोच के पैटर्न, और संचार शैलियों में प्रकट होता है।

अतः सही विकल्प (C) है।

90. सफेदपोश अपराध (या कॉर्पोरेट अपराध, अधिक सही रूप से) वित्तीय रूप से प्रेरित, व्यवसायों और सरकारी पेशेवरों द्वारा किए गए अहिंसक अपराध को संदर्भित करता है। इसे पहली बार समाजशास्त्री एडविन सदरलैंड ने 1939 में "अपने व्यवसाय के दौरान सम्मान और उच्च सामाजिक स्थिति के व्यक्ति द्वारा किए गए अपराध" के रूप में परिभाषित किया था।

विशिष्ट सफेदपोश अपराधों में मजदूरी चोरी, धोखाधड़ी, रिश्वत, पोंजी स्कीम, इनसाइडर ट्रेडिंग, लेबर रैकिंग, गबन, साइबर अपराध, कॉपीराइट उल्लंघन, मनी लॉन्ड्रिंग, पहचान की चोरी और जालसाजी शामिल हो सकते हैं। वकील सफेदपोश अपराध में विशेषज्ञ हो सकते हैं।

अतः सही विकल्प (B) है।

91. एंथोनी गिडेंस ने बताया है कि कुछ शर्तें हैं जिससे हम वैश्वीकरण को सार्वभौमिकरण के रूप में और वैश्वीकरण को पश्चिमीकरण के रूप में उपयोग करते हैं। इसके अलावा, ये अवधारणाएं राजनीतिक आपत्तियां भी उठा सकती हैं और सांस्कृतिक बहुलवाद को बढ़ाने के लिए वैश्विक और अंतर्राष्ट्रीय शब्दों का समानार्थी शब्द के रूप में मान सकती है।

अतः सही विकल्प (B) है।

92. अवध किशोर सरन एक भारतीय विद्वान, परंपरावादी लेखक और समाजशास्त्री थे। वह भारत में लखनऊ विश्वविद्यालय में समाजशास्त्र के प्रोफेसर थे। ए. के. सरन 'पारंपरिक विचार' की खोज के लिए जाने जाते थे और उन्होंने 'आधुनिकता की धारणा' पर कटु प्रश्न किया। आस्तिक होने के नाते, सरन के लिए, सामाजिक विज्ञान का विचार एक अनात्म था। सरन ने अंग्रेजी सामाजिक विकासवाद, फ्रांसीसी प्रत्यक्षवाद और मार्क्सवाद को खारिज कर दिया।

अतः सही विकल्प (C) है।

93. धुजति प्रसाद मुकर्जी ने बहुत दृढ़ता से महसूस किया कि भारत की विशिष्ट विशेषता इसकी सामाजिक व्यवस्था थी। भारत में समाज की केंद्रीयता को देखते हुए, भारतीय समाजशास्त्रियों का अध्ययन करना और भारत की सामाजिक परंपराओं को जानना पहला कर्तव्य बन गया। धुजति प्रसाद मुकर्जी के लिए परंपरा का यह अध्ययन केवल अतीत की ओर उन्मुख नहीं था, बल्कि इसमें परिवर्तन के प्रति संवेदनशीलता भी शामिल थी। इस प्रकार, परंपरा एक जीवित परंपरा थी, जो अतीत के साथ अपने संबंधों को बनाए रखती है, लेकिन वर्तमान के लिए भी अनुकूल होती है और इस प्रकार समय के साथ विकसित होती है। भारतीय समाजशास्त्री के लिए समाजशास्त्री होना पर्याप्त नहीं है। वह पहले एक भारतीय होना चाहिए।

अतः सही विकल्प (B) है।

94. विज्ञान, प्रौद्योगिकी और नवाचार नीति (एसटीआई) 2013 निजी और सार्वजनिक दोनों क्षेत्रों में भारतीय वैज्ञानिक समुदाय को एक संकेत भेजने का प्रयास करती है, कि विज्ञान, प्रौद्योगिकी और नवाचार लोगों के तेज, स्थायी और समावेशी विकास पर ध्यान केंद्रित करें।

अतः सही विकल्प (B) है।

95.

सूची- I (कार्य)	सूची- II (लेखक / संपादक)
A. भारतीय गाँव	(ii) एस. सी. दूबे
B. गाँव भारत	(i) मैककिम मैरिएट
C. भारतीय ग्राम समुदाय	(iv) बी. एच. बेडेन-पॉवेल और वेस्ट
D. पूर्व में ग्राम समुदाय	(iii) एच. एस. मेन

अतः सही विकल्प (B) है।

96. भारत के संविधान में 12 अनुसूचियां हैं। 1949 में जब भारतीय संविधान को अपनाया गया था, तब इसमें 8 अनुसूचियां थीं। वर्तमान में, भारतीय संविधान में संशोधनों के साथ, कुल 12 अनुसूचियां हैं।

संविधान की बारहवीं अनुसूची में नगर पालिकाओं के विभिन्न कार्यों को सूचीबद्ध किया गया है। ये हैं:

- नगर नियोजन सहित शहरी योजना।
- भूमि-उपयोग और भवनों के निर्माण का विनियमन।
- आर्थिक और सामाजिक विकास के लिए योजना बनाना।
- सड़कें और पुल।
- घरेलू औद्योगिक और वाणिज्यिक प्रयोजनों के लिए पानी की आपूर्ति।
- सार्वजनिक स्वास्थ्य, स्वच्छता संरक्षण और ठोस अपशिष्ट प्रबंधन।
- अग्निशमन सेवाएं।
- शहरी वानिकी, पर्यावरण की सुरक्षा और पारिस्थितिक पहलुओं का संवर्धन।
- विकलांगों और मानसिक रूप से कमजोर लोगों सहित समाज के कमजोर वर्गों के हितों की रक्षा करना।
- स्लम सुधार और उन्नयन।
- शहरी गरीबी उन्मूलन।
- शहरी सुविधाओं और पार्क, उद्यान, खेल के मैदान जैसी सुविधाओं का प्रावधान।
- सांस्कृतिक, शैक्षिक और सौंदर्य संबंधी पहलुओं को बढ़ावा देना।
- दफन और दफन स्थल; शमशान, शमशान स्थल; और विद्युत शवदाहगृह।
- मवेशी ; जानवरों के प्रति क्रूरता की रोकथाम।
- जन्म और मृत्यु के पंजीकरण सहित महत्वपूर्ण आँकड़े।
- सार्वजनिक सुविधाएं जिनमें स्ट्रीट लाइटिंग, पार्किंग स्थल, बस स्टॉप और सार्वजनिक सुविधाएं शामिल हैं।
- बूचड़खाना और चर्म शोधनालय का नियमन।
- इनमें से कुछ कार्य प्रकृति में अनिवार्य हैं और कुछ अन्य विवेकाधीन हैं। इसके अलावा, राज्यों के बीच समग्र कार्यों के नियमन और नगरपालिकाओं के लिए अनिवार्य और विवेकाधीन कार्यों के बीच एक व्यापक विचलन है।

अतः सही विकल्प (D) है।

97. 1. अनुसूचित जाति (एससी) और अनुसूचित जनजाति (एसटी) भारत में ऐतिहासिक रूप से वंचित लोगों के आधिकारिक तौर पर नामित समूह हैं। भारत के संविधान में इस पद को मान्यता दी गई है और समूहों को एक या अन्य श्रेणियों में नामित किया गया है। भारतीय उपमहाद्वीप में ब्रिटिश शासन की अधिकतर अवधि में उन्हें दबित वर्ग के रूप में जाना जाता था। अनुसूचित जाति के लोग मूल रूप से हिंदू समाज के सबसे निचले हिस्से हैं।

2. यह संशोधन डीपीएसपी के अनुच्छेद 40 को लागू करता है जिसमें कहा गया है कि "राज्य ग्राम पंचायतों को व्यवस्थित करने के लिए कदम उठाएंगे और उन्हें ऐसी शक्तियां और अधिकार प्रदान करेंगे जो उन्हें स्वशासन की इकाइयों के रूप में कार्य करने में सक्षम बनाने के लिए आवश्यक हो"।

अतः सही विकल्प (C) है।

98. कृषि अर्थशास्त्र पर अशोक रुद्र के पश्चिम बंगाल और अन्य जगहों पर काम ने कई क्षेत्र के सर्वेक्षणों को आकर्षित किया। इनमें कृषि मंत्रालय का फार्म प्रबंधन अध्ययन शामिल हैं। वह विशेष रूप से नव-शास्त्रीय आर्थिक सिद्धांत के भारतीय कृषि में अनुप्रयोग के आलोचक थे। भारतीय कृषि अर्थशास्त्र में: मिथकों और वास्तविकताओं में उन्होंने नवशास्त्रीय सिद्धांत की आलोचना प्रस्तुत की।

अतः सही विकल्प (A) है।

99. राम कृष्ण मुखर्जी की मुख्य चिंताएं व्यवस्थित और प्रेरक समाजशास्त्र, नैदानिक अनुसंधान और संबंधित कार्यप्रणाली हैं। वह सामाजिक वास्तविकता का सर्वोत्तम संभव स्पष्टीकरण प्राप्त करने के लिए नैदानिक तरीके के उपयोग की सिफारिश करते है। रामकृष्ण मुखर्जी ने भारतीय समाज के अध्ययन के लिए द्वंद्वात्मक मॉडल के महत्व पर जोर दिया। राम कृष्ण मुखर्जी के अनुसार, भारत में समाजशास्त्र और सामाजिक नृविज्ञान के विकास का आकलन इन जुड़वां विषयों, समाजशास्त्र और सामाजिक नृविज्ञान के विकास पर विभिन्न सैद्धांतिक, पद्धतिगत और वैचारिक प्रभावों के अतिव्यापीकरण की जांच के बिना नहीं किया जा सकता है। "भारतीय समाजशास्त्र में प्रवृत्ति" की व्यापक समीक्षा में, मुखर्जी ने भारतीय समाजशास्त्र के बारे में नैदानिक दृष्टिकोण पर चर्चा की।

अतः सही विकल्प (C) है।

100. पॉल रिचर्ड ब्रास ने तर्क दिया कि हरित क्रांति के बाद हरियाणा कृषि में, किसानों ने 'अनुशासित' श्रम और ऋण तंत्र का इस्तेमाल श्रम बाजार को विघटित/पुन: व्यवस्थित करने के लिए किया। पॉल रिचर्ड ब्रास (जन्म 8 नवंबर, 1936) हेनरी एम. जैक्सन स्कूल ऑफ इंटरनेशनल स्टडीज, वाशिंगटन विश्वविद्यालय में राजनीतिक विज्ञान और अंतर्राष्ट्रीय संबंधों के प्रोफेसर एमेरिटस हैं। 1958 में हार्वर्ड कॉलेज से बी.ए. करने के बाद उन्होंने राजनीति विज्ञान में 1959 में शिकागो विश्वविद्यालय में एम.ए. किया, उसके बाद 1964 में शिकागो विश्वविद्यालय में राजनीति विज्ञान में पीएचडी की।

अतः सही विकल्प (A) है।

101. भारत में ट्रेड यूनियन पंजीकृत हैं और ट्रेड यूनियन अधिनियम (1926) के तहत वार्षिक रिटर्न दाखिल करते हैं। भारत सरकार के श्रम मंत्रालय के श्रम ब्यूरो द्वारा प्रतिवर्ष ट्रेड यूनियनों के आंकड़े एकत्र किए जाते हैं। 2012 के लिए जारी नवीनतम आंकड़ों के अनुसार, 16,154 ट्रेड यूनियन थे, जिनकी 9.18 मिलियन (15 राज्यों के रिटर्न के आधार पर - कुल 36 राज्यों में से) की संयुक्त सदस्यता थी। भारतीय मजदूर संघ भारत का सबसे बड़ा व्यापार संघ है।

अतः सही विकल्प (B) है।

102. सामाजिक अधिगम:

- सामाजिक अधिगम को अन्य लोगों के व्यवहारों के अवलोकन के माध्यम से अधिगम के रूप में परिभाषित किया गया है।

- सामाजिक अधिगम मनोवैज्ञानिक अल्बर्ट बंडुरा द्वारा विकसित एक सिद्धांत पर आधारित है जो प्रस्तावित करता है कि अधिगम एक संज्ञानात्मक प्रक्रिया है जो एक सामाजिक संदर्भ में होती है और पूर्णतया अवलोकन या प्रत्यक्ष निर्देश के माध्यम से होती है, यहां तक कि गत्यात्मक पुनरुत्पादन या प्रत्यक्ष पुनर्बलन की अनुपस्थिति में भी।

- यह सामाजिक परिवर्तन की एक प्रक्रिया है जिसमें लोग एक-दूसरे से इस तरह सीखते हैं जिससे व्यापक सामाजिक-पारिस्थितिक तंत्र को लाभ हो सकता है।

- विभिन्न सामाजिक संदर्भ व्यक्तियों को उस परिवेश में लोग क्या कर रहे हैं, यह देखकर नए व्यवहार करने की अनुमति देते हैं।

- एक नया व्यवहार सीखने की प्रक्रिया व्यवहार का अवलोकन करने, जानकारी लेने और अंत में उस व्यवहार को अपनाने से शुरू होती है।

- अल्बर्ट बंडुरा ने अधिगम और व्यवहार की नकल करने की प्रक्रिया में व्यक्ति और पर्यावरण को शामिल करके सामाजिक अधिगम सिद्धांत को आगे बढ़ाया। दूसरे शब्दों में, बच्चे और वयस्क दूसरों में देखे गए व्यवहारों की नकल करके सीखते हैं या व्यवहार बदलते हैं।

मुख्य शर्तें:

- ध्यान: ध्यान एक अभ्यास है जहां एक व्यक्ति ध्यान और जागरूकता को प्रशिक्षित करने और मानसिक रूप से स्पष्ट और संवेगात्मक रूप से शांत, और स्थिर स्थिति प्राप्त करने के लिए एक तकनीक - जैसे दिमागीपन या किसी विशेष वस्तु, विचार या गतिविधि पर दिमाग को केंद्रित करना का उपयोग करता है।

- प्रतिरूपण: प्रतिरूपण मनोचिकित्सा की कुछ संज्ञानात्मक-व्यवहार तकनीकों में उपयोग की जाने वाली एक विधि है जिसके द्वारा वादार्थी अकेले अनुकरण द्वारा, चिकित्सक द्वारा किसी विशिष्ट मौखिक निर्देश के बिना सीखता है।

- गुप्त अधिगम: मनोविज्ञान में, गुप्त अधिगम ज्ञान को संदर्भित करता है जो केवल तभी स्पष्ट होता है जब किसी व्यक्ति के पास इसे प्रदर्शित करने के लिए प्रोत्साहन होता है। उदाहरण के लिए, एक बच्चा कक्षा में गणित की समस्या को पूर्ण करना सीख सकता है, लेकिन यह अधिगम तुरंत स्पष्ट नहीं होता है। गुप्त अधिगम का एक रूप है जिसे तत्काल प्रतिक्रिया में व्यक्त नहीं किया जाता है।

निष्कर्ष: ध्यान मानसिक शांति प्राप्त करने का एक अभ्यास है, जबकि व्यवहार अधिगम का सिद्धांत कहता है कि व्यवहार पर्यावरण से अर्जित किये जाते हैं, और कहते हैं कि जन्मजात या विरासत में प्राप्त कारकों का व्यवहार पर बहुत कम प्रभाव पड़ता है। प्रतिरूपण एक विधि है जिसमें व्यवहार सीखा जाता है या यह कहा जा सकता है कि प्रतिरूपण व्यवहार अधिगम के सिद्धांत का एक भाग है। गुप्त अधिगम पुनर्बलन या अभिप्रेरणा के बिना सूचना का अवचेतन अवधारण है। अतः यह निष्कर्ष निकाला जा सकता है कि सामाजिक अधिगम को अधिगम के व्यवहारवादी मॉडल के रूप में जाना जाता है।

इसलिए, सही विकल्प (B) है।

103. मानव विकास सूचकांक (एचडीआई) जीवन प्रत्याशा, शिक्षा (साक्षरता दर, विभिन्न स्तरों पर सकल नामांकन अनुपात) और प्रति व्यक्ति आय संकेतकों का एक समग्र समग्र सूचकांक है, जो देशों को मानव विकास के चार स्तरों में रैंक करने के लिए उपयोग किया जाता है। एक देश एक उच्च एचडीआई स्कोर करता है जब जीवनकाल अधिक होता है, शिक्षा का स्तर अधिक होता है, और प्रति व्यक्ति सकल राष्ट्रीय आय जीएनआई (पीपीपी) अधिक होती है।

शहरीकरण से तात्पर्य शहरी क्षेत्रों में रहने वाले लोगों की बढ़ती संख्या से है। इसलिए शहरीकरण शब्द समग्र आबादी के सापेक्ष शहरी विकास के स्तर का प्रतिनिधित्व कर सकता है, या यह उस दर का प्रतिनिधित्व कर सकता है जिस पर शहरी अनुपात बढ़ रहा है।

अतः सही विकल्प (D) है।

104. सहस्राब्दी विकास लक्ष्य 2015 तक विश्व को कुछ लक्ष्यों को हासिल करने के लिए निर्देश था जिसमे अत्यधिक गरीबी का उन्मूलन, बाल मृत्यु दर में कमी, पर्यावरणीय स्थिरता आदि सम्मिलत थी।

गरीबों के लिए आवास सहस्राब्दी विकास लक्ष्य में सम्मिलित नहीं था।

अतः सही विकल्प (B) है।

105. निर्भरता का सिद्धांत 1950 के दशक के अंत में लैटिन अमेरिका के लिए संयुक्त राष्ट्र आर्थिक आयोग के निदेशक के मार्गदर्शन में विकसित हुआ।

निर्भरता को राष्ट्रीय विकास नीतियों पर बाहरी प्रभावों राजनीतिक, आर्थिक और सांस्कृतिक के रूप में एक राज्य के आर्थिक विकास की व्याख्या के रूप में परिभाषित किया जा सकता है।

अतः सही विकल्प (D) है।

106. प्राकृतिक जनसंख्या परिवर्तन एक निश्चित समय अवधि (आमतौर पर एक वर्ष) के दौरान जीवित जन्म और मृत्यु की संख्या के बीच का अंतर है। प्राकृतिक जनसंख्या वृद्धि एक सकारात्मक प्राकृतिक परिवर्तन है जब जीवित जन्मों की संख्या मानी गई समय अवधि के दौरान होने वाली मौतों की संख्या से ज्यादा होती है।

अतः सही विकल्प (A) है।

107. वॉल्ट रोस्टो ने 1960 में अपने क्लासिक स्टेज ऑफ़ इकोनॉमिक ग्रोथ को लिखा, जिसमें पाँच चरण - 1) पारंपरिक समाज, 2) टेक-ऑफ करने के लिए पूर्व शर्त, 3) टेक-ऑफ, 4) परिपक्वता के लिए ड्राइव 5) उच्च मास उपभोग की आयु प्रस्तुत किए गए, जिन्हे किसी भी देश को विकसित होने के लिए पार करना होगा। मॉडल ने बताया कि सभी देश इस रैखिक स्पेक्ट्रम पर कहीं मौजूद हैं, और विकारा प्रक्रिया में प्रलोक चरण के माध्यम से ऊपर की ओर बढ़ते हैं।

अतः सही विकल्प (A) है।

108.

सूची-I (लेखक)	सूची-II (सिद्धांत)
A. के. डेविस	(i) सोशल कैपिलैरिटी थ्योरी
B. जे. सी. कैलडवेल	(iv) वेल्थ फ्लो थ्योरी
C. एल. ड्यूमॉंट	(iii) इंटरेक्शन मॉडल
D. आर. हिल, के. बैक और एम. जे. साइकोस	(ii) सोशल स्ट्रक्चर एण्ड फर्टिलिटी

अतः सही विकल्प (A) है।

109. जेरोन्टोलॉजी, उम्र बढ़ने के सामाजिक, सांस्कृतिक, मनोवैज्ञानिक, संज्ञानात्मक और जैविक पहलुओं का अध्ययन है। इस शब्द को 1903 में मेचनिकोव ने ग्रीक शब्द गेरोन, "बूढ़ा आदमी" और लोगिया, "स्टडी ऑफ" से बनाया था। यह क्षेत्र जराचिकित्सा से अलग है, जो चिकित्सा की एक शाखा है जो बूढ़े लोगो में मौजूदा बीमारी के इलाज में माहिर है। जेरोन्टोलॉजिस्ट जीव विज्ञान, नर्सिंग, चिकित्सा, अपराध विज्ञान, दंत चिकित्सा, सामाजिक कार्य, भौतिक और व्यावसायिक चिकित्सा, मनोविज्ञान, मनोचिकित्सा, समाजशास्त्र, अर्थशास्त्र, राजनीति विज्ञान, वास्तुकला, भूगोल, फार्मेसी, सार्वजनिक स्वास्थ्य, आवास, और मानव विज्ञान के क्षेत्र में शोधकर्ताओं और चिकित्सकों को शामिल करते हैं।

अतः सही विकल्प (A) है।

110. सतत विकास प्राकृतिक विकास और पारिस्थितिकी तंत्र सेवाएं प्रदान करने के लिए प्राकृतिक प्रणालियों की क्षमता को बनाए रखने के साथ-साथ अर्थव्यवस्था और समाज पर निर्भर करते हुए मानव विकास लक्ष्यों को पूरा करने के लिए आयोजन सिद्धांत है। वांछित परिणाम समाज की एक स्थिति है जहां प्राकृतिक परिस्थितियों में अखंडता और स्थिरता को कम किए बिना रहने की स्थिति और संसाधन का उपयोग मानव की जरूरतों को पूरा करने के लिए जारी है। सतत विकास को विकास के रूप में वर्गीकृत किया जा सकता है जो भविष्य की पीढ़ियों की क्षमता से समझौता किए बिना वर्तमान की जरूरतों को पूरा करता है।

अतः सही विकल्प (C) है।

111.

सूची- I (अवधारणा)	सूची- II (लेखक)
A. फोकस्ड इंटरेक्शन	(i) ई. गोफमैन
B. रिफ्लेक्टिव एक्शन और इंटरेक्शन	(ii) ए. शूत्ज़
C. कम्युनिकेटिव एक्शन	(iii) जे. हैबरमास
D. इंस्टिट्यूलाइजेशन	(iv) टी. लकमैन

अतः सही विकल्प (A) है।

112. नगर निगम एक शहरी स्थानीय निकाय है। 74 वें संशोधन ने शहरी स्थानीय सरकारों (नगर पालिकाओं) से संबंधित प्रावधान किए। नगर पालिका के सदस्यों को पांच साल के कार्यकाल के लिए प्रतिनिधि चुना जाता है।

प्रॉपर्टी टैक्स/हाउस टैक्स एक ऐसा आरोप है जो अचल संपत्ति के मालिकों को सरकार को भुगतान करने के लिए बाध्य है। प्रॉपर्टी टैक्स/हाउस टैक्स या तो स्थानीय शासी निकायों द्वारा या किसी राज्य के नगर निगम द्वारा एकत्र किया जाता है। यह सभी प्रकार की अचल संपत्तियों पर लगाया जाता है, चाहे आवासीय हो या वाणिज्यिक और चाहे वह स्व-स्वामित्व वाली हो या किराए पर ली गई हो।

- टोल टैक्स: राज्य या राष्ट्रीय राजमार्ग के आधार पर राज्य या केंद्र सरकार द्वारा एकत्र किया जाता है।

- मनोरंजन कर: मनोरंजन कर के नाम रो कोई कर नहीं है। पहले था, अब सब कुछ GST के दायरे में आता है। नगर निगम द्वारा GST एकत्र नहीं किया जाता है। यह राज्य या केंद्र सरकार द्वारा एकत्र किया जाता है जैसा भी मामला हो।

- गृह कर: नगर निगम दिए गए विकल्पों में से केवल गृह कर जमा करता है। यह आमतौर पर नगरपालिका द्वारा एकत्र किया जाता है।

अतः सही विकल्प (C) है।

113. जब हम परिवार को व्यक्तियों के एक गठित समूह के रूप में देखते हैं, तो इसे समिति कहा जाता है। समिति मनुष्यों का एक विशिष्ट संगठन है, जो योजनाबद्ध विधि से किसी एक अथवा अनेक लक्ष्यों की पूर्ति के लिए मनुष्यों द्वारा मनुष्यों के लिए स्थापित किया जाता है। मजदूर संघ, कर्मचारी संघ, व्यापारिक संघ इसके उदाहरण हैं।

अतः विकल्प (A) सही है।

114. अंतर-पीढ़ी संघर्ष या तो किशोरों और वयस्कों के बीच संघर्ष की स्थिति है या दो पीढ़ियों के बीच एक अधिक अमूर्त संघर्ष है, जिसमें अक्सर एक और पीढ़ी के खिलाफ पूर्वाग्रह शामिल होते हैं।

इसके अलावा, अंतर-पीढ़ी संघर्ष पीढ़ियों के बीच सांस्कृतिक, सामाजिक या आर्थिक विसंगतियों का वर्णन करता है। ये मूल्य परिवर्तन या युवा और पुरानी पीढ़ियों के बीच हितों के टकराव के कारण हो सकते हैं। एक उदाहरण एक अंतर-संविदात्मक अनुबंध में परिवर्तन है जो जनसांख्यिकी में परिवर्तन को प्रतिबिंबित करने के लिए आवश्यक हो सकता है।

अंतर-पीढ़ी संघर्ष के उदाहरणों के लिए, क्रिस्टीना गार्सिया द्वारा ड्रीमिंग इन क्यूबन, एक नज़र डालने के लिए एक अच्छा उपन्यास है।

अतः सही विकल्प (C) है।

115. राल्फ गुस्ताव डेहरडॉर्फ, बैरन डेहरडॉर्फ, केबीई, एफबीए (1 मई, 1929-जून 17, 2009) एक जर्मन-ब्रिटिश समाजशास्त्री, दार्शनिक, राजनीतिक वैज्ञानिक और उदार राजनीतिज्ञ थे। एक वर्ग संघर्ष सिद्धांतकार, डेहरडॉर्फ आधुनिक समाज में वर्ग विभाजन की व्याख्या और विश्लेषण करने में अग्रणी विशेषज्ञ थे, और उन्हें "अपनी पीढ़ी के सबसे प्रभावशाली विचारकों में से एक" माना जाता है। डेहरडॉर्फ ने कई लेख और किताबें लिखीं, उनकी सबसे उल्लेखनीय कृति क्लास एण्ड क्लास कॉनफ्लिक्ट इन इण्डस्ट्रियल सोसायटी (1959) और थ्योरी ऑफ सोसायटी (1968) है।

अतः सही विकल्प (B) है।

116. बिरजा शंकर गुहा एक भारतीय भौतिक मानवविज्ञानी थे, जिन्होंने 20 वीं शताब्दी के शुरुआती भाग में भारतीय लोगों को नृजातीयता को वर्गीकृत किया था। वे एंथ्रोपोलॉजिकल सर्वे ऑफ इंडिया के पहले निदेशक थे।

अतः सही विकल्प (A) है।

117. किसी देश या स्थान की जन्म दर और मृत्यु दर के बीच के अंतर को प्राकृतिक वृद्धि कहा जाता है। उदाहरण के लिए, यदि जन्म दर प्रति 1,000

जनसंख्या पर 14 है, और मृत्यु दर प्रति 1000 जनसंख्या पर 8 है, तो प्राकृतिक वृद्धि = 14 - 8 = 6 है।

अतः सही विकल्प (A) है।

118. घरेलू हिंसा से महिलाओं का संरक्षण अधिनियम 2005 भारत की संसद का एक अधिनियम है जो महिलाओं को घरेलू हिंसा से बचाने के लिए लागू किया गया है। यह 26 अक्टूबर 2006 से भारत सरकार द्वारा लागू किया गया था।

अतः सही विकल्प (D) है।

119. आधुनिकता ज्ञान से उपजती है। यह तर्क और लोकतंत्र में समाहित है और इसलिए, जे. हैबरमास आधुनिकता को एक अधूरी परियोजना के रूप में देखते हैं। इसका मतलब यह है कि एक उत्तर आधुनिक दुनिया की संभावना के बारे में सोचने से पहले आधुनिकता के दायरे में बहुत कुछ किया जाना चाहिए।

अतः सही विकल्प (D) है।

120. जॉन ग्रांट को प्राकृतिक और राजनीतिक टिप्पणियों को लिखने के लिए प्रेरित किया गया था जो कि मृत्यु दर के पत्र पर आधारित था। उन्होंने इस कार्य के चार संस्करण तैयार किए। तीसरा रॉयल सोसाइटी द्वारा प्रकाशित किया गया था, जिसमें से ग्रांट एक चार्टर सदस्य थे।

अतः सही विकल्प (C) है।

121. एक व्यवसायी व्यवसाय के क्षेत्र में एक ऐसा व्यक्ति है - जो किसी विशेष उपक्रम (वाणिज्यिक या औद्योगिक) में नकदी प्रवाह, बिक्री और राजस्व उत्पन्न करने के उद्देश्य से मानव, वित्तीय, बौद्धिक और भौतिक के संयोजन का उपयोग करता है। आर्थिक विकास और विकास को बढ़ावा देने की दृष्टि से पूंजी। उद्यमी वह व्यक्ति होता है जो व्यवसाय या व्यवसायो को स्थापित करता है। उन्हें मनोरंजन उद्योग में एक प्रमोटर के रूप में भी जाना जाता है।

अतः सही विकल्प (A) है।

122. सामुदायिक विकास कार्यक्रम का उद्देश्य आर्थिक विकास, सामाजिक परिवर्तन और लोकतांत्रिक विकास है। इन तीन उद्देश्यों को संयुक्त रूप से बढ़ावा दिया जाना है और इस तरह से कि वे एक दूसरे का समर्थन करते हैं।

अतः सही विकल्प (D) है।

123. भारत में बढ़े हुए जीवन काल के लिए 'गिरती जन्म दर' जिम्मेदार नहीं है।

भारत में चिकित्सा विज्ञान और प्रौद्योगिकी में उन्नति, महामारी का नियंत्रण, स्वास्थ्य देखभाल सेवाओं में सुधार ने लोगो की जीवन प्रत्याशा में वृद्धि की है।

अतः सही विकल्प (D) है।

124. बुद्धवनम परियोजना तेलंगाना राज्य सरकार की एक पर्यटन परियोजना है।

यह तेलंगाना में नलगोंडा जिले के नागार्जुनसागर बांध क्षेत्र में स्थित है। यह तेलंगाना राज्य पर्यटन विकास निगम का एक बौद्ध विरासत थीम पार्क है। परियोजना को भारत सरकार द्वारा अनुमोदित किया गया था, अर्थात निचली कृष्णा घाटी बौद्ध परिपथ के एक भाग के रूप में नागार्जुनसागर का एकीकृत विकास, ताकि घरेलू और विदेशी पर्यटकों को विशेष रूप से दक्षिण पूर्वी एशियाई देशों से आकर्षित किया जा सके। यह परियोजना हाल ही में खबरों में थी जब भूटान की रानी माँ और तरायना फाउंडेशन की अध्यक्ष आशी दोरजी वांगमो वांगचुक और राजकुमारी सोनम डेच वांगचुक ने सात सदस्यीय प्रतिनिधिमंडल के साथ बुद्धवनम परियोजना का दौरा किया था।

अतः सही विकल्प (B) है।

125. औद्योगिक क्रांति, जिसे अब पहली औद्योगिक क्रांति के रूप में भी जाना जाता है, यूरोप और संयुक्त राज्य अमेरिका में नई विनिर्माण प्रक्रियाओं में संक्रमण था। इस संक्रमण में हाथ उत्पादन विधियों से मशीनों तक जाना, नए रासायनिक निर्माण और लोहे की उत्पादन प्रक्रियाएं, भाप बिजली और पानी की शक्ति का बढ़ता उपयोग, मशीन टूल्स का विकास और मशीनीकृत कारखाने

प्रणाली का उदय शामिल था। औद्योगिक क्रांति ने भी जनसंख्या वृद्धि की दर में अभूतपूर्व वृद्धि की।रोजगार के, उत्पादन और पूंजी निवेश के मूल्य के संदर्भ में कपड़ा औद्योगिक क्रांति का प्रमुख उद्योग था। कपड़ा उद्योग भी आधुनिक उत्पादन विधियों का उपयोग करने वाला पहला था।

अतः सही विकल्प (C) है।

126. ज़मींदारी प्रणाली को 1793 में पर्मनिंट सेटलमेंट एक्ट के माध्यम से कॉर्नवॉलिस द्वारा पेश किया गया था। इसे बंगाल, बिहार, उड़ीसा और वाराणसी के प्रांतों में पेश किया गया था। जमींदारों को किसानों से किराया वसूलने का अधिकार दिया गया।

रैयतवाड़ी प्रणाली की शुरुआत 1820 में थॉमस मुनरो द्वारा की गई थी। परिचय के प्रमुख क्षेत्रों में मद्रास, बॉम्बे, असम के कुछ भाग और ब्रिटिश भारत के कोईर्घ प्रांत शामिल हैं। रयोतवारी प्रणाली में किसानों को मालिकाना हक सौंप दिया गया। ब्रिटिश सरकार ने किसानों से सीधे कर वसूल किया।

महलवाड़ी प्रणाली- महलवारी प्रणाली की शुरुआत 1833 में विलियम बेंटिक की अवधि के दौरान की गई थी। इसे ब्रिटिश भारत के मध्य प्रांत, उत्तर-पश्चिम सीमा, आगरा, पंजाब, गंगा घाटी, आदि में पेश किया गया था। महलवारी प्रणाली में जमींदारी प्रणाली और रयोतवारी प्रणाली दोनों के कई प्रावधान थे।

अतः सही विकल्प (C) है।

127. दूसरी-लहर नारीवाद नारीवादी गतिविधि का एक दौर है और यह विचार संयुक्त राज्य अमेरिका में 1960 के दशक की शुरुआत में शुरू हुआ और लगभग दो दशक तक चला। यह जल्दी ही पश्चिमी दुनिया भर में फैल गया, जिसका उद्देश्य महिलाओं के लिए समानता बढ़ाना था, जो सिर्फ और सिर्फ आत्मबल बढ़ाती थी।

अतः सही विकल्प (B) है।

128.

सूची-I	सूची-II
(A) ऐतिहासिक दृष्टिकोण	(ii) ए. आर. देसाई
(B) ट्रांस-अनुशासनात्मक दृष्टिकोण	(iv) राधाकमल मुखर्जी
(C) इंडिऑलॉजिकल दृष्टिकोण	(i) ए. के. सरन
(D) सिंथेटिक दृष्टिकोण	(iii) योगेंद्र सिंह

अतः सही विकल्प (B) है।

129. शिक्षा प्रणाली तक पहुंच, समानता, लोकतंत्र, गुणवत्ता, प्रचार, पारदर्शिता और सहयोग को सुरक्षित करने के लिए विकसित नीतियां शिक्षा के प्रावधान के लिए महत्वपूर्ण दिशानिर्देशों के रूप में देखी जानी चाहिए। ये नियम आवश्यक हैं और शिक्षा के वैश्वीकरण के लिए इन्हें हटाया नहीं जाना चाहिए।

वैश्विक स्तर पर नीति निर्धारण में प्रिंट, रेडियो, टीवी और इंटरनेट जैसी नई तकनीकी संभावनाओं के उपयोग का लक्ष्य होना चाहिए। इस मामले में और शायद सभी निर्णय लेने में समस्याएँ हो सकती हैं:

- शिक्षा की लागत कम करना
- शिक्षा तक पहुंच बढ़ाना
- शिक्षा और प्रशिक्षण की गुणवत्ता में सुधार करना
- शिक्षा के लिए सभी विकल्प उपलब्ध कराना

इसलिए, शिक्षा को सभी के लिए एक विकल्प बनाना वैश्विक नीतियों का उद्देश्य नहीं है।

अतः विकल्प (C) सही है।

130. जे. हैबरमास और एच. मार्क्स, फ्रैंकफर्ट स्कूल से संबंधित नहीं हैं।

1. फ्रैंकफर्ट स्कूल, जिसे सामाजिक अनुसंधान संस्थान (1923) के रूप में भी जाना जाता है, फ्रैंकफर्ट, जर्मनी में विचार का एक सामाजिक और राजनीतिक दार्शनिक आंदोलन है।

2. फ्रैंकफर्ट स्कूल और इससे जुड़े विद्वान आलोचनात्मक सिद्धांत के लिए जाने जाते हैं।

3. आलोचनात्मक सिद्धांत मार्क्सवादी दर्शन की एक विशिष्ट व्याख्या प्रदान करता है और अपने कुछ केंद्रीय आर्थिक और राजनीतिक धारणाओं जैसे कि संशोधन, संशोधन, बुतपरस्ती और सामूहिक संस्कृति की आलोचना को पुन: व्याख्या करता है।

अतः सही विकल्प (C) है।

131. इम्पीरेटिवली कोऑर्डिनेटेड एसोसिएशन की अवधारणा डैरेनडॉर्फ ने दी है।

डैरेनडॉर्फ एक जर्मन-ब्रिटिश समाजशास्त्री, दार्शनिक, राजनीतिक वैज्ञानिक और उदार राजनीतिज्ञ थे। एक वर्ग संघर्ष सिद्धांतकार, डैरेनडॉर्फ आधुनिक समाज में वर्ग विभाजनों को समझाने और उनका विश्लेषण करने में अग्रणी विशेषज्ञ थे। डैरेनडॉर्फ ने कई लेख और किताबें लिखीं।

अतः सही विकल्प (D) है।

132. औद्योगिक विवाद अधिनियम, 1947 से पूरे भारत में लागू हुई है और भारतीय श्रम कानून के अन्तर्गत ट्रेड यूनियनों के साथ-साथ भारतीय मुख्य भूमि के क्षेत्र में किसी भी उद्योग में काम करने वाले व्यक्तिगत कामगारों के हितों को का विनियमन करती है। यह 1 अप्रैल 1947 से लागू हुआ।

अतः सही विकल्प (B) है।

133. ज्ञान-निरूपण के लिए उपयोग की जाने वाली तर्क की एक औपचारिक प्रणाली में बंद-विश्व धारणा (सी. डब्ल्यू. ए.), यह अनुमान है कि एक कथन जो सत्य है, वह सत्य भी है। बंद-दुनिया की धारणा के विपरीत खुली दुनिया की धारणा (ओ.डब्ल्यूए) है, जिसमें कहा गया है कि ज्ञान की कमी का मतलब झूठ नहीं है।

अतः सही विकल्प (C) है।

134. आंद्रे बेटिले, एक भारतीय समाजशास्त्री और लेखक हैं। वे विशेष रूप से दक्षिण भारत में जाति व्यवस्था के अपने अध्ययन के लिए जाने जाते हैं। वह दिल्ली विश्वविद्यालय में दिल्ली स्कूल ऑफ इकोनॉमिक्स में समाजशास्त्र के प्रोफेसर हैं जहां वह 2003 से समाजशास्त्र के प्रोफेसर एमेरिटस हैं।

अतः सही विकल्प (B) है।

135. अनुभवजन्य-विश्लेषणात्मक जांच, जिसे मात्रात्मक अनुसंधान के रूप में भी जाना जाता है, अधिकांश वैज्ञानिकों द्वारा इष्ट अनुसंधान का तरीका है, क्योंकि यह सैद्धांतिक रूप से व्याख्यात्मक तरीकों की तुलना में कम अस्पष्टता प्रदान करता है, जो किसी के अध्ययन को प्रभावित करने के लिए व्यक्तिगत पूर्वग्रह और एक प्राथमिकता के रूप में गलत धारणाओं की अनुमति देता है।

हेर्मेनियुटिक्स सिद्धांत और व्याख्या की पद्धति है, विशेष रूप से बाइबिल ग्रंथों, ज्ञान साहित्य और दार्शनिक ग्रंथों की व्याख्या। आधुनिक हेर्मेनियुटिक्स में मौखिक और गैर-मौखिक दोनों संचार के साथ-साथ अर्ध-मादक द्रव्यो, नुस्खे और पूर्व-समझ शामिल हैं।

आलोचनात्मक सिद्धांत सामाजिक विज्ञान और मानविकी से ज्ञान को लागू करके समाज और संस्कृति का चिंतनशील मूल्यांकन और समालोचना है। एक शब्द के रूप में, महत्वपूर्ण सिद्धांत के विभिन्न मूल और इतिहास के साथ दो अर्थ हैं: पहला समाजशास्त्र में उत्पन्न हुआ और दूसरा साहित्यिक आलोचना में उत्पन्न हुआ, जिसके द्वारा इसका उपयोग किया जाता है और एक छत्र शब्द के रूप में लागू किया जाता है जो समालोचना द्वारा स्थापित सिद्धांत का वर्णन कर सकता है; इस प्रकार, सिद्धांतकार मैक्स होर्खाइमर ने महत्वपूर्ण सिद्धांत के रूप में एक सिद्धांत का वर्णन किया जो "मानव को उन परिस्थितियों से मुक्त करने का प्रयास करता है जो उन्हें गुलाम बनाते हैं।"

अतः सही विकल्प (C) है।

136. एंथोनी गिडेंस ने ''आधुनिकता का परिणाम'' किताब लिखी।

बीसवीं शताब्दी के समापन वर्षों में हमारे प्रमुख सामाजिक संस्थानों की विशिष्ट विशेषताओं का सुझाव है कि, उत्तर-आधुनिकता के दौर में प्रवेश करने के बजाय, हम "उच्च आधुनिकता" की अवधि में आगे बढ़ रहे हैं, जिसमें आधुनिकता के परिणाम पहले की तुलना में और अधिक कट्टरपंथी और सार्वभौमिक होते जा रहे हैं। एक उत्तर आधुनिक सामाजिक विश्व अन्ततः अस्तित्व में आ सकता है, लेकिन यह अभी तक सामाजिक और सांस्कृतिक संगठन के रूप में दूसरी तरफ स्थित है जो वर्तमान में विश्व इतिहास पर हावी है।

अतः सही विकल्प (B) है।

137. "किसान छोटी परंपरा का प्रतिनिधित्व करता है, भारत में किसानों का प्रतिनिधित्व मुख्य रूप से जाति पदानुक्रम के मध्य राज्य द्वारा किया जाता है और हालांकि किसान अपनी आजीविका के मुख्य आधार के लिए भूमि पर निर्भर हैं, वे अपनी आजीविका सुरक्षा के लिए कई अन्य गतिविधियों का सहारा लेते हैं" किसान के संबंध में सही नहीं है।

अतः सही विकल्प (D) है।

138. निर्माता सहकारी समितियाँ एक प्रकार का औद्योगिक लोकतंत्र नहीं हैं क्योंकि उत्पादक सहकारी समितियाँ उन किसानों के स्वामित्व में हैं जो फसल उगाते हैं, मवेशी पालते हैं, गाय पालते हैं या कारीगर और कारीगर। एक साथ बन्धन करके वे खरीदारों के साथ अधिक से अधिक सौदेबाजी की शक्ति का लाभ उठाते हैं। वे संसाधनों को अधिक प्रभावी रूप से बाजार और अपने उत्पादों को ब्रांड बनाने के लिए गठबंधन करते हैं, जिससे उनके सदस्यों की आय में सुधार होता है।

अतः सही विकल्प (C) है।

139. पूँजीवादी समाज में गरीबी के मार्क्सवादी परिप्रेक्ष को पूंजीवादी अर्थव्यवस्था द्वारा उत्पन्न असमानता की प्रणाली, धन उन लोगों के हाथों में केंद्रित है जो उत्पादन के साधन के मालिक हैं, मजदूर वर्ग जो केवल अपने श्रम का मालिक है, उसे खुले बाजार में मजदूरी के लिए बेचना चाहिए आदि के संदर्भ में समझा जा सकता है।

अतः सही विकल्प (B) है।

140. नारीवाद महिलाओं के शोषण के खिलाफ एक वैश्विक आंदोलन है। यह मानता है कि महिलाओं को पुरुषों के समान अधिकार, शक्ति और अवसरों की अनुमति दी जानी चाहिए और उसी तरह से व्यवहार किया जाना चाहिए।

अतः सही विकल्प (B) है।

141. अनुसंधान एक जटिल सामाजिक घटना या एक प्रक्रिया को समझने की दिशा में एक व्यवस्थित जांच है। उन्हें व्यापक रूप से गुणात्मक और मात्रात्मक अनुसंधान में वर्गीकृत किया गया है। अनुसंधान समस्या के आधार पर, शोधकर्ता द्वारा अनुसंधान विधि का चयन अलग-अलग हो सकता है।

सकारात्मक अनुसंधान प्रतिमान:

एक अनुसंधान प्रतिमान एक अनुसंधान मॉडल या अनुसंधान के संचालन के लिए एक अवधारणात्मक अभिविन्यास है जिसे अनुसंधान समुदाय द्वारा सत्यापित किया गया है।

- गुणात्मक विश्लेषण पर मात्रात्मक विश्लेषण पर जोर देता है।
- प्रयोग पर बहुत निर्भर करता है।
- पहले से मौजूद श्रेणियों को स्वीकार करता है।
- घटनाओं के बीच के कारण संबंध के बारे में परिकल्पना को आगे रखा जाता है।
- अनुभवजन्य प्रमाण को इकट्ठा किया जाता है और विश्लेषण किया जाता है जो आश्रित चर पर स्वतंत्र चर के प्रभाव की व्याख्या करता है।
- डेटा का विश्लेषण करने के लिए एक निगमन विधि को लागू करता है।

- संख्यात्मक डेटा एकत्र करता है।

अतः विकल्प (A) सही है।

142. भारत के नागालैंड राज्य में मनाया जाने वाला मोल्सु त्योहार है।

नागालैंड की आओ जनजाति का एक ऐसा विशेष त्योहार है, जिसे मोल्सु त्योहार के नाम से जाना जाता है। यह त्योहार खेतों में बीज बोने के बाद मनाया जाता है। जनजाति के पुरुष और महिलाएं बड़ी बाहरी आग के आसपास इकट्ठा होते हैं और पारंपरिक नृत्य करते हैं।

अतः विकल्प (A) सही है।

143. वस्तु और सेवा कर ने भारत को एक साझा बाजार बनने दिया है।

पूरे भारत में वस्तुओं और सेवाओं के निर्माण, बिक्री और उपभोग पर GST एक व्यापक अप्रत्यक्ष कर है। GST की मूल दर संरचनाएं 5%, 12%, 18% और 28% हैं।

भारतीय GST में तीन प्रकार के कर केंद्रीय GST (CGST), राज्य GST (SGST)/केंद्र शासित प्रदेश जीएसटी (UTGST) और एकीकृत GST (IGST) हैं। GST का आदर्श वाक्य है - "वन नेशन, वन टैक्स, वन मार्केट"।

अतः विकल्प (B) सही है।

144. राजकोषीय नीति सरकार के कराधान और व्यय निर्णयों से संबंधित है।

राजकोषीय नीति, सरकार के खर्च और कराधान के पहलुओं के प्रबंधन के तरीकों से संबंधित है।

यह अर्थव्यवस्था को स्थिर करने और अर्थव्यवस्था के विकास में मदद करने का सरकार का तरीका है। अर्थव्यवस्था के राजकोषीय घाटे को नियंत्रित करने के लिए कर दरों में बदलाव और उपायों को प्रयोग कर सरकारें राजकोषीय नीति को संशोधित कर सकती है।

अतः विकल्प (D) सही है।

145. किसी भी आभासी संपत्ति के हस्तांतरण से होने वाली आय पर 30 प्रतिशत कर लगेगा।

बजट 2022 में घोषणा के अनुसार अधिग्रहण की लागत को छोड़कर किसी भी कटौती की अनुमति नहीं दी जाएगी और लेनदेन में किसी भी नुकसान को आगे बढ़ाने की अनुमति नहीं दी जाएगी। एक निश्चित सीमा से अधिक लेनदेन के लिए 1% की दर से क्रिप्टो परिसंपत्तियों के हस्तांतरण के लिए भुगतान पर TDS लगाया जाएगा।

अतः विकल्प (C) सही है।

146. वित्त मंत्री निर्मला सीतारमण ने 31 जनवरी 2022 को संसद के बजट सत्र के पहले दिन लोकसभा में आर्थिक सर्वेक्षण 2021-22 को सांख्यिकीय परिशिष्ट के साथ पेश किया।

आर्थिक सर्वेक्षण अर्थव्यवस्था की स्थिति प्रस्तुत करता है और नीतिगत नुस्खे सुझाता है। भारत ने अप्रैल 2022 से शुरू होने वाले आगामी वित्तीय वर्ष के लिए 8% से 8.5% की आर्थिक वृद्धि का अनुमान लगाया है।

अतः विकल्प (C) सही है।

147. कॉम्टे के अनुसार समाजशास्त्र की पारंपरिक पद्धति प्रत्यक्षवाद है।

प्रत्यक्षवाद का यह भी तर्क है कि समाजशास्त्र को केवल उसी से संबंधित होना चाहिए जो इंद्रियों के साथ देखा जा सकता है और सामाजिक जीवन के सिद्धांतों को सत्यापन योग्य तथ्य के आधार पर कठोर, रैखिक और व्यवस्थित तरीके से बनाया जाना चाहिए।

अतः सही विकल्प (A) है।

148. पाथवे टू गॉड एपीजे अब्दुल कलाम द्वारा नहीं लिखा गया है।

पाथवे टू गॉड महात्मा गांधी द्वारा लिखित एक पुस्तक है। यह मूल रूप से वर्ष 1971 में भारत में प्रकाशित हुआ था।

डॉ. कलाम (पूरा नाम अबुल पाकिर जैनुलअब्दीन अब्दुल कलाम), भारत के पूर्व राष्ट्रपति, एक वैज्ञानिक, एक इंजीनियर और साथ ही एक शिक्षक हैं। एक शिक्षक के रूप में उन्होंने अपने प्रेरक भाषण, व्याख्यान और लेखन के माध्यम से भारत और विदेशों में शिक्षा के स्तर में सुधार के लिए विभिन्न शैक्षिक विचार दिए हैं। वह, जो एक संतुलित भारतीय समाज के विकास के लिए प्राचीन और आधुनिक शैक्षिक आदर्शों को एकीकृत करने के लिए खड़ा है, एक महान शैक्षिक विचारक और दूरदर्शी है।

अतः सही विकल्प (D) है।

149. पर्यावरण अध्ययन का उद्देश्य स्थानीय पर्यावरण/पर्यावरण के मुद्दों को समझना, वैश्विक पर्यावरण/पर्यावरण के मुद्दों को समझना और पर्यावरण के प्रति सकारात्मक दृष्टिकोण विकसित करना है।

पर्यावरणीय अध्ययन के निम्नलिखित उद्देश्य हैं:

- पर्यावरण के साथ-साथ इससे संबंधित संपूर्ण समस्याओं के बारे में जागरूकता पैदा करना।
- अनुभव प्राप्त करना और पर्यावरण और इसकी संबद्ध समस्याओं की एक बुनियादी समझ प्राप्त करना।
- पर्यावरणीय समस्याओं की पहचान और समाधान के लिए कौशल अर्जन।
- सहभागिता के माध्यम से पर्यावरण का संरक्षण।
- पर्यावरण के प्रति चिंता के दृष्टिकोण को प्राप्त करना और इसकी समस्याओं को हल करना।
- पर्यावरण की रक्षा के लिए उपायों का मूल्यांकन और विश्लेषण करने की क्षमता विकसित करना।
- पर्यावरण के प्रति चेतना जगाना।
- पर्यावरण नैतिकता और पर्यावरण नैतिकता और पर्यावरण के प्रति संवेदनशील समाज बनाना।
- पर्यावरणीय रूप से उचित व्यवहार सिखाना।

अतः सही विकल्प (D) है।

150. वाणिज्य और उद्योग मंत्रालय भारत में थोक मूल्य (WPI) आंकड़े लाता है। थोक मूल्य सूचकांक थोक व्यवसायों द्वारा अन्य व्यवसायों को बेचे गए और थोक में व्यापार किए गए सामानों की कीमतों में बदलाव को मापता है। यह आर्थिक सलाहकार कार्यालय (वाणिज्य और उद्योग मंत्रालय) द्वारा प्रकाशित किया जाता है।

अतः विकल्प (B) सही है।

Paper-I

Q.1 एक प्रकार की अवधि से अधिक चर को देखने वाले अनुसंधान के प्रकार को निम्न प्रकार से जाना जाता है:

A. संकर अनुभागीय क्षेत्र   **B.** समय श्रृंखला

C. अनुदैर्ध्य   **D.** अक्षांशीय

Q.2 व्यवहारिक शोध के संदर्भ में निम्नलिखित में रो कौन सा/से कथन सही है/हैं?

(I) व्यावहारिक समस्या को हल करने के लिए व्यवहारिक शोध का उपयोग किया जाता है।

(II) इसका उपयोग विकासशील देशों की शिक्षा प्रणाली की समस्याओं को हल करने में किया जा सकता है।

(III) व्यवहारिक शोध क्रिया-उन्मुख है।

(IV) व्यवहारिक शोध को मूल शोध भी कहा जाता है।

A. केवल I।   **B.** I और II

C. I, II और III   **D.** कोई नहीं

Q.3 निम्नांकित में अनुसन्धान चरणों का कौन सा क्रम तार्किक है?

A. समस्या स्थापन, विश्लेषण, शोध अभिकल्प का विकास, परिकल्पना निर्माण, प्रदत्त एकत्रीकरण, सामान्यीकरण और निष्कर्ष निरूपण

B. शोध अभिकल्प का विकास, परिकल्पना निर्माण, समस्या स्थापन, प्रदत्त विश्लेषण, निष्कर्ष निरूपण, प्रद्त्त एकत्रीकरण

C. समस्या स्थापन, परिकल्पना निर्माण, अनुसंधान डिजाइन का विकास, प्रदत्त विश्लेषण, निष्कर्ष निरूपण, प्रदत्त एकत्रीकरण

D. समस्या स्थापन, प्रतिदर्श तथा प्रदत्त एकत्रीकरण उपकरणों के बारे में निर्णय करना, परिकल्पना, निर्माण, शोध साक्ष्य का संकलन एवं निर्वचन

Q.4 निम्नलिखित में से किस क्रियाकलाप में सृजनशील और समीक्षात्मक चिंतन के संगोषण की अधिक क्षमता है?

[UGC NET Sociology, 2018]

A. शोध सारांश को तैयार करना

B. संगोष्ठी में शोध लेख को प्रस्तुत करना

C. शोध सम्मेलन में भागीदारी

D. कार्यशाला में भागीदारी

Q.5 नीचे दी गई सूची में से विद्यार्थी के उन अभिलक्षणों क चिन्हित करें जो शिक्षण- अधिगम प्रणाली को प्रभावी बनाने में सहायक है |

(1) विद्यार्थी का पूर्व अनुभव

(2) विद्यार्थी की पारिवारिक वंश परम्परा

(3) विद्यार्थी की अभिक्षमता

(4) विद्यार्थी के विकास की अवस्था

(5) विद्यार्थी की खाने की आदतें और शौक

(6) विद्यार्थी की धार्मिक सम्बद्धता

सही विकल्प चुनें:

A. 1, 3 और 4   **B.** 4, 5 और 6

C. 1, 4 और 5   **D.** 2, 3 और 6

Q.6 निम्नलिखित में से विद्यार्थियों के प्रयोगात्मक एवं विश्लेषणात्मक योग्यता सुधारने के लिए कौन सा अध्ययन क्षेत्र सर्वोत्तम है?

A. अर्थशास्त्र   **B.** इतिहास   **C.** विज्ञान   **D.** भाषा

Q.7 निम्न में से कौन सी विशेषताएं एक प्रभावी शिक्षक/शिक्षण से संबंधित नहीं हैं। सही विकल्प की पहचान करें।

A. एक शिक्षक प्रभावी होता है यदि उसे विषय पर पूरा विश्वास है।

B. शिक्षण हमेश औपचारिक तरीके से होता है।

C. शिक्षण एक निरंतर प्रक्रिया है।

D. शिक्षण शिक्षक और छात्रों के बीच एक बातचीत है।

Q.8 मान लीजिए कि एक शिक्षक के रूप में आप अपने छात्रों को सार्वजनिक बोलने और बहस में प्रशिक्षित कर रहे हैं। निम्नलिखित में से कौन सा छात्रों के बीच विकसित करना सबसे मुश्किल है?

A. एक उपयुक्त भाषा का उपयोग/चयन करना

B. भावनाओं पर नियंत्रण रखें

C. स्वर का उतार चढ़ाव

D. अवधारणा तैयार करना

Q.9 निम्नलिखित में से कौन एक कक्षा में शिक्षण की गुणवत्ता को दर्शाता है?

A. कक्षा में कई शिक्षण सहायक सामग्री के उपयोग के माध्यम से

B. कक्षा में पूरी उपस्थिति के माध्यम से

C. कक्षा में छात्रों द्वारा पूछे गए प्रश्नों की गुणवत्ता के माध्यम से

D. कक्षा में छात्रों द्वारा मौन के अवलोकन के माध्यम से

Q.10 शिक्षण प्रभावशीलता को प्रभावित करने वाले सबसे शक्तिशाली कारकों में से एक निम्न से संबंधित है:

A. देश की सामाजिक व्यवस्था

B. समाज की आर्थिक स्थिति

C. प्रचलित राजनीतिक व्यवस्था

D. शिक्षा प्रणाली

Q.11 निम्नलिखित में से किस राज्य में द्विसदनीय विधायिका नहीं है?

A. बिहार   **B.** उत्तर प्रदेश

C. मध्य प्रदेश   **D.** महाराष्ट्र

Q.12 डॉ. डी.एस. कोठारी की अध्यक्षता में शैक्षिक आयोग का गठन किस वर्ष हुआ था?

A. 1960   **B.** 1955   **C.** 1952   **D.** 1964

Q.13 यू.जी.सी. द्वारा जारी किए गए नवीनतम डेटा के आधार पर भारत में कितने राज्य विश्वविद्यालय हैं?

A. 789   **B.** 123   **C.** 394   **D.** 260

Q.14 विश्वविद्यालय शिक्षा आयोग का गठन कब किया गया था?

A. 4 नवंबर, 1947   **B.** 4 नवंबर, 1948

C. 4 नवंबर, 1949   **D.** 4 नवंबर, 1950

Q.15 अभिव्यक्तिशील योग्यता में निम्न में से कौन सा कौशल शामिल होता है?

A. भाषा संबंधी कौशल   **B.** अर्थ संबंधी कौशल

C. सांस्कृतिक कौशल   **D.** दोनों A और B

Q.16 अभाषिक संवाद माना जाता है:

A. अनौपचारिक   **B.** सटीक

C. संस्कृति मुक्त   **D.** औपचारिक

Q.17 कथन "कंप्यूटर आधारित सूचना प्रणाली, विशेष रूप से सॉफ्टवेयर अनुप्रयोगों और कंप्यूटर हार्डवेयर के अध्ययन, डिजाइन, विकास, कार्यान्वयन, समर्थन या प्रबंधन" को संदर्भित करता है

A. सूचना प्रौद्योगिकी (आईटी)
B. सूचना और सहयोगात्मक प्रौद्योगिकी (आईसीटी)
C. सूचना और डाटा प्रौद्योगिकी (आईडीटी)
D. कृत्रिम बुद्धिमत्ता (एआई)

Q.18 कक्षा में संवाद अनिवार्य रूप से होना चाहिए:

[UGC NET Sociology, 2017]

A. काल्पनिक
B. सहानुभूतिपूर्ण
C. निराकार
D. गैर-विवरणात्मक

Q.19 प्रभावी संचार के लिए क्या बाधाएं हैं?
A. नैतिकता, न्यायिक होना, और सांत्वना की टिप्पणियाँ
B. संवाद, सारांश और आत्म-समीक्षा
C. सरल शब्दों का प्रयोग, शांत प्रतिक्रिया और रक्षात्मक अभिवृत्ति
D. वैयक्तिक कथन, नजर मिलाना और सरल वर्णन

Q.20 कुछ वेबसाइटों द्वारा प्रयोगकर्ता की पंसद को पहचानने और उसका रिकॉर्ड रखने के लिए प्रयोगकर्ता के कंप्यूटर पर संग्रहित एक छोटी टेक्स्ट फाइल कहलाती हैं:
A. लॉग
B. रिपोर्ट
C. कुकी
D. हिस्ट्री

Q.21 इनमें से क्या कंप्यूटर प्रोग्राम में त्रुटि को दर्शाता है?
A. बिट
B. बग
C. स्पैम
D. वायरस

Q.22 प्रिंटर की आउटपुट गुणवत्ता मापी जाती है:
A. डिजिट्स प्रति इंच
B. डॉट्स प्रति मिमी
C. डॉट्स प्रति इंच
D. डॉट्स प्रति सेमी

Q.23 ग्रामीण घरों में, नाइट्रोजन ऑक्साइड प्रदूषण का/ के स्रोत हो सकता है/सकते हैं:
(1) धूम्र निकास की सुविधारहित गैस चूल्हा
(2) लकड़ी चूल्हा
(3) मिट्टी तेल वाले हीटर
सही कूट का चयन कीजिए:
A. केवल (1) और (2)
B. केवल (2) और (3)
C. केवल (2)
D. (1), (2) केवल (3)

Q.24 स्मॉग क्या है?
A. ओज़ोन और धुआँ
B. वाहन प्रदूषक
C. कोहरा और धुआँ
D. कोहरा और ओज़ोन

Q.25 ओजोन छिद्र अधिक स्पष्ट कहाँ होते हैं?
A. भूमध्य रेखा
B. कर्क रेखा
C. मकर रेखा
D. ध्रुव

Q.26 अनुसंधान का उद्देश्य है:
I. तथ्यात्मक
II. निरीक्षण
III. सैद्धांतिक
IV. अस्पष्ट
कोड:
A. I और II
B. II और III
C. I, II, और III
D. IV और I

Q.27 सर्वेक्षण अनुसंधान के संदर्भ में, एक निश्चित क्रम में निम्नलिखित चरणों का पालन किया जाता है।
I. नमूना
II. अनुमान
III. डेटा विश्लेषण
IV. डेटा संग्रहण
कोड:
A. II, III, I, IV
B. I, IV, III, II
C. III, II, IV, I
D. IV, I, II, III

Q.28 निर्देश: निम्नलिखित संख्या श्रृंखला में प्रश्नवाचक चिन्ह (?) के स्थान पर क्या आयेगा?
4, 6, 12, 30, 90, 315, ?
A. 945
B. 1102
C. 1260
D. 1417.5

Q.29 तस्वीर में महिला की ओर इशारा करते हुए, गोविंद ने कहा "वह मेरे एकमात्र चचेरे भाई के बेटे की माता है" उसका गोविंद की पत्नी से क्या संबंध है?
A. पत्नी
B. बहन
C. सिस्टर-इन-लॉ
D. कज़िन

Q.30 सुशील दक्षिण की ओर 15 मीटर तक चला, बाएं मोड़ लिया और 20 मीटर की दूरी तक चला फिर से बाएं मोड़ लिया और 15 मीटर तक चला। वह प्रारंभिक बिन्दु से कितनी दूर और किस दिशा में है?
A. 20 मीटर, पश्चिम
B. 20 मीटर, पूर्व
C. 50 मीटर, पश्चिम
D. 50 मीटर, पूर्व

Q.31 निर्देश: निम्नलिखित संख्या श्रृंखला में प्रश्नवाचक चिन्ह (?) के स्थान पर क्या आयेगा?
15, 15, 30, 90, 360, ?
A. 1688
B. 1600
C. 2000
D. 1800

Q.32 निर्देश: दिए गए विकल्पों में से संबंधित अक्षर/संख्या का चयन कीजिये।
XY : 2425 :: ? : 1213
A. LM
B. LM
C. ML
D. LN

Q.33 निर्देश: निम्नलिखित श्रृंखला में प्रश्न चिह्न (?) के स्थान पर आने वाली संख्या का चयन कीजिये।
122, 101, 82, 65, 50, ?
A. 37
B. 41
C. 42
D. 40

Q.34 एक निश्चित कोड भाषा में, "SCARCE" को "18351931" के रूप में कोडित किया गया है। उस भाषा में "REGRET" को कैसे कोडित किया जाएगा?
A. 185422857
B. 184208587
C. 185201857
D. 188201847

Q.35 20 पैसे और 25 पैसे के कुल 324 सिक्कों से 71 रुपये का योग बनता है। 25 पैसे के सिक्कों की संख्या क्या है?
A. 124
B. 200
C. 144
D. 180

Q.36 Xe, Fr का पिता है। Fr, Za से विवाहित है। Gr, Za का बेटा है। Fr, Gr से कैसे संबंधित है?
A. माता
B. पिता
C. या तो माता या पिता
D. भाई

Ques (37-41):निर्देश: निम्नलिखित तालिका का ध्यानपूर्वक अध्ययन कीजिए और निम्नलिखित प्रश्नों के उत्तर दीजिए।

निम्नलिखित तालिका शहरी और ग्रामीण क्षेत्रों में पाँच प्रकार के समाचार पत्रों द्वारा बेची गई प्रतियों की संख्या को दर्शाती है।

	शहरी क्षेत्र	ग्रामीण क्षेत्र
इंडियन एक्सप्रेस	1000	500
टाइम्स ऑफ इंडिया	2000	1000

बिजनेस स्टैंडर्ड	2500	1500
पत्रिका	3000	4000
दैनिक भास्कर	4000	4500

Q.37 शहरी क्षेत्र में बेची जाने वाली इंडियन एक्सप्रेस की प्रतियों की संख्या, ग्रामीण क्षेत्र में बेची जाने वाली इंडियन एक्सप्रेस की प्रतियों की संख्या से लगभग कितने प्रतिशत अधिक है?

A. 25%	B. 15%	C. 20%	D. 100%

Q.38 यदि प्रत्येक ग्रामीण क्षेत्र में पुरुष और महिला का अनुपात 3 : 2 है, तो उन पुरुषों की संख्या ज्ञात कीजिए, जिन्होंने ग्रामीण क्षेत्रों से बिजनेस स्टैंडर्ड और दैनिक भास्कर खरीदा है।

A. 4900	B. 900	C. 1600	D. 3600

Q.39 यदि प्रत्येक शहरी क्षेत्र में पुरुष और महिला का अनुपात 2 : 3 है, तो महिला की वह संख्या ज्ञात कीजिए, जिन्होंने शहरी क्षेत्रों से टाइम्स ऑफ इंडिया और पत्रिका खरीदी है।

A. 1000	B. 2000	C. 3000	D. 2500

Q.40 शहरी क्षेत्रों में बेची गई कुल प्रतियों और ग्रामीण क्षेत्रों में बेची गई कुल प्रतियों के बीच का अनुपात ज्ञात कीजिए।

A. 25 : 23	B. 9 : 14	C. 15 : 8	D. 20 : 9

Q.41 शहरी क्षेत्र में बेची गई टाइम्स ऑफ इंडिया की प्रतियों की संख्या, ग्रामीण क्षेत्र में बेची गई पत्रिका की प्रतियों की संख्या से लगभग कितने प्रतिशत कम है?

A. 25%	B. 15%	C. 20%	D. 50%

Q.42 एक कक्षा में पाँच मित्र हैं। P, R से अधिक अंक प्राप्त करता है लेकिन Q जितना नहीं। S ने उच्चतम अंक प्राप्त किया है। T, Q से अधिक अंक प्राप्त करता है। किसने सबसे कम अंक प्राप्त किया है?

A. P	B. Q	C. R	D. T

Q.43 नीचे दिए गए दो कथन दिए गए हैं:

कथन I: मौलिक अनुसंधान का उद्देश्य पहले से स्थापित सत्य और सिद्धांतों की प्रयोज्यता की खोज करना है।

कथन II: क्रियात्मक अनुसंधान का उद्देश्य चल रही स्थितियों और प्रथाओं को सुधारना है।

उपरोक्त कथनों के प्रकाश में, नीचे दिए गए विकल्पों में से सबसे उपयुक्त उत्तर चुनिए:

A. कथन I और कथन II दोनों सही हैं।
B. कथन I और कथन II दोनों गलत हैं।
C. कथन I सही है, लेकिन कथन II गलत है।
D. कथन I गलत है लेकिन कथन II सही है।

Q.44 अनुसंधान की वैज्ञानिक पद्धति की विशेषताएं हैं:

a. अनुभववाद
b. वस्तुनिष्ठता
c. व्यवस्थित
d. गुप्त
e. सुरक्षा संबंधी
f. भविष्य कहने वाला

A. a, b, d और e	B. c, d, e और f
C. d, e, f और a	D. a, b, c और f

Q.45 ऐतिहासिक शोध में, बाह्य आलोचना का अर्थ है:

A. दस्तावेजों की अंतर्वस्तु वैधता
B. दस्तावेजों की मौलिकता की वैधता
C. दस्तावेजों के बारे में जानकारी प्राप्त करने के लिए
D. दस्तावेज़ प्राप्त करने के लिए

Ques (46-50):निर्देश: निम्नलिखित अवतरण को ध्यान से पढ़िए और प्रश्नों का उत्तर दीजिये:

पारंपरिक भारतीय मूल्यों को व्यक्ति के दृष्टिकोण से और भौगोलिक रूप से सीमांकित अनेक लोगों या उन समूहों से देखा जाना चाहिए जो नेतृत्व की एक सामान्य प्रणाली का आनंद लेते हैं जिसे हम 'राज्य' कहते हैं। भारतीय 'राज्य' की विशेष विशेषता विभिन्न ऐतिहासिक सिद्धों के सामाजिक समूहों के शांतिपूर्ण, या शायद ज्यादातर शांतिपूर्ण, सह-अस्तित्व है, जो सामाजिक रूप से कभी भी एक-दूसरे को आत्मसात किए बिना, भौगोलिक, आर्थिक और राजनीतिक अर्थों में चिंतन करने के तरीके, या भाषा में भी पारस्परिक रूप से पालन करते हैं। आधुनिक भारतीय कानून कुछ नियमों का निर्धारण विशेष रूप से परिवार के शासन के संबंध में इस आधार पर करते है कि किस तरह से लंगोटी को बांधा जाता है, या पगड़ी कैसे पहनी जाती है, इसके लिए एक क्षेत्रीय समूह के सदस्यों के रूप में वादियों की पहचान कर सकते हैं, और इसलिए इसके पारंपरिक कानून में भागीदार के रूप में, हालांकि उनके पूर्वजों ने तीन या चार शताब्दियों पहले इस क्षेत्र को छोड़ दिया था। शब्द 'राज्य' का उपयोग हमें भ्रमित नहीं करना चाहिए। वैयक्तिक और राज्य के बीच संघर्ष जैसी कोई बात नहीं थी, विदेशी सरकारों के स्थापित होने से पहले कम से कम, जैसा कि राज्य की संप्रभुता 'या किसी भी चर्च-और-राज्य द्विधाकरण की कोई अवधारणा नहीं थी। आधुनिक भारतीय धर्मनिरपेक्षता' में एक विशिष्ट विशेषता है: इसमें राज्य को सभी धर्मों के बीच ध्यान और समर्थन का उचित वितरण करने की आवश्यकता होती है। भारत के प्रसिद्ध सहिष्णुता के इन धन्य पहलु (भारतीय राजाओं ने शायद ही कभी धार्मिक समूहों को सताया हो जो अपवादों को नियम सिद्ध करते हैं) सोलहवीं शताब्दी में एक बार पुर्तगाली और अन्य यूरोपीय आगंतुकों को भारत के पश्चिमी तट पर ले गए थे, और इस पर उनके द्वारा बनाई गई छाप और अन्य तरीकों ने एक और स्थान पर, थॉमस मोर के यूटोपिया के मूल संविधान को जन्म दिया। यहाँ आधुनिक भारत के बारे में बहुत कम जानकारी है कि किसी ने यूटोपियन पर एक बार हमला किया है: लेकिन मानदंडों के झुकाव पर जोर, और मानव या प्राकृतिक संसाधनों के बड़े पैमाने पर और संस्थागत शोषण की अनुपस्थिति सभी यूटोपियन के सार के साथ परंपरा, दो अलग-अलग विशेषताएं हैं जो भारत और उसकी वास्तविकताओं को जोड़ती हैं।

Q.46 आधुनिक भारत की क्या विशेषता है?
A. यूटोपियन स्टेट यूनीफॉर्म कानूनों की प्रतिकृति
B. एक समान नियम
C. पारंपरिक मूल्यों का पालन
D. पक्षपात की अनुपस्थिति

Q.47 थॉमस मोर के यूटोपिया का मूल निर्माण _____ से प्रेरित था।
A. धार्मिक सहिष्णुता की भारतीय परंपरा
B. भारतीय शासकों द्वारा धार्मिक समूहों का उत्पीड़न
C. भारत में सामाजिक असमानता
D. भारतीय राज्य की यूरोपीय धारणा

Q.48 निम्नलिखित में से कौन सी आधुनिक भारतीय 'धर्मनिरपेक्षता' की विशेषता है?
A. धार्मिक विचारों पर कोई भेदभाव नहीं होना
B. धर्म के प्रति पूर्ण उदासीनता
C. सामाजिक पहचान का कोई स्थान नहीं होना
D. सामाजिक कानून की अवहेलना करना

Q.49 लेखक 'राज्य' शब्द का उपयोग _____ प्रकाशित करने के लिए करता है।
A. इतिहास की अवधि के दौरान राज्य और व्यक्ति के बीच विरोधी संबंध
B. एक बिंदु तक राज्य और व्यक्तियों के बीच संघर्ष की अनुपस्थिति
C. राज्य संप्रभुता की अवधारणा और धर्म पर निर्भरता
D. धर्म पर निर्भरता

Q.50 निम्नलिखित में से कौन भारतीय राज्य की एक विशेष विशेषता है?

A. नेतृत्व की एक आम प्रणाली के तहत लोगों का शांतिपूर्ण सह-अस्तित्व

B. भौगोलिक, आर्थिक और राजनीतिक अर्थों में एक दूसरे से जुड़े विभिन्न ऐतिहासिक सिद्धान्तों के सामाजिक समूहों का शांतिपूर्ण सह-अस्तित्व

C. सभी समूहों का सामाजिक एकीकरण

D. सभी सामाजिक समूहों की सांस्कृतिक अस्मिता

Paper-II

Q.51 निम्नलिखित में से कौन सा कथन सही ढंग से 'अधीनस्थ परिप्रेक्ष्य' की पहचान करता है?

A. समाज का अध्ययन करने के लिए एक दृष्टिकोण एलीट के दृष्टिकोण से।

B. विकसित देशों के समाज में परिवर्तन का वर्णन करने के लिए।

C. समाज के आधार स्तर पर जनता के बीच क्या होता है, इस पर 'लोगों का इतिहास' अधिक ध्यान केंद्रित करता है।

D. एक दृष्टिकोण उत्तर आधुनिक समाजों के अध्ययन के लिए।

Q.52 निम्नलिखित में से किसने भारतीय समाज के अध्ययन के लिए द्वंद्वात्मक दृष्टिकोण का उपयोग किया है?

A. ए. आर. देसाई

B. डी. पी. मुखर्जी

C. ए. बेटसिल

D. वाई. बी. दामले

Q.53 निम्नलिखित शब्दों पर विचार कीजिये:

A. बिजली

B. भूस्खलन

C. गड़गड़ाहट

D. सुनामी

E. बाढ़

भूकंप के करण हो सकता है-

A. B, D, और E

B. A, B, और C

C. केवल B

D. B और E

Q.54 आर्थिक परिप्रेक्ष्य जो मानता है कि मुक्त-बाजार बल, व्यापार पर सरकारी प्रतिबंधों को कम करके हासिल किया गया, आर्थिक विकास का एकमात्र मार्ग है। यह कथन इस अवधारणा की व्याख्या करता है:

A. आधुनिकता के बाद

B. नव-उदारीकरण

C. नव-मार्क्सवाद

D. नव फोर्डवाद

Q.55 निम्नलिखित में से किसने सामाजिक संरचना को: 'ठोस आबादी और उसके व्यवहार से अमूर्तता, एक दूसरे के सापेक्ष नियमों को चलाने की उनकी क्षमता में अभिनेताओं के बीच संबंध प्राप्त करने का प्रतिरूप या नेटवर्क (या 'प्रणाली') के रूप में परिभाषित किया गया है?

A. सी. डब्ल्यू. मिल्स

B. एस. एफ. नादेल

C. एच. गेरथ

D. आर. के. मर्टन

Q.56 उच्चतर बाल निर्भरता अनुपात इसका परिणाम है:

A. जन्म के समय बढ़ती जीवन प्रत्याशा

B. बाल श्रम का अधिक अनुपात

C. उच्च प्रजनन दर

D. बुजुर्ग लोगों का प्रवास

Q.57 तटीय आंध्र प्रदेश और ओडिशा अक्सर किस कारण से प्राकृतिक आपदाओं का सामना करते हैं-

A. चक्रवात

B. भूस्खलन

C. भूकंप

D. बाढ़

Q.58 किसने तर्क दिया है कि 'यहां तक कि भारतीय समाज में परिवर्तन का अध्ययन इसकी गहन जड़ परंपराओं का अध्ययन करके किया जाना चाहिए'?

A. ए. के. सरन

B. डी. पी. मुखर्जी

C. ए. के. देसाई

D. एम. एन. श्रीनिवास

Q.59 मलिन बस्तियों पर मुख्य रूप से कब्जा है:

(1) संगठित क्षेत्रों से आए लोग

(2) असंगठित क्षेत्रों से आए लोग

(3) सेवा क्षेत्रों से आए लोग

(4) उच्च वर्ग से आए लोग

A. (1) और (4)

B. (2) और (3)

C. (2) और (4)

D. (3) और (4)

Q.60 "सामाजिक मनोविज्ञान की एक रूपरेखा" किसके द्वारा लिखा गया है?

A. मुजफ्फर शेरिफ

B. चार्ल्स कोलेई

C. जॉर्ज मीड

D. सिगमंड फ्रायड

Q.61 निर्देश: निम्नलिखित प्रश्न में, अभिकथन (A) और कारण (R) बताये गए है। दोनों कथनों को ध्यान से पढ़ें और निम्नलिखित में से सही विकल्प चुनें:

अभिकथन (A): भारतीय समाज में भाई-भतीजावाद, पक्षपात और भ्रष्टाचार बढ़ा है।

कारण (R): राजनीतिक इच्छाशक्ति की कमी के कारण स्थिति में तेजी आई है।

A. दोनों (A) और (R) सत्य हैं और (R) के लिए सही स्पष्टीकरण (A) है।

B. (A) और (R) दोनों सत्य हैं लेकिन (R) के लिए (A) सही स्पष्टीकरण नहीं है।

C. (A) सत्य है लेकिन (R) असत्य है।

D. (A) असत्य है लेकिन (R) सत्य है।

Q.62 निम्नलिखित को मिलाएं:

सूची- I (परिप्रेक्ष्य)	सूची- II (विचारक)
A. बुक-व्यू	(i) सूरजजीत सिन्हा
B. फील्ड-व्यू	(ii) डेविड हार्डिमन
C. सभ्यतावादी दृष्टिकोण	(iii) जी.एस. घोरी
D.सबाल्टर्न व्यू	(iv) एस सी दूबे

नीचे दिए गए कोड से सही उत्तर का चयन करें।

(A) (B) (C) (D)

A. (iii) (iv) (i) (ii)

B. (ii) (i) (iv) (iii)

C. (iii) (ii) (iv) (i)

D. (iv) (iii) (ii) (i)

Q.63 कौन, अपने सिद्धांत में, संरचना और एजेंसी के अंतर्संबंध के बारे में बताता है, जब दोनों में से किसी को भी प्रधानता नहीं दी जाती है?

A. ए. गिडेंस

B. जे. डेरिडा

C. जे. हबरमास

D. जे. अलेक्जेंडर

Q.64 वोट बैंक की अवधारणा किसने दिया?

A. रजनी कोठारी

B. एम. एन. श्रीनिवास

C. योगेन्द्र यादव

D. ए. आर. देसाई

Q.65 निम्नलिखित में से कौन-सा मनुस्मृति में मिश्रित जातियों को दिए जाने वाले विभिन्न दर्जों के संबंध में सही नहीं है?

A. वर्ण व्यवस्था में एक दर्जा कम की पत्नी से जन्में बच्चों को द्विजों के भाग के रूप में स्वीकृति मिलती थी।

B. वर्ण दर्जे के हिसाब से दो या तीन डीग्री नीचे की महिला से जन्में बच्चों से शूद्रों में एक नया समूह निर्मित होता था।

C. यदि महिला का संबंधित दर्जा पुरुष के दर्जे से ऊजा होता था, तो ऐसे विवाह की संततियों को माता-पिता के दर्जे से नीचे रखा जाता था।

D. अनुलोम विवाह को प्रतिलोम विवाह की अपेक्षा कहीं अधिक, पवित्र कानून का उल्लंघन करने वाला माना जाता था।

Q.66 अल्थुसर द्वारा उल्लिखित संरचनात्मक स्तरों में निम्नलिखित में से कौन सा शामिल है?

i. आर्थिक

ii. राजनीतिक

iii. सांस्कृतिक

iv. विचारधारा

नीचे दिए गए विकल्पों में से सही उत्तर का चयन करें:

A. i, ii, तथा iii   **B.** i, ii, तथा iv

C. ii, ii, तथा iv   **D.** i, ii, तथा iv

Q.67 निम्नलिखित में से किसका विचार है कि लोग अपनी चेतना की धारा में रहते हुए दूसरों की चेतना को समझ लेते हैं?

A. इरविंग गोफमैन   **B.** अल्फ्रेड शुट्ज़

C. पीटर बर्गर   **D.** मिशेल फौकॉल्ट

Q.68 अन्वेषक के संज्ञानात्मक इरादों से प्राकृतिक और सामाजिक विज्ञान के बीच अंतर उत्पन्न होता है, यह किसका दृष्टिकोण है?

A. अगस्टे कॉमटे   **B.** एमाइल दुर्खीम

C. कार्ल मैनहेम   **D.** मैक्स वेबर

Q.69 हाइड्रो फ्लोरो कार्बन (HFCs) को चरणबद्ध तरीके से समाप्त करने पर अंतर्राष्ट्रीय समझौते पर किस देश में हस्ताक्षर किए गए थे?

A. रवांडा   **B.** मोरक्को

C. दक्षिण अफ्रीका   **D.** अल्जीरिया

Q.70 निर्देश: निम्नलिखित प्रश्न में, अभिकथन (A) और कारण (R) बताये गए है। दोनों कथनों को ध्यान से पढ़ें और निम्नलिखित में से सही विकल्प चुनें:

अभिकथन (A): बड़े पैमाने पर विकास परियोजनाएं जैसे बांध और खदानें हाशिए के लोगों से प्रतिरोध पैदा करती हैं, क्योंकि पुनर्वास कार्यक्रम वास्तविक रूप से योजनाबद्ध नहीं हैं।

कारण (R): पुनर्वास कार्यक्रमों में केवल भूमि का मुआवजा शामिल है जो प्रकृति में आंशिक है।

A. (A) असत्य है, और (R) सत्य है

B. (A) सत्य है, और (R) असत्य है

C. दोनों (A) और (R) सत्य हैं लेकिन (R) (A) का सही स्पष्टीकरण नहीं है

D. दोनों (A) और (R) सत्य हैं और (R) का सही स्पष्टीकरण (A) है

Q.71 शिक्षा पर नई नीति का कार्डिनल सिद्धांत है:

A. शिक्षा पर निवेश वांछनीय है

B. शिक्षा पर निवेश व्यर्थ व्यय

C. वर्तमान और भविष्य में शिक्षा एक अनूठा निवेश है

D. शिक्षा पर निवेश अनुत्पादक व्यय है

Q.72 निर्देश: निम्नलिखित प्रश्न में, अभिकथन (A) और कारण (R) को नीचे दिया है। दोनों कथनों को ध्यान से पढ़ें और निम्नलिखित में से सही विकल्प चुनें:

अभिकथन (A): भारत में कम बाल लिंग अनुपात मुख्य रूप से कन्या भ्रूण हत्या के कारण है।

कारण (R): पितृसत्तात्मक व्यवस्था के कारण भारत में बेटे को वरीयता दी जाती है।

A. दोनों (A) और (R) सत्य हैं

B. (A) सत्य है, लेकिन (R) असत्य है

C. दोनों (A) और (R) असत्य हैं

D. (A) असत्य है, लेकिन (R) सत्य है

Q.73 रिश्तेदारी संरचना के अपने अध्ययन में किसने 'यांत्रिक' और 'सांख्यिकीय' मॉडल दिए?

A. सी. लेवी-स्ट्रॉस   **B.** जेम्स फ्रेजर

C. ए. आर. रेडक्लिफ-ब्राउन   **D.** एस. एफ. नादेल

Q.74 कौन सी विचार प्रणाली समाजशास्त्र को ज्ञान की विभिन्न शाखाओं के संयोजन के रूप में अवधारणा बनाती है?

A. औपचारिक विद्यालय   **B.** सिंथेटिक विद्यालय

C. विशेष विद्यालय   **D.** शिकागो विद्यालय

Q.75 निम्नलिखित में से कौन सा भारत में विविधता का स्रोत नहीं है?

A. धर्म   **B.** भाषा: हिन्दी

C. राष्ट्रीय प्रतीक   **D.** संस्कृति

Q.76 एक फ्रांसीसी दार्शनिक ने मानव भाषा की एक पद्धति को चित्रित करके समाजशास्त्रीय सोच को बहुत प्रभावित किया है। वह कौन है?

A. ए. गिद्न्स   **B.** जे. डेरिडा

C. एम. फौकॉल्ट   **D.** इनमें से कोई नहीं

Q.77 ए. गिडेंस के अनुसार संरचना क्या है?

A. अभिनेताओं के व्यवहार के पैटर्न और मानक

B. नियम और संसाधन जो अभिनेता बातचीत के संदर्भ में उपयोग करते हैं

C. मान और आदर्श जो मानव के आचरणों को नियंत्रित करते हैं

D. समूह और समूहवादी जो सामाजिक संपर्क के दौरान बनते हैं

Q.78 ई. गोफमैन ने निम्नलिखित में से कौन से दो प्राथमिक फ्रेमों का उपयोग किया है?

i. प्राकृतिक ढांचा

ii. सांस्कृतिक ढाँचा

iii. सामाजिक ढांचा

iv. असली ढांचा

A. i, तथा iv   **B.** i तथा ii   **C.** i तथा iii   **D.** ii तथा iii

Q.79 हबरमास के अनुसार निम्नलिखित में से कौन सा एक प्रकार का पूंजीवाद नहीं है?

A. सूचनात्मक पूंजीवाद   **B.** उदार पूंजीवाद

C. संगठित पूंजीवाद   **D.** पद पूंजीवाद

Q.80 निर्देश: निम्नलिखित प्रश्न में, अभिकथन (A) और कारण (R) को सामने रखा गया है। दोनों कथनों को ध्यान से पढ़ें और निम्नलिखित में से सही विकल्प चुनें।

अभिकथन (A): मलिन बस्तियां शहरी और औद्योगिक केंद्रों में किशोर अपराध के लिए ज़िम्मेदार हैं।

कारण (R): किशोर ग्रामीण क्षेत्रों से रोजगार के लिए औद्योगिक और शहरी क्षेत्र की ओर पलायन करते हैं।

A. दोनों (A) और (R) सत्य हैं, लेकिन (R) (A) का सही स्पष्टीकरण नहीं है।

B. दोनों (A) और (R) सत्य हैं, और (R) (A) का सही स्पष्टीकरण है।

C. (A) सत्य है, लेकिन (R) असत्य है।

D. (A) असत्य है, लेकिन (R) सत्य है।

Q.81 किसी व्यक्ति की श्रम-शक्ति का गूल्य जो किसी कर्मचारी को काम पर रखने में लगने वाले खर्च को चुकाया जाता है, उसे 'अतिमांश' के रूप में मार्क्सियन टर्म में कहा जाता है:

A. उपयोग मूल्य   **B.** अधिशेष मूल्य

C. विनिमय मूल्य   **D.** अतिमांश मूल्य

Q.82 जीवन जगत के उपनिवेशीकरण से जे. हैबरमास का अर्थ था:

A. विकसित राष्ट्रों द्वारा विकासशील राष्ट्रों की अधीनता

B. अर्थव्यवस्था और राजनीति प्रणालियों द्वारा समाज और संस्कृति की अधीनता

C. वैश्वीकरण द्वारा एक समाज की संस्कृति को अधीन करना

D. वैश्विक पूँजीपति वर्ग द्वारा सांस्कृतिक दृष्टिकोण की अधीनता

Q.83 ए. गिडेंस ने तीन प्रकार के नियमों और संसाधनों और संबंधित प्रक्रियाओं को समझाया है। निम्नलिखित में से सही मिलान की पहचान करें:

(नियम और संसाधन)	(प्रक्रिया)
a. सामान्य	(i) संकेत
b. आवंटन तथा अधिकारिक	(ii) वैधता
C. व्याख्यात्मक	(iii) वर्चस्व

दिए गए विकल्प में से सही उत्तर का चयन करें:

A. 1, 2, 3 **B.** 1, 3, 2 **C.** 3, 2, 1 **D.** 2, 3, 1

Q.84 निम्नलिखित में से कौन सा पर्यावरणी परिवर्तन के प्रति सर्वाधिक संवेदनशील है?

A. उभयचर **B.** सरीसृप **C.** स्तनपायी **D.** कीट

Q.85 नीचे दिए गए सही कोड का उपयोग करके, सूचि-I को सूचि-II से मिलान करे:

सूची- I	सूची- II
A. संसाधन जनसंख्या वृद्धि की सीमा निर्धारित करते हैं	1. जूलियन एल. साइमन
B. मानव परम संसाधन है	2. टी. आर. माल्थस
C. गर्भनिरोधक सबसे अच्छा विकास है	3. प्लेटो
D. जनसंख्या नियम लोगों के जीवन को बेहतर बनाने के लिए आवश्यक हैं	4. कर्ण सिंह

A. 1, 4, 3, 2 **B.** 2, 1, 4, 3 **C.** 4, 2, 1, 3 **D.** 3, 1, 2, 4

Q.86 ग्रामीण समाज का कौन सा गुण नहीं है?

A. संयुक्त परिवार
B. कृषि अर्थव्यवस्था
C. प्राकृतिक पर्यावरण का पूर्व प्रभुत्व
D. ग्रामीण भेदभाव

Q.87 निम्नलिखित समाजशास्त्रियों में से किसने रोजमर्रा की जिंदगी में स्वयं की प्रस्तुति को समझाने के लिए नाटकीयता का इस्तेमाल किया?

A. ब्लूमर **B.** ई. गोफमैन **C.** लकमैन **D.** ए. शूट्ज़

Q.88 ए. शुट्ज़ द्वारा विशिष्ट अवधारणाओं के निम्नलिखित सेटों में से किसका उपयोग किया जाता है?

A. विशिष्टता, नुस्खा, वर्ग, क्रांति
B. विशिष्टता, स्टॉक ज्ञान, नुस्खा, क्रांति
C. टंकण, जीवन जगत, शेयर ज्ञान, वर्ग
D. टंकण, जीवन संसार, स्टिक ज्ञान, नुस्खा

Q.89 निम्नलिखित में से कौन सा कथन समाजशास्त्रीय कल्पना के बारे में सी.राइट मिल्स के विचार का प्रतिनिधित्व करता है?

A. सामाजिक जगत को सामाजिक तथ्य के रूप में देखना।
B. शास्त्रीय सिद्धांतकारों के बीच मतभेदों को समझना।
C. निजी परेशानियों और सार्वजनिक मुद्दों को एक साथ लाना।
D. व्यक्तिगत-आधारित स्पष्टीकरण से बचना।

Q.90 ठोस आबादी और उसके व्यवहार से अमूर्तता, एक-दूसरे के सापेक्ष नियम खेलने की उनकी क्षमता में अभिनेताओं के बीच संबंध प्राप्त करने का पैटर्न या नेटवर्क है।

निम्नलिखित में से कौन सी सामाजिक संरचना परिभाषित है?

A. सी. डब्ल्यू. मिल्स **B.** एस.एफ. नादेल
C. एच. गेरथ **D.** आर. के. मर्टन

Q.91 किसके अनुसार आंतरिक रूप से मूल्य साझा मूल्यों को किसी भी प्रकार की संवेदनशीलता के सामाजिक एकीकरण में एक निर्णायक भूमिका निभाने के रूप में माना जाता है?

A. टी. पार्सन्स **B.** बी. मालिनोवस्की
C. ई. दुर्खीम **D.** आर.के. मर्टन

Q.92 निम्नलिखित में से कौन सा भारत में किसानों के आंदोलनों की मांग नहीं है?

A. कृषि उपज का उचित मूल्य
B. उर्वरक अनुवृति
C. वितरण या भूमि
D. बिजली अनुवृति

Q.93 'सामूहिक सौदेबाजी' आमतौर पर आसपास होती है:

A. लाभ, नौकरी की सुरक्षा और अच्छी कार्य स्थितियों में हिस्सेदारी
B. नौकरी से संतुष्टि, नौकरी की सुरक्षा और नई तकनीक
C. शोषण, लाभ सृजन और पुनर्निवेश
D. निगमित जिम्मेदारी, वैश्विक नेटवर्किंग और लाभ साझेदारी

Q.94 महिलाओं को वोट देने की अनुमति देने वाला पहला देश कौन सा था?

A. सऊदी अरब **B.** भारत
C. न्यूजीलैंड **D.** रूस

Q.95 जब किसी भूमिका का कलाकार भूमिका से व्यक्तिपरक टुकड़ी को अपनाता है, तो उसे इस प्रकार कहा जाता है:

A. भूमिका के लिए संघर्ष **B.** भूमिका लेना
C. भूमिका-दूरी **D.** भूमिका-असंगति

Q.96 पुस्तक में किसने "द सोशल रिअलिटी ऑफ रिलिजन" का सुझाव दिया है कि समाजशास्त्रियों को एक तरीके से नास्तिक रुख अपनाना चाहिए और इस पर चर्चा नहीं करनी चाहिए कि क्या धर्म एक सामाजिक रचना से अधिक कुछ है?

A. पीटर बर्जर **B.** अल्फ्रेड शुल्स
C. लकमैन **D.** इनमे से कोई भी नहीं

Q.97 मिल्टन सिंगर और मैककिम मैरियट ने किन अवधारणाओं का उपयोग करके भारत में सामाजिक परिवर्तन का अध्ययन किया?

A. पश्चिमीकरण और आधुनिकीकरण
B. छोटी और बड़ी परंपरा
C. संरचना और फ़ंक्शन
D. औद्योगीकरण और वैश्वीकरण

Q.98 सूची- II में वस्तुओं के साथ सूची- I में मौजूद वस्तुओं का मिलान करें और नीचे दिए गए कूटों से सही उत्तर का चयन करें:

सूची-- I	सूची- II
A. सामाजिक संगठन जिसमें पुरुष शक्ति और अधिकार का आनंद लेते हैं	1. बायोग्रामम
B. विश्वास है कि एक सेक्स दूसरे से बेहतर है	2. मातृसत्तात्मक
C. सामाजिक व्यवस्था जिसमें महिलाओं को संपत्ति के अधिकार प्राप्त होते हैं	3. पितृसत्ता
D. आनुवंशिक रूप से आधारित कार्यक्रम जो मानव जाति को व्यवहार करने के लिए प्रेरित करता है	4. कामवासना

A. 1, 2, 3, 4 **B.** 3, 1, 2, 4 **C.** 3, 4, 2, 1 **D.** 4, 2, 1, 3

Q.99 निम्नलिखित को मिलाएं:

सूची- I	सूची- II
A. पी. बर्जर और टी. लकमैन	1. सामाजिक यथार्थ की समस्या
B. ए. शूट्ज़ ने	2. नृवंशविज्ञान में अध्ययन
C. एच. गर्फिकल	3. पवित्र चंदवा
D. पी. बर्गर	4. वास्तविकता का सामाजिक निर्माण

A. A-4, B-1, C-2, D-3 **B.** A-4, B-2, C-3, D-1

C. A-4, B-1, C-3, D-2   **D.** A-4, B-3, C-2, D-1

Q.100 निम्नलिखित में से किस नमूने के तरीकों में, जनसंख्या और उप-जनसंख्या में उनकी ताकत की परवाह किए बिना, प्रत्येक आधार से समान इकाइयों का चयन किया जाता है?

A. सरल यादृच्छिक नमूना

B. स्तरीकृत यादृच्छिक नमूना

C. आनुपातिक स्तरीकृत यादृच्छिक नमूनाकरण

D. अनुपातहीन स्तरीकृत यादृच्छिक नमूनाकरण

Q.101 जाति व्यवस्था का एक जिम्मेदार और अंतः क्रियात्मक विश्लेषण किसने किया?

A. एल. ड्यूमोंट   **B.** सुरजीत सिन्हा

C. एम. एन. श्रीनिवास   **D.** डी. पी. मुखर्जी

Q.102 सूची- II में वस्तुओं के साथ सूची- I में मौजूद वस्तुओं का मिलान करें और नीचे दिए गए कूटों में से सही उत्तर चुनें:

सूची- I	सूची- II
A. उच्च प्रजनन क्षमता उच्च मृत्यु दर	1. विकसित समाज
B. उच्च प्रजनन क्षमता कम मृत्यु दर	2. आदिम समाज
C. कम प्रजनन क्षमता कम मृत्यु दर	3. समाज का विकास करना
D. अत्यधिक विकसित समाज	4. अत्यधिक विकसित समाज

A. 1, 4, 2, 3   **B.** 4, 2, 3, 1   **C.** 3, 2, 4, 1   **D.** 2, 3, 1, 4

Q.103 "गरीबी हटाओ" रणनीति को किसने लिखा है?

A. इंदिरा गांधी   **B.** एम. एल. दंतवाला

C. थॉमस ग्लैडविन   **D.** एस. बागची

Q.104 सुरजीत सिन्हा का काम मुख्य रूप से आधारित था:

(1) गोत्र - जाति सातत्य

(2) आदिवासी आंदोलन

(3) क्षेत्र अध्ययन

(4) धर्म का समाजशास्त्र

A. 1, 2, 3, 4   **B.** 1, 2   **C.** 2, 3, 4   **D.** 1, 3, 4

Q.105 मनरेगा (MGNREGA) का उद्देश्य है:

A. ग्रामीण कुशल और बेरोजगार कर्मचारियों के लिए आजीविका सुनिश्चित करने के लिए प्रत्येक वित्तीय वर्ष में 100 दिन का रोजगार प्रदान किया जाता है।

B. ग्रामीण कुशल और बेरोजगार कर्मचारियों के लिए आजीविका सुनिश्चित करने के लिए प्रत्येक वित्तीय वर्ष में 200 दिन का रोजगार प्रदान किया जाता है।

C. ग्रामीण अकुशल और बेरोजगार कर्मचारियों के लिए आजीविका सुनिश्चित करने के लिए प्रत्येक वित्तीय वर्ष में 100 दिन का रोजगार प्रदान किया जाता है।

D. ग्रामीण अकुशल और बेरोजगार कर्मचारियों के लिए आजीविका सुनिश्चित करने के लिए प्रत्येक वित्तीय वर्ष में 150 दिन का रोजगार प्रदान किया जाता है।

Q.106 सामाजिक संरचना के सिद्धांत में निर्णायक, पर्याप्त रूप से प्रासंगिक और परिधीय 'के रूप में किसकी भूमिकाएँ हैं?

A. एस.एफ. नादेल   **B.** जी. पी. मडॉक

C. टैल्कॉट पार्सन्स   **D.** हर्बर्ट स्पेंसर

Q.107 पी. ए. सोरोकिन को उनके बीच के किन अंतर के लिए जाना जाता है?

A. आंतरिक समुह और बाहरी समूह

B. प्राथमिक और द्वितीयक संबंध समूह

C. यांत्रिक और जैविक एकजुटता

D. बातचीत के पारिवारिक, संविदात्मक और अनिवार्य प्रणाली

Q.108 "संस्कृति मनुष्य का मार्गदर्शक है, यह उसे मुक्त करता है और साथ ही सभी मार्गदर्शकों को भी गुलाम बनाता है।" निम्नलिखित में से कौन सा विद्यालय इस दृष्टिकोण का प्रतिनिधित्व करता है?

A. विकासवादी विद्यालय

B. मार्क्सियन विद्यालय

C. व्याकुल करने वाला विद्यालय

D. संस्कृति-व्यक्तित्व विद्यालय

Q.109 निम्नलिखित में से कौन सी आपदा परमाणु आपदाओं की श्रेणी से संबंधित है?

a. फुकुशिमा आपदा

b. चेर्नोबिल आपदा

c. तीन-मील द्वीप घटना

d. द लव कैनाल आपदा

सही विकल्प चुनें-

A. (a), (b) और (c)   **B.** (a), (b) और (d)

C. (a), (c) और (d)   **D.** (b), (c) और (d)

Q.110 मानवशास्त्रीय सर्वेक्षण भारत द्वारा संचालित "भारत के लोग" परियोजना द्वारा भारत में कितने समुदायों की पहचान की गई थी?

A. 4635   **B.** 3535   **C.** 6545   **D.** 5545

Q.111 किस प्रकार की विकास परियोजनाओं ने व्यक्तियों की न्यूनतम संख्या को विस्थापित किया?

A. बांधों

B. वन्यजीव अभयारण्य और पार्क

C. औद्योगिक प्रतिष्ठान

D. खान

Q.112 "समाजशास्त्र एक विज्ञान है जो सामाजिक क्रिया की व्याख्यात्मक समझ का प्रयास करता है।" इस तरह से समाजशास्त्र को किसने परिभाषित किया?

A. टी. पारसन   **B.** मैकलेवर और पेज

C. ई. दुर्खीम   **D.** मैक्स वेबर

Q.113 निर्देश: निम्नलिखित प्रश्न में, अभिकथन (A) और कारण (R) बताये गए हैं। दोनों कथनों को ध्यान से पढ़ें और निम्नलिखित में से सही विकल्प चुनें:

अभिकथन (A): सकल घरेलू उत्पाद (जीडीपी) का उच्च दर से बढ़ना सामाजिक विकास का सही संकेत नहीं है।

कारण (R): यह केवल जीडीपी में वृद्धि को इंगित करता है लेकिन विभिन्न स्तरों के बीच वितरण के पैटर्न को नहीं।

A. (A) और (R) दोनों सत्य हैं लेकिन (R) (A) की सही व्याख्या है।

B. (A) और दोनों (R) सत्य हैं, लेकिन (R) (A) का सही स्पष्टीकरण नहीं है।

C. (A) सत्य है लेकिन (R) असत्य है।

D. (A) असत्य है लेकिन (R) सत्य है।

Q.114 ए. शुट्ज़ के अनुसार, घटनाविज्ञानी:

A. बाहरी दुनिया के अस्तित्व से मना करते हैं

B. सामाजिक विश्लेषण के लिए आंतरिक और बाहरी दुनिया के बीच नियमित बंधन को स्वीकार करें

C. बाहरी दुनिया को वास्तविक सामाजिक छवि बनाने के लिए सामाजिक दुनिया को प्रभावित करना चाहिए

D. सामाजिक वास्तविकता के निर्माण के लिए बाहरी दुनिया के अस्तित्व में विश्वास को 'निलंबित' करता है

Q.115 निम्नलिखित में से कौन भारत में राष्ट्र-निर्माण के मार्ग में बाधाएँ हैं?

A. पदानुक्रमित सामाजिक व्यवस्था

B. आर्थिक असमानताएँ

C. (A) और (B) दोनों
D. पश्चिमी शिक्षित नेतृत्व

Q.116 किसने तर्क, भाषा, ज्ञान और शक्ति पर बहस में योगदान दिया है जिसने समाजशास्त्रीय सिद्धांतों में बहुत योगदान दिया है?

A. जे. डेरिडा
B. एल. एलथ्यूसर
C. एम. फौकॉल्ट
D. इनमें से कोई नहीं

Q.117 सूची-I के साथ सूची-II में वस्तुओं का मिलान करें:

सूची- I (कार्य)	सूची- II (लेखक)
(a) पागलपन और सभ्यता	(i). जैक्स डेरिडा
(b) पूंजीवाद और आधुनिक सामाजिक सिद्धांत	(ii) मिशेल फौकॉल्ट
(c) लेखन और अंतर	(iii) क्लाउड लेवी-स्ट्रॉस
(d) लेखन और अंतर	(iv) एंथोनी गिडेंस

A. (i), (ii), (iv), (iii)
B. (ii), (iii), (iv), (i)
C. (ii), (iv), (i), (iii)
D. (i), (iii), (ii), (iv)

Q.118 विष्णु के पाँचवे अवतार को _____ रूप में जाना जाता है।

A. वराह
B. कृष्ण
C. वामन
D. नृसिंह

Q.119 पर्यावरण-नारीवाद की वृद्धि का मुख्य आधार कौन सा है?

A. औद्योगिक समाज में वनों की कटाई
B. महिलाओं का जीवन और प्रकृति के साथ उनका संबंध
C. प्रदूषण और पर्यावरणीय गिरावट
D. वैश्विक तापमान

Q.120 निर्देश: निम्नलिखित प्रश्न में, अभिकथन (A) और कारण (R) को सामने रखा गया है। दोनों कथनों को ध्यान से पढ़ें और निम्नलिखित में से सही विकल्प चुनें:

अभिकथन (A): डी. पी. मुखर्जी ने मार्क्सवादी के बजाय खुद को 'मार्क्सवादी' कहना पसंद किया।

कारण (R): उन्होंने भारतीय परंपरा और आधुनिकता के बीच मुठभेड़ की एक द्वंद्वात्मक व्याख्या करने का प्रयास किया, जो मूल्य आत्मसात और सांस्कृतिक संश्लेषण और 'वर्ग संघर्ष' से कम था।

A. (A) सत्य है, लेकिन (R) असत्य है
B. दोनों (A) और (R) सत्य हैं और (R), (A) का सही स्पष्टीकरण है
C. (A) असत्य है, लेकिन (R) सत्य है और (R) (A) का सही स्पष्टीकरण नहीं है
D. (A) असत्य है और (R) सत्य है

Q.121 जो सामाजिक स्तरीकरण का एक रूप नहीं है?

A. कक्षा
B. धर्म
C. जाति
D. लिंग

Q.122 वह संबंध जिसमें एक चर में परिवर्तन हमेशा दूसरे चर में परिवर्तन को इंगित करता है, इस प्रकार से जाना जाता है:

A. सकारात्मक संबंध
B. रैखिक संबंध
C. निराधार संबंध
D. कारण और प्रभाव संबंध

Q.123 निर्देश: निम्नलिखित प्रश्न में, अभिकथन (A) और कारण (R) बताये गए है। दोनों कथनों को ध्यान से पढ़ें और निम्नलिखित में से सही विकल्प चुनें:

अभिकथन (A): सभी समूह सोशल नेटवर्क हैं।

कारण (R): सभी नेटवर्क सामाजिक समूह नहीं हैं।

A. (A) असत्य है लेकिन (R) सत्य है।
B. (A) और (R) दोनों और असत्य है।
C. (A) और (R) दोनों सत्य हैं लेकिन (R), (A) की सही व्याख्या नहीं है।
D. (A) सत्य है लेकिन (R) असत्य है।

Q.124 रोजमर्रा के जीवन और संस्थानों के सामाजिक निर्माण में सामान्य ज्ञान ज्ञान की भूमिका का लेखा-जोखा कौन प्रदान करता है?

A. बर्जर और लकमैन
B. हुसरली और शुट्ज़
C. पार्सन्स और मर्टन
D. डेविस और मूर

Q.125 पर्याप्त आवृत्ति के साथ होने वाली स्थितियों का परिवर्तन, जैसा कि सामाजिक रूप से प्रतिरूपित किया जा सकता है, के रूप में नामित किया जा सकता है?

A. स्थिति सेट
B. स्थिति अनुक्रम
C. सामाजिक स्थिति
D. स्थिति-संघर्ष

Q.126 निम्नलिखित में से किसने 'अव्यक्त' और 'प्रकट' कार्य की अवधारणा को प्रतिपादित किया?

A. ई. दुर्खीम
B. आर. के. मर्टन
C. बी. मालिनोवस्की
D. ए. आर. रेडक्लिफ-ब्राउन

Q.127 सूची- II में आइटम के साथ सूची- I में मिलान करें और नीचे दिए गए कोड से सही उत्तर चुनें:

सूची- I (समूह I)	सूची- I (समूह II)
(A) चक्रीय सिद्धांत	(i) सोरोकिन
(B) संरचनात्मक-कार्यात्मक दृष्टिकोण	(ii) कार्ल मार्क्स
(C) संघर्ष सिद्धांत	(iii) किंग्सले डेविस
(D) विकासवादी सिद्धांत	(iv) अगस्टे कॉम्टे

A. (iii), (i), (iv), (ii)
B. (i), (iii), (ii), (iv)
C. (ii), (i), (iii), (iv)
D. (ii), (iii), (i), (iv)

Q.128 कौन सा समाजशास्त्रीय परिप्रेक्ष्य यह मानता है कि यदि सामाजिक जीवन का एक पहलू किसी समाज की स्थिरता या अस्तित्व में योगदान नहीं देता है, तो यह एक पीढ़ी से दूसरी पीढ़ी तक पारित नहीं होगा?

A. संघर्ष का दृष्टिकोण
B. अंतःक्रियावादी दृष्टिकोण
C. सूक्ष्म विज्ञान
D. कार्यात्मक दृष्टिकोण

Q.129 डिजिटल विभाजन किसके के बीच मौजूद है ?

1. शहरों और ग्रामीण क्षेत्रों में
2. शिक्षित और अशिक्षित में
3. सामाजिक आर्थिक समूह में
4. अधिक या कम विकसित राष्ट्र में

सही विकल्प चुनें:

A. 1 और 3
B. 1 और 2
C. 1 और 4
D. सब सही हैं

Q.130 जलवायु परिवर्तन के लिए राष्ट्रीय कार्य योजना (एनएपीसीसी) शुरू किए गए मिशन हैं:

A. हिमालयन इकोसिस्टम (NMSHE) को बनाए रखने के लिए राष्ट्रीय मिशन
B. जलवायु परिवर्तन पर रणनीतिक ज्ञान के लिए राष्ट्रीय मिशन (NMSKCC)
C. केवल (A)
D. (A) और (B) दोनों

Q.131 किसी दिए गए प्रवास अंतराल के दौरान किए गए चालों की कुल संख्या जिनके मूल और गंतव्य के सामान्य क्षेत्र के रूप में जाना जाता है:

A. शुद्ध प्रवास
B. बाहरी प्रवास
C. सकल प्रवास
D. प्रवास धाराएँ

Q.132 निम्नलिखित में से कौन सा सिद्धांत बताता है कि लोग अन्य लोगों के साथ बातचीत में स्वार्थ से प्रेरित हैं?

A. अदला बदली
B. परस्पर संवाद
C. संघर्ष
D. संरचनात्मक

Q.133 कालानुक्रमिक क्रम में निम्नलिखित तकनीकी क्रांति की व्यवस्था करें:

(i) हरित क्रांति

(ii) मुद्रण क्रांति

(iii) औद्योगिक क्रांति

(iv) जैव प्रौद्योगिकी क्रांति

A. (ii), (iii), (i), (iv)
B. (i), (ii), (iii), (iv)
C. (ii), (i), (iii), (iv)
D. (iv), (iii), (ii), (i)

Q.134 मार्क्स के लिए, बुर्जुआ को इसके कारण से अधिक हिस्सा मुख्य किस रूप से मिलता है?

A. उत्पादन के साधनों पर पूर्ण नियंत्रण
B. उद्योग पर एकाधिकार
C. वैध तरीकों से इसे जमा करना
D. सर्वहारा वर्ग पर नियंत्रण

Q.135 निम्नलिखित में से कौन "शहरी जीवन शैली के रूप में" और "गरीबी की संस्कृति" के सिद्धांत से जुड़े हैं?

(i) ऑस्कर लुईस

(ii) विलियम फुटे व्हाईट

(iii) लुई विर्थ

(iv) होमर होयट

सही विकल्प चुनें:

A. (ii) और (iii)
B. (iii) और (iv)
C. (ii) और (iv)
D. (i) और (iii)

Q.136 निर्देश: निम्नलिखित प्रश्न में, अभिकथन (A) और कारण (R) को सामने रखा गया है। दोनों कथनों को ध्यान से पढ़ें और निम्नलिखित में से सही विकल्प चुनें:

अभिकथन (A): पारंपरिक सामाजिक मूल्यों में बदलाव से आधुनिकीकरण होता है।

कारण (R): पारंपरिक समाज में परिवर्तन शायद ही होता है।

A. (A) और (R) दोनों सत्य हैं और (R) के लिए सही स्पष्टीकरण (A) है
B. (A) और (R) दोनों सत्य हैं लेकिन (R) के लिए (A) सही स्पष्टीकरण नहीं है
C. (A) सत्य है लेकिन (R) असत्य है
D. (A) असत्य है लेकिन (R) सत्य है

Q.137 निम्नलिखित को मिलाएं:

सूची- I (पुस्तकों की सूची)	सूची- I (पुस्तक लेखकों की सूची)
(A) नारी से घृणा करना	(i) एंड्रिया डॉर्किन
(B) शुद्ध वासना	(ii) लिसा वोगेल
(C) मार्क्सवाद और महिलाओं पर अत्याचार	(iii) मेरी डेली
(D) महिला संपदा	(iv) जूलियट मिशेल

A. (iv), (ii), (iii), (i)
B. (ii), (iii), (i), (iv)
C. (i), (iii), (ii), (iv)
D. (i), (iv), (iii), (ii)

Q.138 पर्यावरण शिक्षा का उद्देश्य क्या है?

A. पर्यावरण शिक्षा के प्रति चेतना जगाना
B. पर्यावरण के अनुकूल व्यवहार सिखाना
C. एक पर्यावरणीय नैतिकता बनाना जो आर्थिक, सामाजिक, और राजनीतिक की पारिस्थितिक निर्भरता के बारे में जागरूकता बढ़ाए
D. इनमें से सभी

Q.139 मध्याह्न-भोजन योजना सबसे पहले किस राज्य में शुरू की गई थी?

A. तमिलनाडु
B. आंध्र प्रदेश
C. हरयाणा
D. पंजाब

Q.140 निम्नलिखित में से कौन सा अधिनियम दहेज प्रथा को प्रतिबंधित करने के लिए बनाया गया है?

A. दहेज प्रतिषेध अधिनियम, 1971
B. दहेज प्रतिषेध अधिनियम, 1961
C. दहेज प्रतिषेध अधिनियम, 1951
D. दहेज प्रतिषेध अधिनियम, 1967

Q.141 'मटकी' निम्न में से किस राज्य का लोकप्रिय लोक नृत्य है?

A. असम
B. मध्य प्रदेश
C. बिहार
D. राजस्थान

Q.142 निम्नलिखित में से किस अनुसंधान विधियों में, बदलाव और चरों का नियंत्रण, और सैम्पल के याद्दच्छिककरण दो बुनियादी आवश्यकताएं हैं?

A. कार्योत्तर अनुसंधान
B. वर्णनात्मक अनुसंधान
C. केस अध्ययन अनुसंधान
D. प्रायोगिक अनुसंधान

Q.143 'मोहिनीअट्टम', एक पारंपरिक नृत्य, भारत के किस राज्य में उत्पन्न हुआ?

A. असम
B. पश्चिम बंगाल
C. केरल
D. आंध्र प्रदेश

Q.144 चित्रकला की निम्नलिखित में से कौन सी शैली महाराष्ट्र की है?

A. लघु चित्रकला
B. मधुबनी
C. कलम
D. वारली

Q.145 निम्नलिखित में से कौन मेघालय का नृत्य है?

A. लाहो
B. चेरव
C. दलखई
D. रंगमा

Q.146 डेयरी, आर्थिक गतिविधि के किस क्षेत्र में आती है?

A. तृतीयक क्षेत्र
B. प्राथमिक क्षेत्र
C. माध्यमिक क्षेत्र
D. इनमें से कोई भी नहीं

Q.147 निम्न में से किसने शिक्षा में समाजवाद के सिद्धांत को प्रतिपादित किया?

A. सार्त्र
B. डेवी
C. स्टालिन
D. रसेल

Q.148 विकासशील देशों में जनसंख्या पिरामिड में एक ______ है।

[Maharashtra Public Service Commission, 2018]

A. संकीर्ण आधार और चौड़ा शीर्ष
B. चौड़ा आधार और चौड़ा शीर्ष
C. चौड़ा आधार और संकीर्ण शीर्ष
D. संकीर्ण आधार और संकीर्ण शीर्ष

Q.149 ऐपल के बाद 900 बिलियन डॉलर के बाजार पूंजीकरण तक पहुँचने वाली दूसरी कंपनी कौन सी है?

A. गूगल
B. वॉल-मार्ट
C. अमेज़न
D. फेसबुक

Q.150 सामाजिक अनुसंधान पद्धति का संबंध ______ से पाया जाता है।

A. सामाजिक घटनाओं
B. मानव आचरण
C. सामाजिक जीवन के विभिन्न पहलुओं
D. उपरोक्त सभी

// स्मार्ट उत्तर पुस्तिका //

सही उत्तर — उन छात्रों का प्रतिशत जिन्होंने प्रश्नों का सही उत्तर दिया था।

छोड़ दिया — उन छात्रों का प्रतिशत जिन्होंने प्रश्नों को छोड़ दिया था।

प्रश्न संख्या	उत्तर	सही उत्तर	छोड़ दिया
1	C	13.95 %	1.55 %
2	C	17.05 %	75.97 %
3	C	18.6 %	76.75 %
4	C	10.08 %	76.74 %
5	A	20.16 %	76.74 %
6	C	20.93 %	76.74 %
7	B	17.05 %	76.75 %
8	B	14.73 %	76.74 %
9	C	15.5 %	76.75 %
10	D	17.83 %	76.74 %
11	C	12.4 %	76.75 %
12	D	16.28 %	78.29 %
13	C	14.73 %	76.74 %
14	B	12.4 %	76.75 %
15	A	2.33 %	76.74 %
16	A	13.95 %	76.75 %
17	A	10.85 %	76.75 %
18	B	18.6 %	76.75 %
19	A	17.05 %	76.75 %
20	C	15.5 %	76.75 %
21	B	14.73 %	76.74 %
22	C	10.85 %	76.75 %
23	D	12.4 %	76.75 %
24	C	13.95 %	76.75 %
25	D	11.63 %	76.74 %
26	C	6.98 %	90.69 %
27	B	4.65 %	90.7 %
28	C	3.1 %	90.7 %
29	C	8.53 %	90.69 %
30	B	6.2 %	90.7 %
31	D	7.75 %	90.7 %
32	A	3.88 %	90.69 %
33	A	5.43 %	90.69 %
34	C	4.65 %	90.7 %
35	A	3.1 %	90.7 %
36	C	7.75 %	90.7 %
37	D	3.1 %	90.7 %
38	D	2.33 %	90.69 %
39	C	3.88 %	92.24 %
40	A	3.1 %	92.25 %
41	D	3.1 %	91.47 %
42	C	8.53 %	90.69 %
43	D	1.55 %	90.7 %
44	D	6.98 %	90.69 %
45	B	4.65 %	90.7 %
46	D	1.55 %	90.7 %
47	A	6.98 %	91.47 %
48	A	7.75 %	91.47 %
49	B	3.1 %	91.47 %
50	B	6.98 %	92.24 %
51	C	14.73 %	78.29 %
52	A	9.3 %	78.3 %
53	A	14.73 %	79.84 %
54	B	13.18 %	79.84 %
55	B	11.63 %	80.62 %
56	C	10.85 %	80.62 %
57	A	14.73 %	80.62 %
58	B	10.85 %	80.62 %
59	B	13.95 %	80.62 %
60	A	13.18 %	80.62 %
61	B	3.88 %	80.62 %
62	C	2.33 %	79.84 %
63	A	13.95 %	80.62 %
64	B	15.5 %	80.62 %
65	D	13.95 %	79.85 %
66	B	7.75 %	79.85 %
67	B	16.28 %	79.84 %
68	D	7.75 %	79.85 %
69	A	10.08 %	79.84 %
70	D	10.85 %	79.85 %
71	C	16.28 %	79.84 %
72	A	17.83 %	79.84 %
73	A	17.05 %	79.85 %
74	C	4.65 %	79.85 %
75	C	17.83 %	79.07 %
76	B	11.63 %	79.07 %
77	B	10.08 %	79.84 %
78	C	10.08 %	79.84 %
79	A	7.75 %	79.85 %
80	B	8.53 %	80.62 %

प्रश्न संख्या	उत्तर	सही उत्तर / छोड़ दिया		प्रश्न संख्या	उत्तर	सही उत्तर / छोड़ दिया		प्रश्न संख्या	उत्तर	सही उत्तर / छोड़ दिया		प्रश्न संख्या	उत्तर	सही उत्तर / छोड़ दिया		प्रश्न संख्या	उत्तर	सही उत्तर / छोड़ दिया
81	C	3.1 % / 80.62 %		95	C	14.73 % / 79.84 %		109	A	10.85 % / 79.85 %		123	C	11.63 % / 80.62 %		137	C	6.2 % / 80.62 %
82	B	10.85 % / 80.62 %		96	A	12.4 % / 79.85 %		110	A	9.3 % / 79.85 %		124	D	4.65 % / 80.62 %		138	B	0.78 % / 91.47 %
83	D	9.3 % / 80.62 %		97	B	14.73 % / 79.84 %		111	B	10.08 % / 79.84 %		125	B	10.08 % / 80.62 %		139	A	4.65 % / 91.47 %
84	A	10.85 % / 80.62 %		98	C	13.18 % / 79.07 %		112	D	15.5 % / 79.85 %		126	B	17.05 % / 80.62 %		140	B	7.75 % / 91.47 %
85	A	8.53 % / 80.62 %		99	A	9.3 % / 79.07 %		113	B	6.2 % / 79.85 %		127	B	17.83 % / 80.62 %		141	B	2.33 % / 91.47 %
86	D	17.83 % / 80.62 %		100	A	7.75 % / 79.07 %		114	D	7.75 % / 80.62 %		128	D	12.4 % / 80.62 %		142	D	6.98 % / 91.47 %
87	B	18.6 % / 80.62 %		101	A	16.28 % / 79.84 %		115	C	17.83 % / 80.62 %		129	D	11.63 % / 80.62 %		143	C	6.2 % / 91.47 %
88	D	7.75 % / 80.62 %		102	D	14.73 % / 79.84 %		116	C	12.4 % / 80.62 %		130	D	13.18 % / 80.62 %		144	D	3.1 % / 91.47 %
89	A	7.75 % / 80.62 %		103	B	8.53 % / 79.84 %		117	C	16.28 % / 80.62 %		131	D	6.98 % / 80.62 %		145	A	1.55 % / 91.47 %
90	B	9.3 % / 80.62 %		104	A	9.3 % / 79.85 %		118	C	2.33 % / 80.62 %		132	B	9.3 % / 80.62 %		146	B	4.65 % / 91.47 %
91	A	9.3 % / 80.62 %		105	C	14.73 % / 79.84 %		119	B	17.05 % / 80.62 %		133	D	3.1 % / 80.62 %		147	C	1.55 % / 91.47 %
92	C	13.18 % / 80.62 %		106	A	15.5 % / 79.85 %		120	B	14.73 % / 80.62 %		134	A	16.28 % / 80.62 %		148	C	4.65 % / 91.47 %
93	D	4.65 % / 80.62 %		107	D	10.85 % / 79.85 %		121	B	10.85 % / 79.85 %		135	D	13.95 % / 80.62 %		149	C	4.65 % / 91.47 %
94	C	10.08 % / 80.62 %		108	D	11.63 % / 79.84 %		122	D	13.95 % / 80.62 %		136	C	8.53 % / 80.62 %		150	D	7.75 % / 91.47 %

//संकेत और समाधान//

1. अनुदैर्ध्य अध्ययन में, डेटा को सप्ताह, महीनों, वर्षों, दशकों आदि के समय की एक निश्चित अवधि में एकत्र किया जाता है। अध्ययन की शुरुआत में सबसे पहले डेटा को एकत्र किया जाता है और इसे समय की एक विस्तारित अवधि में दोहराया जा सकता है। ऐसा करके शोधकर्ता यह अनुभव कर सकते हैं कि एक ही समय के भीतर चर कैसे बदलते हैं।
अतः विकल्प (C) सही है।

2. अनुप्रयुक्त अनुसंधान का उपयोग किसी व्यक्ति या समूह की विशिष्ट, व्यावहारिक समस्या को हल करने के लिए किया जाता है। इस तरह के शोध का उपयोग व्यवसाय, चिकित्सा और शिक्षा में किया जाता है ताकि बीमारियों का इलाज, वैज्ञानिक समस्याओं को हल किया जा सके या प्रौद्योगिकी विकसित की जा सके।
अतः विकल्प (C) सही है।

3. अनुसंधान चरणों का सही क्रम निम्नानुसार है:

- समस्या स्थापन
- परिकल्पना निर्माण
- अनुसंधान डिजाइन का विकास
- डेटा का संग्रह
- डेटा विश्लेषण
- सामान्यीकरण और निष्कर्ष का गठन

अतः विकल्प (C) सही है।

4. शोध सम्मेलन अपने रचनात्मक विचारों को प्रस्तुत करने और चर्चा करने और बड़े स्तर पर काम करने के लिए शोधकर्ताओं के लिए एक बैठक है। सम्मेलन सेमिनार, कार्यशाला, अनुसंधान सारांश से अधिक प्रतिभागियों के बीच रचनात्मकता और महत्वपूर्ण सोच को विकसित करता है।
अतः विकल्प (C) सही है।

5. शिक्षार्थी की विशेषताएं निम्नलिखित हैं जो शिक्षण-अधिगम प्रणाली को प्रभावी बनाने की सुविधा प्रदान करती हैं:

- शिक्षार्थी का पूर्व या पिछला अनुभव शिक्षण- प्रक्रिया को बहुत आसान बनाता है क्योंकि छात्रों के अच्छे पिछले ज्ञान के बिना या अच्छी शिक्षण-शिक्षण प्रक्रिया सीखने में कोई दिक्कत नहीं होती है।
- एक शिक्षार्थी, छात्र प्रतिभा, व्यवहार, या योग्यता की योग्यता शिक्षण-अधिगम प्रक्रिया को प्रभावी ढंग से प्रस्तुत करती है।
- एक शिक्षार्थी के विकास का चरण शिक्षण-अधिगम प्रक्रिया को भी प्रभावित करता है यदि शिक्षार्थी पूर्वस्कूली स्तर पर हों। विकास के अन्य चरणों की तुलना में उसका शारीरिक और बौद्धिक विकास बहुत तेजी से होता है।

अतः विकल्प (A) सही है।

6. यद्यपि अध्ययन के सभी क्षेत्रों में प्रयोगों को करना संभव है, विज्ञान में प्रयोग कारण और प्रभाव संबंध के विश्लेषण के लिए अधिक संगठित तरीके प्रदान करते हैं। विज्ञान कौशल दृष्टिकोण एक वैज्ञानिक जांच करने के लिए आवश्यक प्रयोगात्मक कौशल की समझ विकसित करने के लिए छात्रों का मार्गदर्शन करता है। प्रयोग और अवलोकन छात्रों के लिए समझ की भावना विकसित करते हैं।
अतः विकल्प (C) सही है।

7. शिक्षण औपचारिक के साथ-साथ अनौपचारिक तरीके से भी किया जा सकता है। जबकि औपचारिक प्रशिक्षण एक प्रशिक्षण आधारित संगठन, कार्यस्थल, मोबाइल उपकरणों, कक्षाओं, इंटरनेट पर ऑनलाइन और ई-लर्निंग पोर्टल के माध्यम से होता है, अनौपचारिक शिक्षा व्यावहारिक और आजीवन सीखने पर आधारित होती है।

अतः विकल्प (B) सही है।

8. एक शिक्षक के रूप में उन्हें बहस के लिए तैयार करते समय, विद्यार्थी में यह विकसित करना बहुत कठिन होता है कि बहस के दौरान भावनाओं पर कैसे नियंत्रण किया जाए क्योंकि बहस के दौरान गतिविधि विद्यार्थी को विपरीत दृष्टिकोण पर बहस करनी पड़ती है और इस स्थिति में अपने आप को विद्यार्थी के भीतर गहरे जाने के लिए सही साबित करने के लिए विषय और कभी-कभी उस विषय से हटते हैं जो विषय पर तर्क देता है, इसलिए यह बहस का सबसे बड़ा अवगुण है कि छात्र ने अपनी भावनाओं पर अपना नियंत्रण खो दिया।
अतः विकल्प (B) सही है।

9. छात्र द्वारा पूछे गए प्रश्नों की गुणवत्ता के माध्यम से शिक्षण की गुणवत्ता को सबसे अच्छे तरीके से प्रतिबिंबित किया जा सकता है। छात्र के प्रश्नों की गुणवत्ता शिक्षण-सीखने की प्रक्रिया के दौरान एक छात्र के हित स्तर और जिज्ञासा स्तर को दर्शाती है।

छात्रों के सवालों से शिक्षक को यह पता चलता है कि उनका छात्र शिक्षक द्वारा सिखाई गई सामग्री को कितना समझ रहा है जो शिक्षक को और अधिक प्रभावी बनाने के लिए शिक्षक को अपने शिक्षण कौशल में सुधार करने की अनुमति देता है। छात्रों द्वारा पूछे गए योग्य प्रश्न एक प्रभावी शिक्षण-अधिगम प्रक्रिया सुनिश्चित करते हैं।

अतः विकल्प (C) सही है।

10. शिक्षण प्रभावशीलता पर देश की शिक्षा प्रणाली का असर होता है। देश की शिक्षा प्रणाली को तीन मुख्य श्रेणियों में विभाजित किया गया है - प्राथमिक, माध्यमिक और तृतीयक। प्राथमिक शिक्षा; शिक्षा प्रणाली की प्राथमिक संभावनाओं को कवर करती है, माध्यमिक शिक्षा 10 वीं और 12 वीं स्तर को कवर करती है जबकि शिक्षा का तृतीयक स्तर स्नातक, स्नातकोत्तर और डॉक्टरेट स्तर के पाठ्यक्रमों को कवर करता है।
अतः विकल्प (D) सही है।

11. मध्य प्रदेश में द्विसदनीय विधायिका नहीं है।

द्विसदनीय विधायिका वाले छह राज्यों के नाम हैं:

1. आंध्र प्रदेश
2. बिहार
3. कर्नाटक
4. महाराष्ट्र
5. तेलंगाना
6. उत्तर प्रदेश

एकसदनीय राज्य विधायिका

- एकात्मक विधायिका राज्यों में एक कानून बनाने के लिए केवल एक घर है।
- राज्यों में, इन्हें विधान सभाएं कहा जाता है। '

द्विसदनीय राज्य विधायिका

- यह एक विधायी निकाय है जिसके दो सदन हैं।
- भारत में, 6 राज्यों में द्विसदनीय विधायिका हैं।
- एक द्विसदनीय विधायिका में, कानूनों को लागू करने और लागू करने का कार्य दोनों सदनों के बीच साझा किया जाता है।

राज्य स्तर पर, 28 राज्य विधायिकाओं में से छह में दो सदन हैं:

- विधान सभा
- विधान परिषद

अतः विकल्प (C) सही है।

12. डॉ. डी.एस. कोठारी की अध्यक्षता में शैक्षिक आयोग का गठन 1964 में हुआ था। कोठारी इस आयोग ने प्राथमिक से उच्च स्तर तक शिक्षा के विकास के लिए सिद्धांतों और दिशा निर्देशों को निर्धारित किया।

अतः विकल्प (D) सही है।

13. यूजीसी द्वारा जारी नवीनतम आंकड़ों के अनुसार, 892 विश्वविद्यालय हैं जिनमें 394 राज्य विश्वविद्यालय, 125 डीम्ड विश्वविद्यालय और 325 निजी विश्वविद्यालय शामिल हैं। ये विश्वविद्यालय यूजीसी अधिनियम की धारा 22 के तहत यूजीसी द्वारा निर्दिष्ट डिग्री प्रदान करने के लिए सक्षम हैं, जहां कहीं भी उनके मुख्य परिसर के माध्यम से वैधानिक परिषदों के अनुमोदन के साथ आवश्यक हो। जहां किसी कार्यक्रम को शुरू करने के लिए सांविधिक परिषद का अनुमोदन पूर्व-आवश्यकता नहीं है, वहां विश्वविद्यालयों को संबंधित सांविधिक परिषद द्वारा निर्धारित शैक्षणिक और भौतिक बुनियादी ढांचे के संबंध में न्यूनतम मानकों को बनाए रखना आवश्यक है।

अतः विकल्प (C) सही है।

14. डॉ. सर्वपाली राधाकृष्णन की अध्यक्षता में 4 नवंबर, 1948 को विश्वविद्यालय शिक्षा आयोग का गठन किया गया था। आयोग का उद्घाटन 6 दिसंबर, 1948 को अब्दुल कलाम आज़ाद ने किया था। आयोग ने भारत में विश्वविद्यालय शिक्षा की समस्याओं का अध्ययन किया और अगस्त 1949 में अपनी रिपोर्ट प्रस्तुत की। आयोग ने उच्च शिक्षा के उद्देश्यों और उद्देश्यों के संबंध में महत्वपूर्ण सिफारिशें दीं। मुख्य उद्देश्य देशवासियों के कल्याण के लिए नए ज्ञान की खोज करना और व्यावसायिक, वैज्ञानिक और औद्योगिक विकास के लिए उस ज्ञान का उपयोग करना था।
अतः विकल्प (B) सही है।

15. संचारी क्षमताओं में वे कौशल शामिल होते हैं जो उस तरीके और तरीके के संदर्भ में परिभाषित किए जाते हैं जिसमें प्रणाली का उपयोग किया जाता है। संचारी क्षमता भाषाई कौशल को गले लगाती है लेकिन उल्क्रम नहीं। अनिवार्य रूप से, वे अलग-अलग विधाओं में प्रवचन को बनाने या फिर से बनाने के तरीके हैं।
अतः विकल्प (A) सही है।

16. अभाषिक संवाद को अनौपचारिक संचार माना जाता है। अभाषिक संवाद संचार में चेहरे के भाव, संकेत, स्वर और आवाज की स्वरमान के माध्यम से संचार शामिल है।

अतः विकल्प (A) सही है।

17. सूचना प्रौद्योगिकी (आईटी) उन सभी चीजों को संदर्भित करती है जो व्यवसाय कंप्यूटर के लिए उपयोग करते हैं। सूचना प्रौद्योगिकी एक कंपनी के लिए संचार नेटवर्क का निर्माण कर रही है, डेटा और सूचना की सुरक्षा कर रही है, डेटाबेस का निर्माण और प्रशासन कर रही है, कर्मचारियों को अपने कंप्यूटर या मोबाइल उपकरणों के साथ समस्याओं का निवारण करने में मदद कर रही है, या व्यावसायिक सूचना प्रणालियों की दक्षता और सुरक्षा सुनिश्चित करने के लिए अन्य काम कर रही है।
अतः विकल्प (A) सही है।

18. कक्षा का संचार सहानुभूतिपूर्ण होना चाहिए क्योंकि इसका अर्थ है दूसरे की भावनाओं को समझने और साझा करने की क्षमता दिखाना। अन्य विकल्प गलत हैं:

1. वंचित का मतलब कृत्रिम या अवास्तविक लगता है कि एक तरह से बनाया या व्यवस्थित किया गया है।

2. सार का अर्थ विचार में या विचार के रूप में विद्यमान है लेकिन भौतिक या ठोस अस्तित्व नहीं है।

3. गैर-विवरणात्मक का मतलब विवरण का अभाव है।

अतः विकल्प (B) सही है।

19. नैतिकता, न्यायिक होना और सांत्वना की टिप्पणियां प्रभावी संचार के लिए प्रतिबंध या बाधाएं हैं क्योंकि ये संचार में बाधा पैदा करते हैं। बाकी सभी विकल्पों जैसे कि सारांश, आत्म-समीक्षा, सरल शब्दों का उपयोग, नेत्र संपर्क संचार को अधिक प्रभावी बनाने में मदद करते हैं।

अतः विकल्प (A) सही है।

20. उपयोगकर्ता की वरीयताओं को पहचानने और रखने के लिए कुछ वेबसाइटों द्वारा उपयोगकर्ता के कंप्यूटर पर संग्रहीत एक छोटी टेक्स्ट फ़ाइल को कुकी कहा जाता है। कुकी कुछ डेटा संग्रहीत करती है जो किसी विशेष क्लाइंट के लिए विशिष्ट हो सकते हैं। एक छोटी टेक्स्ट फ़ाइल (4 KB तक) एक वेबसाइट द्वारा बनाई गई है जो उपयोगकर्ता के कंप्यूटर में या तो अस्थायी रूप से केवल उस सत्र के लिए या स्थायी रूप से हार्ड डिस्क (स्थायी कुकी) पर संग्रहीत होती है। कुकीज़ आपको पहचानने और अपनी प्राथमिकताओं पर नज़र रखने के लिए वेबसाइट के लिए एक रास्ता प्रदान करती हैं।

अतः विकल्प (C) सही है।

21. सॉफ्टवेयर बग एक कंप्यूटर प्रोग्राम या सिस्टम में एक त्रुटि या दोष है जो इसके गलत या अप्रत्याशित परिणाम उत्पन्न करने या अनअपेक्षित तरीके से व्यवहार करने का कारण बनता है। बग त्रुटियों को ट्रिगर कर सकते हैं जिनके विपरीत प्रभाव हो सकते हैं। बग के सूक्ष्म प्रभाव प्रोग्राम अथवा कंप्यूटर को क्रैश या फ्रीज करने का कारण बन सकता है।
अतः विकल्प (B) सही है।

22. प्रिंटर की आउटपुट क्वालिटी को डीपीआई द्वारा मापा जाता है। डीपीआई का पूरा नाम प्रति इंच डॉट्स है, जिसमें प्रिंटर की गुणवत्ता को मापा जा रहा है। डीपीआई, या प्रति इंच डॉट्स, मुद्रित दस्तावेज़ या डिजिटल स्कैन के समाधान का एक उपाय है। डॉट घनत्व जितना अधिक होगा, प्रिंट या स्कैन का रिज़ॉल्यूशन उतना अधिक होगा। आमतौर पर, डीपीआई उन बिंदुओं की संख्या का माप होता है जिन्हें एक इंच या 2.54 सेंटीमीटर के पार एक रेखा में रखा जा सकता है।
अतः विकल्प (C) सही है।

23. ग्रामीण घरों में, नाइट्रोजन ऑक्साइड प्रदूषण के मुख्य स्रोत गैस स्टोव, लकड़ी के स्टोव या मिट्टी के तेल के हीटर हैं। सभी स्रोत हैं जो प्रदूषण की घटना के लिए भारी हैं। प्रतिशत भिन्न हो सकता है लेकिन कुल मिलाकर वे प्रदूषण की एक बहुतायत मात्रा बनाते हैं।
अतः विकल्प (D) सही है।

24. स्मॉग कोहरा और धुआँ है।

- स्मॉग एक प्रकार का तीव्र वायु प्रदूषण है जो दृश्यता को कम करता है।

- शब्द "स्मॉग" 20वीं शताब्दी की शुरुआत में बनाया गया था और यह धुएँ और कोहरे के शब्दों से लिया गया है।

- स्मॉग धुएँ का मिश्रण है (कोयले के दहन से कार्बन, राख और तेल आदि के मिनट कणों से बना) और निलंबित बूंद के रूप में कोहरा।

- यह वायु प्रदूषण का सबसे आम प्रकार है जो दुनिया भर के शहरों में होता है।

स्मॉग के 2 प्रकार होते हैं: शास्त्रीय और फोटोकैमिकल स्मॉग।

- शास्त्रीय स्मॉग (लंदन स्मॉग) ठंडी और नम जलवायु में होता है। यह प्रकृति में कमी कर रहा है।

- फोटोकैमिकल स्मॉग (लॉस एंजिल्स स्मॉग) धूप और शुष्क जलवायु में होता है। यह प्रकृति में ऑक्सीकरण है।

स्मॉग कण प्रदूषक की श्रेणी में आता है क्योंकि यह बहुत ही सूक्ष्म कणों से बना होता है।

स्मॉग का लंबे समय तक संपर्क मानव स्वास्थ्य के लिए हानिकारक हो सकता है।

अतः विकल्प (C) सही है।

25. ओजोन छिद्र:

- यह समताप मंडल के उस क्षेत्र को संदर्भित करता है जहां कुछ महीनों में ओजोन की सांद्रता बेहद कम हो जाती है।
- ओजोन (रासायनिक रूप से, तीन ऑक्सीजन परमाणुओं का एक अणु) मुख्य रूप से ऊपरी वायुमंडल में पाया जाता है, एक क्षेत्र जिसे समताप मंडल कहा जाता है, जो पृथ्वी की सतह से 10 से 50 किमी के बीच होता है।
- ओजोन सूर्य से हानिकारक अल्ट्रावायलेट (यूवी) विकिरणों को अवशोषित करती है जिससे पृथ्वी पर जीवन के लिए एक बड़ा खतरा समाप्त हो जाता है।
- यूवी किरणें त्वचा कैंसर और पौधों और जानवरों में अन्य बीमारियों और विकृति का कारण बन सकती हैं।
- ओजोन छिद्र आमतौर पर दक्षिणी ध्रुव पर उत्पन्न होने वाली विशेष मौसम विज्ञान और रासायनिक स्थितियों के एक सेट के कारण सितंबर, अक्टूबर और नवंबर में अंटार्कटिका के ऊपर घटते स्तर को संदर्भित करता है, और लगभग 20 से 25 मिलियन वर्ग किमी के आकार तक पहुंच सकता है।
- इसलिए, हम कह सकते हैं कि ध्रुवों पर ओजोन छिद्र अधिक स्पष्ट हैं। इसलिए, विकल्प (D) सही है।
- क्लोरोफ्लोरोकार्बन, हाइड्रोक्लोरोफ्लोरोकार्बन, कार्बन टेट्राक्लोराइड, मिथाइल क्लोरोफॉर्म, मिथाइल क्लोरोफॉर्म, हैलोन, मिथाइल ब्रोमाइड।
- एक और प्रदूषक जो हमने ऊपरी वायुमंडल में जोड़ा है जो ओजोन को प्रभावित करता है वह है हवाई जहाज के निकास से नाइट्रोजन ऑक्साइड। इसलिए, ऊपर और परे, ध्रुवों पर ओजोन में मौसमी परिवर्तन अधिक स्पष्ट हैं।

पृथ्वी की भूमध्य रेखा

- यह एक काल्पनिक ग्रह रेखा है जो परिधि में लगभग 40,075 किमी लंबी है।
- भूमध्य रेखा ग्रह को उत्तरी गोलार्ध और दक्षिणी गोलार्ध में विभाजित करती है और 0 डिग्री अक्षांश पर स्थित है, जो उत्तरी ध्रुव और दक्षिणी ध्रुव के बीच की आधी रेखा है।

कर्क रेखा

- जिसे उत्तरी उष्णकटिबंधीय भी कहा जाता है, पृथ्वी पर अक्षांश का सबसे उत्तरी चक्र है जिस पर सूर्य सीधे ऊपर की ओर हो सकता है।
- यह जून संक्रांति पर होता है जब उत्तरी गोलार्ध सूर्य की ओर अपनी अधिकतम सीमा तक झुका होता है।

मकर रेखा

- यह अक्षांश का चक्र है जिसमें दिसंबर संक्रांति पर उपसौर बिंदु होता है।
- इस प्रकार यह सबसे दक्षिणी अक्षांश है जहां सूर्य को सीधे ऊपर की ओर देखा जा सकता है।
- यह जून संक्रांति पर सौर मध्यरात्रि में क्षितिज से 90 डिग्री नीचे तक पहुंच जाता है।

अतः विकल्प (D) सही है।

26. अनुसंधान:

इसे तथ्यों या सिद्धांतों की तलाश में महत्वपूर्ण पूछताछ या जांच के रूप में परिभाषित किया गया है। यह एक व्यवस्थित प्रक्रिया है जो पहले से उपलब्ध विषय या पूरी तरह से नए विषय पर अधिक जानकारी विकसित करने में उपयोग की जाती है। इसे कला या विज्ञान दोनों माना जाता है।

अनुसंधान को प्रेरक सोच कहा जाता है जो सोच और पूछताछ के विचारों की वृद्धि और विकास को बढ़ाता है।

अनुसंधान के लक्ष्य या उद्देश्य:

1. तथ्यपरक- अनुसंधान में नए विचारों का विकास या मौजूदा विचारों का पुनर्विकास शामिल है। उत्पन्न विचार अनिवार्य रूप से तथ्यात्मक हैं और सिद्धांतों पर आधारित हैं। अनुसंधान प्रकृति में वर्णनात्मक है और आम तौर पर मानवीय मूल्यों पर आधारित है। अनुसंधान को तथ्यात्मक माना जाता है क्योंकि यह नाटक में विभिन्न चर के बीच कारण और प्रभाव संबंध स्थापित करता है।

2. निरीक्षण- अनुसंधान मान्य और सत्यापन योग्य है। तात्पर्य यह है कि जो भी शोध किया जाता है वह हमेशा अन्य लोगों द्वारा सत्यापित किया जा सकता है। यह एक बहुत महत्वपूर्ण उद्देश्य है क्योंकि अनुसंधान हमेशा कुछ डेटा संग्रह और विश्लेषण पर आधारित होता है।

3. सैद्धांतिक- अनुसंधान का तात्पर्य उन सिद्धांतों के निरूपण से है जो सार्वभौमिक रूप से लागू होते हैं, इसलिए यह स्पष्ट रूप से सैद्धांतिक है। इसमें मौजूदा सिद्धांतों का परिचय या स्पष्टीकरण शामिल है। यह सैद्धांतिक के रूप में अनुसंधान का एक महत्वपूर्ण उद्देश्य बताते हैं।

उपरोक्त चर्चा से, यह देखा जा सकता है कि सही उत्तर विकल्प (C) है।

अस्पष्ट- शब्द का तात्पर्य किसी स्पष्ट अर्थ के न होने से है। अनुसंधान अस्पष्ट नहीं हो सकता क्योंकि यह निश्चितता के साथ चीजों की प्राप्ति है।

अतः विकल्प (C) सही है।

27. सही क्रम है: नमूना, डेटा संग्रहण, डेटा विश्लेषण, अनुमान

सर्वेक्षण अनुसंधान को सर्वेक्षणों का उपयोग करके अनुसंधान करने की प्रक्रिया के रूप में परिभाषित किया गया है जो शोधकर्ताओं ने सर्वेक्षण उत्तरदाताओं को भेजा है। सर्वेक्षणों से एकत्र किए गए डेटा को तब सार्थक अनुसंधान निष्कर्ष निकालने के लिए सांख्यिकीय रूप से विश्लेषण किया जाता है।

अतः विकल्प (B) सही है।

28. दी गई संख्या श्रृंखला निम्नलिखित पैटर्न का अनुसरण करती है:

$4 × 1.5 = 6$

$6 × 2 = 12$

$12 × 2.5 = 30$

$30 × 3 = 90$

$90 × 3.5 = 315$

$315 × 4 = 1260$

∴ ? का मान 1260 है।

अत: विकल्प (C) सही है।

29. आरेख निम्नानुसार है:

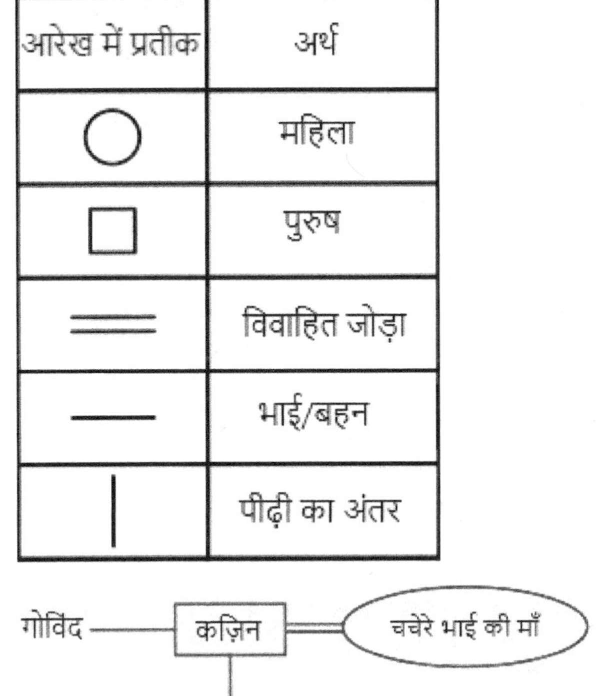

आरेख में प्रतीक	अर्थ
○	महिला
□	पुरुष
═	विवाहित जोड़ा
—	भाई/बहन
│	पीढ़ी का अंतर

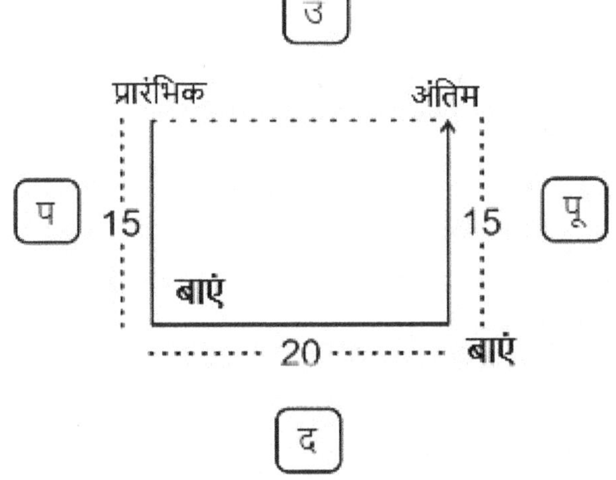

आरेख से हमें यह ज्ञात होता है कि, महिला गोविंद की पत्नी की सिस्टर-इन-लॉ है।

इसलिए, सिस्टर-इन-लॉ सही उत्तर है।

अतः विकल्प (C) सही है।

30. सुशील द्वारा लिये गये पथ का पता इस प्रकार से लगाया जा सकता है:

स्पष्ट रुप से पता चल रहा है कि अंतिम बिन्दु, प्रारंभिक बिन्दु से पूर्व दिशा में 20 मीटर दूर है।

अतः विकल्प (B) सही है।

31. दी गई संख्या श्रृंखला निम्नलिखित पैटर्न का अनुसरण करती है:

$15 \times 1 = 15$

$15 \times 2 = 30$

$30 \times 3 = 90$

$90 \times 4 = 360$

$360 \times 5 = 1800$

∴ ? का मान 1800 है।

अतः विकल्प (D) सही है।

32. दिया है:

XY → 2425 (X → 24 और Y → 25)

विकल्पों की जांच करते हैं:

(A) LM → L → 12, M → 13, LM → 1213

(B) NL → N → 14, L → 12, NL → 1412

(C) ML → M → 13, L → 12, ML → 1312

(D) LN → L → 12, N → 14, LN → 1214

अतः विकल्प (A) सही है।

33. यहाँ अनुसरित तर्क है;

122   101   82   65   50   37

−21   −19   −17   −15   −13

इस प्रकार, श्रृंखला का अगला पद "37" है।

अतः विकल्प (A) सही है।

34. अंग्रेजी वर्णमाला श्रृंखला के अनुसार अक्षरों की स्थिति:

वर्ण माला	A	B	C	D	E	F	G	H	I	J	K	L	M
स्थानीय मान	1	2	3	4	5	6	7	8	9	10	11	12	13
स्थानीय मान	26	25	24	23	22	21	20	19	18	17	16	15	14
वर्ण माला	Z	Y	X	W	V	U	T	S	R	Q	P	O	N

यहाँ पालन किया गया स्वरूप इस प्रकार है:

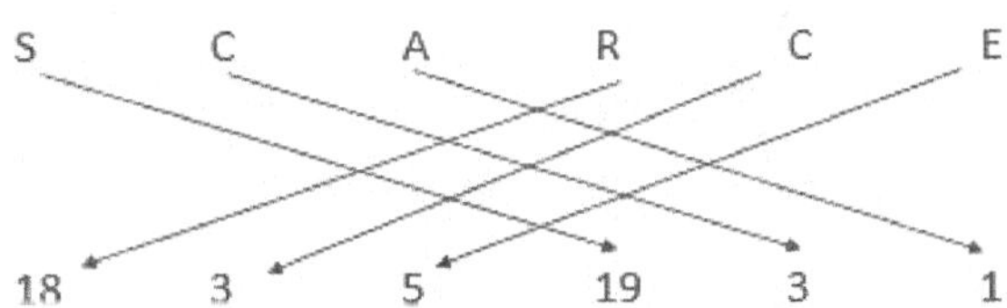

उसी प्रकार,

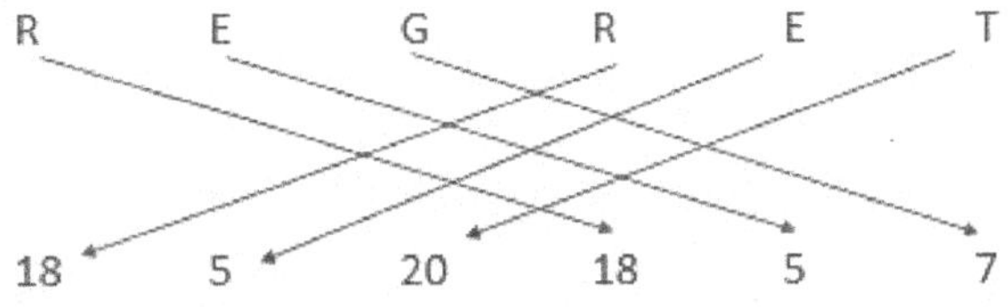

इसलिए, "185201857" सही उत्तर है।

अतः विकल्प (C) सही है।

35. माना 20 पैसे के सिक्कों की संख्या x है।

तो, 25 पैसे के सिक्कों की संख्या = (324 - x)

प्रश्न के अनुसार,

$\Rightarrow$ 0.20 x + 0.25 (324 - x) = 71

दोनों पक्षों को 100 से गुणा करने पर हमें प्राप्त होता है,

$\Rightarrow$ 20x + 25 (324 - x) = 7100

$\Rightarrow$ 20x + 8100 - 25x = 7100

$\Rightarrow$ 5x = 1000

$\Rightarrow$ x = 200

इसलिए, 25 पैसे के सिक्कों की संख्या = (324 - x) = (324 - 200) = 124

अतः विकल्प (A) सही है।

36. निम्नलिखित प्रतीकों का उपयोग करके परिवारिक वृक्ष को तैयार करना:

आरेख में प्रतीक	अर्थ
◯	महिला
☐	पुरुष
=	विवाहित जोड़ा
—	भाई/बहन
│	पीढ़ी का अंतर

संभावित वृक्ष आरेख होगा:

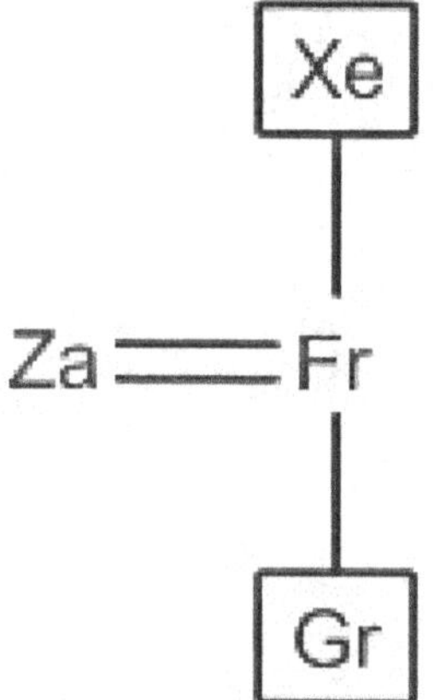

इसलिए, Fr, Gr की या तो माता या पिता हैं।

अतः विकल्प (C) सही है।

37. दिया है:

शहरी क्षेत्र में बेची गई इंडियन एक्सप्रेस की प्रतियों की संख्या = 1000

ग्रामीण क्षेत्र में बेची गई इंडियन एक्सप्रेस की प्रतियों की संख्या = 500

गणना:

आवश्यक प्रतिशत = $\dfrac{1000-500}{500} \times 100$

आवश्यक प्रतिशत = $\dfrac{500}{500} \times 100$

आवश्यक प्रतिशत = 100%

∴ शहरी क्षेत्र में बेची जाने वाली इंडियन एक्सप्रेस की प्रतियों की संख्या ग्रामीण क्षेत्र में बेची जाने वाली इंडियन एक्सप्रेस की प्रतियों की संख्या से 100% अधिक है।

अतः विकल्प (D) सही है।

38. दिया है:

प्रत्येक ग्रामीण क्षेत्र में पुरुष और महिला का अनुपात = 3 : 2

गणना:

ग्रामीण क्षेत्रों से बिजनेस स्टैंडर्ड खरीदने वाले पुरुषों की संख्या = 1500 × $\dfrac{3}{5}$ = 900

ग्रामीण क्षेत्रों से दैनिक भास्कर खरीदने वाले पुरुषों की संख्या = 4500 × $\dfrac{3}{5}$ = 2700

पुरुषों की अभीष्ट संख्या = 900 + 2700 = 3600

∴ ग्रामीण क्षेत्रों से बिजनेस स्टैंडर्ड और दैनिक भास्कर खरीदने वाले पुरुषों की संख्या 3600 है।

अतः विकल्प (D) सही है।

39. दिया है:

प्रत्येक शहरी क्षेत्र में पुरुष और महिला का अनुपात = 2 : 3

गणना:

शहरी क्षेत्रों से टाइम्स ऑफ इंडिया खरीदने वाली महिलाओं की संख्या = 2000 × $\dfrac{3}{5}$ = 1200

शहरी क्षेत्रों से पत्रिका खरीदने वाली महिलाओं की संख्या = 3000 × $\dfrac{3}{5}$ = 1800

महिलाओं की अभीष्ट संख्या = 1800 + 1200 = 3000

∴ शहरी क्षेत्रों से टाइम्स ऑफ इंडिया और पत्रिका खरीदने वाली महिलाओं की संख्या 3000 है।

अतः विकल्प (C) सही है।

40. शहरी क्षेत्रों में बेची गई कुल प्रतियां = 1000 + 2000 + 2500 + 3000 + 4000

= 12500

ग्रामीण क्षेत्रों में बेची गई कुल प्रतियां = 500 + 1000 + 1500 + 4000 + 4500

= 11500

अभीष्ट अनुपात = 12500 : 11500

= 25 : 23

∴ शहरी क्षेत्रों में बेची गई कुल प्रतियों और ग्रामीण क्षेत्रों में बेची गई कुल प्रतियों के बीच का अनुपात 25 : 23 है।

अतः विकल्प (A) सही है।

41. दिया है:

शहरी क्षेत्र में बेची गई टाइम्स ऑफ इंडिया की प्रतियों की संख्या = 2000

ग्रामीण क्षेत्र में बेची गई पत्रिका की प्रतियों की संख्या = 4000

गणना:

$$अभीष्ट \ प्रतिशत = \frac{4000-2000}{4000} \times 100$$

$$अभीष्ट \ प्रतिशत = \frac{2000}{4000} \times 100$$

अभीष्ट प्रतिशत = 50%

∴ शहरी क्षेत्र में बेची गई टाइम्स ऑफ इंडिया की प्रतियों की संख्या ग्रामीण क्षेत्र में बेची गई पत्रिका की प्रतियों की संख्या से 50% कम है।

अतः विकल्प (D) सही है।

42. यहाँ तर्क इस प्रकार है:

एक कक्षा में पाँच मित्र हैं।

1) P, R से अधिक अंक प्राप्त करता है लेकिन Q जितना नहीं।

Q > P > R

2) T, Q से अधिक अंक प्राप्त करता है।

T > Q > P > R

3) S ने उच्चतम अंक प्राप्त किया है।

S > T > Q > P > R

इसलिए, अंतिम अंक व्यवस्था निम्न है

S > T > Q > P > R

इसलिए, उपरोक्त व्यवस्था से यह स्पष्ट है कि R सबसे कम अंक प्राप्त करने वाला है।

इसलिए, सही उत्तर R है।

अतः विकल्प (C) सही है।

43. अनुसंधान को वैज्ञानिक तरीकों का उपयोग करके एक विशेष चिंता या समस्या के बारे में एक अध्ययन के सावधान विचार के रूप में परिभाषित किया गया है।

कथन I: मौलिक अनुसंधान का उद्देश्य पहले से स्थापित राज्य और सिद्धांतों की प्रयोज्यता की खोज करना है।

- मौलिक शोध ज्ञान के लिए शोध है; उद्देश्य खोज के क्षण में किसी भी उपयोग के बावजूद नए ज्ञान की पीढ़ी है।
- मौलिक अनुसंधान एक प्रकार का शोध दृष्टिकोण है जिसका उद्देश्य किसी विषय, घटना या प्रकृति के बुनियादी नियम की बेहतर समझ प्राप्त करना है। इस प्रकार का शोध मुख्य रूप से किसी विशिष्ट समस्या को हल करने के बजाय ज्ञान की उन्नति पर केंद्रित है।
- इस प्रकार उत्पादित नए ज्ञान की कोई तात्कालिक आवश्यकता या अनुप्रयोग नहीं हो सकता है, न ही इसे तत्काल लाभ या समस्या-समाधान के लिए आयोजित किया जाता है।

कथन II: क्रियात्मक अनुसंधान का उद्देश्य चल रही स्थितियों और प्रथाओं को सुधारना है।

- क्रियात्मक अनुसंधान शब्द से जुड़े दो आयाम हैं। एक क्रिया है, जो कुछ कर रही है, और अनुसंधान, जो विश्लेषण कर रहा है।
- जब दोनों शब्द संयोजित होते हैं, तो विश्लेषण करने के लिए कुछ करना या विश्लेषण करना या विश्लेषण करते समय कुछ करना है।
- क्रियात्मक अनुसंधान का मतलब करके सीखना होता है।
- क्रियात्मक अनुसंधान का उपयोग किसी प्रायोगिक अध्ययन के बजाय, वास्तविक जीवन की स्थितियों में किया जाता है।
- इसका प्राथमिक ध्यान सामूहिक कार्रवाई के माध्यम से वास्तविक जीवन की समस्याओं को हल करना है।

इसलिए, कथन I गलत है लेकिन कथन II सही है।

अतः विकल्प (D) सही है।

44. वैज्ञानिक पद्धति को पहली बार सर फ्रांसिस बेकन (1561-1626) द्वारा कई वैज्ञानिक क्षेत्रों में तार्किक, तर्कसंगत समस्या को हल करने के लिए उल्लिखित किया गया था। वैज्ञानिक पद्धति में डेटा का व्यवस्थित अवलोकन, वर्गीकरण और व्याख्या शामिल है।

अनुसंधान की वैज्ञानिक पद्धति के लक्षण हैं:

अनुभववाद: इसका मतलब है कि ज्ञान केवल या मुख्य रूप से वास्तविक जीवन की सेटिंग में संवेदी अनुभव से आता है।

वस्तुनिष्ठता: इसका मतलब है कि कुछ चीजें, विशेष रूप से नैतिक सत्य, स्वतंत्र रूप से मानव ज्ञान या उनमें से धारणा से मौजूद हैं।

व्यवस्थित: कुछ लोग व्यवस्थित तरीके से चीजों का पता लगाने के लिए कार्य करते हैं, जिससे उनका ज्ञान बढ़ता है। इसके अतिरिक्त व्यवस्थित अनुसंधान 'यह तर्क पर आधारित है और केवल मान्यताओं पर निर्भर नहीं है।

पूर्वभविष्य कहने वाला: जब कोई चीज पूर्वकथनीय होती है तो इसका मतलब है कि यह होने की संभावना है क्योंकि यह अतीत में हुआ था।

अतः विकल्प (D) सही है।

45. ऐतिहासिक शोध में बाह्य आलोचना का अर्थ है दस्तावेजों की मौलिकता की वैधता।

ऐतिहासिक शोध में आलोचना:

- बाह्य आलोचना: यह दस्तावेज़ की प्रामाणिकता को संदर्भित करता है। शोध शुरू करने से पहले शोधकर्ता को मौलिकता या दस्तावेज़ के स्रोत की पुष्टि करनी होती है। मुख्य उद्देश्य पूर्वग्रह और अनुचितता से बचना है।
- आंतरिक आलोचना: आंतरिक आलोचना का अर्थ है दस्तावेज़ की अंतर्वस्तु वैधता।

अतः विकल्प (B) सही है।

46. अवतरण के अंतिम अनुच्छेद में, लेखक आधुनिक भारत की उन विशेषताओं के बारे में बात करता है जिनमें यूटोपिया का सारांश है।

वह कहते हैं कि आधुनिक भारत के बारे में बहुत कुछ ऐसा नहीं है जो यूटोपियन के रूप में किसी को मार सकता है।

हालांकि, वह दो अलग-अलग विशेषताओं को अंकित करता है जो भारत को सभी यूटोपियन के सारांश के साथ जोड़ते हैं, जो 'मानदंडों का आवेग, और मानव या प्राकृतिक संसाधनों के कट्टरता और संस्थागत शोषण की अनुपस्थिति हैं।'

जैसा कि हम सभी विकल्पों में से देख सकते हैं कि पक्षपात की अनुपस्थिति को ऊपर दिए गए वाक्य से सीधे उद्धृत किया गया है।

अतः विकल्प (D) सही है।

47. लेखक भारत में धार्मिक सहिष्णुता की जड़ों पर जोर देने और आधुनिक भारतीय धर्मनिरपेक्षता के साथ इसकी तुलना करने की कोशिश कर रहा है।

उनका मानना है कि धार्मिक सहिष्णुता के पहलू ने उपनिवेशों अर्थात् पुर्तगाली और अन्य यूरोपीय आगंतुकों पर अपना प्रभाव डाला।

इस धारणा ने प्रसिद्ध मानवतावादी लेखक थॉमस मोर द्वारा प्रसिद्ध सामाजिक-राजनीतिक व्यंग्य यूटोपिया को भी प्रेरित किया।

इसलिए, उपरोक्त बिंदुओं से हम यह अनुमान लगा सकते हैं कि सही उत्तर 'धार्मिक सहिष्णुता की भारतीय परंपरा' होगी।

अतः विकल्प (A) सही है।

48. विशेष का अर्थ है, जो केवल एक व्यक्ति या स्थान या कुछ अद्वितीय या विषम है।

अवतरण के लेखक भारत में धार्मिक सहिष्णुता के पहलू के बारे में बात करते हैं।

वह स्पष्ट रूप से इस कथन में कहते है कि, 'आधुनिक भारतीय धर्मनिरपेक्षता' में एक विशिष्ट विशेषता है: इसमें राज्य को सभी धर्मों के बीच ध्यान और समर्थन का उचित वितरण करने की आवश्यकता है।'

सभी विकल्पों में से 'सभी धर्मों के बीच ध्यान और समर्थन का उचित वितरण' विकल्प (A) अर्थात धार्मिक विचारों पर कोई भेदभाव नहीं होना के साथ स्पष्ट रूप से मेल खाता है।

इस प्रकार उपरोक्त बिंदुओं से हम यह अनुमान लगा सकते हैं कि आधुनिक भारतीय 'धर्मनिरपेक्षता' की विशेषता यह है कि लेखक धार्मिक विचारों पर कोई भेदभाव नहीं करता है।

अतः विकल्प (A) सही है।

49. चूंकि लेखक पारंपरिक और आधुनिक भारत की तुलना कर रहा है, इसलिए वह परिभाषित करता है कि अतीत में आधुनिक शब्दों का क्या अर्थ है।

लेखक कहता है,'विदेशी सरकारों के स्थापित होने से पहले कम से कम 'व्यक्ति और राज्य के बीच संघर्ष जैसी कोई चीज नहीं थी।'

चूंकि, उपर्युक्त दिए गए कथन को सही ढंग से व्यक्त करने वाला विकल्प विकल्प (B) है।

अतः विकल्प (B) सही है।

50. अवतरण की दूसरी पंक्ति में, लेखक स्पष्ट रूप से भारतीय राज्य की विशेष विशेषता बताता है,

'राज्य की विशेष सुविधा विभिन्न ऐतिहासिक सिद्धान्तों के सामाजिक समूहों का शांतिपूर्ण, या शायद अधिकांशतः शांतिपूर्ण, सह-अस्तित्व है, जो भौगोलिक, आर्थिक और राजनीतिक अर्थों में पारस्परिक रूप से पालन करते हैं।'

अतः विकल्प (B) सही है।

51. अधीनस्थ परिप्रेक्ष्य, समाज के आधार स्तर पर क्या होता है, इस पर अधिक ध्यान केंद्रित करते हुए, 'लोगों के इतिहास' के दृष्टिकोण की सही पहचान करता है। ऐतिहासिक जांच में अधीनस्थ परिप्रेक्ष्य को दक्षिण एशियाई इतिहास लेखन के लिए लागू किया गया था। बौद्धिक प्रवचन के एक तरीके के रूप में, दुनिया के केंद्र से संबंधित उप-पश्चिमी और गैर-पश्चिमी लोगों (अफ्रीका, एशिया और मध्य पूर्व के) की अवधारणा ऐतिहासिक जांच के यूरोक्रीटिक तरीके के रूप में अध्ययन के लिए जन्मी। जैसा कि पश्चिमी यूरोप का इतिहास था, इस प्रकार भारतीय उपमहाद्वीप में उपनिवेशवाद के अनुभव पर ऐतिहासिक शोध का एक मॉडल बन गया।

अतः विकल्प (C) सही है।

52. ए. आर. देसाई भारतीय समाजशास्त्रियों में से एक है जिन्होंने अपने समाजशास्त्रीय अध्ययनों में लगातार द्वंद्वात्मक-ऐतिहासिक मॉडल को पक्षपोषित किया है। उन्हें अग्रदूतों में से एक के रूप में माना जा सकता है, जो द्विभाषी और क्षेत्र अनुसंधान से संबंधित अनुभवजन्य जांच के लिए आधुनिक मार्क्सवादी दृष्टिकोण का परिचय दे रहे हैं। जब अन्य भारतीय समाजशास्त्री सूक्ष्म (गाँव) का विश्लेषण करने पर ध्यान केंद्रित कर रहे थे, देसाई के समाजशास्त्र ने वृहद पूंजीवाद, राष्ट्रवाद, वर्गों, कृषि संरचना, राज्य और किसान आंदोलनों का अध्ययन किया।

अतः विकल्प (A) सही है।

53. भूकंप पर्वतीय क्षेत्रों या गीले क्षेत्रों पर भूस्खलन शुरू करने में सक्षम हैं। यदि भूकंप समुद्र तल के नीचे हैं, तो यह अचानक झटका बाहर की ओर अत्यधिक दाब बना सकता है और सुनामी का आकार ले सकता है। कभी-कभी भूकंप बांधों को तोड़ सकते हैं और पानी के अधिप्रवाह से बाढ़ की स्थिति बन सकती है।

भूकंप: यह जमीन का अचानक तेज हिलना है, यह जमीन की सतह पर बहुत विनाश करता है। यह मुख्य रूप से भूपर्पटी या ज्वालामुखीय क्रिया की टेक्टोनिक प्लेटों की गति के कारण है।

भूकंप का बिजली और गड़गड़ाहट पर कोई सीधा प्रभाव नहीं है क्योंकि ये प्रक्रियाएं वायुमंडल में हो रही हैं और भूकंप ज्यादातर जमीनी प्रभाव को कवर करता है।

इसलिए, भूकंप के कारण भूस्खलन, सुनामी और बाढ़ आ सकती है।

अतः विकल्प (A) सही है।

54. आर्थिक परिप्रेक्ष्य का मानना है कि व्यापार पर सरकारी प्रतिबंधों को कम करके हासिल की गई मुक्त बाजार ताकतें आर्थिक विकास का एकमात्र मार्ग प्रदान करती हैं। यह कथन नव-उदारीकरण की अवधारणा की व्याख्या करता है।

नवउदारवाद एक नीति मॉडल है जो राजनीति और अर्थशास्त्र दोनों को शामिल करता है और सार्वजनिक क्षेत्र से निजी क्षेत्र में आर्थिक कारकों के नियंत्रण को स्थानांतरित करने का प्रयास करता है। कई नवउदारवाद नीतियां मुक्त बाजार पूंजीवाद के कामकाज को बढ़ाती हैं और सरकारी खर्च, सरकारी विनियमन और सार्वजनिक स्वामित्व पर सीमाएं लगाने का प्रयास करती हैं।

अतः विकल्प (B) सही है।

55. एस. एफ. नादेल ने सामाजिक संरचना को: 'ठोस आबादी और उसके व्यवहार से अमूर्तता, एक दूसरे के सापेक्ष नियमों को चलाने की उनकी क्षमता में अभिनेताओं के बीच संबंध प्राप्त करने का प्रतिरूप या नेटवर्क (या 'प्रणाली') के रूप में परिभाषित किया गया है।

नादेल ने अपनी परिभाषा में यह समझाने की कोशिश की है कि 'संरचना' एक निश्चित मुखरता और भागों की एक व्यवस्थित व्यवस्था को संदर्भित करता है। यह बाहरी पहलू या समाज के ढांचे से संबंधित है और समाज के कार्यात्मक पहलू से पूरी तरह से जुड़ा नहीं है। इसलिए उन्होंने इस बात पर जोर दिया है कि सामाजिक संरचना सामाजिक संबंधों के नेटवर्क को संदर्भित करती है जो मानव के बीच तब निर्मित होती है जब वे समाज के प्रतिमानों के अनुसार अपनी-अपनी स्थिति के अनुसार एक-दूसरे से संपर्क करते हैं।

अतः विकल्प (B) सही है।

56. उच्च बाल निर्भरता अनुपात एक उच्च प्रजनन दर का परिणाम है। अर्थशास्त्र, भूगोल, जनसांख्यिकी और समाजशास्त्र में, निर्भरता अनुपात उन लोगों की आयु-जनसंख्या अनुपात है जो आमतौर पर श्रम बल में नहीं होते हैं (आश्रित भाग 0 से 14 और 65+) और आमतौर पर श्रम बल में (उत्पादक भाग 15 से 64) होते हैं। इसका उपयोग उत्पादक आबादी पर दबाव को मापने के लिए किया जाता है।

सरकारों, अर्थशास्त्रियों, बैंकरों, व्यापार, उद्योग, विश्वविद्यालयों और अन्य सभी प्रमुख आर्थिक क्षेत्रों के लिए निर्भरता अनुपात पर विचार आवश्यक है जो जनसंख्या संरचना में परिवर्तन के प्रभावों को समझने से लाभान्वित हो सकते

हैं। कम निर्भरता अनुपात का मतलब है कि काम करने वाले पर्याप्त लोग हैं जो आश्रित आबादी का समर्थन कर सकते हैं। एक कम अनुपात नागरिकों के लिए बेहतर पेंशन और बेहतर स्वास्थ्य देखभाल की अनुमति दे सकता है। एक उच्च अनुपात कामकाजी लोगों पर अधिक वित्तीय तनाव को इंगित करता है। हालांकि बढ़ती प्रजनन क्षमता की रणनीति और विशेष रूप से कम उम्र के लोगों को आव्रजन की अनुमति देना निर्भरता अनुपात को कम करने के लिए सूत्र है, स्वचालन के माध्यम से भविष्य की नौकरी में कटौती उन रणनीतियों की प्रभावशीलता को प्रभावित कर सकती है।

अतः विकल्प (C) सही है।

57. तटीय आंध्र प्रदेश और उड़ीसा अक्सर चक्रवातों के कारण प्राकृतिक आपदाओं का सामना करते हैं। भारत प्राकृतिक खतरों खासकर भूकंप, बाढ़, सूखा, चक्रवात, और भूस्खलन के प्रति अत्यधिक संवेदनशील है।

- चार राज्य: आंध्र प्रदेश, ओडिशा, तमिलनाडु, और पश्चिम बंगाल और एक केन्द्रशासित प्रदेश, पूर्वी तट पर पांडिचेरी, और पश्चिम तट पर एक राज्य गुजरात चक्रवात आपदाओं के लिए अधिक असुरक्षित हैं।
- मौसम विज्ञान में, एक चक्रवात एक बड़े पैमाने पर वायु द्रव्यमान है जो कम वायुमंडलीय दबाव के एक मजबूत केंद्र के चारों ओर घूमता है।
- चक्रवात की विशेषता आवक सर्पीली हवाओं से होती है जो कम दबाव के क्षेत्र में घूमती हैं।

अतः विकल्प (A) सही है।

58. डी. पी. मुखर्जी ने तर्क दिया है कि 'भारतीय समाज में परिवर्तन का अध्ययन अपनी गहन परंपराओं का अध्ययन करके किया जाना चाहिए।'

डी. पी. मुखर्जी (1894-1961), जिन्हें लोकप्रिय रूप से डीपी कहा जाता है, भारत में समाजशास्त्र के संस्थापक में से एक थे। उनका जन्म 5 अक्टूबर 1894 को पश्चिम बंगाल में एक मध्यमवर्गीय बंगाली परिवार में हुआ था। प्रसिद्ध भौतिक विज्ञानी, सत्येन बोस के अनुसार, जब डीपी ने कलकत्ता विश्वविद्यालय की प्रवेश परीक्षा उत्तीर्ण की, तो वह विज्ञान का अध्ययन करना चाहते थे, लेकिन आखिरकार अर्थशास्त्र, इतिहास से समझौता करके और आगे की पढ़ाई के लिए इंग्लैंड चले गए।

अतः विकल्प (B) सही है।

59. मलिन बस्तियों पर मुख्य रूप से असंगठित और सेवा क्षेत्रों से आए लोगों का कब्जा है।

आबादी के बढ़ते शहरीकरण के कारण, संयुक्त राज्य अमेरिका और यूरोप में 18 वीं से 20 वीं शताब्दी में मलिन बस्तियां आम हो गईं। मलिन बस्तियां अभी भी मुख्य रूप से विकासशील देशों के शहरी क्षेत्रों में पाई जाती हैं, लेकिन अभी भी विकसित अर्थव्यवस्थाओं में भी ये पाई जाती हैं। एक मलिन बस्ती एक अत्यधिक आबादी वाला शहरी आवासीय क्षेत्र है, जिसमें मुख्य रूप से अधूरे इन्फ्रास्ट्रक्चर की स्थिति में निकटता से भरे हुए, कमज़ोर आवास इकाइयों से युक्त, जो मुख्य रूप से गरीब लोगों द्वारा बसाए गए हैं। मलिन बस्तियां आकार और अन्य विशेषताओं में भिन्न होती हैं, सबसे अधिक विश्वसनीय स्वच्छता सेवाओं, स्वच्छ पानी की आपूर्ति, विश्वसनीय बिजली, कानून प्रवर्तन और अन्य बुनियादी सेवाओं की कमी होती है। मलिन बस्तियों के घरों में झोंपड़ीनुमा घरों से लेकर व्यावसायिक रूप से निर्मित आवासों तक की भिन्नता होती है, जो खराब गुणवत्ता वाले निर्माण या बुनियादी रखरखाव के कारण जर्जर हो गए हैं।

अतः विकल्प (B) सही है।

60. सामाजिक मनोविज्ञान की एक रूपरेखा मुजफ्फर शेरिफ द्वारा लिखी गई है। यह 1956 में प्रकाशित हुआ था। मुजफ्फर शेरिफ एक तुर्की अमेरिकी सामाजिक मनोवैज्ञानिक थे। उन्होंने सामाजिक प्रक्रियाओं, विशेष रूप से सामाजिक मानदंडों और सामाजिक संघर्ष को समझने के लिए कई अनूठी और शक्तिशाली तकनीकों का विकास किया है।

अतः विकल्प (A) सही है।

61. भारतीय समाज में भाई-भतीजावाद, पक्षपात और भ्रष्टाचार बढ़ा है।

भारत में भ्रष्टाचार गहरा और अनियंत्रित और अप्रतिबंधित चल रहा है।

समाजशास्त्रीय विश्लेषण इंगित करता है कि सामाजिक बंधन और संबंध भ्रष्टाचार में महत्वपूर्ण भूमिका निभाते हैं।

राजनीतिक इच्छाशक्ति की कमी के कारण स्थिति में तेजी आई है।

अतः विकल्प (B) सही है।

62.

सूची- I (परिप्रेक्ष्य)	सूची- II (विचारक)
A. बुक-व्यू	(iii) जी.एस. घोरी
B. फील्ड-व्यू	(ii) डेविड हार्डिमन
C. सभ्यतावादी दृष्टिकोण	(iv) एस सी दूबे
D. सबाल्टर्न व्यू	(i) सूरजजीत सिन्हा

अतः विकल्प (C) सही है।

63. ए. गिडेंस ने सिद्धांत में, संरचना और एजेंसी के अंतर्संबंध के बारे में बताता है, जब दोनों में से किसी को भी प्रधानता नहीं दी जाती है।

ए. गिडेंस ने द कॉन्स्टिट्यूशन ऑफ सोसाइटी (1984) जैसे कार्यों में संरचना सिद्धांत विकसित किया है। ए. गिडेंस के लिए, एक एजेंट की संरचना के साथ सामान्य बातचीत, मानदंडों की एक प्रणाली के रूप में, संरचना के रूप में वर्णित है। रिफ्लेक्सिविटी शब्द का इस्तेमाल एजेंट की सामाजिक संरचना में अपने स्थान को सचेत रूप से बदलने की क्षमता को संदर्भित करने के लिए किया जाता है; इस प्रकार वैश्वीकरण और 'उत्तर-पारंपरिक' समाज के उद्भव को "अधिक से अधिक सामाजिक प्रतिक्रिया" की अनुमति देने के लिए कहा जा सकता है। सामाजिक और राजनीतिक विज्ञान इसलिए महत्वपूर्ण हैं क्योंकि आत्म-ज्ञान के रूप में सामाजिक ज्ञान संभावित रूप से मुक्तिदायक है।

अतः विकल्प (A) सही है।

64. वोट-बैंक शब्द का इस्तेमाल पहली बार प्रसिद्ध भारतीय समाजशास्त्री, एम. एन. श्रीनिवास (जिन्होंने संस्कृतिकरण और प्रभावी जाति शब्द भी दिया) ने अपने 1955 के पेपर में मैसूर विलेज की सामाजिक व्यवस्था के लिए किया था। उन्होंने इसका इस्तेमाल एक ग्राहक के संरक्षक द्वारा राजनीतिक प्रभाव के संदर्भ में किया। बाद में, अभिव्यक्ति का उपयोग एफ. जी. बेली द्वारा किया गया, जो कैलिफोर्निया विश्वविद्यालय, सैन डिएगो में मानव विज्ञान के एक प्रोफेसर, ने अपनी 1959 की पुस्तक पॉलिटिक्स एंड सोशल चेंज में, जाति के नेता के चुनावी प्रभाव का उल्लेख करने के लिए किया था। यह वह उपयोग है जो तब से लोकप्रिय हो गया है।

अतः विकल्प (B) सही है।

65. कुछ विद्वानों के अनुसार, मनुस्मृति की स्थापना 5वीं शताब्दी सन में की गई थी, लेकिन इसकी पहली उपस्थिति के समय की परवाह किए बिना, मनुस्मृति भारतीय समाज की संरचना और कार्य को निर्धारित करने में बहुत प्रभावशाली रही है। एक पाठ के रूप में, मनुस्मृति को 12 ग्रंथों या पाठों में विभाजित किया गया है और पाठ से निकलने वाले चार व्यापक विषय हैं - संसार का निर्माण, धर्म के स्रोत, चार सामाजिक वर्गों का धर्म और कर्म का नियम, पुनर्जन्म और अंतिम मुक्ति। नैतिक जीवन जीने के लिए मनुस्मृति को अंतिम मार्गदर्शक के रूप में रखा गया है, जिसका गंभीर गंभीर प्रतिबंधों के साथ इलाज किया जाना है। इतना विस्तृत पाठ है, कि इसमें सभी सामाजिक स्तर के लोगों के जीवन के सभी पहलुओं को शामिल किया गया है। मनुस्मृति में चार वर्णों - ब्राह्मणों, क्षत्रियों, वैश्यों और द शूद्रों द्वारा निभाई जाने वाली भूमिका का विवरण है, हालांकि वह अंतिम दो की भूमिका का विस्तार करते हुए केवल 10 छंदों पर खर्च करते हैं। यह सुपरऑर्डिनेट और अधीनस्थ द्वारा किए जाने वाले व्यवहार और नैतिक कोड का पालन करता है। यह घर के भीतर महिलाओं द्वारा किए जाने वाले कर्तव्यों का भी विवरण देता है (पूरी तरह से निजी क्षेत्र के क्षेत्र से बाहर दुनिया में महिलाओं की पहचान बनाने की संभावना की उपेक्षा)। वैदिक काल के बाद की महिलाओं के लिए अपमानजनक स्थिति के लिए मनुस्मृति को अकेले जिम्मेदार ठहराया गया है। सार्वजनिक और निजी क्षेत्र के वाटरटाइट

डाइकोटोमाइज़ेशन और पूर्व में महिलाओं के कारावास ने मनुस्मृति जैसे पाठ में इसकी अपेक्षित औचित्य पाया है। महिलाओं को हमेशा धर्म, संरक्षक और पितृसत्तात्मक मूल्यों के संवाहक के रूप में माना जाता है। वेद और उपनिषद इस बात से परिपूर्ण हैं कि कैसे देवता और ऋषियों ने अनादिकाल से अपने स्वयं के लाभ और अन्य विनाश के लिए महिलाओं को बनाया, उपयोग किया और नियंत्रित किया। मनुस्मृति विवाहित महिलाओं द्वारा किए जाने वाले संस्कारों और कर्तव्यों का विस्तृत ज्ञान प्रदान करती है और उनके पति इस सूची में सबसे ऊपर हैं। वर्ण स्थिति में एक श्रेणी कम पत्नियों से पैदा हुए दो-जन्म वाले बच्चों का एक हिस्सा मनुस्मृति द्वारा मिश्रित जातियों के लिए कुछ हद तक स्वीकार्य था। दो या तीन श्रेणी से अलग होने वाली महिलाओं से पैदा हुए लोगों ने सुद्र गुना के भीतर एक नए समूह के निर्माण का नेतृत्व किया। यदि महिला की स्थिति पुरुष की तुलना में अधिक थी, तो ऐसी शादी की संतान को दो माता-पिता की तुलना में कम दर्जा दिया गया था।

हिंदू धर्म में एनुलोमा विवाह विवाह के हाइपरगामी रूप को संदर्भित करता है। वैदिक युग के दौरान अंतर्जातीय विवाह अनुलोमा विवाह के रूप में होते थे। अनुलोम विवाह एक सामाजिक प्रथा है जिसके अनुसार उच्च वर्ण / जाति/ वर्ग का कोई लड़का निम्न वर्ण/ जाति/ वर्ग की लड़की से विवाह कर सकता है। प्रतिलोम विवाह के हाइपोगैमी रूप को संदर्भित करता है। प्रतिलोम एक प्रकार की वैवाहिक प्रथा है जिसमें निम्न वर्ग/ जाति/वर्ण का व्यक्ति उच्च वर्ग/ जाति/वर्ण की लड़की से विवाह करता है।

अनुलोम विवाहों को प्रतिलोमा की तुलना में पवित्र कानून के अधिक हिंसक के रूप में माना जाता था - यह कथन गलत है। वैवाहिक प्रथाओं के दो प्रकारों के रूप में, "अनुलोम" और "प्रतिलोम", अनुलोम विवाह को प्रतिलोम विवाह के लिए बेहतर माना जाता था। प्रतिलोमा विवाह को बहुत हतोत्साहित किया गया और यहां तक कि निंदा भी की गई।

अतः विकल्प (D) सही है।

66. अल्थुसर समाज को इन संपूर्णों के एक दूसरे से जुड़े संग्रह के रूप में मानता है: आर्थिक अभ्यास, वैचारिक अभ्यास, सांस्कृतिक और राजनीतिक-कानूनी अभ्यास। यद्यपि प्रत्येक अभ्यास में सापेक्ष स्वायत्तता की एक डिग्री होती है, फिर भी वे एक जटिल, संरचित संपूर्ण (सामाजिक गठन) बनाते हैं। उनके विचार में, सभी स्तर और प्रथाएं एक दूसरे पर निर्भर हैं।

अतः विकल्प (B) सही है।

67. अल्फ्रेड शुट्ज़ समाजशास्त्र में वह व्यक्ति हैं जो इस विचार के थे कि लोग दूसरों की चेतना को समझ लेते हैं जबकि वे चेतना की अपनी धारा के भीतर रहते हैं।

- अल्फ्रेड शुट्ज़ एक ऑस्ट्रियाई दार्शनिक और सामाजिक घटना विज्ञानी थे, जिनके काम ने समाजशास्त्रीय और घटना संबंधी परंपराओं को खत्म कर दिया। अल्फ्रेड शुट्ज़ को धीरे-धीरे 20वीं सदी के सामाजिक विज्ञान के प्रमुख दार्शनिकों में से एक के रूप में पहचाना जाने लगा।
- चेतना मस्तिष्क में होने वाली एक प्रक्रिया नहीं है बल्कि एक प्रकार का व्यवहार है, जो निश्चित रूप से मस्तिष्क द्वारा किसी अन्य व्यवहार की तरह नियंत्रित किया जाता है।

अतः विकल्प (B) सही है।

68. अन्वेषक के संज्ञानात्मक इरादों से प्राकृतिक और सामाजिक विज्ञान के बीच अंतर उत्पन्न होता है, यह मैक्स वेबर का एक विचार है। क्या इस तरह की जांच सांस्कृतिक विज्ञान के लिए मूल्यवान और उपयोगी परिणाम पैदा कर सकती है, हम यहां तय नहीं कर सकते। लेकिन यह इस सवाल के लिए अप्रासंगिक होगा कि क्या हमारे अर्थ में सामाजिक आर्थिक ज्ञान का उद्देश्य, अर्थात्, सांस्कृतिक महत्व और इसके कारण संबंधों के संबंध में वास्तविकता का ज्ञान, आवर्ती अनुक्रमों की खोज के माध्यम से प्राप्त किया जा सकता है।

अतः विकल्प (D) सही है।

69. रवांडा में, हाइड्रो फ्लोरो कार्बन (HFC) को चरणबद्ध तरीके से समाप्त करने पर अंतर्राष्ट्रीय समझौते पर हस्ताक्षर किए गए।

15 अक्टूबर 2016 को, संयुक्त राज्य अमेरिका के नेतृत्व के साथ, 197 देशों ने किगाली, रवांडा में मॉन्ट्रियल प्रोटोकॉल के तहत एचएफसी को चरणबद्ध करने के लिए एक संशोधन को अपनाया। संशोधन के तहत, देश अगले 30 वर्षों में एचएफसी के उत्पादन और खपत में 80 प्रतिशत से अधिक की कटौती करने के लिए प्रतिबद्ध हैं।

अतः विकल्प (A) सही है।

70. बड़े पैमाने पर विकास परियोजनाओं के परिणामस्वरूप विस्थापन, निश्चित रूप से गरीब वर्ग से अधिक विशेषाधिकार प्राप्त संसाधनों के हस्तांतरण के परिणामस्वरूप हुआ। विशेष रूप से, भारत में, मेगा-डैम को विकास के पीड़ितों के निर्माण का प्रमुख कारण माना जाता है - विशेष रूप से स्वदेशी सदस्यों और किसानों को जो विकास उपलब्धियों में मुश्किल से भाग लेते हैं। यह कहा जा सकता है कि विकास परियोजना जितनी बड़ी होगी, विस्थापन का प्रभाव उतना ही अधिक होगा। अंततः पुनर्वास कार्यक्रम में केवल भूमि का मुआवजा शामिल है जो प्रकृति में आंशिक है।

अतः विकल्प (D) सही है।

71. माध्यमिक शिक्षा के कार्डिनल सिद्धांत 1918 में संयुक्त राज्य अमेरिका में राष्ट्रीय शिक्षा संघ (एनईए) के माध्यमिक शिक्षा (सीआरएसई) के पुनर्गठन पर आयोग द्वारा बनाए गए माध्यमिक शिक्षा के उद्देश्य थे, जो खंडों के विषयों पर यू.एस. में माध्यमिक स्कूलों के सुधार के लिए एक दृष्टिकोण था। उद्देश्यों की पहचान करने पर काम 1915 में शुरू किया गया था। यह रिपोर्ट 1890 के दशक में दस रिपोर्टों की समिति के साथ शुरू हुई शिक्षा के मानकीकरण को संबोधित करने वाली रिपोर्ट की एक श्रृंखला के अंत का प्रतिनिधित्व करती है। रिपोर्ट को बाद में अमेरिकी शिक्षा ब्यूरो द्वारा बुलेटिन के रूप में प्रकाशित किया गया था।

माध्यमिक शिक्षा के पुनर्गठन पर आयोग द्वारा जारी किए गए उद्देश्य थे:

1. स्वास्थ्य
2. मौलिक प्रक्रियाओं की कमान
3. योग्य घर की सदस्यता
4. व्यवसाय
5. नागरिकता
6. फुरसत के योग्य उपयोग
7. नैतिक चरित्र

यह माना गया कि सिद्धांतों को मानने की व्याख्या अध्ययन के अलग-अलग क्षेत्र की पहचान के रूप में नहीं की जानी चाहिए, बल्कि ये परस्पर संबंधित विषय थे। इन सब से ऊपर यह दर्शाता है कि शिक्षा वर्तमान और भविष्य में एक अनूठा निवेश है।

अतः विकल्प (C) सही है।

72. पुरुषों के लिए सांस्कृतिक प्राथमिकता से संबंधित महिला लिंग भेदभाव एक आम वैश्विक समस्या है, खासकर एशियाई देशों में। भारत में लिंग के आधार पर भेदभाव को रोकने के लिए कई कानूनों को पारित किया गया है, फिर भी विकृत महिला-पुरुष लिंग अनुपात बिगड़ती प्रवृत्ति को दर्शाता है। ग्रामीण भारत में एक निजी मिशन अस्पताल के डिलीवरी रिकॉर्ड के बारे में विस्तृत, दो साल के अनुदैर्घ्य चार्ट डेटा का उपयोग करते हुए, हमने पता लगाया कि क्या क्षेत्रीय जन्म की तुलना में अस्पताल के जन्म का अनुपात डेटा भिन्न होता है, और जनसांख्यिकीय और प्रासंगिक चर इन परिणामों को प्रभावित कर सकते हैं।

ऊपर दिया गया कारण भी सही है क्योंकि पुत्र को पितृसत्तात्मक व्यवस्था के कारण वरीयता दी जाती है।

अतः विकल्प (A) सही है।

73. रिश्तेदारी संरचना के अपने अध्ययन में सी. लेवी-स्ट्रॉस ने 'यांत्रिक' और 'सांख्यिकीय' मॉडल दिए।

रिश्तेदारी संरचना से तात्पर्य रक्त से संबंधित व्यक्तियों के बीच सामाजिक संबंधों, आत्मीय संबंधों या सामाजिक रूप से परिभाषित संबंध को व्यवस्थित

और मानक रूप से विनियमित करने से है। रिश्तेदारी संरचना कई पारंपरिक समाजों का केंद्रीय संगठनात्मक सिद्धांत है, क्योंकि यह रिश्तेदारी संरचना के माध्यम से है कि सामाजिक प्लेसमेंट, सांस्कृतिक संचरण और जीवन के लिए कई कार्यात्मक आवश्यकताएं पूरी होंगी। प्रासंगिक रिश्तेदारी का विस्तार समाज से समाज में बहुत भिन्न होता है। आमतौर पर आधुनिक पूंजीवादी समाजों की तुलना में रिश्तेदारी बंधों को पारंपरिक समाजों में अधिक व्यापक और बड़े पैमाने पर परिभाषित किया जाता है। दीर्घायु में अभूतपूर्व वृद्धि के कारण, रिश्तेदारी संरचना को बदल दिया गया है। परिवार के सदस्यों के बीच संबंध लंबे समय तक रहे हैं, और एक परिवार में जीवित पीढ़ियों की संख्या और जटिलता में वृद्धि हुई है। शादी के माध्यम से सस्ती रिश्तेदारी होती है। रक्त संबंधियों के विपरीत, आत्मीय रिश्तेदारी वैधता या अनुबंध पर आधारित है।

अतः विकल्प (A) सही है।

74. स्कोप का अर्थ है अध्ययन का क्षेत्र या पूछताछ का क्षेत्र या विषय। प्रत्येक और हर विज्ञान के अध्ययन का अपना क्षेत्र या पूछताछ का क्षेत्र है, इसलिए समाजशास्त्र भी। समाजशास्त्र का अध्ययन एक विशिष्ट सीमा के भीतर आयोजित किया जाता है जिसे समाजशास्त्र के दायरे के रूप में जाना जाता है। इसी प्रकार प्रत्येक विज्ञान की अपनी सीमांकित सीमा होती है जिसके बिना किसी विषय का व्यवस्थित रूप से अध्ययन करना बहुत कठिन होता है।

"लेकिन यह दृष्टिकोण समाजशास्त्र के दायरे को बहुत व्यापक बनाता है। इसलिए समाजशास्त्र के दायरे का सीमांकन करने का प्रयास किया गया है।

हालाँकि, समाजशास्त्रियों के बीच विचारधारा के दो मुख्य स्कूल हैं, समाजशास्त्र के क्षेत्र और विषय के बारे में जैसे (1) औपचारिक या विशेषज्ञ स्कूल ऑफ़ थिंक और (2) द सिन्थेटिक स्कूल ऑफ़ थिंक।
अतः विकल्प (C) सही है।

75. भारत की संस्कृति सामूहिक रूप से भारत में मौजूद सभी धर्मों और समुदायों की हजारों विशिष्ट और अनूठी संस्कृतियों को संदर्भित करती है। भारत की भाषाएँ, धर्म, नृत्य, संगीत, वास्तुकला, भोजन, भाषाएँ और रीति-रिवाज़ देश के भीतर जगह-जगह से भिन्न हैं। भारतीय संस्कृति, जिसे अक्सर कई संस्कृतियों के समामेलन के रूप में जाना जाता है, भारतीय उपमहाद्वीप में फैली हुई है और कई सदियों पुराने एक इतिहास से प्रभावित हुई है। भारत की विविध संस्कृतियों के कई तत्व, जैसे कि भारतीय धर्म, दर्शन, भोजन, भाषा, मार्शल आर्ट, नृत्य, संगीत और फिल्में इंडोस्फियर, ग्रेटर इंडिया और दुनिया भर में गहरा प्रभाव डालते हैं। इसलिए राष्ट्रीय प्रतीक भारत के सभी लोगों के लिए आम है।
अतः विकल्प (C) सही है।

76. जे. डेरिडा एक फ्रांसीसी दार्शनिक हैं, जिन्होंने मानव भाषा की पद्धति को चित्रित करके समाजशास्त्रीय सोच को प्रभावित किया है। उनके अध्ययन से दोनों देशों में जैक्स डेरिडा के काम की वैधता की बौद्धिक, सांस्कृतिक, संस्थागत और सामाजिक स्थितियों की जांच होती है और व्याख्यात्मक सिद्धांतों की वैधता की प्रक्रिया के बारे में परिकल्पना विकसित होती है। डेरिडा के काम का वैधीकरण इसके और उच्च संरचित सांस्कृतिक और संस्थागत प्रणालियों के बीच एक फिट के परिणामस्वरूप हुआ।
अतः विकल्प (B) सही है।

77. संरचना का सिद्धांत सामाजिक व्यवस्था के निर्माण और पुनरुत्पादन का एक सामाजिक सिद्धांत है जो संरचना और एजेंटों (संरचना और एजेंसी) के विश्लेषण में आधारित है, या तो प्रधानता दिए बिना। इसके अलावा, संरचना सिद्धांत में, न तो सूक्ष्म और न ही मैक्रो-केंद्रित विश्लेषण पर्याप्त है। सिद्धांत समाजशास्त्री एंथोनी गिडेंस द्वारा प्रस्तावित किया गया था, जो कि द सोसाइटी के संविधान में सबसे महत्वपूर्ण, जो संरचनाओं और एजेंटों के अविभाज्य चौराहे पर घटना विज्ञान, आनुवांशिकता और सामाजिक प्रथाओं की जांच करता है। इसके समर्थकों ने इस संतुलित स्थिति को अपनाया और विस्तारित किया है। हालांकि इस सिद्धांत की बहुत आलोचना हुई है, यह समकालीन समाजशास्त्रीय सिद्धांत का एक स्तंभ बना हुआ है। इसलिए यह उचित है कि संरचनाएं वे नियम और संसाधन हैं जो अभिनेताओं को परस्पर संबंध के संदर्भ में उपयोग करते हैं।

अतः विकल्प (B) सही है।

78. सबसे बुनियादी फ्रेम को प्राथमिक फ्रेमवर्क कहा जाता है। एक प्राथमिक ढांचा एक व्यक्ति के अनुभव या एक दृश्य का एक पहलू लेता है जो मूल रूप से अर्थहीन होगा और इसे सार्थक बनाता है। एक प्रकार का प्राथमिक ढांचा एक प्राकृतिक ढांचा है, जो प्राकृतिक दुनिया में स्थितियों की पहचान करता है और पूरी तरह से बायोफिज़िकल है, जिसमें कोई मानव प्रभाव नहीं है। अन्य प्रकार का ढांचा एक सामाजिक ढांचा है, जो घटनाओं की व्याख्या करता है और उन्हें मनुष्यों से जोड़ता है। प्राकृतिक ढांचे का एक उदाहरण मौसम है, और सामाजिक ढांचे का एक उदाहरण मौसम विज्ञानी है जो मौसम की भविष्यवाणी करता है। सामाजिक ढांचे पर ध्यान केंद्रित करते हुए, गोफमैन ने "अनुभव के व्यक्तियों के सामाजिक जीवन के किसी भी क्षण में संरचना, या रूप के बारे में एक सामान्य कथन का निर्माण करने का प्रयास किया"।

अतः विकल्प (C) सही है।

79. एक व्यक्तिगत राजनीतिक, आर्थिक और सांस्कृतिक प्रवृत्ति एक बुनियादी संसाधन (बस ऊर्जा के रूप में) के रूप में व्यक्तिगत जानकारी को देखने के लिए, सार्वजनिक और निजी उद्यमों के प्रबंधन के लिए एक आवश्यक इनपुट, सबसे विश्वसनीय तत्व के रूप में जिस पर सुरक्षा वृद्धि और दक्षता रणनीतियों का निर्माण करना है, और एक वस्तु के रूप में, "सूचना बाजार" पर विनिमेय सूचनात्मक पूंजीवाद। इसलिए हबरमास ने इसे पूंजीवाद की श्रेणी में नहीं रखा, क्योंकि यह पूंजीवाद का एक स्रोत है।
अतः विकल्प (A) सही है।

80. मलिन बस्तियां ऐसे क्षेत्र हैं जहां किशोर उन क्षेत्रों की संस्कृति के अनुसार वृद्धि करता है। रोजगार के प्रयोजनों के लिए, वे शहरी और औद्योगिक केंद्रों में जाते हैं और इस प्रकार वे अपराधों का कारण बनते हैं। इसका कारण बिल्कुल स्पष्ट है क्योंकि देश भर के शहरों में अपराधों के लिए मलिन बस्तियों के किशोरों का शोषण किया जाता है।

इसलिए, दोनों (A) और (R) सत्य हैं, और (R) (A) का सही स्पष्टीकरण है।

अतः विकल्प (B) सही है।

81. किसी व्यक्ति की श्रम-शक्ति का मूल्य जो किसी कर्मचारी को काम पर रखने में लगने वाले खर्च को चुकाया जाता है, उसे 'अतिमांश' के रूप में मार्क्सियन टर्म में विनिमय मूल्य कहा जाता है।

मार्क्स, विनिमय मूल्य को उस अनुपात के रूप में मानते हैं जिसमें एक वस्तु का आदान-प्रदान अन्य वस्तुओं के लिए किया जाता है। मार्क्स के लिए विनिमय मूल्य किसी वस्तु के मौद्रिक मूल्य के समान नहीं है।

अतः विकल्प (C) सही है।

82. जीवन जगत के उपनिवेशीकरण से जे. हैबरमास का अर्थ अर्थव्यवस्था और राजनीति प्रणालियों द्वारा समाज और संस्कृति की अधीनता से था।

हैबरमास का काम ज्ञानमीमांसा और सामाजिक सिद्धांत की नींव, उन्नत पूंजीवाद और लोकतंत्र के विश्लेषण, एक महत्वपूर्ण सामाजिक-विकासवादी संदर्भ में कानून के शासन पर केंद्रित रहता था।

हैबरमास को आधुनिकता की अवधारणा पर उनके काम के लिए जाना जाता है, विशेष रूप से मैक्स वेबर द्वारा मूल रूप से युक्तिकरण की चर्चा के संबंध में, वह अमेरिकी व्यावहारिकता, किया सिद्धांत और उत्तर- संरचनावाद से प्रभावित रहे हैं।

अतः विकल्प (B) सही है।

83.

(नियम और संसाधन)	(प्रक्रिया)
A. सामान्य	(ii) वैधता
B. आवंटन तथा आधिकारिक	(iii) वर्चस्व
C. व्याख्यात्मक	(i) संकेत

अतः विकल्प (D) सही है।

84. उभयचर पर्यावरणी परिवर्तन के प्रति सर्वाधिक संवेदनशील है।

उभयचरों को कभी-कभी "संकेतक" कहा जाता है। उन्हें संकेतक कहा जाता है क्योंकि वे अपने वातावरण में बदलाव के प्रति बहुत संवेदनशील हैं। वे अपनी त्वचा से सांस लेते हैं और इसके साथ विषाक्त और गैर विषैले घटकों का श्वसन कर लेते हैं। विश्व की लगभग 33% उभयचर प्रजातियों को लाल सूची में खतरे के रूप में वर्गीकृत किया गया है। उभयचर अपने अस्तित्व के लिए ताजे पानी की भरपूर आपूर्ति पर निर्भर होते हैं जो रासायनिक संदूषक और हानिकारक रोगाणुओं से मुक्त हो।

अतः विकल्प (A) सही है।

85.

सूची- I	सूची- II
A. संसाधन जनसंख्या वृद्धि की सीमा निर्धारित करते हैं	1. जूलियन एल. साइमन
B. 'मानव परम संसाधन है	4. कर्ण सिंह
C. गर्भनिरोधक सबसे अच्छा विकास है	3. प्लेटो
D. जनसंख्या नियम लोगों के जीवन को बेहतर बनाने के लिए आवश्यक हैं	2. टी. आर. माल्थस

अतः विकल्प (A) सही है।

86. सामान्य तौर पर, एक ग्रामीण क्षेत्र या ग्रामीण क्षेत्र एक भौगोलिक क्षेत्र होता है जो शहरों और शहरों के बाहर स्थित होता है। अमेरिकी स्वास्थ्य और मानव सेवा विभाग के स्वास्थ्य संसाधन और सेवा प्रशासन ग्रामीण शब्द को परिभाषित करता है, जिसमें "सभी आबादी, आवास, और क्षेत्र शामिल हैं जो शहरी क्षेत्र के भीतर शामिल नहीं हैं। जो शहरी नहीं माना जाता है वह ग्रामीण है"।

विशिष्ट ग्रामीण क्षेत्रों में कम जनसंख्या घनत्व और छोटी बस्तियाँ हैं। कृषि क्षेत्र आमतौर पर ग्रामीण होते हैं, जैसे अन्य प्रकार के क्षेत्र जैसे वन। विभिन्न देशों में सांख्यिकीय और प्रशासनिक उद्देश्यों के लिए ग्रामीण की अलग-अलग परिभाषाएँ हैं। इसलिए ग्रामीण भेदभाव ग्रामीण समाज की विशेषता नहीं है।

अतः विकल्प (D) सही है।

87. द प्रेजेंटेशन ऑफ़ सेल्फ़ इन एवरीडे लाइफ़ 1956 की समाजशास्त्र की किताब है, जिसे इरविंग गोफ़मैन ने लिखा है, जिसमें लेखक मानव सामाजिक संपर्क के महत्व को चित्रित करने के लिए थिएटर की कल्पना करता है; जो गोफ़मैन के नाटकीय विश्लेषण दृष्टिकोण के रूप में जाना जाता था।

मूल रूप से स्कॉटलैंड में 1956 में और संयुक्त राज्य अमेरिका में 1959 में प्रकाशित हुई, यह गोफ़मैन की पहली और सबसे प्रसिद्ध पुस्तक है, जिसके लिए उन्हें 1961 में अमेरिकन समाजशास्त्रीय संघ का मैकिवर पुरस्कार मिला।

1998 में, इंटरनेशनल समाजशास्त्रीय संघ ने बीसवीं शताब्दी की दसवीं सबसे महत्वपूर्ण समाजशास्त्रीय पुस्तक के रूप में काम को सूचीबद्ध किया।

अतः विकल्प (B) सही है।

88. शुट्ज़ की मुख्य चिंता यह थी कि लोग दूसरों की चेतना को कैसे समझें, जबकि वे चेतना की अपनी धारा में रहते हैं। उन्होंने चौराहे के बारे में ज्यादा चर्चा की लेकिन एक बड़े अर्थ में। उन्होंने इसका उपयोग सामाजिक दुनिया, विशेष रूप से ज्ञान की सामाजिक प्रकृति के साथ एक चिंता के लिए किया। उनके काम का एक बड़ा सौदा "जीवनदाता" के साथ होता है। इसके भीतर, लोग सामाजिक और सांस्कृतिक कारकों और संरचनाओं की बढ़ती बाधाओं के तहत सामाजिक वास्तविकता बनाते हैं। वह "लोगों द्वारा सामाजिक वास्तविकता और सामाजिक और सांस्कृतिक वास्तविकता का निर्माण करने के तरीके के बीच द्वंद्वात्मक संबंध पर बहुत ध्यान केंद्रित किया गया था जो उन्हें उन लोगों से विरासत में मिला था, जो सामाजिक दुनिया में उनसे पहले थे।"

शुट्ज़ को उनके विश्वास के लिए भी जाना जाता है कि मनुष्य समाज के संदर्भ में लोगों को और चीजों को बेहतर ढंग से समझने के लिए हर चीज को वर्गीकृत करने का प्रयास करता है। उनका मानना था कि हम जिन विविध प्रकार की सूचनाओं का उपयोग करते हैं, वे यह बताती हैं कि हम सामाजिक जगत के लोगों और वस्तुओं के साथ कैसे समझ और बातचीत करते हैं। अन्य दो विशिष्ट अवधारणाएँ छड़ी ज्ञान और नुस्खा थीं।

अतः विकल्प (D) सही है।

89. "समाजशास्त्रीय कल्पना" शब्द को अमेरिकी समाजशास्त्री सी.राइट मिल्स ने अपनी 1959 की पुस्तक द सोशियोलॉजिकल इमेजिनेशन में समाजशास्त्र के अनुशासन द्वारा प्रस्तुत अंतर्दृष्टि का वर्णन करने के लिए दिया गया था। इस शब्द का प्रयोग समाजशास्त्र में परिचयात्मक पाठ्यपुस्तकों में समाजशास्त्र की प्रकृति और दैनिक जीवन में इसकी प्रासंगिकता को समझाने के लिए किया जाता है।

अतः विकल्प (A) सही है।

90. एस.एफ. नादेल ने सामाजिक संरचना को इस प्रकार परिभाषित किया: ठोस आबादी और उसके व्यवहार से विचलन, एक दूसरे के सापेक्ष नियमों को चलाने की उनकी क्षमता में अभिनेताओं के बीच संबंध प्राप्त करने का पैटर्न या नेटवर्क या 'प्रणाली' है। नादेल की सामाजिक संरचना का सिद्धांत बीसवीं शताब्दी के सामाजिक विज्ञान के उत्कृष्ट सैद्धांतिक कार्यों में से एक है। नादेल के अनुसार भूमिकाएं, "समाज के मानदंडों द्वारा व्यक्तियों को आवंटित कार्रवाई के तरीके हैं" और सामाजिक-संरचनात्मक विश्लेषण के बहुत दिल से झूठ बोलते हैं।

अतः विकल्प (B) सही है।

91. टी. पार्सन्स के अनुसार आंतरिक रूप से साझा किए गए मूल्यों को किसी भी समाज के सामाजिक एकीकरण में एक निर्णायक भूमिका निभाने के रूप में माना जाता है। सामाजिक व्यवस्था के लिए सहज सहमति अंतः साझा मूल्यों और मानदंडों से प्राप्त होती है जो समाजीकरण की प्रक्रिया के माध्यम से लोगों द्वारा आंतरिक किए जाते हैं। समाजीकरण समाज पर एक निर्णायक प्रभाव डालता है। ऐसा नहीं है कि हालांकि उन्हें कभी चुनौती नहीं दी जाती है, लेकिन यह केवल असामान्य या असाधारण समय में होता है।

अतः विकल्प (A) सही है।

92. अर्थशास्त्र में, वितरण एक तरह से कुल उत्पादन, आय, या धन को व्यक्तियों के बीच या उत्पादन के कारकों (जैसे श्रम, भूमि और पूंजी) के बीच वितरित किया जाता है। भूमि का वितरण इसलिए किसानों की मांग नहीं है। जबकि अन्य कृषि उपज, उर्वरक सब्सिडी और बिजली सब्सिडी के सभी मेले भारत में किसान आंदोलन हैं।

अतः विकल्प (C) सही है।

93. सामूहिक सौदेबाजी केंद्रित होती है कॉर्पोरेट जिम्मेदारी, वैश्विक नेटवर्किंग और लाभ साझेदारी में। सामूहिक सौदेबाजी नियोक्ताओं और कर्मचारियों के समूह के बीच बातचीत की एक प्रक्रिया है जिसका उद्देश्य कर्मचारियों के काम का वेतन, काम की स्थिति, लाभ और श्रमिकों के मुआवजे और अधिकारों के अन्य पहलुओं को विनियमित करने के लिए समझौतों का उद्देश्य है। कर्मचारियों के हितों को आमतौर पर एक व्यापार संघ के प्रतिनिधियों द्वारा प्रस्तुत किया जाता है, जिसमें कर्मचारी संबंधित होते हैं। इन वार्ताओं द्वारा किए गए सामूहिक समझौतों में आमतौर पर वेतनमान, काम के घंटे, प्रशिक्षण, स्वास्थ्य और सुरक्षा, अधिक समय तक, शिकायत तंत्र और कार्यस्थल या कंपनी मामलों में भाग लेने के अधिकार निर्धारित होते हैं।

अतः विकल्प (D) सही है।

94. न्यूज़ीलैंड दुनिया का पहला स्वतंत्र राष्ट्र था जिसमें सभी महिलाओं को वोट देने का अधिकार था।

- महिलाओं को राष्ट्रीय चुनावों में भाग लेने की अनुमति देने वाले सबसे हाल के राष्ट्र या क्षेत्र भूटान, संयुक्त अरब अमीरात और कुवैत हैं।

- भारत ने पहली बार वर्ष 1935 में महिलाओं के लिए मतदान के अधिकार को बढ़ाया, लेकिन केवल उन महिलाओं के लिए जिनकी शादी पुरुष मतदाता से हुई थी, या विशिष्ट साक्षरता योग्यता थी।

- सार्वभौमिक मताधिकार की अनुमति 1950 में मिली।

- इकाडोर 1929 में महिलाओं को मतदान का अधिकार देने वाला पहला लैटिन अमेरिकी राष्ट्र था, लेकिन यह केवल साक्षर इकाडोर महिलाओं को मताधिकार की अनुमति देता है, और महिलाओं के लिए मतदान अनिवार्य नहीं था जैसे यह पुरुषों के लिए था।

अतः विकल्प (C) सही है।

95. भूमिका दूरी ई. गोफमैन द्वारा दिया गया एक शब्द है, जो कलाकार की भूमिका या भूमिका के बारे में बताता है। यह भूमिका की भूमिका के प्रदर्शन और भूमिका के लिए व्यक्तिगत प्रतिबद्धता से संबंधित उम्मीदों के अस्तित्व के बीच एक महत्वपूर्ण अंतर बनाता है।

अतः विकल्प (C) सही है।

96. "द सोशल रिऐलिटी ऑफ रिलिजन" का सुझाव दिया है कि समाजशास्त्रियों को एक तरीके से नास्तिक रुख अपनाना चाहिए और इस पर चर्चा नहीं करनी चाहिए कि क्या धर्म एक सामाजिक रचना से अधिक कुछ है। पीटर बर्जर ने देखा कि जब धर्मनिरपेक्षता के सिद्धांत का समर्थन करने वाले शोधकर्ताओं ने लंबे समय तक बनाए रखा है कि आधुनिक दुनिया में धर्म में अनिवार्य रूप से गिरावट आनी चाहिए, आज दुनिया का अधिकांश हिस्सा उतना ही धार्मिक है। यह धर्मनिरपेक्षता सिद्धांत के मिथ्यात्व की ओर इशारा करता है। दूसरी ओर, बर्जर ने यह भी नोट किया कि धर्मनिरपेक्षता ने वास्तव में यूरोप में पकड़ बना ली है, जबकि संयुक्त राज्य अमेरिका और अन्य क्षेत्रों ने आधुनिकता के बावजूद धार्मिक बने रहना जारी रखा है। डॉ बर्जर ने सुझाव दिया कि इसका कारण शिक्षा प्रणाली से संबंधित हो सकता है; यूरोप में, शिक्षकों को शैक्षिक अधिकारियों द्वारा भेजा जाता है और यूरोपीय माता-पिता को धर्मनिरपेक्ष शिक्षण के साथ रहना पड़ता है, जबकि संयुक्त राज्य में, स्कूल स्थानीय अधिकारियों के अधीन थे, और अमेरिकी माता-पिता, हालांकि अशिक्षित थे, अपने शिक्षकों को निकाल सकते थे। बर्जर यह भी नोट करता है कि यूरोप के विपरीत, अमेरिका ने इंजील प्रोटेस्टेंटवाद, या "जन्म-फिर से ईसाई" के उदय को देखा है।

अतः विकल्प (A) सही है।

97. मिल्टन सिंगर और रॉबर्ट रेडफील्ड ने मद्रास शहर में भारतीय सभ्यता के ऑर्थोजेनेसिस का अध्ययन करते हुए लिटिल ट्रेडिशन और ग्रेट ट्रेडिशन की जुड़वां अवधारणा विकसित की, जिसे अब चेन्नई के रूप में जाना जाता है। परंपरा का अर्थ है सूचना, विश्वास और रीति-रिवाजों को एक पीढ़ी से दूसरी पीढ़ी तक उदाहरण के रूप में प्रस्तुत करना। दूसरे शब्दों में, परंपरा एक विशेष अवधि के लिए एक सामाजिक समूह के साथ जुड़े राय और परंपराओं की विरासत में मिली प्रथाओं है। इसमें लोगों के दृष्टिकोण, टिकाऊ अंतःक्रियात्मक पैटर्न और सामाजिक-सांस्कृतिक संस्थान भी शामिल हैं। एक महान परंपरा elites, साक्षर और चिंतनशील कुछ लोगों के साथ जुड़ी हुई है जो सांस्कृतिक ज्ञान का विश्लेषण, व्याख्या और प्रतिबिंबित करने में सक्षम हैं। एक महान परंपरा ज्ञान का एक निकाय है जो ज्ञान के प्रकाश के रूप में कार्य करता है। इस छोटी परंपरा के विरोधाभास में विश्वास पैटर्न, संस्थाएं, कहावतें, पहेलियों, उपाख्यानों, लोक कथाओं, किंवदंतियों, मिथकों और लोक-विद्या के लोक-विद्या के पूरे शरीर और / या अप्राप्य किसानों को शामिल किया गया है, जो सांस्कृतिक ज्ञान को ग्रहण करते हैं। महान परंपरा। भारतीय सभ्यता की एकता सांस्कृतिक प्रदर्शन और उनके सांस्कृतिक उत्पादों के माध्यम से लोक / किसान और कुलीन या साहित्यकार दोनों की विश्वदृष्टि की एकता के क्रम में परिलक्षित होती है। सांस्कृतिक प्रदर्शन को महान परंपरा और छोटी परंपराओं दोनों की संरचना के आसपास संस्थागत रूप दिया जाता है।

अतः विकल्प (B) सही है।

98.

सूची- I	सूची- II
A. सामाजिक संगठन जिसमें पुरुष शक्ति और अधिकार का आनंद लेते हैं	3. पितृसत्ता
B. विश्वास है कि एक सेक्स दूसरे से बेहतर है	4. कामवासना
C. सामाजिक व्यवस्था जिसमें महिलाओं को संपत्ति के अधिकार प्राप्त होते हैं	2. मातृसत्तात्मक
D. आनुवंशिक रूप से आधारित कार्यक्रम जो मानव जाति को व्यवहार करने के लिए प्रेरित करता है	1. बायोग्रामम

अतः विकल्प (C) सही है।

99.

सूची- I	सूची- II
A. पी बर्जर और टी लकमैन	4. वास्तविकता का सामाजिक निर्माण
B. ए शूल्ज़ ने	1. सामाजिक यथार्थ की समस्या
C. एच गर्फिंकल	2. नृवंशविज्ञान में अध्ययन
D. पी बर्जर	3. पवित्र चंदवा

अतः विकल्प (A) सही है।

100. सरल यादृच्छिक नमूनाकरण एक नमूनाकरण तकनीक है, जहां जनसंख्या में प्रत्येक वस्तु के नमूने में चयनित होने की एक समान संभावना और संभावना होती है। यहां वस्तुओं का चयन पूरी तरह से मौका या संभावना पर निर्भर करता है और इसलिए इस नमूने की तकनीक को कभी-कभी अवसरों की विधि के रूप में भी जाना जाता है।

अतः विकल्प (A) सही है।

101. जाति व्यवस्था पर ड्यूमोंट का दृष्टिकोण मुख्य रूप से जाति व्यवस्था की विचारधारा से संबंधित था। जाति की उनकी समझ जाति की विशेषताओं पर जोर देती है यही कारण है कि उनके दृष्टिकोण को जाति व्यवस्था के लिए जिम्मेदार दृष्टिकोण कहा जाता है। उसके लिए, जाति आर्थिक, राजनीतिक और रिश्तेदारी प्रणालियों के रिश्तों का एक समूह है, जो कुछ निश्चित मूल्यों से बनी हुई है, जो ज्यादातर प्रकृति में धार्मिक हैं।

एल. ड्यूमोंट का कहना है कि जाति, स्तरीकरण का एक रूप नहीं है, बल्कि असमानता का एक विशेष रूप है जिसका सार समाजशास्त्रियों द्वारा अस्वीकृत किया जाना है। यहां उन्होंने हिंदू धर्म द्वारा समर्थित जाति व्यवस्था के अंतर्निहित आवश्यक मूल्य के रूप में पदानुक्रम की पहचान की। ड्यूमॉन्ट जाति के अनुसार, पूरे भारतीय समाज को एक दूसरे से अलग वंशानुगत समूहों में विभाजित किया गया है और तीन देशों में एक साथ जोड़ा गया है:

1. विवाह के मामलों में जाति के नियमों के आधार पर अलगाव और प्रत्यक्ष या अप्रत्यक्ष (भोजन) से संपर्क करें।

2. सिद्धांत या परंपरा से होने वाले प्रत्येक समूह के कार्य या श्रम के परस्पर निर्भरता, ऐसा पेशा जिससे उनके सदस्य कुछ सीमा के भीतर ही विदा हो सकते हैं।

3. स्थिति या पदानुक्रम का स्नातक जो समूहों को एक दूसरे से अपेक्षाकृत बेहतर या हीन के रूप में दर्ज देता है।

अतः विकल्प (A) सही है।

102.

सूची- I	सूची- II
A. उच्च प्रजनन क्षमता उच्च मृत्यु दर	2. आदिम समाज
B. उच्च प्रजनन क्षमता कम मृत्यु दर	3. समाज का विकास करना
C. कम प्रजनन क्षमता कम मृत्यु दर	1. विकसित समाज
D. अत्यधिक विकसित समाज	4. अत्यधिक विकसित समाज

अतः विकल्प (D) सही है।

103. गरीबी हटाओ: रणनीति 1985 में प्रकाशित हुआ था। इसे एम. एल. दंतवाला ने लिखा था। एम. एल. दंतवाला व्यावहारिक रूप से सभी 'विशेष' रोजगार और आय बढ़ाने वाली योजनाओं के निराशाजनक प्रदर्शन का ज्ञान।

ग्रामीण आबादी के कमजोर वर्गों के लिए योजना काफी सामान्य है। फिर भी, नीलकान- थाह रथ अधिक वर्तमान साक्ष्य को सही ढंग से समेटने के लिए हमारी प्रशंसा के पात्र हैं। बलपूर्वक, इन कार्यक्रमों की दुर्बलताओं को उजागर करना।

अतः विकल्प (B) सही है।

104. सूरजजीत सिन्हा एक मानवविज्ञानी थे। उनका काम मुख्य रूप से जनजाति-जाति और जनजाति-किसान निरंतरता, आर्थिक स्तर के स्तर और जातीय समूहों, जनजातीय आंदोलनों, धर्म के समाजशास्त्र, भारत के लोगों पर क्षेत्र अध्ययन पर केंद्रित था।

उनके प्रमुख लेखन आदिवासी राजनीति और पूर्व-औपनिवेशिक पूर्वी और उत्तर पूर्वी भारत में राज्य प्रणाली, (कलकत्ता, 1987) हैं।

जनजातियाँ और भारतीय सभ्यता: संरचना और परिवर्तन (वाराणसी, 1982, काशी के तपस्वी: एक मानवशास्त्रीय अन्वेषण, (बैद्यनाथ सरस्वती के साथ सह-संपादन) (वाराणसी, 1978), भारत के लोगों पर क्षेत्र अध्ययन: विधियाँ और दृष्टिकोण, (स्मृति में) प्रोफेसर तारक चंद्र दास के), (कलकत्ता, 1978), भारत में नृविज्ञान, जनजातीय विचार और संस्कृति, (कलकत्ता, 1976) भारतीय संस्कृति और समाज के पहलू: प्रोफेसर निर्मल कुमार बोस (कलकत्ता, 1972) के निबंध में।

अतः विकल्प (A) सही है।

105. मनरेगा का लक्ष्य ग्रामीण अकुशल और बेरोजगार कर्मचारियों के लिए आजीविका सुनिश्चित करने के लिए प्रत्येक वित्तीय वर्ष में 100 दिन का रोजगार प्रदान करना है।

महात्मा गांधी राष्ट्रीय ग्रामीण रोजगार गारंटी अधिनियम(MGNREGA) सितंबर 2005 में पारित किया गया था। अधिनियम 1991 में पहली बार पी. वी. नरसिम्हा राव द्वारा प्रस्तावित किया गया था। आवेदक के निवास के 5 किमी के भीतर रोजगार प्रदान किया जाना है। यदि आवेदन करने के 15 दिनों के भीतर कार्य प्रदान नहीं किया जाता है, तो आवेदक बेरोजगारी भत्ते के हकदार हैं। मनरेगा के तहत रोजगार एक कानूनी अधिकार है।

अतः विकल्प (C) सही है।

106. एस.एफ. नादेल सामाजिक संरचना के अपने सिद्धांत में ने भूमिकाओं को 'पर्याप्त रूप से प्रासंगिक और परिधीय' के रूप में वर्गीकृत किया। भूमिकाएं एक व्यक्ति से दूसरे व्यक्ति तक सोच और विभिन्न व्यवहार परिवर्तनों के आधार पर भिन्न होती हैं जो किसी व्यक्ति में होती हैं।
अतः विकल्प (A) सही है।

107. पी. ए. सोरोकिन एक रूसी-जन्मजात अमेरिकी समाजशास्त्री और राजनीतिक कार्यकर्ता थे, जिन्हें सामाजिक चक्र सिद्धांत में उनके योगदान के लिए जाना जाता था। अपने सिद्धांत में उन्होंने समझाया कि हमें मनुष्य का ध्यान कामुक, चेतन और अवचेतन स्तरों से अवचेतन और अनंत रूप में स्थानांतरित करना चाहिए: यह वास्तविक वास्तविकता जो केवल समझ, तर्क और अंतर्ज्ञान के माध्यम से समझी जा सकती है। हमारी स्थिति परोपकारी या अनिवार्य सामाजिक संबंधों के विपरीत परोपकारी और पारिवारिक में वृद्धि के लिए कहती है। अल्ट्रूइस्टिक क्रियाएं वे हैं जो किसी भी उम्मीद या सुख की उपयोगिता से नहीं की जाती हैं, बल्कि इसलिए कि यह क्रिया अपने आप में योग्य मानी जाती है। पारिवारिक संबंध वे होते हैं जो आपसी प्रेम, भक्ति और त्याग से प्रभावित होते हैं।
अतः विकल्प (D) सही है।

108. संस्कृति-व्यक्तित्व विद्यालय: स्कूल समाजीकरण के अध्ययन में एक विकास जो मुख्य रूप से संयुक्त राज्य अमेरिका में 1930 के दशक में हुआ। सिद्धांत ने मनोविज्ञान, नृविज्ञान और समाजशास्त्र के तत्वों को संयुक्त किया, लेकिन मुख्य रूप से नृवंशविज्ञान सामग्री के लिए मनोविश्लेषणात्मक सिद्धांतों के अनुप्रयोग को शामिल किया। फ्रायडियन सिद्धांत पर आकर्षित (फ्रायड की सभ्यता और उसके असंतोष, 1930 देखें), इसने व्यक्तित्व के सांस्कृतिक मोल्डिंग पर जोर दिया और व्यक्ति के विकास पर ध्यान केंद्रित किया। संस्कृति-और-व्यक्तित्व सिद्धांतकारों ने तर्क दिया कि व्यक्तित्व प्रकार समाजीकरण में बनाए गए थे, और उन्होंने बाल-पालन प्रथाओं जैसे कि खिलाने, बुनाई और शौचालय प्रशिक्षण पर विशेष जोर दिया।
अतः विकल्प (D) सही है।

109. प्राकृतिक और मानव जनित आपदाएं हर साल हजारों लोगों को प्रभावित करती हैं। इन जैसी प्रमुख प्रतिकूल घटनाओं में जीवन और शारीरिक विनाश के विनाशकारी नुकसान की क्षमता होती है।

परमाणु आपदाएँ: परमाणु ऊर्जा का मुख्य दोष परमाणु आपदाओं की संभावना है। ये परमाणु ऊर्जा संयंत्रों में होती हैं। ऐसी आपदाओं के परिणाम बेहद गंभीर हो सकते हैं। इनमें से कुछ परमाणु आपदाएँ निम्न हैं:

- फुकुशिमा आपदा: यह 2011 में उत्तरी जापान के फुकुशिमा दाइची संयंत्र में हुई थी। यह परमाणु ऊर्जा उत्पादन के इतिहास में दूसरी सबसे खराब परमाणु दुर्घटना है। इसे फुकुशिमा परमाणु दुर्घटना या फुकुशिमा दाइची परमाणु दुर्घटना के रूप में भी जाना जाता है।

- चेरनोबिल आपदा: यूक्रेन (जो तब पूर्व सोवियत संघ का हिस्सा था) में चेरनोबिल परमाणु ऊर्जा संयंत्र में 1986 का हादसा, वाणिज्यिक परमाणु उर्जा के इतिहास में एकमात्र दुर्घटना है, जो विकिरण से होने वाली मृत्यु का कारण बनती है। यह मानवीय त्रुटी के साथ एक गंभीर रूप से त्रुटिपूर्ण रिएक्टर डिज़ाइन का परिणाम था।

- तीन-मील द्वीप हादसा: तीन-मील द्वीप हादसा जो 28 मार्च, 1979 को हुआ था, पेंसिल्वेनिया के मिडलटाउन में एक परमाणु ऊर्जा संयंत्र के पिघलने से हुआ था। यह अमेरिकी वाणिज्यिक परमाणु ऊर्जा संयंत्र के परिचालन इतिहास में सबसे गंभीर दुर्घटना थी। यह उपकरण की खराबी, डिजाइन से संबंधित समस्याओं और मानवीय त्रुटियों के संयोजन के परिणामस्वरूप हुआ।

नोट: लव कैनाल आपदा: लव कैनाल अमेरिकी इतिहास में सबसे भयानक पर्यावरणीय मानव निर्मित आपदाओं में से एक है। यह मानव निर्मित आपदा पर घोषित की जाने वाली अमेरिका की पहली आपातकाल स्थिति थी, और यह विषाक्त प्रदूषण के हानिकारक प्रभावों के बारे में एक विचारशील सबक था।

इसलिए, दिए गए बिंदुओं से यह निष्कर्ष निकाला जा सकता है कि फुकुशिमा, चेरनोबिल और तीन मील द्वीप की घटना परमाणु आपदा की श्रेणी में आती है।

अतः विकल्प (A) सही है।

110. मानवशास्त्रीय सर्वेक्षण भारत (ए. एस. आई.) ने 2 अक्टूबर 1985 को भारत की जनता पर एक परियोजना शुरू की। परियोजना का उद्देश्य भारत के सभी समुदायों का एक संक्षिप्त, वर्णनात्मक मानवशास्त्रीय प्रोफाइल, परिवर्तन और विकास प्रक्रियाओं का उन पर प्रभाव और उन्हें एक साथ लाने वाले लिंक उत्पन्न करना था। कुल 4635 समुदायों की पहचान और अध्ययन किया गया। एएसआई सर्वोच्च भारतीय संगठन है। इसमें मानव और सांस्कृतिक पहलुओं के लिए मानवशास्त्रीय अध्ययन और क्षेत्र डेटा अनुसंधान शामिल था, मुख्य रूप से भौतिक नृविज्ञान और सांस्कृतिक नृविज्ञान के क्षेत्रों में काम करना।

अतः विकल्प (A) सही है।

111. विकास-प्रेरित विस्थापन और पुनर्वास (डीआईडीआर) तब होता है जब लोग विकास के परिणामस्वरूप अपने घरों और / या भूमि को छोड़ने के लिए मजबूर होते हैं। मजबूर प्रवासन का यह सबसेट ऐतिहासिक रूप से पनबिजली और सिंचाई के लिए बांधों के निर्माण से जुड़ा हुआ है, लेकिन यह खनन, कृषि, सैन्य प्रतिष्ठानों, हवाई अड्डों, औद्योगिक संयंत्रों, हथियार परीक्षण के आधार, रेलवे के निर्माण जैसी विभिन्न विकास परियोजनाओं का भी परिणाम है। , सड़क के विकास, शहरीकरण, संरक्षण परियोजनाओं, वानिकी, वन्यजीव अभयारण्य और पार्क। विकास-प्रेरित विस्थापन एक सामाजिक समस्या है जो मानव संगठन के कई स्तरों को प्रभावित करती है, आदिवासी और ग्राम समुदायों से लेकर अच्छी तरह से विकसित शहरी क्षेत्रों तक। विकास को व्यापक रूप से विकासशील देशों में आधुनिकीकरण और आर्थिक विकास की दिशा में एक अपरिहार्य कदम के रूप में देखा जाता है; हालांकि, जो लोग विस्थापित होते हैं, उनके लिए अंतिम परिणाम सबसे अधिक बार आजीविका और हानि का नुकसान होता है।

विकास-प्रेरित विस्थापित व्यक्तियों (डीआईडीपी) का वर्गीकरण, शरणार्थी और आंतरिक रूप से विस्थापित व्यक्ति प्रत्येक श्रेणी को प्रदान की जाने वाली सहायता के प्रकार में बुनियादी अंतर पर टिकी हुई हैं। शरणार्थियों और आंतरिक रूप से विस्थापित व्यक्तियों को आमतौर पर हिंसा और उत्पीड़न के परिणामस्वरूप अंतर्राष्ट्रीय संरक्षण और सहायता की आवश्यकता होती है। विकास से प्रेरित विस्थापितों को राज्य से आय और सुरक्षा उत्पन्न करने की अपनी क्षमता की बहाली की आवश्यकता होती है। जबकि विकास के परिणामस्वरूप विस्थापित हुए लोगों को आर्थिक और सामाजिक नुकसान के संदर्भ में शरणार्थियों (UNHCR द्वारा परिभाषित) के समान अनुभव हैं, वे

अंतरराष्ट्रीय कानून द्वारा संरक्षित नहीं हैं।

अतः विकल्प (B) सही है।

112. "समाजशास्त्र एक विज्ञान है जो सामाजिक क्रिया की व्याख्यात्मक समझ का प्रयास करता है", मैक्स वेबर द्वारा परिभाषित किया गया है। समाजशास्त्र समाज का वैज्ञानिक अध्ययन है, जिसमें सामाजिक संबंधों, सामाजिक संपर्क और संस्कृति के प्रतिरूप शामिल हैं। इसलिए औचित्य उपर्युक्त दो कथनों से आता है।

अतः विकल्प (D) सही है।

113. जीडीपी को नागरिकों के कल्याण या कल्याण का आकलन करने के लिए नहीं बनाया गया था। हालांकि, आधुनिक अर्थव्यवस्थाओं ने इस तथ्य की दृष्टि खो दी है कि आर्थिक विकास का मानक मीट्रिक, सकल घरेलू उत्पाद (जीडीपी), केवल एक राष्ट्र की अर्थव्यवस्था के आकार को मापता है और किसी राष्ट्र के कल्याण को नहीं दर्शाता है।

अतः विकल्प (B) सही है।

114. ए. शुट्ज़ ने घटना विज्ञान का विषय उठाया और यह तर्क दिया कि दार्शनिक या वैज्ञानिक अवलोकन के बजाय रोजमर्रा की जिंदगी विश्लेषण के लिए सबसे महत्वपूर्ण है। शुट्ज़ का मुख्य क्षेत्र चिंता का तरीका था जिसमें लोग चेतना की अपनी धाराओं के भीतर रहते हुए दूसरों की चेतना को समझ लेते हैं।

अतः विकल्प (D) सही है।

115. प्राचीन काल में, भारतीय संस्कृति आसानी से अन्य संस्कृतियों को आत्मसात करती थी, लेकिन अब यह विशेषता बहुत हद तक कम हो गई है। नतीजतन, एक राज्य के निवासी कभी-कभी अन्य राज्यों के लोगों की रीति-रिवाजों, परंपराओं और भाषाओं के लिए सहिष्णुता दिखाने में सक्षम नहीं होते हैं। संस्कृति की संकीर्णता के साथ-साथ विघटनकारी ताकतों में इतनी बढ़ोत्तरी हुई है कि देश में राष्ट्रीय एकता एक जटिल समस्या बन गई है।

इस समस्या को हल करने के लिए, हमें राष्ट्रीय एकता और एकीकरण के रास्ते की सभी बाधाओं को दूर करने की आवश्यकता है। भारत में राष्ट्र-निर्माण के लिए बाधाएँ निम्नलिखित हैं:-

- जातिवाद
- सांप्रदायिकता
- संकीर्णता
- राजनीतिक दलों
- भाषाई अंतर
- आर्थिक विषमता
- पदानुक्रमित सामाजिक व्यवस्था
- आर्थिक असमानताएँ

अतः विकल्प (C) सही है।

116. एम. फौकॉल्ट ने तर्क, भाषा, ज्ञान और शक्ति पर बहस में योगदान दिया है। फौकॉल्ट के सिद्धांत मुख्य रूप से शक्ति और ज्ञान के बीच संबंध को संबोधित करते हैं, और उन्हें सामाजिक संस्थानों के माध्यम से सामाजिक नियंत्रण के रूप में कैसे उपयोग किया जाता है। यद्यपि अक्सर एक पोस्ट-स्ट्रक्चरिस्ट और पोस्ट-आधुनिकतावादी के रूप में उद्धृत किया जाता है, फौकॉल्ट ने इन लेबल को अस्वीकार कर दिया, अपने विचार को आधुनिकतावाद के महत्वपूर्ण इतिहास के रूप में पेश करना पसंद किया। उनके विचार ने शिक्षाविदों को प्रभावित किया, विशेष रूप से संचार अध्ययन, नृविज्ञान, समाजशास्त्र, संस्कृति में काम करने वाले। अध्ययन, साहित्यिक सिद्धांत, नारीवाद, और महत्वपूर्ण सिद्धांत। एक्टिविस्ट समूहों ने भी उनके सिद्धांतों को सम्मोहक पाया है।

अतः विकल्प (C) सही है।

117.

सूची- I (कार्य)	सूची- II (लेखक)
(a) पागलपन और सभ्यता	(ii) मिशेल फौकॉल्ट
(b) पूंजीवाद और आधुनिक सामाजिक सिद्धांत	(iv) एंथोनी गिडेंस
(c) लेखन और अंतर	(i). जैक्स डेरिडा
(d) लेखन और अंतर	(iii) क्लाउड लेवी-स्ट्रॉस

अतः विकल्प (C) सही है।

118. विष्णु के पांचवें अवतार को वामन के नाम से जाना जाता है। हिंदू पौराणिक कथाओं के अनुसार, भगवान विष्णु के दस पूर्ण अवतार हैं और, अनगिनत संख्या में अपूर्ण अवतार हैं।

स्थान	अवतार	युग
पहला	मत्स्य	सतयुग
दूसरा	कूर्म	सतयुग
तीसरा	वराह	सतयुग
चौथा	नरसिंह	सतयुग
पांचवा	वामन	सतयुग
छठा	परशुराम	त्रेता
सातवाँ	राम	त्रेता
आठवां	कृष्ण	द्वापर
नौवां	बुद्ध	कलियुग
दसवां	कल्कि	कलियुग

अतः विकल्प (C) सही है।

119. पारिस्थितिकी की समझ के लिए एक नारीवादी दृष्टिकोण का वर्णन करने के लिए पर्यावरण-नारीवाद शब्द का उपयोग किया जाता है। पारिस्थितिकीविद् विचारक लिंग की अवधारणा को मानव और प्राकृतिक दुनिया के बीच के संबंधों पर सिद्धांत बनाने के लिए आकर्षित करते हैं। यह शब्द फ्रांसीसी लेखक फ्रैंकोइस डाईदोने ने अपनी पुस्तक ले फेमिनिज्म ओ ला मॉर्ट (1974) में गढ़ा था। पर्यावरण-नारीवाद सिद्धांत का दावा है कि पारिस्थितिकी का एक नारीवादी परिप्रेक्ष्य महिलाओं को सत्ता की प्रमुख स्थिति में नहीं रखता है, बल्कि एक समतावादी समाज के लिए कहता है जिसमें कोई एक प्रमुख समूह नहीं है। आज, उदारवाद के कई आयाम हैं, जिनमें उदार पारिस्थितिकतावाद, आध्यात्मिक / सांस्कृतिक पारिस्थितिकवाद, और सामाजिक / समाजवादी पारिस्थितिकवाद (या भौतिकवादी पारिस्थितिकवाद) शामिल हैं। पारिस्थितिकतावाद की कई व्याख्याएं भी हैं और इसे सामाजिक विचारों पर कैसे लागू किया जा सकता है, जिसमें पारिस्थितिकतावादी कला, सामाजिक न्याय और राजनीतिक दर्शन, धर्म, समकालीन नारीवाद और कविता शामिल हैं।

पर्यावरण-नारीवाद प्रकृति के उत्पीड़न और महिलाओं के उत्पीड़न के बीच समानता को संबोधित करता है ताकि इस विचार पर जोर दिया जा सके कि दोनों को ठीक से पहचानने के लिए समझा जाना चाहिए कि वे कैसे जुड़े हुए हैं। इन समानताएं शामिल हैं, लेकिन महिलाओं और प्रकृति को संपत्ति के रूप में देखने तक सीमित नहीं हैं, पुरुषों को संस्कृति के संग्रहाध्यक्ष के रूप में और महिलाओं को प्रकृति के संग्रहाध्यक्ष के रूप में देखते हैं, और कैसे पुरुष महिलाओं और मनुष्यों पर हावी होते हैं।

अतः विकल्प (B) सही है।

120. डी. पी. मुखर्जी एक उत्कृष्ट भारतीय थे जिनके बहुमुखी हितों ने न केवल समाजशास्त्र के क्षेत्र में बल्कि अर्थशास्त्र, साहित्य, संगीत और कला के क्षेत्र में भी जगह बनाई है। फिर भी, उनके युगानुयुग योगदान से समाजशास्त्र को सबसे अधिक लाभ हुआ है। डीपी, एक विद्वान होने के अलावा, एक बेहद संस्कारी और संवेदनशील व्यक्ति थे।

उनका व्यक्तित्व उन युवाओं को प्रभावित करने और ढालने में अपनी शक्ति के लिए उल्लेखनीय था जो उनके संपर्क में आए थे। वह एक मार्क्सवादी थे, लेकिन उन्हें मार्क्सवादी, यानी मार्क्सवाद का एक सामाजिक वैज्ञानिक, कहना पसंद करते थे। उन्होंने द्वंद्वात्मक भौतिकवाद के मार्क्सवादी दृष्टिकोण से भारतीय समाज का विश्लेषण किया।

अतः विकल्प (B) सही है।

121. सामाजिक स्तरीकरण को धन, प्रतिष्ठा, जातीयता, लिंग और शक्ति जैसे मानदंडों के आधार पर श्रेणीबद्ध पदों पर व्यक्तियों के समूहों की व्यवस्था के रूप में परिभाषित किया जा सकता है।

यह सामाजिक असमानता का एक प्रमुख रूप है।

सामाजिक अनुसमर्थन से तात्पर्य किसी समाज के भीतर शक्ति और धन के विभाजन में व्यक्तियों की व्यवस्था से है।
अतः विकल्प (B) सही है।

122. कारण और प्रभाव घटनाओं या चीजों के बीच एक संबंध है, जहां एक दूसरे या दूसरों का परिणाम है। यह क्रिया और प्रतिक्रिया का एक संयोजन है। कारण और प्रभाव संबंध एक ऐसा संबंध है जिसमें एक घटना दूसरे को होने का कारण बनाती है। प्रभाव से पहले कारण होना चाहिए। जब भी कारण होता है, तो प्रभाव भी होना चाहिए। कोई अन्य कारक नहीं होना चाहिए जो कारण और प्रभाव के बीच संबंध को समझा सके।
अतः विकल्प (D) सही है।

123. एक व्यक्ति के रूप में, आप कई अलग-अलग प्रकार के समूहों से संबंधित हो सकते हैं: एक धार्मिक समूह, एक जातीय समूह, आपका कार्यस्थल सहयोगी समूह, आपका कॉलेज वर्ग, एक खेल टीम, आदि। इसे सामाजिक समूह भी कहा जाता है।

इन सामाजिक समूहों के कारण हमारे जीवन में कुछ संगठन है। इन समूहों के भीतर, हमारे पास हमारे सामाजिक नेटवर्क हैं।

दोनों कथन सत्य हैं। लेकिन (R), (A) की सही व्याख्या नहीं हैं।

अतः विकल्प (C) सही है।

124. हुसरली और शुट्ज़ रोजमर्रा की जिंदगी और संस्थानों के सामाजिक निर्माण में सामान्य ज्ञान की भूमिका प्रदान करते हैं। शुट्ज़ ने, हालांकि, एक एक्शन थ्योरी की दिशा में अस्थायीता के हुसेरिलियन खाते को बदल दिया, निष्क्रिय अनुभव (जैसे शारीरिक सजगता) के सीमांकन स्तर, एक मार्गदर्शक परियोजना के बिना सहज गतिविधि (जैसे, पर्यावरण उत्तेजनाओं को नोटिस करना), और जानबूझकर योजनाबद्ध और अनुमानित गतिविधि, जिसे तकनीकी रूप से "एक्शन" के रूप में जाना जाता है (जैसे, एक किताब लिखना)। भविष्य में महसूस की जाने वाली कार्रवाई की योजना बनाने में, एक व्यक्ति "प्रक्षेपण" के चिंतनशील कृत्यों पर निर्भर करता है, जैसे कि वे चिंतनशील स्मृति में पाए जाते हैं, जो अब भविष्य में अतीत दिशा के विपरीत उन्मुख होते हैं।

अतः विकल्प (D) सही है।

125. पर्याप्त आवृत्ति के साथ होने वाली स्थितियों का परिवर्तन, जैसा कि सामाजिक रूप से प्रतिरूपित किया जा सकता है, को स्थिति-अनुक्रम के रूप में नामित किया जा सकता है।

स्थिति-अनुक्रम की अवधारणा समाजशास्त्री रॉबर्ट मेर्टन के साथ संबद्ध है।

मेर्टन स्थिति अनुक्रम के अनुसार सामाजिक रूप से प्रतिरूपित होने के लिए पर्याप्त आवृत्ति के साथ होने वाली स्थितियों का एक उत्तराधिकार है।

इसे स्थिति अनुक्रम के रूप में डिज़ाइन किया जाएगा, उदाहरण के लिए, क्रमिक रूप से स्थितियों का।

समय के परिवर्तन के रूप में माना जाता है।
अतः विकल्प (B) सही है।

126. आर.के. मर्टन ने 'अव्यक्त' और 'प्रकट' कार्यों की अवधारणा को प्रतिपादित किया। दोनों की परिभाषा इस प्रकार है:

परिभाषा:

अव्यक्त कार्य: कार्यात्मक परिणाम जो किसी सामाजिक प्रणाली के सदस्यों द्वारा अभिप्रेत या मान्यता प्राप्त नहीं होते हैं, जिसमें वे घटित होते हैं।

प्रकट कार्य: एक प्रकार की सामाजिक गतिविधि के कार्य जिन्हें गतिविधि में शामिल व्यक्तियों द्वारा जाना जाता है और उनका उद्देश्य है।
अतः विकल्प (B) सही है।

127.

सूची- I (समूह I)	सूची- I (समूह II)
(A) चक्रीय सिद्धांत	(i) सोरोकिन
(B) संरचनात्मक-कार्यात्मक दृष्टिकोण	(iii) किंग्सले डेविस
(C) संघर्ष सिद्धांत	(ii) कार्ल मार्क्स
(D) विकासवादी सिद्धांत	(iv) अगस्टे कॉम्टे

अतः विकल्प (B) सही है।

128. कार्यात्मक दृष्टिकोण में, समाजों को जीवों की तरह कार्य करने के लिए माना जाता है, विभिन्न सामाजिक संस्थाएं एक साथ काम कर रही हैं जैसे अंगों को बनाए रखने और पुन: पेश करने के लिए। समाज के विभिन्न हिस्सों को समग्र सामाजिक संतुलन बनाए रखने के लिए स्वाभाविक और स्वचालित रूप से एक साथ काम करने के लिए माना जाता है।

अतः विकल्प (D) सही है।

129. डिजिटल डिवाइड आमतौर पर शहरों में और ग्रामीण क्षेत्रों में उन लोगों के बीच मौजूद होता है; शिक्षित और अशिक्षित के बीच; सामाजिक आर्थिक समूहों के बीच; और, विश्व स्तर पर, अधिक और कम औद्योगिक रूप से विकसित राष्ट्रों के बीच। इसलिए यह सीमाओं का एक विशिष्ट विभाजन है और डिजिटल रूप से यह सभी के बीच विभाजित है।
अतः विकल्प (D) सही है।

130. जलवायु परिवर्तन के लिए रणनीतिक ज्ञान पर राष्ट्रीय मिशन: जलवायु विज्ञान, प्रभावों, और चुनौतियों की बेहतर समझ हासिल करने के लिए, योजना एक नए जलवायु विज्ञान अनुसंधान कोष, जलवायु मॉडलिंग में सुधार और अंतर्राष्ट्रीय सहयोग में वृद्धि करती है।

हिमालयी पारिस्थितिकी तंत्र को बनाए रखने के लिए राष्ट्रीय मिशन: यह विशेष मिशन हिमालय के ग्लेशियरों के पिघलने को रोकने और हिमालयी क्षेत्र में जैव विविधता की रक्षा करने के लिए लक्ष्य निर्धारित करता है।

अतः विकल्प (D) सही है।

131. प्रवास धाराएँ किसी दिए गए प्रवास अंतराल के दौरान की जाने वाली चालों की कुल संख्या होती है, जिनमें उत्पत्ति का एक सामान्य क्षेत्र और गंतव्य का एक सामान्य क्षेत्र होता है। निम्नलिखित आकृति विभिन्न देशों के बीच प्रवास धारा की पहचान करती है:

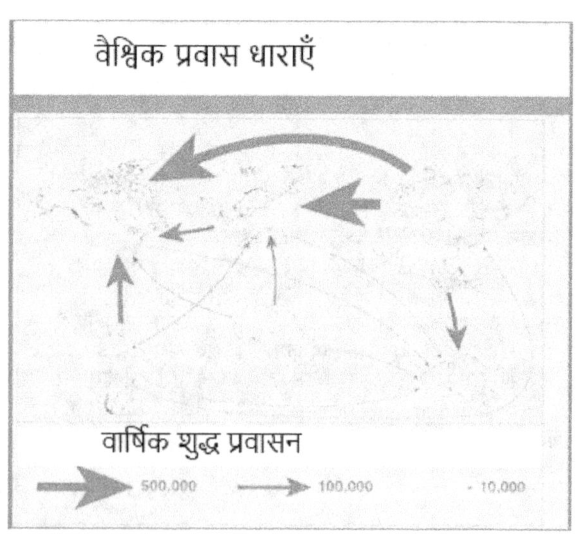

अतः विकल्प (D) सही है।

132. समाजशास्त्र में, परस्पर संवाद एक सैद्धांतिक परिप्रेक्ष्य है जो मानव प्रक्रियाओं से सामाजिक प्रक्रियाओं (जैसे संघर्ष, सहयोग, पहचान गठन) को प्राप्त करता है।

यह इस बात का अध्ययन है कि व्यक्ति समाज को कैसे आकार देते हैं और समाज द्वारा अर्थ के माध्यम से आकार लेते हैं जो परस्पर संवाद की प्रक्रिया में उत्पन्न होता है।

अतः विकल्प (B) सही है।

133. चार औद्योगिक क्रांतियां कोयला, गैस, इलेक्ट्रॉनिक्स और परमाणु और इंटरनेट और नवीकरणीय ऊर्जा हैं। वर्तमान समय में 1765 से शुरू होकर, हमने एक अद्भुत विकास देखा है। कोयला और गैस जैव प्रौद्योगिकी क्रांति का प्रतिनिधित्व करते हैं, इलेक्ट्रॉनिक्स और परमाणु औद्योगिक क्रांति का प्रतिनिधित्व करते हैं, इंटरनेट मुद्रण का प्रतिनिधित्व करता है और नवीकरणीय ऊर्जा हरित क्रांति का प्रतिनिधित्व करती है।

अतः विकल्प (D) सही है।

134. पूंजीवादी समाज में, बुर्जुआ और सर्वहारा एक दूसरे पर निर्भर हैं। मजदूरी करने वाले को जीवित रहने के लिए अपनी श्रम शक्ति बेचनी चाहिए क्योंकि वह उत्पादन की शक्तियों का हिस्सा नहीं होता है और स्वतंत्र रूप से माल का उत्पादन करने के लिए साधन की कमी होती है।

अतः विकल्प (A) सही है।

135. लुई विर्थ और ऑस्कर लुईस "जीवन के एक मार्ग के रूप में शहरीवाद का सिद्धांत" और गरीबी की संस्कृति से जुड़े हैं। जीवन की एक विशिष्ट विधा के रूप में शहरीवाद को तीन परस्पर संबंधित दृष्टिकोणों से आनुभविक रूप से संपर्क किया जा सकता है: (1) एक भौतिक संरचना के रूप में जिसमें जनसंख्या आधार, एक प्रौद्योगिकी और एक पारिस्थितिक व्यवस्था शामिल है; (2) सामाजिक संगठन की एक प्रणाली के रूप में, जिसमें एक विशिष्ट सामाजिक संरचना, सामाजिक संस्थाओं की एक श्रृंखला और सामाजिक संबंधों का एक विशिष्ट पैटर्न शामिल है; और (3) दृष्टिकोण और विचारों के एक समूह के रूप में, और सामूहिक व्यवहार और सामाजिक नियंत्रण के विशिष्ट तंत्र के अधीन विशिष्ट रूपों में संलग्न व्यक्तित्वों का एक नक्षत्र।

अतः विकल्प (D) सही है।

136. हां, पारंपरिक सामाजिक मूल्यों में बदलाव आधुनिकीकरण की ओर ले जाता है, जबकि कारण गलत है क्योंकि समाज परिवर्तन के अधीन है, जैसे-जैसे समय बदलता है, वैसे-वैसे पारंपरिक सामाजिक मूल्यों में बदलाव आता है। अपने वर्तमान अर्थों में 'आधुनिकीकरण' शब्द का उपयोग अपेक्षाकृत हाल के मूल का है, जो कि अमेरिकी की शब्दावली का एक स्वीकृत हिस्सा बन गया है, यदि केवल 1960 के दशक में अंतर्राष्ट्रीय, सामाजिक विज्ञान नहीं है। मुद्रा के अपेक्षाकृत तेज़ी से बढ़ने के बावजूद, शब्द की लोकप्रियता इसके सटीक अर्थ से संबंधित किसी व्यापक सहमति से मेल नहीं खाती है।

अतः विकल्प (C) सही है।

137.

सूची- I (पुस्तकों की सूची)	सूची- II (पुस्तक लेखकों की सूची)
(A) नारी से घृणा करना	(i) एंड्रिया डॉर्किन
(B) शुद्ध वासना	(iii) मैरी डेली
(C) मार्क्सवाद और महिलाओं पर अत्याचार	(ii) लिसा वोगेल
(D) महिला संपदा	(iv) जूलियट मिशेल

अतः विकल्प (C) सही है।

138. पर्यावरण शिक्षा सीखने की ऐसी प्रक्रिया है जिसके माध्यम से प्रतिभागियों को पर्यावरणीय समस्याओं को हल करने में योगदान करने के लिए पर्याप्त ज्ञान प्राप्त होता है।

पर्यावरण शिक्षा का उद्देश्य:

- पर्यावरण के लिए चिंता दिखाने के लिए नए व्यवहार स्वरुप बनाने और इसे ठीक से प्रबंधित करने के तरीके को समझने के लिए

- ग्रामीण और शहरी क्षेत्रों में आर्थिक, राजनीतिक, सामाजिक, पारिस्थितिक निर्भरता के बारे में स्पष्ट जागरूकता को बढ़ावा देना

- पर्यावरण की रक्षा और सुधार की आवश्यकता के बारे में चेतना बढ़ाने के लिए

इसलिए, हम यह निष्कर्ष निकालते हैं कि उपरोक्त सभी बिंदु पर्यावरण शिक्षण के उद्देश्य हैं।

अतः विकल्प (D) सही है।

139. मध्याह्न भोजन योजना:

- 1925 में, मद्रास नगर निगम में वंचित बच्चों के लिए एक मध्याह्न भोजन कार्यक्रम शुरू किया गया था।

- 1980 के दशक के मध्य तक तीन राज्य अर्थात गुजरात, केरल और तमिलनाडु और केंद्र शासित प्रदेश पांडिचेरी ने 1990-91 तक प्राथमिक स्तर पर पढ़ रहे बच्चों के लिए अपने स्वयं के संसाधनों के साथ एक पका हुआ मध्याह्न भोजन कार्यक्रम को सार्वभौमिक बना दिया था। एक सार्वभौमिक या बड़े पैमाने पर बारह राज्यों तक बढ़ गया था।

- नामांकन, प्रतिधारण और उपस्थिति को बढ़ाने और साथ ही साथ बच्चों के बीच पोषण स्तर में सुधार करने के लिए, प्राथमिक शिक्षा के लिए पोषण सहायता का राष्ट्रीय कार्यक्रम (एनपी-एनएसपीई) 15 अगस्त 1995 को केंद्र प्रायोजित योजना के रूप में, शुरुआत में 2408 ब्लॉक में शुरू किया गया था।

मध्याह्न भोजन कार्यक्रम शुरू करने वाला पहला नगर निगम मद्रास नगर निगम था।

अतः विकल्प (A) सही है।

140. दहेज प्रतिषेध अधिनियम 1961 में दहेज विरोधी कानूनों को समेकित किया गया था जो कुछ राज्यों में पारित किए गए थे। इस अधिनियम को दहेज प्रतिषेध अधिनियम, 1961 कहा जा सकता है। यह आधिकारिक राजपत्र नियुक्ति में अधिसूचना द्वारा केंद्र सरकार द्वारा लागू किया जा सकता है।

यह कानून धारा 3 में किसी भी व्यक्ति को दहेज देने या लेने पर दंड का प्रावधान करता है। सजा न्यूनतम 5 साल के लिए कारावास हो सकती है और 15,000 रुपये से अधिक जुर्माना या प्राप्त दहेज का मूल्य, जो भी अधिक हो।

अतः विकल्प (B) सही है।

141. 'मटकी' नृत्य रूप मध्य प्रदेश में खानाबदोश जनजातियों द्वारा विकसित किया गया है। एक "छोटे घड़े" का उपयोग करके प्रदर्शन किया जाता है, जो मध्य भारत का एक लोकप्रिय नृत्य है जिसे "मटकी नृत्य" के रूप में जाना जाता है।

यह "घड़ा नृत्य" मध्य प्रदेश राज्य से संबंधित है, और मुख्य रूप से मालवा क्षेत्र में किया जाता है।

राज्य	नृत्य
मध्य प्रदेश	आडा, खाडा नाच, सेलाभदोनी, मानच, फूलपति, ग्रिडा।
असम	बिहु, नागा नृत्य, खेल गोपाल, नटपूजा, महारास, केनो, झुमरा होबनाई।
बिहार	बाखो-बखैन, सामा चकवा, बिदेसिया, जटा-जटीन, पनवारिया।
राजस्थान	घूमर, चकरी, गणगोर, गपल, कालबेलिया।

अतः विकल्प (C) सही है।

142. प्रायोगिक अनुसंधान: यह कार्य-कारण संबंध स्थापित करने पर शोध करने के लिए एक व्यवस्थित और वैज्ञानिक दृष्टिकोण है।

- यह दो या दो से अधिक चरों के बीच संबंध और प्रभाव के संबंध स्थापित करने के लिए बनाया गया है।
- यह एक नियंत्रित वातावरण में प्रयोगों के माध्यम से एक परिकल्पना की जांच करता है जहां शोधकर्ता द्वारा एक चर का बदलाव किया जाता है और इसका प्रभाव आश्रित चर पर देखा जाता है।
- यह तैयार की गई परिकल्पना का परीक्षण करता है और परिणामों का उपयोग बड़ी आबादी को सामान्य बनाने के लिए करता है।
- यह नियंत्रित स्थितियों के तहत शैक्षिक स्थिति में विभिन्न घटनाओं के बीच कारण संबंध स्थापित करने में मदद करता है।

अतः विकल्प (D) सही है।

143. मोहिनीअट्टम का शाब्दिक अर्थ 'मोहिनी' के नृत्य के रूप में माना जाता है, जो हिंदू पौराणिक कथाओं की खगोलीय प्रतिमा है, और यह केरल का शास्त्रीय एकल नृत्य रूप है।

- मोहिनियाट्टम के संदर्भ 1709 में मझगामलाराम नारायणन नम्पुतिरि द्वारा लिखी गई कथाओं और बाद में कवि कुंजन नांबियार द्वारा लिखित घोषयात्रा में पाए जा सकते हैं।
- इसमें भरतनाट्यम (अनुग्रह और लालित्य) और कथकली (ताकत) के तत्व हैं, लेकिन यह अधिक कामुक, गीतात्मक और नाजुक है।
- मोहिनीअट्टम की विशेषता सुंदर, बिना किसी झटके या अचानक छलांग के साथ शरीर की गतिविधियों को रोकना है।
- यह लास्य शैली का है जो कोमल और सुडौल है।
- समुद्र के लहरों और नारियल, ताड़ के पेड़ और धान के खेतों की तरह लहरों पर ऊपर और नीचे हल चल द्वारा जोर दिया जाता है।
- यथार्थवादी मेकअप और साधारण ड्रेसिंग (केरल के कासवु साड़ी में) का उपयोग किया जाता है।

नृत्य	राज्य
भरतनाट्यम	तमिल नाडु
कत्थक	उत्तर प्रदेश
कथकली	केरल
कुचिपुड़ी	आंध्र प्रदेश
ओडिसी	ओडिशा
सत्रिया	असम
मणिपुरी	मणिपुर
मोहिनीअट्टम	केरल

अतः विकल्प (C) सही है।

144. वारली चित्रकला एक प्रकार की आदिवासी कला है जिसका प्रचलन महाराष्ट्र की एक जनजाति 'वारली 'या' वरली' से है। अन्य स्थानीय जनजातियाँ भी इन चित्रों के निर्माण में भाग लेती हैं जो परंपरागत रूप से केवल त्योहारों के मौसम और शादियों के दौरान घर की दीवारों पर किया जाता था। यह आदिवासियों के दैनिक जीवन के दृश्यों, आकृतियों, चित्रों और जीवन के आकृतियों के आवर्ती संयोजनों का उपयोग करने के लिए अपनी सादगी और शांत रंगों के उपयोग से प्रतिष्ठित है।

अतः विकल्प (D) सही है।

145. लाहो नृत्य मेघालय का एक लोक नृत्य है।

- यह पूर्वोत्तर राज्य अपने उत्सवों, उल्लासपूर्ण वातावरण और संगीत के लिए प्रसिद्ध है।
- आदिवासी समुदाय इन त्योहारों को मनाने के लिए समूहों में इकट्ठा होते हैं।
- मेघालय में पारन आदिवासी समुदाय के बीच लाहो नृत्य शैली बहुत प्रसिद्ध है।

- परस्पर लोग रंगों और संगीत के शौकीन होते हैं।
- यह लोक नृत्य उनके समृद्ध स्वाद और जीवंत संस्कृति का प्रतिबिंब है।
- इसे चिपिया नृत्य के नाम से भी जाना जाता है।
- लाहो इन उत्सव समारोहों का एक महत्वपूर्ण हिस्सा है।

अतः विकल्प (A) सही है।

146. आय उत्पन्न करने वाली गतिविधियों को आर्थिक गतिविधियाँ कहा जाता है। आर्थिक गतिविधियों के आधार पर भारतीय अर्थव्यवस्था को 3 प्रमुख क्षेत्रों में विभाजित किया जा सकता है, जो प्राथमिक क्षेत्र, द्वितीयक क्षेत्र और तृतीयक क्षेत्र हैं। डेयरी प्राथमिक क्षेत्र के अंतर्गत आती है।

प्राथमिक क्षेत्र: प्राथमिक गतिविधियां सीधे पर्यावरण पर निर्भर होती हैं क्योंकि ये पृथ्वी के संसाधनों के उपयोग को संदर्भित करती हैं। इसमें, शिकार, चारागाही, मछली पकड़ना, मधुपालन इत्यादि शामिल हैं।

माध्यमिक क्षेत्र: माध्यमिक गतिविधियां कच्चे माल को मूल्यवान उत्पादों में परिवर्तित करके प्राकृतिक संसाधनों के लिए मूल्य जोड़ती हैं। इसलिए यह विनिर्माण, प्रसंस्करण और निर्माण उद्योग से संबंधित हैं। उदाहरण के लिए: जूता कारखाना।

तृतीयक क्षेत्र: तृतीयक गतिविधियों में उत्पादन और विनिमय दोनों शामिल हैं। उत्पादन में उपभोग की जाने वाली सेवाओं के 'प्रावधान' शामिल हैं। एक्सचेंज में व्यापार, परिवहन और संचार सुविधाएं शामिल हैं जिनका उपयोग दूरी से निपटने के लिए किया जाता है। उदाहरण के लिए: परामर्श कार्य।

अतः विकल्प (B) सही है।

147. स्टालिन ने शिक्षा में समाजवाद का सिद्धांत प्रतिपादित किया।

शिक्षा में समाजवाद का सिद्धांत: समाजवाद 1924 में जोसेफ स्टालिन और निकोलाई बुकहरिन द्वारा सामने रखी गई एक विचारधारा थी जिसे अंततः सोवियत संघ द्वारा राज्य नीति के रूप में अपनाया गया था। सिद्धांत ने कहा कि, रूस को छोड़कर 1917-1923 में यूरोप में सभी कम्युनिस्ट क्रांतियों की विफलता, सोवियत संघ को आंतरिक रूप से खुद को मजबूत करना जारी रखना चाहिए। राष्ट्रीय साम्यवाद की ओर यह बदलाव शास्त्रीय मार्क्सवाद के पहले के रुख से हटकर था कि समाजवाद को अंतरराष्ट्रीय स्तर पर विकसित किया जाना चाहिए। हालांकि, सिद्धांत के समर्थकों का मानना है कि न तो विश्व क्रांति और न ही विश्व साम्यवाद इसका खंडन करता है। एक देश में समाजवाद के समर्थकों का दावा है कि स्टालिन की विचारधारा लेनिनवाद के मूल सिद्धांतों के अनुरूप थी जिसमें एक या अलग देशों में समाजवाद की विजय संभावित है, जबकि अन्य देश कुछ समय तक रूढ़िवादी बने रहे।

अतः विकल्प (C) सही है।

148. एक चौड़ा आधार और संकीर्ण शीर्ष का तात्पर्य अधिक युवा जनसंख्या और कम वृद्ध जनसंख्या है। यह उच्च प्रजनन क्षमता और मृत्यु दर का सुझाव देता है। कई विकासशील देशों में इस प्रकार की जनसंख्या पिरामिड है।

विकासशील देश के लिए जनसंख्या पिरामिड

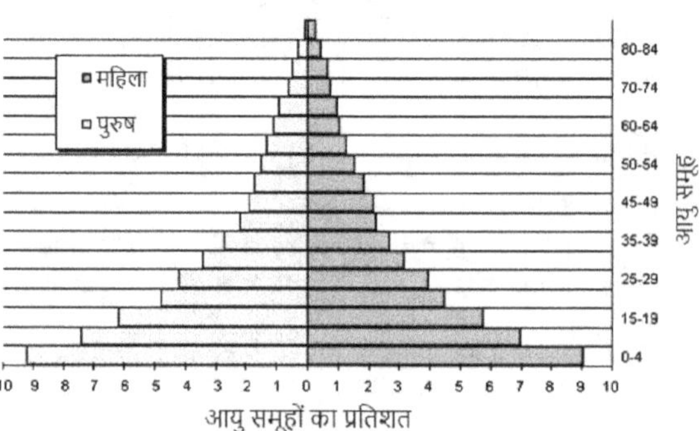

- एक जनसंख्या पिरामिड को एक आयु-लिंग-पिरामिड भी कहा जाता है।
- विकासशील देशों में, जनसंख्या पिरामिड में चौड़ा आधार और संकीर्ण शीर्ष होता है।
- एक जनसंख्या पिरामिड जनसंख्या में विभिन्न आयु समूहों के वितरण का चित्रमय निरूपण है, इस प्रकार कि निरूपण, पिरामिड का रूप ले सकता है।
- पिरामिड के बाईं ओर पुरुषों को और दाईं ओर महिलाओं को दिखाया गया है।
- विभिन्न प्रकार के जनसंख्या पिरामिड हैं - विस्तार पिरामिड, स्थिर पिरामिड और ह्रासमान पिरामिड।
- अधिकांश विकसित देशों में आयताकार आकार का एक जनसंख्या पिरामिड होता है।

अतः विकल्प (C) सही है।

149. अमेज़न ऐपल के बाद $ 900 बिलियन बाजार पूंजीकरण तक पहुँचने वाली दूसरी कंपनी बन गई। अमेज़न संयुक्त राज्य अमेरिका में सिएटल स्थित एक ई-कॉमर्स कंपनी है। इसके संस्थापक जेफ बेजोस पृथ्वी के सबसे अमीर व्यक्ति हैं।

अतः विकल्प (C) सही है।

150. सामाजिक शोध पद्धति का सम्बन्ध सामाजिक घटनाओं, मानव आचरण तथा सामाजिक जीवन के विभिन्न पहलुओं से पाया जाता है।

- सामाजिक और ग्रामीण विकास का संबंध अनुसंधान की घटनाएं मानव व्यवहार और सामाजिक जीवन के विभिन्न पहलुओं से होती हैं।
- क्योंकि सामाजिक और ग्रामीण विकास अनुसंधान का तात्पर्य सामाजिक तथ्यों से संबंधित प्रश्नों या समस्याओं के वैज्ञानिक स्तर से है।
- इसलिए, सामाजिक घटनाओं को समझने, सत्यापित करने और पुष्टि करने के लिए और सैद्धांतिक विश्लेषण के लिए व्यवस्थित वैज्ञानिक पद्धति के उपयोग को सामाजिक शोध कहा जाता है।

अतः विकल्प (D) सही है।

Paper-I

Q.1 शोध में निष्पक्षता का अर्थ _______ है।

A. सत्य का सही निर्णय

B. वास्तविकता के अनुरूप निष्कर्ष

C. परिणामों में समझौता

D. पद्धति संबंधी परिष्कार

Q.2 अनिल ने 8 क्रिकेट मैच खेले। रनों का माध्य(औसत) 80 रन पाया गया। चार और मैच खेलने के बाद कुल रनों का माध्य 70 रन पाया गया। अंतिम चार मैचों में कुल कितने रन बने हैं?

A. 400   **B.** 300   **C.** 200   **D.** 100

Q.3 यदि ALLAHABAD का कोड DPQGOIKKO है, तो BENGULURU का कोड होगा?

A. ESBTBDIMF   **B.** MBDBFEIST

C. EISMBTDBF   **D.** ESBDFBTMI

Q.4 एक व्यक्ति एक टैक्सी में 10 किलोमीटर की यात्रा के लिए 160 रुपया का भुगतान करता है, जिसमें कुछ आरम्भिक निश्चित शुल्क सम्मिलित है| एक अन्य व्यक्ति ने 16 किलोमीटर की यात्रा के लिए 276 रुपया का भुगतान किया तथा टैक्सी ड्राईवर ने उससे आरम्भिक निश्चित शुल्क का दुगुना वसूल किया। टैक्सी का प्रति किलोमीटर शुल्क है:

A. 10   **B.** 13   **C.** 11   **D.** 17

Q.5 गोपाल उत्तर दिशा में 20 मीटर चला। इसके बाद वह दाहिने मुड़कर 30 मीटर चला। उसके बाद वह दाहिने मुड़कर 35 मीटर चला। पुन: वह बाएँ मुड़कर 15 मीटर चला। इसके बाद वह पुन: बाएँ मुड़कर 15 मीटर चला। उसकी आरम्भिक स्थिति और अंतिम स्थिति के बीच न्यूनतम दूरी है:

A. 65 मीटर   **B.** 55 मीटर   **C.** 40 मीटर   **D.** 45 मीटर

Q.6 'ग्रेपवाइन' शब्द को इस रूप में भी जाना जाता है:

A. नीचे की ओर संचार   **B.** अनौपचारिक संचार

C. ऊपर की ओर संचार   **D.** क्षैतिज संचार

Q.7 कक्षा में, एक संचारक का विश्वास स्तर निम्न द्वारा निर्धारित किया जाता है:

A. अतिशयोक्ति के प्रयोग से

B. आवाज स्तर के परिवर्तन से

C. अमूर्त अवधारणाओं के प्रयोग से

D. आँख के संपर्क से

Q.8 प्रत्येक प्रकार का संचार इससे प्रभावित होता है:

A. अभिग्रहण   **B.** संचरण

C. गैर-अभिग्रहण   **D.** संदर्भ

Q.9 किस प्रकार की शिक्षा प्रणाली में, विशेष शैक्षिक आवश्यकताओं वाले छात्रों को मौजूदा स्कूल वातावरण के साथ समायोजित किया जाना है?

A. एकीकृत   **B.** समावेशी

C. विशेष और समावेशी   **D.** एकीकृत और समावेशी

Q.10 निम्नलिखित में से कौन एमएस वर्ड में एक ही मेल को अलग-अलग व्यक्तियों को भेजने के लिए किया जाता है?

A. मेल ज्वाइन   **B.** मेल कॉपी

C. मेल इन्सर्ट   **D.** मेल मर्ज

Q.11 एक कम्प्यूटर में 1 बाइट में सामान्यत: शामिल होते हैं:

A. 4 बिट्स   **B.** 8 बिट्स   **C.** 16 बिट्स   **D.** 10 बिट्स

Ques (12-16):निर्देश: निम्नलिखित गद्यांश को ध्यान से पढ़िए और प्रश्नों का उत्तर दीजिये:

अंतिम महायुद्ध जिसने आधुनिक विश्व की आधारशिला कंपित कर दिया, इसने हिंसा के विरुद्ध आम रूप से बढ़ावा देने की प्रवृत्ति तथा पश्चिमी दुनिया की 'मानवीय विज्ञप्त्यों' के बारे में मोहभंग की स्थिति को प्रखरता से अभिव्यक्ति देने से परे भारतीय साहित्य पर स्वल्प प्रभाव ही डाल सका है। इसकी मुखर अभिव्यक्ति टैगोर की बाद की कविताओं एवं उनके अंतिम महाग्रंथ सभ्यता में संकट के माध्यम से हुई। इस समय भारत का बुद्जीवी वर्ग एक नैतिक अन्तर्द्वन्द की दशा से गुजर रहा था। एक ओर जहाँ वह संकट की घड़ी में इंग्लैंड के साहस के प्रति सहानुभूति व्यक्त किये बगैर नहीं रह सका, जिसमें रूसी लोग निष्ठुर नाजी सैन्य शक्ति से लोहा ले रहे थे, चीन, जापान की सेनाओं को बूटों तले रौंदा जा रहा था; दूसरी तरफ, उनका अपना देश व्यावहारिक रूप से अपनी ही सेना के कब्जे में था, और सुभास बोस के अधीन एक भारतीय सेना अपने देश को आजाद कराने के लिए विपरीत पक्ष से कोशिश कर रही थी। ऐसी दायित्व की उलझन में कोई भी रचनात्मक मनोवेग जारी नहीं कर सकता। यह सहज ही अनुमानित किया जा सकता है कि 1947 में भारत की स्वतंत्रता प्राप्ति जो मित्र राष्ट्रों के आविर्भाव क्रम में महत्त्वपूर्ण है तथा जो पडोसी देशों, जैसे दक्षिण-पूर्व एशिया में उपनिवेशवाद के अंत के रूप में फलित हुआ, सृजनात्मक ऊर्जा के विस्फोट को गतिमान कर सकता था।

नि:संदेह एसा हुआ किन्तु शीघ्र ही देश के विभाजन की यंत्रणा, नरसंहार तथा लाखों लोगों का अपने ही देश से विस्थापित होने और महात्मा गांधी की शहादत की घटना से यह सब डूब गया। इन त्रासदियों ने तथा साथ ही कश्मीर पर पाकिस्तान के आक्रमण और बांग्लादेश में उसके बाद के अत्याचारों के साथ, वास्तव में मार्मिक लेखन को उत्तेजित किया, विशेष रूप से बंगाली, हिंदी, कश्मीरी, पंजाबी, सिंधी और उर्दू भाषा सबसे अधिक प्रभावित क्षेत्र थे। किन्तु केवल मर्मस्पर्शी अथवा भावपूर्ण लेखन अपने आपमें साहित्य को महानता प्रदान नहीं करता। इन आपदाओं के उपरान्त भी जो उत्साह एवं आत्मबल का कोष बना रहा वो राष्ट्रीय पुननिर्माण तथा आर्थिक विकास में आत्मसात हुआ। महान साहित्य का अभ्युदय सर्वदा ही खलबलियों की श्रृंखलाओं से प्रस्फुटित हुआ है। आज का भारतीय साहित्य पहले के सापेक्ष अपने परिमाण, विस्तार एवं विविधता में कहीं अधिक समृद्ध है।

Q.12 पिछले महायुद्ध का भारतीय साहित्य पर क्या प्रभाव पड़ा था ?

A. इसका कोई प्रभाव नहीं पड़ा था

B. इसने हिंसा के विरुद्ध जनाक्रोश बढ़ा दिया था

C. इसने साहित्य की नींव को हिला दिया था

D. इसने पश्चिमी दुनिया को प्रबल समर्थन दिया

Q.13 अपने अंतिम महाग्रंथ में टैगोर ने किसकी अभिव्यक्ति की?

A. सुभाष बोस को समर्थन दिया था

B. पश्चिमी दुनिया की 'मानवीय- विज्ञप्तियों' की पोल खोली

C. इंग्लैंड के प्रति अपनी निष्ठां व्यक्त की

D. देशों की मुक्ति को प्रोत्साहन प्रदान किया

Q.14 महायुद्ध के समय भारतीय बुद्धजीवियों की क्या सोच थी?

A. वे रूसी लोगों के कष्टों के प्रति उदासीन थे

B. वे जापानी सैन्य शक्तिवाद के पक्ष में थे

C. उनकी अनिश्चितता निष्ठावानता ने सृजनात्मकता को बढ़ावा दिया

D. उन्होंने इंग्लैंड के वढ-साहस के प्रति सहानुभूति जताई

Q.15 भारतीय साहित्य में रचनात्मक ऊर्जा के डूबने के लिए जिम्मेदार कारक की पहचान करें।

A. अपनी ही धरती की सैन्य आधिपत्य

B. औपनिवेशिक आधिपत्य का प्रतिरोध

C. विभाजन फलस्वरूप अनुभूत तीव्र यन्त्रणा

D. मित्र राष्ट्रों की विजय

Q.16 कश्मीर तथा बांग्लादेश की त्रासदी से जनित प्रभाव क्या थे?

A. दुसरे देशों का शंका-भाव

B. प्रतिद्वंदिता की निरंतरता

C. युद्ध का खतरा

D. राष्ट्र पुननिर्माण

Q.17 जब मौखिक और गैर-मौखिक संदेश परस्पर विरोधी होते हैं, तो ऐसा कहा जाता है कि अधिकांश लोग किसमें विश्वास करते हैं?

A. अनिश्चित संदेश   **B.** मौखिक संदेश

C. गैर-मौखिक संदेश   **D.** उग्र संदेश

Q.18 अनुसंधान में एक विश्लेषण जो नृवंशविज्ञान पर आधारित है, कहलाता है:

A. गुप्त अनुसंधान   **B.** वार्तालाप विश्लेषण

C. सामग्री विश्लेषण   **D.** प्रतिमान

Q.19 कौन से कारक संचार भागीदारों की पसंद को प्रभावित करते हैं?

A. निकटता, उपयोगिता, अकेलापन

B. उपयोगिता, गोपनीयता, असंगति

C. गोपनीयता, असंगति, छल

D. विसंगति, असंगति, विचलन

Ques (20-24):निर्देश: निम्नलिखित तालिका का ध्यानपूर्वक अध्ययन कीजिए और निम्नलिखित प्रश्नों के उत्तर दीजिए।

निम्नलिखित तालिका तीन महीनों में बेची गई पांच प्रकार की पुस्तकों को दर्शाती है।

विषय/महीने (पुस्तकों की संख्या)	जनवरी	फरवरी	मार्च
अंग्रेजी	80	40	60
हिंदी	60	20	90
मराठी	50	10	80
संस्कृत	70	30	100
इतिहास	40	35	70

Q.20 तीन महीनों में बेची गई अंग्रेजी की पुस्तकों की संख्या बेची गई संस्कृत की पुस्तकों की संख्या से लगभग कितने प्रतिशत कम है?

A. 25%   **B.** 15%   **C.** 20%   **D.** 10%

Q.21 मार्च में बेची गई हिंदी पुस्तकों की संख्या मार्च में बेची गई पुस्तकों की संख्या के लगभग कितने प्रतिशत है?

A. 11%   **B.** 19%   **C.** 15%   **D.** 22%

Q.22 जनवरी और फरवरी में बेची गई पुस्तकों की संख्या के बीच का अनुपात ज्ञात कीजिए।

A. 9 : 8   **B.** 9 : 14   **C.** 15 : 8   **D.** 20 : 9

Q.23 तीन महीने में बेची जाने वाली इतिहास की पुस्तकों की संख्या और तीन महीनों में बेची जाने वाली मराठी पुस्तकों की संख्या के बीच का अंतर ज्ञात कीजिए।

A. 10   **B.** 15   **C.** 5   **D.** 8

Q.24 मार्च में बेची जाने वाली पुस्तकों की औसत संख्या ज्ञात कीजिए।

A. 80   **B.** 55   **C.** 50   **D.** 60

Q.25 निर्देश: नीचे एक कथन और उसके बाद । और ॥ से अंकित दो अनुमान दिए गये हैं। आपको दिए गये कथन को सत्य मानना है, भले ही वे ज्ञात तथ्यों से अलग प्रतीत होते हों। सभी अनुमानों को पढ़िए और फिर निर्णय कीजिए कि दिया गया कौन-सा अनुमान ज्ञात तथ्यों को नजरंदाज करने पर कथनों का तार्किक रूप से अनुसरण करता है।

कथन: संयुक्त राष्ट्र विकास कार्यक्रम (UNDP) की रिपोर्ट बताती है कि सभी व्यक्तियों में से लगभग 90% महिलाओं के खिलाफ 'गहरा अंतर्विरोधी पूर्वाग्रह' होता है।

अनुमान:

। लिंग भेदभाव भारत तक सीमित नहीं है।

॥ महिलाएं भी महिलाओं के खिलाफ कुछ प्रकार के पूर्वाग्रह रखती हैं।

A. केवल अनुमान । अनुसरण करता है।

B. केवल अनुमान ॥ अनुसरण करता है।

C. । और ॥ दोनों अनुसरण करते हैं।

D. न तो । और न ही ॥ अनुसरण करता है।

Q.26 इसके प्रभावी उपयोग के साथ शिक्षण के निम्नलिखित तरीकों का मिलान करें:

सूची A	सूची B
a. छात्रों में प्रेरणा, आग जलाना, विचार करना, तर्क करना	1. विचार-विमर्श
b. विचारों को साझा करना, एक साथ सोच को उत्तेजित करता है	2. व्याख्यान मदद
c. अन्य बिंदुओं को देखने, स्पष्टीकरण, समझ के तहत, नए विचार उत्पन्न होते हैं।	3. सहयोग
d. स्वयं-अधिगम आत्मविश्वास निर्माण, चर्चा में सक्रिय भागीदारी।	4. सेमिनार

A. a - 1, b - 2, c - 3, d - 4

B. a - 2, b - 3, c - 4, d - 1

C. a - 1, b - 4, c - 2, d - 3

D. a - 2, b - 3, c - 1, d - 4

Q.27 निर्देश: नीचे दो कथन दिए गए हैं:

कथन I: शिक्षण के दौरान सहायक सामग्रियों का उपयोग शिक्षण कार्य को बदल सकता है यदि सावधानी से उपयोग किया जाए।

कथन II: शिक्षण और शिक्षा की गुणवत्ता में सुधार के लिए ऑनलाइन तरीके प्रभावशाली अनुपूरक हैं।

उपरोक्त कथनों पर प्रकाश डालते हुए, नीचे दिए गए विकल्पों में से सही उत्तर का चयन कीजिए:

A. कथन । और कथन ॥ दोनों सत्य हैं।

B. कथन । और कथन ॥ दोनों असत्य हैं।

C. कथन । सही है लेकिन कथन ॥ गलत है।

D. कथन । गलत है, लेकिन कथन ॥ सत्य है।

Q.28 एक कॉलेज स्तर के सहायक प्रोफेसर ने विश्लेषण और संश्लेषण के कौशल पर केंद्रित छात्रों के संज्ञानात्मक आयामों को विकसित करने के इरादे से उनके व्याख्यान की योजना बनाई। नीचे, दिए गए आइटमों के दो सेट हैं - सेट- । संज्ञानात्मक इंटरचेंज और सेट - ॥ के स्तरों से मिलकर उन्हें बढ़ावा देने के लिए बुनियादी आवश्यकताओं को शामिल करता है। दो सेटों का मिलान कीजिएऔर कोड से सही विकल्प चुनकर अपने उत्तर को दर्शाइए:

सेट- । (संज्ञानात्मक बदलाव के स्तर)	सेट- ॥ (संज्ञानात्मक बदलाव को बढ़ावा देने के लिए बुनियादी आवश्यकताएं)
a. स्मरण-शक्ति का स्तर	i. किसी तथ्य का विभेदात्मक उदाहरण और उदाहरण देने का अवसर देना।
b. समझ का स्तर	ii. प्रस्तुतियों के दौरान किए गए महत्वपूर्ण बिंदुओं को रिकॉर्ड करना।

c. विचारात्मक स्तर	iii. विद्यार्थियों से विभिन्न जानकारी के मद्देनपर चर्चा करने के लिए कहना।
	iv. आलोचनात्मक रूप से किए जाने वाले बिंदुओं का विश्लेषण और चर्चा करना।

A. a - ii, b - iv, c - i   **B.** a - iii, b - iv, c - ii

C. a - ii, b - i, c - iv   **D.** a - i, b - ii, c - iii

Q.29 बड़े पैमाने पर खुले ऑनलाइन पाठ्यक्रम (एमओओसी) हैं:

A. स्व-निर्देशित, जन भागीदारी के लिए डिज़ाइन किए गए ऑनलाइन सीखने का लचीला और खुला रूप

B. शिक्षक-निर्देशित, जन भागीदारी के लिए डिज़ाइन किए गए ऑनलाइन शिक्षण का लचीला और खुला रूप

C. बड़े पैमाने पर भागीदारी के लिए डिज़ाइन किया गया स्व-निर्देशित, ऑफ-लाइन सीखने का लचीला और खुला रूप

D. जन भागीदारी के लिए डिज़ाइन किया गया शिक्षक-निर्देशित, ऑफ-लाइन शिक्षण का लचीला और खुला रूप

Q.30 शिक्षाविदों और उनके विशेष शैक्षिक योगदान - सही का चुनाव कीजिए:

A. लुई ब्रेल	(1) अक्षम शिक्षार्थी
B. हेलेन केलर	(2) बधिर शिक्षार्थी
C. थॉमस एडिसन	(3) मूक और बधिर शिक्षार्थी
D. लाल अडवानी	(4) नेत्रहीन शिक्षार्थी

A. A - (2), B - (4), C - (1), D - (3)

B. A - (3), B - (2), C - (4), D - (1)

C. A - (4), B - (3), C - (2), D - (1)

D. A - (2), B - (1), C - (3), D - (4)

Q.31 शिक्षण के संबंध में निम्नलिखित में से कौन सा कथन सही है?

I. यह गतिविधियों का एक उद्देश्यपूर्ण व्यवस्थित समूह है।

II. यह प्रेरित करने, सुविधा बनाए रखने और प्रत्यक्ष सीखने की प्रक्रिया है।

III. यह एक उत्तेजना, मार्गदर्शन की दिशा, और सीखने का प्रोत्साहन है।

IV. यह सीखने के लिए प्रेरणा का कारण है।

A. I, II, III   **B.** II, III, IV

C. I, II, III, IV   **D.** I, III, IV

Q.32 मूल्यांकन प्रणाली के संबंध में दूसरे सेट के साथ पहले सेट का मिलान करें। सही कोड चुनें:

सेट - I	सेट - II
a. रचनात्मक मूल्यांकन	i. नियमितता के साथ संज्ञानात्मक और सह-संज्ञानात्मक पहलू का मूल्यांकन
b. योगात्मक मूल्यांकन	ii. टेस्ट और उनकी व्याख्या एक समूह और कुछ यार्डस्टिक्स पर आधारित है
c. सतत और व्यापक मूल्यांकन	iii. अंतिम अधिगम के परिणामों को ग्रेड करना
d. सामान्य और मानदंड संदर्भित परीक्षण	iv. विचार-विमर्श और चर्चा

A. a - iv, b - iii, c - i, d - ii

B. a - iv, b - ii, c -iii, d - i

C. a - iii, b - iv, c - ii, d - i

D. a - i, b - iii, c - iv, d - ii

Q.33 एक शोध समस्या के निरूपण की तुलना किससे की जा सकती है?

[UGC NET Home Science, 2019]

A. एक भवन की नींव डालने से

B. एक घर के दीवारों के निर्माण से

C. भवन के दरवाजों की रंगाई से

D. एक घर के छत के निर्माण से

Q.34 क्रियात्मक शोध करने में चरणों का सामान्य क्रम क्या है?

A. चिंतन, निरीक्षण, योजना, कार्य

B. योजना, कार्य, निरीक्षण, चिंतन

C. योजना, चिंतन, निरीक्षण, कार्य

D. अधिनियम, निरीक्षण, योजना, चिंतन

Q.35 'रचनात्मकता 'और' कल्पना' का क्षेत्र अनुसंधान के निम्नलिखित में से किन चरणों में से सबसे बड़ा है?

A. नमूना लेने की प्रक्रियाओं को परिभाषित और तय करना

B. शोध समस्या की पहचान करना और उसे परिभाषित करना

C. मात्रात्मक तरीकों और व्याख्या का उपयोग करके डेटा विश्लेषण

D. परिकल्पना बनाना और परिकल्पना परीक्षण

Q.36 एक शोध समस्या को मुख्य रूप से _________ आधार पर चुना जाता है:

A. इसकी प्रासंगिकता   **B.** उपलब्धता

C. शोधकर्ता की रुचि   **D.** साहित्य की उपलब्धता

Q.37 एक साहित्य समीक्षा निम्नलिखित को छोड़कर सभी की विशेषता है:

A. प्रत्येक लेख की सूचना देना और लेख का सार करना

B. समीक्षा के संगठनात्मक ढांचे के रूप में महत्वपूर्ण विषयों का उपयोग करना

C. प्रमुख विषयों से संबंधित समानता और अंतर के लिए सभी लेखों का विश्लेषण करना

D. शोध समस्या के सापेक्ष निहितार्थ पर चर्चा करना

Q.38 निम्नलिखित स्वरूप में प्रश्नवाचक चिह्न (?) के स्थान पर क्या आएगा:

45, 49, 40, 56, ?, 67

A. 61   **B.** 66   **C.** 44   **D.** 31

Q.39 दी गई श्रृंखला में लुप्त संख्या को ज्ञात कीजिए:

2, 8, 18, 32, 50 ___

A. 62   **B.** 68   **C.** 72   **D.** 78

Q.40 दर्शन की वह शाखा जो ज्ञान, इसकी संरचना विधि और वैधता से संबंधित है, क्या कहलाती है?

A. ज्ञानमीमांसा (एपिस्टेमोलॉजी)

B. ऑन्टोलॉजी

C. प्रमाण:

D. सौंदर्यशास

Q.41 निम्नलिखित में से किस तर्क में निष्कर्ष संभावित से अधिक नहीं हो सकता है?

A. अर्थ सूचक   **B.** सादृश्यपरक

C. निगमनात्मक   **D.** प्रदर्शक

Q.42 शिक्षा का मुख्य लक्ष्य है:

A. छात्रों में समस्या समाधान के कौशल का विकास करना

B. छात्रों को आर्थिक रूप से उपयोगी बनाना

C. अच्छे रिश्ते बनाए रखने की आदत डालना

D. जानकार व्यक्तियों को तैयार करना

Q.43 दूरस्थ शिक्षा की मुख्य विशेषता है:

A. आमने-सामने अधिगम

B. परामर्श सत्र और अध्ययन केंद्र

C. अनिवार्य उपस्थिति

D. आसानी से डिग्री प्राप्त करना

Q.44 शिक्षा और संबद्ध क्षेत्रों में विभिन्न विश्वविद्यालयों के मध्य सहयोग को बढ़ावा देने के लिए अंतः विश्वविद्यालय बोर्ड के बंद होने के फलस्वरुप निम्नलिखित में से किस संस्था की स्थापना की गई?

A. एसोसिएशन ऑफ़ सेंट्रल यूनिवर्सिटीज

B. विश्वविद्यालय अनुदान आयोग

C. आईआईएएस, शिमला

D. एसोसिएशन ऑफ़ इंडियन यूनिवर्सिटीज

Q.45 उस अवधि का चयन करें जिसमें भारत उच्च शिक्षा का केंद्र बना।

A. गुप्त काल
B. बुद्ध काल
C. मुग़ल काल
D. ब्रिटिश काल

Q.46 विश्वविद्यालयों और कॉलेजों में गुणवत्ता रखरखाव सुनिश्चित करने के लिए दिशानिर्देश और नियम राष्ट्रीय स्तर पर ______ द्वारा समय-समय पर तैयार किए जाते हैं।

A. राष्ट्रीय मूल्यांकन और प्रत्यायन परिषद (NAAC)

B. राष्ट्रीय शिक्षा अनुसंधान और प्रशिक्षण परिषद (NCERT)

C. विश्वविद्यालय अनुदान आयोग (UGC)

D. राष्ट्रीय उन्नत अध्ययन संस्थान (NIAS)

Q.47 संचार प्रभावी होगा यदि:

A. यह धीरे-धीरे और स्पष्ट रूप से पहुंचेगा

B. यह एक शांत स्थिति में पहुंचेगा

C. यह पूरी तरह से रिसीवर तक पहुँचता है

D. यह प्रेषक द्वारा इच्छित रिसीवर तक पहुँचता है

Q.48 एनालॉग संचार में विषय को क्या माना जाता है?

A. अभिसृत
B. स्थिर
C. भौतिक
D. वायव्य

Q.49 संगठनात्मक संप्रेषण के पक्षों में सम्मिलित हैं

1. आंतरिक संप्रेषण

2. बाह्य संप्रेषण

3. अंतर्वैयक्तिक संप्रेषण

4. अंतरा-वैयक्तिक संप्रेषण

A. 1 और 2
B. 2, 3 और 4
C. 1, 2 और 3
D. सभी चारों

Q.50 निम्न में से कौन सा कथन सत्य है?

A. अभिप्रेरित शिक्षार्थी गैर अभिप्रेरित से बेहतर सीखते हैं।

B. लड़कियां लड़कों से बेहतर सीखती हैं।

C. बच्चे वयस्क व्यक्तियों से बेहतर सीखते हैं।

D. सृजनात्मक व्यक्ति बुद्धिमान से बेहतर सीखते हैं।

Paper-II

Q.51 आज की दुनिया में वैश्वीकरण की घटना को किसने 'कुछ भी नहीं' के वैश्वीकरण के रूप में वर्णित किया?

A. जॉर्ज रिट्जर
B. जीन बॉडरिलार्ड
C. एंथोनी गिडेंस
D. मिशेल फौकॉल्ट

Q.52 किस समिति ने पंचायती राज के लिए त्रिस्तरीय व्यवस्था की सिफारिश की?

A. बलवंत राय मेहता समिति

B. अशोक मेहता समिति

C. संगमा समिति

D. संसदीय समिति

Q.53 निर्देश: नीचे अभिकथन और कारण दिए गए हैं। इन्हे ध्यान से पढे तथा सही उत्तर को चुने:

अभिकथन (A): विस्थापन विकास के संकेतकों में से एक है।

कारण (R): विस्थापन लोगों के लिए कठिनाई, दुख और अन्य समस्याएं लाता है।

A. (A) और (R) दोनों सत्य हैं और (R), (A) की सही स्पष्टीकरण है।

B. दोनों (A) और (R) सही हैं, लेकिन (R), (A) का सही स्पष्टीकरण नहीं है।

C. (A) सही है, लेकिन (R) गलत है।

D. (A) गलत है, लेकिन (R) सही है।

Q.54 कौन-सी स्थितियाँ सामाजिक विघटन को बढ़ाने में मदद करती हैं?

[UPSESSB PGT Sociology, 2016]

A. स्थितियाँ व उनके कार्यों में असन्तुलन

B. अपराध

C. मद्यपान

D. उत्प्रवास

Q.55 निम्नलिखित में से किसने 'एनोमी' शब्द का इस्तेमाल किया?

i. एम. वेबर

ii. के. मार्क्स

iii. ई. दुर्खीम

iv. आर. के. मर्टन

सही संयोजन ज्ञात करें:

A. ii और iii
B. i और ii
C. iv और i
D. iii और iv

Q.56 गिडेंस ने संरचना के अपने सिद्धांत में किस अवधारणा का उपयोग किया है?

A. दोहरा विश्लेषण
B. दोहरी भूमिकाएँ
C. संरचना के द्वंद्व
D. संरचनात्मक द्वैतवाद

Q.57 निम्नलिखित सूचियों का मिलान करें:

सूची- I (अवधारणा)	सूची- II (लेखक)
A. ब्रेकिंग एक्सपेरिमेंट	(i) एर्फ़िंग गोफ़मैन
B. लाइफ वर्ल्ड	(ii) पी. बर्जर और जे. लकमन
C. नाटकीयता	(iii) एच. गार्फिंकेल
D. सामाजिक निर्माण	(iv) अल्फ्रेड शुट्ज़

A. A-(i), B-(iv), C-(ii), D-(iii)

B. A-(ii), B-(iii), C-(i), D-(iv)

C. A-(iv), B-(iii), C-(ii), D-(i)

D. A-(iii), B-(iv), C-(i), D-(ii)

Q.58 किसके लिए, जीवनदाता एक 'सांस्कृतिक रूप से प्रसारित और भाषाई रूप से व्याख्यात्मक प्रतिमानों का भंडार' है?

A. जे. हेबरमास
B. ए. शूट्ज़
C. एम. वेबर
D. एच. गर्फिंकल

Q.59 निर्देश: अभिकथन और कारण के रूप में कुछ कथन दिए गए हैं। दिए गए कथनों के अनुसार अपना उत्तर दें:

अभिकथन (A): जाति और वर्ग स्तरीकरण का उदाहरण हैं।

कारण (R): वे समूहों की रैंकिंग कर रहे हैं, जो सामान्य हितों के साथ-साथ संबंधियों के प्रति सचेत हैं।

A. A और R दोनों सत्य हैं और R, A के लिए सही स्पष्टीकरण है।

B. A और R दोनों सत्य हैं लेकिन R, A के लिए सही स्पष्टीकरण नहीं है।

C. A सही है लेकिन R गलत है।

D. A गलत है लेकिन R सही है।

Q.60 "द फेनोमेनोलॉजी ऑफ द सोशल वर्ल्ड" पुस्तक किसने लिखी है?

A. एच. गर्फिंकल **B.** अल्फ्रेड शुट्ज़
C. एन. लकमैन **D.** इनमें से कोई नहीं

C. एल. एलथसर **D.** एच. गर्फिंकल

Q.61 जुवेनाइल डेलिक्वेंसी की घटनाओं की व्याख्या करने के लिए शिकागो शहर को पाँच क्षेत्रों में किसने विभाजित किया?

A. सीआर शॉ, और एचडी मैके
B. ए. कोहेन
C. इ. एच. सदरलैंड
D. जी. टर्डे

Q.62 विकास की "विश्व प्रणाली सिद्धांत" 'विकसित' और 'विकासशील' देशों के बीच संबंधों की व्याख्या करती है। निम्नलिखित में से किसने विकास की 'विश्व प्रणाली सिद्धांत' दी?

A. गुन्नार मायर्डल **B.** वालरस्टीन
C. एम. के. गांधी **D.** ए. सेन

Q.63 नव-कार्यात्मकता को किसने परिभाषित किया है ''कार्यात्मक सिद्धांत का एक आत्म-आलोचनात्मक किनारा जो अपने सैद्धांतिक कोर को बनाए रखते हुए कार्यात्मकता के बौद्धिक दायरे को व्यापक बनाना चाहता है"?

A. टी. पार्सन्स, और ई. शिल्स
B. कैन्ड पी. कोलोमी
C. जे. अलेक्जेंडर, और जे. टर्नर
D. पी. कोहेन, और ए. गोल्डनर

Q.64 'द सोशल कंस्ट्रक्शन ऑफ रियलिटी' के लेखक थे:

A. पीटर बर्जर
B. ब्रिगेट बर्जर, और पीटर बर्जर
C. पीटर बर्जर, और थॉमस लकमैन
D. निकलस लुहमान

Q.65 शहरी उन्मुख विकास कार्यक्रमों ने शहरी केंद्रित रोजगार उत्पन्न किया जिसके परिणामस्वरूप:

A. ग्रामीण से ग्रामीण पलायन
B. शहरी से ग्रामीण पलायन
C. ग्रामीण से शहरी पलायन
D. शहरी से शहरी पलायन

Q.66 समाज का अध्ययन करने के दृष्टिकोण के रूप में नृवंशविज्ञान का संबंध है:

A. सामाजिक व्यवस्थाओं का शोध
B. समाज में शक्ति और अधिकार के असमान वितरण का मुद्दा
C. समाज में संसाधनों का वितरण
D. ऐतिहासिक दृष्टिकोण से सामाजिक संस्थाओं को आकार

Q.67 क्रिटिकल थ्योरी को समानार्थक रूप से किस रूप में जाना जाता है?

A. उत्तर-संरचनात्मक समाजशास्त्र
B. आधुनिक स्कूल के बाद का परिप्रेक्ष्य
C. औद्योगिक के बाद का परिप्रेक्ष्य
D. फ्रैंकफर्ट स्कूल परिप्रेक्ष्य

Q.68 महिला सशक्तिकरण के लिए एक अंतर्राष्ट्रीय नीति के रूप में 'महिला अधिकार मानवाधिकार हैं' :

A. बीजिंग **B.** मेक्सिको **C.** नैरोबी **D.** कोपेनहेगन

Q.69 निम्नलिखित में से कौन जाति व्यवस्था की विशेषता नहीं है?

A. अनुक्रम **B.** वंशानुगत व्यवसाय
C. बहिर्मुख विवाह **D.** अस्पृश्यता

Q.70 'लेजिटिमेशन क्राइसिस' पुस्तक के लेखक कौन हैं?

A. जे. अलेक्जेंडर **B.** जे. हैबरमास

Q.71 प्रजनन के निर्धारकों को विस्तार से बताया गया:

A. कार्ल मार्क्स
B. किंग्सले डेविस और जूडिथ ब्लैक
C. दोहरा दिन
D. पीटर बर्जर

Q.72 निम्नलिखित में से, जिनके विचार यूरोपीय फेनोमेनोलॉजी और अमेरिकी इंटरैक्शनवाद के विचारों के सम्मिश्रण का प्रतिनिधित्व करते थे?

A. जे. डेरिडा **B.** अल्फ्रेड शुट्ज़
C. लुइस अलथुसर **D.** ई. हुसेरल

Q.73 एंथोनी गिडेंस के अनुसार, 'संरचना' है:

A. खुद मानव जीवन का रूप और आकार
B. मानवीय क्रिया के बाहर या बाहरी
C. समय और स्थान में ही मौजूद है
D. विवश और सक्षम बनाना

Q.74 SEWA के बारे में क्या गलत है?

A. इसने असंगठित क्षेत्र की महिला श्रमिकों को संघबद्ध किया है।
B. यह तीन आंदोलनों श्रम, सहकारी और विकास को जोड़ती है।
C. इसने कई महिला सहकारी समितियों का आयोजन किया है।
D. यह केवल अहमदाबाद तक ही सीमित है।

Q.75 'क़ैद' का अर्थ है:

A. स्वतंत्रता **B.** सज़ा
C. थोड़े दिन की छुट्टी **D.** परख

Q.76 कौन सा सामाजिक विकास का संकेतक नहीं है?

A. स्वास्थ्य में सुधार
B. जीवन की गुणवत्ता में सुधार
C. शिक्षा में सुधार
D. प्रति व्यक्ति आय में वृद्धि

Q.77 इरविंग गोफमैन ने अपने दृष्टिकोण में निम्नलिखित में से किस अवधारणा का उपयोग नहीं किया है?

A. प्रभाव प्रबंधन **B.** मंच के आगे
C. टीमें **D.** हिसाब किताब

Q.78 ई. सदरलैंड ने सिद्धांत की स्थापना की:

A. ब्लू-कॉलर अपराध **B.** डकैतों द्वारा अपराध
C. व्हाइट-कॉलर अपराध **D.** साइबर अपराध

Q.79 निम्नलिखित में से कौन सा दृष्टिकोण गरीबी उन्मूलन, कल्याण और इक्विटी पर तैयार किए गए कार्यक्रमों को शामिल करता है?

A. महिलाएं विकास में
B. महिला और विकास
C. लिंग और विकास
D. महिला, पर्यावरण और विकास

Q.80 मिशेल फौकॉल्ट की कार्यप्रणाली के मूल में निम्नलिखित में से किस विचार को माना जाता है?

i. सत्ता की वंशावली

ii. सत्ता की सूक्ष्म राजनीति

iii. ज्ञान का पुरातत्व

iv. सामाजिक स्तर पर शक्ति

नीचे दिए गए कोड में से सही उत्तर का चयन करें:

A. i और ii **B.** ii और iii **C.** i और iii **D.** ii और iv

Q.81 किसके लिए, संकेत, सख्ती से बोलना, हमेशा 'मिटाए' के तहत खड़ा होना चाहिए, जैसा कि आवश्यक है लेकिन अपर्याप्त है?

A. लुइस एल्थुसर

B. मिशेल फौकॉल्ट

C. एंथोनी गिडेंस

D. जैक्स डेरिडा

Q.82 नारीवादी महामारी विज्ञान एक अवधारणा है जो निम्नलिखित के सिद्धांत पर आधारित है:

A. समाजशास्त्र और नारीवाद के बीच अंतर

B. कब्जे का नारीकरण

C. लैंगिकता

D. महिलाओं के जीवंत अनुभव और प्रभावपूर्ण रिश्तों पर जोर देते हुए जगह का प्रतिबिंब

Q.83 निम्नलिखित में से किसे अभूतपूर्व समाजशास्त्र के संस्थापक माना जाता है?

A. जे. हैबरमास

B. ए. शुट्ज़

C. एच. आर. वैगनर

D. के. मैनहेम

Q.84 किसने कहा, "जातीयता और जातीय समूहवाद 'अर्थपूर्ण कारक हैं' इस अर्थ में कि वे मानव अस्तित्व की स्थिति में दिए गए हैं"?

A. फ्रेड्रिक बार्थ

B. क्लिफोर्ड गेर्ट्ज़

C. मैक्स वेबर

D. एम. जी. स्मिथ

Q.85 निर्देश: सूची-I को सूची-II से सुमेलित कीजिए और विकल्प में दिए गए कूट के अनुसार अपना उत्तर दीजिए।

सूची-I	सूची-II
A. गोडार्ड	1. उप-संस्कृति सिद्धांत
B. बेकेरिया	2. क्लासिकिस्ट सिद्धांत
C. कोहेन	3. लेबलिंग सिद्धांत
D. हॉवर्ड बेकन	4. मनोवैज्ञानिक सिद्धांत
	5. बायोजेनिक सिद्धांत

A. A-3, B-1, C-5, D-2

B. A-4, B-2, C-1, D-3

C. A-2, B-5, C-3, D-1

D. A-1, B-3, C-2, D-4

Q.86 भारत में प्रबंधन में श्रमिकों की भागीदारी का कौन सा मॉडल काम कर रहा है?

A. गुणात्मक वृत्त

B. संयुक्त परामर्श

C. सह-निर्धारण

D. स्व: प्रबंधन

Q.87 कार्ल मार्क्स के अनुसार अलगाव का कारण क्या है?

A. श्रम का विभाजन

B. निजी संपत्ति का संस्थान

C. वाणिज्यिक संबंधों का कैश नेक्सस

D. ऊपर के सभी

Q.88 निम्नलिखित में से किसने तीन स्तरीय विभाजन मलिक, किसान और मजदूर के बाद भारत की कृषि आबादी का चौथा विभाजन सुझाया है?

A. डी. एन. धनगरे

B. कैथलीन गफ

C. ए. आर. देसाई

D. डैनियल थॉर्नर

Q.89 लिंग का समाजशास्त्रीय विश्लेषण बताता है कि प्रत्येक को जांच करनी चाहिए:

A. लिंग विभाजन

B. लिंग जांच

C. लिंग प्रदर्शन

D. ऊपर के सभी

Q.90 संशोधन और पुन: पेश करके मार्क्स की सोच पर एक नए सिद्धांत की रूपरेखा तैयार करना, इसे निम्नानुसार लेबल किया गया है:

A. नव-मार्क्सियन सिद्धांत

B. पोस्ट-मार्क्सियन थ्योरी

C. प्री-मार्क्सियन थ्योरी

D. मार्क्स के सिद्धांत का एक आलोचक

Q.91 सामाजिक दूरी विधि द्वारा विकसित की जाती है-

A. बोगार्डस

B. गयोड और हयात

C. लिकर

D. गुट्टमैन

Q.92 गरीबी के अध्ययन की अक्सर समाजशास्त्रियों ने इसलिए आलोचना की है:

A. गरीबी के बारे में सीमित विचार रखना

B. गरीबी रेखा के संदर्भ में इसे परिभाषित करना

C. परिवार में असमान साझेदारी को मान्यता नहीं देना

D. उपर्युक्त सभी

Q.93 किसके अनुसार, "वैचारिक अधिसंरचना केवल अर्थव्यवस्था का परिचायक नहीं है बल्कि इसके अस्तित्व की भाग स्थिति में भी है"?

A. एल अल्थुसर

B. ए. गिडेंस

C. के. मार्क्स

D. जे. हबरमास

Q.94 समाज के बारे में दिव्य उत्पत्ति के सिद्धांत के अनुसार यह माना जाता है कि:

A. ईश्वर ने समाज बनाया है

B. समाज बल का परिणाम है

C. समाज का ईश्वर से कोई लेना-देना नहीं है

D. समाज धीरे-धीरे और लगातार बढ़ता गया

Q.95 सूची- II में पुस्तकों के शीर्षक के साथ सूची- I में लेखकों का मिलान करें और नीचे दिए गए सही कोड चुनें:

सूची- I	सूची- II
A. पी. कारलेन	1. महिला कारावास: सामाजिक नियंत्रण में एक अध्ययन।
B. पी. वाल्टन और जे। यंग	2. द न्यू क्रिमिनोलॉजी रिविजिटेड।
C. डी. क्लार्क	3. मृत्यु का समाजशास्त्र: सिद्धांत, संस्कृति, व्यवहार।
D. आर. क्लोवर्ड और एल ओहलिन	4. विलंब और अवसर।

A, B, C और D क्रमशः हैं।

A. A-1, B-2, C-3, D-4

B. A-4, B-3, C-2, D-1

C. A-2, B-1, C-3, D-4

D. A-3, B-2, C-4, D-1

Q.96 निम्नलिखित में से किसने नौकरशाही के लिए भारत में राष्ट्र निर्माण में योगदान दिया है?

A. ए. आर. देसाई

B. जी. एस. घोरी

C. आर. बेंडिक्स

D. एस. सी. दुबे

Q.97 धर्मनिरपेक्षता विभाजन को बढ़ावा देती है जो धार्मिक मतभेदों से उबरती है और तेजी से विकास और राष्ट्र निर्माण की प्रक्रिया का रास्ता भी साफ करती है। ' निम्नलिखित में से कौन सा एक ऊपर दिए गए कथन के अनुसार धर्मनिरपेक्षता का तल नहीं है?

A. सामाजिक-आर्थिक और राजनीतिक प्रणाली का एकीकरण जो विभिन्न उप-समूहों को इंटरलिंक और इंटरपेनेट्रेट कर सकता है।

B. पूर्वग्रह और पारलौकिकता के लिए गैर-स्वीकृति।

C. अन्योन्याश्रित रूप से अन्योन्याश्रय और सहयोग का लाभ।

D. समाज में सामाजिक इंजीनियरिंग के एक हिस्से के रूप में प्राइमर्डियल वफादारी।

Q.98 सूची- I में पुस्तकों के शीर्षक के साथ सूची- II में लेखकों का मिलान करें और नीचे दिए गए सही कोड चुनें:

सूची- I	सूची- II
a. भारतीय परंपरा का आधुनिकीकरण	1. वाई. सिंह
b. जब एक महान परंपरा आधुनिकीकरण	2. एम. गायक

c. आधुनिक भारत में जाति	3. एमएन श्रीनिवास
d. जाति, वर्ग और सत्ता	4. आंद्रे बेटिल

A, B, C और D क्रमशः हैं।

A. a-1, b-2, c-3, d-4
B. a-4, b-3, c-2, d-1
C. a-2, b-1, c-3, d-4
D. a-3, b-2, c-4, d-1

Q.99 किसने कहा है कि भारत में, परिवर्तन की दिशा को 'आधुनिकीकरण' की ओर 'तर्कसंगतकरण' से रैखिक विकासवादी रूप में दर्शाया गया है?

A. एम. एन. श्रीनिवास
B. एस. सी. दुबे
C. मिल्टन सिंगर
D. योगेंद्र सिंह

Q.100 निर्देशः नीचे अभिकथन और कारण दिए गए हैं। इन्हे ध्यान से पढे तथा सही उत्तर को चुने-

अभिकथन (A): शिक्षा के निजीकरण का उद्देश्य शिक्षा की गुणवत्ता में सुधार करना था।

कारण (R): शिक्षा के निजीकरण के परिणामस्वरूप शिक्षा संस्थान का मशरूम विकास हुआ है।

A. दोनों (A) और (R) सही हैं, और (R) (A) की सही व्याख्या है।
B. दोनों (A) और (R) सही हैं, लेकिन (R) (A) का सही स्पष्टीकरण नहीं है।
C. (A) सही है, लेकिन (R) गलत है।
D. (A) गलत है, लेकिन (R) सही है।

Q.101 शिक्षा का अधिकार मौलिक अधिकारों के रूप में भारतीय संविधान के निम्नलिखित अनुच्छेद में से किसके तहत शुरू किया गया था?

A. अनुच्छेद - 14
B. अनुच्छेद - 21
C. अनुच्छेद - 21A
D. अनुच्छेद -16

Q.102 घटनाओं की गहन जांच, या एक प्रक्रिया, या एक घटना जो व्यापक समाज के साथ अपनी ऐतिहासिकता और समकालीन इंटरलिंक्स पर ध्यान केंद्रित करती है, को इस रूप में कहा जाता है:

A. सामग्री का अध्ययन
B. प्रतिभागी अवलोकन
C. सामग्री विश्लेषण
D. मामले का अध्ययन

Q.103 निम्नलिखित में से कौन सामाजिक अनुसंधान में एक नैतिक विचार नहीं है?

A. डेटा एकत्र करते समय विषयों को शारीरिक और मनोवैज्ञानिक नुकसान से बचाना
B. विषयों की गोपनीयता और गोपनीयता की रक्षा करना
C. जानकारी एकत्र करने में विषय की सहमति प्राप्त करना
D. धोखे के माध्यम से डेटा प्राप्त करना

Q.104 कमला एक कॉलेज में पढ़ाती है, एक किटी पार्टी का आयोजन करती है, अपनी बेटी की देखभाल करती है और महिला संगठन की बैठक की अध्यक्षता करती है। उसकी भूमिका का वर्णन करने के लिए निम्नलिखित में से किस अवधारणा का उपयोग किया जाता है?

A. भूमिका के लिए संघर्ष
B. भूमिका सेट
C. कई भूमिकाएँ
D. भूमिका बनाना

Q.105 भाषा और ज्ञान जैसे उपयुक्त सांस्कृतिक संसाधनों का अभाव कहलाता है:

A. सांस्कृतिक भौतिकवाद
B. सांस्कृतिक अभाव
C. सांस्कृतिक कटुता
D. सांस्कृतिक बहुलता

Q.106 'वार्ट-रेशनल' की अवधारणा किसके साथ जुड़ी हुई है?

A. एम. वेबर
B. पी. सोरोकी
C. टी. पार्सन्स
D. जे. हबरमास

Q.107 2017 की संयुक्त राष्ट्र विश्व जनसंख्या संभावना रिपोर्ट के अनुसार कब तक भारत की जनसंख्या चीन से अधिक हो जाएगी?

A. 2030
B. 2032
C. 2025
D. 2024

Q.108 सामाजिक परिवर्तन के निम्नलिखित विश्लेषकों में से किसने 'रेंटियर्स और सट्टेबाज' शब्द का इस्तेमाल किया?

A. टी. वेब्लेन
B. के. मार्क्स
C. वी परेटो
D. ए. जे. टॉयबी

Q.109 निम्नलिखित में से किसे आधुनिकतावादी विचारक नहीं माना जाता है?

A. जे. अलेक्जेंडर
B. जे. डेरिडा
C. एफ. जेम्सन
D. जे. एफ. ल्योतार्ड

Q.110 'मनुष्य एक सामाजिक प्राणी है' मानव प्रकृति का प्रसिद्ध विश्लेषण है। इसके द्वारा कहा गया था:

A. अगस्टे कॉम्टे
B. सोक्रेटस
C. प्लेटो
D. एरिस्टोटल

Q.111 सामाजिक सांख्यिकी और सामाजिक गतिशीलता में समाजशास्त्र का विभाजन किसके द्वारा किया गया था?

A. एफ. एंजेल
B. अगस्ट कॉम्टे
C. कार्ल मार्क्स
D. सेंट साइमन

Q.112 भारतीय संविधान के किस अनुच्छेद के अन्तर्गत किसी आदिवासी समुदाय को अनुसूचित जनजाति के रूप में घोषित किया जा सकता है?

A. अनुच्छेद 339 के अनुसार
B. अनुच्छेद 342 के अनुसार
C. अनुच्छेद 244 के अनुसार
D. अनुच्छेद 275 के अनुसार

Q.113 निर्देशः नीचे अभिकथन और कारण दिए गए हैं। इन्हे ध्यान से पढे तथा सही उत्तर को चुने:

अभिकथन (A): लुईस कोसर और रान्डेल कॉलिन्स दोनों को संघर्ष स्कूल के तहत रखा गया है।

कारण (R): ये दोनों समाज को बनाए रखने में संघर्ष के कार्य पर प्रकाश डालते हैं।

A. दोनों A और R दोनों असत्य हैं।
B. दोनों A और R दोनों सत्य हैं और R, A की सही व्याख्या है।
C. A सत्य है लेकिन R असत्य है।
D. A असत्य है लेकिन R सत्य है।

Q.114 समाजशास्त्र का अध्ययन करने से लोगों को डेटा का विश्लेषण करने में मदद मिलती है क्योंकि वे सीखते हैं:

A. साक्षात्कार तकनीक
B. आंकड़े लागू करने के लिए
C. सिद्धांत उत्पन्न करने के लिए
D. ऊपर के सभी

Q.115 दी गई सूची से निम्नलिखित सही उत्तर कोड का मिलान करें।

सूची- I (कार्य)	सूची- II (समाजशास्त्री)
(a) धार्मिक जीवन के प्राथमिक रूप	(i) सी. लेवी-स्ट्रॉस
(b) अंडमान द्वीप समूह	(ii) बी. मालिनोवस्की
(c) पश्चिमी प्रशांत के अर्गोनॉट्स	(iii) एमिल दुर्खीम
(d) संरचनात्मक नृविज्ञान	(iv) ए. आर. रेडक्लिफ-ब्राउन

A. a-(iii), b-(iv), c-(ii), d-(i)
B. a-(i), b-(iii), c-(ii), d-(iv)
C. a-(iv), b-(i), c-(iii), d-(ii)
D. a-(i), b-(iv), c-(ii), d-(iii)

Q.116 किस संविधान संशोधन द्वारा शब्द "धर्मनिरपेक्षता, समाजवाद और अखंडता" को इसकी प्रस्तावना में शामिल किया गया है?

A. 7वां संशोधन 1956　　**B.** 14वाँ संशोधन 1962
C. 4वां संशोधन 1955　　**D.** 42वां संशोधन 1976

Q.117 समाजशास्त्र सामाजिक क्रिया के अर्थ को समझने का विज्ञान है। यह कथन दिया है:
A. हर्बर्ट स्पेंसर　　**B.** मैक्स वेबर
C. एमाइल दुर्खीम　　**D.** अगस्त कॉम्टे

Q.118 'द राइज़ ऑफ़ द नेटवर्क' सोसाइटी नामक पुस्तक को किसने लिखा है?
A. चिल्स　　**B.** एम. कैस्टेल
C. कोलिन्स　　**D.** कोहेन

Q.119 वैश्वीकरण के साथ काम करते समय निम्नलिखित में से कौन "नेटवर्क सोसायटी" को महत्व देता है?
A. जर्गेन हैबरमास　　**B.** उलरिच बेक
C. बाउमा　　**D.** एम. कास्टेल्स

Q.120 व्यावसायिक गतिशीलता के संबंध में, प्रायोजित और प्रतियोगिता की गतिशीलता के बीच अंतर का प्रस्ताव किसने रखा?
A. लिपसेट और ज़ेटबर्ग　　**B.** ई. गोल्ड थोरपे
C. आर. एच. टर्नर　　**D.** डी. बी. ग्रुस्की

Q.121 सांस्कृतिक पूंजी को निम्नलिखित के रूप में परिभाषित किया गया है:
A. सामाजिक संपत्ति का एक सेट
B. वंश के ऊपर होने वाला सांस्कृतिक संचरण
C. साखवाद जो किसी व्यक्ति को एक संस्कृति को बेहतर ढंग से समझने में मदद करता है
D. किसी समाज की सामाजिक संस्कृति का अध्ययन

Q.122 'बुर्जुआ नैतिकता पाखंड, असमानता और कब्जे पर आधारित थी'। निम्नलिखित में से किसने इस पर विश्वास नहीं किया?
A. कार्ल मार्क्स　　**B.** मैरी वुलस्टोनक्राफ़्ट
C. एलेक्जेंड्रा कोलोनटई　　**D.** एंगेल्स

Q.123 ऐसे कौन से विभिन्न तरीके हैं जिनके माध्यम से सरकार सभी के लिए स्वास्थ्य सेवा प्रदान करने के लिए कदम उठा सकती है?
A. सस्ते सरकारी अस्पतालों की स्थापना
B. स्वास्थ्य देखभाल कार्यक्रम और जागरूकता पैदा करना
C. शिक्षा और लोगों की अन्य बुनियादी जरूरतों पर पैसा खर्च करना
D. (A) और (B) दोनों

Q.124 निर्देश: निम्नलिखित प्रश्नों के उत्तर सही/सबसे उपयुक्त विकल्पों का चयन करके दीजिए।
कथन A: नागरिकों को सरकार को टैक्स देना चाहिए।
कथन B: सरकार सभी नागरिकों के लाभ के लिए कई सार्वजनिक सेवाएं प्रदान करती है।
A. A और B दोनों सत्य हैं और B, A के कारण सुनिश्चित किया गया था।
B. A और B दोनों सत्य हैं, लेकिन A का B से कोई संबंध नहीं है।
C. A सत्य है, लेकिन B असत्य है।
D. A असत्य है, लेकिन B सत्य है।

Q.125 ग्राम पंचायत निम्नलिखित में से किससे बनी है?
I. वार्ड पंच
II. सरपंच
III. जिला कलेक्टर
A. केवल I　　**B.** केवल II
C. केवल I और II　　**D.** उपरोक्त सभी

Q.126 संवैधानिक राजतंत्र के संबंध में निम्नलिखित कथनों पर विचार कीजिये:
1. इस प्रणाली में, राजशाही और संवैधानिक रूप से संगठित सरकार के बीच राजनीतिक शक्ति साझा की जाती है।
2. सम्राट सीमित शक्तियों वाला विशुद्ध रूप से औपचारिक नेता हो सकता है।
3. ब्रिटेन एक मात्र ऐसा देश है जिसकी संवैधानिक राजशाही है।
ऊपर दिए गए कौन से कथन सही हैं?
A. केवल 1 और 2　　**B.** केवल 2 और 3
C. केवल 1 और 3　　**D.** केवल 1, 2 और 3

Q.127 सुप्रीम कोर्ट ने फैसला सुनाया है कि बेटियों को संयुक्त हिंदू पारिवारिक संपत्ति में बराबर सहदायादता (संयुक्त उत्तराधिकार) का अधिकार होगा, भले ही पिता किस वर्ष में पारित हिंदू उत्तराधिकार (संशोधन) अधिनियम से पहले मर गए हों?
A. 2001　　**B.** 2003　　**C.** 2005　　**D.** 2007

Q.128 ______ एक आपातकालीन स्थिति में बैंकों से RBI से उधार लेने के लिए एक खिड़की है जब अंतर-बैंक तरलता पूरी तरह से खत्म हो जाती है।
A. तरलता समायोजन सुविधा (LAF)
B. रेपो दर
C. बैंक दर
D. सीमांत स्थायी सुविधा (MSF)

Q.129 ऐसी स्थिति जहां वास्तविक जीडीपी का संतुलन स्तर संभावित जीडीपी से गिरता है ____ के रूप में जाना जाता है।
[Indian Military Academy (IMA), 2021], [Officers Training Academy (OTA), 2021]
A. मंदी अंतराल　　**B.** मुद्रास्फीति अंतराल
C. मांग-पक्ष मुद्रास्फीति　　**D.** आपूर्ति पक्ष मुद्रास्फीति

Q.130 निम्नलिखित में से कौन सा आयात पर मात्रात्मक प्रतिबंधों के लिए एक उपकरण के रूप में उपयोग किया जाता है:
1. टैरिफ़
2. सब्सिडी
3. कोटा
सही कूट का चयन कीजिए:
A. केवल 1 और 2　　**B.** केवल 2 और 3
C. केवल 1 और 3　　**D.** 1, 2 और 3

Q.131 जीवन सूचकांक की भौतिक गुणवत्ता(पिक्यूएलआई) द्वारा विकसित किया गया है:
A. मॉरिस डी. मॉरिस　　**B.** यूएनडीपी
C. महबूब-उल-हक　　**D.** इनमे से कोई भी नहीं

Q.132 मानव विकास का सामाजिक-सांस्कृतिक सिद्धांत 1978 में किसने प्रतिपादित किया?
A. लेव वायगोत्स्की　　**B.** जॉन बी वाटसन
C. बीएफ स्किनर　　**D.** अगस्ते कॉम्टे

Q.133 यदि कर का प्रभाव और भार एक ही व्यक्ति पर लगाया जाता है, तो इसे कहा जाता है:
A. प्रत्यक्ष कर　　**B.** अप्रत्यक्ष कर
C. प्रगतिशील कर　　**D.** प्रतिगामी कर

Q.134 UNDP (संयुक्त राष्ट्र विकास कार्यक्रम) सालाना कितने समग्र सूचकांकों के साथ HDR (मानव विकास रिपोर्ट) जारी करता है?
A. 5　　**B.** 6　　**C.** 7　　**D.** 9

Q.135 भारत के अधिकांश बड़े शहरों में वायु प्रदूषण का प्रमुख स्रोत है:

A. वाहनों की आवागमन   **B.** घर का धुआँ

C. ताप विद्युत संयंत्र   **D.** उपनगरीय ट्रेनें

Q.136 निम्नलिखित में से कौन पारिस्थितिक तंत्र का एक जैविक घटक नहीं है?

A. वायु   **B.** पौधे   **C.** जीवाणु   **D.** जानवरों

Q.137 निर्देश: नीचे दो कथन दिए गए हैं, एक को अभिकथन A के रूप में और दूसरे को तर्क R के रूप में अंकित किया गया है। कथनों को पढ़िए और नीचे दिए गए कूट का प्रयोग कर सही उत्तर चुनिए।

अभिकथन (A): भाषा धीरे-धीरे कूकने, बड़बड़ाने, एकपदीय ध्वनियों से वाक्य निर्माण को पूरा करने के क्रम में विकसित होती है।

तर्क (R): विकास चरण दर चरण आगे नहीं बढ़ता है।

A. (A) और (R) दोनों सत्य हैं।

B. (A) और (R) दोनों असत्य हैं।

C. (A) सत्य है, लेकिन (R) असत्य है।

D. (A) असत्य है, लेकिन (R) सत्य है।

Q.138 निम्नलिखित में से किस लिपि से अधिकांश आधुनिक भारतीय लिपियों का विकास हुआ है?

A. देवनागरी   **B.** ब्राह्मी लिपि

C. खरोष्ठी लिपि   **D.** नागरी लिपि

Q.139 निम्नलिखित में से कौन सा मानव विकास की विशेषता नहीं है?

A. मानव विकास एक क्रमबद्ध क्रम में आगे बढ़ता है।

B. मानव विकास में शारीरिक, संज्ञानात्मक, भाषा, व्यक्तिगत और सामाजिक विकास शामिल हैं।

C. मानव विकास सभी व्यक्तियों के लिए समान दर से होता है।

D. मानव विकास धीरे-धीरे, आमतौर पर लंबी अवधि में होता है।

Q.140 भारत के निम्नलिखित राज्यों में से किसका मानव विकास सूचकांक में सर्वोच्च स्थान है?

A. तमिलनाडु   **B.** केरल   **C.** केरल   **D.** हरियाणा

Q.141 विशेष आर्थिक क्षेत्र (SEZ) पहली बार बनाया गया है:

A. EXIM नीति, 2000   **B.** EXIM नीति, 2005

C. औद्योगिक नीति, 1956   **D.** औद्योगिक नीति, 1991

Q.142 1952 का शिक्षा आयोग जिसे 'मुदालियर आयोग' के नाम से जाना जाने लगा, _________ था।

A. उच्च विद्यालय शिक्षा आयोग

B. तृतीयक शिक्षा आयोग

C. माध्यमिक शिक्षा आयोग

D. प्राथमिक शिक्षा आयोग

Q.143 संयुक्त परिवार में रहने के निम्नलिखित लाभ हैं:

A. बच्चे बड़ों से अच्छे संस्कार सीखते हैं।

B. बच्चे चीजों को दूसरों के साथ साझा करना सीखते हैं।

C. बच्चे जिद्दी होना सीखते हैं।

D. (A) और (B) दोनों

Q.144 निम्न में से कौन सा सामाजिक सर्वेक्षण का प्रकार नहीं है?

A. जनगणना और नमूना सर्वेक्षण

B. मात्रात्मक और गुणात्मक सर्वेक्षण

C. प्रारंभिक या आवृत्ति सर्वेक्षण

D. उपरोक्त में से कोई नहीं

Q.145 निम्नलिखित में से कौन सा सामाजिक अनुसंधान पद्धति के विषय क्षेत्रों में शामिल नहीं है?

A. ग्रामीण समुदाय   **B.** सामूहिक व्यवहार

C. भूमि वितरण   **D.** सामूहिक संघर्ष

Q.146 यह "सामाजिक अनुसंधान एक व्यवस्थित जांच के रूप में नया हासिल करने के लिए। सामाजिक घटना और समस्याओं के बारे में ज्ञान" कथन किसने कहा था?

A. बोगार्डस   **B.** सी.ए. मोसेर

C. पी.वी यंग   **D.** कोई नहीं

Q.147 निम्नलिखित में से कौन सा साइबर अपराध नहीं है?

A. डेनियल ऑफ सर्विस   **B.** मैलवेयर

C. एईएस   **D.** इनमें से कोई नहीं

Q.148 सूची-I के साथ सूची-II का मिलान करे:

सूची-I (विषाक्त और खतरनाक पदार्थ)	सूची-II (प्रमुख स्रोत)
(A) विनाइल क्लोराइड	(I) इलेक्ट्रिक इंसुलेशन
(B) पॉलीक्लोरिनेटेड बाइफिनाइल (PCBs)	(II) ईंधन दहन
(C) बेन्जो (a) पाइरेन	(III) प्लास्टिक उद्योग में
(D) पॉलीसाइक्लिक एरोमैटिक हाइड्रोकार्बन	(IV) अपशिष्ट संसेचन

नीचे दिए गए विकल्पों में से सही उत्तर चुनें:

A. (A) - (I), (B) - (III), (C) - (IV), (D) - (II)

B. (A) - (I), (B) - (IV), (C) - (II), (D) - (IV)

C. (A) - (III), (B) - (IV), (C) - (II), (D) - (I)

D. (A) - (III), (B) - (I), (C) - (IV), (D) - (II)

Q.149 न्यूनतम समर्थन मूल्य _______ द्वारा घोषित किया जाता है।

A. व्यापार मण्डल

B. वित्त मंत्रालय

C. कृषि मंत्रालय

D. आर्थिक मामलों की मंत्रिमंडलीय समिति

Q.150 आर्थिक सर्वेक्षण __________ द्वारा तैयार किया जाता है।

A. आर्थिक मामलों के विभाग

B. राजस्व विभाग

C. व्यय विभाग

D. वित्तीय सेवा विभाग

// स्मार्ट उत्तर पुस्तिका //

सही उत्तर	उन छात्रों का प्रतिशत जिन्होंने प्रश्नों का सही उत्तर दिया था।		छोड़ दिया	उन छात्रों का प्रतिशत जिन्होंने प्रश्नों को छोड़ दिया था।

प्रश्न संख्या	उत्तर	सही उत्तर / छोड़ दिया	प्रश्न संख्या	उत्तर	सही उत्तर / छोड़ दिया	प्रश्न संख्या	उत्तर	सही उत्तर / छोड़ दिया	प्रश्न संख्या	उत्तर	सही उत्तर / छोड़ दिया	प्रश्न संख्या	उत्तर	सही उत्तर / छोड़ दिया
1	B	26.98 % / 53.97 %	17	C	25.4 % / 61.9 %	33	A	17.46 % / 77.78 %	49	C	9.52 % / 77.78 %	65	C	28.57 % / 60.32 %
2	C	17.46 % / 61.91 %	18	B	22.22 % / 61.91 %	34	B	15.87 % / 77.78 %	50	A	14.29 % / 77.77 %	66	A	7.94 % / 60.31 %
3	C	34.92 % / 61.91 %	19	A	15.87 % / 61.91 %	35	D	11.11 % / 77.78 %	51	A	22.22 % / 53.97 %	67	D	17.46 % / 60.32 %
4	C	9.52 % / 61.91 %	20	D	11.11 % / 77.78 %	36	A	9.52 % / 77.78 %	52	A	41.27 % / 55.56 %	68	A	14.29 % / 60.31 %
5	D	17.46 % / 61.91 %	21	D	11.11 % / 77.78 %	37	A	4.76 % / 77.78 %	53	D	11.11 % / 58.73 %	69	C	31.75 % / 60.31 %
6	B	22.22 % / 61.91 %	22	D	11.11 % / 77.78 %	38	D	4.76 % / 77.78 %	54	A	30.16 % / 58.73 %	70	B	28.57 % / 60.32 %
7	D	26.98 % / 61.91 %	23	C	17.46 % / 77.78 %	39	C	14.29 % / 77.77 %	55	D	25.4 % / 58.73 %	71	B	26.98 % / 60.32 %
8	D	22.22 % / 61.91 %	24	A	12.7 % / 77.78 %	40	A	20.63 % / 77.78 %	56	C	23.81 % / 58.73 %	72	D	7.94 % / 60.31 %
9	A	11.11 % / 61.91 %	25	C	14.29 % / 77.77 %	41	B	4.76 % / 77.78 %	57	D	28.57 % / 58.73 %	73	D	15.87 % / 60.32 %
10	D	22.22 % / 61.91 %	26	D	4.76 % / 77.78 %	42	A	17.46 % / 77.78 %	58	A	12.7 % / 58.73 %	74	D	30.16 % / 60.32 %
11	B	33.33 % / 61.91 %	27	D	6.35 % / 77.78 %	43	B	9.52 % / 77.78 %	59	A	33.33 % / 58.73 %	75	B	30.16 % / 58.73 %
12	B	26.98 % / 61.91 %	28	C	15.87 % / 77.78 %	44	D	4.76 % / 77.78 %	60	B	33.33 % / 58.73 %	76	D	28.57 % / 60.32 %
13	B	28.57 % / 61.91 %	29	A	12.7 % / 77.78 %	45	A	14.29 % / 77.77 %	61	A	23.81 % / 58.73 %	77	D	20.63 % / 60.32 %
14	D	20.63 % / 61.91 %	30	C	12.7 % / 77.78 %	46	C	12.7 % / 77.78 %	62	B	28.57 % / 58.73 %	78	C	31.75 % / 60.31 %
15	C	11.11 % / 61.91 %	31	C	14.29 % / 77.77 %	47	D	14.29 % / 77.77 %	63	B	4.76 % / 60.32 %	79	A	9.52 % / 60.32 %
16	D	20.63 % / 61.91 %	32	A	12.7 % / 77.78 %	48	B	9.52 % / 77.78 %	64	C	31.75 % / 60.31 %	80	C	19.05 % / 60.32 %

प्रश्न संख्या	उत्तर	सही उत्तर	छोड़ दिया
81	D	22.22 %	60.32 %
82	D	30.16 %	60.32 %
83	B	25.4 %	60.31 %
84	B	23.81 %	60.32 %
85	B	23.81 %	60.32 %
86	B	19.05 %	60.32 %
87	D	25.4 %	60.31 %
88	C	11.11 %	60.32 %
89	D	28.57 %	60.32 %
90	A	28.57 %	60.32 %
91	A	25.4 %	60.31 %
92	D	33.33 %	60.32 %
93	A	17.46 %	60.32 %
94	A	26.98 %	60.32 %

प्रश्न संख्या	उत्तर	सही उत्तर	छोड़ दिया
95	A	20.63 %	60.32 %
96	C	19.05 %	60.32 %
97	D	14.29 %	60.31 %
98	A	28.57 %	60.32 %
99	D	17.46 %	60.32 %
100	A	28.57 %	60.32 %
101	C	26.98 %	60.32 %
102	C	3.17 %	60.32 %
103	D	31.75 %	60.31 %
104	C	15.87 %	60.32 %
105	B	25.4 %	60.31 %
106	A	30.16 %	60.32 %
107	D	9.52 %	60.32 %
108	C	17.46 %	60.32 %

प्रश्न संख्या	उत्तर	सही उत्तर	छोड़ दिया
109	A	19.05 %	60.32 %
110	D	14.29 %	60.31 %
111	B	25.4 %	60.31 %
112	B	19.05 %	60.32 %
113	B	23.81 %	60.32 %
114	D	31.75 %	60.31 %
115	A	36.51 %	60.32 %
116	D	30.16 %	60.32 %
117	B	33.33 %	60.32 %
118	B	30.16 %	60.32 %
119	D	23.81 %	60.32 %
120	C	11.11 %	60.32 %
121	A	7.94 %	58.73 %
122	B	14.29 %	57.14 %

प्रश्न संख्या	उत्तर	सही उत्तर	छोड़ दिया
123	D	20.63 %	74.61 %
124	A	20.63 %	74.61 %
125	C	11.11 %	74.6 %
126	A	9.52 %	74.61 %
127	C	11.11 %	74.6 %
128	D	3.17 %	74.61 %
129	A	9.52 %	74.61 %
130	D	11.11 %	74.6 %
131	A	7.94 %	74.6 %
132	A	15.87 %	74.61 %
133	A	15.87 %	74.61 %
134	A	7.94 %	74.6 %
135	A	22.22 %	74.61 %
136	A	22.22 %	74.61 %

प्रश्न संख्या	उत्तर	सही उत्तर	छोड़ दिया
137	C	15.87 %	74.61 %
138	B	6.35 %	74.6 %
139	C	19.05 %	74.6 %
140	B	19.05 %	74.6 %
141	A	6.35 %	74.6 %
142	C	12.7 %	74.6 %
143	D	23.81 %	74.6 %
144	D	1.59 %	74.6 %
145	C	15.87 %	74.61 %
146	B	4.76 %	74.61 %
147	C	0 %	100 %
148	D	1.59 %	74.6 %
149	D	7.94 %	74.6 %
150	A	11.11 %	74.6 %

//संकेत और समाधान//

1. शोध में निष्पक्षता का अर्थ वास्तविकता के अनुरूप निष्कर्ष है।

नए तथ्यों को खोजने के लिए शोध एक सावधानीपूर्वक जांच है। यह दो शब्दों 'पुनः' और 'खोज' का गठन करता है, जिसका अर्थ पहले से मौजूद तथ्य/वास्तविकता की फिर से जाँच करना है। शोध के उद्देश्य इस प्रकार हैं,

- एक प्रश्न का उत्तर प्राप्त करने के लिए
- एक नई घटना से परिचित होने के लिए
- मौजूदा ज्ञान की समीक्षा और संश्लेषण करना
- ज्ञान का पता लगाने के लिए
- किसी समस्या का समाधान खोजने के लिए
- मौजूदा समस्या की जांच करने के लिए
- नई विधियों, योजना, प्रणाली, आदि को उत्पन्न करने के लिए

अतः विकल्प (B) सही है।

2. 8 मैचों के बाद रन = 80 × 8 = 640 और

12 मैचों के बाद रन = 70 × 12 = 840 है।

पिछले चार मैचों में बनाए गए कुल रन

= 840 - 640 = 200

अतः सही विकल्प (C) है।

3. ALLAHABAD का कोड DPQGOIKKO है:

A + 3 = D

L + 4 = P

L + 5 = Q

A + 6 = G

H + 7 = O

A + 8 = I

B + 9 = K

A + 10 = K

D + 11 = O

तो, BENGULURU का कोड होगा:

B + 3 = E

E + 4 = I

N + 5 = S

G + 6 = M

U + 7 = B

L + 8 = T

U + 9 = D

R + 10 = B

U + 11 = F

अतः सही विकल्प (C) है।

4. माना तय शुल्क 'f' और प्रति किमी चार्ज x है।

276 = 2f + 16x --------- (i)

160 = f + 10x -------- (ii)

f = 160 - 10x --------- (iii)

(iii) का मान (i) में रखने पर,

276 = 2 (160 - 10x) + 16x ------ (iv)

276 = 320 - 20x + 16x --------- (v)

x = 11

तो, टैक्सी का शुल्क प्रति किमी = रु 11

अतः सही विकल्प (C) है।

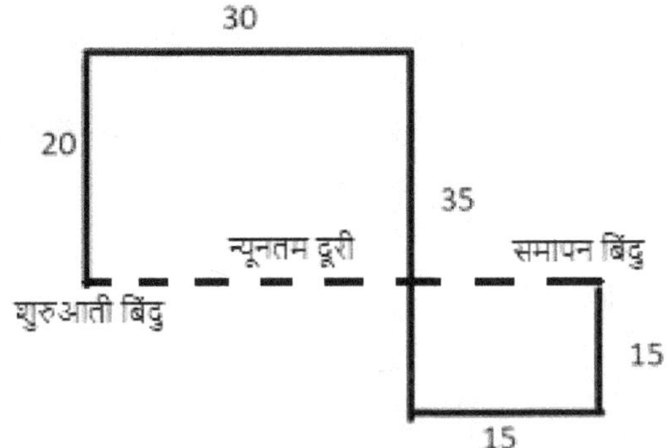

5.

तो, 15m + 30m = 45m सबसे छोटी दूरी है।

अतः सही विकल्प (D) है।

6. ग्रेपवाइन संचार को अनौपचारिक संचार के रूप में भी जाना जाता है क्योंकि संगठन और औपचारिकताओं द्वारा निर्धारित औपचारिकताओं / दिशानिर्देशों को बनाए रखने के बिना संचार किया जाता है, प्रासंगिक जानकारी साझा करने के लिए कोई विशेष मार्ग नहीं है।

अतः सही विकल्प (B) है।

7. एक कक्षा में, एक संचारक का विश्वास स्तर आँख के संपर्क से निर्धारित किया जाता है। यह व्यक्ति में अपनी राय को बेहतर तरीके से पूछने या प्रस्तुत करने के लिए आत्मविश्वास लाता है।

अतः सही विकल्प (D) है।

8. हर प्रकार का संचार इसके संदर्भ से प्रभावित होता है। संदर्भ समान हो सकते हैं, जबकि कभी-कभी भ्रमित या अतिव्यापी हो सकते हैं। अभिग्रहण या संचरण से संचार प्रभावित नहीं होगा।

अतः सही विकल्प (D) है।

9. "एकीकृत शिक्षा प्रणाली में" विशेष शैक्षिक आवश्यकताओं वाले छात्रों को मौजूदा स्कूल के वातावरण में समायोजित किया जाना है।

- भारत में, "एकीकृत शिक्षा" मुख्य रूप से हल्के विकलांग छात्रों को प्रदान की गई है जिन्हें नियमित स्कूल कार्यक्रमों में शामिल करना "आसान" माना जाता है।
- जब भी संभव हो, "एकीकृत शिक्षा" मॉडल में, विकलांग छात्र एक नियमित स्कूल में भाग लेते हैं।
- एकीकरण समान शैक्षिक व्यवस्था में सामान्य बच्चों के साथ विकलांग बच्चों के संपर्क की प्रक्रिया को दर्शाता है।

- हालाँकि, जोर इस बात पर है कि छात्र किसी छात्र की शैक्षिक आवश्यकताओं को पूरा करने के लिए प्रणाली के बजाय सिस्टम को व्यवस्थित करे।
- गंभीर विकलांगता वाले छात्र, अधिकांश मामलों में, स्कूल नहीं जाते हैं, या दुर्लभ मामलों में, एक विशेष स्कूल में जाते हैं।
- एकीकृत स्कूलों में, सभी पृष्ठभूमि के बच्चे हर दिन एक ही कक्षाओं में एक साथ सीखते हैं।

अतः विकल्प (A) सही है।

10. मेल मर्ज का उपयोग एमएस वर्ड में एक ही मेल को अलग-अलग व्यक्तियों को भेजने के लिए किया जाता है।

मेल मर्ज व्यक्तिगत पत्र और पूर्व-संबोधित मेलिंग लेबल बनाने का एक तरीका है। माइक्रोसॉफ्ट वर्ड एक डेटाबेस, स्प्रेडशीट से वर्ड दस्तावेज़ों में सामग्री सम्मिलित कर सकता है।

अतः सही विकल्प (D) है।

11. 1 बाइट डिजिटल जानकारी की एक इकाई है जिसमें सबसे अधिक 8 बिट्स होते हैं।

1 बाइट = 8 बिट्स

अतः सही विकल्प (B) है।

12. गघांश के अनुसार, "अंतिम महायुद्ध जिसने आधुनिक विश्व की आधारशिला कंपित कर दिया, इसने हिंसा के विरुद्ध आम रूप से बढ़ावा देने की प्रवृत्ति तथा पश्चिमी दुनिया की 'मानवीय विशेषताओं' के बारे में मोहभंग की स्थिति को प्रखरता से अभिव्यक्ति देने से परे भारतीय साहित्य पर स्वल्प प्रभाव ही डाल सका है।"

इसका मतलब है कि पिछले महान युद्ध ने हिंसा के खिलाफ घृणा को बढ़ाया।

अतः सही विकल्प (B) है।

13. पिछले महान युद्ध ने पश्चिमी दुनिया के 'मानवीय दिखावा' के साथ बढ़ते मोहभंग को जोड़ा था और यह टैगोर की बाद की कविताओं और उनके अंतिम महाग्रंथ सभ्यता में संकट में स्पष्ट रूप से उठाई गई थी।

इसलिए, टैगोर ने अपने अंतिम महाग्रंथ में, यह स्पष्ट किया कि पश्चिमी दुनिया की 'मानवीय दिखावा' उजागर हुई थी।

अतः सही विकल्प (B) है।

14. गघांश के अनुसार महान युद्ध की अवधि के दौरान, मानव बुद्धिजीवी, "संकट के समय में इंग्लैंड के दृढ़ साहस के साथ सहानुभूति रखने में मदद नहीं कर सकते थे"। इसका मतलब है कि उन्होंने कठिन समय के दौरान इंग्लैंड के साहस के प्रति सहानुभूति व्यक्त की।

अतः सही विकल्प (D) है।

15. दिए गए गघांश के अनुसार, "इसमें कोई संदेह नहीं है (भारतीय साहित्य में रचनात्मक ऊर्जा), लेकिन दुर्भाग्य से, इसके निर्दोष लोगों के अमानवीय कत्लेआम के साथ यह जल्द ही विभाजन की महान पीड़ा में डूबा हुआ था। इस प्रकार, विभाजन की महान पीड़ा भारतीय साहित्य में रचनात्मक ऊर्जा के डूबने के लिए जिम्मेदार थी।

अतः सही विकल्प (C) है।

16. गघांश के अनुसार, "इन आपदाओं (विभाजन) में जो उत्साह और विश्वास का भंडार बचा है, वह मुख्य रूप से राष्ट्रीय पुनर्निर्माण और आर्थिक विकास के कार्य में अवशोषित हो गया है"।

अतः सही विकल्प (D) है।

17. जब मौखिक और गैर-मौखिक संदेश परस्पर विरोधी होते हैं, तो ऐसा कहा जाता है कि अधिकांश लोग गैर-मौखिक संदेश का विश्वास करते हैं। गैर-

मौखिक संदेश में क्रिया, हावभाव और हाथों की गति, चेहरे के भाव आदि शामिल हैं।

अतः सही विकल्प (C) है।

18. अनुसंधान में एक विश्लेषण जो नृवंशविज्ञान पर आधारित होता है उसे वार्तालाप विश्लेषण कहा जाता है।

नृवंशविज्ञान इस बात का अध्ययन है कि सामाजिक अंतःक्रिया की प्रक्रियाओं में और उसके माध्यम से सामाजिक व्यवस्था कैसे उत्पन्न होती है। यह आम तौर पर मुख्यधारा के समाजशास्त्रीय दृष्टिकोण के लिए एक विकल्प प्रदान करना चाहता है। अपने सबसे क्रांतिकारी रूप में, यह समग्र रूप से सामाजिक विज्ञान के लिए एक चुनौती है। इसकी प्रारंभिक जांच ने वार्तालाप विश्लेषण की स्थापना की, जिसने अकादमी के भीतर एक स्वीकृत अनुशासन के रूप में अपना स्थान पाया है।

अतः सही विकल्प (B) है।

19. समीपता, उपयोगिता और अकेलापन संचार भागीदारों की पसंद को प्रभावित करते हैं।

निकटता:

- यह दूसरों के साथ संवाद करते हुए एक व्यक्ति की स्थिति और शारीरिक निकटता से संबंधित है।
- व्यक्ति को दूसरे व्यक्ति की शारीरिक भाषा के जवाब में अपनी निकटता बढ़ानी चाहिए।

उपयोगिता: यह इस बात से संबंधित है कि दोनों पक्ष, जो संचार में लगे हुए हैं, एक दूसरे को संतुष्ट कर सकते हैं।

अकेलापन:

- बातचीत के दौरान, दोनों पक्षों (प्रेषक या रिसीवर) को यह देखना होगा कि क्या दूसरा व्यक्ति असहज महसूस कर रहा है या किसी प्रकार का अकेलापन है।
- वक्ता को उन सूचनाओं को संप्रेषित करने का प्रयास करना चाहिए जो दोनों सिरों के लिए लाभदायक हों।

अतः विकल्प (A) सही है।

20. दिया है:

तीन महीनों में बेची गई अंग्रेजी की पुस्तकों की कुल संख्या = 80 + 40 + 60 = 180

तीन महीनों में बेची गई संस्कृत की पुस्तकों की कुल संख्या = 70 + 30 + 100 = 200

$$\text{अभीष्ट प्रतिशत} = \frac{200 - 180}{200}$$

$$\text{अभीष्ट प्रतिशत} = \frac{20}{200}$$

= 10% कम

अतः विकल्प (D) सही है।

21. दिया है:

मार्च में बेची गई पुस्तकों की कुल संख्या = 60 + 90 + 80 + 100 + 70

= 400

मार्च में बेची गई हिंदी पुस्तकों की कुल संख्या = 90

$$\text{अभीष्ट प्रतिशत} = \frac{90}{400} \times 100$$

= 22.5%

अतः विकल्प (D) सही है।

22. दिया है:

जनवरी में बेची गई पुस्तकों की कुल संख्या = 80 + 60 + 50 + 70 + 40

= 300

फरवरी में बेची गई पुस्तकों की कुल संख्या = 40 + 20 + 10 + 30 + 35

= 135

अभीष्ट अनुपात = 300 : 135

= 20 : 9

अतः विकल्प (D) सही है।

23. तीन महीनों में बेची जाने वाली मराठी पुस्तकों की कुल संख्या = 50 + 10 + 80 = 140

तीन महीने में बेची जाने वाली इतिहास की पुस्तकों की कुल संख्या = 40 + 35 + 70 = 145

अभीष्ट अंतर = 145 - 140 = 5

अतः विकल्प (C) सही है।

24. दिया है:

मार्च में बेची जाने वाली पुस्तकों की कुल संख्या = 60 + 90 + 80 + 100 + 70 = 400

अभीष्ट संख्या = $\dfrac{400}{5}$ = 80

अतः विकल्प (A) सही है।

25. UNDP की रिपोर्ट एक विशिष्ट देश के लिए नहीं है, बल्कि दुनिया के सभी देशों के लिए है। इसलिए, हम यह समझ सकते हैं कि लैंगिक भेदभाव केवल भारत तक ही सीमित नहीं है। इसलिए, अनुमान । अनुसरण करता है।

रिपोर्ट में यह भी उल्लेख किया गया है कि 90% व्यक्तियों ने महिलाओं के खिलाफ पक्षपाती विचार रखे हैं, और इन 90% व्यक्तियों में, गहां तक कि महिलाओं को भी शामिल किया गया है। इसलिए, हम इस निष्कर्ष को प्राप्त कर सकते हैं कि महिलाएं भी महिलाओं के खिलाफ कुछ प्रकार के पूर्वाग्रह रखती हैं। इसलिए, अनुमान ।। अनुसरण करता है।

इसलिए, सही उत्तर है "। और ।। दोनों अनुसरण करते हैं"।

अतः विकल्प (C) सही है।

26.

सूची A	सूची B
a. छात्रों में प्रेरणा, आग जलाना, विचार करना, तर्क करना	व्याख्यान मदद
b. विचारों को साझा करना, एक साथ सोच को उत्तेजित करता है	सहयोग
c. अन्य बिंदुओं को देखने के लिए, स्पष्टीकरण, समझ, नए विचार उत्पन्न होते हैं।	विचार-विमर्श
d. स्वयं-अधिगम आत्मविश्वास निर्माण, चर्चा में सक्रिय भागीदारी।	सेमिनार

एक व्याख्यान एक शैक्षिक निर्देश है जो एक विशिष्ट कक्षा में छात्रों को संकाय द्वारा वितरित किया जाता है। प्रशिक्षक द्वारा चयनित पाठ्यक्रम के भीतर विषय वस्तु/विषय पर निर्देश लंबे भाषण हैं।

सहयोग एक अभ्यास है जिसके तहत व्यक्ति सामान्य उद्देश्यों की पूर्ति के लिए सहकारी रूप से संलग्न होते हैं। इसमें पारस्परिक प्रयासों के साथ ज्ञान और कार्यक्षेत्र साझा करना शामिल है।

चर्चा एक समूह के बीच एक विषय पर एक वार्तालाप है जहां विषय को उद्देश्यपूर्ण बातचीत/बहस और सूचना साझा करने की श्रृंखला के माध्यम से सदस्यों के बीच गंभीर रूप से विश्लेषण किया जाता है ताकि किसी समस्या को हल करने के लिए या अंत में एक निश्चित निष्कर्ष पर पहुंचने के बाद आम सहमति हो सके। चर्चा का।

एक सेमिनार एक प्रतिष्ठित विशेषज्ञ या पैनल के तहत एक समूह की एक औपचारिक अकादमिक बैठक होती है, जहां कथित विषय या सेमिनार के विषय पर प्रवचन किया जाता है। यह एक संवादात्मक सत्र है जहां प्रतिभागी संगोष्ठी के विषय में सक्रिय रूप से संलग्न होते हैं।

अतः विकल्प (D) सही है।

27. शिक्षण एक ऐसी प्रक्रिया है जिसमें एक व्यक्ति दूसरे व्यक्ति को सिखाता है या निर्देश देता है। शिक्षण को कक्षा की स्थिति में शिक्षार्थियों को निर्देश देने का कार्य माना जाता है। यह व्यवस्थित रूप से देखना है। डेवी: इसे परिस्थिति का हस्तपरक मानते हैं, जहां शिक्षार्थी अपने स्वयं के ज्ञान के साथ कौशल और अंतर्दृष्टि प्राप्त करेगा।

कथन ।: शिक्षण के दौरान सहायक सामग्रियों का उपयोग शिक्षण अधिनियम को बदल सकता है यदि सावधानी से उपयोग किया जाए।

- समर्थन सामग्री शिक्षण को प्रतिस्थापित नहीं कर सकती।
- समर्थन सामग्री केवल शिक्षण के लिए एक वृद्धि है।
- वे अधिगम प्रक्रिया में मदद कर सकते हैं, लेकिन वे निश्चित रूप से शिक्षण की शक्ति को प्रतिस्थापित नहीं कर सकते।
- यह महत्वपूर्ण है कि हम याद रखें, शिक्षण केवल ज्ञान की सुविधा से अधिक है। शिक्षण छात्रों का मार्गदर्शन करता है, सलाह देता है, और छात्रों को प्रेरित करता है। शिक्षण स्वयं एक ऐसी शक्ति है जिसे किसी भी प्रकार की सहायता सामग्री द्वारा प्रतिस्थापित नहीं किया जा सकता है।

इसलिए, कथन । गलत है।

कथन ।।: ऑनलाइन तरीके शिक्षण और अधिगग की गुणवत्ता में सुधार के लिए प्रभावशाली अनुपूरक हैं।

- ऑनलाइन शिक्षा पाठ्यक्रम को प्रदान करने और समर्थन करने में विभिन्न रूप ले सकती है।
- सबसे बुनियादी स्तर पर, ऑनलाइन शिक्षण संसाधन केवल शिक्षार्थियों को दृश्य या श्रव्य रूप में एक व्याख्यान में वितरित सामग्री के साथ अतुल्यकालिक रूप से संलग्न करने के लिए एक तंत्र प्रदान कर सकते हैं। सामग्री वितरण के इस रूप को अक्सर पॉडकास्ट के रूप में संदर्भित किया जाता है, इसका उपयोग एक व्याख्यान के क्षेत्रों को पुन: परीक्षण करने के लिए किया जा सकता है जो अस्पष्ट प्रतीत हो सकता है या कक्षा प्रस्तुति के बदले सामग्री वितरित कर सकता है।
- वैकल्पिक रूप से, ऑनलाइन संसाधनों को कक्षा के अंतर्गत गतिविधियों के साथ स्पष्ट रूप से एकीकृत या मिश्रित किया जा सकता है, जैसे कि परिवर्तित किए गए पाठ्यक्रम दृष्टिकोण में जहां छात्र वीडियो, ऑडियो क्लिप या रीडिंग के साथ संपर्क करते हैं, एक कक्षा के अंतर्गत सत्र से पहले कोर ज्ञान और सामग्री प्रदान करते हैं जो कि इस दौरान अनुप्रयोगों को सूचित करते हैं।
- अंत में, ऑनलाइन शिक्षण बड़े पैमाने पर खुले ऑनलाइन पाठ्यक्रमों (एमओओसी) के साथ होने वाले ज्ञान एवं कौशल को वितरित करने और आकलन करने के लिए पूर्ण तंत्र प्रदान कर सकता है।

इसलिए, कथन ।। सही है।

अतः विकल्प (D) सही है।

28. शिक्षण और सीखने की गतिविधियों को अमूर्तता के विभिन्न स्तरों पर आयोजित किया जा सकता है; सरल मानसिक शक्तियों के उपयोग और अनुप्रयोग से लेकर सबसे जटिल तक। ऐसे संगठनों को प्रतिष्ठित और शिक्षण के 'रूपों और स्तरों' के रूप में चिह्नित किया जाता है। शिक्षण और सीखने की गतिविधियों के तीन पहचानने योग्य स्तर हैं: मेमोरी स्तर, समझ स्तर और चिंतनशील स्तर। मॉरिस एल बिग्गी (1976) ने रूब्रिक 'स्वायत्त विकास' के तहत एक और स्तर जोड़ा है।

सेट– I	सेट– II
(संज्ञानात्मक बदलाव के स्तर)	(संज्ञानात्मक बदलाव को बढ़ावा देने के लिए बुनियादी आवश्यकताएं)
a. स्मरण-शक्ति का स्तर	ii. प्रस्तुतियों के दौरान किए गए महत्वपूर्ण बिंदुओं को रिकॉर्ड करना।
b. समझ का स्तर	i. किसी तथ्य का विभेदात्मक उदाहरण और उदाहरण: देने का अवसर देना।
c. विचारात्मक स्तर	iv. आलोचनात्मक रूप से किए जाने वाले बिंदुओं का विश्लेषण और चर्चा करना।

अतः विकल्प (C) सही है।

29. MOOCs स्व-निर्देशित, बड़े पैमाने पर भागीदारी के लिए डिज़ाइन किए गए ऑनलाइन लर्निंग का एक लचीला और खुला रूप है।

MOOC (बड़े पैमाने पर ऑपन ऑनलाइन पाठ्यक्रम):

- बड़े पैमाने पर खुले ऑनलाइन पाठ्यक्रम (एमओओसी) हाल के वर्षों में उच्च शिक्षा के सबसे प्रमुख रुझानों में से एक हैं। शब्द 'एमओओसी' एक ऑनलाइन प्लेटफॉर्म के माध्यम से उच्च मात्रा में प्रतिभागियों के लिए जारी किए गए खुले उपयोग, वैश्विक, स्व-निर्देशित, मुफ्त, वीडियो-आधारित निर्देशात्मक सामग्री, वीडियो, समस्या समूहों और मंचों का प्रतिनिधित्व करता है।

- MOOCs (बड़े पैमाने पर ओपन ऑनलाइन पाठ्यक्रम) सीखने का एक नया तरीका प्रदान करता है, जो खुला, भागीदारी, वितरित और आजीवन है।

- MHRD, भारत सरकार ने एक MOOCs मंच भी शुरू किया है जिसका नाम स्वयं (स्टडी वीब्स ऑफ एक्टिव-लर्निंग फॉर यंग एस्पायरिंग माइंड्स) है।

अतः विकल्प (A) सही है।

30. एक शिक्षाविद वह होता है जो विभिन्न भूमिकाओं और जिम्मेदारियों में एक शैक्षिक प्रणाली के भीतर काम करता है जो शिक्षण, सीखने, मूल्यांकन, अनुसंधान, पाठ्यक्रम विकास और दूसरों के बीच नीति को सुविधाजनक बनाता है।

A. लुई ब्रेल	(4) नेत्रहीन शिक्षार्थी
B. हेलेन केलर	(3) मूक और बधिर शिक्षार्थी
C. थॉमस एडिसन	(2) बधिर शिक्षार्थी
D. लाल अडवानी	(1) अक्षम शिक्षार्थी

अतः विकल्प (C) सही है।

31. शिक्षण, शिक्षार्थियों को निर्देशों की एक व्यवस्थित श्रृंखला के माध्यम से ज्ञान और अनुभव प्रदान करने की प्रक्रिया है। यह समझाने के माध्यम से छात्रों के बीच सीखने को बढ़ावा देता है, मुख्य अवधारणा का प्रदर्शन करता है या जिस विषय पर चर्चा की जाती है वह अंततः सीखने के परिणाम को सुविधाजनक बनाता है।

शिक्षण के संबंध में विशिष्ट विशेषताएं इस प्रकार हैं:

- इसमें शिक्षण के विभिन्न स्तर हैं यानी शिक्षण का स्मृति स्तर, शिक्षण का स्तर और शिक्षण का चिंतनशील स्तर।

- यह एक गतिशील वातावरण में होता है जहां शिक्षण-सीखने की प्रक्रिया लचीली होती है और शिक्षार्थियों की जरूरतों के अनुसार इसमें बदलाव होता है।

- कक्षा में प्रेरणा महत्वपूर्ण है। शिक्षक बच्चे को प्रेरित करने और सीखने में रुचि पैदा करने के लिए पुरस्कार प्रदान करने के लिए कक्षा के अंदर एक महत्वपूर्ण व्यक्ति है।

- यह एक उद्देश्यपूर्ण गतिविधि है जहाँ शिक्षक उद्देश्यों के साथ एक संरचित योजना और गतिविधियों का एक समूह विकसित करता है।

- वैचारिक समझ और अनुप्रयोग के विकास की प्रक्रिया को सुदृढ़ करने के लिए कक्षा में पढ़ाने की विधि स्व-निर्देशित है।

- अवसर प्रदान करना जहां शिक्षार्थी नए अनुभवों का पता लगाते हैं और आकर्षित करते हैं।

अतः विकल्प (C) सही है।

32.

सेट - I	सेट - II
a. रचनात्मक मूल्यांकन	iv. विचार-विमर्श और चर्चा
b. योगात्मक मूल्यांकन	iii. अंतिम अधिगम के परिणामों को ग्रेड करना
c. सतत और व्यापक मूल्यांकन	i. नियमितता के साथ संज्ञानात्मक और सह-संज्ञानात्मक पहलू का मूल्यांकन
d. सामान्य और मानदंड संदर्भित परीक्षण	ii. टेस्ट और उनकी व्याख्या एक समूह और कुछ यार्डस्टिक्स पर आधारित है

अतः विकल्प (A) सही है।

33. एक शोध समस्या के निरूपण की तुलना एक भवन की नींव डालने से की जा सकती है।

शोध समस्या का निरूपण और इसके महत्व:

- अध्ययन शुरू करने के बाद पहला कार्य अध्ययन करने के लिए समस्या की पहचान करना और उसका निर्धारण करना होता है। कोई भी प्रश्न जिसका उत्तर शोधकर्ता देना चाहता है या उसकी जांच करना चाहता है, उसे शोध समस्या कहा जाता है।

- एक भवन की नींव की तुलना में एक शोध समस्या की तुलना की जा सकती है। भवन का प्रकार और डिजाइन नींव पर निर्भर करता है। एक मजबूत नींव के परिणामस्वरूप एक मजबूत भवन होगी।

- एक शोध समस्या की पहचान करना अत्यंत महत्वपूर्ण है क्योंकि किसी विशेष समायोजन में पहचाना गया मुद्दा वही होता है जो शोध को संचालित करने की आवश्यकता को निर्देशित करता है और प्रेरित करता है, यह एक संपूर्ण परियोजना की नींव रखता है। यदि नींव अस्थिर है, तो पूरी परियोजना विफल हो जाती है।

- इसलिए, शोध समस्या एक शोध अध्ययन की नींव के रूप में कार्य करती है, यदि यह अच्छी तरह से तैयार की जाती है, तो आप एक अच्छे अध्ययन का अनुसरण करने की उम्मीद कर सकते हैं।

अतः विकल्प (A) सही है।

34. क्रियात्मक शोध करने में चरणों का सामान्य क्रम योजना, कार्य, निरीक्षण, प्रतिबिंबित है।

क्रियात्मक शोध:

- यह एक विशेष कक्षा समायोजन में आने वाली शैक्षणिक समस्याओं में आने वाली समस्याओं के लिए अनुसंधान के आवेदन को संदर्भित करता है।

- इसका प्राथमिक उद्देश्य अभ्यास में सुधार करना है।

- यह शिक्षा प्रणाली में बदलाव को प्रोत्साहित करता है और इस तरह शिक्षा के प्रति एक लोकतांत्रिक दृष्टिकोण को बढ़ावा देता है।
- यह शिक्षकों और अन्य शिक्षकों को शिक्षार्थियों के रूप में नियुक्त करता है जो अभ्यास और शिक्षा के अपने दृष्टिकोण के बीच अंतर को कम करना चाहते हैं।
- यह शिक्षकों को अपनी प्रथाओं को प्रतिबिंबित करने के लिए प्रोत्साहित करता है। इसके बाद, यह नए विचारों के परीक्षण की प्रक्रिया को बढ़ावा देता है।

अतः विकल्प (B) सही है।

35. 'रचनात्मकता 'और' कल्पना' का क्षेत्र अनुसंधान की परिकल्पना बनाने और परिकल्पना परीक्षण चरणों में सबसे बड़ा है।

अनुसंधान में 'रचनात्मकता' और 'कल्पना':

- अनुसंधान में रचनात्मकता और कल्पना शोधकर्ता की क्षमता को दर्शाता है कि वह एक जगह या लोगों की जटिलता में उत्सुक और खुले विचारों वाला है।
- 'रचनात्मकता' और 'कल्पना' का क्षेत्र परिकल्पना बनाने और परिकल्पना परीक्षण में सबसे बड़ा होता है अर्थात यह किसी विषय से परे किसी विषय की खोज और पड़ताल करते हुए, संगठन और / या समुदायों के साथ मिलकर एक अनपेक्षित भविष्य का निर्माण करना है।
- यह तर्क से दूर जाने और विभिन्न प्रकार के समृद्ध अर्थों और ज्ञान को बढ़ावा देने से संबंधित है, जिसकी जांच की जा रही है।
- सामाजिक निर्माण की एक ज्ञान-मीमांसा के साथ तैयार दृष्टिकोणों का एक संयोजन है जो गठन, पुनः गठन और अनुसंधान करने में नई संभावनाओं की पेशकश कर सकता है जो मूल्य और रचनात्मकता और कल्पना का समर्थन करते हैं।

अतः विकल्प (D) सही है।

36. एक शोध समस्या को मुख्य रूप से इसकी प्रासंगिकता के आधार पर चुना जाता है।

एक शोध समस्या: एक शोध समस्या को चिंता के एक क्षेत्र के रूप में परिभाषित किया जाता है जिसके लिए एक विशिष्ट विषय, एक शर्त, एक विरोधाभास या कठिनाई की सार्थक समझ की आवश्यकता होती है। एक शोध समस्या का अर्थ है प्रश्नों को हल करने या समस्याओं को हल करने के लिए ज्ञान की खाई को पाटने के लिए मौजूदा निष्कर्षों को मजबूत करना।

एक शोध समस्या के लक्षण:

- आवश्यक जरूरतों या विषयों को शामिल करता है।
- समस्या को तार्किक और स्पष्ट रूप कहा गया है।
- शोध वास्तविक तथ्यों और साक्ष्यों पर आधारित है (गैर काल्पनिक)।
- शोध समस्या उत्पन्न करती है और शोध प्रश्नों को प्रोत्साहित करती है।
- पर्याप्त डेटा प्राप्त किया जा सकता है।
- समस्या का असंतोषजनक उत्तर है या एक नई समस्या है।

अतः विकल्प (A) सही है।

37. एक साहित्य समीक्षा 'प्रत्येक लेख की सूचना देना और लेख का सार करना' को छोड़कर सभी की विशेषता है।

साहित्य की समीक्षा: साहित्य की एक समीक्षा अनुसंधान के संचालन में एक प्रारंभिक कदम है। यह आमतौर पर एक शोध समस्या को ध्यान में रखकर शुरू होता है। यह शोधकर्ता के विषय के समान विषय पर पहले के शोधकर्ताओं द्वारा किए गए शोध का सारांश है जो शोधकर्ता को शोध समस्या की समझ को व्यापक बनाने में सक्षम बनाता है। पिछला साहित्य वर्तमान और

भविष्य का दर्पण है, जो पिछले अध्ययनों में गहन समझ और अंतर्दृष्टि विकसित करने में मदद करता है जो वर्तमान अध्ययन से संबंधित हैं।

अतः विकल्प (A) सही है।

38. श्रृंखला निम्नलिखित स्वरूप का अनुसरण करती है:

$45 + 2^2 = 49$

$49 - 3^2 = 40$

$40 + 4^2 = 56$

$56 - 5^2 = 31 (?)$

$31 + 6^2 = 67$

∴ प्रश्नवाचक चिह्न (?) के स्थान पर 31 आएगा।

अतः विकल्प (D) सही है।

39. श्रृंखला निम्नलिखित स्वरूप का अनुसरण करती है:

$1^2 \times 2 = 2$

$2^2 \times 2 = 8$

$3^2 \times 2 = 18$

$4^2 \times 2 = 32$

$5^2 \times 2 = 50$

$6^2 \times 2 = 72$

∴ दी गई श्रृंखला 2, 8, 18, 32, 50 __ में लुप्त संख्या 72 है।

अतः विकल्प (C) सही है।

40. दर्शन की वह शाखा जो ज्ञान, इसकी संरचना विधि और वैधता से संबंधित है, एपिस्टेमोलॉजी कहलाती है।

ज्ञानमीमांसा:

- ज्ञानमीमांसा दर्शनशास्त्र की वह शाखा है जो ज्ञान के स्रोत, प्रकृति और वैधता का अध्ययन करती है।
- 'एपिस्टेमोलॉजी' शब्द 'ज्ञान के सिद्धांत' को संदर्भित करता है क्योंकि यह ग्रीक शब्द "एपिस्टेम" और "लोगो" से लिया गया है जो क्रमशः 'ज्ञान' और 'कारण' शब्दों के पर्याय हैं।
- यह "हम चीजों को कैसे जानते हैं?" और "हम कैसे जानते हैं कि हम चीजों को जानते हैं?" का अध्ययन है।
- यह ज्ञान की प्राप्ति और इस प्रकार प्राप्त ज्ञान के बीच संबंध से संबंधित दर्शन की एक शाखा है।

अतः विकल्प (A) सही है।

41. अनुरूप तर्कों में, निष्कर्ष संभावित से अधिक नहीं हो सकता है।

सादृश्यपरक तर्क:

- सादृश्यपरक तर्क समरूपता पर निर्भर करते हैं। इसलिए, जब हम सादृश्यपरक तर्कों का उपयोग करते हैं, तो यह स्पष्ट करना महत्वपूर्ण है कि किन दो तरीकों से समान होना चाहिए। समरूपता फिर से तुलना हैं और निष्कर्ष आगमनात्मक तर्क (व्यापकता) पर आधारित है।
- अनुरूप तर्क किसी भी प्रकार की सोच है जो एक सादृश्य पर निर्भर करता है।
- सादृश्य द्वारा तर्क करने के लिए यह तर्क देना है कि क्योंकि दो चीजें समान हैं - एक का जो सच है वह दूसरे का भी सच है। ऐसे

तर्कों को 'साद्दश्यतावादी तर्क' या 'साद्दश्य द्वारा तर्क' कहा जाता है।

- सामान्य तौर पर (लेकिन हमेशा नहीं), इस तरह की दलीलें तर्कपूर्ण तर्क की श्रेणी में आती हैं, क्योंकि उनके निष्कर्ष निश्चितता के साथ होते हैं और केवल अलग-अलग डिग्री की ताकत के साथ समर्थित होते हैं।

अतः विकल्प (B) सही है।

42. शिक्षा का मुख्य लक्ष्य छात्रों के बीच समस्या-समाधान कौशल विकसित करना है।

समस्या-समाधान, कठिनाइयों पर काबू पाने की एक प्रक्रिया है जो एक लक्ष्य की प्राप्ति में हस्तक्षेप करती है।

- यह एक मानसिक प्रक्रिया है और बड़ी समस्या प्रक्रिया का हिस्सा है जिसमें समस्या का पता लगाना और समस्या को आकार देना शामिल है।

- समस्या-समाधान एक उच्च-क्रम की संज्ञानात्मक प्रक्रिया है जिसमें अधिक नियमित या मौलिक कौशल के मॉड्यूलेशन और नियंत्रण की आवश्यकता होती है।

- समस्या का समाधान ढांचा या पैटर्न है जिसके भीतर रचनात्मक सोच और तर्क होता है। यह आज के शिक्षार्थियों द्वारा आवश्यक एक बुनियादी कौशल है।

अतः विकल्प (A) सही है।

43. दूरस्थ शिक्षा की मुख्य विशेषता परामर्श सत्र और अध्ययन केंद्र हैं।

दूरस्थ शिक्षा, या दूरस्थ अधिगम, शिक्षा का वह क्षेत्र है जो शिक्षाशास्त्र और प्रौढ़शिक्षा प्रणाली, प्रौद्योगिकी और निर्देशात्मक प्रणालियों के अभिकल्प पर केंद्रित है, जिसका उद्देश्य उन छात्रों को शिक्षा प्रदान करना है जो शारीरिक रूप से "ऑन-साइट" नहीं हैं।

दूरस्थ शिक्षा "सूचना के स्रोत और शिक्षार्थियों को समय और दूरी, या दोनों से अलग होने पर सीखने की पहुंच बनाने और प्रदान करने की एक प्रक्रिया है।" दूसरे शब्दों में, दूरस्थ शिक्षा कक्षा के बाहर अपनी आवश्यकताओं के अनुसार शिक्षार्थी के लिए समान गुणात्मक मूल्य का एक शैक्षिक अनुभव बनाने की प्रक्रिया है।

अतः विकल्प (B) सही है।

44. शिक्षा और संबंद्ध क्षेत्रों में विभिन्न विश्वविद्यालयों के मध्य सहयोग को बढ़ावा देने के लिए अंतः विश्वविद्यालय बोर्ड के बंद होने के फलस्वरुप एसोसिएशन ऑफ़ इंडियन यूनिवर्सिटीज की स्थापना की गई।

एसोसिएशन ऑफ़ इंडियन यूनिवर्सिटीज (AIU):

- अंतर-विश्वविद्यालय बोर्ड (जिसे बाद में भारतीय विश्वविद्यालयों के संघ के रूप में जाना जाता है) की स्थापना 1925 में शिक्षा, संस्कृति, खेल और संबद्ध क्षेत्रों में सूचना और सहयोग को साझा करके विश्वविद्यालय की गतिविधियों को बढ़ावा देने के लिए की गई थी।

- एआईयू भारत के विश्वविद्यालयों के प्रतिनिधि निकाय के रूप में विश्वविद्यालयों और सरकार (केंद्रीय और साथ ही राज्य) के साथ संपर्क करने और विश्वविद्यालयों और दुनिया के अन्य शीर्ष उच्च शिक्षा संगठनों के बीच समन्वय करने के लिए काम कर रहा है।

- यह उच्च शिक्षा के कारण के लिए काम करता है। यह विदेशी विश्वविद्यालयों के पाठ्यक्रमों, व्याख्यान, मानकों और क्रेडिट का आकलन करता है और भारतीय विश्वविद्यालयों द्वारा प्रदान किए जाने वाले विभिन्न पाठ्यक्रमों के संबंध में उन्हें समान करता है।

- यह मुख्य रूप से भारत में विश्वविद्यालयों द्वारा दी जाने वाली डिग्री/डिप्लोमा की मान्यता से संबंधित है, जिन्हें यूजीसी, नई दिल्ली और विदेशों में भारतीय विश्वविद्यालयों में उच्च डिग्री पाठ्यक्रमों में प्रवेश के उद्देश्य से मान्यता प्राप्त है।

अतः विकल्प (D) सही है।

45. गुप्त काल में भारत उच्च शिक्षा का केंद्र बन गया।

- गुप्त काल एक क्रमिक विकास था। ज्ञान की एक प्रणाली के रूप में शिक्षा गुप्त युग में ब्राह्मणी वर्ग तक ही सीमित थी।

- औपचारिक शिक्षा ब्राह्मण आश्रमों, धर्मशालाओं में उपलब्ध थी, और कुछ में बौद्ध और जैन मठों तक फैली हुई थी। पूर्व में, यह उच्च जातियों तक ही सीमित रहा होगा।

- सैद्धांतिक रूप से, पूर्व में छात्रों की अवधि कई वर्षों तक चली, लेकिन यह संभावना नहीं है कि अधिकांश छात्र के रूप में लंबी अवधि बिताएंगे। सीखना एक व्यक्तिगत अनुभव था जिसमें शिक्षक और शिष्य शामिल थे।

- वेदों के कुछ हिस्सों को याद करने और धर्मशास्त्रों और व्याकरण, अलंकारिक, गद्य और पद्य रचना, तर्क और तत्वमीमांसा जैसे विषयों से परिचित होने पर जोर दिया गया। लेकिन बहुत कुछ संस्कृत सीखने में शामिल था, जैसे कि खगोल विज्ञान, गणित, चिकित्सा और ज्योतिष।

अतः विकल्प (A) सही है।

46. विश्वविद्यालयों और कॉलेजों में गुणवत्ता के रखरखाव को सुनिश्चित करने के लिए राष्ट्रीय स्तर पर विश्वविद्यालय अनुदान आयोग (यूजीसी) द्वारा समय-समय पर दिशानिर्देश और विनियम तैयार किए जाते हैं।

भारत में विश्वविद्यालय अनुदान आयोग की स्थापना ब्रिटिश यूजीसी की तर्ज पर हुई है। यह 1949 में विश्वविद्यालय शिक्षा आयोग द्वारा सिफारिश की गई थी। आयोग द्वारा यूजीसी की स्थापना की आवश्यकता निम्नलिखित शर्तों में व्यक्त की गई थी:

- केंद्र से विश्वविद्यालयों को अनुदान आवंटित करने के लिए एक आयोग भारत में विश्वविद्यालयों के सुधार और विकास के लिए मौलिक है; इस तरह के निकाय में सरकार के विशेषज्ञों और प्रतिनिधियों का समावेश होना चाहिए।

- नीति और संसाधन आवंटन पर राजनीतिक निर्णय उनके निष्पादन के लिए आवश्यक हैं, जिन विशेषज्ञों के पास ज्ञान और अनुभव है; विश्वविद्यालयों में उन्नत अनुसंधान के लिए सुविधाओं का निर्माण और विकास करना ऐसे निकाय की जिम्मेदारी होनी चाहिए;

- विशेष क्षेत्रों में सुविधाओं के समन्वय की आवश्यकता है क्योंकि सभी विश्वविद्यालयों में सभी सुविधाएं प्रदान करना संभव नहीं है;

- विश्वविद्यालयों और राष्ट्रीय अनुसंधान प्रयोगशालाओं के बीच एक निरंतर संपर्क होना चाहिए;

- ऐसा निकाय समय-समय पर केंद्र सरकार द्वारा अपनाई जाने वाली नीतियों की सिफारिश करने में सक्षम होगा; तथा

- विश्वविद्यालयों में कुशल प्रशासन, अनुसंधान और शिक्षण के न्यूनतम मानकों को सुनिश्चित करने के लिए इस तरह के निकाय की जिम्मेदारी होनी चाहिए।

अतः विकल्प (C) सही है।

47. संचार प्रभावी होगा यदि यह प्रेषक द्वारा इच्छित रिसीवर तक पहुंचता है।

संचार को एक व्यक्ति से दूसरे व्यक्ति तक जानकारी और समझ की प्रक्रिया के रूप में परिभाषित किया जाता है। दूसरे शब्दों में, संचार केवल सूचनाओं को एक स्थान, व्यक्ति या समूह से दूसरे स्थान पर स्थानांतरित करने का कार्य है। प्रभावी संचार एक संदेश को इस तरह से भेजने की प्रक्रिया है जो प्राप्त किया गया संदेश इच्छित संदेश के जितना संभव हो उतना करीब है।

अतः विकल्प (D) सही है।

48. एनालॉग संचार में, सामग्री को स्थिर माना जाता है।

एक संचार प्रणाली अपने स्रोत से एक गंतव्य तक सूचना का संप्रेषण करती है और सूचना की संकल्पना संचार के लिए केंद्रीय होती है। मशीनों व व्यक्ति और विभिन्न रूप में मौजूद संदेशों सहित सूचना स्रोतों के कई प्रकार होते हैं। दो अलग-अलग संदेश की श्रेणियाँ हैं - एनालॉग और डिजिटल।

एनालॉग संचार:

- एनालॉग संदेश एक भौतिक राशि होती है जो एक सुचारु और निरंतर शैली में समय के साथ अलग होती है।

- एनालॉग संचार छवि, ध्वनि और निरंतर या एनालॉग सिग्नलों का उपयोग करके वीडियो सहित सूचना के संप्रेषण (भेजना, प्राप्त करना और प्रसंस्करण) की प्रक्रिया है।

- यहाँ विषय केवल रैखिक और स्थिर हो सकती है ना की गतिशील।

- उदाहरण में लेज़र बेयर, माइक्रोवेव, इत्यादि शामिल हैं।

अतः विकल्प (B) सही है।

49. कॉरपोरेट्स, गैर-लाभकारी और सरकारी निकायों की तरह संगठनात्मक स्तर पर जो संचार होता है, उसे संगठनात्मक संचार कहा जाता है। संगठन संचार के तीन पहलू हैं:

- आंतरिक संचार: यह ऊपर की ओर, नीचे की ओर और आर-पार होता है।

- बाह्य संचार: बाह्य संचार का नाता संगठन अनौपचारिकता के बीच संबंध से होता है।

- अंतर्वैयक्तिक संचार: अंतर्वैयक्तिक संचार का सरोकार कर्मचारियों के बीच के संबंधों से होता है।

इसलिए, हम निष्कर्ष निकालते हैं कि उपरोक्त सभी तीन संगठनात्मक संचार में शामिल हैं।

अतः विकल्प (C) सही है।

50. अभिप्रेरित शिक्षार्थी, गैर अभिप्रेरित शिक्षार्थियों की तुलना में बेहतर सीखते हैं।

अभिप्रेरित शिक्षार्थी: वे अधिगम के लिए अधिक उत्साहित होते हैं। प्रत्येक अधिगम की गतिविधि में सीखना और भाग लेना उनके लिए सुखद है।

गैर अभिप्रेरित शिक्षार्थी: उन्हें अधिगम में कुछ भी दिलचस्प नहीं लगता। वे आमतौर पर कक्षाओं, अंकों, उपलब्धियों आदि के प्रति उदासीन होते हैं।

अतः विकल्प (A) सही है।

51. रिट्जर के अनुसंधान में, वैश्वीकरण का तात्पर्य है दुनिया भर में तेजी से बढ़ते एकीकरण और समाजों और संस्कृतियों की अन्योन्याश्रयता। वह दुनिया भर में प्रथाओं, संबंधों, और सामाजिक संगठन के रूपों और वैश्विक चेतना के विकास को शामिल करते हुए इसे परिभाषित करते हैं।

अतः सही विकल्प (A) है।

52. बलवंत राय मेहता समिति भारत सरकार द्वारा सामुदायिक विकास कार्यक्रम और राष्ट्रीय विस्तार सेवा के कामकाज की जांच करने और उनके बेहतर काम करने के उपायों का सुझाव देने के लिए नियुक्त समिति थी। इस समिति ने पंचायती राज के लिए त्रिस्तरीय व्यवस्था की सिफारिश की।

अतः सही विकल्प (A) है।

53. 'विकास' शब्द का उपयोग व्यापक रूप से उन्नति या वृद्धि की निर्दिष्ट स्थिति को संदर्भित करने के लिए किया जाता है। इसका उपयोग एक नए और उन्नत विचार या उत्पाद का वर्णन करने के लिए भी किया जा सकता है; या ऐसी घटना जो बदलती परिस्थितियों में एक नया चरण बनाती है। प्रायः यह देखा जाता है कि कई अवसंरचनात्मक कार्य से बहुत लोगो को उनके मूल निवास से विस्थापित होना पड़ता है। लेकिन कुछ विस्थापन राजनैतिक या हिंसा आदि के कारण भी होते हैं। इसके साथ यदि विकास के कार्य से विस्थापित लोगों को

सही जगह प्रतिस्थापित नहीं किया जाता है तो यह कही से भी उचित विकास नहीं होगा। इसलिए, (A) गलत है, लेकिन (R) सही है।

अतः विकल्प (D) सही है।

54. स्थितियाँ व उनके कार्यों में असन्तुलन सामाजिक विघटन को बढ़ाने में मदद करती हैं।

जब किसी सामाजिक इकाई के नियामक तत्त्व अर्थात् व्यक्ति, समूह अथवा संस्थाएँ स्वीकृत उद्देश्यों के अनुसार अपनी-अपनी भूमिका, निभाना इस सीमा तक बंद कर देते हैं कि उनके आपसी संबंधों में व्यवधान अथवा विश्रृंखलन उत्पन्न हो जाता है, तो यह दशा सामाजिक विघटन कहलाती है। अर्थात् किसी समाज के विभिन्न भागों में एकता अथवा सामंजस्य का हाल सामाजिक विघटन है।

अतः विकल्प (A) सही है।

55. एनोमी एक "स्थिति है जिसमें समाज व्यक्तियों को थोड़ा नैतिक मार्गदर्शन प्रदान करता है"। यह विश्वास प्रणालियों के संघर्ष से विकसित होता है और एक व्यक्ति और समुदाय (दोनों आर्थिक और प्राथमिक समाजीकरण) के बीच सामाजिक बंधनों के टूटने का कारण बनता है। एक व्यक्ति में, यह उनके सामाजिक दुनिया की मानक स्थितियों के भीतर एकीकृत करने के लिए एक द्विधाजनक क्षमता में प्रगति कर सकता है, जैसे कि एक अनियंत्रित व्यक्तिगत परिदृश्य जिसके परिणामस्वरूप सामाजिक पहचान का विखंडन होता है और मूल्यों की अस्वीकृति होती है।

इस शब्द को आमतौर पर मानकविहीनता के लिए समझा जाता है और माना जाता है कि इसे फ्रांसीसी समाजशास्त्री एमिल दुर्खीम ने अपनी प्रभावशाली पुस्तक सुसाइड(1897) में लोकप्रिय बनाया। हालांकि, दुर्खीम ने पहली बार अपने 1893 के काम द डिवीजन ऑफ लेबर इन सोसाइटी में एनोमी की अवधारणा का परिचय दिया। दुर्खीम ने कभी भी शब्द का इस्तेमाल नहीं किया; इसके बजाय, उन्होंने एनोमी को "अपमान", और "एक अतुलनीय इच्छा" के रूप में वर्णित किया। दुर्खीम ने "अनंत की दुर्भावना" शब्द का इस्तेमाल किया क्योंकि सीमा के बिना इच्छा कभी पूरी नहीं हो सकती, यह केवल अधिक तीव्र हो जाता है।

अतः विकल्प (D) सही है।

56. गिडेंस ने संरचना के अपने सिद्धांत में 'संरचना के द्वंद्व' अवधारणा का उपयोग किया है। गिडेंस ने देखा कि सामाजिक विश्लेषण में, शब्द संरचना आम तौर पर 'नियमों और संसाधनों' और विशेष रूप से 'सामाजिक प्रणालियों में समय-स्थान के 'बाध्यकारी' की अनुमति देने वाले संरचना गुणों के लिए संदर्भित करती है। संरचनाएं एजेंटों के भीतर आंतरिक रूप से मौजूद हैं। संरचना सिद्धांत के मूल के रूप में, गिडेंस इस द्वंद्व को 'संरचना' और 'प्रणाली' के साथ-साथ पुनरावर्तीता की अवधारणा के साथ रखते है।

अतः विकल्प (C) सही है।

57.

सूची- I (अवधारणा)	सूची- II (लेखक)
A. ब्रेकिंग एक्सपेरिमेंट	(iii) एच. गार्फिंकेल
B. लाइफ वर्ल्ड	(iv) अल्फ्रेड शुट्ज़
C. नाटकीयता	(i) एर्विंग गोफ़मैन
D. सामाजिक निर्माण	(ii) पी. बर्जर और जे. लकमन

A. गार्फिंकेल की शोध पद्धति को "ब्रेकिंग एक्सपेरिमेंट" के रूप में जाना जाता था, जिसमें शोधकर्ता सामाजिक मानदंडों और अनुरूपता के समाजशास्त्रीय अवधारणाओं का परीक्षण करने के लिए सामाजिक रूप से अजीब तरीके से व्यवहार करता है।

B. लाइफ वर्ल्ड में अपने जीवनकाल में बच्चों के अनुभव की पड़ताल की क्योंकि वे अल्फ्रेड शुल्स के निहितार्थ के साथ अनुभव का अर्थ समझते हैं।

C. समाजशास्त्री एरविंग गोफमैन ने नाटकीयता की अवधारणा विकसित की, यह विचार कि जीवन एक कभी न खत्म होने वाले नाटक की तरह है जिसमें लोग कार्यकर्ता हैं।

D. पीटर एल बर्जर और थॉमस लकमैन की वास्तविकता का सामाजिक निर्माण, समाजशास्त्र में एक ग्रंथ है।

अतः विकल्प (D) सही है।

58. (जुरगेन हेबरमास का जन्म 18 जून 1929) एक जर्मन दार्शनिक और समाजशास्त्री है जो महत्वपूर्ण सिद्धांत और व्यवहारिकता की परंपरा में है। वह शायद संप्रेषणीयता और सार्वजनिक क्षेत्र पर अपने सिद्धांतों के लिए जाना जाता है। 2014 में, प्रॉस्पेक्ट पाठकों ने हेबरमास को "दुनिया के अग्रणी विचारकों" में से एक के रूप में चुना।

अतः सही विकल्प (A) है।

59. यह कुछ समूहो के स्तरीकरण का पैमाना है जिसका कुछ पश्चिमी समाजशास्त्री असमानता का उपयोग करना पसंद करते हैं जो व्यक्तिगत पर आधारित होता है।

अतः विकल्प (A) सही है।

60. अल्फ्रेड शुट्ज़ एक ऑस्ट्रियाई दार्शनिक और सामाजिक घटनाविज्ञानी थे जिनके काम ने समाजशास्त्रीय और अभूतपूर्व परंपराओं को जन्म दिया। शूज़ को धीरे-धीरे बीसवीं सदी के सामाजिक विज्ञान के प्रमुख दार्शनिकों में से एक के रूप में पहचाना जा रहा है। उन्होंने एडमंड हुसेरल के काम को सामाजिक विज्ञानों से संबंधित किया और शुट्ज़ के प्रमुख काम, सोशल वर्ल्ड के फेनोमेनोलॉजी के माध्यम से समाजशास्त्र और अर्थशास्त्र के लिए मैक्स वेबर की दार्शनिक नींव की विरासत को प्रभावित किया।

अतः विकल्प (B) सही है।

61. शॉ और मैके ने बदलते शहरी परिवेश और शहर में रहने वाले लोगों पर इसके प्रभाव के संदर्भ में अपराध और अपराध की व्याख्या की। शॉ और हेनरी ने पार्क और बर्गेस सांद्र क्षेत्र मॉडल को किशोर अपराध के अध्ययन के लिए लागू किया। तीन समय अवधि, 1900-1906, 1917-1923 और 1927-1933 से किशोर न्यायालय के रिकॉर्ड का उपयोग करते हुए, उन्होंने अपराध दर और शिकागो के चिन्हित क्षेत्रों के बीच संबंधों की जांच की।

अतः विकल्प (A) सही है।

62. समाजशास्त्री इमैनुएल वालरस्टीन द्वारा विकसित विश्व-प्रणाली सिद्धांत, विश्व इतिहास और सामाजिक परिवर्तन के लिए एक दृष्टिकोण है जो बताता है कि एक विश्व आर्थिक प्रणाली है जिसमें कुछ देशों को फायदा होता है जबकि कुछ का शोषण होता है। यह सिद्धांत वैश्विक असमानता की सामाजिक संरचना पर जोर देता है।

अतः सही विकल्प (B) है।

63. कैन्ड पी. कोलोमी "कार्यात्मक सिद्धांत का एक आत्म-आलोचनात्मक किनारा जो अपने सैद्धांतिक कोर को बनाए रखते हुए कार्यात्मकता के बौद्धिक दायरे को व्यापक बनाना चाहता है" के रुप में नव-कार्यात्मकता को परिभाषित किया।

नवकार्यात्मकता क्षेत्रीय एकीकरण का एक सिद्धांत है जो वैश्वीकरण को कमजोर करता है और क्षेत्र को अपने शासन में फिर से शामिल करता है।

अतः सही विकल्प (B) है।

64. 'द सोशल कंस्ट्रक्शन ऑफ रियलिटी' समाजशास्त्री के पीटर बर्जर और थॉमस लकमैन द्वारा ज्ञान के समाजशास्त्र के बारे में 1966 की पुस्तक है।

बर्जर और लकमैन ने "सामाजिक निर्माण" शब्द को सामाजिक विज्ञान में पेश किया। उनकी केंद्रीय अवधारणा यह है कि एक सामाजिक प्रणाली में बातचीत करने वाले लोग और समूह एक दूसरे के कार्यों के समय, अवधारणाओं या मानसिक प्रतिनिधित्व को बनाते हैं और ये अवधारणाएं अंततः एक दूसरे के

संबंध में कार्यकर्ताओ द्वारा निभाई गई पारस्परिक भूमिकाओं में अभ्यस्त हो जाती हैं।

अतः विकल्प (C) सही है।

65. शहरी-उन्मुख विकास कार्यक्रमों ने शहरी-केंद्रित रोजगार उत्पन्न किया जिसके परिणामस्वरूप ग्रामीण से शहरी पलायन हुआ।

शहरीकरण से तात्पर्य ग्रामीण क्षेत्रों से शहरी क्षेत्रों में जनसंख्या परिवर्तन से है, शहरी क्षेत्रों में रहने वाले लोगों के अनुपात में क्रमिक वृद्धि, और प्रत्येक समाज इस बदलाव के लिए इन तरीकों को अपनाता है। यह मुख्य रूप से प्रक्रिया है जिसके द्वारा शहर बनते हैं और बड़े होते जाते हैं क्योंकि अधिक लोग इन क्षेत्रों में रहना और काम करना शुरू करते हैं।

अतः सही विकल्प (C) है।

66. समाज का अध्ययन करने के दृष्टिकोण के रूप में नृवंशविज्ञान का संबंध सामाजिक व्यवस्थाओं के शोध से है, जिसमें किसी दिए गए सामाजिक स्थिति में प्रतिभागियों के व्यवहार की जांच शामिल है और समूह के सदस्यों की इस तरह के व्यवहार की अपनी व्याख्या को समझना शामिल है।

इसके अंतर्गत अक्सर मानव समाज/संस्कृतियों पर अनुभवजन्य आँकड़े जुटाने का कार्य किया जाता है। आँकड़ा संग्रह का कार्य अक्सर प्रतिभागी अवलोकन, साक्षात्कार, प्रश्नावली, आदि के माध्यम से किया जाता है। नृवंशविज्ञान लेखन के माध्यम से, अध्ययनित नृवंशी अर्थात् व्यक्ति की प्रकृति का वर्णन करता है।

अतः सही विकल्प (A) है।

67. क्रिटिकल थ्योरी को समानार्थक रूप से "फ्रैंकफर्ट स्कूल परिप्रेक्ष्य" के रूप में जाना जाता है। "क्रिटिकल थ्योरी" संकीर्ण अर्थ में पश्चिमी यूरोपीय मार्क्सवादी परंपरा में जर्मन दार्शनिकों और सामाजिक सिद्धांतकारों की कई पीढ़ियों को फ्रैंकफर्ट स्कूल के परिप्रेक्ष्य के रूप में जाना जाता है।

1929-1930 के वर्षों में सामाजिक अनुसंधान संस्थान की प्रभावी शुरुआत से, जिसने फ्रैंकफर्ट स्कूल के दार्शनिकों के आगमन और होखाइमर के उद्घाटन व्याख्यान को वर्तमान में देखा। संकीर्ण अर्थों में आलोचनात्मक सिद्धांत के कई अलग-अलग पहलू और काफी विशिष्ट ऐतिहासिक चरण हैं, जो कई पीढ़ियों को पार करते हैं। एक दार्शनिक दृष्टिकोण के रूप में इसकी विशिष्टता जो नैतिकता, राजनीतिक दर्शन तक फैली हुई है, और इतिहास का दर्शन सामाजिक विज्ञान के दर्शन के इतिहास के प्रकाश में माना जाता है।

अतः सही विकल्प (D) है।

68. "महिलाओं के अधिकार मानव अधिकार हैं" एक वाक्यांश है जो नारीवादी आंदोलन में उपयोग किया जाता है। यह वाक्यांश पहली बार 1980 के दशक और 1990 के दशक की शुरुआत में इस्तेमाल किया गया था। इसका सबसे प्रमुख उपयोग बीजिंग में महिलाओं पर संयुक्त राष्ट्र के चौथे विश्व सम्मेलन में हिलेरी क्लिंटन द्वारा दिए गए भाषण के रूप में है। इस भाषण में, उन्होने मानव अधिकारों के साथ महिलाओं के अधिकारों की धारणा को निकट से जोड़ने की मांग की।

अतः सही विकल्प (A) है।

69. जाति व्यवस्था समाज को पितृसत्तात्मक रूप से विभाजित करती है। उच्चता और नीचता या श्रेष्ठता और हीनता की भावना इस उन्नयन या रैंकिंग के साथ जुड़ी हुई है। ब्राह्मणों को पदानुक्रम के शीर्ष पर रखा जाता है और उन्हें शुद्ध या सर्वोच्च माना जाता है। अन्य जातियों के खाने, पीने और सामाजिक संपर्क के बारे में नियम और प्रतिबंध हैं। ये नियम शक्तिशाली रूप से जाति पंचायतों द्वारा लागू किए गए हैं। वंशानुगत जाति ने व्यवसाय को असंभव और बंद प्रणाली के रूप में चुना है। अंतिम विवाह जाति व्यवस्था की एक अनिवार्य विशेषता है। एक व्यक्ति को अपनी ही जाति में विवाह करना पड़ता है। ग्रामीण स्तर पर जजमानी व्यवस्था के भीतर, प्रत्येक जाति अन्य जातियों पर निर्भर है। उनकी निर्भरता न केवल आर्थिक बल्कि सामाजिक, सांस्कृतिक और धार्मिक भी है।

अतः सही विकल्प (C) है।

70. दार्शनिक जे. हैबरमास की 1973 की पुस्तक लेजिटीमेशन क्राइसिस है। इसे 1975 में बीकन प्रेस द्वारा अंग्रेजी में प्रकाशित किया गया था, जिसका अनुवाद थॉमस मैककार्थी ने किया था। यह मूल रूप से सुहकम्प द्वारा प्रकाशित किया गया था। शीर्षक प्रशासनिक कार्यों, संस्थानों, या नेतृत्व के विश्वास में गिरावट को दर्शाता है: एक वैध संकट।

अतः सही विकल्प (B) है।

71. प्रजनन क्षमता के निर्धारकों को किंग्सले डेविस और जूडिथ ब्लैक द्वारा विस्तार से समझाया गया था।

पूर्व में सांस्कृतिक, मनोवैज्ञानिक, आर्थिक, सामाजिक, स्वास्थ्य और पर्यावरणीय कारक शामिल हैं। समीपवर्ती निर्धारक वे कारक हैं जिनका प्रजनन क्षमता पर सीधा प्रभाव पड़ता है। प्रजनन क्षमता को प्रभावित करने के लिए पृष्ठभूमि कारक समीपस्थ निर्धारकों के माध्यम से संचालित होते हैं; वे प्रजनन क्षमता को सीधे प्रभावित नहीं करते हैं।

अतः सही विकल्प (B) है।

72. फेनोमेनोलॉजी दर्शनशास्त्र में एक व्यापक अनुशासन और जांच का तरीका है, जो जर्मन दार्शनिकों एडमंड हुसेरेल और मार्टिन हेइडेगर द्वारा बड़े पैमाने पर विकसित किया गया है, जो इस आधार पर आधारित है कि वास्तविकता में वस्तुओं और घटनाएं ("घटना") शामिल हैं जैसा कि वे माना या समझा जाता है वे मानव चेतना है और मानव चेतना से स्वतंत्र कुछ भी नहीं।

अतः सही विकल्प (D) है।

73. इस संबंध में एक प्रमुख विद्वान ब्रिटिश समाजशास्त्री एंथोनी गिडेंस हैं, जिन्होंने संरचना की अवधारणा विकसित की है। गिडेंस का तर्क है कि जिस तरह एक व्यक्ति की स्वायत्तता संरचना से प्रभावित होती है, उसी तरह संरचनाओं को बनाए रखा जाता है और एजेंसी के अभ्यास के माध्यम से अनुकूलित किया जाता है।

अतः सही विकल्प (D) है।

74. 1972 में स्थापित, स्व-नियोजित महिला संघ (SEWA) ग्रामीण और शहरी भारत में स्व-नियोजित महिलाओं का एक "आंदोलन" है, और देश का सबसे बड़ा व्यापार संघ है। इसने स्व-नियोजित महिलाओं और अनौपचारिक अर्थव्यवस्था उद्यमों में कार्यरत महिलाओं के सशक्तिकरण का बीड़ा उठाया है, जहाँ भारत की 93 प्रतिशत महिला श्रमशक्ति कार्यरत हैं। सेवा न केवल कई अभी तक असुरक्षित महिला श्रमिकों को एक आवाज प्रदान करता है, बल्कि अपने सभी सदस्यों के लिए कार्य और आय सुरक्षा, खाद्य सुरक्षा और सामाजिक सुरक्षा सुनिश्चित करने और सूक्ष्म और मैक्रो स्तरों पर महिलाओं के नेतृत्व को बढ़ावा देने के लिए भी प्रयास करता है। गुजरात में एक पंजीकृत ट्रेड यूनियन के रूप में स्थापित, सेवा ने शुरुआत में शहरी क्षेत्रों में काम किया। 1980 के दशक से यह सफलतापूर्वक ग्रामीण क्षेत्रों और गुजरात राज्य के बाहर फैल रहा है।

अतः सही विकल्प (D) है।

75. जेल में एक व्यक्ति को हिरासत में लेना, आमतौर पर अपराध के लिए दण्ड के रूप में कैद है। किसी अपराध को करने के लिए लोगों को संदेह या दोष सिद्ध होने पर आमतौर पर सबसे अधिक कैद किया जाता है, और अलग-अलग न्यायालयों के पास अलग-अलग कानून होते हैं जो कि न्याय की एक बड़ी प्रणाली के भीतर कैद के कार्य को नियंत्रित करते हैं।

अतः सही विकल्प (B) है।

76. स्वास्थ्य में, जीवन की गुणवत्ता में, शिक्षा आदि में सुधार, सामाजिक विकास के एक संकेतक हैं।

सामाजिक विकास समाज के प्रत्येक व्यक्ति की भलाई में सुधार लाने के बारे में है ताकि वे अपनी पूरी क्षमता तक पहुंच सकें।

अतः सही विकल्प (D) है।

77. इरविंग गोफमैन ने अपने दृष्टिकोण में 'हिसाब किताब' अवधारणा का उपयोग नहीं किया है।

इरविंग गोफमैन ने प्रतीकात्मक-बातचीत के परिप्रेक्ष्य में एक लोकप्रिय सोच पेश की जिसे नाट्यशास्त्रीय दृष्टिकोण (कभी-कभी नाटकीय विश्लेषण के रूप में संदर्भित) कहा जाता है। नाट्यशास्त्रीय विश्लेषण को नाटकीय प्रदर्शन के संदर्भ में सामाजिक संपर्क के अध्ययन के रूप में परिभाषित किया गया है।

अतः सही विकल्प (D) है।

78. व्हाइट कॉलर अपराध (या कॉर्पोरेट अपराध, अधिक सही ढंग से) व्यवसायों और सरकारी पेशेवरों द्वारा किए गए वित्तीय रूप से प्रेरित, अहिंसक अपराध को संदर्भित करता है। इसे पहली बार समाजशास्त्री एडविन सदरलैंड ने 1939 में "उनके व्यवसाय के दौरान सम्मान और उच्च सामाजिक स्थिति के व्यक्ति द्वारा किए गए अपराध" के रूप में परिभाषित किया था। विशिष्ट सफेदपोश अपराधों में मजदूरी चोरी, धोखाधड़ी, रिश्वत, पोंजी स्कीम, इनसाइडर ट्रेडिंग, लेबर रैकिंग, गबन, साइबर अपराध, कॉपीराइट उल्लंघन, मनी लॉन्ड्रिंग, पहचान की चोरी, और जालसाजी शामिल हो सकते हैं। वकील सफेदपोश अपराध में विशेषज्ञ हो सकते हैं।

अतः विकल्प (C) सही है।

79. विकास में महिलाएं विकास परियोजनाओं का एक दृष्टिकोण है जो 1960 के दशक में उभरा था, विकास परियोजनाओं में महिलाओं के मुद्दों के उपचार के लिए बुला रहा था। यह अपनी स्थिति में सुधार और कुल विकास में सहायता करके वैश्विक अर्थव्यवस्थाओं में महिलाओं का एकीकरण है। बाद में, लिंग और विकास (जीएडी) दृष्टिकोण ने अलगाव में महिलाओं के मुद्दों को देखने के बजाय लिंग संबंधों पर अधिक जोर दिया।

अतः सही विकल्प (A) है।

80. फौकॉल्ट के सिद्धांत मुख्य रूप से शक्ति और ज्ञान के बीच के संबंध को संबोधित करते हैं, और उन्हें सामाजिक संस्थानों के माध्यम से सामाजिक नियंत्रण के रूप में कैसे उपयोग किया जाता है। हालांकि अक्सर उन्हें एक पोस्ट-स्ट्रक्चरिस्ट और पोस्टमॉडर्निस्ट के रूप में उद्धृत किया जाता है लेकिन फाउकॉल्ट ने इन लेबल को अस्वीकार कर दिया और अपने विचार को आधुनिकता के महत्वपूर्ण इतिहास के रूप में पेश करना पसंद किया।

अतः विकल्प (C) सही है।

81. जैक्स डेरिडा, अल्जीरियाई मूल के फ्रांसीसी दार्शनिक थे, जिन्हें डिकॉन्स्ट्रक्शन के रूप में जाना जाने वाला अर्ध-विश्लेषण का एक रूप विकसित करने के लिए जाना जाता था, जिसकी उन्होंने कई ग्रंथों में चर्चा की, और घटना विज्ञान के संदर्भ में विकसित किया। वह उत्तर-संरचनावाद और उत्तर-आधुनिक दर्शन से जुड़े प्रमुख आंकड़ों में से एक है।

अपने करियर के दौरान, डेरिडा ने 40 से अधिक किताबें प्रकाशित कीं, साथ में सैकड़ों निबंध और सार्वजनिक प्रस्तुतियां भी दीं। दर्शन, साहित्य, कानून, नृविज्ञान, इतिहास, अनुप्रयुक्त भाषाविज्ञान, समाजशास्त्र, मनोविश्लेषण और राजनीतिक सिद्धांत सहित मानविकी और सामाजिक विज्ञान पर उनका महत्वपूर्ण प्रभाव था।

अतः विकल्प (D) सही है।

82. फेमिनिस्ट एपिस्टेमोलॉजी एक विशेष स्कूल या सिद्धांत के बजाय, एपिस्टेमोलॉजी के लिए एक सुव्यवस्थित दृष्टिकोण है। इसकी विविधता आम तौर पर एपिस्टेमोलॉजी की विविधता को दर्शाती है, साथ ही सैद्धांतिक पदों की विविधता भी है जो लिंग अध्ययन, महिलाओं के अध्ययन और नारीवादी सिद्धांत के क्षेत्र का गठन करती है।

अतः विकल्प (D) सही है।

83. समाजशास्त्र के भीतर फेनोमेनोलॉजी (फेनोमेनोलॉजिकल सोशियोलॉजी) ठोस सामाजिक अस्तित्व की औपचारिक संरचनाओं का अध्ययन है जो कि जानबूझकर चेतना के कृत्यों के विश्लेषणात्मक विवरण के माध्यम से उपलब्ध

कराया गया है। शुट्ज़ को फेनोमेनोलॉजिकल सोशियोलॉजी का संस्थापक माना जाता है।

अतः विकल्प (B) सही है।

84. क्लिफोर्ड गेर्ट्ज़ एक अमेरिकी मानवविज्ञानी थे, जिन्हें प्रतीकात्मक नृविज्ञान के अभ्यास पर उनके मजबूत समर्थन और प्रभाव के लिए याद किया जाता है, और जिन्हें तीन दशकों तक संयुक्त राज्य के "सबसे प्रभावशाली सांस्कृतिक मानवविज्ञानी" माना जाता था। उन्होंने इंस्टीट्यूट फॉर एडवांस्ड स्टडी, प्रिंसटन में प्रोफेसर एमेरिटस के रूप में अपनी मृत्यु तक सेवा की।

अतः विकल्प (B) सही है।

85. A. कोहेन का उप-सांस्कृतिक सिद्धांत मानता है कि अपराध तथाकथित उपसंस्कृतियों में युवा लोगों के मिलन का परिणाम है जिसमें कुटिल मूल्य और नैतिक अवधारणाएं हावी हैं।

B. गोडार्ड द्वारा मनोवैज्ञानिक सिद्धांत अपराधी के व्यक्तित्व या "व्यक्ति के अंदर" में किसी दोष के लिए अपराध का पता लगाने के लिए संदर्भित करता है।

C. लेबलिंग सिद्धांत सामाजिक व्यवहार के एक सिद्धांत को संदर्भित करता है जिसमें कहा गया है कि मनुष्य का व्यवहार समाज के अन्य सदस्यों द्वारा उन्हें लेबल करने के तरीके से महत्वपूर्ण रूप से प्रभावित होता है। लेबलिंग सिद्धांत अमेरिकी समाजशास्त्री हॉवर्ड एस बेकर द्वारा विकसित और लोकप्रिय किया गया था।

D. सेसारे बेकेरिया को शास्त्रीय अपराध विज्ञान के जनक के रूप में जाना जाता है। बेकेरिया ने सजा की आवश्यकता पर सवाल नहीं उठाया, लेकिन उनका मानना था कि कानूनों को सार्वजनिक सुरक्षा और व्यवस्था को बनाए रखने के लिए तैयार किया जाना चाहिए, न कि अपराध का बदला लेने के लिए।

अतः विकल्प (B) सही है।

86. संयुक्त परामर्श एक संगठन के प्रबंधन और कर्मचारियों के प्रतिनिधियों के बीच संचार की एक औपचारिक प्रणाली है और जिसका उपयोग आमतौर पर एक संयुक्त सलाहकार समिति के माध्यम से कार्यबल को प्रभावित करने वाले निर्णय लेने से पहले किया जाता है।

अतः विकल्प (B) सही है।

87. अलगाव के कार्ल मार्क्स के सिद्धांत में उनके गैटुंगसेवन ("प्रजाति-सार") के पहलुओं के लोगों के अलगाव (एंट्रफ्रेमडंग) का वर्णन स्तरीकृत सामाजिक वर्गों के समाज में रहने के परिणामस्वरूप किया गया है। स्वयं से अलगाव एक सामाजिक वर्ग का एक यंत्रवत हिस्सा होने का परिणाम है, जिसकी स्थिति एक व्यक्ति को उनकी मानवता से अलग करती है।

उत्पादन के पूंजीवादी मोड के भीतर अलगाव का सैद्धांतिक आधार यह है कि कार्यकर्ता अपने स्वयं के कार्यों के निदेशक के रूप में खुद को सोचने (गर्भ धारण) के अधिकार से वंचित होने पर जीवन और भाग्य का निर्धारण करने की क्षमता खो देता है; उक्त कार्यों के चरित्र का निर्धारण करने के लिए; अन्य लोगों के साथ संबंधों को परिभाषित करने के लिए; और अपने स्वयं के श्रम द्वारा उत्पादित वस्तुओं और सेवाओं से मूल्य की उन वस्तुओं के मालिक होने के लिए। यद्यपि कार्यकर्ता एक स्वायत्त, स्व-साकार मानव, लेकिन एक आर्थिक इकाई के रूप में यह कार्यकर्ता लक्ष्यों को निर्देशित किया जाता है और गतिविधियों से हटा दिया जाता है जो पूंजीपति द्वारा निर्धारित किए जाते हैं - जो कि उत्पादन का साधन है - ताकि कार्यकर्ता को अधिकतम से निकाला जा सके। उद्योगपतियों के बीच व्यापार प्रतियोगिता के दौरान अधिशेष-मूल्य की राशि।

अतः विकल्प (D) सही है।

88. यदि हम स्वतंत्रता के बाद की अवधि में ग्रामीण भारत में वर्ग संरचना का विश्लेषण करते हैं, तो हमें चार वर्ग मिलते हैं: कृषि क्षेत्र में तीन वर्ग भूमि के मालिकों, किरायेदारों और मजदूरों के हैं, जबकि ए.आर. देसाई के अनुसार चौथी श्रेणी गैर-कृषकों की है। भूस्वामियों का गठन लगभग 22 प्रतिशत,

किरायेदारों का लगभग 27 प्रतिशत, कृषि श्रमिकों का लगभग 31 प्रतिशत और गैर-कृषिविदों का लगभग 20 प्रतिशत से हुआ है।

अतः विकल्प (C) सही है।

89. लिंग का समाजशास्त्र समाजशास्त्र का एक प्रमुख उपक्षेत्र है। सामाजिक संरचना के संबंध में समाजशास्त्र के साथ सामाजिक संपर्क का सीधा संबंध है। सबसे महत्वपूर्ण सामाजिक संरचनाओं में से एक स्थिति है। यह इस स्थिति के आधार पर निर्धारित किया जाता है कि एक व्यक्ति के पास जो प्रभावित करता है कि वे समाज द्वारा कैसे व्यवहार किया जाएगा। सबसे महत्वपूर्ण स्थितियों में से एक एक व्यक्ति का दावा एक लिंग है। सार्वजनिक प्रवचन और अकादमिक साहित्य आम तौर पर किसी व्यक्ति के कथित या अनुमानित (स्वयं की पहचान) पुरुषत्व या स्त्रीत्व के लिए लिंग का उपयोग करते हैं।

अतः विकल्प (D) सही है।

90. नव-मार्क्सवाद में 20 वीं शताब्दी के दृष्टिकोण शामिल हैं जो मार्क्सवाद और मार्क्सवादी सिद्धांत का संशोधन या विस्तार करते हैं, आमतौर पर अन्य बौद्धिक परंपराओं जैसे कि महत्वपूर्ण सिद्धांत, मनोविश्लेषण, या अस्तित्ववाद (जीन-पॉल सार्त्र के मामले में) के तत्वों को शामिल करके।

नव-मार्क्सवादी सिद्धांत में समन्वयवाद का एक उदाहरण एरिक ओलिन राइट के विरोधाभासी वर्ग स्थानों का सिद्धांत है जो वेबरियन समाजशास्त्र, महत्वपूर्ण अपराधशास्त्र और अराजकतावाद को शामिल करता है। [1] उपसर्ग नव के कई उपयोगों के साथ-साथ, नव-मार्क्सवादी के रूप में नामित कुछ सिद्धांतकारों और समूहों ने रूढ़िवादी मार्क्सवाद या द्वंद्वात्मक भौतिकवाद की कथित कमियों को पूरा करने का प्रयास किया है। कई प्रमुख नव-मार्क्सवादी, जैसे हर्बर्ट मार्क्यूज़ और फ्रैंकफर्ट स्कूल के अन्य सदस्य, ऐतिहासिक रूप से समाजशास्त्री और मनोवैज्ञानिक थे।

अतः विकल्प (A) सही है।

91. बोगार्डस सामाजिक दूरी पैमाने एमोरी एस बोगार्डस द्वारा बनाए गए मनोवैज्ञानिक परीक्षण पैमाने हैं, जो विविध सामाजिक समूहों, जैसे नस्लीय और जातीय समूहों के सदस्यों के साथ निकटता के अलग-अलग डिग्री के सामाजिक संपर्कों में भाग लेने के लिए लोगों की इच्छा को मापने के लिए।

अतः विकल्प (A) सही है।

92. गरीबी और सामाजिक स्तरीकरण के लिए दो क्लासिक समाजशास्त्रीय दृष्टिकोण संरचनात्मक-कार्यात्मकता और संघर्ष सिद्धांत हैं। कई समाजशास्त्री अक्सर गरीबी के अध्ययन की आलोचना करते हैं क्योंकि वे गरीबी का एक सीमित विचार रखते हैं, इसे गरीबी रेखा के संदर्भ में परिभाषित करते हैं, परिवार में असमान साझेदारी, श्रम के विभाजन और वाणिज्यिक संबंधों के नकद साठगांठ को महत्व नहीं देते हैं।

अतः विकल्प (D) सही है।

93. एल अल्थुसर के अनुसार "वैचारिक अधिसंरचना केवल अर्थव्यवस्था का परिचायक नहीं है बल्कि इसके अस्तित्व की भाग स्थिति में भी है।"

समाज की अधिसंरचना में संस्कृति, विचारधारा, मानदंड और जो लोग निवास करते है उनकी पहचान शामिल हैं। इसके अलावा, यह सामाजिक संस्थाओं, राजनीतिक संरचना, और राज्य-या समाज के शासी तंत्र को संदर्भित करता है।

अतः सही विकल्प (A) है।

94. राजाओं के दिव्य अधिकारों के सिद्धांत को ईश्वरीय उत्पत्ति सिद्धांत के रूप में भी जाना जाता है जो राज्य की उत्पत्ति के सबसे पुराने सिद्धांतों में से एक है। सिद्धांत बताता है कि राज्य कैसे अस्तित्व में आया। राज्य ईश्वर द्वारा बनाया गया था और राजा पृथ्वी पर ईश्वर का प्रतिनिधि या एजेंट था।

अतः सही विकल्प (A) है।

95.

सूची- I	सूची- II

A. पी. कारलेन	1. महिला कारावास: सामाजिक नियंत्रण में एक अध्ययन।
B. पी. वाल्टन और जे.यॉन्ग	2. द न्यू क्रिमिनोलॉजी रिविजिटेड।
C. डी. क्लार्क	3. मृत्यु का समाजशास्त्र: सिद्धांत, संस्कृति, व्यवहार।
D. आर. क्लोवर्ड और एल ओहलिन	4. विलंब और अवसर।

अतः सही विकल्प (A) है।

96. आर. बेंडिक्स ने भारत में राष्ट्र निर्माण में योगदान देने वाली नौकरशाही के लिए तर्क दिया है।

नौकरशाही गैर-वैकल्पिक सरकारी अधिकारियों के एक निकाय और प्रशासनिक नीति-निर्माण समूह दोनों को संदर्भित करती है। नौकरशाही एक सरकारी प्रशासन था जिसे गैर-निर्वाचित अधिकारियों के साथ विभागों द्वारा प्रबंधित किया जाता था।

अतः सही विकल्प (C) है।

97. सोशल इंजीनियरिंग सामाजिक विज्ञान में एक अनुशासन है जो लक्षित आबादी में वांछित विशेषताओं का उत्पादन करने के लिए सरकारों, मीडिया या निजी समूहों द्वारा बड़े पैमाने पर विशेष दृष्टिकोण और सामाजिक व्यवहारों को प्रभावित करने के प्रयासों को संदर्भित करता है।

अतः सही विकल्प (D) है।

98.

सूची-I	सूची- II
a. भारतीय परंपरा का आधुनिकीकरण	1. वाई. सिंह
b. जब एक महान परंपरा आधुनिकीकरण	2. एम. गायक
c. आधुनिक भारत में जाति	3. एमएन श्रीनिवास
d. जाति, वर्ग और सत्ता	4. आंद्रे बेटिल

अतः सही विकल्प (A) है।

99. आधुनिकीकरण, समाजशास्त्र में, एक पारंपरिक, ग्रामीण, कृषि समाज से एक धर्मनिरपेक्ष, शहरी, औद्योगिक समाज में परिवर्तन है। आधुनिक समाज एक औद्योगिक समाज है। समाज का आधुनिकीकरण करने के लिए सबसे पहले, इसका औद्योगीकरण करना चाहिए। आधुनिकीकरण एक सतत और खुली प्रक्रिया है।

योगेंद्र सिंह एक प्रख्यात भारतीय समाजशास्त्री हैं। वह सेंटर फॉर द स्टडी ऑफ सोशल सिस्टम, जवाहरलाल नेहरू विश्वविद्यालय, नई दिल्ली, भारत के संस्थापकों में से हैं, जहां वे समाजशास्त्र के 1971 से प्राध्यापक हैं।

अतः सही विकल्प (D) है।

100. A. शिक्षा के निजीकरण में शिक्षा की गुणवत्ता में सुधार के साथ-साथ लागत को कम करने की क्षमता है। हालांकि, सभी के लिए शिक्षा तक पहुंच सुनिश्चित करने के लिए, सरकार को एक प्रभावी हस्तांतरण-भुगतान प्रणाली तैयार करनी चाहिए।

B. शिक्षा का निजीकरण शब्द कई अलग-अलग शैक्षिक कार्यक्रमों और नीतियों को संदर्भित करता है। यह एक प्रक्रिया है जिसे सरकार, सार्वजनिक संस्थानों और संगठनों से निजी व्यक्ति और एजेंसियों को गतिविधियों, परिसंपत्तियों और जिम्मेदारी के हस्तांतरण के रूप में परिभाषित किया जा सकता है।

अतः सही विकल्प (A) है।

101. वर्तमान अधिनियम का अपना इतिहास स्वतंत्रता के समय भारतीय संविधान के प्रारूपण में है, लेकिन 2002 के संवैधानिक संशोधन से और अधिक विशिष्ट है, जिसमें शिक्षा को मौलिक अधिकार बनाने वाले अनुच्छेद 21A को भारतीय संविधान में शामिल किया गया।

अतः सही विकल्प (C) है।

102. सामग्री विश्लेषण दस्तावेजों और संचार कलाकृतियों के अध्ययन के लिए एक शोध पद्धति है, जो विभिन्न स्वरूपों, चित्रों, ऑडियो या वीडियो के पाठ हो सकते हैं। सामाजिक वैज्ञानिक संचार में प्रतिमान और व्यवस्थित तरीके से पैटर्न की जांच करने के लिए सामग्री विश्लेषण का उपयोग करते हैं। सामाजिक घटनाओं के विश्लेषण के लिए सामग्री विश्लेषण का उपयोग करने के प्रमुख लाभों में से एक इसकी गैर-आक्रामक प्रकृति है, जो सामाजिक अनुभवों का अनुकरण करने या सर्वेक्षण उत्तरों को इकट्ठा करने के विपरीत है।

अतः सही विकल्प (C) है।

103. समाजशास्त्रीय अनुसंधान में नैतिकता निर्णय लेने और व्यवसायों को परिभाषित करने के लिए स्व-नियामक दिशानिर्देश हैं। नैतिक कोड स्थापित करके, पेशेवर संगठन पेशे की अखंडता बनाए रखते हैं, सदस्यों के अपेक्षित आचरण को परिभाषित करते हैं, और विषयों और ग्राहकों के कल्याण की रक्षा करते हैं।

अतः सही विकल्प (D) है।

104. लिंग, कई भूमिकाएँ, भूमिका अर्थ और मानसिक स्वास्थ्य। मेरा सुझाव है कि पुरुषों और महिलाओं के लिए काम और पारिवारिक भूमिकाओं के अलग-अलग अर्थ हैं, और इन भूमिकाओं के अर्थ में अंतर आंशिक रूप से इसके लिए जिम्मेदार हो सकता है कि क्यों कई भूमिकाओं को धारण करने का मानसिक स्वास्थ्य लाभ महिलाओं के लिए पुरुषों की तुलना में कम है।

अतः सही विकल्प (C) है।

105. भाषा और ज्ञान जैसे उपयुक्त सांस्कृतिक संसाधनों का अभाव, सांस्कृतिक अभाव कहलाता है। सांस्कृतिक अभाव में एक सिद्धांत है नागरिक शास्त्र, जहां एक व्यक्ति के पास हीन मानदंड, मूल्य, कौशल और ज्ञान है। सिद्धांत कहता है कि श्रमिक वर्ग के लोग सांस्कृतिक अभाव का अनुभव करते हैं और इससे उनका नुकसान होता है, जिसके परिणामस्वरूप वर्गों के बीच अंतर बढ़ता है।

अतः विकल्प (B) सही है।

106. लक्ष्य तक पहुँचने के लिए लक्ष्य और साधन दोनों ही मूल्यों द्वारा निर्धारित होते हैं। वेबर का कहना है कि सभी तर्कसंगत मानवीय कार्यों में, मूल्य एक अंतर्निहित तत्व है क्योंकि तर्कसंगत कार्रवाई हमेशा एजेंट द्वारा किए गए मूल्य की पसंद का अर्थ है।

अतः सही विकल्प (A) है।

107. 2017 की संयुक्त राष्ट्र विश्व जनसंख्या संभावना रिपोर्ट में कहा गया कि लगभग सात वर्षों में अर्थात 2024 तक, भारत की जनसंख्या चीन से अधिक हो जाएगी। चीन की आबादी 1.4 अरब है और उसके बाद भारत की 1.3 अरब है। दोनों देश दुनिया की कुल आबादी का 37 प्रतिशत हिस्सा हैं।

अतः विकल्प (D) सही है।

108. वी परेटो ने 'रेंटियर्स और सट्टेबाज' शब्द का इस्तेमाल किया। राजनीतिक शासन में जो लागू होता है वह सामाजिक परिवर्तन क्षेत्र पर भी लागू होता है। इस क्षेत्र में, "सट्टेबाज" लोमड़ियों के समान हैं और "रेंटियर्स" शेरों के समान हैं। सट्टेबाजों और रेंटियर के न केवल अलग-अलग हित हैं, बल्कि वे अलग-अलग स्वभाव और अलग-अलग अवशेषों को दर्शाते हैं।

अतः सही विकल्प (C) है।

109. सबसे प्रभावशाली प्रारंभिक उत्तर-आधुनिक दार्शनिकों में जीन बॉडरिलार्ड, जीन-फ्रांस्वा लियोटार्ड और जैक्स पेरिडा थे। मिशेल फौकॉल्ट को अक्सर एक प्रारंभिक उत्तर-आधुनिकतावादी के रूप में भी उद्धृत किया जाता है, हालांकि उन्होंने उस लेबल को व्यक्तिगत रूप से अस्वीकार कर दिया था। विघटन के जनक डेरिडा ने दर्शनशास्त्र को एक पाठ की आलोचना के रूप में अभ्यास किया।

अतः सही विकल्प (A) है।

110. महान यूनानी दार्शनिक एरिस्टोटल ने कहा, "मनुष्य स्वभावतः एक सामाजिक प्राणी है, एक व्यक्ति जो संयोगवश नही बल्कि स्वाभाविक रूप से अनौपचारिक है या तो हमारे अपेक्षा के नीचे है या मानव की तुलना में कही अधिक है।

अतः सही विकल्प (D) है।

111. सामाजिक स्थैतिक ध्यान केंद्रित करता है कि कैसे समाज में व्यवस्था बनी रहती है और सामाजिक गतिशीलता इस बात पर ध्यान केंद्रित करता है कि समय के साथ समाज कैसे बदलता है। कॉम्टे ने सामाजिक गतिशीलता को सामाजिक गतिशीलता से अलग किया। उनका उद्देश्य समाज का एक प्राकृतिक विज्ञान बनाना था, जो मानव जाति के पिछले विकास की व्याख्या करेगा और इसके भविष्य के पाठ्यक्रम की भविष्यवाणी करेगा।

अतः सही विकल्प (B) है।

112. भारतीय संविधान के अनुच्छेद 342 के अन्तर्गत किसी आदिवासी समुदाय को अनुसूचित जनजाति के रूप में घोषित किया जा सकता है। अनुच्छेद 342 में अनुसूचित जनजातियों से सम्बन्धित अधिकार राष्ट्रपति को प्रदान किये गये हैं। राष्ट्रपति अनुसूचित जनजातियों के लिए वही प्रक्रिया अपनाता है जैसा वह अनुसूचित जातियों के लिए अपनाता है।

अतः विकल्प (B) सही है।

113. A. समाजशास्त्र में संघर्ष सिद्धांत इस धारणा पर आधारित है कि समाज में सत्ता और प्रभुत्व के लिए निरंतर संघर्ष होता है।

B. लुईस कोसर और रान्डेल कोलिन्स विचारों के संघर्ष स्कूल के प्रस्तावक हैं।

अतः सही विकल्प (B) है।

114. समाजशास्त्र का अध्ययन करने से लोगों को डेटा का विश्लेषण करने में मदद मिलती है क्योंकि वे सीखते हैं: साक्षात्कार तकनीक, सांख्यिकी लागू करने के लिए, सिद्धांत उत्पन्न करने के लिए।

अतः सही विकल्प (D) है।

115. (a) पश्चिमी प्रशांत के अरगोनाट्स ने पश्चिमी प्रशांत के अरगोनाट्स का वर्णन किया है।

(b) ए. आर. रैडक्लिफ-ब्राउन केप टाउन विश्वविद्यालय में सामाजिक नृविज्ञान के प्रोफेसर के रूप में शामिल हुए जहां उन्होंने अफ्रीकी जीवन और भाषाओं के स्कूल शुरू किए और अंडमान द्वीप समूह द्वारा, उन्होंने अपने विचारों का निर्माण किया।

(c) धार्मिक जीवन के प्राथमिक रूप 1912 में प्रकाशित हुए, जो धर्म को एक सामाजिक घटना बताते हैं। दुर्खीम के अनुसार पहले मनुष्य न केवल भावनाओं के साथ जुड़ा होता है, बल्कि पर्यावरणीय वस्तुओं के साथ भी।

(d) स्ट्रक्चरल एंथ्रोपोलॉजी मानवविज्ञान का एक स्कूल है और इसके पीछे मूल विचार सभी संस्कृतियों की अपरिवर्तनीय संरचना को परिभाषित करना है।

अतः सही विकल्प (A) है।

116. संविधान (42वां संशोधन) अधिनियम 1976 में प्रस्तावना, धर्मनिरपेक्षता, समाजवाद और अखंडता के तहत प्रस्तावना को संशोधित किया गया। ये अवधारणाएँ संविधान में पहले से ही निहित थीं। यह पहली और आखिरी बार था जब प्रस्तावना को बदला गया था या संशोधित किया गया था।

अतः सही विकल्प (D) है।

117. मैक्स वेबर एक जर्मन समाजशास्त्री, दार्शनिक, न्यायविद, राजनीतिक अर्थशास्त्री थे। उनके विचारों ने सामाजिक सिद्धांत और सामाजिक अनुसंधान को गहरा प्रभावित किया। उन्होंने समाजशास्त्र को सामाजिक क्रिया के अर्थ के विज्ञान के रूप में समझा।

अतः सही विकल्प (B) है।

118. 'द राइज़ ऑफ़ द नेटवर्क' सोसाइटी नामक पुस्तक को एम. कैस्टेल ने लिखा है। यह 1996 में प्रकाशित हुआ था। पुस्तक सूचना युग की आर्थिक और सामाजिक गतिशीलता पर प्रकाश डालती है। इसके अलावा, दिखाता है कि वैश्विक स्तर पर नेटवर्क समाज अब पूरी तरह से कैसे बढ़ गया है। इसमें इंटरनेट के प्रभाव और शुद्ध अर्थव्यवस्था का कवरेज शामिल है। नवाचार और सामाजिक परिवर्तन की गति की गति का वर्णन करता है।

अतः सही विकल्प (B) है।

119. मैनुएल कास्टेल्स ने अपनी पुस्तक "द राइज़ ऑफ़ नेटवर्क सोसाइटी" (1991) में व्यापार, रोजमर्रा की जिंदगी, सार्वजनिक सेवाओं, सामाजिक में इलेक्ट्रॉनिक संचार नेटवर्क की महत्वपूर्ण भूमिका के संदर्भ में दुनिया भर के समाजों के तकनीकी, बातचीत और राजनीति, सांस्कृतिक और संस्थागत परिवर्तन का विश्लेषण किया है।

अतः सही विकल्प (D) है।

120. आर. एच. टर्नर की प्रसिद्ध निबंध 'स्पान्सर्ड एण्ड कन्सेन्ट मोबिलिटी एण्ड द स्कूल सिस्टम' शीर्षक से 1960 में अमेरिकन सोशियोलॉजिकल रिव्यू में प्रकाशित हुआ था।

1. वह अमेरिका की प्रतियोगिता गतिशीलता और ब्रिटेन की प्रायोजित गतिशीलता के बीच अंतर करते है। अमेरिका में, शिक्षा के माध्यम से ऊपर की गतिशीलता गुणात्मक है यानी कुलीन स्थिति खुले बाजार में एक पुरस्कार है।

2. हालांकि ब्रिटेन में, शिक्षा के माध्यम से ऊपर की गतिशीलता को पूर्व निर्धारित किया गया है, जिसका अर्थ है कि अभिजात वर्ग की स्थिति में चयन और भर्ती कुलीन वर्ग के लिए आरक्षित है, जो कि यथास्थिति के प्रजनन की ओर जाता है।

अतः सही विकल्प (C) है।

121. 1. सांस्कृतिक पूंजी किसी व्यक्ति की सामाजिक संपत्ति से बनी होती है जैसे कि शिक्षा, बुद्धि, बोलने की शैली, पहनाव की शैली आदि।

2. यह आमतौर पर स्तरीकरण द्वारा चिह्नित समाज में सामाजिक गतिशीलता को सुविधाजनक बनाने में उनकी मदद करता है।

अतः सही विकल्प (A) है।

122. 'बुर्जुआ नैतिकता पाखंड, असमानता और कब्जे पर आधारित थी', मैरी वुलस्टोनक्राफ्ट ने इस पर विश्वास नहीं किया।

मैरी वुलस्टोनक्राफ्ट महिलाओं के अधिकारों के लिये लिखने वाली एक अंग्रेजी लेखक, दार्शनिक, और समर्थक थीं। वुलस्टोनक्राफ्ट की विशेषता यह रही है कि वह महिलाओं को पुरुषों के लिए स्वाभाविक रूप से हीन नहीं मानती। उन्हें नारी के अधिकार के एक प्रमाण के रूप में जाना जाता है।

अतः सही विकल्प (B) है।

123. विभिन्न तरीकों से सरकार सभी के लिए स्वास्थ्य सेवा प्रदान करने के लिए कदम उठा सकती है:

- क्षेत्रीय स्तर पर सार्वजनिक स्वास्थ्य सेवा की स्थापना करना।
- सस्ते सरकारी अस्पतालों की स्थापना।
- बुनियादी इलाज के लिए स्वास्थ्य बीमा।
- स्वच्छ पेयजल की व्यवस्था तथा प्रदूषण रोकने के उपाय।
- जेनेरिक दवाएं कम दामों पर उपलब्ध कराई जाएं।
- स्वास्थ्य देखभाल कार्यक्रम और जागरूकता पैदा करना ।
- ग्रामीण क्षेत्रों में मोबाइल क्लीनिक को और अधिक प्रोत्साहित किया जाना चाहिए।

अतः विकल्प (D) सही है।

124. सरकार सभी नागरिकों के लाभ के लिए कई सार्वजनिक सेवाएं प्रदान करने के लिए कर के पैसे का उपयोग करती है।

- कुछ सेवाएं जैसे रक्षा, पुलिस, न्यायिक प्रणाली, राजमार्ग आदि सभी नागरिकों को लाभान्वित करती हैं। अन्यथा, नागरिक इन सेवाओं को अपने लिए व्यवस्थित नहीं कर सकते।
- जरूरतमंद नागरिकों के लिए आवश्यक शिक्षा, स्वास्थ्य देखभाल, रोजगार, सामाजिक कल्याण, व्यावसायिक प्रशिक्षण आदि जैसे विकास कार्यक्रमों और सेवाओं के लिए कर निधि। कर राशि का उपयोग बाढ़, भूकंप, सुनामी आदि प्राकृतिक आपदाओं के मामले में राहत और पुनर्वास के लिए किया जाता है।
- अंतरिक्ष, परमाणु और मिसाइल कार्यक्रमों को भी करों के रूप में एकत्रित राजस्व से वित्त पोषित किया जाता है। सरकार विशेष रूप से गरीबों के लिए कुछ सेवाएं प्रदान करती है जो उन्हें बाजार से खरीदने का जोखिम नहीं उठा सकते। एक उदाहरण स्वास्थ्य देखभाल है।

इस प्रकार, हम यह निष्कर्ष निकाल सकते हैं कि नागरिकों को सरकार को करों का भुगतान करना चाहिए ताकि सरकार अपने नागरिकों को सार्वजनिक सेवाएं प्रदान कर सके।

अतः विकल्प (A) सही है।

125. ग्राम पंचायत भारत में पंचायत राज औपचारिक स्थानीय स्वयं शासन प्रणाली का जमीनी स्तर है।

- ग्राम पंचायत में एक गाँव या गाँवों का समूह होता है जो "वार्ड" नामक छोटी इकाइयों में विभाजित होता है।
- प्रत्येक वार्ड एक प्रतिनिधि का चयन या चुनाव करता है जिसे पंच या वार्ड सदस्य के रूप में जाना जाता है।
- ग्राम सभा के सदस्य प्रत्यक्ष चुनाव के माध्यम से वार्ड सदस्यों का चुनाव करते हैं।
- ग्राम पंचायत का सरपंच या अध्यक्ष राज्य अधिनियम के अनुसार वार्ड सदस्यों द्वारा चुना जाता है।
- सरपंच और पंच पांच साल की अवधि के लिए चुने जाते हैं।
- ग्राम पंचायत निर्वाचित निकाय और प्रशासन द्वारा शासित होती है।
- सचिव आमतौर पर ग्राम पंचायत के प्रशासनिक कर्तव्यों का प्रभारी होता है।

इस प्रकार, हम यह निष्कर्ष निकाल सकते हैं कि ग्राम पंचायत वार्ड पंच और सरपंच से बनी है।

अतः विकल्प (C) सही है।

126. संवैधानिक राजतंत्र:

यह सरकार की एक प्रणाली है जिसमें एक सम्राट एक संवैधानिक रूप से संगठित सरकार के साथ शक्ति साझा करता है।

- इसलिए, कथन 1 सही है।

एक संवैधानिक राजतंत्र में, राजनीतिक शक्ति राजतंत्र और संवैधानिक रूप से संगठित सरकार जैसे संसद के बीच साझा की जाती है।

संवैधानिक राजशाही, पूर्ण राजशाही के विपरीत है जिसमें सम्राट, सरकार और लोगों पर पूरी शक्ति रखता है।

सम्राट राज्य का वास्तविक प्रमुख या सीमित शक्तियों वाला विशुद्ध रूप से औपचारिक नेता हो सकता है।

- इसलिए, कथन 2 सही है।

ब्रिटेन एक संवैधानिक राजतंत्र है।

अन्य संवैधानिक राजतंत्रों में बेल्जियम, कंबोडिया, जॉर्डन, नीदरलैंड, नॉर्वे, स्पेन, स्वीडन और थाईलैंड शामिल हैं।

- इसलिए, कथन 3 गलत है।

अतः विकल्प (A) सही है।

127. हिंदू उत्तराधिकार संशोधन अधिनियम (2005) सितंबर 2005 में लागू हुआ। भारत सरकार ने इस आशय की एक अधिसूचना जारी की है।

यह अधिनियम हिंदू उत्तराधिकार अधिनियम, 1956 में लैंगिक भेदभावपूर्ण प्रावधानों को हटाने के लिए पारित किया गया है और धारा 6 के तहत बेटियों को निम्नलिखित अधिकार देता है:

- सहदायिक (संयुक्त-वारिस) की पुत्री जन्म से ही पुत्र के समान अधिकार से सहदायिक बन जाती है।
- सहदायिक संपत्ति में बेटी का उतना ही अधिकार है जितना कि यदि वह पुत्र होता तो उसे प्राप्त होता।
- नए कानून में बेटे, बेटियों और उनकी मां को जमीन का बराबर हिस्सा मिल सकता है।

अतः विकल्प (C) सही है।

128. MSF बैंकों के लिए एक आपातकालीन स्थिति में RBI से उधार लेने के लिए एक खिड़की है जब अंतर-बैंक तरलता पूरी तरह से सूख जाती है।

यह एक आकस्मिक सुविधा है जहां बैंक अपनी सरकारी प्रतिभूतियों को रेपो दर से अधिक दर पर गिरवी रखकर केंद्रीय बैंक से ऋण लेते हैं। बैंक अपने NDTL (निवल मांग और मीयादी देयताएँ) का केवल 1% तक उधार ले सकते हैं।

अतः विकल्प (D) सही है।

129. ऐसी स्थिति जहां वास्तविक सकल घरेलू उत्पाद का संतुलन स्तर संभावित सकल घरेलू उत्पाद से कम हो जाता है, मंदी के अंतराल के रूप में जाना जाता है।

- एक मंदी अंतराल, या संकुचनशील अंतराल, एक व्यापक आर्थिक शब्द है जिसका उपयोग किसी देश का वास्तविक सकल घरेलू उत्पाद (जीडीपी) पूर्ण सेवायोजन पर उसकी जीडीपी से कम होता है।
- एक मंदी अंतराल, या संकुचनशील अंतराल, तब होता है जब किसी देश का वास्तविक सकल घरेलू उत्पाद पूर्ण सेवायोजन में जीडीपी से कम होता है।
- जब वास्तविक मजदूरी सन्तुलन में लौटती है, तो मंदी अंतराल बंद हो जाते हैं और मांग की गई श्रम की मात्रा आपूर्ति की गई मात्रा के बराबर हो जाती है।

अतः विकल्प (A) सही है।

130. सरकार आयातों को प्रतिबंधित करने के लिए टैरिफ, कोटा और सब्सिडी का उपयोग करती है। अतः सभी सही हैं।

टैरिफ आयातित वस्तुओं पर कर है; वे आयातित वस्तुओं को अधिक महंगा बनाते हैं और उनके उपयोग को हतोत्साहित करते हैं।

कोटा माल की संख्या निर्दिष्ट करता है जिसे आयात किया जा सकता है।

निर्यात सब्सिडी को सब्सिडी के तहत बढ़ावा दिया जाता है। इसी समय, घरेलू उद्योगों को विदेशी वस्तुओं के साथ प्रतिस्पर्धी बनाने के लिए भी सहायता प्रदान की जाती है, जो कहीं न कहीं आयात को हतोत्साहित करता है।

अतः विकल्प (D) सही है।

131. जीवन सूचकांक की भौतिक गुणवत्ता (पिक्यूएलआई) को 1970 के दशक के मध्य में अर्थशास्त्री मॉरिस डेविड मॉरिस (1979, मॉरिस एंड मैकलिन, 1982, मॉरिस, 1996) और यूएस ओवरसीज डेवलपमेंट काउंसिल में उनके सहयोगियों द्वारा विकसित किया गया था। जीवन सूचकांक की भौतिक गुणवत्ता (पिक्यूएलआई) किसी देश के जीवन या कल्याण की गुणवत्ता को मापने का एक प्रयास है। मूल्य तीन आँकड़ों का औसत है: मूल साक्षरता दर,

शिशु मृत्यु दर, और जीवन प्रत्याशा एक वर्ष में, सभी को समान रूप से 0 से 100 के पैमाने पर भारित किया जाता है।

अतः विकल्प (A) सही है।

132. मानव विकास का सामाजिक-सांस्कृतिक सिद्धांत 1978 में लेव वायगोत्स्की ने प्रतिपादित किया।

मानव विकास का सामाजिक-सांस्कृतिक सिद्धांत:

- वायगोत्स्की के सैद्धांतिक ढांचे का प्रमुख विषय है कि सामाजिक संपर्क अनुभूति के विकास में एक मौलिक भूमिका निभाता है।
- वायगोत्स्की (1978) कहते हैं: "बच्चे के सांस्कृतिक विकास में प्रत्येक कार्य दो बार प्रकट होता है: पहला, सामाजिक स्तर पर, और बाद में, व्यक्तिगत स्तर पर; पहले लोगों के बीच (अंतरमनोवैज्ञानिक) और फिर बच्चे के अंदर (अंतःमनोवैज्ञानिक)।
- वायगोत्स्की के सिद्धांत में संस्कृति-विशिष्ट उपकरण, निजी भाषण और समीपस्थ विकास के क्षेत्र जैसी अवधारणाएं शामिल हैं।

अतः विकल्प (A) सही है।

133. प्रत्यक्ष कर एक प्रकार का कर है जहां कराधान की घटना और प्रभाव एक ही इकाई पर पड़ता है।

प्रत्यक्ष कर के मामले में, करदाता द्वारा बोझ को किसी और पर स्थानांतरित नहीं किया जा सकता। ये मोटे तौर पर आय या धन पर कर हैं। आयकर, निगम कर, संपत्ति कर, विरासत कर और उपहार कर प्रत्यक्ष कर के उदाहरण हैं। भारत में लगाए गए कुछ महत्वपूर्ण प्रत्यक्ष कर हैं आयकर, निगम कर, संपत्ति कर, विरासत कर और उपहार कर।

अतः विकल्प (A) सही है।

134. यूएनडीपी (संयुक्त राष्ट्र विकास कार्यक्रम) सालाना 5 समग्र सूचकांकों के साथ एचडीआर (मानव विकास रिपोर्ट) जारी करता है।

रिपोर्ट 5 समग्र सूचकांकों पर आधारित है अर्थात्:

- मानव विकास सूचकांक
- लिंग विकास सूचकांक
- बहुआयामी गरीबी सूचकांक
- लिंग असमानता सूचकांक
- असमानता-समायोजित मानव विकास सूचकांक

अतः विकल्प (A) सही है।

135. भारत के अधिकांश बड़े शहरों में वायु प्रदूषण का प्रमुख स्रोत वाहनों का आवागमन है।

वायु प्रदूषण:

- वायु प्रदूषण कुछ कणों और गैसों के साथ मिलकर वायु का संशोधन है जो स्वास्थ्य और धन के लिए हानिकारक हैं जो अवांछनीय है
- आजकल प्रौद्योगिकी की प्रगति के साथ वायु प्रदूषण एक आम घटना है
- ग्रामीण क्षेत्रों की तुलना में शहरी क्षेत्रों में इसका वर्चस्व है।

अतः विकल्प (A) सही है।

136. वायु पारिस्थितिकी तंत्र का एक जैविक घटक नहीं है।

पारिस्थितिक तंत्र को, जीवित, गैर-जीवित घटकों के योग के रूप में परिभाषित किया गया है; जो एक जीव की आसपास की घटनाओं को प्रभावित करता है। पारिस्थितिक तंत्र में जीवित (जैविक) और गैर-जीवित (अजैविक) दोनों घटक शामिल हैं।

अतः विकल्प (A) सही है।

137. 'विकास' शब्द का तात्पर्य व्यक्ति में गुणात्मक परिवर्तन जैसे व्यक्तित्व में परिवर्तन या अन्य मानसिक और भावनात्मक पहलुओं से है। हालांकि, बहुत बार वृद्धि और विकास का परस्पर उपयोग किया जाता है।

विकास चरण दर चरण आगे बढ़ता है:

- बच्चे का विकास विभिन्न चरणों में होता है।
- प्रत्येक चरण में कुछ विशिष्ट विशेषताएं होती हैं।
- वृद्धि और विकास की दर में व्यक्तिगत अंतर होता हैं।
- इसलिए, विभिन्न चरणों के लिए आयु सीमा को केवल अनुमानित माना जाना चाहिए।
- सभी बच्चे उनके लिए सुझाए गए आयु स्तरों पर या उसके आसपास विकास के इन चरणों से गुजरते हैं।
- भाषा धीरे-धीरे कूकने, बड़बड़ाने, एकपदीय ध्वनियों से वाक्य निर्माण को पूरा करने के क्रम में विकसित होती है।

इसलिए, हम यह निष्कर्ष निकाल सकते हैं कि (A) सत्य है, लेकिन (R) असत्य है।

अतः विकल्प (C) सही है।

138. ब्राह्मी लिपि सिंधु लिपि के बाद भारत में विकसित की गई प्रारंभिक लेखन प्रणाली है।

- यह सबसे प्रभावशाली लेखन प्रणालियों में से एक है, सभी आधुनिक भारतीय लिपियाँ और दक्षिण पूर्व और पूर्वी एशिया में पाई जाने वाली कई सौ लिपियाँ ब्राह्मी से निकाली गई हैं।
- यह उत्तरी और दक्षिणी भारत में दो व्यापक प्रकारों में विकसित हुई, उत्तरी में अधिक कोणीय और दक्षिणी में अधिक गोलाकार।
- इसे जेम्स प्रिंसप ने 1837 में पढ़ा था।
- सबसे प्रसिद्ध ब्राह्मी शिलालेख उत्तर-मध्य भारत में अशोक के चट्टानों को काटकर बनाए गए संस्करण हैं, जो 250-232 ईसा पूर्व के हैं।

अतः विकल्प (B) सही है।

139. विकास अलग-अलग व्यक्तियों में अलग-अलग दरों पर होता है। न तो शरीर के सभी अंग एक ही दर से बढ़ते हैं और न ही मानसिक विकास एक ही दर से होता है, फिर हम कैसे सोच सकते हैं कि विकास की दर सभी व्यक्तियों में समान है। प्रत्येक व्यक्ति अलग-अलग गति से मानसिक विकास प्राप्त करता है। इसलिए, हर बच्चा अलग होता है और इसलिए जिस दर से बच्चे का विकास होता है वह भी अलग होता है।

अतः विकल्प (C) सही है।

140. केरल को 0.790 के समग्र सूचकांक मूल्य के साथ शीर्ष स्थान पर रखा गया है जिसके बाद दिल्ली, हिमाचल प्रदेश, गोवा और पंजाब का स्थान है।

जैसा कि अपेक्षित था, बिहार, ओडिशा और छत्तीसगढ़ जैसे राज्य भारत के 23 प्रमुख राज्यों में सबसे नीचे हैं। ऐसी स्थिति के लिए कई सामाजिक-राजनीतिक, आर्थिक और ऐतिहासिक कारण हैं। लगभग सौ प्रतिशत साक्षरता हासिल करने में अपने प्रभावशाली प्रदर्शन के कारण केरल एचडीआई में उच्चतम मूल्य दर्ज कर सकता है।

अतः विकल्प (B) सही है।

141. विशेष आर्थिक क्षेत्र (SEZ) पहली बार EXIM नीति, 2000 में बनाए गए हैं।

विशेष आर्थिक क्षेत्र योजना को तत्कालीन वाणिज्य और उद्योग मंत्री मुरोसोली मारन ने माना था। 1999 में चीन की अपनी यात्रा के दौरान, उन्होंने विशेष आर्थिक क्षेत्रों की अवधारणा को पाया। फिर 1 अप्रैल 2000 से EXIM नीति की वार्षिक समीक्षा में इस योजना की घोषणा की गई।

अतः विकल्प (A) सही है।

142. 1952 का शिक्षा आयोग जिसे 'मुदलियार आयोग' के नाम से जाना जाने लगा, वह माध्यमिक शिक्षा आयोग था।

मुदलियार आयोग (1952-1953):

* मद्रास विश्वविद्यालय के कुलपति डॉ. ए. लक्ष्मणस्वामी मुदालियार आयोग के अध्यक्ष थे। इसीलिए इसे मुदलियार आयोग के नाम से जाना जाता है।
* इसमें तीन साल की माध्यमिक और चार साल की उच्च शिक्षा प्रणाली शुरू करने की सिफारिश की गई थी।
* इसने बहुउद्देशीय स्कूलों और व्यावसायिक प्रशिक्षण संस्थानों की स्थापना की भी वकालत की।

अतः विकल्प (C) सही है।

143. संयुक्त परिवार में रहने का लाभ यह है कि बच्चे बड़ों से अच्छे संस्कार सीखते हैं और बच्चे दूसरों के साथ बातें साझा करना सीखते हैं।

संयुक्त परिवार में रहने के कई फायदे हैं:

* जब आप इतने बड़े-बुजुर्गों वाले परिवार में बड़े होते हैं तो यह सम्मान की भावना पैदा करता है।
* साझा करना और देखभाल करना एक संयुक्त परिवार का एक और मूलभूत आधार है।
* कामकाजी माता-पिता के लिए संयुक्त परिवार में रहना हमेशा फायदेमंद होता है।
* बच्चों को बड़ों से अच्छे संस्कार और शिष्टाचार विरासत में मिलते हैं।

अतः विकल्प (D) सही है।

144. जनगणना और नमूना सर्वेक्षण: जनगणना सर्वेक्षण एक ऐसा सर्वेक्षण है जिसमें किसी भी विषय या समस्या से संबंधित सभी लोगों से सीधा संपर्क किया जाता है।

मात्रात्मक और गुणात्मक सर्वेक्षण:

* मात्रात्मक सर्वेक्षण वह है जिसमें किसी विषय से संबंधित डेटा सांख्यिकीय रूप में एकत्र किया जाता है।
* ऐसे सर्वेक्षणों में सांख्यिकीय पद्धति का उपयोग करते हुए, परिणाम प्रतिशत या अनुपात के रूप में प्रस्तुत किए जाते हैं।

प्रारंभिक और मुख्य सर्वेक्षण:

* एक पूर्वव्यापी सर्वेक्षण एक सर्वेक्षण है जो विषय या समस्या के बारे में प्रारंभिक जानकारी प्राप्त करने के लिए आयोजित किया जाता है।
* इस तरह का सर्वेक्षण बहुत ही सरल और संक्षिप्त प्रकृति का होता है।

अतः विकल्प (D) सही है।

145. भूमि वितरण ग्रामीण विकास एवं सामाजिक अनुसंधान के विषय क्षेत्र में सम्मिलित नहीं है।

सामाजिक अनुसंधान पद्धति में निम्नलिखित विषय क्षेत्र शामिल हैं:

* ग्रामीण समुदाय का अध्ययन
* सामूहिक व्यवहार
* सामूहिक संघर्ष
* निपटान संबंध अध्ययन
* सामाजिक और ग्रामीण समस्याएं परिवार

अतः विकल्प (C) सही है।

146. सी.ए. मोजर के अनुसार, "सामाजिक अनुसंधान एक व्यवस्थित जांच के रूप में नया हासिल करने के लिए। सामाजिक घटना और समस्याओं के बारे में ज्ञान।"

* सामाजिक शोध का सामान्य अर्थ सामाजिक तथ्यों से संबंधित प्रश्नों या समस्याओं का वैज्ञानिक स्तर पर अध्ययन करना है।
* समाधान खोजना, ग्रामीण विकास कार्यों का मूल्यांकन करना, उसकी समस्याओं का पता लगाना आदि।
* शोध का अर्थ केवल घटना या समस्याओं के बारे में नई जानकारी बनाना ही नहीं है, बल्कि समस्याओं के समाधान के संबंध में विकल्पों को भी तलाशना होता है।

अतः विकल्प (B) सही है।

147. एईएस कोई साइबर अपराध नहीं है। एईएस (एडवांस एन्क्रिप्शन स्टैंडर्ड) डेटा को एन्क्रिप्ट करके सुरक्षा प्रदान करता है।

डेनियल ऑफ सर्विस और मैलवेयर सुरक्षा के लिए खतरा पैदा करने वाले सिस्टम का शोषण करते हैं, इसलिए उन्हें साइबर अपराध माना जाता है।

अतः विकल्प (C) सही है।

148. पर्यावरण संरक्षण संस्था (ईपीए) के अनुसार एक खतरनाक पदार्थ वह होता है जो जलाने योग्य, संक्षारक, प्रतिक्रियाशील और विषाक्त होता है। एक विषाक्त पदार्थ एक पदार्थ या अपशिष्ट है जिसे जब अंतर्ग्रहण या अवशोषित किया जाता है तो यह किसी व्यक्ति के लिए घातक और हानिकारक हो सकता है।

सूची-I (विषाक्त और खतरनाक पदार्थ)	सूची-II (प्रमुख स्रोत)
(A) विनाइल क्लोराइड	(III) प्लास्टिक उद्योग में
(B) पॉलीक्लोरिनेटेड बाइफिनाइल (PCBs)	(I) इलेक्ट्रिक इंसुलेशन
(C) बेन्जो (a) पाइरेन	(IV) अपशिष्ट संसेचन
(D) पॉलीसाइक्लिक एरोमैटिक हाइड्रोकार्बन	(II) ईंधन दहन

अतः विकल्प (D) सही है।

149. आर्थिक मामलों की मंत्रिमंडलीय समिति ने न्यूनतम समर्थन मूल्य की घोषणा की।

* एमएसपी की घोषणा कृषि लागत और मूल्य आयोग (सीएसीपी) द्वारा दी गई सिफारिशों के आधार पर की जाती है।
* एमएसपी के लिए सिफारिशें तैयार करने में, सीएसीपी उत्पादन की लागत, इनपुट-आउटपुट मूल्य समता, मांग और आपूर्ति आदि जैसी कई चीजों पर विचार करता है।
* एमएसपी एक प्रकार का बीमा है जो सरकार किसानों को फसल के बम्पर उत्पादन और कीमतों में गिरावट के मामले में प्रदान करती है।

अतः विकल्प (D) सही है।

150. एक आर्थिक सर्वेक्षण एक दो-खंड दस्तावेज़ है जो आर्थिक मामलों के विभाग के मुख्य आर्थिक सलाहकार द्वारा तैयार किया जाता है।

* आर्थिक सर्वेक्षण तैयार करने या प्रस्तुत करने के लिए कोई संवैधानिक दायित्व नहीं है, लेकिन आमतौर पर, यह केंद्रीय बजट से एक दिन पहले संसद में पेश किया जाता है।
* कुछ उल्लेखनीय मुख्य आर्थिक सलाहकार हैं: मनमोहन सिंह, रघुराम राजन, अरविंद सुब्रमण्यन (2014-18) कृष्णमूर्ति सुब्रमण्यन (2018- अवलंबी)।

अतः विकल्प (A) सही है।

Paper-I

Q.1 संचार का कौन सा मॉडल एक तरफ़ा प्रक्रिया है जहाँ प्रेषक वह है जो संदेश भेजता है लेकिन प्राप्तकर्ता प्रतिपुष्टि या प्रतिक्रिया नहीं देता है?

A. क्षैतिज मॉडल   **B.** ट्रांसक्शनैल मॉडल

C. रेखिक मॉडल   **D.** संवादात्मक मॉडल

Q.2 छात्रों के साथ प्रभावी ढंग से संवाद करने के लिए, शिक्षकों को निम्नलिखित में से किस पद्धति का उपयोग नहीं करना चाहिए?

(a) आत्मीयता की मांग की रणनीति

(b) अव्यवहितल व्यवहार

(c) हास्य

(d) सहयोगात्मक फिल्टर

(e) तकनीकी शब्द

(f) अस्पष्ट कथन

A. केवल (a) और (f)   **B.** (a), (b) और (c)

C. (a), (c) और (d)   **D.** (d), (e) और (f)

Q.3 निर्देश: नीचे दिए गए निम्नलिखित प्रश्न में, कथन (A) और तर्क (R) के रूप में दो कथन दिए गए हैं। नीचे दिए गए कोड के अनुसार अपना उत्तर अंकित करें:

कथन (A): समकालीन मीडिया को प्रदर्शन अथवा प्रसारण के दौरान दर्शकों की उपस्थिती की आवश्यकता होती है।

तर्क (R): मीडिया जो लाइव टेलीविज़न या रेडियो जैसे वास्तविक समय में प्रसारण करते हैं उसे समकालीन मीडिया के रूप में जाना जाता है।

A. कथन (A) सत्य है और तर्क (R) असत्य है।

B. कथन (A) असत्य है और तर्क (R) सत्य है।

C. कथन (A) सत्य है और तर्क (R), (A) की सही व्याख्या है।

D. कथन (A) सत्य है और तर्क (R), (A) की सही व्याख्या नहीं है।

Q.4 सूची I और सूची II का सही से मिलान करें।

सूची-I	सूची-II
(a) इंट्रापर्सनल संचार	(i) यह संचार है जहां दो से अधिक व्यक्ति विचारों, कौशल और रुचियों के आदान-प्रदान में शामिल होते हैं।
(b) जन संचार	(ii) यह दो व्यक्तियों के बीच संचार का सामना करने वाला चेहरा है।
(c) इंटरपर्सनल संचार	(iii) यह उन यांत्रिक उपकरणों का उपयोग करता है जो संदेशों को गुणा करते हैं और एक साथ बड़ी संख्या में लोगों तक ले जाते हैं।
(d) समूह संचार	(iv) यह एक व्यक्ति के भीतर का संचार है, जिसमें स्वयं से बात करना भी शामिल है।

A. (a)-(iv), (b)-(iii), (c)-(ii), (d)-(i)

B. (a)-(iii), (b)-(ii), (c)-(i), (d)-(iv)

C. (a)-(iv), (b)-(iii), (c)-(i), (d)-(ii)

D. (a)-(iv), (b)-(i), (c)-(ii), (d)-(iii)

Q.5 'सूचना अधिभार' को संचार के लिए _____ बाधा के रूप में वर्गीकृत किया जा सकता है।

A. मनोवैज्ञानिक   **B.** शारीरिक

C. सामाजिक   **D.** सांस्कृतिक

Q.6 दिए गए विकल्पों में से विषम शब्द का चयन करें।

A. धारा   **B.** नहर   **C.** नदी   **D.** घाटी

Q.7 एक अनुक्रम दिया गया है, जिसमें से एक पद लुप्त है। दिए गए विकल्पों में से वह सही विकल्प चुनिए, जो अनुक्रम को पूरा करे।

NOM, QRP, TUS, ?

A. *WAX*   **B.** *HUT*   **C.** *WXV*   **D.** *WTU*

Q.8 राम और श्याम ने विपरीत दिशाओं में एक ही बिंदु से चलना शुरू किया, दोनों 6 किमी आगे चले। तब राम दाएं मुड़ा और 8 किमी चला जबकि श्याम बाएं मुड़ा और 8 किमी चला। वह अपने शुरुआती बिंदु से कितनी दूरी पर है?

A. 12 किमी   **B.** 5 किमी   **C.** 10 किमी   **D.** 20 किमी

Q.9 एक अनुक्रम दिया गया है, जिसमें से एक पद लुप्त है। दिए गए विकल्पों में से वह सही विकल्प चुनिए, जो अनुक्रम को पूरा करे।

5, 11, 24, 51, 106, ?

A. 122   **B.** 217   **C.** 221   **D.** 115

Q.10 यदि एक कोड में '*BUDDHISM*' को '*DWFFJKUO*' लिखा जाता है, तो उस कोड में '*CHRISTIAN*' को क्या लिखा जाएगा?

A. *EITJUVKBP*   **B.** *EJTKUVJCO*

C. *EJTKVUJCP*   **D.** *EJTKUVKCP*

Ques (11-15):निर्देश: निम्नलिखित अपठित गद्यांश को ध्यानपूर्वक पढ़िए और दिए गए चार विकल्पों में से प्रश्न का सर्वश्रेष्ठ उत्तर चुनिए।

किसी व्यक्ति को सड़क पर अथवा किसी दुकान में या कोई कार्य करने के दौरान रोकना तथा सिर्फ समय बिताने के लिए उसके साथ दस, पन्द्रह या बीस मिनट बात करना एक अच्छा शिष्टाचार नहीं है। शायद वह व्यक्ति किसी जगह जल्दी पहुंचना चाह रहा हो, या फिर वह किसी कार्य में व्यस्त हो, और हमें यह पता है कि उसे थोड़ी भी देर परेशान नहीं करना चाहिए। फिर भी हम में से कुछ लोग टेलीफोन पर लोगों को फोन करने, उनकी व्यस्तता के बारे में बिना विचार किए उनके कार्य में व्यवधान डालने के बारे में नहीं सोचते हैं और समय के प्रति लापरवाह होकर बातें करते रहते हैं। शायद हम अपनी टेलीफोन वार्तलाप को एक व्यवधान के रूप में नहीं देखते हैं क्योंकि हमें यह नहीं दिखता है कि हमने किस चीज में व्यवधान डाला है। लेकिन हमें टेलीफोन करने पर कुछ निभाए जाने वाले शिष्टाचारों के बारे में अवश्य पता होना चाहिए।

कभी भी टेलीफोन पर सामने वाले व्यक्ति से खुद को पहचानने के लिए कहें। आप जिस व्यक्ति को फोन कर रहे हैं शायद वह उस मनस्थिति में नहीं हो। यदि आप उसे जानते हैं, तो आप अपनी बात उसके और उसके परिवार के कुशल-मंगल समाचार लेने के बाद शुरू कर सकते हैं, लेकिन जितनी जल्दी हो अपने मुख्य मुद्दे पर आएं। वह अवश्य रूप से जानना चाहता है कि आपने उसे क्यों फोन किया है। अपनी जरूरी बातें पूरी होने के बाद, आप वार्तलाप शिष्टाचार व्यक्त करने के लिए कुछ पल ले सकते हैं, अपनी कॉल खत्म होने से पहले अपना आभार व्यक्त करें। आपके घर में जिस प्रकार से टेलीफोन का प्रयोग होता है, उससे आप शायद ही अनुमान लगाएंगे कि यह एक उपकरण है जिस पर बहुत महत्वपूर्ण व्यापारिक लेन-देन किए जाते हैं। एक समय आएगा जब आप स्वयं व्यवसाय समरूप, टेलीफोन पर संक्षिप्त और प्रभावी व्यवसाय स्थापित किए जाएंगे।

Q.11 हम टेलीफोन का सर्वश्रेष्ठ उपयोग कैसे कर सकते हैं?

A. व्याख्या करके

B. संक्षिप्त, प्रभावी और पेशेवर व्यापारी बनकर

C. शिष्टाचारों का अवलोकन करके

D. व्यवसायिक रूप से पेशेवर नहीं बनकर

Q.12 हम टेलीफोन पर लोगों में व्यवधान डालते हैं क्योंकि:

A. हम विचारहीन होते हैं।

B. हमें इसे करने में मजा आता है।

C. हम समय के बारे में भूल जाते हैं।

D. हम अपनी टेलीफोन कॉल को व्यवधान नहीं मानते हैं।

Q.13 टेलीफोन करने पर, हमें अवश्य:

A. काम की बात करनी चाहिए

B. लोगों से आपको पहचानने के लिए कहना चाहिए

C. बकबक करनी चाहिए

D. खर्च होने वाले समय पर ध्यान नहीं देना चाहिए

Q.14 निम्न में से कौन सा/से कथन सत्य है/हैं?

(i) हम किसी को परेशान करने के बारे में पर्याप्त जानते हैं।

(ii) हम किसी को परेशान करने के बारे में पर्याप्त नहीं जानते हैं।

(iii) हम टेलीफोन पर किसी को भी परेशान कर सकते हैं।

(iv) हम किसी भी समय किसी को भी परेशान कर सकते हैं।

A. केवल (i) **B.** केवल (ii)

C. (iii) और (iv) **D.** केवल (iv)

Q.15 यह अच्छा शिष्टाचार नहीं है कि:

A. किसी व्यक्ति को सड़क पर रोका जाए समय गुजारने के लिए।

B. किसी व्यक्ति को दुकान पर रोका जाए समय गुजारने के लिए।

C. समय गुजारने के लिए किसी व्यक्ति को काम के समय रोका जाए।

D. सभी विकल्प सही है।

Q.16 इंटरनेट और इंट्रानेट के संदर्भ में निम्न में से कौन सा/से कथन सत्य है/हैं?

(i). इंट्रानेट में प्रयोगकर्ताओं की संख्या सीमित होती है।

(ii). इंटरनेट कंप्यूटरों का एक विस्तारित नेटवर्क है और सभी के लिए खुला है।

(iii). इंट्रानेट TCP/IP और FTP जैसे इंटरनेट प्रोटोकॉल का प्रयोग करता है।

(iv). इंटरनेट इंट्रानेट की तुलना में अधिक सुरक्षित है।

A. केवल (i), (ii) और (iii)

B. केवल (ii), (iii) और (iv)

C. केवल (i) और (iv)

D. उपरोक्त सभी

Q.17 ______ मशीन-एन्कोडेड टेक्स्ट में हस्तलिखित, टाइप, या मुद्रित टेक्स्ट की छवियों का यांत्रिक/इलेक्ट्रॉनिक रूपांतरण है।

A. डिजिटाइज़र

B. ऑप्टिकल मार्क रीडर

C. ऑप्टिकल कैरेक्टर रिकग्निशन

D. बार कोड रीडर

Q.18 मानव संसाधन विकास मंत्रालय ने कंप्यूटर विज्ञान, गणित तथा इंजीनियरिंग सिद्धांतों के अनुप्रयोगों में मदद प्रदान करने के मुख्य उद्देश्य के साथ इंजीनियरिंग शिक्षा में रोबोटिक्स को शामिल किए जाने हेतु NMEICT कार्यक्रम के अंतर्गत निम्न में से किस पहल को क्रियान्वित किया है?

A. ई- कल्प **B.** ई- यंत्र

C. ई- शोध सिंधु **D.** ई- आचार्य

Q.19 बिटमैप इमेज फाइल के लिए निम्न में से किस फाइल एक्सटेंशन का प्रयोग किया जाता है?

A. .btp **B.** .bit **C.** .bmp **D.** .btm

Q.20 HTTP का पूर्ण रूप क्या है?

A. हाइपर टेक्स्ट ट्रांसफर प्रोटोकॉल

B. हाइपर टेक्स्ट ट्रांजीशन प्रोटोकॉल

C. हाइपर टेक्स्ट ट्रांसफर प्रोग्राम

D. हाइपर टेक्स्ट ट्रांजीशन प्रोग्राम

Q.21 निर्देश: निम्नलिखित कथनों का ध्यानपूर्वक अध्ययन कीजिए और दिए गए विकल्पों में से उत्तर चुनिए।

कथन I: धुंध में धुआं और कोहरा शामिल होते हैं और कालिख (सूट) में मिट्टी, धूल और धुआं शामिल होते हैं।

कथन II: धुंध पर्टिकुलेट मैटर है जबकि कालिख (सूट) आधार स्तर की ओजोन है।

A. दोनों कथन I और II सत्य हैं।

B. केवल कथन I सत्य है।

C. केवल कथन II सत्य है।

D. दोनों कथन I और II असत्य हैं।

Q.22 'गो ग्रीन इनिशिएटिव' के एक भाग के रूप में, भारतीय रेलवे ने वर्ष $2020-21$ तक ______ का सौर ऊर्जा संयंत्र स्थापित करने की योजना बनाई है?

A. 100 मेगा वाट **B.** 1000 मेगा वाट

C. 150 मेगा वाट **D.** 1500 मेगा वाट

Q.23 निम्नलिखित में से कौन सा वन भारत में अधिकतम क्षेत्रफल घेरता है?

A. उष्णकटिबंधीय वर्षावन

B. उष्णकटिबंधीय नम पर्णपाती वन

C. उष्णकटिबंधीय शुष्क पर्णपाती जंगल

D. उष्णकटिबंधीय शुष्क सदाबहार जंगल

Q.24 निम्नलिखित में से कौन संयुक्त राष्ट्र धारणीय विकास लक्ष्यों की सूची में शामिल है?

(i). अच्छी सेहत और बेहतर जीवनयापन

(ii). शांति और न्याय मजबूत संस्थान

(iii). स्वच्छ जल और स्वच्छता

(iv). लक्ष्य प्राप्त करने के लिए भागीदारी

A. केवल (i), (ii) और (iii)

B. केवल (ii), (iii) और (iv)

C. केवल (i), (iii) और (iv)

D. उपरोक्त सभी

Q.25 निम्न में से कौन सा युग्म सुमेलित नहीं है।

A. ऑयल स्पिल - वेल ड्रिलिंग

B. ओजोन अपक्षय- मीथेन

C. स्मॉग- वाहन

D. ग्रीन हाउस प्रभाव- कार्बन डाइऑक्साइड

Q.26 निर्देश: नीचे चार कथन दिए गए हैं। इनमें से दो इस तरह से संबंधित हैं कि उन्हें साथ में सत्य माना जा सकता है लेकिन वे साथ में असत्य नहीं हो सकते हैं। वह कूट चुनें जो दोनों कथनों को दिखाता हो:

कथन:

(a) कुछ लैपटॉप प्रिंटर हैं।

(b) सभी लैपटॉप प्रिंटर हैं।

(c) कुछ लैपटॉप प्रिंटर नहीं हैं।

(d) कोई लैपटॉप प्रिंटर नहीं हैं।

A. (a) और (b) **B.** (a) और (c)

C. (c) और (d) **D.** (b) और (d)

Q.27 भारत का पहला रक्षा विश्वविद्यालय राज्य में है:

A. हरियाणा **B.** आंध्र प्रदेश

C. उत्तर प्रदेश   **D.** पंजाब

Q.28 निम्नलिखित में से कौन सा एक संवैधानिक निकाय नहीं है?

A. नीति आयोग   **B.** चुनाव आयोग

C. वित्त आयोग   **D.** योजना आयोग

Q.29 निर्देश: नीचे तीन कथन (a), (b) और (c) दिए गए हैं। दिए गए कथनों से चार निष्कर्ष: (i), (ii), (iii) और (iv) निकाले गए हैं। सही विकल्प का चयन करें, जो दर्शाता है कि निष्कर्ष दिए गए कथनों का तार्किक रूप से अनुसरण करते हैं।

कथन:

(a) कुछ कुर्सियां, मेज हैं।

(b) कुछ मेज, सोफा हैं।

(c) सब सोफा, बेड है।

निष्कर्ष:

(i) कुछ बेड, कुर्सी हैं।

(ii) कुछ मेज, बेड हैं।

(iii) कुछ सोफा, कुर्सी हैं।

(iv) सभी बेड, सोफा हैं।

कोड:

A. केवल (iv) अनुसरण करता है।

B. केवल (ii) अनुसरण करता है।

C. केवल (i) और (ii) अनुसरण करते हैं।

D. केवल (i) और (iv) अनुसरण करते हैं।

Q.30 निम्नलिखित में से कौन सा कथन भारतीय लोकतंत्र के गणतंत्र चरित्र को दर्शाता है?

A. लिखित संविधान

B. कोई राज्य धर्म नहीं

C. स्थानीय सरकारी संस्थानों को शक्ति का विचलन

D. निर्वाचित राष्ट्रपति और प्रत्यक्ष या अप्रत्यक्ष रूप से निर्वाचित संसद

Ques (31-35):निर्देश: निम्नलिखित तालिका का ध्यानपूर्वक अध्ययन कीजिए और इस पर आधारित प्रश्न का उत्तर दीजिए।

वर्ष	योग्य छात्र का प्रतिशत %					योग्य उम्मीदवार की कुल संख्या
	विज्ञान (%)	कला (%)	कॉमर्स (%)	इंजीनियरिंग (%)	मैनेजमेंट (%)	
2013	40	24	19	8	9	780
2014	42	15	18	12	13	650
2015	45	20	20	7	8	500
2016	45	15	16	10	14	620
2017	35	19	15	12	19	900
2018	42	18	14	14	12	850

Q.31 वर्ष 2013 से 2015 तक प्रतिवर्ष विज्ञान में सफल होने वाले विद्यार्थियों की औसत संख्या कितनी है?

A. 260   **B.** 270   **C.** 280   **D.** 275

Q.32 यदि वर्ष 2015 में, कला के 160 विद्यार्थियों ने परीक्षा में भाग लिया, तो वर्ष 2015 में कला विषय में असफल होने वाले विद्यार्थियों का प्रतिशत कितना है?

A. 36.5%   **B.** 38.5%   **C.** 37.5%   **D.** 35%

Q.33 वर्ष 2018 में प्रति विषय सफल होने वाले विद्यार्थियों की औसत संख्या कितनी है?

A. 170   **B.** 200   **C.** 180   **D.** 195

Q.34 यदि वर्ष 2016 में इंजीनियरिंग विषय की परीक्षा देने वाले कुल विद्यार्थियों में से केवल 40% विद्यार्थी ही सफल हुए हों तो उस वर्ष इंजीनियरिंग विषय में भाग लेने वाले विद्यार्थियों की संख्या कितनी है?

A. 133   **B.** 144   **C.** 155   **D.** 167

Q.35 वर्ष 2013 से 2018 तक सफल होने वाले विद्यार्थियों की संख्या में कितने प्रतिशत वृद्धि हुई है?

A. $9\frac{37}{39}\%$ **B.** $8\frac{38}{39}\%$ **C.** $8\frac{1}{37}\%$ **D.** $9\frac{1}{9}\%$

Q.36 अनुसंधान के संबंध में, निम्नलिखित चर में से कौन सा सही है?

A. हस्तक्षेपी चर: अन्य चर का कारण माना जाता है।

B. स्वतंत्र चर: ये हस्तक्षेपी और आश्रित चर के मध्य स्थापित करते हैं।

C. आश्रित चर: ये एक या अधिक स्वतंत्र चरों द्वारा प्रभावित होते हैं।

D. असंगत चर: इन चरों से प्रयोग के परिणामों को प्रभावित नहीं कर सकते हैं।

Q.37 .... वैज्ञानिक और सामान्य बोध तर्कशक्ति को एक ही चीज मानता है।

A. निश्चयात्मकता   **B.** गैर-निश्चयात्मकता

C. यथार्थवाद   **D.** संरचनावाद

Q.38 60 छात्रों की एक कक्षा में, वार्षिक खेल में भाग लेने वाले लड़कों और लड़कियों की संख्या क्रमशः 3 : 2 के अनुपात में है। खेल में भाग नहीं लेने वाली लड़कियों की संख्या लड़कों की संख्या से 5 अधिक है जो खेल में भाग नहीं लेती हैं। यदि खेलों में भाग लेने वाले लड़कों की संख्या 15 है, तो कक्षा में कितनी लड़कियां हैं?

A. 20   **B.** 25

C. 30   **D.** डेटा अपर्याप्त है

Q.39 निम्न में से किस कथन के लिए अक्सर एक प्रयोगात्मक शोध का उपयोग किया जाता है?

(a) जहां दो या उससे अधिक चर शामिल होते हैं।

(b) जहां एक चर को बदलने से परिणाम बदल जाता है।

(c) जहां सह-संबंध के परिमाण से अच्छा परिणाम प्राप्त होता है।

(d) जहां परिणामों की संभावना कहीं हद तक पता होती है।

A. (a), (b), (c), (d)   **B.** (a), (b), (c)

C. (a), (b), (d)   **D.** (b), (c), (d)

Q.40 निम्न में से कौन सा नृवंश (एथनोग्राफी) के संदर्भ में सत्य है?

(a) नृवंश (एथनोग्राफी) किसी समूह अथवा किसी समूह की संस्कृति का अध्ययन है।

(b) नृवंश (एथनोग्राफी) करते समय प्रतिभागी अवलोकन शामिल किया जा सकता है।

(c) एक विधि के रूप में नृवंश (एथनोग्राफी) गुणात्मक शोध के साथ ही मात्रात्मक शोध के लिए भी उपयुक्त है।

(d) यह एक होलिस्टिक स्टडी नहीं है।

(e) यह मानवविज्ञान (एंथ्रोपोलॉजी) में 'अन्य' समूहों की संस्कृति के अध्ययन के लिए एक महत्वपूर्ण विधि के रूप में उभरी थी।

A. (a), (b), (c) और (e)   **B.** (b), (c), (d) और (e)

C. (a), (b), (d)   **D.** (a), (b), (e)

Q.41 MHRD निम्न में से किस विभाग के माध्यम से कार्य करता है?

(a) स्कूल शिक्षा और साक्षरता विभाग
(b) शारीरिक और मानसिक स्वास्थ्य विभाग
(c) उच्च शिक्षा विभाग

A. (a) और (b)
B. (a) और (c)
C. (a), (b), (c)
D. (b) और (c)

Q.42 निम्नलिखित तालिका में, सेट- 1 में भारत में एक उच्च स्तर की संस्था का उल्लेख किया गया है जबकि सेट- 2 में उनका स्थापना वर्ष दिया गया है। दोनों सेटों का मिलान करें और अपना उत्तर दें।

सेट-1	सेट -2
(a) विश्वविद्यालय अनुदान आयोग (यूजीसी)	(i) 1995
(b) अखिल भारतीय तकनीकी शिक्षा परिषद (AICTE)	(ii) 1956
(c) राष्ट्रीय अध्यापक शिक्षा परिषद (NCTE)	(iii) 1994
(d) राष्ट्रीय मूल्यांकन और प्रत्यायन परिषद (NAAC)	(iv) 1945

A. (a)-(i), (b)-(iv), (c)-(iii), (d)-(ii)
B. (a)-(ii), (b)-(iv), (c)-(i), (d)-(iii)
C. (a)-(ii), (b)-(i), (c)-(iii), (d)-(iv)
D. (a)-(i), (b)-(iv), (c)-(ii), (d)-(iii)

Q.43 A, B, C, D और E कार्ड का खेल खेलते हैं। A, B से कहता है, "यदि आप मुझे 3 कार्ड देते हैं, तो आपके पास इस समय मेरे पास जितने भी होंगे, यदि D आपसे 5 कार्ड लेता है, तो उसके पास उतना ही होगा जितना E के पास होगा।" A और C के पास E के समान दोगुने कार्ड हैं। B और D ने साथ में A और C के कार्ड भी समान संख्या में लिए हैं। यदि एक साथ उनके पास 150 कार्ड हैं, तो C को कितने कार्ड मिले हैं?

A. 28
B. 29
C. 31
D. 35

Q.44 तीन रंगीन बक्से में - लाल, हरा और नीला, 108 गेंदें रखी गई हैं। हरे और लाल बक्सों में दो-दो गोले हैं, जैसे कि नीले डब्बे में हैं और दुसरे नीले डब्बे में हैं। ग्रीन बॉक्स में कितनी गेंदें हैं?

A. 18
B. 36
C. 45
D. इनमें से कोई नहीं

Q.45 मूल्यांकन दृष्टिकोण के निम्नलिखित संयोजन का उनके सही अर्थ से मिलान करें।

सूची-1	सूची-2
(i) औपचारिक मूल्यांकन	(a) पाठ्यक्रम के अंत में मूल्यांकन किया गया
(ii) मानदंड-संदर्भित मूल्यांकन	(b) दूसरों की तुलना में व्यक्तिगत प्रदर्शन का मूल्यांकन
(iii) योगात्मक मूल्यांकन	(c) विशिष्ट मानकों के विरुद्ध मूल्यांकन
(iv) सामान्य-संदर्भित मूल्यांकन	(d) मूल्यांकन पूरे पाठ्यक्रम में किया गया

A. (i)-(a), (ii)-(c), (iii)-(d), (iv)-(b)
B. (i)-(d), (ii)-(c), (iii)-(a), (iv)-(b)
C. (i)-(a), (ii)-(b), (iii)-(d), (iv)-(c)
D. (i)-(d), (ii)-(b), (iii)-(a), (iv)-(c)

Q.46 निम्नलिखित में से कौन से कारक शिक्षण की प्रक्रिया को प्रभावित करते हैं?
(i) एक शिक्षक का अनुभव
(ii) शिक्षण की विषय-वस्तु
(iii) कक्षा का माहौल
(iv) मानव संबंध कौशल

A. केवल (i), (ii) और (iii)
B. केवल (ii) और (iv)
C. केवल (i),(iii) और (iv)
D. उपरोक्त सभी

Q.47 जन संचार के सूचना समारोह के रूप में _______ वर्णित है।

A. प्रसार
B. प्रचार
C. निगरानी
D. परिवर्तन

Q.48 निम्नलिखित में से कौन सा अनुसंधान में नैतिकता का समर्थन नहीं करता है?

A. प्रतिभागियों की पहचान तक सीमित पहुंच
B. लिखित सहमति के साथ ही प्रतिभागी की जानकारी प्रकट करना
C. डेटा सबसेट का खुलासा करना
D. डेटा उपकरणों तक पहुंच को प्रतिबंधित करना जहां प्रतिभागी की पहचान की जाती है

Q.49 राष्ट्रीय शिक्षक शिक्षा रूपरेखा 2021 का प्रस्तावित नाम क्या है?

A. राष्ट्रीय शिक्षक शिक्षा परिषद, NCTE 2021
B. शिक्षक शिक्षा के लिए राष्ट्रीय पाठ्यचर्या की रूपरेखा, NCFTE 2021
C. शिक्षकों के लिए राष्ट्रीय व्यवसायिक मानक, NPST 2021
D. पेशेवर मानक सेटिंग निकाय , PSSB 2021

Q.50 निम्नलिखित में से कौन सा विद्यालयी शिक्षा के लिए राष्ट्रीय पाठ्यचर्या की रूपरेखा (NCFSE) को तैयार करने के लिए जिम्मेदार है?

A. एनसीईआरटी
B. आईआईटी
C. एआईसीटीई
D. एसएएफएएल

Paper-II

Q.51 किसी उद्योग में श्रमिक के लाभ किस प्रक्रिया से प्राप्त होते हैं?

A. पंचाट
B. समझौता
C. सामूहिक सौदाकारी
D. न्यायिक निर्णय

Q.52 निर्देश: दो कथन दिए गए हैं, एक को कथन (A) और दूसरे को कारण (R) के रूप में लेबल किया गया है:

कथन (A): भारत की शिक्षा नीति को अपने नागरिकों को गुणवत्तापूर्ण शिक्षा प्रदान करने की चुनौती को पूरा करने का प्रयास करना चाहिए।

कारण (R): शिक्षा की गुणवत्ता उसके नागरिकों को वैश्वीकरण की चुनौतियों का सामना करने में सक्षम बनाएगी।

A. दोनों (A) और (R) सत्य हैं, लेकिन (R) (A) का सही स्पष्टीकरण नहीं है।
B. दोनों (A) और (R) सत्य हैं, और (R), (A) की सही व्याख्या है।
C. (A) सत्य है, लेकिन (R) असत्य है।
D. (A) असत्य है लेकिन (R) सत्य है।

Q.53 किसान समाज की विशेषता है:
(a) समरूपता
(b) पारिवारिक श्रम
(c) दलित स्थिति
(d) श्रम का विशिष्ट विभाजन

नीचे दिए गए कोड में से सही उत्तर का चयन करें:

A. (a), (b), (c)
B. (a),(b), (d)
C. (b), (c), (d)
D. (d), (c), (a)

Q.54 भाई-भतीजावाद, पक्षपात और शक्ति का दुरुपयोग इसके सभी उदाहरण हैं:

A. सामाजिक असमानता
B. भ्रष्टाचार
C. सफेदपोश अपराध
D. संघर्ष

Q.55 'बॉर्न क्रिमिनल' की अवधारणा किसने दी थी?

A. सदरलैंड
B. सेसारे लोंब्रोसो
C. ट्रेड
D. गिलिन

Q.56 सूची-I के साथ सूची-II में का मिलान करें:

सूची-I	सूची-II
a. सांस्कृतिक नृविज्ञान	(i) लुई ड्यूमॉट
b. होमोहिएरार्सिसस	(ii) डी. पी. मुखर्जी
c. जाति का संहार	(iii) एन.के. बोस
d. विविधताओं	(iv) एस. सी. दूबे
	(v) बी. आर. अम्बेडकर

नीचे दिए गए कोड में से सही उत्तर का चयन करें:

A. (i)   (ii)   (iii)   (iv)   **B.** (ii)   (iii)   (iv)   (i)

C. (i)   (v)   (ii)   (iv)   **D.** (iii)   (i)   (v)   (ii)

Q.57 2019 में, रसायन विज्ञान में नोबेल पुरस्कार किस विकास के लिए दिया जाता है?

A. लिथियम-आयन बैटरी के विकास के लिए

B. प्रोटीन विकसित करने के लिए

C. क्रायोइलेक्ट्रॉन माइक्रोस्कोपी विकसित करने के लिए

D. इनमे से कोई भी नहीं

Q.58 द्विध्रुवी विकार के संबंध में निम्नलिखित में से कौन सा कथन सही है?

A. यह एक मानसिक स्वास्थ्य की स्थिति है

B. इस विकार के रोगी तीव्र मनोदशा से गुजरते हैं

C. इस विकार के मरीजों को योजना और निर्णय लेने में कठिनाइयों का सामना करना पड़ता है

D. उपरोक्त सभी

Q.59 निम्नलिखित में से किस स्थान से नेपाल ने अपना पहला सैटेलाइट नेपालीसैट -1 लॉन्च किया है?

A. अमेरीका   **B.** भारत

C. चीन   **D.** यूरोपीय संघ

Q.60 जीका वायरस का नामकरण किस देश के जीका वन के नाम पर किया गया था?

A. नाइजीरिया   **B.** अंगोला

C. निकारागुआ   **D.** युगांडा

Q.61 ''भारत में, जाति संघ, जो परंपरा के अन्यथा विशिष्ट प्रतीक हैं, को तेजी से राजनीतिक आधुनिकता के सिरों की सेवा के लिए पाया गया है' जो इस घटना को 'परंपरा की आधुनिकता' कहते हैं?

A. एडवर्ड हिल्स   **B.** एम. फ़िडर स्टोन

C. लॉयड इरविंग रुडोल्फ   **D.** जेमसन फ्रेडरिक

Q.62 शोधकर्ताओं के अनुसार, शुद्ध कार्बन की पहली स्थिर रिंग में कितने परमाणु होते हैं?

A. 18   **B.** 60   **C.** 80   **D.** 108

Q.63 ग्यारहवीं पंचवर्षीय योजना के दौरान राज्य के घरेलू उत्पादों में 'विशेष श्रेणी के राज्यों' की वृद्धि दर सबसे अधिक है?

A. अरुणाचल प्रदेश   **B.** सिक्किम

C. उत्तराखंड   **D.** बिहार

Q.64 मूल्यांकन अनुसंधान ________ से संबंधित है।

A. हम कितना अच्छा कर रहे हैं?

B. हम क्यों कर रहे हैं?

C. हम क्या कर रहे हैं?

D. इनमे से कोई भी नहीं

Q.65 निम्नलिखित में से कौन-से सामाजिक स्तरीकरण के स्वरूप है?

A. आय समूह   **B.** जमीनदार तथा आसामी

C. जाति तथा वर्ग   **D.** प्रजातीय समूह

Q.66 सूची-I में आइटम के साथ सूची-II का मिलान करें और नीचे दिए गए कोड से सही उत्तर चुनें:

सूची-I (अवधारणा)	सूची-II (लेखक)
a. जीवन के एक तरीके के रूप में शहरीवाद	(i) ऑस्कर लुईस
b. लोक-शहरी सातत्य	(ii) एल. वर्थ
c. छोटी और बड़ी परंपराएँ	(iii) आर. रेडफील्ड
d. गरीबी की संस्कृति	(iv) मिल्टन गायक

A. (ii) (iii) (iv) (i)   **B.** (iv) (i) (ii) (iii)

C. (iv) (iii) (ii) (i)   **D.** (ii) (i) (iii) (iv)

Q.67 निम्नांकित में से कौन-सा कथन सत्य है?

A. वर्ण के चार प्रकार होते है, जबकि जातियाँ असंख्य होती है

B. वर्णों का निर्धारण व्यवसाय से होता है, जबकि जाति का निर्धारण जन्म से होता हैं

C. वर्ण एक खुला वर्ग है, जबकि जाति एक बन्द वर्ग है

D. उपरोक्त सभी कथन सत्य हैं

Q.68 'लिव-इन रिलेशनशिप' किस समाज में हाल ही में दिखाई और स्वीकार की गई घटना है?

A. जनजातीय   **B.** ग्रामीण

C. शहरी   **D.** कॉस्मोपॉलिटन

Q.69 एंथोनी गिडेन के सिद्धांत की संरचना की प्रधानता को निम्नलिखित के लिए दी गई:

A. संरचना

B. एजेंसी

C. दोनों संरचना और एजेंसी

D. दोनों में से कोई भी (संरचना, एजेंसी)

Q.70 निम्नलिखित में से कौन सा अनुसंधान विकास की श्रेणी में आता है?

A. वर्णनात्मक अनुसंधान   **B.** दार्शनिक अनुसंधान

C. कार्रवाई अनुसंधान   **D.** ऊपर के सभी

Q.71 ब्रिटिश काल के दौरान ग्रामीण बंगाल में कृषि वर्ग संरचना का अध्ययन करके, जिसने निष्कर्ष निकाला कि 'भारतीय ग्रामीण समाज न तो स्थिर था और न ही एक समतावादी'?

A. एन. के. बोस   **B.** आंद्रे बेटले

C. राम कृष्ण मुखर्जी   **D.** डी. एन. धनगारे

Q.72 भारत के किस राज्य ने सबसे पहले जमींदारी उन्मूलन अधिनियम पारित किया था?

A. बिहार   **B.** उत्तर प्रदेश

C. राजस्थान   **D.** कर्नाटक

Q.73 कौन कहता है, भारतीय समाज के बारे में कि 'विनम्रता, प्रमुख परंपरा में, निरपेक्ष मूल्य के संबंध में अपेक्षाकृत आत्मकेंद्रित' है?

A. एम एन. श्रीनिवास   **B.** लुइस ड्यूमॉन्ट

C. एम. मैरियट   **D.** पी. कोलेंडा

Q.74 हम अनुसंधान के उद्देश्य को कैसे बढ़ा सकते हैं?

A. इसे और अधिक वैध बनाकर

B. इसे और अधिक विश्वसनीय बनाकर

C. इसे और अधिक निष्पक्ष बनाकर

D. ऊपर के सभी

Q.75 मैक्स वेबर के अनुसार एक प्रस्थिति समूह वह है जो-

A. मान तथा प्रतिष्ठा पर आधारित है

B. मान तथा शक्ति पर आधारित है

C. शक्ति तथा प्रतिष्ठा पर आधारित है

D. मान, शक्ति तथा प्रतिष्ठा पर आधारित है

Q.76 निर्देश: दो कथन दिए गए हैं, एक को कथन (A) और दूसरे को कारण (R) के रूप में लेबल किया गया है:

कथन (A): आधुनिक भारत में, अंतरसरकारी संघर्ष ने वृद्ध लोगों को वृद्धाश्रम में धकेल दिया है।

कारण (R): वृद्ध लोगों के साथ युवा लोगों की मानसिकता, दृष्टिकोण और मूल्यों का गलत-मिलान परस्पर विरोधी संघर्ष के लिए जिम्मेदार है।

A. दोनों (A) और (R) सत्य हैं, लेकिन (R), (A) के लिए सुधार स्पष्टीकरण नहीं है।

B. दोनों (A) और (R) सत्य हैं, और (R) (A) के लिए सुधार स्पष्टीकरण है।

C. (A) सत्य है और (R) असत्य है।

D. (A) असत्य है और (R) सत्य है।

Q.77 किसने तर्क दिया है कि पंचायती राज और अन्य लोकतांत्रिक प्रक्रियाओं में भागीदारी से ग्रामीण भारत में सामाजिक असमानताओं में बदलाव आया है?

A. छितरी हुई असमानताओं से संचयी असमानताओं तक

B. संचयी से छितरी हुई असमानताओं तक

C. जाति से लेकर वर्ग असमानता तक

D. इनमें से कोई नहीं

Q.78 निम्नलिखित में से किसने दक्षिण एशियाई समाजों के ऊपर और नीचे की गतिविधियों के लिए छह शर्तें दी हैं?

A. टी. बी. बॉटमोर

B. डी. डेविस

C. आर. बेंडिक्स

D. कार्ल गुन्नार मायर्डल

Q.79 एक्शन-रिसर्च को __________ के रूप में समझा जा सकता है।

A. एक अनुदैर्ध्य अनुसंधान

B. एक अनुप्रयुक्त अनुसंधान

C. एक विशिष्ट समस्या को हल करने के लिए एक प्रकार का शोध किया जा रहा है

D. ऊपर के सभी

Q.80 निम्नलिखित में से कौन एक किसान के संबंध में सही नहीं है?

A. किराण छोटी परंपरा का प्रतिनिधित्व करता है।

B. भारत में किसान मुख्य रूप से जाति पदानुक्रम के मध्य वर्ग द्वारा दर्शाए जाते हैं।

C. किसान अपनी आजीविका के मुख्य आधार के लिए भूमि पर आश्रित हैं।

D. हालांकि किसान अपनी आजीविका के मुख्य आधार के लिए भूमि पर निर्भर हैं, लेकिन वे अपनी आजीविका सुरक्षा के लिए कई अन्य गतिविधियों का सहारा लेते हैं।

Q.81 अर्थशास्त्र में, DWCRA का अर्थ है:

A. डेवलपमेंट एंड वेलफेयर ऑफ कैचमेंट रूरल एरिया

B. डेवलपमेंट ऑफ वुमेन एंड चिल्ड्रेन इन रूरल एरिया

C. डायरेक्ट वेलफेयर ऑफ चिल्ड्रेन इन रूरल एरिया

D. इनमें से सभी

Q.82 वह प्रणाली जिसके तहत लड़कों और लड़कियों को एक-दूसरे के साथ घुलने-मिलने की अनुमति दी जाती है और शादी से पहले समाज द्वारा अधिकतम स्वीकार्य मिश्रण सुविधा दी जाती है:

A. परिवीक्षाधीन विवाह

B. प्रायोगिक विवाह

C. करुणामय विवाह

D. इनमें से कोई नहीं

Q.83 निम्नलिखित एजेंसियों में से किसने जोर दिया कि 'यदि विकास नहीं किया गया है', तो यह संकटग्रस्त है?

A. यूएनडीपी

B. विश्व बैंक

C. अंतर्राष्ट्रीय मुद्रा कोष

D. विश्व व्यापार संगठन

Q.84 घरेलू हिंसा अधिनियम निम्नलिखित में से किस वर्ष में पारित किया गया था?

A. 1988   **B.** 2001   **C.** 2004   **D.** 2005

Q.85 जब संतानों को पिता का नाम विरासत में मिलता है, तो परिवार को कहा जाता है-

A. संरक्षक

B. संयुग्मन

C. पितृगण

D. पितृसत्तात्मक

Q.86 पूँजीवादी समाज में गरीबी के मार्क्सवादी परिप्रेक्ष्य को इस संदर्भ में समझा जा सकता है:

(A). पूंजीवादी अर्थव्यवस्था द्वारा उत्पन्न असमानता की प्रणाली।

(B). उन लोगों के हाथों में केंद्रित है जो उत्पादन के साधन के मालिक हैं।

(C). मजदूर वर्ग जो केवल अपने श्रम के मालिक हैं, उन्हें खुले बाजार में मजदूरी के लिए बेचना चाहिए।

(D). वर्किंग क्लास को उनके काम के लिए मजदूरी के कारण मिलेगा।

नीचे दिए गए कोड से सही उत्तर को चिह्नित करें:

A. (A), (B), (D)

B. (A), (B), (C)

C. (A), (D), (C)

D. (B), (C), (D)

Q.87 निम्नलिखित में से किसके लिए आप अंतर-पीढ़ीगत संघर्ष का कारण बन सकते हैं?

A. भूमि वितरण प्रणाली

B. शहरी प्रवास

C. समय के परिवर्तन के साथ मूल्यों का परिवर्तन

D. इनमे से कोई भी नहीं

Q.88 सूची-I के साथ सूची-II का मिलान करें और निम्नलिखित कोड से सही उत्तर दें।

सूची-I	सूची-II
A. भारतीय हरित क्रांति	(i) नॉर्मन बोरलॉग
B. भूदान आंदोलन	(ii) वर्गीज कुरियन
C. विश्व हरित क्रांति	(iii) एम. एस. स्वामीनाथन
D. श्वेत क्रांति	(iv) विनोबा भावे

A. A-(iii), B-(iv), C-(i), D-(ii)

B. A-(i), B-(ii), C-(iii), D-(iv)

C. A-(iv), B-(iii), C-(ii), D-(i)

D. A-(v), B-(i), C-(iv), D-(iii)

Q.89 2011 की जनगणना के अनुसार शहरी क्षेत्रों में भारत की जनसंख्या का कितना अनुपात है?

A. लगभग एक चौथाई

B. एक तिहाई के आसपास

C. लगभग आधा

D. लगभग पांचवां

Q.90 भारतीय कृषि में उत्पादन के पूंजीवादी मोड की पहचान किसने की है?

A. टी. के. ओमान

B. उत्सव पटनायक

C. आंद्रे बेटिले

D. डी. एन. धनगारे

Q.91 स्टेनली कोहेन द्वारा निम्नलिखित में से कौन सी पुस्तक लेखक / सह-लेखक है?

1. फोक डेविल्स एंड मोरल पैनिक्स: द क्रिएशन ऑफ मोड्स एंड रॉकर्स

2. फ्रंटियर्स ऑफ आइडेंटिटी: द ब्रिटिश एंड अदर्स

3. विजन ऑफ सोशल कण्ट्रोल

4. द अर्बन क्रेश्चन

5. द मैनुफैक्चर ऑफ न्यूज

नीचे दिए गए विकल्पों में से सबसे उपयुक्त उत्तर चुनें:

A. केवल 1, 2, 3

B. केवल 2, 3, 4

C. केवल 1, 3, 5   **D.** केवल 3, 4, 5

Q.92 यदि रिश्तेदारी प्रणाली में, मामा अपने भतीजों और भतीजी के जीवन में एक पूर्व-स्थान का आनंद लेते हैं, तो सम्मेलन के एक मामले के रूप में, रिश्तेदारी के उपयोग को __________ कहा जाता है।

A. एवुंकलेट   **B.** मातृत्व   **C.** अमीटेट   **D.** कुवडे

Q.93 किसने परिवार को 'ऐसे व्यक्तियों के समूह के रूप में परिभाषित किया, जिनके संबंध एक-दूसरे से जुड़े हुए हैं और वे एक-दूसरे के परिजन हैं और इसलिए वे एक-दूसरे के परिजन हैं।'

A. जे. गुडी   **B.** किम्सले डेविस

C. मैकलेवर और पेज   **D.** एल.एच. मॉर्गन

Q.94 हमारे देश में, 1976 में पहली बार, भारत की जनसंख्या नीति की अध्यक्षता में तैयार किया गया था:

A. डॉ. के. श्रीनिवासन

B. डॉ. करण सिंह

C. डॉ. सी. चंद्रशेखरम

D. डॉ. एम. एस. स्वामीनाथन

Q.95 सूची-I को सूची-II के साथ मिलाएं।

सूची-I	सूची-II
a. विलंबता और अवसर	1. क्लोवर्ड और ओहलिन
b. देववंत व्यवहार का समाजशास्त्र	2. क्लिनार्ड
c. सामाजिक असमानता	3. बेटिल
d. डीवियन एंड सोसाइटी	4. टेलर

नीचे दिए गए कोड में से उत्तर चुनें:

A. a-1, b-2, c-3, d-4   **B.** a-4, b-3, c-2, d-1

C. a-3, b-4, c-1, d-2   **D.** a-2, b-3, c-4, d-1

Q.96 जब पति-पत्नी कानूनी रूप से अलग-अलग घरों में रहने वाले के रूप में पहचाने जाते हैं, लेकिन पुनर्विवाह के लिए स्वतंत्र नहीं हैं, तो यह कहा जाता है:

A. न्यायिक पृथक्करण

B. तलाक

C. परित्याग

D. जीवनसाथी का वैवाहिक-जीवन समाप्त

Q.97 नारीवादियों का कौन सा ब्रांड इस दृष्टिकोण को स्वीकार करता है कि 'राज्य पुरुष वर्चस्व और महिला अधीनता को फिर से बनाने के लिए मनुष्य द्वारा बनाई गई संरचनाओं और संस्थानों की एक प्रणाली है?

A. उदारवादी नारीवादी   **B.** कट्टरपंथी नारीवादियों

C. मार्क्सवादी नारीवादी   **D.** इको फेमिनिस्ट

Q.98 'भारत ने औद्योगिक क्रांति को याद किया है, लेकिन ज्ञान क्रांति को याद नहीं कर सकता' _________ के द्वारा सुझाया गया:

A. भारत का महिला आयोग

B. मानव संसाधन विकास मंत्रालय

C. शिक्षा आयोग 1986

D. भारत का ज्ञान आयोग

Q.99 किसने खुलासा किया कि ग्रामीण समाज में, गुटों का मुख्य कारण धन, महिला और भूमि (जर, जोरू और जमिन) है?

A. ऑस्कर लुईस   **B.** लुईस ड्यूमॉन्ट

C. लुइस विर्थ   **D.** ए. आर. देसाई

Q.100 बहुराष्ट्रीय निगमों और आई. टी. उद्योग के उदय के कारण भारत में निम्नलिखित में से किस प्रकार का परिवार उभर रहा है?

A. जुड़वां शहर परिवार   **B.** एकल परिवार

C. संयुक्त परिवार   **D.** विस्तृत परिवार

Q.101 निम्नलिखित में से कौन सा विकास के गांधीवादी मार्ग का हिस्सा नहीं है?

A. सामाजिक ट्रस्टीशिप   **B.** अहिंसा

C. सहकारी संघर्ष   **D.** रचनात्मक कार्य

Q.102 सूची- I के साथ सूची-II का मिलान करें:

सूची- I (दृष्टिकोण)	सूची- II (लेखक)
A. द्वंद्वात्मक दृष्टिकोण	(i) एस. सी. दूबे
B. कार्यात्मक दृष्टिकोण	(ii) जी.एस. घोरी
C. इंडीकोलॉजिकल दृष्टिकोण	(iii) एन. के. बोस
D. सभ्यता संबंधी दृष्टिकोण	(iv) डी. पी. मुकर्जी

A. A-(i), B-(iv), C-(iii), D-(ii)

B. A-(iv), B-(i), C-(ii), D-(iii)

C. A-(iv), B-(iii), C-(i), D-(ii)

D. A-(iii), B-(i), C-(iv), D-(ii)

Q.103 प्रकृति द्वारा रिश्तेदारी है:

A. हमेशा विशिष्ट

B. हमेशा अनिर्णायक

C. कभी विशिष्ट नहीं

D. कुछ मामलों में विशिष्ट, जबकि अन्य नहीं

Q.104 तीसरी दुनिया के देशों में संचालन के पर्याप्त स्थानांतरण का वर्णन करने के लिए 'न्यू इंटरनेशनल डिवीजन ऑफ लेबर' (NIDL) शब्द का इस्तेमाल किसने किया?

A. एफ. फ्रोबेल   **B.** ई. दुर्खीम

C. अगस्टे कॉमटे   **D.** एडम स्मिथ

Q.105 इस निष्कर्ष पर कौन पहुंचा है कि ग्रामीण समाज में, सामाजिक असमानताएं संचयी असमानताओं से छितरी हुई असमानताओं में बदल गई हैं '?

A. एम.एन. श्रीनिवास   **B.** एफ. जी. बेली

C. आंद्रे बेटिले   **D.** योगेन्द्र सिंह

Q.106 लिंग अंतर एक विश्लेषणात्मक ढांचे को दर्शाता है जिसमें:

A. लिंगों के बीच जैविक अंतर को समझाया गया है।

B. महिलाओं के बीच राजनीतिक और आर्थिक अंतर को समझाया गया है।

C. श्वेत और गैर-श्वेत महिलाओं के बीच सामाजिक और वैचारिक मतभेद के बारे में बताया गया है।

D. लिंगों के बीच सामाजिक और वैचारिक मतभेदों को समझाया गया है।

Q.107 भारतीय गाँव ने अपनी आत्मनिर्भरता खो दी है:

A. हरित क्रांति का प्रभाव

B. जजमानी प्रणाली का टूटना

C. शहरी फ्रिंज के साथ बातचीत

D. उपर्युक्त सभी

Q.108 कुछ समाजशास्त्रियों ने सामाजिक अंत:क्रिया के कार्यात्मक कारकों को महत्व दिया है। ये कारक ____ से सम्बद्ध हैं।

A. समाज की निकटता और समानता से

B. समाज के उद्देश्य और सामान्य तथ्य से

C. समाज की आवश्यकताएं और पिछले अनुभव से

D. समाज की अच्छाई, सामान्य कारण और अर्थव्यवस्था से

Q.109 निर्देश: नीचे दिए गए दो कथन हैं, एक को कथन (A) और दूसरे का कारण (R) बताया गया है।

कथन (A): मध्य भारत में आदिवासी बेल्ट बड़े पैमाने पर औद्योगीकरण की प्रक्रिया में हैं।

कारण (R): यह ब्राइडल इकोनॉमी में विविधीकरण को इंगित करता है, जिससे ब्राइडल कल्चर में बुनियादी बदलाव होते हैं।

नीचे दिए गए कोड से सही उत्तर का चयन करें।

A. दोनों (A) और (R) सत्य हैं, लेकिन (R) (A) का सही स्पष्टीकरण है।

B. दोनों (A) और (R) सत्य हैं, और (R), (A) की सही स्पष्टीकरण नहीं है।

C. (A) सत्य है, लेकिन (R) असत्य है।

D. (A) असत्य है लेकिन (R) सत्य है।

Q.110 पेरिस समझौते को ________ के रूप में भी जाना जाता है।

A. COP 18

B. COP 20

C. COP 21

D. इनमे से कोई भी नहीं

Q.111 निम्नलिखित में से कौन से वैश्वीकरण के प्रमुख चालक हैं?

A. सरकारी कार्रवाई, विनिमय दरें, प्रतिस्पर्धा और सामाजिक-जनसांख्यिकीय कारक

B. बाजार अभिसरण, प्रतियोगिता, विनिमय दर और लागत लाभ

C. लागत लाभ, सरकारी कार्रवाई, आर्थिक चक्र और प्रतियोगिता

D. बाजार, लागत, प्रतियोगिता और सरकारी नीतियां

Q.112 किसने कहा है कि "वैश्वीकरण आधुनिकता और उत्तर आधुनिकता दोनों में शामिल है"?

A. वालरस्टीन

B. वाटर्स

C. गिडेंस

D. रॉबर्टसन

Q.113 हाल के दशकों में दुनिया के कुल CO_2 उत्सर्जन में भारत का योगदान के योगदान में :

A. रुका हुआ है

B. बहुत अधिक वृद्धि

C. काफी हद तक घट गया

D. औद्योगिक रूप से विकसित क्षेत्रों में वृद्धि करते हुए कृषि संबंधी क्षेत्रों में गिरावट

Q.114 निर्देश: दो कथन दिए गए हैं, एक को कथन (A) और दूसरे को कारण (R) के रूप में चिन्हित किया गया है:

कथन (A): भारत में कम बाल लिंग अनुपात मुख्य रूप से कन्या भ्रूण हत्या के कारण है।

कारण (R): भारत में पितृसत्तात्मक व्यवस्था के कारण सोन पसंद काफी मजबूत है।

A. दोनों (A) और (R) सत्य हैं।

B. (A) सत्य है, लेकिन (R) असत्य है।

C. दोनों (A) और (R) असत्य हैं।

D. (A) असत्य है लेकिन (R) सत्य है।

Q.115 निम्नलिखित में से कौन सी ग्रामीण समाज की एक विशेषता नहीं है?

A. संयुक्त परिवार

B. कृषि अर्थव्यवस्था

C. प्राकृतिक पर्यावरण का पूर्व प्रभुत्व

D. ग्रामीण भेदभाव

Q.116 निम्नलिखित में से कौन विभिन्न देशों के बीच विकास के स्तर को मापने के लिए 'मानव विकास सूचकांक' (HDI) से संबंधित है?

A. रेमंड फर्थ

B. महबूब उल हक

C. एम. एन. श्रीनिवास

D. ए. आर. देसाई

Q.117 स्थिर जनसंख्या संरचना के लिए अग्रणी प्रक्रियाओं के निम्नलिखित सेट में से एक का चयन करें।

A. लगातार जन्म और मृत्यु दर

B. जन्म दर में वृद्धि और लगातार मृत्यु दर

C. जन्म दर में कमी और मृत्यु दर में वृद्धि

D. लगातार जन्म दर और घटती मृत्यु दर

Q.118 कार्ल मार्क्स के लिए, कार्यकर्ता का अलगाव उनके अलगाव के कारण है:

A. उत्पाद और उत्पादक गतिविधि

B. परिवार

C. मानव क्षमता

D. समाज

Q.119 1993 में लिखी गई 'मैकडोनाल्डाइजेशन ऑफ़ सोसाइटी' पुस्तक के लेखक कौन हैं?

A. जॉर्ज रेजर

B. बी स्मार्ट

C. ए गिडेंस

D. आई वालरस्टीन

Q.120 एल. एल्थुसर के संरचनावाद के सिद्धांत के बारे में निम्नलिखित में से कौन सही है?

A. अर्थव्यवस्था प्रमुख व्यवस्था है और यह राजनीतिक और वैचारिक संरचना को नियंत्रित करती है।

B. अर्थव्यवस्था प्रमुख प्रणाली हो सकती है, लेकिन राजनीतिक और वैचारिक संरचनाओं में एक निश्चित स्वायत्तता है।

C. आर्थिक नियतत्व सुनिश्चित करने के लिए इतिहास इन सभी संरचनाओं में फेरबदल करता है।

D. अर्थव्यवस्था, राजनीतिक और वैचारिक संरचना एक-दूसरे के स्वायत्त हैं।

Q.121 जे. हेबरमास की सैद्धांतिक सोच ने किन पहलुओं की आलोचना की है?

1. सिस्टम सिद्धांत पर

2. सामाजिक विकास के विकासवादी मॉडल पर

3. सिद्धांत के उनके अमूर्त स्वभाव पर

4. उपरोक्त सभी

नीचे दिए गए कोड में से सही उत्तर का चयन करें:

A. 1 और 2

B. 1 और 3

C. 2 और 3

D. 1, 2 और 3

Q.122 भारत में ग्रामीण समाज के अध्ययन के लिए ऐतिहासिक-मार्क्सवादी दृष्टिकोण का उपयोग किसने किया है?

A. एम. एस. श्रीनिवास

B. एस. सी. दूबे

C. अक्षय रमनलाल देसाई

D. योगेंद्र सिंह

Q.123 इनमें से कौन "समकालीन सामाजिक, राजनीतिक और आर्थिक प्रणालियों में सार्वभौमिकता और विशिष्ट प्रवृत्ति दोनों में एक साथ होने वाली प्रक्रिया है"?

A. सार्वभौमिकरण

B. परोक्षकरण

C. ग्लोकलाइज़ेशन

D. अंतर्राष्ट्रीयकरण

Q.124 'इंडस्ट्रियल सोसाइटी इन इंडस्ट्रियल सोसाइटी' पर पुस्तक किसने लिखी है?

A. एस. एम. लिपसेट और आर. बेंडिक्स

B. आर. के. मर्टन

C. पी. एल. बर्गर

D. आर. बेंडिक्स

Q.125 किसने कहा है कि " संदर्भ रूप में संस्कृतिकरण जाति की सांस्कृतिक गतिशीलता की धीमी और गैर-शानदार प्रक्रिया है" ?

A. एम. एस. श्रीनिवास

B. योगेंद्र सिंह

C. एस. सी. दूबे

D. डी. पोकॉक

Q.126 भारत 2011 की जनगणना के अनुसार, निम्नलिखित में से कौन सा सही नहीं है?

A. 2001-2011 में 2001-2001 के दौरान ग्रामीण आबादी की गिरावट दर में गिरावट आई है।

B. मिलियन-प्लस शहरों / शहरी समूहों में प्रत्येक 10 शहरी निवासियों के लिए, 4 ऐसे 5 सबसे बड़े शहरों में रहते हैं।

C. गुजरात राज्य में दस लाख या उससे अधिक आबादी वाले शहरों / शहरी समूहों की सबसे बड़ी संख्या है।

D. 2011 में 2011 के दौरान मिलियन से अधिक शहरों में लिंगानुपात बढ़ गया है।

Q.127 भारत में समाजशास्त्र के उद्भव की सामाजिक पृष्ठभूमि का पता लगाएँ:

1. भारत में सामाजिक विचारों की विरासत
2. ब्रिटिश शासन के आगमन पर भारत की सामाजिक-आर्थिक स्थितियाँ
3. औद्योगिक क्रांति
4. भारतीय समाज की पश्चिमी समझ के लिए भारतीय छात्रवृत्ति की बौद्धिक प्रतिक्रिया

नीचे दिए गए कोड में से सही उत्तर का चयन करें:

A. 1, 2, 3   B. 1, 2, 3   C. 2, 3, 4   D. 3, 4, 1

Q.128 अविकसित के बजाय अविकसित शब्द का प्रयोग किसने किया है?

A. फ्रैंक   B. समीर अमीन
C. सकम्पेटेर   D. मिर्डल गुनार

Q.129 'इमिटेशन ऑफ थ्योरी ऑफ डेवियन्स' को इसके द्वारा प्रस्तावित किया गया था:

A. एच. एस. बेकर   B. गैब्रियल टार्ड
C. ई. दुर्खीम   D. एस. कोहेन

Q.130 पूंजीवादी अर्थव्यवस्था में, कार्ल मार्क्स के अनुसार,

A. श्रमिक वर्गों के हित गैर-काम करने वाले वर्गों के साथ टकरा गए
B. वर्गों के हितों को तय करते हुए सामाजिक विचारों को तौला गया
C. श्रमिक वर्गों के हित गैर-श्रमिक वर्गों के साथ नहीं जुड़े
D. इनमे से कोई भी नहीं

Q.131 क्रमशः पारंपरिक और आधुनिक समाजों को समझने में स्थिति और अनुबंध की अवधारणा का उपयोग किसने किया है?

A. आर. के. मर्टन   B. हेनरी सुमनेर मेन
C. आर. लिनकोन्जम   D. एस. एफ. नडेल

Q.132 मार्क्सवादी दर्शन के अनुसार,

A. किसी वर्ग को वर्ग चेतना नहीं मिलती
B. उचित, वर्ग चेतना का वर्ग
C. सभी वर्गों को वर्ग चेतना विरासत में मिलती है
D. इनमें से कोई नहीं

Q.133 सूची- I की सूची- II के साथ मिलान करें:

सूची- I (अवधारणा)	सूची- II (अर्थ)
(a) एसोसिएशन	(i) ट्रेड यूनियन
(b) समुदाय	(ii) जाति
(c) संस्था	(iii) हम महसूस कर रहे हैं
(d) संस्कृति	(iv) साझा मूल्य

A. (a)-(ii), (b)-(iv), (c)-(iii), (d)-(i)
B. (a)-(iv), (b)-(iii), (c)-(ii), (d)-(i)
C. (a)-(i), (b)-(iii), (c)-(ii), (d)-(iv)
D. (a)-(iii), (b)-(ii), (c)-(iv), (d)-(i)

Q.134 "अमेरिकन कल्चरल वैल्यूज़" द्वारा लिखा गया था:

A. कोनार्ड एम. एवेन्सबेरी और एच. नेहॉफ़
B. फिलिप एरीज
C. सोलोमन ऐश
D. इनमें से कोई नहीं

Q.135 संरचनात्मक-कार्यात्मक परिप्रेक्ष्य की मुख्य सीमा यह है कि:

A. अविश्वसनीयता से पीड़ित है
B. अनुभवजन्य साक्ष्य पर आधारित नहीं है
C. फील्डवर्क के समय वर्तमान में उपलब्ध स्थिर चित्र को केवल विचार करता है
D. फील्डवर्क को महत्व देता है

Q.136 एक 'स्थिति' जिसे हमारे द्वारा चुना जाता है उसे निम्न के रूप में कहा जाता है:

A. प्राप्त स्थिति   B. भूमिका तनाव
C. श्रेय स्थिति   D. भूमिका सेट

Q.137 इम्पिरेटिवली को-ऑर्डिनेटेड एसोसिएशन की अवधारणा किसने दी है?

A. कोसर   B. कोलिन्स
C. मार्क्स   D. राल्फ डाहरडॉर्फ

Q.138 समाजशास्त्र में 'सामूहिक प्रतिनिधित्व' की अवधारणा किसने प्रतिपादित की है?

A. एमाइल दुर्खीम   B. मैक्स वेबर
C. अगस्ते कॉम्टे   D. कार्ल मार्क्स

Q.139 किसने कहा कि धार्मिक अनुष्ठान का कार्य समाज की नैतिक श्रेष्ठता की पुष्टि अपने व्यक्तिगत सदस्य से करना है?

A. ए. आर. रेडक्लिफ   B. एमाइल दुर्खीम
C. बी. मालिनोवॉस्की   D. जेम्स फ्रेजर

Q.140 निम्नलिखित में से कौन कहता है कि समाजशास्त्र सामूहिक प्रतिनिधित्व का अध्ययन है?

A. स्पेंसर   B. कॉम्टे   C. दुर्खीम   D. वेबर

Q.141 मीड के काम में पूरे समुदाय या किसी भी खेल का रवैया, पूरी टीम के रवैये को शब्द से जाना जाता है:

A. आत्म धारणा   B. संवेदनशील उत्तेजना
C. सामाजिक अधिनियम   D. सामान्यीकृत अन्य

Q.142 निम्नलिखित में से कौन सा जीव चंद्रमा प्रदूषण से जुड़ा हुआ है?

A. टार्डिग्रेड्स   B. वाटर बेअर्स
C. (A) और (B) दोनों   D. इनमें से कोई नहीं

Q.143 सूची से मिलान करें:

सूची- I (व्यक्तिगत नाम)	सूची- II (फेमिनिस्ट का लिसट)
(a). एलिसन जग्गर	(i) इकोफैमिनिस्ट
(b). केट मिलेट्र	(ii) समाजवादी नारीवादी
(c). जे.एस. मिल	(iii) लिबरल फेमिनिस्ट
(d). वंदना शिव	(iv) रेडिकल फेमिनिस्ट

A. (a)-(ii), (b)-(iv), (c)-(iii), (d)-(i)
B. (a)-(iii), (b)-(iv), (c)-(i), (d)-(ii)
C. (a)-(iii), (b)-(ii), (c)-(iv), (d)-(i)
D. (a)-(ii), (b)-(i), (c)-(iii), (d)-(iv)

Q.144 सूची- I की सूची- II के साथ मिलान करें:

सूची- I (लहर का नाम)	सूची- II (रिश्ते का नाम)
(a). पहली लहर	(i) महिलाओं की शिक्षा
(b). लिबरल	(ii) नारीवादी मीडिया अध्ययन

(c). रेडिकल	(iii) पीड़ित
(d). तीसरी लहर	(iv) प्रजनन अधिकार

A. (a)-(ii), (b)-(iii), (c)-(i), (d)-(iv)

B. (a)-(iv), (b)-(ii), (c)-(i), (d)-(iii)

C. (a)-(iii), (b)-(i), (c)-(iv), (d)-(ii)

D. (a)-(iii), (b)-(ii), (c)-(iv), (d)-(i)

Q.145 चंद्रयान -2 मिशन किस वाहन द्वारा लॉन्च किया गया था?

A. GSLV MkIII   **B.** PSLV C11

C. GSLV F11   **D.** PSLV C45

Q.146 सूची- ॥ के साथ सूची- । का मिलान करें और सूचियों के नीचे दिए गए कोड से सही उत्तर चुनें:

सूची- ॥ (लेखक)	सूची- ॥ (मुद्दे)
(a).बीना अग्रवाल	(i) लिंग और भूमि अधिकार
(b). शर्मिला रेगे	(ii) महिला और संघर्ष
(c). उर्वशी बुटालिया	(iii) विधवापन
(d). मार्था ए. चेन	(iv) दलित महिला

A. (a)-(i), (b)-(ii), (c)-(iii), (d)-(iv)

B. (a)-(i), (b)-(iii), (c)-(ii), (d)-(iv)

C. (a)-(ii), (b)-(iii), (c)-(i), (d)-(iv)

D. (a)-(i), (b)-(iv), (c)-(ii), (d)-(iii)

Q.147 किस देश ने दुनिया का पहला तैरता हुआ परमाणु संयंत्र विकसित किया है?

A. भारत   **B.** चीन   **C.** अमेरीका   **D.** रूस

Q.148 किस अंतरिक्ष एजेंसी ने 'प्रथम निकटवर्ती सुपर-अर्थ' की खोज की है?

A. नेशनल एरोनॉटिक्स एंड स्पेस एडमिनिस्ट्रेशन (NASA)

B. भारतीय अंतरिक्ष अनुसंधान संगठन (ISRO)

C. यूरोपीय अंतरिक्ष एजेंसी (ESA)

D. चीनी राष्ट्रीय अंतरिक्ष एजेंसी (CNSA)

Q.149 कौन सा संयुक्त राष्ट्र संगठन क्रिप्टोकरेंसी में दान स्वीकार करने वाला पहला संगठन बन गया है?

A. आईएफएडी   **B.** यूनिसेफ

C. (A) और (B) दोनों   **D.** (A) और (B) दोनों नहीं

Q.150 जन्म के वक़्त, शिशु के वजन मे कमी होना तथा दी गई जनसंख्या में गर्भावस्था का अपव्यय मुख्य रूप से निम्न कारणों से होता है:

A. अपर्याप्त स्वास्थ्य देखभाल

B. महिला निरक्षरता

C. मातृ कुपोषण

D. पारंपरिक प्रथाओं

// स्मार्ट उत्तर पुस्तिका //

प्रश्न संख्या	उत्तर	सही उत्तर / छोड़ दिया	प्रश्न संख्या	उत्तर	सही उत्तर / छोड़ दिया	प्रश्न संख्या	उत्तर	सही उत्तर / छोड़ दिया	प्रश्न संख्या	उत्तर	सही उत्तर / छोड़ दिया	प्रश्न संख्या	उत्तर	सही उत्तर / छोड़ दिया
1	C	21.69 % / 4.82 %	17	C	13.25 % / 67.47 %	33	A	15.66 % / 68.68 %	49	B	13.25 % / 81.93 %	65	C	30.12 % / 65.06 %
2	D	12.05 % / 67.47 %	18	B	19.28 % / 67.47 %	34	C	12.05 % / 68.67 %	50	A	16.87 % / 81.93 %	66	A	20.48 % / 65.06 %
3	C	24.1 % / 67.47 %	19	C	20.48 % / 67.47 %	35	B	18.07 % / 68.68 %	51	C	21.69 % / 63.85 %	67	D	26.51 % / 65.06 %
4	A	24.1 % / 67.47 %	20	A	26.51 % / 67.47 %	36	C	16.87 % / 67.47 %	52	A	10.84 % / 63.86 %	68	D	22.89 % / 65.06 %
5	B	4.82 % / 67.47 %	21	B	13.25 % / 67.47 %	37	B	9.64 % / 67.47 %	53	A	18.07 % / 63.86 %	69	D	7.23 % / 65.06 %
6	D	21.69 % / 67.47 %	22	B	13.25 % / 67.47 %	38	C	8.43 % / 67.47 %	54	C	10.84 % / 63.86 %	70	D	20.48 % / 66.27 %
7	C	30.12 % / 67.47 %	23	B	7.23 % / 67.47 %	39	B	12.05 % / 68.67 %	55	B	25.3 % / 63.86 %	71	B	10.84 % / 66.27 %
8	A	16.87 % / 67.47 %	24	D	22.89 % / 67.47 %	40	D	10.84 % / 68.68 %	56	D	32.53 % / 63.86 %	72	A	6.02 % / 66.27 %
9	B	24.1 % / 67.47 %	25	B	16.87 % / 67.47 %	41	B	18.07 % / 68.68 %	57	A	10.84 % / 65.06 %	73	B	8.43 % / 66.27 %
10	D	22.89 % / 67.47 %	26	B	24.1 % / 67.47 %	42	B	22.89 % / 69.88 %	58	D	25.3 % / 65.06 %	74	A	3.61 % / 66.27 %
11	B	19.28 % / 67.47 %	27	A	13.25 % / 67.47 %	43	A	10.84 % / 68.68 %	59	A	9.64 % / 65.06 %	75	D	10.84 % / 65.06 %
12	D	18.07 % / 68.68 %	28	A	22.89 % / 67.47 %	44	D	4.82 % / 68.67 %	60	D	12.05 % / 65.06 %	76	B	27.71 % / 65.06 %
13	A	22.89 % / 68.68 %	29	B	20.48 % / 67.47 %	45	B	16.87 % / 68.67 %	61	C	22.89 % / 65.06 %	77	C	8.43 % / 65.06 %
14	B	20.48 % / 68.68 %	30	D	12.05 % / 67.47 %	46	D	21.69 % / 68.67 %	62	A	13.25 % / 65.06 %	78	D	10.84 % / 65.06 %
15	D	24.1 % / 68.67 %	31	B	14.46 % / 67.47 %	47	C	2.41 % / 81.93 %	63	D	12.05 % / 65.06 %	79	C	18.07 % / 65.06 %
16	A	19.28 % / 67.47 %	32	C	13.25 % / 68.68 %	48	C	10.84 % / 81.93 %	64	A	25.3 % / 65.06 %	80	C	3.61 % / 65.06 %

प्रश्न संख्या	उत्तर	सही उत्तर / छोड़ दिया	प्रश्न संख्या	उत्तर	सही उत्तर / छोड़ दिया	प्रश्न संख्या	उत्तर	सही उत्तर / छोड़ दिया	प्रश्न संख्या	उत्तर	सही उत्तर / छोड़ दिया	प्रश्न संख्या	उत्तर	सही उत्तर / छोड़ दिया
81	B	19.28 % / 65.06 %	95	A	15.66 % / 66.27 %	109	C	8.43 % / 66.27 %	123	C	24.1 % / 66.26 %	137	D	18.07 % / 67.47 %
82	A	28.92 % / 65.06 %	96	A	28.92 % / 66.26 %	110	C	12.05 % / 66.26 %	124	A	26.51 % / 65.06 %	138	A	25.3 % / 67.47 %
83	A	18.07 % / 65.06 %	97	A	9.64 % / 66.26 %	111	B	14.46 % / 66.26 %	125	A	20.48 % / 65.06 %	139	B	20.48 % / 67.47 %
84	D	27.71 % / 65.06 %	98	D	14.46 % / 66.26 %	112	B	2.41 % / 67.47 %	126	C	12.05 % / 66.26 %	140	C	27.71 % / 67.47 %
85	A	8.43 % / 65.06 %	99	A	9.64 % / 66.26 %	113	B	16.87 % / 67.47 %	127	A	9.64 % / 66.26 %	141	D	19.28 % / 67.47 %
86	B	19.28 % / 65.06 %	100	B	22.89 % / 66.27 %	114	A	26.51 % / 67.47 %	128	A	20.48 % / 66.27 %	142	C	24.1 % / 67.47 %
87	C	27.71 % / 67.47 %	101	C	28.92 % / 66.26 %	115	D	27.71 % / 67.47 %	129	B	15.66 % / 66.27 %	143	A	13.25 % / 67.47 %
88	A	22.89 % / 67.47 %	102	B	27.71 % / 66.27 %	116	B	21.69 % / 67.47 %	130	A	22.89 % / 66.27 %	144	C	19.28 % / 67.47 %
89	B	24.1 % / 66.26 %	103	D	21.69 % / 66.26 %	117	A	22.89 % / 67.47 %	131	B	16.87 % / 66.26 %	145	A	12.05 % / 67.47 %
90	B	13.25 % / 66.27 %	104	A	25.3 % / 66.27 %	118	A	27.71 % / 67.47 %	132	B	16.87 % / 66.26 %	146	D	18.07 % / 67.47 %
91	C	7.23 % / 66.26 %	105	C	14.46 % / 66.26 %	119	A	26.51 % / 67.47 %	133	C	28.92 % / 67.47 %	147	D	14.46 % / 67.47 %
92	A	19.28 % / 67.47 %	106	D	22.89 % / 66.27 %	120	B	16.87 % / 67.47 %	134	A	30.12 % / 66.27 %	148	A	25.3 % / 67.47 %
93	B	10.84 % / 66.27 %	107	B	4.82 % / 66.26 %	121	D	16.87 % / 67.47 %	135	C	20.48 % / 66.27 %	149	B	14.46 % / 67.47 %
94	D	10.84 % / 66.27 %	108	D	9.64 % / 66.26 %	122	C	18.07 % / 67.47 %	136	A	24.1 % / 67.47 %	150	C	22.89 % / 67.47 %

//संकेत और समाधान//

1. संवादात्मक संचार के रैखिक मॉडल को एक-तरफ़ा प्रक्रिया के रूप में माना जाता है जिसमें प्रेषक प्राप्तकर्ता को एक संदेश भेजता है लेकिन उस समय प्राप्तकर्ता प्रतिक्रिया या किसी भी प्रकार की प्रतिक्रिया देने के लिए मौजूद नहीं होता है।

संचार का क्षैतिज मॉडल वह संचार है जिसमें सूचना को संगठनात्मक पदानुक्रम के समान स्तर पर काम करने वाले लोगों तक पहुंचाया जाता है।

ट्रांसक्शनैल मॉडल वह संचार है जिसमें प्रेषक और प्राप्तकर्ता के बीच सूचना का आदान-प्रदान किया जाता है जहां प्रत्येक प्रेषक /प्राप्तकर्ता संदेश भेजने/प्राप्त करने की बारी लेता है।

संचार का संवादात्मक मॉडल संचार है जहां सूचना ने प्रेषक और प्राप्तकर्ता के बीच दोनों तरीकों का आदान-प्रदान किया है।

अत: विकल्प (C) सही है।

2. सहयोगात्मक फिल्टर, तकनीकी शब्द और अस्पष्ट कथन प्रभावी संचार का हिस्सा नहीं होना चाहिए क्योंकि वे संचार की गुणवत्ता को प्रभावित करते हैं।

व्यावसायिक संचार में तकनीकी शब्दों को शब्दजाल माना जाता है और अस्पष्ट कथन वे कथन होते हैं जिनका अर्थ स्पष्ट नहीं होता है।

जब आप ऐसे कथन बनाते हैं जो अस्पष्ट होते हैं, तो आप पाठक को भ्रमित करते हैं और पाठ के अर्थ में बाधा डालते हैं। हालांकि, कभी-कभी किसी पाठ में हास्य जोड़ने के लिए जानबूझकर अस्पष्टता का उपयोग किया जाता है।

अत: विकल्प (D) सही है।

3. समकालीन मीडिया वास्तविक समय में होता है और मीडिया के प्रसारण या प्रदर्शन के समय दर्शक मौजूद रहते हैं। यह मीडिया सूचना को उसी समय यानी सूचना प्रसारण में साझा करने में मदद करता है और दर्शकों को सूचना प्राप्त करने के लिए उसी समय मौजूद रहता है।

उदाहरण: वीडियो कॉन्फ्रेंसिंग

अत: विकल्प (C) सही है।

4. इंट्रापर्सनल संचार एक संचार है जो किसी व्यक्ति के भीतर होता है, जिसमें स्वयं से बात करना भी शामिल है।

जन संचार एक ऐसा संचार है जो यांत्रिक उपकरणों का उपयोग करता है जो संदेशों को गुणा करते हैं और उन्हें एक साथ बड़ी संख्या में ले जाते हैं।

इंटरपर्सनल संचार दो व्यक्तियों के बीच आमने-सामने का संचार है।

समूह संचार वह संचार है जहां दो से अधिक व्यक्ति विचारों, कौशल और रुचियों के आदान-प्रदान में शामिल होते हैं।

अत: विकल्प (A) सही है।

5. संचार के लिए शारीरिक बाधाएं मानव शरीर और मानव मन की सीमाओं से संबंधित हैं। इन बाधाओं में खराब सुनने का कौशल, सूचना अधिभार, आनाकानी, भावनाएं, खराब अवधारणा आदि शामिल हैं।

अत: विकल्प (B) सही है।

6. धारा, नहर और नदी सभी जल निकाय हैं जबकि घाटी पहाड़ियों या पहाड़ों के बीच का एक निचला क्षेत्र है। इस प्रकार, घाटी विषम शब्द है।

अत: विकल्प (D) सही है।

7. $N \xrightarrow{+3} Q \xrightarrow{+3} T \xrightarrow{+3} W$

$O \xrightarrow{+3} R \xrightarrow{+3} U \xrightarrow{+3} X$

$M \xrightarrow{+3} P \xrightarrow{+3} S \xrightarrow{+3} V$

अत: विकल्प (C) सही है।

8. दोनों बिंदु A से शुरू करते हैं। राम बाईं ओर जाता है और बिंदु B पर रुक जाता है।

तो, AB = 6 किमी

मान लीजिए श्याम बिंदु C के दाईं ओर जाता है।

तो, AC = 6 किमी

और BC = 12 किमी

राम इस स्क्रीन पर दाईं ओर यानी दिशा की ओर मुड़ा। श्याम बाएं मुड़ गया, यानी, वह भी इस स्क्रीन पर राम की दिशा के साथ है। इसलिए, अब, वे एक दूसरे के समानांतर हैं। अब, जो भी वे चलते हैं (प्रश्न में 8 किमी), वे एक दूसरे से 12 किमी दूर रहेंगे।

इसलिए, उनके बीच की दूरी = 12 किमी

अत: विकल्प (A) सही है।

9.

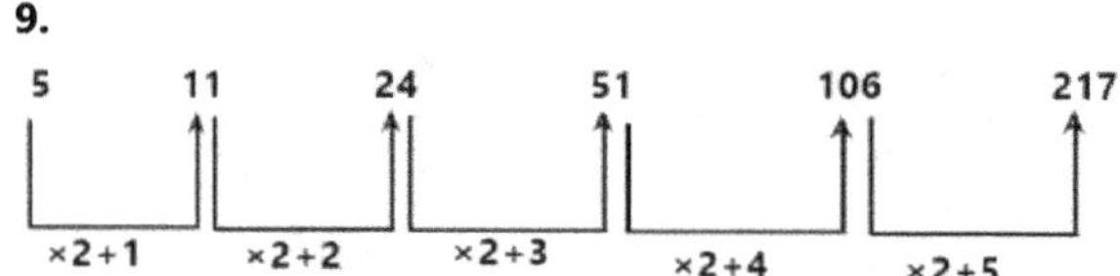

अगला पद 217 है।

अत: विकल्प (B) सही है।

10. यहाँ अनुसरण किया गया पैटर्न है:

$B \to D$

$U \xrightarrow{+2} W$

$D \xrightarrow{+2} F$

$D \xrightarrow{+2} F$

$H \xrightarrow{+2} J$

$I \xrightarrow{+2} K$

$S \xrightarrow{+2} U$

$M \xrightarrow{+2} O$

इसी प्रकार,

$C \xrightarrow{+2} E$

$H \xrightarrow{+2} J$

$R \xrightarrow{+2} T$

$I \xrightarrow{+2} K$

$S \xrightarrow{+2} U$

$$T \xrightarrow{+2} V$$

$$I \xrightarrow{+2} K$$

$$A \xrightarrow{+2} C$$

$$N \xrightarrow{+2} P$$

इसलिए, *CHRISTIAN* को *EJTKUVKCP* के रूप में कोडित किया जाएगा।

अत: विकल्प (D) सही है।

11. गद्यांश की अंतिम पंक्ति के अनुसार, "ऐसे समय भी होते हैं जब आपको टेलीफोन पर व्यापार-संबंधी, संक्षिप्त और प्रभावी होने का आह्वान किया जाता है"।

अत: विकल्प (B) सही है।

12. उत्तर मार्ग की निम्न पंक्तियों में निहित है, "शायद हम अपनी टेलीफोन बातचीत को एक व्यवधान नहीं मानते क्योंकि हम देखते नहीं हैं कि हमने क्या बाधित किया है"।

अत: विकल्प (D) सही है।

13. जैसा कि मार्ग की अंतिम पंक्ति में दिया गया है, "कई बार ऐसा भी होता है जब आपको टेलीफोन पर व्यापार की तरह, संक्षिप्त और प्रभावी होने का आह्वान किया जाता है"।

अत: विकल्प (A) सही है।

14. विकल्प (A) गलत है जैसा कि पास की निम्नलिखित पंक्ति में दिया गया है, "हम यह बता सकते हैं कि कोई व्यक्ति कहीं जाने की जल्दी में है, या वह कुछ कर रहा है, और हम उसे किसी भी लम्बाई के लिए बाधित नहीं करने के लिए पर्याप्त जानते हैं"।

उपर्युक्त पंक्तियों में विकल्प (B) सही है।

विकल्प (C) गलत है जैसा कि निम्नलिखित पंक्तियों में दिया गया है, "फिर भी हममें से कुछ लोग टेलीफोन पर किसी को बुलाने के बारे में नहीं सोचते हैं, उसे इस बारे में बिना सोचे समझे कि वह क्या कर रहा है, और बकबक कर सकता है, समय या कुछ और भूल सकता है"।

विकल्प (D) गलत है क्योंकि यह सुझाव दिया गया है कि हमें किसी को भी इस तरह बाधित नहीं करना चाहिए।

अत: विकल्प (B) सही है।

15. उत्तर मार्ग की निम्नलिखित पंक्ति में निहित है, "किसी व्यक्ति को सड़क पर या किसी दुकान में या किसी भी कर्तव्य के प्रदर्शन में रोकना और केवल दस, पंद्रह या बीस मिनट के लिए उससे बात करना अच्छा व्यवहार नहीं है। दिन का समय बीत गया"।

अत: विकल्प (D) सही है।

16. इंट्रानेट: इंट्रानेट में उपयोगकर्ताओं की संख्या सीमित है। इंट्रानेट इंटरनेट की तुलना में अधिक सुरक्षित है। इंट्रानेट टीसीपी / आईपी और एफटीपी जैसे इंटरनेट प्रोटोकॉल का उपयोग करता है।

इंटरनेट: इंटरनेट कंप्यूटर का एक विस्तृत नेटवर्क है और सभी के लिए खुला है।

अत: विकल्प (A) सही है।

17. ऑप्टिकल कैरेक्टर रिकग्निशन मशीन-एन्कोडेड टेक्स्ट में हस्तलिखित, टाइप, या मुद्रित टेक्स्ट की छवियों का यांत्रिक/इलेक्ट्रॉनिक रूपांतरण है।

ऑप्टिकल कैरेक्टर रिकग्निशन टेक्नोलॉजी सभी प्रकार के विभिन्न वर्णों को पहचानने की समस्या से संबंधित है। हस्तलिखित और मुद्रित दोनों वर्णों को पहचाना जा सकता है और मशीन-पठनीय, डिजिटल डेटा प्रारूप में परिवर्तित किया जा सकता है।

अत: विकल्प (C) सही है।

18. मानव संसाधन विकास मंत्रालय ने कंप्यूटर विज्ञान, गणित तथा इंजीनियरिंग सिद्धांतों के अनुप्रयोगों में मदद प्रदान करने के मुख्य उद्देश्य के साथ इंजीनियरिंग शिक्षा में रोबोटिक्स को शामिल किए जाने हेतु NMEICT कार्यक्रम के अंतर्गत ई- यंत्र को क्रियान्वित किया है।

ई-यंत्र एक रोबोटिक्स आउटरीच परियोजना है, जो भारतीय प्रौद्योगिकी संस्थान, बॉम्बे (आईआईटी बॉम्बे) में कंप्यूटर विज्ञान और इंजीनियरिंग विभाग की एक पहल है। यह आईसीटी (NMEICT) के माध्यम से शिक्षा पर राष्ट्रीय मिशन के तहत शिक्षा मंत्रालय, भारत सरकार द्वारा वित्त पोषित है। ई-यंत्र का उद्देश्य दुनिया भर में मौजूदा उच्च शिक्षा प्रणालियों को पूरक बनाना और कृषि, आपदा, विनिर्माण रक्षा, गृह, स्मार्ट शहरों और सेवा उद्योगों जैसे विभिन्न क्षेत्रों में प्रौद्योगिकी के माध्यम से स्थानीय समस्याओं को हल करना है।

अत: विकल्प (B) सही है।

19. बिटमैप इमेज फाइल के लिए .bmp फाइल एक्सटेंशन का प्रयोग किया जाता है।

बिटमैप इमेज को छोटे डॉट्स की एक श्रृंखला के रूप में संग्रहीत किया जाता है, जिन्हें पिक्सेल के रूप में जाना जाता है। प्रत्येक पिक्सेल एक बहुत छोटा वर्ग होता है जिसे एक विशिष्ट रंग सौंपा जाता है, और फिर ये इमेज बनाने के लिए एक पैटर्न में व्यवस्थित होते हैं।

अत: विकल्प (C) सही है।

20. हाइपर टेक्स्ट ट्रांसफर प्रोटोकॉल (HTTP) वितरित, सहयोगी, हाइपरमीडिया सूचना प्रणाली के लिए एक एप्लीकेशन प्रोटोकॉल है।

HTTP वर्ल्ड वाइड वेब के लिए डेटा संचार का आधार है। हाइपरटेक्स्ट संरचित टेक्स्ट है जो टेक्स्ट युक्त नोड्स के बीच लॉजिकल लिंक (हाइपरलिंक्स) का उपयोग करता है।

अत: विकल्प (A) सही है।

21. धुंध और कालिख वायु प्रदूषण के दो प्रकार हैं।

धुंध या जमीनी स्तर का ओजोन तब होता है जब जीवाश्म ईंधन सूरज की रोशनी से प्रतिक्रिया करता है।

गैस या ठोस पदार्थ के रूप में मिट्टी, धूल, या एलर्जी के छोटे कणों से बना होता है।

इसलिए, केवल कथन I सत्य है।

अत: विकल्प (B) सही है।

22. 'गो ग्रीन इनिशिएटिव' के एक भाग के रूप में, भारतीय रेलवे ने $2020 - 21$ तक 1000 मेगा वाट का एक सौर ऊर्जा संयंत्र स्थापित करने की योजना बनाई है।

इस पहल से भारतीय रेलवे को अक्षय स्रोत से लगभग 10 फीसदी विद्युत ऊर्जा उत्पन्न करने में मदद मिलेगी। अब तक, 71.19 मेगा वाट सौर संयंत्र पहले से ही सेवा भवनों और रेलवे स्टेशनों पर छतों पर स्थापित किए जा चुके हैं।

अत: विकल्प (B) सही है।

23. भारत में, उष्णकटिबंधीय नम पर्णपाती वन सबसे बड़े क्षेत्र में व्याप्त है। उष्णकटिबंधीय मानसून पर्णपाती वन भारत में 100 से 200 सेंटीमीटर वार्षिक वर्षा वाले क्षेत्रों में पाए जाते हैं, जिसमें एक अलग शुष्क और वर्षा ऋतु और तापमान की एक छोटी श्रृंखला होती है। वे दक्खन पठार के गीली पश्चिमी ओर,

दक्खन पठार के उत्तर-पूर्वी भाग और पश्चिम में जम्मू से पश्चिम में सिवालिक पहाड़ियों पर हिमालय की निचली ढलान पर होते हैं।

वे छत्तीसगढ़, उड़ीसा, बिहार, झारखंड, आंध्र प्रदेश, कर्नाटक, केरल और तमिलनाडु के कुछ हिस्सों को कवर करते हैं।

अत: विकल्प (B) सही है।

24. संयुक्त राष्ट्र द्वारा सूचीबद्ध 17 सतत विकास लक्ष्य हैं। यहाँ सूची है:

गरीबी, शून्य भूख, अच्छा स्वास्थ्य और कल्याण, गुणवत्तापूर्ण शिक्षा, जिम्मेदार उपभोग और उत्पादन उद्योग, नवाचार और बुनियादी ढांचा, कम असमानता, सतत शहर और समुदाय, जलवायु कार्रवाई, पानी के नीचे जीवन, भूमि पर जीवन, शांति और न्याय मजबूत संस्थाएं , लक्ष्य, लिंग समानता, स्वच्छ जल और स्वच्छता, सस्ती और स्वच्छ ऊर्जा, निर्णय कार्य और आर्थिक विकास को प्राप्त करने के लिए साझेदारी, अच्छी सेहत और बेहतर जीवनयापन, शांति और न्याय मजबूत संस्थान, स्वच्छ जल और स्वच्छता, लक्ष्य प्राप्त करने के लिए भागीदारी ।

अत: विकल्प (D) सही है।

25. ओजोन अपक्षय तब होता है जब क्लोरोफ्लोरोकार्बन (CFCs) और हालोन - एयरोसोल, स्प्रे कैन और रेफ्रिजरेंट में पाए जाने वाले गैसों को वायुमंडल में छोड़ा जाता है।

तो, ओजोन रिक्तीकरण मीथेन के कारण नहीं बल्कि CFCs के कारण है।

ग्रीनहाउस प्रभाव जीवाश्म ईंधन को जलाने के कारण होता है जो अतिरिक्त कार्बन डाइऑक्साइड और मीथेन का उत्पादन करता है।

अत: विकल्प (B) सही है।

26. विपक्ष के वर्ग के नियम को यहां लागू किया जाएगा।

चार प्रकार के प्रस्ताव:

A: सभी लैपटॉप प्रिंटर हैं।

E: कोई लैपटॉप प्रिंटर नहीं हैं।

I: कुछ लैपटॉप प्रिंटर हैं।

O: कुछ लैपटॉप प्रिंटर नहीं हैं।

दो कथन इस तरह से संबंधित हैं कि वे दोनों एक साथ झूठे नहीं हो सकते हैं, लेकिन वे सच हो सकते हैं कि उन्हें असंगत कहा जाता है।नियम के अनुसार, I और O प्रस्ताव असंगत हैं।

इसलिए कथन (a) और (c) असंगत हैं।

अत: विकल्प (B) सही है।

27. भारतीय राष्ट्रीय रक्षा विश्वविद्यालय (INDU) भारत के हरियाणा राज्य के गुरुग्राम जिले के बिनोला गाँव में भारत सरकार का एक राष्ट्रीय रक्षा विश्वविद्यालय है जिसे बनाया जा रहा है।

अत: विकल्प (A) सही है।

28. नीति आयोग भारत सरकार का एक पॉलिसी थिंक टैंक है। इसे 1 जनवरी 2015 को स्थायी विकास लक्ष्यों को प्राप्त करने के उद्देश्य से स्थापित किया गया था। यह एक गैर-संवैधानिक निकाय है।

अत: विकल्प (A) सही है।

29.

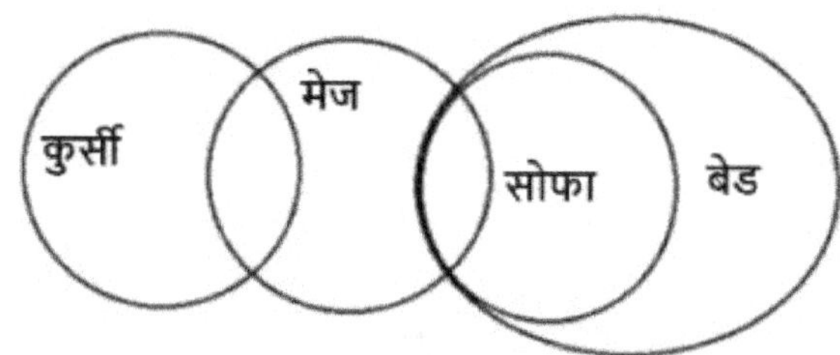

(i) कुछ बेड में कुर्सियाँ हैं, जिनका पालन नहीं किया जाता है क्योंकि बेड और कुर्सी के बीच कोई सीधा संबंध नहीं है।

(ii) कुछ मेज बेड हैं जो आरेख से हैं। मेज का कुछ हिस्सा बेड में है।

(iii) कुछ सोफे कुर्सियाँ हैं जिनका अनुसरण नहीं किया जाता है क्योंकि सोफे और कुर्सी के बीच कोई सीधा संबंध नहीं है।

(iv) सभी बेड में सोफा का पालन नहीं होता है क्योंकि कुछ बेड में सोफा सच होता है लेकिन सभी में नहीं।

इसलिए, केवल निष्कर्ष (ii) अनुसरण करता है।

अत: विकल्प (B) सही है।

30. संयुक्त राज्य अमेरिका के राष्ट्रपति को अप्रत्यक्ष रूप से चुना जाता है। तकनीकी रूप से, अमेरिकी राष्ट्रपति चुनाव में, जनता के पात्र सदस्य एक इलेक्टोरल कॉलेज के सदस्यों का चुनाव करते हैं, जिन्होंने पूर्व में राष्ट्रपति पद के विशेष उम्मीदवार का समर्थन करने के लिए सार्वजनिक रूप से प्रतिज्ञा की है।

अत: विकल्प (D) सही है।

31. आवश्यक औसत

$$= \frac{1}{3}\left(780 \times \frac{40}{100} + 650 \times \frac{42}{100} + 500 \times \frac{45}{100}\right)$$

$$= \frac{1}{3}(312 + 273 + 225)$$

$$= \frac{810}{3} = 270$$

अत: विकल्प (B) सही है।

32. 2015 में कला के छात्रों की संख्या

$$= 500 \times \frac{20}{100} = 100$$

अयोग्य छात्रों का प्रतिशत

$$= \frac{160-100}{160} \times 100$$

$$= 37.5\%$$

अत: विकल्प (C) सही है।

33. औसत

$$= \frac{1}{5} \times \frac{850}{1000}(42 + 18 + 14 + 14 + 12)$$

$$= \frac{17}{10} \times 100 = 170$$

अत: विकल्प (A) सही है।

34. योग्य छात्रों की संख्या

$$= 620 \times \frac{10}{100} = 62$$

$$40\% \equiv 62$$

$$100\% \equiv 62 \times \frac{100}{40} = 155$$

अत: विकल्प (C) सही है।

35. % वृद्धि

$$= \frac{850-780}{780} \times 100$$

$$= \frac{70}{780} \times 100$$

$$= \frac{700}{78} = \frac{350}{39}$$

$$= 8\frac{38}{39}\%$$

अत: विकल्प (B) सही है।

36. हस्तक्षेपी चर: ये वे चर होते हैं जिनके जरिए एक चर दूसरे चर को प्रभावित करता है।

स्वतंत्र चर: दूसरे चर का कारण माना जाता है।

असंगत चर: कई कारक या चर हो सकते हैं जो परिणाम को प्रभावित कर सकते हैं। वे वास्तव में परिणाम की व्याख्या करने में स्वतंत्र चर के साथ प्रतिस्पर्धा करते हैं। इसलिए, वे प्रयोग के परिणाम को प्रभावित कर सकते हैं।

अत: विकल्प (C) सही है।

37. 20 वीं शताब्दी ने प्रत्यक्षवाद से उत्तर-सकारात्मकता की ओर बदलाव को चिह्नित किया। एक गैर-निश्चयात्मकता मानते हैं कि जिस तरह से वैज्ञानिक रोज़मर्रा की घटना की पड़ताल करते हैं, वह वैसा ही है जैसा हम अपने रोज़मर्रा के जीवन के बारे में सोचते हैं। दोनों के बीच कोई अंतर नहीं है, लेकिन वे केवल डिग्री में अंतर हैं। वैज्ञानिक तर्क बिल्कुल सामान्य ज्ञान तर्क के समान है। हालाँकि, प्रत्यक्षवाद वैज्ञानिक ज्ञान को एक श्रेष्ठ वस्तु मानता है।

अत: विकल्प (B) सही है।

38. मान लीजिए कि खेलों में भाग लेने वाले लड़कों और लड़कियों की संख्या क्रमशः $3x$ और $2x$ है।

फिर, $3x = 15$ या $x = 5$

तो, खेलों में भाग लेने वाली लड़कियों की संख्या $= 2x = 10$

खेल में भाग नहीं लेने वाले छात्रों की संख्या $= 60 - (15 + 10) = 35$

मान लीजिए कि खेलों में भाग नहीं लेने वाले लड़कों की संख्या y है।

फिर, खेल में भाग नहीं लेने वाली लड़कियों की संख्या $= (35 - y)$

इसलिए, $(35 - y) = y + 5$

$\Rightarrow 2y = 30$

$\Rightarrow y = 15$

तो, खेलों में भाग नहीं लेने वाली लड़कियों की संख्या $= (35 - 15) = 20$

इसलिए, कक्षा में लड़कियों की कुल संख्या $= (10 + 20) = 30$

अत: विकल्प (C) सही है।

39. विभिन्न घटना के कारण और प्रभाव संबंध का अध्ययन करने के लिए प्रयोगात्मक शोध किया जाता है।

इसमें प्रभाव में परिवर्तन का निरीक्षण करने के लिए एक या अधिक चर का हेरफेर शामिल है। परस्पर संबंध चर का परस्पर संबंध है।

प्रायोगिक अनुसंधान में, सहसंबंध का परिमाण अच्छे परिणाम देता है।

अत: विकल्प (B) सही है।

40. नृवंशविज्ञान लोगों और संस्कृति का एक व्यवस्थित अध्ययन है।

इसके लिए शोधकर्ता को अध्ययन किए जा रहे व्यक्तियों के जीवन में डूबने की आवश्यकता होती है, जिसे प्रतिभागी अवलोकन कहा जाता है।

सांस्कृतिक घटना के विस्तृत अध्ययन के लिए गुणात्मक शोधकर्ता के लिए नृवंशविज्ञान अध्ययन अत्यंत महत्वपूर्ण है।

विधि को पहले नृविज्ञान के अनुशासन में पेश किया गया था, लेकिन बाद में, सामाजिक विज्ञान में भी लोकप्रिय हो गया।

नृवंशविज्ञान एक समग्र अध्ययन है।

अत: विकल्प (D) सही है।

41. MHRD दो विभागों के माध्यम से काम करता है:

स्कूल शिक्षा और साक्षरता विभाग और उच्च शिक्षा विभाग।

जबकि स्कूली शिक्षा और साक्षरता विभाग राष्ट्र में स्कूल प्रशिक्षण और प्रवीणता के सुधार के प्रभारी हैं।

उच्च शिक्षा विभाग संयुक्त राज्य अमेरिका और चीन के तुरंत बाद दुनिया के सबसे बड़े उच्चतर शिक्षा ढाँचों में से एक है।

तो, (a) और (c) सत्य हैं।

अत: विकल्प (B) सही है।

42. यूजीसी (विश्वविद्यालय अनुदान आयोग) की स्थापना 1956 में भारत में उच्च शिक्षा मानकों के समन्वय और रखरखाव के लिए संसद अधिनियम के माध्यम से एक वैधानिक निकाय के रूप में की गई थी।

AICTE (ऑल इंडिया काउंसिल फॉर टेक्निकल एजुकेशन) की स्थापना 1945 में भारत में तकनीकी शिक्षा की योजना और विकास के लिए संसद अधिनियम के माध्यम से एक सलाहकार निकाय के रूप में और एक वैधानिक निकाय के रूप में की गई थी।

NCTE (नेशनल काउंसिल फॉर टीचर एजुकेशन) भारतीय शिक्षा प्रणाली में प्रक्रियाओं और प्रक्रियाओं को शुरू करने और बनाए रखने के लिए वर्ष 1995 में स्थापित किया गया था।

NAAC (राष्ट्रीय मूल्यांकन और प्रत्यायन परिषद) की स्थापना वर्ष 1994 में भारत में विश्वविद्यालयों और कॉलेजों के प्रदर्शन के मूल्यांकन के उद्देश्य से की गई थी

अत: विकल्प (B) सही है।

43. स्पष्ट रूप से, हमारे पास है:

A = B - 3 .....(i)

D + 5 = E .....(ii)

A + C = 2E .....(iii)

B + D = A + C = 2E ..... (iv)

A + B + C + D + E = 150 .....(v)

समीकरण (iii), (iv) और (v) से, हम प्राप्त करते हैं:

5E = 150

या E = 30

E = 30 को समीकरण (ii) में रखते हुए, हम प्राप्त करते हैं:

D = 25

E = 30 और D = 25 को समीकरण (iv) में रखते हुए, हम प्राप्त करते हैं:

B = 35

B = 35 को समीकरण (i) में रखते हुए, हम प्राप्त करते हैं:

A = 32

A = 32 और E = 30 को समीकरण (iii) में रखते हुए, हम प्राप्त करते हैं:

C = 28

अतः विकल्प (A) सही है।

44. मान लीजिए कि R, G और B क्रमशः लाल, हरे और नीले बक्से में गेंदों की संख्या प्रदर्शित करता हैं।

फिर,

R + G + B = 108 ...(i),

G + R = 2B ...(ii)

B = 2R ...(iii)

समीकरण (ii) और (iii) से, हमारे पास है

G + R = 2 × 2R = 4R

या G = 3R

G = 3R और B = 2R को समीकरण (i) में रखते हुए, हम प्राप्त करते हैं

R + 3R + 2R = 108

6R = 108

R = 18

इसलिए हरे बॉक्स में गेंदों की संख्या = G = 3R = (3 × 18) = 54

अतः विकल्प (D) सही है।

45. औपचारिक मूल्यांकन: साप्ताहिक असाइनमेंट, चर्चा आदि के दौरान मूल्यांकन पूरे पाठ्यक्रम में किया जाता है।

योगात्मक मूल्यांकन: फॉर्म परीक्षाओं में पाठ्यक्रम के अंत में मूल्यांकन किया जाता है।

मानदंड-संदर्भित मूल्यांकन: मूल्यांकन विशिष्ट मानकों या मानदंडों के खिलाफ किया जाता है।

सामान्य-संदर्भित मूल्यांकन: दूसरों की तुलना में व्यक्तिगत प्रदर्शन का मूल्यांकन। यह आकलन करना है कि एक छात्र दूसरे साथियों के संबंध में कैसा प्रदर्शन करता है।

अतः विकल्प (B) सही है।

46. विभिन्न कारक हैं जो शिक्षण को प्रभावित करते हैं। ये एक शिक्षक का अनुभव, एक शिक्षक की शैक्षिक योग्यता, शिक्षण का विषय, कक्षा का वातावरण, मानव संबंध कौशल, संचार कौशल, शिक्षण की विधि और तकनीक, शिक्षण सहायक सामग्री का उपयोग हैं।

अतः विकल्प (D) सही है।

47. जन संचार के सूचना समारोह के रूप में निगरानी वर्णित है।

जन संचार (या संचार) को मौखिक और लिखित मीडिया के माध्यम से बड़े दर्शकों को संदेश बनाने, भेजने, प्राप्त करने और विश्लेषण करने की प्रक्रिया के रूप में परिभाषित किया जा सकता है। यह एक विस्तृत क्षेत्र है जो न केवल यह मानता है कि कैसे और क्यों एक संदेश बनाया जाता है, बल्कि वह माध्यम है जिसके माध्यम से इसे भेजा जाता है। जन संचार में आम संचार चैनलों में टेलीविजन, रेडियो, सोशल मीडिया और प्रिंट मीडिया शामिल हैं। जन संचार के उदाहरणों में वाणिज्यिक विज्ञापन, जनसंपर्क, पत्रकारिता और राजनीतिक अभियान शामिल हैं।

अतः विकल्प (C) सही है।

48. डेटा सबसेट का खुलासा करना नुसंधान में नैतिकता का समर्थन नहीं करता है।

नैतिकता वह सिद्धांत या दिशानिर्देश हैं जो हमें उन चीजों को बनाए रखने में मदद करते हैं जिन पर हम महत्व देते हैं।जैसे - अनुसंधान के आचरण में क्या उपयुक्त है, से संबंधित मुद्दों के साथ अनुसंधान नैतिकता की चिंता। इसमें यह विचार करना शामिल है कि अनुसंधान कैसे उन लोगों के साथ व्यवहार करना चाहिए जो उनकी जांच के अनुसार विषय बनाते हैं।

इसमें वैज्ञानिक अनुसंधान से जुड़े विभिन्न विषयों के लिए मौलिक नैतिक सिद्धांतों का अनुप्रयोग शामिल है। अनुसंधान के लिए कई नैतिक मुद्दों को गंभीरता से ध्यान में रखा जाना चाहिए। यह अनुसंधान के लिए उत्तरदायी आचरण के लिए दिशानिर्देश प्रदान करता है। इसके अलावा, यह उच्च नैतिक मानक सुनिश्चित करने के लिए अनुसंधान करने वाले वैज्ञानिकों को शिक्षित और मॉनिटर करता है।

अतः विकल्प (C) सही है।

49. राष्ट्रीय शिक्षा नीति में अत्यधिक शिक्षक स्थानांतरण की हानिकारक प्रथा को रोकने के लिए सुझाव दिए गए हैं और सिफारिश की गई है कि इसे एक ऑनलाइन कम्प्यूटरीकृत प्रणाली के माध्यम से संचालित किया जाएगा जो पारदर्शिता सुनिश्चित करता है।

शिक्षक शिक्षा के लिए राष्ट्रीय पाठ्यचर्या का विकास:

- 2021 तक, NCTE द्वारा NCERT के परामर्श से शिक्षक शिक्षा के लिए एक नया और व्यापक राष्ट्रीय पाठ्यचर्या की रूपरेखा, NCFTE 2021 को तैयार किया जाएगा।
- इसके बाद NCFTE को संशोधित NCF में बदलाव के साथ-साथ शिक्षक शिक्षा में उभरती जरूरतों को दर्शाति हुए प्रत्येक 5-10 वर्ष में एक बार संशोधित किया जाएगा।

अतः विकल्प (B) सही है।

50. विद्यालयी शिक्षा के लिए एक नई और व्यापक राष्ट्रीय पाठ्यचर्या की रूपरेखा का गठन, एनसीएफएसई 2020-21, एनसीईआरटी द्वारा किया जाएगा।

यह राष्ट्रीय शिक्षा नीति 2020 के सिद्धांतों पर आधारित है, सीमावर्ती पाठ्यचर्या की जरूरत है, और राज्य सरकारों, मंत्रालयों, केंद्र सरकार के संबंधित विभागों और अन्य विशेषज्ञ निकायों सहित सभी हितधारकों के साथ चर्चा के बाद, और सभी क्षेत्रीय भाषाओं में उपलब्ध कराया जाएगा।

एनसीएफएसई दस्तावेज़ को अब से प्रत्येक 5-10 वर्षों में, सीमावर्ती पाठ्यचर्या को ध्यान में रखते हुए एक बार फिर से देखा और अद्यतन किया जाएगा।

अतः विकल्प (A) सही है।

51. सामूहिक सौदाकारी नियोक्ताओं और कर्मचारियों के समूह के बीच बातचीत की एक प्रक्रिया है जिसका उद्देश्य कर्मचारियों के काम के वेतन, काम करने की स्थिति, लाभ और श्रमिकों के मुआवजे और अधिकारों के अन्य पहलुओं को विनियमित करने के लिए समझौतों का उद्देश्य है।

अतः विकल्प (C) सही है।

52. राष्ट्र को गरीबी, अशिक्षा और नुकसान के खिलाफ अपनी लड़ाई को समाप्त करते हुए वैश्वीकरण की चुनौतियों और उदारीकरण के दबावों का सामना करना पड़ता है। उच्च शिक्षा का अंतर्राष्ट्रीयकरण: वैश्वीकरण माल, पूंजी, श्रम और विचारों के मुक्त आवागमन के साथ राष्ट्रीय अर्थशास्त्र के एकीकरण की मांग करता है।

अत: विकल्प (A) सही है।

53. समरूपता- एक ही तरह की या सभी तरह की होने की गुणवत्ता या अवस्था।

पारिवारिक श्रम- फार्म स्ट्रक्चर सर्वे (FSS) के संदर्भ में कृषि होल्डिंग की पारिवारिक श्रम शक्ति उन व्यक्तियों को संदर्भित करती है जो होल्डिंग पर कृषि कार्य करते हैं और उन्हें धारक या एकमात्र धारक के परिवार के सदस्यों के रूप में वर्गीकृत किया जाता है।

दलित स्थिति- एक प्रतियोगिता या स्थिति में दलित व्यक्ति वह व्यक्ति होता है जिसके सफल या जीतने की संभावना कम से कम होती है। अधिकांश भीड़ केवल एक बार जीतने के लिए दलित व्यक्ति की जयकार कर रहे थे।

अत: विकल्प (A) सही है।

54. "सफेदपोश अपराध" अपराधों की एक विस्तृत विविधता का वर्णन कर सकता है, लेकिन वे सभी आम तौर पर धोखे के माध्यम से किए गए अपराध को शामिल करते हैं और वित्तीय लाभ से प्रेरित होते हैं। सबसे आम सफेदपोश अपराध विभिन्न प्रकार के धोखाधड़ी, गबन, कर चोरी और मनी लॉन्ड्रिंग हैं।

अत: विकल्प (C) सही है।

55. 'बॉर्न क्रिमिनल' 18 वीं शताब्दी में इतालवी क्रिमिनोलॉजिस्ट सेसारे लाम्ब्रोसो का एक सिद्धांत है। लोंब्रोसो के सिद्धांत ने सुझाव दिया कि अपराधी कई भौतिक विसंगतियों द्वारा गैर-अपराधियों से अलग हैं।

अत: विकल्प (B) सही है।

56.

सूची-I	सूची-II
a. सांस्कृतिक नृविज्ञान	(iii) एन.के. बोस
b. होमोहिएरार्सिसस	(i) लुई ड्यूमोंट
c. जाति का सहार	(v) बी. आर. अम्बेडकर
d. विविधताओं	(ii) डी. पी. मुखर्जी

अत: विकल्प (D) सही है।

57. रसायन विज्ञान 2019 में नोबेल पुरस्कार लिथियम-आयन बैटरी के विकास को पुरस्कृत करता है। यह हल्की, रिचार्जेबल और शक्तिशाली बैटरी अब मोबाइल फोन से लेकर लैपटॉप और इलेक्ट्रिक वाहनों तक हर चीज में इस्तेमाल होती है। यह सौर और पवन ऊर्जा से महत्वपूर्ण मात्रा में ऊर्जा का भंडारण भी कर सकता है, जिससे जीवाश्म ईंधन मुक्त समाज संभव है।

अत: विकल्प (A) सही है।

58. द्विध्रुवी विकार एक मानसिक स्वास्थ्य स्थिति है जिसमें रोगी तीव्र मनोदशा से गुजरते हैं जो अवसाद और ऊंचा मूड के बीच दोलन करते हैं। शोध के बाद, वैज्ञानिकों ने पाया कि ऐसे रोगी अपने 'सामान्य' चरणों में भी सूचना के प्रसंस्करण के मामले में कुछ अवशिष्ट दोष रखते हैं। अध्ययन नेशनल इंस्टीट्यूट ऑफ मेंटल हेल्थ एंड न्यूरोसाइंस (निमहंस), बेंगलुरु और अखिल भारतीय आयुर्विज्ञान संस्थान, नई दिल्ली के संयुक्त शोधकर्ताओं द्वारा किया गया।

अत: विकल्प (D) सही है।

59. नेपालीसैट -1 उपग्रह नेपाल द्वारा 18 अप्रैल 2019 को संयुक्त राज्य अमेरिका में वर्जीनिया से सफलतापूर्वक लॉन्च किया गया था। इसका उद्देश्य हिमालयी राष्ट्र की विस्तृत भौगोलिक जानकारी एकत्र करना है।

अत: विकल्प (A) सही है।

60. जीका वायरस पहली बार 1947 में युगांडा में वैज्ञानिकों ने लगाया था जब वे पीले बुखार पर शोध कर रहे थे। जीका वायरस का नाम युगांडा के जीका वन के नाम पर रखा गया था। स्थानीय भाषा के शब्द में, जीका का अर्थ है अतिवृद्धि। शोध में, वैज्ञानिकों को एक अलग और स्पष्ट रूप से हानिरहित वायरस का पता चला, जो मच्छरों द्वारा बंदरों को प्रेषित किए गए और उन्होंने इसे जीका नाम दिया।

अत: विकल्प (D) सही है।

61. लॉयड इरविंग रुडोल्फ एक अमेरिकी लेखक, राजनीतिक विचारक, शिक्षाविद और शिकागो विश्वविद्यालय में राजनीति विज्ञान के प्रोफेसर एमेरिटस थे, जो भारत के सामाजिक और राजनीतिक मील के पत्थर पर अपनी विद्वता और लेखन के लिए जाने जाते थे।

अत: विकल्प (C) सही है।

62. ऑक्सफोर्ड यूनिवर्सिटी और आईबीएम रिसर्च लैब्स केमिस्टों ने पाया है कि शुद्ध कार्बन का पहला रिंग के आकार का स्थिर अणु 18 परमाणुओं का एक चक्र है। कार्य को हाल ही के एक अंक "विज्ञान" में प्रकाशित किया गया था। सर्कुलर कार्बन अणुओं को साइक्लोकार्बन के रूप में जाना जाता है और इस तरह की सबसे छोटी अंगूठी में 18 परमाणु होते हैं, जिनके स्थिर होने की भविष्यवाणी की जाती है।

अत: विकल्प (A) सही है।

63. बिहार, छत्तीसगढ़, महाराष्ट्र, पंजाब और उत्तर प्रदेश राज्यों ने विकास दर को लक्ष्य से अधिक महसूस किया है। ग्यारहवीं पंचवर्षीय योजना का उद्देश्य राज्य के नागरिकों के लिए जीवन की बेहतर गुणवत्ता प्राप्त करना और सामाजिक-आर्थिक विकास के बड़े राष्ट्रीय लक्ष्यों में योगदान करना है। इसके लिए राज्य के तेजी से और अधिक न्यायसंगत सामाजिक और आर्थिक विकास की आवश्यकता होगी।

अत: विकल्प (D) सही है।

64. प्रक्रिया पर ध्यान केंद्रित करने के बजाय, मूल्यांकन अनुसंधान प्रक्रिया के परिणामों को मापता है, उदाहरण के लिए, यदि उद्देश्य मिले हैं या नहीं। मूल्यांकन अनुसंधान का संबंध 'हम कितना अच्छा कर रहे हैं?' मूल्यांकन अनुसंधान, जिसे कार्यक्रम मूल्यांकन के रूप में भी जाना जाता है, एक विशिष्ट विधि के बजाय अनुसंधान उद्देश्य को संदर्भित करता है। मूल्यांकन अनुसंधान एक लक्ष्य को प्राप्त करने के लिए खर्च किए गए समय, धन, प्रयास और संसाधनों के मूल्य या योग्यता का व्यवस्थित मूल्यांकन है।

अत: विकल्प (A) सही है।

65. टी.बी. बोटोमोर के अनुसार स्तरीकरण संरचनाओं के अनेक रूप हो सकते हैं जिनमें से चार तो बिल्कुल स्पष्ट हैं:

(क) दासता

(ख) इस्टेट

(ग) जाति

(घ) वर्ग

अत: विकल्प (C) सही है।

66.

a. जीवन के एक तरीके के रूप में शहरीवाद	(ii) एल. वर्थ
b. लोक-शहरी सातत्य	(iii) आर. रेडफील्ड
c. छोटी और बड़ी परंपराएँ	(iv) मिल्टन गायक
d. गरीबी की संस्कृति	(i) ऑस्कर लुईस

अत: विकल्प (A) सही है।

67. वर्णों के सम्बन्ध में दिए गए सभी कथन सत्य है। प्राचीनकाल में वर्ण व्यवस्था इस देश की संस्कृति एवं सामाजीकरण का आधार थी। इस व्यवस्था के अन्तर्गत समाज परस्पर चार वर्णों में बँटा था जिसे ब्राह्मण, क्षत्रिय, वैश्य, शूद्र

में विभाजित किया गया था, जबकि जाति किसी एक समुदाय से सम्बंधित लोगों को कहते हैं। वर्णों का निर्धारण व्यवसाय से होता था, जबकि जाति का निर्धारण जन्म से होता था एवं वर्ण एक खुला वर्ग होता था, जबकि जाति एक बन्द वर्ग होता था।

अत: विकल्प (D) सही है।

68. कॉस्मोपॉलिटन महिलाओं के लिए एक अंतरराष्ट्रीय फैशन और मनोरंजन पत्रिका है जिसे पहले कॉस्मोपॉलिटन शीर्षक दिया गया था। कॉस्मोपॉलिटन पत्रिका सबसे अधिक बिकने वाली पत्रिकाओं में से एक है और मुख्य रूप से महिला पाठकों के लिए निर्देशित है। जेसिका पेल्स कॉस्मोपॉलिटन पत्रिका के एक नियुक्त प्रधान संपादक हैं।

अत: विकल्प (D) सही है।

69. दूसरे चरण में, गिडेन ने संरचना, एजेंसी और संरचना के विश्लेषण का सिद्धांत विकसित किया, जिसमें न तो प्रधानता दी जाती है। गिडेंस के शैक्षणिक कार्य का तीसरा चरण आधुनिकता, वैश्वीकरण और राजनीति से संबंधित था, विशेषकर सामाजिक और व्यक्तिगत जीवन पर आधुनिकता का प्रभाव।

अत: विकल्प (D) सही है।

70. वर्णनात्मक अनुसंधान का उपयोग किसी आबादी या घटना के अध्ययन की विशेषताओं का वर्णन करने के लिए किया जाता है।

अनुसंधान दर्शन ज्ञान के स्रोत, प्रकृति और विकास से संबंधित है। सरल शब्दों में, एक शोध दर्शन उन तरीकों के बारे में एक धारणा है, जिसमें किसी घटना के बारे में डेटा एकत्र, विश्लेषण और उपयोग किया जाना चाहिए।

कार्रवाई अनुसंधान आमतौर पर सामाजिक विज्ञानों में लागू अनुसंधान का एक दर्शन और कार्यप्रणाली है।

अत: विकल्प (D) सही है।

71. आंद्रे बेटिले, एफबीए एक भारतीय समाजशास्त्री और लेखक हैं। वे विशेष रूप से दक्षिण भारत में जाति व्यवस्था के अपने अध्ययन के लिए जाने जाते हैं। वह दिल्ली विश्वविद्यालय में दिल्ली स्कूल ऑफ इकोनॉमिक्स में समाजशास्त्र के प्रोफेसर हैं जहां वह 2003 से समाजशास्त्र के प्रोफेसर एमेरिटस हैं।

अत: विकल्प (B) सही है।

72. जमींदारी उन्मूलन विधेयकों को पारित करने की प्रक्रिया तब भी शुरू हुई थी जब भारत के संविधान को लागू नहीं किया गया था। संयुक्त प्रांत (यूपी), मध्य प्रांत, बिहार, मद्रास, असम, बॉम्बे जैसे कई प्रांतों ने एक जमींदारी उन्मूलन समिति के आधार पर ऐसे बिल पेश किए थे, जिनकी अध्यक्षता जी.बी. पंत थे।

अत: विकल्प (A) सही है।

73. लुई ड्यूमॉन्ट एक फ्रांसीसी मानवविज्ञानी थे। ड्यूमॉन्ट का जन्म ओटोमन साम्राज्य के सलोनिका विलायत में थेसालोनिकी में हुआ था। वह 1950 के दशक के दौरान ऑक्सफोर्ड विश्वविद्यालय में एसोसिएट प्रोफेसर थे और पेरिस में EHESS (École des Hautes Études en Sciences Sociales) में निदेशक थे।

अत: विकल्प (B) सही है।

74. अनुसंधान शुरू करने से पहले अनुसंधान उद्देश्यों को संक्षिप्त रूप से वर्णित किया जाना चाहिए क्योंकि यह दिखाता है कि हम उपलब्धि के बाद अंतिम परिणाम के रूप में क्या हासिल करने जा रहे हैं।

अत: विकल्प (A) सही है।

75. जाति, प्रजाति, पूर्वज-परम्परा तथा उपभोग-प्रतिमानों के आधार पर निर्मित प्रतिष्ठा के लिए हुए व्यक्तियों का संकलन 'प्रस्थिति-समूह' कहलाता है। ऐसे समूह के सभी व्यक्तियों की जीवन-शैली प्राय: समान होती है तथा समाज में उन्हें समान सम्मान प्राप्त होता है।

अत: विकल्प (D) सही है।

76. आधुनिक भारत में, अंतरसांस्कृतिक संघर्ष ने वृद्ध लोगों को वृद्धाश्रम में धकेल दिया है। जनसंख्या की उम्र बढ़ना एक वैश्विक मुद्दा है, जिसे स्वास्थ्य देखभाल और सामाजिक कल्याण प्रणालियों पर निहितार्थ माना जाता है। इस प्रक्रिया के द्वारा जनसंख्या में बच्चों का अनुपात कम हो जाता है और वृद्ध व्यक्तियों की संख्या में वृद्धि होती है, जिसे "जनसंख्या की उम्र बढ़ने" के रूप में जाना जाता है।

अत: विकल्प (B) सही है।

77. भारत में, पंचायती राज आम तौर पर 1992 में एक संवैधानिक संशोधन द्वारा शुरू की गई भारत में स्थानीय स्वशासन की प्रणाली को संदर्भित करता है, हालांकि यह भारतीय उपमहाद्वीप की पारंपरिक पंचायत प्रणाली पर आधारित है।

वर्ग प्रणाली आम तौर पर जाति व्यवस्था या अन्य प्रकार के स्तरीकरण से अधिक तरल होती है और वर्गों के बीच की सीमाएं कभी भी स्पष्ट नहीं होती हैं। जाति व्यवस्था स्थिर है जबकि वर्ग प्रणाली गतिशील है। जाति व्यवस्था में एक जाति से दूसरी जाति में व्यक्तिगत गतिशीलता असंभव है।

अत: विकल्प (C) सही है।

78. कार्ल गुन्नार मायर्डल ने दक्षिण एशियाई समाजों के ऊपर और नीचे की गतिविधियों के लिए छह शर्तें दी हैं। कार्ल गुन्नार मायर्डल (6 दिसंबर 1898-17 मई 1987) एक स्वीडिश अर्थशास्त्री और समाजशास्त्री थे। 1974 में, उन्होंने फ्रेडरिक हिएक के साथ आर्थिक विज्ञान में नोबेल मेमोरियल पुरस्कार प्राप्त किया "धन और आर्थिक उतार-चढ़ाव के सिद्धांत में उनके अग्रणी काम के लिए और आर्थिक, सामाजिक और संस्थागत घटनाओं की अन्योन्याश्रयता के उनके मर्मज्ञ विश्लेषण के लिए।

अत: विकल्प (D) सही है।

79. एक्शन-रिसर्च को एक विशिष्ट समस्या को हल करने के लिए किए जा रहे अनुसंधान के एक प्रकार के रूप में समझा जा सकता है। एक्शन रिसर्च आमतौर पर सामाजिक विज्ञानों में लागू अनुसंधान का एक दर्शन और कार्यप्रणाली है।

अत: विकल्प (C) सही है।

80. किसान अपनी आजीविका के मुख्य आधार के लिए भूमि पर आश्रित हैं। एक किसान एक पूर्व-औद्योगिक कृषि मजदूर या सीमित भूमि-स्वामित्व वाला किसान है, विशेष रूप से मध्य युग में एक व्यक्ति सामंतवाद में रहता है और एक मकान मालिक को किराया, कर, शुल्क या सेवाएं देता है।

अत: विकल्प (C) सही है।

81. DWCRA का अर्थ डेवलपमेंट ऑफ वुमेन एंड चिल्ड्रेन इन रूरल एरिया है।

1980 के दशक की शुरुआत में, भारत सरकार ने एकीकृत ग्रामीण विकास कार्यक्रम (IRDP) के तहत ग्रामीण क्षेत्रों में महिलाओं और बच्चों के विकास कार्यक्रम की शुरुआत की।

DWCRA योजना का उद्देश्य आत्मनिर्भर आधार पर आय-सृजन गतिविधियों के लिए महिलाओं के समूहों के निर्माण के माध्यम से ग्रामीण क्षेत्रों में गरीब महिलाओं की सामाजिक-आर्थिक स्थिति में सुधार करना था।

इस कार्यक्रम के तहत अपनाई गई मुख्य रणनीति गरीब महिलाओं के लिए रोजगार, कौशल वृद्धि, प्रशिक्षण ऋण और अन्य सहायता सेवाओं तक पहुंच की सुविधा प्रदान करना था ताकि एक समूह के रूप में DWCRA महिलाएं अपनी आय की पूर्ति के लिए आय-सृजन गतिविधियों को शुरू कर सकें।

इसने गरीब ग्रामीण महिलाओं को आत्मनिर्भर बनाने के लिए मितव्ययिता और ऋण की आदत को प्रोत्साहित किया।

अत: विकल्प (B) सही है।

82. परिवीक्षाधीन विवाह में, एक आदिवासी युवक अपने प्रेमी के घर में हफ्तों या महीनों तक एक साथ रहता है। इसके बाद, यदि लड़का और लड़की दोनों

एक-दूसरे को पसंद करते हैं, तो वे विवाह में प्रवेश कर सकते हैं या नापसंदगी के कारण अलग हो सकते हैं। अरुणाचल प्रदेश की कुकी जनजाति को इस प्रकार की शादी का पालन करने के लिए कहा जाता है।

अत: विकल्प (A) सही है।

83. यूएनडीपी (संयुक्त राष्ट्र विकास कार्यक्रम) संयुक्त राष्ट्र का वैश्विक विकास नेटवर्क है। यह बदलाव की वकालत करता है और देशों को ज्ञान, अनुभव और संसाधनों से जोड़ता है ताकि लोगों को अपने लिए बेहतर जीवन बनाने में मदद मिल सके।

अत: विकल्प (A) सही है।

84. घरेलू हिंसा से महिलाओं का संरक्षण अधिनियम 2005 भारत की संसद का एक अधिनियम है जो महिलाओं को घरेलू हिंसा से बचाने के लिए लागू किया गया है। यह 26 अक्टूबर 2006 से भारत सरकार द्वारा लागू किया गया था।

अत: विकल्प (D) सही है।

85. एक संरक्षक, एक व्यक्तिगत नाम का एक घटक है जो किसी के पिता, दादा (नाम), या पहले पुरुष पूर्वज के दिए गए नाम पर आधारित है। किसी की मां या महिला पूर्वज के नाम के आधार पर एक नाम का एक घटक एक मैट्रोनोमिक है। किसी के बच्चे के नाम के आधार पर एक नाम एक टेक्निनोमिक या संरक्षक है। प्रत्येक वंश को व्यक्त करने का एक साधन है।

अत: विकल्प (A) सही है।

86. मार्क्सवादी यह सिद्ध करते हैं कि असमानता और गरीबी उत्पादन के पूंजीवादी मोड के कार्यात्मक घटक हैं: पूंजीवाद जरूरी असमान सामाजिक संरचनाओं का उत्पादन करता है। असमानता को सेवाओं और अवसरों के वातावरण के माध्यम से एक पीढ़ी से दूसरी पीढ़ी में स्थानांतरित किया जाता है जो प्रत्येक व्यक्ति को घेरता है।

अत: विकल्प (B) सही है।

87. अंतरजनपदीय संघर्ष या तो किशोरों और वयस्कों के बीच संघर्ष की स्थिति है या दो पीढ़ियों के बीच एक अधिक अमूर्त संघर्ष है, जिसमें अक्सर एक और पीढ़ी के खिलाफ पूर्वाग्रह शामिल होते हैं। इसके अलावा, अंतरसरकारी संघर्ष पीढ़ियों के बीच सांस्कृतिक, सामाजिक या आर्थिक विसंगतियों का वर्णन करता है। ये मूल्य बदलाव या युवा और पुरानी पीढ़ियों के बीच हितों के टकराव के कारण हो सकते हैं।

अत: विकल्प (C) सही है।

88. सही मिलान A-(iii), B-(iv), C-(i), D-(ii) है।

- श्वेत क्रांति: श्वेत क्रांति के जनक वर्गीज कुरियन थे। श्वेत क्रांति का उद्देश्य भारत में दूध की आपूर्ति तिगुनी करने का था।

- भूदान आंदोलन: भूदान आन्दोलन सन्त विनोबा भावे द्वारा 18 अप्रैल सन् 1951 में आरम्भ किया गया स्वैच्छिक भूमि सुधार आन्दोलन था।

- हरित क्रांति: भारत में हरित क्रान्ति की शुरुआत सन् 1966-1967 हुई थी। इसे प्रारम्भ करने का श्रेय प्रोफेसर नॉर्मन बोरलॉग को जाता हैं। लेकिन भारत में एम. एस. स्वामीनाथन को इसका जनक माना जाता है।

अत: विकल्प (A) सही है।

89. भारत के रजिस्ट्रार जनरल और जनगणना आयुक्त सी चंद्रमाली ने कहा कि ग्रामीण-शहरी वितरण क्रमशः 68.84% और 31.16% है। 2001 की जनगणना में शहरीकरण का स्तर 27.81% से बढ़कर 2011 की जनगणना में 31.16% हो गया, जबकि ग्रामीण आबादी का अनुपात 72.19% से घटकर 68.84% हो गया।

अत: विकल्प (B) सही है।

90. उत्सव पटनायक एक भारतीय मार्क्सवादी अर्थशास्त्री हैं। उन्होंने 1973 में जवाहरलाल नेहरू विश्वविद्यालय के स्कूल ऑफ सोशल साइंसेज में सेंटर फॉर इकोनॉमिक स्टडीज एंड प्लानिंग में पढ़ाया गया, जो 1973 से 2010 तक उनकी सेवानिवृत्ति तक रहा।

अत: विकल्प (B) सही है।

91. निम्नलिखित पुस्तकें स्टेनली कोहेन द्वारा लिखित हैं:

फोक डेविल्स एंड मोरल पैनिक्स: द क्रिएशन ऑफ मोड्स एंड रॉकर्स- पुस्तक 1970 के दशक के दौरान प्रकाशित हुई थी और इसने नैतिक आतंक नामक शब्द को चर्चा में लाया। पुस्तक में मीडिया की किस तरह से और किस तरह से राजनीतिक शक्ति वाले लोग एक शर्त या एक समूह को सामाजिक मूल्यों और हित के लिए एक खतरे के रूप में परिभाषित करते हैं, के बारे में बात करते हैं।

विज़न ऑफ़ सोशल कण्ट्रोल- यह पुस्तक अपराध विज्ञान, सामाजिक समस्याओं, विचलन के समाजशास्त्र से संबंधित है और सामाजिक विज्ञानों के लिए बहुत व्यापक हित के मुद्दों की एक पूरी श्रृंखला भी उठाती है। यह 1985 में प्रकाशित हुआ था।

द मैनुफ़ैक्चर ऑफ़ न्यूज़ - 1973 में प्रकाशित, इस पुस्तक में स्टेनली कोहेन ने भटकाव, सामाजिक समस्याओं और जनसंचार माध्यमों के मुद्दों पर चर्चा की।

अतः विकल्प (C) सही है।

92. यदि रिश्तेदारी प्रणाली में, मामा अपने भतीजों और भतीजों के जीवन में एक पूर्व-प्रतिष्ठित स्थान का आनंद लेते हैं, तो सम्मेलन के एक मामले के रूप में, रिश्तेदारी के उपयोग को एवुंकलेट कहा जाता है। एवुंकलेट, जिसे कभी-कभी एवोकुलिज्म या एवंक्युलरिज्म कहा जाता है, किसी भी सामाजिक संस्था है जहां एक चाचा और उसकी बहनों के बच्चों के बीच एक विशेष संबंध मौजूद है। यह रिश्ता समाज के आधार पर औपचारिक या अनौपचारिक हो सकता है।

अत: विकल्प (A) सही है।

93. किंग्सले डेविस परिभाषित करते हैं, "परिवार उन व्यक्तियों का एक समूह है जिनके संबंध एक-दूसरे से जुड़े होते हैं, जो एक दूसरे पर आधारित होते हैं और जो एक दूसरे के लिए परिजन होते हैं"।

अत: विकल्प (B) सही है।

94. हमारे देश में, 1976 में पहली बार भारत की जनसंख्या नीति डॉ. एम. एस. स्वामीनाथन की अध्यक्षता में तैयार की गई थी। महिला नसबंदी सहित भारत की जनसंख्या नीतियां, समस्याओं से घिरी हुई हैं। भारत में किसी भी सरकार ने 1970 के दशक में लगभग 2.3% के उच्च स्तर से नीचे, देश की मानव जनसंख्या वृद्धि का प्रबंधन करने के लिए नीतियों को सफलतापूर्वक तैयार नहीं किया है, जो कि 1.6% प्रति वर्ष है।

अत: विकल्प (D) सही है।

95. सही मिलान

सूची-I	सूची-II
a. विलंबता और अवसर	1. क्लोतर्ड और ओहलिन
b. देववंत व्यवहार का समाजशास्त्र	2. क्लिनार्ड
c. सामाजिक असमानता	3. बेटिल
d. डीवियन एंड सोसाइटी	4. टेलर

अत: विकल्प (A) सही है।

96. न्यायिक पृथक्करण (कभी-कभी कानूनी अलगाव, अलग रखरखाव, एक मेन्सा एट थोरो, या बिस्तर और बोर्ड से तलाक) एक कानूनी प्रक्रिया है जिसके द्वारा एक विवाहित जोड़े कानूनी रूप से विवाहित रहते हुए एक वास्तविक तथ्य को अलग कर सकते हैं। अदालत के आदेश के रूप में एक कानूनी अलगाव प्रदान किया जाता है।

अत: विकल्प (A) सही है।

97. उदारवादी नारीवाद, नारीवादी सिद्धांत का एक व्यक्तिवादी रूप है, जो महिलाओं के अपने कार्यों और विकल्पों के माध्यम से अपनी समानता बनाए रखने की क्षमता पर केंद्रित है। मदीहा मज़हर ने कहा कि इसका जोर पुरुषों के बराबर महिलाओं के कानूनी और राजनीतिक अधिकार बनाने पर है। उदार नारीवादियों का तर्क है कि समाज गलत धारणा रखता है कि महिलाएं स्वभाव से, बौद्धिक रूप से कम और पुरुषों की तुलना में शारीरिक रूप से सक्षम हैं; इस प्रकार यह अकादमी, मंच और बाजार में महिलाओं के खिलाफ भेदभाव करने के लिए जाता है। उदारवादी नारीवादियों का मानना है कि "महिला अधीनता प्रथागत और कानूनी बाधाओं के एक समूह में निहित है, जो तथाकथित सार्वजनिक दुनिया में महिलाओं के प्रवेश और सफलता को अवरुद्ध करता है"। वे राजनीतिक और कानूनी सुधार के माध्यम से लैंगिक समानता के लिए प्रयास करते हैं।

अतः विकल्प (A) सही है।

98. राष्ट्रीय ज्ञान आयोग, एक भारतीय थिंक-टैंक था जिसका आरोप उन संभावित नीतियों पर लगाया गया जो ज्ञान-गहन सेवा क्षेत्रों में भारत के तुलनात्मक लाभ को तेज कर सकती हैं। इसका गठन 13 जून 2005 को भारत के प्रधान मंत्री डॉ. मनमोहन सिंह द्वारा किया गया था।

अतः विकल्प (D) सही है।

99. ऑस्कर लुईस एक अमेरिकी मानवविज्ञानी थे। उन्हें स्लम वासियों के जीवन के उनके ज्वलंत चित्रण और उनके तर्क के लिए जाना जाता है कि गरीबी की एक क्रॉस-जेनरेशनल संस्कृति राष्ट्रीय सीमाओं को पार करती है।

अतः विकल्प (A) सही है।

100. एकल परिवार, प्राथमिक परिवार या संयुग्मित परिवार एक परिवार समूह है जिसमें दो माता-पिता और उनके बच्चे होते हैं। यह एक एकल-अभिभावक परिवार, बड़ा विस्तारित परिवार या दो से अधिक माता-पिता वाले परिवार के विपरीत है।

अतः विकल्प (B) सही है।

101. सहकारी संघर्ष प्रणाली (कभी-कभी पारस्परिक लाभ, ब्याज-आधारित और जीत / जीत भी कहा जाता है) को एक पार्टी के लिए एक जीत / जीत या सकारात्मक पारस्परिक परिणाम के परिप्रेक्ष्य में रखा जाता है ताकि दूसरे पक्ष की जरूरतों और लक्ष्यों को भी हासिल किया जा सके। परिणाम है कि दोनों पक्ष अपने परिणामों को अधिकतम करते हैं।

अतः विकल्प (C) सही है।

102.

सूची- I (दृष्टिकोण)	सूची- II (लेखक)
A. द्वंद्वात्मक दृष्टिकोण	(iv) डी. पी. मुकर्जी
B. कार्यात्मक दृष्टिकोण	(i) एस. सी. दूबे
C. इंडीकोलॉजिकल दृष्टिकोण	(ii) जी.एस. घोरी
D. सभ्यता संबंधी दृष्टिकोण	(iii) एन. के. बोस

अतः विकल्प (B) सही है।

103. प्रकृति द्वारा रिश्तेदारी कुछ मामलों में विशिष्ट है, जबकि अन्य नहीं है। सभी समाज सामाजिक समूहों के गठन और लोगों को वर्गीकृत करने के लिए एक आधार के रूप में रिश्तेदारी का उपयोग करते हैं। हालांकि, दुनिया भर में रिश्तेदारी नियमों और पैटर्न में काफी परिवर्तनशीलता है।

अतः विकल्प (D) सही है।

104. न्यू इंटरनेशनल डिवीजन ऑफ लेबर (NIDL) वैश्वीकरण का एक परिणाम है। यह शब्द एफ. फ्रोबेल सिद्धांतकारों द्वारा तैयार किया गया था, जो उन्नत पूंजीवादी देशों से विकासशील देशों को उत्पादन के एक सतत भौगोलिक पुनर्गठन के लिए विनिर्माण उद्योगों की स्थानिक पारी की व्याख्या करने की कोशिश कर रहा था, जो श्रम के वैश्विक विभाजन के बारे में विचारों में इसकी उत्पत्ति का पता लगाता है।

अतः विकल्प (A) सही है।

105. आंद्रे बेटिले इस निष्कर्ष पर पहुंचे हैं कि ग्रामीण समाज में, सामाजिक असमानताएं 'संचयी असमानताओं से छितरी हुई असमानताओं में बदल गई हैं'। संचयी असमानता सिद्धांत या संचयी नुकसान सिद्धांत सिद्धांत है कि असमानताएं कैसे विकसित होती हैं। इस विचार को शामिल करने के लिए चार दशकों में सिद्धांत का विस्तार किया गया कि कुछ लोगों को फायदे की तुलना में अधिक नुकसान हैं जो समाजों, सहकर्मियों और व्यक्तियों के जीवन की गुणवत्ता को प्रभावित करते हैं। सिद्धांत मुख्य रूप से घटना का एक सामाजिक-वैज्ञानिक स्पष्टीकरण है, लेकिन जैविक और स्वास्थ्य कारकों, व्यक्तिगत समायोजन और कल्याण के लिंक के साथ है।

अतः विकल्प (C) सही है।

106. लिंग अंतर एक विश्लेषणात्मक ढांचे को दर्शाता है जिसमें लिंगों के बीच सामाजिक और वैचारिक मतभेदों को समझाया गया है। विभिन्न क्षेत्रों में मनुष्यों में लिंग अंतर का अध्ययन किया गया है। मनुष्यों में, जैविक लिंग एक Y गुणसूत्र की उपस्थिति या अनुपस्थिति, गोनॉड्स के प्रकार, लिंग हार्मोन, आंतरिक प्रजनन शरीर रचना विज्ञान और बाहरी जननांग की उपस्थिति के पांच कारकों द्वारा निर्धारित किया जाता है।

अतः विकल्प (D) सही है।

107. जजमानी प्रणाली वस्तुओं और सेवाओं के उत्पादन और वितरण की कृषि प्रणाली पर आधारित है। यह भूस्वामी उच्च जाति समूहों और व्यावसायिक जातियों के बीच की कड़ी है। जजमानी प्रणाली की शब्दावली को विलियम वेसर द्वारा भारतीय सामाजिक नृविज्ञान में पेश किया गया था।

अतः विकल्प (B) सही है।

108. सामाजिक अंतःक्रिया:

- यह दो या दो से अधिक व्यक्तियों के बीच आदान-प्रदान है और समाज का एक निर्माण खंड है।

- सामाजिक अंतःक्रिया का अध्ययन दो (युग्म), तीन (त्रय) या बड़े सामाजिक समूहों के बीच किया जा सकता है।

- एक दूसरे के साथ अंतःक्रिया करके, लोग नियमों, संस्थानों और प्रणालियों को तैयार करते हैं, जिनके भीतर वे रहना चाहते हैं।

- सामाजिक अंतःक्रिया के सबसे आम रूप विनिमय, प्रतियोगिता, संघर्ष, सहयोग और आवास हैं। दुनिया भर के समाजों में इन पाँच प्रकार की अंतःक्रिया होती है।

- जब भी लोग इनाम पाने के लिए या अपने कार्यों के लिए वापसी के प्रयास में अंतःक्रिया करते हैं, एक विनिमय होता है।

इसलिए, हम यह निष्कर्ष निकालते हैं कि जब कुछ समाजशास्त्री सामाजिक अंतःक्रिया के कार्यात्मक कारकों को महत्व देते हैं। इन कारकों का संबंध समाज की अच्छाई, सामान्य कारण और अर्थव्यवस्था से सम्बद्ध है।

अतः विकल्प (D) सही है।

109. पारंपरिक आदिवासी समुदाय जो अब तक पूरी तरह से कृषि और जंगलों पर निर्भर थे, अब आजीविका के साधन के रूप में मशीन प्रौद्योगिकी की चुनौती का सामना कर रहे हैं। औद्योगिकीकरण के परिणामस्वरूप केवल उनके सामाजिक-धार्मिक जीवन में परिवर्तन हुआ है, बल्कि निपटान और स्वास्थ्य की स्थिति के पैटर्न में भी।

अतः विकल्प (C) सही है।

110. पेरिस समझौते को COP 21 के रूप में भी जाना जाता है।

पेरिस समझौता दिसंबर 2015 में पार्टियों के सम्मेलन (COP 21) में अपनाया गया। यह जलवायु परिवर्तन का मुकाबला करने और ग्रीनहाउस गैस उत्सर्जन को कम करने के लिए जलवायु परिवर्तन पर संयुक्त राष्ट्र फ्रेमवर्क कन्वेंशन (UNFCCC) के भीतर एक अंतरराष्ट्रीय समझौता है।

अतः विकल्प (C) सही है।

111. बाजार अभिसरण, प्रतियोगिता, विनिमय दर और लागत लाभ वैश्वीकरण के प्रमुख चालक हैं।

घरेलू बाजार पर्याप्त नहीं हैं और उद्योग की प्रगति के लिए अन्य बाजारों की आवश्यकता है। परिवहन, संचार, तकनीकी परिवर्तन आदि के विकास के कारण दुनिया सिकुड़ रही है। सीमा पार व्यापार के विकास के लिए विश्व व्यापार संगठन (विश्व व्यापार संगठन) नाम का एक संगठन स्थापित किया गया था। व्यवसाय के विकास के लिए एक नई तकनीक की आवश्यकता है जिसे विदेशों से लिया जा सकता है।

अत: विकल्प (B) सही है।

112. वाटर्स ने कहा है कि ''वैश्वीकरण आधुनिकता और उत्तर आधुनिकता दोनों में शामिल है।''

उत्तर आधुनिकता (उत्तर-आधुनिकता या उत्तर-आधुनिक स्थिति) समाज की आर्थिक या सांस्कृतिक स्थिति या स्थिति है जिसे आधुनिकता के बाद अस्तित्व में कहा जाता है (इस संदर्भ में, "आधुनिक" का उपयोग "समकालीन" के अर्थ में नहीं किया जाता है, लेकिन केवल उसी रूप में किया जाता है) इतिहास में एक विशिष्ट अवधि के लिए नाम) ।

अत: विकल्प (B) सही है।

113. 2017 में भारत के CO_2 उत्सर्जन में अनुमानित 4.6% की वृद्धि हुई, बावजूद इसके अर्थव्यवस्था के लिए एक अशांत वर्ष। प्रति व्यक्ति मापा गया, भारत का उत्सर्जन अभी भी केवल 1.8 टन CO_2 प्रति व्यक्ति बहुत कम है जो कि विश्व के औसत 4.2 टन से बहुत कम है।

अत: विकल्प (B) सही है।

114. 2013 में एक आधिकारिक रिपोर्ट में, भारत के स्वास्थ्य मंत्रालय ने बताया कि "बेटे की प्राथमिकता, छोटी उम्र में बालिकाओं की उपेक्षा, कन्या भ्रूण हत्या" विकृत लिंग अनुपात के प्राथमिक कारण थे।

ज्यादातर भारतीय जोड़ों में बेटियों के मुकाबले बेटों के लिए एक मजबूत प्राथमिकता है। बेटे प्राप्त करने के प्रयास में, कई जोड़े अपने इच्छित पारिवारिक आकार को प्राप्त करने के बाद भी प्रजनन करते रहते हैं। इस प्रथा से भारत की प्रजनन क्षमता में गिरावट आ सकती है।

अत: विकल्प (A) सही है।

115. ग्रामीण क्षेत्रों पर परिप्रेक्ष्य मानता है कि इसके विपरीत, शहरी क्षेत्र के साथ भेदभाव, एक महत्वपूर्ण है। हाल ही में, जनसंख्या और रोजगार के शहरीकरण की प्रवृत्ति में उलटफेर के साथ ग्रामीण क्षेत्रों की विषमता और अधिक बढ़ गई, जो कुछ क्षेत्रों में दूसरों की तुलना में अधिक स्पष्ट है।

अत: विकल्प (D) सही है।

116. विभिन्न देशों के बीच विकास के स्तर को मापने के लिए 'मानव विकास सूचकांक' (HDI) से संबंधित व्यक्ति महबूब उल हक है।

पाकिस्तानी अर्थशास्त्री महबूब उल हक ने 1990 में मानव विकास सूचकांक (HDI) का निर्माण किया, जिसका उपयोग संयुक्त राष्ट्र विकास कार्यक्रम (यूएनडीपी) द्वारा देश के विकास को मापने के लिए किया गया।

मानव विकास सूचकांक (HDI) एक सांख्यिकीय उपकरण है जिसका उपयोग किसी देश की सामाजिक और आर्थिक आयामों में समग्र उपलब्धि को मापने के लिए किया जाता है।

अत: विकल्प (B) सही है।

117. स्थिर जनसंख्या शून्य विकास दर के साथ स्थिर जनसंख्या का एक विशेष उदाहरण है, न तो आकार में बढ़ती और न ही सिकुड़ती है और यह जीवन तालिका की जनसंख्या के बराबर है। परिभाषा के अनुसार, स्थिर आबादी में आयु-विशिष्ट प्रजनन और मृत्यु दर होती है जो समय के साथ स्थिर रहती हैं।

अत: विकल्प (A) सही है।

118. स्वयं से अलगाव एक सामाजिक वर्ग का एक यंत्रवत हिस्सा होने का परिणाम है, जिसकी स्थिति एक व्यक्ति को उनकी मानवता से अलग करती है। 1844 (1932) की आर्थिक और दार्शनिक पांडुलिपियों में, कार्ल मार्क्स ने स्व से व्यवस्था की एंट्रैफमडंग सिद्धांत व्यक्त किया।

अत: विकल्प (A) सही है।

119. मैकडोनाल्डाइजेशन एक मकवोर्ड है जिसे समाजशास्त्री जॉर्ज रेजर ने 1993 की अपनी किताब 'मैकडोनाल्डाइजेशन ऑफ सोसाइटी' में विकसित किया है। जॉर्ज रेजर के लिए, "मैकडोनाल्डाइजेशन" वह है जब कोई समाज फास्ट-फूड रेस्तरां की विशेषताओं को अपनाता है।

अत: विकल्प (A) सही है।

120. समाजशास्त्र, नृविज्ञान और भाषा विज्ञान में, संरचनावाद वह पद्धति है जिसका अर्थ है कि मानव संस्कृति के तत्वों को व्यापक, अतिव्यापी प्रणाली या संरचना से उनके संबंधों के तरीके से समझा जाना चाहिए। यह उन संरचनाओं को उजागर करने के लिए काम करता है जो उन सभी चीजों को रेखांकित करता है जो मनुष्य करते हैं, सोचते हैं, अनुभव करते हैं, और महसूस करते हैं।

अत: विकल्प (B) सही है।

121. सिस्टम सिद्धांत की अवधारणा, चाहे जिस विषय पर लागू हो रही हो, वह यह है कि संपूर्ण इसके भागों के योग से अधिक है।

सामाजिक विकासवादियों ने सार्वभौमिक विकासवादी चरणों को अलग-अलग समाजों को वर्गीकृत करने के लिए पहचाना, जैसे कि दलदल, बर्बर या सभ्यता के रूप में।

अत: विकल्प (D) सही है।

122. अक्षय रमनलाल देसाई ने भारत में ग्रामीण समाज के अध्ययन के लिए ऐतिहासिक मार्क्सवादी दृष्टिकोण का उपयोग किया है। 1949 में, आरपी दत्त की प्रसिद्ध पुस्तक का भारत में प्रकाशन आज समाज का अध्ययन करने के ऐतिहासिक या मार्क्सवादी दृष्टिकोण को पेश करने और लोकप्रिय बनाने में सक्षम था, देश भर के कई लोग यह मानने लगे, ये दो पुस्तकें समाजवाद के निर्माण के लिए अच्छी तरह से रोड मैप प्रदान कर सकती हैं कार्ल की विरासत के बाद भारत।

अत: विकल्प (C) सही है।

123. ग्लोकलाइज़ेशन (Glocalization) "समकालीन सामाजिक, राजनीतिक और आर्थिक प्रणालियों में सार्वभौमिकता और विशिष्ट प्रवृत्ति दोनों में एक साथ होने वाली प्रक्रिया है।" ग्लोकलाइज़ेशन की धारणा "प्रादेशिक पैमाने के रेखिक विस्तार के रूप में वैश्वीकरण प्रक्रियाओं की सरलीकृत अवधारणाओं के लिए एक चुनौती का प्रतिनिधित्व करती है। ग्लोकलाइज़ेशन इंगित करता है कि बढ़ते महत्व महाद्वीपीय और वैश्विक स्तर स्थानीय और क्षेत्रीय स्तरों के बढ़ते महत्व के साथ-साथ घटित हो रहे हैं।"

अत: विकल्प (C) सही है।

124. 'इंडस्ट्रियल सोसाइटी इन इंडस्ट्रियल सोसाइटी' पर पुस्तक एस. एम. लिपसेट और आर. बेंडिक्स ने लिखी है।

मौजूदा साहित्य के एक सावधानीपूर्वक विश्लेषण में, लेखक अपने प्रमुख तर्क के समर्थन में सबूतों की एक महत्वपूर्ण सरणी को मार्शल करते हैं कि सामाजिक गतिशीलता औद्योगिकीकरण की प्रक्रिया का एक अभिन्न और निरंतर पहलू है।

अत: विकल्प (A) सही है।

125. 1950 के दशक में, प्रो. एम. एस. श्रीनिवास ने संस्कृत शब्द को भारतीय समाजशास्त्र से परिचित कराया। उन्होंने भारत में सांस्कृतिक गतिशीलता की प्रक्रिया को समझाने के लिए संस्कृतिकरण की धारणा को अपनी पुस्तक 'साउथ इंडिया के कूर्गों के बीच धर्म और समाज' में पेश किया।

अत: विकल्प (A) सही है।

126. 15 वीं भारतीय जनगणना दो चरणों, गृह सूचीकरण और जनसंख्या गणना में की गई थी। हाउस लिस्टिंग चरण 1 अप्रैल 2010 को शुरू हुआ और इसमें सभी इमारतों के बारे में जानकारी का संग्रह शामिल था। राष्ट्रीय जनसंख्या रजिस्टर (एनपीआर) के लिए जानकारी भी पहले चरण में एकत्र की गई थी, जिसका उपयोग भारतीय विशिष्ट पहचान प्राधिकरण (यूआईडीएआई) द्वारा सभी पंजीकृत भारतीय निवासियों को 12 अंकों की विशिष्ट पहचान संख्या जारी करने के लिए किया जाएगा।

अतः विकल्प (C) सही है।

127. एक विशिष्ट अनुशासन के रूप में भारत में समाजशास्त्र की उत्पत्ति का पता 1920 के दशक के आसपास की अवधि से लगाया जा सकता है। बॉम्बे विश्वविद्यालय में समाजशास्त्र का शिक्षण 1914 के प्रारंभ में शुरू हुआ, लेकिन वर्तमान शैक्षणिक समाजशास्त्र का जन्म बॉम्बे और लखनऊ में समाजशास्त्र के विभागों की स्थापना के साथ ही हुआ।

अतः विकल्प (A) सही है।

128. अविकसितता कम वास्तविक प्रति व्यक्ति आय, व्यापक गरीबी, साक्षरता का निम्न स्तर, कम जीवन प्रत्याशा और संसाधनों का कम आंकलन आदि के द्वारा विकसित विकास का निम्न स्तर है।

अतः विकल्प (A) सही है।

129. समाजशास्त्र में, लोगों के बीच संबंधों के लिए सब कुछ कम हो गया है। इस प्रकार, समाज में ऐसे लोगों का एक समूह शामिल है जो एक दूसरे की नकल करने में व्यस्त हैं। गैब्रियल टार्ड ने सिद्धांत की स्थापना की।

अतः विकल्प (B) सही है।

130. पूंजीवादी अर्थव्यवस्था में, कार्ल मार्क्स के अनुसार, श्रमिक वर्गों के हित गैर-काम करने वाले वर्गों के साथ टकरा गए। कार्ल मार्क्स ने पूंजीवाद को एक प्रगतिशील ऐतिहासिक मंच के रूप में देखा जो अंततः आंतरिक विरोधाभासों के कारण स्थिर हो जाएगा और समाजवाद का पालन किया जाएगा। मार्क्सवादी पूंजी को लोगों के बीच "एक सामाजिक, आर्थिक संबंध" के रूप में परिभाषित करते हैं (बजाय लोगों और चीजों के बीच)। इस अर्थ में, वे पूंजी को खत्म करना चाहते हैं।

अतः विकल्प (A) सही है।

131. हेनरी सुमनेर मेन (1822-1888) ने प्राचीन कानून (1861) में अपने काम में स्थिति और विपरीतता की अवधारणा का उपयोग किया।

उन्होंने तर्क दिया कि पहले के समाजों में सामाजिक संबंध स्थिति पर और जटिल समाजों में, सामाजिक संबंधों को अनुबंध द्वारा निर्धारित किया जाता है। वह समाज की स्थिति के रूप में स्थिति को परिभाषित करता है जिसमें व्यक्तियों के सभी संबंधों को परिवार के संबंधों में अभिव्यक्त किया जाता है। ये संबंध एक रिश्तेदारी समूह के सदस्य के रूप में व्यक्ति को बताए गए हैं। अनुबंध द्वारा मेन का अर्थ था "व्यक्तियों के मुक्त समझौते से उत्पन्न होने वाला व्यक्तिगत दायित्व" है।

अतः विकल्प (B) सही है।

132. मार्क्सवादी दर्शन के अनुसार, उचित, वर्गीय चेतना वर्ग की विरासत है। मार्क्सवाद कार्ल मार्क्स के नाम पर एक सामाजिक, राजनीतिक और आर्थिक दर्शन है। यह श्रम, उत्पादकता और आर्थिक विकास पर पूंजीवाद के प्रभाव की जांच करता है और कम्युनिस्टवाद के पक्ष में पूंजीवाद को उलटने के लिए एक श्रमिक क्रांति के लिए तर्क देता है।

अतः विकल्प (B) सही है।

133. (a) एसोसिएशनः (i) ट्रेड यूनियन

"ट्रेड यूनियन अपने रोज़गार की शर्तों को बनाए रखने या सुधारने के उद्देश्य से मज़दूरी पाने वालों का एक निरंतर संघ है।"

(b) समुदायः (iii) हम महसूस कर रहे हैं

मैकमिलन एंड चैविस (1986) ने समुदाय की भावना को "एक भावना के रूप में परिभाषित किया है जिसमें सदस्यों का संबंध है, एक ऐसी भावना जो सदस्यों के एक दूसरे और समूह के लिए मायने रखती है, और एक साझा विश्वास है कि सदस्यों की जरूरतों को उनकी प्रतिबद्धता के माध्यम से पूरा किया जाएगा।" साथ में"।

(c) संस्थाः (ii) जाति

जाति एक समाजवादी संस्था है। जाति और धर्म परिवार के लिए बुनियादी सामाजिक संस्थान हैं।

(d) सांस्कृतिकः (iv) साझा मूल्य

साझा मूल्य के रूप में संस्कृति: संस्कृति की अवधारणा के लिए यह दृष्टिकोण केंद्रीय मूल्यों और मानदंडों को समझने पर केंद्रित है। फिर, इन मानदंडों और मूल्यों को उस संस्कृति के भीतर बातचीत को प्रभावित करने के तरीके के लिए एक मॉडल का निर्माण।

अतः विकल्प (C) सही है।

134. "अमेरिकन कल्चरल वैल्यूज़" कोनार्ड एम. एवेन्सबेरी और एच. निहॉफ ने लिखा था। स्वतंत्रता, समानता और न्याय तीन प्रमुख मूल मूल्य हैं जो अमेरिकी साझा करते हैं। हमने अमेरिका की स्थापना के बाद से इन मूल्यों को साझा किया है। इसका मतलब यह नहीं है कि ये मूल्य हमेशा सभी के लिए थे। 1964 के नागरिक अधिकार अधिनियम तक रंग के कई लोगों को समानता से इनकार कर दिया गया था।

अतः विकल्प (A) सही है।

135. संरचनात्मक-कार्यात्मक परिप्रेक्ष्य की मुख्य सीमा यह है कि यह केवल स्थिर चित्र मानता है जो वर्तमान में फील्डवर्क के समय उपलब्ध है। सामाजिक-संघर्ष दृष्टिकोण पर ध्यान आकर्षित करता है। सामाजिक असमानता के पैटर्न है। संरचनात्मक-कार्यात्मक दृष्टिकोण की एक सीमा यह है कि यह संघर्ष की कीमत पर स्थिरता पर ध्यान केंद्रित है।

अतः विकल्प (C) सही है।

136. मानवविज्ञानी राल्फ लिंटन द्वारा विकसित एक अवधारणा, प्राप्त स्थिति का मतलब एक सामाजिक स्थिति है जो एक व्यक्ति योग्यता के आधार पर प्राप्त कर सकता है।

अतः विकल्प (A) सही है।

137. एम्पीरिटिवली को-ऑर्डिनेटेड एसोसिएशन की अवधारणा राल्फ डाहरडॉर्फ

कॉन्फ्लिक्ट एंड अथॉरिटी का विचार राल्फ डाहरडॉर्फ के काम पर आधारित है। उन्होंने तर्क दिया कि समाज अनिवार्य रूप से समन्वित संघों से बना है जो अधिकार और शक्ति के पदानुक्रम द्वारा नियंत्रित लोगों के संघ हैं।

इसका उदाहरण राजनीतिक रूप से संगठित समाज और आर्थिक और सांस्कृतिक संगठन (ई. जी. कंपनियाँ, स्कूल और चर्च) के रूप में कहा जा सकता है।

अतः विकल्प (D) सही है।

138. सामूहिक अभ्यावेदन अवधारणा, विचार, श्रेणियां और विश्वास हैं जो अलग-अलग व्यक्तियों के नहीं हैं, बल्कि एक सामाजिक सामूहिकता के उत्पाद हैं। दुर्खीम ने सामूहिक प्रतिनिधित्व शब्द की उत्पत्ति इस बात पर जोर देने के लिए की है कि रोज़मर्रा के उपयोग की कई श्रेणियां - अंतरिक्ष, समय, वर्ग, संख्या आदि - वास्तव में सामूहिक मानव विकास के उत्पाद थे "सामूहिक प्रतिनिधित्व एक विशाल सहयोग का परिणाम हैं, जो न केवल अंतरिक्ष में बल्कि समय के साथ भी फैला है।

अतः विकल्प (A) सही है।

139. एमाइल दुर्खीम ने कहा कि धार्मिक अनुष्ठान का कार्य समाज की नैतिक श्रेष्ठता की पुष्टि अपने व्यक्तिगत सदस्य से करना है।

एमाइल दुर्खीम 19 वीं सदी के फ्रांसीसी समाजशास्त्री, सामाजिक मनोवैज्ञानिक और दार्शनिक थे। अपने काम "धार्मिक जीवन के प्राथमिक रूपों" में उन्होंने तर्क दिया कि आदिम समाज में पाई जाने वाली धार्मिक गतिविधियां समाज की नैतिक एकता को बनाए रखने में मदद करती हैं और समाज स्वयं धर्म का आधार बनता है। दुर्खीम धर्म के अनुसार व्यक्ति की स्वार्थी प्रवृत्तियों में बाधा डालने और सामाजिक सहयोग को प्रोत्साहित करने का कार्य करता है। प्रतीक सामूहिक चेतना के प्रकटीकरण हैं और जब धार्मिक अनुष्ठानों के दौरान इसे लाया जाता है। यह सामाजिक सहयोग को सुदृढ़ करने में मदद करता है।

अत: विकल्प (B) सही है।

140. दुर्खीम ने कहा है कि समाजशास्त्र सामूहिक प्रतिनिधित्व का अध्ययन है।

दुर्खीम 19 वीं सदी के फ्रांसीसी समाजशास्त्री, सामाजिक मनोवैज्ञानिक और दार्शनिक थे। सामूहिक प्रतिनिधित्व सामाजिक एकजुटता के लिए उनकी खोज के लिए केंद्रीय थे। सामूहिक प्रतिनिधित्व का विचार सामूहिकता द्वारा विस्तृत किए गए विचारों, विश्वासों और मूल्यों को संदर्भित करता है, जो कि व्यक्तिगत घटकों के लिए अतिरेक नहीं हैं।

अत: विकल्प (C) सही है।

141. सामान्यीकृत अन्य जॉर्ज हर्बर्ट मीड द्वारा सामाजिक विज्ञान में पेश की गई अवधारणा है, और विशेष रूप से प्रतीकात्मक संपर्कवाद के क्षेत्र में इसका उपयोग किया जाता है।

यह सामान्य धारणा है कि एक व्यक्ति की सामान्य अपेक्षाएं होती हैं जो किसी विशेष समाज के भीतर कार्यों और विचारों के बारे में होती हैं। इस प्रकार, एक साझा सामाजिक प्रणाली के प्रतिनिधि सदस्य के रूप में दूसरे के साथ उनके संबंध को स्पष्ट करने का कार्य करता है।

अत: विकल्प (D) सही है।

142. टार्डिग्रेड छोटे जीव होते हैं जिन्हें पानी के भालू या मॉस पिगलेट के रूप में भी जाना जाता है। उनके आठ पैर और हाथ हैं जिनमें से प्रत्येक पर चार से आठ पंजे हैं। यह कहा जाता है कि वे पृथ्वी के सबसे कठिन और सबसे अधिक लचीले जीवों में से एक हैं। हाल के विकास और अनुसंधान के अनुसार, ये छोटे जानवर उस चाँद को प्रदूषित कर रहे हैं जो वे प्रजनन करना शुरू कर रहे हैं।

अत: विकल्प (C) सही है।

143. सही मिलान:

सूची- I (व्यक्तिगत नाम)	सूची- II (फेमिनिस्ट का लिसट)
(a). एलिसन जग्गर	(ii) समाजवादी नारीवादी
(b). केट मिलेट्ट	(iv) रेडिकल फेमिनिस्ट
(c). जे.एस. मिल	(iii) लिबरल फेमिनिस्ट
(d). वंदना शिव	(i) इकोफैमिनिस्ट

अत: विकल्प (A) सही है।

144. सही मिलान:

सूची- I (लहर का नाम)	सूची- II (रिश्ते का नाम)
(a). पहली लहर	(iii) पीड़ित
(b). लिबरल	(I) महिलाओं की शिक्षा
(c). रेडिकल	(iv) प्रजनन अधिकार
(d). तीसरी लहर	(ii) नारीवादी मीडिया अध्ययन

अत: विकल्प (C) सही है।

145. चंद्रयान -2 चंद्रमा का दूसरा मिशन है जिसे 22 जुलाई 2019 को भारत के जियोसिंक्रोनस सैटेलाइट लॉन्च व्हीकल (GSLV MkIII) द्वारा लॉन्च किया गया था। यह 19 अगस्त 2019 को चंद्र की कक्षा में पहुंच गया। लैंडर के क्रैश-लैंडिंग के बावजूद, इसरो ने पुष्टि की कि सभी उपकरण ऑर्बिटर पर सवार हैं और अच्छी तरह से काम कर रहे हैं।

अत: विकल्प (A) सही है।

146. सही मिलान:

सूची- I (लेखक)	सूची- II (मुद्दे)
(a).बीना अग्रवाल	(i) लिंग और भूमि अधिकार
(b). शर्मिला रेगे	(iv) दलित महिला
(c). उर्वशी बुटालिया	(ii) महिला और संघर्ष
(d). मार्था ए. चेन	(iii) विधवापन

अत: विकल्प (D) सही है।

147. रूस का दुनिया का पहला तैरता हुआ परमाणु ऊर्जा संयंत्र पूरा हो गया है। यह देश के सुदूर पूर्व में लगभग 5,000 किलोमीटर (3,100 मील) आर्कटिक स्थानांतरण है। फ्लोटिंग न्यूक्लियर पावर प्लांट जिसका नाम 'द एकेडमिक लोमोनोसोव' है। यह लगभग 1, 00,000 लोगों को ऊर्जा प्रदान करेगा और तेल प्लेटफॉर्म को भी बिजली देगा।

अत: विकल्प (D) सही है।

148. नासा के उपग्रहों ने 'फर्स्ट नियर सुपर-अर्थ' की खोज की थी। यह एक ऐसा ग्रह है जो संभवतः जीवन का समर्थन कर सकता है। अंतर्राष्ट्रीय खगोलविदों की टीम ने प्रकाशन खगोल विज्ञान और खगोल भौतिकी में अपने निष्कर्षों की घोषणा की। नई खोज को एक्सोप्लैनेट के रूप में जाना जाता है। यह मूल रूप से एक ग्रह है जो हमारे सौर मंडल के बाहर एक स्टार की परिक्रमा करता है।

अत: विकल्प (A) सही है।

149. यूनिसेफ संयुक्त राष्ट्र बाल कोष संयुक्त राष्ट्र की एजेंसी है और क्रिप्टोकरेंसी में लेन-देन करने और बनाने वाला पहला संयुक्त राष्ट्र संगठन बन गया है।

ये विज्ञान और प्रौद्योगिकी के हाल के घटनाक्रमों पर आधारित कुछ प्रश्न हैं। आशा है, यह प्रश्नोत्तरी प्रतियोगी परीक्षा की तैयारी में मदद करेगी और ज्ञान में भी वृद्धि करेगी।

अत: विकल्प (B) सही है।

150. मातृ कुपोषण के कारण गर्भावस्था के खराब परिणामों का खतरा बढ़ जाता है, जिसमें बाधित प्रसव, समय से पहले या कम जन्म के बच्चे और प्रसवोत्तर रक्तस्राव शामिल हैं। गर्भावस्था के दौरान गंभीर एनीमिया प्रसव के समय में मृत्यु दर में वृद्धे से जुड़ा हुआ है।

अत: विकल्प (C) सही है।

// टिप्पणियाँ //

9 789390 297207